V&R

Jan Eckel

Die Ambivalenz des Guten

Menschenrechte in der internationalen Politik
seit den 1940ern

Vandenhoeck & Ruprecht

Umschlagabbildung: Chilenische Frauen protestieren während
der Diktaturjahre wegen des »Verschwindens« ihrer Angehörigen.
© Museo de la Memoria y los Derechos Humanos, Santiago, Chile

Bibliografische Information der Deutschen Nationalbibliothek

Die Deutsche Nationalbibliothek verzeichnet diese Publikation in
der Deutschen Nationalbibliografie; detaillierte bibliografische Daten
sind im Internet über http://dnb.d-nb.de abrufbar.

ISBN 978-3-525-30069-5

Weitere Ausgaben und Online-Angebote sind erhältlich unter: www.v-r.de

© 2014, Vandenhoeck & Ruprecht GmbH & Co. KG, Göttingen /
Vandenhoeck & Ruprecht LLC, Bristol, CT, U.S.A.
www.v-r.de
Alle Rechte vorbehalten. Das Werk und seine Teile sind urheberrechtlich
geschützt. Jede Verwertung in anderen als den gesetzlich zugelassenen Fällen
bedarf der vorherigen schriftlichen Einwilligung des Verlages.
Printed in Germany.

Satz: textformart, Göttingen | www.text-form-art.de
Druck und Bindung: ⊕ Hubert & Co, Göttingen

Gedruckt auf alterungsbeständigem Papier.

Inhalt

Einleitung 9

Prolog
Internationale Menschenrechtspolitik vor 1945?
Die Frage der »Vorgeschichte« als historiographisches Problem . . . 29

Erster Teil: 1940er bis 1960er Jahre

1. Ziele, Pläne, Hoffnungen für die Nachkriegszeit 47
   Alliierte Zukunftsvisionen 52
   »Internationalismus« und Menschenrechte 60
   Der Föderalismusdiskurs in Europa 69
   Katholische Kirche und die »Rechte der menschlichen Person« 75
   Der Weg zur Gründung der Vereinten Nationen 83

2. Menschenrechtspolitik in den Vereinten Nationen 91
   Die *Bill of Rights* und die gewollte Schwäche
   internationaler Menschenrechtsnormen 95
   Menschenrechte als Propaganda und
   die Kampagne gegen Zwangsarbeit 109
   Multipolarität und das lange Sterben
   der Konvention über Informationsfreiheit 123
   Entschärfung des Kalten Kriegs und die Harmlosigkeit
   des »Aktionsprogramms« 135
   Kein Raum für Eigensinn: Die Vereinten Nationen als schwacher Akteur 144

3. Menschenrechte im Europarat und
   in der Organisation Amerikanischer Staaten 154
   Der konzedierte Gründungskonsens: Entstehung und Bedeutung
   der Europäischen Menschenrechtskonvention 156
   Dornröschenschlaf: Die (ausgebliebene) Praxis
   des europäischen Menschenrechts-Systems 167

Rudimentäre Wertegemeinschaft: Menschenrechte
im Prozeß der europäischen Integration 179

Primat der Nicht-Intervention: Die Neuausrichtung
des inter-amerikanischen Systems in den vierziger Jahren 183

Regionale Sicherheit im Zeichen der Revolution:
Die Aktivierung des Menschenrechtsgedankens seit
dem Ende der fünfziger Jahre 199

4. NGOs und Menschenrechte 207

»Immer schon mit Menschenrechtsschutz beschäftigt«.
Traditionen und Redefinitionen des nicht-staatlichen
Internationalismus. 209

»Manches erfolgreich, vieles nicht«.
Die *International League for the Rights of Man* 222

Sozialtechnologie und Mitleid: Über die Grenzen
zwischen Humanitarismus- und Menschenrechtsdiskurs 244

Tentative Strategien: Menschenrechte als Politik des Selbstschutzes . . 248

»Ein starkes Gefühl der Enttäuschung«. NGOs und die ausgebliebene
Transformation der internationalen Beziehungen 255

5. Menschenrechte in der Dekolonisierung 260

Antikoloniale Aneignungen, antikoloniale Ablehnungen.
Menschenrechte im Unabhängigkeitskampf 264

Moral ohne Menschenrechte. Westlicher Antikolonialismus
und internationale Algeriensolidarität 284

Verkehrte Welt. Dekolonisierung und Menschenrechte in
den Vereinten Nationen. 291

Nebenschauplätze. Menschenrechte und das Ende der Kolonialreiche . . 316

Zweiter Teil: Die 1970er und 1980er Jahre

Überleitung: Chronologien 343

6. Amnesty International und die Neuerfindung
des westlichen Menschenrechtsaktivismus 347

Zwei Organisationen: Amnesty in den sechziger und
in den siebziger Jahren 351

Die Revolutionierung der internationalen Politik 364

»Jeden Tag fühle ich seinen Schmerz«. Aktivismus an der Basis –
das Beispiel AIUSA 389
Erneuerungsbewegung im Stadium ihrer Klassizität:
Die achtziger Jahre 423

7. Menschenrechte als außenpolitisches Programm westlicher Regierungen 435

Neulinkes »Führungsland«: Die Niederlande unter Joop den Uyl 440
Postkatastrophale Moral: Die Menschenrechtspolitik Jimmy Carters .. 462
Strategien des Übergangs: David Owens Ansatz in Großbritannien .. 513
Konservative Umdeutungen und neuer Fundamentalkonsens:
Die Regierungen Ronald Reagans und Helmut Kohls 540

8. Die Politik gegen die Diktatur in Chile 583

Polarisierung und Repression: Politik in Chile 1970 bis 1980 588
Unterschiedliche Wege, unterschiedliche Ziele:
Die Dynamiken der Mobilisierung 592
»Wir machen weiter wie bisher«. Die Reaktionen des Regimes und
die Effekte der Menschenrechtspolitik 644
Politischer Paria, wirtschaftlicher Partner:
Die Jahre der Windstille 1977–1982 672
Konservative Revolution: Menschenrechte und
das Ende der Diktatur 677
Menschenrechtskampagnen in der internationalen Politik
der siebziger und achtziger Jahre 692

9. Menschenrechte in Osteuropa 711

Menschenrechte im staatlichen Diskurs seit Ende
des Zweiten Weltkriegs 713
Antiutopische Selbstverwirklichung:
Dissidenz und Menschenrechte 715
Ungeahnte Wirkung: Der KSZE-Prozeß 733
Das Eigenleben der Reform: Menschenrechte und
der Zusammenbruch der kommunistischen Herrschaft
in Osteuropa 746
Ende der Illusion: Die Dissidenz und die westliche Linke 765

10. Menschenrechte in der postkolonialen Welt 768

»Menschenrechtsverletzungen« als Signum der »Dritten Welt« 770

Einmischung, um Einmischungen zu verhindern:
Der Durchbruch zum afrikanischen Menschenrechtssystem 779

Vom Scheitern moralischer Argumente: Menschenrechte und
die ausgebliebene »Neue Weltwirtschaftsordnung« 790

Erfindung einer Tradition: Afrikanische Menschenrechte 797

Schluss 803

Menschenrechte in der internationalen Politik zwischen 1940 und 1990   803

Dilemma im Bewußtsein des Dilemmas:
Menschenrechtspolitik seit dem Ende des Kalten Kriegs 825

Dank 843

Abkürzungen 845

Quellen- und Literaturverzeichnis 847

A. Quellen 847

B. Sekundärliteratur 882

Register 922

Einleitung

Als der Zweite Weltkrieg zu Ende gegangen war, verschlechterten sich die Lebensbedingungen, denen sich Afroamerikaner vor allem in den Südstaaten der USA ausgesetzt sahen. Nicht nur bestanden segregierte Gesellschaftssphären fort und blieben ihnen politische und bürgerliche Rechte verwehrt. Eine Entlassungswelle in der Industrie ließ überdies viele verarmen, und nicht zuletzt brachten die Nachkriegsjahre eine Serie grausamer Lynchmorde. Die Initiativen der amerikanischen Bundesregierung, die afroamerikanische Bevölkerung rechtlich gleichzustellen, kamen nur langsam in Gang. Anders als vor dem Zweiten Weltkrieg bot sich den Betroffenen aber nunmehr die Möglichkeit, über das nationale Rechtssystem hinauszugreifen, indem sie sich an die Menschenrechtskommission wandten, die die Vereinten Nationen jüngst geschaffen hatten. Zahlreiche Petitionen, verfaßt von Bürgerrechtsorganisationen und Sympathisanten ihrer Sache, gingen bei der Kommission ein. Sie denunzierten etwa den bestialischen Mord an dem vierzehnjährigen Emmet Till, der 1955 für Aufsehen gesorgt hatte, auch weil seine Peiniger vor Gericht freigesprochen worden waren. Andere argumentierten, die wirtschaftliche Notlage, die prekären Wohnverhältnisse und die mangelhafte Gesundheitsversorgung, unter denen die allermeisten Afroamerikaner zu leiden hatten, stellten eine Verletzung ihrer Menschenrechte dar. »Die Welt schaut zu«, stand in einem Brief geschrieben.[1] Die UN-Menschenrechtskommission konnte allerdings in keinem der Fälle etwas tun. Sie leitete die Eingaben, den Statuten gemäß, an die amerikanische Regierung weiter, die sie registrierte, ohne unmittelbar tätig zu werden.

Eine andere Episode ereignete sich rund zwei Jahrzehnte später in der Dominikanischen Republik. Dort hatte Präsident Joaquín Balaguer eine autoritäre Herrschaft etabliert und ließ seine politischen Gegner auf der Linken rücksichtslos verfolgen. Im Jahr 1971 verhafteten die Behörden den Gewerkschaftsführer Julio de Peña Valdez. Nachdem sie ihn ins Gefängnis geworfen hatten, begannen Briefe von Mitgliedern *Amnesty Internationals* einzutreffen, die forderten, man solle die international garantierten Menschenrechte des Häftlings achten. Anfänglich kamen ein paar Hundert, dann in Wellen immer mehr, insgesamt mehrere Tausend. Zuerst, so sollte es der Inhaftierte später

---

1 Vgl. zu alledem National Archives and Records Administration, College Park, Maryland [im Folgenden: NARA], RG 84, Box 61, Communications re. human rights referring to US, transmitted from USUN NY to Dpt. State, 1953–1958. Das Zitat in einem Brief vom 22.8.1958. Vgl. zum Kontext Anderson, Eyes, S. 58–209. Alle aus fremdsprachigen Texten zitierten Passagen in diesem Buch habe ich selbst übersetzt.

selbst erzählen, gaben ihm die Gefängniswärter daraufhin seine Kleidung zurück. Später schalteten sie die Vorgesetzten ein, und sogar der Präsident selbst befaßte sich mit dem Fall. Schließlich setzte man den Gewerkschaftsführer auf freien Fuß. Balaguer soll de Peña anschließend zu sich zitiert und gefragt haben, wie es sein könne, »daß ein Gewerkschaftsführer wie Du so viele Freunde auf der ganzen Welt hat?« Als der Freigelassene später Einblick in die Informationsblätter nehmen konnte, die die Londoner Organisation für ihre Aktivisten zusammengestellt hatte, wunderte er sich, woher sie so genau über ihn Bescheid gewußt habe.[2]

Nochmals rund zwanzig Jahre später schließlich, nicht lange nach dem Ende des Kalten Kriegs, spitzte sich der politische und militärische Konflikt zu, in dem sich die ruandische Regierung und die Rebellen der *Ruandischen Patriotischen Front* gegenüberstanden. Kurz nachdem der Staatspräsident Juvénal Habyarimana bei einer Flugzeugexplosion ums Leben gekommen war, setzten politische Eliten aus seinem Lager im April 1994 einen zielgenauen Massenmord an den ruandischen Tutsi in Gang. *Human Rights Watch* wies dringlich darauf hin, daß sich in dem Land Menschenrechtsverletzungen größten Ausmaßes ereigneten, ja sogar ein Völkermord. Zeitungen und Fernsehen berichteten in diesen Wochen weltweit das Wesentliche darüber, was in Ruanda vor sich ging. Eine Solidaritäts- oder Protestbewegung, wie sie in westlichen Ländern andere staatliche Verbrechen hervorgerufen hatten, formierte sich nicht. Die amerikanische Regierung unter Präsident Bill Clinton trat nicht in Aktion, und gleiches galt für alle anderen westlichen Regierungen. Der Kommandeur der UN-Friedenstruppe, die im Land stationiert war, forderte, sein Mandat zu erweitern, um eingreifen zu können. Doch erhielt er aus New York die Anweisung, sich strikt an seinen friedensfördernden Auftrag zu halten. Binnen weniger Monate töteten ruandische Hutu – Soldaten, Milizen, aber auch Zivilisten – bis zu 800.000 Menschen.[3]

An den drei Momentaufnahmen läßt sich Mehreres ablesen. Sie verdeutlichen zunächst, daß die Sprache der Menschenrechte in der zweiten Hälfte des 20. Jahrhunderts ein fester Bestandteil der internationalen Politik wurde. Zwischenstaatliche Organisationen schufen Gremien, die staatliche Verbrechen beobachteten und Untersuchungen einleiteten – nicht nur die Vereinten Nationen, sondern auch der Europarat, die Organisation der Amerikanischen Staaten oder

---

2 Vgl. die Unterlagen in: Columbia University, New York, Center for Human Rights Documentation and Research, Amnesty International USA Archives [im Folgenden: CU, AI-USA], RG I.2, Box 1, 1981 Kit. Vgl. auch Inter-American Commission on Human Rights, Communications; Peña, Julio de Peña Valdez.
3 Vgl. Des Forges, Zeuge; Power, »Problem from Hell«, S. 329–389; Internationaal Instituut voor Sociale Geschiedenis, Amsterdam, Amnesty International International Secretariat [im Folgenden: IISG, AI IS], 321, Rwanda Evaluation Report – Draft for IEC Comment, August 1995.

die Organisation der Afrikanischen Einheit. Zahllose Nichtregierungsorganisationen nahmen ihre Arbeit auf, machten Fälle staatlichen Unrechts publik und bauten öffentlichen Druck auf, um es einzudämmen. Bald richteten Regierungen außenministerielle Abteilungen ein oder entwickelten Programme, um Menschenrechte in ihren bilateralen Beziehungen zu berücksichtigen. Tatsächlich ist das Geflecht an Institutionen, die menschenrechtspolitische Zuständigkeiten hatten, in der zweiten Jahrhunderthälfte immer weiter gewachsen. Gegen Ende des Jahrhunderts gab es kaum ein größeres Staatsverbrechen mehr, das nicht wenigstens die eine oder andere NGO als Menschenrechtsverletzung denunziert und über das nicht wenigstens einige Medien in diesem Sinn berichtet hätten.

Darüber hinaus bedienten sich Einzelne, Gruppen oder Staaten in unzähligen Situationen menschenrechtlicher Appelle. Sie verbanden damit eine Vielzahl ganz unterschiedlicher Anliegen. Allein in den geschilderten Episoden ging es um rassistische Diskriminierung und sozioökonomische Verwahrlosung, um politische Verfolgung und um Massenmord. Andere Politiker oder Aktivisten kämpften im Namen der Menschenrechte gegen Folter, Todesstrafe oder religiöse Diskriminierung, für den Schutz von Frauen, indigenen Bevölkerungen, Homosexuellen oder Behinderten, gegen koloniale Herrschaftspraktiken und für eine weltwirtschaftliche Umverteilung, gegen Polizeigewalt oder für die Ächtung von Landminen. Die Menschenrechtsidee erwies sich im Lauf der Jahrzehnte als denkbar offen, als äußerst form- und wandelbar. Daß sie so unterschiedlich besetzt wurde, hing wiederum auch mit der wahrhaft globalen Ausstrahlung zusammen, die sie entwickelte – das vermögen die drei Schlaglichter immerhin anzudeuten. In den Dekaden nach dem Zweiten Weltkrieg gab es keine Weltregion, in der die Idee nicht, ob zustimmend oder ablehnend, aufgegriffen oder diskutiert worden wäre. Auf diese Weise spielten Menschenrechtsforderungen schließlich in zahlreiche internationale Konflikte hinein oder lösten sie allererst aus: in Konflikte zwischen Ost und West, zwischen Demokratie und Diktatur, zwischen Kolonialmächten und kolonial beherrschten Ländern, zwischen industrialisierten Staaten der Nordhalbkugel und sogenannten Entwicklungsländern des globalen Südens. Bis heute haben sie ihre Präsenz in der internationalen Politik nicht eingebüßt, ja seit dem Ende des Kalten Kriegs haben sie darin vielleicht sogar noch stärker Fuß gefaßt als zuvor. In vielen sozialwissenschaftlichen Gegenwartsdiagnosen erscheinen Menschenrechte folglich als ein »zentrales Ordnungsprinzip globaler Moderne«.[4]

Darüber, was das alles bewirkte, wie sehr der Rekurs auf Menschenrechte half, Menschen vor Verfolgung zu schützen und staatlicher Willkür einen Riegel vorzuschieben, ob er ein wirksames, heilsames Prinzip in die internationale Arena einführte, ist damit wiederum noch wenig ausgesagt. Auch darauf

---

4 Opitz, Menschenrechte, S. 11.

verweisen die geschilderten Episoden. Die Eingaben afroamerikanischer Aktivisten an die Vereinten Nationen zeitigten keine unmittelbaren Folgen. Doch mögen sie den Handlungsdruck, unter dem sich die amerikanische Regierung sah, erhöht haben. Die dominikanischen Behörden registrierten die Briefe aus dem Ausland sensibel und ließen den Gewerkschaftsführer frei. Aber wieviel Gewicht hatte *Amnestys* Kampagne im Kalkül der Regierung wirklich? Die Erzählung de Peñas wurde, weil sie die Londoner Organisation in ihren Publikationen immer wieder verwandte und Zeitungen sie vielfach reproduzierten, vor allem zu einer ikonischen Erfolgsgeschichte. Einer der größten Massenmorde schließlich ereignete sich zu einem Zeitpunkt, da die internationale Menschenrechtspolitik stärker erscheinen mußte als jemals zuvor. Die Vereinten Nationen hatten soeben den Gedanken der »humanitären Intervention« wiederbelebt. Die Medien berichteten aus allen Winkeln der Erde praktisch simultan. Die großen Menschenrechts-NGOs hatten den Zenit ihrer institutionellen Stärke und ihrer politischen Akzeptanz erreicht. All das half nicht, die Massaker aufzuhalten. Als sie vorüber waren, trugen nicht-staatliche Organisationen dazu bei, das Geschehen akribisch zu dokumentieren und leisteten somit auch Vorarbeit, um Täter zur Rechenschaft zu ziehen.

Der Blick auf die Menschenrechtsgeschichte zeigt somit zwar, daß das 20. Jahrhundert nicht nur das Jahrhundert der exzessiven Gewalt, der verheerenden Kriege, der diktatorischen Unterdrückung, der brutalen Diskriminierung war, als das es zurecht immer schon begriffen und gedeutet worden ist. Es war auch, vor allem in seiner zweiten Hälfte, ein Jahrhundert, in dem sehr vieles unternommen wurde, um diesen Auswüchsen entgegenzutreten, Menschen in Not zu helfen und eine bessere, sicherere Welt zu schaffen. Gleichzeitig macht dieser Blick aber deutlich, daß sich beides nicht zusammenfügt wie die dunkle und die helle Seite eines säkularen Zusammenhangs. Menschenrechtspolitik stellte nicht die moralische Konsequenz dar, die eine einmütige internationale Gemeinschaft nach 1945 aus den vorherigen Kriegen und Massenmorden zog. Selten waren menschenrechtliche Initiativen, nach der Logik von *challenge* und *response*, die gleichsam automatische Antwort auf staatliche Verbrechen. Schließlich waren sie nie so abgekoppelt von strategischen Erwägungen, nie so losgelöst von politischen Sach- und Handlungszwängen, daß sich in ihnen eine Art alternative Weltordnung verkörpert hätte, die mit der »realpolitischen« der überkommenen Staatenbeziehungen kontrastierte. Menschenrechte waren vielfältiger und vieldeutiger in die Konflikte und Krisen, in die Verbrechens- und Repressionsgeschichte, in die Weltverbesserungshoffnungen und Reformaufbrüche des Jahrhunderts verwoben.

Hält man sich ihre Deutungsoffenheit und ihre langlebige Verbreitung vor Augen, ihre politische Virulenz und ihre mehrdeutigen Auswirkungen, so eröffnet die Menschrechtsidee eine ebenso bedeutsame wie facettenreiche Perspektive auf die Geschichte der internationalen Beziehungen. Die vorliegende

Studie möchte hier ansetzen. Sie untersucht, wie internationale Menschenrechtspolitik entstand und sich im Zeitraum zwischen den vierziger und den neunziger Jahren des 20. Jahrhunderts entwickelte. In ihrem Zentrum steht die Frage, welche Bedeutung das Sprechen und Handeln im Namen der Menschenrechte für die internationale Politik hatte – welche Anliegen es in die internationale Arena transportierte, wie es internationale Konflikte prägte, ob es die staatliche Verfügungsmacht über den Einzelnen einschränkte, schließlich und überwölbend, ob es einen Formwandel der internationalen Beziehungen anzeigte oder sogar herbeiführte. Mit alledem möchte die Studie dazu beitragen, das Verhältnis von staatlicher Gewalt und internationaler Hilfe, von existenzieller Gefährdung und politischer Ermächtigung, von kalkulierter Interessenpolitik und vermeintlich selbstloser Moral besser zu verstehen, das der internationalen Geschichte des Zeitraums ihr charakteristisches Doppelgesicht verlieh.

Die Untersuchung entwirft dafür zum einen einen historischen Rahmen. Sie versucht, die großen, grundlegenden Entwicklungslinien nachzuzeichnen und das Geschehen zu periodisieren. Sie will die Bedeutung, die menschenrechtliche Bezugnahmen in unterschiedlichen Phasen oder Kontexten hatten, gewichten und sie in breiteren historischen Zusammenhängen verorten. Was diesen Rahmen zusammenhält, ist die Vorstellung, daß sich nach dem Zweiten Weltkrieg ein internationales, menschenrechtliches Politikfeld herausbildete. Dieses Politikfeld wuchs um bestimmte Akteure, Foren und Konflikte herum und wandelte sich in den folgenden Jahrzehnten.

Ausgefüllt wird der Rahmen zum anderen durch mehrere Themenkomplexe, die das Buch vertiefend analysiert. Das sind bei weitem nicht alle, an die sich denken ließe – die Individuen und Organisationen, die Diskussionen und Auseinandersetzungen, die die internationale Menschenrechtsgeschichte des Zeitraums ausmachten, lassen sich nicht erschöpfend behandeln. Doch stellen die ausgewählten Komplexe, wie deutlich werden soll, wichtige und aussagekräftige Ausschnitte dieser Geschichte dar. Um die Ursprünge des internationalen Politikzusammenhangs freizulegen, der sich nach 1945 entwickelte, gilt es den Blick zunächst auf die menschenrechtlichen Vorstellungen und Forderungen zu richten, die sich in den Jahren des Zweiten Weltkriegs – und zum Teil auch schon davor – kristallisierten (Kap. 1). Die Planungen der Alliierten für die Nachkriegszeit, nicht zuletzt für eine neue Weltorganisation, die Überlegungen internationalistischer Gruppen in den USA, der Föderalismusdiskurs im besetzten Europa und die ideologischen Umorientierungen innerhalb der katholischen Kirche stellen hier besonders wichtige Ansätze dar. Die bedeutendsten politischen Foren, die aus diesen Ansätzen nach 1945 entstanden, waren die Menschenrechtssysteme der Vereinten Nationen und des Europarats. Die Politik, die in ihrem Rahmen betrieben wurde, vermag am deutlichsten zu zeigen, auf welche Weise und bis zu welchem Grad Menschenrechte in den rund zweieinhalb Jahrzehnten nach Kriegsende Eingang in die internationalen Beziehungen fanden; das gilt vor allem für den UN-Menschenrechtsbereich, der das unübersehbare Zentrum des neuen internationalen Politikfelds bildete. Die Organisation der Amerikanischen Staaten brachte dagegen lange Zeit keine ähnlichen Strukturen hervor, auch wenn um das Kriegsende einige menschenrechtspolitische Initiativen zu verzeichnen waren. Die besondere Interessenkonstellation auf dem Kontinent, das wird gerade im Kontrast zu Westeuropa erkennbar, stellte der regionalen Verankerung des Menschenrechtsgedankens bis zum Ende der fünfziger Jahre entscheidende Hemmnisse entgegen (Kap. 2 und 3). Internationale Nichtregierungsorganisationen, die sich wiederum vor allem in den Vereinten Nationen einfanden, stellten die wohl stärkste Triebkraft hinter den neuen politischen Anliegen dar (Kap. 4). Ihre Geschichte erlaubt, das Verhältnis von Traditionen und Neuansätzen auszuloten, das den nicht-staatlichen Menschenrechtsaktivismus nach dem Zweiten Weltkrieg bestimmte. Darüber hinaus führt sie die Möglichkeiten vor Augen, die der Rekurs auf Menschenrechte zivilgesellschaftlichen Akteuren eröffnete, mehr noch aber die Grenzen, die ihnen die internationalen Rahmenbedingungen der Nachkriegsdekaden setzten. Der Prozeß der Dekolonisierung, der nach 1945 an Fahrt aufnahm und Ende der sechziger Jahre bereits weitgehend abgeschlossen war, verdient eine eigene Analyse (Kap. 5). Die menschenrechtspolitischen Auseinandersetzungen, zu denen er Anlaß gab, prägten die Geschichte der Vereinten Nationen. Darüber hinaus ermöglichen sie es, die Mechanismen des antikolonialen Freiheitskampfs wie auch die Entscheidungsbildung der metropolitanen Regierungen bei ihrem Rückzug aus den Kolonien differenzierter zu verstehen.

Treten mit diesen Fallstudien wichtige Entwicklungen der Zeit zwischen dem Zweiten Weltkrieg und dem Ende der sechziger Jahre in den Blick, so erlebte das internationale Politikfeld in den siebziger und achtziger Jahren wichtige Neuansätze, die es tiefgreifend verwandelten. *Amnesty International* war bereits 1961 gegründet worden, gewann aber erst im Laufe des folgenden Jahrzehnts eine politische Schlagkraft, die es zu einem mächtigen Mitspieler in der internationalen Politik werden ließ (Kap. 6). Im Zuge dessen revolutionierte die Londoner Organisation den zivilgesellschaftlichen Aktivismus, produzierte aber auch neue Dilemmata und Komplexitäten. Aus diesen Gründen ist es entscheidend, *Amnesty* zu betrachten, will man die Anziehungskraft verstehen, die der Menschenrechtsgedanke nunmehr auf zivile Aktivisten ausübte, und will man den Einfluß ermessen, den sie in den internationalen Beziehungen auszuüben vermochten. Menschenrechte erlangten aber auch eine neue und größere Bedeutung in der Außenpolitik westlicher Regierungen (Kap. 7). Die Beispiele der USA, der Niederlande und Großbritanniens verdeutlichen, daß dies auf ein mehrschichtiges Bedürfnis zurückging, das auswärtige Handeln moralisch zu legitimieren. Dieses Bedürfnis war national recht unterschiedlich motiviert, zeitigte in der Praxis aber vielfach ähnliche Handlungsmuster. Waren es in den siebziger Jahren überwiegend linke Regierungen, die den Menschenrechtsgedanken programmatisch aufgriffen, so wandelte er in den achtziger Jahren unter konservativen Vorzeichen seinen Gehalt und seine Reichweite, blieb aber außenpolitisch präsent. Die Vitalisierung der nicht-staatlichen wie der staatlichen Menschenrechtspolitik war überdies eine wichtige Voraussetzung dafür, daß einige repressive Regierungen zum Ziel breitgefächerter internationaler Kampagnen wurden. Diejenigen gegen die Diktatur Augusto Pinochets waren in mancher Hinsicht exzeptionell – sie trugen dazu bei, daß sich Chile auf dem internationalen Parkett stärker und dauerhafter isoliert sah als nahezu jedes andere Land seit dem Ende des Zweiten Weltkriegs (Kap. 8). Gleichwohl verraten sie auch viel darüber, wer sich in dem Zeitraum aus welchen Gründen menschenrechtspolitischen Zielen verschrieb, und welche Veränderungskraft die internationale Menschenrechtspolitik bewies.

Gleichzeitig gewannen Menschenrechte auch in Osteuropa eine größere Prominenz (Kap. 9). Neu entstehende Dissidentenbewegungen machten sie sich, in unterschiedlichen nationalen Kontexten, zu eigen, um die rigorose Freiheitsbeschneidung in ihren Ländern vor einer internationalen Öffentlichkeit zu denunzieren. Dieses Bemühen verflocht sich mit dem langgestreckten KSZE-Prozeß, der die osteuropäischen Staaten in ein multilaterales Netz von Menschenrechtsbestimmungen verwickelte. Beides veränderte die Grundlagen kommunistischer Herrschaft wie auch die Voraussetzungen des Systemkonflikts und trug auf subtile Weise dazu bei, daß die osteuropäischen Diktaturen am Ende der achtziger Jahre einstürzten. Und auch das Verhältnis zwischen westlichen Ländern und Ländern der »Dritten Welt« wurde von Menschenrechtsdiskussionen geprägt (Kap. 10). Die postkolonialen Staatsführungen gerieten einerseits unter einen neuartigen politischen Druck, weil westliche Regierungen, NGOs und Akademiker begannen, »Menschenrechtsverletzungen« in Ländern des globalen Südens zunehmend genau zu beobachten. Andererseits erschienen ihnen menschenrechtliche Argumente als eine aussichtsreiche Strategie, um ihre Forderung nach einer Reform des Weltwirtschaftssystems zu begründen. Für nicht-staatliche Aktivisten zumal in Afrika gewann der Menschenrechtsgedanke gleichzeitig eine mannigfaltige Bedeutung; eine Reihe von Intellektuellen wies die bestehenden internationalen Menschenrechtsnormen als westlich geprägt zurück, verwarf aber nicht die Idee als solche, sondern versuchte vielmehr, eine afrikanische Menschenrechtstradition zu konstruieren. Ein Blick auf die Verwandlungen des politischen Feldes nach dem Ende des Kalten Kriegs und auf die Entwicklungen, die bis in die Gegenwart führen, beschließt die Untersuchung.

Um diese Themenkomplexe zu erschließen, läßt sich die Studie von mehreren analytischen Fragen leiten. Zuerst geht es ihr um den Aspekt der Genese. Sie untersucht, aus welchen historischen Erfahrungen, politischen Motivationen oder Wahrnehmungen heraus Politiker oder Aktivisten die Menschenrechtsidee aufgriffen und menschenrechtspolitische Entwicklungen auf den

Weg brachten. Dazu gehört auch die Frage, wie sie diese Idee jeweils inhaltlich aufluden und für welche politischen Ziele sie sie funktionalisierten. Des weiteren widmet sich die Analyse der politischen Praxis. Von ihr hing in hohem Maße ab, welche Reichweite Menschenrechtspolitik gewann, welche Bedeutung sie annahm, welche Gestaltungskraft sie entfaltete. Daher legt die Untersuchung ein großes Gewicht darauf, zu verfolgen, wie Politik in internationalen Regierungsorganisationen konkret ablief, wie NGOs operierten, wie Menschenrechte in die außenministerielle Entscheidungsbildung einsickerten, wie sich Mobilisierungen vollzogen, wie menschenrechtspolitische Konflikte ausgetragen wurden. Schließlich zielt sie darauf ab, die Wirkungen der Initiativen, die im Namen der Menschenrechte ergriffen wurden, auseinanderzulegen und zu beurteilen. Die Effekte des Handelns stellen fraglos eine entscheidende Dimension dar, will man einschätzen, welche Bedeutung Menschenrechte für die internationale Politik besaßen.

Einige Bemerkungen dazu, welches Verständnis von Menschenrechten und Menschenrechtspolitik der Untersuchung zugrunde liegt, sind dabei unumgänglich. Vorab ein inhaltliches Konzept von Menschenrechten zu definieren, an dem man dann die historischen Forderungen und Handlungsbegründungen mißt, ist ganz unzweifelhaft der falsche Weg, wenn man die Offenheit des Diskurses einfangen möchte. Zunächst ist es daher wichtig, zu betrachten, ob Akteure den Begriff selbst verwendeten. Denn alle Vorstellungen, die explizit als menschenrechtlich definiert wurden, sind auch als Teil des Menschenrechtsdiskurses zu verstehen. Aus historischer Perspektive interessiert gerade, welche Inhalte im 20. Jahrhundert in ihn eingeschrieben wurden, wo gleichwohl seine Grenzen verliefen, und wie er sich im Lauf der Jahrzehnte veränderte.

Schwieriger wird es dort, wo Politiker oder Aktivisten den Begriff nicht gebrauchten. Beide denkbaren Extreme erscheinen als wenig sinnvoll: Erachtet man alle explizit menschenrechtlichen und nicht-menschenrechtlichen Begründungsformen als gleich, solange sie nur auf die Hilfe für andere oder auf politische Emanzipation oder auf das Gute zielten, fallen die Erkenntnisse zu wenig trennscharf aus. Unterscheidet man explizit menschenrechtliche und nicht-menschenrechtliche Begründungsformen kategorisch, wird die Betrachtung rigoristisch und geht an der politischen Praxis vorbei. Drei Minimalkriterien scheinen mir aussagekräftig, um in solchen Fällen Menschenrechtsvorstellungen von anderen zu unterscheiden: Menschenrechtsvorstellungen implizieren einen Rechtsanspruch, sie sind individuell, und sie sind vorstaatlich gedacht. Legt man diese Kategorien an, läßt sich flexibel analysieren; selten ergeben sich dabei klare Gegensätze, sondern häufiger unterschiedliche Grade der Verwandtschaft oder der Nähe. Um einige Beispiele herauszugreifen, die in der zweiten Jahrhunderthälfte wichtig wurden: Die Leitvorstellung der »Freiheit« konnte derjenigen der Menschenrechte ähnlich sein, sofern sie sich auf Individuen bezog, doch implizierte sie keinen Rechtsanspruch. Völkerrechtsgedanken waren überstaatlich, aber nicht unbedingt vorstaatlich und nicht unbedingt individuell. Die Forderung nach einem Recht auf Selbstbestimmung oder einem Recht auf Entwicklung implizierte offenkundig einen Rechtsgedanken, doch bezogen sie sich auf ein kollektives Subjekt; gleichzeitig wurden beide aber in der zweiten Jahrhunderthälfte von bestimmten Akteuren auch explizit als Menschenrecht definiert. Bei alledem geht es nicht darum, selbstzweckhaft zu differenzieren, sondern freizulegen, welche unterschiedlichen Implikationen Legitimierungsstrategien haben konnten. Eine wertende Aussage ist damit aus meiner Sicht nicht verbunden. Historische Argumentationsweisen sind nicht per se weniger wichtig, wertvoll oder aufrichtig, weil sie nicht menschenrechtlich formuliert worden sind; sie sind auch nicht per se wertvoll oder aufrichtig, *weil* sie menschenrechtlich formuliert worden sind.

Die Dinge werden dadurch noch etwas komplizierter, daß es nicht nur um semantische Fragen geht, sondern auch um die politische Praxis. Auch hier erscheint es mir am sinnvollsten, den Fokus etwas weiter auszurichten, um dann zu überlegen, was bestimmte Handlungsweisen miteinander gemeinsam hatten und was nicht. Es würde zu kurz greifen, politische Aktionen nur in die Betrachtung einzubeziehen, sofern die Zeitgenossen sich ausdrücklich auf den Menschenrechtsbegriff oder auf einschlägige Normen beriefen. Andere Elemente waren gleichfalls wichtig: der Gedanke, internationale Sicherungen zu schaffen, um Menschen vor staatlicher Verfolgung zu schützen, wie auch immer er begründet war; grenzübergreifende Interventionen, seien es zivilgesellschaftliche oder diplomatische, um anderen zu helfen; die Idee und die Praxis einer Solidarität und einer Empathie, die über den Nationalstaat hinausreichten. Diese Elemente gilt es, sofern das der historische Kontext nahelegt, in den Blick zu nehmen und mindestens darauf hin zu befragen, in welchem Verhältnis sie zu einer explizit menschenrechtlich argumentierenden Politik standen. Schließlich: Dieses Buch konzentriert sich auf die internationale Politik, so daß rein innerstaatliche Menschenrechtsforderungen, Diskussionen und Konflikte außen vor bleiben.

Manche Themenkomplexe, die diese Studie untersucht, sind vorwiegend über die vorhandene Literatur erschlossen. Aus ihr hat sie stark geschöpft, und zwar nicht nur aus der Menschenrechtshistoriographie, von der sogleich zu sprechen sein wird. Andere Stränge waren ebenso wichtig, darunter vor allem die Geschichtsschreibung zu den internationalen Beziehungen, zu sozialen Bewegungen und zu internationalen Organisationen, die Geschichte der Dekolonisierung, die Lateinamerika-, Afrika- und Osteuropahistoriographie und die Politik- und Gesellschaftsgeschichte westlicher Nationen. Überwiegend beruht die folgende Untersuchung aber auf neuen, zumeist archivalischen Forschungen. Archivalische Forschungen bilden die ganz überwiegende Substanz der Kapitel über das Menschenrechtssystem der Vereinten Nationen, *Amnesty International*, die menschenrechtliche Außenpolitik der USA und Großbritanniens sowie die Kampagnen gegen die chilenische Militärdiktatur. Sie stellen auch den Kern des Kapitels über die internationalen NGOs der Nachkriegsjahrzehnte dar. Dafür habe ich verschiedene Bestände ausgewertet: Die Unterlagen der UN-Archive in Genf und New York; die Akten des amerikanischen *State Department* und des *Chile Declassification Project* in den *National Archives* in College Park, Maryland, sowie die der *Jimmy Carter Presidential Library*; die Überlieferung des *Foreign Office* und der britischen Regierung in den *National Archives* in Kew wie auch die des Außenministeriums und der Regierung der Niederlande im *Nationaal Archief* in Den Haag; die Materialien *Amnesty Internationals* im *Instituut voor Sociale Geschiedenis* in Amsterdam und an der Columbia University in New York, dort auch die Bestände von *Human Rights Watch*; die Dokumente der *International League for the Rights of Man* in der *New York Public Library* und den Nachlaß von Frances Grant, einer langjährigen Mitarbeiterin der League, an der Rutgers University in Newark, New Jersey; schließlich die Protokolle der chilenischen Junta in der *Biblioteca del Congreso Nacional* und die Akten des chilenischen Außenministeriums, beide in Santiago de Chile. Die nicht archivbasierten Teile des Buches ziehen veröffentlichte Quellen heran und ergänzen dadurch das vorhandene Wissen. Entweder greifen sie, wie in den Kapiteln über die regionalen Menschenrechtssysteme oder Osteuropa, punktuell auf solche Quellen zurück, oder integral, wie in den Kapiteln über die Weltkriegsjahre und über die Dekolonisierung.

Einige zeitliche und räumliche Grenzen der Untersuchung liegen, blickt man auf das Material, bereits auf der Hand. Aus der Zeit nach den siebziger Jahren sind bislang kaum Akten zugänglich, wenn man von denen *Amnesty Internationals* und einigen Dokumenten absieht, die die Chilepolitik der Reagan-Regierung betreffen. Zudem weist die archivalische Grundlage einen unverkennbar »westlichen« Bias auf. Ich habe ganz überwiegend in westlichen Ländern Recherchen betrieben, mit der Ausnahme Chiles, das zeigt, wie unscharf diese Zuordnung ist. Denn je nach Phase und Politikfeld war Chile entweder Teil des westlichen Lagers oder ein »Entwicklungsland« des globalen Südens, oft auch beides zugleich. In Osteuropa, Afrika und Asien habe ich aus forschungspraktischen Gründen keine archivalischen Studien angestellt. Die Entwicklungen in diesen Regionen sind für die globale Menschenrechtsgeschichte von großer Bedeutung. Sie sind in der Untersuchung daher an zentralen Stellen einbezogen. Doch fallen die Befunde alles in allem unvermeidlich weniger tiefenscharf aus. Auch so verfolgt die vorliegende Studie einen doppelten Anspruch. Sie will eine übergreifende Interpretation der internationalen Menschenrechtspolitik in der zweiten Jahrhunderthälfte entwickeln. Und sie will gleichzeitig das empirische Wissen um wichtige Bereiche und Ausdrucksformen dieser Politik schaffen und dadurch historisches Neuland erschließen.

Eine ähnliche, empirisch vertiefte Gesamtdarstellung gibt es in der menschenrechtshistorischen Literatur bislang nicht. Überhaupt haben Historiker und Historikerinnen das Thema erst in jüngster Zeit entdeckt. Die Konjunkturen, die andere Disziplinen in den siebziger und stärker noch in den neunziger Jahren zu verzeichnen hatten, sind an der Geschichtswissenschaft in eigentümlicher Weise vorbeigegangen. Während Politikwissenschaft und Völkerrechtswissenschaft, Soziologie und Philosophie begannen, sich den Menschenrechten zuzuwenden, bildete sich eine sicht- und abgrenzbare Menschenrechtsgeschichtsschreibung in diesem Zeitraum nicht heraus.[5] Zwar ließe sich historiographiegeschichtlich reizvoll darüber diskutieren, ob die »erste[n] Menschenrechtshistoriker« nicht sogar schon viel älter sind. Gerhard Ritter etwa versuchte bereits in den vierziger Jahren, die Ursprünge der Allgemeinen Menschenrechtserklärung ausfindig zu machen.[6] Und noch früher, im späten 19. Jahrhundert, hatte Georg Jellinek mit seiner Neuinterpretation der französischen Menschenrechtserklärung eine länderübergreifende Kontroverse ausgelöst.[7] Doch waren dies vereinzelte Ereignisse. Nach dem Zweiten Weltkrieg befaßten sich nur wenige Autoren mit dem Thema, und sie verfolgten vorwiegend ideengeschichtliche Perspektiven.[8]

Ein verstärktes historisches Interesse zeichnet sich erst seit allenfalls einer Dekade ab und ist dann mit einer gewissen Plötzlichkeit durchgebrochen.[9] In den letzten rund fünf Jahren ist ein kleines, produktives Forschungsfeld entstanden, das derzeit weiter wächst. An die Stelle weit ausholender, aber oftmals nur grob ausgearbeiteter Überblicksdarstellungen sind inzwischen begrenztere, empirisch fundierte Untersuchungen getreten.[10] Das 20. Jahrhundert ist dabei schnell in den Vordergrund gerückt. Zwei Phasen seiner Erforschung lassen sich bereits unterscheiden, wenn sie sich auch überschneiden. Die ersten substanziellen Arbeiten widmeten sich den vierziger Jahren und hier vor allem den Entwicklungen in den Vereinten Nationen.[11] Ohne daß dieser Ausschnitt aus dem Blickfeld verschwunden ist, haben sich Historikerinnen und Historiker seitdem

---

5 Vgl. als disziplinäre Auswahl: Claude (Hg.), Human Rights; Forsythe, Human Rights; Keck/Sikkink, Activists; Buergenthal/Sohn (Hg.), Protection; Joas, Entstehung; Koenig, Weltgesellschaft; Bielefeldt, Philosophie; Gosepath/Lohmann (Hg.), Philosophie.
6 Vgl. Moyn, Historian.
7 Vgl. Jellinek, Erklärung.
8 Vgl. als Auswahl Kleinheyer, Grundrechte; Oestreich, Geschichte; Birtsch (Hg.), Grund- und Freiheitsrechte; Hunt, French Revolution; Schmale, Archäologie; Grandner u. a. (Hg.), Grund- und Menschenrechte; Bradley/Petro (Hg.), Truth; Blickle, Leibeigenschaft.
9 Vgl. als weltweit ersten, forschungsgestützten Überblick über die internationale Menschenrechtspolitik seit 1945: Eckel, Utopie. Die früheste Sammelrezension stammt von dem inzwischen verstorbenen Cmiel, Historiography. Einflußreich war auch das Buch von Hunt, Inventing. Als jüngste Forschungsessays vgl. Pendas, Politics; Moyn, Substance.
10 Vgl. als Längsschnittdarstellungen vor allem Lauren, Evolution; Ishay, History.
11 Vgl. Morsink, Universal Declaration; Glendon, World; Simpson, Rights; Mazower, Strange Triumph; Borgwardt, World; Winter, Dreams; Normand/Zaidi, Rights.

zur Geschichte der Dekolonisierung und zu den siebziger Jahren hin bewegt.[12] Einige Sammelbände, die in den letzten Jahren erschienen sind, bilden diese verschiedenen thematischen Facetten ab.[13]

Fast gleichzeitig erlebte im übrigen die Geschichte des Humanitarismus einen ganz ähnlichen Aufschwung. Wie und warum Aktivisten in Zeiten des Kriegs oder im Angesicht von Naturkatastrophen den betroffenen Zivilbevölkerungen halfen, auf welche Weise Regierungs- und Nichtregierungsorganisationen grenzüberschreitend in gesellschaftliche Zusammenhänge eingriffen, welche Bedeutung völkerrechtliche Vereinbarungen dafür hatten, und wie sich »humanitäre Interventionen« im Laufe der Jahrhunderte veränderten – diese Fragen haben ebenfalls plötzlich ein starkes historisches Interesse auf sich gezogen.[14] Daß sich diese analytischen Perspektiven mit denen der Menschenrechtsgeschichte eng berühren, scheint evident. Und doch sind die Forschungen zu den beiden Themenfeldern bislang kaum aufeinander bezogen worden. Sie entwickeln sich weitgehend ungerührt nebeneinander her.[15] Diese Untersuchung möchte sie wenigstens punktuell aufeinander beziehen, um dadurch die Logiken der Menschenrechtspolitik genauer zu verstehen.

Die Arbeiten der letzten Jahre haben das Wissen um die Menschenrechtsgeschichte deutlich geschärft und in manchen Bereichen auf eine neue Basis gestellt. Für die vorliegende Studie sind ihre Ergebnisse vielfach wichtig. Sie werden daher im Zusammenhang der einzelnen Kapitel aufgegriffen und eingehender diskutiert. Zuvor bietet es sich jedoch an, einen näheren Blick auf die übergreifenden Interpretationslinien zu werfen, die sich in der jüngsten Forschung herausgeschält haben. Er kann dabei helfen, der folgenden Untersuchung eine schärfere Kontur zu geben.

So haben vor allem die Autorinnen und Autoren der ersten historiographischen Welle die Geschichte der Menschenrechte als eine kontinuierliche Entwicklung aufgefaßt, die Jahrzehnte oder sogar Jahrhunderte umspanne.[16] Sie haben zuweilen sehr direkte historische Linien gezogen, die von der Französischen Revolution zur Begründung des UN-Menschenrechtssystems führten, von den humanitären Interventionen des späten 19. zu denen des späten 20. Jahrhunderts, von den Abolitionisten zu *Amnesty International*. Die

---

12 Vgl. zur Dekolonisierung: Maul, Menschenrechte; Klose, Menschenrechte; Burke, Decolonization; Eckel, Human Rights.
13 Vgl. Hoffmann (Hg.), Moralpolitik; Iriye/Goedde/Hitchcock (Hg.), Human Rights; Eckel/Moyn (Hg.), Moral.
14 Vgl. etwa Journal of Contemporary History 43 (2008), Heft 3, Special Issue: Relief in the Aftermath of War; Walker/Maxwell, Shaping; Simms/Trim (Hg.), Humanitarian Intervention; Barnett, Empire; Rodogno, Massacre.
15 Als Ausnahmen vgl. Cohen, »Human Rights«; Hitchcock, Human Rights.
16 Vgl. zum Folgenden Lauren, Evolution; Hunt, Inventing; ferner Hochschild, King; Korey, NGOs; Morsink, Declaration; Glendon, World; Kennedy, Parlament; Bass, Freedom's Battle.

Allgemeine Menschenrechtserklärung von 1948 erschien mitunter als Beginn einer »Menschenrechtsrevolution«, die sich anschließend nur immer stärker ausbreitete. Eine Autorin hat sogar die gesamte Geschichte seit der Entstehung der alten Religionen als die eines »kumulativen« menschenrechtlichen Fortschritts perspektiviert.[17] Nicht alle diese Anregungen sind von der Hand zu weisen. Die Suche nach menschenrechtshistorischen Kontinuitäten und Fortentwicklungen ist zweifellos zentral, und je nach den Kriterien, die man dabei anlegt, kann man zu unterschiedlichen Schlüssen gelangen. Auch ist es eine berechtigte Frage, ob es vielleicht immer schon so etwas wie menschenrechtliche Ideen oder menschenrechtlich motiviertes Handeln gegeben hat, das, jeweils anders benannt, sich dem Wesen nach gleich geblieben ist. Doch sind bei alledem die Veränderungen im Zeitverlauf, die Unterschiede in Praktiken und Begründungen, die kulturellen Abweichungen zu kurz gekommen. Wenn sie den Gegenstand klar erkennbar machen will, muß die historische Analyse stärker in Zeit und Raum differenzieren.

Es kommt hinzu, daß dieser Strang von Arbeiten unverkennbar dazu tendiert hat, Menschenrechte als unhinterfragt positiv zu begreifen. Paul Gordon Lauren hat in seiner verdienstvollen Darstellung die Menschenrechtsidee als die säkulare Lehre interpretiert, die aus den Kriegen und Verwüstungen der ersten Jahrhunderthälfte gezogen worden sei, und die Welt zwar nicht von allen Übeln befreit, aber doch besser gemacht habe.[18] Ob das so war, stellt eine entscheidende Frage dar. Doch sollte man sie nicht mit einem impliziten Fortschrittsgedanken beantworten, dem zufolge die Menschheit heute friedlicher lebt als um 1900, und zugleich die oft widersprüchlichen Forderungen, die im Namen der Menschenrechte formuliert worden sind, in ein gemeinsames Projekt zusammenfallen lassen. So oft der Vorwurf der Teleologie in historischen Diskussionen auch überstrapaziert wird, kommt man kaum umhin, ihn gegen diese Untersuchungen zu erheben. Tatsächlich erscheint dieses erste Narrativ selbst bereits in einem historischen Licht. Es geht zurück auf das Ende der neunziger Jahre, in denen, befeuert von den Hoffnungen auf ein neues Zeitalter nach dem Kalten Krieg, weltweit eine kräftige Blüte menschenrechtlicher Politik und humanitärer Sensibilitäten zu verzeichnen war. Die Studien sind als Ausfluß einer intellektuellen Suche nach den Wurzeln dieser Aufbrüche zu verstehen, nach Vorläufern und nach Parallelen in früheren Zeiten. Manche Autorinnen und Autoren arbeiteten offenkundig an einer »Erfindung der Tradition«, mit der sie der gegenwärtigen internationalen Konjunktur eine weit zurückreichende Vorgeschichte verschaffen wollten. Sie teilten auch viel von dem Optimismus, der die menschenrechtlichen Ansätze in der internationalen Politik nach 1990 jedenfalls eine Zeit lang begleitete.

---

17 Vgl. Ishay, History.
18 Vgl. Lauren, Evolution.

Weniger entfaltet, tritt daneben ein weiterer Interpretationsstrang. Er hebt darauf ab, die Inkonsequenzen, die uneingelösten Ansprüche und nicht zuletzt die moralische Scheinheiligkeit zu entlarven, die die Menschenrechtspolitik westlicher Akteure fragwürdig erscheinen lassen. Das bezieht sich vor allem, aber nicht ausschließlich, auf die amerikanische Regierung.[19] In dieser Deutung scheint eine politische Kritik auf, die legitim ist, aber zuweilen eben auch auf Kosten der historischen Distanz geht. Tatsächlich lassen sich sehr viele Argumente, die Vertreter dieser Sicht formulieren, bereits in der zeitgenössischen politischen Diskussion finden. Vielleicht wichtiger noch, greift ihre Perspektive in mancher Hinsicht zu kurz. Daß Politiker und Aktivisten die Menschenrechtsidee nutzten, um hehre Selbstbilder zu erzeugen und Machtambitionen zu verhüllen, und daß sie oft darin versagten, die Lebenswirklichkeit der Menschen in anderen Ländern zu verbessern, hat die internationale Menschenrechtspolitik tief geprägt. Doch prägte es sie auf Seiten westlicher ebenso wie auf Seiten anderer Staaten und Organisationen. Und selten war das alles, was sie ausmachte. Ihre Motivschichten und Verwendungsweisen waren fast immer vielfältiger und spannungsgeladener, der Reflexionsgrad der zeitgenössischen Akteure oft höher, als er in den historischen Kritiken erscheint.

Eine schon jetzt viel rezipierte Deutung hat schließlich Samuel Moyn vorgelegt.[20] Auf der Grundlage eines breiten, veröffentlichten Schrifttums argumentiert Moyn, in markanter Abgrenzung von den Arbeiten zur Kriegs- und Nachkriegszeit, daß Menschenrechte erst in den siebziger Jahren ihren eigentlichen Durchbruch erlebten. Er versteht sie dabei als Teil einer Geschichte sich ablösender Idealismen. Den Kern der Konjunktur der siebziger Jahre sieht er darin, daß Menschenrechte als ein ideologisches Substitut fungierten, mit dem ältere, utopische politische Projekte, die in diesem Zeitraum in sich zerfielen, ersetzt und in ein neues, wesentlich gedämpfteres idealistisches Gedankensystem überführt werden konnten – in das »letzte Utopia«, das noch blieb. Moyns Buch ist der bislang vielleicht wichtigste einzelne Beitrag zur neueren Historiographie der Menschenrechte. Das liegt an seinem synthetischen Vermögen, der Originalität vieler Beobachtungen und nicht zuletzt an der analytischen Schärfe, die er in die Diskussion gebracht hat. Von ihr profitieren Anhänger wie Gegner seiner Interpretation gleichermaßen. Daß die siebziger Jahre eine wichtige, ja entscheidende Phase der Menschenrechtsgeschichte darstellen, ist aus meiner Sicht, wie noch ausführlich darzulegen sein wird, zutreffend.[21] Auch teile ich die Auffassung, politische Desillusionierung sei eine wichtige Ursache dafür gewesen, daß die Menschenrechtsidee in dieser Dekade eine so große Attrakti-

---

19 Vgl. Sellars, Rise. Zuletzt vor allem die Arbeiten von Barbara Keys und Bradley Simpson.
20 Vgl. Moyn, Last Utopia.
21 Vgl. zu meiner Deutung der siebziger Jahre bisher: Eckel, Utopie, S. 458–482; ders., Humanitarisierung; ders., Neugeburt.

vität entfaltete. Doch unterscheidet sich meine Deutung von derjenigen Moyns, insofern ich sie lediglich als eine Ursache unter mehreren ansehe; und insofern ich nicht glaube, daß sich alle wichtigen Entwicklungen des Jahrzehnts auf sie zurückführen lassen. Überdies halte ich die ideengeschichtliche Perspektive allein nicht für ausreichend. Das historische Verständnis muß begrenzt bleiben, wenn man Menschenrechte ausschließlich als Element des politischen Denkens begreift, und die politische Praxis, die sich mit ihnen verband, nicht einbezieht. Schließlich minimiert Moyn die Äußerungen menschenrechtlicher Politik vor den siebziger Jahren stärker, als mir vertretbar erscheint. Die Geschichte der Menschenrechte gleichsam erst in dieser Dekade beginnen zu lassen, ist, wie ich meine, mit den empirischen Befunden nicht zu vereinbaren. Überhaupt sollte man die periodisierende Gewichtung, die nötig ist, nicht so weit führen, einzelne Jahrzehnte gegeneinander auszuspielen. Sinnvoller dürfte es sein, die zeitlichen Kontexte jeweils in ihrem eigenen Recht zu untersuchen, und dann nach Bezügen zu fragen.

Bedenkt man, daß die Entwicklung der Menschenrechtspolitik seit den vierziger Jahren in eine Phase rasanten historischen Wandels fiel und daß eine Vielzahl von Akteuren an ihr beteiligt war, die unter denkbar verschiedenartigen Rahmenbedingungen handelten, so scheint es von vornherein ausgeschlossen, daß sie sich mit einer geradlinigen, mit einer eindimensionalen, und vermutlich auch, daß sie sich mit einer moralisch eindeutigen Auslegung fassen läßt. Weder in einer ungebrochenen Fortschrittserzählung, noch in einer politisch-historischen Kritik westlicher Hypokrisie, noch schließlich in der Fokussierung auf den Utopieverlust der siebziger Jahre geht sie vollständig auf. Vom anderen Extrem her gedacht, hilft es aber auch nicht weiter, das Geschehen als vollends dispers und weitgehend zusammenhanglos zu betrachten. Der historische Erklärungswert einer Politikfeldanalyse muß gering bleiben, wenn man den Gedanken eines Systems ohne Zentrum zu weit treibt. Sofern er dazu führt, daß sich fast gar keine Kausalitäten mehr bestimmen lassen, kaum wechselseitige Einflüsse nachvollziehbar werden und die relative Bedeutung historischer Prozesse verschwimmt, bringt er weniger Ordnung in die Fülle der Fakten, als möglich und sinnvoll ist.[22]

Dieses Buch versucht dem zu begegnen, indem es drei grundlegende Deutungslinien entwickelt, welche die Analyse kapitelübergreifend strukturieren. Erstens beschreibt es die Entwicklung internationaler Menschenrechtspolitik als polyzentrisch. Verschiedene Akteure an unterschiedlichen Orten trugen aus zuweilen ähnlichen, öfter aber divergierenden Motiven zu ihr bei. In den Jahren des Zweiten Weltkriegs etwa kamen die vielleicht stärksten Impulse aus den USA, Westeuropa und Lateinamerika, und schon kurze Zeit später rangen in

---

22 Das scheint mir das Problem der Studie zur internationalen Bevölkerungspolitik von Connelly, Misconception, der von einem »system without a brain« spricht (S. 276).

den Vereinten Nationen mehrere Dutzend Mitgliedstaaten darum, welche menschenrechtlichen Garantien festgeschrieben werden sollten. Politische Eliten in afrikanischen und asiatischen Kolonien begannen, sich mit den neuen internationalen Normen und Verfahren auseinanderzusetzen. Nicht nur die genannten afroamerikanischen Bürgerrechtsorganisationen griffen auf sie zurück, um sich zu schützen, sondern auch Exilanten, die aus osteuropäischen oder lateinamerikanischen Diktaturen geflohen waren, nationale Minderheiten in Spanien oder Indien oder deutsche Heimatvertriebene. Spätere Jahrzehnte bieten ein ähnliches Bild. Nie gab es daher den einen Grund, auf den sich das internationale menschenrechtspolitische Geschehen reduzieren ließe. In jeder Phase, sogar in jeder Situation, war es vielfach determiniert.

Zudem betont diese Studie, zweitens, die Ambivalenz menschenrechtspolitischer Initiativen. Sie läßt sich auf allen Ebenen greifen: in den Motiven, aus denen sich Politiker und Aktivisten den Menschenrechtsgedanken aneigneten, in der praktischen Ausgestaltung ihrer Politik und nicht zuletzt in den Wirkungen, die diese entfaltete. Wenn die amerikanische Regierung in den späten vierziger Jahren einen Propagandafeldzug gegen die Zwangsarbeit in der Sowjetunion eröffnete, so mochte er den Internierten zugute kommen, wichtiger war den Verantwortlichen jedoch, den Systemgegner zu diskreditieren. Als die Staaten des Europarats Ende der sechziger Jahre der griechischen Militärregierung mit dem Ausschluß drohten, wollten sie etwas gegen die politische Unfreiheit im Land unternehmen, bahnten sich aber auch einen Weg, die Beziehungen zu Griechenland außerhalb des Europarats zu normalisieren. Den Aktivisten von *Amnesty International* ging es in den siebziger Jahren darum, das Leid von Häftlingen in fernen Ländern zu lindern, aber ebenso darum, ihre eigene Moralität zu bekräftigen und zu dokumentieren. In den gleichen Jahren sahen sich die amerikanische und die britische Regierung mit kaum lösbaren Schwierigkeiten konfrontiert: Kritisierten sie die osteuropäischen Regierungen, um die Dissidenten zu unterstützen, gefährdeten sie den Entspannungsprozeß; versuchten sie, repressive Regime wie das chilenische oder das südafrikanische an ihrem empfindlichsten Punkt, den ökonomischen Beziehungen, zu treffen, schadeten sie unter Umständen dem eigenen Arbeitsmarkt. Ob ihre Maßnahmen überhaupt etwas bewirkten, erschien höchst unsicher: Diktaturen reagierten auf internationale Kampagnen, indem sie Gefangene freiließen, aber auch, indem sie die Schrauben der Unterdrückung nur noch fester anzogen. Die Geschichte der internationalen Menschenrechtspolitik im 20. Jahrhundert ist eine Geschichte voller Widersprüche und gegenläufiger Tendenzen. Sie zeitigte unintendierte Folgen, solche, in denen die Menschenrechtsidee am Ende überraschend ihre subkutane Wirkkraft bewies, aber ebenso oft kontraproduktive Folgen. Sie speiste sich aus dem Neben- und Ineinander von Moral und Kalkül, von Vision und Strategie, von Schutzbedürfnis und Machtambition, von idealistischem Veränderungswillen und zynischer Verschleierung. Gerade in der

Gemengelage der Intentionen, den moralischen Dilemmata, den gegensätzlichen Auslegungen und den unscharfen Wirkungen liegt viel von dem, was die Menschenrechtsgeschichte interessant und untersuchenswert erscheinen läßt.

Drittens schließlich versteht dieses Buch die Menschenrechtsgeschichte des Zeitraums als diskontinuierlich. Das bedeutet nicht, daß es Traditionen verwirft, beziehungslose Verläufe aneinanderreiht und jede neue Aufladung der Idee als radikale Innovation interpretiert. Doch macht es deutlich, wie unterschiedlich sich Menschenrechtsidee und -politik im Zeitverlauf ausprägen konnten. Und die Untersuchung akzentuiert durchweg, wie bedeutsam kurzfristige Vorgeschichten und zuweilen auch aktuelle Anlässe dafür waren, wie sich menschenrechtspolitisches Handeln entwickelte. Diejenigen Regierungsexperten und Nichtregierungsorganisationen, die in den vierziger Jahren über suprastaatliche Schutzmechanismen nachdachten, hatten die anfälligen internationalen Sicherheitsstrukturen der zwanziger und dreißiger Jahre vor Augen. Zahlreiche Mitglieder *Amnesty Internationals* zogen, indem sie sich in den siebziger Jahren dem Menschenrechtsaktivismus verschrieben, ihre Konsequenzen aus dem politischen Protest der sechziger Jahre. Der amerikanische Präsident Jimmy Carter versuchte mit seiner Menschenrechtspolitik auf die Krise der Vietnam- und Watergate-Ära zu reagieren, der britische Außenminister David Owen wollte die Politik des Vereinigten Königreichs an die Erfordernisse der postkolonialen Situation anpassen. Die menschenrechtspolitischen Initiativen gegen das Militärregime Pinochets schließlich erschienen vielen Beteiligten als präzedenzlos – nicht zuletzt den chilenischen Machthabern selbst, die nicht im Entferntesten auf die internationale Kritik vorbereitet waren. Solche unmittelbaren Kontexte sind für das Verständnis der Menschenrechtsgeschichte immer wichtiger und erklärungskräftiger, als ferne historische Ursachen oder langfristige Kontinuitäten, die es mitunter auch gab. Das gilt übrigens nicht zuletzt, wenn man die Selbstwahrnehmung der Akteure betrachtet. Sie waren oft der Meinung, etwas Neues zu beginnen, oder beginnen zu müssen, auch wenn sie um die Vergangenheit wußten.

Es geht in dieser Studie nicht primär darum, die internationale Menschenrechtspolitik zu einem Demonstrations- oder Testobjekt des einen oder anderen methodischen Zugriffs zu machen. Gleichwohl steht sie im Schnittfeld einiger neuerer methodischer Diskussionen und schließt in unterschiedlicher Weise an sie an. Internationale Menschenrechtspolitik ist ein globalhistorisches Phänomen, da sie sich weltweit erstreckte und unterschiedliche Weltregionen miteinander verknüpfte. Transnationale Verflechtungen, grenzübergreifende Interventionen und die Sensibilität für »fernes Leid« spielten in ihr eine große Rolle.[23] Das historische Bewußtsein, das die Debatten um diese beiden Perspektiven, die

---

23 Zu dem Begriff mit allerdings etwas anderer Bedeutung vgl. Boltanski, Souffrance.

Global- und die transnationale Geschichte, in den letzten Jahren geschaffen haben, steht daher im Hintergrund.[24]

Zudem vermögen die jüngeren Reflexionen darüber, wie sich der überkommene Gegenstandsbereich der Politikgeschichte erweitern, und wie sich das, was Politik oder »das Politische« ausmacht, verstehen lasse, manche Beobachtungen zu schärfen. Eine Untersuchung der Menschenrechtspolitik muß meines Erachtens berücksichtigen, daß politisches Handeln sprachlich vermittelt ist, daß die Auseinandersetzungen darüber, was überhaupt als politisch zu gelten habe, nicht weniger entscheidend sind als politische Beschlüsse, daß Politik eine symbolische Dimension aufweist und zuweilen auch einen performativen Charakter hat.[25] Andere Kategorien, die man vielleicht eher der traditionellen Politikgeschichtsschreibung zuordnen würde, bleiben gleichwohl unverzichtbar: die Handlungsmotive der Akteure, Machtverhältnisse, die Entscheidungsbildung und die Folgen politischen Handelns. Der Politikbegriff, der dieser Studie zugrunde liegt, umfaßt mithin Sprechen und Rhetorik, Ideen und Diskurse, Praktiken, Effekte.

Schließlich knüpft die Untersuchung an die Diskussion über eine erneuerte Geschichtsschreibung der internationalen Beziehungen an, die in Deutschland seit etwas mehr als zehn Jahren, in den USA seit Mitte der neunziger Jahre geführt worden ist – und die, vergleicht man es mit den Methodendebatten auf anderen historischen Themenfeldern, erstaunlich unkontrovers vonstatten ging.[26] Eine Reihe methodischer Postulate, die Historikerinnen und Historiker in diesem Zusammenhang aufgestellt haben, erweisen sich für eine Analyse der Menschenrechtspolitik als entscheidend: Sie muß nicht-staatliche Akteure einbeziehen, sowohl NGOs als auch Regierungsorganisationen. Sie muß sich den gesellschaftlichen Bedingungen staatlicher Außenpolitik widmen. Sie kann staatliche Interessen nicht als fix betrachten, sondern muß sie als hergestellt oder konstruiert begreifen, weil sie sonst nicht erklären könnte, wie der internationale Menschenrechtsschutz zu einem außenpolitischen Anliegen wurde. Daher ist es auch nötig, nach den subjektiven Wahrnehmungen und Vorstellungswelten internationaler politischer Akteure zu fragen. Schließlich kann eine menschenrechtshistorische Untersuchung davon profitieren, sich mit po-

---

24 Vgl. Osterhammel, Gesellschaftsgeschichte; Conrad, Marginalisierung; Osterhammel/Petersson, Geschichte; Grandner/Rothermund/Schwentker (Hg.), Globalisierung; Budde/Conrad/Janz (Hg.), Geschichte; Conrad/Eckert/Freitag (Hg.), Globalgeschichte; Osterhammel (Hg.), Weltgeschichte.
25 Mergel, Überlegungen; Martschukat/Patzold (Hg.), Geschichtswissenschaft; Stollberger-Rilinger, Kommunikation; Frevert (Hg.), Politikgeschichte; Meier/Papenheim/Steinmetz (Hg.), Semantiken.
26 Vgl. Iriye, Internationalizing; Loth/Osterhammel (Hg.), Geschichte; Lehmkuhl, Diplomatiegeschichte; Kießling, »Dialog«; Conze u. a. (Hg.), Geschichte; Marcowitz, Diplomatiegeschichte; Schröder, Wiederkehr; Dülffer/Loth (Hg.), Dimensionen. Vgl. auch Paulmann, Pomp.

litikwissenschaftlichen Modellen auseinanderzusetzen – oftmals allerdings dadurch, daß sie diese Erklärungsangebote problematisiert und differenziert.

Nimmt diese Studie die jüngere methodische Reflexion also auf, so liegt ihr intellektueller Ansatzpunkt doch in dem historischen Eigengewicht menschenrechtlicher Politik. Um ihre Bedeutung in der und für die Geschichte der zweiten Jahrhunderthälfte soll es gehen. Eine große Erzählung hervorzubringen – dies sei als letzte Überlegung vorweggeschickt –, ist die Entwicklung der Menschenrechtspolitik dabei denkbar schlecht geeignet. Dafür läßt sie sich zu wenig an bestimmten Orten oder Akteuren festmachen, ist sie zu wechselhaft und zu widersprüchlich. Eher erfordert sie eine Abfolge multikausaler Erklärungen und liefert zunächst einmal eine Reihe situativer Aufschlüsse. Manche von ihnen fügen sich zu einem übergreifenden Ganzen, manche auch nicht. Gleichwohl oder gerade deshalb ermöglicht sie es, wichtige Facetten der internationalen Politik des Zeitraums zu erschließen. Sie kreist um den Zusammenhang von Gewalt- oder Unrechtswahrnehmungen und Schutzpolitik. Sie macht es erforderlich, über die Rolle rechtlicher und moralischer Argumente, über die Rolle idealistischer Visionen in den internationalen Beziehungen zu reflektieren. Sie führt in die politischen Kämpfe von Emanzipations- und Protestbewegungen, wirft die Frage auf, welche Ideenzufuhr sie der Politik verschafften und welche Veränderungskraft ihr Handeln bewies. Sie rückt Probleme der Herrschaftslegitimation und Wirkmechanismen der Öffentlichkeit in den Fokus. Sie wirft Licht auf die Bedeutung, die Institutionalisierungsprozesse in der internationalen Arena hatten. Nicht zuletzt erlaubt sie es, einen eigenen, spezifischen Blick auf die prägenden internationalen Konfliktlinien des Zeitraumes zu richten, auf den Kalten Krieg und die Entspannungspolitik, auf die Auflösung der Kolonialherrschaft und die Interessengegensätze zwischen globalem Norden und Süden.

Prolog
Internationale Menschenrechtspolitik vor 1945?
Die Frage der »Vorgeschichte« als historiographisches Problem

Wann aber sollte man mit der Darstellung einsetzen? Die Frage der »Vorgeschichte« der internationalen Menschenrechtspolitik, wie sie sich nach dem Zweiten Weltkrieg entwickelte, verdiente ein umfangreiches Kapitel; man könnte sogar ein eigenes Buch über sie schreiben. Würde das den Rahmen dieser Studie sprengen, so sind einige grundlegende Betrachtungen gleichwohl nötig, um das Thema historisch zu situieren. Sie sollten jedoch nicht lediglich aufzeigen, welche historischen Ausdrucksformen sich der Vorgeschichte zurechnen lassen, und welche nicht. Vielmehr gilt es grundlegender darüber zu reflektieren, wie sich das entscheiden läßt – das heißt, es gilt die Frage der Vorgeschichte als ein historiographisches Problem zu begreifen. Dabei reduziert sich die Bedeutung früherer Episoden selbstverständlich nicht darauf, in welchem Verhältnis sie zu der Menschenrechtspolitik standen, die sich seit den vierziger Jahren des 20. Jahrhunderts herausbildete. Darin liegt nur eine mögliche Frageperspektive, die für eine Studie zum 20. Jahrhundert allerdings wichtig ist.

Ihren Ausgang können die Überlegungen von den bisherigen Versuchen nehmen, die langfristige Geschichte der Menschenrechte zu rekonstruieren – und vor allem von deren Defiziten. Denn einige Modelle, die die Perspektive der historischen Literatur bislang bestimmt haben, erweisen sich als problematisch. Das trifft zunächst auf diejenigen, einleitend bereits angesprochenen Texte zu, die die Menschenrechtsgeschichte als einen großen, stetig vor sich hinfließenden Strom der Entwicklung darstellen, der in allen Epochen sehr eng verwandte oder sogar identische Phänomene hervorgebracht habe. Diese Sicht ebnet die zeitlichen Differenzen ein und trägt dem historischen Wandel, der sich über die Jahrzehnte oder sogar Jahrhunderte hinweg vollzog, nicht genügend Rechnung. Ebenso unbefriedigend sind die rein ideengeschichtlichen Genealogien, die andere Autoren entworfen haben.[1] Sie leiden an den Problemen, die jede Ideenhistorie beeinträchtigen, die nicht sozial- oder wahrnehmungsgeschichtlich rückgebunden ist. Auch wenn sie historische Gedankengebäude mitunter scharfsichtig sezieren, lösen sie doch den Gehalt religiöser, philosophischer, staats- oder rechtstheoretischer Vorstellungen zu stark von ihren hi-

---

1 Vgl. etwa Oestreich, Geschichte; Haratsch, Geschichte; Wolgast, Geschichte.

storischen Verwendungsweisen ab. Dafür setzen sie Ideen, die unterschiedlichen Zeitschichten entstammen, in eine sehr enge Beziehung und vermitteln oft den Eindruck, diese bauten konsistent aufeinander auf. Schließlich konzentrieren sich diese Arbeiten auf einen Ausschnitt der Menschenrechtsgeschichte, nämlich auf Rechtsideen.[2]

Erscheinen diese beiden Vorgeschichtsmodelle entwicklungsgeschichtlich zu glatt, so ist der radikale Gegenentwurf eher noch weniger erhellend.[3] Denn legt man die Geschichte vor dem 20. Jahrhundert als eine Art Nicht-Genealogie der Menschenrechte an – als den ausschließlichen Nachweis dessen, was sich nicht als menschenrechtlich verstehen läßt, wo Menschenrechte nicht entstanden, wer sie nicht vertrat –, dann schüttet man zwar das Bad der ahistorischen Teleologien aus, aber das Kind der Menschenrechtshistorie gleich mit.

Will man sich von diesen Sichtweisen lösen, so sollte man sich zunächst vor Augen halten, daß die Frage nach der Vorgeschichte eine fundamental retrospektive und damit auch eine konstruktivistische Operation ist: Man bestimmt ein historisches Phänomen zu einem gegebenen Zeitpunkt und untersucht dann frühere Phasen daraufhin, was es vorbereitet haben oder wo es schon ähnlich aufgetreten sein könnte. Der erste Schritt muß folglich sein, die einzelnen Bestandteile festzulegen, die den Komplex der internationalen Menschenrechtspolitik seit dem Ende des Zweiten Weltkriegs ausmachten. Dazu ist einleitend schon einiges gesagt worden. Als wesentlich erscheinen explizite Bezugnahmen auf den Menschenrechtsbegriff, vermeintlich selbstlose Hilfsaktionen für Menschen, die nicht der eigenen (sozialen, politischen, religiösen) Gruppe zugerechnet wurden, damit auch Formen der Solidarität, die den Nationalstaat transzendierten, völkerrechtliche Vorstellungen und die Politik internationaler Organisationen. Man könnte den Kreis sogar noch weiter ziehen und auch Gerechtigkeitsvorstellungen, Freiheitskämpfe, Praktiken des Selbstschutzes und den Gedanken der einen Menschheit einbeziehen. In jedem Fall eröffnet eine solche Bestimmung ein weites und schwer überschaubares Feld historischer Phänomene, die darauf hin zu befragen wären, ob sie etwas und was genau sie mit der internationalen Menschenrechtspolitik der zweiten Hälfte des 20. Jahrhunderts zu tun hatten. Dazu gehören etwa die Tötungsverbote, mit denen die alten Religionen das gesellschaftliche Zusammenleben zu regulieren versuchten, die Diskussion, ob Ureinwohner als Menschen zu betrachten seien, die spanische Theologen nach der Entdeckung Amerikas führten, Naturrechtstheorien, das humanitäre »Kriegsrecht«, wie es sich seit der Gründung des Roten Kreuzes und den Haager Konferenzen von 1899 und 1907 entwickelte, der Einsatz für die Kolonialreform am Ende des 19. und die Kampagnen gegen die »Kongo-Greuel« am Anfang des 20. Jahrhunderts, die internationalen

---

2 Vgl. dagegen Joas, Sakralität.
3 So Moyn, Last Utopia, S. 11–43.

Reaktionen auf den Genozid an den Armeniern während des Ersten Weltkriegs, das Minderheitenschutzsystem der Zwischenkriegszeit – und anderes mehr.

Hat man sie einmal identifiziert, so besteht der zweite Schritt darin, diese Phänomene in ihrem historischen Kontext zu betrachten und auf diese Weise ihre zeitgenössische Bedeutung zu erschließen. Die Perspektive verschiebt sich damit von der »Geschichte der Menschenrechte« zu »Menschenrechten in der Geschichte«, wie es Michael Geyer formuliert hat.[4] Nur auf diese Weise läßt es sich vermeiden, vorschnelle Bezüge zu späteren Äußerungen menschenrechtlicher Politik herzustellen und übermäßig gerade Linien zu ziehen. Drei Beispiele, die in der menschenrechtshistorischen Diskussion immer wieder als Referenzpunkte fungiert haben, sollen hier ausreichen, um anzudeuten, wie eine so begriffene Vorgeschichte der internationalen Menschenrechtspolitik aussehen würde: die Rechteerklärungen des Revolutionszeitalters, der Einsatz für die Abschaffung der Sklaverei sowie schließlich die sogenannten humanitären Interventionen des 19. Jahrhunderts.

Seit dem 16. und dem 17. Jahrhundert trat vermehrt eine säkularisierte, zum Teil auch vorpositiv gedachte Rechtsvorstellung zum Vorschein, die vom einzelnen Menschen ausging und darauf abzielte, seine Existenz zu sichern.[5] Sie wurde in ganz unterschiedlichen Situationen artikuliert, stets sporadisch und weitgehend zusammenhanglos. Erst gegen Ende des 18. Jahrhunderts entstand ein Rezeptionszusammenhang, in dem sich der Menschenrechtsbegriff, in diesem Sinn verstanden, verfestigte. Wie ein Fanal wirkte hier die Französische Revolution, die diesen Begriff weithin popularisierte und mit einer besonderen Aura versah. Das transatlantische Revolutionsgeschehen, das ja schon einige Jahre zuvor mit der Unabhängigkeit der amerikanischen Kolonien begonnen hatte, brachte noch ein weiteres historisches Novum: Denn die amerikanischen Siedler und die französischen Antimonarchisten etablierten die öffentliche Rechteerklärung als einen symbolischen Sprechakt, mit dem sich Gruppen als politische Gemeinschaft konstituierten.

Ein einheitliches politisches Modell entwickelte sich in der Revolutionsepoche gleichwohl nicht. Die verschiedenen Rechteerklärungen dieser Jahre dienten unterschiedlichen Zwecken. Die Amerikanische Unabhängigkeitserklärung von 1776 etwa, zeitgenössisch eine marginale Äußerung, die sich erst seit dem frühen 19. Jahrhundert zu einem gleichsam sakralen Gründungsdokument entwickeln sollte, war im wesentlichen eine Liste von Beschwerden, die sich gegen den König von England richteten.[6] Sie war nach Art der traditionellen

---

4 In seinem Beitrag zu der Konferenz »Human Rights in the 20th Century. Concepts and Conflicts« am Wissenschaftszentrum Berlin, Juni 2008.
5 Vgl. dazu und zum Folgenden Schmale, Archäologie.
6 Vgl. Declaration of Indepdence, 1776. Vgl. zu den amerikanischen Zusammenhängen: Armitage, Declaration; Bailyn, Origins; Hutson, Bill; Meier, Scripture; Reid, Irrelevance; Rutland, Birth; Stourz, Konstitutionalisierung; Wood, Creation; Zuckert, Rights.

Klageschriften verfaßt, und viele der Monita, die sie aufführte, waren schon gegen frühere englische Könige vorgebracht worden. Den Menschenrechtsbegriff verwandten die Autoren der Erklärung nicht. Sie rekurrierten jedoch auf naturrechtliche Ideen, wobei sie sich, aus einem reichhaltigen staatstheoretischen Schrifttum schöpfend, auf gedanklichen Linien bewegten, die zu dieser Zeit bereits konventionell waren. Der Rekurs auf das Naturrecht hatte einen spezifischen Sinn, denn er sollte die Trennung von der britischen Krone rechtfertigen und dadurch die Souveränität des neuen Staats begründen. »Regierungen werden eingesetzt«, hieß es in der Erklärung, um die »unveräußerlichen Rechte« wie »Leben, Freiheit und das Streben nach Glück« zu sichern. Leiste die Regierung dies nicht, dann sei es »das Recht des Volkes, sie zu ändern oder abzuschaffen«. Die Intention des Dokuments war es nicht, individuelle Rechte festzuschreiben – welche es lediglich implizit aussprach. Diese Facette der Erklärung sollte erst in der Rezeption des 20. Jahrhunderts in den Vordergrund rücken.

Die *Federal Bill of Rights* von 1789 dagegen, die später in Form der *Ten Amendments* in die Verfassung der Vereinigten Staaten inkorporiert wurde, gewährte einige individuelle Rechte. Doch war dies wiederum nicht ihr primärer Zweck. Die *Federal Bill* entstand als ein Kompromiß, der gedacht war, die tiefe politische Kluft zwischen den Föderalisten und den Anti-Föderalisten zu überbrücken und letztere in die neue Union zu integrieren. In erster Linie zielte sie folglich darauf ab, die Befugnisse der neuen Bundesregierung zu begrenzen und die Autonomie der einzelnen amerikanischen Staaten zu stärken.[7] Der politische Sinn der *Federal Bill* wandelte sich grundlegend erst, als sie nach dem Ersten Weltkrieg für alle Bundesstaaten bindend gemacht wurde. Dadurch verschob sich der Akzent des Dokuments nunmehr tatsächlich darauf, überall im Land egalitäre Bürgerrechte durchzusetzen.

Die erste Erklärung, die eine staatliche Verfassung auf individuelle Rechte gründete – als »Grundlage und Fundament der Regierung« –, war die *Virginia Bill of Rights* aus dem Jahr 1776, die in den folgenden Jahren zu einer Blaupause für die Verfassungen anderer amerikanischer Staaten werden sollte. Die Gemeinschaft der Siedler von Virginia formierte sich, indem sie die natürlichen, »inhärenten« Rechte des Einzelnen anerkannte und den Mitgliedern der Gemeinschaft garantierte. Der Naturrechtsgedanke erhielt somit die Funktion einer Letztbegründung des Staatsverbands; darüber war in den Jahren zuvor ebenso explizit wie pragmatisch diskutiert worden. In dieser Hinsicht glich die *Virginia Bill* der revolutionären Menschenrechtserklärung in Frankreich.[8] Diese band die legislative und die exekutive Gewalt an die »natürlichen,

---

7 Vgl. Heideking, Verfassung.
8 Vgl. zur französischen Entwicklung: Baker, Idea; Birtsch, Revolution; Hunt, French Revolution; dies., Inventing; Samwer, Erklärung; Sandweg, Naturrecht. Vgl. Déclaration des droits de l'homme et du citoyen, 1789.

unveräußerlichen und heiligen Rechte des Menschen (*droits de l'homme*)«. Hierin fand die Gewalt, die der Staat über das Individuum besaß, ihre Schranken. Gleichzeitig postulierte die Erklärung einen Staatszweck, nämlich daß »das Ziel jedes politischen Verbundes die Wahrung der natürlichen und unantastbaren Rechte des Menschen (*droits de l'homme*) ist«. Aufgeführt wurden dabei an vorderster Stelle das Recht auf Freiheit, auf Eigentum, auf persönliche Sicherheit und auf Widerstand gegen Unterdrückung; die ersten drei davon waren auch in den amerikanischen Verfassungen zumeist die wichtigsten. Darin, daß die Bedeutung des Einzelnen im Staat nicht mehr von diesem abgeleitet war – etwa insofern es sich um einen Untertanen des Königs handelte –, sondern in seinem Menschsein wurzelte, lag der epochale Schritt, den die *Virginia Bill* und die französische Erklärung unternahmen. Für die weitere Entwicklung des Konstitutionalismus wurden sie höchst einflußreich. Nicht zuletzt sollten zahlreiche Verfassungen in der Folgezeit einen eigenen Rechtsteil enthalten.

Die Menschenrechte fielen aus dieser Entwicklung jedoch schon sehr bald heraus. War der Begriff in der Französischen Revolution – anders als in den amerikanischen Erklärungen – zentral, so verschwand er in den späteren Verfassungen ebenso schnell, wie er auf der Bildfläche erschienen war. Die französische Verfassung von 1799 erwähnte Menschenrechte nicht mehr, und die *Charte Constitutionelle* von 1814 vermied den Bezug auf jegliche Rechte, die der Verfassung vorausgingen. Im Prozeß der Verfassungsgebung in den deutschsprachigen Territorien setzte sich diese Tendenz fort. Keine der Verfassungen, die bis 1848/9 erlassen wurden, enthielt die Vorstellung natürlicher Rechte oder erwähnte den Menschenrechtsbegriff.[9] Zu dem vorherrschenden Modell entwickelten sich vielmehr die »Untertanenrechte« oder die »Staatsbürgerrechte«, also Rechte, die der Staat seinen Bewohnern verbürgte, sofern sie Mitglieder des Staatsverbands waren – und gerade nicht allein deshalb, weil sie Menschen waren. Zudem standen die Untertanenrechte nirgends an der Spitze der Konstitutionen, sondern erschienen oft erst in späteren Abschnitten, so daß auch in der skriptuellen Anordnung der Eindruck vermieden wurde, das Staatswesen baue auf ihnen auf. Auch Staatsbürgerrechte beschränkten die Regierungsgewalt und markierten somit, verfassungsgeschichtlich betrachtet, einen wichtigen Schritt hin zu einem stärkeren Schutz des Einzelnen. Gleichwohl verpflichteten sich die Regierungen nirgends auf individuelle Rechte, die dem Staat vorausgingen.

In dem politischen Aufruhr des Revolutionsjahres 1848 brachen diese Tendenzen dann noch einmal auf. Die Abgeordneten der Frankfurter Nationalversammlung waren sich einig darüber, daß es ihre vordringliche Aufgabe sei, einen Katalog von Grundrechten auszuarbeiten. Wie in Virginia und in Paris

---

9 Vgl. zum Folgenden: Dann, Proklamation; Kleinheyer, Grundrechte; Scholler (Hg.), Grundrechtsdiskussion; Suppé, Grund- und Menschenrechte. Als Quellen vgl. Droysen, Verhandlungen; Haßler (Hg.), Verhandlungen.

stellte die Rechtssicherung für sie mithin einen wichtigen staatlichen Gründungsakt dar. Zudem erlebten Menschenrechte in demokratischen Zirkeln, ausgehend vor allem von dem sogenannten Offenburger Programm von 1847, eine gewisse Renaissance. Die Demokraten konnten sich mit ihren Vorstellungen allerdings nicht durchsetzen. Die große Mehrheit des Paulskirchenparlaments sprach sich nicht für natur- oder menschenrechtliche Prinzipien aus. Dabei ließen die Abgeordneten die französische Menschenrechtsidee eher stillschweigend fallen, als sich politisch oder philosophisch eingehend mit ihr auseinanderzusetzen. Menschenrechte galten, wo sie erwähnt wurden, als »abstrakt« und den deutschen historischen Traditionen zuwiderlaufend. Letztlich war es ihr revolutionäres Stigma, das sie den meisten Abgeordneten als inakzeptabel und politisch gefährlich erscheinen ließ.

Der Blick auf die Ära der Revolutionen verdeutlicht also zunächst einmal, daß der Akt der Rechteerklärung multifunktional war. In den konkreten historischen Verwendungskontexten verbanden sich mit ihm unterschiedliche politische Intentionen. Naturrechtliche oder Menschenrechtsvorstellungen waren kein fixer politischer Einsatz, sondern eine relativ flexible Begründungsfigur. Überdies blühten sie nur einen kurzen Moment lang, der noch vor dem Ende des 18. Jahrhunderts wieder vorüber war. Historisch-genetisch betrachtet, etablierte sich in Nordamerika und in Frankreich gleichwohl ein Nexus – Gruppen emanzipierten sich symbolisch, indem sie ihre Rechte proklamierten –, der ein langes Nachleben haben sollte. Andere Gruppen rekurrierten nämlich auf dieses Modell oder sogar auf die Erklärungen selbst und vollzogen damit die selbe Sprachhandlung wie die amerikanischen Siedler und die französischen Republikaner. Während der Französischen Revolution galt das etwa für Sklaven oder für Frauen – berühmt wurde die *Déclaration des droits de la Femme et de la Citoyenne*, die Olympe de Gouges 1791 als Gegenentwurf gegen die männlich geprägte *Déclaration des droits de l'homme et du citoyen* verfaßte. Auch deutsche Demokraten und die spätere amerikanische Frauenbewegung bedienten sich solcher Erklärungen, um den Anspruch auf eine vollwertige, gleichberechtigte Teilhabe am Nationalstaat zu bekräftigen.[10]

Schließlich läßt sich kaum übersehen, daß zwischen den Rechteerklärungen des Revolutionszeitalters und den Menschenrechtserklärungen des 20. Jahrhunderts ein denkbar weiter historischer Abstand liegt. Anders als in der Allgemeinen Menschenrechtserklärung der Vereinten Nationen waren die revolutionären Rechte bei weitem nicht universell. Im Gegenteil beruhten sie auf dem Ausschluß verschiedener sozialer Gruppen und zementierten ihn. Das französische Menschenrechtsversprechen galt eben nicht für Frauen und auch nicht *per se* für Juden, obwohl beide erhebliche politische Anstrengungen unternahmen, sich in die neue Nation einzuschreiben. In Nordamerika waren Sklaven

10 Vgl. Hunt, French Revolution; Dubois, Colony; Anderson, Greetings.

nach wie vor rechtlos, und einige Bundesstaaten gestalteten ihre Verfassungen bewußt so, daß diesen die Möglichkeit abgeschnitten war, die neu erworbenen Freiheiten der Amerikaner zu beanspruchen.[11] Darüber hinaus waren die revolutionären Rechte nicht international gedacht (wenn sie auch international ausstrahlten). Sie stellten keine Vereinbarung zwischen Staaten dar und hatten daher auch keine unmittelbare Geltungskraft für die internationalen Beziehungen. Die Allgemeine Menschenrechtserklärung der Vereinten Nationen wiederum war kein Sprechakt im Sinne der revolutionären Erklärungen. Hier konstituierte sich bestenfalls eine vage Wertegemeinschaft, ohne daß dies institutionelle Konsequenzen, und ohne daß es rechtsverbindliche Kraft gehabt hätte.

Die nicht-staatliche Antisklavereibewegung des späten 18. und des 19. Jahrhunderts illustriert einen anderen Strang, aber auch eine andere Art der Vorgeschichte.[12] Manche ihrer Eigenheiten heben sie zunächst von den Menschenrechtsgruppen, wie sie sich vor allem seit den siebziger Jahren des 20. Jahrhunderts entwickelten, ab. So bildeten die Abolitionisten das, was man als eine *single issue group* bezeichnen könnte. Sie engagierten sich im Kern für einen Problemkomplex, die Sklaverei. Dabei bemühten sie sich seit den 1780er Jahren und bis zum Wiener Kongreß zunächst vorwiegend darum, ein Verbot des Sklavenhandels zu erwirken. Seit den 1830er Jahren engagierten sie sich vor allem dafür, das wirtschaftliche Ausbeutungssystem ganz abzuschaffen und die Sklaven aus ihrer Unfreiheit herauszulösen. Anders als es *Amnesty International*, *Human Rights Watch* oder die *Médecins Sans Frontières* später tun sollten, kümmerten sich die Aktivisten also nicht um ganz unterschiedliche Formen des Leidens anderer Menschen. Diese Unterscheidung ist allerdings weder sehr trennscharf noch sehr aussagekräftig. Denn auch im letzten Drittel des 20. Jahrhunderts gab es nicht-staatliche Gruppen, die sich auf ein Thema – etwa den Kampf gegen die Folter oder für indigene Rechte – konzentrierten, sich dabei explizit als Menschenrechtsaktivisten verstanden und ihr Handeln menschenrechtlich begründeten.

Wichtiger erscheint daher eine andere Differenz. Aus einer globalen Perspektive betrachtet, war die intensive Mobilisierung zugunsten von Sklaven nämlich eine Ausnahme. Sie ging am stärksten von Großbritannien aus, daneben von den USA, wobei sich der Organisationsgrad und die Ausdehnung dieser beiden Bewegungen zeitlich in etwa parallel entwickelten. Auf dem Kontinent hatten Antisklavereigruppen dagegen keine annähernd so große Bedeutung. In Frankreich gründeten sich vor allem in den 1840er Jahren einige Organisationen, die

---

11 Vgl. Heideking, Verfassung.
12 Zu diesem Abschnitt vgl. Blackbourn, Overthrow; Drescher, Capitalism; Eltis/Walvin (Hg.), Abolition; Oldfield, Politics; Osterhammel, Aufstieg; Jennings, Anti-Slavery; Turley, Culture.

allerdings keine Massenbasis anstrebten und die Regierungspolitik auch deutlich weniger beeinflußten als die britischen. In Dänemark, den Niederlanden, Spanien und Portugal war das abolitionistische Engagement verschwindend gering, in Deutschland vor dem Ende des 19. Jahrhunderts praktisch inexistent. Im späteren 20. Jahrhundert dagegen waren der menschenrechtliche wie auch der humanitäre Einsatz für leidende »Andere« geographisch wesentlich stärker verbreitet und faßten in nahezu allen Ländern des westlichen Kulturkreises Fuß.

In Großbritannien wiederum fand der Kampf für das Ende des Sklavenhandels und der Sklaverei eine denkbar breitgefächerte Anhängerschaft. In absoluten Zahlen betrachtet, reichte sie durchaus an die Unterstützung heran, die *Amnesty International* später innerhalb der menschenrechtlich zugkräftigsten Länder mobilisieren konnte. So gingen während des Wiener Kongresses rund 800 Petitionen im englischen Parlament ein, die sage und schreibe 700.000 Menschen unterzeichnet hatten.[13] Nach einigen Berechnungen beteiligte sich im Jahr 1833 sogar ein Fünftel aller britischen Männer an parlamentarischen Eingaben – den Menschenrechtskampagnen des 20. Jahrhunderts dürfte sich nirgends ein ähnlich hoher Bevölkerungsanteil angeschlossen haben.[14] Überdies agierten die britischen (und andere) Abolitionisten in einem transnationalen Rahmen. Sie intervenierten überall dort, wo die Sklaverei noch an der Tagesordnung war, in den USA und Frankreich ebenso wie in der Karibik oder Brasilien. Auch schmiedeten sie internationale Bande: So veranstaltete etwa die *British and Foreign Anti-Slavery Society* 1840 und 1843 sogenannte Weltversammlungen, auf denen Aktivisten aus verschiedenen Ländern zusammenkamen. Sozial war der Abolitionismus nicht ausschließlich, aber vorrangig in der bürgerlichen Mittelschicht verwurzelt und rekrutierte sich damit aus der gleichen Formation, die auch die Menschenrechtsproteste der zweiten Hälfte des 20. Jahrhunderts tragen sollte – wenngleich sie sich in der Zwischenzeit offenkundig erheblich gewandelt hatte. Beide Bewegungen waren daher auch nicht radikal in dem Sinn, daß sie einen grundsätzlichen politischen oder sozialen Umsturz angestrebt hätten.

Ferner glich sich eine Reihe wichtiger Techniken, derer sich die abolitionistischen wie auch die späteren Menschenrechtsgruppen bedienten, um politischen Druck aufzubauen. Die britischen Sklavereigegner setzten auf symbolpolitische Proteste, indem sie etwa Konsumboykotte organisierten – womöglich 300.000 britische Familien verzichteten in den frühen 1790er Jahren auf Zucker, der aus sklavenhaltenden Ländern importiert worden war.[15] Auch appellierten die Sklavereigegner an die Empathie ihrer Mitbürger, indem sie einzelne, tragische

---

13 Vgl. Walvin, Campaign.
14 Vgl. Drescher, Capitalism, S. 67–110.
15 Vgl. ebd.

Lebensgeschichten von Sklaven herausgriffen und exemplarisch entfalteten. Ehemalige Sklaven, die mit ihrer Person für die erlittene Unterdrückung bürgten, spielten dabei eine wichtige Rolle. Nicht zuletzt versuchten die Abolitionisten, ihre Regierung zu beeinflussen, indem sie Lobbyarbeit leisteten und massive Propaganda betrieben – mittels öffentlicher Versammlungen, eigener Zeitungen und anderer Publikationen.

Über die geographischen, sozialen und politischen Charakteristika der Bewegung hinaus ist es aber auch aufschlußreich, die historische Situation zu betrachten, in der sie entstand. Der britische Antisklavereiaktivismus blühte in Zeiten des gesellschaftlichen Umbruchs und der politischen Krise. In der gesamten Phase zwischen den 1770er Jahren und dem Wiener Kongreß waren Krisenwahrnehmungen in England weit verbreitet. Nahrung erhielten sie durch den Abfall der amerikanischen Kolonien, der sich seit der Französischen Revolution noch zuspitzenden Diskussion um die angemessene Repräsentation im parlamentarischen System, einer schwerwiegenden wirtschaftlichen Misere, dem militärischen Konflikt mit Frankreich einschließlich des Handelskriegs mit Napoleon sowie nicht zuletzt durch die sozialen Verwerfungen, die die frühe Industrialisierung mit sich brachte. Am Ende der 1820er und in den frühen 1830ern Jahren entwickelte sich ein in mancher Hinsicht ähnliches Syndrom. Neben einem konjunkturellen Einbruch und fortdauernden sozialen Mißständen entzündeten sich scharfe, von landesweiten Protesten begleitete Auseinandersetzungen um das Wahlrecht. Der politische Druck ging erst zurück, als die Regierung seit 1832 wichtige Verfassungs- und erste Sozialreformen auf den Weg brachte.

In diesen Momenten erschien die Moralpolitik, für die der Abolitionismus stand, als ein vielversprechender Weg, um veraltete politische Konzeptionen zu verabschieden und die britische Politik und Gesellschaft zu erneuern. Das hat vor allem Christopher Brown in einer überzeugenden Interpretation des frühen britischen Aktivismus der 1770er und 1780er dargelegt.[16] Obwohl sich die allermeisten Abolitionisten aufrichtig um die Wohlfahrt der Sklaven bekümmerten, reichten ihre moralischen Reformambitionen doch zumeist darüber hinaus. Die Gruppen, die den Protest wohl am stärksten trugen, waren Evangelikale und Quäker, die sich davon auch versprachen, der Religion einen gewichtigeren Platz im öffentlichen Leben zu verschaffen. Andere Briten engagierten sich im Zuge ihres gesellschaftsreformerischen Engagements etwa für die Abstinenz (*temperance*) oder die Armenhilfe. Sie setzten oftmals bei der Sklaverei an, um die Gesellschaft von ihren anderen Lastern zu befreien. Wieder andere verstanden ihren Einsatz als einen allgemeinen Kampf für Freiheit und Gerechtigkeit und verurteilten Sklaverei, weil sie naturrechtlichen Vorstellungen zuwiderlief – dabei bezogen sich einige auch auf den Gedanken der *rights of man*. In ganz

16 Vgl. Brown, Capital.

unterschiedlichen Formen also machte das Bild einer idealen Gesellschaft, die es wiederherzustellen oder erst neu zu schaffen gelte, einen starken Unterstrom der abolitionistischen Initiativen aus. Der gesellschaftliche wie auch der individuelle Selbstbezug spielte dabei eine nicht zu unterschätzende Rolle. So ging es den Quäkern in hohem Maße darum, ihre eigene Sekte zu purifizieren und ihre Rolle in der britischen Gesellschaft neu zu begründen. Protagonisten wie Thomas Clarkson oder William Wilberforce, die keine Quäker waren, sahen in dem Engagement auch die Möglichkeit, sich als aufgeklärte, humane Christen zu distinguieren. Andere wollten, indem sie Sklaven halfen, vermeiden, selbst schuldig zu werden, oder sich vor moralischen Gefährdungen schützen. Oder sie hatten im Sinn, den britischen Nationalcharakter moralisch zu läutern. Paradoxerweise führte das einige Aktivisten schließlich auch dahin, Großbritanniens imperiale Herrschaft zu relegitimieren, im Namen eines *Empire*, das von der Sklaverei befreit und daher von seinen inhumanen Exzessen gereinigt sein sollte. Das abolitionistische Engagement war somit ein denkbar vielgestaltiges reformerisches Projekt und eine mehrzweckhafte politische Erneuerungsbewegung – ganz so, das will diese Studie deutlich machen, wie die Menschenrechtspolitik in den siebziger Jahren des 20. Jahrhunderts. Hierin lag insofern die vielleicht am tiefsten reichende Ähnlichkeit zwischen den beiden Manifestationen einer Politik, die leidenden »Anderen« zugute kommen sollte.

Schließlich verweist der Abolitionismus aber gleichzeitig auf eine bemerkenswerte historische Diskontinuität. Denn obwohl Sklaverei und andere Formen unfreier Arbeit keineswegs von der Erdoberfläche verschwunden waren, und obwohl etwa die britische *Anti-Slavery Society* auch im 20. Jahrhundert weiterbestand, erlangte der Kampf gegen Sklaverei später nie wieder eine besondere Prominenz. In den menschenrechtspolitischen Konjunkturphasen der vierziger, der siebziger und achtziger wie auch der neunziger Jahre war sie ein gänzlich randständiges, praktisch unsichtbares Thema.

Neben den zivilgesellschaftlichen Aktivisten setzten sich im 19. Jahrhundert auch Regierungen vermehrt für das Wohlergehen von Menschen ein, die im Ausland Opfer staatlicher Gewalt wurden. Das galt einmal mehr vor allem für England, daneben für Frankreich und Rußland, wesentlicher weniger für Österreich und Preußen. Die Regierungen wollten damit »Massakern«, »Greueln« (*atrocities*) oder der »Auslöschung« (*extermination*) bestimmter Personengruppen ein Ende setzen – so lautete die zeitgenössische Terminologie, während der Begriff der Menschenrechtsverletzung nicht verwendet wurde. Vor allem seit Ende des 19. Jahrhunderts diskutierten Juristen und Völkerrechtler über solche Aktionen unter dem Rubrum der »humanitären Intervention«.[17]

---

17 Vgl. dazu jetzt vor allem Rodogno, Massacre; Simms/Trim (Hg.), Humanitarian Intervention. Zuvor: Finnemore, Constructing; Bass, Freedom's Battle. Vgl. auch Grewe, Epochen, S. 573–583.

Betrachtet man die Mechanismen der Mobilisierung, so ergaben sich, ähnlich wie in der Geschichte des Abolitionismus, in den parlamentarisch regierten Staaten, mindestens ansatzweise aber auch in Rußland, politische Dynamiken, die denen des späteren 20. Jahrhunderts ähnlich waren. Daß Zeitungen berichteten, oft in aufrüttelnden Tönen und vermittels mitleiderregender Episoden, war eine grundlegende Voraussetzung, damit die Vorfälle in fernen Ländern überhaupt politisch handlungsleitend werden konnten. Die geographische Ausdehnung und die Geschwindigkeit der Berichterstattung in den ersten Jahrzehnten des 19. und in den letzten des 20. Jahrhunderts trennten dabei allerdings Welten. Nachrichten von dem Massaker, das die Osmanen 1822 an den Griechen auf der Insel Chios verübten, begannen erst nach rund zweieinhalb Monaten, England zu erreichen. Vor allem durch Telexverbindungen und Fernsehübertragungen sollte rund 150 Jahre später eine nahezu gleichzeitige mediale Nachrichtenübermittlung erreicht sein, die es in vielen Fällen möglich machte, viel früher in Gewaltverbrechen einzugreifen. Darin lag, vor allem natürlich für die Betroffenen, eine qualitative Differenz, die es als eine skurrile Idee erscheinen läßt, von einem »CNN-Effekt« im 19. Jahrhundert zu sprechen.[18] Schon in den Jahrzehnten nach dem Massaker von Chios beschleunigte sich allerdings die Presseberichterstattung. Von ähnlichen Ausschreitungen im Nahen Osten oder auf dem Balkan erfuhren die westeuropäischen Metropolen während der 1860er und 1870er Jahre bereits nach ein bis zwei Wochen. Ein einfacher Zusammenhang zwischen Pressemeldungen und humanitären Interventionen bestand dabei, wie auch später, keineswegs. Denn während sich das Pressewesen gegen Ende des 19. Jahrhunderts ausbreitete und professionalisierte, ging die Zahl staatlicher Eingriffe zum Schutz bedrohter Bevölkerungen im Ausland zurück.

Gleichwohl waren Nachrichten über ferne Gewaltexzesse insofern wichtig, als sie in den Öffentlichkeiten der USA und der europäischen Großmachtstaaten wiederholt heftige Empörungsstürme auslösten, die die Regierungen unter einen akuten Handlungsdruck setzten. Die Verfechter eines internationalen Einschreitens bedienten sich dabei der öffentlichkeitswirksamen Techniken, die die Abolitionisten fest im politischen Repertoire verankert hatten. Damit stand einerseits am Anfang aller humanitären Interventionen ein außerparlamentarischer Protest. Andererseits veranlaßten die zivilgesellschaftlichen Kampagnen in der Minderzahl der Fälle Regierungen dazu, tatsächlich in Aktion zu treten; häufiger liefen sie ins Leere. Besonders eklatant trat das zutage, als die Massaker, die osmanische Truppen zwischen 1876 und 1878 an aufständischen Bulgaren begingen, in England eine mächtige Welle der Entrüstung auslösten. William Gladstone machte die »bulgarischen Greuel« sogar zum Angelpunkt seines innenpolitischen Kampfs gegen den konservativen Premier Benjamin Disraeli.

18 So Bass, Freedom's Battle.

Dennoch setzte sich dessen Position, nicht zu intervenieren, um keinen Krieg mit Rußland zu riskieren, schließlich durch.

Das alles war in der zweiten Hälfte des 20. Jahrhunderts nicht prinzipiell anders. Allerdings blieb im 19. Jahrhundert der Kreis der Personen, denen die europäischen Großmächte helfen wollten, wenn sie sich einmal zum Handeln entschlossen, in auffälliger Weise begrenzt. Ihre humanitären Interventionen galten nämlich ganz überwiegend verfolgten Christen im Osmanischen Reich, und diejenigen, bei denen sie zu militärischen Mitteln griffen, sogar ausschließlich. Darauf, der blutigen Verfolgung von Christen Einhalt zu gebieten, zielte das europäische Einschreiten in Griechenland in den 1820er Jahren, in Syrien und dem Libanon 1860/61, auf Kreta in den späten sechziger und nochmals in den späten neunziger Jahren sowie in Mazedonien kurz nach der Jahrhundertwende ab. Deutlich seltener, und stets auf diplomatischem Wege, setzten sich die europäischen Mächte für bedrängte Juden ein, etwa in Rußland oder Rumänien. Für die Angehörigen anderer religiöser Gruppen taten sie dies fast nie. Auf dem afrikanischen oder dem amerikanischen Kontinent intervenierten sie während des 19. Jahrhunderts nicht. Anders als der menschenrechtspolitische Einsatz von Regierungen in den Dekaden nach dem Zweiten Weltkrieg beruhten die staatlichen Interventionen während des 19. Jahrhunderts also sehr weitgehend auf einem auf Christen beschränkten Humanitarismus. Nach 1945 dagegen war christliche Solidarität zweifellos nicht mehr die primäre Triebfeder (wenn ein christliches Moralverständnis auch oft eine wichtige Rolle spielte), und das menschenrechtliche Engagement fand in ihr keine ähnlich starke Grenze.

Zwei weitere Charakteristika, die sich bei den Interventionen des 19. Jahrhunderts herausschälen, unterschieden sie wiederum nicht grundlegend von der späteren staatlichen Menschenrechtspolitik. So stand hinter dem Entschluß, der Unterdrückung ausländischer Staatsbürger, und gerade auch osmanischer Christen, entgegenzutreten, in der Regel ein Bündel von Motiven. Der Gedanke der Zivilisierungsmission etwa spielte im Umgang mit dem Osmanischen Reich eine entscheidende Rolle. Tatsächlich war die Vorstellung, die Pforte könne nicht zur »zivilisierten« Staatengemeinschaft gerechnet werden, eine wichtige Voraussetzung dafür, daß sich die europäischen Großmächte über die Norm der Nichtintervention hinwegsetzten. Den »barbarischen« politischen Sitten in dem Reich ein Ende zu bereiten, war daher mindestens ein wichtiger Nebensinn der europäischen Aktivitäten. Auch strategische Erwägungen spielten eine Rolle, gerade beim Vorgehen Englands, Frankreichs und Rußlands im griechischen Unabhängigkeitskampf. Ihre Einmischung endete damit, daß sie der osmanischen Flotte 1827 bei Navarino eine vernichtende Niederlage beibrachten. Zudem lagen die humanitären Antriebe stets mit anderen außenpolitischen Interessen im Konflikt. Zumeist war es das Bestreben, die Stabilität im internationalen Staatensystem aufrechtzuerhalten, das die europäischen Mächte davon absehen ließ, sich in anderen Ländern einzumischen. Humanitäre Interventionen unternahmen sie nur dann, wenn sie überzeugt waren, daß sie keinen Krieg zwischen den europäischen Staaten entfachen würden, und daher nur, wenn sich ein kollektives Vorgehen ermöglichen ließ. Als sich die nationalen Antagonismen gegen Ende des Jahrhunderts verschärften, wurde dies immer schwieriger erreichbar, und folglich fanden weniger Interventionen statt.

Gleichwohl war die humanitäre Legitimierung als solche im 19. Jahrhundert wenn auch nicht gänzlich neu, so doch verbreiteter als zuvor, und schuf jedenfalls potentiell einen Grund für die europäischen Staaten, sich im Ausland zu engagieren. Militärisch betriebene humanitäre Interventionen waren zwischen dem Wiener Kongreß und dem Ende des 19. Jahrhunderts sogar ein häufigeres Phänomen als zwischen dem Ende des Ersten Weltkriegs und dem Ende des Kalten Kriegs. Hier gab es keine stetig verlaufende Entwicklung, sondern einen deutlichen Bruch. In den Jahrzehnten nach 1945 gab es einige wenige Fälle, in denen repressive Regime von außen gestürzt wurden – Idi Amin in Uganda durch die tansanische Invasion, die Roten Khmer in Kambodscha durch den Einfall der Vietnamesen und die pakistanische Herrschaft über Bangladesch durch das kriegerische Eingreifen Indiens. Alle drei Interventionen lassen sich jedoch nur dann als humanitär bezeichnen, wenn man sie von ihrem Ergebnis her betrachtet, denn alle beendeten verheerende staatliche Massenmorde. Das war indes nicht ihr vorrangiges Ziel gewesen. Im Kern handelte es sich um gleichsam klassische zwischenstaatliche Kriege, die aus Machtkonkurrenzen, Destabilisierungsfurcht und nationaler Feindschaft geboren waren. Erst nach 1990 lebten auf Militärgewalt beruhende humanitäre Interventionen, wie noch zu schildern sein wird, im Rahmen der Vereinten Nationen wieder auf.

Führt man die historischen Fäden, die diese drei Beispiele auslegen, abschließend noch einmal systematisch zusammen, so wird deutlich, daß eine Interpretation der »Vorgeschichte« internationaler Menschenrechtspolitik vier Dimensionen umfaßt. Zunächst einmal hat diese Politik eben keine einheitliche, sondern eine multiple Vorgeschichte. Je nachdem, welche ihrer Ausdrucksformen man in den Blick nimmt, muß man ganz unterschiedliche geschichtliche Stränge zurückverfolgen und an ganz unterschiedlichen Zeitpunkten beginnen. Fragt man nach der Geschichte menschenrechtlicher NGOs, so könnte man von der abolitionistischen Bewegung des späten 18. und des 19. Jahrhunderts ausgehen. Will man die historische Entwicklung staatlicher Menschenrechtspolitik verstehen, sind die humanitären Interventionen des 19. Jahrhunderts ein entscheidender Referenzpunkt. Andere Ansatzpunkte würden noch andere Perspektivierungen nach sich ziehen. Richtet man sich auf den Schutz einzelner Menschen vor dem Zugriff der staatlichen Autorität, könnte man die mittelalterlichen Herrschaftsverträge in die Betrachtung einbeziehen, sicher aber die politische Philosophie und Staatstheorie seit dem 16. Jahrhundert. Greift man die Politik in den internationalen Regierungsorganisationen als konstitutiv für den menschenrechtspolitischen Zusammenhang seit 1945 heraus, geht der Blick lediglich bis zum Völkerbund und seiner internationalen Schutz- und Wohlfahrtspolitik zurück. Manche dieser historischen Stränge spielten sich in ganz unterschiedlichen Zeiträumen ab, andere liefen unverbunden nebeneinander her. Zuweilen berührten sie sich aber auch – so bezogen etwa Sklavereigegner Impulse aus den Diskussionen der Amerikanischen und der Französischen Revolution, und die späteren Befürworter einer internationalen Hilfe für osmanische Christen übernahmen wiederum die abolitionistischen Kampagnetechniken.

Betrachtet man menschenrechtliche oder humanitäre Politik in ihrem historischen Kontext, so zeigt sich darüber hinaus, zweitens, die Bedeutung historischer Differenz. In ihrer politischen Funktion unterschieden sich die revolutionären Rechteerklärungen untereinander und sogar noch mehr von den internationalen Menschenrechtserklärungen seit der Mitte des 20. Jahrhunderts. Von ihren Solidaritätsvorstellungen, ihren Begründungsformen und ihren Wirkungen her war die Politik der humanitären Intervention im 19. Jahrhundert, insofern sie sich überwiegend auf das Schicksal von Christen richtete, etwas anderes als die des 20. Jahrhunderts. Auch diese Reihe ließe sich fortführen. Den alten Religionen ging es um den Schutz des Lebens, doch formulierten sie Verbote und begründeten keinen Rechtsanspruch. Die naturrechtlichen Staatslehren der frühen Neuzeit sprachen dem Individuum unverbrüchliche Rechte zu, dachten aber nicht an internationale Garantien. Der Völkerbund bemühte sich mit dem Minderheitenschutzsystem oder dem Vorgehen gegen »Weiße Sklaverei«, wie noch zu beschreiben sein wird, darum, eine internationale Aufsicht zu errichten, um Menschen gegenüber dem Zugriff der staatlichen Autorität zu schützen. Doch etablierte er keinen formalen Menschenrechtsbereich, in dem sich prinzipiell jedes Thema auf seine menschenrechtlichen Implikationen hin diskutieren ließ.

Es liegt zum Teil auch an dieser Differenz, daß sich die (Vor-) Geschichte der Menschenrechtspolitik in wichtigen Bereichen, drittens, nicht als eine zusammenhängende, stetige Entwicklung erzählen läßt. Sie ist voller historischer Brüche und abgerissener Traditionslinien, voller Konjunkturen und mehr oder weniger kurzlebiger politischer Konstellationen. An die revolutionäre französische Menschenrechtstradition knüpfte vorerst kein weiterer Staat an. Die Sklaverei stellte in einigen Gesellschaften zwischen dem Ende des 18. und der Mitte des 19. Jahrhunderts den Inbegriff der moralischen Provokation dar – aber weder davor noch danach. Militärische Interventionen zu humanitären Zwecken ballten sich in den ersten beiden Dritteln des 19. Jahrhunderts und in den 1990er Jahren. Auch hier gäbe es zahlreiche weitere Beispiele. Das humanitäre Kriegsrecht entwickelte sich von den Haager Konferenzen über die Genfer Konvention von 1929 bis zu den Genfer Konventionen von 1949 in mehreren Schüben und über größere zeitliche Klüfte hinweg. Die internationale Gerichtsbarkeit, die im

Anschluß an den Zweiten Weltkrieg in Nürnberg und Tokio begründet wurde, fand bis zum Ende des Kalten Kriegs keine Fortsetzung.

Viertens schließlich waren diejenigen längerfristigen Verbindungslinien, die sich identifizieren lassen, nicht alle gleichgeartet. Begrifflich lassen sie sich noch genauer unterscheiden. Einige Kontinuitäten werden tatsächlich faßbar, wenn sie auch begrenzt und aufs Ganze betrachtet eher selten sind. So zeigt der historische Rückblick in das 19. Jahrhundert vor allem, daß die Trägerschichten des humanitären Einsatzes und die Mechanismen, mit denen sich in parlamentarischen Systemen politischer Druck erzeugen ließ, bis in das späte 20. Jahrhundert prinzipiell die gleichen blieben. Hinzuzunehmen wären institutionelle Kontinuitäten. Wie erwähnt, besteht die britische *Anti-Slavery Society* (unter dem Namen *Anti-Slavery International*) bis heute. Und auch andere, später im 19. Jahrhundert gegründete internationalistische NGOs setzten ihre Arbeit, wie noch zu beschreiben sein wird, in der Menschenrechtspolitik der Zeit nach dem Zweiten Weltkrieg fort. Bei anderen Bezügen handelt es sich nicht um Kontinuitäten, sondern eher um Parallelen oder Analogien. So wiederholte sich der Konnex von politischer Krise und moralpolitischem Lösungsangebot, der im britischen Abolitionismus sichtbar wurde, im späteren 20. Jahrhundert ähnlich, aber eben unter sehr stark veränderten politischen Umständen. Das gilt ebenso für die außenpolitischen Interessenkonflikte derjenigen Regierungen, die sich entschlossen, im Ausland humanitär in Aktion zu treten.

Zusätzlich zu den Kontinuitäten und den Analogien ist schließlich eine weitere Ebene zu bedenken. Denn eine wiederum andere Art der historischen Verbindung stellte sich dort her, wo historische Akteure frühere Ideen oder Praktiken bewußt rezipierten oder aufgriffen. Damit kehrt sich die Blickrichtung gleichsam um. So bezogen die Beamten im Sekretariat der Vereinten Nationen und die Mitglieder der UN-Menschenrechtskommission, die den Entwurf der Allgemeinen Menschenrechtserklärung ausarbeiteten, die revolutionären Rechteerklärungen in ihre Überlegungen ein, wie auch eine Reihe anderer juristischer, philosophischer und staatstheoretischer Grundlagentexte vergangener Jahrhunderte. Später versuchte *Amnesty International*, symbolisch an den Abolitionismus anzuknüpfen, um von seiner historischen Reputation zu zehren. Das kam am sichtbarsten darin zum Ausdruck, daß es zwei wichtige Themenkampagnen der siebziger Jahre *Campaign for the Abolition of Torture* und *Campaign for the Abolition of the Death Penalty* nannte. Diese rezeptionsgeschichtliche Perspektive verschafft den wohl sinnvollsten und aussagekräftigsten Ansatzpunkt, um die unmittelbare Vorgeschichte der internationalen Menschenrechtspolitik, wie sie sich seit dem Zweiten Weltkrieg entwickelte, zu untersuchen. Denn sie verweist auf den bewußten Bezugs- und Vorstellungsrahmen, in dem sich ihre Exponenten bewegten, auf diejenigen vergangenen Entwicklungen also, die tatsächlich handlungsleitend wurden. Hier liegt der chronologische Beginn des ersten Kapitels.

Aus dieser Perspektive erweist sich schließlich auch, was seit den vierziger Jahren des 20. Jahrhunderts, bei allen Vorgeschichten, neu entstand: Erst jetzt wurden »Menschenrechte« zum begrifflichen Zentrum eines internationalen politischen Zusammenhangs. Mit den Vereinten Nationen entstand erstmals ein internationales Forum, in dem Menschenrechtsfragen explizit und kontinuierlich diskutiert wurden. Erst in der Weltorganisation wurde die menschenrechtliche Normarbeit systematisch betrieben. Nie zuvor hatten derart viele Regierungen menschenrechtspolitische Positionen entwickelt, wenn diese einstweilen auch vielfach rudimentär und eben auf die UN-Verhandlungen beschränkt blieben. Zahlreiche internationale Nichtregierungsorganisationen begannen nun, ihre Arbeit in Teilen auch als menschenrechtspolitisch zu verstehen. Und nicht zuletzt gab es erst jetzt wenigstens die eine oder andere Menschenrechts-NGO – Organisationen, die ein breites Spektrum menschenrechtspolitischer Probleme weltweit beobachteten.

**Erster Teil:
1940er bis 1960er Jahre**

1. Ziele, Pläne, Hoffnungen für die Nachkriegszeit

In den Jahren des Weltkriegs, inmitten materieller und seelischer Verwüstungen, die alles bislang Bekannte übertrafen, blühte das Nachdenken darüber, wie eine bessere politische Ordnung der Zukunft aussehen könne – oder müsse, damit die Welt nicht in einer weiteren globalen Katastrophe untergehe. Die Planungsstäbe der alliierten Regierungen beschäftigte dies ebenso wie die Exilregierungen, amerikanische Nichtregierungsorganisationen wie auch die in den Untergrund gedrängten Zirkel in den militärisch besetzten Ländern Europas. In diesem Zukunftsdenken faßten Menschenrechte zaghaft und in mancher Hinsicht auch gegen jede Wahrscheinlichkeit Fuß. Sie wurden zu einem sichtbaren Element der Diskussionen über die wünschenswerten Strukturen der Nachkriegswelt und fanden damit schließlich auch Eingang in die internationale Politik. Daß der Begriff selbst nun weitaus stärker zirkulierte, als in den Jahren zuvor, stellt dabei nur einen Indikator dar. Manche Zeitgenossen forderten, auch ohne sich seiner zu bedienen, man solle individuelle Rechtsgarantien international festschreiben, oder reflektierten über internationale Schutzmechanismen. Diese Vorstellungen enthielten wichtige Kernideen der internationalen Menschenrechtssysteme, wie sie sich nach dem Zweiten Weltkrieg herausbilden sollten, und wiesen somit auf die spätere Menschenrechtspolitik voraus.

Dabei sollte man über der Suche nach solchen Vorstellungen nicht die Proportionen aus den Augen verlieren. Menschenrechts- und Völkerrechtsgedanken waren ein kleiner Knotenpunkt innerhalb eines denkbar weit gespannten, kontroversen, auch widersprüchlichen politischen Zukunftsdiskurses. Er reichte von der sozialen Neuprägung der Demokratie bis zu den veränderten Formen internationaler Wirtschaftskooperation, von der »Entwicklung« der Kolonien bis zu der Eindämmung staatlicher Aggression, von Welternährung über Weltgesundheit bis zu der Frage, was mit den Millionen von Flüchtlingen und aus ihrer Heimat Vertriebenen geschehen solle. Das meiste, was in den Debatten über ein tragfähiges internationales Zusammenleben erörtert wurde, hatte nichts mit Menschenrechten zu tun.

Einige Zusammenhänge, die menschenrechtshistorisch zentral waren, lassen sich fassen, wenn man auf die Planungen der drei Hauptalliierten für die Nachkriegswelt, auf die Überlegungen internationalistischer NGOs in den USA, die wesentlich um den Föderalismusgedanken kreisenden Diskussionen in Widerstandszirkeln und unter Exilpolitikern sowie auf die Stellungnahmen der Katholischen Kirche blickt. Zwar erschöpfen sie das Bild dieser Jahre nicht, doch entwickelten sich hier einerseits entscheidende Grundlagen internationaler Menschenrechtspolitik und traten andererseits wichtige Grenzen des menschenrechtlichen Diskurses hervor. Letztere zeigen sich vielleicht am deutlichsten, wenn man die Ziele betrachtet, die die Alliierten für die Zeit nach einem siegreichen Krieg formulierten. Denn sie führten den Zweiten Weltkrieg nicht für Menschenrechte. Jedenfalls dann nicht, wenn man sich von dem breiten Verständnis löst, das sich heutzutage eingebürgert hat, und sich statt dessen auf den zeitgenössischen Ideenhaushalt und die Terminologie einläßt, in der die alliierten Führungen ihre Absichten formulierten. Die amerikanische und die britische Regierung bedienten sich des Begriffs selten und ohne ihn programmatisch stark aufzuladen. Andere Leitideen liefen ihm bei weitem den Rang ab, vor allem Frieden, Freiheit und Demokratie.

Der Menschenrechtsgedanke erlangte vor allem unter nicht-staatlichen Gruppen Bedeutung. Eine einheitliche Entwicklung lag dem allerdings nicht zugrunde; vielmehr entfaltete er sich in einem mehrsträngigen Prozeß, der sich aus verschiedenen erfahrungsgeschichtlichen Kontexten speiste. Einen wichtigen Hintergrund stellte die jüdische Verfolgungs- und Entrechtungserfahrung dar. Die existenzielle Schutzlosigkeit ihrer Glaubensgenossen vor Augen, griffen jüdische Organisationen den Menschenrechtsgedanken als ein Mittel auf, um eine gesicherte Integration jüdischer Minderheiten in mehrheitlich andersreligiöse Gesellschaften zu erreichen. Ein anderer zentraler Entstehungszusammenhang lag in einer spezifischen Diagnose der Gefahren, die der internationalen Sicherheit im Zeitalter radikaler Diktaturen drohten. Diese Diagnose bestimmte vor allem die Diskussionen unter amerikanischen »Internationalisten«, war aber auch in den europäischen Zusammenhängen präsent. Sie stellte einen Nexus zwischen innerer Unterdrückung und äußerer Kriegsbereitschaft her. Zwischenstaatliche Menschenrechtsgarantien waren in dieser Sicht ein unverzichtbarer Teil der Friedenswahrung.

Aus dem Blickwinkel der politischen Ideengeschichte betrachtet, liegen in diesen Kontexten die wichtigsten Ursprünge der *internationalen* Menschenrechtspolitik der vierziger Jahre. Daß der Begriff während des Kriegs einen relativen Aufschwung erlebte, floß indes auch aus der Erfahrung des totalitären Staats. Die fortwährende Anschauung der freiheitsbeschneidenden, menschenverachtenden Herrschaftspraktiken vor allem der faschistischen Regime sorgte dafür, daß vorstaatliche individuelle Rechte in der Wertschätzung vieler Zeitgenossen dramatisch stiegen. Davon zeugten die Diskussionen unter europäischen Widerstandsgruppen wie auch im katholischen Klerus. Dem Menschenrechtsdiskurs wohnte so von Beginn an ein starkes antitotalitäres Element inne, das darauf zielte, den Einzelnen gegenüber dem Staat zu rehabilitieren. Die Pläne und Modelle, die auf diesem Gedanken aufbauten, zielten aber zumeist nicht auf internationale Vereinbarungen oder Institutionen. Von ihnen führt die Linie vor allem zu den Überlegungen, den Rechtsstaat zu redefinieren, die im Verfassungsdenken der Nachkriegsjahre bedeutsam werden sollten.

Schließlich und zusätzlich legte die Charta der Vereinten Nationen, im Juni 1945 auf der Konferenz von San Francisco verabschiedet, einen institutionellen Grundstein, indem sie es in die Zweckbestimmung der neuen Weltorganisation einschrieb, Menschenrechte zu fördern. Das war eine keineswegs zwangsläufige, im Grunde sogar überraschende Entwicklung. Denn auf dem Weg zu der Gründungskonferenz hatten sie in den Überlegungen der »Großen Drei« praktisch überhaupt keine Rolle gespielt. In das zu errichtende organisatorische Gefüge gelangten sie eher durch die Hintertür, und ohne daß bereits eine Vorentscheidung darüber gefallen wäre, welchen Platz sie in der neuen Organisation einnehmen würden.

So aktuell mithin viele der Anlässe waren, die Politiker, Aktivisten und Intellektuelle dazu bewogen, Menschenrechte in ihre gedanklichen Modelle aufzunehmen, standen diese doch in einem weiteren zeitlichen Horizont. Viele der nicht-staatlichen Organisationen etwa, die sich hier engagierten, blickten auf eine längere, zum Teil bis in das 19. Jahrhundert zurückreichende Geschichte zurück. Sie paßten den Menschenrechtsgedanken oft in ältere Vorstellungen internationaler Kooperation ein, die um transnationale Solidarität, Völkerrecht und Frieden gekreist hatten. Das vierte Kapitel beschriebt dies näher. Erfahrungsgeschichtlich betrachtet, wurzelten viele wichtige Impulse in der Zwischenkriegszeit. Der Völkerbund stellte die offensichtliche, und die einzige, Folie dar, vor der das Nachdenken über eine Weltorganisation Konturen gewann. Konkreter hatten die Minderheitenschutzverträge, die er überwachte, bereits einen Versuch dargestellt, die Rechte bestimmter Gruppen innerhalb ihrer Staaten international zu garantieren. Aus diesem System zogen zahlreiche Menschenrechtsverfechter ihre Lehren. Noch grundlegender war es die Krise der Zwischenkriegszeit, die die Demokratie wie auch die Staatenbeziehungen erfaßt hatte und als deren Kulminationspunkt nun der Zweite Weltkrieg erschien, die den gleichsam inneren Bezugsrahmen der meisten Nachkriegsvisionen bildete. Beinahe alle außenpolitischen Experten und Beobachter setzten dabei an, die Ursachen zu beheben, die sie für das Heraufziehen extrem gewalttätiger Diktaturen verantwortlich machten, oder dabei, die nach dem Ersten Weltkrieg geschaffenen Strukturen der internationalen Politik zu verbessern, die so offenkundig untauglich gewesen waren. Ihre Pläne standen im Zeichen der »zweiten Chance«, wie eine viel gebrauchte Formel dieser Jahre lautete.

Diejenigen zivilen Aktivisten schließlich, die den Menschenrechtsbegriff tatsächlich verwendeten und über die Umrisse internationaler Schutzsysteme nachdachten, bewegten sich noch in einem anderen gedanklichen Raum. Indem sie nach Anhaltspunkten und Modellen suchten, an denen sich ihre Überlegungen schärfen ließen, konstruierten sie gleichsam ihre eigene menschenrechtshistorische Tradition. Diese Tradition war indes im Kern negativ – eine Abfolge fehlgeschlagener Versuche und unwirksamer Mechanismen.¹ Zwar gingen die Autoren oft auf die Menschenrechtserklärung zurück, die das *Institut de Droit International*, eines der ältesten Völkerrechtsinstitute, 1929 veröffentlicht hatte. Doch war ihnen bewußt, daß diese Erklärung vor allem ein Stück Papier darstellte, auf das sich keine einzige Regierung verpflichtet hatte. Das Minderheitenschutzsystem des Völkerbunds erfuhr, wie noch zu zeigen sein wird, eine differenzierte Bewertung, seine großen Schwächen waren aber unübersehbar. Die »humanitären Interventionen« des 19. Jahrhunderts schnitten im allgemeinen noch schlechter ab, da sie zu sehr aus nationalem Machtinteresse geboren schienen. Die Proteste im Speziellen gegen die »Kongo-Greuel«, gegen antijüdische Pogrome im zaristischen Rußland und gegen die Massaker an armenischen Christen, alle Ende des 19. und Anfang des 20. Jahrhunderts erhoben, galten als Ausnahmen. Die internationalen Verträge schließlich, die in der ersten Hälfte des 19. Jahrhunderts den Sklavenhandel verboten hatten, stellten ein positives Beispiel dafür dar, daß Regierungen fähig seien, zu humanitären Verbesserungen zu gelangen. Sie lagen jedoch lange zurück und waren nur auf den Teil eines größeren Problems, der Sklaverei als Institution, begrenzt gewesen.

Diejenigen, die in den Kriegsjahren menschenrechtliche Schutzmodelle entwarfen, sahen sich daher nicht so sehr als Fortsetzer früherer Versuche. Vielmehr planten und diskutierten sie im Bewußtsein, daß ihre Überlegungen das internationale Recht oder sogar die internationalen Beziehungen insgesamt grundstürzend erneuern würden. Es bedurfte nicht weniger als eines »revolutionären Wandels in der Stellung des Einzelnen«, wie es der britische Völkerrechtler Hersch Lauterpacht formulierte.² Mit dem Glauben an die Neuheit des Unterfangens war gleichzeitig die scharfe Einsicht verbunden, daß es eine schwierige, womöglich sogar aussichtslose Aufgabe sein würde, diese Ideen gegen die jahrhundertelang übermächtigen Vorstellungen nationalstaatlicher Souveränität durchzusetzen. »Während der gesamten modernen Geschichte«, so bilanzierte etwa der renommierte amerikanische Historiker James Shotwell, der zu den aktivsten Befürwortern einer internationalen Organisation gehörte, »haben das Völkerrecht wie auch die diplomatische Praxis die Verfügungsgewalt souveräner Staaten über ihre eigenen Bürger mit nur milden Protesten anderer Regierungen in Fällen von Verfolgung und Tyrannei anerkannt.«³ Shotwells historisches Fazit, das kaum zu hohen Erwartungen Anlaß gab, umriß zugleich die Ausgangslage der vierziger Jahre.

Die historische Literatur der letzten Jahre hat verschiedentlich darauf hingewiesen, daß die Jahre des Zweiten Weltkriegs die formative Phase des internationalen Menschenrechtssystems darstellten, das nach dem Krieg im Rahmen

---

1 Vgl. dazu Wright, Human Rights; Shotwell, Great Decision; Beneš, Rights of Man.
2 Lauterpacht, International Bill, S. 145.
3 Shotwell, Great Decision, S.179f. Zu Shotwell vgl. Josephson, James T. Shotwell.

der Vereinten Nationen begründet werden sollte.[4] Im Bemühen um eine Archäologie des Menschenrechtsgedankens im 20. Jahrhundert haben diese Autoren Pionierarbeit geleistet, da sie einen Aspekt freigelegt haben, der in den Untersuchungen der Kriegszeit ansonsten übersehen worden war. Sie haben aber gleichzeitig – und vielleicht deswegen – die Präsenz des Menschenrechtsgedankens auch überbetont. Indem sie sich ausschließlich darauf richteten, positive Belege für sein Erscheinen zu sammeln, haben sie ihn zudem aus dem breiteren Zusammenhang der zeitgenössischen Diskussionen gelöst. Mehr noch, die vierziger Jahre sind mit den Zügen einer alternativen Erzählung der internationalen Beziehungen versehen worden, die mindestens die amerikanische Politik in den Dienst eines Kampfs für Menschenrechte und eine multilaterale globale Ordnung stellt, welcher in der zeitgenössischen Realität keine Verankerung hat.[5] Schließlich sind die Entwicklungen des Zeitraums zuweilen mit einer visionären Leidenschaft unterlegt worden, die sich in der überwiegend nüchternen, realistischen, wenn auch oft hoffnungsvollen Planungsarbeit der damaligen Akteure kaum wiederfindet. In dieser Sicht erwuchsen Menschenrechtsforderungen aus der Beobachtung der Leiden »Anderer« wie auch aus den Opfern, die ihre Verfechter selbst bringen mußten, als weitreichende Ahnung einer gerechteren Zukunft.[6] Diese Untersuchungen verraten viel von der politischen Befindlichkeit des späten 20. und frühen 21. Jahrhunderts, aus der sie selbst entstanden sind. Nachdem sich Menschenrechtsrhetorik seit den neunziger Jahren geradezu ubiquitär ausgebreitet hatte, wurde es offenbar schwer vorstellbar, daß Menschenrechte in der alliierten Kriegspolitik, die doch eines der unmenschlichsten Regime der Geschichte zu stürzen versuchte, eine ganz untergeordnete Rolle gespielt haben sollten. So war es nur noch ein kleiner Schritt dahin, die Geschichte der vierziger Jahre retrospektiv umzudeuten, auf den Linien einer qualitativ anderen politischen Sensibilität und eines wesentlich expansiveren Verständnisses von Menschenrechten. Um die Genese der internationalen Menschenrechtspolitik zu erklären, muß man sich allerdings davon befreien und die historische Umgebung näher ausleuchten, in der sie tatsächlich eine Rolle zu spielen begann.

---

4 Vgl. vor allem Glendon, World; Lauren, Evolution; Borgwardt, World; Kennedy, Parlament. Nüchterner, allerdings wenig kontextualisiert, Simpson, Rights, S. 157–220.
5 Vgl. vor allem Borgwardt, World.
6 Vgl. vor allem Lauren, Evolution, S. 135–165.

Alliierte Zukunftsvisionen

In den Planungsstäben der drei Alliierten reifte erst allmählich die Einsicht, daß es dem Schreckbild einer nationalsozialistischen »Neuordnung« des europäischen Kontinents, die unter den Vorzeichen deutscher militärischer Hegemonie und rassischer Suprematie stand, positive Vorstellungen entgegenzusetzen galt, um die Menschen und Nationen weltweit zu mobilisieren. Zu genau wollte sich zudem keiner der drei Regierungschefs festlegen. Das lag an der komplizierten Zusammenarbeit in der von Beginn an brüchigen »Anti-Hitler-Koalition« und an der Sorge, in einer unwägbaren Nachkriegssituation zu sehr beim Wort genommen zu werden. Vor allem in den USA liefen außenpolitische Zielformulierungen darüber hinaus Gefahr, in den Strudel der innenpolitischen Auseinandersetzung gezogen zu werden. Präsident Franklin D. Roosevelt mußte bis weit in den Krieg hinein bei jedem Schritt, den er in Richtung eines internationalen Engagements ging, mit empfindlicher Kritik aus dem isolationistischen Lager rechnen. Nachdem sie doch einmal begonnen hatten, die Kriegsanstrengung ideologisch zu unterfüttern, aktualisierten die führenden Politiker der drei Länder eine Bandbreite von Werten und Ideen, die von politischen Modellen über Gerechtigkeitsvorstellungen bis hin zu moralischen Grundsätzen reichten. Menschenrechte waren in diesem Konzert allerdings ein nur schwach vernehmbarer Ton.

Betrachtet man die Rhetorik der drei Großmächte im einzelnen, so fällt die Sowjetunion vor allem deshalb etwas aus dem Bild, weil sich ihre politische Führung am wenigsten bemühte, hoffnungsträchtige internationale Leitbilder für die Nachkriegszeit zu prägen, oder am wenigsten dazu in der Lage war. Bis zur Kriegswende im Winter 1942/43 war die Existenz des Staats in einem Ausmaß bedroht, das es zur alles überragenden Notwendigkeit machte, den Durchhaltewillen der eigenen Bevölkerung zu stärken. Iosif Stalin lenkte den ideologischen Diskurs dabei von revolutionären Parolen und dem »Aufbau des Sozialismus« weg und appellierte für den »Großen Vaterländischen Krieg« an das patriotische Gefühl.[7] Den Abwehrwillen zu entfachen, um den Nationalsozialismus ein für allemal zu zerstören, blieb während des Kriegs in den öffentlichen Erklärungen die beherrschende rhetorische Figur. Nicht zuletzt Stalin selbst sprach immer wieder vom nationalen »Befreiungskampf«.[8] In diese Verheißung versuchte die Sowjetführung darüber hinaus allerdings auch die Länder einzubeziehen, die von deutschen Truppen besetzt waren. Dafür akzentuierte sie wiederholt das Prinzip der »Selbstbestimmung der Nationen« und

---

7 Vgl. Hildermeier, Geschichte der Sowjetunion, S. 658–661; Overy, Rußlands Krieg, S. 123–160.
8 Vgl. Rede Stalin, 3.7.1941; Rede Stalin, 1.5.1942; Stalin, Speech to Moscow Soviet, 6.11.1942.

aktivierte damit eine Formel, die in der ideologischen Selbstdarstellung der Sowjetunion von Beginn an eine Rolle gespielt hatte. Nachdem Vladimir Lenin das Selbstbestimmungsrecht bereits seit Anfang des Jahrhunderts propagiert hatte, diente es während der Revolutions- und Bürgerkriegszeit dazu, die Unterstützung der nicht-russischen Nationalitäten für den anti-zaristischen Kampf zu gewinnen.[9] Im Aufbau der Sowjetunion sollte sie das Bekenntnis zur Selbstbestimmung dann enger an das Zentrum binden. Vor allem in der stalinistischen Ära stand dies in einem zunehmend krassen Widerspruch zur rücksichtslosen Praxis der Nationalitätenpolitik, doch hielt auch Stalin formal daran fest, die Sowjetunion toleriere nationale Eigenständigkeit.[10] Während des Zweiten Weltkriegs brachte die Sowjetführung die Formel, wie schon im Ersten Weltkrieg, vor allem wieder außenpolitisch ins Spiel. Dabei betonte sie insbesondere das Recht jeder Nation, »diejenige soziale Ordnung zu errichten [...], die ihr geeignet erscheint«, und deutete ihren ideologischen Gegensatz zu den Westmächten damit bereits an – besonders symbolträchtig etwa in der Erklärung, mit der sie ihre Zustimmung zur Atlantik-Charta begründete.[11] Als sich ein Ende des Kriegs von ferne abzeichnete und gleichzeitig die interalliierten Verhandlungen über eine internationale Organisation in Gang kamen, nannte die sowjetische Regierung zunehmend Frieden, die Verhinderung zukünftiger Aggression und eine europäische Zusammenarbeit als Ziele, doch ohne konkretere Pläne dafür zu skizzieren.

Die amerikanische und die britische Regierung sprachen sowohl häufiger als auch genauer über ihre Ziele für die Nachkriegszeit. »Die Essenz unseres Kampfes« war und blieb dabei, »daß Menschen frei sein sollen«.[12] Der Kern der Antithese zu all dem, wofür Nationalsozialismus und Faschismus standen, bestand im Freiheitsgedanken, nicht in Menschenrechten.[13] Das war ganz unverkennbar auch die Botschaft des amerikanischen Präsidenten, der mit seinen »Vier Freiheiten« der destruktiven Politik der Achsenmächte als erster eine einprägsame Vision entgegenstellte. Kurz nachdem er die Vereinigten Staaten zum »Arsenal der Demokratie« ausgerufen hatte, aber noch bevor die USA mit dem Leih- und Pachtgesetz und der Beschießung deutscher Schiffe dem Krieg selbst näherkamen, bewies der große Kommunikator einmal mehr sein sicheres Gespür für die politische Propagandaformel.[14] In seiner Botschaft zur Lage der Nation vom Januar 1941 beschwor Roosevelt eine Welt, die auf die »Freiheit der Rede und der Meinungsäußerung«, die »Freiheit jeder Person, Gott auf die eigene

---

9 Vgl. Lenin, Recht der Nationen. Vgl. dazu Fisch, Selbstbestimmungsrecht, S. 136–139.
10 Vgl. Halbach, Vielvölkerimperium; Simon, Nationalismus und Nationalitätenpolitik.
11 Maisky, Speech.
12 Roosevelt, Address, 6.11.1941, S. 55.
13 Vgl. Dallek, Franklin D. Roosevelt, S. 336; Roosevelt, Address, 6.11.1941.
14 Vgl. Hoopes/Brinkley, FDR, S. 27.

Weise zu ehren«, die »Freiheit von Not« und die »Freiheit von Furcht« gegründet sein sollte.[15]

Auch wenn sich die beiden Westalliierten in diesem Ziel prinzipiell einig wußten, wies ihre Rhetorik charakteristische Unterschiede auf. Die nationalsozialistische Eroberung des europäischen Kontinents nah vor Augen, war die britische Freiheitsrede defensiver. In ihr schwang, ähnlich wie in der sowjetischen, greifbar die Konnotation des Befreiungskampfs mit, den man führe, um die eigene und andere Nationen vor Tyrannei und Unterdrückung zu retten. Gleichzeitig sprachen britische Politiker individuelle Freiheiten deutlich seltener an als die amerikanischen.[16] Der amerikanische Kriegszieldiskurs mobilisierte dagegen häufiger religiöse oder moralische Begriffe und ließ damit zuweilen Vorstellungen anklingen, die den Menschenrechten verwandt waren. Das galt jedenfalls für den Vizepräsidenten Henry Wallace und den stellvertretenden Außenminister Sumner Welles, die in der zeitgenössischen Diskussion als die »Idealisten« innerhalb der Regierung angesehen wurden – im Gegensatz insbesondere zu Außenminister Cordell Hull, dem »Realisten«. Wallace etwa führte den Gedanken der Freiheit zurück auf die Bibel, »mit dem außerordentlichen Wert, den sie auf die Würde des Individuums legt«.[17]

Einer Rechtsrhetorik bedienten sich die führenden Politiker beider Länder nur gelegentlich und nie als eines programmatischen Kernpunkts. Am Tag der britischen Kriegserklärung an Deutschland beschwor Winston Churchill, bis dato schärfster innerparteilicher Kritiker von Chamberlains Appeasement-Politik und nunmehr neu ernanntes Mitglied des Kriegskabinetts, den Gedanken individueller Rechte. Der Krieg gelte dem Ziel, »auf unbezwingbaren Felsen das Recht des Einzelnen zu begründen«.[18] Das war eine seiner ganz wenigen Äußerungen überhaupt zu den Werten, für die Großbritannien kämpfte. Danach, als Premierminister, blieb er notorisch zurückhaltend und reagierte zuweilen sogar schroff abweisend auf den Wunsch der britischen Öffentlichkeit, er möge eine britische Mission formulieren. Nicht zuletzt war der innenpolitische Rechtfertigungsdruck in Großbritannien, das seit dem Frühjahr 1940 direkt in Kriegshandlungen involviert war und seit dem Sommer von der deutschen Luftwaffe bombardiert wurde, wesentlich geringer als in den USA. Churchill konzentrierte seine rhetorischen Energien darauf, den Sieg zum wesentlichen Ziel des Kriegs zu erklären. »Können wir uns nicht mit der allgemeinen Erklärung zufrieden geben, auf die wir uns alle geeinigt haben«, so fragte Churchill noch im August 1944, »daß es einen Weltrat geben soll, um den

---

15 Roosevelt, Annual Message, 6.1.1941, S. 33 f. Als spätere Konkretisierung vgl. ders., Message to Congress, 21.8.1941.
16 Vgl. Simspon, Rights, S. 169–171; Lord Halifax, Speech, 25.3.1941; Eden, Speech, 29.5.1941.
17 Wallace, Address, 8.5.1942. Vgl. dazu Divine, Chance, S. 66.
18 Churchill, Speech, 3.9.1939, S. 158. Vgl. auch Gilbert, Winston S. Churchill, S. 245.

Frieden zu wahren [...], und uns auf unsere Bemühungen konzentrieren, einen Sieg zu erringen?«[19] Seine Reden prägten sich der britischen Öffentlichkeit für den Appell an den patriotischen Durchhaltewillen ein, für die Beschwörung der vier Attribute *blood, toil, tears and sweat*, von denen es immerhin drei in das kollektive Gedächtnis geschafft haben.[20]

Roosevelt hatte in seiner Rede über die vier Freiheiten den Begriff der Menschenrechte gegen Ende seiner Rede erwähnt, wo er Freiheit als »den höchsten Vorrang von Menschenrechten überall« definierte. Doch der Begriff gewann keine tragende Funktion – als früher Beleg einer neuen Idee, wie sich die Welt politisch gestalten lasse, kann man das kaum werten. In den späteren Reden des Präsidenten verschwand die Assoziation der vier Freiheiten mit dem Menschenrechtsgedanken fast gänzlich. Zuweilen rückte sie Roosevelt sogar in eine dezidiert nationale Tradition, als »unsere amerikanischen Freiheiten«.[21] Unter den höherrangigen Regierungsmitgliedern dürfte Sumner Welles derjenige gewesen sein, der die amerikanischen Ziele für die Nachkriegszeit am häufigsten mit Rechtsvorstellungen in Verbindung brachte. Er sprach etwa von dem »unveräußerlichen Recht, das jedes menschliche Wesen besitzen sollte, sein Leben in Frieden und Glückseligkeit zu leben«.[22] Damit bewegte sich Welles in der vergleichsweise größten Nähe zu einem Ansatz, der die Ordnungselemente einer besseren politischen Zukunft auf Rechte gründete. Auch er stellte allerdings keine expliziten Rechtskataloge auf und erörterte keine konkreten Schutzmechanismen. Englische Politiker bezogen den Rechtsbegriff, im Einklang mit ihrem Befreiungsdiskurs, häufiger auf Nationen und postulierten deren Recht auf Unabhängigkeit, auf Selbstbestimmung und auf eigenständige Entfaltung.[23]

Und auch in zwei weiteren Zeugnissen, die der »Vier Freiheiten«-Rede oft an die Seite gestellt worden sind, der Atlantik-Charta und der »Erklärung durch die Vereinten Nationen«, gewannen menschenrechtliche Vorstellungen kaum scharfe Konturen. Berechtigt ist die Zusammenstellung insofern, als sie bereits zeitgenössisch die signalkräftigsten Äußerungen darüber darstellten, wie eine Nachkriegsordnung aussehen könne. Daher wurden sie auf der ganzen Welt begierig aufgegriffen, im besetzten Europa ebenso wie in den asiatischen und afrikanischen Kolonien. Bis zum Ende des Kriegs bildeten sie die wichtigsten Angelpunkte der Diskussion über den bevorstehenden politischen Neuaufbau.

---

19 Vgl. Churchill, Speech, 20.8.1940. Vgl. auch ders., Speech, 9.9.1941; ders., Speech, 2.8.1944.
20 Churchill, »Blood, toil, tears, and sweat«, hier S. 6220. Vgl. dazu Clarke, Hope and Glory, S. 195, 197.
21 Roosevelt, Radio Address, 27.5.1941. Vgl. ebenso ders., Annual Message, 6.1.1942; ders, Rede, 7.1.1943.
22 Welles, Address, 22.7.1941.
23 Vgl. Lord Halifax, Broadcast, 7.9.1939; Chamberlain, Rede, 26.11.1939; Churchill, Broadcast, 30.9.1940.

Die Atlantik-Charta war ursprünglich eine Presseerklärung, die erst nachträglich zur »Charta« stilisiert wurde (und die Roosevelt und Churchill in der Folge ganz unterschiedlich auslegten).[24] Im August 1941 vor der Küste Neufundlands formuliert, bekannten sich der britische Premier und der amerikanische Präsident darin, auf Wunsch Roosevelts, zu einer kurzen Liste gemeinsamer Kriegsziele, die »den versklavten Völkern Hoffnung geben« sollte.[25] Den Menschenrechtsbegriff erwähnte die Charta nicht, sondern bezog sich lediglich an einer Stelle auf die »Vier Freiheiten«. In der globalen Rezeption des Dokuments sollten Menschenrechte folgerichtig dann auch keine Rolle spielen.[26] Eine internationale Organisation sah die Erklärung ebenfalls nicht vor. Dem Ansinnen Churchills hatte sich Roosevelt ausdrücklich widersetzt, weil es auf die Isolationisten im eigenen Land wie ein rotes Tuch hätte wirken müssen. Die Möglichkeit einer solchen Organisation wurde in einem Nebensatz immerhin angedeutet.[27]

Die »Erklärung durch die Vereinten Nationen« vom Januar 1942, einen knappen Monat nach dem japanischen Angriff auf Pearl Harbor abgegeben, sollte die Bereitschaft der nunmehr 26 Staaten der Kriegsallianz bekunden, ihre Ressourcen bis zum Äußersten für den Sieg über die Achsenmächte einzusetzen. Gleichzeitig gaben diese ihrer Überzeugung Ausdruck, daß »der vollständige Sieg über die Feinde entscheidend ist für ein anständiges Leben, Freiheit, Unabhängigkeit und religiöse Freiheit, und um Menschenrechte und Gerechtigkeit in ihren eigenen Ländern wie auch in anderen Ländern zu wahren«.[28] In dieser Formulierung wurde der Menschenrechtsbegriff neben anderen genannt, und ohne daß das Schwergewicht der Aussage auf ihn entfiel. Keines der drei bedeutendsten Dokumente, so der schlichte positivistische Befund, belegt mithin die Prominenz des Menschenrechtsgedankens in den Visionen für die Nachkriegszeit. Alle blieben weit entfernt von dem Gedanken einer internationalen Rechtsordnung, die dazu dienen sollte, den Einzelnen gegen seinen eigenen Staat zu schützen.

Die wichtigsten Pfeiler, auf denen die Nachkriegswelt in den Vorstellungen der amerikanischen und britischen Regierung ruhen sollte, waren andere. Frieden, Sicherheit, Abrüstung (diese allerdings gegen Ende des Kriegs immer

---

24 Vgl. Louis, Imperialism at Bay.
25 Das Zitat Roosevelts nach Hoopes/Brinkley, FDR, S. 27. Von den Reaktionen in ihren eigenen Ländern waren beide enttäuscht. Vgl. Dallek, Roosevelt, S. 284; Reynolds, Atlantic »Flop«.
26 Vgl. dazu unten den Abschnitt über Europa sowie das Kapitel über die Dekolonisierung. In den Bekenntnissen zur Atlantik-Charta auf den inter-amerikanischen Konferenzen wurde der Menschenrechtsbegriff ebenfalls nicht verwendet. Vgl. die Resolutionen in Buergenthal (Hg.), Human Rights. The Inter-American System, S. 36, 54f.
27 Vgl. Atlantic Charter.
28 Joint Declaration of United Nations.

weniger), internationale Zusammenarbeit, Wohlstand – das waren die politischen Leitideen, die die führenden Politiker den Zuhörern und Lesern geradezu einschliffen, wenn es darum ging, die Gerechtigkeit der eigenen Sache zu begründen. Der britische Außenminister Anthony Eden bezeichnete bei einer Gelegenheit die Trias von »Frieden, Freiheit und Wohlstand« als »unseren positiven Glauben«, der den negativen, die Gegnerschaft gegen den Nationalsozialismus, notwendigerweise ergänzen müsse.[29] Will man die Genese der internationalen Menschenrechtspolitik nachvollziehen, kehrt sich damit die Frage um. Es erscheint aufschlußreicher, darüber nachzudenken, warum der Menschenrechtsgedanke eine so vergleichsweise geringe Relevanz für die politischen Zielformulierungen der beiden Regierungen hatte.

Die Pläne einer neuen weltweiten Wirtschaftsordnung liefern hierfür ein entscheidendes Indiz. Ihr kam in den Überlegungen der beiden westlichen Regierungen zweifellos eine herausragende Bedeutung zu.[30] Sie sollte der internationalen Sicherheit dienen, indem sie weltweit möglichst viele Menschen an einem wachsenden Wohlstand teilhaben ließ, und damit die Möglichkeit im Keim ersticken, daß sich die politischen Verhältnisse von der wirtschaftlichen Seite her destabilisieren könnten.[31] »Die Schaffung einer Wirtschaftsordnung in der Nachkriegswelt, die dem freien Unternehmertum Spielraum gibt«, so führte Welles das amerikanische Programm aus, »und Frauen und Männern gleichzeitig Sicherheit gewährleistet und die fortgesetzte Verbesserung der Lebensverhältnisse fördert«, sei eine entscheidende Voraussetzung für einen dauerhaften Frieden.[32] Diese Vorstellungen schlossen ein, den internationalen Handel zu liberalisieren und den Rückzug in autarke Wirtschaftsräume zu überwinden, mit dem viele Staaten der Weltwirtschaftskrise begegnet waren. Nur zu deutlich visierten die amerikanischen und die britischen Planer damit an, die Grundlagen für die je eigene Dominanz in der zukünftigen Weltwirtschaft herzustellen. Doch wurzelten ihre Konzeptionen ebenso in dem Gedanken einer sozial abgefederten Demokratie. Bis zu einem gewissen Grad transportierten die beiden Regierungen damit ihre innenpolitischen Rezepte in den Bereich der internationalen Politik. Die Roosevelt-Regierung konnte an die sozialpolitischen Ideen anknüpfen, mit denen sie bereits seit einigen Jahren versuchte, den Auswirkungen der Großen Depression gegenzusteuern.[33] Insofern war es vielleicht überspitzt, aber im Kern nicht verfehlt, wenn zeitgenössische Beobachter

---

29 Eden, Speech, 28.3.1944, S. 479.
30 Vgl. Kolko, Politics of War.
31 Zu Großbritannien vgl. Grigg, Declaration, 11.11.1939; Chamberlain, Broadcast, 26.11.1939; Eden, Speech, 29.5.1941; ders.: Speech, 8.5.1942.
32 Welles, Address, 7.10.1941.
33 Vgl. die differenzierte Analyse bei Brinkley, End of Reform. Vgl. programmatisch Roosevelt, Address, 6.11.1941; Pasvolsky, Speech, 4.3.1942.

von einem »New Deal for the World« sprachen.[34] Die soziale Umdefinierung der britischen Demokratie, als deren Gründungsdokument heute gewöhnlich der Ende 1942 veröffentlichte Beveridge-Report angesehen wird, bahnte sich stärker während des Kriegs an und wurde so gewissermaßen *in statu nascendi* internationalisiert.[35]

Damit spiegelte sich in den weltwirtschaftlichen Modellen am deutlichsten, daß die Zukunftsvorstellungen der beiden Westmächte auf einer präzisen Analyse und einer spezifischen Deutung derjenigen Probleme beruhten, die die Politik in den zwanziger und dreißiger Jahren so stark belastet und letztlich die Voraussetzungen für den Zweiten Weltkrieg geschaffen hatten. Insbesondere in den amerikanischen Planungen wurde der Gedanke des zweiten Anlaufs zum Fixpunkt, die Formel von der »gelernten Lektion« zum Mantra; »dieses Mal«, das wurde die Regierung nicht müde zu betonen, galt es die Dinge anders zu machen.[36] Die wesentlichen Bausteine der kommenden Ordnung waren daher als exakte Remedur der Schwächen konzipiert, die man dafür verantwortlich machte, daß die nach 1918 errichtete Nachkriegsordnung in einem zweiten, noch verheerenderen Weltkrieg zusammengebrochen war. Aus amerikanischer Sicht begann diese Konzeption mit einem dauerhaften Engagement der USA in der Welt, über dessen Notwendigkeit sich alle demokratischen Führungspolitiker (und nach Pearl Harbor auch immer mehr Republikaner) einig waren. Das bedeutete einen wegweisenden Bruch mit dem Isolationismus der Zwischenkriegsjahre. Sie umfaßte ferner, und das galt für beide Regierungen, neue Mechanismen der Kooperation und der kollektiven Sicherheit, welche die Konsequenzen aus dem Scheitern des Völkerbunds ziehen sollten; sie sind unten noch näher zu beschreiben. Und sie erstreckte sich darauf, möglichst wirksam vorzubeugen, daß keine neue globale Wirtschaftskrise, keine neue Massenarbeitslosigkeit entstehen und die Welthandelsbeziehungen nicht noch einmal zerrissen würden. »Internationale Spannungen und Aggression haben ihre Wurzeln oft in wirtschaftlichen und sozialen Konflikten«, hielt Anthony Eden im Januar 1943 in einem internen Memorandum fest.[37]

Man konnte das auch auf eine andere Formel bringen: »Freiheit ist mehr als eine Frage politischer Rechte«.[38] Das nämlich erschien als die essentielle Lehre aus der explosiven Instabilität der zwanziger und dreißiger Jahre, die in dieser Sicht eben nicht auf mangelnde rechtliche Freiheitlichkeit oder auf den fehlen-

---

34 Vgl. etwa: The President's Powers and the New World Order; Give-and-Take Between Mr. Churchill and Mr. Roosevelt. Vgl. auch Divine, Chance, S. 193.
35 Vgl. programmatisch Eden, Speech, 29.5.1941.
36 Vgl. Roosevelt, Address, 3.9.1942; Welles, Address, 17.11.1942, S. 143; Wallace, Address, 8.11.1942, S. 132.
37 Abgedruckt in Woodward, Foreign Policy, S. 15 f.
38 Hull, Address, 23.7.1942, S. 103. Vgl. auch Wallace, Address, 8.11.1942; Roosevelt, Annual Message, 11.1.1944.

den Schutz individueller Rechte zurückging. Daß die faschistischen Diktatoren, nachdem sie einmal von der inneren Aushöhlung der liberalen Ordnung profitiert hatten, daran gingen, auch den Rechtsstaat auszuheben, stand aus Sicht der amerikanischen und britischen Planer offenbar auf einem anderem Blatt. Vielleicht galt es ihnen mehr als Symptom denn als Ursache. Das unterschied ihre Perspektive von derjenigen nicht-staatlicher Gruppen, die gerade dieses Problem, wie noch zu zeigen sein wird, für vorrangig hielten. Ansetzen wollten die Regierungsapparate in jedem Fall woanders, bei den sozialen Verwerfungen, die aus massenhaftem Elend resultierten, und bei den morschen Schranken gegen Aggressoren.

Die Wahrnehmung, vor einem zweiten Anlauf zu stehen, erklärt im übrigen auch, warum der Idealismus in den politischen Zukunftsbildern der amerikanischen Regierung so zurückgenommen erscheint. Auch das war eine Lehre, diesmal aus dem politischen Schicksal, das Woodrow Wilsons Friedenspolitik erlitten hatte. Zwar sollte man sich einerseits hüten, den idealistischen Impetus hinter Wilsons Nachkriegsplänen zu überzeichnen. Sie waren keineswegs so weltfremd, wie sie isolationistische Gegner nach dem Ersten Weltkrieg darstellten, um ihre Abkehr von Wilsons Vermächtnis zu begründen.[39] Andererseits bewegte sich Roosevelt mit vielen seiner Äußerungen eben auch in der Tradition des ersten Kriegspräsidenten, nicht zuletzt mit dem Versprechen seiner »Vier Freiheiten« und der Atlantik-Charta. Und doch standen er und die Mitglieder seiner Regierung dem optimistischen Überschuß, der Wilsons Zielvorstellungen geprägt hatte, fern. Daß der Krieg alle Kriege beende, daß er die Herrschaft der Demokratie in der Welt vorbereite, daß er eine Ära der offenen Diplomatie einleite – um die berühmtesten von Wilsons Schlagwörtern herauszugreifen –, das erschien Anfang der vierziger Jahre nicht mehr denkbar. Die Roosevelt-Regierung glaubte nicht, daß sie mit den Realitäten der Machtpolitik brechen könne. Sie begab sich nicht auf einen universellen Kreuzzug für den Frieden. Das in den vierziger Jahren eingeleitete weltpolitische Engagement, das die internationale Rolle der USA so nachhaltig verändern sollte, entsprang im Kern dem nationalen Eigeninteresse. Es zog die Konsequenz aus einer Einsicht, die im Rückblick unausweichlich erscheint, sich aber zu der Zeit erst gegen hartnäckige Widerstände durchsetzen mußte: daß sich der moderne Krieg nicht mehr lokalisieren ließ, und daß er den Vereinigten Staaten folglich selbst dann schadete, wenn sie sich heraushielten, oder dann sogar noch mehr.[40]

---

39 Vgl. Ninkovich, Wilsonian Century.
40 Vgl. dazu Welles, Address, 17.11.1942; Roosevelt, Address, 3.9.1942. Vgl. dazu Kolko, Politics.

»Internationalismus« und Menschenrechte

Die Gestaltung der kommenden internationalen Ordnung und die Rolle, welche die Vereinigten Staaten darin einzunehmen hätten, beschäftigte nicht nur die Exponenten der amerikanischen Regierung. In den USA entwickelte sich darüber hinaus eine vielstimmige öffentliche Debatte. An ihr beteiligten sich verschiedene zivilgesellschaftliche Gruppen – mehr oder weniger regierungsnahe NGOs, Akademiker und politische Publizisten. Ihr Zukunftsdiskurs kam mit Beginn des europäischen Kriegs in Gang, intensivierte sich nach dem Angriff auf Pearl Harbor und erreichte in den Jahren 1943/44 seinen Höhepunkt, als das Ende des Kriegs bereits absehbar erschien. Die Teilnehmer an dieser Debatte vertraten eine Bandbreite von Konzeptionen, die sie kontrovers ins Feld führten.[41] Um Menschenrechte drehte sie sich im wesentlichen nicht; die allermeisten Beiträge kamen tatsächlich ohne jeden Bezug auf den Begriff aus. Ähnlich wie auf regierungsoffizieller Ebene stand das Thema der internationalen Sicherheitsmechanismen im Mittelpunkt, ging es um Kriegsprävention und Friedenswahrung. Die Gretchenfrage für die amerikanischen Diskutanten war, ob eine internationale Organisation zu errichten sei, wie diese aussehen könne, und in welcher Form sich die USA daran beteiligen sollten.

Und doch wurde dieser Diskurs zu einem Ursprungsort für den Gedanken, den Menschenrechtsschutz zum Teil einer erneuerten internationalen Ordnung zu machen. Von einer »Bewegung« zu sprechen, wie es ein zeitgenössischer Beobachter tat, würde sowohl das Ausmaß als auch die Einheitlichkeit der betreffenden Vorstellungen vermutlich überakzentuieren.[42] Es handelte sich aber um einen wohl artikulierten Strang der Diskussion. Seine Träger waren vor allem »internationalistische« Gruppen, welche mit zunehmender Kriegsdauer immer stärker wort- und schließlich sogar meinungsführend wurden. Sie stellten, alles in allem betrachtet, während der Kriegsjahre diejenige Kraft dar, die den Menschenrechtsgedanken am wirksamsten in die internationale Politik trug.

»Internationalismus« war ein schillernder Begriff. Er bezeichnete eine Form des politischen Aktivismus, die seit dem letzten Drittel des 19. Jahrhunderts in starkem Aufschwung begriffen war, nicht nur in den USA, sondern auch in Europa.[43] Internationalisten setzten sich für die Kooperation zwischen Staaten ein, oftmals mit dem Ziel, dadurch nationale Antagonismen zu entschärfen. Dabei organisierten sie sich selbst meist international, zuweilen über losere Kontakte, oft indem sich nationale Vereinigungen unter einem gemeinsamen Dach-

---

41 Vgl. etwa Streit, Union Now, S. 132; Culbertson, Total Peace; Becker, How New; Beard, The Republic.
42 Vgl. Robinson, Human Rights, S. 1.
43 Vgl. Lyons, Internationalism; Herren, Hintertüren; Geyer/Paulmann (Hg.), Mechanics of Internationalism.

verband zusammenschlossen. Sie bewegten sich auf ganz unterschiedlichen Themenfeldern, die von der eher technischen Zusammenarbeit im Bereich des Kommunikationswesens bis hin zur humanitären Hilfe reichten. Im Zusammenhang der amerikanischen Zukunftsdiskussion der vierziger Jahre traten pazifistische, christliche und Frauengruppen sowie *international lawyers* besonders in Erscheinung, also Völkerrechtler und internationalistisch gesinnte Juristen. Sozialgeschichtlich betrachtet, handelte es sich um eine kleine, homogene und exklusive Minderheit. Politisch überwiegend in einem vom Linksliberalismus bis zum Sozialismus reichenden Spektrum angesiedelt, entstammten die allermeisten Vertreter dem protestantischen, akademisch gebildeten Bürgertum. Zudem waren die einzelnen Gruppen eng miteinander vernetzt. Mehrfachmitgliedschaften und wechselnde Zugehörigkeiten waren eher die Regel als die Ausnahme, es gab eine Vielzahl organisatorischer Umgründungen und Zusammenschlüsse.[44] Im weiteren Sinn lassen sich auch international ausgerichtete jüdische Organisationen diesem Ensemble zurechnen; sie standen mit den anderen jedenfalls in einem engen kommunikativen Zusammenhang und beeinflußten die politische Debatte merklich.

Nach dem Ende des Ersten Weltkriegs hatten die internationalistischen Gruppen in der amerikanischen Innenpolitik zunächst einen schweren Stand gehabt.[45] Vor dem Krieg gegründete Organisationen wie der *Carnegie Endowment for Peace* und neugebildete wie die *League of Nations Association* oder die *Woodrow Wilson Foundation* warben unermüdlich darum, daß die amerikanische Regierung dem Völkerbund beitrete. Angesichts des zunehmend isolationistischen Klimas in der amerikanischen Politik befanden sie sich jedoch in einer prekären Außenseiterposition. Vom Tiefpunkt seiner Popularität am Anfang der dreißiger Jahre aus betrachtet war das Wiederaufleben des politischen Internationalismus im Zweiten Weltkrieg also alles andere als selbstverständlich. Der Kollaps des um den Völkerbund herum gesponnenen Sicherheitssystems konnte für sich genommen ja ebenso gut dagegen sprechen, es noch einmal mit löchrigen internationalen Präventionsstrukturen zu versuchen. Daß die Ansichten der Internationalisten gegen Ende des Zweiten Weltkriegs zum Mainstream der öffentlichen Diskussion wurden – in Umfragen von 1943/44 sprachen sich siebzig bis achtzig Prozent der Befragten für den amerikanischen Beitritt zu einer internationalen Organisation aus –, ist daher erklärungsbedürftig. Ein wichtiger Grund für diese Wendung lag darin, daß die internationalistischen Gruppen den neuen Krieg als Beleg für die Rezepte verstehen und überzeugend vermitteln konnten, die sie bereits in der Zwischenkriegszeit propagiert hatten. Aus ihrer Sicht war die erste Nachkriegsordnung daran

---

44 Das wird deutlich, wenn man die Informationen von Divine, Chance, systematisch auswertet. Zum sozialen Hintergrund vgl. auch Steigerwald, Idealism, S. 39–61.
45 Vgl. zum Folgenden Divine, Chance; Steigerwald, Idealism.

gescheitert, daß die USA abseits gestanden hatten. Das galt es zu vermeiden, dann könne eine neue Nachkriegsordnung gelingen – der Gedanke der »zweiten Chance« war auch auf dieser Ebene omnipräsent. Dabei profitierten internationalistische Gruppen selbstverständlich von dem massiven Stimmungsumschlag nach Pearl Harbor, der die Ausgangssituation buchstäblich von einem auf den anderen Tag änderte. Doch unternahmen sie auch immense publizistische Anstrengungen, um diesen Umschwung aufrechtzuerhalten.

Die Zukunftskonzeptionen der internationalistischen Gruppen waren breit angelegt und keineswegs auf Rechtsfragen begrenzt. Ihre Suche nach den Fundamenten für eine neue Welt begann mit den Fragen des materiellen Wiederaufbaus und der Nahrungsversorgung für die notleidenden Bevölkerungen, umfaßte die Prinzipien der Besatzungspolitik und die Grundlagen internationaler Wirtschaftsstabilität und reichte bis hin zu Aspekten der Erziehung und dem zukünftigen Schicksal der Kolonien. Der Schlüssel dazu, Menschenrechte in das Panorama der Rekonstruktionsaufgaben aufzunehmen, lag in der Einsicht, daß es in einer friedlichen und stabilen Nachkriegswelt nötig sein würde, die Souveränität des Nationalstaats einzuschränken. Daß sich dieser Gedanke hier tatsächlich durchsetzte, stellte die fundamentale Differenz zu den Regierungskonzeptionen dar.

Ihre Gedanken zum internationalen Menschenrechtsschutz entwickelten die meisten dieser Gruppen aus dem wahrgenommenen Zusammenhang von staatlicher Unterdrückung und Krieg. Darin schälte sich eine erste, die wichtigste historische Wahrnehmung heraus, die die zaghafte Menschenrechtskonjunktur des Weltkriegs erklärt. Am elaboriertesten entwickelte sie die *Commission to Study the Organization of Peace*.[46] Im Jahr 1939 gegründet, waren ihre führenden Vertreter lange schon in den Netzwerken der Internationalisten engagiert gewesen: Clark M. Eichelberger, Weltkriegsveteran und Präsident der *League of Nations Association*, der eingangs erwähnte James Shotwell, Geschichtsprofessor an der Columbia University, sowie die Juristen Clyde Eagleton und Quincy Wright, letzterer Professor an der University of Chicago und ein Freund des verstorbenen Woodrow Wilson. Politisch war die Gruppe links der Mitte angesiedelt und zeigte sich offen für sozialistische Positionen. Die Kommission unterhielt engen Kontakt zu hohen Regierungskreisen. Nach dem Kriegseintritt der USA zog Sumner Welles sie heran, um ihre Expertise in die Planungsarbeit des *State Department* einzuspeisen; Shotwell und Eichelberger arbeiteten in dem außenministeriellen Komitee mit, das sich mit Nachkriegsproblemen befaßte und den Entwurf einer internationalen *Bill of Rights* ausarbeitete. Schon bald wurden dem Einfluß der Kommission und gerade auch ihren Ideen zum internationalen Menschenrechtsschutz jedoch wieder starke Riegel vorgeschoben. In

---

46 Zu der Kommission vgl. Hillmann, Quincy Wright; Mitoma, Civil Society; ders., Rights, S. 17–43.

dem Beraterstab, der die amerikanische Delegation auf die UN-Gründungskonferenz in San Francisco begleitete, sollte sie dann eine vergleichsweise prominente Rolle spielen; über vierzig ihrer Mitglieder nahmen an der Konferenz teil.

Das Leitbild der Kommission war eine internationale Gemeinschaft, in der die Staaten ihrer nationalen Souveränität Schranken auferlegen würden, um die Freiheit des Einzelnen, soziale Gerechtigkeit, wirtschaftlichen Fortschritt und Sicherheit zu gewährleisten.[47] Die internationale Sorge um Menschenrechte verstand sie als »das Herzstück realistischer Maßnahmen, um Aggressionskriege zu beseitigen«.[48] Diese Verbindung stellte sich in ihrer Analyse auf zwei Wegen her. Zum einen hätten die in den Zwischenkriegsjahren entstandenen Diktaturen – die Kommission dachte wohl vor allem an Deutschland, Italien und Japan – bewiesen, daß Repression nach innen und Aggression nach außen nur zwei Seiten derselben friedensgefährdenden Münze seien: Der Zweite Weltkrieg habe gezeigt, daß »diejenige Regierung, die auf Gewalt beruht, von ihrem Wesen her sogar noch bereitwilliger sein wird, Ausländern Gewalt anzutun, als ihren eigenen Bürgern.«[49] Zum anderen sah die Kommission eine Strategie der nationalen Geiselnahme am Werk. Demnach hatten sich die Diktatoren, indem sie die Grundrechte aufhoben, die Möglichkeit verschafft, die Bevölkerung von äußeren Einflüssen abzuschneiden und so durchgreifend zu fanatisieren, daß eine massenhafte Kriegsbereitschaft entstanden sei.[50] Wenn man nun Mechanismen schuf, um fundamentale Rechte international zu sichern, so das Kalkül, könnte man womöglich den Anfängen wehren, also totalitäre Bewegungen daran hindern, ihre Herrschaft über die eigene Bevölkerung aufzuziehen. Das Plädoyer für den internationalen Menschenrechtsschutz, das die Kommission vorbrachte, basierte insofern einerseits auf der Erkenntnis, daß radikale Gewaltbereitschaft das Wesen der modernen Diktaturen ausmache. Andererseits gründete es auf einer instrumentalistischen Deutung wohl vor allem der nationalsozialistischen Politik, die die Wirkmacht propagandistischer Indoktrination sehr stark gewichtete und die gesellschaftliche Akzeptanz der Eroberungspolitik kaum zur Kenntnis nahm.

Diese Auffassungen waren im Diskurs internationalistischer NGOs denkbar weit verbreitet.[51] Sie machen deutlich, daß der Menschenrechtsgedanke für die

---

47 Vgl. Wright, Human Rights.
48 Commission to Study the Organization of Peace [im Folgenden: CSOP], International Safeguard, hier S. 553.
49 Shotwell, Great Decision, S. 195. Ebenso: CSOP, International Safeguard, S. 573.
50 Wright, Human Rights, S. 249; CSOP, International Safeguard, S. 559f. Wrights Ideen werden (überwiegend zustimmend) diskutiert in: World Citizens Association, World's Destiny.
51 Vgl. etwa The Commission to Study the Bases of a Just and Durable Peace, Pillars; The American Jewish Committee, Counsellors of Peace; American Law Institute, Report of William Draper Lewis; The International Law of the Future.

Internationalisten in allererster Linie Teil einer Sicherheitskonzeption war. Eine verschwindende Minderheit der Autoren begründete sie, wie James Shotwell, auch als moralischen Selbstzweck. Im Geiste der christlichen Lehre betonte der Historiker, daß »kein Volk gegenüber dem Leiden unschuldiger Opfer gleichgültig bleiben kann«. Er war damit ein einsamer Rufer in der Wüste. In den allermeisten internationalistischen Schriften stand der Gedanke individuellen Leidens nicht im Vordergrund.[52]

Eine weitere wichtige gedankliche Grundlage schließlich, auf der die allermeisten Konzeptionen beruhten, war die Wahrnehmung einer zunehmenden globalen Interdependenz. Viele Autoren der Kriegsjahre verwiesen darauf, daß die verschiedenen Weltregionen in den vergangenen Jahrzehnten rasant zusammengewachsen seien.[53] Dafür brachten sie die immer selben materiellen Entwicklungen in Anschlag, vor allem das Flugzeug als verkehrs- und das Radio als kommunikationstechnische Neuerung, seltener ein wachsendes internationales Handelsvolumen und Migrationen. Alle diese Phänomene hätten die Erdteile miteinander verwoben und voneinander abhängig gemacht, so daß in der Gegenwart auch der Krieg weltweite Ausmaße annehme. Aus der Rückschau betrachtet, spricht vieles dafür, daß es überhaupt erst der Zweite Weltkrieg war, womöglich auch bereits die Weltwirtschaftskrise, die der politischen Dramatik einer »schrumpfenden Welt« scharfe Konturen gab. Sie mögen am Anfang gestanden und die Beobachter veranlaßt haben, diese Entwicklungen dann sozusagen historisch herzuleiten. Unübersehbar war in jedem Fall, daß der Zweite Weltkrieg als Katalysator eines immens verstärkten globalen Bewußtseins fungierte. Die Internationalisten führte das zu der Auffassung, die wachsende Interdependenz der Welt unterminiere die Handlungsfähigkeit der Nationalstaaten und mache den Frieden unteilbar. Damit unterstreiche sie die existentielle Notwendigkeit internationaler Kooperation bis hin zu einem internationalisierten Menschenrechtsschutz.

Jüdische Organisationen schließlich hatten noch einen anderen Ansatzpunkt, von dem aus sie zum Menschenrechtsgedanken gelangten, und für sie hatte er überhaupt den größten Stellenwert. Sie sahen im internationalen Rechtsschutz ein wichtiges neues Mittel, um antijüdische Diskriminierungen und Verfolgungen einzudämmen und damit die spezifischen Probleme jüdischer Bevölkerungsgruppen zu lindern. Das *American Jewish Committee* schuf gegen Ende des Kriegs ein *Committee on Peace Problems*, das die Zusammenhänge vielleicht

---

52 Shotwell, Great Decision, S. 195 f. Vgl. als eine weitere Ausnahme: The International Law of the Future, S. 294.
53 Vgl. Wright, Human Rights, S. 248; CSOP, Third Report, S. 211; Baylis, International Bill, S. 244; The International Law of the Future, S. 278; The Commission to Study the Bases of a Just and Durable Peace, Six Pillars, S. 5. Vgl. Steigerwald, Idealism, S. 53, zur Forderung nach einer »Declaration of Interdependence«.

am schärfsten analysierte.[54] Die Vorschläge des Komitees gingen von einer Diagnose der Schwächen aus, an denen die bisherigen Versuche, jüdische Gruppen zu schützen, gelitten hatten. Gelegentliche »humanitäre« Interventionen erschienen vor allem deshalb ungeeignet, weil andere Staaten die intervenierende Macht stets imperialistischer Absichten verdächtigten. Das Mittel des »Bevölkerungsaustauschs«, wie es seit der Zwischenkriegszeit verschiedentlich praktiziert worden war, verwarf man wegen seiner Inhumanität. Die vom Völkerbund garantierten Minderheitenschutzverträge schließlich hatten in der Bestandsaufnahme des Komitees den bedrängten Minderheiten nicht genug Petitionsmöglichkeiten geboten, und sie hatten für die Regierungen, die an sie gebunden waren, einen steten Quell des Ressentiments bedeutet. Das Problem des Systems bestand in seiner doppelten Aussonderung: Es verlieh den Minderheiten innerhalb des Staates einen Sonderstatus, weil die stipulierten Rechte lediglich für sie galten. Und es diskriminierte die »neuen« Nationalstaaten Ostmitteleuropas in einer als schmählich empfundenen Weise. Denn allein sie mußten die Verträge eingehen, während die westeuropäische Staaten (einschließlich Deutschlands) nicht rechenschaftspflichtig waren. Als Ausweg daraus erschien dem Komitee ein internationales Rechtsschutzsystem, das einerseits alle Staaten band und andererseits alle Menschen innerhalb dieser Staaten: »Für die Zukunft scheint die internationale Wahrung der Menschenrechte die beste Hoffnung darzustellen«.[55]

Man würde die jüdische Hinwendung zu Menschenrechten falsch verstehen, wenn man es als ihren Hauptimpuls begriffe, kollektive durch individuelle Rechte zu ersetzen.[56] Auch die Minderheitenschutzverträge verbürgten hauptsächlich individuelle Rechte (wie Glaubensfreiheit oder den freien Zugang zu Ämtern) und nicht kollektive Rechte in dem Sinn, daß eine Gruppe nur als solche darüber hätte verfügen können.[57] Doch handelte es sich eben um solche individuellen Rechte, die nur für einen Teil der Bevölkerung galten. Das neue Prinzip, das den jüdischen Organisationen vorschwebte, war daher, individuelle Rechte zu universalisieren. Der *Schweizerische Israelitische Gemeindebund* hielt, in fast völligem Einklang mit den amerikanischen jüdischen Organisationen, fest: »Um den Entrechtungserscheinungen, denen die Juden in der Zwischenkriegszeit ausgesetzt waren, entgegenzutreten, ist die Idee aufgetaucht, daß nicht nur den Juden oder sonstigen nationalen, religiösen und sprachlichen Minderheiten, sondern allen Angehörigen der menschlichen Rasse [...] durch eine internationale Magna Charta der völkerrechtliche Schutz der Men-

---

54 Vgl. The American Jewish Committee, Counsellors.
55 The American Jewish Committee, Counsellors, S. 20.
56 So etwa der frühe Aufsatz von Mazower, Minorities.
57 Den jüdischen Gruppen war das bewußt. Vgl. Schweizerischer Israelitischer Gemeindebund, Jüdische Nachkriegsprobleme, S. 25. Zum Minderheitenschutzsystem vgl. Fink, League of Nations; dies., Rights of Others; Scheuermann, Minderheitenschutz.

schenrechte gewährt werden sollte.«[58] Zugespitzt formuliert, zielten die jüdischen Gruppen mit dem Menschenrechtsgedanken darauf, ein Prinzip zu verankern, das den Selbstschutz effektivierte, indem es ihn generalisierte: »Der beste Schutz für Juden ist die Sicherheit aller Menschen und die Durchsetzung ihrer grundlegenden Rechte.«[59] Es waren derartige Überlegungen, die jüdische Organisationen veranlassen sollten, auf der UN-Gründungskonferenz in San Francisco für internationale Menschenrechtsbestimmungen zu plädieren.[60] Dabei waren die Positionen jüdischer Politiker und Aktivisten, zumal nach dem Ende des Kriegs, als sich eine breitere Debatte entfalten konnte, keineswegs uniform.[61] Viele setzten zunächst darauf, einen eigenen Nationalstaat zu errichten, der Juden innerhalb seiner Grenzen die Rechtssicherheit gewähren konnte, die nirgends sonst vollständig zu haben war.

Was die institutionellen Vorschläge betraf, die aus alledem abgeleitet wurden, so nahmen manche das später verwirklichte UN-Menschenrechtssystem in den entscheidenden Aspekten bereits vorweg.[62] Die weiteste Verbreitung hatte der Gedanke einer Rechteerklärung (*Bill of Rights*), die von der zu gründenden internationalen Organisation verabschiedet werden sollte.[63] Er hatte eine wenn auch nur schwach sichtbare Vorgeschichte, die in den europäischen Internationalismus der Zwischenkriegszeit zurückreichte. Seit den zwanziger Jahren hatten nämlich Völkerrechtler über die Möglichkeit diskutiert, eine internationale Menschenrechtserklärung zu verfassen. Hier wird diese Idee im Grunde am frühesten faßbar – selbst wenn der eine oder andere international orientierte Jurist bereits im späten 19. Jahrhundert verwandte Überlegungen angestellt hatte.[64] So setzte das *Institut de Droit International* 1921 eine Kommission ein, die sich mit der Frage des Menschenrechtsschutzes befassen sollte, und veröffentlichte schließlich im Jahr 1929 eine vergleichsweise knappe »Erklärung der Menschenrechte (*Rights of Man*)«. Bereits im Jahr zuvor hatte die *Académie Diplomatique Internationale* in Paris eine Resolution gefaßt, die mit jener Erklärung prinzipiell übereinstimmte. Im Jahr 1931 verabschiedete die *Fédération Internationale des Ligues des Droits de l'Homme* ihrerseits eine Resolution,

---

58 Schweizerischer Israelitischer Gemeindebund, Jüdische Nachkriegsprobleme, S. 22.
59 The American Jewish Committee, Counsellors, S. 22.
60 Vgl. etwa World Jewish Congress, Information Bulletin, S. 1.
61 Einen ersten Einblick gibt Grossman, Rights.
62 Vgl. zum Folgenden CSOP, Third Report; dies., Fourth Report; Universities Committee on Post-War International Problems, Summaries of Reports; Baylis, International Bill; National Study Conference on the Churches and a Just and Durable Peace.
63 Vgl. etwa die von über 1300 führenden Persönlichkeiten unterzeichnete, sechs Punkte umfassende »Bill of Rights«, wiedergegeben in: Leaders in US ask World Rights Bill; sowie CSOP, Draft International Bill.
64 Fiore, Droit international, S. 339–365. Vgl. Koskenniemi, Civilizer, S. 1–97.

die die Erklärung des *Institut de Droit International* einschloß.⁶⁵ Schließlich bezog sich 1933 die *International Union of League of Nations Associations* auf die genannten Erklärungen, forderte einen allgemeinen Menschenrechtsschutz und sogar humanitäre Interventionen im Rahmen des Völkerbunds. Zudem bildete sie eine Kommission, die diskutieren sollte, ob und wie sich eine Völkerbundskonvention über Menschenrechtsgarantien verabschieden lasse.⁶⁶ Über relativ kleine Zirkel reichten alle diese Impulse indes nicht hinaus.

Dabei entwickelten sie sich aus einer politischen Zeitdeutung, die derjenigen ähnlich war, die amerikanische NGOs in den vierziger Jahren anleiten sollte. Das tritt am deutlichsten hervor, wenn man auf die Überlegungen André Mandelstams blickt, eines 1869 geborenen russischen Juristen und Diplomaten, der nach der russischen Revolution ins Pariser Exil ging. Lange Jahre an der Botschaft in Konstantinopel beschäftigt, hatten ihn die osmanischen Massaker an den Armeniern vor und im Ersten Weltkrieg tief bestürzt und über den Schutz von Minderheiten und sogar ein Recht auf humanitäre Interventionen nachdenken lassen.⁶⁷ Mandelstam wirkte an fast allen genannten Initiativen der Zwischenkriegszeit federführend mit, ja brachte sie eigentlich überhaupt erst in Gang.⁶⁸ Seine Vorschläge waren, ebenso wie die der amerikanischen Internationalisten, zum einen auf die Friedenswahrung bezogen. Sie wurzelten im pazifistischen Ideengut des späten 19. Jahrhunderts und vor allem in dessen Kerngedanken, den Frieden durch die Sicherungen des internationalen Rechts zu erhalten. »Wenn einmal diese Menschheit dem Greuel der internationalen Kriege durch die Schaffung eines geschlossenen lückenlosen Rechtssystems mit Vollziehungsgarantien ein Ende bereitet hat«, so Mandelstams weitreichende Vision, »dann wird sie natürlich auch den inneren Frieden kontrollieren und feste Bollwerke gegen jegliche Übergriffe des Staates gegenüber den Menschenrechten aufrichten.«⁶⁹ Zum anderen zog der russische Jurist bereits die Lehren aus den Funktionsproblemen des Minderheitenschutzsystems, die auch in den vierziger Jahren noch aktuell sein sollten. Er hielt die Verträge zwar für einen immensen Fortschritt, sah die politische Unzufriedenheit, die sie hervorriefen, aber als zu belastend für die internationalen Beziehungen an und

---

65 Im Jahr 1922 auf Initiative der französischen *Ligue des Droits de l'Homme* und der *Deutschen Liga für Menschenrechte* gegründet, schlossen sich in ihr anfänglich zehn nationale Organisationen zusammen.
66 Weniger sichtbar war eine ähnliche Erklärung der *Women's International League for Peace and Freedom* von 1938/39. Vgl. WILPF, Report of its Work.
67 Vgl. Partsch, Armenierfrage.
68 Sowohl die Erklärung des *Institut de Droit International* als auch die Resolution der *International Union of League of Nations Associations* gründeten auf Entwürfen Mandelstams. Auch den beiden genannten Kommissionen gehörte er an. Vgl. Burgers, Mandelstam.
69 Mandelstam, Schutz der Menschenrechte, S. 374f. Vgl. dazu und zum Folgenden auch ders., Droits Internationaux.

plädierte folglich dafür, sie durch einen »Weltvertrag über Menschenrechte« zu ersetzen.[70] Auch der Völkerbund diskutierte um diese Zeit wiederholt den Gedanken, den Minderheitenschutz zu generalisieren. Ihn brachten naheliegenderweise vor allem die ostmittel- und südosteuropäischen Staaten vor, die die bestehenden Verträge hatten unterzeichnen müssen. Nur vereinzelt fanden sich unter den Delegierten anderer Länder einige befürwortende Stimmen.[71] Im Jahr 1933 präsentierte der griechische Jurist und ehemalige Minister Antoine Frangulis, Mitbegründer der *Académie Diplomatique Internationale*, dem Völkerbund einen Vorschlag zum internationalen Menschenrechtsschutz, der genau auf den Linien von Mandelstams Konzeption lag.[72] Doch fand der Vorschlag kaum Resonanz und wurde gar nicht erst debattiert.

Während der Kriegsjahre war es dann Hersch Lauterpacht, der die ausführlichste Version eines menschenrechtlichen Katalogs vorlegte. Lauterpacht, britischer Völkerrechtler jüdisch-polnischer Herkunft, war in den Kriegs- und Nachkriegsjahren einer der entschiedensten Verfechter eines internationalen Menschenrechtsschutzes und einer der scharfsinnigsten Beobachter der Entwicklungen in diesem Feld.[73] Seine *International Bill* sollte primär politische und bürgerliche Rechte wie Meinungsfreiheit und das Recht auf politische Teilhabe verbürgen. Das entsprach der überwiegenden Meinung unter den Internationalisten – und darin bestand eine weitere direkte Reaktion auf die Aushöhlung des liberalen Rechtsstaats in den totalitären Diktaturen. »Die Beseitigung der Tyrannei und der Gefahren der Tyrannei«, so Lauterpacht, »ist eines der wichtigsten Motive für den Gedanken einer internationalen Rechteerklärung gewesen«.[74] Doch diskutierten Internationalisten auch häufig über sozialstaatliche Abfederungen, zum Teil unter Bezugnahme auf Roosevelts einprägsame Formel der »Freiheit von Not«, seltener auch inspiriert durch den britischen Beveridge-Bericht. Nicht alle waren der Meinung, die notwendigen sozialen Sicherungen sollten als Rechte formuliert werden. Dennoch nahmen manche Gruppen auch soziale Rechte in ihre Menschenrechtskataloge auf, vor allem das Recht auf Arbeit, auf soziale Sicherheit und auf Bildung, daneben zuweilen das Recht auf Nahrung, auf eine Wohnung oder auf medizinische Versorgung.[75]

---

70 Mandelstam, Schutz der Menschenrechte, S. 376. Seine Entwürfe für die Erklärung des *Institut de Droit International* entwickelte Mandelstam von der Vorlage der Minderheitenschutzverträge her. Vgl. Partsch, Menschenrechte.
71 Vgl. Mandelstam, Dernières phases, S. 506.
72 Vgl. ebd., S. 90 f.
73 Vgl. Lauterpacht, International Bill. Zu Lauterpacht vgl. Koskenniemi, Civilizer, S. 353–412; Lauterpacht, Hersch Lauterpacht, hier insbes. S. 251–264.
74 Lauterpacht, International Bill, S. 136.
75 Vgl. dazu CSOP, Second Report; dies., Third Report, S. 203–237; dies., Draft International Bill; The American Law Institute, Report to the Council; The Catholic Association for International Peace, Peace Aims, S. 23 f.; World Citizens Association, World's Destiny.

An Lauterpachts Überlegungen wie auch an denen der *Commission to Study the Organization of Peace* war ferner bemerkenswert, daß sie neben der Rechteerklärung noch eine permanente Menschenrechtskommission und ein individuelles Petitionsrecht vorsahen.[76] Denn damit gingen sie institutionell deutlich weiter als andere Konzeptionen; die Frage eines Petitionsrechts sollte nach dem Krieg in den Vereinten Nationen zu einem entscheidenden Konfliktpunkt und erst in den sechziger Jahren partiell verwirklicht werden.

Die Schwierigkeiten, die der Verwirklichung ihrer Ideen im Wege stehen würden, schätzten die Organisationen, die sich mit Menschenrechten befaßten, durchweg realistisch ein. Die anvisierte Rechtscharta wurde häufiger als Minimal- denn als Maximalkatalog konzipiert, und die Internationalisten gestanden sich offen ein, daß sie zunächst nicht mehr sein würde als »ein frommer Ausdruck edler Gefühle«.[77] Mehr noch, viele antizipierten die Funktionsprobleme, die sich im späteren UN-Menschenrechtssystem einstellen sollten, mit eindrucksvollem Scharfblick. Quincy Wright etwa deklinierte die Schwachstellen aller denkbaren Implementierungsverfahren durch: Überlasse man es den einzelnen Staaten, die Menschenrechtserklärung in ihre nationale Gesetzgebung zu inkorporieren, führe das zu divergierenden Auslegungen; ein Verfahren der Staatenbeschwerde würde regelmäßig mißbraucht werden; ein internationaler Gerichtshof müsse zum Spielball nationalstaatlicher Interessen werden; Einzelpetitionen würden die Kapazitäten internationaler Institutionen überfordern und von den betroffenen Staaten beargwöhnt werden.[78] In diesem Bewußtsein setzten die meisten Internationalisten ihre Hoffnungen darauf, daß mit einem defizienten System mehr erreicht sei als mit gar keinem.

Der Föderalismusdiskurs in Europa

Die europäische Debatte über den zu erwartenden politischen Neubeginn nach dem Krieg verlief schon von ihren äußeren Voraussetzungen her anders. Angesichts der nationalsozialistischen Besatzungsherrschaft war eine freie Debatte außer in Großbritannien und der Schweiz kaum möglich. In den kriegführenden und den okkupierten Ländern standen zudem wesentlich weniger Ressourcen zur Verfügung, um Zukunftskonzeptionen zu entwerfen und zu erörtern. Mit Blick auf diese schwierigen Bedingungen ist es überraschend, wie intensiv eine bessere politische Zukunft dennoch beschworen und wie eingehend über sie nachgedacht wurde. Dem widmeten sich politisch interessierte Beobachter in den wenigen unbesetzten Ländern, daneben und vor allem aber

---

76 Vgl. Lauterpacht, International Bill, S. 69–82, 169–224.
77 The American Jewish Committee, Counsellors, S. 22.
78 Wright, International Rights. Vgl. auch Lauterpacht, International Bill, S. 7–9.

Widerstandsgruppen auf dem Kontinent sowie die exilierten Regierungen und Politiker, die sich vor allem in Großbritannien und den USA eingefunden hatten. Wenn es dabei eine transnationale Nachkriegsvision gab, so war es der Föderalismus.[79] Die Idee eines europäischen Bundes, in dem die Nationalstaaten wesentliche ihrer angestammten Machtbefugnisse an internationale Behörden abgeben sollten, fand in vielen Ländern Anhänger. Somit war der Diskurs im Kern auch einheitlicher als die amerikanischen Diskussionen, obwohl diejenigen, die an ihm teilnahmen, von ihrer nationalen Herkunft, ihrer sozialen Zugehörigkeit und ihrer weltanschaulichen Orientierung her um ein Vielfaches diverser waren. Er hatte indes auch Grenzen: Keineswegs alle Gruppen bekannten sich zu föderalistischen Idealen, vor allem in Skandinavien fanden sie weniger Anklang, und in französischen Zirkeln wurden sie deutlich abseits des Mainstreams diskutiert.

Nachdem föderalistische Initiativen im Anschluß an den Ersten Weltkrieg randständig geblieben waren, nahm das Interesse seit dem Ende der dreißiger Jahre sprunghaft zu.[80] Der wichtigste Grund dafür lag in der Erfahrung des faschistischen Eroberungskriegs und der Okkupation.[81] Die Hilflosigkeit der europäischen Staaten gegenüber dem nationalsozialistischen Ansturm verdeutlichte vielen Widerstandskämpfern und Exilpolitikern die Grenzen nationaler Macht.[82] Diese Situation schien wirksame kollektive Sicherheitsstrukturen notwendig zu machen, und so entwickelten zahlreiche europäische Föderalisten, ebenso wie die amerikanischen Politiker und Internationalisten, ihre Nachkriegskonzeptionen von den Schwächen des Völkerbunds her.[83] Gegen Ende des Kriegs rückte dann noch ein weiterer Gedanke in den Vordergrund, nämlich daß eine politische Zusammenfassung Europas erforderlich sei, damit sich der Kontinent zwischen den beiden aufsteigenden Supermächten behaupten könne.

Die europäischen Zukunftskonzeptionen wichen in bedeutsamen Aspekten voneinander ab, etwa was die geographische Erstreckung der anvisierten Föderation betraf, das Ausmaß, in dem die nationalstaatliche Machtkompetenz eingeschränkt werden sollte, die Rolle Deutschlands oder das Verhältnis zur Sowjetunion. Dennoch schwebte der überwiegenden Zahl der Autoren ein ähnliches Grundgerüst vor. Es bestand in einem europäischen Bundesstaat, der die zentrale Zuständigkeit für Außenpolitik, Verteidigung und Wirtschaft besitzen sollte. Mit einer starken Exekutive hofften die Verfechter das grundlegende

---

79 Vgl. dazu immer noch Lipgens, Europa-Föderationspläne, auch wenn die Ideen darin zu einheitlich erscheinen.
80 Vgl. zum Kontext Brunn, Einigung; Loth, Weg nach Europa; Clemens/Reinfeldt/Wille, Geschichte; Heater, European Unity.
81 Zum Folgenden vgl. Lipgens, Europa-Föderationspläne, S. 1–32.
82 Vgl. Manifest von Ventotene, Juli 1941, S. 41; Beschlüsse Gründungskonvent Movimento Federalista Europeo, S. 69; A Central European Confederation.
83 Vgl. etwa. MacKay, Peace Aims, S. 117.

Strukturproblem des Völkerbunds zu beheben, der keine eigenen Machtmittel besessen hatte.[84]

Rechtsgedanken fanden sich in den Plänen auf verschiedenen Ebenen und in unterschiedlichem Gewand. Das »gleiche Recht der Nationen« war in vielen Schriften ein wichtiger Bezugspunkt. Vor allem Angehörige der »kleinen Mächte« beriefen sich darauf, um eine Schranke gegen die brutalen Auswüchse nationaler Machtpolitik zu errichten, unter denen sie in der jüngsten Vergangenheit zu leiden gehabt hatten.[85] Im selben Zusammenhang bildete auch das Prinzip der »Selbstbestimmung der Völker« ein prominentes Schlagwort. Es war ebenfalls ein direkter Reflex auf die deutsche, und zum Teil auf die sowjetische, Besatzungsherrschaft. Allgemein löste die Expansionspolitik der Aggressoren, die alle im Staatensystem bis dahin gültigen Regeln mißachtet hatten, eine Konjunktur des Völkerrechtsdenkens aus. Zahlreiche Föderalisten forderten, eine verbindliche Schiedsgerichtsbarkeit zu schaffen und die Grundsätze internationalen Rechts zu kodifizieren, etwa in Form einer »Erklärung über die Rechte und Pflichten der Nationen«.[86]

Mindestens genauso bedeutsam war der Rekurs auf Individualrechte. Die Erfahrung einer exzessiv übersteigerten Staatsidee unter der deutschen Okkupation, das Erlebnis des totalitären Staatsanspruchs und seines gewaltsamen, an keine Gesetze gebundenen Zugriffs auf die Gesellschaft verschaffte Vorstellungen von der Freiheit und dem Recht des Einzelnen eine kräftige Renaissance. Das war nicht zuletzt ein wichtiger Impuls für die konservativen Widerstandsgruppen in Deutschland. Für Adam von Trott zu Solz bildete die »Wiederherstellung des unveräußerlichen göttlichen und natürlichen Rechts der menschlichen Person«, das er von Nationalsozialismus und »Bolschewismus« gleichermaßen bedroht sah, das grundlegende Ziel des Widerstands.[87] Der »Kreisauer Kreis«, dem neben Konservativen auch Sozialdemokraten, zudem Christen beider großen Konfessionen angehörten, forderte in einer Summa seiner größeren Treffen die »Anerkennung der unverletzlichen Würde der menschlichen Person als Grundlage der zu erstrebenden Rechts- und Friedensordnung.«[88] Wie sich in diesen Zitaten bereits abzeichnet, waren die terminologischen Übergänge fließend. Neben »Würde« und »natürlichem Recht« sprachen die Autoren auch vom »Recht des Individuums« und zuweilen vom »Menschenrecht«.[89] Sucht man nach den Ursprüngen internationaler Menschenrechtspolitik, gilt es hier allerdings zu differenzieren. Denn die eingeforderten Rechte des Einzelnen waren in diesen Äußerungen ausschließlich im Sinne nationaler, konstitutioneller Rechte

---

84 Vgl. Loth, Weg nach Europa, S. 20f.; Lipgens, Europa-Föderationspläne.
85 Vgl. von Trott zu Solz, Comments; Council of National Unity, Polish People.
86 Vgl. Spinelli, Vereinigten Staaten; De Gasperi, Rekonstruktion.
87 Von Trott zu Solz, Denkschrift, S. 126.
88 Kreisauer Kreis, Grundsätze, S. 95.
89 Als Gegenposition vgl. Bonhoeffer/Visser 't Hooft, Denkschrift.

gedacht. Sie zielten auf das, was seit den Verfassungsbewegungen des frühen 19. Jahrhunderts im deutschen Sprachraum gewöhnlich als »Grundrechte« gefaßt wurde. Es ging den Autoren darum, den von den Nationalsozialisten zerstörten Rechtsstaat und die verlorene Verfassungssicherheit wiederherzustellen. Ein Durchbruch zu Forderungen nach einem internationalisierten Rechtsschutz vollzog sich dabei nicht. Carl Goerdeler machte das in einer Denkschrift explizit, in der er postulierte, die »zukünftige innere Verfassung Deutschlands« werde »das Recht und die Freiheit des Individuums wieder sicherstellen«.[90] Sofern sie es konkretisierten, dachten die meisten Autoren dabei an Meinungsfreiheit, Glaubensfreiheit, ein ordentliches Gerichtsverfahren und die grundlegenden politischen Teilhaberechte; der stärker sozialdemokratisch beeinflußte »Kreisauer Kreis« forderte aber auch ein Recht auf Arbeit.

Eine überschaubare Zahl von Föderationsentwürfen schließlich nahm den Gedanken internationalisierter Rechte auf. Sowohl in ihrer politischen Motivation als auch in den institutionellen Vorstellungen, die allerdings zumeist rudimentär blieben, waren sie den Plänen, die zur gleichen Zeit von den amerikanischen Internationalisten entwickelt wurden, sehr ähnlich. Einige Verfasser dachten an eine föderationsweite Rechtscharta, die alle Mitglieder in einem gemeineuropäischen Gründungskonsens zusammenschließen sollte.[91] Zuweilen forderten Föderalisten auch, ohne dies konkreter auszuführen, in der Bundesverfassung Sanktions- oder sogar Interventionsmöglichkeiten vorzusehen, falls ein Staat die Rechte seiner Bürger verletze.[92] In anderen Plänen sollte ein Oberster Gerichtshof mit der Aufsicht über die europäischen Grundrechte betraut sein.[93] Ebenso wie die Modelle amerikanischer Gruppen beruhten die europäischen Vorstellungen auf der Perzeption einer gewachsenen Verflechtung der europäischen Nationalstaaten. »Heutzutage geht es nicht nur um den Frieden zwischen Nationen oder Staaten«, betonte eine britische föderalistische Zeitschrift, denn »die innere Ordnung und die Freiheiten des Einzelnen hängen ebenfalls direkt von der Wahrung der internationalen Ordnung ab.«[94] Und gleich dem amerikanischen stand das europäische Bemühen um internationale Rechtswahrung deutlich im Zeichen eines kollektiven Sicherheitsparadigmas. Für den *Danubian Club*, eine Exilvereinigung demokratischer und sozialisti-

---

90 Goerdeler, Friedensplan, S. 157f. Für Frankreich vgl. etwa: Program of the Conseil National de la Résistance; sowie de Gaulle, Discours et messages.
91 Vgl. Romains, France's Mission. Vgl. auch Rollier, Draft Constitution; International Peace Campaign, Guidelines.
92 Vgl. Danubian Club, Bericht; Europa-Union, Draft Constitution; Caffi, Socialists; Ciccotti, Constructive Militant Democracy; International Group of Socialists at the Rand School in New York, War and Peace Aims; International Group of Democratic Socialists in Stockholm, Peace Aims.
93 Vgl. Layton, European Unity.
94 New Commonwealth Quarterly, Oktober 1941–Januar 1942, S. 286. So auch eine Reihe anderer Autoren.

scher Nichtregierungspolitiker aus Osteuropa, hatten die jüngsten Erfahrungen »bewiesen, daß die Errichtung einer Diktatur oder eines faschistischen Regimes in einigen Staaten eine Gefahr für den Fortbestand der Freiheit in anderen Staaten bedeutet. Es müssen daher unbedingt Sicherheiten dafür geschaffen werden, daß alle Staatsbürger in allen Mitgliedsstaaten der Union die demokratischen Freiheiten genießen können.«[95]

Überhaupt bildeten die Überlegungen exilierter Politiker und Aktivisten ein wichtiges Scharnier des Menschenrechtsdiskurses. London verwandelte sich dabei in eines der wichtigsten Zentren – neben New York, wo in diesen Jahren, wie im vierten Kapitel beschrieben, eine Reihe von Exilanten daran beteiligt war, die *International League for the Rights of Man* zu errichten. In der britischen Hauptstadt fand sich eine Gruppe internationalistischer Denker ein, viele von ihnen Juristen, die sich zumeist schon während ihrer Tätigkeit beim Völkerbund kennengelernt hatten und nun wieder in engen Kontakt traten.[96] Einige Mitglieder dieser Exilantennetzwerke sollten später beim Aufbau des Menschenrechtsbereichs der Vereinten Nationen einflußreich werden – das galt vor allem für René Cassin und Egon Schwelb sowie für den in Montreal lebenden Henri Laugier, der die Verbindung nach London hielt.[97] Vieles liegt hier noch im Dunkeln, doch vermag gerade Cassins intellektuelle Laufbahn einige wichtige Entwicklungslinien des menschenrechtspolitischen Denkens aufzuzeigen. Selbst als Soldat im Ersten Weltkrieg verwundet, befaßte er sich beim Völkerbund mit den Möglichkeiten, dauerhafte Friedensstrukturen zu schaffen. Stellte er das Prinzip staatlicher Souveränität früh schon zur Disposition, rückte nach dem Ausbruch des Zweiten Weltkriegs die Gefahr, daß die Welt in Zukunft von wenigen »Leviathanstaaten« dominiert sein würde, ins Zentrum seines Nachdenkens. Daraus leitete er die Notwendigkeit ab, Mechanismen eines universellen Menschenrechtsschutzes zu installieren, die weitere Kriege verhindern sollten. Mit diesen politischen Wahrnehmungen und Lösungsrezepten lag Cassin ganz auf der Linie der amerikanischen Internationalisten. Tatsächlich scheinen die französischen Exilanten in London gut über die amerikanische Diskussion informiert gewesen zu sein. Von Charles de Gaulle mit der Leitung einer Gruppe betraut, die sich mit den Problemen einer Zukunft nach dem Krieg auseinandersetzen sollte, entwickelte Cassin viele der Ideen über eine Menschenrechtserklärung, die sein späteres Engagement bei den Vereinten Nationen leiten sollten.

95 Danubian Club, Bericht, S. 487. Zu der Vereinigung vgl. Lane/Wolanski, Poland. Auf der Linie dieser politischen Wahrnehmungen lagen auch die Pläne von H. G. Wells. Vgl. Wells, World Order.
96 Vgl. zum Folgenden Winter/Prost, Cassin, vor allem S. 51–79, 134–167, 221–264.
97 Cassin war später Mitglied der UN-Menschenrechtskommission, während Laugier als Stellvertretender Generalsekretär Schwelb sowie den Montrealer Juristen John Humphrey in die UN-Menschenrechtsdivision holte. Vgl. Winter/Prost, Cassin.

Besondere Hervorhebung verdient ferner das Weltcharta-Projekt des tschechoslowakischen Exilpräsidenten Edvard Beneš, auch er in London exiliert, und zwar nicht nur, weil es das theoretisch elaborierteste war.[98] Auch Beneš ging von der Prämisse aus, innerstaatliche und internationale Stabilität stünden in einem direkten Wechselverhältnis. Seine menschenrechtliche Weltcharta, ein »neues internationales Grundgesetz«, das neben politischen auch soziale Rechte umfaßte, war dazu gedacht, die Demokratie gegen ihre totalitären Feinde zu schützen, und sollte international durchgesetzt werden. Das demokratische System zu befestigen, war in dieser Sicht der erste und entscheidende Schritt, um die internationale Ordnung gewissermaßen von innen heraus zu sichern und Frieden zu gewährleisten. Die Politik, die Beneš gleichzeitig *de facto* betrieb, dementierte diese Ideale jedoch und zeigte, wie sehr internationale Rechtsgedanken der Ausfluß eines rein strategischen Kalküls sein konnten.[99] Zwar sprach Beneš seit 1940 mit der polnischen Exilregierung um Władysław Sikorski über eine polnisch-tschechoslowakische Konföderation, doch war diese Verbindung für ihn stets nur die zweitbeste Option. Parallel verhandelte er mit der Sowjetunion, mit der er schließlich Ende 1943 einen Beistandsvertrag schloß. In diesen Jahren reiften zudem Benešs Pläne zur Austreibung der sudetendeutschen Bevölkerung. Er propagierte sie nun zunehmend öffentlich, als einen »organisierten Bevölkerungstransfer«, der ein bis zwei Millionen Menschen betreffen sollte. Das verweist schließlich auch auf die Fragilität völkerrechtlicher Konstruktionen. Diese konnten die ethnischen und politischen Spannungen, die in Ostmitteleuropa seit dem Ende des Ersten Weltkriegs eine explosive Lage geschaffen hatten, nicht beseitigen, sondern bestenfalls auffangen; und das auch nur, wenn der Wille dazu vorhanden war. Historisch betrachtet waren sie gerade nicht die Lösung, die der Zweite Weltkrieg für die vertrackten Problemlagen dieses Raums brachte. Soweit die Nationalitätenkonflikte dort beseitigt wurden, war dies eine Folge von millionenfacher Vertreibung und Massenmord, und schließlich einer neuen brutalen Machtbalance in der Mitte Europas.

Daß föderalistisches Gedankengut im Zweiten Weltkrieg so breitflächig zum Vorschein kam, war ein geistesgeschichtlich bemerkenswertes, ja staunenswertes Phänomen. Es erlebte seinen Aufschwung im Laufe nur weniger Jahre, entwickelt von Gruppen, die häufig nicht in engem Austausch standen. Vertreten wurden die Ideen von Sozialisten, Liberalen und Konservativen, nicht allerdings von Kommunisten, von Christen ebenso wie von Nicht-Christen. Es ist nicht übertrieben zu sagen, daß in dieser geistigen Bewegung die Absage an den souveränen Nationalstaat radikaler und mit größerer intellektueller und politischer Ausstrahlung formuliert wurde als jemals zuvor in der modernen Epoche, die diesen Nationalstaat überhaupt erst hervorgebracht hatte. Daß Vorstellungen,

---

98 Beneš, Lecture; ders., Speech, 12.5.1942; ders., Rights of Man.
99 Vgl. Brandes, Exilpolitik; ders., Großbritannien.

Menschenrechte international zu wahren, dabei nur vereinzelt auftraten, ist daher mehr als ein bloßer negativer Befund. Es ist ein nicht zu unterschätzender Hinweis darauf, wie wenig naheliegend, wie schwierig zu fassen, wie vielleicht sogar unwahrscheinlich der Gedanke war, man müsse die systematischen Voraussetzungen dafür schaffen, zum Schutz Einzelner in die »inneren Angelegenheiten« von Staaten einzugreifen. Das gilt es zu bedenken, wenn man sich diejenigen Konzeptionen vor Augen führt, in denen der Menschenrechtsgedanke einen Platz hatte.

Unterstrichen wird dies von den Überlegungen solcher föderalistischer Denker, die zwar ein Stück des Weges bereit waren mitzugehen, aber die entscheidenden Konsequenzen eben doch nicht zogen. So diskutierten die britischen Föderalisten kontrovers, ob und wie weit ein Staatenbund in den Mitgliedstaaten eingreifen solle, um Grundrechte zu garantieren. Größeren Anklang fand offenbar die Position, gar keine *Bill of Rights* in die Föderationsverfassung zu inkorporieren, weil das unabsehbare definitorische und Verfahrensprobleme mit sich bringen würde. Statt dessen sollte der Präsident der Föderation nur die Möglichkeit haben, solche staatlichen Gesetze aufzuheben, die das Recht auf freie Wahlen einschränkten.[100] Manche Föderalisten vermieden den Schritt zum internationalen Rechtsschutz also bewußt.[101] Ihr Motiv sollte in den politischen Diskussionen gerade der Nachkriegsjahre präsent bleiben, und von der Hand zu weisen ist es auch in der retrospektiven Analyse keineswegs, daß nämlich der internationale Rechtsschutz mehr Schwierigkeiten zu verursachen schien, als er Probleme zu lösen versprach.

Katholische Kirche und die »Rechte der menschlichen Person«

Auch im Vatikan und im europäischen Katholizismus erlangten Rechtsvorstellungen während des Zweiten Weltkriegs eine neue Bedeutung. In den Kriegsjahren kulminierte eine Entwicklung, in deren Zuge die Begriffe des Persönlichkeitsrechts, der Menschenwürde und auch der Menschenrechte zwar nicht zu einer systematischen christlichen Doktrin ausgebaut wurden, aber punktuell als signalkräftiges Argument dienten. Diese Entwicklung speiste sich aus einer komplexen Wechselwirkung zwischen den Erfahrungen der nationalen katholischen Kirchen unter den Diktaturen, den diplomatischen Bemühungen des Heiligen Stuhls und dem dogmatischen Klärungsprozeß, der innerhalb des Vatikans vorangetrieben wurde. Die konkreten politischen Kontexte, in denen

---

100 Vgl. Jennings, Federation. Als eine Absage an eine bindende *Bill of Rights* in der amerikanischen Diskussion vgl. Nash, Adventure.
101 Vgl. etwa auch Sforza, Independence; Study Department of the World Council of Churches, Church, S. 739.

Rechtsbegriffe verwendet wurden, waren dabei nicht einheitlich, und dementsprechend erfüllten die menschenrechtlichen Argumentationen katholischer Geistlicher auch unterschiedliche Funktionen.

Den Rahmen für diese Entwicklungen bildete die Auseinandersetzung mit den neuen totalitären Staaten, in die sich die katholische Kirche seit den zwanziger Jahren gestellt sah.[102] Dabei wurde die kompromißlose Gegnerschaft des Vatikan zum Kommunismus diplomatisch spätestens 1927 besiegelt, als Pius XI. nach mehrmaligen Anläufen den Versuch, mit der sowjetischen Regierung in Verhandlungen zu treten, endgültig abbrach. Im Verhältnis zum Faschismus lagen die Dinge nicht so einfach. Mit einigen der gesellschafts- und staatspolitischen Leitlinien, wie sie Mussolini seit 1923 in Italien umzusetzen versuchte, konnte sich der Vatikan durchaus anfreunden. Vor allem über die staatlichen Eingriffe in das Schul- und Erziehungswesen kam es jedoch immer wieder zu Konflikten. Als der »Duce« die Laienbewegung »Katholische Aktion« auflösen ließ, sah sich Pius XI. veranlaßt, die »Staatolatrie« erstmals unmißverständlich zu verurteilen.[103] Die Ablehnung der nationalsozialistischen Diktatur war demgegenüber unzweideutiger; der Kirchenkampf, den Hitlers Regime seit der Machtübernahme entgegen allen Versprechungen kontinuierlich vorantrieb, ließ dazu kaum eine Alternative. Spätestens Mitte der dreißiger Jahre mußte der Vatikan erkennen, daß seine in der althergebrachten diplomatischen Tradition verharrende Strategie, die nationalsozialistischen Herrscher mittels einer Konkordats- und Notenpolitik zu zähmen, gescheitert war. Das im Juli 1933 abgeschlossene Reichskonkordat hatten die nationalsozialistischen Machthaber als päpstliche Anerkennung des neuen Staates propagandistisch auszuschlachten gewußt, ohne sich im übrigen an die Bestimmungen gebunden zu fühlen.

Innerhalb des Heiligen Offiziums kam unter diesen Umständen bereits 1934 die Forderung auf, die »drei modernen Häresien« öffentlich zu brandmarken – gemeint waren damit radikaler Nationalismus, Rassismus und Totalitarismus.[104] Pius XI. löste sie 1937 in Form von drei Enzykliken ein. »Mit brennender Sorge« richtete sich an die deutschen Bischöfe und läutete in der Auseinandersetzung mit dem NS-Regime die Phase der »Konfrontation ohne Bruch« ein.[105] »Divini Redemptoris« verdammte die kommunistische Herrschaft in deutlich schärferen Worten. »Firmissimam constantiam« schließlich wandte sich gegen religiöse Verfolgungen in Mexiko. Die päpstlichen Rundschreiben von 1937 zogen die Summe der Erfahrungen, die die katholische Kir-

---

102 Vgl. zum Folgenden: Brechenmacher, Enzyklika; Repgen, Außenpolitik der Päpste; Kösters, Kirchen.
103 Enzyklika »Non abbiamo bisogno«, 29.6.1931, Par. 44. Vgl. zudem die Auseinandersetzung mit dem faschistischen Staatsmodell und mit dem Sozialismus in: Enzyklika »Quadragesimo Anno«, 15.5.1931.
104 Vgl. Brechenmacher, Heilige Stuhl; ders., Enzyklika; Besier, Heilige Stuhl.
105 Brechenmacher, Enzyklika, S. 284.

che mit den modernen Diktaturen in den vergangenen Jahren und Jahrzehnten gemacht hatte. Die Verabsolutierung des Staats verwarfen sie dabei mit besonderem Nachdruck: »Wer die Rasse, oder das Volk, oder den Staat, oder die Staatsform, die Träger der Staatsgewalt oder andere Grundwerte menschlicher Gemeinschaftsgestaltung« zur »höchsten Norm« mache, der verkehre die »gottbefohlene Ordnung der Dinge.«[106]

Im Zuge dieser antitotalitären Wende gewannen menschenrechtliche Begründungen einen neuen, wesentlichen Stellenwert, den sie in früheren kirchlichen Auseinandersetzungen mit der Staatsmacht nicht besessen hatten. In der Enzyklika »Mit brennender Sorge« formulierte der Papst »die grundlegende Tatsache, daß der Mensch als Persönlichkeit gottgegebene Rechte besitzt, die jedem auf ihre Leugnung, Aufhebung oder Brachlegung zielenden Eingriff von Seiten der Gemeinschaft entzogen bleiben müssen.«[107] In »Divini Redemptoris« führte er darüber hinaus eine Reihe von Rechten explizit auf: das Recht auf Eigentum, auf Ehe, auf Erziehung, das Recht auf Leben und körperliche Unversehrtheit, auf Existenzsicherung, auf eine religiöse Lebensführung und auf Versammlung.[108] Dabei knüpfte Pius XI. zwar an seine Reden seit den zwanziger Jahren an, in denen er sowohl die Kategorie des Rechts als auch die Vorstellung von der »Würde der menschlichen Person« verschiedentlich verwendet hatte.[109] Erst jetzt aber baute er diese Bezüge zu einem substanziellen Argument aus und rückte sie an einen stärker herausgehobenen Platz.

Fiel die entscheidende Zäsur in die Amtszeit Pius XI., so nahm die vatikanische Annäherung an derartige Rechtsvorstellungen unter seinem Nachfolger an Bedeutung noch zu. Der seit 1939 als Papst Pius XII. amtierende Eugenio Pacelli, der in den Jahren vor seiner Wahl als Kardinalstaatssekretär die vatikanische Diplomatie führend mitgeprägt hatte, klagte die totalitäre Feier staatlicher Selbstzweckhaftigkeit immer wieder als unchristlich an.[110] In diesem Zusammenhang griff auch er auf menschenrechtliche Vorstellungen zurück. Am ausführlichsten formulierte Pius XII. die »Würde und Rechte der menschlichen Person« in seiner Weihnachtsansprache von 1942, in der er sie als erste von fünf Maximen einer gerechteren Ordnung formulierte und damit noch systematischer verortete als sein Vorgänger. Er konkretisierte sie in einer Aufzählung materieller Rechte, die das Recht auf Leben, auf eine religiöse Erziehung, auf die Ausübung der Religion, auf Ehe, auf Arbeit, auf die freie Wahl des Standes

---

106 Enzyklika »Mit brennender Sorge«, 14.3.1937, Par. 12.
107 Enzyklika »Mit brennender Sorge«, 14.3.1937, Par. 35.
108 Vgl. Enzyklika »Divini Redemptoris«, 19.3.1937, Par. 10–11. Vgl. auch Sollemnia jubilaria von 1938, zitiert in: de Montclos, Discours de Pie, hier S. 859.
109 Vgl. Williams, Neighbor; Montclos, Discours de Pie.
110 Vgl. etwa Pius XII., Radioansprache, 1.6.1941, S. 17f., Anm. 20d; ders., Radiomessage, 1.9.1944, S. 524.

und auf die Nutzung materieller Güter umfaßte.[111] In der Weihnachtsansprache von 1944 schließlich folgte dem das erste Bekenntnis eines Papstes zur Demokratie, das in den kommenden Jahren viel rezipiert werden sollte. Dabei erklärte Pius die demokratische Regierungsform für ethisch akzeptabel; mit den institutionellen Mechanismen eines parlamentarisch-pluralistischen Willensbildungsprozesses hingegen setzte er sich nicht auseinander und äußerte sich auch nicht zu möglichen verfassungsmäßigen Sicherungen der Grund- und Menschenrechte.

Das päpstliche Bekenntnis zur menschlichen »Person«, darauf hat Samuel Moyn hingewiesen, war Teil einer breiteren ideologischen Neuorientierung, die sich in der Zwischenkriegs- und Kriegszeit im Denken katholischer Intellektueller und Geistlicher abzeichnete. Später sollte sie zu einer der wesentlichen Grundlagen für die erneuerte Christdemokratie der Nachkriegsjahre werden.[112] Zunächst waren es rechtsgerichtete französische Intellektuelle wie Emmanuel Mounier und Jacques Maritain, die personalistische Vorstellungen theoretisch entwickelten und popularisierten. Der Personalismus sollte einen »dritten« Weg aus dem ideologischen Dilemma eröffnen, in das sich der Konservatismus in der Zwischenkriegszeit gestellt sah, sofern er sowohl den Liberalismus als auch die radikalen Antworten auf dessen »Krise« verwarf. Das Konzept der Person, welche stets in enger Bindung an die »Gemeinschaft« gedacht wurde, hatte die Doppelfunktion, das christlich-konservative Gesellschaftsmodell zur einen Seite hin vom »anarchischen« Individualismus abzugrenzen und zur anderen Seite hin von den rechten und linken Totalitarismen.[113]

Warum katholische Denker und Geistliche dabei mindestens implizit zu einem neuen Rechtsbegriff gelangten, ist damit allerdings noch nicht erklärt. Daß die beiden Päpste in ihren Standortbestimmungen so prononciert auf ausformulierte, politische Rechte Einzelner rekurrierten, war ja ebenfalls ein markantes Novum.[114] Personalistische Gedanken stellten dafür gewiß eine Voraussetzung dar. Sie ermöglichen es, die Vorstellung eines individuellen Rechts zu adaptieren, indem sie es von seiner liberalistisch-partikularen Einkleidung befreiten, auf das Gemeinwohl bezogen und somit zum Kitt einer vermeintlich gefestigten sozialen Ordnung machten.[115] Der entscheidende politische Impuls kam jedoch aus der Erfahrung, daß die radikalste Antwort auf die »Krise des Liberalismus« für die Interessen der Kirche und der Gläubigen noch verheerender war als alles, was sich dem liberalen Nationalstaat hatte vorwerfen lassen: das

---

111 Pius XII., Radiomessage, 24.12.1942.
112 Vgl. Moyn, Personalismus.
113 Vgl Maritain, Droits de l'homme.
114 Vgl. die Bewertungen von de Montclos, Discours de Pie; Hehir, Religious Activism, S. 101 f.; Punt, Idee der Menschenrechte; Uertz, Gottesrecht.
115 Vgl. Enzyklika »Divini Redemptoris«, 19.3.1937, Par. 29 und 10–11. Hier hieß es auch: »Es trifft nicht zu, daß alle in der zivilen Gesellschaft gleiche Rechte haben«, Par. 33.

Individuum vollständig auf seinen Nutzen für Nation, Volk oder Klasse zu reduzieren und die staatliche Macht gleichzeitig in einem nie dagewesenen Ausmaß von einklagbaren Regeln zu entbinden. Die eigentlich folgenreiche geistesgeschichtliche Wende bestand also darin, daß es die totalitären Exzesse erforderlich und möglich machten, das liberale System neu zu bewerten, und sich die Kirche darum zu bemühen begann, dieses System innerlich zu befestigen – aus katholischem Geist und auf der Grundlage organologisch-sozialharmonistischer Prämissen.

Ferner war die Hinwendung zu den Persönlichkeitsrechten sowohl in den Konzeptionen der französischen Personalisten als auch in der päpstlichen Rhetorik sehr deutlich darauf bezogen, ein erneuertes Staats- und Gesellschaftsmodell zu entwerfen. An zwischenstaatliche Verträge oder übernationale Rechtssicherungen war nicht gedacht.[116] Diese Beobachtung gewinnt noch schärfere Konturen, wenn man die Vorstellungen einer internationalen Friedensordnung für die Nachkriegszeit betrachtet, die Pius XII. artikulierte.[117] Deren Grundsätze stellte Pius erstmals in seiner Weihnachtsbotschaft von 1939 auf, die er bis Kriegsende mehrfach mit leichten Variationen wiederholen sollte.[118] Die wichtigsten Forderungen, die er in den Predigten und Ansprachen dieser Jahren vorbrachte, betrafen das Recht der Nationen auf Unabhängigkeit, Abrüstung, internationale Institutionen zur Friedenssicherung, die Einhaltung des Völkerrechts, den Schutz von Minderheiten und vor religiöser Verfolgung, den freien Zugang zu Rohstoffen sowie, gegen Ende des Kriegs, einen Versöhnungsfrieden und die individuelle Bestrafung von Kriegsverbrechern. Menschenrechte firmierten in dem umfassenden Zukunftsprogramm, das sich darin abzeichnete, nicht.

Das traf weitgehend auch auf die breite Rezeption zu, die die päpstlichen Friedensprinzipien in den Kirchen vor allem der Vereinigten Staaten und Europas erfuhren.[119] Wo kirchliche Gruppen Pläne für eine internationale Neuordnung diskutierten, tauchte der Gedanke internationaler Menschenrechtsvereinbarungen vereinzelt auf und bewegte sich dann ganz auf der Linie der Modelle, die internationalistische Gruppen zu dieser Zeit entwickelten.[120] Das Schwergewicht des katholischen Diskurses lag allerdings nicht darauf, Menschenrechte

---

116 Vgl. Maritain, Droits de l'homme.
117 Vgl. auch Repgen, Außenpolitik; Brechenmacher, Papst; Kent, Reconstitution.
118 Vgl. Pius XII., Christmas address, 24.12.1939; ders., [Fünf Voraussetzungen internationaler Ordnung], 24.12.1940; ders., [Die erneuerten fünf Punkte]; ders., Radiomessage, 24.12.1944.
119 Vgl. Boyens, Kirchenkampf; Lipgens/Loth (Hg.), Documents, Bd. 2, S. 699–705; Paton, Church and New Order.
120 The Catholic Association for International Peace, Report; National Conference of Christians and Jews, Statement; Catholic Association for International Peace, Peace Aims, S. 23 f.; Catholic, Jewish, Protestant Declaration of World Peace.

als eine Norm zu konzipieren, die es vermocht hätte, die internationalen Beziehungen zu regulieren.[121] Zwar sollte man die verschiedenen Diskussionsstränge der Kriegsjahre nicht künstlich voneinander trennen; zu der wachsenden Prominenz des Menschenrechtsbegriffs in den vierziger Jahren trug seine breite Zirkulation in jedem Fall bei, selbst wenn sie sich in unterschiedlichen Kontexten vollzog. Ideengeschichtlich betrachtet, und weitgehend auch politikgeschichtlich betrachtet, führt die Linie, die von der katholischen Neuerfindung der Persönlichkeitsrechte ausgeht, gleichwohl vor allem in das Nachdenken über den Schutz der menschlichen Würde innerhalb des Staates und damit in den Verfassungsdiskurs der Nachkriegszeit. Staatenübergreifende Rechtsschutzsysteme waren darin nicht vorgedacht. Auf internationaler Ebene sollten personalistische Vorstellungen eher insofern eine Rolle spielen, als sie, wie noch zu zeigen ist, punktuell Eingang in die Menschenrechtserklärungen der Vereinten Nationen und des Europarats fanden.

Darüber hinaus wäre es aber überhaupt zu kurz gegriffen, die Annäherung der katholischen Kirche an menschenrechtliche Vorstellungen nur auf der ideologisch-dogmatischen Ebene zu suchen. Sie war eben nicht ausschließlich das Ergebnis einer intellektuellen Neuausrichtung. Gerade in der katholischen Aufnahme des Begriffs wird vielmehr deutlich, daß Menschenrechtsrhetorik auch als ein akuter Schutz- und Abwehrdiskurs fungieren konnte, mit dem keine weiterreichenden Ansprüche auf eine Strukturierung der Gesellschaft verbunden waren. Was die katholische Kirche in Deutschland betrifft, so war dies der Weg, auf dem sich der Episkopat menschenrechtlichen Forderungen öffnete. Das geschah vor dem Hintergrund des politischen Kampfs, den das nationalsozialistische Regime seit 1933 mit zunehmender Schärfe gegen die katholische Kirche führte.[122] Die Regierung ergriff zunächst verschiedene Maßnahmen, um katholische Verbände und Zeitungen einzuschränken und das konfessionelle Schulwesen und den Religionsunterricht auszuhöhlen. Spätestens nach der Veröffentlichung der Enzyklika »Mit brennender Sorge« zielten die Machthaber darauf ab, die Kirche ihrer gesellschaftlichen Wirkmöglichkeiten möglichst vollständig zu berauben. In den Jahren vor dem Krieg kulminierten die Angriffe des Regimes dann in einer Propagandakampagne, die sich mehrerer Devisen- und Sittlichkeitsprozesse gegen Geistliche bediente, um den Klerus gesellschaftlich zu diskreditieren.

Ein katholischer Widerstand gegen die NS-Herrschaft bildete sich dennoch nur langsam. Während der gesamten Dauer des »Dritten Reichs« waren öffentliche Proteste aus den Reihen des Episkopats stets die Sache Weniger. Lange Zeit richteten sie sich ganz überwiegend gegen den Kirchenkampf, während sie andere Bereiche der Regimepolitik deutlich weniger oder gar nicht kritisierten.

---

121 Am nächsten kommt dem: Pius XII., Discours, 2.6.1943, S. 398.
122 Vgl. zum Folgenden als neuere Überblicke: Kösters, Kirchen; Kißener, Katholiken.

Insbesondere der außenpolitische Kurs der Nationalsozialisten konnte unter den Bischöfen auf Unterstützung rechnen, und noch die Angriffe auf Frankreich und die Sowjetunion stießen auf verbreitete Zustimmung. Gegen die sichtbarsten Maßnahmen der antijüdischen Verfolgung, den Boykott vom April 1933, die Nürnberger Gesetze und die Ausschreitungen vom 9. November 1938, erhoben sich kaum Stimmen. Seit etwa 1940 verschärfte sich indes in der Wahrnehmung vieler Bischöfe die politische Situation erheblich. Denn zum einen wurden nun die Morde an Geisteskranken bekannt, die das Regime in seiner »Euthanasie«-Aktion zehntausendfach verübte. Zum anderen forcierten die nationalsozialistischen Machthaber den Kirchenkampf ein weiteres Mal. Vor allem mit dem sogenannten »Klostersturm«, bei dem rund 300 Klöster und katholische Einrichtungen enteignet und Tausende Geistliche, zumeist aus Polen, interniert wurden, verliehen sie ihm eine neue Qualität.

Diese Ereignisse brachten innerhalb des Episkopats einen Konflikt zum offenen Ausbruch, der schon seit längerem geschwelt hatte. Adolf Kardinal Bertram, der Leiter der seit 1933 das gesamte Reichsgebiet umfassenden Fuldaer Bischofskonferenz, hatte bis dahin die Strategie durchsetzen können, sich der Angriffe des Regimes vor allem mit nicht-öffentlichen Eingaben zu erwehren. Dagegen opponierte nun vor allem der Berliner Bischof Konrad Preysing, der sich vielleicht als einziger der Dimensionen der nationalsozialistischen Vernichtungspolitik, einschließlich des Judenmords, voll bewußt war. Seine Forderung, auf einen Kurs öffentlicher Protestkundgebungen umzuschwenken, fand zwar Befürworter, doch blieb die Entscheidungsbildung innerhalb des Episkopats schwierig. In den Jahren 1941 und 1942 scheiterten zwei Versuche, eine gemeinsame öffentliche Stellungnahme abzugeben, obwohl sie mehrheitlich unterstützt wurden, vor allem am Widerstand Bertrams. Erst im August 1943 veröffentlichten die katholischen Bischöfe schließlich einen gemeinsamen Hirtenbrief.

Obwohl die öffentlichen Proteste spät kamen und auf das Ganze betrachtet eher einen Ausnahmecharakter hatten, markieren sie den entscheidenden Schritt der deutschen Bischöfe zum Appell an menschenrechtliche Vorstellungen.[123] Der besagte Hirtenbrief von 1943, vom Kölner Erzbischof Joseph Frings entworfen, stellt dabei das geistesgeschichtlich betrachtet bemerkenswerteste, geradezu bahnbrechende Zeugnis dar. Denn hier deuteten die Bischöfe fünf der zehn alttestamentarischen Gebote zu individuellen Menschenrechten um: zum Recht auf ein selbstbestimmtes Familienleben, auf Leben und Unversehrtheit, auf die Ehe, auf Eigentum und auf Wahrheit und Ehre.[124] Daß die deut-

---

123 Vgl. als frühere, viel stärker beiläufige Verwendungen: Bericht des Generalsekretärs des Zentralkomitees der deutschen Katholiken; Denkschrift Wolkers betreffend kirchliche Verbände.
124 Vgl. Hirtenbrief der deutschen Bischöfe, 19.8.1943.

schen Bischöfe sich nun menschenrechtlicher Begründungen bedienten, war jedoch nicht das Zeichen einer dogmatischen Neuausrichtung. Es war zum einen das Produkt einer unmittelbaren Notlage. Zum anderen drückte sich darin vor allem eine taktische Verschiebung aus. Auf Rechtsargumente hatte die Kirche ja traditionell zurückgegriffen, um sich gegen wahrgenommene staatliche Zumutungen zu wehren, und auch in den vierziger Jahren verschwand der Verweis auf das staatlich gesetzte Recht nicht völlig. Doch als die Auseinandersetzung mit einer Regierung, die die von ihr selbst formulierten Rechtsnormen nicht einhielt, der Spitze zutrieb, erschien es geboten, auf eine Rechtsebene zu rekurrieren, die das positive Recht transzendierte.

Der universalistische Diskurs erwies sich dementsprechend auch als ambivalent. Ganz überwiegend war er nämlich strikt auf die Freiheit und die Existenz der katholischen Kirche in Deutschland bezogen. Das verdeutlicht das Hirtenwort vom März 1942, auf dessen gemeinsame Veröffentlichung sich die deutschen Bischöfe nicht hatten einigen können, weshalb es auch nur in einigen wenigen Diözesen verlesen wurde.[125] Darin waren die rechtlichen Begründungen zwar denkbar allgemein formuliert: »Wir legen größten Wert darauf, nicht nur für die religiösen und kirchlichen Rechte an zuständiger Stelle einzutreten, sondern auch für die allgemein-menschlichen, gottverliehenen Rechte des Menschen.«[126] Die konkreten Forderungen entsprangen indes der aktuellen Bedrohung, in der sich die katholische Kirche befand. Das Hirtenwort nannte das Recht auf persönliche Freiheit, auf Leben, auf Eigentum und auf Schutz der Ehre, und machte in den Kommentaren jeweils deutlich, auf welche Maßnahmen des Regimes sich diese Rechte bezogen; das Recht auf Eigentum etwa machte es mit Blick auf die Enteignung kirchlicher Besitztümer geltend.[127]

Der Kampf um den kirchlichen Selbsterhalt war aber nur die eine, wenn auch überwiegende, Seite der menschenrechtlichen Argumentation. Auf der anderen Seite reichte die katholische Solidarität stellenweise über die eigene Glaubensgemeinschaft hinaus. Die Denkschriften und Hirtenworte der frühen vierziger Jahre bezogen das Recht auf Leben mehrfach explizit auf die Tötung der Geisteskranken, die sie damit scharf verurteilten.[128] Ein Hirtenbrief des Berliner Bischofs Preysing ging noch weiter, indem er die Verfolgung der Juden in seine Anklagen einbezog. »All die Urrechte, die der Mensch hat«, so stellte Preysing fest, »das Recht auf Leben, auf Unversehrtheit, auf Freiheit, auf Eigentum, auf eine Ehe [...], können und dürfen auch dem nicht abgesprochen

---

125 Vgl. dazu Repgen, Krieg.
126 Hirtenwort der deutschen Bischöfe, 22.3.1942, S. 470.
127 Vgl. Denkschrift des deutschen Episkopats, 10.12.1941. Stärker auf der Linie der personalistisch-päpstlichen Terminologie: Hirtenwort des deutschen Episkopats, 26.6.1941, S. 466.
128 Vgl. Denkschrift des deutschen Episkopats, 10.12.1941; Hirtenwort der deutschen Bischöfe, 22.3.1942.

werden, der nicht unseres Blutes ist oder nicht unsere Sprache spricht.«[129] In Preysings Worten war damit ein bemerkenswerter Schritt zu einer potentiell universellen Solidarität getan, zu einer Solidarität mindestens mit allen Opfern der nationalsozialistischen Herrschaft. Menschenrechtliche Vorstellungen waren dafür sicherlich nicht ursächlich; immerhin hätte sich diese Position auch aus der christlichen Lehre begründen lassen. Doch unter den historischen Bedingungen der frühen vierziger Jahre waren Menschenrechte eine gedankliche und argumentative Form, in der sich dieser Schritt, wie punktuell auch immer, vollzog.

Ähnliche menschenrechtliche Denkfiguren lassen sich zur gleichen Zeit auch in anderen europäischen Ländern beobachten. In Reaktion auf die antijüdischen Gesetze der deutschen Besatzer, und später vor allem auf die Deportationen der Juden, griffen katholische Geistliche verschiedentlich auf ähnliche Argumente zurück, um ihren Protest und ihr Mitgefühl mit den Betroffenen auszudrücken. In diesem Sinn erhoben in den Jahren 1942 und 1943 etwa der Erzbischof von Toulouse, Jules-Géraud Saliège, der belgische Kardinal Jozef-Ernest van Roey oder der ungarische Primas Serédi ihre Stimmen.[130]

Der Weg zur Gründung der Vereinten Nationen

Im Rückblick fällt es schwer, sich dem Sog von soviel ideeller Energie zu entziehen, von soviel Zukunftsgerichtetheit inmitten der katastrophischen Verwüstungen des Kriegs, wie sie kontinentübergreifend im Nachdenken über die wiederzugewinnende Freiheit, die verbesserte Demokratie und den neuen Anlauf zu einem dauerhaften Frieden hervortraten.  Wenn man es allerdings nüchterner betrachtet, waren lediglich die Gedanken, wie immer, frei. Denn sie waren eben nur die eine Seite der Genese der internationalen Nachkriegsordnung. Die andere Seite, die realpolitische, war ein extrem hierarchischer, extrem undemokratischer Planungs- und Entscheidungsprozeß. Er wurde in den mal metaphorischen, oft genug aber buchstäblichen Hinterzimmern der Konferenzen und Expertentreffen ganz allein zwischen den drei stärksten Mächten der Anti-Hitler-Koalition ausgeheckt und ausgehandelt – in einer Mischung aus Machtkalkül, Sicherheitsbedürfnis und nüchternem Sinn für das Machbare, die nichts zu tun hatte mit glücksverheißenden Visionen. Um die revolutionäre Verwirklichung einer internationalen Gemeinschaft handelte es sich fraglos nicht. Viel eher arbeiteten die Alliierten daran, das »Konzert« im Weltmaßstab neu zu

---

129 Hirtenbrief des Bischofs von Berlin, 13.12.1942, S. 483.
130 Vgl. de la Chapelle, Déclaration, S. 444f. (hier auch weitere Äußerungen); Gevers, Katholizismus; Le Cardinal van Roey et l'occupation allemande en Belgique, S. 229–236; Hrabovec, Katholizismus.

erfinden; nur daß dieses neue wesentlich exklusiver war als jenes in den Jahren nach dem Wiener Kongreß. Eine dermaßen weitgehende Monopolisierung derart weitreichender Entscheidungen, wie sie die drei »Weltpolizisten« vornahmen (zu denen von Roosevelts Gnaden China als vierter hinzustieß), war tatsächlich eine geradezu atemberaubende Neuheit der Weltgeschichte.

Betrachtet man den menschenrechtlichen Strang dieser Entwicklung nicht von seinem vermeintlichen Endpunkt, der Allgemeinen Menschenrechtserklärung des Jahres 1948 her, sondern von 1939 aus, so zeigt sich, daß er nichts Zwangsläufiges an sich hatte. Menschenrechte waren ein spätes Nebenprodukt des alliierten Planungsprozesses – ein überwiegend ungewolltes, bald schon weitgehend ungeliebtes und in seiner institutionellen Verankerung auch paradoxes Nebenprodukt.[131] Denn die internationale Organisation sollte alles andere als eine demokratische Weltregierung sein. Sie war bewußt so konstruiert, daß sie die fortdauernde Dominanz der drei Großmächte sicherstellte und damit eine äußerst ungleiche Machtverteilung perpetuierte. Dazu gehörte mindestens in den Augen britischer Experten, daß sie die koloniale Weltordnung nicht nur nicht beseitigen, sondern im Gegenteil zementieren sollte.[132] Und dazu gehörte auch, daß die Grenzen ihrer Kompetenzen klar festgeschrieben sein sollten, damit nationale Problemlagen nicht Gegenstand der internationalen Diskussion oder gar Intervention werden konnten.[133] Das hing nicht zuletzt damit zusammen, daß zu dem Zeitpunkt, als die Verhandlungen begannen, die Risse innerhalb der Anti-Hitler-Koalition schon so tief reichten, daß es allen drei Regierungen als dringlich erschien, in erster Linie ihre nationalen Interessen zu wahren.

Ab etwa Mitte 1942 begannen die drei Verbündeten, mit den Vorbereitungen für eine Weltorganisation ernst zu machen. Fortan spielte sie für alle drei eine wichtige Rolle. Die Arbeit im amerikanischen *State Department* kam dabei stockend in Gang. Sie fußte auf dem Gedanken, ein internationales Sicherheitssystem auf den Weg zu bringen, um die amerikanische Sicherheit zu gewährleisten. Zu einem relativ frühen Zeitpunkt stand bereits fest, daß die drei, oder einschließlich Chinas vier, Großmächte dieses System kontrollieren sollten – das war die Konzeption der *»Four Policemen«*, die Roosevelt selbst bevorzugte, und an der er bis zu seinem Tod im April 1945 festhielt. Gegen Ende 1943, als die Planungen kontinuierlicher und konkreter zu werden begannen, entstand die Idee, einen Sicherheitsrat zu schaffen, der zwar von den Großen Vier dominiert, aber durch einige weitere Mitglieder ergänzt werden sollte, um die

---

131 Dies knüpft an die folgenden nüchterneren Einschätzungen an: Mazower, Strange Triumph; Normand/Zaidi, Rights.
132 Vgl. dazu Mazower, Palace, S. 1–103.
133 Hilderbrand, Dumbarton Oaks. Vgl. dazu ferner Russell, History; Schlesinger, Act of Creation; Hoopes-Brinkley, FDR; O'Sullivan, Sumner Welles. Zu Großbritannien vgl. Woodward, Foreign Policy; Simpson, Rights.

Machtverhältnisse für die anderen akzeptabler zu gestalten. Die Zuständigkeiten, die nicht die internationale Friedenswahrung betreffen, sollte eine Generalversammlung wahrnehmen. Das war *in nuce* bereits die Kompetenzaufteilung, die später in der Organisation der Vereinten Nationen verwirklicht werden sollte. Die britischen Pläne waren bis zu den entscheidenden Konferenzen institutionell weniger ausgereift. Auch das *Foreign Office* faßte jedoch von Anfang an eine Organisation ins Auge, die auf der Kooperation der Großmächte basieren sollte. Churchill akzeptierte den Gedanken einer weltweiten Sicherheitsorganisation schließlich bei einem Treffen mit Roosevelt in Quebec im August 1943. Stalin stimmte Roosevelts Idee der »vier Polizisten« auf der Konferenz in Teheran Ende 1943 erfreut zu, da sie ihm seine Sicherheitsbedürfnisse zu erfüllen schien. Bis dahin hatte die Sowjetführung keine institutionellen Vorschläge unterbreitet.

Auf der Konferenz in Dumbarton Oaks verhandelten die drei Mächte zwischen August und Oktober 1944 dann direkt über den Zuschnitt der Weltorganisation und arbeiteten einen Charta-Entwurf aus. Im Vordergrund stand die Konstruktion des Sicherheitsrats, des eigentlichen Machtzentrums der Organisation. Einig waren sich die drei Delegationen darüber, daß der Sicherheitsrat im Fall der Friedensgefährdung »alle notwendigen Maßnahmen« sollte ergreifen können, einschließlich militärischer Sanktionen. Ab da begann jedoch die Uneinigkeit, denn die technischen Fragen, wie beispielsweise die Zusammensetzung internationaler Streitkräfte, waren kompliziert. Das aufreibendste Thema war die Vetoregelung, genauer die Frage, ob die Großmächte berechtigt sein sollten, das Vorgehen des Sicherheitsrats in Streitfällen zu blockieren, an denen sie selbst beteiligt waren. Darüber geriet die Konferenz schließlich sogar in eine Sackgasse.

In Dumbarton Oaks kam erstmals, wenn auch ganz am Rande, der Menschenrechtsgedanke ins Spiel.[134] Er hatte zuvor in den Plänen der drei Verbündeten praktisch keine Rolle gespielt. In der zuständigen Planungsabteilung des *State Department* hatte ein mit Rechtsfragen befaßtes Unterkomitee Ende 1942 eine Rechteerklärung erstellt, auf die sich die Mitglieder einer künftigen Weltorganisation verpflichten sollten; Mechanismen zur Durchsetzung dieser Rechte sah es nicht vor.[135] Der Entwurf wurde allerdings in den weiteren Diskussionen gar nicht mehr aufgegriffen.[136] Das britische *Foreign Office* produzierte kein ähnliches Dokument. Es beäugte derartige Pläne vielmehr skeptisch, bedeuteten sie doch »einen Grad der Einmischung in nationales Recht, den vermutlich kein

---

134 Vgl. Hildebrand, Dumbarton Oaks, S. 91; Simpson, Rights, S. 221–275.
135 Daran mitgewirkt hatten die CSOP und das *American Law Institute*. Vgl. Simpson, Rights, S. 185–187; Mitoma, Human Rights.
136 Vgl. Russell, History, S. 323–329.

Staat, und ganz bestimmt keine Großmacht, dulden wird.«[137] Auf der Konferenz in Dumbarton Oaks nun drang die US-Delegation darauf, in einem Passus der Charta festzuschreiben, daß die Mitgliedstaaten verantwortlich seien, die Menschenrechte ihrer Bevölkerungen zu wahren. Der Hintergedanke war, daß sich das Risiko einer Einmischung der internationalen Organisation in die inneren Staatsangelegenheiten verringern ließ, wenn man die Staaten selbst zum Rechtsschutz verpflichtete. Der britischen Regierung ging das dennoch zu weit, und sie sprach sich aus Furcht vor internationaler Kritik, vor allem an ihrer Kolonialpolitik, gegen den amerikanischen Vorschlag aus. Die Sowjetunion stimmte hingegen nach langen Verhandlungen zu, unter der Voraussetzung, daß die Menschenrechtsbestimmungen in die Abschnitte der Charta über soziale und wirtschaftliche Zusammenarbeit aufgenommen würden, die allgemein für relativ unbedeutend erachtet wurden. Unter Roosevelts Druck schloß sich dann auch Großbritannien dieser Kompromißformel an; nicht ohne allerdings als Gegengewicht eine weitere Bestimmung zu fordern, die es dem Sicherheitsrat ausdrücklich verbot, sich in innere Fragen der Mitgliedstaaten einzumischen, sofern nicht der Weltfriede bedroht sei. Das akzeptierten die amerikanische und die sowjetische Delegation ohne weiteres. Was den Rekurs auf Menschenrechte betrifft, so ist es schwierig zu glauben, daß die Verhandlungsführer »dachten, er würde in der Welt irgend etwas bewirken. Ja das Ziel bestand darin, sicherzustellen, daß er nichts bewirken würde«, wie der britische Rechtshistoriker A. W. Brian Simpson geschlossen hat.[138]

Verabschiedet wurde die Charta der Vereinten Nationen auf der Konferenz in San Francisco, die zwischen April und Juni 1945 zusammentrat.[139] Die Anwesenheit von 850 Delegierten aus fünfzig Ländern und von 2600 Medienberichterstattern machte sie zu einem gigantischen Ereignis; die ausgeklügelte amerikanische Regie, welche von der akribischen Festlegung des Ablaufs über die Konferenzsymbolik bis hin zum Ausspionieren der anderen Delegationen reichte, ist in der Literatur verschiedentlich beschrieben worden.[140] Insgesamt wurden 24 Zusätze zu den sogenannten Dumbarton Oaks-Vorschlägen angenommen, ohne daß diese entscheidend verändert worden wären. Am Ende wurden die Vereinten Nationen als ein denkbar asymmetrisches Gebilde geschaffen. Maßnahmen zur Friedenswahrung konnte allein der Sicherheitsrat treffen; ihn dominierten die fünf ständigen Mitglieder, die mit ihrem Veto jede ihnen unliebsame Entscheidung blockieren konnten. Die Generalversammlung, in der alle Mitgliedstaaten paritätisch vertreten waren, erhielt dagegen lediglich ein weitgehendes Empfehlungs- und Erörterungsrecht.

137 So ein Kommentar des *Foreign Office* zu den Schriften der CSOP. Vgl. Simpson, Rights, S. 212.
138 Simpson, Rights, S. 247.
139 Vgl. Schlesinger, Act of Creation.
140 Vgl. ebd.; Sellars, Rise, S. 1–24.

Menschenrechte spielten in den Diskussionen eine nebensächliche Rolle. Dennoch wurden die vorgesehenen Bestimmungen der Charta, auf Betreiben der USA, erweitert. So wurde beschlossen, in die Zielbestimmung der neuen Organisation aufzunehmen, sie solle die »Achtung vor den Menschenrechten und Grundfreiheiten« fördern. Eine Menschenrechtskommission sollte gebildet werden, und die Generalversammlung erhielt die Möglichkeit, Empfehlungen auszusprechen und Untersuchungen anzuregen. Der Sicherheitsrat konnte, wenn Menschenrechtsverletzungen den Frieden gefährdeten, Maßnahmen beschließen. Gleichzeitig stellte die Konferenz jedoch ein dem Menschenrechtsschutz diametral entgegengesetztes Prinzip auf und schrieb damit einen ebenso fundamentalen wie langlebigen Widerspruch in die Struktur der neuen Organisation ein. Dieses Prinzip war im Artikel 2,7 der UN-Charta festgehalten. Gegenüber der Vorlage von Dumbarton Oaks noch ausgedehnt, verbot der Artikel den Mitgliedern »sich in Angelegenheiten einzumischen, die wesentlich der inneren Rechtsprechung eines Staates unterstehen.«[141] Dabei konnte es keinem der Teilnehmer entgehen, daß »fast alle Maßnahmen, die Menschenrechte verletzen, [...] der inneren Rechtsprechung unterstehen«, wie ein findiges Memorandum des britischen *Foreign Office* festhielt.[142] In den Jahrzehnten nach dem Krieg sollten sich Staaten, die der Menschenrechtsverletzung angeklagt wurden, hundertfach auf diesen Artikel berufen, um ein weiteres Vorgehen zu verhindern.

Entscheidend dafür, daß überhaupt Menschenrechtsbestimmungen in die Charta aufgenommen wurden, war zweifellos die Initiative der amerikanischen Regierung. Dieser Schwenk kam unter dem Einfluß amerikanischer NGOs zustande; worin genau dieser Einfluß bestand, ist in der historischen Literatur allerdings zuweilen falsch eingeschätzt worden. Unzufrieden mit dem Verhandlungsergebnis von Dumbarton Oaks, unternahmen internationalistische Gruppen koordinierte Bemühungen, um die internationale Organisation doch noch stärker in die Richtung ihrer Vorstellungen zu lenken.[143] Auf Initiative der *Commission to Study the Organization of Peace* sandten zahlreiche Organisationen im März 1943 einen gemeinsamen Brief an das *State Department*, in dem sie das Ergebnis von Dumbarton Oaks grundsätzlich begrüßten, aber Veränderungsvorschläge in sechs Bereichen unterbreiteten, zu denen auch Menschenrechte zählten. Um ihrem Ansinnen Nachdruck zu verleihen, organisierten sie sogar eine nicht unbeachtliche Publizitätskampagne. Kurz darauf entschloß sich das *State Department*, die Repräsentanten von 42 Organisationen als »Berater« zu der Konferenz in San Francisco einzuladen, wo sie die

---

141 Vgl. Simpson, Rights, S. 258; Charta der Vereinten Nationen.
142 Zitiert nach Simpson, Rights, S. 340.
143 Vgl. am ausführlichsten Robins, Experiment, S. 34–56, 81–139. Ferner Mitoma, Human Rights, S. 35–43.

US-Delegation tatsächlich häufig konsultierte. Angeführt von Clark Eichelberger und James Shotwell, Frederick Nolde vom *Federal Council of Churches* und Joseph Proskauer vom *American Jewish Committee*, schlugen sie Außenminister Edward Stettinius unter anderem vor, eine Menschenrechtskommission vorzusehen und die Förderung der Achtung vor den Menschenrechten unter die Zwecke der Organisation aufzunehmen – ganz so, wie es dann auch tatsächlich geschah.[144]

Die lange Zeit kursierende Version dieser Geschichte, führende Internationalisten hätten Stettinius in einer dramatischen Aussprache kraft ihres moralischen Arguments überzeugt, daß solche Bestimmungen nötig seien, ist jedoch vor einigen Jahren als unzutreffend erwiesen worden.[145] Die US-Regierung hatte vielmehr ein Interesse daran, ihren »Beratern« den Eindruck zu vermitteln, sie seien das Zünglein an der menschenrechtspolitischen Waage.[146] Tatsächlich hatte sie bereits zuvor beschlossen, der Unzufriedenheit privater Organisationen durch begrenzte Konzessionen entgegenzusteuern. Dazu gehörte, die Formulierung über die Förderung von Menschenrechten aufzunehmen sowie eine Menschenrechtskommission vorzusehen, die indes, wie eigens betont wurde, keinesfalls zu einem »Mittel der supranationalen Regierung« werden sollte.[147] Die amerikanische Führung gab dem Drängen der NGOs somit auf einem Gebiet nach, das sie für unwesentlich hielt, um sich dadurch innenpolitische Unterstützung für ihr internationales Sicherheitskonzept zu erkaufen.[148]

Ein zweiter Anstoß kam in San Francisco hinzu. Er ging von einer Handvoll lateinamerikanischer Staaten aus, die als Teil einer weit darüber hinausreichenden Kritik an den Vorschlägen von Dumbarton Oaks forderten, Menschenrechten in der neuen Organisation einen größeren Stellenwert einzuräumen. Ihre Überlegungen werden im übernächsten Kapitel noch näher zu betrachten sein. Soviel sei vorweggenommen, daß einige wenige Regierungen im letzten Kriegsjahr ebenfalls darauf einschwenkten, internationale Menschenrechtsgarantien als wünschenswerten Bestandteil der Nachkriegsordnung anzusehen – selbst wenn sich diese Vorstellungen in der westlichen Hemisphäre nicht verwirklichen ließen. Dabei hatten sie vorwiegend genau die präventive Konzeption im Sinn, die auch den meisten nicht-staatlichen Menschenrechtsverfechtern

---

144 Vgl. Letter submitted to Stettinius by consultants regarding human rights, abgedruckt in: Robins, Experiment, S. 218–221.
145 Vgl. Sellars, Rise, S. 1–10. Vgl. dagegen etwa die frühe Schilderung im Bericht des American Jewish Committee, World Charter; Korey, NGOs, S. 31–39.
146 Stettinius betonte in einer Presseerklärung: »Viele Vorschläge, die einzelne Bürger oder Gruppen in den Vereinigten Staaten gemacht haben, schlagen sich in diesen Veränderungen nieder. Die Hilfe und Ratschläge der Berater der US-Delegation waren unschätzbar.« Zitiert nach Robins, Experiment, S. 132.
147 Zitiert nach Sellars, Rise, S. 4.
148 Vgl. Simpson, Rights; Schlesinger, Act of Creation, S. 125.

vorschwebte, nämlich durch die internationale Gewähr rechtsstaatlicher Sicherungen zu verhindern, daß sich kriegstreiberische Regime festsetzten. Das Drängen der lateinamerikanischen Delegationen trug ebenfalls, wenn auch vielleicht in zweiter Linie, dazu bei, daß die Truman-Regierung zum Fürsprecher stärkerer Charta-Artikel avancierte, mußte sie doch darauf bedacht sein, die Unterstützung der Lateinamerikaner für die Weltorganisation nicht zu verlieren.[149]

Wie auch immer sie zustande gekommen waren, zeitgenössisch mußte es sich in jedem Fall als unwahrscheinlich darstellen, daß von den halbherzigen Bestimmungen in der UN-Charta ein nennenswerter Effekt auf die internationalen Beziehungen ausgehen könnte. Man zögert daher auch, davon zu sprechen, in San Francisco habe die Geburtsstunde internationaler Menschenrechtspolitik geschlagen. Das hatte niemand im Sinn, und die wenigsten dürften geahnt haben, welche Folgen der hier getane Schritt haben würde.

In diesen Monaten waren es andere Ereignisse, die die Welt veränderten. Als zehn Tage nach Ende der Konferenz von San Francisco, am 6. August 1945, eine Atombombe über Hiroshima explodierte, mußten die Internationalisten, in den Worten des Historikers Robert A. Divine, erkennen, »daß Wissenschaftler, die geheim in den Laboratorien von Chicago, Oak Ridge, Hanford und Los Alamos arbeiteten, die eigentlichen Architekten der schönen neuen Welt waren.«[150] Tatsächlich dürfte das für viele ein anderes Licht auf die Errungenschaften ihrer gedanklichen Vorarbeiten geworfen haben, die sich in San Francisco endlich abzuzeichnen schienen. Damit, daß die neue Welt schön sein würde, hatte ernsthaft allerdings niemand gerechnet. Aus blühendem Idealismus erwuchsen die Menschenrechts- und ähnliche Vorstellungen jedenfalls nicht. Zu existentiell war dafür die Bedrohung des Kriegs, zu total die Mobilisierung, zu prekär die Aussicht auf ein Gelingen. Die Verfechter von Menschenrechtsideen erdachten beileibe keine politischen Traumlandschaften, und sie waren auch nicht überzeugt, die Fundamente einer Epoche der universellen Moral und der weltweiten Gerechtigkeit zu legen. Sie bemühten sich, die Minimalvoraussetzungen einer funktionsfähigen internationalen Ordnung zu schaffen. Wenn sie damit einer besseren Zukunft den Weg ebnen wollten, dann wußten sie doch, daß diese Zukunft aus der Not geboren sein würde.

Wie schwierig es sein sollte, tatsächlich dauerhafte Grundlagen einer besseren Nachkriegsordnung zu legen, zeigte sich noch an einem anderen Geschehensstrang dieser Jahre, der abschließend wenigstens kurz beleuchtet sei. Auch mit dem Internationalen Militärtribunal, das zwischen November 1945 und Oktober 1946 tagte, um hochrangige Exponenten des NS-Regimes zur Rechenschaft zu ziehen, verbanden sich zeitgenössisch manche Hoffnungen auf eine neue Ära des internationalen Rechts. Mit dem Anklagepunkt der »Verbrechen

---

149 Vgl. auch Sellars, Rise, S. 8.
150 Divine, Chance, S. 314.

gegen die Menschlichkeit« prägte es eine signalkräftige Formel, die zwar nicht gänzlich ohne rechtsgeschichtliche Vorläufer, aber doch in dieser Ausgestaltung neuartig war und weltweit stark ausstrahlte.[151] Sie sollte es erlauben, besonders verheerende Formen der Gewalt gegen Zivilisten zu bestrafen, und entwickelte damit das Völkerstrafrecht signifikant fort.

Gleichwohl galt das Nürnberger Verfahren ganz vorrangig einem anderen Aspekt, nämlich den »Verbrechen gegen den Frieden«, und das hieß der Vorbereitung und Durchführung eines Angriffskriegs. Ihn zu ächten und künftig zu verhindern, bildete das Kernanliegen des Prozesses. Dahinter stand das Bestreben, vor allem der Amerikaner und am prominentesten ihres Chefanklägers Robert H. Jackson, eine Friedensordnung zu schaffen, die auf die Kraft des Völkerrechts und auf institutionalisierte Formen überstaatlicher Gerechtigkeit gegründet sein sollte. Hierin, in dem Gedanken, globale Sicherheit durch Recht zu schaffen, lag der wohl wesentlichste Schnittpunkt, den die Nürnberger Prozesse mit den Menschenrechtskonzeptionen der Kriegsjahre aufwiesen. Einzelne Personen waren ja auch an beiden Unterfangen beteiligt: René Cassin etwa hatte in der Interalliierten Kommission zur Bestrafung von Kriegsverbrechen mitgearbeitet, die die in London ansässigen Exilregierungen begründet hatten, und David Maxwell-Fyfe, einer der britischen Ankläger im Nürnberger Prozeß, sollte sich später für eine europäische Menschenrechtskonvention einsetzen.[152] In einer entscheidenden Hinsicht allerdings hatte Nürnberg mit dem menschenrechtlichen Projekt, das amerikanische und europäische Internationalisten verfolgten, nichts zu tun: Dem Prozeß ging es nämlich nicht darum, die Gewalt zu ahnden, die die nationalsozialistische Regierung an ihrer eigenen Bevölkerung verübt hatte. Sowohl in der Anklageerhebung als auch im Urteil wurde die Verfolgung der deutschen Juden vor 1939 gerade nicht als ein »Verbrechen gegen die Menschlichkeit« bewertet, da sie in keinem erkennbaren Bezug zum Angriffskrieg oder zu den deutschen Kriegsverbrechen gestanden habe.

Auch blieben die juristischen Anstrengungen Episode. Wie stark das Vorgehen des Internationalen Militärtribunals auch beachtet wurde, nach Nürnberg und Tokio fand die überstaatliche Strafgerichtsbarkeit fünfzig Jahre lang keine Fortsetzung. Die Arbeit der Völkerrechtskommission der Vereinten Nationen, die den Auftrag erhalten hatte, die »Nürnberger Prinzipien« weiterzuentwickeln, kam 1950 zu einem folgenlosen Ende. Darin lag eine letzte, wenngleich eher ernüchternde Parallele zwischen den menschen- und den strafrechtlichen Neuansätzen der Kriegsjahre. Denn beide demonstrierten auf je eigene Weise, daß sich die Hoffnung auf eine neue Ära des internationalen Rechts eben nicht in eine politische Wirklichkeit verwandelte.

---

151 Vgl. zum Hintergrund vor allem Weinke, Prozesse; ferner Marrus, Trial; Borgwardt, Trial; Hirsch, Soviets.
152 Vgl. Winter/Prost, Cassin; Duranti, Rights.

2. Menschenrechtspolitik in den Vereinten Nationen

Aus den gedanklichen Impulsen und organisatorischen Vorarbeiten der frühen vierziger Jahre entwickelte sich in der Nachkriegszeit ein internationales Politikfeld. Gab es noch im Juli 1945 lediglich einige verstreute Bestimmungen im Gründungsdokument der neuen Weltorganisation, so spannte sich in den folgenden Jahren ein weitgestreckter Rahmen auf, in dem Staaten eine Vielzahl von Fragen unter menschenrechtlichen Gesichtspunkten diskutierten: Informationsfreiheit und die Stellung der Frau, Lohnverhältnisse und gewerkschaftliche Betätigungsmöglichkeiten, Sklaverei und Arbeitsmigration, Repressionen in den osteuropäischen Diktaturen und die Rassendiskriminierung in Südafrika. Menschenrechte hatten sich damit, begrifflich erstmals explizit, in den zwischenstaatlichen Beziehungen verankert. Der relative Stellenwert, den sie innerhalb weniger Jahre erlangten, ging weit über das hinaus, was die hauptverantwortlichen Konstrukteure in San Francisco intendiert hatten.

Der Grund dafür war im Kern ebenso spröde wie folgenreich, ebenso unheroisch wie unhintergehbar. Er lag in einer institutionellen Folgelogik. Die UN-Charta war ein Gründungsstatut und damit ein Auftrag, eine Organisation auszugestalten, einschließlich eines Menschenrechtsbereichs.[1] Selbst wenn es sehr verschiedene Möglichkeiten gab, diesen Auftrag zu verwirklichen – darum wurde, mit unterschiedlichen Resultaten, heftig gerungen –, irgendwie mußte dieser Bereich doch in Strukturen gegossen werden. Sie schufen dann feste Arbeitszusammenhänge, in denen selbst solche Staaten, die der Menschenrechtspolitik gleichgültig gegenüberstanden, prinzipiell zu den einschlägigen Themen Stellung beziehen mußten. Daran laborierte nicht nur das britische *Foreign Office*, das zwar bezweifelte, »ob es angesichts der politischen Weltsituation klug war, diese [Menschenrechts-] Bestimmungen in die Charta aufzunehmen«, aber befand, »sie sind nun einmal da, und wir müssen handeln, und wir müssen

---

1 Am direktesten galt dies für den Artikel 68 der Charta, der dem Wirtschafts- und Sozialrat vorschrieb, eine Kommission zur Förderung der Menschenrechte zu errichten. Art 1,3 und 55 formulierten es als ein Ziel der Organisation, die Achtung vor Menschenrechten zu fördern. Artikel 13,1 und 62,2 verliehen der Generalversammlung und dem Wirtschafts- und Sozialrat die Kompetenz, Empfehlungen abzugeben, wie sich Menschenrechte verwirklichen ließen. Artikel 76 c schließlich verpflichtete den Treuhandrat darauf, sich für die Achtung der Menschenrechte in den Treuhandgebieten einzusetzen. Vgl. Charta der Vereinten Nationen.

uns klar sein, daß es ernste Konsequenzen haben kann, wenn schlecht gehandelt wird«.² Zahlreiche Nichtregierungsorganisationen dagegen verstanden die neuen institutionellen Ansatzpunkte als Chance und fanden sich gleichsam automatisch in den Vereinten Nationen ein. Sie blieben daher auch in der Nachkriegszeit eine entscheidende Kraft.

Hinzu traten die internationalen Beamten und Experten, die mit den Nichtregierungsorganisationen oft eng vernetzt waren. Sie stellten, systematisch betrachtet, einen zweiten entscheidenden Transmissionsriemen dar, über den menschenrechtspolitische Vorstellungen ihren Weg in das Geflecht der UN-Organisationen fanden. So hatte die Internationale Arbeitsorganisation bereits im Mai 1944, während sie ein prekäres Exildasein fristete, in ihrer »Erklärung von Philadelphia« das Ziel materiellen Wohlstands erstmals auf einen universellen Rechtsanspruch gegründet.³ Damit gehörte sie zu denen, die dem menschenrechtlichen Diskurs eine soziale Dimension hinzufügten – ohne daß sie indessen auf die weitere Gründungsgeschichte der Vereinten Nationen Einfluß erlangen konnte. Die UNESCO bestimmte es im November 1945 als ihren Zweck, den internationalen Kulturaustausch zu stärken, »um die universelle Achtung vor der Gerechtigkeit, der Geltung des Gesetzes und den Menschenrechten und Grundfreiheiten zu fördern«.⁴ Und die Weltgesundheitsorganisation bediente sich des Menschenrechtsbegriffs sogar als einer innerlichen Begründung, indem sie »den Genuß des höchstmöglichen Maßes an Gesundheit« im Juli 1946 als »eines der grundlegenden Rechte jedes Menschen« bezeichnete.⁵ Waren Menschenrechte damit in der internationalen Beamtenschaft als Fluchtpunkt präsent, blieb diese Entwicklung doch auch begrenzt. Die Flüchtlingsorganisation der Vereinten Nationen etwa, die schon seit Ende 1943 operierte, nahm den Begriff nicht in ihre Statuten auf. Zudem betrieben die genannten Organisationen, die alle als Sonderorganisationen an die Vereinten Nationen angeschlossen wurden, im engeren Sinne keine Menschenrechtspolitik. Die Weltgesundheitsorganisation ließ ihre menschenrechtlichen Vorstellungen Anfang der fünfziger Jahre sogar wieder fallen.

Die eigentliche politische Dynamik entfaltete sich dann auch in der Hauptorganisation, ja das neue Politikfeld deckte sich weitgehend mit den Verhandlungen und Initiativen in den Vereinten Nationen. Die Ansätze, die der Europarat schuf, wurden, wie noch zu zeigen sein wird, vorerst kaum genutzt. Die einschlägigen NGOs blieben ganz vorrangig auf die Weltorganisation ausgerichtet. Und soweit Staaten Menschenrechtspolitik betrieben, taten sie dies

---

2 National Archives, Kew [im Folgenden: NAK], FO [Foreign Office] 371/67601, Beckett an Gladwyn [Jebb], 16.4.1947.
3 Vgl. Erklärung von Philadelphia. Zum Hintergrund vgl. Maul, Menschenrechte, S. 53–164, vor allem S. 110 f., 141 f.
4 Vgl. Satzung der UNESCO.
5 Vgl. Meier, Standard, S. 5–25.

ebenfalls in diesem Rahmen. Das hieß im übrigen auch, daß Menschenrechte nicht im Hauptstrom ihrer auswärtigen Beziehungen lagen. Vielmehr bildeten sie, bis in die administrativen Strukturen hinein, einen Sonderbereich innerhalb der internationalen Organisationen, die wiederum einen Sonderbereich der Außenpolitik darstellten.[6]

Die Politik, die sich in der neuen Organisation entwickelte, war ebenfalls anders, als es die Proponenten internationaler Schutzverfahren während des Kriegs erwartet hatten. Die menschenrechtlichen Verhandlungen verwandelten sich nämlich vor allem in eine Arena des zwischenstaatlichen Konflikts. Das lag ganz wesentlich daran, daß die Konfrontation zwischen dem westlich-demokratischen und dem osteuropäisch-kommunistischen Lager bald schon alle Diskussionen überschattete. So zeigte sich an dem Thema der Zwangsarbeit, daß die Supermächte eine, wenn man so will, negative Weltinnenpolitik betrieben. Sie zielte darauf ab, die Mängel im Herrschaftssystem des Antagonisten denunziatorisch aufzudecken, um seinen ideologischen Anspruch zu diskreditieren. Moralpolitik bedeutete hier nicht, verfolgten Menschen im Ausland zu helfen, sondern die eigenen Leitwerte auf Kosten des Systemgegners zu profilieren; als solche erhielt sie im Kalten Krieg gleichwohl eine gewisse Bedeutung. Daneben zeichnete sich in den Diskussionen jedoch auch früh schon eine Nord-Süd-Dimension ab. Für Staaten des globalen Südens, die indes noch kaum als gemeinsame Gruppe auftraten, stellten die Vereinten Nationen ein Forum dar, in dem sie mitreden konnten. Wie sich am Komplex der Informationsfreiheit erwies, verkomplizierte das die Arbeit an internationalen Normen aber noch zusätzlich und sogar bis zur völligen organisatorischen Selbstblockade. Fast ausnahmslos alle Staaten schließlich waren darauf bedacht, ihren nationalen Raum möglichst weitgehend gegen äußere Einmischungen abzuschotten. Dieser Reflex lief quer über alle ideologischen Trennlinien hinweg und bildete den vielleicht grundlegenden Hemmfaktor für völkerrechtliche Fortschritte.

Gegen Ende der fünfziger Jahre dann flauten die aggressionsgeladenen Kontroversen merklich ab. Die Supermächte und ihre Verbündeten verzichteten bewußt darauf, weitere ideologische Schlachten zu schlagen, nicht zuletzt mit Rücksicht auf die Staaten der Südhalbkugel, die innerhalb der Organisation Schritt um Schritt an Einfluß gewannen. Dafür sahen die Vereinten Nationen

---

6 Das britische und das amerikanische Außenministerium richteten Abteilungen für die Politik gegenüber internationalen Organisationen bzw. den Vereinten Nationen ein, innerhalb derer sich Unterabteilungen mit Menschenrechtsfragen befaßten. Das Büro für UN-Angelegenheiten im *State Department* war auf der Ebene der regionalen Büros angesiedelt. Dasjenige seiner Unter-Büros, das für die wirtschaftlichen und sozialen Fragen zuständig war, befaßte sich am stärksten mit Menschenrechtsfragen. Das geht aus den Organisationsplänen hervor, die mir das *State Department* auf Anfrage zur Verfügung gestellt hat. Zum Aufbau im britischen Ministerium vgl. Simpson, Rights, S. 343–346, 359–361.

nun aber auch keine nennenswerten menschenrechtspolitischen Initiativen mehr. Der Bereich schlief für einige Jahre ein. Dafür stand das einvernehmlich auf den Weg gebrachte »Aktionsprogramm« der Menschenrechtskommission, das die Arbeit auf unstrittige Themen ablenkte.

Ein nennenswertes Eigengewicht, das politische Patts durchbrochen, unerwartete Konsenszonen hervorgebracht oder unbeabsichtigte Ergebnisse gezeitigt hätte, konnten humanitäre Erwägungen in diesem Umfeld kaum entfalten. Das lag auch daran, daß das UN-Sekretariat im Menschenrechtsbereich nicht als energischer Akteur in Erscheinung trat. Tatsächlich blieb der politische Prozeß stark von der staatlichen Interessenpolitik dominiert. Die menschenrechtspolitische Bilanz, die die Vereinten Nationen am Ende der fünfziger Jahre vorzuweisen hatten, fiel daher auch ziemlich mager aus. Mit der Allgemeinen Menschenrechtserklärung hatten sie einen symbolischen Referenzpunkt geschaffen, der wohl mehr als alles andere seit Kriegsbeginn dafür sorgte, daß sich der Menschenrechtsbegriff weltweit popularisierte. Für manche Themen, wie etwa die Zwangsarbeit, schufen die Verhandlungen überdies eine Öffentlichkeit, die vor allem nicht-staatliche Akteure dafür nutzen konnten, ihre humanitären Kampagnen zu stärken. Ein neues Zeitalter des Völkerrechts hatte die Organisation indes nicht inauguriert.

Daher schlugen spätestens seit Anfang der fünfziger Jahre die frühen Hoffnungen, die nicht wenige Akteure mit der Gründung der Vereinten Nationen verbunden hatten, um. Sie wichen nun der Einsicht, daß sich hehre Ideale in ideologischen Machtkämpfen rhetorisch entleerten und praktisch zerrieben, daß sich Formen überstaatlichen Schutzes nicht verwirklichen ließen, daß die Formulierung internationaler Normen nur schleppend vorangehe oder gar nicht. Die frühe internationale Menschenrechtspolitik ist in einer wichtigen Dimension daher auch die Geschichte einer schleichenden Ernüchterung. Sie schlug sich in den frustrierten Bestandsaufnahmen der NGOs nieder, die im übernächsten Kapitel eingehender zu schildern sein werden, und im wachsenden Fatalismus der wenigen Delegierten und UN-Beamten, die stärkere Schutzmechanismen befürworteten. Schließlich zeigte sie sich in der Ratlosigkeit der verfolgten oder diskriminierten Menschen, die Hilfsgesuche verfaßt hatten und beschieden wurden, die Vereinten Nationen könnten in ihrem Fall nicht tätig werden. Es wäre analytisch zu kurz gegriffen, aber auch historisch unredlich, all dies aus der Erzählung der frühen Menschenrechtssysteme zu eskamotieren.

Die Grundlegung des UN-Menschenrechtssystems gehört nach wie vor zu den am besten erforschten Aspekten der Frühgeschichte der Organisation wie auch der Menschenrechtsgeschichte der Nachkriegszeit.[7] Die folgende Unter-

---

7 Vgl. Morsink, Universal Declaration; Simpson, Rights, S. 323–542; Glendon, World; Lauren, Evolution, S. 199–247; Sellars, Rise, S. 1–24, 67–86; Mazower, Strange Triumph; Kennedy, Parlament, S. 209–240; Normand/Zaidi, Rights, S. 143–242.

suchung kann daher auf den vorliegenden Studien aufbauen, wenn sie auch punktuell zu ergänzen sind. Will man die Aspirationen und Komplikationen, die Erwartungen und Enttäuschungen der frühen UN-Menschenrechtspolitik in den Blick bekommen, muß man aber darüber hinausgreifen. Drei Themenkomplexe, die bislang kaum erforscht worden sind, vermögen wichtige Vorstellungen und Mechanismen zu verdeutlichen, die diese Politik prägten. Sie illustrieren zudem unterschiedliche Tätigkeitsfelder: In der Frage der Zwangsarbeit ging es darum, akute Menschenrechtsverletzungen zu ahnden, in den Diskussionen über die Informationsfreiheit um die Normsetzung und in dem »Aktionsprogramm« um die sogenannte technische Seite der Menschenrechtsarbeit. Neben den offiziellen UN-Dokumenten und den (wenig ergiebigen) Unterlagen der Vereinten Nationen bieten die britischen und amerikanischen Akten dafür wichtige Aufschlüsse. Zwar sind die Einblicke begrenzt, die sich an ihnen in das gewinnen lassen, was hinter den Kulissen der Verhandlungen geschah. Doch stellten Großbritannien und die USA zwei Hauptakteure der Menschenrechtsarbeit dar, und ihre Delegationen berichteten punktuell auch über Vorgänge, die sie nicht selbst betrafen.

Die *Bill of Rights* und die gewollte Schwäche internationaler Menschenrechtsnormen

In der Ausgestaltung der Charta-Bestimmungen entstand, dieses Faktum gilt es als erstes festzuhalten, ein denkbar schwaches Menschenrechtssystem. Es umfaßte eine Menschenrechtskommission, deren Kompetenzen entscheidend beschnitten waren; eine zwar rasch fertig gestellte und symbolträchtige, aber rechtlich unverbindliche Menschenrechtserklärung; eine Menschenrechtskonvention, die noch während der Ausarbeitung in zwei getrennte Pakte aufgespalten und knapp zwanzig Jahre lang nicht verabschiedet wurde; und keinerlei »Implementationsmechanismen«, das heißt Institutionen oder Verfahren, um zu überwachen, ob Mitgliedstaaten die Menschenrechtsnormen einhielten, und um Verstöße zu ahnden.

Die meisten Autoren, die sich mit diesem Teil der UN-Geschichte befaßt haben, haben zurecht darauf hingewiesen, daß die Schwäche des Systems das mehr oder weniger intentionale Produkt einer kaum gezähmten staatlichen Macht- und Interessenpolitik war, insbesondere von Seiten der drei Großmächte USA, Großbritannien und der Sowjetunion.[8] Mit Blick auf die neuen Konflikte, die die internationale Politik seit den späten vierziger Jahren zu belasten begannen, die dramatischen Konfrontationen des Kalten Kriegs in Berlin oder Korea und die ersten schweren Konvulsionen der europäischen Kolonialherrschaft in Pa-

---

8 Vgl. Simpson, Rights; Mazower, Strange Triumph; Normand/Zaidi, Rights.

lästina und Indien, in Indonesien und Indochina, kann das einerseits kaum verwundern. Angesichts derart tiefgreifender Spannungen standen die Auspizien für eine Politik, die über die politischen und ideologischen Gegensätze hinweg reichen konnte, denkbar schlecht. Andererseits ist es doch wichtig, sich vor Augen zu führen, daß für den neuen Bereich der Menschenrechtspolitik *per se* keine anderen Gesetze galten als in anderen Bereichen der internationalen Beziehungen.[9] Die Nachkriegszeit erlebte die erste Kodifizierung internationaler Menschenrechtsnormen – aber eine neue Epoche in der Idee und der Praxis nationaler Souveränität war damit nicht angebrochen.

Die Menschenrechtskommission wurde im Juni 1946 begründet, und in das erste halbe Jahr ihrer Existenz fielen bereits zwei wesentliche Weichenstellungen. Zunächst beschloß der Wirtschafts- und Sozialrat, entgegen den Empfehlungen der vorbereitenden Kommission, das Organ solle nicht aus unabhängigen Experten, sondern aus Staatenvertretern zusammengesetzt sein, was die Politisierung der menschenrechtlichen Arbeit unausweichlich machte. In ihrer ersten Sitzung beging die Kommission dann einen denkwürdigen Akt der Selbstentmächtigung. Sie stand vor der Frage, was mit den Petitionen geschehen solle, die Hilfesuchende aus zahlreichen Ländern an sie gerichtet hatten. In dem Bewußtsein, daß es eine Einmischung in die »inneren Angelegenheiten« der betreffenden Staaten bedeuten würde, die Gesuche zu behandeln, unterstützte die großen Mehrheit der Mitglieder den Beschluß, die Menschenrechtskommission habe »keine Befugnis, irgendwie tätig zu werden«. Diese Formel segnete der Wirtschafts- und Sozialrat im August 1947 ab. Daß die Delegierten ihre Zuständigkeit so rundweg negiert hatten, empörte dabei sogar den UN-Generalsekretär Trygve Lie, der öffentlich äußerte, die Entscheidung werde »das Prestige und die Autorität nicht nur der Menschenrechtskommission, sondern der Vereinten Nationen schmälern«.[10] Das leere Ritual, das sich in der Folge im Umgang mit den Petitionen herausbildete, bestand darin, daß die Kommission eine vertrauliche Liste aller eingegangenen Schreiben erstellte, die sie in einem rein formalen Akt »zur Kenntnis nahm«. Das UN-Sekretariat sprach intern von dem »fiktionalen Charakter« des Verfahrens, und dieser war auch den Kommissionsmitgliedern bewußt. So berichtete die US-Delegation 1955 von dem »Schuldgefühl«, das sich manche von ihnen eingestanden.[11] Die Petitionen wurden außerdem an die betreffenden Regierungen weitergeleitet – praktisch ohne Konsequenzen. Im Jahr 1953 etwa beantworteten die Regierungen

---

9 Vgl. Normand/Zaidi, Rights, S. 241 f.
10 Zitiert nach Zuijdwijk, Petitioning, S. 6.
11 United Nations Office at Geneva, Archives [im Folgenden: UNOGA], SO 215, Memorandum to the Committee on Communications, Januar 1959; NARA, RG 84, 1030-D, Box 61, Finger, USUN, an State Department, 12.6.1955.

aller UN-Mitgliedsstaaten lediglich dreizehn Petitionen, bei einer Gesamtzahl von mehreren Tausend.[12]

Bis 1959 gab es auf verschiedenen Ebenen insgesamt neun Vorschläge, den Umgang der Kommission mit den Eingaben zu verändern, etwa ein *Ad hoc*-Komitee zu schaffen, das sie auswerten und unverbindliche Vorschläge an Regierungen richten könne. Sie wurden aber stets nur von einer Minderheit befürwortet, in der Regel von Ägypten, den Philippinen, Uruguay und Indien, später auch von Argentinien, Belgien und Israel.[13] Am Ende standen lediglich unbedeutende prozedurale Veränderungen, wie etwa diejenige, daß die Kommission nicht länger feststellte, sie habe die Petitionen »zur Kenntnis genommen«, um nicht länger zu suggerieren, daß sie sich tatsächlich mit ihnen befasse.[14]

Die Menschenrechtskommission hatte den Auftrag erhalten, eine *Bill of Rights* auszuarbeiten. Da die USA und die Sowjetunion bindende Bestimmungen ablehnten, für die sich neben Frankreich vor allem die Delegationen ›kleinerer‹ Staaten wie Belgien, China, Indien, Panama und die Philippinen aussprachen, wurde der Gedanke eines einheitlichen Dokuments allerdings bald schon fallengelassen. Großbritannien, das anfänglich eine möglichst starke Konvention favorisiert hatte, schwenkte bald ebenfalls auf diese Linie ein. Ab 1947 befaßte sich die Menschenrechtskommission daher mit drei Projekten: Sie arbeitete eine rechtlich unverbindliche Erklärung aus, die vor allem nach Meinung der USA vorrangig fertig gestellt werden sollte; sie entwarf gleichzeitig eine bindende Konvention; und sie diskutierte schließlich gesondert über mögliche Implementationsmechanismen.

Die Allgemeine Menschenrechtserklärung entstand in gut eineinhalbjähriger Arbeit und wurde im Dezember 1948 von der Generalversammlung verabschiedet. Die Menschenrechtskommission hatte den Entwurf erstellt, welcher dann vom Dritten Komitee der Generalversammlung an zahlreichen Stellen verändert, aber in seiner grundlegenden Struktur beibehalten wurde. In den Diskussionen über Form und Inhalt der Erklärung zeigten sich zwei Grundmotive der Ausarbeitung internationaler Normen, die auch die weitere Menschenrechtsarbeit der Weltorganisation beeinflussen (und beeinträchtigen) sollten. Die meisten Delegationen arbeiteten zum einen darauf hin, ihre je nationalen Rechtstraditionen in dem internationalen Dokument zur Geltung zu bringen. Und sie versuchten zum anderen, die Normen möglichst stark mit Blick auf die politischen Bedürfnis- und Problemlagen zu formen, die in ihren jeweiligen Ländern vorherrschten oder sich zukünftig erwarten ließen.

12 Vgl. Green, United Nations, S. 120–125; UNOGA, SOA 17/09.
13 Übersicht bei Zuidwijk, Petitioning, S. 9–14. Zu einigen dieser Initiativen vgl. Burke, Decolonization, S. 61–69.
14 Vgl. Official Records of the United Nations [im Folgenden: ORUN], Commission on Human Rights [im Folgenden: CHR], Report of the 14th session 1958; Green, United Nations, S. 120–125.

So forderten die Sowjetunion und ihre osteuropäischen Verbündeten in den Verhandlungen, unter genauen Instruktionen aus dem Politbüro, wirtschaftliche und soziale Rechte stärker zu berücksichtigen, die Mitgliedstaaten auf den Kampf gegen Faschismus und Nazismus zu verpflichten (womit sich die Einschränkung bestimmter Rechte, wie etwa der Meinungsfreiheit, rechtfertigen ließ) und das Prinzip der nationalen Souveränität stärker zu betonen.[15] Die Vereinigten Staaten und Großbritannien opponierten am hartnäckigsten dagegen, wirtschaftliche und soziale Rechte aufzunehmen.[16] Doch auch etwa Indien und Ägypten zeigten sich skeptisch, da sie sich noch nicht in der Lage sahen, diese Rechte tatsächlich zu gewährleisten.[17] Mehrere lateinamerikanische Länder wiederum koalierten in dieser Frage, entgegen dem sonst vorherrschenden Abstimmungsmuster, mit dem Ostblock und befürworteten insbesondere die Rechte auf Nahrung und Wohnung. Darin reflektierte sich der hohe Stellenwert, den soziale Rechte infolge der Prägekraft der katholischen Sozialphilosophie in den lateinamerikanischen Verfassungen hatten.[18] Dieser Reigen von Nationalinteressen läßt bereits erahnen, daß die Verhandlungen von heftigen Konflikten geprägt waren. Er ließe sich beliebig verlängern: Die dänische Delegation setzte sich, mit Blick auf die dänische Minderheit in Schleswig, für Minderheitenschutz ein; die südafrikanische weigerte sich, vor dem Hintergrund des entstehenden Apartheidstaats, Gleichheitsprinzipien anzuerkennen; die saudi-arabische lehnte die Passagen über Religion und Ehe als Ausdruck westlicher Wertevorstellungen ab. Das waren zugleich die Gründe, warum sich Südafrika und Saudi-Arabien bei der Verabschiedung der Allgemeinen Menschenrechtserklärung 1948 enthielten – zusammen mit den sechs kommunistischen Staaten Osteuropas, die mit keinem ihrer Änderungsvorschläge durchgedrungen waren.

Der Mord an den europäischen Juden war in den Arbeiten an der Erklärung in eigentümlicher Weise zugleich an- und abwesend. Das war bezeichnend für die frühe internationale Menschenrechtspolitik insgesamt und stand überdies im Einklang mit der Rezeption des Geschehens, die sich in der Nachkriegszeit auch sonst länderübergreifend in der Politik und der kulturellen Erinnerung beobachten ließ.[19] In den Debatten nahmen Delegierte in zumeist vagen Formulierungen auf die Unrechtsherrschaft des Nationalsozialismus Bezug. Dabei aktualisierten sie jedoch ganz überwiegend solche Facetten, die in keinem engen Zusammenhang mit der Verfolgung der Juden standen.[20] Einige Artikel der

15 Vgl. Glendon, World, S. 111.
16 Vgl. Normand/Zaidi, Rights, S. 177–196; Simpson, Rights, S. 390–460.
17 Vgl. Glendon, World, S. 117.
18 Vgl. Glendon, Forgotten Crucible. Vgl. auch Waltz, Reclaiming; Carozza, Conquest.
19 Zum Kontext vgl. Eckel/Moisel (Hg.), Universalisierung.
20 Morsink trifft diese Unterscheidung nicht, weshalb seine Interpretation problematisch ist. Vgl. Morsink, Universal Declaration, S. 36–91.

Erklärung ließen sich auf dieses Geschehen beziehen, und manche ihrer Verfechter, nicht zuletzt jüdische NGOs, hatten sie auch von daher gedacht. Das galt etwa für das Recht auf freie Auswanderung oder das Recht auf Asyl. Wichtiger noch, stand die Erfahrung des Holocaust für einige Protagonisten mindestens stillschweigend im Hintergrund.[21] Die jüdischen Juristen Hersch Lauterpacht und René Cassin waren leidvoll von ihr geprägt. Cassin, selbst Mitglied der Menschenrechtskommission, hatte durch den nationalsozialistischen Massenmord mehr als zwanzig Verwandte verloren. Nachdem er sich lange Zeit nicht in erster Linie als Mitglied der jüdischen Gemeinschaft, sondern vornehmlich als französischer Republikaner verstanden hatte, machte ihn das Schicksal der europäischen Juden während des Zweiten Weltkriegs tief betroffen.[22] Auch wenn die einflußreichen jüdischen Menschenrechtsverfechter also nicht davon sprachen, wird man doch davon ausgehen können, daß sie mit ihrem Einsatz für universelle Normen auch eine Konsequenz aus dem nationalsozialistischen Judenmord zogen. Ob sie diesen als ein Geschehen *sui generis* begriffen oder, auf der Linie der vorherrschenden Wahrnehmung der Zeit, als eher unspezifischen Teil einer weit darüber hinausreichenden Gewaltpolitik während des Zweiten Weltkriegs, muß offen bleiben.[23]

All das gilt ebenso für Raphael Lemkin, der im Holocaust einen wichtigen Grund für seine unermüdlichen Anstrengungen fand, eine Genozidkonvention herbeizuführen.[24] Gerade diese Konvention zeigt allerdings auch besonders schlagend, welche verwickelte Gemengelage der Formulierung internationaler Normen in den Vereinten Nationen zugrunde liegen konnte. So hatte sich Lemkin schon in der Zwischenkriegszeit für ähnliche internationale Garantien eingesetzt, um die ethnischen Minderheiten in Ostmitteleuropa zu schützen; sein Projekt ging dem Zweiten Weltkrieg also voraus. Überdies zielte er gerade nicht auf Verbrechen, die sich gegen Individuen richteten, sondern auf Verbrechen gegen Gruppen. Tatsächlich standen sich Lemkin und die Verfechter eines Menschenrechtsschutzes, der ja zentral vom Individuum her gedacht war, in den Nachkriegsjahren argwöhnisch gegenüber. Sie zogen gegenläufige Schlußfolgerungen aus den Gewalterlebnissen der jüngsten Vergangenheit.[25] Die Genozidkonvention entstand formal besehen dann auch außerhalb des UN-Menschenrechtsbereichs und machte von dem Begriff keinen Gebrauch. Zeitgenössische Kommentatoren waren sich uneins, ob sie dem menschenrechtlichen Völkerrecht zuzurechnen sei oder nicht.

21 Zum Folgenden vgl. Cohen, Holocaust.
22 Vgl. Winter/Prost, Cassin, S. 301–340.
23 Vgl. Duranti, Holocaust, S. 163–168.
24 Zu Lemkin und der Genozidkonvention vgl. LeBlanc, United States; Power, »Problem from Hell«, S. 47–85; Cooper, Lemkin.
25 Vgl. dazu vor allem Siegelberg, Origins.

Die Allgemeine Menschenrechtserklärung in ihrer endgültigen Form war jedenfalls ein vielschichtiges Produkt, das sich gegen eine schlagwortartige Einordnung sperrt. Zunächst einmal drückt sich in ihr eine besondere machtpolitische Konstellation aus. In der Erklärung bildeten sich die äußersten Grenzen eines internationalen Konsenses ab, der sich im Bewußtsein der rechtlichen Unverbindlichkeit erzielen ließ, und nur in diesem Bewußtsein. Überdies war dieser Konsens eingeschränkt. Fast keine afrikanischen oder asiatischen Länder waren an den Diskussionen beteiligt, denn sie hatten ihre nationale Selbständigkeit noch nicht erlangt und konnten daher keine UN-Mitglieder sein. Die Weltorganisation war in diesem Sinne eben keine. Vielen Beobachtern aus dem globalen Norden mag der eingeschränkte Kreis der Mitwirkenden tatsächlich als universell erschienen sein, insofern er den Kreis der »entwickelten«, souveränen Staaten darstellte. Heute jedoch dürften diese Auffassungen für die meisten kaum noch politisch akzeptabel sein. Entstehungsgeschichtlich erscheint die Allgemeine Menschenrechtserklärung daher zur universalhistorischen Traditionsbildung wenig geeignet – einer Traditionsbildung, um die sich Autoren vor allem in den neunziger und den frühen zweitausender Jahren bemühten, als der Vorstellung, Menschenrechte seien universell, aus China und einigen südostasiatischen »Tigerstaaten« eine offensive Absage erteilt wurde.²⁶ Ideen- und völkerrechtsgeschichtlich besehen, stellte die Erklärung dennoch ein bemerkenswertes Dokument dar. Nicht allein wegen der schlichten, präzedenzlosen Tatsache, daß sie kodifiziert worden war, sondern auch dem materiellen Gehalt nach. Es handelte sich um einen umfassenden und relativ detaillierten Katalog, der in dreißig Artikeln eine große Bandbreite von Rechten festschrieb. Das Argument, die wirtschaftlichen und sozialen Rechte seien nachgestellt und dadurch abgewertet worden, das zuweilen kritisch gegen die Erklärung eingewandt worden ist, müßte man wiederum differenzieren.²⁷ In der Tat scheiterten zwei Versuche der lateinamerikanischen und osteuropäischen Staaten, diese Rechte symbolisch stärker zu betonen.²⁸ Genetisch betrachtet, drückt die Anordnung der Rechte somit aus, daß sich die Auffassung der westlichen Mitglieder durchsetzte, mit den historisch vermeintlich älteren, politischen Rechten zu beginnen und dann zu den vermeintlich neueren, sozialen Rechten fortzuschreiten. Allerdings hatte eine Reihe westlicher Staaten in den Diskussionen betont, damit keine Abstufung zu verbinden. Vor allem waren die sozialen Rechte in dem Dokument ja trotz allem festgeschrieben, und in der Rezeption gab es keinen zwingenden Grund, von einer Rangfolge in der Wertigkeit auszugehen.

26 Vgl. Glendon, World, S. 221–242; Morsink, Universal Declaration; Waltz, Reclaiming. Dagegen die These der »westlichen« Prägung bei Normand/Zaidi, Rights, sowie bei Donnelly, Rights.
27 Dieses Argument etwa bei Normand/Zaidi, Rights, S. 188–192.
28 Vgl. Morsink, Universal Declaration, S. 232–238.

Das verweist bereits darauf, daß die Substanz der neuen Normen nur eine Dimension der Erklärung darstellte. Damit war noch nicht entschieden, ob ihr nicht in der politischen Praxis eine Autorität zuwachsen konnte, die die meisten ihrer Schöpfer nicht gewollt und vielleicht auch nicht vorhergesehen hatten. In der Tat knüpften sich ganz unterschiedliche Erwartungen an die Verabschiedung der Erklärung. Manche NGOs und Vertreter ›kleinerer‹ Staaten sahen in ihr einen Anfang, den man ausbauen könne. Die amerikanische, britische und mit Sicherheit auch die sowjetische Regierung betrachteten sie hingegen überwiegend als leere Formeln, die man nicht einlösen mußte, wenn man nicht wollte. In den beiden westlichen Außenministerien war aber auch ein Gespür dafür vorhanden, daß moralisch ambitionierte Absichtserklärungen ihre politischen Kosten nach sich ziehen könnten. Dieses Gespür ging aus dem in seiner Offenheit kaum zu überbietenden Eingeständnis hervor, daß rhetorische Ansprüche und politische Realitäten weit auseinanderklafften. So bemerkte George F. Kennan, zu jener Zeit Direktor des Planungsstabs im *State Department*, im Juli 1948, ein Menschenrechtsdokument enthalte »Ideale und Prinzipien, die wir heute in unserem eigenen Land nicht einhalten können [und] von denen wir nicht wissen, ob wir sie in Zukunft werden einhalten können«. Das lade zu »Vorwürfen der Scheinheiligkeit gegen uns« geradezu ein.[29]

Tatsächlich entwickelte die Allgemeine Menschenrechtsklärung bis zu einem gewissen Grad das politische Eigenleben, das Kennan befürchtete. Begriff und Idee der Menschenrechte erfuhren durch sie in größeren Teilen der Welt einen immensen Popularitätsschub. Im ersten Jahrzehnt ihrer Existenz wurde die Erklärung in fast fünfzig Sprachen übersetzt, und mehr als achtzig Staaten richteten in der einen oder anderen Form am 10. Dezember, dem Tag, an dem sie verkündet worden war, einen »Menschenrechtstag« ein.[30] Überdies bezog sich in den späten vierziger und fünfziger Jahren ein ebenso heterogenes wie breites Spektrum von Gruppen, die sich verfolgt oder entrechtet fühlten, auf die Erklärung. Sie taten dies, um ihren Kampf gegen Unterdrückung oder ihre Suche nach Schutz zu legitimieren, oder um unmittelbare Hilfe einzufordern – nicht zuletzt in ihren Petitionen an die UN-Menschenrechtskommission. Zurückhaltend gerechnet, erhielt die Kommission im ersten Jahrzehnt ihres Bestehens wohl 30–40.000 Petitionen, danach wurden Eingaben noch häufiger.[31] Derartige Petitionen konnte selbstverständlich jeder schreiben, der überhaupt

---

29 NARA, RG 59, 1238, Box 27, George F. Kennan, ECOSOC, 7th Session – Declaration of Human Rights, 8.7.1948. Vgl. ähnlich NAK, FO 371/67606, G. Wilson an Gore-Booth, 19.6.1947.
30 Vgl. Robinson, Universal Declaration, S. ix.
31 Unterschiedliche Zahlenangaben in: NARA, RG 84, 1030-D, Finger an State Department, 12.6.1955; UNOGA, SO 215, John Humphrey an Humphrey Trevelyan, 9.4.1958; Green, United Nations, S. 120–125; Buergenthal, Human Rights in a Nutshell, S. 87. Die meisten gehen eher von 65.000 aus.

schreiben konnte – nicht jede Petition war ein Ausfluß politischen Unrechts im engeren Sinne, nicht jede war überhaupt ein Ausfluß von Unrecht.[32] Und doch, sichtet man die Eingaben, die sich in den Beständen des amerikanischen *State Departments* erhalten haben, so bleibt immer noch ein bedrückender Spiegel der sozialen Mängel und politischen Deformationen der größten westlichen Demokratie. Die Anklagen richteten sich gegen die Exzesse des McCarthyismus, wie das Todesurteil gegen die als Spione verurteilten Ethel und Julius Rosenberg, gegen die Verhältnisse in psychiatrischen Anstalten, gegen harsche Haftbedingungen, gegen Polizeigewalt, gegen strikte Arbeitsgesetze und immer wieder gegen die Diskriminierung und Mißhandlung afroamerikanischer Bürgerinnen und Bürger. Allein das amerikanische Beispiel verdeutlicht, welche komplizierten juristischen Folgeprobleme sich aufgetan, welche politische Sprengkraft sich angesammelt hätte, wären menschenrechtliche Eingaben international behandelt worden – und vielleicht auch, welches gesellschaftliche Transformationspotential davon hätte freigesetzt werden können.

Die unmittelbaren Wirkungen dieser und anderer Bezugnahmen auf die Allgemeine Menschenrechtserklärung waren jedoch gleich null. Nachdem die Menschenrechtskommission auf alle Handlungsmöglichkeiten verzichtet hatte, gab es innerhalb der Vereinten Nationen kein Organ, das irgendwie hätte tätig werden können. John Humphrey, damals Direktor der UN-Menschenrechtsdivision, nannte die Kommission in der Rückschau daher nicht ohne Bitterkeit »den aufwendigsten Papierkorb, der jemals erfunden worden ist«.[33] Man kommt um einen ambivalenten Doppelbefund nicht herum: Die Allgemeine Menschenrechtserklärung wurde zu einem weltweiten symbolischen Referenzpunkt. Aber die Chancen auf Abhilfe erhöhten sich für niemanden, der sich auf sie berief.[34]

Betrachtet man schließlich die normative Ebene, so scheint es, als habe die Allgemeine Menschenrechtserklärung einen nicht unbeträchtlichen Einfluß entfaltet – jedoch erst mit jahrzehntelanger Verzögerung. Eine Untersuchung von der Mitte der neunziger Jahre zählte 31 nationale Verfassungen, die die UN-Erklärung oder die UN-Charta direkt erwähnten. Aber nur zwölf dieser Verfassungen wurden vor 1990 erlassen. Ferner nahmen demnach 216 nationale Gerichtsverfahren Bezug auf die UN-Menschenrechtserklärung; nur 34 dieser Verfahren fanden vor 1970 statt, die meisten wiederum in den neunziger Jahren. Das Bild bleibt lückenhaft, aber der Trend einer Normexplosion in

---

32 Vgl. dazu und zum Folgenden die Petitionen in NARA, RG 84, 1030-A, Box 61 und 62; sowie NAK, FO 371/95879.
33 Humphrey, Human Rights, S. 28.
34 Auf einem anderen Blatt stand, daß Autoren solcher Petitionen in diktatorial regierten Staaten zuweilen Repressalien ausgesetzt waren. Einige Fälle aus Spanien, Polen und Äthiopien nennt John Humphrey in einem Brief. Vgl. Humphrey an Trevelyan, 14.10.1958.

den neunziger Jahren, der sich hier andeutet, dürfte mit großer Sicherheit zutreffend sein.[35]

Die gähnende Kluft zwischen den Hilfsgesuchen aus aller Welt und der Inaktivität der neuen Weltorganisation verdeutlicht, daß die Frage der Implementationsmechanismen der archimedische Punkt des gesamten UN-Menschenrechtsgebäudes war. Darin lag die zweite Aufgabe, mit der sich die Menschenrechtskommission zu befassen hatte. Sie bildete den wahren Prüfstand für die Vorstellungen von nationaler Souveränität, denn hier galt es die Richtungsentscheidung zu treffen, ob es sich bei dem UN-Menschenrechtsregime um ein rein deklaratorisches, ausschließlich auf moralischer Autorität (und deren Schwäche) basierendes System handeln sollte oder um eines, das die Handlungsvollmacht der Staaten im Umgang mit ihren Bürgern effektiv einschränkte. Der unerschütterliche Wille der allermeisten Staaten, letzteres zu verhindern, beleuchtet ein weiteres Grundmotiv, das die Menschenrechtsarbeit der Vereinten Nationen prägt.

In der Möglichkeit, kraftvolle Schutzmechanismen zu etablieren, lag die Hoffnung all derjenigen nicht-regierungsgebundenen Akteure, die sich um einen konstruktiven Ausbau des UN-Systems bemühten. Henri Laugier, Stellvertretender UN-Generalsekretär für Soziale Angelegenheiten, bemerkte 1946, wenn die Verfahren, die derzeit diskutiert würden, »vor einigen Jahren existiert hätten«, »wäre sofort ein internationales Vorgehen gegen die Vordenker und Unterstützer von Faschismus und Nazismus in Gang gesetzt worden.«[36] In diesen Äußerungen lebten die Gefahrenwahrnehmungen und Sicherheitsvorstellungen fort, die nicht-staatliche Gruppen während der Kriegszeit erstmals dazu gebracht hatten, über internationalen Rechtsschutz nachzudenken. Die Vertreter zahlreicher NGOs argumentierten auf den gleichen Linien. Tatsächlich war die Frage der Implementationsmechanismen die einzige, in der sie, die in so vielen Sachfragen überquer lagen, resolut an einem Strang zogen.[37] Daher drängten sie die Mitgliedstaaten in zahlreichen Eingaben, die Debatte über die Verfahren vorrangig abzuschließen.[38]

---

35 Vgl. Hannum, Status. Unscharf ist diese Auswertung, weil sie jeweils nur die neueste Verfassung eines Staats einbezieht.
36 Zitiert nach Morsink, Universal Declaration, S. 14. Ähnlich ebd. die Stellungnahme des Nuclear Committee.
37 Vgl. The Anglo-Jewish Association, Consultative Council; Lerner, Congress, S. 20; Robinson, United Nations; Koskenniemi, Gentle Civilizer, S. 353–412 (zu Lauterpacht). Vgl. ferner New York Public Library, Records of the International League for Human Rights [im Folgenden NYPL, ILHR; die *International League for the Rights of Man* benannte sich später um in *International League for Human Rights*], Box 8, Maurice L. Perlzweig an Jose Maza, 3.10.1955; Baldwin an Hammarskjold, 29.6.1955; Box 11, Memorandum of meeting with non-governmental consultative organizations at Freedom House, 4.5.1949.
38 Vgl. NYPL, ILHR, Box 11 [Memorandum an die Mitglieder der Menschenrechtskommission], 10.3.1953.

Daß solche Verfahren nicht eingerichtet wurden, war keine Folge des sich rapide verschärfenden Kalten Kriegs. Die entscheidende Trennlinie verlief vielmehr zwischen den Großmächten einerseits, die über alle ideologischen Gegensätze hinweg *de facto* koalierten, und einigen ›kleinen‹ Staaten andererseits. Aber wiederum auch nicht allen: Viele von ihnen wachten eifersüchtig über ihre nationale Souveränität, aus Furcht, andernfalls der Intervention der Großmächte Tür und Tor zu öffnen. Das Muster, das sich in San Francisco in der Abstimmung über den Artikel 2,7 der Charta gezeigt hatte, setzte sich hier also weitgehend fort.

Die Arbeitsgruppe der Menschenrechtskommission, die sich mit den Implementationsmechanismen beschäftigte, entwickelte seit 1947 eine Reihe von Vorschlägen, etwa einen Gerichtshof zu schaffen oder lokale Überwachungsagenturen. Die Diskussionen konzentrierten sich indes auf ein Petitionsrecht für Einzelne oder Gruppen; es sollte auch in den folgenden Jahren und Jahrzehnten stets im Zentrum stehen, wenn es um die Frage ging, ob sich internationale Konventionen durchsetzbar machen ließen. Im Endeffekt wurde keiner dieser Vorschläge von der Menschenrechtskommission angenommen, und die Arbeitsgruppe stellte 1950 ihre Bemühungen ergebnislos ein. Zu den Mitgliedern, die sich für Einzelpetitionen aussprachen, zählten Australien, Frankreich, Guatemala, Indien, der Libanon, die Philippinen und Uruguay. Die USA und Großbritannien schlugen vor, das Petitionsrecht auf diejenigen Staaten zu beschränken, die die Pakte unterzeichnen würden, und hofften, es so weitgehend unwirksam zu machen. Die Sowjetunion sprach sich gegen jedwede Implementationsverfahren aus.

Die Gründe, warum die mächtigsten UN-Mitglieder einen Petitionsmechanismus ablehnten, sind bislang nicht näher untersucht worden. Dabei führen sie in das Zentrum dessen, was die frühe Menschenrechtspolitik ausmachte – und was nicht. Die sowjetische Begründung hielt der Delegierte Bogomolow in einem Schreiben an den sowjetischen Außenminister Wjatscheslaw Molotow ebenso lakonisch wie zutreffend fest: »Diese Beschwerden können gegen den verletzenden Staat oder sogar dazu verwendet werden, internationale Skandale zu provozieren, die dann einen Vorwand liefern, um ein bestimmtes Land zu verfolgen (vor allem die UdSSR oder die Volksrepubliken)«.[39] Die Entscheidungsbildung in der amerikanischen und der britischen Regierung war demgegenüber verschlungener, wenn sie auch zum gleichen Ergebnis führte. In beiden Außenministerien wurde offen eingestanden, daß ein Menschenrechtspakt, der nur den Regierungen erlaubte, Klagen vorzubringen, wertlos sei. Denn, so hielt ein Memorandum des *State Department* fest, »es ist nicht damit zu rechnen, daß eine einzige Regierung dafür sorgen wird, daß Unrecht, das an Personen innerhalb der eigenen Grenzen begangen wurde, behandelt wird; und man

---

39 Zitiert nach Glendon, World, S. 95.

kann auch nicht damit rechnen, daß sich andere Regierungen konsequent der Sache von Personen außerhalb der eigenen Grenzen annehmen.«[40] Angesichts der Unterstützung, die amerikanische NGOs äußerten, sowie aus Gründen des außenpolitischen Image sprach aus amerikanischer Sicht zudem manches *für* derartige Verfahren. Dagegen sprach indes die geradezu alarmierte Vorahnung, sich auf starke Implementationsverfahren einzulassen, würde einen verhängnisvollen Fehltritt bedeuten. »Wenn es irgendeinem Mitglied gelingt, auch nur einen Satz einzufügen, der auf Implementierung verweist, wird es einen Präzedenzfall geben, und du bist verloren«, hielt etwa James Hendrick fest, der im *State Department* die menschenrechtspolitische Linie für die Vereinten Nationen maßgeblich mitformulierte.[41] Das konkrete politische Problem, das dabei stets im Hintergrund stand, war, wie noch näher zu erläutern sein wird, die Diskriminierung der Afroamerikaner. Die osteuropäischen Staaten brachten sie in diesen Jahren immer wieder öffentlich vor, um die amerikanische Regierung moralisch zu diskreditieren. Die Angelegenheit erschien immerhin als so bedeutend, daß der Präsident direkt damit befaßt wurde. In den Konsultationen mit Harry Truman fiel schließlich der kategorische Entschluß, Eingaben Einzelner abzulehnen.[42] Daran hielt die amerikanische Regierung in der Folge auch gegen die Einflußversuche amerikanischer NGOs fest.[43]

Im britischen *Foreign Office* führte der Gedanke, Menschenrechtsnormen als eine »Waffe der politischen Kriegführung« nutzen zu können, anfangs zu dem Wunsch, einen Pakt mit starken Bestimmungen zu entwerfen, »um es totalitären Mächten schwerer zu machen, Menschenrechte weiterhin zu mißachten«.[44] Dennoch war den Beamten klar, daß ein Petitionsverfahren zurückschlagen könnte, falls es die Sowjetunion und ihre Verbündeten gegen die westlichen Demokratien richteten.[45] Am liebsten hätte das *Foreign Office* ein Verfahren ersonnen, das aus seiner Sicht legitime Eingaben zugelassen und einen kommunistischen Mißbrauch ausgeschlossen hätte. Doch wußte – wenig überraschend – niemand, wie ein solches Wundermittel aussehen könne.[46] Kompromißloser Widerstand gegen Petitionen kam aus dem *Colonial Office* –

---

40 NARA, RG 353, Box 111, Committee on International Social Policy, Petitions, 19.4.1948. Zum britischen Diskussionsprozeß vgl. NAK, FO 371/72799, Wilson an Heppel, 23.1.1948.
41 NARA, RG 59, 1381, Box 8, James Hendrick an James Simsarian, 27.7.1948. Hendrick leitete zeitweise die Menschenrechtsabteilung der Abteilung für Internationale Organisationen innerhalb des *State Department*.
42 Vgl. NARA, RG 59, Central Decimal File, 501.BD – Human Rights, Box 2188, Memorandum for President, 30.4.1948; RG 353, Box 108, Committee on International Social Policy, Minutes, 30.3.1949.
43 Vgl. NARA, RG 84, 1030-G, Box 53, Memorandum of Conversation, 10.5.1950.
44 NAK, FO 371/72799, Meeting of Working Party on Human Rights, 22.1.1948; ebd., Poynton, Draft Covenant of Human Rights, 21.1.1948.
45 Vgl. Simpson, Rights, S. 406.
46 Vgl. NAK, FO 371/67603, Working Party on Human Rights, Meeting 30.4.1947.

bereits in dieser Frage tat sich ein Graben zwischen beiden Ministerien auf, der für die britische Haltung gegenüber dem UN-Menschenrechtssystem charakteristisch bleiben und es der Regierung erschweren sollte, eine konsistente Politik zu konzipieren.[47] Das *Colonial Office* führte eine Untersuchung durch, welche potentiellen Gefahren sich aus einem Beschwerdemechanismus ergeben könnten, etwa mit Blick auf koloniale Herrschaftspraktiken, die sich als Zwangsarbeit oder unrechtmäßige Gefängnishaft interpretieren ließen. Dabei kam es zu dem Schluß, daß das »Kolonialreich als Ganzes einer äußerst schädlichen Kritik ausgesetzt würde«. Die Bedenken wogen innerhalb der britischen Regierung schließlich schwerer, und auch sie entschied sich, keine Einzelpetitionen zu akzeptieren.[48]

Sowohl im amerikanischen als auch im britischen Außenministerium wurde noch ein weiteres Argument ins Feld geführt. In den zumeist kritischen historischen Beurteilungen ihrer Menschenrechtspolitik ist es bislang nicht beachtet worden, obwohl es ihre ablehnende Haltung gegenüber starken Normen und wirksamen Mechanismen wesentlich speiste. Es handelte sich dabei um die Sorge, ›offene‹, demokratisch regierte Gesellschaften befänden sich in Menschenrechtsdiskussionen auf dem internationalen Parkett gegenüber ›geschlossenen‹, diktatorischen Systemen in einem strukturellen Nachteil. Gladwyn Jebb, der führend daran beteiligt war, die britische UN-Menschenrechtspolitik auszuarbeiten, hielt mit Blick auf die kommunistischen Diktaturen fest, »daß mindestens 800 Millionen Menschen auf der Welt nicht in der Lage sein würden, eine Beschwerde einzureichen«, denn »wenn sie das täten, würden sie ihre Regierungen sofort liquidieren«. Dagegen sei zu erwarten, daß die Eingaben »aus Alabama, Nigeria und sogar aus den *Counties* Fermanagh und Tyrone [in Nordirland] nur so hereinströmen«.[49] Aus der gleichen Wahrnehmung einer gefährlichen Asymmetrie heraus sollten die britischen und amerikanischen Entscheidungsträger später verschiedentlich bindende Konventionen ablehnen. Demokratische Staaten, so gaben sie zu bedenken, müßten Normen, wenn sie einmal unterzeichnet seien, auch einhalten, während das für nicht-demokratische Staaten nicht gelte.[50] Diese Überlegungen verdeutlichen, daß sich die beiden westlichen Großmächte bei ihrer Opposition gegen starke Mechanismen nicht allein davon leiten ließen, die dunklen Flecken auf ihrer eigenen Weste

---

47 Das wird deutlich bei Simpson, Rights.
48 Vgl. NAK, FO 371/72806, Beckett, Minute, 21.5.1948; CO [Colonial Office] 537/4579, Galsworthy, Minute, 31.3.1949. Vgl. Simpson, Rights, S. 524.
49 Zitiert nach Simpson, Rights, S. 524. Vgl. dazu NAK, FO 371/59739, Foreign Office an UK Delegation UN, 16.6.1946; FO 371/67488, Beckett, Minute, 21.3.1947; NARA, RG 353, Box 111, Committee on International Social Policy, Petitions, 19.4.1948.
50 Vgl. etwa NAK, FO 371/72799, Poynton, Draft Covenant of Human Rights, 21.1.1948; FO 371/183684, Provisional Agenda item 60, Draft Convention on the Elimination of Racial Discrimination, o. Dat. [wohl 1965].

zu verbergen – die Kolonialpolitik oder die Diskriminierung der Afroamerikaner –, sondern auch von der Anfälligkeit, die sie aus ihrer gesellschaftlichen Offenheit resultieren sahen. Diese Anfälligkeit war natürlich eine Frage der Definition. In diesem Fall beruhte sie auf der zugrunde liegenden Perzeption, daß der Kalte Krieg *a priori* eine existentielle Gefahr für den Bestand westlicher Demokratie darstelle, und zwar in potentiell allen politischen Bereichen.

Der britische Rechtsberater im *Foreign Office*, Eric Beckett, wies zudem darauf hin, daß ein menschenrechtlicher Beschwerdemechanismus die internationalen Beziehungen nicht verbessern würde. Er würde unweigerlich zu einem Instrument im Kampf zwischen demokratischen und totalitären Staaten mutieren und damit »enorm zu den gegenwärtigen Ursachen internationaler Spannung beitragen«.[51] Und auch dieses Argument ließ sich, setzt man die vom Kalten Krieg diktierten Prämissen voraus, nicht von der Hand weisen. Becketts Einschätzung verdeutlicht den Weg, den der Gedanke eines internationalen Rechtsschutzsystems innerhalb von fünf, maximal acht Jahren zurückgelegt hatte. Während des Weltkriegs war er überwiegend als ein Instrument der Friedens*sicherung* ins Spiel gebracht worden. In der nunmehr gewandelten weltpolitischen Situation hingegen barg er das Potential, den Frieden zu gefährden, da unter den Großmächten kein Konsens mehr darüber herrschte, wer der Aggressor sei, und weil sie selbst in zwei feindliche Lager gespalten waren.

Die kontroverse Diskussion über die Durchsetzungsmechanismen war *ein* Problem, das die Fertigstellung des Menschenrechtspakts, und damit die dritte Aufgabe, die der Menschenrechtskommission gestellt war, zäh in die Länge zog. Daneben und vor allem wirkten sich nun, weil es sich um bindende Vereinbarungen handelte, die nationalpolitischen und ideologischen Gegensätze verschärft aus, die in der Formulierung der Allgemeinen Menschenrechtserklärung bereits aufgebrochen waren.[52] Infolge einiger wenig durchsichtiger Manöver entschied die Generalversammlung 1952, daß zwei separate Pakte ausgearbeitet werden sollten, einer über politisch-bürgerliche, der andere über wirtschaftliche und soziale Rechte, was das UN-Menschenrechtsprojekt weiter fragmentierte.[53] Die Entscheidung wurde mit knapper Mehrheit getroffen. Sicher ist, daß die USA und Großbritannien hinter den Kulissen erheblichen Druck ausübten, um die Trennung zu erreichen. Vermutlich stimmten manche Delegationen dafür, um zu verhindern, daß die beiden Westmächte die Pakte gar nicht ratifizierten.

Daneben beeinträchtigten aber auch neue Streitpunkte den Prozeß der Ausarbeitung. Dazu gehörte der britische Wunsch nach einer Klausel, die es

---

51 Zitiert nach Simpson, Rights, S. 408.
52 Vgl. etwa NARA, RG 59, 1381, Box 8, Position on Draft Covenant, 29.5.1951.
53 Dies ist eines der Hauptargumente von Normand/Zaidi, Rights, S. 143–242. Zu den Vorgängen ebd., S. 205 f.; Green, United Nations, S. 37–59.

verhindern sollte, daß die Pakte automatisch in allen Kolonialgebieten in Kraft treten würden, sowie der amerikanische Wunsch nach einer Klausel, die es verhindert hätte, daß die Pakte automatisch in allen amerikanischen Bundesstaaten in Kraft treten würden.[54] Eine Debatte schließlich, die zu einer der langlebigsten werden sollte, entspann sich über das Recht auf Selbstbestimmung. Die arabischen und asiatischen UN-Mitglieder forderten, wiederum unterstützt von den Ländern des Ostblocks, dieses Recht in die Pakte aufzunehmen. Dagegen wehrten sich die Kolonialmächte Großbritannien und Frankreich rigoros, während die USA, die sich von den Auswirkungen des Prinzips nicht betroffen sah, zwischen den Standpunkten des westlichen Bündnispartners und der »unterentwickelten« Länder lavierte. Angesichts derart vertrackter Voraussetzungen war es keine Überraschung, daß sich die Arbeit an den Pakten festfuhr. Aus britischer Sicht erschien »die Existenz oder Nichtexistenz eines Paktes« ohnehin als »relativ unwichtig neben den größeren politischen Fragen, denen sich die Organisation gerade gegenübersieht«.[55] Die Regierung wirkte nur deshalb weiter an der Ausarbeitung mit, weil sie sich öffentlich auf die Pakte verpflichtet hatte.[56] Die USA hingegen kündigten nach dem Amtsantritt des neuen Präsidenten Dwight Eisenhower, aus noch zu beschreibenden Gründen, die Mitarbeit an den Pakten auf.

In den Diskussionen über die Pakte, das sei abschließend angemerkt, deutete sich noch ein letztes Grundmotiv der internationalen Normarbeit an, das im Verlauf der fünfziger Jahre immer wieder zum Tragen kommen sollte. Die Vertreter mancher lateinamerikanischer, asiatischer, arabischer und später auch afrikanischer Nationen setzten sich verschiedentlich deshalb für bindende internationale Normen ein, weil sie sich angesichts instabiler politischer Verhältnisse in ihren eigenen Ländern davon ein Mittel versprachen, um normative Kontinuität zu gewährleisten. Sollte sich die aktuelle Regierung demnächst abgesetzt finden, so der Gedanke, ließen sich unter Bezugnahme auf die eingegangenen internationalen Verpflichtungen bestimmte Rechte oder Maßnahmen weiterhin einfordern.[57] Eine einfache Korrelation zwischen innenpolitischer Instabilität und der Befürwortung internationaler Normen gab es allerdings nicht. In den noch zu schildernden Diskussionen über die Informationsfreiheit führten lateinamerikanische Delegationen die unsichere politische Lage zu

---

54 Vgl. die deutliche Kritik in NAK, FO 371/88764, Le Quesne, Minute, 25.2.1950.
55 NAK, FO 371/88769, Stanley M. Black, Future Action with Respect to Human Rights Covenant, 6.12.1950.
56 Vgl. FO 371/95856, Minute Dudley, 25.1.1951.
57 Vgl. NARA, RG 59, A1 (5536), Box 358, Wilcox an US Ambassador Lodge u. a., Program to Strengthen US Participation in UN General Assembly, 7.5.1956, hier der angehängte Bericht von Team I: Relations with Uncommitted Countries, 7.5.1956. Vgl. sehr ähnlich NAK, FO 371/95856, Le Quesne, Covenant on Human Rights, 16.1.1951; CO 936/155, Working Party on Human Rights, 21.10.1953.

Hause als ein wesentliches Argument dafür ins Feld, Informationsfreiheit zu *beschränken*.[58]

Trotz den tiefgreifenden Differenzen, die sich in den Diskussionen über die Pakte enthüllt hatten, stellte die Menschenrechtskommission die Entwürfe 1954 fertig. Sie wurden zur Verabschiedung an die Generalversammlung weitergeleitet, die sie von nun an alljährlich behandelte, wobei die Delegationen die selben Streitfragen immer wieder diskutierten.[59] Daß die Pakte schließlich 1966, zwanzig Jahre nach Gründung der Vereinten Nationen, verabschiedet wurden, war das Resultat einer gewandelten politischen Konstellation inner- und außerhalb der Vereinten Nationen. Es war zugleich ein rückwirkender Beleg für die Stagnation der Menschenrechtsarbeit in der langen Frühphase der Weltorganisation.

Menschenrechte als Propaganda und die Kampagne gegen Zwangsarbeit

Nun war die *Bill of Rights* zwar der prestigeträchtigste, aber auf das Ganze betrachtet doch nur ein kleiner Teil dessen, was in den Vereinten Nationen unter dem Rubrum der Menschenrechte verhandelt wurde. Schon nachdem die Allgemeine Menschenrechtserklärung verabschiedet war, und vollends seitdem zu Beginn der fünfziger Jahre die schwer überbrückbaren Gegensätze über die Pakte offen zutage lagen, trat dieser Komplex ein wenig in den Hintergrund. Einige der mit Menschenrechten befaßten Organe waren fast gar nicht in die Arbeit an der *Bill* eingeschaltet worden, und das Themenpanorama der anderen reichte über sie hinaus.

Dabei ereignete sich im übrigen eine überraschende Verschiebung. Denn die Menschenrechtspolitik der Vereinten Nationen löste sich von dem sicherheitspolitischen Denkhorizont, aus dem heraus viele der wichtigsten Konzeptionen während der Kriegsjahre entstanden waren. Auch darin zeigte sich die Kraft der institutionellen Verstetigung. Denn der Sicherheitsrat, die eigentliche Machtzentrale der Weltorganisation, befaßte sich praktisch nicht mit Menschenrechten, da die Mitgliedsstaaten sensibel darauf achteten, daß staatliches Unrecht gerade nicht zum Grund für ausländische Einmischung würde.[60] Diejenigen Organe hingegen, die sich Menschenrechtsthemen widmeten, hatten keine sicherheitspolitischen Zuständigkeiten. Im Grunde genommen ging hier Stalins Schachzug, Menschenrechte über die Bestimmungen in der Charta dem

---

58 Vgl. ORUN, General Assembly [im Folgenden: GA], 3rd session, 2nd part 1949, Third Committee, hier die Debatte zu Artikel D.
59 Vgl. Normand/Zaidi, Rights, S. 197–242.
60 Vgl. die weitgehend negativen Befunde bei Bailey, Security Council.

wirtschaftlich-sozialen Aufgabenbereich der Organisation zuzuschlagen, bis zu einem gewissen Grad auf – und zwar, weil er den Interessen mindestens der mächtigsten Mitglieder entsprach.

Es bildete von Anfang an ein wesentliches Strukturmerkmal der UN-Menschenrechtsarbeit, daß sie als eine Arena des ideologischen Propagandakampfes fungierte. Daß sowohl die westlich-liberalen Demokratien als auch die sozialistischen Diktaturen Osteuropas die Debatten über die Menschenrechtserklärung und die Pakte weidlich nutzten, um auf die politischen Ungerechtigkeiten und sozialen Defekte des jeweils gegnerischen Systems hinzuweisen, haben die bisherigen historischen Darstellungen durchweg herausgestellt.[61] Doch die Konsequenzen des Kalten Kriegs reichten noch weiter. Die Gegensätze zwischen West und Ost formten die Agenda der Menschenrechtsarbeit innerlich. Sie bestimmten das Normgefüge, das die Vereinten Nationen schufen, schon insofern, als sie vorgaben, über welche Themen überhaupt verhandelt wurde. Die beiden ideologischen Lager, und an vorderster Front die USA und die Sowjetunion, brachten überhaupt fast nur solche Fragen auf oder unterstützten ihre Behandlung, die geeignet erschienen, die Gesellschafts- und Werteordnung des Antagonisten zu diskreditieren. Der Widerstand, den sie anderen Themen gegenüber an den Tag legten, war stets von der Diagnose der eigenen Schwächen im Systemwettkampf diktiert.[62] Daß humanitäre Anliegen in signifikantem Ausmaß die Richtung vorgaben, läßt sich, jedenfalls soweit es die drei Großmächte betrifft, nicht erkennen. In den internen Memoranden der amerikanischen und britischen Regierung fehlten derartige Begründungen praktisch gänzlich. Die Verhandlungen in der Weltorganisation vermochten die bipolare Auseinandersetzung somit nicht nur nicht zu transzendieren, sondern diese verlängerte sich gleichsam tiefenstrukturell in die internationale Menschenrechtspolitik hinein.

Das amerikanische Außenministerium war dabei bedacht, die Offensive zu ergreifen, anfänglich beseelt von einer optimistischen Einschätzung der eigenen Menschenrechts-Bilanz, die, so glaubte man, das eigene Land weitgehend gegen Retourkutschen immunisiere.[63] Bis in die frühen fünfziger Jahre hinein suchte das *State Department* mit erheblicher Energie nach Menschenrechtsthemen, mit denen sich die Sowjetunion und ihre Verbündeten in die Enge treiben ließen. Größere Anstrengungen flossen etwa in das Unternehmen, die sowjetischen Satelliten Bulgarien, Rumänien und Ungarn in der Generalversammlung

---

61 Vgl. vor allem Glendon, World, und Normand/Zaidi, Rights. Sie haben die Auseinandersetzungen jedoch nicht eingehend auf politische Wahrnehmungen, Kalküle, auf die Verhandlungspraxis und auf Konsequenzen untersucht.
62 Vgl. etwa NARA, RG 353, Box 110, Committee on International Social Policy, Position Paper on Human Rights Convention, 28.7.1947.
63 Vgl. Committee on International Social Policy, Position Paper on Human Rights Convention.

der Verletzung von Menschenrechten anzuklagen.[64] Eingehend diskutiert, aber schließlich verworfen wurden die Ideen, Zwangsdeportationen, das Massaker von Katyn oder die Behandlung von Moslems in der Sowjetunion als Agendapunkt vorzuschlagen.[65] Vor allem wirkte das amerikanische *State Department* entscheidend daran mit, eine Kampagne gegen die Zwangsarbeit in der Sowjetunion zu organisieren. Sie vermag die Kalküle, Strategien und Effekte der Menschenrechtspolitik im Zeichen des Kalten Kriegs, welche die Frühphase der Vereinten Nationen so stark prägte, am besten zu illustrieren.

Die *American Federation of Labor* hatte das Thema 1947 im Wirtschafts- und Sozialrat vorgeschlagen, und die Verantwortlichen im amerikanischen Außenministerium glaubten umgehend, daß sich hier ein besonders wirksamer Ansatzpunkt biete, um der Sowjetunion propagandistischen Schaden zuzufügen.[66] »Es sieht aus, als sei die UdSSR besonders empfindlich gegenüber Vorwürfen der Zwangsarbeit«, führte ein Hintergrundpapier aus. »Da sie sich nun einmal als Vorkämpferin eines vermeintlich unterdrückten Proletariats inszeniert, haben Geschichten über riesige Nazi-ähnliche Konzentrationslager in der UdSSR die Kommunistische Partei in vielen Ländern in eine wenig überzeugende Defensive gedrängt«.[67] Dem *State Department* ging es dabei allein um den öffentlichkeitswirksamen Coup. Eine rückblickende Evaluation vermerkte, man habe dieses und andere Themen »zum vorrangigen Zweck« lanciert, »Propagandavorteile im Kalten Krieg zu erzielen«, »ohne zu erwarten, daß ihr vorgeblicher Zweck unmittelbar oder in absehbarer Zeit erreicht würde.«[68] Bei ihren menschenrechtlichen Vorstößen gegen den Ostblock gingen das amerikanische wie auch das britische Außenministerium stets davon aus, sie würden in den Ländern selbst kaum politische oder humanitäre Effekte zeitigen. Der eigentliche Adressat waren die westlichen Verbündeten, deren Einheit es immer wieder

---

64 NARA, RG 59, Central Decimal File, 501.BD – Human Rights, Campbell an Thompson, 22.10.1949. Zu der Koordination mit den Briten vgl. die Unterlagen in: NAK, FO 1110/312; FO 371/95005, 100327 und 100328. Hier und in 100329 ferner die tatsächlich den Vereinten Nationen eingereichten Materialien; NAK, FO 371/95003, Jellico an Lord Talbot de Malahide, 5.2.1951.
65 NARA, RG 84, 1030-E, Box 25, General Considerations – Item Concerning Violations of Human Rights, 10.8.1951; ebd., Fourth Meeting of the General Assembly Steering Group, 9.8.1951; ebd., US Mission to UN, Violations of Human Rights, 14.9.1951; ebd., Charles G. Bolte an Ernest Cross, 3.10.1951; ebd., 1030-D, Box 60, drei Memoranden zu dem Papier »General Considerations – Item Concerning Violations of Human Rights in Soviet Orbit«, August 1951; ebd., Human Rights in the General Assembly, o. Dat. [wohl 1950/51]; ebd., Thomas J. Cory an John D. Hickerson, 7.10.1952; ebd., Wainhouse an Ambassador Lodge, 16.11.1953; ebd., Wainhouse an Hickerson, 8.1.1953.
66 Vgl. American Federation of Labor, Slave Labor.
67 NARA, RG 59, 1238, Box 22, Position Paper 4th Session General Assembly, 10.9.1949, Forced Labor.
68 NARA, RG 59, Office File of Assistant Secretary of State for UN Affairs, Box 5, Propaganda in the United Nations, o. Dat. [1953/54?].

neu zu befestigen galt. Daneben wollte man die westliche Linke erreichen, deren Liebäugelei mit dem östlichen Kommunismus ein Riegel vorgeschoben werden sollte. Schließlich und in geringerem Maße ging es um die Gegner der kommunistischen Regierungen innerhalb des Ostblocks.[69] Streng genommen handelte es sich insofern nicht einmal primär um eine Unterminierungsstrategie, denn die westlichen Außenministerien verfolgten gar nicht erst die Absicht, dem Systemgegner subversiv in seine Herrschaftspraktiken hineinzuregieren. Vorrangig ging es ihnen um eine antagonistische Imagepolitik.

Befeuert von derartigen Kalkülen, wurden die Verhandlungen über die Zwangsarbeit im Wirtschafts- und Sozialrat zur Bühne für ein rhetorisches Gefecht, das an Schärfe kaum zu überbieten war. Instruiert, das Thema öffentlich möglichst stark auszuschlachten, zog die US-Delegation das gesamte Register der politischen Attacke.[70] Sie zitierte Namen, Zahlen und Fakten, wo immer es möglich war, denunzierte die sowjetischen Zwangslager als einen Fall von Massensklaverei, der alle historischen Vorläufer überbiete, und verglich die sowjetische Politik mit der »erschreckenden Ausbeutung von Menschen durch die Nazis, die zuweilen auf Sklaverei als Teil eines genozidalen Programms zurückgriffen«.[71] Anfänglich sekundierte ihr dabei die britische Delegation, und auch andere westliche Verbündete stimmten in den Chor der Anklagen ein.[72]

Das Verhalten der Sowjetunion in der Zwangsarbeitsfrage war stellvertretend für die Strategie, die sie in den meisten menschenrechtlichen Auseinandersetzungen dieser Jahre verfolgte. Es war aggressiv, aber doch vor allem reaktiv. In den Diskussionen, die die westlichen Länder in denunziatorischer Absicht angefacht hatten, setzten sich die kommunistischen Staaten vehement zur Wehr, wie sie überhaupt bei den meisten Themen ihre eigenen Rechtskonzeptionen energisch zum Ausdruck brachten. Dabei führten sie treffsichere, wenn auch hochgradig repetitive Gegenattacken, die vor allem die Rassendiskriminierung in den USA, Südafrika und Australien sowie die Entrechtung

---

69 Vgl. zu diesen Zusammenhängen: NARA, RG 59, 1238, Box 22, Committee on International Social Policy, Position Concerning ECOSOC Agenda Item on Forced Labor, 6.2.1948; RG 84, 1030-D, Box 60, Memorandum Thomas J. Cory, 23.8.1951; NAK, FO 1110/312, Watson, Projected Blue Book, 4.1.1950; FO 371/100328, H. A. F. Hohler, Observance in Bulgaria, Hungary and Romania of Human Rights and Fundamental Freedoms, 24.7.1952.
70 Vgl. NARA, RG 353, Inter- and Departmental Committees, International Social Policy Committee, Box 105, Committee on International Social Policy, Forced Labor, Position Paper for ECOSOC X, 3.2.1950; RG 59, 3039E, Box 39, Position Paper, Forced Labor, 13.9.1950.
71 Vgl. dazu ORUN, ECOSOC, 8th session 1949, 236th meeting (hier das Zitat).
72 Vgl. NAK, FO 1110/116; FO 371/72800, UK Delegation UN an Foreign Office, 14.2.1948, und Foreign Office an Delegation NY, 17.2.1948; ORUN, ECOSOC, 8th session 1949, 238th meeting, 319th meeting.

afrikanischer und asiatischer Bevölkerungen durch die europäischen Kolonialherren ins Visier nahmen. Sie legten ihren Finger zudem auf strukturelle Mängel des kapitalistischen Systems wie Arbeitslosigkeit oder die Unterbezahlung von Frauen. Auf diese Weise entfaltete sich in den UN-Organen eine wechselseitige Politik der Beschuldigung und Beschämung, in deren Konsequenz eben nicht nur die repressiven Mechanismen der kommunistischen Diktaturen offen zutage traten, sondern auch die dunklen Seiten der Demokratien hell ausgeleuchtet wurden. Kampagnen, die mit derjenigen gegen Zwangsarbeit vergleichbar gewesen wären, initiierte die Sowjetunion allerdings nicht. Darin wird man vor allem einen Reflex der Mehrheitsverhältnisse innerhalb der Weltorganisation sehen müssen, die einem solchen Vorhaben wenig Aussicht auf Gelingen bescherte. Einer Kampagne am nächsten kamen die lawinenartigen Anschuldigungen, die die kommunistischen Staaten und der *Weltgewerkschaftsbund*, der nach dem Austritt der westlichen Verbände 1949 kommunistisch dominiert war, in der Frage der Gewerkschaftsrechte gegen die westlichen Länder vorbrachten.[73]

Im Fall der Zwangsarbeitsvorwürfe ging das amerikanisch-britische Kalkül insoweit auf, als die Sowjetunion tatsächlich an einem besonders reizbaren Punkt getroffen zu sein schien. In einem für die späten vierziger Jahre wohl eher ungewöhnlichen Zug wandte sich der sowjetische Delegierte Arutiunian mit dem Vorschlag eines Stillhalteabkommens an die britische UN-Delegation. Diesen unterstrich er mit der Drohung, die er später immerhin wahr machte, »daß er, falls es eine regelrechte Debatte über dieses Thema gäbe, die auch Hinweise auf sowjetische Zwangsarbeit enthielte, den *Taft-Hartley Act* und die Zwangsarbeit in unseren nicht selbstregierten Territorien angreifen würde«. Der britische Delegierte zeigte sich indes unbeeindruckt und interpretierte die sowjetische Fühlungnahme als Zeichen der Verunsicherung.[74] Das Verhalten, das die kommunistischen Delegationen in den Verhandlungen an den Tag legten, scheint die Einschätzung der Briten zu bestätigen. In schier endlosen Tiraden taten sie die Anschuldigungen als perfide inszenierte Verleumdungskampagne ab. Dabei hantierten sie einerseits zweifellos mit einer Unzahl absurder Schutzbehauptungen. Doch kann man im Wissen um die amerikanischen Motive andererseits den Gedanken kaum unterdrücken, daß es der Wahrheit ja sehr nahe kam, wenn der polnische Delegierte Katz-Suchy anmerkte, es sei »naiv« zu glauben, daß die amerikanische und britische »Sorge in der Frage der Zwangsarbeit

---

73 Das Thema war allerdings 1947 zusammen von der *American Federation of Labor* und der *World Federation of Trade Unions* eingebracht worden, und damit noch bevor die westlichen Gewerkschaften 1949 die *World Federation* verließen. Vgl. Green, Nations, S. 125–138.
74 UK Delegation UN an Foreign Office, 14.2.1948.

aus humanitären Überlegungen herrühre«.⁷⁵ In jedem Fall ging eine Kaskade von Gegenbeschuldigungen auf die westlichen Delegationen nieder, gegen kapitalistische Lohnsklaverei und das Übel der Arbeitslosigkeit, gegen die Unterdrückung von Gewerkschaften, die Diskriminierung afroamerikanischer und mexikanischer Arbeiter in den USA, die imperialistische Ausbeutung lateinamerikanischer Arbeitskräfte und die Zwangsarbeitspraktiken und Körperstrafen in den britischen Kolonien. Als die USA im Wirtschafts- und Sozialrat den Vorschlag einbrachten, ein unabhängiges *Ad hoc*-Komitee einzusetzen, um die Frage der Zwangsarbeit zu untersuchen, entgegnete die Sowjetunion mit dem Vorschlag, eine Kommission aus Arbeitern und Gewerkschaftern zu schaffen, welche sich mit den »wirklichen Arbeitsbedingungen« in den kapitalistischen Ländern befassen solle.⁷⁶ Hätten im Hintergrund all dessen nicht reale Leidensgeschichten gestanden, könnte man der pikaresken Logik dieser Auseinandersetzungen womöglich sogar etwas Humoristisches abgewinnen; so war das Geschacher mit dem Elend der Arbeiter zutiefst ernüchternd.

Das *Ad hoc*-Komitee, das die Vereinigten Staaten vorgeschlagen hatten, wurde tatsächlich gebildet, wenn auch erst 1951, da viele Regierungen unwillig waren, sich an der vorgeschlagenen Untersuchung zu beteiligen.⁷⁷ Das amerikanische *State Department* wertete dies gleichwohl als »einen bedeutenden Sieg über die Sowjets« und traf Anstalten, die antisowjetische Kampagne zu intensivieren.⁷⁸ Die Schaffung des Komitees markierte allerdings den Moment, in dem die ursprünglich eindimensional geplante Kampagne eine wenn auch begrenzte Eigendynamik zu entfalten begann. Das schlug sich in vier Entwicklungen nieder. Erstens nämlich drohte die Arbeit des Komitees, da sie als eine allgemeine Untersuchung konzipiert war, Risse innerhalb des westlichen Lagers zum Vorschein zu bringen, dessen Einheit die anti-sowjetische Kampagne ja eigentlich befestigen sollte. Vor allem die südafrikanische Delegation, die – zurecht, wie sich herausstellen sollte – Kritik an den unfreien Arbeitspraktiken im eigenen Land fürchtete, und Großbritannien sprachen sich dezidiert dagegen aus, das Komitee einzurichten.⁷⁹ Die Briten scheuten Sitzungen »mit Scheinwerferlicht, Kameramännern, Radioreportern etc., in denen ›Prinz Bongo Bongo‹ – Student an der Columbia University – wilde Anklagen aller Art gegen die Briten in irgendeinem abgelegenen afrikanischen Gebiet machen würde«, so

---

75 Vgl. ORUN, ECOSOC, 8ᵗʰ session und 9ᵗʰ session 1949, 237ᵗʰ, 238ᵗʰ, 243ʳᵈ, 244ᵗʰ, 321ˢᵗ meeting (hier das Zitat), 322ⁿᵈ meeting.
76 Vgl. ORUN, E/1485 (draft resolution Soviet Union).
77 Vgl. ORUN, E/1484 (draft resolution USA); E/1419 (report by Secretary-General); E/1489 (Brasil, Denmark, India, amendment on US resolution); E/1636 (Note supplémentaire); E/1636/Rev.1 (Note Secretary General).
78 NARA, RG 59, 1238, Box 48, Memorandum, Follow-up on ECOSOC action re. Forced Labor, 30.4.1951.
79 Zu Südafrika vgl. ORUN, GA, 8ᵗʰ session 1953, Third Committee, 533ʳᵈ meeting.

hielt ein amerikanisches Gesprächsprotokoll fest, das das Gemisch aus politischer Furchtsamkeit und rassistischem Ressentiment weitgehend ungebrochen wiedergab.[80]

Zweitens produzierte die Kampagne Wissen über die Verhältnisse in den sowjetischen Arbeitslagern, das über den engen ideologischen Zweck der Imageschädigung hinausreichen konnte. Unter der Leitung einer eigens eingerichteten Arbeitsgruppe betrieb das *State Department* beträchtlichen Aufwand, um an gesicherte Informationen zu gelangen – ein Protokoll sprach davon, »das gesamte Rechercheprogramm wird als eines der beiden wichtigsten der Regierung angesehen«.[81] Dafür ließ es in Europa ehemalige Lagerinsassen befragen und wertete private Dokumentensammlungen aus.[82] Möglichst viele der gesammelten Fakten versuchte das Außenministerium über regierungsnahe Publikationen oder über die Medien in Umlauf zu bringen.[83] Auf diese Weise gab es Kritikern des sowjetischen Regimes, denen es um die humanitäre Sache zu tun war, Material an die Hand und trug dazu bei, eines der fraglos größten Massenverbrechen der frühen Nachkriegszeit zu durchleuchten. Vor Stalins Tod, das sollte man über den fadenscheinigen Motiven der amerikanischen Regierung nicht vergessen, waren etwa zweieinhalb Millionen Menschen Insassen von Arbeitslagern.

Eng damit verbunden war ein dritter Effekt. Das *State Department* machte es zu einem Standbein seiner Kampagne, Synergien mit Personen und NGOs herzustellen, die sich bereits seit längerem gegen das sowjetische Zwangsarbeitssystem engagiert hatten. So wurde darüber nachgedacht, David J. Dallin für die Informationssammlung zu gewinnen, einen in den zwanziger Jahren emigrierten russischen Sozialdemokraten, der nach dem Zweiten Weltkrieg mit mehreren Publikationen zu den sowjetischen Arbeitslagern hervorgetreten war.[84] Zudem nahm das *State Department* Kontakt mit der *Commission internationale contre le régime concentrationnaire* auf. Sie war 1949 auf Initiative

---

80 NARA, RG 84, 1030-G, Box 11, Memorandum of Conversation, 7.10.1949. Zum Hintergrund vgl. NAK, CO 936/95, Draft brief for discussion with Jebb, Pre-GA talks with US, Draft Brief on Forced Labor, o. Dat. [September 1952?]; NAK, CO 936/317, Record of meeting to discuss HMG's and US Government's Policy toward cold war in General Assembly, 14.7.1954.
81 NARA, RG 59, 1238, Box 48, Third Meeting Working Group on Forced Labor, 3.12.1951.
82 Vgl. vor allem NARA, RG 59, Entry Office Files Assistant Secretary of State for UN Affairs, Box 3, Hickerson, Sargeant, Compton an Under Secretary, Presentation of Materials on Forced Labor, 21.5.1952.
83 Vgl. Third Meeting Working Group on Forced Labor, 3.12.1951; NARA, RG 59, 1238, Box 48, Sixth Meeting Working Group on Forced Labor, o. Dat. [Anfang/Mitte 1953?].
84 Vgl. Dallin/Nicolaevsky, Forced Labor; Dallin, Economics. Vgl. dazu NARA, RG 59, 1238, Box 48, Second Meeting of Working Group on Forced Labor, 26.6.1951; ebd., Box 48, Third Meeting Working Group on Forced Labor, 3.12.1951; Hickerson, Sargeant, Compton an Under Secretary, Presentation of Materials on Forced Labor, 21.5.1952.

des Franzosen David Rousset aus der Taufe gehoben worden, einem Mitbegründer des trotzkistischen *Parti ouvrier internationaliste*, der sich später der *Résistance* angeschlossen hatte und in Buchenwald und Neuengamme eingesperrt worden war. Er mobilisierte weitere Überlebende des deutschen Lagersystems, die sich in der Folge über nationale und ideologische Grenzen hinweg gegen die Existenz von Konzentrationslagern einsetzten, beispielsweise auch in Griechenland und Spanien.[85] In einer Unterredung mit Rousset erfuhr Walter Kotschnig, ein Mitarbeiter des Büros für UN-Angelegenheiten im *State Department*, daß die *Commission* ein Weißbuch zur sowjetischen Zwangsarbeit vorbereite, und hoffte, Rousset und seine Mitstreiter als Experten für das *Ad hoc*-Komitee ins Spiel bringen zu können. Zudem sagte er Rousset zu, die Möglichkeiten privater Finanzhilfen für seine Organisation zu sondieren, wobei er »deutlich machte, daß die Nützlichkeit der Kommission zweifellos beeinträchtigt würde, wenn sie mit den Interessen und Bemühungen einer Regierung identifiziert würde«.[86] Wer hier wen einspannte, ist kaum zu entscheiden; nichtregierungsgebundene Gruppen profitierten von der Unterstützung der westlichen Supermacht, diese wiederum instrumentalisierte deren Befunde. Das war auch ein Beispiel von *transnational advocacy networks*, unter den spezifischen Bedingungen des frühen Kalten Kriegs, die verschiedene Akteure eben für unterschiedliche Zwecke mobilisieren konnten.[87] Die sowjetische Delegation ließ es sich daher in den Verhandlungen auch nicht nehmen, die Informationen, die westliche NGOs zur Verfügung gestellt hatten, als Machinationen der amerikanischen Regierung zu denunzieren.[88]

Viertens schließlich interpretierte das *Ad hoc*-Komitee, das aus drei juristisch ausgebildeten Mitgliedern, dem Inder Ramaswami Mudaliar, dem Norweger Paul Berg und dem Peruaner Enrique García Sayán zusammengesetzt war, seinen Auftrag breiter, als es den Westmächten vorgeschwebt hatte. Vor allem bezog es die Kolonialgebiete in seine Untersuchung ein.[89] Zudem war die Möglichkeit vorgesehen, daß auch NGOs dem *Ad hoc*-Komitee Material zur Verfügung stellen konnten (was angesichts der Verfahrensvorschriften der meisten Organe nicht selbstverständlich war). Davon machten sechzehn Organisationen Gebrauch. Unter ihnen überwogen zwar osteuropäische Exilgruppen, denen es primär darum ging, die kommunistischen Regime zu denunzieren.

---

85 Vgl. Commission internationale contre le régime concentrationnaire, Livre blanc. Vgl. auch Commission against Concentration Camp Practices, Regime.
86 NARA, RG 59, 1238, Box 48, Memorandum of Conversation, 4.10.1951. Vgl. auch NAK, FO 371/107127, Corley Smith an Somers Cocks, 12.5.1953.
87 Der Begriff stammt von Margaret Keck und Kathryn Sikkink, die damit allerdings genuin humanitär motivierte Koalitionen von Akteuren bezeichnen und die Möglichkeit staatlicher Instrumentalisierung nicht thematisieren. Vgl. Keck/Sikkink, Activists.
88 Vgl. ORUN, GA, 8th session 1953, Third Committee, 530th meeting.
89 Vgl. Maul, Menschenrechte, S. 285.

Doch wandte sich etwa auch die *International League for the Rights of Man* an die UN-Experten, um Fälle aus anderen Ländern zur Kenntnis zu bringen. Der Abschlußbericht, den das *Ad hoc*-Komitee 1953 vorlegte, war auch deshalb für sich genommen kein antisowjetisches Propagandadokument.[90] Das Komitee hatte immerhin die Verhältnisse in 25 Ländern untersucht, von denen Belgien, Portugal, Südafrika und einige lateinamerikanische Länder ebenfalls kritisiert wurden. Der Bericht deckte weder die weitreichenden Anschuldigungen gegen die Sowjetunion, die Großbritannien und die USA in den folgenden Debatten aus ihm ableiteten, noch die völlige Selbstabsolution, derer sich die beiden westlichen Großmächte dabei befleißigten.

Dadurch, daß sich ideologisch nicht festgelegte Akteure in sie einklinken und ihre eigenen Ziele verfolgen konnten, wuchs die Kampagne also über die ursprünglichen Intentionen des *State Department* hinaus.[91] Diese Entwicklung war indes ihrerseits vielschichtig und blieb in ihren Erträgen begrenzt. Viele der Informationen, auf die das Komitee für seinen Bericht zurückgriff, scheinen eben doch von amerikanischer Seite gekommen zu sein, nicht zuletzt von den sowjetologischen Forschungsinstituten amerikanischer Spitzenuniversitäten.[92] Überdies folgerte der Bericht, ganz im Sinne der Westmächte, unzweideutig, in der Sowjetunion werde »ein System der Zwangsarbeit als Mittel der politischen Repression oder der Bestrafung angewandt«.[93] Die meisten Anschuldigungen gegen die USA und Großbritannien wies das Komitee hingegen zurück. Gegenüber Formen der Zwangsarbeit in den britischen und französischen Kolonien blieben die Experten weitgehend blind. Das lag auch daran, daß der Bericht stark von den rechtlichen Grundlagen her argumentierte und sich auf formale Bestimmungen konzentrierte, ohne sie mit der politischen Praxis abzugleichen.[94] Schließlich blieb das Zwangsarbeitsthema innerhalb der Vereinten Nationen eine Auseinandersetzung des Kalten Kriegs. Auch nachdem der Bericht vorlag, bestanden die Verhandlungen weiterhin fast ausschließlich aus einem Gefecht zwischen den USA und Großbritannien einerseits und der Sowjetunion andererseits.

Daß so genannte kleinere westliche Staaten in diesen Debatten kein politisches Eigengewicht entfalteten – weil sie nicht wollten oder nicht konnten –, war für die menschenrechtlichen Verhandlungen des ersten Jahrzehnts eher die Regel als die Ausnahme. Zuweilen bemühten sie sich um Schlichtung, indem sie an die Vernunft und den Kooperationswillen der Antagonisten appellierten,

---

90 Vgl. ORUN, E/2431 (Report of the Ad Hoc Committee on Forced Labor, 1953).
91 Dies übereinstimmend mit den Beobachtungen von Kott, Arbeit.
92 Vgl. Kott, Arbeit, S. 310.
93 ORUN, E/2431 (Report of the Ad Hoc Committee on Forced Labor, 1953).
94 Vgl. ORUN, GA, 8th session 1953, Third Committee, 529th meeting; ECOSOC, 17th session 1954.

durchdringen konnten sie damit allerdings in der Regel nicht.[95] Die Niederlande hielten sich in diesen Jahren überhaupt auf das Äußerste zurück und entfalteten kaum Initiative. Das änderte sich auch dann nicht, als die scharfe Auseinandersetzung um die Unabhängigkeit Indonesiens abgeklungen war, die die niederländische Regierung in den Vereinten Nationen stark gehemmt hatte.[96]

Die Teilnahmslosigkeit derjenigen Delegationen, die nicht zu den eigentlichen Kontrahenten gehörten, markierte dann auch bereits den Umschlagpunkt der Kampagne gegen Zwangsarbeit. Um 1954 mehrten sich Stimmen innerhalb des *State Department*, daß sich der Propagandawert des Themas erschöpft habe. Ein Bündel von Motiven lag dieser Diagnose zugrunde.[97] So legten die westlichen Verbündeten, vor allem Großbritannien und Frankreich, merkliche Reserve an den Tag. Diese nahm noch zu, als sich das weltpolitische Klima nach der Viermächtekonferenz vom Juli 1955 etwas auflockerte, auf der in den Augen vieler Zeitgenossen ein neuer »Geist von Genf« zum Ausdruck gekommen war.[98] Andere Länder lehnten die Diskussionen sogar offen ab, die sie als ein ebenso eigennütziges wie fruchtloses Scharmützel zwischen den Supermächten begriffen. »Die Mehrheit der UN-Mitglieder findet diese Debatte langweilig«, lautete die schlichte, aber realistische Einschätzung des *State Department*. »Statt daß andere Länder über die Beweise, daß es hinter dem Eisernen Vorhang Zwangsarbeit gibt, entsetzt sind, richten sie sich gegen die Vereinigten Staaten, weil diese immer wieder ein Thema des Kalten Kriegs aufbringen.«[99]

Die Kampagnenplaner im amerikanischen Außenministerium zogen daraus die Konsequenz, das Thema besser der Internationalen Arbeitsorganisation (IAO) zu übergeben. Dahinter stand die Hoffnung, antikommunistisch eingestellte Arbeitnehmer- und Arbeitgebervertreter – die IAO war drittelparitätisch aus diesen beiden Gruppen sowie aus Staatenvertretern zusammengesetzt – würden sich in ihrer Kritik an der Sowjetunion weniger Hemmungen auferlegen, und zudem werde man keine befreundeten Regierungen verprellen. Die IAO erschien dem *State Department* als geradezu idealer Ort; denn dort, so frohlockten die Beamten, könne das Thema »die Arbeitervertreter erreichen

---

95 Vgl. etwa die dänische Delegation in ORUN, ECOSOC, 8th session 1949, 244th meeting.
96 Vgl. dazu die archivalische Überlieferung in den Beständen: Nationaal Archief, Den Haag, Ministerie van Buitenlandse Zaken, Code-archief 1945–1954; ebd., Ministerie van Buitenlandse Zaken, Permanente Vertegenwoordiging bij de Verenigde Naties te New York, 1946–1950. Auf Grundlage der veröffentlichten Quellen: Castermans-Holleman, Nederlands Mensenrechtenbeleid.
97 Zu der Gefahr des Rückschlags vgl. etwa NARA, RG 59, 1238, Box 11, Memorandum on Conference with the Secretary on General Assembly Items, 22.8.1953.
98 Vgl. NARA, RG 59, 1238, Box 28, Position Paper, 8th Session General Assembly, Forced Labor, 9.9.1953; ebd., 3039E, Box 56, Position Paper, Forced Labor, 8.9.1955.
99 NARA, RG 84, E 1030-B, Box 37, Position Paper, ECOSOC 21st Session, Forced Labor, 19.3.1956. Vgl. dazu beispielhaft die Äußerung des ägyptischen Delegierten: ORUN, ECOSOC, 21st session 1956, 919th meeting.

und ihnen die wahren Tatsachen der ›Arbeiterparadiese‹ vor Augen führen«.[100] Die Erwartungen, die sie in die neue Strategie setzten, dürften sich zunächst weitgehend erfüllt haben.[101] Im Juni 1955 richtete die IAO ein eigenes Komitee ein. Es erstellte einen umfassenden Bericht, der sich wiederum auf Zwangsarbeit in den sozialistischen Staaten konzentrierte und diese scharf kritisierte. Später allerdings weiteten die Experten der Arbeitsorganisation den Fokus ihrer Untersuchungen aus. Schließlich verabschiedete die Internationale Arbeitskonferenz 1957 eine Konvention, die vor allem darauf zielte, Zwangsarbeit politisch zu definieren. Ihr konnten, vor dem Hintergrund der leicht auftauenden Supermächtebeziehungen, sowohl die amerikanische als auch die sowjetische Regierung zustimmen. In den Vereinten Nationen hatten sich die Verhandlungen der Jahre 1955 und 1956 überwiegend in der Wiederholung der immer gleichen Anschuldigungen erschöpft.[102]

Wenn die USA, sowie in kaum geringerem Maße Großbritannien und die Sowjetunion, menschenrechtliche Themen vor allem funktionalisierten, um den Systemgegner zu beschämen, wenn sie dabei alle Aspekte mit Blick auf das internationale Image durchrechneten, wenn sie keine humanitären Verbesserungen im Sinn hatten – kurz, wenn Menschenrechtspolitik Propagandapolitik war, dann bleibt allerdings immer noch die Frage, welche Bedeutung sie als solche hatte. Die Gewinn-Verlust-Bilanzen des *State Department*, um damit zu beginnen, fielen durchweg positiv aus. Zwar stellten die Beamten in Rechnung, daß die Initiativen das Prestige der Vereinten Nationen nicht mehrten, weil sie praktisch folgenlos blieben, daß sich die Haltung der angegriffenen Regierungen bisweilen sogar verhärte, und daß »unangenehme Gegenvorwürfe«, vor allem wegen der Diskriminierung der Afroamerikaner, an der Tagesordnung seien.[103] Die Vorteile erschienen jedoch durchweg größer. Demnach hatten die menschenrechtlichen Vorstöße die kommunistischen Regierungen erheblich verunsichert und ihr Ansehen geschwächt. Gerade die Zwangsarbeitskampagne galt als »eines der wirkungsvollsten Propagandathemen für die Vertreter der Länder der freien Welt«.[104] Ferner hatten sich die Initiativen in dieser Sicht

---

100 Position Paper, ECOSOC, 21st Session, Forced Labor, 19.3.1956. Vgl. auch NARA, RG 59, Office Files Assistant Secretary State for UN Affairs, Box 5, Key an Murphy, 11.10.1954; Position Paper, Forced Labor, 8.9.1955.
101 Zur Behandlung des Themas in der IAO vgl. Maul, Menschenrechte, S. 288–290; Kott, Forced Labor.
102 Vgl. ORUN, GA, 9th session 1954, Third Committee, 613th-619th meeting; ECOSOC, 21st session 1956, 917th -919th meeting.
103 Vgl dazu RG 84, 1030-E, Box 25, Draft Telegram to USUN New York, 13.8.1951; ebd., 1030-D, Box 60, Memoranden von Thomas J. Cory, 23.8.1951, und von Charles G. Bolte, 24.8.1951; ebd., Human Rights in the General Assembly, o. Dat. [wohl 1950/51] (hier das Zitat).
104 NARA, RG 84, E 1030-B, Box 35, ECOSOC 17th session, Position Paper, Forced Labor, 23.3.1954. Vgl. Key an Murphy, 11.10.1954.

als wirksames Antidot gegen die politische Ausstrahlung des Kommunismus im Westen erwiesen und antikommunistische Gruppen innerhalb der osteuropäischen Staaten gestärkt.[105]

Über den Stellenwert, den die UN-Menschenrechtspolitik im großen Zusammenhang der Systemauseinandersetzung einnahm, welche ja an vielen anderen Fronten und dort zumeist mit größerer Tragweite geführt wurde, ist damit indes noch wenig ausgesagt. Dem ist auch nicht leicht auf die Spur zu kommen. In die Memoranden derjenigen politischen Beamten, die die Kampagnen lancierten und später auswerteten, mag sich eine Tendenz eingeschlichen haben, den Wert des Geschehens in der Weltorganisation eher höher zu veranschlagen als geringer. Manche Indizien sprechen allerdings tatsächlich dafür, daß die amerikanische Regierung die Bedeutung ihrer menschenrechtspolitischen Offensive als nicht unerheblich einstufte. Eine Schlüsselbedeutung mag hier der Bestandsaufnahme zukommen, die John Hickerson, Leiter des Büros für UN-Angelegenheiten im *State Department*, kurz nach dem Antritt der Eisenhower-Regierung 1953 für den neuen Außenminister John Foster Dulles anfertigte. Darin beurteilte er es als einen »bedeutsamen Faktor im Kalten Krieg«, daß die USA das Thema so aggressiv besetzt hätten. Das habe geholfen, »die grundlegenden Unterschiede zwischen den Ländern, die nach größerer Freiheit streben, einerseits und denen unter totalitär-kommunistischer Kontrolle andererseits herauszustellen.«[106] Daß diese Auffassung von höheren Regierungsstellen geteilt wurde, erscheint um so plausibler, wenn man den singulären Forumscharakter der Vereinten Nationen bedenkt. In der Regel trafen die Supermächte und ihre Verbündeten nur hier in einer direkten argumentativen Konfrontation aufeinander; nur hier waren alle anderen selbständigen Staaten mindestens als Zuhörer präsent; und die Weltpresse berichtete regelmäßig, wenn auch selektiv und mit Schwankungen, von den Vorgängen in der Organisation. Die »Weltöffentlichkeit«, die die Delegierten in den Plenarsitzungen *ad nauseam* anriefen, um ihrer Sache Nachdruck zu verleihen, war selbstverständlich eine Fiktion. Doch nirgends war diese Fiktion so real wie in den Vereinten Nationen. »Wegen ihrer breiten Mitgliederschaft, der offenen Sitzungen und der vielfältigen Medienberichterstattung« erschien die Weltorganisation den einschlägigen US-Experten folgerichtig als ein »einzigartiges Propagandaforum«.[107]

---

105 Vgl. NARA, RG 59, 1238, Box 22, Observance of Human Rights and Fundamental Freedoms in Bulgaria, Hungary, Romania, 2.9.1950; Draft Telegram to USUN New York, 13.8.1951; RG 84, 1030-D, Box 60, hier die drei Memoranden zu dem Papier »General Considerations – Item Concerning Violations of Human Rights in Soviet Orbit«, August 1951; Human Rights in the General Assembly, o. Dat. [wohl 1950/51].
106 NARA, RG 59, 1381, Box 8, Hickerson an Secretary of State, American Foreign Policy and Promotion of Human Rights Through UN, 12.2.1953.
107 Propaganda in the United Nations, o. Dat. [1953/54?].

Einen weiteren Schluß gilt es aus diesen Überlegungen noch zu ziehen. Er setzt dabei an, daß der Einsatz, um den die Großmächte diese Auseinandersetzungen führten, Moralität war. »Unsere moralische Position zu verbessern«, war mindestens für die amerikanische Regierung Teil der Operation.[108] Gleichzeitig zielten die amerikanischen Angriffe explizit darauf ab, die moralische Fassade der Sowjetunion zu durchlöchern: »Wie auch immer die verschiedenen Meinungen in der Welt über die *wirtschaftlichen* und andere Aspekte des Sowjetsystems ausfallen mögen«, resümierte das *State Department*, seien Menschenrechte »eine Stelle, an der das sowjetische System verwundbar ist.«[109] Daß diese Art der Menschenrechtspolitik eine negative war, in dem Sinn, daß sie auf Kosten des ideologischen Widerparts geführt wurde, daß sie dessen moralische Defizienzen wesentlich stärker demonstrieren sollte als die eigenen Tugenden, daß sie darin einer verqueren Logik des humanitären Nullsummenspiels folgte, all das steht außer Frage. Genau in diesem Sinn hatte Menschenrechtspolitik aber eine nicht unerhebliche Relevanz. Bernd Stöver hat in einer treffenden Definition den Kalten Krieg als eine vieldimensionale, »politisch-ideologische, ökonomische, technologisch-wissenschaftliche und kulturell-soziale Auseinandersetzung« bestimmt.[110] Betrachtet man die Bedeutung der UN-Menschenrechtsarbeit, und akzeptiert man das Adjektiv, um ein im Kern negatives Vorgehen zu charakterisieren, so wird man den frühen Kalten Krieg auch als eine moralpolitische Auseinandersetzung bezeichnen müssen.

Die konkreten Auswirkungen, die die Propagandaoffensiven auf die Innenpolitik des jeweiligen Antagonisten hatten, waren indes eher gering, und dabei in den Vereinigten Staaten noch deutlich größer als in der Sowjetunion. Die Annahme einer Asymmetrie zwischen demokratisch-offenen und diktatorial-geschlossenen Gesellschaften, die britische und amerikanische Politiker als Grund anführten, warum es starke menschenrechtliche Normen zu verhindern gelte, findet hier mindestens einen eingeschränkten historischen Beleg. Die amerikanische Forschung hat in den letzten Jahren überzeugend herausgearbeitet, daß die Truman-Regierung in den späten vierziger und frühen fünfziger Jahren gegenüber internationaler Kritik an der Diskriminierung der Afroamerikaner besonders empfindlich war. In dem Moment, als sich die USA anschickten, die Führung der »freien Welt« zu beanspruchen, verwandelte sich diese in eine schwere Hypothek für das auswärtige Image, die in der Regierung

---

108 Human Rights in the General Assembly, o. Dat. [wohl 1950/51]. Vgl. auch NARA, RG 84, 1030-D, Box 60, Memorandum Charles G. Bolte, 24.8.1951.
109 NARA, RG 59, Central Decimal File, 501.BD – Human Rights, Campbell an Thompson, 22.10.1949 (Hervorhebung von mir). Vgl. Committee on International Social Policy, Position Concerning ECOSOC Agenda Item on Forced Labor, 6.2.1948.
110 Stöver, Krieg, S. 9.

wiederholt besorgt diskutiert wurde.[111] Die Indignation, die die westlichen Verbündeten zuweilen äußerten, spielte dabei eine Rolle, vor allem jedoch befürchtete die Regierung Nachteile in ihrem Werben um die Gunst der afrikanischen und asiatischen Nationen. Insofern war die Sorge vor *embarrassment*, die die amerikanischen Ministerialbeamten mit Blick auf die UN-Verhandlungen leitmotivartig artikulierten, alles andere als eine bloße Phrase. Die in den Foren der Vereinten Nationen geäußerten Anschuldigungen stellten dabei allerdings nur einen Teil der Kritik dar, die weltweit zirkulierte. Die sowjetische Propaganda schlachtete den Diskriminierungsvorwurf auch außerhalb der Weltorganisation aus, und die internationale Presse- und Radioberichterstattung nahm, nicht zuletzt in afrikanischen und asiatischen Ländern, immer wieder aktuelle Vorfälle zum Anlaß, um auf die prekäre Situation der Afroamerikaner hinzuweisen. Auch einige Petitionen, die afroamerikanische Organisationen an die Vereinten Nationen geschickt hatten, wurden in der Öffentlichkeit bekannt.[112] Daß die Truman-Regierung dies nicht leicht nahm, bewies sie unter anderem damit, daß sie der Eingabe einer Bürgerrechtsorganisation mit einer aufwendigen Publizitätskampagne begegnete.[113]

Es gab andere Gründe, warum Truman die staatsbürgerliche Gleichberechtigung der Afroamerikaner vorantrieb: das Gewicht afroamerikanischer Wählerstimmen, wirtschaftliche Einbußen und auch aufrichtiges Entsetzen über die grausamen Gewaltexzesse, die sich seit Kriegsende wellenartig über die Südstaaten ergossen hatten. Auch stellten staatsbürgerliche Verbesserungen nicht die einzige Maßnahme dar, die die Regierung ergriff, um auf die internationale Kritik zu reagieren; daneben schüchterte sie einheimische Kritiker ein. Und doch war die Summe der internationalen Empörung eben auch ein Faktor, der die praktische Bürgerrechtspolitik der Truman-Regierung beförderte. Im Zuge dieser Politik begründete sie ein »Bürgerrechtskomitee«, das mögliche Gleichstellungsmaßnahmen prüfen sollte, trieb die Desegregierung der Streitkräfte voran, schuf eine »Kommission für faire Beschäftigungspraktiken« und unterstützte die Bundesjustiz bei ihren Bemühungen, die Rassentrennung etwa im Schulbereich aufzuheben. Alles in allem war der unterminierende Effekt der internationalen Menschenrechtskritik somit begrenzt, ein Strang in einem größeren Motivgeflecht. Aber er war immerhin vorhanden.

Anders verhielt es sich bei der Auflösung der sowjetischen Zwangsarbeitslager. Es ist nicht ohne Ironie, daß die selben Beamten des amerikanischen

---

111 Auch die Eisenhower-Regierung zeigte sich über internationale Kritik besorgt, unternahm aber weniger, um die Gleichstellung der Afroamerikaner voranzutreiben. Vgl. dazu und zum Folgenden: Dudziak, Cold War; Borstelman, Cold War.
112 Es handelte sich um die Petitionen des *National Negro Congress* von 1946, den *Appeal to the World* des NAACP von 1947 und die Schrift *We Charge Genocide* des *Civil Rights Congress* von 1951. Vgl. dazu das übernächste Kapitel.
113 Vgl. Anderson, Eyes, S. 166–209.

Außenministeriums, die den propagandistischen Angriffen keine Chance eingeräumt hatten, Verbesserungen herbeizuführen, um 1954 solche zu konstatieren begannen und sie auf ihre UN-Kampagne zurückführten.[114] Dabei verwechselten sie zeitliche Koinzidenz mit kausaler Verknüpfung. Der Verlauf dieses Auflösungsprozesses spricht dafür, daß es sich um einen Teil der poststalinistischen Restrukturierung des Machtsystems handelte, die innenpolitisch begründet war.[115] Den Anfang machte die spektakuläre Amnestie, die der vormalige Geheimdienstchef Lawrenti Berija, nach Stalins Tod formal die Nummer zwei im Politbüro, im März 1953 und damit auf dem Höhepunkt der UN-Kampagne erließ. Sie betraf immerhin fast die Hälfte der zweieinhalb Millionen Insassen. Nachdem Berija Ende des selben Jahres entmachtet und hingerichtet worden war, gab es allerdings zunächst keine weiteren Schritte, die Lager zu beseitigen. Aufstände, die allenthalben ausbrachen, ließ die Regierung blutig niederschlagen. Bemerkenswerterweise beriefen sich die Internierten bei mindestens einem davon auf die Allgemeine Menschenrechtserklärung.[116] Erst nach dem 20. Parteitag der KPdSU im März 1956, auf dem Chruschtschow die »Entstalinisierung« einleitete, wurde die Lagerverwaltung »Gulag« offiziell abgeschafft, und bis Mitte 1957 kamen wohl siebzig Prozent der Insassen frei. Sowohl die Maßnahmen Berijas als auch diejenigen der Nikita Chruschtschow-Ära waren primär wirtschaftspolitisch und von den Bedürfnissen der Herrschaftssicherung her gedacht. Indem sie die Lager abschafften, verfolgten die Machthaber das Ziel, den Sicherheitsapparat stärker unter Kontrolle zu bringen. Wirtschaftlich war die Zwangsarbeit für die anstehenden, anspruchsvolleren Industrialisierungsaufgaben, die qualifizierte Facharbeiter erforderten, ungeeignet. Zudem standen die Lager der neuen, auf Dezentralisierung gerichteten Wirtschaftspolitik im Wege. Wie vielschichtig die Motive also auch waren, eine spezifische Reaktion auf internationale Kritik, oder gar auf Menschenrechtskritik, läßt sich kaum erkennen.

Multipolarität und das lange Sterben der Konvention über Informationsfreiheit

Auch wenn sie die Verhandlungen oft dominierte, war die Auseinandersetzung zwischen dem westlichen und dem östlichen »Block« nicht die einzige Konfliktlinie, die die Menschenrechtsarbeit der Vereinten Nationen durchzog. Daneben entfalteten sich bereits in den frühen Jahren Initiativen, die sich nicht in das

---

114 Vgl. etwa ECOSOC, 17th session, Position Paper, Forced Labor, 23.3.1954; sowie die Äußerung des US-Delegierten Baker, ORUN, ECOSOC, 21st session 1956, 917th meeting.
115 Vgl. zum Folgenden: Stettner, »Archipel GULag«, S. 344–362; Merl, Entstalinisierung; Hildermeier, Geschichte, S. 785–787; ders., Sowjetunion, S. 69–76, 127 f.
116 Vgl. Amos, Unterstützen.

bipolare Konfrontationsmuster einfügten und mitunter sogar darauf abzielten, es aufzubrechen. Das zeigte sich an einem der wichtigsten Themenkomplexe der späten vierziger und frühen fünfziger Jahre, der Informationsfreiheit. Er machte in der Frühphase einen großen Teil der UN-Menschenrechtspolitik aus. In seinem Zentrum stand die Arbeit an zeitweilig bis zu drei Konventionen. Zusätzlich wurde in der Menschenrechtskommission eine Unterkommission zur Informationsfreiheit geschaffen. Sie sollte vor allem einen »Ethikkodex« entwerfen, später befaßte sie sich überdies mit Programmen der technischen Hilfe.

Die Voraussetzungen für die Beschäftigung mit Informationsfreiheit lagen etwas anders als bei der Zwangsarbeitskampagne. Zwar ergriff die amerikanische Regierung wiederum die Initiative, doch hatte das Thema anfänglich keine polarisierende Wirkung, sondern galt im Gegenteil den meisten Staaten als bedeutsam. Die US-Regierung reagierte zudem auf eine öffentliche Diskussion, die in den Vereinigten Staaten während der letzten Kriegsjahre weite Kreise gezogen hatte. Amerikanische Journalisten und Nachrichtenagenturen hatten angesichts der Unterdrückung der Meinungsfreiheit in den autoritären und totalitären Diktaturen begonnen, sich für internationale Vereinbarungen über den freien Informationsfluß einzusetzen; die *American Society of News Editors* gründete zu diesem Zweck ein *Committe on World Freedom of Information*. Sowohl die Demokratische als auch die Republikanische Partei hatten sich diese Forderungen zu eigen gemacht, und der Kongreß hatte im September 1944 eine entsprechende Resolution verabschiedet.[117] Das Außenministerium richtete im gleichen Jahr eine Arbeitsgruppe ein, die Konzepte für eine auswärtige Informationsfreiheits-Politik entwickelte, deren Schwerpunkt im Bereich der bilateralen Beziehungen und der Kooperation mit der heimischen Medienindustrie liegen sollte.[118] In den folgenden Jahren betätigte sich die amerikanische Regierung dann aber vor allem in den Vereinten Nationen besonders aktiv.

Der amerikanische Vorstoß in Sachen Informationsfreiheit war gewissermaßen das positive Komplement zu den vorwiegend ›negativen‹ Denunziationskampagnen. »Informationsfreiheit symbolisiert die Welt, die die Vereinigten Staaten wollen, und läßt sie dramatisch hervortreten«, so drückte es William Benton aus, der amerikanische Delegationsführer auf der späteren Weltinformationsfreiheits-Konferenz – »eine freie, friedliche und demokratische Welt«.[119] Ganz offenkundig ging es darum, nationale Werte zu exportieren, und

---

117 Vgl. NAK, FO 371/67486, Address William Benton before Inland Daily Press Association, 11.2.1947; Cmiel, Freedom. Vgl. zeitgenössisch Welles, Freedom of Information; Chancellor, Truth; Knight, World Freedom.
118 Vgl. NARA, RG 59, 1381, Box 16, [Jones], A Freedom of Information Program, 20.11.1946.
119 NARA, RG 59, 1238, Box 46, Confidential Report to Secretary Marshall by William Benton, Chairman of US Delegation to Geneva Conference on Freedom of Information, March 23-April 21, 1948, o. Dat.

auch wirtschaftliche Motive mögen eingeflossen sein.[120] Doch spielte noch ein anderer Gedanke eine Rolle. Denn die Regierung legte dem Thema der Informationsfreiheit vor allem deshalb eine große Bedeutung bei, weil sie den selben Zusammenhang von diktatorialer Unterdrückung im Innern und äußerer Kriegsbereitschaft erkannte, der, wie gezeigt, dem Engagement für Menschenrechtsnormen in den frühen vierziger Jahren an vielen Stellen zugrunde lag. Dem zufolge bestand in der Herrschaftstechnik radikaler Diktaturen, die eigene Bevölkerung von der Außenwelt abzuschotten und ungehemmt zu indoktrinieren, ein entscheidender Schritt, um Haß und Kriegslüsternheit zu schüren. Es war »diese historische Lehre, unter großen Kosten gelernt«, die es in den Augen des *State Department* zu einer außenpolitischen Notwendigkeit machte, den grenzübergreifend freien Informationsfluß zu befördern, »wenn die Demokratie, einschließlich unserer Demokratie, überleben soll«.[121] Eine solche Position konnte in einer Welt, die gerade noch dabei war, die Trümmer der jüngsten diktatorialen Zerstörungen zu beseitigen, sicherlich ein großes Maß an Plausibilität beanspruchen. Einige Mitgliedstaaten, die unter der Besatzungserfahrung zu leiden gehabt hatten, sprachen sich in den Vereinten Nationen in diesem Sinne aus.[122] In ihrer ersten Sitzung 1946 beschloß die Generalversammlung auf einen philippinischen Vorschlag einstimmig, eine Konferenz auszurichten, die den Begriff der Informationsfreiheit bestimmen sollte.[123] Viele Delegationen hatten sich zu dem Prinzip bekannt. Keine hatte sich dagegen ausgesprochen.

Der konsensuelle Auftakt hielt allerdings nicht lange vor. In den folgenden Jahren luden die Mitgliedstaaten das Konzept der Informationsfreiheit mit geradezu kollidierenden Vorstellungen auf, wodurch sich die Verhandlungen erheblich verkomplizierten. Zunächst begegnete das britische Außenministerium dem amerikanischen Engagement mit Mißtrauen. Es unterstellte dem Bündnispartner zwei Motive: den Eisernen Vorhang transparenter zu machen, ein Ziel, das nach britischer Auffassung »gegen die gewaltige, passive Ablehnung der Russen und Satelliten« kaum zu erreichen sei, und internationale Wettbewerbsvorteile gegenüber britischen Medienunternehmen herauszuschlagen.[124] Dennoch sah die Mehrheit der Beamten in dem Thema ebenfalls ein großes emblematisches Potential. Auch die britischen Planer wollten demokratische Werte international verankern, aber eben die britischen. »Unser Land ist nun einmal die Heimat der Pressefreiheit, und wir sollten möglichst viel daraus

---

120 Vgl. [Jones], A Freedom of Information Program, 20.11.1946.
121 [Jones], A Freedom of Information Program, 20.11.1946.
122 Vgl. ORUN, ECOSOC, 4th session 1947; Subcommission on Freedom of Information, Report of the 1st session 1947. Aus dem Bericht geht nicht hervor, um welche Länder es sich dabei handelte.
123 Vgl. zur philippinischen Position wie auch zu wichtigen Grundzügen der Debatte in den UN jetzt Mitoma, Rights, S. 74–102.
124 Vgl. NAK, FO 371/59739, Ward, Minute, Mai 1946; ebd., Gallop, Minute, 7.6.1946.

machen«, hielt eine Aufzeichnung im Mai 1946 fest. Um ihre eigenen nationalen Konzeptionen durchzusetzen, wollten die Briten daher selbst die Führung übernehmen.[125] Dabei schwebte ihnen vor, eine Konvention auszuarbeiten, die nur die demokratischen Staaten als annehmbar betrachten würden.[126] Sorgen machte sich das *Foreign Office* nur wegen des britischen Staatsrundfunks, da »unsere Kontrollmaschinerie eine starke formale Ähnlichkeit mit derjenigen der Sowjetunion aufweist«.[127]

Noch bevor die Weltkonferenz zur Informationsfreiheit begann, schaltete sich zudem die Sowjetunion ein, mit der wohl schlagkräftigsten politischen Offensive, die sie in den frühen Jahren im Bereich der UN-Menschenrechtsarbeit vortrug.[128] Den Ton setzte der spätere Außenminister Andrei Wyschinski in der zweiten Generalversammlung 1947 mit einer scharfzüngigen Rede, die als *war mongering speech* ihre eigene kleine Berühmtheit erlangte. In der Folge bezichtigten die kommunistischen Delegationen die Vereinigten Staaten und Großbritannien immer wieder, propagandistische Vorbereitungen für einen Krieg zu treffen. Daraus leitete die Sowjetunion die Forderung ab, Informationsfreiheit definitorisch auf den Kampf gegen die faschistische Ideologie und gegen Kriegshetze festzulegen. Das verband sie mit Angriffen auf monopolistische Strukturen in der Medienlandschaft der westlichen Demokratien, die wahre Informationsfreiheit unmöglich machten.[129] In den Diskussionen des Wirtschafts- und Sozialrats lehnten nicht alle Staaten die sowjetischen Vorstöße so kategorisch ab wie die beiden westlichen Großmächte. Libanon, Frankreich, Norwegen und Chile milderten die sowjetischen Formulierungen in Kompromißvorschlägen ab, die dann der Mehrheit akzeptabel erschienen. Als mögliche Prinzipien einer Konvention wurden daher die Formel, »jede Ideologie zu bekämpfen, deren Beschaffenheit diese Rechte und Freiheiten gefährden könnte«, und die Formel, »Kräfte zu bekämpfen, die zum Krieg antreiben« auf die Agenda der Weltkonferenz gesetzt.[130]

---

125 FO 371/59739, Dudley, Minute, 27. Mai 1946. Vgl. FO 371/59739, A. R. K. Mackenzie, Freedom of Information, 7.6.1946.
126 Vgl. NAK, FO 371/2778, Heppel, Minute, 5.3.1948; ebd., Murray, Minute, 25.2.1948; ebd., Preliminary Brief for UK Delegation to UN Conference on Freedom of Information, o. Dat. [1948]; FO 371/72777, Meeting of Advisory Panel on Freedom of Information, 26.2.1948.
127 NAK, FO 371/67603, Working Party on Freedom of Information, Minutes, 16.4.1947.
128 Vgl. die amerikanische Sicht: NARA, RG 59, 1238, Box 46, UN Conference on Freedom of Information, 2.3.1948.
129 Vgl. ORUN, ECOSOC, 4th session 1947; Subcommission on Freedom of Information, Report on 1st session, 1947; ECOSOC, 5th session 1947, Ann. 6d, Statement Soviet Union; A/C.3/157 (draft resolution Soviet Union).
130 ORUN, ECOSOC, 5th session 1947, discussion on report of Subcommission on Freedom of Information, Ann. 6e; sowie Res. 74 (V) (Agenda der Conference on Freedom of Information).

Die auf diese Weise eingehend vorbereitete »Weltkonferenz über Informationsfreiheit« fand dann im März und April 1948 in Genf statt. Sie bildete tatsächlich den »Höhepunkt« der UN-Errungenschaften im Bereich der Informationsfreiheit.[131] Doch ist das vor allem eine Aussage darüber, wie steil es danach abwärts ging. Der Putsch in der Tschechoslowakei im Februar des Jahres hatte die internationale Atmosphäre inzwischen weiter angespannt. Zudem waren die sowjetischen Behörden kurz vor der Konferenz daran gegangen, die Übertragungen des staatlichen US-Auslandssenders *Voice of America* zu stören, der seit 1947 Programme in die Sowjetunion sendete[132] – pikanterweise bildete also ein kalter Informationskrieg in Osteuropa das, um im Bilde zu bleiben, Hintergrundrauschen der Verhandlungen. Auf der Konferenz selbst waren die vielgestaltigen Differenzen zwischen den Konferenzteilnehmern von Anfang an unübersehbar. Die osteuropäischen Delegationen beharrten darauf, Kriegshetze zu verdammen, und zur großen Verärgerung der US-Delegation beteiligte sich Großbritannien an einem Vermittlungsvorschlag, der schließlich durchging. Die beiden westlichen Großmächte setzten sich ihrerseits gegen alles zur Wehr, was nach staatlicher Einmischung aussehen konnte. Dabei beargwöhnten die Briten jedoch die amerikanische Konferenzpolitik, weil sie sie für wenig mehr als eine PR-Kampagne hielten. Die US-Delegation hingegen befand den britischen Konventionsentwurf für gefährlich vage und sah die Briten vor allem von schlechtem Gewissen wegen des britischen Rundfunkmonopols und der Beschränkungen der Meinungsfreiheit in den Kolonien getrieben. Frankreich zeigte sich aufgeschlossen dafür, bestimmte Pflichten für Medien und Korrespondenten festzulegen, was wohl vor dem Hintergrund der gleichzeitigen Versuche der französischen Regierung zu verstehen ist, Presseunternehmen vermeintlicher faschistischer Kollaborateure zu enteignen. Damit zog es den Unmut Großbritanniens und der USA auf sich. »Wie eine kranke, alternde Schönheit«, so die poetischen Höhen des amerikanischen Konferenzberichts, »suchen die Franzosen Schmeichelei und das Scheinwerferlicht.«[133] Die indische Delegation setzte sich dafür ein, nationale Nachrichtenagenturen gegen ausländische Konkurrenz zu schützen. Nur die lateinamerikanischen Delegationen spielten eine weitgehend passive Rolle und stimmten zumeist mit den Amerikanern.[134]

Dennoch gelang es auf der Konferenz, drei Konventionsentwürfe auszuarbeiten. Das war insofern ein deutlicher Fortschritt, als es die Entwürfe wenigstens

---

131 Der Begriff bei Green, United Nations, S. 77.
132 Vgl. Cmiel, Freedom.
133 Confidential Report to Secretary Marshall by William Benton.
134 Vgl. zu alledem NAK, FO 371/72783, Draft Report on UN Conference on Freedom of Information, March 21-April 21, 1948. Der endgültige Bericht ebd. Vgl. auch Confidential Report to Secretary Marshall by William Benton (hier die Zitate). Ferner Cmiel, Freedom.

potentiell erlaubten, konstruktiv weiterzuarbeiten. Es handelte sich dabei erstens um den britischen Entwurf einer Konvention über Informationsfreiheit, der gegen amerikanischen und französischen Widerstand passierte; zweitens um die von den USA vorgeschlagene Konvention über Informationssammlung und -übertragung; und drittens um den französischen Entwurf einer Konvention über das Recht auf Richtigstellung. Damit hatten die drei Westmächte ihre vorrangigen Ziele erreicht. Und dementsprechend verbuchten sie die Konferenz intern auch als einen – unerwarteten – Erfolg.[135] Die Genfer Konferenz habe bewiesen, so der triumphierende Geheimbericht William Bentons, daß »es den Vereinigten Staaten wenigstens beim Thema der Informationsfreiheit möglich ist, die Initiative auf dem ideologischen Feld zu ergreifen und zu behalten«.[136]

Unmittelbar nach der Konferenz veränderten sich die Voraussetzungen jedoch noch einmal grundlegend. Nun traten nämlich die Vertreter einiger lateinamerikanischer, arabischer und asiatischer Staaten mit ihren eigenen Vorstellungen von Informationsfreiheit hervor. Die eigentliche Crux der Arbeit an den Konventionen stellte von nun an die Frage dar, wie weit Regierungen die Informationsfreiheit legitimerweise sollten beschränken können. Darüber entbrannten heftige Kontroversen. Am stärksten brachen sie in den Debatten um den Artikel 2 der geplanten Konvention über Informationsfreiheit hervor, auf den die bei weitem größten Verhandlungsanteile entfielen. Er sollte die zulässigen Beschränkungsmöglichkeiten bündig formulieren. Der zurückhaltende britische Ausgangstext des Artikels wurde in den Debatten, in denen der saudi-arabische Delegationsführer Baroody, der mexikanische Delegationsführer Noriega und die chilenische Delegationsführerin Figueroa zu Protagonisten avancierten, erheblich ausgedehnt. Als berechtigte Gründe dafür, Informationsfreiheit einzuschränken, kamen hinzu: »öffentliche Ordnung« (auf mexikanischen Vorschlag), »um die Verbreitung von Berichten zu verhindern, die dem Zweck der rassistischen, nationalen oder religiösen Diskriminierung dienen« (auf polnischen Vorschlag), »um eine faire Rechtsprechung aufrechtzuerhalten« (USA), »um die Verbreitung falscher oder verzerrter Berichte zu verhindern, die freundschaftliche Staatenbeziehungen unterminieren« (Ecuador), »um wirtschaftliche Hindernisse zu beseitigen, die die freie Informationsverbreitung hemmen« (Frankreich). Als sich die Einsicht verbreitete, die Konvention würde auf diese Weise weniger die Freiheit der Information stipulieren, als Vorwände für deren Beschneidung liefern, erreichten die Verhandlungen das Stadium der Krise.[137]

---

135 Vgl. zur britischen Einschätzung: Draft Report on UN Conference on Freedom of Information, March 21-April 21, 1948.
136 Confidential Report to Secretary Marshall by William Benton.
137 Vgl. ORUN, GA, 3rd session 2nd part 1949, Third Committee, hier die Diskussionen über die *Draft Convention on Gathering of News* und über die *Draft Convention on Freedom of Information*.

Einen ähnlich verwickelten Streitpunkt stellten überdies die Befugnisse internationaler Nachrichtenagenturen dar. In dieser Frage machte sich der Argwohn zahlreicher »unterentwickelter« Länder gegenüber der Macht westlicher Agenturen geltend, die wie *Associated Press* oder *Reuters* den internationalen Markt beherrschten.[138] Es waren wiederum vor allem Mexiko, Chile und Saudi-Arabien, die forderten, die Aktivitäten dieser Agenturen an strikte Regeln zu binden, etwa indem man ein weitreichendes Recht auf Gegendarstellungen verbriefte. Vielen lateinamerikanischen Ländern fehle es an »ausreichenden materiellen Ressourcen für die Berichterstattung«, begründete die kolumbianische Delegation dieses Ansinnen, und werde nun ihr »Prestige« durch verzerrte Darstellungen beschädigt, so sei es recht und billig, »daß Regierungen die Möglichkeit haben zu fordern, daß solche falschen Nachrichten korrigiert werden.« In der Folge baute die neue Staatenkoalition das Recht auf Richtigstellung derart weit aus, daß es selbst für den ursprünglichen Sponsor Frankreich inakzeptabel wurde. Ihre Stellungnahmen waren voller verbitterter Spitzen gegen die Überheblichkeit westlicher Medien sowie allgemeiner gegen die Versuche, den Ländern des globalen Südens »fremde Lebensweisen aufzupfropfen, nur weil diese woanders erfolgreich waren«.[139] Sachlich sprachen sich die arabischen, asiatischen und lateinamerikanischen Länder mit alledem offen gegen unbeschränkte Informationsfreiheit und für weitgehende Eingriffsrechte der nationalen Regierungen aus. Diese formulierten sie als »Pflichten« und »Verantwortlichkeiten« der Medienunternehmen, um ihnen einen positiveren Klang zu geben.

Im Kern hatten diese Staaten damit den USA und Großbritannien die Initiative entwunden. Darin wurde deutlich, daß sich das Forum der Vereinten Nationen in dem Moment, in dem eine artikulierte dritte Staatengruppe entstand, die sich weder auf die Seite des westlichen noch des östlichen Lagers schlug, kaum mehr kontrollieren ließ – und zwar, das gilt es zu betonen, von niemandem. Auch die Sowjetunion bekam die Verhandlungsmacht der neuen Formation zu spüren. So wiesen der saudi-arabische Delegierte Baroody und der libanesische Abgeordnete Azkoul den sowjetischen Wunsch, die Abwehr faschistischer Aggression in den Konventionen festzuschreiben, mit dem Argument zurück, auch Demokratien könnten aggressiv sein (darauf konnte man sich dann allerdings einigen). Die beiden Westmächte sahen sich jedenfalls gezwungen, ihre Strategien neu auszurichten. Was auch immer sie dabei in den folgenden Jahren ausklügelten – soviel sei vorweggenommen –, sollten sie sich am Ende lediglich als stark genug erweisen, die Arbeit in den Vereinten Nationen zu obstruieren. Die praktische Konsequenz war das lange Sterben der Konvention(en) über Informationsfreiheit, quälend sicherlich für die Delegierten, die jahrelang

---

138 Vgl. auch die Kommentare von Humphrey, Human Rights, S. 53; ders., Edge, S. 54.
139 ORUN, ECOSOC, 17th session 1954, 772nd meeting, Rivas, Venezuela.

vergebens die immer selben Themen wiederkäuten, nicht minder zäh aber für den rückblickenden Historiker, der diese Diskussionen nachvollzieht.[140]

Das *State Department* war sich schon länger bewußt, daß Länder des globalen Südens die technische Überlegenheit und den »›Kulturimperialismus‹« der USA fürchteten.[141] Nun sprachen die Beamten explizit aus, daß die neue Staatengruppe eine »viel größere praktische Bedrohung« darstelle als die Sowjetunion. Ihre Forderungen würden einem Blankoscheck für staatliche, ja totalitäre Kontrollen gleichkommen, amerikanische Nachrichtenagenturen benachteiligen und Informationsfreiheit letztlich in einen »scheinheiligen Scherz« verwandeln.[142] Die USA vollzogen daher nun eine vollständige Kehrtwende und stellten sich gegen die Konventionen. Dieser Entschluß, so die Instruktionen an die US-Delegation, sei »nach eingehender Erwägung seiner Implikationen sowohl für die Vereinten Nationen als auch für unsere Regierung« getroffen worden. Er solle selbst dann aufrecht erhalten bleiben, wenn das zu erwartende Ergebnis als neuerlicher Beleg für die Unfähigkeit der Vereinten Nationen interpretiert würde, etwas zu bewirken.[143]

Das britische *Foreign Office* sah die Lage sehr ähnlich, auch wenn es sich immerhin zu der distanzierteren Einsicht durchringen konnte, es sei unmöglich, »in einer Welt, in der es eine große Vielfalt von Wertmaßstäben gibt, derartige Instrumente zu entwerfen, die angeblich universell anwendbar sind«.[144] In jedem Fall waren die Überschneidungsflächen zwischen den Positionen der beiden Verbündeten nun ausreichend groß, um sozusagen negativ zu kooperieren. Die formale Ausgangssituation war durch die Mammutdebatten der Generalversammlung von 1949 geschaffen worden. Hier waren die Entwürfe der Konventionen zum Recht auf Richtigstellung und zur Informationssammlung zu einem Entwurf verschmolzen worden, der allerdings nicht zur Unterzeichnung freigegeben werden sollte, bevor die Konvention über Informationsfreiheit fertiggestellt sein würde. Die Vereinigten Staaten und Großbritannien sprachen nun zusammen mit den Niederlanden ab, das Zustande-

---

140 Vgl. zum Folgenden: ECOSOC, 7th session 1948; 8th session 1949; ECOSOC 9th session 1949; GA, 3rd session 2nd part 1949. Vgl. ferner die Darstellung bei Cmiel, Freedom. Aus meiner Sicht überschätzt Cmiel die Einheit der Standpunkte der »unterentwickelten« Länder und die katalysatorische Wirkung der Debatten auf die Entwicklung einer »dritten Konzeption«. Diese selbst gibt er meines Erachtens nicht treffend wieder, da er annimmt, die betreffenden Länder wollten die Medien auch von Regierungseinfluß befreien.
141 NARA RG 353, Box 111, Committee on International Social Policy, Conference of Freedom of Information, 11.3.1948.
142 NARA, RG 84, 1030-G, Box 10, Free, De Palma, an Canham, USUN, 11.4.1949; RG 353, Box 113, Committee on International Social Policy, Commission on Human Rights 6th Session, Draft Covenant, Art. 17, Freedom of Information, 21.11.1949.
143 NARA, RG 59, 1238, Box 27, Draft Convention on Freedom of Information, 29.8.1949.
144 NAK, FO 371/95833, Corley Smith an Dudley, 12.5.1951.

kommen der Konvention über Informationsfreiheit zu verhindern. Um das zu erreichen, wollten sie fordern, die Arbeit auf die Formulierung eines entsprechenden Artikels in den Menschenrechtspakten zu verlagern. Eine akzeptable Konvention zur Informations*sammlung* (die angesichts der Widerstände der gegnerischen Lager später aber nicht zustande kam) sollte hingegen weiterhin unterstützt werden. Die Lobbyarbeit wurde brüderlich aufgeteilt: Die Amerikaner sollten sich um die lateinamerikanischen Länder kümmern, die britische Delegation die Araber bearbeiten und die Niederlande Mexiko überzeugen. Der mexikanische Delegationsführer Noriega räumte dabei ein, eine starke Konvention, wie er sie in der öffentlichen Debatte so nachdrücklich gefordert hatte, würde die mexikanische Regierung in Schwierigkeiten bringen. Daß er durchblicken ließ, Mexiko sei daher »bereit, über eine akzeptable Formel nachzudenken, um die Konvention loszuwerden«, belegt, wenn es denn eines Belegs bedarf, daß mangelnde Prinzipienfestigkeit kein exklusives Attribut westlicher Großmächte war.[145]

Die osteuropäischen wie auch die lateinamerikanischen Delegationen durchschauten ohne große Mühe, daß der amerikanisch-britisch-niederländische Vorschlag, die Arbeit zunächst auf einen Artikel in den Pakten zu konzentrieren, den Hintersinn hatte, die Diskussionen über die Konvention für unbestimmte Zeit zu verschieben.[146] Dennoch stimmte die Mehrheit für den Aufschub. Dazu zählten auch die osteuropäischen Delegationen, die sich nicht einmal dadurch von ihrem Votum abhalten ließen, daß sie den Dreimächte-Vorschlag zuvor als Betrugsversuch denunziert hatten. Der französische Delegierte Kayser ließ sich daraufhin die schöne Spitze nicht entgehen, die »unerwartete Allianz« zwischen den USA, Großbritannien und der Sowjetunion »sollte allen ihren Partnern zu denken geben«.[147] In den folgenden Jahren gelang es den Befürwortern einer Konvention trotz mehrmaligen Neuanläufen nicht, sich durchzusetzen. Das Thema wurde weiterhin fast jedes Jahr in den entsprechenden Organen diskutiert, ohne daß sich Verhandlungsfortschritte erzielen ließen. Manche Wahrheit wurde in diesen Diskussionen geäußert; der afghanische Delegierte etwa wandte gegen das Argument der Konventionsgegner, die Differenzen seien unüberbrückbar, ein, wenn man sich davon hindern lasse, dann gebe es keine Hoffnung, »in den Vereinten Nationen auch nur die geringste Übereinkunft zu erzielen«.[148] Damit beschrieb er die tatsächlichen Verhältnisse ziemlich genau.

---

145 Vgl. RG 84, 1030-G, Box 11, Memorandums of Conversation, Freedom of Information, September/Oktober 1949 (mit Großbritannien, den Niederlanden, Frankreich und Mexiko).
146 Vgl. ORUN, GA, 4th session 1949, Third Committee, 232nd meeting, hier die Aussagen der Delegierten Brasiliens und Polens.
147 ORUN, GA, 4th session 1949, 232nd meeting.
148 ORUN, GA, 9th session 1954, 611th meeting.

Der Epilog der Geschichte spielte sich am Anfang der neuen Dekade ab. Zwischen 1960 und 1962 fand sich plötzlich eine Mehrheit im Dritten Komitee der Generalversammlung, die sich in zwei aufeinanderfolgenden Jahressitzungen auf einen Entwurfstext für eine Konvention einigen konnte. Dabei überwanden sie vor allem die Blockade über den Artikel 2, der die legitimen Einschränkungen der Informationsfreiheit festhalten sollte.[149] Die argumentativen Fronten zwischen den westlichen Staaten einerseits und den lateinamerikanischen, arabischen und osteuropäischen Staaten andererseits hatten sich dabei bemerkenswerterweise nicht um einen Deut verschoben. Was sich hingegen dramatisch verändert hatte, war die Mitgliederzusammensetzung der Vereinten Nationen. Vor allem die der Organisation neu beigetretenen afrikanischen Staaten warfen nun ihr Gewicht für möglichst weitgehende Begrenzungen von Informationsfreiheit in die Schale. Die Liste der legitimen Beschränkungsgründe wurde dabei noch einmal erweitert.[150] Weiter geschah mit dem Konventionsentwurf jedoch nichts. Er sollte zwar noch stolze sechzehn Jahre lang auf der Agenda erscheinen, ohne aber nochmals behandelt zu werden.

Der gewaltige Aufwand, den die Vereinten Nationen um den Komplex der Informationsfreiheit betrieben hatten, war also praktisch gänzlich umsonst gewesen. Das traf im übrigen, so viel sei wenigstens angedeutet, auch auf die anderen Teilbereiche zu; das institutionelle Gefüge wurde schließlich sogar ganz aufgelöst.[151] Beobachtern, die keine staatlichen Interessen vertraten, registrierten dies schon zeitgenössisch frei von Illusionen. »Die auf dem Feld der Informationsfreiheit privilegierten Länder interessieren sich nicht für die Ausweitung dieser Freiheit«, hielt Max Beer, der UN-Experte der *International League for the Rights of Man*, 1955 fest; »die unterprivilegierten Länder interessieren sich nur dafür, Einrichtungen für mehr Nachrichtenunternehmen zu bekommen, aber nicht für deren Freiheit[;] die totalitären Länder nutzen diese Situation, um Propaganda zu betreiben[; und] die hohen Beamten des Sekretariats scheinen gar nicht interessiert«.[152]

Die Sackgasse, in der die Verhandlungen über Informationsfreiheit landeten, war nicht repräsentativ für alle Menschenrechtsthemen, die in der Weltorganisation behandelt wurden. Doch war sie in dreierlei Hinsicht symptomatisch.

---

149 Vgl. ORUN, GA, 15th session 1960, Third Committee; GA, 16th session 1961/62, Third Committee.
150 Vgl. ORUN, GA, 15th session 1960, Third Committee.
151 Die Konvention über das Recht auf Richtigstellung wurde 1951 wieder von der Konvention über Informationssammlung getrennt und zur Unterzeichnung freigegeben. Aber bis Ende der fünfziger Jahre ratifizierten sie nur fünf Staaten. Der »Ethikkodex« wurde 1952 fertiggestellt, dann geschah jedoch nichts weiter mit ihm. Die Unterkommission wurde 1952 nicht mehr verlängert. An ihre Stelle trat ein Berichterstatter, dessen Mandat 1954 ebenfalls nicht mehr erneuert wurde.
152 NYPL, ILHR, Box 10, Board of Directors Meeting, 19.2.1955. Vgl. auch Humphrey, Human Rights, S. 121.

Zunächst einmal verdeutlicht sie, daß das stärker multipolare Setting, das die Diskussionen über Informationsfreiheit eröffneten, die Normsetzung nicht einfacher machte; eher im Gegenteil. Das lag daran, daß Delegationen wie die mexikanische, die chilenische oder die saudi-arabische um nichts weniger einem strikten politischen Kalkül folgten als die Supermächte. Dabei ist es aufschlußreich, aber nicht einmal ausschlaggebend, daß ihre Vorstellungen eher darauf hinausliefen, Freiheiten zu beschränken, als sie zu sichern; das wird man, auch ohne ein Vertreter der amerikanischen Interessen im Kalten Krieg zu sein, feststellen müssen. Noch wichtiger ist der Befund, daß sich die Konzeptionen der verschiedenen Gruppen gegenseitig blockieren mußten, solange beinahe alle Staaten internationale Vereinbarungen primär als macht- und prestigetaktisches Instrument ansahen – es sei denn, eine Gruppe fand sich in einem deutlichen numerischen Vorteil. Das war ein Problem, das auf die politische Tiefenstruktur verweist, auf der die multilaterale Normarbeit während der fünfziger Jahre ruhte. Denn die Unfähigkeit zum Kompromiß resultierte im Kern daraus, daß die Delegationen internationale Rechte als Funktion nationalpolitischer Interessen auffaßten. Das setzte der Entstehung eines eigengewichtigen Völkerrechts, das auf internationale Regulierung und supranationale Problemlösung zielte, enge Grenzen. Statt dessen verwandelte sich das Völkerrecht in ein weiteres Feld des zwischenstaatlichen Konfliktaustrags. Der gleichsam nationalpolitisch abgeleitete Wert völkerrechtlicher Vereinbarungen ging dem Problem, daß sich nationale Rechtsauffassungen nur schwierig in Einklang bringen ließen, noch voraus, und er war auch den prägenden Konfliktkonstellationen, derjenigen des Kalten Kriegs hier, der des Nord-Süd-Gegensatzes dort, vorgelagert.

Symptomatisch war zudem das Ergebnis der langwierigen Diskussionen. Denn nicht nur im Bereich der Informationsfreiheit, sondern auch insgesamt machte die menschenrechtliche Normsetzung in den Vereinten Nationen wenig Fortschritte. Vor diesem Hintergrund erhält die Allgemeine Menschenrechtserklärung fast eine Art Ausnahmecharakter. Zieht man den Kreis weit, so verabschiedete die Weltorganisation über sie hinaus bis 1960 die schwache Genozidkonvention, eine Konvention zur Rechtsstellung der Flüchtlinge, eine über Staatenlosigkeit, eine Zusatzkonvention zur Sklaverei (die die Anti-Sklavereikonvention des Völkerbunds ergänzte) und eine unverbindliche Erklärung über Kinderrechte. Die Menschenrechtskommission hatte nur diese letzte ausgearbeitet. Die anderen Vereinbarungen fertigten *Ad hoc*-Komitees an, die zumeist der Wirtschafts- und Sozialrat eingesetzt hatte. Explizite Menschenrechtsbestimmungen fanden sich in den Konventionen zur Sklaverei, zur Staatenlosigkeit und zu Flüchtlingen nur wenige. Die ersten beiden bezogen sich lediglich in der Präambel auf die Allgemeine Menschenrechtserklärung. Die Flüchtlingskonvention stellte einen Katalog staatlicher Selbstverpflichtungen dar, die sicherstellen sollten, daß Flüchtlinge nicht benachteiligt würden. Sie argumentierte hingegen nicht, daß sich aus der Existenz angeborener Menschenrechte eine Reihe von Rechten herleite, die den Flüchtlingen im neuen Staat zustünden.

Der relativ größte Fortschritt war im Bereich der Frauenrechte zu verzeichnen. Zwischen 1952 und 1962 verabschiedeten die Vereinten Nationen drei Konventionen zu den politischen Rechten und zur Staatsangehörigkeit von Frauen sowie zur Erklärung des Ehewillens. Daß die Arbeit der Kommission für die Rechtsstellung der Frau ertragreicher war als diejenige der Menschenrechtskommission, läßt sich wohl auch dadurch erklären, daß hier Netzwerke feministischer Aktivistinnen einen merklichen Einfluß gewannen, die zum Teil bereits im Rahmen des Völkerbunds tätig gewesen waren. Daher konnten sie auf einen wichtigen Fundus von Erfahrungen und Expertise zurückgreifen.[153] Zudem ließ sich offenbar eine vergleichsweise weitreichende Übereinstimmung darüber herstellen, daß es dringend nötig sei, die politische Gleichstellung von Frauen zu erreichen und ihnen wichtige bürgerliche Rechte zu sichern. Unter den Aktivistinnen setzten sich in den Nachkriegsjahren die Vertreterinnen dieses sogenannten »Gleichheits«-Ansatzes gegenüber denjenigen durch, die besondere Schutzrechte für Frauen forderten; vor dem Zweiten Weltkrieg hatte die Spaltung zwischen den beiden Gruppen die Arbeit der Frauenvereinigungen zunehmend erschwert.[154] Unumstritten waren frauenrechtliche Fragen in den Vereinten Nationen bei alledem keineswegs, nicht in der Kommission selbst, und noch weniger im übergeordneten Wirtschafts- und Sozialrat.

Man wird folglich den Bemühungen derjenigen Akteure, die sich tatsächlich für menschenrechtliche Normen einsetzten, kein Unrecht tun, wenn man bezweifelt, daß die UN-Menschenrechtsarbeit in der Frühphase einen signifikanten Aufbruch in der Domäne des Völkerrechts darstellte. Zu schwach waren dafür die Bezüge in den Konventionen, die zustande kamen, zu viele genuin menschenrechtliche Konventionen hingegen kamen nicht zustande. In der Frage der Implementationsmechanismen war die Bilanz bis Ende der fünfziger Jahre sogar trostlos, denn unter keiner Konvention wurden Verfahren eingerichtet, um Normen zu überwachen oder durchzusetzen. Vergleicht man die Menschenrechtsverträge mit dem Minderheitenschutzsystem des Völkerbunds, stellten sie sogar eher einen Rückschritt dar, denn dieses hatte einen wenn auch eingeschränkten Petitionsmechanismus vorgesehen, mit dem die Verletzung von Minderheitenrechten vor den Völkerbund gebracht werden konnte.

Der einzige Aspekt, in dem die Arbeiten an der Informationsfreiheit erfolgreich waren, betraf eine programmatische Neuausrichtung, die sich sozusagen nebenbei vollzog. Darin besteht ein letztes Merkmal, in dem der

---

153 Vgl. Connors, NGOs; Lake, Self-Determination; Rossi, »Stauts of Women«; Black, Women.
154 Vgl. Parisi, Feminist Praxis; Wilmers, Pazifismus. Vgl. auch Lake, Self-Determination.

Themenzusammenhang über sich hinausweist und typische Züge aufzeigt. Denn seit etwa Mitte der fünfziger Jahre schwenkten die Organe davon weg, internationale Normen zu entwickeln, und widmeten sich »Studien« und »technischer Hilfe«, das hieß vor allem der Datensammlung und dem Wissenstransfer. Für diese Ziele fanden sich breite Mehrheiten. Vor allem Maßnahmen, mit denen die Informationseinrichtungen »unterentwickelter« Länder verbessert werden sollten, erwiesen sich als durchführbar. Denn sie lagen im Interesse dieser Länder selbst, und die »entwickelten« Mitgliedstaaten hatten mindestens nichts dagegen einzuwenden.[155] Daß sich die Menschenrechtsarbeit in Richtung der »technischen Hilfe« verschob, sollte sich auch an den neuen Aktivitäten zeigen, die die Vereinten Nationen unter dem Schlagwort des »Aktionsprogramms« entwickelten.

Entschärfung des Kalten Kriegs und die Harmlosigkeit des »Aktionsprogramms«

Die Durchführung des »Aktionsprogramms« war in erster Linie ein Zeichen dafür, daß sich die politischen Kräfteverhältnisse in der Organisation, und damit zusammenhängend die Strategien der verschiedenen Staatengruppen, beträchtlich verändert hatten. Mit den heftigen Argumentationskämpfen der späten vierziger und frühen fünfziger Jahre war die dramatischste Zuspitzung der Konfrontation zwischen westlichem und östlichem Lager vorerst vorüber. Darin bildete sich der neue *status quo* ab, den die Auseinandersetzung der Supermächte außerhalb der Vereinten Nationen erreicht hatte. Die Jahre nach Stalins Tod, wenn auch weit entfernt davon, die Spannungen nachhaltig zu verringern, brachten doch eine gewisse Auflockerung. Der Koreakrieg wurde 1953 beendet, und 1955 trafen sich die vier Großmächte in Genf erstmals wieder zu Verhandlungen. Schließlich leitete die sehr öffentliche »Geheimrede« Nikita Chruschtschows auf dem KPdSU-Parteitag 1956 eine in ihrer Reichweite allerdings begrenzte »Entstalinisierung« der sowjetischen Herrschaft ein. Spätestens die Doppelkrise um Ungarn und Suez, die die internationale Diplomatie im selben Jahr in Atem hielt, zeigte, wie labil die Verhältnisse trotz allem blieben.

Vor diesem Hintergrund liefen in den Vereinten Nationen vier Prozesse zusammen, die dafür sorgten, daß in der Menschenrechtsarbeit eine neue Phase anbrach. So entwickelte die Sowjetunion im Zuge ihrer post-stalinistischen Neuausrichtung eine positivere Haltung zur Weltorganisation, ganz im

---

155 Vgl. Green, United Nations, S. 76–87. Vgl. ferner vor allem ORUN, GA, 7th session 1952/53, Third Committee, 439th meeting; GA, 7th session 1952/53, Res. 633 (VII); Res. 635 (VII); E/2426 (Freedom of Information, 1953. Report submitted by Salvador P. López, Rapporteur on Freedom of Information).

Einklang mit der »friedlichen Koexistenz«, welche sie zur Leitlinie ihrer auswärtigen Beziehungen erklärte.[156] Die sowjetische Regierung hatte offenbar beschlossen, stärker danach Ausschau zu halten, wie sich die Organisation für ihre eigenen Interessen nutzbar machen lasse. In den Verhandlungen, nicht zuletzt auf dem Gebiet der Menschenrechte, fuhren die sowjetischen Delegationen ihre Attacken auf die westlichen Demokratien zurück und traten verbindlicher auf. »Die Delegationen des Sowjetblocks verhielten sich zum ersten Mal wie die anderen in den Vereinten Nationen«, stellten die stets achtsamen amerikanischen Beobachter 1956 fest, »unterhielten sich informell, warben für ihre Vorschläge und handelten bei Freunden und Gegnern mit Stimmen.«[157] Die Sowjetunion nahm in diesen Jahren zudem die Friedensoffensive wieder auf, die sie bereits vor dem Koreakrieg erprobt hatte. Damit zielte sie offenkundig darauf, die westlichen US-Verbündeten zu verunsichern. Noch mehr ging es ihr aber vermutlich darum, die Unterstützung der asiatischen, arabischen und afrikanischen UN-Mitglieder zu gewinnen, die nun zunehmend in den sowjetischen Fokus rückten.

Das Aufstreben dieser Staaten war ein zweiter, mindestens ebenso folgenreicher Prozeß wie das Tauwetter im kalten UN-Verhandlungskrieg. Die Tendenz, die in den Diskussionen um die Informationsfreiheit bereits früh zum Ausdruck gekommen war, nahm in der zweiten Hälfte der fünfziger Jahre stark an Bedeutung zu. Wie im Kapitel über die Dekolonisierung ausführlicher dargestellt, formierte sich dabei eine regelrechte, wohl koordinierte Gruppe, die aus den asiatischen und den arabischen, immer mehr afrikanischen sowie einigen lateinamerikanischen Staaten bestand. Was sie einte, war ein vehementer antikolonialer Impuls. Darüber hinaus reichte ihre Aktionseinheit kaum. Auch in denjenigen Themenbereichen, in denen es nicht um Kolonialfragen ging, wurde jedoch unübersehbar, daß sie zunehmend schwieriger von den Positionen westlicher Delegationen zu überzeugen waren.

Diese Veränderungen bildeten einen Grund für die Umorientierung der amerikanischen Menschenrechtspolitik, die allerdings darüber hinausging. Sie nahm in den Jahren von 1953 bis 1956 Konturen an und bildete den dritten wesentlichen Prozeß, der die UN-Menschenrechtsarbeit auf eine neue Grundlage stellte. Den Ausgangspunkt bildete die Entscheidung, nicht länger an der Formulierung der Menschenrechtspakte mitzuwirken, die die Eisenhower-Regierung kurz nach Aufnahme der Amtsgeschäfte traf.[158] Sie wählte diesen Schritt, obwohl gewichtige Erwägungen dagegen sprachen. So sahen das *State Department* und die amerikanische UN-Delegation heftige Reaktionen der arabischen,

---

156 Vgl. zeitgenössisch Dallin, Soviet Union, S. 26–41.
157 NARA, RG 59, A1 (5536), Box 333, Mrs Oswald Lord, Report on 12th Session of Commission on Human Rights, 5.–29.3.1956.
158 Vgl. NARA, RG 59, A1 (5536), Box 333, Proposed US Resolutions, 5.2.1955.

asiatischen und lateinamerikanischen Delegationen voraus, befürchteten Propagandavorteile für die Sowjetunion, glaubten, die Pakte würden noch ungünstiger ausfallen, als ohnedies, und gewärtigten scharfe Kritik von amerikanischen NGOs.[159] Ausschlaggebend wurde für die Regierung jedoch der innenpolitische Druck, der von einer anderen Seite kam. Auf der politischen Rechten hatte sich nämlich seit den späten vierziger Jahren eine Bewegung gebildet, die vehement gegen den Abschluß internationaler Verträge und darunter vor allem der UN-Menschenrechtsverträge zu Felde zog.[160] Maßgeblich vorangetrieben von der *American Bar Association*, die die UN-Menschenrechtserklärung denunzierte, weil sie die USA in einen sozialistischen Staat verwandele, fand sie zunehmenden Anklang, nachdem ein kalifornisches Gericht 1950 unter Berufung auf die Menschenrechtsbestimmungen der UN-Charta ein Gesetz des Bundesstaats für ungültig erklärt hatte. Die Gegner einer solchen Aufweichung der nationalen Souveränität propagierten Verfassungsänderungen, mit denen der Spielraum der Exekutive, internationale Vereinbarungen abzuschließen, und folglich ihre außenpolitische Handlungsfähigkeit, empfindlich eingeschränkt werden sollten. Nachdem sich der republikanische Senator John Bricker 1951 an die Spitze des Protests gestellt hatte, wurden die Vorschläge unter dem Rubrum des »Bricker amendment« diskutiert. Die Kampagne löste in der Regierung starken Unmut aus, aber eben mehr noch Besorgnis, gerade weil die Unterstützung für Bricker in den eigenen Parteireihen groß war. Der Rückzug von den Pakten, mit denen die Regierung ohnehin unzufrieden war, diente in dieser Situation als eine Geste, mit der sie die innenpolitischen Wogen glätten wollte.

Um den erwarteten heftigen Gegenwind in den Vereinten Nationen wenigstens etwas abzufangen, verlegte sich das *State Department* darauf, »sehr positive Alternativen« vorzubereiten.[161] Das Ergebnis des Nachdenkens war ein menschenrechtliches »Aktionsprogramm«, das die US-Delegation zur Beruhigung der Gemüter in derselben Sitzung der Menschenrechtskommission vorschlug, in der sie die Kooperation an den Pakten aufkündigte. Das geplante Programm bestand aus drei Komponenten: Die Vereinten Nationen sollten denjenigen Ländern, die dies wünschen, »beratende Dienste« zur Verfügung stellen; die Menschenrechtskommission sollte Studien zu ausgewählten Fragen anfertigen; und die Mitgliedstaaten sollten periodisch Bericht erstatten. Was so unscheinbar daherkam, war nichts anderes als der Versuch, die Arbeit der Menschenrechtskommission im Gewande einer ›praktischen‹ Neuorientierung vollständig zu verwässern. Indem man die Kommission mit unverfänglichen Fragen befaßte,

---

159 Vgl. NARA, RG 59, 1381, Box 8, Draft International Covenants on Human Rights, 16.2.1953; RG 84, 1030-D, Box 60, Mrs Oswald Lord an Ambassador Lodge, 7.3.1953.
160 Vgl. Hevener Kaufman/Whiteman, Opposition; Davies, Defender, S. 153–183; Sellars, Rise, S. 81–85; Mitoma, Rights, S. 145–156.
161 Mrs Oswald Lord an Ambassador Lodge, 7.3.1953.

sollten alle denkbaren Gefahren für die nationale Souveränität, die die Menschenrechtsarbeit etwa bergen konnte, ausgeschaltet werden.¹⁶²

Damit ging einher, daß das *State Department* seiner offensiv-propagandistischen Linie der frühen Jahre abschwor, um auf die veränderte Konstellation innerhalb der Vereinten Nationen zu reagieren. Hatte die Eisenhower-Regierung anfänglich weiter nach Gelegenheiten gesucht, um Mißstände in der Sowjetunion zu denunzieren, traten derartige Erwägungen seit Mitte der fünfziger Jahre ganz in den Hintergrund.¹⁶³ Das war, nach dem Rückzug von den Pakten, der zweite Schritt der amerikanischen Neuausrichtung unter dem republikanischen Präsidenten. Im Zentrum stand dabei das Bewußtsein, daß asiatische, arabische, afrikanische und lateinamerikanische Delegationen eine zunehmend aktive Rolle spielten. Dieses Bewußtsein war zwar schon seit einigen Jahren gereift, hatte zunächst aber vor allem zu taktischen Erwägungen Anlaß gegeben.¹⁶⁴ Ein substanzieller Strategiewechsel erschien dem Außenministerium erst Mitte der fünfziger Jahre geboten. Dazu hatte die 1955 im Zeichen der »afro-asiatischen Solidarität« abgehaltene Konferenz in Bandung wesentlich beigetragen, auf der 29 Länder zusammengekommen waren, um sich zur Neutralität im Kalten Krieg zu bekennen. Die Konferenz war in der Weltpresse stark beachtet worden. Viele Kommentatoren hatten sie als den ersten Auftritt angesehen, mit dem eine eigenständige dritte Gruppe von Staaten auf der politischen Weltbühne erschien.

Nach der Generalversammlung von 1955 äußerte sich Außenminister Dulles besorgt über den »offenkundigen Verlust an Prestige und parlamentarischem Einfluß«, den die USA in den Vereinten Nationen erlitten hätten, und beauftragte das *State Department*, die gewandelte Lage zu analysieren.¹⁶⁵ Das Ministerium kam zu dem Ergebnis, die »Aufteilung Kommunismus vs. freie Welt« sei nicht länger bestimmend, und es gelte die Vorstellungen der Bandung-Staaten fortan ernster zu nehmen, wolle die Regierung ihre Macht in der Organisation nicht völlig verspielen.¹⁶⁶ Das zuständige Expertenteam unterstellte, diese Staa-

---

162 Vgl. NARA, RG 84, 1030-D, Box 60, Human Rights and Fundamental Freedoms, 5.4.1954.
163 Vgl. Human Rights and Fundamental Freedoms, 5.4.1954; NARA, RG 84, 1030-E, Box 26, Wadsworth an David McKey, 10.6.1954; ebd., die Memoranden zu dem Papier »Communist Colonialism«, August/September 1954; ebd., Dulles an USUN, New York, 30.7.1954.
164 Vgl. NARA, RG 84, 1030-E, Box 25, Report on Sixth General Assembly, Juni 1952; ebd., Box 26, Department of State, International Information Administration, 7th Session General Assembly, 10.10.1952.
165 NARA, RG 59, A1 (5536), Box 334, Bloomfield an Wilcox, Action Program for Improvement of US Participation in UN General Assembly, 25.4.1956.
166 NARA, RG 59, A1 (5536), Box 358, Wilcox an Ambassador Lodge, Program to Strengthen US Participation in UN General Assembly, 7.5.1956, hier der angehängte Bericht von Team II: US Cold War policy, 7.5.1956.

ten seien vorrangig daran interessiert, ihren Lebensstandard zu steigern, das nationale Ansehen zu mehren und »jeden Anschein von Herablassung« zurückzuweisen. Folglich entwickelte es einen darauf abgestimmten, umfangreichen Maßnahmenkatalog. Gerade Menschenrechtsfragen hatten dabei in der amerikanischen Sicht »für viele weniger entwickelte Länder einen großen symbolischen Wert«.[167] Unredlicherweise, wie die amerikanischen Kommentatoren zu erkennen glaubten. Denn die Delegierten aus dem globalen Süden kämen »ohne Instruktionen« in die UN-Sitzungen »und sprechen in idealistischen Tönen, indem sie westlichen Staaten abstrakt westliche Ideale vorhalten, während sie die Unzulänglichkeiten ihrer eigenen Regierungen übergehen«. Das beschrieb ziemlich akkurat die Taktik, derer sich die Supermächte ebenfalls bedienten.[168]

Wie auch immer motiviert, erschien es nun als ein nicht länger umgehbares Problem, daß die nicht lagergebundenen Staaten den hartnäckigen Versuch der Supermächte, die Menschenrechtsorgane für ihre Propagandaschlachten zu instrumentalisieren, entschieden ablehnten.[169] Die zuständigen Analysten hielten es nunmehr für vollends kontraproduktiv, das Forum der Vereinten Nationen für den Kalten Krieg zu funktionalisieren. Statt dessen sollten die USA künftig mehr Bereitschaft an den Tag legen, »die Themen nach ihrem Sachwert zu diskutieren«. Das erschien um so dringlicher, als die Sowjetunion ihrerseits, mit ihrer neuen Konzilianz, im Werben um die asiatischen und afrikanischen UN-Mitglieder Boden gutzumachen schien.[170]

Zu den drei geschilderten Rahmenprozessen gesellte sich als vierter die fast völlige Lähmung der britischen Handlungsfähigkeit, die die neue Ausgangslage für die menschenrechtlichen Verhandlungen komplettierte. Das britische Außenministerium sah den amerikanischen Vorstoß des »Aktionsprogramms« mit Schrecken. Es durchschaute, daß der Bündnispartner damit nach der innenpolitisch motivierten Absage an die Pakte das internationale Gesicht zu wahren versuchte.[171] Den Briten kam das denkbar ungelegen, mußte es doch mit ihrer Strategie kollidieren, sich nach außen um akzeptable Paktentwürfe zu bemühen, deren Zustandekommen aber faktisch auf den Sankt-Nimmerleins-Tag zu verschieben – der amerikanische Kurswechsel drohte also, die eigene

---

167 Wilcox an Ambassador Lodge, Program to Strengthen US Participation in UN General Assembly, 7.5.1956, hier der angehängte Bericht von Team I: Relations with Uncommitted Countries, 7.5.1956.
168 Report on Sixth General Assembly, Juni 1952; Propaganda in the United Nations, o. Dat. [1953/54?].
169 Vgl. schon früher NARA, RG 84, 1030-E, Box 40, Gilbert W. Stewart, Press and PR Problems in Committees 2, 3, 4, 31.10.1954.
170 Vgl. Wilcox an Ambassador Lodge, Program to Strengthen US Participation in UN General Assembly, 7.5.1956, hier der angehängte Bericht von Team II: US Cold War policy, 7.5.1956. Vgl. auch Bloomfield an Wilcox, Action Program for Improvement of US Participation in UN General Assembly, 25.4.1956.
171 Vgl. die Kommentare in NAK, FO 371/107126; FO 371/107127, West an Bartlett, 4.5.1953.

Obstruktionstaktik zu obstruieren.[172] Darüber hinaus hielten sowohl das *Foreign Office* als auch das *Colonial Office* die Berichtsprozeduren, die die Amerikaner in ihrem Programm vorgesehen hatten, für gefährlich.[173] Das Außenministerium sah die wenigen Staaten, die ehrliche Berichte erstatten würden, dezidiert im Nachteil: »Die kommunistischen Länder würden Berichte einreichen, die alles für perfekt erklären [...], während die demokratischen Länder ihre Mängel eingestehen würden. Das Ergebnis wären Propagandadebatten, die für die westliche Welt höchst unerwünscht und nachteilig wären.« Auch für die Briten galt in diesem Zusammenhang, daß die Vereinten Nationen »nicht als ein Forum des Kalten Kriegs genutzt werden sollten.«[174]

Einerseits mit dem neuen amerikanischen Vorstoß unzufrieden, sah sich die britische Regierung andererseits völlig außerstande, eine tragfähige Gegeninitiative zu entwickeln. Das *Colonial Office* gab die allgemeine Ratlosigkeit wieder, wenn es festhielt, daß »wir die Aufmerksamkeit möglichst stark vom amerikanischen Aktionsprogramm weglenken müssen, doch haben wir keine eigene Alternative anzubieten«.[175] Das *Foreign Office* erwog in einer ausgedehnten interministeriellen Konsultation, »irgendein harmloses Thema« vorzuschlagen, »das in der Öffentlichkeit wirkt«. Es befand schließlich aber die erwogenen Optionen – Glaubensfreiheit und Kinderrechte – für ungeeignet.[176]

Im Jahr 1956 gab die britische UN-Delegation einen Anstoß zum Umdenken. Pierson Dixon, permanenter Stellvertreter bei den Vereinten Nationen, empfahl, in Bereichen, von denen kein Schaden für die wesentlichen britischen Interessen zu erwarten sei, kooperativer zu agieren, etwa mit Blick auf Flüchtlingsfragen, Staatenlosigkeit oder die Aktivitäten des UN-Kinderhilfswerks.[177] Der Lernprozeß, den Dixon anregen wollte, war demjenigen, in dem sich das amerikanische *State Department* zur gleichen Zeit begriffen sah, in vieler Hinsicht ähnlich. Er drang damit aber nicht durch, sondern scheiterte einmal mehr am felsenfesten Widerstand des *Colonial Office*.[178] Wie viele Ideen in diesen Jahren auch immer in den Ring geworfen wurden, die britische Politik kam nicht vom Fleck.[179] Die wiederholten Aufbrüche, die keine waren, die Neuansätze, die ab-

---

172 Vgl. NAK, FO 371/107127, Mason, Minute, 4.5.1953.
173 Vgl. NAK, CO 936/155, Working Party on Human Rights, 21.10.1953; FO 371/107127, Warner an British Embassy The Hague, 10.9.1953.
174 NARA, RG 84, 1030-D, Box 60, Memorandum of Conversation, 15.3.1955. Vgl. auch die Übermittlung der britischen Position an die USA: ebd., RG 59, Central Decimal File, 1955–59, Box 1307, Memorandum of Conversation, 17.3.1955.
175 NAK, CO 936/94, West an Warner, 22.9.1953. Vgl. auch West an Bartlett, 4.5.1953.
176 NAK, FO 371/112479, Warner, Human Rights Policy, 8.6.1954. Vgl. FO 371/112478, Warner, Human Rights Policy, 12.1.1954.
177 Vgl. NAK, FO 371/123796, Pierson Dixon an Selwyn Lloyd, 18.6.1956.
178 Vgl. ebd., Marnham an Murray, 2.8.1956.
179 Vgl. etwa auch NAK, FO 371/161043, A Possible UK Initiative at 16th Session of General Assembly, o. Dat. [1961], einschließlich der Aktennotizen.

gebrochen wurden, bevor sie überhaupt begonnen hatten – sie unterstreichen, daß Großbritannien aufgrund seiner kolonialpolitischen Selbstblockade jede Fähigkeit verloren hatte, in der Menschenrechtsarbeit Impulse zu setzen. Daher mußte es sich wohl oder übel mit einer passiven Rolle begnügen.

Was diese veränderte Kräftekonstellation für die Menschenrechtsarbeit der Vereinten Nationen bedeutete, kristallisierte sich schließlich im verblüffenden Erfolg des menschenrechtlichen »Aktionsprogramms«. Zwar hatte es einen schwierigen Start gehabt. Neben den (zutreffenden) Anschuldigungen, die USA wolle damit von der Arbeit an den Pakten ablenken, richtete sich die Kritik zunächst vor allem auf den Gedanken der Staatenberichte. Mal wurde gegen sie eingewandt, sie stellten eine Einmischung in die inneren Angelegenheiten der Mitglieder dar, mal, sie seien sinnlos.[180] Als erstes schlug die Menschenrechtskommission dann aber die Komponente der »beratenden Dienste« zur Abstimmung vor, welche die Generalversammlung 1955 mit einer turmhohen Mehrheit annahm.[181] Das neue Hilfsprogramm sollte die Beratung durch Experten, ein Stipendienprogramm und die Ausrichtung von Seminaren umfassen.[182]

Daß die beiden anderen Komponenten, also die Berichte und die Studien zu ausgewählten Themen, 1956 auch durchgingen, war verhandlungstechnisch betrachtet das Resultat eines großangelegten Lobbyunternehmens, bei dem die amerikanische Delegation, von den osteuropäischen abgesehen, mit allen Mitgliedern der Menschenrechtskommission gesprochen hatte.[183] Die Weichen für eine gewogene Aufnahme hatte die Delegation bereits 1954 in der Menschenrechtskommission gestellt. Dort präzisierte sie, sowohl Staatenberichte als auch Studien sollten sich mit »Entwicklungen und Fortschritten im Feld der Menschenrechte« befassen; daß auch »Schwierigkeiten« zu erörtern seien, wie ursprünglich vorgesehen war, wurde in dieser Formulierung fallengelassen.[184] Zu diesen Bedingungen fand sich 1956 eine deutliche Mehrheit für beide Komponenten. Zwar meldeten einige Mitglieder weiterhin Bedenken gegenüber dem präzedenzlosen Schritt an, doch begnügten sich andere damit, in der Aussprache sozusagen für das Protokoll festzuhalten, »daß die Rolle der

---

180 Vgl. ORUN, E/2447 bzw. E/CN.4/689, CHR, Report on 9th session, April-Mai 1953.
181 Vgl. ORUN, Document E/2731, E/CN.4/719, CHR, Report on 11th session 1955 und GA, 10th session 1955, 554th meeting; sowie die amerikanischen Reaktionen: NARA, RG 84, 1030-D, Box 60, Memorandum of Conversation, US Human Rights Policy in UN, 10.6.1953; ebd., Memorandums of Conversation, mit Australien, Frankreich, Großbritannien, 29.1.1954, ebd., Criticisms of US Draft Resolutions on Human Rights, 30.3.1955.
182 Vgl. ORUN, CHR, Res. 926 (X).
183 Vgl. NARA, RG 59, Central Decimal File, 1955–59, Box 1307, USUN to State Department, 28.2.1956. Hier auch die Aufzeichnungen über die Gespräche mit dreizehn Delegationen.
184 Vgl. dazu ORUN, CHR, Report on the 10th session 1954.

Kommission nicht darin besteht, Regierungen auf der Grundlage der Berichte zu kritisieren«.[185]

Die amerikanische Delegation hatte damit ihr Programm auf ganzer Linie durchgesetzt und sah allen Grund zur Zufriedenheit – die Beschäftigungstherapie war glücklich verabreicht: »Diese Tätigkeiten [...] können die Kommission ohne weiteres für mehrere Jahre in Anspruch nehmen. Die anderen Delegationen haben unsere Auffassung, daß die Kommission ihr Augenmerk von den Pakten weg- und zu praktischen Aktionsprogrammen hinlenken muß, endlich, wenn auch etwas unwillig, akzeptiert.«[186] Die Idee, Seminare auszurichten, erwies sich in der Folge als besonders attraktiv. Schon bald gab es davon im Schnitt drei pro Jahr. Anfänglich befaßten sie sich mit der gesellschaftlichen Rolle der Frau, dem Schutz von Menschenrechten im Strafrecht und Menschenrechtsverletzungen in der Verwaltungspraxis; sie fanden fast ausschließlich in Asien und Lateinamerika statt.[187] Anfang der sechziger Jahre waren alle Mitglieder der Menschenrechtskommission, ja darüber hinaus alle UN-Mitgliedstaaten überhaupt der Meinung, der große Nutzen der Seminare habe sich erwiesen. Das Seminarprogramm wurde jedes Jahr mit mirakulösen Zustimmungsraten verlängert; in der Generalversammlung 1958/59 passierte es einstimmig.[188]

Und in der Praxis entwickelten sich auch die Staatenberichte zu einem denkbar unkontroversen Programmpunkt. Die Mehrheit der Mitglieder der Menschenrechtskommission hielt sie für sinnvoll, da sie den Erfahrungsaustausch förderten, Regierungen Anlaß zur Bestandsaufnahme böten und Problemzonen deutlich machten.[189] Es ist kein Zeichen von interpretatorischer Kühnheit, wenn man letzteres bezweifelt. Daß die Berichte, die in der Regel etwa die Hälfte der UN-Mitgliedstaaten tatsächlich verfaßte, wenig mehr als hohle Selbstdarstellungen waren, konnten nicht einmal die üblicherweise beschönigenden Verhandlungsberichte verbergen: »Der Sinn des Berichtssystems ist möglicherweise nicht genau verstanden worden«, hieß es etwa 1959; »die meisten Staaten haben die rechtliche Situation beschrieben, nicht die tatsächliche«, vermerkte der Bericht zwei Jahre später.[190] Eine Aktennotiz des britischen *Foreign Office*

---

185 ORUN, E/2844, E/CN.4/731, CHR, Report on 12th session 1956.
186 Mrs Oswald Lord, Report on 12th Session CHR, 5.–29.3.1956.
187 Vgl. ORUN, E/2970/Rev.1, E/CN.4/753/Rev.1, CHR, Report of 13th session 1957; E/3088, E/CN.4/769, CHR, Report of 14th session 1958; E/3229; E/CN.4/789, CHR, Report of 15th session 1959; E/3335, E/CN.4/804, CHR, Report of 16th session 1960; E/3456, E/CN.4/817, CHR, Report of 17th session 1961.
188 Vgl. ORUN, GA, 13th session 1958/59. Vgl. auch E/3456, E/CN.4/817, CHR, Report of 17th session 1961.
189 Vgl. ebd.
190 ORUN, E/3229, E/CN.4/789, CHR, Report of 15th session 1959; E/3456, E/CN.4/817, CHR, Report of 17th session 1961; Vgl. auch E/3616/Rev.1, E/CN.4/832/Rev.1, CHR, Report of 18th session 1962.

Entschärfung des Kalten Kriegs und Harmlosigkeit des »Aktionsprogramms« 143

von 1964 hielt fest, die Berichte seien von ungleichem Wert: Während die Sowjetunion »lange Schilderungen der Fortschritte bei der Industrialisierung, der Produktion, der Wirtschaftsentwicklung« abliefere, treffe Schweden lediglich »kurze Feststellungen, daß es nichts Neues zu berichten gebe«. »Unsere eigenen Berichte«, so schloß die Notiz, »fallen meist in diese letzte Kategorie, weil Menschenrechte bei uns schon eine so führende Stellung haben«.[191]

Soviel Einmütigkeit, wie das »Aktionsprogramm« hervorrief, konnte in der Tat stutzig machen. Das Programm entschärfte, man möchte fast sagen entpolitisierte die Menschenrechtsarbeit bis zur vollständigen Harmlosigkeit.[192] Daß die Seminare vor Ort das Bewußtsein für Menschenrechtsnormen förderten, muß gar nicht bestritten werden. Nach allen anderen Kriterien, mit denen die Organisation ihre Menschenrechtspolitik einst begonnen hatte, schnitt das Aktionsprogramm schlechter ab: Öffentlichkeit für Menschenrechtsverletzungen stellte es nicht her, es ahndete kein staatliches Unrecht, es half keinen Opfern, es formulierte keine Normen oder wenigstens Standards. Letztlich war das Programm vor allem ein Stillhalteabkommen. Doch erfüllte es damit eben das Bedürfnis aller beteiligten Parteien, soweit es reichte und wie unterschiedlich es auch motiviert war, die harten politischen Konfrontationen der frühen Jahre hinter sich zu lassen. Die erstarkten »unterentwickelten« Länder, in deren Interesse die Maßnahmen der »technischen Hilfe« vorrangig lagen, profitierten zudem praktisch davon.[193] Diese spezifische Multifunktionalität sicherte dem Programm eine breite Akzeptanz, die bis hin zu einstimmigen Beschlüssen reichte. Es wirkte dabei wie ein Kommentar zu den ersten eineinhalb Jahrzehnten der UN-Menschenrechtsarbeit, daß sich Universalität dort herstellte, wo sie niemandem mehr irgendwie unbequem werden konnte.

Blickt man über das Aktionsprogramm hinaus auf die weiteren Themenkomplexe der Vereinten Nationen, so erhärtet sich der Eindruck, daß die menschenrechtliche Arbeit in der zweiten Hälfte der fünfziger Jahre weitgehend belanglos vor sich hin plätscherte.[194] In der Menschenrechtskommission kamen an neuen Aktivitäten vor allem die Entwürfe zweier Erklärungen hinzu, zu Kinderrechten und zum Recht auf Asyl. Ansonsten verwendete sie tatsächlich einen wesentlichen Teil ihrer Arbeit auf das Aktionsprogramm. Am aktivsten waren weiterhin die Kommission für die Rechtsstellung der Frau sowie die Unterkommission zur Verhinderung von Diskriminierung. Dieser gelang es, ein ambitio-

---

191 NAK, FO 371/178306, Samuel Hoare, Periodic Reports on Human Rights, 20.6.1964.
192 Vgl. dazu Gilbert W. Stewart, Press and PR Problems in Committees 2, 3, 4, 31.10.1954; NAK, FO 371/107129, Jebb an Eden, 22.12.1953.
193 Vgl. auch Wilcox an Ambassador Lodge, Program to Strengthen US Participation in UN General Assembly, 7.5.1956, hier der angehängte Bericht von Team I: Relations with Uncommitted Countries, 7.5.1956.
194 Für die Zeit ab Anfang der fünfziger Jahre finden sich kaum mehr belangvolle Akten in den Beständen des *Foreign Office*. Vgl. etwa NAK, FO 371/145415.

niertes Programm an Untersuchungen in Gang zu bringen, die sich mit Problemen der Diskriminierung in verschiedenen Bereichen beschäftigten.[195] Die Generalversammlung befaßte sich weiterhin mit den Pakten, mit Informationsfreiheit und mit der Apartheidpolitik. Allerdings rückten nun Auseinandersetzungen über den Zusammenhang von Kolonialherrschaft und Menschenrechtsverletzungen immer mehr in den Vordergrund, etwa in den Fällen der französischen Kolonien Tunesien, Marokko und Algerien. Ein neues, die Menschenrechtsarbeit prägendes Muster bildete sich bei alledem nicht heraus. Wenn der grobe Blick nicht trügt, fand diese, immerhin einige Jahre lang, in einem politischen Machtvakuum statt. Die Aufbrüche der späten vierziger Jahre, die idealistischen wie die propagandistischen, waren weitgehend verpufft, während die Gruppe der antikolonialistischen Staaten noch nicht genügend Stärke entwickelt hatte, um der UN-Menschenrechtsarbeit nachhaltig ihren Stempel aufzuprägen. Ihre Initiativen in diesem Zeitraum waren lediglich Vorboten der größeren Offensiven, die in den sechziger Jahren kommen sollten.

Kein Raum für Eigensinn:
Die Vereinten Nationen als schwacher Akteur

Verschiebt man abschließend die Perspektive und betrachtet die menschenrechtspolitischen Verhandlungen von ihrem prozessualen Ablauf und den institutionellen Funktionsmechanismen her, so werfen sie noch ein weiteres Licht auf die internationale Politik des Zeitraums. Denn sie verweisen darauf, daß sich in internationalen Regierungsorganisationen längst nicht immer Eigenlogiken entfalteten, die staatliche Gegensätze auszuheben vermochten, oft keine konsensstiftenden Dynamiken entstanden, ja die Akteursqualität internationaler Organisationen entscheidend beschränkt bleiben konnte. Das kontrastiert mit dem Bild der Politik dieser Organisationen, ihrer Effekte und Kompetenzen, das die politikwissenschaftliche wie auch die historische Literatur überwiegend gezeichnet hat.

So blieb der Prozeß der Entscheidungsbildung im menschenrechtspolitischen Bereich der Vereinten Nationen, systematisch besehen, denkbar geschlossen. Staaten waren und blieben die dominanten Akteure, bestimmten sie doch maßgeblich sowohl über die Agenda als auch über das Ergebnis der Verhandlungen. Daß einige NGOs das Recht besaßen, Themen für die Agenda vorzuschlagen, änderte daran nichts Wesentliches.[196] Andere bemühten sich darum,

---

195 Vgl. dazu Green, United Nations, S. 88–92.
196 Vgl. zu dem sich wandelnden Status der NGOs: Charnovitz, Nongovernmental Organizations. Vgl. auch White, Peace by Pieces; Chiang, Non-Governmental Organizations; Otto, Nongovernmental Organizations.

Staaten als Sponsoren ihrer Anliegen zu gewinnen, doch oftmals vergebens. Das zeigten Bemühungen wie diejenigen der *International League for the Rights of Man*, die, wie noch zu schildern sein wird, für viele ihrer Vorschläge eben kein Gehör fand. Schließlich setzten sich Staaten in mehreren Fällen sogar dafür ein, die Befugnisse von NGOs zu beschneiden oder einzelne Organisationen mundtot zu machen.[197]

Die staatlichen Delegationen in den Menschenrechtsorganen wiederum lagen an einer kurzen Leine. In den meisten Fragen bestimmten die Außenministerien die Essenz der Verhandlungspositionen vor. Die Delegationen erhielten oft strikte Anweisungen, in denen genau festgehalten war, in welchen Bereichen bis zu welchem Grad Verhandlungsspielraum bestand.[198] Auf diese Weise prädeterminiert, waren die Beschlüsse, die in den Verhandlungen getroffen wurden, dann eine Frage der Arithmetik: Die Mehrheit entschied. Da die Mehrheitsverhältnisse indes nicht immer so einfach lagen – wie gezeigt, waren die lateinamerikanischen Länder in Menschenrechtsfragen keine sichere Bank für das westliche Lager, und zudem sahen sich die USA immer wieder gezwungen, einen Spagat zwischen den europäischen Kolonialmächten und den antikolonialen Staaten zu vollführen –, kam Konsultationen und Absprachen eine hohe Bedeutung zu.[199] In wichtigen Fragen versuchten die westeuropäischen, arabischen und lateinamerikanischen, etwas später auch die afrikanischen Delegationen beziehungsweise generell die Kolonialismusgegner, ihre Positionen jeweils vorab in Einklang zu bringen.[200] Wo die Interessen nicht konvergierten, setzten intensive Lobbyversuche ein.[201] Am wichtigsten waren die Gespräche mit Delegationen, die noch nicht festgelegt waren, denn nur hier bestand überhaupt die Möglichkeit, weitere Unterstützer für das eigene Anliegen zu gewinnen.[202]

Daß sich Delegationen in kontroversen Fragen sachlich überzeugten, dürfte eine Seltenheit gewesen sein; bei den in diesem Kapitel behandelten Themen kam es nicht vor. Den Grad, bis zu dem die Normsetzungsarbeit in den Vereinten Nationen überhaupt als eine argumentative, sachliche Auseinandersetzung

---

197 Vgl. Chiang, Non-Governmental Organization, S. 85–122.
198 Vgl. etwa die Unterlagen in NARA, RG 59, Central Decimal File, 1955–59.
199 Zu dem amerikanischen Spagat vgl. etwa Propaganda in the United Nations, o. Dat. [1953/54?].
200 Vgl. zum Folgenden Klose, Menschenrechte, S. 46–62; Nationaal Archief, Den Haag, Ministerie van Buitenlandse Zaken, Code-archief 1945–1957, nummer toegang 2.05.117, Nr. 19736; Formation of the European Group in the UN, 10.3.1956, in: Goldsworthy (Hg.), Conservative Government; Hovet, Bloc Politics; ders., Role of Africa.
201 Davon zeugen etwa zahlreiche Gesprächsprotokolle in: NARA, RG 84, 1030-E.
202 Vgl. etwa NARA, RG 59, 1381, Box 8, James Hendrick an James Simsarian, 27.7.1948; ebd., RG 84, 1030-G, Box 63, Memorandum of Conversation, Race Conflict in South Africa, 26.11.1952. Vgl. auch NAK, CO 936/317, Anglo-American Conversations on Colonial Affairs in UN, 26.–27.7.1954.

verstanden wurde, markierte die Praxis der »konstruktiven« Gegenvorschläge. Als die amerikanischen und die britischen Delegationen lernten, daß es kontraproduktiv war, unerwünschte Vorschläge anderer Mitglieder einfach abzulehnen, begannen sie vermeintliche Konzessionen zu machen, die die skeptischen und unentschlossenen Delegationen von der eigenen Redlichkeit überzeugen sollten. Dabei achteten sie jedoch akribisch darauf, von der Substanz der eigenen Position nicht abzurücken.[203] Eine intrinsische Kraft, ein Eigengewicht, das die Delegationen daran gehindert hätte, einmal bezogene Positionen zu verändern oder neue zu beziehen, entwickelten die Argumentationslogiken in den Verhandlungen zudem nicht, jedenfalls nicht in den wichtigen Momenten. Als sich etwa die Außenministerien der USA und Großbritanniens nach der Weltkonferenz über Informationsfreiheit von 1948 an die Hundertachtziggrad-Volte begaben, die Konventionen nicht länger zu unterstützen, waren sie sich bewußt, daß dies inner- und außerhalb der Vereinten Nationen ein hochgradiges »PR-Problem« darstellte.[204] Davon ließen sie sich jedoch nicht abhalten.

Hinter verschlossenen Türen gelangen zuweilen Kompromisse. So arbeiteten etwa in der Generalversammlung von 1949 Frankreich, Kolumbien, Peru, Großbritannien und die USA in fast zwanzig inoffiziellen Treffen einen Kompromiß aus, der umstrittene Aspekte des Rechts auf Richtigstellung und der »Verantwortlichkeiten« der Medien betraf.[205] Dem war es zu verdanken, daß die Verhandlungen über Informationsfreiheit überhaupt fortgesetzt werden konnten. Mit Blick auf deren später vollständige Lähmung handelte es sich dabei allerdings um einen begrenzten Erfolg.

Angesichts eines derart eng regulierten, für politischen Eigensinn und unvorhergesehene Wendungen so wenig offenen Verhandlungsprozesses konnten die Vereinten Nationen im Menschenrechtsbereich kaum eine der problemüberwindenden Leistungen erbringen, die die politikwissenschaftliche Theorie internationaler Regierungsorganisationen immer wieder attestiert hat.[206] Daß der grenzüberschreitende Charakter bestimmter Probleme das internationale Bemühen um Lösungsmöglichkeiten nach sich gezogen habe, wie der

---

203 Vgl. etwa in den Verhandlungen über Informationsfreiheit NARA, RG 353, Box 111, Committee on International Social Policy, Conference on Freedom of Information, 11.3.1948; ebd., RG 59, 1238, Box 46, UN Conference on Freedom of Information, US Position, 5.3.1948.
204 Vgl. NARA, RG 84, 1030-B, Box 20, UN Liaison Committee, Public Opinion Policy Subcommittee, Draft Convention on Freedom of Information – Observations on US Position, 26.8.1949, hier das Zitat; ebd., RG 59, 1238, Box 27, Draft Convention on Freedom of Information, 29.8.1949; NAK, FO 371/72786, Hutton an Boothby, November 1948; Boothby an Hutton, 17.11.1948; FO 371/95833, Corley Smit an Dudley, 12.5.1951; ebd., Edmund Howard, UN Draft Convention on Freedom of Information, 25.5.1951.
205 Vgl. ORUN, GA, 3rd session 2nd part 1949, hier: report of Subcommittee 5 on draft convention on gathering of news.
206 Vgl. als Überblick: Simmons/Martin, International Organizations; Diehl (Hg.), Politics.

Funktionalismus postuliert, läßt sich nicht erkennen.[207] Der aus historischem Blickwinkel springende Punkt liegt darin, daß die meisten Staaten in der Nachkriegszeit Menschenrechte gerade *nicht* als eine transnationale, potentiell alle betreffende Problemlage wahrnahmen. Und auch die Befunde des liberalen Institutionalismus lassen sich in der frühen UN-Menschenrechtspolitik nicht in nennenswertem Maße wiedererkennen: daß nämlich die institutionellen Arrangements internationaler Organisationen kooperative Lösungen begünstigen, indem sie feste Entscheidungsmechanismen verfügbar machen, Verfahren der Konfliktschlichtung schaffen und das Ausscheren aus der gemeinsamen Arbeit erschweren.[208] Schließlich zeigte sich die Weltorganisation in menschenrechtlichen Fragen auch nicht, wie der politikwissenschaftliche Konstruktivismus annimmt, als Agentur, die das konsensuelle Bekenntnis zu Werten zu befördern vermochte.[209] Wertgebundene Interessen spielten in den Verhandlungen zweifellos eine tragende Rolle, doch wurden sie eben zumeist, im Sinne einer antagonistischen Imagepolitik, *auf Kosten* des politischen Gegners verfolgt.

Um näher zu bestimmen, inwieweit es die Vereinten Nationen vermochten, als eigenmächtiger Akteur in Erscheinung zu treten, gilt es die Fragerichtung indes noch einmal zu verändern. Denn die jüngsten politik- wie auch geschichtswissenschaftlichen Untersuchungen haben gezeigt, daß es dafür vor allem die Sekretariate der internationalen Organisationen und damit die internationale Beamtenschaft zu betrachten gilt.[210] Die internationalen Beamten fühlten sich oftmals nicht in erster Linie den engen nationalen Interessen ihrer Herkunftsländer verpflichtet, sondern entwickelten eine starke Loyalität gegenüber der Organisation und versuchten deren Kapazitäten auszubauen. Die neueren historischen Studien gelangen dabei insgesamt zu sehr positiven Einschätzungen des Akteursvermögens. Ganz wesentlich hängt das damit zusammen, daß sie eine weitaus größere empirische Tiefenschärfe erreichen als politikwissenschaftliche Studien.[211] Diese wird allerdings zuweilen mit einer engen Untersuchungsperspektive erkauft. Einige Arbeiten haben sich ausschließlich darauf konzentriert, nachzuweisen, *daß* internationale Organe Handlungskapazität besaßen; und dafür haben sie zudem noch einen weiten Begriff von Akteur

---

207 Vgl. zum Funktionalismus: Haas, Nation-State; Lamy, Approaches.
208 Vgl. dazu Vasquez, Power, S. 287–316; Keohane/Nye, Power, insbes. S. 35 f.; Keohane, International Institutions, S. 1–20.
209 Vgl. Ruggie, Constructing, S. 1–39.
210 Daniel Maul hat die Frage nach der Akteursqualität internationaler Organisationen bislang am konsistentesten durchexerziert. Vgl. Maul, Menschenrechte; ferner ders., Internationale Organisationen.
211 Auf politikwissenschaftliche Studien, die die »realistische« Skepsis hinter sich lassen und auf die Akteurskapazität internationaler Organisationen hinweisen, nehme ich weiter unten Bezug.

zugrunde gelegt.[212] Wer so sucht, kann im Grunde nicht anders, als fündig zu werden.

Will man das Bild einerseits verfeinern, andererseits stärker kontextualisieren, so lassen sich drei große Bereiche abgrenzen, in denen sich Autonomie und Handlungsmacht internationaler Organisationen erweisen können.[213] Ein erster Bereich besteht in Vermittlungsleistungen. In der Menschenrechtspolitik der vierziger und fünfziger Jahre ist die Bilanz der Vereinten Nationen dabei eher negativ. Die UN-Beamten vermochten es überwiegend nicht, Konflikte zu schlichten, indem sie die gemeinsame Interessengrundlage erweiterten, wie es Ernst B. Haas beschrieben hat.[214] Statt dessen ähnelte das Muster häufiger einer Politik des kleinsten gemeinsamen Nenners; zuweilen scheiterten die Verhandlungen ganz, und ursprünglich für wichtig befundene Normen kamen nicht zustande. Auch daß es dem UN-Sekretariat gelungen sei, das politische Umfeld zu verändern, indem es Konsens auslotete, Verbündete machte und starke Koalitionen schmiedete, gegebenenfalls auch mit nicht-staatlichen Akteuren, läßt sich schwerlich erkennen. Am ehesten traf das auf das Vorgehen der *Ad hoc*-Kommission zu, die die Untersuchungen zur Zwangsarbeit organisierte, wobei deren Effekte, wie beschrieben, durchaus begrenzt blieben.

Ein zweiter, größerer Bereich, betrifft das, was man zusammenfassend als Definitionsmacht einer Organisation bezeichnen könnte. Die menschenrechtspolitische Arbeit des UN-Sekretariats in den vierziger und fünfziger Jahren erfüllt dabei viele der Kriterien, die sich anlegen lassen, um die autonome Gestaltungskraft internationaler Organisationen zu demonstrieren.[215] So bereitete die Menschenrechtsdivision unter John Humphrey viele Entscheidungen vor, indem sie Vorlagen erstellte und an Entwürfen und Resolutionstexten mitarbeitete. Am erheblichsten dürfte in der Frühphase ihre Mitwirkung an der Allgemeinen Menschenrechtserklärung gewesen sein, denn hier stellte sie das Ausgangsmaterial an Rechten und Bestimmungen zusammen, mit dem die Staatenvertreter in der Folge arbeiteten. Die Division war zudem an zahlreichen Studien und Berichten beteiligt, die die mit Menschenrechten befaßten Organe zu erstellen hatten. Das galt etwa für die Untersuchungen, die die Menschenrechtskommission im Rahmen des »Aktionsprogramms« erstellte, das

---

212 Die Kriterien sind dabei meist, ob nicht-staatliche Akteure und vor allem die Sekretariate Themen setzen, Agendapunkte beeinflussen, eigenverantwortlich Informationen sammeln und Berichte oder Dokumentationen erstellen konnten. Vieles davon war allerdings *per se* schon die Aufgabe der Sekretariate. Vgl. Kott, L'assurance; Clavin/Wessels, Transnationalism. Umfassender dagegen: Pedersen, League of Nations.
213 Ich stütze mich im Folgenden auf: Haas, Nation-State, S. 126–138; Cox/Jacobson (Hg.), Anatomy; Jacobson, Networks, S. 310–346; Reinalda/Verbeek, Policy Making; Haas/Keohane/Levy, Effectiveness; Barnett/Finnemore, Politics; Barnett/Finnemore, Rules.
214 Haas, Nation-State, S. 127.
215 Vgl. auch, allerdings vorwiegend mit Blick auf spätere Phasen: van Boven, Role.

die Arbeit der Kommission auf unstrittige Felder lenkte. Ferner schildert John Humphrey in seinen Memoiren, den Bericht über Informationsfreiheit, den der Philippine López 1953 vorlegte, habe im Wesentlichen ein Mitarbeiter der Division verfaßt; López bekleidete den nach der Auflösung der Unterkommission für Informationsfreiheit neu geschaffenen Posten des Berichterstatters.[216] Gerade das Schicksal dieses Berichts illustriert aber, daß es zu kurz greifen würde, hier schlicht von einem Beispiel für autonome Handlungsfähigkeit zu sprechen. Weil er die vorherrschenden Differenzen vergleichsweise ungeschminkt zur Sprache brachte, wurde er nämlich von allen Seiten scharf kritisiert und zum Anlaß genommen, das Mandat des Berichterstatters nicht zu verlängern. Der Bericht hatte also nicht den Effekt, die UN-Arbeit zur Informationsfreiheit zu stärken; daß er sie institutionell sogar besiegelte, wenngleich ungewollt, dürfte allerdings eine Ausnahme gewesen sein. Den Bericht zur Zwangsarbeit schließlich, eine wenn auch zurückhaltende, so doch geographisch breite und informationsreiche Dokumentation unfreier Arbeitspraktiken, hatte überwiegend die IAO ausgearbeitet.[217] Mit Blick auf diese Tätigkeiten wird man daher sagen können, daß die Menschenrechtsdivision durchaus eine gewisse Autonomie hatte. Deren Bedeutung lag jedoch im Detail, ihr Einfluß war punktuell, und die Tragweite ihrer Handlungen eher gering.

Ob man daher soweit gehen sollte, stärkere Kriterien als erfüllt anzusehen, erscheint fraglich. So mögen internationale Organisationen prinzipiell fähig sein, soziale Wirklichkeit zu verändern, indem sie Themen setzen, das Bewußtsein für gemeinsamen Handlungsbedarf erzeugen und damit politische Interventionen rechtfertigen.[218] Das trifft auf das UN-Menschenrechtssystem insofern zu, als seine Existenz Akteure inner- und außerhalb der Organisation dazu antrieb, wahrgenommene Probleme als Menschenrechtsprobleme zu deuten und öffentlich zu machen. Wie im vierten Kapitel ausführlich geschildert, versuchten zahlreiche zivilgesellschaftliche Gruppen, die sich staatlicher Unterdrückung ausgesetzt sahen, durch den Hinweis auf Menschenrechtsverletzungen ein internationales Problembewußtsein zu erzeugen. Dennoch demonstriert der historische Blick vor allem die kontroverse Offenheit dieses Prozesses – Fälle, in denen die »internationale Gemeinschaft« wenigstens überwiegend an einem Strang zog, gab es kaum – und vielfach auch seine Ergebnislosigkeit. Im Kleinen mag das Sekretariat mitgeholfen haben, Themen zu formulieren, etwa was das Studienprogramm der Unterkommission zur Verhinderung

---

216 Vgl. Humphrey, Human Rights, S. 121.
217 Vgl. ebd., S. 104.
218 Diese Kriterien sind bezeichnenderweise am UN-Flüchtlingskommissar, an den Friedensoperationen der Vereinten Nationen und an der Umweltpolitik der neunziger Jahre entwickelt worden. Vgl. Barnett/Finnemore, Politics; Haas/Keohane/Levy, Effectiveness.

von Diskriminierung oder was die Fragen betrifft, die die Menschenrechtskommission im Rahmen des Aktionsprogramms untersuchte; aber meistens waren dabei die Regierungsvertreter dominant. Als gemeinsame Aufgabe verstanden die Mitgliedstaaten den Menschenrechtsschutz mehrheitlich nicht, politische Interventionen versuchten sie um jeden Preis zu verhindern.

Damit stand der Menschenrechtsbereich nicht stellvertretend für alle Tätigkeiten der Weltorganisation. Die Befunde, die sich an ihm gewinnen lassen, verweisen vielmehr darauf, wie stark das UN-Sekretariat in sich differenziert war. In den stärker ›technischen‹ Bereichen der Vereinten Nationen konnte es nämlich durchaus einen definitorischen Einfluß entfalten und sogar mitwirken, Politik zu koordinieren und Entscheidungen vor Ort umzusetzen.[219] Das dokumentierte sich in der Arbeit der Statistikabteilung, der Atombehörde, der regionalen Wirtschaftskommissionen, im Entwicklungsprogramm, in der Arbeit des Flüchtlingskommissars oder einer Sonderbehörde wie der Weltgesundheitsorganisation. Viele Historiker und Politikwissenschaftler haben ihre Interpretationen in erster Linie an diesen eher ›technischen‹ Organisationen, vor allem an der IAO, oder an den eher ›technischen‹ Fragen in den Vereinten Nationen entwickelt.[220] Das erklärt zu einem guten Teil, warum sie die Akteursqualität internationaler Organisationen derart hoch veranschlagt haben. Das davon abweichende Bild der Menschenrechtspolitik macht deutlich, wie wichtig es ist, zwischen unterschiedlichen Bereichslogiken zu differenzieren. Auch in der internationalen Gesundheits- oder Bevölkerungspolitik war internationale Kooperation über ideologische Grenzlinien hinweg nicht einfach zu erzielen oder stets erfolgreich. Doch ließ sich größere Einigkeit in den politischen Diagnosen herstellen – darin, daß das Bevölkerungswachstum problematisch sei, daß es bestimmte Krankheiten auszurotten gelte, oder daß der »Entwicklungsrückstand« des globalen Südens beseitigt werden müsse.[221] Im Menschenrechtsbereich gab es zudem kein Äquivalent zu dem Sachwissen, über das internationale Gesundheitsbeamte, Entwicklungsplaner oder Bevölkerungsstatistiker verfügten. Daher konnten die Mitarbeiter des UN-Sekretariats auch nicht in gleichem Maße auf technische oder wissenschaftliche Kenntnisse rekurrieren, um Problemlösungen einzufordern.

Vielleicht am stärksten fiel jedoch ins Gewicht, daß das Menschenrechtsprogramm mindestens in der Frühphase überhaupt ein Stiefkind des Sekretariats war – zuweilen lediglich vernachlässigt, zuweilen auch offen benachteiligt. Nicht alle Beamten des Sekretariats waren vom Sinn der Menschenrechtsarbeit überzeugt. Unter den Stellvertretenden Generalsekretären für Soziale

---

219 Vgl. Mango, Role; Jolly u. a., Contributions.
220 Mit der IAO befassen sich Haas, Nation-State; Reinalda/Verbeek, Policy Making; Maul, Menschenrechte; Kott, L'assurance.
221 Vgl. Frey, Experten; Connelly, Misconception; Manela, Pox.

Angelegenheiten galt der bis 1951 amtierende Henri Laugier als Befürworter eines starken Menschenrechtssystems; nicht zuletzt versammelte er hoch motivierte Mitarbeiter um sich, die er zum Teil aus den beschriebenen internationalistischen Netzwerken der Zwischenkriegs- und Kriegsjahre kannte.[222] Auf seine beiden Nachfolger, Guillaume Georges-Picot und vor allem Philippe de Seynes, scheint das hingegen deutlich weniger zugetroffen zu haben.[223] Noch bedeutsamer waren die Versuche des von 1953 bis zu seinem Tod 1961 amtierenden Generalsekretärs Dag Hammarskjöld, das Menschenrechtsprogramm der Vereinten Nationen herabzustufen. Im Jahr 1954 begann der Schwede einen Reorganisationsprozeß, der auf größere administrative Effizienz und finanzielle Einsparungen ausgelegt war. Er sollte vor allem zu Lasten des Bevölkerungs- und des Menschenrechtsbereichs durchgeführt werden. John Humphrey ließ der Generalsekretär wissen: »Es gibt eine Fluggeschwindigkeit, unterhalb der ein Flugzeug nicht in der Luft bleibt. Ich möchte, daß Sie das [Menschenrechts-] Programm genau in dieser Geschwindigkeit fortführen, und nicht darüber hinaus.«[224] Hammarskjöld verringerte vor allem die Mitarbeiterzahl der Division. Weiterreichende Absichten, diese institutionell zu schwächen, setzte er zwar nicht um, doch griff er in eine Reihe von Aspekten der Menschenrechtsarbeit hemmend ein. Er sprach sich gegen Humphreys Vorschlag aus, 1954 eine Konferenz anzuberaumen, um die Menschenrechtspakte abzuschließen, da er die Arbeit an ihnen nicht befördern wollte. Er versuchte überdies, die Unterkommission für die Verhinderung von Diskriminierung davon abzubringen, weitere Studien zu erstellen, und opponierte anfänglich gegen die Komponente der technischen Assistenz im »Aktionsprogramm«. Schließlich instruierte er die Menschenrechtsdivision 1956, einen griechischen Vorschlag zu entschärfen, der darauf zielte, ein Verfahren zu schaffen, um Klagen über Menschenrechtsverletzungen zu überprüfen. Die Entscheidung, Israel von der Idee abzubringen, der Generalsekretär selbst solle befugt sein, bei solchen Klagen tätig zu werden, scheint unter den leitenden Beamten sogar einvernehmlich gewesen zu sein.[225]

Hammarskjölds Demontageversuche auf seinen politischen Stil zurückzuführen, auf seine Vorliebe, selbst in Aktion zu treten und Probleme über *high level diplomacy* zu lösen, liefert für seine Haltung keine ausreichende Erklärung. Seine Eingriffe reagierten wesentlich stärker auf die scharfe politische Polarisierung und die vielfachen Blockaden, die die Menschenrechtsarbeit dieser Jahre

---

222 Vgl. Winter/Prost, Cassin, S. 235 f.
223 Vgl. dazu und zum Folgenden neben Humphrey, Edge, und Humphrey, Human Rights, vor allem: Hobbins, Human Rights; King/Hobbins, Hammarskjöld. Vgl. ferner Ramcharan, Good Offices. Zu de Seynes vgl. auch NAK, FO 371/137054, Scott Fox an O'Neill, 4.2.1958.
224 Zitiert nach Hobbins, Human Rights, S. 164.
225 Das berichtet John Humphrey. Vgl. Humphrey an Trevelyan, 9.4.1958.

unfruchtbar zu machen drohten. Eine Reihe von Äußerungen des Generalsekretärs weist darauf hin, daß er glaubte, die menschenrechtlichen Diskussionen trügen dazu bei, die politischen Spannungen innerhalb der Organisation nur noch zu verschärfen.[226] Die Menschenrechtsarbeit sah er als Irritationsfaktor für die Kernaufgabe der Vereinten Nationen, sich um den Frieden zu bemühen, und wollte sie daher möglichst stillstellen. Damit stand im Einklang, daß er, nach anfänglicher Skepsis, das amerikanische »Aktionsprogramm« durchaus befürwortete, wohl in dem Maße, wie er den harmonistischen Charakter des Programms erkannte.[227] Hammarskjöld und die seinen Instruktionen folgenden Beamten, und damit ein gewichtiger Sektor des UN-Sekretariats, teilten also die Wahrnehmungen, aus denen heraus eine Reihe von Staaten um die Mitte der fünfziger Jahre einen politischen Kurswechsel vollzog. Damit wirkte das Sekretariat seinerseits daran mit, die Konfrontation zu entschärfen und die Zahnlosigkeit der Menschenrechtspolitik zu besiegeln.

Ein letzter Bereich, an dem die Akteursfähigkeit internationaler Organisationen abzulesen ist, läßt sich lose unter den Begriffen der Lösungsfähigkeit und der Autorität fassen. Die stärkeren Kriterien erfüllte die UN-Menschenrechtsarbeit in der Frühphase wiederum nicht. Daß die Mitgliedstaaten sich nicht auf Maßnahmen einigen konnten, um die auf der Agenda erscheinenden Probleme zügig und effektiv zu lösen, indem sie etwa Überwachungsmechanismen schufen, administrative Verfahren entwickelten oder Verhaltensstandards festlegten (dies noch am ehesten), stellte wie beschrieben gerade das Kardinalproblem der frühen Menschenrechtspolitik dar. Auch läßt sich nicht beobachten, daß die Mehrheit der Mitglieder Entscheidungen akzeptierte und loyal umsetzte, selbst wenn sie mit ihnen nicht einverstanden waren. Eher konnte es vorkommen, daß sich Staatenvertreter auf die Prinzipien der Organisation beriefen, um ihre eigenen politischen Anliegen zu rechtfertigen. Das mag dafür sprechen, daß die Vereinten Nationen eine gewisse menschenrechtliche Autorität gewannen. Doch zeigen die frühen Verhandlungen eben auch, daß sich praktisch jede Art von politischen Maßnahmen als menschenrechtlich begründet ausgeben ließ, einschließlich solcher, die auf die Beschneidung von Freiheiten zielten. Darüber hinaus geschah es vermutlich des öfteren, daß Staaten ihnen unbequeme Entscheidungen in Kauf nahmen, weil sie die fortgesetzte Mitgliedschaft in der Organisation als wichtiger ansahen; auch das konnte für die Autorität der Organisation sprechen. Gerade in der Politik der USA und Großbritanniens stellt man aber ebenso eine überraschend breite Palette von Taktiken fest, sich zu verweigern oder sogar zu entziehen, ohne gänzlich mit den Vereinten Nationen brechen zu müssen. Die Vereinten Nationen bewiesen im Menschenrechtsbereich

---

226 Vgl. King/Hobbins, Hammarskjöld, S. 351.
227 Vgl. dazu Mrs Oswald Lord, Report on 12th Session Commission on Human Rights, 5.–29.3.1956.

also, nimmt man alles das zusammen, ihre Akteursqualität, doch war sie eben schwach ausgeprägt, entfaltete ein sehr geringes Durchschlagsvermögen und bewies wenig Veränderungskraft. Wo sie sich am stärksten geltend machte, nämlich in den Manövern des Generalsekretärs Hammarskjöld, richtete sie sich paradoxerweise darauf, den menschenrechtlichen Arbeitszusammenhang möglichst einzudämmen.

3. Menschenrechte im Europarat und in der Organisation Amerikanischer Staaten

Die Entwicklungen in der internationalen Menschenrechtspolitik, die sich in Westeuropa und Lateinamerika vollzogen, auf einen gemeinsamen Nenner zu bringen, fällt nicht ganz leicht. Menschenrechte bildeten einen Aspekt der regionalen Neuordnungsversuche, die den Erfahrungen des Kriegs und der unmittelbaren Nachkriegszeit entsprangen – faßt man es abstrakt, sind die Gemeinsamkeiten damit bereits erschöpft. Alles, was darüber hinausreicht, verweist viel eher darauf, wie disparat die historischen Rhythmen und politischen Entfaltungsmöglichkeiten der Menschenrechtsidee waren. Das zeigt bereits ein Blick auf die sichtbarsten Ergebnisse. Denn in Europa entstand schon früh ein formal geschlossenes System, bestehend aus einer Konvention, einer Kommission und einem Gerichtshof. Im Vergleich mit den Vereinten Nationen mußte es mindestens theoretisch als stark erscheinen. Die lateinamerikanischen Staaten hingegen verabschiedeten bis Ende der fünfziger Jahre lediglich eine unverbindliche Erklärung. Nicht einmal einen institutionellen Rahmen schufen sie, wie er in den Vereinten Nationen doch immerhin bestand. Von einem lateinamerikanischen Menschenrechtssystem läßt sich daher erst später sprechen; voll ausgebildet war es am Ende der siebziger Jahre.

Die verschiedenen Pfade erklären sich vor allem aus den unterschiedlichen Bedürfnissen und Befürchtungen, die die zwischenstaatlichen Verhandlungen auf beiden Kontinenten leiteten. In beiden Regionen gab es Bestrebungen, ausgehend von den Europabewegungen hier, von einigen wenigen Regierungen dort, mit dem internationalen Schutz von Menschenrechten die sicherheitspolitische Lehre aus dem Weltkrieg zu ziehen, daß die Kriegslüsternheit totalitärer Diktaturen vorbeugende Eingriffsmöglichkeiten unabdingbar mache. Die im Europarat versammelten Regierungen setzten diesen Impuls um. Dabei scheuten sie ebenso argwöhnisch vor weitreichenden Selbstbindungen zurück, wie zur gleichen Zeit die Mehrzahl der Staaten in den Vereinten Nationen. Doch glaubten sie eben auch, eine emblematische Konzession an die lautstarken Forderungen der Europavereinigungen und der europäischen Parlamentarier nicht vermeiden zu können. Auch entfaltete das Bekenntnis zu Menschenrechten im westeuropäischen Kontext eine doppelte Plausibilität, die ihm in Lateinamerika fehlte. Es beförderte die Gemeinschaftsbildung, weil es dem Selbstverständnis »Europas« ein wertbezogenes Element hinzufügte. Und es versprach, den entstehenden Raum gegen die ganz unmittelbar erfahrbare

Drohung kommunistischer Penetration zu stabilisieren. Dabei lag ihm zunächst ein stark konservativ geprägter und ein allein auf politische und bürgerliche Rechte abstellender Menschenrechtsbegriff zugrunde. Die Untersuchung der Genese des europäischen Menschenrechtssystem kann auf zwei eingehenden, archivgestützten Studien aufbauen – sie ist der einzige Aspekt, der historisch bislang tiefergreifend erforscht worden ist.[1]

In der westlichen Hemisphäre hingegen verhinderte es die alles überschattende Furcht vor äußerer Einmischung, daß sich eine Mehrzahl der Regierungen auf internationale Garantien festlegte. Die Anschauung des kriegerischen Flächenbrands, den die faschistischen und militaristischen Regime in Europa und Asien entfacht hatten, stand hier hinter anderen Erfahrungen zurück, hinter der jahrzehntelangen Interventionspraxis der USA, ihrer brüsken Abkehr vom Kontinent nach dem Krieg, aber auch der endemischen Brüchigkeit der politischen Verhältnisse in den lateinamerikanischen Staaten. Tatsächlich ist die Geschichte des Menschenrechtsgedankens im interamerikanischen Konzert sehr weitgehend die Geschichte des Nichtinterventionsgedankens, der jenen daran hinderte, Geltung zu erlangen. Hier änderten sich die Voraussetzungen indes am Ende der fünfziger Jahre, als das säkulare Ereignis der kubanischen Revolution ein neues Verständnis kontinentaler Sicherheit erzeugte. Darin lag der wichtigste Ursprung der menschenrechtlichen Untersuchungs- und Schutzverfahren, die nun binnen eines Jahrzehnts geschaffen wurden.

Unterschied sich mithin die Entstehung der beiden Systeme, so glich sich ihre Praxis in einer etwas überraschenden Hinsicht, nämlich darin, daß sie vorerst weitgehend ausblieb. Die Europäische Menschenrechtskonvention produzierte den markanten historischen Widerspruch, daß sie einerseits die weltweit weitreichendsten Klagemöglichkeiten schuf, die andererseits jahrzehntelang fast niemand nutzte. Daß die Europaratsmitglieder am Ende der sechziger Jahre das griechische Militärregime kritisch ins Visier nahmen, war und blieb eine Ausnahme. Einmal in Gang gekommen, enthüllte das multilaterale Vorgehen gegen die griechische Junta eine Reihe politischer Ambivalenzen. Dazu gehörte der Balanceakt, den viele Mitglieder zwischen neuartigen Formen des innenpolitischen Protests und geostrategischen Prioritäten vollzogen. Ebenso zählte dazu, daß der Europarat Griechenland vor allem symbolisch abstrafte. Das verfehlte seine Wirkung auf die Machthaber zwar nicht, entlastete aber gleichzeitig die europäischen Beziehungen zu dem Land. Um dieselbe Zeit eroberte sich die noch junge interamerikanische Kommission einen neuartigen Handlungsspielraum, indem sie Menschenrechtsverletzungen in den bürgerkriegsähnlichen Auseinandersetzungen untersuchte, die die Dominikanische Republik in ihrem Griff hielten. Wie wenig verbindlich die regionalen Kooperationsstrukturen

---

1 Vgl. Simpson, Rights; Duranti, Rights. Für die OAS ist, allerdings vor allem für die spätere Phase, hervorzuheben: Dykmann, Endeavors.

nach wie vor waren, illustrierte dann allerdings der Umstand, daß der dominikanische Konflikt durch eine Militärintervention der USA entschieden wurde. Gleichwohl trugen die Ereignisse sowohl in Griechenland als auch in der Dominikanischen Republik dazu bei, daß menschenrechtspolitische Sensibilitäten im internationalen Raum wuchsen, unter zivilgesellschaftlichen Akteuren stärker als unter staatlichen.

Am ähnlichsten schließlich sind sich die beiden regionalen Menschenrechtsgebäude, wenn man sie aus der größten Distanz, aus einer systemischen Perspektive betrachtet. Dann nämlich demonstriert ihre Geschichte, daß vielschichtige Interessenkalküle und mehrdimensionale Bedeutungszuschreibungen darüber entschieden, ob und wie sich menschenrechtspolitische Zusammenhänge entwickelten. Und sie verdeutlichen, daß es diskontinuierliche Schübe, daß es abrupte Funktionsanpassungen waren und zuletzt auch die schiere Ereignishaftigkeit, die dafür sorgten, daß sich menschenrechtliche Norm- und Institutionengefüge veränderten. Dabei verband die beiden regionalen Systeme auch eine wichtige Parallele mit den Entwicklungen in den Vereinten Nationen: Denn in Europa und Lateinamerika waren die erwartungsvollen Aufbrüche der Jahre um das Kriegsende ebenfalls bald schon weitgehend zum Stillstand gekommen.

Der konzedierte Gründungskonsens: Entstehung und Bedeutung der Europäischen Menschenrechtskonvention

Die 1950 verabschiedete Menschenrechtskonvention war die bemerkenswert frühe Errungenschaft des erst im Jahr zuvor gegründeten Europarats und, so sehen es viele Autoren, bis heute seine bedeutendste. Die Entstehungsgeschichte beider, der Institution wie auch ihres Rechtsdokuments, war dennoch nicht einlinig. Sie schälte sich aus einer Vielzahl recht unterschiedlicher Konzeptionen, aus handfesten politischen Konflikten und aus einem mehrsträngigen Entscheidungsprozeß heraus, in dem es auch Verlierer gab.

Die Forderung nach einem europäischen Menschenrechtsdokument kam zuerst in den Reihen der Europabewegungen auf. Zwischen 1946 und 1948 entstanden überall in Westeuropa Vereine, Gruppierungen und Bünde, die sich den Gedanken der europäischen Einheit auf die Fahnen schrieben.[2] Sie konnten eine erhebliche Anzahl von Anhängern mobilisieren und fanden für ihre Projekte in der Öffentlichkeit breitgestreute Aufmerksamkeit. Ihre Vorstellungen davon, wie das angestrebte »Europa« aussehen sollte, waren bunt und sogar widersprüchlich. Etwas vergröbernd betrachtet, verlief die Hauptkonfliktlinie

---

2 Vgl. Lipgens, Anfänge.

zwischen den Föderalisten und den Unionisten.³ Die Föderalisten, zahlenmäßig die größere Gruppe, waren politisch in einem Spektrum angesiedelt, das von der demokratischen Mitte bis zur konservativen Rechten reichte. Sie wollten Europa als einen Bundesstaat organisieren, in dem die Nationalstaaten einige ihrer souveränen Kernkompetenzen an supranationale Organe abtreten sollten. Hierin setzten sich manche Pläne föderalistisch gesinnter Widerstandsgruppen fort, und tatsächlich blieben viele, die ihnen angehört hatten, im Rahmen der Europabewegungen aktiv. Die Unionisten hingegen waren deutlich konservativ ausgerichtet. Schon im September 1946 hatte sich Winston Churchill, der im Jahr zuvor überraschend abgewählte britische Kriegspremier, mit einer viel beachteten Rede in Zürich zum Wortführer dieser Richtung aufgeschwungen. Den Unionisten schwebte ein Europa vor, in dem die Nationalstaaten ihre Souveränität möglichst weitgehend beibehalten sollten. Sie wollten eine zwischenstaatliche Vereinigung, die über bilaterale Abkommen und intergouvernementale Zusammenarbeit zustande kommen sollte.

In ihren menschenrechtlichen Vorstellungen zogen Föderalisten und Unionisten, Sozialisten und Konservative zunächst einmal prinzipiell an einem Strang. Dabei fielen die anvisierten Schemata in dem Maße detaillierter aus, in dem sich die Gründung eines Europarats klarer abzeichnete und dann auch bereits eingeleitet wurde. Die *Union Européenne des Fédéralistes*, mit bis zu 100.000 Anhängen die mitgliederstärkste aller Bewegungen, forderte seit ihrem inauguralen »Hertensteiner Programm« von 1946 eine »Erklärung europäischer Bürgerrechte« und zwei Jahre darauf zudem eine supranationale Kommission, die die Einhaltung der Menschenrechte in Europa überwachen sollte.⁴ Die *Europäische Parlamentarier-Union*, mit der Richard Coudenhove-Kalergi seine Europaaktivitäten für ein paar Jahre fortsetzte, bis sie 1950 zerfiel, strebte eine *Bill of Rights* an und dachte ebenfalls über eine Instanz nach, die Menschenrechtsverletzungen ahnden könne.⁵ Die beiden wichtigsten Bewegungen, die aus der europäischen Parteienkooperation hervorgingen – der *Mouvement Socialiste pour les États-Unis d'Europe* und die *Nouvelles Équipes Internationales*, der europäische Arm der christdemokratischen Parteien –, engagierten sich im Laufe des Jahres 1949 für eine Menschenrechts-Charta und einen zugehörigen Gerichtshof.⁶

3 Vgl. dazu und zum Folgenden neben Lipgens, Anfänge: Brunn, Einigung, S. 51–68; Mittag, Kleine Geschichte, S. 55–90; Loth, Weg nach Europa S. 48–91.
4 Vgl. European Union of Federalists, Hertenstein Programme, 22.9.1946; European Union of Federalists, Executive Bureau, Report on General Policy, 6.3.1948.
5 Vgl. Coudenhove-Kalergi, Memorandum, 15.1.1948; European Parliamentary Union, Second Congress at Interlaken, 1.–5.9.1948. Zum Teil dachte sie auch an eine Instanz, die Menschenrechtsverletzungen ahnden sollte. Vgl. European Parliamentary Union, The Structure of Europe, 17.10.1949.
6 Vgl. Mouvement Socialiste pour les États-Unis d'Europe, Third Congress: Launching of the Campaign for a Federal Pact, 7.11.1949; Nouvelles Équipes Internationales, Section Internationale des Jeunes, Hofgastein Congress, 10.–16.7.1949.

Die Vorschläge, die am weitesten reichten und die größte öffentliche Strahlkraft entfalteten, brachte das *European Movement* vor. Es stellte eine Art Dachorganisation dar, die Ende 1947 als Zusammenschluß der *Union Européenne des Fédéralistes*, des *United Europe Movement*, der wichtigsten institutionellen Klammer der Unionisten, und einiger anderer Gruppierungen aus der Taufe gehoben worden war; im Jahr darauf traten auch der *Mouvement Socialiste pour les États-Unis d'Europe* und die *Nouvelles Équipes Internationales* bei. In Vorbereitung des großen Kongresses, den es im Mai 1948 in Den Haag veranstalten sollte, arbeitete ein Komitee erstmals den Entwurf eines umfangreichen Menschenrechts-Schutzsystems aus, das aus einer Erklärung, einer Kommission und einem Gerichtshof bestehen sollte.[7] Der Haager Kongreß selbst, mit erheblichem Aufwand organisiert und mediengerecht inszeniert, popularisierte den Europagedanken immens und verankerte ihn fest in der internationalen politischen Agenda.[8] Er brachte aber ebenso deutlich die inneren Bruchlinien der Bewegung ans Licht. Argwöhnisch gegenüber den aus ihrer Sicht reaktionären und übermäßig antisowjetisch ausgerichteten Europaplänen des *United Europe Movement*, das die Planung des Kongresses weitgehend an sich gezogen hatte, boykottierten fast alle sozialistischen Parteien Westeuropas die Veranstaltung. Selbst in dem auf diese Weise eingeschränkten Rahmen prallten dann die föderalistischen und die unionistischen Vorstellungen noch konfliktreich aufeinander. Die abschließenden Resolutionen kamen daher als umstrittener Kompromiß zustande: Der Kongreß forderte, die europäischen Staaten sollten sich unter begrenztem Souveränitätsverzicht zusammenschließen und eine Europäische Parlamentarische Versammlung begründen. Diese Versammlung wiederum sollte eine Menschenrechtscharta ausarbeiten – Winston Churchill hatte dieser Forderung in seiner Eröffnungsansprache noch einmal Nachdruck verliehen –, und Vorschläge für einen Gerichtshof unterbreiten, vor dem Einzelne Rechtsverletzungen zur Anklage bringen könnten.[9]

Ungeachtet der internen Uneinigkeit, lieferte der Haager Kongreß die Initialzündung für die Gründung des Europarats.[10] Dabei spielte der öffentliche Druck der Europabewegungen mit den – konfligierenden – europapolitischen Konzeptionen der westeuropäischen Regierungen zusammen. Der Europarat wurde auf den Weg gebracht, als sich die französische Regierung den Haager Vorschlag einer Europäischen Versammlung zu eigen machte. Die britische *Labour*-Regierung unter Clement Attlee sah die Entwicklungsmöglichkeiten,

---

7 Vgl. International Committee, Congress of Europe – Political Report, Mai 1948. Vgl. dazu Duranti, Rights, S. 74–118.
8 Vgl. Brunn, Einigung; Mittag, Kleine Geschichte; Duranti, Rights, S. 119–176.
9 Vgl. The Hague Congress, Political Resolutions, 10.5.1948; The Hague Congress, Message to the Europeans, 10.5.1948. Vgl. dazu auch Simpson, Rights, S. 597–648.
10 Vgl. zum Folgenden Brunn, Einigung; Loth, Weg nach Europa; Simpson, Rights, S. 543–648.

die sich darin verbargen, mit Schrecken. Außenminister Ernest Bevin brachte daher den Gegenvorschlag eines Rats der Minister ins Spiel, der mit Regierungsdelegierten besetzt sein sollte. Die Einigung zwischen beiden Staaten, Anfang 1949 erzielt, fiel ganz und gar zugunsten der britischen Vorstellungen aus. Der britischen Regierung wurde zugesichert, jedes Land könne selbst darüber entscheiden, wie die Abgeordneten der Versammlung ausgewählt würden. Vor allem beschloß man, einen Ministerrat einzurichten, welcher der parlamentarischen Versammlung übergeordnet war.

Der im Mai 1949 offiziell begründete Europarat stellte keine Verwirklichung des supranationalen Gedankens dar, sondern eine intergouvernementale Organisation. Seine Zielsetzung bestand darin, eine »engere Verbindung zwischen seinen Mitgliedern« herzustellen – ursprünglich waren dies Belgien, Dänemark, Frankreich, Großbritannien, Irland, Italien, Luxemburg, die Niederlande, Norwegen und Schweden. Dafür sollte er die Zusammenarbeit auf den Gebieten der Wirtschaft, des Sozialen, der Wissenschaft und des Rechts fördern.[11]

Auch der »Schutz und die Fortentwicklung der Menschenrechte und Grundfreiheiten« waren in der Satzung explizit als Ziel festgehalten. Den wichtigsten Ausdruck sollte dieses Vorhaben in der Europäischen Menschenrechtskonvention finden, die zwischen August 1949 und September 1950 erstaunlich schnell ausgearbeitet und im November verabschiedet wurde. Die treibenden Kräfte hinter ihrem Zustandekommen waren das *European Movement*, das sich öffentlichkeitswirksam für den Konventionsgedanken einsetzte, und die Beratende Versammlung des Europarats, die diese Initiative weiterentwickelte und entschlossen vertrat.[12] Das *European Movement* hatte seit dem Haager Kongreß konsequent gefordert, eine europäische Menschenrechtscharta auszuarbeiten.[13] Auf seinem Brüsseler Kongreß vom Februar 1949 präsentierte es dann noch einmal einen detaillierteren Entwurf, der einen Gerichtshof, eine Kommission und ein individuelles Petitionsrecht vorsah.[14] Als sie im August und September 1949 erstmals zusammentrat, setzte die Beratende Versammlung die Frage einer europäischen Menschenrechtskonvention gegen den Widerstand des Ministerkomitees auf ihre Agenda. Sie bildete einen Ausschuß, der einen Konventionsentwurf ausarbeitete, welcher dann zur Entscheidung an das Ministerkomitee überwiesen wurde.

---

11 Vgl. Satzung des Europarats, Art. 1.
12 Vgl. zum Folgenden auch Simpson, Rights, S. 649–753; Duranti, Rights, S. 250–325. Vgl. auch Klein (Hg.), Menschenrechtskonvention.
13 Vgl. International Executive Committee, European Assembly, 18.8.1948; European Movement Executive Committee, European Consultative Assembly and European Council of Ministers, 23.11.1948.
14 Vgl. European Movement International Council, European Court of Human Rights, 28.2.1949.

Auf Seiten der beteiligten Regierungen entwickelte sich dabei eine eigentümliche Dynamik. Der britische Außenminister Bevin hatte schon früh deutlich gemacht, daß er die Menschenrechtskonvention vor allem als eine symbolische Konzession an die Beratende Versammlung verstand – wenn es sie schon gebe, dann sollte sie mit einer Aufgabe befaßt werden, die wichtig erscheinen konnte.[15] Als der Stein einmal ins Rollen gekommen war, glaubte die britische Regierung, sich der Konvention nicht mehr entziehen zu können; sie hielt den politischen Schaden für zu groß, sollte das einzig nennenswerte Unternehmen scheitern, das man der Versammlung gelassen hatte. Die britische Einschätzung mag nicht von allen anderen Regierungen geteilt worden sein, doch dürfte sie eine verbreitete Haltung wiedergeben. Von den Intentionen der beteiligten Staaten her betrachtet, war die europäische Menschenrechtskonvention demnach in hohem Maße eine Selbstfestlegung aus Gründen der politischen Emblematik. Im Unterschied zu den Handlungsmustern, die zur gleichen Zeit die Arbeit der Vereinten Nationen prägten, erwies sich diese Selbstfestlegung als wirksam – denn die Regierungen hielten an der Konvention fest und verabschiedeten sie. Im Einklang mit den politischen Logiken in den Vereinten Nationen stand indes die strategische Konsequenz, die die britische Regierung aus dem Dilemma zog, in das sie sich sehenden Auges manövriert hatte: Mußte man die Konvention mittragen, dann wollte man wenigstens dafür sorgen, daß sie die nationale Souveränität nicht gefährden könne, also möglichst unschädlich sei.[16]

Von da aus erklärt sich, daß die Frage der Durchsetzungsmechanismen auch im Zusammenhang des Europarats zum entscheidenden, höchst konfliktgeladenen Punkt der Verhandlungen avancierte. Tatsächlich waren auch auf europäischer Ebene die wenigsten Regierungsvertreter entschlossen, ein starkes Schutzsystem zu schaffen.[17] Bereits in dem Komitee, das die Beratende Versammlung eingesetzt hatte, um den Konventionsentwurf auszuarbeiten, herrschte Uneinigkeit, wenn auch die Mehrheit schließlich dafür war, ein rechtsförmiges Verfahren für den Fall von Menschenrechtsverletzungen einzurichten. Tiefere Spaltungen durchzogen das Ministerkomitee, das zwischen Februar und August 1950 beriet. Für die Idee, einen Gerichtshof zu schaffen, sprachen sich zunächst lediglich Belgien, Frankreich, Irland und Italien aus.[18] Das Individualbeschwerdeverfahren fand mehr Befürworter, die es allerdings auch nicht zu einem entscheidenden Anliegen machten. Anfangs stellten sich nur Großbritannien und Griechenland dagegen, denen sich später Belgien, die Niederlande und die Türkei anschlossen. Die vier skandinavischen Staaten waren daraufhin bereit, auf Einzelpetitionen zu verzichten, vor allem, um ein Aus-

---

15 Vgl. Simpson, Rights, S. 639.
16 Vgl. ebd., S. 684.
17 Vgl. zum Folgenden ebd., S. 649–710.
18 Sieben Regierungen stellten sich offen dagegen: Dänemark, Griechenland, Norwegen, die Niederlande, Großbritannien, Schweden und die Türkei.

scheiden Großbritanniens zu vermeiden. Nur Frankreich, Irland und Italien hielten entschlossen am Petitionsmechanismus fest.

Die Überlegungen der beiden Westmächte werfen ein Schlaglicht darauf, welche nationalen Konstellationen und außenpolitischen Interessen sich hier in die Quere kamen.[19] Während in der britischen Regierung einmal mehr das *Colonial Office* gegen Petitionsmöglichkeiten opponierte, die in seinen Augen die Stabilität des Kolonialreichs zu unterminieren drohten, votierte die französische Regierung dafür, weil sie in dem Appell an eine übernationale Instanz ein Schutzmittel gegen eine mögliche kommunistische Machtübernahme sah. Die britische Regierung hielt eine solche Gefahr im eigenen Land nicht für akut. Sie glaubte eher, daß die Menschenrechtskonvention zu einem Problem werden könnte, sofern sie daran schreiten sollte, die englische Kommunistische Partei zu unterdrücken. Das war ein weiterer Grund, der aus ihrer Sicht gegen einen Beschwerdemechanismus sprach. So führten ähnliche innenpolitische Befürchtungen in unterschiedlichen Dringlichkeitsgraden die beiden Westmächte zu gegensätzlichen menschenrechtlichen Schlußfolgerungen. Für andere Regierungen mögen wiederum ganz andere Erwägungen den Ausschlag gegeben haben; Italien und die Bundesrepublik etwa mögen in der Unterzeichnung eines westeuropäischen Dokuments auch die Chance gesehen haben, sich international zu rehabilitieren.[20]

In jedem Fall verständigten sich die Regierungen im Ministerkomitee in den beiden entscheidenden Fragen am Ende auf einen Kompromiß. Ganz unabhängig von der Motivlage der Mitgliedsstaaten lag darin, daß diese Einigung gelang, die entscheidende verhandlungstechnische Differenz zu den Vorgängen in den Vereinten Nationen. Auch im Europarat wurde indes ein Paradox in das Menschenrechtssystem eingeschrieben: Nominell enthielt es nunmehr sehr starke Implementationsverfahren, doch mußten die Mitglieder diese nicht akzeptieren – denn sowohl der Gerichtshof als auch die Individualbeschwerde wurden für optional erklärt. Das blieb weit hinter dem zurück, was die Verfechter eines starken Menschenrechtsschutzes erhofft hatten, und so entlud sich in der Beratenden Versammlung ein Strom enttäuschter Kritik.[21] Ebenso bedeutsam war, daß dem Ministerkomitee eine Schlüsselrolle zugewiesen wurde: Sofern ein Mitgliedsstaat gegen einen anderen klagte, sollte die Menschenrechtskommission einen Bericht erstellen und zur Entscheidung an das Ministerkomitee übermitteln.[22] Zwar konnte die Kommission auch den Menschenrechtsgerichtshof anrufen; das sollte aber tatsächlich bloß einmal geschehen. Das Ministerkomitee, und damit das eigentlich politische Organ des Europa-

19 Vgl. zum Folgenden Simpson, Rights, S. 711–753.
20 Vgl. ferner Moravcsik, Origins.
21 Vgl. die Äußerungen in der zweiten Sitzung der Beratenden Versammlung vom August 1950, in: Council of Europe (Hg.), Collected Edition, Bd. 6, S. 1–229.
22 Das System wird unter anderem beschrieben von: Mahrenholz, Funktionieren.

rats, agierte *de facto* als Richter in dem Verfahren. Diese Regelung wertete das Menschenrechtssystem beträchtlich ab.

Der Text der Menschenrechtskonvention hielt in siebzehn Artikeln bürgerliche Freiheiten, politische Rechte sowie rechtliche Sicherungen im Gerichtsverfahren fest.[23] Er wies eine deutlich konservative Prägung auf.[24] Tatsächlich legte nach dem Krieg eine stattliche Zahl konservativer wie auch rechtsintellektueller Politiker in Großbritannien und Frankreich ein besonderes Interesse an den Tag, eine europäische Konvention zu verabschieden. Sie hatten den Menschenrechtsgedanken nach dem Krieg in ihren christlich-antikommunistischen »Europa«-Diskurs eingefügt. Die Bewegung der Unionisten um Churchill war, wie erwähnt, konservativ dominiert. Zudem hatten die menschenrechtlichen Konzeptionen gerade der sichtbareren Europabewegungen eine deutliche personalistisch-kommunitaristische Note. Die *Union Européenne des Fédéralistes*, die *Nouvelles Équipes Internationales* und das *European Movement* betonten in unterschiedlichen Schattierungen die Achtung vor der menschlichen »Person« und deren Verantwortung vor der Gemeinschaft.[25] Auch Abgeordnete der Beratenden Versammlung vertraten solche Vorstellungen, etwa der Franzose Pierre-Henri Teitgen, der Berichterstatter des Komitees, das den Konventionsentwurf ausgearbeitet hatte.[26] Zuweilen scheinen die konservativen Europa-Aktivisten mit ihrem internationalen Vorgehen beabsichtigt zu haben, ihren innenpolitischen Kampf gegen die linken Regierungen zu flankieren, wenngleich sie bei weitem nicht alle aus den gleichen Motiven handelten. In jedem Fall aber stellten sie die treibende Kraft hinter dem Bemühen dar, soziale und wirtschaftliche Rechte aus dem europäischen Menschenrechtsdokument auszuschließen, die ja erst kurz zuvor in der Allgemeinen Menschenrechtserklärung kodifiziert worden waren und auch sonst ein wichtiges Element des Kriegs- und Nachkriegsdiskurses dargestellt hatten.

Dennoch gilt es nicht zu übersehen, daß sozialistische und sozialdemokratische Politiker an zwei wichtigen Wegmarken einer Konvention, die lediglich politische Rechte verbriefte, zustimmten – wenn auch nachgebend, und weil sie ihre weitergehenden Vorstellungen nicht hatten durchsetzen können. So entschied sich das vorbereitende Komitee der Beratenden Versammlung, mit Zustimmung sozialistischer und linker christdemokratischer Abgeordneter, dagegen, soziale Rechte in den Konventionsentwurf einzuschließen. Es sei

---

23 Vgl. Europäische Menschenrechtskonvention, Artikel 2 bis 18 des ersten Abschnitts.
24 Ich folge darin den Arbeiten Marco Durantis, wenngleich ich nicht alle seine Befunde teile. Vgl. Duranti, Rights; ders., Conservatives. Vgl. auch Buchanan, Memory.
25 Vgl. European Union of Federalists, Secretariat-General, Building Europe, Mai 1947; European Movement International Council, Principles of a European Policy, 28.2.1949; Nouvelles Équipes Internationales, Sorrento Congress, Objectives of Christian Democracy, 12.–14.4.1950. Vgl. Duranti, Rights, S. 119–176; Moyn, Personalismus.
26 Spaak, Monnet und Schumann nennt ferner: Moyn, Personalismus.

vorrangig, so begründete es, »in der Europäischen Union politische Demokratie zu gewährleisten, und dann die Wirtschaft zu koordinieren, bevor wir an die Generalisierung der sozialen Demokratie gehen.«[27] Die Vorstellung, die europäische Menschenrechtskonvention sei Ausdruck einer konservativen Hegemonie im Menschenrechtsdiskurs gewesen, wird man daher ein wenig modifizieren müssen. In dem Glauben an die Notwendigkeit, vordringlich politische Rechte zu sichern, bestand nämlich ein lagerübergreifender Konsens. Daß die sozialistischen und sozialdemokratischen Politiker ihre darüber hinausreichenden Konzeptionen nicht zur Geltung bringen konnten, war zum einen dem politischen Übergewicht konservativer Abgeordneter geschuldet. Zum anderen war es Teil der eigenen Verhandlungsstrategie: Bevor das Unternehmen scheiterte, lenkten die Sozialisten ein, sicherlich in der Hoffnung, den Schutz sozialer Rechte zu einem späteren Zeitpunkt im Rahmen des Europarats verankern zu können.[28] Wie sich herausstellen sollte, war diese Erwartung so unrealistisch nicht. Immerhin gelang es im Jahr 1961, die sogenannte Sozialcharta zu verabschieden, die der Europarat bald, nachdem die Menschenrechtskonvention in Kraft getreten war, zu formulieren begonnen hatte.[29]

Daß die menschenrechtspolitischen Anfänge des Europarats auf einem grundsätzlichen Einvernehmen beruhten, bestätigt sich auch, wenn man die Funktionen betrachtet, welche die Politiker und Abgeordneten der Konvention implizit und explizit zuwiesen. Darin enthüllte sich, daß der internationale Menschenrechtsschutz im europäischen Kontext einen spezifischen politischen Sinn hatte. Für die Europabewegungen waren Menschenrechte Teil eines umfassenden kontinentalen Rekonstruktionsprogramms gewesen, das bei der Diagnose der Kriegsverwüstungen, der sozialen Desintegration und der grassierenden Armut ansetzte. Die Föderationsidee hielten sie als essentielle wirtschaftlich-politische Notwendigkeit dagegen, welche auf einem immer noch genügend dornigen Weg aus der Gegenwartskrise herausführen sollte.[30]

In dem Maße, wie der Kalte Krieg an Schärfe zunahm, rückte dann immer stärker der Gedanke der Gefahrenabwehr in den Vordergrund.[31] Die im engeren Sinn politische Funktion, die die Europapolitiker mit der Konvention verbanden, war es daher auch, die westlichen Demokratien gegen totalitäre Herrschaft zu schützen. Die Erfahrung von Faschismus, Nationalsozialismus und Rassismus schwang dabei deutlich mit und wurde immer wieder auch ausdrücklich beschworen. In der ersten Sitzung der Beratenden Versammlung

---

27 Vgl. Bericht des Komitees für Rechts- und Verwaltungsfragen vom 5. September 1949, S. 194. Zum Hintergrund vgl. Duranti, Rights, S. 250–325.
28 Vgl. Duranti, Rights, S. 250–325.
29 Vgl. Jäger, Schutz; Breucking, Schutz.
30 Vgl. etwa EUF Secretariat-General, Building Europe, Mai 1947; dass., Federating the Federalists, Mai 1947.
31 Vgl. European Movement International Committee, Congress of Europe.

erinnerten zahlreiche Abgeordnete, darunter Pierre-Henri Teitgen und der nachmalige französische Ministerpräsident Georges Bidault, der konservative schwedische Abgeordnete Karl Wistrand und der belgische Sozialist Henri Rolin, mit großem Pathos an die menschenverachtenden Verbrechen der rechten Diktaturen.[32] Schon bald verwandelte sich jedoch die Aussicht, die Sowjetunion könne militärisch weiter expandieren oder den Westen innerlich aushöhlen, in das eigentliche Menetekel. Bei der Gründung des Europarats lag es gerade einmal zwei Jahre zurück, daß die kommunistischen Parteien aus den nationalen Einheitsregierungen in Belgien, Frankreich und Italien ausgeschieden waren. Das Jahr 1948 hatte dramatische Streikbewegungen in Frankreich und in Italien erlebt, wo manche Beobachter sogar einen kommunistischen Putschversuch erwartet hatten.[33] Gleichzeitig hatte sich die rücksichtslose Ausschaltung nicht-kommunistischer Kräfte im Ostblock vollzogen, deren dramatische Klimax mit der kommunistischen Machtübernahme in der Tschechoslowakei im Februar 1948 kam.[34] In den Europabewegungen wurden unter dem Eindruck dieser Vorgänge Freiheit, Demokratie und Menschenrechte zur Trias eines antikommunistisch-antitotalitären Konsenses. Dabei beriefen sich gerade auch die sozialistischen Europabefürworter auf politische Menschenrechte – auf Rede-, Versammlungs- und Glaubensfreiheit –, um gegen die sowjetischen Herrschaftspraktiken Stellung zu beziehen.[35]

In den Verhandlungen der Beratenden Versammlung von 1949 und 1950 avancierte die antitotalitäre Abwehrfunktion der Menschenrechtskonvention zum vielstimmig verkündeten Credo, um das sich die Abgeordneten parteienübergreifend scharten. Der britische Abgeordnete Lord Layton sprach für viele, wenn er die Konvention als ein Instrument bestimmte, »um in unseren Ländern den Widerstand gegen heimtückische Versuche zu stärken, unsere demokratische Lebensweise von innen oder außen zu unterminieren«.[36] Insofern fand auf westeuropäischer Ebene im übrigen auch die Tendenz der Weltkriegsjahre eine gewisse Fortsetzung, Menschenrechte als Teil einer internationalen Sicherheitskonzeption zu begreifen, wenngleich sich niemand explizit auf die damals angestellten Überlegungen bezog. Der britische Konservative David Maxwell Fyfe etwa, nach Kriegsende Ankläger in den Nürnberger Prozessen, erachtete die Konvention als notwendig, weil »es beim Fußfassen des Totalitarismus im-

---

32 Vgl. die Äußerungen in der ersten Sitzung der Beratenden Versammlung von August/September 1949, in: Council of Europe (Hg.), Collected edition, Bd. 1, S. 38–60, 82–84; und Bd. 2, S. 16, 160.
33 Vgl. Hausmann, Kleine Geschichte, S. 47; Holter, Battle, S. 171.
34 Vgl. Loth, Teilung, S. 47–73.
35 Vgl. Mouvement Socialiste pour les États-Unis d'Europe, Report of the Provisional Committee, Mai 1947, S. 288.
36 So in der ersten Sitzung der Beratenden Versammlung: Council of Europe (Hg.), Collected edition, Bd. 1, S. 30.

mer einen Zeitpunkt gibt, an dem einige Anstandsregeln schon beseitigt worden sind, aber andere noch bestehen, und an dem der demokratische Geist noch fortwährt. Internationale Hilfe [...] kann die Lage retten.«[37]

Neben diese politische Funktion trat noch eine stärker symbolische Bedeutung. Die Europabewegungen wie auch zahlreiche Abgeordnete wiesen darauf hin, daß Menschenrechte den Wesenskern dessen darstellten, was »Europa« sei. Dabei war es ihnen deutlich darum zu tun, eine Gemeinsamkeit der europäischen Staaten herauszukehren, die darüber hinausführen könne, sie bloß negativ von Totalitarismus und Sowjetkommunismus abzugrenzen. »Die Kräfte, die der Einheit allein eine feste und dauerhafte Grundlage verschaffen können, sind moralisch und geistig«, hielt der Politische Bericht des Haager Kongresses fest: »unser gemeinsamer Glaube an die Würde des Menschen (*man*), das gemeinsame Erbe unserer Zivilisation, unser gemeinsamer Stolz auf den Beitrag, den Europa in der Vergangenheit zum Fortschritt der Menschheit geleistet hat«.[38] Und auch in der Beratenden Versammlung hatte diese Vorstellung zahlreiche Anhänger.[39] Das gleiche Motiv lag ferner den Planungen der britischen Regierung zugrunde. Sie erkannte in dem Bekenntnis, Menschenrechte zu wahren, eine Gemeinsamkeit, welche den wertbezogenen Kern eines westeuropäischen Bündnisses ausmachen könne. Insofern erscheint die Interpretation A. W. Brian Simpsons sehr plausibel, die Menschenrechtskonvention habe darauf gezielt, diejenigen Rechte und Freiheiten zu bewahren, die die westeuropäischen Regierungen in ihren eigenen Ländern als bereits vorhanden betrachteten.[40]

Der Gedanke der präexistenten »geistigen« Basis hatte aber noch weitere Facetten. Durch den Bezug auf Menschenrechte verschafften die Europapolitiker nämlich der Integration des Kontinents, deren frühe und vergleichsweise wenig ausgereifte Frucht der Europarat darstellte, sozusagen *in statu nascendi* eine historische Tradition. Mit einer gewissen Plötzlichkeit entdeckten die Europaratsabgeordneten in den späten vierziger Jahren, daß Menschenrechte immer schon einen bedeutenden Ausdruck der europäischen Geistesgeschichte dargestellt hätten.[41] Winston Churchill etwa erfand in seiner berühmten Fultoner Rede von 1946 nicht nur das Bild des Eisernen Vorhangs, sondern auch eine historische Entwicklungslinie, die von der Magna Carta des Jahres 1215 über die amerikanische Unabhängigkeitserklärung bis in die Gegenwart der

---

37 So in der zweiten Sitzung der Beratenden Versammlung: Council of Europe (Hg.), Collected edition, Bd. 6, S. 82.
38 European Movement International Committee, Congress of Europe – Political Report, Mai 1948, S. 334f. Vgl. auch The Hague Congress, Political Resolutions, 10.5.1948.
39 Vgl. die Äußerung des dänischen Abgeordneten Kraft in der ersten Sitzung der Beratenden Versammlung, in: Council of Europe (Hg.), Collected edition, Bd. 1, S. 64.
40 Vgl. Simpson, Rights, insbes. S. 348, 572f.
41 Vgl. etwa die erste Sitzung der Beratenden Versammlung, in: Council of Europe (Hg.), Collected edition, Bd. 1, S. 60.

beginnenden europäischen Einigung führte.⁴² In jedem Fall war es von diesen Positionen aus betrachtet nur konsequent, wenn die Europabewegungen und die Parlamentarier die Verpflichtung auf die Menschenrechtskonvention als eine Eintrittskarte in das europäische Bündnis verstehen wollten, als die »Nagelprobe, ob Länder zu diesem Rat zugelassen werden sollen«.⁴³ In dieser Sicht erschien der Menschenrechtskatalog als eine Art Gründungskonsens des westeuropäischen Zusammenschlusses oder mindestens als sein »kleinster gemeinsamer Nenner«.⁴⁴

Bereits diese Funktionszuschreibungen machen offenbar, wie stark es sich bei dem inner- und außerhalb des Europarats zirkulierenden Menschenrechtsdiskurs um ein spezifisch westeuropäisches Konstrukt der frühen Nachkriegszeit handelte. Das wird noch deutlicher, wenn man die Bezugnahmen auf die Vereinten Nationen ins Auge faßt, an denen es bei der Errichtung des europäischen Systems nicht fehlte. Zwar lieferte die bereits verabschiedete Allgemeine Menschenrechtserklärung ein wichtiges inhaltliches Vorbild, das die zuständigen Komitees des Europarats zu Rate zogen. Dennoch verstanden viele Abgeordnete, und sehr wahrscheinlich auch viele Regierungen, die europäische Konvention als bewußten Rückzug von einer brüchigen »Universalität« auf die kleinere, die regionale Ebene.⁴⁵ Mit diesem Rückzug wollten sie die Konsequenzen aus den tiefreichenden Gegensätzen ziehen, welche die Diskussionen über die UN-Erklärung belastet hatten und die Verabschiedung der Menschenrechtspakte aktuell mit dem Scheitern bedrohten.⁴⁶ Von hier aus wird noch einmal der grundlegende Unterschied zwischen den Menschenrechtsdokumenten der Vereinten Nationen und des Europarats deutlich. Denn während jenes gedacht war, einen universellen normativen Konsens zu repräsentieren und weltweite politische Aspirationen zu formulieren, diente dieses ideell wie materiell dazu, den westeuropäischen Raum nach außen abzuschirmen und innerlich zu stabilisieren.

42 Churchill, Sinews, S. 7288.
43 So Lord Layton in der ersten Sitzung der Beratenden Versammlung, Council of Europe (Hg.), Collected edition, Bd. 1, S. 30.
44 Vgl. auch Coudenhove-Kalergi, Memorandum, 15.1.1948; European Parliamentary Union, Second Congress at Interlaken, 1.–5.9.1948; European Movement International Committee, Congress of Europe – Political Report, May 1948; The Hague Congress, Political Resolutions, 10.5.1948; European Movement International Council, Principles of a European Policy, 28.2.1949; European Movement Secretariat, European Movement and the Consultative Assembly, September 1949. Das Zitat in dem Bericht des Komitees für Rechts- und Verwaltungsfragen: Council of Europe (Hg.), Collected edition, Bd. 1, S. 194.
45 Zu Großbritannien vgl. Simpson, Rights, S. 510.
46 So in der ersten Sitzung des Ministerkomitees im August 1949, in: Council of Europe (Hg.), Collected edition, Bd. 1, S. 24.

Dornröschenschlaf: Die (ausgebliebene) Praxis des europäischen Menschenrechts-Systems

In den Augen der allermeisten zeitgenössischen Beobachter, und eines Gutteils der politik-, rechts- und geschichtswissenschaftlichen Literatur, war damit das stärkste übernationale Menschenrechts-Schutzsystem der Welt geschaffen worden, ein revolutionäres zudem.[47] Diese Einschätzungen machten und machen sich ganz überwiegend daran fest, daß die europäische Konvention ein individuelles Petitionsverfahren vorsah, einen Mechanismus, der den Einzelnen erstmals mindestens in einem Teilbereich zu einem Subjekt des Völkerrechts erhoben habe.[48] Einem frühen völkerrechtlichen Kommentar galt die Konvention als »großer Fortschritt gegenüber der Allgemeinen Menschenrechtserklärung«.[49] Den internationalen NGOs, die sich in der Nachkriegszeit mit Menschenrechten befaßten, diente das europäische System als leuchtendes Vorbild eines überstaatlichen Rechtsschutzes und als Fluchtpunkt ihrer Überlegungen, was in der internationalen Politik möglich sei.[50]

In ihren Urteilen darüber, wie bedeutsam und effektiv das europäische Menschenrechtssystems sei, waren sich also alle einig, und damit hatten sie recht und doch auch wieder nicht. Formal besehen, läßt sich an dem Befund kaum rütteln; die europäische Konvention richtete die weitestreichenden Klagemöglichkeiten ein, und sie ist das bis heute weitestreichende System geblieben. Aus historisch-genetischer Perspektive ist dieses Bild jedoch erheblich zu differenzieren. Zunächst einmal schloß sich an die Verabschiedung der Konvention ein stark verzögerter, ungleicher Ratifizierungsprozeß an.[51] Nach der zehnten Ratifikation im Jahr 1953 trat die Konvention in Kraft, woraufhin im folgenden Jahr die Europäische Menschenrechtskommission gebildet wurde. Erst 1955 konnte die Individualbeschwerde eingeführt werden, als sechs Staaten die optionale Erklärung abgegeben hatten. Voll funktionsfähig war das europäische Schutzsystem erst 1959, als acht Staaten die Fakultativerklärung zum Gerichtshof abgegeben hatten, so daß nunmehr auch dieser seine Arbeit aufnehmen

---

47 Vgl. Sommermann, System; Harris/O'Boyle/Warbrick, Law, S. 30–36; Mazower, Strange Triumph.
48 Vgl. schon zeitgenössisch die Äußerung des belgischen Abgeordneten Rolin in der ersten Sitzung der Beratenden Versammlung im September 1949, in: Council of Europe (Hg.), Collected edition, Bd. 6, S. 132.
49 Robertson, European Convention, S. 161 f.
50 Vgl. de Mattos Bentwich, UDHR; Human Rights. Final Report of the International NGO Conference, S. 66–71; Rutgers University, Special Collections and University Archives, Newark, NJ, Papers of Frances R. Grant, Box 24, E. Sheldon, The NGO Paris Conference, September 1968; Sean MacBride, The Meaning of Human Rights Year, Exemplar in: NYPL, ILHR, Box 45.
51 Vgl. zu den Daten Robertson, Human Rights; Strasser, Menschenrechtsinstitutionen.

konnte. Erstmals im Jahr 1990 hatten alle Mitglieder des Europarats – mittlerweile waren es 23 – sowohl die Einzelbeschwerde als auch die Zuständigkeit des Gerichtshofs anerkannt.

Noch aufschlußreicher für die Entwicklungsgeschichte des Europarats ist es, daß die Beschwerdeverfahren, und damit der Kern des menschenrechtlichen Schutzsystems, über Jahrzehnte brach lagen. Die Staatenbeschwerde hat sich sogar niemals, auch bis heute nicht, zu einem viel genutzten Instrument entwickelt.[52] Anders als in den Vereinten Nationen, in denen es an Initiativen nicht mangelte, welche dann jedoch oftmals an politischen Blockaden scheiterten, lag dies im europäischen Kontext daran, daß gar nicht erst viele Klagen auf den Tisch kamen. Bis Mitte der 2000er Jahre erhoben die Mitglieder neunzehn Staatenbeschwerden, die sich indes auf lediglich sechs Situationen bezogen.[53] Die Art, wie der Europarat mit ihnen umging, enthüllt eine politische Praxis, die durchaus an diejenige der Vereinten Nationen erinnert. Sie war bestimmt von unterschiedlichen Formen der staatlichen Funktionalisierung, Widerständen gegen menschenrechtliche Untersuchungen, unentschlossenen Europaratsorganen und begrenzten Effekten, wenn tatsächlich einmal Schritte unternommen wurden.

Bereits die erste Staatenbeschwerde, die vor den Europarat gebracht wurde, gleichzeitig die einzige, die bislang historisch untersucht worden ist, wies zwei politische Muster auf, die dies bestätigen. Sie blieben auch in den kommenden Jahrzehnten charakteristisch. Die Klage bezog sich auf den Aufstand, der im April 1955 auf Zypern gegen die britische Kolonialherrschaft losgebrochen war. Die griechische Regierung bezichtigte im Jahr darauf Großbritannien, mit seinen Maßnahmen zur Niederschlagung des Aufstands Menschenrechtsverletzungen begangen zu haben – im einzelnen ging es um Körperstrafen, illegale Festnahmen, Kollektivstrafen, Deportationen und die Verletzung der Privatsphäre. Das erste typische Muster dieses Falls bestand darin, daß die griechische Initiative keine politisch selbstlose, primär humanitär motivierte Aktion darstellte, sondern dem nationalen Eigeninteresse entsprang. Erhoben hatten sich die griechischen Zyprioten unter ihrem politisch-geistlichen Anführer Erzbischof Makarios III., die die große Mehrheit der Bevölkerung auf der Insel stellten. Sie verfolgten das Ziel, Zypern mit dem griechischen »Mutterland« zu vereinigen. Die griechische Regierung beförderte diese Vorgänge und hoffte, darin einen Hebel zu finden, um die eigene Position auf der Insel zu stärken – nicht nur gegen den britischen Kolonialherrn, sondern auch gegen die Türkei, die den Aufstand verurteilte und die türkische Gegenbewegung

---

52 Daher hat sie in der juristischen Literatur viel Kritik auf sich gezogen. Vgl. etwa Ermacora, Stärken; van Dijk/Hoof/van Rijn/Zwaak, Theory.
53 Die Zahlen nach van Dijk/Hoof/van Rijn/Zwaak, Theory. In der Literatur finden sich zum Teil abweichende Zahlen. Vgl. etwa Frowein/Peukert, Menschenrechtskonvention; Prebensen, Complaints; Grabenwarter, Menschenrechtskonvention.

auf der Insel unterstützte.⁵⁴ Dafür bemühte sich die griechische Regierung entschlossen, den Konflikt zu internationalisieren – während der Versuch, ihn auf die Agenda der Vereinten Nationen zu setzen, wenig Erfolg hatte, wurde die Europäische Menschenrechtskommission tätig. Sie führte Anhörungen durch und sogar eine Untersuchung vor Ort. Damit lagen ihre Aktivitäten weit jenseits des eingeschränkten Kompetenzbereichs, welchen sich die UN-Menschenrechtskommission nicht zuletzt selbst mit verordnet hatte. Der abschließende, nicht-öffentliche Bericht der Kommission fiel jedoch, gelinde formuliert, zurückhaltend aus. Das war das andere allgemeine Muster im Umgang des Europarats mit Staatenbeschwerden, das sich in diesem frühen Fall bereits abzeichnete. Die Kommission befand, die britische Kolonialregierung besitze bei ihren Notstandsmaßnahmen einen »Ermessensspielraum«, den sie nicht überschritten habe. Sie mißbilligte in allgemein gehaltenen Wendungen das Auspeitschen und Kollektivstrafen, hielt eine Reihe von konkreten Vorwürfen aber nicht für ausreichend erwiesen.

Auch in der Mehrzahl der späteren Beschwerden wollten Staaten Brüche der Europäischen Menschenrechtskonvention in solchen Konflikten ahnden lassen, an denen sie selbst beteiligt waren. Und auch diese Beschwerden endeten überwiegend ergebnislos.⁵⁵ Nur zweimal klagten Mitgliedsstaaten vor dem Europarat Menschenrechtsverletzungen an, von denen sie selbst nicht betroffen waren. Die erste der beiden lohnt eine nähere Betrachtung (die zweite, die die skandinavischen Staaten und die Niederlande 1982 gegen die türkische Militärregierung vorbrachten, endete mit einem denkbar lauen Ergebnis).⁵⁶ Diese erste Anklage wurde 1967 von Dänemark, Schweden und Norwegen sowie den Niederlanden erhoben und richtete sich gegen das griechische Militärregime, das im April des Jahres das parlamentarische System außer Kraft gesetzt hatte. Daß sich im Europarat ein tragfähiger Konsens für ein Vorgehen gegen Griechenland herausbildete, war keineswegs eine gleichsam automatische Folge der Entrüstung über die politischen Verfolgungen. Den Ausschlag gab ein ganzes Bündel politischer Wahrnehmungen und Motive. Einige wichtige Stränge geraten in den Blick, wenn man die Entscheidungsbildung der niederländischen Regierung, die sich anhand des archivalischen Niederschlags nachvollziehen läßt, und die Überlegungen der britischen und der westdeutschen Regierung betrachtet, die jüngst *en détail* rekonstruiert worden sind.

---

54 Das Folgende nach Simpson, Rights, S. 874–1052.
55 Beides galt für eine Klage Österreichs gegen Italien 1961, für die Beschwerden, die Zypern in der zweiten Hälfte der siebziger Jahre (und noch einmal 1996) gegen die Türkei erhob, und für eine Klage Irlands gegen Großbritannien 1972. Vgl. Kamminga, European Convention; Yearbook of the European Convention on Human Rights 1961, S. 116–183.
56 Vgl. Kamminga, European Convention; Prebensen, Complaints.

Die griechischen Militärs hatten mit dem Putsch ihre Konsequenz aus mehreren Jahren der politischen Unübersichtlichkeit und Instabilität gezogen.[57] Gegen Ende der fünfziger Jahre war zum einen die extreme Linke erstarkt, und zum anderen hatte sich mit der Zentrumsunion (EK), in der sich die drei Parteien der Mitte unter Georgios Papandreou zusammenschlossen, eine moderate Alternative zu dem bislang vorherrschenden antikommunistischen Elitenarrangement herausgebildet. Papandreou gelangte 1963 an die Macht und leitete eine gemäßigte Reformpolitik ein, die bald schon auf offene Feindschaft stieß – beim wirtschaftlichen Establishment, bei der US-Regierung und in Militärkreisen. Nach dem Rücktritt des Ministerpräsidenten 1965 brachen schwere Unruhen aus, die auch in den folgenden zwei Jahren nicht abebbten. Schließlich wurden für Mai 1967 Neuwahlen anberaumt. Um den sicher erwarteten Sieg Papandreous zu verhindern, ergriff im April eine Gruppe jüngerer Offiziere unter der Führung von Georgios Papadopoulos, Nikolaos Makarezos und Stylianos Pattakos die Macht.

Mit einem politischen Programm, das über blindwütigen Antikommunismus und ein verschwommenes Bekenntnis zur »helleno-christlichen Zivilisation« hinausgereicht hätte, waren sie nicht angetreten. Die eigene Macht zu sichern, war von Anfang an ganz wesentlich ein Selbstzweck. Diesen verfolgte das neue Regime mit um so harscheren Methoden. Es ließ Armee, Beamtenschaft und Bildungseinrichtungen säubern, löste politische Parteien und Gewerkschaften auf, unterdrückte tatsächliche und eingebildete politische Gegner – Linke, Monarchisten, aber auch Vertreter der bürgerlichen Mitte. Willkürliche Verhaftungen, Zwangsexilierungen und Prozesse vor Militärgerichten prägten vor allem die Anfangsphase des Regimes, blieben aber auch danach an der Tagesordnung. Tausende Menschen wurden in den sieben Jahren der Militärherrschaft gefoltert. Viel Unterstützung genoß das Regime nicht, auch nicht unter den Vertretern der traditionellen politischen Elite, doch erwiesen sich die Repressionen jahrelang als effektiv (und die wirtschaftliche Entwicklung als stabil) genug, um größere Unruhen zu verhindern.

Die niederländische, die westdeutsche und die britische Regierung befanden sich angesichts dieser Ereignisse in einer strukturell sehr ähnlichen Lage. So traten sie im Grunde überhaupt nur in Aktion, um den ungewöhnlich starken innenpolitischen Druck aufzufangen, der sich nach dem griechischen Putsch aufbaute. Tatsächlich wurde die griechische Militärherrschaft zum Ziel einer der frühen transnationalen Protestkampagnen, die sich menschenrechtlicher Kritik bedienten, getragen nicht zuletzt von internationalen NGOs wie *Amnesty International*, der *International Commission of Jurists* oder der *International*

---

57 Vgl. zum Folgenden: Clogg, Concise History, S. 142–165; Close, Greece, S. 106–124; Woodhouse, Rise.

*League for the Rights of Man.*⁵⁸ In den Niederlanden bildeten sich in vielen Städten »Griechenland-Arbeitsgruppen«, die öffentliche Protestaktionen organisierten, darunter einen aufsehenerregenden Hungerstreik vor der griechischen Botschaft in Den Haag. Eine etwas gemäßigtere Ausrichtung hatte das nach dem Putsch gebildete *Comité Vrij Griekenland*, dem sich Parlamentsabgeordnete aus fast allen Parteien anschlossen. Auch Gewerkschaften engagierten sich, und die Medien kommentierten die Ereignisse in Griechenland intensiv.⁵⁹ Die Unruhe verlängerte sich in das Parlament, wo vor allem die linken und linksliberalen Parteien die Regierung aufforderten, Griechenland vor dem Europarat anzuklagen. Die christlich-konservativ dominierte niederländische Regierung unter Piet de Jong war darüber erbost; sie empfand das als eine »irrationale« Kritik der Oppositionsparteien, und mehrere Minister zeigten sich anfänglich bereit, einen offenen Konflikt mit der Zweiten Kammer zu riskieren.⁶⁰ In Großbritannien sah sich die *Labour*-Regierung unter Harold Wilson ebenfalls in die Enge gedrängt, als Nichtregierungsorganisationen, Journalisten und Akademiker ihrem Unmut öffentlichkeitswirksam Luft verschafften.⁶¹ Verkompliziert wurde die Lage aber noch dadurch, daß gerade aus den Reihen der eigenen Partei scharfe Kritik kam. Dieses Muster glich wiederum demjenigen, das sich in der Bundesrepublik entwickelte. Hier gingen die Proteste vor allem von den Gewerkschaften und der SPD aus, welche in erster Linie Willy Brandt unter Druck zu setzen versuchten, der als Außenminister der Großen Koalition amtierte.⁶²

Zu einem gravierenderen Problem wurde die innenpolitische Kritik für die drei Regierungen aber vor allem deshalb, weil sie bei einem Vorgehen gegen Griechenland zwei wesentliche Interessen gefährdet sahen. Zum einen war Griechenland ein NATO-Mitglied. Spürbare Maßnahmen gegen das Regime konnten mithin die Kohäsion des transatlantischen Bündnisses beeinträchtigen und damit einen zentralen Pfeiler schwächen, auf dem die Außenpolitik aller drei Staaten ruhte. Zum anderen wollte keine der Regierungen ihre wirtschaftlichen Beziehungen aufs Spiel setzen. Der niederländischen Regierung etwa

---

58 Vgl. Amnesty International, Situation in Greece; Becket, Barbarism. Becket war 1967 für *Amnesty* nach Griechenland gereist. Vgl. ferner NYPL, ILHR, Box 34, Herschel Halbert, Memorandum re. Visit to the Greek Consulate, 7.5.1970; ebd., Entwurf eines Essay, ohne Autor und Datum, über die NGO-Arbeit in Griechenland. Zu den USA vgl. Keys, Virtue, S. 88–101.
59 Vgl. zu alldem Aukes, Nederland, vor allem S. 20–25; Kersten, Luns, S. 420–423.
60 Nationaal Archief, Den Haag [im Folgenden: NADH], Ministerraad, Sitzung vom 15.9.1967.
61 Vgl. zu Großbritannien hier und im Folgenden Pedaliu, Human Rights; Nafpliotis, Britain, vor allem S. 43–67.
62 Vgl. zur Bundesrepublik hier und im Folgenden Rock, Macht, S. 45–90.

bereiteten sowohl die bilateralen Handelsbeziehungen als auch die Interessen der niederländischen Unternehmen KLM, Shell und Philips Sorgen.[63]

Lagen ihre Motive somit nahe beieinander, so zogen die Regierungen daraus doch abweichende praktische Schlüsse. Der britische Premier Wilson äußerte sich zuweilen kritisch, um seine Besorgnis zu signalisieren und dem innenpolitischen Ärger über seine Regierung die Spitze zu nehmen. Die internen Leitlinien hielten jedoch deutlich fest, daß die anderen Interessen Vorrang davor hatten, Griechenlands Rückkehr zur Demokratie zu fördern – im britischen Fall kam zu den wirtschaftlichen und militärstrategischen Erwägungen noch der Gedanke hinzu, man dürfe den Einfluß auf die griechische Zypernpolitik nicht verlieren. Im Europarat hielten sich die Briten daher auch sehr bedeckt. Sie wollten das Vorgehen gegen Griechenland keineswegs anführen, glaubten sich allerdings auch nicht entziehen zu können, sofern sich ein starker politischer Druck aufbauen sollte, Griechenland zu bestrafen. Die Große Koalition in der Bundesrepublik, die sich nach dem Militärputsch zunächst dilatorisch verhalten hatte, bemühte sich im Europarat verschiedentlich um Kompromißlösungen. Noch nachdem die Menschenrechtskommission ihren Abschlußbericht fertiggestellt hatte, gelangte das Auswärtige Amt zu einer gespaltenen Bilanz. Dafür, Griechenland aus dem Europarat zu verbannen, sprach in den Augen der Beamten vor allem die öffentliche Entrüstung in Westdeutschland – gerade in diesen Tagen gingen im Amt zahlreiche Schreiben und Unterschriftenlisten ein, die für eine harte Haltung plädierten. Mehr Gründe sprachen aber dagegen: die Handelsbeziehungen, die militärische Bedrohung durch die Sowjetunion und das Argument, man verliere auf diese Weise die Möglichkeit, auf Griechenland einzuwirken.[64] Für die seit Oktober 1969 amtierende sozial-liberale Regierung scheint, nach schwieriger Abwägung, der politische Druck im eigenen Land den Ausschlag dafür gegeben zu haben, sich einem Ausschluß nicht länger zu versperren. »Alles andere«, so lautete die alarmierte Einschätzung des Kanzleramtsministers Horst Ehmke, »halten wir innenpolitisch und innerparteilich nicht aus.«[65]

Daß die niederländische Regierung eine eigene Beschwerde beim Europarat einreichte, war ein Resultat der Sogwirkung, welche eine skandinavische Initiative entfaltete. Im niederländischen Außenministerium wurde zunächst dafür plädiert, der griechischen Militärjunta eine Note zu übermitteln, die sie aufforderte, die Demokratie wiederherzustellen. Ein solcher Schritt wurde als vergleichsweise wenig konfrontativ eingestuft. Als jedoch bekannt wurde, daß

---

63 Vgl. NADH, Code-archief 1965–1974, 23202, [Memorandum] Griekse kwestie, 7.9.1967; ebd. [Memorandum] Griekse kwestie, 11.9.1967; sowie ebd., Ministerraad, Sitzung vom 15.9.1967 und vom 25.4.1969.
64 Vgl. Rock, Macht, S. 80f.
65 Zitiert nach Rock, Macht, S. 81f.

Schweden, Norwegen und Dänemark eine Klage vor dem Europarat vorbereiteten, befürchtete das niederländische Außenministerium, eine Note würde in ihrer öffentlichen Wirkung dagegen zu stark abfallen.[66] Da das niederländische Außenministerium weiterhin darauf drängte, daß »die Niederlande sich in der Sache nicht zu sehr exponieren«[67], ließ man sondieren, ob sich Belgien und Luxemburg zu einer Dreierinitiative bereit fänden. Doch lehnten diese offenbar ab. Wollte die Regierung die Wogen der öffentlichen Empörung im eigenen Land glätten, blieb somit als einzige Option, eine eigenständige Klage vor dem Europarat einzureichen.[68] In der Sache fielen die beiden Klagen ähnlich aus, wenn die niederländische auch im Ton zurückhaltender blieb. Sie monierten vor allem politisch motivierte Verhaftungen, das Verbot von Parteien und politischen Versammlungen, die Praxis der Militärtribunale sowie später zusätzlich die Anwendung von Folter.

Im Europarat liefen seitdem zwei Handlungsstränge parallel. So forderte die Beratende Versammlung im Januar 1968 das Ministerkomitee auf, Griechenland aus dem Europarat auszuschließen, sollte das parlamentarische Regierungssystem nicht bis Frühjahr 1969 wiederhergestellt sein.[69] Der neue Berichterstatter der Versammlung, der Abgeordnete der niederländischen Arbeiterpartei Max van der Stoel, legte in der Folge drei kritische Berichte vor. Sie trugen dazu bei, daß die Versammlung im Januar 1969 erklärte, die griechische Regierung verletze die Mitgliedsbedingungen des Europarats, und das Ministerkomitee aufforderte, die gebotenen Maßnahmen zu ergreifen – was nach Lage der Dinge hieß, Griechenland auszuschließen. Gleichzeitig führte die Menschenrechtskommission umfangreiche Untersuchungen durch. Ähnlich wie im Fall des zypriotischen Aufstands befragte sie Zeugen und reiste im Frühjahr 1969 sogar nach Griechenland.[70] In ihrem Bericht vom November des Jahres entschied die Kommission, in allen Anklagepunkten liege eine Verletzung der Menschenrechtskonvention vor. Die Bereitschaft der Europaratsmitglieder, Griechenland zu bestrafen, war zu diesem Zeitpunkt jedoch keineswegs einhellig. Die Beschlüsse der Menschenrechtskommission scheinen mit zehn bis

---

66 Vgl. zu alledem NADH, Ministerraad, Sitzung vom 1.9.1967; [Memorandum] Griekse kwestie, 7.9.1967; [Memorandum] Griekse kwestie, 11.9.1967.
67 [Memorandum] Griekse kwestie, 11.9.1967.
68 Vgl. NADH, Code-archief 1965–1974, 23203, Maas Geesteranus: De 4 klachten, 10.10.1967; Yearbook of the European Convention on Human Rights 1968, S. 690–781.
69 Vgl. dazu und zum Folgenden: NADH, Code-archief 1965–1974, 23208, F. J. Gelderman an Ministerie Buitenlandse Zaken, 10.1.1969; ebd., Memorandum, 17.1.1969; ebd., 23209, [Memorandum] Griekse kwestie, o. Dat. [1969]. Vgl. Coleman, Greece.
70 Vgl. Kamminga, European Convention; Prebensen, Complaints. Vgl. dazu auch NADH, Code-archief 1965–1974, 23207, hier die Berichte der *Permanente Vertegenwoordiging van Nederland bij de Raad van Europa* über die Verhandlungen in der Menschenrechtskommission und die Zeugenanhörungen.

elf von sechzehn Stimmen gefaßt worden zu seien.⁷¹ Nach niederländischer Beobachtung hatten vor allem die Bundesrepublik, Belgien und Großbritannien sowie Griechenland und Zypern merkliche Zurückhaltung an den Tag gelegt, Frankreich hatte sich zuweilen sogar deutlich gegen das Vorgehen gestemmt.⁷²

In der entscheidenden Sitzung des Ministerkomitees im Dezember 1969 bekundeten dann fast alle Regierungsvertreter, die sich zu Wort meldeten, daß sie für eine Bestrafung Griechenlands stimmen müßten, darunter auch der neue deutsche Außenminister Walter Scheel.⁷³ Dieser hatte in letzter Minute noch einen mildernden Vorschlag eingebracht, nämlich Griechenland nicht umgehend auszuschließen, sondern seine Mitgliedschaft zu suspendieren, bis es die Demokratie wiederhergestellt habe. Gerade dieser Schachzug scheint es, vermutlich anders als geplant, den schwankenden Regierungen möglich gemacht zu haben, sich endgültig gegen Griechenland zu stellen, denn nun erschien die Sanktion nicht mehr ganz so hart.⁷⁴ Da es das Meinungsbild somit als sicher erscheinen ließ, daß sich eine Zweidrittelmehrheit für die Suspendierung Griechenlands bilden würde, verkündete der griechische Außenminister Pipinelis noch in der selben Sitzung, sein Land trete aus dem Europarat aus. Das Ergebnis ließ sich als entschlossene Manifestation menschenrechtlicher Sensibilitäten interpretieren. Tatsächlich war bis dato weltweit kein Land außer Südafrika zum Gegenstand einer ähnlich starken Menschenrechtskritik geworden. Die politischen Dynamiken innerhalb des Europarats allerdings – der Anstoß, den die innenpolitischen Befürchtungen gaben, das Bemühen um Schadensbegrenzung, die Schwierigkeit, mit der Strafmaßnahmen durchgesetzt wurden – verdeutlichen, wie brüchig und begrenzt sich der Wille ausnahm, die Repressionen zu ahnden.

Geht man den Effekten der menschenrechtlich begründeten Sanktionsmaßnahmen nach, so fällt es zunächst leichter zu ermitteln, was sie nicht bewirkten. Unbestreitbar waren aus der Sicht der griechischen Militärs die Mitgliedschaft in der NATO und die Beziehungen zu den USA mit Abstand am wichtigsten. Solange die amerikanische Supermacht ihre schützende Hand nicht von dem Land wegzog, konnte kaum eine Maßnahme das Regime existenziell schwächen.⁷⁵ Für die Vereinigten Staaten wiederum hatte Griechenland seit der Truman-Doktrin von 1947 einen entscheidenden strategischen Wert besessen. Die amerika-

---

71 Vgl. NADH, Code-archief 1965–1974, 23212, C. W. van Santen, »Schorsing Girekenland«, 25.11.1969.
72 Vgl. NADH, Code-archief 1965–1974, 23264, [Memorandum] Griekse kwestie, 10.2.1969.
73 NADH, Code-archief 1965–1974, 23267, Verslag van de 45e zitting van het Comité van Ministers, 12.–13.12.1969. Nur der zypriotische Außenminister unterstützte das griechische Regime.
74 Vgl. Rock, Macht, S. 88.
75 Vgl. zum Folgenden Schmitz, United States, S. 61–70, 77–80; Miller, United States, S. 136–176.

nischen Nachkriegsregierungen hatten das Land mit erheblichen Finanzhilfen und Waffenlieferungen versorgt, damit es seine Abwehrfunktion in der Region wahrnehmen konnte. Angesichts der internationalen Ereignisse während der Jahre der Militärherrschaft – dem Sechstagekrieg, in dem Griechenland für die Versorgung Israels gebraucht wurde, der sowjetischen Invasion in der Tschechoslowakei und dem revolutionären Umsturz in Libyen 1969, durch den die USA eine wichtige Militärbasis verloren –, nahm die Bedeutung des südosteuropäischen Bündnispartners sogar noch zu. Dabei mißbilligte die demokratische Regierung Lyndon B. Johnsons zunächst ausdrücklich die Abschaffung der Demokratie. Mit der Zeit sah sie jedoch keine Alternative mehr zu der Junta, sollten die politische Stabilität und die antikommunistische Solidarität im Land aufrecht erhalten werden. Unter der Führung Richard Nixons stellten sich die USA dem griechischen Militär dann ganz unzweideutig an die Seite. Unangefochten von der wachsenden innenpolitischen Kritik, die vor allem im Kongreß lautstark erschallte, versicherte Außenminister Henry Kissinger die Junta des amerikanischen Wohlwollens. Der niederländische Botschafter in Athen berichtete dementsprechend Ende Oktober 1969, als sich die Beratungen im Europarat zuspitzten, die westlichen Diplomaten im Land hätten »nicht den Eindruck, daß das heutige Regime einen eventuellen Ausschluß aus dem Europarat sehr schwer nehmen würde [...]. Nur ein deutliches Drängen von amerikanischer Seite könnte vielleicht noch einen Effekt haben.«[76] Ein solches Drängen aber blieb weiterhin aus. Ende 1969 hob die republikanische Regierung dann sogar das partielle Waffenembargo auf, das Präsident Johnson verhängt hatte.

Und auch die Beziehungen zu den meisten westeuropäischen Ländern liefen zwar nicht reibungslos, aber doch leidlich weiter.[77] Nach dem griechischen Rückzug aus dem Europarat stellte sich das internationale Umfeld für die Junta wohl sogar besser dar als zuvor. Allein das griechische Verhältnis zu Schweden scheint sich stärker eingetrübt zu haben. Die niederländische Regierung betrachtete ihre Beziehungen zu Griechenland nicht als nachhaltig gestört, und für die Bundesrepublik, Großbritannien und wohl auch Italien traf das Gleiche zu; Frankreichs Wirtschaftsbeziehungen mit dem Balkanland florierten.[78] So drängt sich die Vermutung auf, daß die Strafaktion im Europarat für die westeuropäischen Staaten auch deshalb eine Option darstellte, weil sie den Hauptstrom ihrer bilateralen Politik eben *nicht* betraf. Die westlichen Staaten hatten ihre Entschlossenheit demonstriert und das Zeichen gesetzt. Warum sollte das, in den Grenzen, die die innenpolitische Kritik zog, nicht den Weg

---

76 NADH, Code-archief 1965–1974, 23212, Barkman an Ministerie Buitenlandse Zaken, Gesprek met Vice-Premier Pattakos, 22.10.1969. Vgl. die ähnliche Einschätzung des deutschen Botschafters: Rock, Macht, S. 79.
77 Vgl. Woodhouse, Rise.
78 Vgl. NADH, Code-archief 1965–1974, 10142, Jaarrapport 1970, 1971, 1972, 1973. Zur Bundesrepublik vgl. Rock, Macht; zu Großbritannien Nafpliotis, Britain.

für eine vorsichtige Normalisierung freimachen? In den wichtigsten multilateralen Foren kam Griechenland dann auch eher glimpflich davon. Die Europäische Wirtschaftsgemeinschaft setzte die für die Zukunft vorgesehenen Stufen des Assoziationsabkommens aus, ohne allerdings diejenigen zurückzunehmen, die schon in Kraft getreten waren. Im NATO-Rat wurden einige wenige Versuche, die Situation in Griechenland auf die Tagesordnung zu setzen, abgeblockt. Das britische *Foreign Office* brachte die Logik der getrennten Sphären unmißverständlich auf den Punkt: »Unsere Politik im Europarat sollte im Licht moralischer und anderer einschlägiger Themen beschlossen werden, wohingegen Fragen der militärischen Zusammenarbeit im Rahmen der NATO erörtert werden sollten. [...] Wenn eine Regierung das Statut des Europarats klar verletzt, dann muß ein Zeitpunkt kommen, an dem sie nicht länger als Mitglied akzeptiert werden kann. Aber ein Vorgehen gegen Griechenland in der NATO lehnen wir weiterhin entschlossen ab.«[79]

Und doch wäre es verkürzend zu schließen, es habe sich bei den Vorgängen im Europarat um eine leere Geste gehandelt. Die symbolische Abstrafung des Militärregimes war eben immerhin das, eine symbolische Abstrafung. Weniger tautologisch formuliert, hatten die eigenen Verbündeten mit großer Einmütigkeit zum Ausdruck gebracht, daß sie die griechischen Herrschaftspraktiken ablehnten, damit den massenmedialen Verurteilungen weitere Nahrung und den regierungsunabhängigen Kritikern Recht gegeben. Die griechischen Machthaber hatten sich vor einem wichtigen Teil der westlichen Staatengemeinschaft verantworten müssen. Und so resistent sie auch im Kern gegen die Kritik aus dem Europarat blieben, ganz gleichgültig war sie ihnen nicht. Die niederländische Botschaft berichtete, die Menschenrechtsklagen würden sowohl regierungsintern als auch in der griechischen Presse lebhaft diskutiert.[80] Zudem drohte die Junta den westeuropäischen Staaten unverhohlen mit wirtschaftlichen Konsequenzen, sollten sie ihre verurteilende Haltung im Europarat aufrecht erhalten, und ließ sogar gezielt das Gerücht verbreiten, Griechenland könnte sich dem Ostblock annähern.[81] Noch im Juli 1969 setzte das griechische Regime zu einem größeren Befreiungsschlag an. Um das Staatenbeschwerdeverfahren beilegen zu lassen, unterbreitete es einen Plan für die schrittweise Wiederherstellung von Demokratie und Menschenrechten.[82] Daß das Regime bereit war, diese mannigfachen Register zu ziehen, um eine Verurteilung im Ministerkomitee zu vermeiden, läßt darauf schließen, daß es mindestens einen

---

79 Zitiert nach Nafpliotis, Britain, S. 50f. Das wird tendenziell gestützt durch die Erwägungen des Auswärtigen Amts, vgl. Rock, Macht, S. 99–105.
80 Vgl. NADH, Code-archief 1965–1974, 11131, hier die Berichte aus und Memoranden über die Lage in Griechenland, April-Juli und September 1967; ebd., R.B. van Lynden an Ministerie Buitenlandse Zaken, 29.9.1967.
81 Vgl. Rock, Macht, S. 84, 89.
82 Vgl. NADH, Code-archief 1965–1974, 23211 Memoranden vom Juli 1969.

empfindlichen Prestigeverlust fürchtete. Im Jahr 1968 brachte die Junta sogar eine Imagekampagne auf den Weg, für die sie westliche PR-Firmen anheuerte.[83]

Wenn die Europaratsinitiativen also den Rechtfertigungsdruck erhöhten, der auf dem Regime lastete, so gelang es ihnen gleichwohl nicht, die Militärjunta von ihrer brutalen Herrschaftspraxis abzubringen – das gilt es ebenfalls festzuhalten. Den Sturz des Regimes konnten sie nicht beschleunigen. Im Gegenteil verschärfte das Regime nach dem Austritt aus dem Europarat zunächst seinen inneren Unterdrückungskurs. Erst im Lauf des Jahres 1973 taten sich immer tiefere Risse innerhalb der Junta auf, zwischen denjenigen Mitgliedern, die einen moderateren Kurs befürworteten, und denen, die Papadopoulos' Politik für nicht rücksichtslos genug erachteten. Am Ende des Jahres brachen breitflächige Studentenunruhen aus, woraufhin die extremsten Hardliner unter Dimitrios Ioannidis Papadopoulos absetzten. Ein gutes halbes Jahr später führten sie dann durch einen kopflosen Sprung ins Dunkel den Sturz des Regimes selbst herbei: Ioannidis wollte seine rasch bröckelnde Machtbasis durch einen spektakulären außenpolitischen Erfolg retten und befahl daher, die Türkei wegen des Zypernkonflikts angreifen zu lassen. Die Armee verweigerte ihm jedoch den Gehorsam. Eine Gruppe militärischer und politischer Führungskräfte rief den ehemaligen Premierminister Konstantinos Karamanlis aus dem Exil zurück, der im Juli 1974 wiederum als Premier vereidigt wurde.

Waren die Staatenbeschwerden insgesamt dünn gesät, so gilt dies für das Individualbeschwerdeverfahren nicht; hier kommt für die historische Beurteilung vielmehr alles darauf an, wie man den bizarren Kurvenverlauf interpretiert, den die Zahl der an die Menschenrechtskommission gerichteten Beschwerden aufweist. Bis weit in die achtziger Jahre hinein wurde das Instrument der Einzelpetition nämlich kaum genutzt beziehungsweise wurden diese Petitionen im Europarat kaum behandelt. Dann allerdings, und vor allem in den neunziger Jahren, explodierte die Zahl von Beschwerden und drohte das bis dahin schlafende System sozusagen im Moment seiner Erweckung schon gleich zu lähmen. Die dürren Zahlen fügen sich hier zu einem plastischen Bild[84]: Zwischen 1955 und 1982 gingen jährlich im Schnitt fast 800 Beschwerden beim Europarat ein. Danach stieg die Zahl; wurden im Jahr 1994 etwas über 9000 Petitionen eingesandt, so waren es zehn Jahre später 44.000. Die Menschenrechtskommission erklärte in den Jahren von 1955 bis 1982 knapp 300 Beschwerden für zulässig, davon in den fünfziger Jahren lediglich fünf, in den sechziger Jahren 54. Ende 1994 hatte die Kommission insgesamt gut 2000 Petitionen für zulässig erklärt, Ende 2005 mehr als 10.600. Der Menschenrechtsgerichtshof, der seine Arbeit

---

83 Vgl. NYPL, ILHR, Donald M. Fraser/Victor G. Reuther, US Committee for Democracy in Greece, 17.5.1968. Vgl. auch Woodhouse, Rise, S. 52
84 Zu den Zahlen vgl. Sommermann, System; van Dijk/van Hoof/van Rijn/Zwaak, Theory; Greer, European Convention; Brummer, Europarat.

1959 begann, sprach sein erstes Urteil 1961, bis 1974 gerade einmal siebzehn. Im Mai 1985 sprach das Gericht sein hundertstes Urteil, Ende 1994 hatte es bereits fast 500 Fälle entschieden.

Die Statistik spricht also sehr deutlich dafür, daß der Europarat das Schwergewicht seiner menschenrechtlichen Aktivitäten seit den neunziger Jahren entfaltete. Die quantitative Entwicklung hatte natürlich wesentlich mit der Ratifizierungsquote zu tun; Beschwerden konnten ja nur aus den Staaten angenommen werden, die das optionale Instrument der Individualbeschwerde akzeptiert hatten, und während dies im Jahr 1960 lediglich zehn waren, rangierte die Zahl 1990 bei 23. Doch erklärt dies nicht alles. Der dänische Rechtshistoriker Mikael Rask Madsen hat aus einigen Indizien nicht unplausibel geschlossen, daß sich die Menschenrechtskommission in der Frühphase gezielt die zentrale Rolle im Verfahren anzueignen versuchte, vor allem, indem sie fast keine Fälle an den Gerichtshof weitergab. Dadurch machte sie »keine großen Fortschritte, was den Schutz der Menschenrechte in Europa anging, sondern zementierte eher ein ›Vorrecht zur Ablehnung‹«.[85] Ob nun bewußt oder, was wahrscheinlicher ist, überwiegend unbewußt: Die Praxis der Europaratsinstitutionen, bei den staatlichen wie auch bei den individuellen Klagen, vermittelte den Regierungen, daß das Menschenrechtssystem ihrer Souveränität nicht gefährlich werden könne, und war folglich dazu angetan, ihr Vertrauen in die Mitgliedschaft zu stärken.

Rund dreißig Jahre nachdem das System begonnen hatte, zu operieren, entstand dann jedoch allmählich ein hoch entwickeltes, effektives Verfahren, das einen bemerkenswerten europäischen Rechtsraum schuf. Die juristische Literatur hat diesen Prozeß nach allen Regeln der rechtssoziologischen Kunst vermessen. Die Menschenrechtskonvention erhielt in den meisten Mitgliedsstaaten einen hohen, zumeist über der nationalen Gesetzgebung rangierenden gesetzlichen Status.[86] Die Quote der von den Staaten umgesetzten Gerichtsbeschlüsse ist ebenfalls hoch. Dabei gaben diese Beschlüsse zuweilen Anlaß zu Reformen in empfindlichen Bereichen der nationalen Legislation – in den sechziger und frühen siebziger Jahren etwa reduzierten die Bundesrepublik und Österreich die Dauer der Untersuchungshaft, Schweden änderte die Bestimmungen über den obligatorischen Religionsunterricht in Schulen, und die Niederlande reformierten die Gesetzgebung zu militärischen Disziplinarstrafen.[87] In vielen Bereichen hat die Behandlung von Individualbeschwerden Mißstände öffentlich aufgedeckt und behoben, vor allem, was das Recht auf ein faires Gerichtsverfahren, die verzögerte Behandlung von Fällen, und die Unabhängigkeit der

---

85 Rask Madsen, Legal Diplomacy, Zitate auf S. 186.
86 Vgl. Polakiewicz, Status.
87 Vgl. dazu van Dijk/van Hoof/van Rijn/Zwaak, Theory; Polakiewicz, Execution; Harris/O'Boyle/Warbrick, Law, S. 23–28; Khol, System; Keller/Stone Sweet, Assessing.

Justiz betrifft. Nicht zuletzt hat der Europarat in den letzten drei Jahrzehnten den Bereich der verbürgten Menschenrechte erweitert, mit einem Zusatzprotokoll zur Todesstrafe oder Konventionen gegen Folter und zum Schutz nationaler Minderheiten.[88]

Rudimentäre Wertegemeinschaft: Menschenrechte im Prozeß der europäischen Integration

Das alles ließ sich aber eben bei der Begründung des europäischen Menschenrechtssystems nicht nur nicht absehen. Sondern es war vor allem auch das Produkt stark veränderter historischer Kontexte, die sich nicht einfach auf die anfänglichen Entwicklungen zurückrechnen lassen. In den ersten Jahrzehnten seines Bestehens lag die Bedeutung des Menschenrechtssystems für Europa jedenfalls weder darin, daß es eine wirksame überstaatliche Rechtsinstanz schuf, noch darin, daß es so etwas wie eine nationenübergreifende Rechtskultur beförderte. Um die Rolle zu bestimmen, die es in der Frühgeschichte der europäischen Integration spielte, gilt es, den analytischen Blick in andere Richtungen zu lenken.

Er muß zunächst darauf fallen, daß der Europarat im entstehenden Geflecht europaweiter Institutionen einen ausgesprochen randständigen Platz einnahm. Spätestens 1951 war der Versuch der Beratenden Versammlung, die übernationalen Kompetenzen des Europarats in der Außenpolitik, der Wirtschaft und Menschenrechtsfragen auszubauen, auf ganzer Linie gescheitert.[89] Auch in den folgenden Jahren und Jahrzehnten verwandelte sich der Europarat nicht in einen Protagonisten der europäischen Einigung.[90] Bei aller derzeitigen historischen Unkenntnis scheinen die wesentlichen Beiträge der Organisation in der Förderung des kulturellen Austauschs, im Bildungsbereich sowie in der Jugendarbeit gelegen zu haben. Bis zum Ende des Jahrhunderts arbeitete der Europarat zudem immerhin über 170 Konventionen, Abkommen und Protokolle aus, die ein breites Panorama politischer und gesellschaftlicher Fragen behandelten. Die Verträge der fünfziger Jahre befaßten sich mit derart unterschiedlichen Fragen wie den sozialen Sicherungssystemen, Patentanmeldungen, Auslieferungsbestimmungen und Fernsehprogrammen.[91] Die Arbeitsleistung des Europarats war insofern nicht unerheblich, und er hat sich immer wieder aktuellen gesellschaftlichen Problemlagen zugewandt. Über seine Funktion als Abstellgleis der Europapolitik, die ihm anfänglich als einzige überlassen wurde, mag

---

88 Vgl. Sommermann, System.
89 Vgl. Brunn, Einigung; Loth, Weg nach Europa.
90 Vgl. Brunn, Einigung, S. 66; Schmuck (Hg.), Jahre; Bitsch, Introduction; Guillen, Conseil d'Europe. Das Folgende nach diesen Texten.
91 Vgl. dazu die Übersicht über die Verträge in: Benoît-Rohmer/Klebes (Hg.), Recht.

der Europarat damit hinausgewachsen sein. Mehr als ein Nebengleis ist er aber trotzdem nie geworden.[92]

Die eigentliche Dynamik der europäischen Integration lag dezidiert woanders, nämlich im wirtschaftlichen Bereich sowie (vor allem wenn man die NATO in die Betrachtung einbezieht) auf dem Gebiet der Verteidigung. Die 1952 begründete Montanunion wies den Weg, der tatsächlich beschritten werden sollte – ohne Großbritannien, dessen Politik hier also keinen Hemmschuh mehr darstellte. Dieser Weg sah ganz anders aus als die kontinentalen Vorstellungen der frühen europapolitischen Visionäre.[93] Vor allem stellte die Errichtung der Montanunion ein Reservat der Regierungspolitik dar; die Europabewegungen übten auf diesen Prozeß keinerlei Einfluß aus. Das galt auch für die folgenden Integrationsschritte bis hin zu den Römischen Verträgen von 1957, die mit der Europäischen Atomgemeinschaft und der Europäischen Wirtschaftsgemeinschaft die künftig entscheidenden institutionellen Zusammenhänge schufen.

Die Bedeutung, die dem Menschenrechtssystem des Europarats in dieser größeren Entwicklung zukam, läßt sich am besten erschließen, wenn man auf die Triebkräfte und Mechanismen der europäischen Einigung blickt. Die historische Forschung hat dabei im wesentlichen vier Motivschichten herausgearbeitet: Vor allem anfänglich stand ein kräftiger idealistischer Impuls hinter dem Gedanken, gemeinsame europäische Institutionen aufzubauen.[94] Er speiste sich aus dem europäischen Widerstand gegen Nationalsozialismus und Faschismus und, in dessen Kontinuität, aus den Europabewegungen der frühen Nachkriegszeit. Politisch ausschlaggebender wurde indes das Gewicht ökonomischer Motive.[95] Die europäischen Staaten suchten die kontinentale Verflechtung, weil sie sich daraus Vorteile für die anstehenden wirtschaftlichen Aufgaben versprachen, vor allem für die Errichtung des Sozialstaats und dafür, den nationalen Wohlstand zu sichern und auszubauen. Einen weiteren bedeutsamen Motor stellte der Friedenswunsch dar.[96] Er bildete ursprünglich den naheliegenden Reflex auf die Verheerungen des Weltkriegs und darüber hinaus auf die jahrzehntelange bedrohliche Fragilität der internationalen Beziehungen. Schon bald nach Kriegsende wandelte er indes seine Bedeutung. Die europäische Friedensrhetorik verschob sich vom pazifistischen Glauben an eine mögliche Völkerverständigung auf defensive Konzepte, die die militärische Abschreckung des Systemgegners akzentuierten. Deutschland einzubinden, um sein destruktives Potential zu zähmen, war und blieb dabei ein zentrales Ziel.

---

92 Vgl. auch das realistische Fazit von Knipping, Rom, S. 58.
93 Vgl. Mittag, Kleine Geschichte, S. 80.
94 Vgl. Lipgens, Europa-Föderationspläne. Vgl. dazu auch Loth, Beiträge.
95 Vgl. Milward, European Rescue; Moravcsik, Choice.
96 Vgl. zum Folgenden Mittag, Kleine Geschichte, S. 56–59; Thiemeyer, Integration, S. 71–145.

Ein vierter Gedankenkomplex schließlich war die Selbstbehauptung des Kontinents zwischen den neuen Supermächten USA und Sowjetunion.[97] Als sich der Kalte Krieg zuspitzte, machte der Wunsch nach politischer Selbständigkeit der Vorstellung Platz, man müsse *innerhalb* des transatlantischen Bündnisses ein Gegengewicht zu den USA schaffen, während sich gleichzeitig die konfrontative Ausrichtung gegenüber dem kommunistischen Block verschärfte.

Der Integrationsproceß, der aus dieser mehrdimensionalen Interessenlage resultierte, gab kein statisches Kräfteparallelogramm ab. Die verschiedenen Motive spielten ineinander.[98] Nicht zuletzt erzeugte der Verhandlungsprozeß bisweilen seine eigene Folgelogik. Insofern spricht viel für die Annahme, daß es erst das *Ensemble* der frühen überstaatlichen Institutionen war, das das vielgliedrige europäische Bedürfnismobile einigermaßen stillstellen konnte. In jedem Fall aber werden die frühen Stationen der europäischen Einigung als eine Entwicklung kenntlich, die auf die Lösung konkreter, dringlicher Sachfragen bezogen war.[99] Die europäische Integration schritt in dem Maße voran, in dem die Konzeptionen der zwischenstaatlichen Verflechtung Lösungsangebote enthielten, die der Mehrzahl der Staaten plausibel erschienen.

Betrachtet man sie vor diesem Hintergrund, wird man nicht sagen können, daß Menschenrechtsvorstellungen ein vorrangiger Ausdruck des Integrationsprozesses waren, und noch viel weniger, daß sie diesen maßgeblich befördert hätten. Das Menschenrechtssystem des Europarats, soviel wird deutlich, floß einerseits aus der Motivlage, die der europäischen Einigung insgesamt zugrunde lag. Andererseits konnte es eben keines der geschilderten Bedürfnisse in mehr als einer sehr begrenzten Weise erfüllen. Die frühen Initiativen, die von den Europabewegungen ausgingen, entsprangen dem visionären Impetus, den Nationalstaat als politische Steuerungsinstanz zu ersetzen, doch scheiterten sie eben an dem resoluten Widerstand der beteiligten Regierungen. Zudem war das Menschenrechtssystem bis zu einem gewissen Grad als friedenserhaltend gedacht, insofern es nämlich darauf ausgelegt war, die westeuropäische Solidarität zu fördern und die demokratischen Prinzipien zu stabilisieren. Das ließ sich auch als Manifestation des europäischen Selbstbehauptungswillens verstehen, wenngleich dieser hier praktisch ausschließlich gegen das kommunistische Osteuropa gerichtet war. Tragfähige Sicherheitsstrukturen waren mit beidem aber nicht annähernd verbunden. Will man daraus ein systemisches Argument machen, so muß man dem europäischen Menschenrechtsregime eine geringe funktionale Problemlösungskompetenz attestieren. Daher konnte es kaum eine integrationsfördernde Wirkung entwickeln. Auch auf die Gefahr hin, das Offensichtliche beim Namen zu nennen: Das europäische Menschenrechtssystem

---

97 Vgl. Thiemeyer, Integration, S. 138–145; Loth (Hg.), Anfänge.
98 Eine integrative Sicht findet sich in: Loth, Prozeß; Thiemeyer, »Pool Vert«.
99 Beide Argumente finden sich bei Thiemeyer, »Pool Vert«.

bot keine wirtschaftlichen Anreize, erlaubte nicht, Deutschland nachhaltig einzubinden, und stellte keinen wirklichen Verteidigungsmechanismus dar. Es verwickelte die beteiligten Regierungen also in einem besonders sensiblen Bereich – dem Umgang mit der eigenen Bevölkerung – in überstaatliche Kontrollen, ohne entscheidende politische Gegenleistungen zu erbringen.

Der eigentliche Sinn des Menschenrechtssystems lag auf einer anderen Ebene, nämlich in der Bedeutung, die es für die frühe westeuropäische Selbstdefinition hatte. Das mindestens rhetorisch unstrittige Bekenntnis zu Menschenrechten zeigte eine europäische Wertegemeinschaft an, soweit sie eben reichte – und das heißt, es zeigte eine rudimentäre Wertegemeinschaft an. Achim Trunk hat in seiner Untersuchung der frühen europäischen »Identität« überzeugend herausgearbeitet, daß in den politischen Versammlungen der verschiedenen europaweiten Institutionen »Europa« zwar scharf von all dem abgehoben war, was es nicht sein sollte, das ›positive‹ Selbstverständnis aber vage blieb.[100] Soweit sich die Protagonisten auf positive Gemeinsamkeiten bezogen, nahmen neben dem Wohlfahrtsstreben und der sozialen Sicherheit Menschenrechte, Menschenwürde, Grundfreiheiten und davon abgeleitet Rechtsstaatlichkeit und parlamentarische Demokratie den wichtigsten Platz ein. Dabei sahen es die Europapolitiker ganz überwiegend als eine Qualität der einzelnen Nationalstaaten an, diese Werte zu garantieren; sie bezogen sich also, wenn sie von Menschenrechten sprachen, auf vermeinte Übereinstimmungen *zwischen* den Staaten. Das war in dieser Verbreitung zwar ein Novum der Nachkriegsjahre – aber das Merkmal eines *übergreifenden* europäischen Selbstverständnisses stellten Menschenrechte und Grundfreiheiten in dieser Sicht nicht dar. Die europapolitischen Wahrnehmungen in den Debatten der späten vierziger und der fünfziger Jahre, so das Fazit Trunks, eröffneten »einen gewissen Spielraum für europäische Einigungsprojekte, stellte[n] jedoch keinen Antrieb für sie dar«.[101] Diese Formulierung dürfte auch die Rolle der Menschenrechtsvorstellungen akkurat beschreiben.

Diese Ebene zu betrachten, die europäische Selbstkonstruktion und das häufiger implizite als explizite Werteverständnis, liefert schließlich auch nochmals eine Erklärung dafür, daß das europäische Menschenrechtssystem in den ersten Jahrzehnten eine allenfalls partielle Wirksamkeit erlangte. Die Selbstversicherungsfunktion des Menschenrechtsdiskurses mußte sich nämlich tendenziell als konflikthemmend erweisen – Menschenrechte waren ein Ausweis der bestehenden westeuropäischen Staatlichkeit, und das galt es ins Bewußtsein zu heben, um die Gemeinschaft zu stärken. Damit schränkte sie auch die Inanspruchnahme des Schutzsystems ein. Es ließe sich sogar argumentieren, daß der Gedanke des kontinentalen Menschenrechtsschutzes der europäischen

---

100 Trunk, Europa, insbes. S. 71–81, 231–242; Vgl. auch Schmale, Geschichte, S. 105–120.
101 Trunk, Europa, S. 242.

Einigungslogik bis zu einem gewissen Grad zuwiderlief. Er beruhte auf einem antagonistischen Modell, demzufolge Verstöße in anderen Ländern angeklagt und geahndet wurden, nicht auf einem verflechtenden oder integrativen. Hätten die Europaratsmitglieder die Staatenbeschwerde häufig angewandt, wären naheliegenderweise die politischen Fundamente der europäischen Gemeinschaft strapaziert worden. Aus dieser Perspektive scheint sich in der Tatsache, daß allein Griechenland und die Türkei Gegenstand von Menschenrechtsklagen wurden, die nicht durch nationales Eigeninteresse motiviert waren, der ursprüngliche Sinn des Systems geradezu zu bestätigen. Beide Staaten waren geographisch ›periphere‹ Mitglieder des Europarats, die die gemeinsame demokratische Bekenntnisgrundlage untragbar weit verlassen hatten, indem sie Militärdiktaturen errichteten. In Fällen, in denen der europäische Wertekonsens derart eklatant aufgekündigt wurde, konnten sich die menschenrechtlichen Sanktionsmechanismen des Europarats in Gang setzen. Auch dann war es noch schwierig genug. Letzten Endes war es somit die positive Bedeutung, die das Menschenrechtssystem für die europäische Gemeinschaftsbildung hatte – mit diesem Paradox wird man sich wohl abfinden müssen –, die es unter den Bedingungen des Kalten Kriegs zur weitgehenden Funktionslosigkeit verdammte.

Primat der Nicht-Intervention: Die Neuausrichtung des inter-amerikanischen Systems in den vierziger Jahren

Es war die Furcht vor diesen spannungserzeugenden Wirkungen eines internationalen Menschenrechtsschutzes, die die Entwicklung auf dem amerikanischen Kontinent determinierte. Sie lenkte sie in eine gänzlich andere Richtung als in Europa. Um es auf eine kurze Formel zu bringen, wirkten der kategorische Imperativ der Nicht-Intervention, nach dem sich die lateinamerikanischen Regierungen ausrichteten, und die geostrategischen Prioritäten der USA dabei zusammen, daß eine für menschenrechtliche Festlegungen denkbar ungünstige Konstellation entstand. Sie hatte zur Folge, daß Menschenrechte in Amerika auf internationaler Ebene in den ersten gut fünfzehn Jahren nach Kriegsende nicht mehr als eine Bedeutung *pro forma* erhielten und anschließend für weitere fast fünfzehn Jahre eine sehr eingeschränkte. Sofern Menschenrechtsvorstellungen international eine gewisse Rolle spielten, taten sie dies entgegen den dominanten Interessen, und nicht, weil sie einen signifikanten Hauptstrom der politischen Entwicklung auf dem Kontinent dargestellt hätten.

Dieser Befund kontrastiert stark mit dem allerdings recht oberflächlichen Bild, das Menschenrechtshistorikerinnen und -historiker bislang skizziert haben. In der Literatur ist es zu einem regelrechten Topos geworden, darauf hinzuweisen, »die« lateinamerikanischen Staaten hätten entschieden internationale Menschenrechtsnormen gefordert, und dies als Indiz für eine globale

Konjunktur des Begriffs zu nehmen.[102] Schon ein flüchtiger Überblick über die wichtigsten Eckdaten stimmt skeptisch gegenüber diesen Annahmen. Das einzige greifbare Resultat stellte vorerst nämlich die 1948 verabschiedete, unverbindliche »Amerikanische Erklärung der Menschenrechte und -pflichten« dar. Erst im Jahr 1959 richtete die Organisation Amerikanischer Staaten eine Menschenrechtskommission ein. Eine Konvention wurde zehn Jahre später verabschiedet und trat erst weitere zehn Jahre später in Kraft. Der Inter-Amerikanische Menschenrechtsgerichtshof, der daraufhin seine Arbeit aufnahm, blieb bis weit in die neunziger Jahre hinein ein Gerichtshof »ohne Fälle«.[103] Mithin entstand in Lateinamerika vor den sechziger Jahren gar kein System. Es ist in diesem Zusammenhang von mehr als nur antiquarischem Interesse, daß diejenigen Autoren, zumeist Juristen, die sich vor Beginn der siebziger Jahre mit der inter-amerikanischen Menschenrechtspolitik befaßten, zu gänzlich ernüchterten Einschätzungen gelangten.[104]

Den Hintergrund dafür, daß der Menschenrechtsbegriff zunächst zaghaft aufgegriffen wurde, sich dann aber nicht durchsetzen konnte, bildeten die rasanten politischen Umschwünge, mit denen sich die lateinamerikanischen Länder in den vierziger Jahren konfrontiert sahen. Dieses Jahrzehnt stellte eine doppelte Scharnierphase dar. Das galt einmal für die politischen Systeme, die eine kurzfristige demokratische Öffnung erlebten, welche bald schon von einer umso vehementeren autoritär-konservativen Schließung abgelöst wurde. Zu Beginn des Zweiten Weltkriegs ließen sich lediglich Uruguay und Chile, und mit einigen Abstrichen Costa Rica und Kolumbien, als repräsentative Demokratien bezeichnen.[105] Zwischen Mitte 1944 und Mitte 1946 erfaßte die meisten Länder dann eine beispiellose Liberalisierungs- und Demokratisierungswelle. Nach dem japanischen Angriff auf Pearl Harbor hatten sich fast alle lateinamerikanischen Staaten, wie halbherzig auch immer, auf die Sache der Alliierten im Weltkrieg festgelegt. Deren Sieg über die Achsenmächte, und damit der Sieg von Freiheit und Demokratie über den Faschismus, ließ es daher vielen Regierungen geboten oder doch unabwendbar erscheinen, einige demokratische Anpassungen vorzunehmen. Damit reagierten sie nicht zuletzt auch auf einen erheblichen Druck aus der Bevölkerung und vor allem von den politischen Parteien, die nach mehr Partizipationschancen riefen. Schließlich ging gegen Ende des Kriegs, und vor allem im Vorfeld der UN-Gründung, auch die US-Regierung dazu über, die Demokratisierungsbestrebungen zu fördern. Sie distanzierte

---

102 Vgl. Lauren, Evolution S. 170–172, 177–187; Glendon, Forgotten Crucible; Borgwardt, World, S. 172 f.; Normand/Zaidi, Human Rights, S. 118 f.
103 Vgl. zum Gerichtshof: Kokott, System; Medina Quiroga, Inter-American Commission.
104 Vgl. Cabranes, Human Rights; ders., Protection; Schreiber, Inter-American Commission. Vgl. auch Farer, Rise.
105 Vgl. zum Folgenden vor allem Bethell/Roxborough, Introduction; Bernecker/Tobler, Staat, S. 57–72, 112–132. Daneben Rivas, Relations; Schoultz, United States, S. 316–348.

sich nunmehr von Diktatoren und begrüßte freiheitliche Tendenzen. Unter diesen politischen Vorzeichen wurden mehrere Diktaturen gestürzt, in Guatemala und in Bolivien, oder mußten sich liberalisieren, wie diejenigen Getúlio Vargas' in Brasilien und Juan Domingo Peróns in Argentinien. In autoritär regierten Ländern fanden freie Wahlen statt oder wurden andere demokratisierende Maßnahmen ergriffen, so in Ecuador, Kuba, Panama, Peru und Venezuela. Bestehende demokratische Systeme konnten sich festigen, das galt für Costa Rica, Kolumbien und Chile. Nicht zuletzt war in den politischen Landschaften ein starker Linksruck zu verzeichnen. Vielerorts spielten Gewerkschaften eine wichtige Rolle, und kommunistische Parteien waren in fast allen Ländern mindestens toleriert.

So eindrucksvoll die Demokratisierungswelle um das Kriegsende ausfiel, so stark und schnell schwang das Pendel bis 1948 zurück. Die politische Linke wurde in zahlreichen Ländern von der politischen Mitwirkung ausgeschlossen, die kommunistischen Parteien vielerorts verboten und unterdrückt. Zahlreiche Regierungen schränkten den politischen Wettbewerb wieder ein und bemühten sich, die politische Massenmobilisierung unter Kontrolle zu bringen. Wie ein Fanal wirkte es, daß die demokratischen Experimente in Peru und Venezuela 1948 durch Militärputschs beendet wurden. Zwischen 1952 und 1954 folgten Kuba, Kolumbien und Guatemala. Ende 1954 bestanden auf dem Kontinent, je nachdem, welche Kriterien man anlegt, zwischen elf und vierzehn Diktaturen. Nur in Costa Rica, Brasilien, Uruguay und Chile hatten sich demokratische Systeme gehalten. Nicht zuletzt änderten sich mit dem Ausbruch des Kalten Kriegs die Sicherheitsperzeptionen, und die Hauptgefahr für die politischen Systeme wurde nunmehr auf der Linken ausgemacht. Die Politik der US-Regierungen Trumans und Eisenhowers beförderte diese Tendenz mindestens indirekt. In der gewandelten weltpolitischen Situation stützten sie kompromißlose Alleinherrscher, da sie ihnen ein effektiveres Durchgreifen gegen den Kommunismus zu gewährleisten schienen, als instabile demokratische Regierungen. Im Jahr 1954 gingen die USA sogar noch einen Schritt weiter und bereiteten eine Invasion vor, die die linksgerichtete Regierung von Jacobo Árbenz in Guatemala stürzte.[106]

Ähnlich wie die politischen Entwicklungen innerhalb der lateinamerikanischen Staaten erlebten aber auch die zwischenstaatlichen Beziehungen auf dem Kontinent, in Form des sogenannten inter-amerikanischen Systems, in jäher Abfolge einen doppelten Einschnitt.[107] Das inter-amerikanische System war 1889/90 mit der Gründung der *International Union of American Republics* als

---

106 Vgl. Immerman, CIA; Gleijeses, Hope; Cullather, Secret History.
107 Vgl. zum Folgenden: Medina Quiroga, Battle; Humphreys, Latin America, S. 203–229; Bernecker/Tobler, Staat; Smith, United States, S. 91–110; Schoultz, United States, S. 290–315; Grandin, Traditions.

ein gänzlich unverbindlicher Mechanismus zur gegenseitigen Konsultation geschaffen worden. Erst nach dem Ausbruch des Kriegs in Europa setzte die US-Regierung unter Franklin D. Roosevelt entschlossen alle Hebel in Bewegung, um die kontinentale Kooperation zu intensivieren. In dem unmittelbar nach der japanischen Bombardierung Pearl Harbors im Januar 1942 anberaumten Außenministertreffen in Rio de Janeiro gelang es den USA dann, eine weitgehend geschlossene Front herzustellen. Nur Chile und Argentinien weigerten sich, die Beziehungen zu den Achsenmächten abzubrechen. Neben die multilaterale Koordination trat nun zudem ein Netz bilateraler, auf die Kriegführung bezogener Verträge, in denen die USA mit einzelnen lateinamerikanischen Staaten Abmachungen über militärische Stützpunkte, über die Rohstoff- und Nahrungsversorgung und über die Lieferung von Militärgütern traf. Im Ergebnis entstand damit eine bemerkenswert enge inter-amerikanische Verflechtung, die historisch ohne Vorläufer war.[108]

Auch in den inter-amerikanischen Beziehungen fand jedoch innerhalb weniger Jahre ein neuerlicher, folgenreicher Umschwung statt. In dem Maße nämlich, wie die US-Regierung erst ihre militärischen und bald schon ihre politischen und wirtschaftlichen Energien auf Europa konzentrierte, schraubte sie ihr kontinentales Engagement erheblich zurück.[109] Der Wiederaufbau des zerstörten Europa und vielleicht sogar mehr noch die beginnende bipolare Konfrontation, die dort ihr Epizentrum hatte, schienen es nötig zu machen, alle Kräfte jenseits des Atlantiks zu ballen. Am deutlichsten kam das neue Ungleichgewicht zwischen den Kontinenten darin zum Ausdruck, daß die Investitionsströme, die von den USA nach Lateinamerika geflossen waren, praktisch vollständig in das Europäische Wiederaufbauprogramm umgeleitet wurden.[110]

Die übergreifenden Entwicklungsmuster, die den amerikanischen Kontinent während der vierziger Jahre prägten, erklären bereits zu einem nicht unwesentlichen Teil, in welchen Bahnen die Neuausrichtung der inter-amerikanischen Beziehungen ab dem Kriegsende verlaufen sollte und warum Menschenrechtsvorstellungen dabei keine bedeutende Rolle spielten. Die USA waren und blieben vorrangig an einer Zusammenarbeit zum Zweck der militärischen Sicherheit interessiert. Sie sollte in den ersten Jahren dazu dienen, den Kontinent gegen den unterminierenden Einfluß der Achsenmächte zu schützen. Seit Kriegsende ging es dann ausschließlich darum, kommunistische Penetrationsversuche abzuwehren.

Die lateinamerikanischen Staaten hingegen waren primär bestrebt, den finanzstarken nördlichen Nachbarn wirtschaftlich auch weiterhin auf dem Kontinent zu binden. Gleichzeitig mußten sie eine prekäre Balance halten, denn der

---

108 Vgl. zeitgenössisch Munro, Mexico, S. 527.
109 Vgl. zum Folgenden Bernecker/Tobler, Staat, S. 112–132; Smith, United States, S. 111–140.
110 Vgl. Smith, United States, S. 114.

immense Machtzuwachs ließ die Gefahr, daß die USA in die inneren Angelegenheiten der lateinamerikanischen Republiken eingreifen würden, als dringlich erscheinen. Nach Kriegsende nahmen viele lateinamerikanische Staaten daher das inter-amerikanische System, in einer nur kurz unterbrochenen Tradition, wieder als Instrument wahr, um die nordamerikanische Hegemonialmacht zu zähmen. Am Ende des Zweiten Weltkriegs lag es gerade einmal zehn Jahre zurück, daß die USA ihre jahrzehntelange Politik offener Repressalien und Eingriffe beendet hatten – im Zeichen der »Politik des guten Nachbarn«, wie die vage, aber suggestive Formel der Roosevelt-Regierung lautete. Wie die Vereinigten Staaten bis dahin agiert hatten, war den lateinamerikanischen Regierungen jedoch in den vierziger Jahren noch in lebhafter Erinnerung. Der bisweilen obsessiv anmutende Rekurs auf das Nichtinterventions-Prinzip, der die lateinamerikanischen Stellungnahmen im inter-amerikanischen System unfehlbar begleitete, hatte hier seinen historisch erhärteten, defensiven Sinn.

Die Staaten hielten aber auch deshalb argwöhnisch an staatlicher Souveränität und territorialer Unversehrtheit fest, um sich gegen die lateinamerikanischen Schwesterrepubliken abzusichern. Die kontinentalen Beziehungen erreichten nie auch nur annähernd den Grad inter-gouvernementaler Zusammenarbeit, der sich gleichzeitig in Westeuropa herauszubilden begann. Ein Bündnis von Demokratien hätte auf tönernen Füßen stehen müssen, weil die Demokratien selbst auf tönernen Füßen standen. Tatsächlich wird man in der politischen Instabilität, die den Kontinent fest im Griff hatte, in dem mitunter raschen Wechsel der Machtverhältnisse und Regierungskonstellationen, einen wesentlichen Grund dafür sehen können, daß es vielen Staaten als unvorsichtig oder sogar abwegig erschien, die *reservatio mentalis* des Nichteinmischungsprinzips aufzugeben.

Schließlich gelangten menschenrechtspolitische Vorstellungen auch in den kontinentalen Sicherheitskonzeptionen nicht über fragile Ansätze hinaus, für die sich niemals eine Mehrheit der Staaten gewinnen ließ. Das zeigte sich bei verschiedenen Gelegenheiten, zunächst noch im Jahr 1945, auf den Konferenzen in Mexiko-Stadt und in San Francisco sowie in einem diplomatischen Vorstoß Uruguays, nach Kriegsende dann im Aufbau der Organisation Amerikanischer Staaten (OAS). Gleichzeitig bildeten diese Ereignisse den Kontext, in dem überhaupt erstmals menschenrechtspolitische Vorstellungen auf das Tapet kamen. Sie stellten im inter-amerikanischen Rahmen ein Novum dar.[111]

Der erste Anlaß, bei dem Menschenrechte 1945 zur Diskussion standen, war die inter-amerikanische Konferenz »über die Kriegs- und Friedensprobleme«,

---

111 Zuvor hatten die amerikanischen Staaten lediglich eine »Verteidigung der Menschenrechte« betitelte Resolution verabschiedet, die die moderne Kriegführung verurteilte. Vgl. Eighth International Conference of American States, Lima, Dezember 1938, Resolution XVI. Defense of Human Rights.

abgehalten auf dem Chapultepec-Hügel in Mexiko-Stadt. Insgesamt schickten zwanzig Staaten, einschließlich der USA, hochrangige Delegationen zu den Verhandlungen.[112] Auf dem Konferenzprogramm standen die ganz offensichtlich brennenden Probleme des Kontinents: die weitere Kriegführung, die Gründung einer Weltorganisation, die Zukunft des inter-amerikanischen Systems, die wirtschaftliche Situation. Wegweisende Entscheidungen trafen die Delegationen in drei Bereichen.[113] Erstens einigten sie sich auf die »Akte von Chapultepec«, ein hybrides Geschöpf, da es zugleich ein kontinentaler Beistandspakt *und* eine Garantie der Nichtintervention war.[114] Das Dokument betonte einerseits territoriale Unversehrtheit und das Verbot der inneren Einmischung. Andererseits sah es Sanktionsmöglichkeiten und sogar den Einsatz militärischer Gewalt für den Fall vor, daß ein amerikanischer Staat angegriffen würde – das war zu diesem Zeitpunkt noch als Schutzmechanismus gegen faschistische Regime gedacht. Zweitens beschlossen die Delegationen ein ganzes Bündel von Maßnahmen, um das inter-amerikanische System zu reformieren und zu festigen. Vor allem sollte eine Charta verfaßt werden, um es auf eine stärker formalisierte Grundlage zu stellen.

Drittens formulierten die lateinamerikanischen Staaten ihre Kritik an den Ergebnissen des Alliiertentreffens in Dumbarton Oaks. Dort waren die Republiken, die zuvor an mehreren für die Entstehung der Vereinten Nationen wichtigen Konferenzen mitgewirkt hatten, von der Teilnahme ausgeschlossen gewesen. Die Beschlüsse der Großen Drei hatten sie alarmiert, erweckten sie doch den Anschein, als sollte die Weltorganisation lediglich die Fassade für ein Konzert der Großmächte abgeben, das dann jederzeit in die Belange des amerikanischen Kontinents eingreifen könne. Auf der Konferenz in Mexiko hielten die lateinamerikanischen Delegationen daher in der Resolution XXX eine längere Liste von Einwänden fest, die an die UN-Gründungskonferenz in San Francisco übermittelt werden sollten. Die Resolution forderte vor allem, eine angemessene Vertretung der lateinamerikanischen Staaten im Sicherheitsrat zu schaffen, die Befugnisse der Generalversammlung zu erweitern und sicherzustellen, daß inter-amerikanische Konflikte »durch inter-amerikanische Methoden«, also ohne Einmischung der Weltorganisation, gelöst werden könnten.[115]

112 Vgl. zum Folgenden Medina Quiroga, Battle; Stoetzer, Organization, S. 25–30; Smith, United States, S. 111–140; Pan-American Union, Inter-American Conference; Dean, Four Cornerstones; Munro, Mexico.
113 Das Folgende spiegelt sich etwa auch in den Berichten der US-Delegation über die laufenden Verhandlungen. Vgl. Foreign Relations of the United States, Bd. IX, S. 121–153.
114 Abgedruckt als Appendix in: Rowe, Inter-American Conference.
115 Vgl. Inter-American Conference on Problems of War and Peace, März 1945, Resolution XXX. Establishment of International Organization. Die gegen die Dumbarton Oaks-Beschlüsse gerichtete Resolution XXX ging auf die Frage der Menschenrechtsbestimmungen in der zu gründenden Organisation nicht ein. Jedoch hielt offenbar ein längerer Bericht, der die Einwände aller fünfzehn Staaten zusammenfaßte, die sich zu den

Menschenrechte waren in der Kakophonie der Verhandlungen ein schwaches Nebengeräusch.[116] Von den insgesamt wohl etwas über 150 Resolutionsentwürfen gingen acht in irgendeiner Form auf Menschenrechte ein.[117] Läßt man die beiläufigen Verwendungen des Begriffs beiseite, so kamen substantielle Vorschläge von drei Staaten, von Kuba, Mexiko und Uruguay.[118] Unter den auf der Konferenz tatsächlich verabschiedeten 61 Resolutionen war eine Handvoll, in denen sich Menschenrechtsbezüge oder eine eng damit verwandte Rechtssprache fanden. Daß sie angenommen wurden, zeugt davon, daß die drei genannten Delegationen eine gewisse Resonanz für ihre Vorstellungen erzielen konnten. In der Grundsatzerklärung der Konferenz bildeten die »Rechte des Einzelnen«, im Verein mit den »Interessen der Gemeinschaft«, einen Teil des Staatszwecks.[119] Eine Resolution über den »Freien Zugang zur Information«, verstanden als Schutz der »grundlegenden Rechte des Menschen (*man*) überall«, folgte weitgehend dem uruguayischen Entwurf.[120] In einer Entschließung gegen Rassendiskriminierung war von »grundlegenden Rechten« die Rede, und die Amerikanische Wirtschaftscharta führte einige soziale Rechte auf.[121] Schließlich beauftragte die Resolution XL das *Inter-American Juridical Committee* damit, den Entwurf einer Erklärung von Menschenrechten und -pflichten zu erstellen, der dann als multilaterale Konvention verabschiedet werden sollte. Auch ihre »Unterstützung für ein System zum internationalen Schutz dieser Rechte« brachten die amerikanischen Delegationen zum Ausdruck. Aus beidem – der Konvention und dem Schutzsystem – wurde dann einstweilen nichts, lediglich die Erklärung sollte, wie gesagt, 1948 angenommen werden. Kaum etwas spricht dafür, daß die versammelten Staaten das Projekt als einen symbolträchtigen Beschluß angesehen hätten. Der offizielle Konferenzbericht der *Pan American Union* registrierte die Entscheidung, eine amerikanische Menschenrechtserklärung ausarbeiten zu lassen, unter ferner liefen.[122]

Vorschlägen von Dumbarton Oaks geäußert hatten, fest, es solle als Zweck der Weltorganisation formuliert werden, Menschenrechte zu achten, um so zur Friedenssicherung beizutragen. Vgl. Dean, Cornerstones.

116 Vgl. Holmes, Mexico; Rowe, Inter-American Conference. Rowe war der Generaldirektor der *Pan American Union*.
117 Vgl. die inkonsistenten Zählungen in: United States/Stettinius, Report, S. 8 und 359–364.
118 Beiläufig: Bolivien, Organization of Inter-American Committee on Social and Economic Affairs; Guatemala, Defense and Preservation of American Democracy. Vgl. auch United States, Free Access to Information, alle in: United States/Stettinius, Report, S. 214–216, 354f., 193f.
119 Inter-American Conference on Problems of War and Peace, März 1945, Resolution XI. Declaration of Mexico, S. 39f.
120 Inter-American Conference on Problems of War and Peace, März 1945, Resolution XXVII. Free Access to Information, S. 59f.
121 Inter-American Conference on Problems of War and Peace, März 1945, Resolution XLI. Racial Discrimination; dies., Resolution LI. Economic Charter of the Americas.
122 Vgl. Pan-American Union, Inter-American Conference.

Auch auf der UN-Gründungskonferenz in San Francisco im Juni 1945, der zweiten Gelegenheit, bei der Menschenrechtsfragen in diesem Jahr zur Sprache kamen, fand keine kontinentale Manifestation dafür statt, Menschenrechte zu einem Leitwert der internationalen Beziehungen zu machen. Die anwesenden neunzehn lateinamerikanischen Delegationen setzten sich hier, wie zu erwarten, für diejenigen Änderungen in der Struktur der anvisierten Weltorganisation ein, die sie bereits auf der Konferenz in Mexiko eingefordert hatten. Zwei Komplexen kam dabei aus ihrer Sicht entscheidende Bedeutung zu.[123] Zum einen warfen sie ihr Gewicht in die Waagschale, um der unanfechtbaren Dominanz der Großmächte entgegenzuwirken. Dabei blieben sie im wesentlichen ohne Erfolg. Vor allem gelang es ihnen nicht, Lateinamerika einen ständigen Sitz im Sicherheitsrat zu beschaffen und das Vetoverfahren im Rat zu den eigenen Gunsten zu verändern. Zum anderen investierten sie erhebliche Verhandlungsenergien in den Versuch, den jüngst geschlossenen inter-amerikanischen Beistandspakt von Chapultepec gegenüber der Organisation der Vereinten Nationen abzusichern. Daß viele lateinamerikanische Regierungen mit ihm die Absicht verfolgten, ein Gegengewicht gegen eine Weltorganisation zu schaffen, von der sie befürchteten, sie könne sich ihrerseits zu einer Interventionsmacht aufschwingen, hatte sich bereits auf der Konferenz in Mexiko abgezeichnet. In San Francisco entbrannte darüber ein größerer Konflikt, da Großbritannien dagegen war, regionale Abkommen zu stark aufzuwerten, und die US-Regierung das von ihr priorisierte Projekt der Weltorganisation gefährdet sah. Schließlich wurde ein Kompromiß gefunden, der das Recht stipulierte, regionale Sicherheitsbündnisse zu schließen.

Der Einsatz für internationale Menschenrechtsnormen hatte demgegenüber wiederum einen nachgeordneten Stellenwert. Gleichwohl war zu beobachten, daß sich eine Reihe lateinamerikanischer Regierungen vergleichsweise stark engagierte, mißt man es an der abweisenden Haltung anderer Teilnehmer und vor allem der drei Großmächte. Eine geschlossene Gruppe bildeten sie jedoch nicht – Costa Rica etwa wandte sich offen dagegen, die Förderung von Menschenrechten als Aufgabe der Organisation festzulegen.[124] Auch hatten nicht alle lateinamerikanischen Regierungen, die grundsätzlich aufgeschlossen waren, das Gleiche im Sinn. Einen Blick auf die Details sollte man sich an dieser Stelle nicht ersparen. Elf, vielleicht auch dreizehn der neunzehn anwesenden Delegationen aus Lateinamerika forderten in irgendeiner Weise, die Menschenrechtsbestimmungen der UN-Charta zu stärken. Sechs vertraten dabei die eher zurückgenommene Position, die Organisation solle es als einen ihrer Zwecke

---

123 Vgl. Documents of the United Nations Conference on International Organization [im Folgenden: UNCIO], Bd. 1. Vgl. zum Folgenden ferner Humphreys, Latin America; Schlesinger, Act of Creation, S. 159–192.
124 Vgl. Embassy of Costa Rica, Washington, Establishment of an International Organization, 5.12.1944.

definieren, Menschenrechte einzuhalten.[125] Fünf Regierungen gingen weiter, wobei Uruguay, Kuba und Mexiko wie auch schon auf der inter-amerikanischen Konferenz im Frühjahr besonders in Erscheinung traten. Ihnen gesellten sich nun Panama und Ecuador zu. Sie alle plädierten dafür, daß die neue Organisation eine internationale Menschenrechtserklärung verabschieden solle – Panama und Kuba fügten ihren Stellungnahmen sogar Rechtskataloge bei.[126] Die übrigen drei forderten darüber hinaus, ein Organ zur Überwachung der verkündeten Rechte einzurichten, ohne allerdings zu konkretisieren, wie dieses aussehen sollte.

Schließlich sollte nicht vergessen werden, daß auch die lateinamerikanischen Delegationen, wie alle Teilnehmer, für ein möglichst stark formuliertes Interventionsverbot votierten, welches später der Artikel 2,7 der UN-Charta festschreiben sollte. Vor dem Hintergrund ihrer konstitutiven Einmischungsfurcht wäre alles andere erstaunlich gewesen. Tatsächlich nahm in ihren Ausführungen in San Francisco das um den Nichtinterventionsgedanken herum geschnürte terminologische Bündel von »territorialer Integrität«, »politischer Unabhängigkeit«, »rechtlicher Gleichstellung der Nationen« und »Achtung vor internationalen Verträgen« einen wesentlich größeren Platz ein als der Menschenrechtsbegriff.[127]

Warum wollten einige Staaten auf den beiden Konferenzen des Jahres 1945 internationale Menschenrechtsnormen? Analysiert man ihre Projekte näher, so zeigt sich, daß der Rekurs auf den Menschenrechtsgedanken unterschiedliche Funktionen hatte. Jedenfalls die dominierenden lagen ganz auf der Linie der Überlegungen, die zur gleichen Zeit auch andernorts darüber angestellt wurden, wie sich die internationale Politik nach Kriegsende neu und besser gestalten lasse.

Für die kubanische Regierung, die der inter-amerikanischen Konferenz in Mexiko einen elf Artikel umfassenden Entwurf einer »Erklärung der Pflichten und Rechte des Einzelnen« unterbreitete und eine solche auch für die zu errichtende Weltorganisation forderte, waren Menschenrechte einmal Teil der (innenpolitischen) Ideale, für die der gegenwärtige Weltkrieg geführt wurde.[128] Gleichzeitig sollten internationale Normen dazu dienen, die Demokratie regional zu befestigen und damit auch sicherstellen, daß die lateinamerikanischen Bürger in den Genuß von Rechten kämen, wobei der kubanische Resolutionsentwurf eine Liste mit politischen Rechten und dem Recht auf soziale Sicherheit

---

125 Das waren Venezuela, Chile, Kolumbien, Paraguay, Brasilien und die Dominikanische Republik. Vgl. UNCIO, Bd. 3, S. 224–226, 292–305, 345–348, 562–573, 587f., 602f.
126 Vgl. UNCIO, Bd. 3, S. 34–48, 54–174, 265–273, 493–509, 393–445.
127 Vgl. die Kommentare zu den Vorschlägen von Dumbarton Oaks zum Artikel 2,7, in: UNCIO, Bd. 3.
128 Vgl. Cuba, Declaration on Duties and Rights of Individual; Cuba, New International Organization; Cuba, Respect for the Life and Rights of Hebrews. Vgl. auch Cuba, Seven Proposals on the Dumbarton Oaks Proposals Submitted by the Delegation of Cuba.

enthielt.[129] Es dürfte nicht abwegig sein, das kubanische Projekt mit der demokratischen Entwicklung in Verbindung zu setzen, in der sich das Land seit einigen Jahren befand. Sie hatte 1940 mit der Präsidentschaft Fulgencio Batistas, des später in der Revolution gestürzten Diktators, begonnen. Batista ließ »die demokratischste Verfassung, die Kuba bis heute hatte«, ausarbeiten, welche nun immerhin auf dem Papier stand.[130] Im Jahr 1944 war Batistas Gegenspieler Grau San Martín zum Präsidenten gewählt worden, in dessen Regierungszeit sich die Tendenz zu einem gesellschaftlich integrativen, partizipatorischen System fortsetzte (wenn die Regierung auch repressiv gegen den Kommunismus vorging). Man mag in dem kubanischen Vorstoß des Jahres 1945 insofern sogar ein, wenn auch schwach ausgeprägtes, Analogon zu der Entwicklung im Europarat sehen, wo gerade die restituierten oder kürzlich geschaffenen Demokratien darauf bedacht waren, Menschenrechte in einem regionalen politischen Konsens zu verankern.[131]

Die Konzeption, die das größte Gewicht erlangte, illustrieren jedoch die Vorschläge Uruguays, das sich bis in die fünfziger Jahre hinein als der nachdrücklichste Verfechter internationaler Menschenrechtsmodelle auf dem Kontinent profilierte. Die Regierungen von Juan J. Amézaga und Luis Battlle Berres, die zwischen 1943 und 1951 amtierten, vertieften die demokratische Transition, die im Land begonnen hatte, nachdem am Ende der dreißiger Jahre die *dictablanda*, die »weiche Diktatur« Gabriel Terras überwunden worden war.[132] Damit legten sie den Grundstein für eine langanhaltende, stabile demokratische Entwicklung, die Uruguay markant vom politischen Schicksal der meisten Länder des Kontinents abhob. Innenpolitisch nutzten beide Regierungen die günstige wirtschaftliche Situation, um die Industrialisierung des Landes zu fördern und die Sozialgesetzgebung behutsam voranzutreiben. Außenpolitisch verankerten sie Uruguay fest in der westlichen Allianz, in einem Maß, daß Uruguay in der Nachkriegszeit als nahezu bedingungsloser Verbündeter der Vereinigten Staaten galt. Amézaga und Battlle Berres unterstützten daher auch fest die einzelnen Stationen der kontinentalen Verteidigungszusammenarbeit.

Ganz in diesem Sinn hob die uruguayische Regierung in ihren menschenrechtspolitischen Vorschlägen explizit auf die sicherheitspolitische, gegen totalitäre Diktaturen gerichtete Komponente eines internationalen Normsystems ab, die auch in den anderen Konzeptionen der Zeit eine so wesentliche Bedeutung hatte. Auf der Konferenz in San Francisco versuchten die uruguayischen Delegierten nachdrücklich, für diesen Gedanken Anhänger zu finden. »Ein System der inneren Diktatur kann der Gemeinschaft nicht gleichgültig

---

129 Vgl. Cuba, Essential Characteristics that should Distinguish Democratic Regimes.
130 Vgl. Zeuske, Kleine Geschichte, S. 168–175, Zitat S. 172.
131 Vgl. zu diesem Argument für den Europarat Moravscik, Origins.
132 Vgl. Finch, Uruguay; Caetano/Rilla, Historia, S. 207–266; Nahum u. a., Historia, S. 91–105.

sein«, führten sie mit Blick auf den Nationalsozialismus aus, weshalb »die Weltgemeinschaft das Recht und das Bedürfnis haben sollte, zu handeln und die Charta zu schützen«. Dabei verwiesen sie auch, in einer der ganz seltenen Erwähnungen dieser Jahre, auf das Schicksal der (deutschen) Juden.[133] Einen ganz ähnlichen Zusammenhang von innerer Unterdrückung und internationaler Friedensbedrohung stellten auch die menschenrechtspolitischen Vorschläge von Kolumbien, Ecuador und Mexiko her.[134]

Die mexikanische Regierung verband mit der Internationalisierung des Menschenrechtsschutzes jedoch noch eine weitere, ungewöhnliche Absicht. Denn ein solches kollektives System sollte, wie sie auf der Konferenz im eigenen Land darlegte, die herkömmlichen Mechanismen des diplomatischen Schutzes von Staatsangehörigen im Ausland ersetzen. Deren Mißbrauch habe die Mehrzahl der lateinamerikanischen Regierungen »so schmerzlich erfahren, besonders wenn es um finanzielle Ansprüche ging«.[135] Für die anwesenden Delegationen war unschwer zu entschlüsseln, daß sich dies gegen die Praxis der US-Regierungen richtete, auf die Entschädigung amerikanischer Staatsbürger zu drängen, deren Eigentum (vor allem an Land und Firmen) von lateinamerikanischen Regierungen verstaatlicht worden war. Mexiko selbst hatte den letzten, massiven Konflikt mit dem Nachbarland gerade erst ausgefochten.[136] Internationale Menschenrechtsgarantien als Instrument *gegen* ausländische Einmischung einzusetzen, das war ein lateinamerikanisches Spezifikum und ein kurioses Mittel-Zweck-Kalkül überdies. Dennoch wurde der Gedanke in die abschließende Konferenzresolution aufgenommen, die eine amerikanische Menschenrechtserklärung in Aussicht stellte.

Das *Hic Rhodus, hic salta* des inter-amerikanischen Menschenrechtsschutzes kam dann früher als erwartet. Im Oktober 1945 machte der uruguayische Außenminister Eduardo Rodríguez Larreta nämlich ernst und schlug den amerikanischen Schwesternationen vor, daß »die Übereinstimmung von Demokratie und Frieden in der inter-amerikanischen Politik eine strikte Regel des Handelns sein muß«. Dafür verwies er einmal mehr auf die Erfahrung, daß ein »nazi-faschistisches Regime mit seinen charakteristischen Methoden« die Bevölkerung im Inneren unterdrücke, um dann Konflikte mit anderen Ländern zu schüren.[137] Das faschistische Regime, das die uruguayische Regierung dabei im Auge hatte, herrschte direkt vor der Tür – »Erklärung darf keine konkrete Erwähnung Argentiniens enthalten, obwohl offensichtlich gegen Farrell-

---

133 Statement of Uruguayan Delegation, 15.6.1945, S. 630.
134 Vgl. dazu Draft Amendments to the Dumbarton Oaks Proposals by the Colombian Delegation, 6.5.1945; Delegation of Ecuador to the UN Conference on International Organization, 1.5.1945.
135 Mexico, International Protection of the »Essential Rights of Man«.
136 Vgl. Tobler, Mexiko, S. 312.
137 Larreta an Secretary of State, 21.11.1945, S. 190 f.

Perón-Regime gerichtet«, so der telegrammartige Einblick in die Hintergründe, den die US-Botschaft an das heimische *State Department* übermittelte.[138] Seit 1944 führte General Edelmiro Farrell das argentinische Militärregime an, das seine Macht im Jahr zuvor etabliert hatte. Perón war sein Verteidigungsminister und schließlich auch Vizepräsident, begann aber in diesen Jahren vor allem, sich über die Gewerkschaften und die Arbeiterschaft eine persönliche Massenbasis aufzubauen, die ihn dann im Februar 1946 ins Amt des Präsidenten hieven sollte. Die Regierung Farrell bediente sich harscher Methoden, um die innenpolitischen Gegner auszuschalten, sie unterdrückte die Gewerkschaften und die Kommunistische Partei, löste aber auch die anderen politischen Parteien auf. Sie zensierte die Presse und säuberte die Universitäten.[139] Im Oktober 1945 inhaftierte sie Perón, weil er zu mächtig zu werden drohte, ließ ihn dann aber wieder frei, als sich massenhafte Proteste anzubahnen schienen.

Die Regierung Amézaga in Uruguay betrachtete diese Vorgänge ebenso aufmerksam wie mißbilligend.[140] Mit dem Vorschlag des Außenministers, der auch so genannten »Rodríguez Larreta-Doktrin«, ging es ihr mindestens darum, sich strikt vom Peronismus abzugrenzen, den sie immer wieder als autoritärkorporatistisches Gegenmodell zur Demokratie und als explosiven Wechsel auf die politische Zukunft darstellte. Möglicherweise war darüber hinaus auch die Sorge vor einer Aggression des Nachbarlands im Spiel. Der US-Regierung war das argentinische Regime von Beginn an ein Dorn im Auge gewesen. Sie hielt die neuen Machthaber für faschistisch und nazifreundlich und befürchtete einen schädlichen Einfluß auf die umliegenden Länder. Die USA verhängten daher wirtschaftliche Sanktionen und unterstützten durch ihren Botschafter Spruille Braden offen die Opposition innerhalb des Landes. Vor diesem Hintergrund signalisierte der US-Außenminister James F. Byrnes sofort seine geradezu enthusiastische Unterstützung für die uruguayische Idee – auch wenn er später insofern zurückruderte, als er klarstellte, daß er nicht automatisch »Formen extremer Sanktionen« im Sinn hatte.[141]

Das Gebot der menschenrechtlich legitimierten Intervention erwuchs somit aus der politischen Nützlichkeit für den Augenblick. Diese war für die anderen lateinamerikanischen Staaten aber nicht ohne weiteres gegeben. Immerhin sieben Regierungen sprachen sich prinzipiell für den uruguayischen Plan aus – in dem ja nicht spezifiziert war, wie die »strikte Regel des Handelns« durchgesetzt werden sollte –, einige allerdings sehr vorsichtig.[142] Neun Regierungen wandten

---

138 Dawson an Byrnes, 31.10.1945, S. 188.
139 Vgl. Waldmann, Argentinien, S. 921–924.
140 Vgl. Nahum u. a., Historia.
141 Byrnes an Dawson, 24.10.1945; Byrnes an Dawson, 8.12.1945, hier das Zitat, S. 205 f.
142 Vgl. die Antworten der lateinamerikanischen Staaten auf die Erkundigungen des *State Department* von November/Dezember 1945 in: Foreign Relations of the United States, 1945, Bd. IX, S. 196–222.

sich zum Teil energisch gegen das Ansinnen, darunter die argentinische, der nicht entging, gegen wen es gerichtet war. Die Begründungen waren vielfältig: Ein solches politisches Vorgehen würde Zwietracht säen, es würde einen gerade für kleine Staaten gefährlichen Präzedenzfall schaffen, Demokratie werde zu unterschiedlich praktiziert, als daß immer klar zutage liege, wann ihre Prinzipien verletzt seien, schließlich: Wer solle darüber entscheiden, ob sie verletzt sind oder nicht? Das mexikanische Außenministerium brachte es auf den Punkt: Das »Prinzip der Nichteinmischung« sei »eine der kostbarsten Errungenschaften der inter-amerikanischen Beziehungen« und dürfe nicht leichtfertig zur Disposition gestellt werden. Damit desavouierte es die eigene Position in San Francisco.[143]

Die ganze Episode wirft ein Schlaglicht darauf, warum sich die sicherheitspolitisch motivierten Menschenrechtsvorstellungen auf dem Kontinent nicht durchsetzen konnten. Nicht nur hatten politische Opportunitätserwägungen ein großes Gewicht. Zudem wechselte die Interessenkonstellation relativ rasch und brachte zu keinem Zeitpunkt genügend große Überschneidungsflächen hervor. Und Mißtrauen in Zeiten der kontinentalen Instabilität und der politischen Fluktuation spielte eine bremsende Rolle. Zugespitzt formuliert, gab es keine Gewähr dafür, daß die demokratischen Schwesternationen, mit denen man ein wertbezogenes Bündnis schloß, auch demokratisch bleiben würden. Vielleicht mehr noch gab es aus Sicht vieler Staatsmänner keine Gewähr dafür, daß die Vereinigten Staaten, die heute mit der eigenen Regierung koalierten, um gegen eine andere vorzugehen, nicht morgen mit einer anderen koalieren würden, um gegen die eigene vorzugehen. Das Resultat war eine sehr stark machtpolitisch abgesicherte, in manchen Zügen ängstliche Interessenkalkulation, die deutlich an die Vorgänge erinnert, die in etwa gleichzeitig das Menschenrechtssystem der Vereinten Nationen lahmlegten.

Es entsprach den politischen Prioritäten, die in diesen Vorgängen zum Ausdruck kamen, daß Menschenrechtsvorstellungen auch in der Weiterentwicklung des inter-amerikanischen Systems nach Kriegsende keinen herausgehobenen Stellenwert erlangten, in der die vor allem im letzten Kriegsjahr anvisierten Reformen zu einem Abschluß gelangten. Mit der OAS gossen die Länder des Kontinents 1948 ihr vormals lockeres Koordinationssystem in eine wesentlich geschlossenere Form. Die OAS war, anders als der fast gleichzeitig begründete Europarat, ein regionales Sicherheitssystem.[144] Es ruhte auf zwei vertraglichen Pfeilern. Den einen bildete der Interamerikanische Sicherheits- und Beistandsvertrag, der 1947 in Rio de Janeiro abgeschlossen wurde. Über den zweiten Pfeiler, die 1948 auf der Konferenz von Bogotá verabschiedete Charta der OAS,

---

143 Messersmith an Secretary of State, 20.12.1945, Zitat S. 214.
144 Vgl. zum Folgenden Bernecker/Tobler, Staat, S. 112–132; Medina Quiroga, Battle; Stoetzer, Organization, S. 31–38; Dykmann, Endeavors; Schreiber, Inter-American Commission, S. 13–30.

wurde dieser Vertrag in die neue Organisation inkorporiert. Als Zweck der OAS schrieb die Charta fest, Frieden und Sicherheit zu wahren, die repräsentative Demokratie zu befestigen, auf friedliche Streitbeilegung hinzuwirken, kollektiven Beistand bei Angriffen zu gewähren und die kontinentale Zusammenarbeit zu fördern.[145] Gewissermaßen als Gegenleistung dafür, daß sie sich an einem derartigen Beistandspakt beteiligten, bestanden die lateinamerikanischen Staaten darauf, das Nicht-Interventionsprinzip deutlich sichtbar in die *raison d'être* der neuen Organisation einzuschreiben. Für die US-Regierung unter Harry Truman stand das Sicherheitssystem von Beginn an unübersehbar im Zeichen der antikommunistischen Abwehr, und sie drängte die lateinamerikanischen Verbündeten demgemäß auch, den diplomatischen Kontakt mit der Sowjetunion abzubrechen. Im Jahr 1952 unterhielten nur noch Mexiko, Argentinien und Uruguay formale Beziehungen mit der kommunistischen Supermacht. Die USA waren und blieben ohne Zweifel das dominierende Mitglied der OAS, das mit verstecktem und offenem Druck viele wichtige Entscheidungen im eigenen Sinne herbeiführen konnte; der kubanische Revolutionsführer Fidel Castro, nie um ein antiamerikanisches Bonmot verlegen, sollte sie später das »Kolonialministerium« der Vereinigten Staaten nennen.[146]

Internationale Menschenrechtsnormen wurden nicht zu einem Grundstein, auf dem die neue Organisation ruhte. Die Bekenntnisse fielen schwach aus, und die Versuche einiger Staaten, Menschenrechte zu einem prominenteren Bestandteil des neuen institutionellen Fundaments zu machen, scheiterten stets am Widerstand der Mehrheit. So war schon dem uruguayisch-guatemaltekischen Vorstoß von 1947, im Rio-Vertrag Konsultationen über Menschenrechtsfragen vorzusehen, kein Erfolg beschieden gewesen.[147] Die Charta der OAS bezog sich überwiegend beiläufig auf Menschenrechte: Die Präambel berief sich auf die »Achtung vor den wesentlichen Menschenrechten (*rights of man*)«, in der Aufzählung der »Prinzipien« hieß es, »die amerikanischen Staaten verkünden die grundlegenden Rechte des Individuums«, und die Liste der »Grundlegenden Rechte und Pflichten der Staaten« hielt die Mitgliedstaaten an, »die Rechte des Einzelnen und die Prinzipien der universellen Moral zu respektieren«.[148] Die Versuche der uruguayischen und der brasilianischen Delegation, den Erwähnungen des Begriffs mehr Gewicht zu verleihen, wurden wiederum abgeblockt. Die Formulierungen in der Gründungsakte der OAS erscheinen im Vergleich zum Europarat als wesentlich stärker proklamatorisch. Nicht nur, weil sie vorerst keinen institutionellen Niederschlag fanden, sondern auch, weil die Charta

---

145 Die Charta ist abgedruckt in: Stoetzer, Organization, S. 306–336.
146 Zitiert nach Dykmann, Endeavors, S. 14.
147 Vgl. den Text in Stoetzer, Organization, S. 379–384.
148 Vgl. ebd.

der OAS auf dem Zenit des oligarchisch-diktatorialen *roll back* verabschiedet wurde.

Das einzige Resultat der Initiativen stellte die ebenfalls in Bogotá angenommene Amerikanische Menschenrechtserklärung dar, die von zahlreichen lateinamerikanischen Staaten, die ihr zustimmten, als eine nebensächliche Konzession erachtet wurde, und von der zeitgenössisch zudem keine erkennbare Symbolkraft ausging. Auf der Konferenz waren lebhafte Gegensätze darüber entbrannt, welcher Status ihr zukommen solle. Immerhin acht Staaten sprachen sich dafür aus, sie als eine bindende Konvention zu verabschieden, darunter einmal mehr Uruguay.[149] Die Mehrheit von zwölf Staaten wußte die Konvention zu verhindern, erneut mit dem Argument, das würde die Einmischung in innere Angelegenheiten der Staaten geradezu provozieren.[150] Mexiko profilierte sich dabei jetzt endgültig als Wortführer der Nicht-Interventionisten und wollte von Menschenrechtskonstruktionen nichts mehr wissen.

Die Überlegungen des *Inter-American Juridical Committee*, eines aus vier Juristen zusammengesetzten Gremiums[151], das den Entwurf der Erklärung formuliert hatte, machen deutlich, daß in den Augen der Befürworter eine wesentliche Bedeutung des Dokuments wiederum in seinem Beitrag zu einer antitotalitär ausgerichteten Friedenswahrung lag. Der Entwurf der OAS-Erklärung war höchstwahrscheinlich in eingehender Auseinandersetzung mit den Vorschlägen US-amerikanischer NGOs entstanden, die ja ebenfalls den Konnex von innerstaatlicher Freiheitsberaubung und äußerer Kriegsbereitschaft diagnostiziert hatten. Der Ausbruch des Zweiten Weltkriegs habe erwiesen, so räsonierte das Komitee, daß »totalitäre Regierungen, die ihren Völkern die traditionellen Rechte der Rede-, Presse- und Versammlungsfreiheit verweigerten, in sich selbst eine Bedrohung des Friedens zwischen den Nationen darstellten.«[152] Eine Resolution, die auf der Konferenz von Bogotá 1948, und somit nur drei Jahre später, beschlossen wurde, deutete allerdings bereits an, daß sich auch auf dem amerikanischen Kontinent mit Beginn des Kalten Kriegs die Wahrnehmung internationaler Bedrohungen wandelte. Von der US-Regierung forciert, verurteilte diese Resolution »die Methoden jedes Systems, das politische und bürgerliche Rechte und Freiheiten unterdrückt und insbesondere das Vorgehen des internationalen Kommunismus«. Die Verschiebung einer antitotalitären auf eine antikommunistische Sicherheitskonzeption war ein Vorbote kommender

---

149 Vgl. Medina Quiroga, Battle, S. 37.
150 Dafür waren Bolivien, Kolumbien, Kuba, El Salvador, Guatemala, Haiti, Honduras, Uruguay; dagegen unter anderem Mexiko, die USA, Argentinien, Brasilien, Bolivien, die Dominikanische Republik, Chile, Ecuador, Panama.
151 Es handelte sich um Francisco Campos (Brasilien), Felix Nieto del Río (Chile), Charles G. Fenwick (USA) und Antonio Gómez Robledo (Mexiko). Vgl. International Juridical Committee, Draft Declaration.
152 International Juridical Committee, Draft Declaration, S. 13.

Dinge – und eine Parallele zu den in etwa gleichzeitigen Schwerpunktverlagerungen des Menschenrechtsgedankens im Europarat.[153]

Überdies akzentuierte das *Inter-American Juridical Committee* in seinem Entwurf besonders die Notwendigkeit einer sozial renovierten Demokratie. Es stellte heraus, daß die »Vorstellung der Demokratie erweitert worden ist und […] nun die Erkenntnis einschließt, daß der Mensch seinen vollen moralischen Rang unter den Bedingungen der Unterernährung, Krankheit, schlechter sanitärer und Wohnverhältnisse nicht erlangen kann«.[154] Gegen den Vorschlag, die traditionellen politischen Rechte um soziale und wirtschaftliche zu ergänzen, regte sich auf der Konferenz von Bogotá keinerlei Widerstand. Überblickt man die Landschaft internationaler Menschenrechtsregime in der Nachkriegszeit, so lag darin eine kontinentale Besonderheit. Das umso mehr, wenn man bedenkt, daß die stark ausgeprägten wirtschaftlich-sozialen Rechtsbestimmungen in der UN-Menschenrechtserklärung ebenfalls auf das entschlossene Betreiben der lateinamerikanischen Delegationen zustande kamen. Die Betonung sozialer Rechte stand dabei im Einklang mit der dominierenden lateinamerikanischen Verfassungstradition. Die Unabhängigkeitsverfassungen hatten in der Regel politisch-bürgerliche Grundrechte und -freiheiten verbürgt. In den dreißiger und vierziger Jahren nahmen dann viele Staaten zusätzlich, nach dem Vorbild der mexikanischen Revolutionsverfassung von 1917, Arbeiterrechte und soziale Rechte in ihre Verfassungen auf und betonten die Gemeinnützigkeit des Privateigentums.[155]

Die insgesamt 38 Artikel umfassende Amerikanische Erklärung enthielt dementsprechend, im Unterschied zur europäischen, eine stattliche Reihe sozialer Rechte, wie das Recht auf Gesundheit, auf Bildung, auf Arbeit, auf Freizeit und auf soziale Sicherheit.[156] Daneben verbriefte sie im wesentlichen die gängigen politischen Rechte und bürgerlichen Freiheiten und die Sicherungen im Gerichtsverfahren. Der Katalog der »Pflichten« war im Kontext der vierziger Jahre ein zweites kontinentales Spezifikum. Er umfaßte zehn Artikel, die dem Einzelnen weitreichende Verpflichtungen auferlegten: etwa Bildung zu erwerben, zu wählen, oder sich an der Landesverteidigung zu beteiligen.

---

153 Ninth International Conference of American States, März-Mai 1948, Resolution XXXII. The Preservation and Defense of Democracy in America.
154 International Juridical Committee, Draft Declaration, S. 15.
155 Vgl. Bethell, Democracy; Grandin, Traditions.
156 Abgedruckt bei Schreiber, Inter-American Commission, S. 167–169.

Regionale Sicherheit im Zeichen der Revolution: Die Aktivierung des Menschenrechtsgedankens seit dem Ende der fünfziger Jahre

So standen die Dinge 1948, und so blieben sie, immerhin mehr als zehn Jahre lang. Die schwachen Impulse, die mit der Amerikanischen Menschenrechtserklärung gegeben worden waren, verpufften zunächst. Die Konferenz von Bogotá hatte das *Inter-American Juridical Committee* beauftragt, ein Statut für einen Menschenrechtsgerichtshof zu entwerfen, doch kam das Komitee zu dem Schluß, ein solcher Gerichtshof sei ohne eine zuvor verabschiedete Konvention nicht denkbar.[157] Im Jahr 1953 legte der Rat der OAS den Plan endgültig *ad acta*.[158] Auf der inter-amerikanischen Konferenz von 1954, der ersten regulären seit Bogotá, bekannten sich die amerikanischen Staaten zwar zur »unwiderruflichen Einhaltung der Menschenrechte«. Doch wurde der Vorschlag, eine Menschenrechtskommission zu etablieren, zurückgewiesen – ihn hatte einmal mehr die uruguayische Regierung unterbreitet.[159]

Erst ganz am Ende der fünfziger Jahre, und dann geradezu schlagartig, wurden internationale Menschenrechtsvorstellungen im Rahmen der OAS politisch aktiviert. Die Initialzündung ging von zwei zeitlich zusammentreffenden Ereigniskomplexen aus. Der eine war die kubanische Revolution, die folgenreichste Veränderung in der lateinamerikanischen Geschichte seit dem Ende des Zweiten Weltkriegs. Daß die Revolutionäre auf der Karibikinsel ein sozialistisches Regime installierten, war Ausgangspunkt für vieles: für eine Zuspitzung der Supermächtekonfrontation im Kalten Krieg, für die Erhitzung der innenpolitischen Szenerien in Lateinamerika und die Radikalisierung der Militärs im Zeichen der »nationalen Sicherheit«, für einen strahlkräftigen Mythos der westlichen Linken und der Befreiungsbewegungen der »Dritten Welt«, und nicht zuletzt, wie sich mittlerweile ohne Risiko behaupten läßt, für eine der absonderlichsten Regimegeschichten des 20. Jahrhunderts. Vor allem richteten die USA ihre Lateinamerikapolitik in dramatischer Weise neu aus. Noch unter Eisenhower lancierte die amerikanische Regierung eine mehrgleisige kontinentale Containment-Strategie. Sie umfaßte einen militärischen Invasionsversuch (der 1961 in der Schweinebucht scheiterte), Maßnahmen der politischen und wirtschaftlichen Isolierung, die von John F. Kennedy 1961 mit Aplomb ausgerufene *Alliance for Progress* – eine Art spätgeborenes Pendant zum Marshall-

---

157 Vgl. Ninth International Conference of American States, März-Mai 1948, Resolution XXXI. Inter-American Court to Protect the Rights of Man.
158 Vgl. Schreiber, Inter-American Commission, S. 13–30. Vgl. auch Erwin an Secretary of State, 22.12.1945.
159 Vgl. Tenth Inter-American Conference, Caracas, März 1954, Resolution XXVII. Strengthening the System for the Protection of Human Rights.

plan – sowie zum Teil haarsträubende Pläne für ein Attentat auf Fidel Castro; tatsächlich sah ein Plan vor, dem *Máximo Líder* ein Enthaarungsmittel zu verabreichen.[160]

Darüber hinaus stellten die Ereignisse in Kuba eben auch die inter-amerikanischen Beziehungen auf eine völlig neue Grundlage.[161] Zahlreiche Regierungen begannen zu befürchten, der revolutionäre Funke könne auf ihre Länder überspringen, und dies mit gutem Grund. Die neue kubanische Führung befleißigte sich von Anfang an einer Rhetorik des Revolutionsexports; im Juli 1960 sprach Castro davon, die Andenkette in die Sierra Maestra der lateinamerikanischen Revolution zu verwandeln. Und ob mit oder ohne direkte Hilfe von der Karibikinsel, das kubanische Beispiel machte Schule. Noch 1959 fielen durchweg kleine Exilgruppen in Panama, Haiti, Nicaragua und der Dominikanischen Republik ein, um dort revolutionäre Bewegungen zu entfachen. In den letzten beiden Fällen räumte Castro die kubanische Unterstützung freimütig ein, später unterstützte seine Regierung, mit Geld oder Ausbildung, Rebellengruppen in Guatemala, Nicaragua, Venezuela, Peru und Argentinien. In den wenigsten Ländern hatten die Guerrillabewegungen auch nur einen Hauch von Erfolg; Ernesto »Che« Guevara sollte 1967 bei einem aussichtslosen Unterfangen in Bolivien selbst den Tod finden. Doch löste die kubanische Revolution kontinentweit ein zuvor nie gekanntes Ausmaß an politischem und sozialem Aufruhr aus, der viele Länder auf Jahre hinaus in Atem hielt. Die meisten Regierungen, und zwar sowohl die diktatorischen als auch die seit Ende der fünfziger Jahre an Zahl vermehrten demokratischen Regierungen, konnten die Krisen im Endeffekt zwar überstehen. Doch schien das jahrelang eben alles andere als ausgemacht; der paraguayische Diktator Alfredo Stroessner etwa sah sich allein im Jahr 1960 sechs Aufstandsversuchen gegenüber.

Der andere Ereigniskomplex war eher punktuell, und er hing mit dem revolutionären Geschehen auf Kuba zusammen. Es handelte sich um die terroristischen Machenschaften des seit 1930 herrschenden dominikanischen Diktators Rafael Leónidas Trujillo, eines Tyrannen von geradezu romanhafter Brutalität und Kaltherzigkeit, der seine Spiegelung dann auch in der Romanliteratur finden sollte.[162] Trujillo beschuldigte das neue kubanische Regime, die Revolution in die Dominikanische Republik tragen zu wollen und verdächtigte Venezuela, das von dem ebenfalls erst kürzlich an die Macht gelangten sozialdemokratischen Präsidenten Rómulo Betancourt regiert wurde, der Komplizenschaft. Während Trujillo Kuba mit einem Angriff drohte, unterstützte er im April 1960 einen rechtsgerichteten Putsch in Venezuela, der allerdings

---

160 Vgl. dazu Rabe, Eisenhower; Benjamin, United States, S. 167–195, 201–203; Paterson, Contesting Castro; Schoultz, Cuban Republic.
161 Vgl. zum Folgenden Wright, Latin America; Domínguez, Make a World; Gott, Guerrilla Movements.
162 Vargas Llosa, Fiesta.

fehlschlug, und ließ zwei Monate darauf sogar einen (ebenfalls gescheiterten) Mordanschlag auf Betancourt verüben.[163] Daraufhin beschlossen die OAS-Staaten auf ihrem Außenministertreffen in San José, die Beziehungen zur Dominikanischen Republik abzubrechen.[164]

Daß auf diese Weise vom Boden einzelner Länder, sei es auf revolutionärem, sei es auf konterrevolutionärem Wege, handfeste Gefahren für die Integrität der umliegenden Staaten ausgingen, ließ die Wahrnehmung der regionalen Sicherheitslage fast überall umschlagen. Das veranlaßte eine Reihe von Regierungen dazu, nunmehr im Rahmen der OAS einen internationalen Menschenrechtsschutz zu befürworten, der als kontinentale Stabilisierungsmaßnahme gedacht war. Den Wendepunkt für das inter-amerikanische Menschenrechtssystem markierte das Außenministertreffen vom August 1959 in Santiago de Chile.[165] Mehrere Regierungen brachten unabhängig voneinander menschenrechtspolitische Vorschläge ein: Kolumbien, Peru, Ecuador und Chile forderten eine Konvention, Uruguay und El Salvador regten an, Schutzverfahren zu prüfen. Am Ende beschlossen die Außenminister tatsächlich einstimmig, eine Konvention und einen Gerichtshof zu schaffen, sowie zusätzlich, eine Menschenrechtskommission einzurichten – von dieser Idee ließen sich allerdings sechs Regierungsvertreter nicht überzeugen. Eine drei Jahre später verabschiedete Resolution, die das Statut der Menschenrechtskommission revidierte, sprach von der »offenkundigen Verbindung zwischen Menschenrechtsverletzungen und den internationalen Spannungen, die der Harmonie, dem Frieden und der Einheit der Hemisphäre entgegenwirken«.[166] Jetzt und erst jetzt also erlebte die sicherheitspolitische Idee, die während des Zweiten Weltkriegs die Pläne für ein UN-Menschenrechtssystem geleitet hatte, ihren späten Durchbruch. Ohne näheren Einblick in die Entscheidungsbildung der beteiligten Regierungen wird man nur spekulieren können, warum die Voraussetzungen dafür nunmehr gegeben waren. Die wahrgenommene Bedrohung, die von dem Regimesturz auf Kuba ausging, dürfte wesentlich größer gewesen sein als die Besorgnis vor den kommunistischen Bewegungen der späten vierziger Jahre, die sich ja durch einigermaßen konsequente Verfolgungsmaßnahmen relativ rasch unter Kontrolle bringen ließen. Gleichzeitig dürfte der Solidarisierungseffekt stärker gewesen sein, der vom Aufbau eines sozialistischen Staats in Kuba auf die übrigen lateinamerikanischen Staaten ausging. Insofern mag die Hoffnung der beteiligten Regierungen jetzt größer gewesen sein, die politischen Interventionen im Namen der Menschenrechte ließen sich lokalisieren.

163 Vgl. Rabe, Eisenhower, S. 153–173.
164 Vgl. Stoetzer, Organization, S. 39–66; Vasak, Commission interaméricaine.
165 Vgl. zum Folgenden Stoetzer, Organization, S. 39–66; Schreiber, Inter-American Commission, S. 13–30; Medina Quiroga, Battle; Dykmann, Endeavors, S. 44–66.
166 Eighth Meeting of Consultation, Punta del Este, Januar 1962, Resolution IX. Revision of Statute of Inter-American Commission on Human Rights.

Diese neue menschenrechtliche Konzeption hatte indes noch eine weitere Implikation. Denn der internationale Menschenrechtsschutz war, auf eine verquere Weise konsequent, dazu gedacht, das *Nicht*-Interventionsprinzip zu flankieren, das aufzugeben den lateinamerikanischen Staaten nach wie vor völlig fern lag. Die Bindung an internationale Normen sollte revolutionäre (oder terroristische) Regime daran hindern, über ihre Grenzen auszugreifen und andere Staaten zu destabilisieren. Darauf lag der Akzent, nicht auf der Selbstverpflichtung zum Eingreifen in Fällen, in denen fremde Staatsbürger von ihren eigenen Herrschern unterdrückt wurden. Friede zwischen den Staaten »kann nur insoweit wirksam sein, als Menschenrechte und grundlegende Freiheiten in jedem von ihnen verwirklicht sind«, verkündeten die amerikanischen Außenminister auf ihrem Konsultationstreffen im August 1959.[167]

Zudem zeigte sich, daß viele lateinamerikanische Regierungen darauf bedacht blieben, keinen zu starken, autonomen Mechanismus zu schaffen. Zweifellos war den führenden Staatsmännern bewußt, auf welche prekäre Gratwanderung sie sich begaben, konnte das Menschenrechtsprinzip doch theoretisch gegen ihre eigenen Staaten zurückschlagen. Folgerichtig sollte sich die Fertigstellung der Menschenrechtskonvention noch Jahre verzögern – erst 1965 wurden die vorliegenden Entwürfe an den Rat der OAS weitergeleitet, erst 1969 wurde der endgültige Text verabschiedet. Vor allem jedoch kam es zu einer heftigen Auseinandersetzung darüber, welche Kompetenzen die Inter-Amerikanische Menschenrechtskommission erhalten sollte.[168] Eine hauchdünne Mehrheit im Rat der OAS sorgte letztlich dafür, daß das Mandat der Kommission sehr zurückhaltend ausfiel. Als der entscheidende Streitpunkt erwies sich auch hier die Frage, ob sich die Kommission mit Petitionen von Einzelnen und Staaten befassen solle, was letztlich abgelehnt wurde. Statt dessen wiesen ihr die Regierungen lediglich die Aufgabe zu, allgemeine Untersuchungen durchzuführen und Empfehlungen auszuarbeiten.

Die menschenrechtspolitische Praxis, die die Kommission in den ersten Jahren seit der Aufnahme ihrer Tätigkeit 1960 ausbildete, muß daher als die eigentliche Probe auf die Wirksamkeit wie auch auf die politische Aufladung des inter-amerikanischen Systems betrachtet werden. Angesichts ihres schwachen Mandats war es dabei zunächst umso bemerkenswerter, daß es der Kommission gelang, vergleichsweise breit gefächerte Aktivitäten zu entfalten.[169] Die meisten Beschwerden erhielt sie über die Situation in Kuba, der Dominikanischen Republik und Haiti (wo seit 1957 der Diktator François »Papa Doc« Duvalier das Land der Verelendung preisgab). In den ersten beiden Staaten lag auch tatsächlich der

---

167 Zitiert nach Cabranes, Human Rights, S. 1164.
168 Vgl. Schreiber, Inter-American Commission, S. 31–40. Vgl. auch Dykmann, Endeavors, S. 44–66.
169 Zum Folgenden vgl. Schreiber, Commission, S. 65–118; LeBlanc, OAS, S. 105–163.

Schwerpunkt ihrer Beschäftigung. So richtete die Kommission mehrere Schreiben an die kubanische Regierung und bat zudem um die Erlaubnis für einen Besuch vor Ort, allerdings vergebens. Bis 1966 veröffentlichte sie drei Berichte, in denen sie die Repressionen auf der Insel – die unverhältnismäßige Anwendung der Todesstrafe, willkürliche Verhaftungen und erbärmliche Haftbedingungen – deutlich beim Namen nannte. Damit erhielt Kuba zwar mehr Aufmerksamkeit als jedes andere Land. Gleichwohl befaßte sich die Kommission in den ersten Jahren auch mit Menschenrechtsverletzungen in Guatemala, Honduras, Nicaragua, Paraguay und Ecuador, wo eher rechte und Militärdiktaturen bestanden und jedenfalls keine linken Regime. Insofern wird man das Urteil von Cecilia Medina Quiroga, das frühe inter-amerikanische Menschenrechtssystem habe eine antikommunistische Schlagseite gehabt, einschränken müssen.[170] Es war zwar vor allem die Furcht, daß sich die kommunistische Revolution ausbreiten könne, welche die amerikanischen Regierungen dazu bewog, dieses System allererst zu schaffen. Die Menschenrechtskommission allerdings, das zentrale Organ, hatte einen breiteren und im Kern antidiktatorischen Fokus.

Das scheint auch die Rolle zu unterstreichen, die die Menschenrechtskommission Mitte der sechziger Jahre in der Krise der Dominikanischen Republik spielte. Ihre dortige Tätigkeit trug ihr großes Ansehen ein und bildete wohl den vorrangigen Grund, warum sie 1967 ein Anwärter auf den Friedensnobelpreis gewesen zu sein scheint.[171] Der Karibikstaat war seit dem Mord an dem langjährigen Diktator Trujillo 1961 nicht mehr zur Ruhe gekommen.[172] Im Jahr 1963 gewann der linksgerichtete Demokrat Juan Bosch die Präsidentenwahlen, doch noch im selben Jahr entmachtete ihn das Militär, um einen weiteren Linksruck zu verhindern, und errichtete eine Diktatur. Zwei Jahre später führten die Anhänger Boschs einen Gegenputsch durch und stürzten sie wieder. Daraufhin versank das Land im Bürgerkrieg zwischen den »Konstitutionalisten«, zumeist Anhänger Boschs, einerseits und der von den Militärs gestützten »Regierung des Nationalen Wiederaufbaus« andererseits. Die inter-amerikanische Menschenrechtskommission begab sich im Juni 1965 ins Land, wo sie sich – wahrscheinlich ein Unikum in der Geschichte internationaler Menschenrechtspolitik – über ein Jahr lang aufhalten sollte.[173] Beide Bürgerkriegsparteien hatten ihre Anwesenheit gefordert, vermutlich in der Hoffnung, den jeweiligen Gegner dadurch diskreditieren zu können. Die Kommission ging Beschwerden nach, inspizierte Gefängnisse und führte Befragungen durch. Es scheint ihr im Dialog mit den jeweiligen Machthabern verschiedentlich gelungen zu sein, humanitäre

---

170 Vgl. Medina Quiroga, Battle.
171 Vgl. Dykmann, Endeavors, S. 44–66; Schreiber, Inter-American Commission, S. 41–65.
172 Vgl. Gleijeses, Crisis. Eine kurze Zusammenfassung bei Abel, Karibik, S. 613–617.
173 Vgl. Schreiber, Inter-American Commission, S. 119–146. Vgl. dazu auch Kumar, US Interventionism, vor allem S. 19–46, 85–108; Vasak, Commission interaméricaine, S. 155–173.

Verbesserungen herbeizuführen: die Erleichterung von Haftbedingungen, die Freilassung von Gefangenen, einen Austausch gefangener Kämpfer.[174]

In der Art, wie die OAS mit den Konflikten in der Karibik umging, blieb der humanitäre Impuls aufs Ganze betrachtet gleichwohl sehr begrenzt. Der sicherheitspolitischen Grundkonzeption des Menschenrechtsgedankens entsprechend, zielte auch das praktische Vorgehen in allererster Linie darauf, die wahrgenommenen Keime zwischenstaatlicher Krisen rigoros einzudämmen. Im Fall des revolutionären Kuba bedienten sich die USA des Vorwurfs der Menschenrechtsverletzung, um die anderen Regierungen von einem resoluten inter-amerikanischen Vorgehen zu überzeugen.[175] Zeigte sich die Mehrheit der lateinamerikanischen Staaten auf dem Außenministertreffen von 1960 in San José noch zurückhaltend, weil sie einen neuen US-Interventionismus fürchteten, so stimmte eine knappe Mehrheit zwei Jahre später dem Ausschluß der kubanischen Regierung aus der Organisation zu.[176] Zuvor schon hatte das *Inter-American Peace Committee* die Verbindung von Menschenrechtsverletzungen und Friedensgefährdung explizit gemacht. Nachdem es die Lage im Land untersucht hatte, schlußfolgerte es, »die Nichtanerkennung der grundlegenden Rechte des Menschen durch die Regierung Kubas« stelle eine der »Ursachen der Spannungen« dar, die die Hemisphäre derzeit so stark belasteten.[177] Das Konsultationstreffen der Außenminister vom Juli 1964 schließlich forderte die Regierungen auf, ihre diplomatischen und Handelsbeziehungen mit der Karibikinsel abzubrechen, was einzig Mexiko verweigerte. Für die meisten der Staaten, die sich selbst nicht direkt durch die kubanischen Umtriebe bedroht sahen, dürfte Castros Annäherung an die Sowjetunion ausschlaggebend gewesen sein, die sich seit 1960 abgezeichnet und dazu beigetragen hatte, die Welt zwei Jahre darauf an den Rand eines Atomkriegs zu führen.

Noch dramatischer war der Ausgang der dominikanischen Krise. Sie wurde durch die Entsendung von auf dem Höhepunkt rund 23.000 US-Marines entschieden – fast halb so viele, wie gleichzeitig in Vietnam stationiert waren. Sie entmachteten die Konstitutionalisten um Juan Bosch und Francisco Caamaño endgültig und verhalfen dem konservativen Joaquín Balaguer zum Sieg, der die Unterstützung der Militärs hatte.[178] Die Regierung Lyndon B. Johnsons versuchte mit militärischen Mitteln dasjenige Ziel zu erreichen, das auch für die beiden Vorgänger des Präsidenten die oberste Priorität besessen hatte, nämlich ein »zweites Kuba« zu verhindern. Dafür ließ sie auf der Karibikinsel einen

---

174 Vgl. Inter-American Commission on Human Rights, Situation; dies., Report on the Activities; dies.: Report of the Inter-American Commission.
175 Zum Folgenden vgl. Stoetzer, Organization, S. 39–66; Medina Quiroga, Battle, S. 185–220.
176 Vgl. ebd., S. 196.
177 Zitiert nach ebd., S. 192.
178 Vgl. Rabe, Eisenhower, 153–173; Gleijeses, Crisis, S. 256–281; Gilderhus, Emerging Synthesis.

Kommunismus blutig bekämpfen, den es gar nicht gab. Daß die USA in einem lateinamerikanischen Land offen militärisch intervenierten, zum ersten Mal, seit Roosevelt die »Politik des guten Nachbarn« ausgerufen hatte, zeigte auch, daß sich die kontinentale Hegemonialmacht in Momenten, die sie für entscheidend hielt, nach wie vor nicht durch interamerikanische Normen gebunden fühlte. Immerhin gelang es ihr, die Aktion durch die Schaffung einer »Inter-Amerikanischen Friedenstruppe« noch mit dem Mantel einer gemeinamerikanischen Legitimität zu umhüllen, wenn auch gegen erheblichen Widerstand.[179] Fünf der sechs Staaten, die Truppen in die Dominikanische Republik schickten, waren Diktaturen. Die US-Regierung machte das Land anschließend zum größten Pro-Kopf-Empfänger von Auslandshilfe. Die politische Gewalt auf der Insel ebbte auch in den folgenden Jahren kaum ab.

Wenigstens ausblickhaft sollte zum Schluß angedeutet werden, daß auch die frühen sechziger Jahre, in denen überhaupt erst eine praktische Menschenrechtspolitik entstand und ihre wie leicht auch immer verwehenden Spuren hinterließ, lediglich ein transitorisches Stadium darstellten. In den folgenden Jahrzehnten erlebte das inter-amerikanische Menschenrechtssystem weitere erhebliche Transformationen. Die Jahre zwischen 1973 und dem Ende der Dekade bilden die Phase, in der die Inter-Amerikanische Menschenrechtskommission am entschlossensten in Erscheinung trat.[180] Das war insofern besonders erstaunlich, als Südamerika nunmehr im Zeichen eines neuen Typus der Militärherrschaft stand, der die Bevölkerungen systematischer unterdrückte und mehr Opfer forderte als es frühere Militärregime getan hatten. Gab es damit einerseits mehr Grund denn je, auf die Einhaltung von Menschenrechten zu dringen, war es doch andererseits um so unwahrscheinlicher, daß die Kommission in einem derart ungünstigen politischen Umfeld ihre bisherige Zurückhaltung abstreifen könnte. Es kam erschwerend hinzu, daß die Nixon-Regierung in den USA keineswegs daran interessiert war, die neuen, resolut antikommunistischen Militärregime zu schwächen. Dennoch schöpfte die Kommission alle ihr zur Verfügung stehenden Mittel aus, indem sie Untersuchungen vor Ort durchführte und Berichte über die Situation in Chile und Argentinien verfaßte, welche die dortigen Militärjuntas mit ungekannter Schonungslosigkeit verurteilten. Diese Entwicklung wurde durch die neue Konjunktur internationaler Menschenrechtspolitik, die sich in den siebziger Jahren auch andernorts geltend machte, unmittelbar befördert. So stärkte die US-Regierung unter Jimmy Carter der Kommission ab 1977 entscheidend den Rücken. Auch zahlreiche westliche Nichtregierungsorganisationen alliierten sich mit ihr, indem sie Informationen zur Verfügung stellten und sich ihrerseits auf die OAS bezogen, um ihre Hilfstätigkeiten zu legitimieren. Nicht zuletzt griffen viele oppositionelle

---

179 Vgl. Gleijeses, Crisis; Stoetzer, Organization, S. 52–56.
180 Vgl. dazu Dykmann, Endeavors.

Bewegungen innerhalb der lateinamerikanischen Militärdiktaturen den Menschenrechtsbegriff auf und wandten sich an die Kommission um Hilfe. Mindestens ebenso bedeutsam war, daß sich in dieser Phase auch die Funktion der menschenrechtspolitischen Initiativen wandelte. Sie galten nun nämlich nicht mehr vorrangig dem Bemühen, die regionale Stabilität zu sichern. Vielmehr stand in ihnen das Motiv im Vordergrund, die brutale Herrschaft der Militärdiktaturen einzudämmen und den Opfern staatlicher Gewalt zu helfen. So beruhte das Engagement dieses Jahrzehnts viel stärker auf einem humanitären Gedanken, der in den Diskussionen der späten vierziger und der frühen sechziger Jahre keine erkennbare Schubkraft entwickelt hatte.

Spätestens ab dem Beginn der achtziger Jahre war es mit der menschenrechtspolitischen Kraftentfaltung der OAS aber wieder vorbei. Die internationale Aufmerksamkeit verlagerte sich nunmehr auf die Bürgerkriege in El Salvador, Nicaragua und Guatemala, in denen die politische Gewalt ein Ausmaß erreichte, das selbst die Destruktivität der südamerikanischen Militärdiktaturen in den Schatten stellte. Diese Konflikte boten wegen ihres wesentlich unübersichtlicheren Charakters weniger Ansatzpunkte für menschenrechtspolitische Interventionen. Zudem hatten mittlerweile die rechten Diktaturen innerhalb der OAS zum Gegenschlag ausgeholt und wirkten mit einigem Erfolg darauf hin, die kritische Erörterung von Menschenrechtsfragen zu ersticken. Schließlich hatte der Kontinent für die Reagan-Regierung im »Zweiten Kalten Krieg« wieder eine entscheidende strategische Bedeutung. Sie ließ daher den südamerikanischen Militärregimes und den rechten Diktatoren und konterrevolutionären Bürgerkriegsparteien in Mittelamerika entscheidende Unterstützung zukommen. Das einzig Verläßliche am inter-amerikanischen Menschenrechtssystem, soviel wird im Überblick über die Jahrzehnte ersichtlich, war, daß sich die kommenden historischen Brüche nicht voraussehen ließen.

4. NGOs und Menschenrechte

Die staatliche Politik, soviel zeigt der Blick auf die internationalen Regierungsorganisationen, stellte nach dem Zweiten Weltkrieg die Weichen dafür, daß sich der Menschenrechtsgedanke in den internationalen Beziehungen institutionalisierte, seine Entfaltung jedoch gleichzeitig eigentümlich begrenzt blieb. Doch lassen sich die Wirkmacht, die von menschenrechtlichen Vorstellungen ausging, und die politischen Bedeutungen, die ihnen zugeschrieben wurden, aus diesem Blickwinkel keineswegs erschöpfend erfassen. Denn von Anfang an waren nicht-staatliche Organisationen tatkräftige Mitspieler auf dem neuen Politikfeld. Zuweilen unternahmen sie immense Anstrengungen, um die politischen Schutzversprechen Realität werden zu lassen – sei es für sich selbst oder für andere. Alles in allem sorgten NGOs dafür, daß Menschenrechte in den Nachkriegsjahren zu einer zwar sicherlich nicht dominierenden, aber doch wahrnehmbaren Sprache des internationalen Protests und der grenzübergreifenden Hilfe wurden.

Die Geschichte vieler dieser Organisationen, die Geschichte vieler ihrer Anliegen und Unternehmungen ist historisch weitgehend unerforscht.[1] Das steht im Einklang mit einem allgemeineren Trend in der Historiographie der internationalen Beziehungen, die sich traditionell fast ausschließlich auf die Dispositionen, die Entscheidungsbildung und das Handeln eines mitunter sehr differenzierten Ensembles staatlicher Akteure gerichtet hat. Daß die nicht-staatliche Domäne historiographisch lange randständig geblieben ist, sollte allerdings nicht dazu führen, in ihr von vornherein eine Art alternative Geschichte der Weltpolitik verborgen zu wähnen.[2] Eine solche Sicht planiert eigentlich alles, was die Geschichte dieser Organisationen historisch interessant macht: die Mehrdeutigkeit ihrer politischen Ziele, den schmalen Grat, der zwischen Gegenentwürfen zu staatlicher Politik und der Indienstnahme durch Regierungen verlief, das intrikate Verhältnis von Eigeninteresse und politischer Selbstlosigkeit, das Wechselspiel von innenpolitischem Standing und internationaler Resonanz, schließlich die oftmals ambivalenten Effekte ihres Handelns.

All dies läßt sich im Bereich des internationalen Menschenrechtsaktivismus beobachten. Überdies verweist seine Geschichte auf die beträchtlichen

---

1 Vgl. bislang vor allem, aber nicht archivgestützt: Tolley, International Commission; Korey, NGOs; Quataert, Dignity, S. 19–60. Als systematische Studien zu NGOs vgl. Iriye, Community; Crowson/Hilton/McKay (Hg.), NGOs.
2 So in einem sehr kursorischen Überblick Iriye, Community.

Veränderungen, die sich im Lauf der Jahrzehnte in der Arbeit internationaler NGOs vollzogen, in der Begründung ihres Engagements und in ihren Zielvorstellungen ebenso wie in der Art, in der sie ihre Absichten politisch umzusetzen versuchten. Entstehungsgeschichtlich läßt sich dieser Aktivismus am besten als Adaption eines älteren liberalen Internationalismus an die Bedingungen der zweiten Nach-Weltkriegszeit fassen. Er stand in manchen Traditionen des Engagements, das internationalistische NGOs bereits seit dem späten 19. Jahrhundert betrieben hatten. Deren Aktionsformen wandelten die meisten Organisationen nach Ende des Zweiten Weltkriegs nur leicht ab, während lediglich einige wenige in ihrer Arbeit einen grundsätzlichen Neuaufbruch vollzogen. Was seine Reichweite betrifft, so war das Menschenrechtsengagement zwar geographisch wie auch thematisch breit gefächert, aber nicht tief verwurzelt. Für die große Mehrzahl der nicht-staatlichen Organisationen bildete es ein nachrangiges Anliegen. Gerade Gruppen, denen es um politische Selbsthilfe ging, sahen darin oft eine vorübergehende, taktische Option. Auch deshalb stellte sich der Menschenrechtsdiskurs in der politischen Praxis als Mäandrieren einer ebenso polyvalenten wie experimentellen Rhetorik und Strategie dar: Die Kontexte, in denen der Menschenrechtsgedanke mobilisiert wurde, lagen derart weit auseinander, daß sich der Aktivismus politisch nicht annähernd eindeutig festlegen läßt. Der Begriff wurde vieldeutig verwendet, die ideologischen Aufladungen waren mitunter konträr, deutlich unterschiedliche Formen internationaler Solidarität kamen zum Tragen.

Bei alledem hatte der internationale Aktivismus markante Grenzen. Eine Bewegung in einem irgendwie tragfähigen Sinn des Wortes entstand nirgends. Diejenige Organisation, die sich vielleicht am nachdrücklichsten für den internationalen Menschenrechtsschutz einsetzte, die *International League for the Rights of Man*, blieb weitgehend erfolglos. Auch andere kamen zum Schluß, daß sich mit dem Bemühen um die Kodifikation internationaler Normen keine politischen Durchbrüche erzielen ließen. Verlaufsgeschichtlich betrachtet, bildet die frühe nicht-staatliche Menschenrechtspolitik somit eine Episode des Umschlags, bei dem die frühen Hoffnungen auf eine bessere Weltordnung seit Mitte der fünfziger Jahre zunehmend der Enttäuschung wichen. Zwar mündete die Unzufriedenheit gegen Ende der sechziger Jahre auch in ein verstärktes Nachdenken darüber, wie sich der internationale Einsatz für Menschenrechte effektiver gestalten ließe. Bis dahin jedoch stellte sich die Politik der NGOs als die Geschichte einer weitgehend ausgebliebenen Transformation der internationalen Beziehungen dar.

Systematisch betrachtet, lassen sich dabei drei Typen von Organisationen unterscheiden, die der historischen Betrachtung einen ersten Ansatzpunkt bieten. So gab es in den vierziger und fünfziger Jahren nicht einmal eine Handvoll internationaler NGOs, die sich ausschließlich für Menschenrechte einsetzten und sich überdies mit einem breiteren Spektrum an Rechten befaßten. Hinzu trat jedoch eine schwer überschaubare Fülle internationaler Nichtregierungsorganisationen, die sich Menschenrechten als einer Frage unter mehreren widmeten. Und nicht zuletzt beriefen sich viele nicht-staatliche Gruppen auf Menschenrechtserklärungen oder wandten sich an internationale Organe, weil sie sich selbst schützen wollten. Die Übergänge zwischen diesen drei Formen nicht-staatlicher Menschenrechtspolitik waren bisweilen fließend, wie sich das Feld der NGOs überhaupt diffus präsentierte. Das gilt umso mehr, wenn man humanitäre Organisationen einbezieht. Denn wenngleich sie manche Praktiken und Zielvorstellungen mit den menschenrechtlichen Gruppen teilten, folgten beide doch auch distinkten Logiken. Der vergleichende Blick kann somit helfen, das Profil des Menschenrechtsaktivismus noch schärfer herauszuarbeiten.

»Immer schon mit Menschenrechtsschutz beschäftigt«. Traditionen und Redefinitionen des nicht-staatlichen Internationalismus

Will man Genese und Bedeutung des nicht-staatlichen Menschenrechtsaktivismus der Nachkriegsjahre verstehen, so bietet es sich an, von denjenigen Organisationen auszugehen, die sich in den Vereinten Nationen betätigten. Verfolgt man ihre Geschichte zurück und betrachtet man ihre Tätigkeiten in der Weltorganisation und um sie herum, so erschließen sich nicht alle Verästelungen der NGO-Landschaft, aber doch entscheidende Entwicklungslinien. In jedem Fall stellten die Vereinten Nationen in den ersten mindestens zwei Jahrzehnten nach Kriegsende das institutionelle Zentrum für nicht-staatliche Gruppen dar, die sich mit Menschenrechtsfragen befaßten. Über fünfzig international ausgerichtete Nichtregierungsorganisationen lassen sich zählen, die allein während der ersten Dekade die Arbeit der Menschenrechtskommission begleiteten. Das war eine bunte Ansammlung. Die Mehrzahl stellten Frauenorganisationen, internationale Gewerkschaftsverbände und religiöse Organisationen, vor allem christliche und jüdische. An humanitären Organisationen zählten etwa das *Rote Kreuz* und *Caritas Internationalis* dazu.[3] Eine völkerrechtliche Vereinigung wie die *International Association of Penal Law* beteiligte sich, aber ebenso die *World Veterans Federation* und andere Gruppen. Sie machten das ganz überwiegende Gros der Organisationen aus, die auf die einschlägige Arbeit der neuen Weltorganisation einzuwirken versuchten.

Die Entstehungsgeschichte der meisten dieser NGOs führt, einmal mehr, zurück zu dem liberalen Internationalismus, der sich im letzten Drittel des 19. Jahrhunderts formiert hatte. In seinen beiden Hochphasen, zwischen den

---

3 Die Listen der Organisationen finden sich in den Sitzungsberichten der Menschenrechtskommission. Vgl. ORUN, CHR, Report of Session.

1890er Jahren und dem Ersten Weltkrieg sowie in den späten zwanziger und den dreißiger Jahren, hatte er eine geradezu explodierende Zahl internationaler Nichtregierungsorganisationen hervorgebracht.⁴ Auch die Gründung der meisten Organisationen, die sich später bei den Vereinten Nationen für Menschenrechte einsetzen sollten, fiel in den Kontext dieser internationalistischen Konjunkturen. Praktisch alle waren vor dem Zweiten Weltkrieg gegründet worden, die ältesten unter ihnen datierten sogar von den achtziger Jahren des 19. Jahrhunderts.

Ihr politischer Aktivismus war somit ein Ausfluß länger zurückreichender politischer und institutioneller Entwicklungen. Betrachtet man die Frühgeschichte dieser Organisationen näher, dann lassen sich vor allem vier Traditionslinien ausmachen, die aus dem 19. Jahrhundert herrührten. Sie prägten die Arbeit dieser Organisationen in den Vereinten Nationen bis zu einem gewissen Grad vor und versahen sie in jedem Fall mit einem starken Element der Kontinuität. Nicht jede der vier Traditionslinien galt für alle NGOs gleichermaßen, doch waren sie für das Feld der politisch ausgerichteten internationalistischen Organisationen insgesamt kennzeichnend. Sie schufen einen Rahmen an Vorstellungen und Praktiken, innerhalb dessen die nicht-staatlichen Gruppen den Menschenrechtsgedanken später, in den vierziger Jahren, relativ leicht adaptieren konnten.

Dabei handelte es sich erstens um Formen internationaler Solidarität, die bis hin zu einem grenzübergreifenden Einschreiten zugunsten bedrängter Gruppen reichen konnten. Nach der Mitte des 19. Jahrhunderts begannen sich beispielsweise nationale jüdische Organisationen zu formieren, die sich dafür einsetzten, die Lebensbedingungen ihrer Glaubensgenossen im Ausland zu verbessern und sie nicht zuletzt vor physischer Bedrohung zu schützen. Als erste dieser Organisationen gründete sich 1860 in Frankreich die *Alliance Israélite Universelle*.⁵ »Solidarität« avancierte für sie zu einem expliziten, nicht länger staatlich gebundenen Leitbegriff. Das Konzept speiste neue Formen der transnationalen Hilfe, die *de facto* indes auf Angehörige des jüdischen Glaubens beschränkt blieben. Die *Alliance* bemühte sich um Juden in zahlreichen Ländern und intervenierte bei Verfolgungen in Osteuropa, auf dem Balkan, im Nahen Osten und in Nordafrika. Sie baute ein riesiges Netzwerk von Komitees in Amerika, Europa, Nordafrika und dem Nahen Osten auf, das bis zu der Jahrhundertwende auf über 20.000 Mitglieder anwachsen sollte. Später bildeten sich auch in anderen Ländern jüdische Vereinigungen, die einen ganz ähnlichen internationalen Fokus hatten, 1871 die *Anglo-Jewish Association*, 1873 die *Israelitische*

---

4 Vgl. Boli/Thomas, World Culture; Suri, Non-Governmental Organizations. Allgemein: Lyons, Internationalism; Geyer/Paulmann (Hg.), Mechanics; Charnovitz, Nongovernmental Organizations.
5 Vgl. Leff, Sacred Bonds.

Allianz in Österreich, 1901 der *Hilfsverein Deutscher Juden*, 1906 das *American Jewish Committee*.[6]

Auch in der Frauenbewegung bildeten sich in diesen Jahren Formen internationaler Solidarität heraus. In den letzten beiden Dekaden des Jahrhunderts erlebten internationale Zusammenschlüsse eine immense Konjunktur, in etwa parallel zur Hochphase des nationalen Engagements von Frauenvereinen. Es entstanden drei große Dachorganisationen, welche die bedeutsamsten Knotenpunkte des internationalistischen Aktivismus bildeten – alle drei sollten später Delegierte zu den Verhandlungen der UN-Menschenrechtskommission entsenden.[7] Der 1888 gegründete *International Council of Women* war anfänglich lediglich als ein koordinatorischer Rahmen gedacht. Er stellte die konservativste der großen internationalen Vereinigungen dar. Vor dem Weltkrieg bezog er Stellung zu einem breiten Spektrum von Fragen, etwa der Abstinenz, dem Rechtsstatus von Frauen, der Kinderfürsorge oder der Prostitution. Im Jahr 1904 spaltete sich die *International Women's Suffrage Alliance* (IWSA) von dem *Council* ab. Sie wurde von zehn nationalen Wahlrechtsorganisationen ins Leben gerufen, die stärker feministisch und aktivistisch ausgerichtet waren. Das zentrale Anliegen der IWSA stellte das Frauenwahlrecht dar, doch befaßte auch sie sich schon bald mit zahlreichen weiteren Themen. Schließlich bildete sich 1926 die *Women's International League for Peace and Freedom* (WILPF), eine wiederum radikalere Abspaltung der IWSA, die anfänglich 50.000 Mitglieder in vierzig Ländern zählte. Sie arbeitete als einzige eine verbindliche politische Linie für die nationalen Mitgliedsorganisationen aus.

Die internationale »Solidarität«, die sich in den Aktionen der jüdischen und der Frauenvereinigungen äußerte, hatte ein spezifisches Gepräge. Sie war, zugespitzt formuliert, eine internationalisierte Gruppensolidarität. Die Hilfsleistungen dieser Organisationen transzendierten den nationalstaatlichen Rahmen, blieben aber ganz überwiegend auf die Angehörigen der eigenen Gruppe – Juden hier, Frauen dort – beschränkt. Das gilt es sich vor Augen zu halten, denn gerade in diesem Bereich vollzog sich in den dreißiger und vierziger Jahren des 20. Jahrhunderts eine aus dem Blickwinkel der Menschenrechtsgeschichte folgenreiche Veränderung: Im Licht der neuen Erfahrungen mit dem repressiven Furor totalitärer Regime und der menschenverachtenden Gewaltexplosion des Zweiten Weltkriegs erweiterten sich die Konzeptionen von Solidarität und erstreckten sich deutlich über die Ränder der eigenen Gruppen hinaus. Darauf, daß jüdische Organisationen während des Kriegs den Menschenrechtsgedanken aufgriffen, um den Selbstschutz zu verallgemeinern, ist bereits hingewiesen

---

6 Vgl. The Anglo-Jewish Association, Consultative Council; Galchinsky, Jews, S. 29–50; Feinberg, Protection.
7 Vgl. zum Folgenden Rupp, Internationalism; dies., Worlds; Wilmers, Pazifismus, hier vor allem S. 16–21.

worden. Die internationalen Frauenverbände positionierten sich in den dreißiger Jahren in ähnlicher Weise neu. Angesichts der immer dramatischeren Bedrohung durch den europäischen Faschismus und den aggressiven japanischen Nationalismus avancierte es für viele zum dringlichsten Anliegen, die Demokratie zu retten. Dem lag der Gedanke zugrunde, daß ein demokratisches System überhaupt erst die institutionelle Voraussetzung dafür bot, daß sich eine feministische Politik artikulieren ließ. Zunehmend mehr Frauen plädierten daher statt für spezifische Frauenrechte nunmehr dafür, individuelle Rechte schlechthin zu schützen.[8] »Gleichstellung und gleicher Einfluß von Frauen muß als notwendiger denn je gelten«, mahnte 1936 die Präsidentin der mittlerweile in *International Alliance of Women* umbenannten IWSA, Margaret Corbett Ashby, »aber wir dürfen nicht nur Feministinnen sein, wir müssen auch Humanistinnen sein, um der Gesellschaft eben die Rechte zu bewahren, die wir teilen möchten.«[9] Die WILPF, die den internationalen Kampf gegen den Faschismus mit erheblichen institutionellen Energien betrieb, argumentierte in diesen Jahren ähnlich.[10] Eine Reihe von NGOs, die sich in den späten vierziger Jahren bei den Vereinten Nationen einfinden sollten, hatte somit nicht nur seit längerem schon eine Politik des internationalisierten Gruppenschutzes betrieben. Darüber hinaus handelten viele seit den dreißiger Jahren aus der Einsicht, daß es diesen möglichst zu universalisieren gelte.

Eine zweite Traditionslinie, die das spätere Menschenrechtsengagement internationalistischer NGOs vorbereitete, bildeten rechtliche Argumentationsformen. Auch hier gilt es verschiedene Stränge zu unterscheiden. Die Forderung nach staatlich gewährten Einzel- oder Gruppenrechten, nach »Grundrechten« in der Diktion des deutschen Konstitutionalismus, war eines der wichtigsten Mittel im Kampf marginalisierter Gruppen dafür, vollwertig in den nationalen Verfassungsstaat eingegliedert zu werden – das galt für Juden, Frauen und Arbeiter gleichermaßen. Bereits in der Französischen Revolution forderten Frauen vehement, die *Droits de l'homme* ausdrücklich auf Frauen auszudehnen.[11] Und auch im Vorfeld und während der Revolutionen von 1848 setzten sich Frauenvereinigungen dafür ein, bürgerliche Grundrechte zu erhalten.[12] Das neue Frauenengagement schließlich, das ab den 1890er Jahren seinen Höhepunkt erreichte – es galt einer denkbar umfangreichen Palette von Themen und

---

8   Vgl. Offen, Feminisms, vor allem S. 341–377; dies., Women's Rights; Lake, Self-Determination. Die Gegenthese zu Offen scheint mir weniger einleuchtend. Vgl. Hertrampf, »Wohle«, S. 94.
9   Zitiert nach Offen, Rights, S. 248.
10 Vgl. ihre Erklärung auf dem Zürcher Kongreß 1934: Women's International League for Peace and Freedom, WILPF 1915–1938, S. 27. Zum Kontext vgl. Foster, Women; Reinalda/Verhaaren, Vrouwenbeweging.
11 Vgl. Hunt, Revolution; dies., Inventing.
12 Vgl. Offen, Feminisms.

war in mehrere Richtungen gespalten –, hatte seinen kleinsten gemeinsamen Nenner in der Forderung nach gleichen staatsbürgerlichen Rechten und vor allem nach dem Frauenwahlrecht. Zwar bezog sie sich auf die Stellung, die Frauen innerhalb des Nationalstaats hatten, doch wurde die Debatte über das Wahlrecht international geführt, und Frauenrechte wurden international postuliert. So verabschiedete die IWSA 1920 ein »Programm der Frauenrechte«, das sowohl politische als auch soziale Rechte umfaßte.[13] An überstaatliche Instanzen, die (Frauen-) Rechte hätten sichern und durchsetzen können, war dabei nicht gedacht.

Das unterschied die frauenrechtlichen Diskurse von einem zweiten Strang der Rechtsrhetorik. In den letzten Dekaden des 19. Jahrhunderts, insbesondere in den Jahren nach dem schockartig erlebten preußisch-französischen Krieg von 1870, vollzog sich ein beispielloser Aufschwung des Völkerrechtsdenkens und der Völkerrechtswissenschaft.[14] Im Jahr 1868 wurde mit der *Revue de droit international et de la législation comparée* die erste Völkerrechtszeitschrift begründet, 1873 entstand das eher wissenschaftlich orientierte *Institut de Droit International* in Gent, im Jahr darauf die eher politisch ausgerichtete *International Law Association* in Brüssel. Die Exponenten dieses Denkens – viele von ihnen Juristen, aber auch Politiker und Friedensaktivisten – wollten mit dem Völkerrecht die Beziehungen zwischen Staaten auf dieselbe Art regeln, wie das nationale Recht die Beziehungen zwischen Individuen innerhalb des Staats regelte. Der entscheidende Bezugsrahmen blieb für sie dabei allerdings die »europäische Zivilisation« – außerhalb ihrer, also vor allem in den Kolonien, sollten völkerrechtliche Regeln keine Anwendung finden.

Das wichtigste Instrument, über das die Völkerrechtler nachdachten, war die Schiedsgerichtsbarkeit.[15] Der Gedanke, zwischenstaatliche Konflikte ließen sich entschärfen, indem ein Gericht die Rechtslage klärte, das von den involvierten Staaten und weiteren Neutralen besetzt war, avancierte zu dem praktisch einhellig getragenen Anliegen der völkerrechtlichen Institute und Gesellschaften. Eine bemerkenswerte, wenn auch letztlich sehr löchrige multilaterale Errungenschaft stellte dabei das »Abkommen zur friedlichen Erledigung internationaler Streitfälle« dar, das die 26 auf der Haager Friedenskonferenz versammelten Staaten 1899 schlossen.[16] Es sah vier Schlichtungsmechanismen vor, darunter einen ständigen Schiedsgerichtshof, der 1907 in Den Haag errichtet wurde. Auf der einen Seite eine Pionierinstitution, stellte er auf der anderen Seite doch nur einen losen organisatorischen Rahmen dar. »Ständig« waren nur das Sekretariat und eine Liste von Schiedsrichtern. Im bilateralen Staatenverkehr erlebte der

---

13 Vgl. Fraser, Becoming Human.
14 Vgl. Koskenniemi, Gentle Civilizer.
15 Vgl. Cooper, Pacifism, S. 91–115; Cortright, Peace; Grewe, Epochen, S. 606–615.
16 Vgl. Best, Peace Conferences.

Schiedsgerichtsgedanke seit den siebziger Jahren eine erstaunliche Renaissance und blieb bis zum Ausbruch des Ersten Weltkriegs präsent. Doch selbst wenn unter den tatsächlich geschlichteten Streitigkeiten einige *causes célèbres* gewesen sein mögen, konnte das nicht darüber hinwegtäuschen, daß es sich stets um zweitrangige Konflikte handelte. Sie drehten sich etwa um den genauen Verlauf von Landesgrenzen oder um Fischereirechte.[17]

Über die Idee der Schiedsgerichtsbarkeit fand das völkerrechtliche Denken im Kreis internationalistischer Organisationen eine erhebliche Verbreitung und reichte weit über die eigentlichen Völkerrechtsgesellschaften hinaus.[18] Zwei Gedanken, die mit späteren internationalen Menschenrechtsvorstellungen unübersehbar verwandt waren, fanden sich seit dem 19. Jahrhundert somit fest in der Vorstellungswelt internationaler NGOs verankert: der Gedanke, die Stellung bestimmter Gruppen durch Rechtsnormen zu schützen sowie der Gedanke, die internationalen Beziehungen durch überstaatliche Rechtsverfahren zu pazifizieren. Zudem ging von den Völkerrechtsvereinigungen eine weitere, wenn auch schwache Kontinuitätslinie aus. Denn in der Arbeit an der Allgemeinen Menschenrechtserklärung sollten die Vereinten Nationen auch die erwähnten Erklärungen rezipieren, die das *Institut de Droit International* und die *Académie Diplomatique Internationale* am Ende der zwanziger Jahre entworfen hatten. Auch wenn diese Erklärungen zeitgenössisch kaum Resonanz fanden, so markieren die Jahre um 1930 doch wiederum einen Einschnitt, denn die Möglichkeit, internationale Menschenrechtnormen zu verabschieden, rückte nunmehr immerhin in den Horizont.

Einen dritten ideellen und politischen Rahmen der internationalistischen Aktivitäten, in den der Menschenrechtsgedanke später nahtlos eingepaßt werden sollte, stellte der Einsatz für eine friedliche und gerechte internationale Ordnung dar. Auch der Pazifismus erlangte seit etwa 1870 und mehr noch in den rund zwanzig Jahren vor dem Ersten Weltkrieg, in einer stetig drückender werdenden Atmosphäre nationalistischer Feindseligkeit, angesichts hochgerüsteter Bündnissysteme und eskalierender Krisen, ungeahnte Stärke.[19] Bei aller nationalen und politischen Heterogenität der Bewegung waren zahlreiche internationalistische NGOs institutionell, personell oder ideologisch mit ihr verwoben. Daß die Wahrung des Friedens ein zentrales Element des Völkerrechtsdenkens darstellte, ist bereits angedeutet worden.[20] Auch die internationalen

17 Vgl. Grewe, Epochen, S. 606–615.
18 Die pazifistische *Inter-Parliamentary Union* wurde 1889 als *Inter-Parliamentary Conference for International Arbitration* ins Leben gerufen. Pazifistisch ausgerichtete Vereinigungen, die für die Schiedsgerichtsbarkeit warben, gründeten sich auch in den USA und in England. Auch der *International Council of Women* und die WILPF beschäftigten sich damit. Vgl. Bussey/Tims, League.
19 Vgl. Cortright, Peace; Cooper, Pacifism; Dülffer, Regeln.
20 Vgl. als Fallstudie Kirgis, American Society.

Frauenorganisationen betätigten sich intensiv auf pazifistischem Gebiet.[21] Die WILPF hatte im Friedensengagement ihren Ursprung, die *International Alliance of Women* veranstaltete seit den späten zwanziger Jahren mehrere Konferenzen über friedenspolitische Fragen. Mit der *Inter-Parliamentary Union* schließlich bestand sogar eine direkte institutionelle (wenn auch sachlich unbedeutende) Verbindung zwischen dem Pazifismus des 19. Jahrhunderts und der Arbeit der UN-Menschenrechtskommission, in der sie später repräsentiert sein sollte. Im Jahr 1889 von rund einhundert Parlamentariern aus neun Ländern gegründet, galt sie als eine der wesentlichen organisatorischen Ausprägungen der Friedensbewegung.[22]

Der Erste Weltkrieg markierte in diesen Entwicklungen einen gewissen Einschnitt. Angesichts seiner verheerenden Auswirkungen, und mit der fortgesetzten Instabilität der internationalen Beziehungen vor Augen, wurde das Nachdenken über eine gefestigtere »neue Weltordnung« noch dringlicher.[23] Daß sich das Themenpanorama zahlreicher internationaler NGOs in diesem Zeitraum noch stärker auffächerte, mag man von daher auch als Ausdruck einer neuen und breiteren Definition von internationaler Sicherheit interpretieren. Das zeigt sich etwa an den weitverzweigten Aktivitäten der WILPF.[24] Sie befaßte sich mit Minderheitenproblemen, den weltweiten wirtschaftlichen Krisenerscheinungen, mit internationalen Konflikten wie der Ruhrbesetzung oder dem Spanischen Bürgerkrieg, darüber hinaus mit Zwangsarbeit in den Kolonien und Opiumhandel – zusätzlich zu den pazifistischen Kernthemen der Abrüstung und der Schiedsgerichtsbarkeit. Die ausgreifenden Pläne, die die WILPF während des Zweiten Weltkriegs für eine bessere internationale Nachkriegsordnung entwarf, so wie viele der genannten amerikanischen NGOs zu dieser Zeit auch, standen somit in einer jahrzehntelangen Kontinuität. Daß die WILPF in einem Memorandum für die UN-Gründungskonferenz auch den Gedanken einer internationalen Menschenrechtscharta aufnahm, stellte aus dieser Sicht eine kleinere Ergänzung, keine wesentliche Innovation dar. In zweifacher Hinsicht war der Adaptionsvorgang bezeichnend: Einmal darin, daß Menschenrechte lediglich ein neues Element innerhalb eines deutlich breiter angelegten Nachdenkens darüber darstellten, wie sich die internationale Politik künftig gestalten lasse. Und zum anderen darin, daß sie fast beiläufig, jedenfalls ohne nennenswerte programmatische Reflexion auftauchten.

Das thematische Profil vieler Organisationen vergrößerte sich aber auch deshalb, weil sie möglichst breitflächig an den Arbeiten des Völkerbunds (und oftmals auch der Internationalen Arbeitsorganisation) mitzuwirken versuchten.

21 Vgl. Best, Peace; Reinalda/Verhaaren, Vrouwenbeweging.
22 Vgl. Dülffer, Regeln.
23 Die WILPF veranstaltete 1924 und 1937 Kongresse unter dem Titel »A New International Order«. Vgl. Bussey/Tims, League.
24 Vgl. ebd.; Offen, Feminisms, S. 341–377; Hertrampf, Wohle; Alonso, Peace.

In der Lobby- und Beratungstätigkeit bei der neuen Staatenorganisation wird ein viertes Kontinuitätselement faßbar. In Genf akkumulierten internationale NGOs nämlich ein Reservoir an praktischen Erfahrungen und politischer Expertise, auf das sie nach dem Zweiten Weltkrieg in ihrer Tätigkeit für die Vereinten Nationen zurückgreifen konnten. Jüdische Organisationen konzentrierten ihre Energien dabei auf Minderheitenprobleme, die sie, wie bereits erwähnt, als ein endemisches Problem nationalstaatlich organisierter multiethnischer Gebiete begriffen.[25] Die *Inter-Parliamentary Union* deckte fast das gesamte thematische Panorama des Völkerbunds ab, von den wirtschaftlichen und Abrüstungsfragen über die Minderheiten- und Mandatsprobleme bis hin zu den sozialen und völkerrechtlichen Angelegenheiten.[26] Das galt im Grunde auch für die internationalen Frauenorganisationen, die darüber hinaus wesentlich dazu beitrugen, daß frauenpolitische Themen einen wichtigen Platz auf der Völkerbundsagenda erhielten. Es gelang ihnen, einen erheblichen Einfluß etwa in Fragen der Kinderrechte oder der Staatsangehörigkeit verheirateter Frauen auszuüben und schließlich sogar eine weltweite Untersuchung zur Stellung der Frau zu initiieren.

Wie fließend dabei die Übergänge zur späteren Arbeit der Vereinten Nationen sein konnten, illustrieren die Aktivitäten gegen die »Weiße Sklaverei«. Eine offenbar ambivalente Faszination verströmend, meinte die Formel ein länderübergreifendes Syndrom aus staatlich tolerierter Prostitution und illegalem Frauenhandel.[27] Unter maßgeblicher Beteiligung zahlreicher Frauenvereinigungen griff der Völkerbund das Thema auf. Er unternahm eine Reihe von Schritten, die einen rechtlichen und institutionellen Rahmen für Reformbemühungen schufen, wenn der unmittelbare Einfluß auf die staatliche Politik auch gering blieb. In den Jahren 1921 und 1933 verabschiedete der Völkerbund zwei Konventionen und bereitete eine weitere vor, deren Annahme der Krieg allerdings verhinderte. Nach dem Zweiten Weltkrieg sollte die UN-Kommission zur Rechtsstellung der Frau praktisch nahtlos an diese Arbeiten anknüpfen. Die 1949 verabschiedete »Konvention zur Unterbindung des Menschenhandels und der Ausnutzung der Prostitution anderer« etwa brachte das während des Weltkriegs liegen gebliebene Projekt des Völkerbunds zu einem Abschluß. Zudem kam mindestens ein Teil der Aktivistinnen in der Zwischenkriegszeit einem menschenrechtspolitischen Ansatz nahe. Die zuweilen so genannten »Abolitionistinnen« bekämpften die »Weiße Sklaverei« als staatlich unterstützte Verletzung weiblicher Rechte und forderten Schutzgesetze gegen den Mißbrauch. Seit den späten dreißiger Jahren verwendeten sie offenbar auch den Menschenrechtsbegriff.[28]

---

25 Vgl. ausführlich: Fink, Defending, S. 133–358; ferner Feinberg, Protection.
26 Vgl. Inter-Parliamentary Union, Inter-Parliamentary Union, 1948; Douglas, Parliaments.
27 Vgl. zum Folgenden Miller, »Geneva«; dies., Section; Metzger, Human Rights.
28 Vgl. Miller, »Geneva«, Fn. 3.

Eine weitere Entwicklung soll zumindest schlaglichtartig beleuchtet werden. Denn seit dem Ende des 19. Jahrhunderts entstand noch eine weitere, neue Art des nicht-staatlichen Aktivismus in Form nationaler Rechtsschutzorganisationen. So bildeten sich 1898 die französische *Ligue des Droits de l'Homme*, Anfang der zwanziger Jahre die *Deutsche Liga für Menschenrechte* und die *American Civil Liberties Union* (ACLU) und 1934 der britische *National Council on Civil Liberties*.[29] Von den international orientierten NGOs unterschied sie vorderhand, daß sie auf den nationalstaatlichen Rahmen bezogen blieben. Gleichwohl enthüllt schon ein oberflächlicher Blick eine auffällige Verwandtschaft mit manchen Prämissen und Aktionsformen sowohl der zeitgenössischen internationalistischen Vereinigungen als auch späterer Menschenrechts-NGOs.

Zum einen nämlich setzten sich die Ligen, materiell betrachtet, für den Schutz der weitgehend selben Rechte ein, wie die späteren internationalen Menschenrechtsorganisationen. So kümmerte sich die ACLU in den Zwischenkriegsjahren um die Versammlungsfreiheit und die Streikrechte von Arbeitern, um die Meinungsfreiheit tatsächlich aller Gruppen, einschließlich der Kommunisten und des Ku-Klux-Klan, setzte sich (als einzige »weiße« Organisation) gegen Rassendiskriminierung ein, gegen die Pressezensur, für politische Häftlinge und Ausländer, gegen Übergriffe der Polizei. Zum anderen erhoben alle vier Organisationen den Anspruch der Unparteilichkeit. Mindestens der Theorie nach basierte auch ihre Arbeit folglich auf einer generalisierten Solidarität, die nicht an bestimmte Gruppen- oder gesellschaftliche Sonderinteressen gebunden war. Gleichzeitig waren sie indes unverkennbar auf der politischen Linken angesiedelt. Das galt mit manchen Schattierungen, doch es galt für alle vier Gruppen. Beide Charakteristika – das unpolitische Selbstverständnis und die *de facto* sehr große Affinität zur politischen Linken – sollten die Menschenrechtsbewegung der sechziger und siebziger Jahre sehr stark prägen.

Darüber hinaus schließlich war die Grenze zwischen nationalem und internationalem Engagement durchlässiger, als es der vorwiegend nationalstaatliche Aktionsradius der Rechtsschutzorganisationen vermuten lassen könnte. Sie bewegten sich in großer Nähe zu dem *per se* internationalen Friedensengagement. Zudem protestierten sie in vereinzelten, aber gar nicht einmal seltenen Fällen auch gegen Rechtsverletzungen im Ausland. Im Jahr 1927 etwa beklagte die *Deutsche Liga* politisch motivierte Verhaftungen in Bulgarien, Polen und Ungarn sowie Hinrichtungen in der Sowjetunion.[30] Als eine fünfte

---

29 Vgl. zum Folgenden Irvine, Justice; Deutsche Liga für Menschenrechte, 40 Jahre; Fritsch, Liga; Mertens, Kämpfer; ders., »Deutsche Liga«; Brenner, Gumbel; Schwitanski, Freiheit, S. 257–283; Walker, Defense; Cottrell, Baldwin; Witt, Patriots, S. 157–208; Lilly, Council; Buchanan, Human Rights.
30 Vgl. dazu etwa die Artikel in der Zeitschrift der Liga, »Die Menschenrechte«, vor allem in: Die Menschenrechte 2 (1927), Nr. 6, S. 7; ebd., Nr. 7, S. 5; ebd., Nr. 9, S. 12; ebd., Nr. 10, S. 12; ebd. 5 (1930), Nr. 1/2, S. 2–8; ebd., Nr. 8, S. 7–9; ebd. 7 (1932), Nr. 2, S. 33 f.

Entwicklungslinie des internationalen Menschenrechtsengagements der zweiten Nachweltkriegszeit wird man die Organisationen bei alledem nicht betrachten können. Sie bezeugen jedoch die Prägekraft eines um Frieden, Rechtsschutz und Gerechtigkeit zentrierten Ideenkomplexes, der national und international agierende NGOs als zwei unterschiedliche Ausformungen ähnlicher politischer Antriebskräfte erscheinen läßt. Einzelne Aktivisten konnten sich ohnehin leicht zwischen den beiden Sphären bewegen. So befanden sich unter den Personen, die Anfang der vierziger Jahre die *International League for the Rights of Man* gründeten, Roger Baldwin, Emil Julius Gumbel, Justin Godart, Jean-Baptiste Perrin, Henri Laugier und damit eben eine ganze Reihe von Personen, die sich zuvor in den nationalen Rechtsvereinigungen betätigt hatten. Über diese personellen Verknüpfungen verlief somit immerhin ein Rinnsal geschichtlicher Kontinuität von den nationalen Ligen zu den internationalen Menschenrechts-NGOs.

Der Weg zur menschenrechtlichen Tätigkeit in den Vereinten Nationen, das zeigt der historische Rückgriff, war somit in verschiedener Hinsicht vorbereitet, wenn er auch für die einzelnen Organisationen sehr unterschiedlich verlief. Nach dem Zweiten Weltkrieg konnten viele NGOs an politische Denkhorizonte, Kategorien und Praktiken anknüpfen, die ihr Engagement seit längerem bestimmt hatten. Diese ließen es als naheliegend erscheinen, den Menschenrechtsgedanken zu adaptieren. Eine einschneidende Abwandlung ihrer politischen und institutionellen Traditionen bedeutete das nicht. In ihrer Arbeit für die neue Weltorganisation setzte sich vielmehr ein älterer Strang von Internationalismus fort und wurde leicht transformiert.

Dabei wurden die Vereinten Nationen für viele Nichtregierungsorganisationen zu einem bedeutsamen, oft sogar dem wichtigsten Aktionsforum.[31] Ihr Internationalismus gewann anfänglich einen rekonstruktiven Charakter – der Wiederaufbau des verwüsteten Europa, die Versorgung der Millionen Flüchtlinge, die Frage, was mit den kolonisierten Erdteilen geschehen solle, standen zunächst oben an. Schon bald jedoch zog die Auseinandersetzung des Kalten Kriegs die internationalen NGOs in ihren Sog. Folglich begannen sie, sich mit den Problemen der Abrüstung und der Nutzung von Atomenergie zu beschäftigen und sich für eine möglichst friedliche Lösung der langen Kette von Krisen zu engagieren, die von der Berlin-Blockade bis zur Kubakrise reichte. Parallel dazu widmeten sie sich den oft gewaltsamen Dekolonisierungskonflikten in Palästina, Indonesien, Indochina, Suez oder Algerien, sowie den Fragen der »Entwicklung« der Kolonien und später der postkolonialen Staaten.[32]

---

31 Vgl. etwa International Council of Women, Women; Foster, Women; Commission of the Churches on International Affairs, [Memoranda]; dies., [Annual Report]; Inter-Parliamentary Union, Inter-Parliamentary Union, 1957.
32 Vgl. Hertrampf, »Wohle«.

Der lange Themenkatalog macht ersichtlich, daß Menschenrechtsfragen für die NGOs lediglich einen, oft sogar randständigen Teil eines wesentlich umfassenderen Engagements bildeten. Im Kern zielte dieses Engagement darauf ab, tragfähige Strukturen für die internationale Politik zu schaffen, bestand also in einem weiteren und möglichst verbesserten Versuch, das Ziel zu erreichen, das sie bereits nach dem Ersten Weltkrieg geleitet hatte. Das galt auch insofern, als viele Organisationen den politischen Sinn des Menschenrechtsschutzes, im Einklang mit den in den vierziger Jahren auch sonst vorherrschenden Funktionsbestimmungen, darin sahen, zur internationalen Sicherheit und Friedenswahrung beizutragen. Diese Verbindung wurde, fast immer beiläufig, in einer frappierend uniformen Rhetorik hergestellt. Vermutlich hätten beinahe alle NGOs, die sich an der UN-Menschenrechtsarbeit beteiligten, die Prinzipienerklärung der WILPF unterschrieben, welche ihre Hoffnung äußerte, daß internationale Kooperation »letztlich einen gerechten und dauerhaften Frieden auf der Grundlage der Achtung vor Menschenrechten, menschlicher Würde und menschlicher Freiheit zu schaffen vermag«.[33]

Was die Menschenrechtsarbeit selbst betraf, so faßten sie diejenigen Organisationen, die schon an den Tätigkeiten des Völkerbunds mitgewirkt hatten, als eine weitgehend ungebrochene Fortsetzung ihrer früheren politischen Initiativen auf – mit Recht, wie man kaum umhin kommt hinzuzufügen. Das offenbarte sich am schlagendsten in dem Eindruck des *déjà vu*, gegen den sich die UN-Beauftragte der WILPF, Gertrude Baer, nicht wehren konnte, als sie die Sitzungen des Wirtschafts- und Sozialrats beobachtete.[34] »Es ist manchmal sehr seltsam«, so berichtete sie, leicht pikiert, mit Blick auf die Diskussionen über die Lohngleichheit von Frauen, über Asylrecht, Zwangsarbeit und Informationsfreiheit, »in den Verhandlungen des ECOSOC [...] langwierige Diskussionen über ein Thema zu hören, zu dem die WILPF seit 30 Jahren eine ausgearbeitete Position hat.«[35] Der *Consultative Council of Jewish Organizations* konstatierte, daß sich seine drei Mitgliedsorganisationen – die *Alliance Israélite Universelle*, die *Anglo-Jewish Association* und das *American Jewish Committee* – »in der einen oder anderen Form immer schon mit Menschenrechtsschutz beschäftigt« hätten.[36] Die Sorge um »Menschenrechte«, das machen die Aussagen deutlich, bedeutete für diese Gruppen vor allem, ihre früheren Anliegen, die substanziell die gleichen blieben, zu *redefinieren*. Sie begrifflich umzuprägen, war

---

33 Vgl. Women's International League for Peace and Freedom, Report, S. 6. Vgl. etwa The Churches and World Order; Commission of the Churches on International Affairs, Annual Report 1951–52; International Confederation of Free Trade Unions, ICFTU.
34 Baer hatte bis 1933 das Büro der deutschen Sektion der WILPF geleitet und war dann über die Schweiz in die USA emigriert, wo sie versuchte, die Arbeitskontinuität der Organisation aufrechtzuerhalten. Vgl. Hertrampf, »Wohle«, S. 143–146.
35 Women's International League for Peace and Freedom, Report, S. 12 f.
36 The Anglo-Jewish Association, Consultative Council, S. 9.

indes mehr als eine Frage der terminologischen Mode (welche sicher eine Rolle spielte). Denn indem die Organisationen ihre Interessen als Menschenrechtsfragen bestimmten, konnten sie sie in den Kompetenzbereich der neu geschaffenen UN-Organe rücken. Auch aus diesem Blickwinkel bestätigt sich, wie entscheidend die Institutionalisierung der Menschenrechtspolitik im Rahmen der Vereinten Nationen dafür war, daß sich ein Politikfeld herausbildete, das explizit als menschenrechtlich verstanden wurde. Nachdem der institutionelle Ansatzpunkt einmal geschaffen war, zog er eine ganze Kette politischer Anschlußleistungen nach sich.

Überdies blieben die Beiträge, die die NGOs zur Normsetzung leisteten, von manchen älteren Aktionsmustern geprägt. In ihnen erhielt sich ein starker Bezug zur (internationalisierten) Gruppensolidarität, die vielfach das entstehungsgeschichtlich entscheidende Organisationsprinzip bildete. Die NGOs agierten daher des öfteren als Interessengruppen und waren in ihren Initiativen nicht durchweg von universellen Menschheitsideen geleitet. Es ist nicht ganz überflüssig, zu betonen, daß dies den ethisch-politischen Wert ihres Einsatzes für eine bessere Weltordnung nicht mindert; vom Ergebnis her betrachtet, konnten internationale Vereinbarungen sogar stärker ausfallen, wenn viele NGOs ihre Gruppeninteressen geltend zu machen versuchten. Aus Sicht der historischen Analyse unterschied sich aber eben sowohl die Motivation als auch die Praxis vieler ihrer menschenrechtlichen Vorstöße von denen anderer NGOs: von den noch zu beschreibenden der *International League for the Rights of Man* sowie von manchen, die in den siebziger und achtziger Jahren entstehen sollten.

Die Lobbyarbeit der jüdischen Organisationen, die im UN-Menschenrechtsbereich erhebliche Energien entfalteten, kann diese Zusammenhänge vielleicht am anschaulichsten illustrieren. Sie konzipierten ihre Menschenrechtsarbeit systematisch von der Verfolgungs- und Diskriminierungsgeschichte der Juden her, die die NS-Herrschaft auf einen katastrophischen Kulminationspunkt geführt hatte – »wobei sie es nie versäumten, [...] Änderungen vorzuschlagen«, wie der *World Jewish Congress* formulierte, »die ausgehend von der jüdischen Erfahrung erforderlich schienen«.[37] Die Beiträge der jüdischen NGOs zur Allgemeinen Menschenrechtserklärung und zu den Menschenrechtspakten bezogen sich in der großen Mehrzahl auf die nationalsozialistischen Herrschaftspraktiken, und noch konkreter auf die Auflösung des deutschen Rechtsstaats und die Entrechtung der Juden im Deutschen Reich.[38] Die Vorschläge des *World Jewish Congress* zielten unter anderem darauf, eine Ausnahme von dem Grundsatz *nulla poena sine lege* zu erreichen, damit NS-Verbrechen geahndet werden

---

37 World Jewish Congress, Survey, S. 20. Vgl. zum Folgenden auch: Galchinsky, Jews, S. 29–50.
38 Vgl. zur folgenden Passage World Jewish Congress, Survey; Robinson, United Nations; Lerner, Congress. Ein ähnliches Profil hatte der *Consultative Council of Jewish Organizations*, vgl. The Anglo-Jewish Association, Consultative Council.

könnten. Sie beabsichtigten, das Recht auf Asyl zu sichern und die staatliche Erziehung an die Achtung der Menschenrechte zu binden, damit sich ein blinder Befehlsgehorsam gar nicht erst entwickeln könne. Besonders viele Eingaben schließlich galten den Bestimmungen über Nicht-Diskriminierung. So setzte sich der *Congress* dafür ein, Diskriminierung aus ethnischen, religiösen oder rassischen Gründen zu verbieten und die Informationsfreiheit in Fällen einzuschränken, in denen zu Rassenhaß aufgerufen werde. Auch vieles von dem, was jüdische Organisationen zu den anderen Bereichen der UN-Menschenrechtsarbeit beitrugen, erwuchs aus den materiellen und politischen Folgeproblemen, die der Zweite Weltkrieg für die jüdischen Gemeinden mit sich gebracht hatte. So unterstützten sie die Ausarbeitung der Genozidkonvention, die Beschäftigung mit dem Thema der Staatenlosigkeit, die Flüchtlingshilfe und die Arbeit an der 1950 verabschiedeten »Konvention über die Todeserklärung Verschollener«, die sich auf Personen bezog, die infolge von Krieg oder Verfolgung vermißt waren.

Bei alledem verfolgten die jüdischen NGOs konsequent die Linie der Universalisierung des Selbstschutzes weiter, die sie bereits während der letzten Kriegsjahre bewogen hatte, den Gedanken der Menschenrechte aufzugreifen. Der *World Jewish Congress* hielt rückblickend fest, er sei stets der Meinung gewesen, die neue Weltorganisation müsse sich »stärker mit den Rechten des Einzelnen befassen, als es der Völkerbund getan hat, denn die Erfahrung der nazistischen und faschistischen Regime hat gezeigt, bis zu welchem Grad die Verneinung der elementarsten Rechte der Person fortschreiten kann«. Nachdem sowohl die Verfassungsgarantien als auch die Minderheitenverträge versagt hätten, habe man »den internationalen Schutz der Menschenrechte als die einzige positive Lösung des Problems« betrachtet.[39] Die Menschenrechtsidee, auch das machte diese Äußerung deutlich, stand für die jüdischen Verbände am vorläufigen Ende eines leidvollen Suchprozesses, als eine Art letzter Rekurs, um auf das verheerende Scheitern früherer Schutzmodelle zu reagieren.

Mit diesen Aktionsmustern standen die jüdischen Gruppen beileibe nicht allein. Auch andere Organisationen blieben in ihren Interventionen stark gruppenbezogen. Die ökumenische *Commission of the Churches on International Affairs* richtete ihr Hauptaugenmerk darauf, Glaubensfreiheit und christliche Erziehung zu sichern.[40] Die *International Confederation of Free Trade Unions* definierte ihre Tätigkeit zu einem »Kampf für Menschen- und Arbeiterrechte« um.[41] Die Frauenorganisationen befanden sich insofern in einer besonderen Situation, als mit der Kommission zur Rechtsstellung der Frau ein

---

39 Robinson, United Nations, S. 61 f.
40 Sie war nach dem Krieg vom *World Council of Churches* und dem *International Missionary Council* gegründet worden. Vgl. Commission of the Churches on International Affairs, Memoranda; dies., Reports.
41 Vgl. International Confederation of Free Trade Unions, ICFTU.

Organ geschaffen wurde, das sich ausschließlich mit den Problemen der (zweifellos sehr großen) ›Gruppe‹ befaßte, und an deren Arbeit sie sich natürlich vorrangig beteiligten. Daß die Frauenrechtskommission gebildet wurde, war unter Aktivistinnen im übrigen keineswegs auf ungeteilte Zustimmung gestoßen. Führende Mitglieder etwa der WILPF und der *International Alliance of Women* hätten den Frauenrechts- lieber in den Menschenrechtsbereich integriert gesehen, da sie den Eindruck vermeiden wollten, als bedürften Frauen irgend gearteter Sonderrechte.[42]

»Manches erfolgreich, vieles nicht«.
Die *International League for the Rights of Man*

Diejenigen internationalistischen NGOs, die sich in den vierziger Jahren neu ausrichteten und ihre politische Aufmerksamkeit dabei unter anderem auch Menschenrechtsfragen zuwandten, stellten die Mehrzahl der Organisationen dar, die sich in dem undeutlich umrissenen neuen Politikfeld bewegten. Die einzigen waren sie aber nicht. Daneben traten solche NGOs, die sich ausschließlich menschenrechtlichen Themen widmeten. Zieht man den Kreis weit, so gab es deren ganze drei: Die *Anti-Slavery Society*, die *International Commission of Jurists* und die *International League for the Rights of Man*. Und diese drei waren sowohl von ihrer Genese als auch von ihrem Profil her so unterschiedlich, daß man es nur mit einem fahrlässigen Mangel an weberianischer Strenge unternehmen könnte, von einem gemeinsamen Organisations*typus* zu sprechen. Dessenungeachtet verbanden sich gerade mit ihren Aktivitäten, und vor allem mit denen der *International League*, die eigentlichen, qualitativen politischen Neuaufbrüche der Nachkriegszeit.

Die britische *Anti-Slavery Society* blickte auf die längste Geschichte zurück. 1839 gegründet, entwickelte sie sich mit den Jahren zu einer Organisation, die sich auf breiter Front um das Wohlergehen sowohl der Kolonialbevölkerungen als auch indigener Bevölkerungen etwa in Lateinamerika und Australien kümmerte. Auch die *Anti-Slavery Society* redefinierte ihre Anliegen nach dem Zweiten Weltkrieg, begrifflich explizit, als Menschenrechtsprobleme.[43] Bei alledem blieb sie stets klein – in den fünfziger Jahren rangierte die Mitgliederzahl wohl bei 300 –, schwächelte finanziell und organisatorisch vor sich hin und entfaltete kaum politische Kraft.[44] Der Anti-Sklaverei-Aktivismus lenkt den Blick darauf, daß es Themen gab, die sich *nicht* lancieren oder dramatisieren, die sich

42 Vgl. Bussey/Tims, League; Hertrampf, »Wohle«.
43 Vgl. Anti-Slavery Society, Anti-Slavery Society; dies., Annual Report 1948; dies., Annual Report 1949; dies., Annual Report 1950; dies., Annual Report 1954; dies., Annual Report 1956.
44 Vgl. Anti-Slavery Society, Report 1956; dies., Society.

nicht auf die Agenda der internationalen Politik setzen ließen, indem sie als Menschenrechtsverletzung beschrieben wurden. Die Sklaverei blieb ein solches Nicht-Thema, selbst während der Explosion des privaten Menschenrechtsengagements in den siebziger Jahren.⁴⁵

Die *International Commission of Jurists* (ICJ) zählte hingegen bis in die siebziger Jahre hinein zu den drei großen und in weiten Teilen der Welt als besonders reputierlich angesehenen Menschenrechts-NGOs – neben der *International League for the Rights of Man* und *Amnesty International*. Die ICJ wurde 1952, noch in der tiefsten Eiszeit der Supermächtebeziehungen, in Berlin gegründet und dehnte sich rasch zu einem bemerkenswert weit geknüpften Juristennetzwerk aus.⁴⁶ Als 1967 publik wurde, daß sie seinerzeit von der CIA geschaffen und mit Regierungsgeldern auf den Weg gebracht worden war, stürzte das die Organisation in eine nicht zuletzt finanzielle Krise. Doch gelang es ihr, die schwierige Situation zu überstehen und ihren Aktionsradius während der siebziger Jahre sogar noch auszudehnen. Zu einer allgemeiner ausgerichteten Menschenrechtsorganisation entwickelte sich die ICJ erst allmählich.⁴⁷ Ihre frühen Aktivitäten standen ganz im Zeichen eines ausschließlich antikommunistisch gewendeten Antitotalitarismus. Erst seit Ende der fünfziger Jahre befaßte sich die Organisation mit anderen Themen, vor allem mit rechten Diktaturen, etwa in Spanien und Griechenland, aber ebenso mit den Problemen des Kolonialismus und der Dekolonisierung, insbesondere mit der südafrikanischen Apartheidpolitik. Den Menschenrechtsbegriff verwandte die ICJ anfänglich nicht prominent. Der zentrale Begriff, auf den sie ihr Engagement ausrichtete, war die *rule of law*. Diese definierten die Juristen als eine Kombination politischer Rechte – vor allem Meinungsfreiheit, Versammlungsfreiheit und das Recht auf freie Wahlen – und rechtsstaatlicher Sicherungen, wie die Unabhängigkeit der Gerichte.⁴⁸

Der Blick auf diese beiden Organisationen läßt noch deutlicher hervortreten, wie sehr die *International League for the Rights of Man* einen Sonderfall darstellte. Sie war die einzige internationale Organisation, die sich konsequent für die Wahrung aller (politischen) Menschenrechte in allen politischen Systemen einsetzte. Die Entwicklung der *League* ist gerade wegen ihres singulären Charakters historisch aufschlußreich. Sie illustriert, welche Möglichkeiten und Grenzen ein umfassend verstandener Menschenrechtsaktivismus unter den Bedingungen des frühen Kalten Kriegs hatte. Sie veranschaulicht die Kalküle und Motivationen, aus denen er hervorging, die politischen Praktiken, derer er sich

---

45 Vgl. Anti-Slavery Society, Society; Davies, Society.
46 Vgl. Tolley, International Commission. Die folgende Passage stützt sich in Teilen auf Tolleys Buch.
47 Vgl. ebd.
48 Vgl. ebd.; Bulletin [of the International Commission of Jurists] 3 (1956); International Commission of Jurists, Rule of Law.

bediente, schließlich die Resultate und Effekte, die menschenrechtspolitisches Handeln haben konnte.

Die Organisation wurde im November 1941 in New York als *The International League for the Rights of Man and for the New Democracy* ins Leben gerufen. Rückblickend beschrieben sie führende Mitglieder als eine Gründung vor allem französischer Emigranten. Der Kreis derer, die tatsächlich an den frühen Treffen teilnahmen, reichte indes darüber hinaus. Die *League* scheint von Anfang an darauf bedacht gewesen zu sein, sowohl möglichst viele Länder und Erdteile zu repräsentieren als auch namhafte Persönlichkeiten an sich zu binden. Einige biographische Muster zeichnen sich ab: Die meisten Männer des frühen Kerns waren in den 1870er und 1880er Jahren geboren. Viele waren während des Zweiten Weltkriegs aus Europa geflohen, nachdem sie sich gegen die faschistische oder autoritäre Staatspolitik in ihren jeweiligen Herkunftsländern oder gegen die NS-Besatzungspolitik zur Wehr gesetzt hatten. Fast alle verfügten über einen akademischen Hintergrund oder waren Berufspolitiker gewesen. Nicht wenige schließlich hatten sich vor dem Zweiten Weltkrieg im Bereich der internationalistischen Politik betätigt, vor allem beim Völkerbund – auch bei der Gründung der *League* also spielten die Netzwerke, die zur gleichen Zeit die Menschenrechtsdiskussionen in Europa so stark trugen, eine Rolle.[49]

Eine sicherlich treibende Kraft war Boris Mirkine-Guetzévitch, ein Jurist russischer Herkunft, der sich bereits vor Ausbruch des Kriegs mit dem Verfassungs- und Menschenrecht befaßt hatte.[50] Er lehnte aus einer liberalen Haltung heraus sowohl die Zaren- als auch die kommunistische Herrschaft ab und war bereits 1920 nach Paris ausgewandert. Zu den frühen Zusammenkünften erschienen noch weitere illustre Personen: Norman Angell, Pazifist und kurzzeitiger *Labour*-Abgeordneter im Parlament, der 1933 als Mitglied der Exekutivkommission des Völkerbunds und des Nationalen Friedensrats den Friedensnobelpreis erhalten hatte; Julio Álvarez del Vayo, spanischer Sozialist und 1936/37 Außenminister der Republik; Gaetano Salvemini, ein italienischer Historiker und anti-faschistischer Parlamentsabgeordneter, der 1925 verhaftet wurde, aber fliehen konnte; und Emil Julius Gumbel, der jüdische Pazifist und Professor für Mathematik an der Universität Heidelberg. Nach retrospektiven Aussagen firmierten in der Gründergruppe zudem Justin Godart, ehemals Abgeordneter der französischen Radikalsozialisten, der verschiedene Ministerposten bekleidet und sich an der *Résistance* beteiligt hatte; Eduardo Santos, ein führender Politiker der liberalen Partei Kolumbiens und zeitweilig Leiter der kolumbianischen Delegation beim Völkerbund, bevor er zwischen 1938 und

---

49 Das Folgende basiert auf verstreuten biographischen Recherchen, etwa in der New York Times und anderen Zeitungen, oder auf den Internetseiten der betreffenden Institutionen.

50 Vgl. Aulard/Mirkine-Guetzévitch, Déclarations.

1942 als Präsident seines Landes amtierte; sowie die beiden später nachhaltig in der Europapolitik engagierten belgischen Sozialisten Louis de Brouckère, ein Mitglied der belgischen Exilregierung, und Fernand Dehousse, belgischer Völkerrechtler, der später zum Präsidenten der Beratenden Versammlung des Europarats gewählt werden sollte.[51] Als erster Präsident der *League* firmierte Henri Laugier, ein französischer Physiologieprofessor, der nach dem Krieg, wie bereits erwähnt, als stellvertretender UN-Generalsekretär der Menschenrechtsarbeit administrativ vorstehen sollte. Kürzere Zeit nach der Gründung der *League* stießen einige Mitglieder hinzu, die deren Arbeit dann viele Jahre lang maßgeblich prägen sollten. Dazu gehörte an erster Stelle Roger Baldwin, der sich für verschiedene sozialreformerische Anliegen eingesetzt hatte, bevor er führend in der *American Civil Liberties Union* tätig wurde. Ebenso zählten dazu Frances Grant, eine Journalistin, die sich zuvor in der *Pan American Women's Association* engagiert, und Max Beer, der während der gesamten Zwischenkriegszeit als Beamter im Sekretariat des Völkerbunds gearbeitet hatte.

Ursprünglich schwebte den Initiatoren der *League* die Idee vor, eine Art regierungsunabhängigen *think tank* zu schaffen, der die Befreiung Europas vom Nationalsozialismus und die erwartete Wiederherstellung der Demokratie auf dem Kontinent mit politischen Vorschlägen befördern sollte.[52] Die Überlegungen kreisten zunächst um Themen wie die Kollaborationspolitik des Vichy-Regimes, die Verfolgung der Juden in Europa und die deutschen und japanischen Herrschaftstechniken.[53] Erst als das Ende des Kriegs näher rückte, globalisierte sich der Fokus der Vereinigung. Ein Memorandum vom März 1944 forderte einen »breiteren und universelleren Ansatz bei den ›Rechten des Menschen‹ (*rights of man*), nachdem er bislang zu eng auf Europa beschränkt worden ist.«[54] Die Forderung, die *League* weltweit auszurichten, setzte sich wohl im Laufe des Jahres 1945 durch.[55]

Die politischen Wahrnehmungen, die die Gruppe in ihrer Konstituierungsphase dazu veranlaßten, die Menschenrechtsidee aufzugreifen, deckten sich mit dem Horizont anderer Gruppen in diesen Jahren. Seit Mitte 1943 verfolgte die *League* das Vorhaben, eine internationale Rechteerklärung auszuarbeiten.[56] Den Menschenrechtsschutz sahen die Mitglieder wie viele andere Verfechter als tragenden Pfeiler eines erneuerten System der Friedenswahrung. In einer Denkschrift, die sie 1946 an die jüngst gegründete UN-Menschenrechtskommission

---

51 Vgl. NYPL, ILHR, Box 1, Mirkine-Guetzévitch an Henri Laugier, 26.3.1954; ebd., Henri Laugier an Emil Kahn, 1.4.1954.
52 Vgl. Rutgers University Archives, New Brunswick, Frances Grant Papers [im Folgenden: RU, FGP], Box 23, Minutes of Meeting, 12.11.1941.
53 RU, FGP, Box 23, Minutes of Meeting, 1.4.1942 und 28.5.1943.
54 RU, FGP, Box 23, Memorandum on the ILRM, März 1944.
55 RU, FGP, Box 23, Minutes, 9.2.1945; ebd., Box 25, Presenting the ILRM, Dezember 1945.
56 RU, FGP, Box 23, Minutes of Meeting, 28.5.1943.

schickte, betonte die *League*, »daß die Verletzung der Menschenrechte und Grundfreiheiten eine der Hauptursachen des Zweiten Weltkriegs war und eine Ursache dessen werden kann, was Pessimisten bereits den Dritten Weltkrieg nennen«.[57]

Das Memorandum war nur ein erster Vorbote des arbeitspraktischen Ansatzes, den die *League* bis mindestens zum Ende der sechziger Jahre beibehielt. Sobald sich die Umrisse der neuen Menschenrechtskommission abzeichneten, faßten die Mitglieder die Absicht, in ihr vertreten zu sein.[58] Aus der Perspektive der *League* wird die Folgelogik, die die neuen institutionellen Arrangements entfalteten, unmittelbar nachvollziehbar: Die Vereinten Nationen erschienen auf der internationalen Ebene als der gleichsam natürliche Zugangsweg für die eigenen politischen Anliegen – aber eben auch als der einzige, ein politischer Einflußkanal *faute de mieux*. Daß dies Schwierigkeiten und Beschränkungen mit sich brachte, dessen war sich die Führung der *League* bei allen ihren unermüdlichen Bemühungen stets bewußt. Doch hielt sie über Jahrzehnte im Kern an der Einschätzung fest, die Staatenorganisation sei »der beste Anlaufpunkt, um tätig zu werden, auch wenn sie sich auf Resolutionen, Studien und Empfehlungen beschränkt«, wie es Roger Baldwin in charakteristischer Lakonie formulierte.[59]

Ihre Arbeit richtete die *League* in den späten vierziger und den fünfziger Jahren folglich ganz überwiegend auf die Vereinten Nationen. Sie verteilte die Aufgaben unter den führenden Aktivisten so, daß sie die UN-Menschenrechtsarbeit flächendeckend beobachten konnte.[60] In den fünfziger Jahren verfaßte die *League* detaillierte Memoranden zur Ausgestaltung der Menschenrechtspakte, die darauf hinausliefen, sie rechtlich möglichst inklusiv und präzise und politisch möglichst wirksam zu machen.[61] Auch zu Fragen der Informationsfreiheit, der Rechtsstellung der Frau oder den Problemen der Kolonialherrschaft, die im Treuhandrat verhandelt wurden, entwickelte die *League* Vorschläge. Ebenso unterstützte sie die Proteste gegen die Apartheidpolitik in Südafrika und steuerte, wie bereits erwähnt, Material zu den Untersuchungen über Zwangsarbeit bei.[62]

Dabei zogen die führenden Aktivisten der *League* fast alle Register der Einflußnahme, welche ihnen die bürokratische Maschinerie eröffnete. Vor allem bemühten sie sich um einen stetigen Zugang zum UN-Sekretariat, wobei sie bis

---

57 RU, FGP, Box 23, Memorandum submitted to the UNCHR, 13.5.1946.
58 Vgl. RU, FGP, Box 23, Minutes of Meeting, 19.2.1945 und 26.9.1945.
59 NYPL, ILHR, Box 1, Baldwin an Bernard Lecache, 10.6.1954.
60 Vgl. NYPL, ILHR, Box 11, Baldwin an All Members of Board and Volunteers, Juni 1956.
61 Vgl. etwa NYPL, ILHR, Box 5, Baldwin, Beer, Summary of Memorandum submitted on the Covenant of Human Rights, 30.4.1951; Box 8, Baldwin an Hammarskjöld, 29.6.1955; ebd., Memorandum on Human Rights Covenants, 29.9.1955; Box 10, Board of Directors Meeting, 29.11.1956.
62 Vgl. als Überblick NYPL, ILHR, Box 10, Gaines an Omar Elmandra, 19.4.1951.

hin zum Generalsekretär keine Ebene aussparten, und versuchten enge Arbeitsbeziehungen zu den Delegierten der Mitgliedstaaten herzustellen.[63] Darüber hinaus unterstützte die *League* verschiedene Versuche, die im Wirtschafts- und Sozialrat akkreditierten Nichtregierungsorganisationen zur Kooperation zu bewegen.[64] Sie beteiligte sich etwa an einer Initiative von bis zu dreißig NGOs, ihre Positionen zu den Menschenrechtspakten abzustimmen.[65] Insbesondere in Kolonialfragen suchte sie immer wieder den Kontakt zu einschlägig arbeitenden Personen und Organisationen.[66] Ähnliche, dabei eher punktuelle Allianzen stellte sie mit der *Anti-Slavery Society* und der *Commission of Inquiry Into Forced Labor* her.[67] Weder die Tragfähigkeit noch die Effizienz dieser *Ad hoc*-Bündnisse sollte man allerdings überschätzen. Roger Baldwin hielt die vermeintliche *community* der NGOs für schwach, in wichtigen Sachfragen uneins und argwöhnisch gegenüber Versuchen einzelner Organisationen, eine Führungsrolle zu übernehmen. »Wir sehen geringe Chancen für eine bessere Zusammenarbeit zwischen den NGOs«, so seine offenherzige Einschätzung. »Bisher haben sie keine hergestellt«.[68] Nur etwa zehn Prozent der über 300 NGOs, die den Konsultativstatus im Wirtschafts- und Sozialrat hatten, waren Baldwins Beobachtung zufolge wirklich aktiv.[69]

Über die Mitarbeit an den Themen, die bereits auf der Agenda standen, hinausreichend versuchte die Führung, die Anliegen anderer, zumeist staatlich unterdrückter Gruppen vor das Forum der Weltorganisation zu bringen. Auf diese Weise machte sie verschiedene UN-Organe überhaupt erst auf Fälle der Menschenrechtsverletzung aufmerksam. Sie verfaßte Eingaben, leitete Anfragen

---

63 Vgl. etwa NYPL, ILHR, Box 8, Baldwin, Some Techniques for Human Rights, o. Dat. [1957/58?].
64 Vgl. RU, FGP, Box 23, Meeting of non-governmental agencies called by the ILRM, 18.5.1949.
65 Vgl. NYPL, ILHR, Box 11, Memorandum of meeting with non-governmental consultative organizations at Freedom House, 4.5.1949; Box 8, [Brief] To NGOs interested in human rights covenants, 29.12.1954.
66 Vor allem zu Pfarrer Michael Scott und seinem *Africa Bureau*, dem *American Committee on Africa* oder dem britischen *Movement on Colonial Freedom* und seinem Vorsitzenden Fenner Brockway. Zu diesen Organisationen vgl. das folgende Kapitel. Vgl. NYPL, ILHR, Box 5, Baldwin an George Houser, 28.5.1953; ebd., Memorandum of a meeting of representatives of ngos concerned with items of the UN Assembly agenda on colonialism, 8.10.1954; Box 10, Board of Directors Meeting, 20.12.1956; ebd., Off-the-record meeting of individuals interested in colonial issues with members of the Trusteeship and NSG Divisions, 6.2.1953.
67 Einen Überblick über die Kontakte der League verschafft das Findbuch, in: NYPL, ILHR.
68 NYPL, ILHR, Box 8, Baldwin an Duncan Woods, 11.11.1958. Vgl. ferner ebd., Briefe Baldwins an verschiedene Organisationen, 25.10.1954; Box 17, Baldwin an Collette-Kahn, 15.2.1959; Box 29, Baldwin an Benenson, 26.11.1965; Box 43, Baldwin, Memorandum for Mr Keys, o. Dat.
69 Vgl. RU, FGP, Box 23, Board of Directors Meeting, 8.6.1960.

und Appelle weiter, beriet Petenten technisch oder juristisch und leistete auch materielle Unterstützung, damit Aktivisten, oft solche aus den Kolonien, nach New York kommen und ihre Sache dort persönlich vertreten konnten.[70] Im Lauf der Jahre verwandelte sich die League dadurch in eine zentrale Anlauf- und Koordinationsstelle für zivile Protest- und Interessengruppen auf der ganzen Welt. Zu den Gruppen, die sich an die League wandten, gehörten Vereinigungen wie der *Göttinger Arbeitskreis*, der sich für deutsche Vertriebene einsetzte, der *Natal Indian Congress* aus Südafrika, die *Ligue Congolaise pour la Défense des Droits de l'Homme*, die regionalistische *Societat Catalana D'Estudis Internacionals* oder eine *Iranian Students Association*. Das einzige, was jedenfalls die Mehrzahl von ihnen verband, war, daß sie über geringe Machtmittel und spärliche Artikulationsmöglichkeiten verfügten und sich folglich darauf angewiesen sahen, die internationale Öffentlichkeit auf ihre Fälle aufmerksam zu machen.[71]

In vielen Fällen staatlicher Rechtsverletzungen, die zu ihrer Kenntnis gelangten, intervenierte die League auch direkt bei den Regierungen, erbat Auskünfte oder mahnte, internationale Normen einzuhalten. Wenn sie dafür auch oft die diplomatischen Kanäle der Vereinten Nationen nutzte, so eröffnete sie sich damit doch ein Arbeitsfeld, das über die gleichsam technische Mitwirkung an der Fortentwicklung des Völkerrechts hinausreichte. Dadurch gewann die League immerhin Züge einer internationalen *pressure group*. Die direkten Interventionen waren allerdings relativ selten. Offenbar wurde die League jährlich zwischen zehn und fünfzehn Mal bei Regierungen vorstellig, was im Vergleich mit dem Arbeitsumfang, den professionelle Menschenrechts-NGOs in den siebziger und achtziger erreichen sollten, äußerst wenig war.[72] Dennoch gab es, nimmt man alle Initiativen der fünfziger und frühen sechziger Jahre einmal zusammen, kaum ein Problemgebiet des Globus, dessen sie sich nicht annahm, kaum staatliche Verbrechen größeren Ausmaßes, die ihr entgingen, kein ideologisches Lager, das es nicht mit ihr zu tun bekam.[73] Im kommunistischen Machtbereich protestierte die League etwa gegen die Verhaftung von Studenten in der DDR, gegen die »anti-zionistischen« Gerichtsprozesse in der Sowjetunion kurz

70 Vgl. etwa Baldwin, [Rundschreiben]; NYPL, ILHR, Box 3, Frida Laski, Kenya Committee for Democratic Rights for Kenyan Africans, an Baldwin, 17.3.1954.
71 Vgl. NYPL, ILHR, Box 2, die Korrespondenz mit dem Göttinger Arbeitskreis; Box 4, Natal Indian Congress an League, 9.10.1957; Box 26, Korrespondenz mit den Sociedades Hispanas Confederadas; Box 15, Schreiben der Ligue Congolaise pour la Défense des Droits de l'Homme, 1.6.1961; Box 16, J.M. Battista I Roca, Societat Catalana D'Estudis Internacionals, an Baldwin, 6.4.1960; Box 20, [Schreiben der Iranian Students Association von 1962].
72 Vgl. dazu den nahezu jährlichen »Summary of Activities« der International League for the Rights of Man, erschienen unter unterschiedlichen Titeln, New York 1953–1970.
73 Die folgende Aufzählung beruht auf sehr verstreuten Informationen. Viele der genannten Daten finden sich in den Protokollen der Treffen des Boards und in den »Summaries of Activities«.

vor Stalins Tod, gegen den sowjetischen Umgang mit den Kalmücken, gegen die Invasion Ungarns im Jahr 1956, gegen die Verurteilung von Arbeitervertretern in Polen, gegen die Methoden der rumänischen Geheimpolizei, gegen antisemitische Vorfälle in der Tschechoslowakei und gegen mannigfache Verletzungen von Grundrechten auf Kuba nach der Machtübernahme Fidel Castros. Anders als die *International Commission of Jurists* blieb die *League* allerdings nicht dabei stehen, kommunistische Repressionen zu verurteilen. Sie versuchte auch, gegen die brutalen Machenschaften rechter Regime in Europa vorzugehen – gegen die Verhaftung politischer Gegner, Folter oder Hinrichtungen im frankistischen Spanien, gegen die Verfolgung Oppositioneller im Portugal Salazars, später gegen Militärtribunale und Exilierungen in Griechenland nach dem Putsch von 1967. Frances Grant, die sich praktisch im Alleingang um die lateinamerikanischen Staaten kümmerte, wandte sich in den fünfziger Jahren vor allem gegen Menschenrechtsverletzungen der diktatorischen Herrscher in Argentinien, Venezuela, Peru, der Dominikanischen Republik, Nicaragua und Haiti sowie generell gegen Folter in lateinamerikanischen Militärdiktaturen. Neben diesen beiden Stoßrichtungen nahm die *League* auch immer wieder die gewalttätigen und illiberalen Züge der europäischen Kolonialherrschaft ins Visier. Sie bezog Stellung gegen die niederländischen »Polizeiaktionen« in Indonesien, gegen das französische Vorgehen in Marokko, Tunesien und Algerien, in Togo und Kamerun, gegen die Unterdrückung von Revolten durch die Briten auf Zypern und in Kenia, gegen portugiesische Repressionen in Angola und gegen zahlreiche diskriminierende Maßnahmen in Südafrika. Schließlich richtete die *League* ihre Aufmerksamkeit auch auf die Konflikte im Nahen Osten und intervenierte wiederholt zugunsten unterdrückter Minderheiten, beklagte den Umgang mit Juden in verschiedenen arabischen Ländern, den Umgang mit Arabern in Israel oder die Unterdrückung der Bahai im Iran.

Die Liste der Interventionen liest sich wie eine Dekadenchronik staatlicher Gewalt und Unterdrückung. Sie zeigt aber eben nicht nur den arbeitspraktischen Radius der *League* an, sondern macht überdies anschaulich, inwiefern die *League* eine universalisierte Solidarität praktizierte. Ihr Engagement galt dem Schutz aller (politischen) Rechte und war innerhalb dieses Rahmens nicht weiter eingeschränkt. Mindestens dem Prinzip nach bedeutete das tatsächlich einen neuen Ansatz innerhalb des nicht-gouvernementalen Internationalismus, der über die thematischen und begrifflichen Redefinitionen anderer Organisationen hinausführte. Dabei kultivierte die *League* eine pragmatische Nüchternheit, die zu einem großen Teil wohl dem Naturell ihres Vorsitzenden Roger Baldwin geschuldet war, jedenfalls aber zum Aushängeschild ihres Aktivismus wurde. Mitunter konnte sie offenbar auch hartgesottene Diplomaten verblüffen.[74]

---

74 Vgl. den Dialog mit einem britischen Delegierten im UN-Treuhandrat, den Keith Irvine schilderte: NYPL, ILHR, Box 1, Keith Irvine an Baldwin, 24.6.1957.

In der weltanschaulich äußerst aufgeladenen Atmosphäre des frühen Kalten Kriegs hatte die ›universelle‹ Ausrichtung der *League* aber noch eine weitere Implikation. Denn ihrem Anspruch nach wahrte sie damit eben auch Äquidistanz zu den ideologischen Lagern und ihren politischen Philosophien. Eine »unparteiliche internationale Organisation« zu sein, verstanden die führenden Mitglieder als einen wichtigen Bestandteil ihres politischen Kapitals. Nach außen wiesen sie regelmäßig darauf hin, daß sie sich in allen Staaten für die Wahrung anerkannter Rechte einsetzten, »unabhängig von der Regierungsform«.[75]

Dabei war es, zum einen, intern alles andere als leicht, eine solche Linie wenigstens im Prinzip aufrechtzuerhalten. Immer wieder meldeten sich Mitglieder zu Wort, die den Kurs der Organisation bestritten, wiederholt regte sich Widerspruch gegen vermeintliche Einseitigkeiten. Das konnte angesichts der Zusammensetzung der *League* kaum ausbleiben. Da sie mit zahlreichen Exilgruppen zusammenarbeitete, um demokratische Repräsentanten möglichst aller politischen Erdteile zu rekrutieren, holte sie sich einige der Konfliktlinien des Kalten Kriegs gewissermaßen ins eigene Haus. Max Beer etwa plädierte wiederholt dafür, die Unterstützung für den antikolonialen Kampf zu verringern, zumal sich dieser ja überwiegend gegen demokratische Regierungen richte, und mehr Energien darauf zu verwenden, den kommunistischen Diktaturen entgegenzutreten.[76] Einige Mitglieder bezichtigten Julio Álvarez del Vayo, sich ausschließlich über rechtsgerichtete Regime zu ereifern[77]; Fritz Kaufmann hatte wiederum die »politischen Flüchtlinge von jenseits des Eisernen Vorhangs« im Verdacht, nur gegen kommunistische Staaten zu agieren. Er knüpfte daran eine längere Reflexion, die auf die Fallstricke verwies, welche ein vermeintlich unideologischer Universalismus in Zeiten hoch ideologisierter Konfrontationen bereit hielt. Kaufmann überlegte beunruhigt, daß sich die »Objektivität« der *League* nur dann wahren lasse, wenn man eine Art lagerbezogenen Proporz der Aktionen herstelle, und rechnete dafür die Grade an Unfreiheit in den ideologischen Blöcken gegeneinander auf. Er nannte dabei immerhin 53 nicht-kommunistische Länder, in denen er einen »absoluten« oder »überwiegenden« Mangel an Freiheitsgarantien erkannte.[78]

Zum anderen konnte die *League* ihren universellen Anspruch in der Praxis tatsächlich nicht vollständig verwirklichen. Das lag zum Teil an technischen

---

75 NYPL, ILHR, Box 11, Rundschreiben 28.4.1950 und 26.4.1950; Box 9, Baldwin an Maynard, 10.12.1953.
76 NYPL, ILHR, Box 5, Beer an Baldwin, 2.11.1955; Beer an Grant 21.1.1956; Board of Directors Meeting, 1.6.1961, hier der Bericht über die Vereinten Nationen von Beer.
77 NYPL, ILHR, Box 6, Albert K. Herling an Baldwin, 18.2.1952; Berle an Baldwin, 20.11.1952; Thomas an Baldwin, 20.2.1952; Thomas an Baldwin, 11.6.1952; Baldwin an Thomas, 13.6.1952.
78 NYPL, ILHR, Box 6, Kaufmann an Board members, 20.11.1958; Baldwin an Kaufmann, 26.11.1958.

Schwierigkeiten. So beschäftigte sie sich deutlich weniger mit Menschenrechtsverletzungen in den kommunistischen Diktaturen als in den anderen politischen Lagern. Der Grund dafür lag nicht in politischer Voreingenommenheit oder selektiver Aufmerksamkeit, sondern darin, daß die *League* außerstande war, zuverlässige Informationen über die Repressionen zu erlangen, die sich hinter dem »Eisernen Vorhang« ereigneten.[79]

Jenseits der schwierigen Informationsbeschaffung jedoch war die Arbeit der *League* auch von einer markanten ideologischen Wahlverwandtschaft geprägt. Es ist unübersehbar, wie stark ihre politische Rhetorik bis weit in die fünfziger Jahre hinein zwischen einem Menschenrechts- und einem Demokratiediskurs changierte. Zwar behaupteten die Aktivisten zuweilen, »wir setzen Menschenrechte nicht mit parlamentarischer Demokratie oder einer anderen westlichen Form gleich«.[80] Bei anderen Gelegenheiten interpretierten sie Menschenrechte jedoch als »vorwiegend diejenigen politischen und bürgerlichen Freiheiten der Einzelnen, die für die Demokratie grundlegend sind«.[81] Darin spiegelte sich die politische Überzeugung führender Mitglieder, daß die demokratische Staats- und Regierungsform diejenige sei, unter der fundamentale Rechte theoretisch am besten geschützt und wohl auch *de facto* am weitestgehenden verwirklicht seien. Mit dieser Überzeugung stand die *League* im übrigen nicht allein. Die ICJ setzte Menschenrechte und Demokratie noch offener und ungebrochener in eins. Sie agierte, mit der gelungenen Formel Howard Tolleys, sowohl parteiisch als auch prinzipiell demokratisch[82] – das hatte nicht einmal etwas Paradoxes in den Nachkriegsjahren, in denen die Demokratie mit der Sache des einen Lagers in einem manichäischen Weltanschauungskampf identifiziert war. Normativ betrachtet, gibt und gab es zudem viele Gründe, die für diese Assoziation sprechen; die westliche politische Philosophie seit dem 17. Jahrhundert legt davon ein entstehungsgeschichtliches Zeugnis ab. Und dennoch verweist die Demokratieaffinität der beiden Organisationen darauf, daß der menschenrechtliche Neutralitätsdiskurs in sich widersprüchlich war. Mindestens potentiell wohnte ihm ein Problem der argumentativen Konsistenz und der politischen Glaubwürdigkeit inne. Was die *League* betraf, so unterschied sich ihr politisches Glaubensbekenntnis immer noch erheblich von dem der ICJ, weil sie demokratische Staaten prinzipiell nicht von ihrer Kritik ausnahm und den Demokratiebegriff gegen linke wie rechte Diktaturen richtete. Mindestens punktuell glich

---

79 Vgl. NYPL, ILHR, Box 10, Board of Directors Meeting, 19.12.1957; Box 11, Minutes of Meeting, Board Members Concerned with Civil Rights in Iron-Curtain Countries, 16.12.1957, hier das Zitat.
80 NYPL, ILHR, Box 25, Baldwin an A. Shahi, 18.2.1959.
81 NYPL, ILHR, Box 11, Rundschreiben, 25.4.1951.
82 Vgl. Tolley, International Commission, S. 98.

ihre Rhetorik jedoch durchaus den Bekenntnisformeln, die die »Freie Welt« in ihrer Auseinandersetzung mit dem kommunistischen Totalitarismus routinehaft vorbrachte.[83] Und auch in ihrer praktischen Arbeit schien eine gewisse Nähe der *League* zu westlichen Staaten auf. Sie engagierte sich nämlich ganz überwiegend gegen unfreiheitliche Herrschaftspraktiken in den Kolonien, die in den fünfziger Jahren freilich einen großen Teil der Menschenrechtsverstöße demokratischer Staaten ausmachten. Mit Rechtsverletzungen, die demokratische Regierungen auf ihren eigenen Staatsgebieten begingen, befaßte sich die *League* hingegen sehr selten.

Obwohl die *League* ihr Projekt, internationale Menschenrechtsnormen umfassend zu stärken und staatliche Rechtsverletzungen weltweit zu ahnden, mit Entschlossenheit verfolgte, blieb sie in den Jahrzehnten nach Kriegsende eine wenig schlagkräftige und, gemessen an den selbstgesteckten Zielen, nicht sehr erfolgreiche Organisation. Dafür gab es drei wesentliche Gründe. Sie beleuchten einige organisatorische Eigenheiten und spezifische Defizite der *League*, in ihrem Ensemble weisen sie jedoch darüber hinaus. Vor allem nämlich offenbaren sie die strukturellen Grenzen, an die ein potentiell universelles menschenrechtliches Engagement in den fünfziger Jahren unweigerlich stieß.

So gelang es der *League* nicht, dies war ein erster wesentlicher Faktor, die zentralen institutionellen Schwächen zu überwinden, die ihren Aktivismus hemmen mußten. Sie entwickelte sich nie zu einer mitgliederstarken Organisation. Zwar hatte der Zirkel der Initiatoren zu Beginn entschieden, keine Massenorganisation zu schaffen, die allen Interessenten offenstand.[84] Auch als exklusive Lobbyvereinigung benötigte die *League* allerdings einen tragfähigen Stamm an Mitwirkenden. Anfang der fünfziger Jahre startete sie sogar ein weit ausgreifendes »Expansionsprogramm«, in dessen Zuge sie offenbar rund 10.000 Personen anschrieb.[85] Die Ausbeute blieb jedoch gering. Während der fünfziger Jahre dürfte sich die Mitgliederzahl der Organisation um 500 bewegt haben, im folgenden Jahrzehnt lag sie bei etwa 1000 – die allermeisten offenbar Personen, die der *League* über Jahre hinweg treu blieben, so daß es insgesamt eine sehr geringe Fluktuation gab.[86] Wenige Mitglieder brachten wenige Mitgliedsbeiträge in die Kassen, daher litt die *League* kontinuierlich unter finanziellen Problemen. Mitte der fünfziger Jahre lag das Budget der Organisation zwar bei immerhin knapp 5000 US-Dollar und stieg innerhalb der nächsten zehn Jahre auf etwa das

---

83 Vgl. International League for the Rights of Man, Human Rights 1953–4.
84 RU, FGP, Box 23, Minutes of Meeting, 29.11.1941.
85 Vgl. NYPL, ILHR, Box 11, Notes relevant to the need of a membership campaign, 19.4.1950; Rundschreiben 28.4.1950 und 26.5.1950.
86 Vgl. NYPL, ILHR, Box 10, Membership Summary, 8.3.1951. Zu den sechziger Jahren vgl. RU, FGP, Box 24, Proposals for new membership in the ILRM in 1971, o. Dat.

Doppelte.[87] Dennoch verfügte die *League* Ende der fünfziger Jahre über »nur eine Sekretärin in einem kleinen New Yorker Büro«.[88]

Hinzu kam, daß die organisatorischen Vernetzungen, die die führenden Mitglieder mit Geschick und Beharrlichkeit herstellten, das politisches Gewicht der *League* nur in sehr begrenztem Maße steigerten. Zu Beginn der fünfziger Jahre graste der Vorstand praktisch das gesamte Feld nationaler und internationaler NGOs ab, um Kontakte zu knüpfen. Doch waren die Resultate lediglich »mäßig ermutigend«.[89] Das Herzstück der internationalen Kooperation war die Zusammenarbeit mit angeschlossenen Organisationen im Ausland. Die Zahl dieser »Affiliierten« bewegte sich in den beiden Nachkriegsjahrzehnten zwischen zwanzig und dreißig. Oberflächlich betrachtet, erreichte die *League* damit einen beeindruckenden Grad der internationalen Verzweigung. Viele Organisationen kamen zwar aus Westeuropa, doch stellte die *League* auch Verbindungen nach Argentinien, Ceylon, Haiti, Korea oder Togoland her.[90] Alle angeschlossenen Organisationen waren nationale Rechtsschutzvereinigungen. Folglich setzten sich die Schwesterorganisationen praktisch ausschließlich für innerstaatliche Belange ein; die organisatorisch vergleichsweise starke *Japanese Civil Liberties Union* etwa machte es sich zur Aufgabe, durch die Überwachung der Regierung, der Gerichte und der Behörden den Demokratisierungsprozeß in Japan voranzutreiben.[91] Die wenigsten intervenierten hingegen in Fällen von Menschenrechtsverletzungen im Ausland.[92] Die strategische Funktion der Partnerorganisationen lag vor allem darin, daß sie der *League* Informationen über Vorgänge in ihren Ländern beschaffen und sich dafür einsetzen konnten, daß ihre eigenen Regierungen internationale Normen anerkannten.[93] Ganz überwiegend waren sie jedoch klein und institutionell schwach ausgebildet.[94] Die größten, in Europa und Japan, umfaßten wenige Tausend Mitglieder, die *Human Rights League* in

---

87 Vgl. dazu NYPL, ILHR, Box 10, die Unterlagen zu den Finanzen sowie Board of Directors Meeting, 8.6.1955; und die »Summaries of Activities«.
88 Baldwin, Some Techniques.
89 NYPL, ILHR, Box 10, Baldwin, Memorandum for Thomas Gaines, 25.3.1951; ebd., Schreiben an verschiedene Organisationen, April-Juni 1951; Box 6, Gaines an Baldwin, 30.6.1951, hier das Zitat.
90 Vgl. folgende Listen: NYPL, ILHR, Box 10, Affiliated and Cooperating Organizations, Juli 1950; ebd., Affiliates, o. Dat. [1947?]; Box 4, Affiliated organizations, November 1953.
91 Vgl. NYPL, ILHR, Box 3, Memorandum, o. Dat. [empfangen 7.6.1950]; ebd., Shinkichi Unno an Baldwin, 25.10.1957; Box 22, Hilary Conroy an Baldwin, 27.1.1959. Vgl. auch ebd., Box 16, Baldwin an Tony Smythe, 27.10.1967.
92 Vgl. NYPL, ILHR, Box 22, Shinkichi Unno an Baldwin, 1.3.1959; ebd., Unno an Baldwin, 25.2.1963.
93 Vgl. etwa NYPL, ILHR, Box 11, Memorandum on the Covenant of Human Rights, Dezember 1949; ebd., Baldwin an affiliates, 3.12.1949; ebd., [Brief] To all affiliates, 27.5.1954.
94 Vgl. NYPL, ILHR, Box 29, Baldwin an Benenson, 5.2.1964; RU, FGP, Box 23, Board of Directors Meeting, 14.11.1974.

Sansibar zählte immerhin einhundert, der *Human Rights Council of Hong Kong* war ein Fähnlein von zwanzig Aufrechten.⁹⁵

Die Kooperation mit den Schwesterorganisationen verweist auf einen weiteren institutionellen Schwachpunkt der *League*, nämlich auf die vergleichsweise wenig effektiven Techniken der Informationssammlung. Zwar war das Netz an Informanten auf dem Papier wiederum sehr beeindruckend – neben den nationalen Rechtsschutzorganisationen unterhielt die *League* Kontakte mit bis zu 125 »Korrespondenten«, deren Aufgabe es war, die New Yorker Zentrale auf mögliche Menschenrechtsverletzungen in ihren Ländern aufmerksam zu machen.⁹⁶ Doch blieb die Beobachtungstätigkeit der *League* bei alledem unsystematisch und weitgehend reaktiv. Sie war abhängig davon, ob die Korrespondenten sich meldeten oder nicht, und im Endeffekt scheint sie einen Großteil ihres Wissens aus der Zeitung bezogen zu haben.⁹⁷ Wege, Informationen aktiv zu ermitteln – durch Untersuchungen, die Beobachtung von Gerichtsprozessen oder Missionen ins Ausland –, beschritt die New Yorker Organisation lediglich in geringem Maße.⁹⁸ Somit fehlten ihr entscheidende institutionelle Voraussetzungen für eine voll professionelle und hocheffiziente Menschenrechtsarbeit. Vielleicht am eklatantesten drückte sich dieses Defizit in den wiederholten Klagen über das geringe Engagement der meisten Vorstandsmitglieder aus. »Leider kümmern sich höchstens vier oder fünf von uns wirklich um die League«, bilanzierte Frances Grant 1948.⁹⁹ Glaubt man den Einschätzungen der aktiven Mitglieder, so änderte sich diese Situation auch in späteren Jahren nicht wesentlich.¹⁰⁰

Doch lag nicht alles an der *League* selbst und ihren institutionellen Halbheiten; ausschlaggebender waren die Rahmenbedingungen, unter denen sie operierte. Dazu gehörten vor allem die strukturellen Begrenzungen, die die Vereinten Nationen den Anliegen internationaler NGOs auferlegten. Sie stellten einen zweiten Grund für die relativ geringe Wirksamkeit der *League* dar, der umso stärker ins Gewicht fallen mußte, als diese ihre Tätigkeit auf die Weltorganisation konzentrierte. Dabei waren die ursprünglichen Erwartungen groß gewesen. Um 1947 glaubten die New Yorker Aktivisten noch, »die Schaffung einer tragfähigen weltweiten Rechteerklärung könnte das wichtigste Ereignis dieser

---

95 Vgl. NYPL, ILHR, Box 10, Summary Information on Affiliates, 1951; Box 29, Human Rights League of Zanzibar, 12.2.1958; Box 18, Human Rights Council of Hongkong, 25.3.1959. Weitere Angaben finden sich verstreut.
96 Vgl. Baldwin, [Rundschreiben]; Baldwin, Some Techniques; NYPL, ILHR, Box 10, Memorandum on Work by Baldwin for Gaines and Merians, 7.6.1951; ebd., List of Consultants to ILRM Abroad, 15.6.1952; ebd., List of Consultants for ILR in the US; Box 11, League Contacts in Europe, 14.5.1952.
97 Vgl. RU, FGP, Box 24, Baldwin, Memo on League Program, Oktober 1969.
98 Vgl. Baldwin, Some Techniques.
99 RU, FGP, Box 23, Grant an Beer, 20.1.1948.
100 NYPL, ILHR, Box 10, William Fitelson an Baldwin, 25.2.1952; Baldwin an Fitelson, 26.2.1952; Box 6, Grant an Baldwin, 11.7. o. J. [1955].

Generation sein.«[101] Doch sezierten sie die Funktionsprobleme des UN-Menschenrechtsprogramms bald schon scharf und illusionslos. Sie konstatierten, daß die Kodifizierung internationalen Rechts scheitere, weil die Mitgliedstaaten nicht ein Jota von ihrer Souveränität abweichen wollten, und daß sie Menschenrechtsfragen nur aufgriffen, um sie für nationale Interessen zu instrumentalisieren. Als hauptverantwortlich dafür betrachteten die Mitarbeiter das zynische Gebaren der Supermächte, denen im Kalten Krieg jede Waffe recht sei, um sich gegenseitig zu diskreditieren. Positive Impulse erkannten sie einzig auf Seiten einiger »kleiner Länder« aus dem arabischen Raum, Asien und Lateinamerika. Das verstellte ihnen indes nicht den Blick darauf, daß diese Staaten »die Rechte nur sehr unzureichend umsetzen, für die sie im Prinzip eintreten«.[102] Gegen Ende der fünfziger Jahre gelangte die *League* zu einer denkbar pessimistischen Bilanz. Der Koordinator ihrer UN-Arbeit, Max Beer, sprach rundheraus vom »Scheitern des Menschenrechtsprogramms nach zehn Jahren«.[103] Roger Baldwins Bewertung fiel differenzierter, aber nicht grundsätzlich besser aus. Die völkerrechtlichen Errungenschaften blieben »weit hinter den anfänglichen Hoffnungen auf einen internationalen Menschenrechtsschutz zurück«. Das Beste, was die Vereinten Nationen tun könnten, sei »zu untersuchen, aufzudecken, zu berichten und zu verurteilen, wobei sie die Resultate den spekulativen Kräften der Weltöffentlichkeit überlassen«.[104]

Angesichts der hartnäckigen staatlichen Aversionen gegen wirksame Menschenrechtsnormen und der feindseligen Blockadepolitik der ideologischen Lager befand sich die *League* auf einem verlorenen Posten. Sie konnte mit kaum einer ihrer Initiativen durchdringen. Nicht immer dürfte die Resonanz auf ihre Vorschläge so deprimierend gering gewesen sein wie Anfang der fünfziger Jahre, als sie auf ein Rundschreiben mit ihren Vorschlägen zu den Menschenrechtspakten, das sie an alle sechzig Mitgliedstaaten geschickt hatte, eine einzige zustimmende Antwort erhielt. Doch illustriert die Episode den Abgrund an Aussichtslosigkeit, der sich zuweilen auftun konnte.[105] Die Eingaben, mit denen sie auf weltweite Menschenrechtsverletzungen hinwies, quittierte das Sekretariat ein ums andere Mal mit der vorgestanzten Antwort, kein Organ sei autorisiert, tätig zu werden. »Für das Protokoll haben wir unsere Beschwerde gemacht, die unglücklicherweise nur in die Akten der Kommission wandert«, hielt Baldwin in einem Fall fest, der für viele stand.[106] Dementsprechend zurückgenommen fiel gegen Ende der fünfziger Jahre auch das Urteil aus, das die *League*

---

101 Affiliates, o. Dat. [1947?].
102 Baldwin, Prospects.
103 NYPL, ILHR, Box 10, Board of Directors Meeting, 8.6.1955.
104 Baldwin, Some Techniques.
105 Vgl. RU, FGP, Box 23, Minutes of Board Meeting, 20.11.1951.
106 NYPL, ILHR, Box 7, Brockway an Baldwin, 11.5.1954. Dabei ging es um Exekutionen in Algerien, Marokko und Tunesien.

über ihre eigene Rolle in den Vereinten Nationen fällte. Zwar glaubte sie dort über eine gute Reputation zu verfügen.[107] Doch verortete sie die praktischen Effekte ihrer Arbeit am ehesten darin, Öffentlichkeit für staatliche Verbrechen herzustellen und das internationale Bewußtsein für Menschenrechte zu fördern; für erheblich hielt sie sie in der Regel nicht. »Eine große Resonanz in der US-Presse kann ich nicht feststellen«, gestand Roger Baldwin ein, »aber es gibt Journalisten in den Vereinten Nationen, die diese Dinge an die ausländische Presse senden [...]. Das hilft dabei, eine gewisse Öffentlichkeit in der Welt herzustellen, keine starke, würde ich sagen, aber eine gewisse«.[108]

Die direkten Interventionen der *League* scheinen alles in allem stärker verfangen zu haben. Manche Regierungen erwiderten die Anschreiben mit langen und detaillierten Rechtfertigungen, »was auf eine Sorge um das öffentliche Image hindeutet«, so eine spätere Deutung der Aktivisten, »die Verbesserungen im gegebenen Fall bedeuten kann oder ein verändertes Verhalten in zukünftigen«.[109] Solche Antworten kamen indes vor allem aus westlich-demokratischen Staaten, daneben mitunter von postkolonialen Regierungen, die sich der *League* verpflichtet fühlten, weil diese vormals den Unabhängigkeitskampf unterstützt hatte. In einigen Fällen gelang es der Organisation, praktische Verbesserungen herbeizuführen, etwa wenn Häftlinge entlassen oder harte Strafen in mildere umgewandelt wurden.[110] In der wohl überwiegenden Mehrzahl der Fälle blieben die Bemühungen jedoch ergebnislos. Zumeist reagierten die Regierungen gar nicht.[111]

Das Gesamtbild, das Roger Baldwin in einem Rückblick Mitte der sechziger Jahre zeichnete, brachte die Erfolgsbilanz der *League* gut auf den Punkt. Darüber hinaus war es charakteristisch für die realistische Selbsteinschätzung, auf der die Arbeit der Organisation in all diesen Jahren beruht hatte: »Wenn wir auf die vierundzwanzig Jahre der League zurückblicken, zeigt die Bilanz eine einflußreiche Rolle in den Vereinten Nationen, eine größere, als die aller anderen NGOs, die aber auch so noch gering ist; viele Interventionen bei Regierungen, manche erfolgreich, viele nicht; Impulse für Menschenrechte im Ausland durch persönliche Besuche [...] bei Seminaren, Konferenzen, internationalen Vereinigungen usw.; und vielleicht ebenso wichtig, haben wir Kontakte aufrechterhalten, um die vielen verfolgten Minderheiten auf der ganzen Welt zu ermutigen, die auf internationales Verständnis und Hilfe setzen.«[112] Es spricht viel dafür, daß in der Ermutigung, die Baldwin zuletzt ansprach, eine der wesentlichen

---

107 Vgl. RU, FGP, Box 23, Minutes of Meeting, 15.2.1949; Grant an Baldwin, 11.7. o. J. [1955].
108 NYPL, ILHR, Box 5, Address by Baldwin to 65th Plenary Meeting of Assembly of Captive European Nations, 10.12.1958. Vgl. auch ebd., Box 16, Baldwin an Fox-Pitt, 26.9.1960.
109 RU, FGP, Box 24, Interventions and the International League, o. Dat. [vermutlich 1968].
110 Vgl. etwa International League for the Rights of Man, Human Rights, 1953–54.
111 Vgl. dazu die »Summaries of Activities«.
112 NYPL, ILHR, Box 43, Baldwin, Additional Memorandum on League Program, 1966.

Wirkungen lag, die vom Engagement der *League* ausging. Das bezeugten dankbare Zuschriften wie jene von Julius Nyerere, dem Unabhängigkeitsführer und späteren ersten Präsidenten Tanganyikas, aus dem Jahr 1957, daß »allein die moralische Unterstützung für diejenigen von uns hilfreich ist, die einen Kampf führen, der, wie wir glauben, auch jenseits der Grenzen unseres Tanganyika eine Bedeutung hat.«[113] Was der *League* hingegen nie gelang, war, einen systematischen, vielschichtigen, die internationale Öffentlichkeit aufrüttelnden Druck zu erzeugen, den Regierungen nicht hätten ignorieren können.

Das hatte schließlich noch einen dritten Grund. Denn über die institutionellen Probleme und die Ineffektivität der UN-Maschinerie hinaus entwickelte sich der internationale Menschenrechtsschutz, wie ihn die *League* betrieb, nicht zu einem mobilisierenden Projekt, das Aktivisten angezogen oder die politische Diskussion geprägt hätte. Das wird deutlich, wenn man die *League* vor der innenpolitischen Landschaft der USA betrachtet. Tatsächlich hatte sie ja ein doppeltes Bezugsfeld. War ihre Führung einerseits international zusammengesetzt, und agierte sie vor allem auf dem Parkett der Vereinten Nationen, so waren die USA ihr wichtigstes Reservoir, um zahlende Mitglieder zu rekrutieren. Mit ihrer Öffentlichkeitsarbeit richtete sie sich an die heimischen Medien, und Roger Baldwin und Frances Grant, die beide genau mit der amerikanischen Szenerie vertraut waren, stellten neben Max Beer die wohl wichtigsten Triebkräfte ihres Aktivismus dar.

In der amerikanischen Politik blieb die Organisation jedoch marginal. Auch das lag weniger an organisatorischen Unzulänglichkeiten, sondern war das Ergebnis der politischen Konstellation in den USA während des frühen Kalten Kriegs. Die sogenannte Truman-Doktrin, die der Präsident in einer Rede von 1947 formuliert hatte, inaugurierte eine Politik des Antikommunismus, die eben nicht nur die außenpolitische Strategie des Landes entscheidend formen, sondern auch einen tiefen Schatten über die Innenpolitik werfen sollte.[114] Die Überzeugung, daß alle politischen Kräfte dafür gebündelt werden müßten, den kommunistischen Totalitarismus zu bekämpfen, bildete den gemeinsamen Nenner des größten Teils der politischen Elite.[115] Sie erhärtete sich in dem Maße, in dem die internationalen Ereignisse die Bedrohungswahrnehmungen zu bestätigen schienen, zunächst der Bürgerkrieg in Griechenland, später die Berlin-Blockade und der Putsch in der Tschechoslowakei, schließlich die kommunistische Machtergreifung in China und der Koreakrieg. In der Innenpolitik verbreitete sich ein Stimmungsgemisch aus Angst und Mißtrauen. Seinen stärksten Ausschlag erreichte es in der McCarthy-Ära, deren antikommunistische

---

113 NYPL, ILHR, Box 4, Nyerere an Robert Delson, 11.11.1957.
114 Vgl. zum Hintergrund Gaddis, Strategies; McCormick, Half-Century; Leffler, Preponderance.
115 Zum Folgenden vgl. McAuliffe, Crisis; Caute, Fear; Kepley, Collapse; Gleason, Totalitarianism; Schrecker, Crimes; Lingeman, Containment; Chafe, Journey.

Exzesse einer irrationalen Hetzjagd glichen, kennzeichnete darüber hinaus aber die gesamte Dekade zwischen den späten vierziger und den späten fünfziger Jahren. In diesem Zeitraum verengten sich die Grenzen der geduldeten politischen Diskussion wohl stärker, als es jemals zuvor im 20. Jahrhundert der Fall gewesen war. Der Kalte Krieg unterminierte alle Formen des Linksliberalismus und setzte sozialreformerischen Ansätzen ein Ende. Zum einen untergrub er die Schlagkraft der alten Linken: Wichtige Gewerkschaften rieben sich in Grabenkämpfen über ihre Haltung zum Kommunismus auf, die linksgerichtete *Progressive Party* unter Henry A. Wallace erlebte bei den Präsidentschaftswahlen von 1948 ihr Waterloo, und selbst eine Organisation wie die *American Civil Liberties Union* ließ sich dazu hinreißen, ihre unparteiische Linie zu verlassen, wenn es darum ging, die Bürgerrechte vermeintlicher Kommunisten zu verteidigen. Zum anderen wandelte sich die Bedeutung des »Liberalismus« selbst dramatisch. Zahlreiche Liberale schlossen sich dem antikommunistischen Konsens an, kappten ihre Verbindungen zu den Vertretern einer »progressiven« Gesellschaftspolitik und bezogen wesentlich konservativere und etatistischere Positionen.

Selbst wenn sich das innenpolitische Klima nach dem Ende des Koreakriegs und dem Sturz McCarthys 1954 merklich entspannte, stellten die fünfziger Jahre keine günstige Zeit für eine breitenwirksame öffentliche Mobilisierung dar, ganz gleich, um welchen politischen Zweck es ging. Zwar begannen sich, vor allem gegen Ende des Jahrzehnts, einige soziale Bewegungen zu formieren, denen es gelang, eine Spur in der innenpolitischen Diskussion zu hinterlassen. Das traf vor allem auf die afroamerikanische Bürgerrechtsbewegung zu, die in diesen Jahren mit immer größer angelegten Protestaktionen hervortrat.[116] Ähnlich sichtbar war die Antinuklearbewegung, die mit wohl inszenierten Demonstrationen auf sich aufmerksam machte, wenngleich die Zahl ihrer Anhänger gering blieb. Auch Frauengruppen, Mexikaner und Solidaritätsgruppen, die sich für Lateinamerika interessierten, artikulierten in diesen Jahren ihre Anliegen. Es ist richtig, daß diese Gruppen »den ersten öffentlichen Raum für Abweichungen von der nationalen Sicherheitsorthodoxie schufen«.[117] Dennoch blieben sie, mit Ausnahme der Bürgerrechtsbewegung, gering an Zahl, klein und zaghaft in ihrer Ausstrahlung. Vor dem breitflächigen afroamerikanischen Protest der sechziger Jahre und der Eskalation des Vietnamkriegs entstanden in den USA keine Massenbewegungen, und der sogenannte »außenpolitische Konsens« blieb ganz weitgehend intakt.

---

116 Vgl. zu den verschiedenen Bewegungen: Morris, Origins; Wittner, Struggle; Rupp/Taylor, Survival; D'Emilio, Politics; Isserman, Hammer; Gosse, Boys; Gitlin, Sixties; Anderson, Movement; Diggins, Rise.
117 Gosse, New Left, S. 55.

Unter diesen strukturellen politischen Bedingungen waren die Aussichten für die Art des Internationalismus, dem sich die *International League* verschrieben hatte, denkbar schlecht. Daß sie sich gegen Verbrechen von Staaten engagierte, ganz unabhängig davon, welche ideologische Ausrichtung sie hatten, daß sie auf diese Weise die bipolaren Denkmuster des Kalten Kriegs unterlief – das mußte ihren politischen Ansatz im besten Fall als deplaziert, schlechtestenfalls als verdächtig erscheinen lassen. Den vorherrschenden politischen Mentalitäten lief es allemal zuwider. Das läßt sich sogar bis in die einzelnen politischen Stoßrichtungen ihrer Arbeit verfolgen. Für den Erfolg antikolonialer Aktivitäten standen die Vorzeichen in diesen Jahren ausgesprochen schlecht, schadeten sie doch in erster Linie den europäischen Verbündeten, die im außenpolitischen Koordinatensystem der USA unverzichtbar waren. Organisationen, die den afrikanischen und asiatischen Kampf um Unabhängigkeit unterstützten, hatten dementsprechend einen schweren Stand. Das zeigt sich insbesondere am *American Committee on Africa*, der stärksten der antikolonialen Gruppen, die jedoch in den fünfziger Jahren, wie im folgenden Kapitel etwas näher beschrieben, über eine äußerst fragile Existenz nicht hinausgelangte.[118] Auch regten sich zwar erste Ansätze eines Anti-Apartheid-Aktivismus, doch blieben sie in diesem Zeitraum schwach und vereinzelt.[119] Die stärkste Unterstützung für die antikolonialen Bewegungen kam zunächst von afroamerikanischen Bürgerrechtsorganisationen. Die Jahre des Zweiten Weltkriegs hatten dem Gedanken einer »pan-afrikanischen« Gemeinsamkeit einen besonders starken Schub verliehen.[120] Sowohl eine gemäßigte Organisation wie die *National Association for the Advancement of Colored People* (NAACP) als auch eine linke Organisation wie der *Council on African Affairs* entwickelten ein starkes Interesse für die politischen Entwicklungen in Afrika. Als die amerikanische Regierung mit allen Kräften in den Kalten Krieg eintrat, setzte dann allerdings ein folgenreicher Umschwung ein. Eine Reihe afroamerikanischer Führungspolitiker schloß sich der Truman-Doktrin an. Andere wahrten zwar Distanz, erkannten aber, daß die Kritik am außenpolitischen Kurs der USA sehr ungünstige Folgen für ihre eigenen innenpolitischen Ziele haben könnte. Viele Organisationen änderten daher ihre Strategie: Sie konzentrierten sich auf die rassistische Diskriminierung innerhalb der Vereinigten Staaten und argumentierten, diese müsse beseitigt werden, um die Glaubwürdigkeit der USA als Anführerin der Freien Welt nicht zu beschädigen. Die *International League* stand mit einigen dieser Gruppen in Verbindung – sowohl die NAACP als auch das *American Committee on Africa* gehörten sogar zu den angeschlossenen Organisationen – und arbeitete

---

118 Vgl. Houser, Africa's Challenge. Vgl. auch Nesbitt, Race; Hostetter, Movement, S. 13–42.
119 Vgl. Love, Anti-Apartheid Movement; Metz, Anti-Apartheid Movement; Culverson, Politics; Hostetter, Movement.
120 Vgl. dazu und zum Folgenden: Von Eschen, Race, S. 7–121.

auch in den Vereinten Nationen mit ihnen zusammen.[121] Dem Antikolonialismus innerhalb der USA verschaffte das indes keine größere Resonanz.[122]

Für die *League* kam erschwerend hinzu, daß ihr Kampf gegen Autoritarismus und politische Unfreiheit, soweit er sich gegen rechte und Militärregime richtete, in geradezu krassem Widerspruch zu den Überzeugungen stand, auf denen die amerikanische Außenpolitik beruhte. Rechte Diktaturen in Lateinamerika, Europa und Asien waren ein zentraler Baustein der globalen Politikkonzeption, der zufolge sie als Bollwerke gegen die kommunistische Subversion fungieren sollten. Das war, bis zum Amtsantritt Jimmy Carters, ein kaum variierter Glaubenssatz aller Regierungen.[123] Die *League* meldete wiederholt lautstark ihre Bedenken gegen eine solche Politik an, die die Sache der Demokratie in ihren Augen schwächte und die USA in weiten Teilen der Welt Unterstützung kostete.[124] Gleichwohl war den Aktivisten bewußt, daß sie mit diesen Ansichten isoliert waren. Selbst manche der eigenen Mitglieder wollten, unter dem, was sie für den Zwang der Umstände hielten, den Kampf gegen den Kommunismus voranstellen.[125]

Mit ihren Protesten gegen kommunistische Regimes schließlich bewegte sich die *League* zwar innerhalb des Nachkriegskonsenses. Doch standen diese nicht nur, wie beschrieben, quantitativ hinter ihren anderen Aktivitäten zurück. Darüber hinaus mußte eine menschenrechtliche Argumentation als merkwürdig schwach erscheinen, verglich man sie mit der dämonisierenden, politisch aufpeitschenden Sprache des *containment*. Dem Antikommunismus, der die öffentliche Diskussion in den USA prägte, ging es nicht darum, das Schicksal der osteuropäischen oder asiatischen Bevölkerungen zu erleichtern, indem man ihre Rechte schützte. Er war ganz überwiegend darauf gerichtet, den sowjetischen Expansionismus einzudämmen, den Vorteil im Rüstungswettlauf zu halten und die vermeintlichen Penetrationsversuche abzuwehren. Von alledem war in den menschenrechtlichen Appellen keine Rede.

Nimmt man all das zusammen, so läßt sich vielleicht sagen, daß die *League* politisch das erreichte, was in den Nachkriegsjahren möglich war. Doch war das nicht eben viel. In jedem Fall verwandelte sich der internationale Menschenrechtsaktivismus ganz offenkundig nicht in einen Politikansatz, der die

---

121 Vgl. Anderson, Conscience.
122 Vgl. auch NYPL, ILHR, Box 7, Baldwin an Brockway, 8.11.1954. Vgl. auch Box 5, A. J. Muste, A. Philip Randolph, J. Waties Waring, American Committee on Africa, Rundbrief, 18.3.1955.
123 Vgl. Schmitz, God; ders., United States.
124 Das zeigt sich etwa an den zahlreichen Briefen, die Frances Grant an die New York Times schrieb. Vgl. RU, FGP, Box 23. Vgl. auch NYPL, ILHR, Box 34, Baldwin an Donald Fraser und Victor Reuther, o. Dat. [vermutlich Mai 1967].
125 Vgl. NYPL, ILHR, Box 9, Marcel Aubry an Baldwin, 20.2.1953. Vgl. auch ebd., Box 4, Thomas an Holloway, 10.12.1956.

politische Imagination der Zeitgenossen fesselte und größere politische Leidenschaften an sich band. Auch das entging der kritischen Selbstbeobachtung der *League* nicht. Ausgerechnet mit Blick auf die amerikanischen Kommunisten hielt William Fitelson in einem Brief an Baldwin fest, »wenn wir unsere Leute nur mit einem Teil ihrer Energie und Hingabe anstecken könnten, wäre es wunderbar«. Baldwin stimmte zu und räsonierte, daß »wir keine Kollegen haben, die bereit sind, Tag und Nacht am Telefon zu verbringen, wie die Stalinisten und andere Parteifanatiker«.[126]

In der zweiten Hälfte der sechziger Jahre leitete die *International League* einen inneren Reorganisationsprozeß ein, der wie ein verspäteter Beleg für die institutionellen Schwächen und politischen Limitierungen erscheint, die ihren Einsatz in den langen fünfziger Jahren geplagt hatten. Die Urteile über die Situation in den Vereinten Nationen klangen allzu vertraut und zogen dabei doch die Schlußfolgerungen aus weiteren fast zehn Jahren Menschenrechtsengagement. Baldwin sprach von dem »Niedergang unserer Arbeit in den Vereinten Nationen infolge des Niedergangs der Menschenrechtsarbeit in den Vereinten Nationen«.[127] In mehreren längeren Memoranden ging der Vorsitzende jedoch auch schonungslos mit den Unzulänglichkeiten und Mißerfolgen der Organisation ins Gericht[128]: Der Vorstand arbeite nicht kontinuierlich und engagiert genug; fast alle angeschlossenen Organisationen spielten in ihren Ländern eine verschwindend geringe Rolle; die Öffentlichkeitsarbeit sei beklagenswert; schließlich würden die direkten Interventionen nur in demokratischen Staaten zur Kenntnis genommen.[129] Die ungeschönte Selbstprüfung löste intensive Diskussionen darüber aus, welche neuen Wege die *League* einschlagen könne, um ihre Menschenrechtsarbeit wirksamer zu machen. Eine der zentralen Fragen drehte sich darum, ob man nicht die Symbiose mit den Vereinten Nationen, die die *League* zu einem Nischendasein verdammt hatte, beenden und sich auf Tätigkeiten außerhalb dieser konzentrieren müsse.[130] Sich von der Weltorganisation zu emanzipieren, fiel aber schwer. Einige führende Mitglieder sprachen sich entschlossen dafür aus, doch zögerte gerade der Vorsitzende und blieb letztlich unentschieden.[131] Er sah die Vereinten Nationen weiterhin als wichtiges Forum

---

126 Fitelson an Baldwin, 25.2.1952; Baldwin an Fitelson, 26.2.1952.
127 RU, FGP, Box 23, Board of Directors Meeting, 13.6.1966, hier: Future Program of League; Box 24, Baldwin an Herschel Halbert, 13.11.1969.
128 Vgl. RU, FGP, Box 24, Baldwin, Memorandum on the organization of the International League, Januar 1964; NYPL, ILHR, Box 43, International League for the Rights of Man. Toward an Expanded Program, o. Dat.; ebd., Zimmermann an Committee for Programming Activities for ILRM 1967–1968, o. Dat.; Baldwin, Additional Memorandum.
129 Vgl. RU, FGP, Box 29, Baldwin, A Few Comments on League politics, o. Dat. [1967?]. Vgl. auch Interventions and the International League.
130 Vgl. International League for the Rights of Man, State of Human Rights.
131 Vgl. RU, FGP, Box 24, Baldwin, Memorandum for the Executive Committee, Januar 1966.

an und plädierte deshalb dafür, die dortigen Bemühungen wiederzubeleben und zu systematisieren.[132]

Eine Reihe weiterer Reformen, die die Arbeitsweise der *League* grundlegend umkrempeln sollten, hielten hingegen alle führenden Mitglieder für dringend erforderlich. So sollten die PR-Arbeit mit Hilfe externer Berater professionalisiert, die Publikationen interessanter gestaltet und die Anliegen der *League* breitflächig über die Medien popularisiert werden, gerade auch über Radio und Fernsehen.[133] Vor allem dämmerte in diesen Jahren das Bewußtsein, daß es darauf ankomme, Nachrichten zu *erzeugen*. »Wir bemühen uns, bekommen aber keine Publizität, weil die meisten unserer Aktivitäten nur Proteste gegen Menschenrechtsverletzungen darstellen, die in der Presse schon zur Kenntnis genommen worden sind«, hielt eine Denkschrift fest.[134] »Anders als viele andere Organisationen demonstrieren wir nicht«, stellte Baldwin heraus, und so fehle der *League* »die dramatische Aktion, die in die Nachrichten kommt«.[135] Die Aktivisten dachten auch daran, ihre Recherchearbeit auszubauen und gezielter zu betreiben.[136] Schließlich hoben die Überlegungen darauf ab, die politischen Interventionen der *League* durchschlagender zu gestalten: sie auf spezifische Fälle von Unrecht abzustellen, sie mit Hilfe prominenter Persönlichkeiten in die Öffentlichkeit zu tragen und Regierungen durch Missionen entschlossener unter Druck zu setzen.[137]

Alles in allem lief der Reorientierungsprozeß der *League* darauf hinaus, das zweite Vierteljahrhundert ihrer Existenz mit einem professionelleren, stärker aktivistischen und öffentlichkeitswirksameren Ansatz zu beginnen. Dabei zog sie nicht nur, sehr spät, die Konsequenzen aus den vertrackten Verhältnissen in den Vereinten Nationen. Sie reagierte vor allem auch auf die erheblich gewandelten Bedingungen für politisches Engagement, auf die veränderte Medienlandschaft und die neuen Formen des Protests in der Gesellschaft. Diese waren selbst für die Veteranen einer elitären Lobbypolitik wie Roger Baldwin unübersehbar in diesen Jahren, in denen immer mehr politische Bewegungen ihre Anliegen auf die Straße trugen und den öffentlichen Raum zusehends zu einer Bühne ihrer Symbol- und Identitätspolitik machten.

Die Neuerfindung der *League* hatte indes noch einen wesentlich konkreteren Referenzpunkt. Implizit und oft genug explizit richtete sich ihr Reformprozeß

---

132 Vgl. Baldwin, A Few Comments. Vgl. auch RU, FGP, Box 23, Baldwin, A Memorandum for my colleagues, Dezember 1969.
133 Vgl. Baldwin, Additional Memorandum; International League for the Rights of Man. Toward an Expanded Program.
134 NYPL, ILHR, Box 43, Zimmermann, Program for the ILRM, o. Dat.
135 Baldwin, Memorandum for Mr Keys.
136 Baldwin, Memorandum on the organization; NYPL, ILHR, Box 43, Memorandum, Conference held on July 20, 1967 at Lerici, Italy, o. Dat.
137 Vgl. A Few Comments; Interventions and the International League.

nämlich an *Amnesty International* aus, dessen frühe Entwicklung die New Yorker Aktivisten genau beobachteten – nicht zuletzt waren sie in den frühen sechziger Jahren stark in die Bemühungen Peter Benensons involviert, eine amerikanische Sektion seiner Organisation zu etablieren.[138] Bei *Amnesty International* erkannte die Führung all die Züge eines erfolgreicheren, zeitgemäßen Menschenrechtsengagements, die sie für die Zukunft der eigenen Organisation anstrebte.[139] Insofern war die Umstrukturierung, die sie eingeleitet hatte, bis zu einem gewissen Grad auch der Versuch, das Erfolgsmodell der Londoner Organisation sozusagen *in statu nascendi* zu kopieren. Sie glaubte nun, einen neuen Ansatz entwickeln zu müssen, der »Menschen interessiere«, »indem wir Mißstände und Ungerechtigkeiten dramatisieren« und »mit allen verfügbaren Mitteln gegen Unrecht intervenieren«.[140]

Bei allem Veränderungswillen wurde aus der *League*, soviel sei zum Schluß noch angedeutet, in den folgenden Jahren dennoch kein zweites *Amnesty International*. Sie blieb die *League*, zum einen weil sie wollte, zum anderen weil sie nicht anders konnte. Nach dem Rückzug Baldwins stolperte die Organisation zunächst in eine Führungs- und Finanzkrise, die sich zum Teil noch mit den Ausläufern der Reformdiskussion überlappte.[141] Diese Diskussion selbst endete mit einem entschiedenen Sowohl-als-auch: Die leitenden Mitarbeiter beschlossen, den alten UN-Ansatz beizubehalten, aber möglichst zu effektivieren, und gleichzeitig ihr direktes, öffentliches Engagement zu forcieren. Diese Doppelausrichtung behielt die *League* bis mindestens in die achtziger Jahre hinein bei.[142] Tatsächlich nahm ihre Arbeit in den siebziger Jahren einen stärker interventionistischen Charakter an, und einige der Berichte über Menschenrechtsverletzungen, die sie nun publizierte, stießen in der Öffentlichkeit auf ein merkliches Interesse.[143] Gleichwohl war sie nicht annähernd imstande, ein derartiges Ausmaß an Unterstützung zu mobilisieren, wie es der US-Sektion von *Amnesty International* gelang, die gleichzeitig eine wahre Mitgliederexplosion erlebte.[144] Die überfällige Modernisierung war der *International League* gelungen,

---

138 Vgl. die Unterlagen in NYPL, ILHR, Box 29.
139 Vgl. Baldwin, Memorandum for the Executive Committee; Board of Directors Meeting, 13.6.1966; Baldwin, Additional Memo; RU, FGP, Box 23, Baldwin, Memorandum for the Executive Committee, Februar 1968.
140 RU, FGP, Box 23, Board of Directors Meeting, 3.12.1969; Baldwin an Herschel Halbert, 13.11.1969. Vgl. vor allem auch FGP, Box 23, Herschel Halbert an Baldwin, 30.11.1969.
141 Vgl. dazu RU, FGP, Box 29, die Korrespondenz zwischen Grant und Baldwin 1971; Baldwin an Bengston, 14.3.1972; ebd., Box 29, Keys an Papanek, o. Dat.
142 Vgl. RU, FGP, Box 23, Board of Directors Meeting, 11.12.1969; ebd., Executive Committee, 15.9.1981; Current projects of the ILRM, 10.6.1982; ebd., Board of Directors Meeting, 18.2.1982; International League for the Rights of Man, Human Rights in a Disordered World.
143 Vgl. vor allem die Memoranden und Berichte in RU, FGP, Box 23 und 24.
144 Vgl. RU, FGP, Box 25, Robert M. Smith, Memorandum re. Direct Mail Test, 11.9.1979.

und so spielte sie in den siebziger und achtziger Jahren, trotz der Konkurrenz einer neuen Generation von NGOs, weiterhin eine tragende Rolle im Konzert des nicht-staatlichen Aktivismus. Zu einem politischen Faszinosum entwickelte sie sich nicht.

Sozialtechnologie und Mitleid: Über die Grenzen zwischen Humanitarismus- und Menschenrechtsdiskurs

Da der Zweite Weltkrieg ein Ausmaß an Verwüstungen, an physischer Not und materiellem Elend hinterlassen hatte, das selbst noch die seinerzeit als apokalyptisch erfahrenen Zerstörungen des Ersten Weltkriegs in den Schatten stellte, fanden auch Hilfsorganisationen in den letzten Kriegs- und in den Nachkriegsjahren ein sehr großes Einsatzfeld. Die vierziger Jahre brachten nicht nur eine Konjunktur menschenrechtspolitischer Überlegungen, sondern auch eine Hochphase des humanitären Aktivismus. Das legt die Frage, ob in beiden ähnliche Verschiebungen der internationalen Politik zum Ausdruck kamen, unmittelbar nahe.

Die humanitäre Hilfe stand ebenso wie die menschenrechtlich ausgerichtete Politik in einer längeren Entwicklungslinie, die bis in das 19. Jahrhundert zurückreichte. Die Gründung des *Internationalen Komitees des Roten Kreuzes* im Jahr 1863 gilt gemeinhin als der Beginn einer neuen Ära des humanitären Engagements, da die Aktivitäten der neuen Organisation über die sporadische Reaktion auf akute Notlagen hinausreichten.[145] Anders als für die internationale Menschenrechtspolitik wirkte der Erste Weltkrieg für humanitäre Hilfsanstrengungen als starker Katalysator. Nun bildeten sich wesentliche neue Aufgabenbereiche und institutionelle Strukturen heraus. Dazu gehörte eine Welle der Gründung humanitärer NGOs. In den USA konstituierte sich die *American Relief Association*, in Großbritannien der *Save the Children Fund*, die erste nennenswerte nicht-staatliche Hilfsorganisation im Land, sieht man von der allerdings wichtigen Tätigkeit der Quäkergruppen ab.[146] Gleichzeitig erhielten mehr Gruppen von Kriegsopfern systematische Aufmerksamkeit. Die Organisationen widmeten sich nicht mehr nur Soldaten, sondern auch Zivilisten und Kriegsgefangenen, Kindern, Flüchtlingen und Hungernden. Für die humanitären Unternehmungen während des Zweiten Weltkriegs sollte der Erste Weltkrieg daher auch einen prägenderen Bezugspunkt darstellen als für die gleichzeitigen menschenrechtspolitischen Aktivitäten. Auf den Fundus an Erfahrungen, den sie hier angesammelt hatten, griffen die Organisationen der vierziger Jahre zurück

---

[145] Zur Geschichte des *Roten Kreuzes* vgl. Forsythe, Politics; ders., Humanitarians; Hutchinson, Champions; Moorehead, Dream; Finnemore, Rules.
[146] Vgl. Saunders, NGOs.

und versuchten dabei bewußt, die Lehren aus den Mängeln und Fehlschlägen der damaligen Anstrengungen zu ziehen.[147]

Das Universum humanitärer Institutionen und das Volumen an Hilfsleistungen erweiterten sich dabei noch einmal beträchtlich.[148] Das lag maßgeblich daran, daß die Alliierten noch während des Kriegs begannen, im Rahmen der Kooperation der Vereinten Nationen tragfähige Strukturen für eine möglichst zielgenaue Hilfsunternehmung zu schaffen. Im Jahr 1943 gründeten sie die *United Nations Relief and Rehabilitation Administration* (UNRRA), der 44 Staaten beitraten, und die später die Tätigkeiten von 23 nicht-staatlichen Organisationen koordinieren sollte. Sie half vor allem dabei, Millionen Flüchtlinge und *Displaced Persons* in Europa zu repatriieren. Im Jahr 1946 wurde die UNRRA in die *Internationale Flüchtlingsorganisation* umgewandelt, die sich vor allem mit der Ansiedlung von Flüchtlingen befaßte, diese wiederum 1950 in die Behörde des *UN-Hochkommissars für Flüchtlinge*. Beide Umgründungen waren das Ergebnis tiefreichender Spannungen und heftiger Kontroversen zwischen den USA und der Sowjetunion samt ihrer jeweiligen Verbündeten.[149] Auch das UN-Kinderhilfswerk und die Weltgesundheitsorganisation betätigten sich im Anschluß an den Weltkrieg in der humanitären Rekonstruktionsarbeit. Zudem formierten sich neue NGOs, wie die amerikanische CARE, ein Konsortium von über zwanzig Vereinigungen, in den Vereinigten Staaten, oder das britische *Oxfam*.[150] In den fünfziger und sechziger Jahren, als die Wiederaufbauarbeit in Europa als weitgehend abgeschlossen gelten konnte, weiteten diese und andere NGOs ihre Arbeit aus, thematisch, aber auch geographisch, in die nunmehr zunehmend so bezeichneten »unterentwickelten« Regionen der Welt. Schließlich konnten in den ersten Jahren nach dem Krieg weitere völkerrechtliche Abkommen geschlossen werden. Dazu zählten vor allem die Genfer Abkommen von 1949, die 59 Staaten unterzeichneten, und die UN-Flüchtlingskonvention von 1951.[151] Die Länder des Ostblocks hatten deren Ausarbeitung allerdings boykottiert.[152]

Entstand somit in den Jahren um das Kriegsende ein institutionell-völkerrechtliches Geflecht, das an die Dimensionen des neuen menschenrechtspolitischen Felds mindestens heranreichte, so unterschieden sich beide Politikformen dennoch beträchtlich. Das wird unmittelbar ersichtlich, wenn man

---

147 Vgl. Steinert, Holocaust; Reinisch, Introduction.
148 Vgl. Walker/Maxwell, Shaping; Paulmann, Conjunctures.
149 Vgl. Loescher, UNHCR.
150 Vgl. Campbell, History; Black, Cause.
151 Bei den Genfer Abkommen handelte sich um die Abkommen »zur Verbesserung des Loses der Verwundeten und Kranken« im Feld und auf See, ein Abkommen »über die Behandlung der Kriegsgefangenen« und ein Abkommen »über den Schutz von Zivilpersonen in Kriegszeiten«.
152 Vgl. Loescher, UNHCR.

sich vor Augen hält, wie die Organisationen operierten. Das humanitäre Engagement zielte auf eine direkte Hilfsleistung vor Ort und kam oftmals tiefgreifenden gesellschaftspolitischen Interventionen gleich, mit denen soziale Verhältnisse nachhaltig umgestaltet wurden. Diese Eingriffe unterschieden sich qualitativ von den Appellen der Menschenrechtsorganisationen und sogar von den Tätigkeiten, die sie *on the spot* verrichteten, indem sie etwa Gerichtsprozesse beobachteten, Untersuchungsmaterial sammelten oder Rechtshilfe leisteten.[153] Vor allem die UNRRA, und zahlreiche NGOs unter ihrer Leitung, transportierten handfeste soziopolitische Modelle in die verwüsteten Länder: Sie übten ganz vielfältige Tätigkeiten aus, die Kindererziehung und Gesundheit ebenso einschlossen wie Berufsausbildung und die Wiederankurbelung von Landwirtschaft und Industrie, sie definierten und kategorisierten Bedürftige, und sie schufen für all das institutionelle Strukturen. Die Nachwirkungen ihrer Maßnahmen ließen sich bis in die Asylpolitik, den Aufbau der westlichen Wohlfahrtssysteme und die Gründung eines jüdischen Nationalstaats verfolgen. Die humanitären Akteure mobilisierten dafür ein hohes Maß an wissenschaftlicher Expertise – auch das unterschied sie von menschenrechtlichen NGOs – und schienen den Kontinent zuweilen in ein riesiges Laboratorium sozialtechnologischer Planung verwandeln zu wollen.

Darüber hinaus weist auch der semantische Befund darauf hin, daß die Grenze zwischen dem humanitären und dem menschenrechtspolitischen Diskurs in den vierziger Jahren markant anders verlief, als es sich in der gegenwärtigen internationalen Politik eingebürgert zu haben scheint.[154] Denn zum einen spielte der Begriff der Menschenrechte selbst im Humanitarismusdiskurs eine untergeordnete Rolle. Der Gedanke, die internationalen Beziehungen auf universelle Rechte zu gründen, war bemerkenswerterweise kein Bindeglied der beiden Politikfelder. Zwar kann man die Flüchtlingspolitik selbstverständlich mit den Artikeln der Allgemeinen Menschenrechtserklärung abgleichen, etwa mit dem Recht auf Staatsangehörigkeit oder dem Recht auf Emigration.[155] Aus historisch-genetischer Perspektive ist jedoch entscheidend, ob die zeitgenössischen Akteure selbst ihre Arbeit als menschenrechtlich begründet verstanden und sich explizit auf menschenrechtliche Normen und Konzepte bezogen. In den frühen UN-Debatten zu flüchtlingspolitischen Themen war dies nur ausnahmsweise der Fall.[156] Die Statuten der drei sukzessiven UN-Flüchtlingsorganisationen erwähnten den Menschenrechtsbegriff nicht, und auch die UN-Flüchtlingskonvention von 1951 gründete, wie beschrieben, nicht wesentlich

---

153 Vgl. zum Folgenden Steinert, Assistance; Cohen, Relief; Reinisch, »Nation«.
154 Insofern nicht trennscharf: Chandler, Road.
155 So Cohen, »Revolution«. Der gesamte Abgleich behält etwas Artifizielles.
156 Vgl. dazu die Debatten im UN-Wirtschafts- und Sozialrat am Ende der vierziger und Anfang der fünfziger Jahre: ORUN, ECOSOC, 1st session 1946 bis 11th session 1950.

auf der Zielvorstellung, individuelle Rechte zu schützen.[157] Das galt im übrigen auch für das UN-Kinderhilfswerk.[158] In den Genfer Konventionen des Jahres 1949 hingegen, und vor allem in der gänzlich neu geschaffenen Vierten Konvention, die dem Schutz der nicht an Kämpfen beteiligten Zivilisten galt, machte sich die Vorstellung unverletzlicher Rechte des Einzelnen geltend und somit ein Bewußtsein, das dem menschenrechtlichen mindestens eng verwandt war.[159]

Zum anderen war der humanitäre Diskurs in weitaus höherem Maße von Evokationen des Leids und des Mitleids durchzogen, als die menschenrechtliche Rhetorik. Es kann dabei nicht darum gehen, den Vertretern menschenrechtspolitischer Initiativen die Fähigkeit zur Empathie abzusprechen oder pauschal anzunehmen, ihre Vorstöße seien *nicht* aus religiösen, philanthropischen oder altruistischen Motiven gespeist worden – das wäre ebenso unrealistisch, wie es ungerecht wäre. Das Sprechen über Menschenrechte aber, wie es sich in den Debatten der internationalen Organisationen, den Memoranden der Außenministerien, den Dokumentationen der NGOs niederschlug, baute argumentativ fast gar nicht auf konkreten Leidenserfahrungen auf und stellte menschliches Elend nicht plastisch dar. All das mag im Hintergrund gestanden haben, doch der Menschenrechtsdiskurs selbst war sehr viel stärker technisch-legalistisch angelegt. Sein Schwergewicht lag darauf, Normen abzufassen und internationale Mechanismen zu optimieren. Die Akteure humanitärer Politik hingegen beschworen »Ein Zeitalter des Mitleids« und setzten mit ihren Plädoyers oft bei den »konkreten Notlagen« an: »dem Leiden an Kälte und Hunger, Schmutz, Unsicherheit, Arbeitslosigkeit und Untätigkeit, [das] in kalten Zahlen und Faktenberichten nicht wiedergegeben werden kann.«[160] Die Schriften humanitärer Organisationen aktualisierten daher auch viel häufiger die wichtigsten Imperative des Einsatzes für »Andere«, die früher schon transnationale Hilfsbemühungen gespeist hatten: den Gedanken christlicher Nächstenliebe und der Verantwortung vor Gott, die Verpflichtung einer universellen Moral – »unsere menschliche Pflicht zum Wohle der Menschheit zu erfüllen« –, schließlich das zur Tat drängende Mitgefühl mit den Notleidenden.[161]

In einer anderen Hinsicht gehörten der humanitäre und der Menschenrechtsaktivismus aber doch eng zusammen. Das galt insoweit, als sich beide im Horizont des Nachdenkens über eine neue Weltordnung vollzogen. Die größten Schnittflächen ergaben sich daraus, daß beide auf die Rekonstruktion der internationalen Beziehungen zielten und darauf, neue Grundlagen für den Frieden zu schaffen. Humanitäre Planer und Helfer teilten die Wahrnehmung einer

---

157 Vgl. dazu auch Reinisch, Introduction; dies., »Nation«.
158 Vgl. Walker/Maxwell, Shaping.
159 Vgl. Hitchcock, Human Rights.
160 A Time of Compassion; The Swedish Save the Children Fund, Refugees, S. 34.
161 Vgl. Steinert, Assistance, Zitat S. 430; Weindling, »Love«; Ökumenischer Rat der Kirchen Genf, Überblick; Wilson, Relief; Association for World Peace, War.

weltweiten, Staatsgrenzen überspielenden Interdependenz in Ökonomie und Politik, die auch Menschenrechtsinitiativen zugrunde lag. Will man in die Details gehen, so lag ein Unterschied allerdings darin, daß jene die Probleme, mit denen sie sich befaßten, *per se* als grenzübergreifend definierten – Hunger, Krankheiten, Migrationen –, während es im menschenrechtlichen Diskurs ja darum ging, staatlichem Unrecht vorzubeugen, das sich zunächst im nationalen Rahmen ereignete. Dementsprechend betonten viele Humanitaristen, Hilfsleistungen seien ein Gebot der Selbsterhaltung – insbesondere unterstrichen dies Regierungen, die rechtfertigen mußten, daß sie in Zeiten finanzieller Nöte Ressourcen darauf verwandten, den Bevölkerungen anderer Länder zu helfen.[162] Ebenso wie die Vertreter menschenrechtspolitischer Gedanken hofften humanitäre NGOs dabei auf die politische Veränderungskraft internationaler Kooperation und internationaler Institutionen.[163] Bei ihnen war dieser Gedanke sogar noch stärker ausgeprägt, weil sie die humanitäre Hilfe als eine Art Experimentierfeld betrachteten, auf dem sich die internationale Zusammenarbeit überhaupt erst einspielen könne. Dieser Glaube beruhte darauf, daß sie ihre Arbeit als unpolitisch verstanden – wie stark sie in der Praxis auch immer politisch aufgeladen war –, als die im wesentlichen technische Lösung von Problemen, die sich objektiv identifizieren ließen und alle Länder betrafen.[164] In dieser Vorstellung berührten sie sich ebenfalls mit einigen Menschenrechts-NGOs. Um zwei Ausprägungen *einer* neuen moralpolitischen Sensibilität, so ließen sich die Befunde zusammenfassen, handelte es sich bei den beiden Diskursen mithin nicht, um Niederschläge der selben politischen Praxis ohnehin nicht, vom Bemühen um völkerrechtliche Kodifizierung abgesehen. Um zwei Formen eines aus dem Krieg geborenen, rekonstruktiven Internationalismus und prospektiven Sicherheitsdenkens indes schon.

Tentative Strategien: Menschenrechte als Politik des Selbstschutzes

Obwohl der Sieg der Alliierten im Zweiten Weltkrieg eine beispiellose Gewaltorgie beendet und einige der destruktivsten Regime der Weltgeschichte zerschlagen hatte, stellte er dennoch nicht den Auftakt einer neuen Ära des Friedens und der Freiheit dar, die viele Menschen auf der Welt beschworen und erwartet hatten. Sieht man von Westeuropa und kleineren Teilen Asiens ab, dann war das globale Ausmaß an staatlicher Repression und Illiberalität in den

---

162 Vgl. etwa National Planning Association, Relief, S. 1. Ähnlich auch die Worte des UNRRA-Generaldirektors Lehman, Helping, S. 3.
163 Vgl. dazu und zum Folgenden Reinisch, Introduction; dies., »Nation«; Cohen, Relief.
164 Vgl. auch Black, Cause.

Jahren nach dem Weltkrieg keineswegs gering. In großen Teilen Lateinamerikas, in Osteuropa und in China regierten bald schon autoritäre oder diktatorische Regime. Die Kolonialmächte intensivierten ihre Herrschaft in Afrika und Asien. Ethnische, religiöse und Minderheitenkonflikte grassierten überall dort, wo neue Nationalstaaten entstanden, zunächst im Nahen Osten und auf dem indischen Subkontinent. In Südafrika wurde die Rassendiskriminierung systematisiert, in den USA bestand sie fort. Nicht einmal der Krieg war verschwunden. Der »Kalte Krieg« war eine stets explosive Zwangspazifizierung, und spätestens die Ereignisse in Korea machten deutlich, daß er heiße Kriege nicht ausschloß. Auch führten die europäischen Mächte in ihren Kolonien Kriege, die zumeist wenig beachtet wurden, aber verheerende Auswirkungen hatten.

Der menschenrechtspolitische Zusammenhang, der vor allem in den Vereinten Nationen entstand, konnte keine dieser Manifestationen von Gewalt und Unterdrückung verhindern, und es wäre historisch wenig aufschlußreich, ihn daran zu messen. Er veränderte jedoch die Ausgangslage für diejenigen, die sich gegen den Machtmißbrauch von Regierungen zur Wehr zu setzen versuchten, mindestens prinzipiell. Denn er eröffnete ihnen neue Möglichkeiten, ihren Kampf gegen staatliches Unrecht zu legitimieren. Tatsächlich griffen zahlreiche Personen und Organisationen weltweit den Menschenrechtsgedanken auf, die verfolgt, diskriminiert, entrechtet oder, das war bei weitem nicht immer dasselbe, die politisch machtlos waren. Auch für diejenigen nicht-staatlichen Gruppen also, die sich nicht über Landesgrenzen hinweg für »Andere« einsetzten, sondern denen es um Selbsthilfe ging, veränderte die Institutionalisierung von Menschenrechtspolitik die Voraussetzungen.

Die Politik des menschenrechtlichen Selbstschutzes blieb in den Nachkriegsjahrzehnten jedoch in mehrfacher Hinsicht begrenzt. Auch von hier aus betrachtet bildete sich keine Menschenrechts*bewegung*. Für die meisten Gruppen waren Menschenrechte nur eine rhetorische Strategie, die mit anderen koexistierte. Das illustriert das Beispiel der *Assembly of Captive European Nations*, einer Art Dachverband osteuropäischer Exilorganisationen, zu der sich Vertretungen aus neun Ländern 1954 zusammenfanden. Die *Assembly* forderte, Ostmitteleuropa von der kommunistischen Herrschaft zu befreien, und warb bei westlichen Regierungen und in der westlichen Öffentlichkeit um Unterstützung. Den Rahmen ihrer Appelle bildete der Gedanke, daß es den Kalten Krieg zu überwinden gelte – »Verminderung des Wettrüstens, wirkliche Entspannung und echte[n] Frieden« beschrieb sie als ihre drei Leitideen.[165] Die diktatoriale Unterdrückung in den osteuropäischen Ländern zu dokumentieren und zu publizieren, stellte ein wesentliches Mittel ihres politischen Kampfes dar. Nicht immer griff sie dafür auf den Menschenrechtsbegriff zurück, doch verwendete sie ihn fallweise gezielt. So veröffentlichte sie zu einigen Jahrestagen der

---

165 Vgl. Assemblee der Versklavten Europäischen Nationen, Assemblee.

Allgemeinen Menschenrechtserklärung sorgfältig ausgearbeitete Überblicke über die »Verweigerung der Menschenrechte in Osteuropa«.[166]

Mindestens ebenso bedeutsam war für sie allerdings die Rede von der nationalen Selbstbestimmung. Da die Sowjetunion ihr Selbstbild als Förderer nationaler Eigenständigkeit gerade in der Chruschtschow-Ära, in ihrem Werben um die neuen Nationalstaaten in Afrika und Asien, wieder besonders stark akzentuierte, bot sich diese Strategie mindestens so sehr an wie ein Bezug auf Menschenrechtsnormen. »Der Westen hat ein unmittelbares Interesse daran, daß das Recht auf Selbstbestimmung für Mittel- und Osteuropa aktiv durch das Abhalten freier Wahlen gefördert wird«, proklamierte die Exilvereinigung etwa.[167] In einer weiteren Publikation decouvrierte sie die sowjetische Herrschaft als »Neuen Kolonialismus« und bediente sich damit einer Angriffslinie, die auch im amerikanischen *State Department* diskutiert worden war.[168] Menschenrechte, Selbstbestimmung, Antikolonialismus und, wie in der letztgenannten Publikation zusätzlich, Antisklaverei – in der politischen Propaganda der *Assembly* waren die Grenzen zwischen den Diskursen internationaler Denunziation fließend. Sie verwendete diese Diskurse taktisch, solange sie die Aussicht boten, vor allem bei westlichen Politikern zu verfangen. Mit ihrem variablen, vielleicht auch eklektischen Zugriff stand die *Assembly* beileibe nicht allein. Viele andere Gruppen verbanden den Menschenrechtsgedanken mit dem Begriff des Genozids, und es würde eine eigene Untersuchung lohnen, dem rhetorischen Brückenschlag zwischen diesen beiden Konzepten nachzugehen. In den fünfziger Jahren fand er sich etwa bei einem kenianischen Komitee, das sich gegen die britische Kriegführung in der ostafrikanischen Kolonie wehrte, bei kalmückischen Aktivisten, die die sowjetische Herrschaftspraxis anklagten, bei einer katalanischen Vereinigung, die sich gegen die frankistische Unterdrückung richtete und bei einer Organisation der Naga, die gegen die Verfolgung durch die indische Regierung protestierte.[169] Der afroamerikanische *Civil Rights Council* nannte seine noch zu besprechende Petition an die UN-Menschenrechtskommission *We Charge Genocide*.

Schon die Nennung dieser Gruppen – Flüchtlinge aus kommunistisch beherrschten Ländern, Kolonialbevölkerungen, nationale Minderheiten, in Westdeutschland vor allem auch solche, die sich für deutsche Vertriebene und Flüchtlinge einsetzten – deutet an, wie unterschiedlich die politischen Zwecke der Selbsthilfe waren, die in den Nachkriegsjahren im Namen der Menschenrechte

---

166 Vgl. Assembly of Captive European Nations, Denial, 1958; dies., Denial, 1963; Assemblee der Versklavten Europäischen Nationen, Verweigerung.
167 Assemblee der Versklavten Europäischen Nationen, Assemblee.
168 Vgl. Assembly of Captive European Nations, Colonialism.
169 Vgl. Frida Laski, an Baldwin, 17.3.1954; J.M. Battista I Roca an Baldwin, 6.4.1960; NYPL, ILHR, Box 6, Djab N. Naminow, Kalmuk Committee, an Baldwin, 18.10.1956; Box 19, A.Z. Phizo, Naga National Council, an Frederick H. Boland, 8.10.1960.

verfolgt wurden.[170] Der Menschenrechtsgedanke war alles andere als politisch fixiert; vielmehr bildeten seine Offenheit und Polyvalenz geradezu die Voraussetzung dafür, daß er sich verbreiten konnte. Die völkerrechtlichen Kataloge, die die internationalen Organisationen kodifiziert hatten, waren so umfangreich, so viele Staaten hatten sich mindestens rhetorisch zu ihnen bekannt, daß sie sich in zahlreichen politischen Situationen aktualisieren ließen.

Daß sich unterdrückte Gruppen auf sie bezogen und an die neuen internationalen Organe appellierten, war zum Teil ein Produkt der Hoffnung auf die Vereinten Nationen, die in den frühen Nachkriegsjahren weltweit blühte, zum Teil ein letzter Rekurs der politischen Ohnmacht, wenn der Kampf im nationalstaatlichen Rahmen aussichtslos schien. Zumeist war es beides. Fast alle diese Merkmale prägten den Umgang afroamerikanischer Bürgerrechtsorganisationen mit der Menschenrechtsidee. Seine Wurzeln lassen sich bis in die Jahre des Zweiten Weltkriegs zurückverfolgen. Afroamerikanische Politiker und Intellektuelle nahmen die Diskussionen über eine neue internationale Organisation mit großem Interesse zur Kenntnis. Die *National Association for the Advancement of Colored People* (NAACP), die größte und arrivierteste, dabei liberal-gemäßigte, strikt legalistisch vorgehende Bürgerrechtsorganisation, entsandte sogar Vertreter zu der UN-Gründungskonferenz in San Francisco.[171]

In den folgenden Jahren versuchten die afroamerikanischen Vereinigungen allerdings nur in wenigen Fällen, die neue Weltorganisation als Forum für ihre politischen Ziele zu nutzen. Vor allem drei Petitionen erlangten eine gewisse Bekanntheit, wobei es sich um vereinzelte Initiativen handelte, die kein politisches Aktionsmuster herausbildeten.[172] Inmitten einer Welle brutaler Lynchmorde machte der kommunistisch ausgerichtete *National Negro Congress* noch 1946 eine Eingabe, in der er nicht nur die Gewalt, sondern auch die systematische wirtschaftliche und soziale Benachteiligung beschrieb, unter der die Afroamerikaner in den Südstaaten litten. Inspiriert durch diesen Vorstoß, begann die NAACP noch im selben Jahr, ihrerseits eine Petition vorzubereiten. Nachdem Eleanor Roosevelt, die zugleich Vorsitzende der UN-Menschenrechtskommission und Mitglied des Direktoriums der NAACP war, die Bürgerrechtsaktivisten davon hatte abbringen wollen, veröffentlichten sie die Eingabe in der amerikanischen Presse. Damit konnten sie immerhin ein wenig Aufmerksamkeit erregen. Der Ausgang der Episode vertiefte die Spannungen innerhalb der Führung. Der Generalsekretär Walter White schwenkte zunehmend auf den Kurs der US-Regierung ein, die rechtliche Gleichstellung der Afroamerikaner im nationalen Rahmen zu befördern. Von der Idee einer Petition, die das

---

170 Zu Westdeutschland vgl. jetzt Wildenthal, Language. Zuvor dies., Advocacy; dies., Activism; dies., Laun.
171 Vgl. Von Eschen, Race, S. 87–95; Harris, Equality; Plummer, Wind, S. 125–165; Sherwood, »Deal«; Aldridge, Powerlessness.
172 Vgl. zum Folgenden: Anderson, Eyes, S. 58–210. Vgl. auch dies., Hope.

internationale Image der Regierung schädigen könnte, wollte er nichts mehr wissen. Im Jahr 1951 schließlich beschloß der marxistisch ausgerichtete *Civil Rights Council*, sich an die Vereinten Nationen zu wenden. In einer wiederum sorgfältig dokumentierten Klageschrift bezichtigte er die amerikanische Regierung, einen Genozid an der afroamerikanischen Bevölkerung zu verüben, mit den Mitteln physischer Gewalt wie auch durch wirtschaftliche Verelendung. Diese Petition war primär auf eine öffentlichkeitsträchtige Aktion kalkuliert, doch versuchte der *Council* gleichwohl, einige lateinamerikanische, afrikanische und asiatische UN-Delegationen als Sponsoren zu gewinnen. Das scheiterte an deren Sorge, die Aussichten auf amerikanische Entwicklungshilfe zu gefährden.

Schon in den späten vierziger und den frühen fünfziger Jahren kehrten sich afroamerikanische Vereinigungen von internationalen Menschenrechtsvorstellungen ab. Die amerikanische Forschungsliteratur hat vor allem die innenpolitischen Faktoren hervorgehoben, die diese Abwendung motivierten. Unter dem Einfluß, den der McCarthyismus und die im vorletzten Kapitel beschriebene Bricker-Bewegung auf das politische Klima im Land hatten, liefen afroamerikanische Politiker, die sich auf Menschenrechte beriefen, Gefahr, als kommunistisch verdächtigt und als unpatriotisch stigmatisiert zu werden. Die Truman-Regierung versprach einerseits, die rechtliche Situation der Afroamerikaner zu verbessern, und war andererseits darauf bedacht, sich gegen internationale Kritik an der Rassendiskriminierung abzuschirmen – beides ließ es vielen Aktivisten, allen voran der NAACP, geraten erscheinen, ihren Kampf in nationalen Bahnen weiterzuführen.[173]

Was den Rekurs auf internationale Menschenrechtsnormen politisch unattraktiv machte, war aber ebenso das schlichte Faktum, daß er keinen Erfolg hatte. »Was mit den Menschenrechten falsch läuft«, schrieb W. E. B. Du Bois, der renommierte Intellektuelle und Mitbegründer der NAACP, nach seinen enttäuschenden Erfahrungen mit der UN-Petition, sei »nicht der Mangel an frommen Bekenntnissen, sondern die Frage, wie sie umgesetzt werden, und was getan werden kann, wenn Menschenrechte trotz Gesetzen und Erklärungen verweigert werden.«[174] Tentativ, experimentell blieben die Strategien, Menschenrechte zu einem Instrument der Selbsthilfe zu machen, auch deshalb, weil die Experimente meist scheiterten. Darin war das Beispiel der afroamerikanischen Organisationen stellvertretend. Das Ergebnis läßt sich am besten negativ beschreiben: Menschenrechte wurden in der Nachkriegszeit keine rettende internationale Alternative zu dem Versagen nationaler Abhilfen, sie markierten keinen revolutionären Aufbruch des Selbstschutzes, sie stellten keinen aussichtsreichen Emanzipationsdiskurs dar.

---

173 Vgl. Von Eschen, Race.
174 So Du Bois im November 1947, zitiert nach Anderson, Eyes, S. 105.

Im Fall des afroamerikanischen Protests sollte es auch später dabei bleiben. In der Zeit zwischen Anfang der fünfziger und Mitte der sechziger Jahre, die in der kulturellen Erinnerung als die »klassische« Phase der Bürgerrechtsbewegung kanonisiert ist, spielten weder Menschenrechtsrhetorik noch internationale Bezüge eine wesentliche Rolle.[175] Abgesteckt durch symbolische Wegmarken wie das Desegregationsurteil »Brown vs. Board of Education« von 1954, den Busboykott von Montgomery, die »Sit-ins« in Greensboro, die »Freedom Rides« und den Marsch auf Washington, richtete sich das afroamerikanische Engagement ganz wesentlich darauf, die politische Gleichstellung verfassungsmäßig abzusichern. Mit Lyndon B. Johnsons *Civil Rights Act* von 1964 fand diese Phase eine Art Abschluß. Der Begriff der Menschenrechte tauchte am Rande der Diskussionen zwar immer wieder auf. Doch zumeist fungierte er schlichtweg als Synonym zu »Bürgerrechten« – so etwa im Namen des 1956 begründeten *Alabama Christian Movement for Human Rights*.[176] Andere wollten mit diesem Begriff darauf hinweisen, daß Rassismus nicht nur ein Problem der Südstaaten sei, oder andere Protestgruppen mit ins Boot holen, worum sich 1967 die Initiatoren des *Olympic Project for Human Rights* bemühten.

Erst um die Mitte der sechziger Jahre entdeckte die Bürgerrechtsbewegung einen internationalen Menschenrechtsgedanken wieder und hauchte ihm eine neue, programmatische Bedeutung ein. Die Aktivisten verknüpften damit abweichende Vorstellungen. Gemeinsam war ihnen jedoch, daß sie jenen »klassischen«, allein auf staatsbürgerliche Rechtsgleichheit abzielenden Emanzipationskampf zu überwinden suchten. Der Menschenrechtsbegriff sollte, wo er ins Spiel kam, genau diese Differenz anzeigen.[177] Auch in den sechziger Jahren wurde er indes nicht zu einem tragenden ideologischen Fundament des afroamerikanischen Aktivismus, und auch jetzt gediehen die politischen Initiativen, die in seinem Namen ergriffen wurden, nicht weit.

Das zeigt ein Blick auf die politische Agitation von Malcolm X, in der der Menschenrechtsbegriff, wenn auch nur sehr vorübergehend, den vielleicht größten Stellenwert erlangte. Malcolm eignete ihn sich 1964 an, nachdem er aus der *Nation of Islam* ausgeschlossen worden war und sich, von seiner ersten Afrikareise zurückkehrend, daran machte, seine politische Mission neu zu definieren.[178] Malcolm versuchte im letzten Jahr seines Lebens, von seinem Image als

---

175 Die jüngere Forschung hat diese Phase als einen, wenn auch wichtigen, Teil eines Aktivismus perspektiviert, der schon in der Zwischenkriegszeit begann und bis in die siebziger und achtziger Jahre fortdauerte. Vgl. Eagles, Histories; Hall, Movement; Gaines, Historiography; Tuck, »Movement«.
176 Vgl. dazu und zum Folgenden: Keys, Virtue, S. 32–47.
177 Das galt auch für das *Student Non-Violent Coordinating Committee*, das sich 1967, nachdem es sich zu der *Black Power*-Bewegung hingewendet hatte, als Menschenrechtsorganisation bezeichnete. Vgl. Moyn, Utopia, S. 105 f.
178 Zum Hintergrund vgl. Marable, Malcolm, S. 321–388.

anti-weißer Haßprediger abzurücken und eine Organisation aufzubauen, die nicht religiös gebunden sein und dadurch ein breiteres Spektrum von Afroamerikanern ansprechen sollte. Als erstes und vorrangiges Projekt seiner *Organization of Afro-American Unity* brachte Malcolm den Gedanken auf, die amerikanische Regierung wegen Menschenrechtsverletzungen an der afroamerikanischen Bevölkerung vor die Vereinten Nationen zu bringen. Es ging ihm darum, eine Strategie, die auf nationale Reformen setzte, durch eine andere abzulösen, die mit internationaler Beschämung und diplomatischem Druck aus dem Ausland arbeitete; damit wollte er sich, nach wie vor, von der Bewegung um Martin Luther King absetzen. »Ihr könnt *Uncle Sam* vor ein Weltgericht bringen«, versprach er seinen afroamerikanischen Zuhörern. »Wir müssen den Kampf um Bürgerrechte auf eine höhere Ebene tragen – auf die Ebene der Menschenrechte.«[179] Malcolms Äußerungen in diesem Jahr lesen sich wie eine radikalisierte Wiederaufnahme der panafrikanischen Rhetorik der vierziger Jahre, und er flankierte sie auch mit Parallelen zum afrikanischen Kampf gegen den Kolonialismus.[180] Auf seiner zweiten Reise nach Afrika in der zweiten Jahreshälfte sprach er bei mehreren afrikanischen Staatsoberhäuptern vor, um ihnen seine Idee einer internationalen Beschwerde zu präsentieren.[181] Obwohl sie Malcolm durchweg mit großer Sympathie empfingen, schien allen doch die Provokation, die in einem solchen Unternehmen liegen mußte, als politisch und ökonomisch zu riskant. Am Ende verabschiedete die Organisation der Afrikanischen Einheit lediglich eine moderate Resolution über die Rassendiskriminierung in den USA.

Auch in den Reden Martin Luther Kings tauchte der Menschenrechtsgedanke gegen Ende der Dekade auf, allerdings mit einer anderen Bedeutung. King erkannte in diesen Jahren, daß die Ausgangsbedingungen für den politischen Kampf der Afroamerikaner im Begriff waren, sich grundlegend zu wandeln. Der *Civil Rights Act* war verabschiedet, die Bürgerrechtsbewegung drohte sich immer stärker zu zersplittern. Der eskalierende Vietnamkrieg zog wichtige Ressourcen von Johnsons innerem Reformprogramm der *Great Society* ab, und in den Schwarzenvierteln der Großstädte breiteten sich seit 1964 gewalttätige Revolten endemisch aus. In seinen letzten Lebensjahren setzte King daher seine Energien daran, der afroamerikanischen Bevölkerung bessere materielle und wirtschaftliche Lebensverhältnisse zu verschaffen.[182] Kings wichtigster Plan war eine großangelegte »Kampagne der Armen«, die bedürftige Menschen unabhängig von ihrer ethnischen Herkunft vereinigen und in einem Marsch auf die Hauptstadt kulminieren sollte.

179 Malcolm X, Ballot, S. 34f. Vgl. auch ders., Revolution.
180 Vgl. Marable, Malcolm, S. 350.
181 Vgl. Malcolm X, Appeal.
182 Vgl. dazu und zum Folgenden: Jackson, Rights. Vgl. allgemein Cook, Land; Riches, Rights.

Den Menschenrechtsbegriff verwendete King, um den Kern seiner neuen Forderungen zu benennen. Er benutzte ihn im Sinne vorstaatlicher Rechte, die nicht von der Verfassung verbürgt und mit den Zugeständnissen des *Civil Rights Act* nicht abgegolten waren, auf die aber dennoch ein moralisch-politischer Anspruch bestehe: auf adäquate Wohnverhältnisse, medizinische Versorgung, Ausbildung und ausreichende Arbeitsmöglichkeiten. »Wir haben den Bereich der verfassungsmäßigen Rechte verlassen und betreten den Bereich der Menschenrechte«, führte er 1966 aus. »Die Verfassung verbürgt das Wahlrecht, doch gewährleistet sie nicht das Recht auf angemessenen Wohnraum oder das Recht auf ein angemessenes Einkommen.«[183] Zu einem emblematischen Leitbegriff seiner neuen Strategie avancierten Menschenrechte dabei allerdings nicht. King griff sie eher gelegentlich und schlagwortartig auf, um den Unterschied zu den ›alten‹ Bürgerrechtsforderungen zu markieren.

Das galt auch für eine zweite internationale Bedeutungsdimension, die King dem Begriff in seiner politischen Rhetorik der letzten Jahre beilegte. Verschiedentlich sprach er von einer »Menschenrechtsrevolution«, um den politischen Kampf der Afroamerikaner in den Zusammenhang einer weltweiten Freiheitsbewegung dunkelhäutiger Völker zu stellen. Die Umrisse der politischen Entwicklungen, die er dabei vor Augen hatte, blieben vage. Eher dienten seine Hinweise dazu, den Anbruch einer globalen Ära der Emanzipation zu beschwören, die sich indes auf amerikanischem Boden aus afroamerikanischen Kräften vollziehen müsse. Diese »Menschenrechtsrevolution« evozierte King verschiedentlich. Ein letztes Mal sprach er von ihr am Vorabend seiner Ermordung, in seiner berühmt gewordenen, vermächtnishaften Rede, in der er seinen Todesahnungen Ausdruck verlieh, mehr noch aber seinem Glauben an die Ankunft im »gelobten Land«: »Die Menschenmassen erheben sich. Und wo immer sie sich heute versammeln, ob im südafrikanischen Johannesburg; im kenianischen Nairobi; im ghanaischen Accra; in New York City; Atlanta, Georgia; Jackson, Mississippi; oder Memphis, Tennessee – der Ruf ist überall der selbe – ›Wir wollen frei sein‹.«[184]

»Ein starkes Gefühl der Enttäuschung«. NGOs und die ausgebliebene Transformation der internationalen Beziehungen

Wo man hinsieht, findet man enttäuschte Bilanzen. Die Vorstellungen, die nicht-staatliche Gruppen nach dem Zweiten Weltkrieg mit dem Menschenrechtsgedanken verbunden hatten, waren zwar kaum von einem überbordenden

---

183 King, Nonviolence, S. 58.
184 King, Land, S. 280. Vgl. dazu vor allem auch ders., Testament; ders., Remaining Awake, S. 269.

Optimismus geprägt gewesen. Gleichwohl hatten viele an ihn die Erwartung geknüpft, daß sich Menschen besser vor dem Zugriff ihrer eigenen Regierungen schützen ließen, und er hatte eine Reihe politischer Aufbrüche begleitet und befördert. Von alledem war im Lauf der fünfziger Jahre immer weniger zu spüren. Zahlreiche NGOs, die bei den Vereinten Nationen arbeiteten, stießen in das gleiche desillusionierte Horn wie die *International League for the Rights of Man* und beklagten, daß »in der Welt auf dem Feld der Wahrung von Menschenrechten kein Fortschritt gemacht worden ist. Wenn überhaupt, so hat es in diesem Bereich Rückschritte gegeben.«[185] In den Augen derer, die sich am nachdrücklichsten für sie eingesetzt hatten, war die Entwicklung internationaler Menschenrechte in den beiden Nachkriegsjahrzehnten ganz das Gegenteil einer Erfolgsgeschichte.

Wie bewertet man historische Manifestationen von Vergeblichkeit? Das Bemühen um Hilfe für Entrechtete, der Kampf für eine bessere Weltordnung verlieren nicht ihre geschichtliche Signifikanz, weil sie oft fehlschlugen. Sie verlieren nicht ihren moralischen Wert, sofern man sich zutraut, moralische Werte zu identifizieren, nicht ihre historische Vorbildhaftigkeit, sofern man in der Geschichte nach Vorbildern sucht, nicht ihre Aussagekraft über das, was möglich gewesen wäre, sofern man kontrafaktische Betrachtungen zuläßt. Das Ziel, die internationalen Beziehungen auf eine sicherere, gerechtere Grundlage zu stellen, mag nach der Katastrophe des Zweiten Weltkriegs nahegelegen, sich sogar aufgedrängt haben. Selbstverständlich war es jedoch nicht, darauf immense politische Energien zu verwenden. Der Beharrlichkeit, die viele Nichtregierungsorganisationen an den Tag legten, wenn sie im klaren Bewußtsein der Aussichtslosigkeit weiterarbeiteten, haftete daher auch mehr von politischer Unverwüstlichkeit und einer Philosophie des Dennoch an als von realitätsblindem Idealismus oder politischer Phantasterei.

Das ändert jedoch nichts daran, daß menschenrechtlich arbeitende NGOs kaum imstande waren, die internationalen Beziehungen umzugestalten. Die Agenda der internationalen Politik mitzubestimmen, gelang ihnen nur in sehr geringem Maße. Sofern Menschenrechtsfragen eine Rolle spielten, waren es zumeist diejenigen, die in den Vereinten Nationen verhandelt wurden; und in den Vereinten Nationen wurden sie zumeist verhandelt, weil Staaten mit ihren Initiativen durchgedrungen waren. Ein vergleichender Blick auf andere Politikfelder dieser Jahre zeigt, was in der Menschenrechtspolitik nicht stattfand: Denn während es (zumeist westlichen) NGOs und Expertengruppen gelang, Bevölkerungswachstum oder Gesundheit als nationenübergreifende Aufgaben der

---

185 Robinson, Universal Declaration, S. x. Vgl. auch World Union for Progressive Judaism, Anniversary; sowie die Rede der Präsidentin des ICW, Lefaucheux, auf einem Ratstreffen in Washington 1963, zitiert in: Women in a Changing World, S. 118. Zu den jüdischen Organisationen vgl. auch Galchinsky, Jews.

internationalen Politik zu konstituieren und institutionell weitgefächerte Arbeitszusammenhänge auf den Weg zu bringen, blieb internationale Menschenrechtspolitik stets das mißtrauisch beäugte Andere nationalstaatlicher Souveränität.[186] Innerhalb der neuen Weltorganisation konnten NGOs ihre Vision des internationalen Menschenrechtsschutzes nicht annähernd durchsetzen. Gerade ihr Kernanliegen, Implementationsmechanismen zu schaffen, war und blieb nicht zu verwirklichen. Ihre intensiven Bemühungen um völkerrechtliche Abkommen verhinderten nicht, daß die Normsetzung in den Vereinten Nationen zäh dahinfloß. Ihre akuten Hilfsleistungen mögen die Situation Betroffener graduell verbessert haben. Breitflächigen, nachhaltig abschreckenden Druck auf Regierungen konnten sie jedoch zumeist nicht aufbauen. Betrachtet man es abstrakt, so ließ die menschenrechtspolitische Großkonstellation keinen Resonanzraum entstehen, in dem sich derartige Proteste entfalten konnten. Zu viele gewichtige Hemmnisse standen dem entgegen: die Entschlossenheit der Regierungen, internationale Beschwerden über das eigene politische System zu unterdrücken, ihre Unfähigkeit, im Lager des Gegners wirksam zu intervenieren, die Abseitigkeit von Menschenrechten als nicht-staatliches politisches Projekt im Kalten Krieg, schließlich die Fata Morgana eines UN-Menschenrechtsschutzes, die Enttäuschung geradezu vorprogrammierte.

Insofern war es nicht verwunderlich, daß sich die Unzufriedenheit der nichtstaatlichen Aktivisten mit der Zeit zuspitzte. Im Jahr 1968 fand sie schließlich ihren bis dato prononciertesten Ausdruck. Die Vereinten Nationen hatten es zum »Internationalen Jahr der Menschenrechte« ausgerufen, um das zwanzigjährige Jubiläum der Allgemeinen Menschenrechtserklärung zu würdigen. Internationale NGOs und eigens gegründete nationale Komitees mobilisierten erhebliche Ressourcen, um sich auf das Festjahr vorzubereiten. Bis zu siebzig Organisationen versammelten sich seit 1966 zu einer Reihe von Vorbereitungstreffen.[187] Im April und Mai 1968 fand dann eine UN-Konferenz in Teheran statt, die als Gipfel der Feierlichkeiten gedacht war. Die NGOs jedoch erlebten sie als einen neuen Tiefpunkt internationaler Menschenrechtspolitik, geprägt von staatlichem Gerangel, politischen Vereinnahmungsversuchen und leerer Rhetorik.[188]

Im September trafen sich daraufhin fast 130 NGOs zu einer Konferenz in Paris, um die Bilanz des Jahres zu ziehen.[189] Hier fanden sich alle Personen

---

186 Vgl. etwa Frey, Experten; Connelly, Misconception; Manela, Pox.
187 Vgl. International Commission of Jurists, Bulletin, die Ausgaben 25 (1966) bis 36 (1968); NYPL, ILHR, die Unterlagen in Box 43.
188 Vgl. Human Rights. Final Report of the International NGO Conference, hier die Reden von Germaine Cyfer-Diderich und Egerton Richardson, S. 1–6, 23–27. Zu der Teheraner Konferenz vgl. Burke, Individual Rights.
189 Vgl. Human Rights. Final Report of the International NGO Conference. Die Konferenz erwähnt auch Moyn, Utopia, S. 127 f.

und Organisationen ein, die Rang und Namen hatten. Ein düsterer Grundton durchzog die Veranstaltung. In vielen Reden öffnete sich ein tiefer Graben zwischen einer geradezu apokalyptischen Wahrnehmung der aktuellen weltweiten Gewaltexzesse und der eklatanten Untätigkeit der Vereinten Nationen.[190] Nur drei der menschenrechtlichen UN-Konventionen, darauf wies Generalsekretär U Thant in seiner Eröffnungsansprache hin, seien von mehr als der Hälfte der UN-Mitglieder unterzeichnet worden, nur sieben Staaten hätten die Mehrzahl der Menschenrechtsverträge ratifiziert.[191]

Die NGOs waren sich, wie immer schon, einig, daß sich der Menschenrechtsschutz nur dann grundlegend verbessern ließe, wenn es endlich gelänge, starke Implementationsverfahren zu schaffen; die mittlerweile vorhandenen Mechanismen des Zivilpakts und der Konvention zur Rassendiskriminierung galten den Vertretern als unbefriedigend. Mit bahnbrechend neuen Ideen konnten sie allerdings ebensowenig aufwarten. Große Zustimmung fanden der Gedanke, einen UN-Hochkommissar zu schaffen, und Vorschläge zur Ausgestaltung eines internationalen Gerichtshofs. Ferner wurde überlegt, den Posten eines UN-Sondergesandten einzurichten, der Regierungen dazu bewegen sollte, internationalen Menschenrechtsabkommen beizutreten, oder ein Register über »Verbrechen gegen die Menschlichkeit« anzulegen.

In einer Hinsicht dokumentierte die Konferenz jedoch einen entscheidenden Wandel. Ganz im Einklang mit den Überlegungen, welche die *International League* in diesen Jahren anstellte, gelangten auch andere führende NGOs zu der Einsicht, daß man im Völkerrecht ein bestenfalls prekäres Heil suchen könne. Die Konferenz sprach sich daher gewissermaßen offiziell dafür aus, zu einem stärker öffentlichkeitsbezogenen, auf Techniken des politischen Drucks bauenden Aktivismus umzuschwenken, wie ihn vor allem *Amnesty International* um diese Zeit zu entwickeln versuchte.[192] Der Gedanke, sich auf die öffentliche Meinung zu konzentrieren, ging aus der Konferenz vielleicht nicht als die Zauber-, aber doch als vielversprechendste Formel für die Effektivierung internationaler Menschenrechtspolitik hervor. »Kein Diktator und kein autoritäres Regime kann sich heute gegen die Wirkungen der Weltöffentlichkeit immunisieren«, bemerkte der Generalsekretär der ICJ und spätere Friedensnobelpreisträger Sean MacBride im Anschluß an die Konferenz.[193]

Will man daher aus der historischen Rückschau heraus das Ereignis der Pariser NGO-Konferenz interpretatorisch verdichten, dann am ehesten, indem man es als einen Wendepunkt begreift. Paris markierte das Ende einer Entwicklung – nie war das Scheitern des Versuchs, Menschenrechte über völkerrechtliche

---

190 Vgl. Human Rights. Final Report of the International NGO Conference, S. 1–6, S. 66–71.
191 Vgl. ebd., S. 9–13.
192 Vgl. ebd., S. 68.
193 Sean MacBride, The Meaning of Human Rights Year, Exemplar in NYPL, ILHR, Box 45.

Garantien und zwischenstaatliche Institutionen zu schützen, so drastisch ausgesprochen worden wie hier. In Paris artikulierte sich aber auch die Ahnung einer neuen Entwicklung, nämlich daß sich Menschenrechte besser schützen ließen, wenn dies zum Ziel einer breiten, öffentlich agierenden, in Kampagnetechniken geschulten Bewegung werden würde. Kaum einer der Protagonisten der NGO-Konferenz dürfte indes vorausgesehen haben, daß dies tatsächlich geschehen sollte. In jedem Fall bedurfte es dafür, wie noch zu zeigen sein wird, einer Reihe politischer Verschiebungen, die niemand erwarten konnte.

Daß der heute so vielfach besetzte Erinnerungsort »1968« auch das »Internationale Jahr der Menschenrechte« war, lädt zu weiteren symbolischen Deutungen förmlich ein. Denn wenig könnte den Stand der Menschenrechtspolitik am Ende der sechziger Jahre sinnfälliger zum Ausdruck bringen, als die Tatsache, daß das Jubiläum im Aufruhr dieses Jahres schlichtweg unterging; und daß es deshalb heute, konsequenterweise, wie man wohl sagen muß, aus der historischen Vergegenwärtigung verschwunden ist. Welche politischen Ereignisse die internationale Öffentlichkeit 1968 auch immer beschäftigten, ob es die Studentenproteste waren oder die Tet-Offensive in Vietnam, die Morde an Martin Luther King und Robert Kennedy, der sowjetische Einfall in der Tschechoslowakei, die Spannungen im Nahen Osten nach dem Sechstagekrieg oder der Bürgerkrieg in Nigeria, Menschenrechte gehörten nicht dazu. Zeitgenössisch erschien es nicht, als seien sie Teil der zukunftsträchtigen, geschichtsmächtigen Impulse, die sich in diesem Jahr bündelten. Doch kein Zäsurjahr, das man nicht auch als dialektischen Umschlag deuten könnte. Der rasante Aufschwung, den Menschenrechtsideen in der folgenden Dekade erleben sollten, hatte sehr viel mit dem zu tun, was in diesem Jahr geschah, und noch genauer mit dem, was hier zu Ende ging. Er entstand in hohem Maße aus der historischen Ernüchterung, die »1968« mittelfristig produzierte, aus den abhanden gekommenen gesellschaftlichen Visionen, dem Verlust von Vertrauen, der moralischen Betroffenheit, der politischen Ohnmacht, der Einsicht in Sackgassen der Regierungspolitik wie auch des zivilen Engagements. Von den Ereignissen des menschenrechtslosen Jahrs 1968 führt von hier aus betrachtet doch eine Linie zur Menschenrechtskonjunktur der siebziger Jahre: Daß die amerikanische Regierung gegen den Willen der Mehrheit ihrer Bevölkerung und gegen stärkste Proteste weltweit den Vietnamkrieg bis zu seinem verlustreichen, schmählichen Ende führte, daß die Bürgerrechtsbewegung symbolisch zur Strecke gebracht wurde, indem der Prediger der Gewaltlosigkeit der Gewalt zum Opfer fiel, daß der Traum vom »Sozialismus mit menschlichem Antlitz« an der brutalen Halsstarrigkeit der Sowjetführung zerplatzte, daß der »Westen« mitschuldig zu sein schien an Krieg und Hunger in Afrika – all das waren auch Anfänge einer neuen Entwicklung, die kurze Zeit später in einem neuen internationalen Menschenrechtsbewußtsein kulminieren sollte.

5. Menschenrechte in der Dekolonisierung

Die Dekolonisierung war eine der größten politischen Freiheitsbewegungen des 20. Jahrhunderts, ja darüber hinaus ein Emanzipationsprozeß weltgeschichtlichen Formats. Das Ende der Kolonialreiche beseitigte zum Teil jahrhundertealte ungleiche Herrschaftsverhältnisse und setzte zwei ganze Kontinente frei, deren Bewohner plötzlich ungekannte Möglichkeiten autonomer politischer Gestaltung erhielten. Schon der geschichtliche Ort der Dekolonisierung legt es somit nahe, nach der Präsenz von Menschenrechten zu fragen, nach ihren Funktionen und ihrer Veränderungskraft. Gäbe es in der Geschichte Testfälle, so wäre die Auflösung der Kolonialherrschaft in der Tat als die eigentliche Probe darauf anzusehen, welche globale Ausstrahlung, welche politischen Valenzen, welches emanzipatorische Potential die Menschenrechtsidee um die Jahrhundertmitte entfaltete. Was immer es noch war – eine Kette politischer, wirtschaftlicher und nicht zuletzt militärischer Auseinandersetzungen –, das Ende des Kolonialismus vollzog sich auch als ein Ideenkampf, in dem Kolonialmächte, antikoloniale Bewegungen und postkoloniale Staaten, nationale und internationale Öffentlichkeiten um gerechte Prinzipien der internationalen Ordnung und um erstrebenswerte Ziele für die politische Zukunft stritten. Der Rekurs auf Menschenrechte bildete eine Facette dieses überwölbenden diskursiven Ringens.

Die geschichtlichen Ausmaße des Dekolonisierungsprozesses waren enorm, nicht nur weil er eine Vielzahl von Ländern betraf, sondern auch wegen seiner weitreichenden, komplizierten, mitunter brisanten politischen Implikationen. Am Ende des Zweiten Weltkriegs befanden sich große Teile Asiens und fast der gesamte afrikanische Kontinent noch unter kolonialer Herrschaft.[1] Mehr als 700 Millionen Menschen lebten allein in den britischen Kolonien, das entsprach etwa einem Viertel der Weltbevölkerung. Zunächst sah es keineswegs so aus, als sollte die europäische Dominanz nun allmählich einem Zeitalter der Freiheit und der Unabhängigkeit weichen. Die Politik der Nachkriegsjahre, für die sich das Schlagwort der »zweiten kolonialen Eroberung« eingebürgert hat, speiste sich aus einem neuen Nutzenkalkül.[2] Die metropolitanen Regierungen wollten die Produktivität der Kolonialgebiete systematisch steigern, um deren Ressour-

---

1 Vgl. als Überblicke: Reinhard, Geschichte; Betts, Decolonization; Chamberlain, Decolonisation; Rothermund, Delhi; Springhall, Decolonization; Marx, Geschichte, S. 248–270; Jansen/Osterhammel, Dekolonisation.
2 Vgl. etwa Hargreaves, Decolonization, S. 108.

cen für die dringenden Nachkriegsbedürfnisse der europäischen Gesellschaften einzusetzen – die neue Leitidee der Kolonialpolitik lautete »Entwicklung«.³ Unter diesen Vorzeichen versuchten die politisch Verantwortlichen noch länger, an der Kolonialherrschaft festzuhalten. Die realen Entwicklungen sollten ihre Pläne aber bald schon obsolet machen. Tatsächlich dauerte es nach Kriegsende nur rund drei Jahrzehnte, bis die Kolonialherrschaft in Asien und Afrika bis auf wenige Relikte irreversibel verschwunden war.

Sowohl für die Kolonialgebiete und postkolonialen Nationen als auch für die europäischen Gesellschaften brachte die Dekolonisierung tiefgreifende politische, soziale und kulturelle Umwälzungen mit sich.⁴ Ihre Auswirkungen betrafen aber auch die Gestalt des Staatensystems und die internationale Ordnung als Ganze. Die europäischen Überseemächte, die der Abenddämmerung ihrer Kolonialreiche sehenden Auges entgegengingen, mußten ihre Rolle im weltpolitischen Konzert wohl oder übel umdefinieren. Kolonialbesitz galt ihnen seit langem als Ausweis geostrategischer Macht und nationalen Prestiges, und der Abschied von derartigen Attributen gestaltete sich kompliziert und schmerzlich. Früh schon verflocht sich die Dekolonisierung darüber hinaus mit der Systemkonkurrenz des Kalten Kriegs.⁵ Um die Mitte der fünfziger Jahre wuchs in den Führungszirkeln beider Supermächte die Entschlossenheit, die neuen Staaten in das eigene Lager zu ziehen. Die Präsenz der Supermächte konnte, wie etwa in der Kongokrise, Konflikte verheerender machen. Doch eröffnete der Kalte Krieg nationalistischen Unabhängigkeitsbewegungen und postkolonialen Regierungen auch die Möglichkeit, die Supermächte gegeneinander auszuspielen und damit die eigene Sache zu befördern. Überhaupt wirkten die unabhängig gewordenen Staaten über ihre Außenpolitik vielfach auf die internationalen Beziehungen ein, nicht zuletzt durch staatliche Zusammenschlüsse wie die Bewegung der Blockfreien oder die »Gruppe der 77«.

Überstaatliche Menschenrechtsnormen bildeten, allgemein bestimmt, einen Teil der neuen internationalen Rahmenbedingungen, die mit dem Ende des Zweiten Weltkriegs für die politische Auseinandersetzung um den Kolonialismus geschaffen worden waren. Auch in diesem Zusammenhang boten die Menschenrechtssysteme der Vereinten Nationen und des Europarats Ansatzpunkte, symbolische wie auch institutionelle, um koloniale Unterdrückung zu denunzieren. Von besonderer Bedeutung war es, daß sich die Kolonialmächte selbst explizit auf internationale Rechtsnormen verpflichtet hatten, die der Idee und

---

3 Vgl. Killingray/Rathbone, Introduction; Cooper/Packard, Introduction; Cooper, Bureaucrats. Vgl. auch Butler, Britain, S. 28–62.
4 Zu Afrika vgl. etwa Harding, Geschichte, S. 82–86, 88–93; Schicho, Scheitern; Cooper, Crises. Zu Südostasien vgl. Owen, Change. Zu Europa vgl. Altmann, Abschied; zusammenfassend Conrad, Dekolonisierung.
5 Vgl. zum Folgenden: Ryan/Pungong (Hg.), United States; Westad, Cold War; Frey, Vereinigten Staaten; Parker, Cold War; Latham, Cold War.

der Praxis des Kolonialismus prinzipiell widersprachen. Darin war eine Dynamik angelegt, derer sich Exponenten wie Opponenten der kolonialen Herrschaft schon früh bewußt wurden: Antikolonialisten konnten die europäischen Regierungen beim Wort nehmen und ihre menschenrechtlichen Proklamationen gegen sie wenden. Die Kolonialmächte hingegen sahen sich in dem Dilemma, ihre Herrschaftspraktiken, vorgeblich oder tatsächlich, anpassen zu müssen oder aber in ihren Wertebekenntnissen unglaubwürdig zu erscheinen.

Daraus entwickelte sich in den Jahren und Jahrzehnten nach dem Ende des Zweiten Weltkriegs ein alles andere als einfacher Zusammenhang von Dekolonisierung und Menschenrechten. Einige seiner Facetten sind in der historischen Forschung bereits untersucht worden: die Bedeutung, die Menschenrechte für die nationalistischen Bewegungen in den Kolonien hatten, die Positionen, die postkoloniale Staaten in den Vereinten Nationen zu Menschenrechtsfragen entwickelten, schließlich das Zusammenspiel von Entwicklungspolitik und Menschenrechtsnormen in der Internationalen Arbeitsorganisation.[6] Die Frage hingegen, ob und inwiefern internationale Menschenrechtskritik einen Impuls dafür gab, daß sich die westeuropäischen Mächte aus ihren Kolonien zurückzogen, ist bemerkenswerterweise noch nicht dezidiert aufgeworfen worden.[7] Die Befunde, die Historiker bislang zutage gefördert haben, sind vielfach wegweisend und bieten wichtige Anknüpfungspunkte für eine historische Auseinandersetzung. Will man dennoch ein Unbehagen formulieren, so würde es sich darauf richten, daß die Autoren bislang etwas zu homogene Deutungen entworfen und die Komplexitäten, die die Beziehung von Dekolonisierung und Menschenrechtspolitik praktisch auf allen Ebenen prägten, nicht genügend ausgeleuchtet haben.

Im Gesamtbild scheinen die Schattierungen und Übergänge nämlich mindestens ebenso wichtig wie die großen kräftigen Linien. So wirkten menschenrechtliche Bezugnahmen im übergreifenden Geschehen des afrikanischen und asiatischen Unabhängigkeitskampfs zwar nebensächlich, rückten punktuell aber ins Zentrum antikolonialer Agitation. Auf internationaler Ebene stachen Menschenrechtsforderungen stets prominenter hervor als auf nationaler oder kolonialer: in der Bewegung der Blockfreien und im Panafrikanismus immerhin vorübergehend, in den Vereinten Nationen dauerhaft und konzertiert. Kaum einer der berühmten Unabhängigkeitsführer machte sie dagegen zu einer tragenden Säule seines Ideengebäudes. Darüber hinaus bewiesen antikoloniale Politiker ein flexibles, mehrschichtiges, auch widersprüchliches Verhältnis zu der Menschenrechtsidee. Die Art, in der sie sich diese inhaltlich aneigneten, oszillierte zwischen moralischem Schutzappell und kalkulierter, hoch politisierter

---

6 Vgl. Simpson, Rights; Maul, Menschenrechte; Klose, Menschenrechte; Eckert, Nationalisten; Burke, Decolonization; Moyn, Utopia.
7 Vgl. dazu Eckel, Rights.

Angriffsstrategie. Selten ging es den afrikanischen und asiatischen Protagonisten darum, demokratische Werte international zu befördern oder möglichst viele Staaten hinter potentiell »universellen« Vereinbarungen zu versammeln. Häufiger versuchten sie gezielt, Menschenrechtsnormen für den Unabhängigkeitskampf zu vereinnahmen und sie dafür mit einem spezifischen antikolonialen Sinn aufzuladen. In den Jahren der afrikanisch-asiatischen Dominanz in der UN-Generalversammlung wurde dies zu einem Hauptinstrument, um der wahrgenommenen globalen Hegemonie der Westmächte entgegenzutreten. Auf diese Weise aktualisierten afrikanische und asiatische Politiker die antikolonialen Bedeutungsschichten internationaler Menschenrechtsnormen und erweiterten sie sogar erheblich. Sie zeigten die Inkonsistenzen in der ideologischen Selbstlegitimation westlicher Staaten auf und drängten diese argumentativ in die Defensive. Ihre Taktik produzierte aber auch eine Reihe von Ambivalenzen. Nicht nur, weil sie andere Anliegen verdrängte – so stand die Menschenrechtsagenda der Vereinten Nationen in den sechziger Jahren praktisch ausschließlich im Zeichen der Verurteilung von Kolonialismus und Rassendiskriminierung. Zudem nämlich gingen die politischen Führer der unabhängig werdenden Kolonien und der postkolonialen Staaten auf Distanz zu denjenigen Menschenrechtsvorstellungen, die ihrer eigenen Herrschaftssicherung gefährlich werden konnten.

Der Kampf gegen die koloniale Unterdrückung erhielt durch diese menschenrechtspolitischen Manöver mitunter eine zusätzliche Triebkraft. Und auch für die Entscheidung der Kolonialmächte, sich aus den überseeischen Besitzungen zurückzuziehen, stellte Menschenrechtskritik einen Faktor dar. Im Ganzen betrachtet blieb er aber untergeordnet. In den Augen der britischen Nachkriegsregierungen beschädigte die antikoloniale Agitation die Legitimität des britischen *Empire* und drohte die koloniale Herrschaftspraxis zusätzlich zu unterhöhlen. Sie trug daher dazu bei, daß es britischen Politikern ratsam erschien, nicht länger am Kolonialreich festzuhalten. Diese Einsicht wuchs jedoch erst relativ spät, nämlich gegen Ende der fünfziger Jahre, und Menschenrechtsklagen waren dabei nur ein Element innerhalb eines viel größeren Syndroms von Kolonialismuskritik. In der Dekolonisierungspolitik der anderen europäischen Staaten scheinen Menschenrechtserwägungen, mit wenigen Ausnahmen, eine eher noch geringere Rolle gespielt zu haben.

Den Stoff, aus dem große Erzählungen sind, liefern die Wechselfälle der Menschenrechtsidee im Prozeß der Entkolonisierung somit nicht. Weder eine Interpretation, in der diese Idee das Vehikel einer geglückten Emanzipation darstellt, noch eine, in der sie die Hülle betrogener Hoffnungen abgibt, läßt sich historisch einigermaßen stimmig konstruieren. Die Bedeutung, die Menschenrechte für die Dekolonisierung hatten, liegt zwischen diesen Extremen: in ihrer gelegentlichen Relevanz und ihrem relativen Gewicht, in den mehrdeutigen Aneignungen, in der permanenten Spannung zwischen hehrem Selbstbild und moralisch indifferenter Machttaktik, in den begrenzten Effekten öffentlicher Delegitimierungsversuche.

In einem wichtigen Aspekt der Dekolonisierung, den es für den Überblick noch nachzureichen gilt, wird das bereits auf markante Weise deutlich. Es war eines der frappierendsten Muster in dem an Mustern nicht überreichen Geschehen, daß keine der europäischen Mächte ihr Kolonialreich aufgab, ohne exzessive Gewalt anzuwenden. Asymmetrische Kriege, von technisch turmhoch überlegenen Armeen geführt, mit brutalsten Methoden, die sich über jedes humanitäre Völkerrecht hinwegsetzten, und mit oft verheerenden Folgen für die Zivilbevölkerung, waren ein inhärenter Bestandteil des kolonialen Rückzugs.[8] Das traf auf die französischen Kriege in Indochina und auf Madagaskar zu, auf das britische Vorgehen in Malaya und Kenia, auf die niederländischen »Polizeiaktionen« in Indonesien oder auf die portugiesischen Kriege in Guinea, Mosambik und Angola. Doch so sehr diese Kriege auch zu einer unübersehbaren Signatur der Dekolonisierung wurden, ein fester Konnex von kolonialer Gewalt und internationaler Menschenrechtskritik entwickelte sich dabei nicht. Einen sichtbaren, wenn auch limitierten Platz hatten Menschenrechte lediglich in der internationalen Kampagne gegen den französischen Krieg in Algerien und in den Anklagen gegen die portugiesische Kolonialherrschaft. Die Mechanismen, die dahinter standen, verdienen noch eine nähere Betrachtung. Auch wenn man sie berücksichtigt, unterstreicht jedoch gerade die internationale Resonanz auf die Gewalteruptionen den fluiden Charakter wie auch die begrenzte Reichweite, die Menschenrechtspolitik im Zusammenhang der Dekolonisierung hatte.

Antikoloniale Aneignungen, antikoloniale Ablehnungen. Menschenrechte im Unabhängigkeitskampf

Die nationalen Befreiungsbewegungen stellten im Dekolonisierungsgeschehen der Jahre und Jahrzehnte nach dem Weltkrieg eine wesentliche politische Kraft dar. Nicht selten gelang es ihnen, das Tempo und die Bedingungen des Machttransfers zu beeinflussen. Zumeist hatten dabei erst die Kriegsjahre eine merkliche politische Mobilisierung eingeleitet.[9] So entstanden politische Parteien und Organisationen in Afrika erst in den vierziger und fünfziger Jahren auf breiter Front.[10] An ihre Spitze stellten sich politische Führer, die ihre Ausbildung überwiegend im Westen, in den USA, Großbritannien und Frankreich, erhalten hatten. Daraus erklärte sich ihre Vertrautheit mit der europäischen

---

8 Vgl. zum Folgenden: Bailey/Harper, Wars; Klose, Menschenrechte; Clayton, Wars; Mollenhauer, Gesichter; Little, Cold War; Groen, Response.
9 Vgl. Killingray/Rathbone, Introduction; Klose, Menschenrechte, S. 38–45.
10 Vgl. Falk/Wahl, Einleitung.

politischen Philosophie und den europäischen Formen des politischen Protests, die sie später mannigfach adaptieren sollten. Nach dem Zweiten Weltkrieg bemühten sie sich, den antikolonialen Widerstand zu einer schlagkräftigen populistischen Massenbewegung umzuformen.[11] Sie verliehen dem antikolonialen Kampf ein Gesicht und zuweilen auch charismatischen Zusammenhalt. Nachdem die Unabhängigkeit erreicht war, galten sie in der staatlich gelenkten Selbstdarstellung als die »Gründerväter« ihrer jeweiligen Nationalstaaten; viele von ihnen sollten das politische Leben noch jahrzehntelang dominieren.

Der Weg in die Unabhängigkeit führte über zähe Verhandlungen mit den Kolonialmächten, die Orchestrierung politischen Drucks oder die bewaffnete Konfrontation. Nicht selten führte er über eine Kombination von allem. Daneben trat eine weitere Dimension, die aus der öffentlichen Selbstdarstellung, dem mobilisierenden Appell und internationaler Publizität bestand. Eine wahre Flut von Erklärungen, Manifesten, Programmen, Denkschriften und Traktaten ergoß sich aus den Kolonien.[12] Der Adressat der antikolonialen Manifeste und Schriften waren dabei sehr oft die westlichen Regierungen und die westlichen Öffentlichkeiten, insgesamt sicherlich wesentlich stärker als die Kolonien selbst.

Während des Weltkriegs war es das Versprechen einer neuen, gerechteren Nachkriegswelt, von Amerikanern und Briten massenwirksam verbreitet, um die Einsatzbereitschaft der Kolonialbevölkerungen zu befeuern, das zu einem wichtigen Ausgangspunkt wurde, um soziale Verbesserungen und politische Gleichheit zu fordern. Die wichtigste Vorlage stellte die Propaganda gegen den Nationalsozialismus dar, mit der vor allem die britische Regierung die existentielle Notwendigkeit des militärischen Siegs drohend ausmalen wollte. Denn die Tiraden gegen rassistischen Überlegenheitswahn, gegen brutale Versklavung und Unterjochung ließen sich leicht antikolonial ummünzen.[13] Zudem ragte aus den alliierten Proklamationen die bereits erwähnte Atlantik-Charta heraus, die Roosevelt und Churchill im August 1941 verkündeten. Sie wurde in den asiatischen und afrikanischen Kolonien weithin diskutiert, und ihre Rezeption verschafft daher einen aufschlußreichen Einblick in den antikolonialen Ideenhaushalt der Weltkriegsjahre. In diesem Ideenhaushalt waren Menschenrechte weitgehend abwesend. Die Politiker und Publizisten in den Kolonien griffen ganz überwiegend das Postulat der Selbstbestimmung auf.[14] Viele Autoren ordneten die alliierte Erklärung sogar explizit als eine Wiederaufnahme der Versprechen ein, die der amerikanische Präsident Woodrow Wilson bereits am Ende des Ersten Weltkriegs abgegeben hatte. Sie hatten in den Kolonien schon

---

11 Vgl. Marx, »History«.
12 Vgl. Betts, Decolonization, S. 38.
13 Vgl. Smyth, Colonies, S. 74. Vgl. auch Klose, Menschenrechte, S. 29–38. Als Zeugnis vgl. Azikiwe, Zik, S. 82.
14 Darauf hat Samuel Moyn zurecht hingewiesen. Vgl. Moyn, Utopia, S. 84–119.

damals einen breiten Mobilisierungsschub ausgelöst.[15] Infolge der neuerlichen alliierten Erklärung regte sich die Hoffnung, Wilsons Postulate würden nunmehr verspätet eingelöst. So bezog sich etwa Nnamdi Azikiwe in seinem »Politischen Entwurf für Nigeria« aus dem Jahr 1943 auf die Atlantik-Charta *und* auf Wilsons Vierzehn Punkte, um Selbstbestimmung und Autonomie, »das *summum bonum* der politischen Existenz«, einzufordern.[16] Eine menschenrechtliche Lesart bildete sich in der Vielzahl der Kommentare hingegen nicht heraus – was insofern wenig verwundert, als der Begriff ja, wie beschrieben, in der Charta auch gar nicht auftauchte. Tatsächlich ist es mehr als eine semantische Haarspalterei, auf die Trennlinie zwischen den beiden Konzepten hinzuweisen. Zeitgenössisch war beides eben nicht das Gleiche, und es wäre anachronistisch, ein späteres, expansiveres Verständnis von Menschenrechten, das den Selbstbestimmungsgedanken einschloß, zurückzuprojizieren. Zum Zeitpunkt, als Roosevelt und Churchill ihre Presseerklärung abgaben, war das Recht auf Selbstbestimmung noch nirgends als Menschenrecht definiert. Erste schwache Formulierungen, die in diese Richtung wiesen, sollten sich in der Charta der Vereinten Nationen finden – sie sprach in den Artikeln 1 und 55 von dem »Prinzip der gleichen Rechte und der Selbstbestimmung der Völker«. In die Allgemeine Menschenrechtserklärung wurde der Selbstbestimmungsbegriff nicht aufgenommen; ein sowjetischer Antrag scheiterte am Widerstand der westlichen Staaten.[17]

Der Selbstbestimmungsgedanke blieb auch in den Jahren und Jahrzehnten nach dem Ende des Zweiten Weltkriegs zentral. Gleichwohl lassen sich die antikolonialen Ideologien und Befreiungsrhetoriken, die das Unabhängigkeitsstreben flankierten, bei weitem nicht auf ihn reduzieren. Nimmt man sie im Ganzen, so handelte es sich um eine äußerst heterogene Mélange von Ideen. Über wenige Zielvisionen und Methoden ihres Befreiungskampfs waren sich die nationalistischen Führer und Parteien nicht uneins. Staatspolitisch spannte sich der Bogen von parlamentarisch-demokratischen Modellen über konfligierende Konzeptionen eines »afrikanischen Sozialismus« bis hin zum Kommunismus. Abweichende Auffassungen hatten die Bewegungen über Tempo und Wege der sozioökonomischen »Entwicklung«, sie räumten überstaatlichen Föderationsideologien wie dem »Panafrikanismus« einen unterschiedlichen Stellenwert ein, und sie funktionalisierten dabei »westliche« Werte in unterschiedlicher Weise.

Eine gemeinsame Richtung bezogen die Bewegungen vor allem aus dem, was sie überwinden wollten. Ihren wichtigsten Ausgangspunkt hatten sie dabei in

---

15 Vgl. Manela, Moment.
16 Vgl. Azikiwe, Blueprint, Zitat S. 56.
17 Klose, Menschenrechte, S. 54f., argumentiert, daß das Selbstbestimmungsprinzip im Artikel 21 der Allgemeinen Menschenrechtserklärung implizit war (»Der Wille des Volkes bildet die Grundlage für die Autorität der öffentlichen Gewalt«), doch war dies kein herausgehobener Bezugspunkt.

der Erfahrung kolonialer Unterdrückung. Wie unterschiedlich die konkreten Erlebniswelten auch waren, das Schicksal der europäischen Fremdherrschaft schuf eine äußerst suggestive Identifikationsfläche.[18] Daraus erwuchs eine überwältigende Einigkeit darüber, was es abzulehnen galt, die die antikoloniale Dynamik entscheidend speiste. Die Schriften und Programme waren gespickt mit stets gleichlautenden Begriffsreihen, die den Gegner als vielköpfige Hydra beschrieben – »Imperialismus, Kolonialismus, Rassismus, Tribalismus und alle Formen der nationalen und rassistischen Unterdrückung und der wirtschaftlichen Ungleichheit«.[19] Der afrikanische und asiatische Befreiungsdiskurs verdichtete sich auf diese Weise zu einer Anti-Ideologie – sie war antikolonial, antineokolonial, antiimperialistisch, antirassistisch, antidiskriminatorisch –, deren vorrangige Kohäsionskräfte aus der Zurückweisung flossen.

Waren die antikolonialen Mobilisierungsformeln überwiegend *ex negativo* gedacht, so kristallisierte sich in der öffentlichen Propaganda doch auch ein ›positiver‹ Nenner heraus. Auch er war im Kern auf die koloniale Erfahrung bezogen, denn er umfaßte – oftmals nur vage angedeutete – Gegenentwürfe zu der langjährigen politischen Unfreiheit und wirtschaftlichen Ausbeutung. Am wenigsten galt dies vielleicht noch für den unscharfen Nationalismus, den viele Unabhängigkeitsführer evozierten, übernahmen und adaptierten sie damit doch ein europäisches Modell.[20] Die *imagined community* der Nation mußte dabei sehr kurzfristig imaginiert werden.[21] Fast immer griffen die Autoren dafür auf eine konstruierte vorkoloniale Vergangenheit zurück, an die sie in einer erst noch zu schaffenden postkolonialen Zukunft anknüpfen wollten.[22]

Ein Kranz von Schlagwörtern umschrieb die politischen Zielvorstellungen etwas konkreter.[23] Dazu zählte an vorderster Stelle die Trias von nationaler Unabhängigkeit, Selbstregierung oder Selbstbestimmung und Rassengleichheit. Sie bildeten die entscheidenden ›positiven‹ Bezugspunkte des antikolonialen Ideenuniversums. Als ein weiteres wichtiges Ideal, das vielleicht sogar häufiger angerufen wurde als der Begriff der Menschenrechte, trat die Würde hinzu, »die Idee menschlicher Würde in Freiheit«, wie es Jomo Kenyatta formulierte.[24] Wo es um den Kern des antikolonialen Konsenses ging, bedienten sich die afrikanischen und asiatischen Widerstandsbewegungen dabei auch immer wieder eines prononcierten Rechtsdiskurses. Sie verurteilten die kolonialen Herr-

---

18 Vgl. etwa Neto, Enemy, S. 211.
19 Constitution of the Convention People's Party, S. 59.
20 Vgl. etwa Kaunda, Humanist, S. 82.
21 Vgl. Marx, »History«.
22 Vgl. Nkrumah, Consciencismus, S. 60–80; Senghor, Grundelemente; Nyerere, Ujamaa; Kaunda, Humanismus. Vgl. auch Tibi, Ideen.
23 Vgl. zum Folgenden als Auswahl: Nkrumah, Africa Must Unite; Touré, Emancipation; Lumumba Speaks; Selassie, Unity; Nehru, Interview.
24 Kenyatta, Suffering, S. xi.

schaftspraktiken als Rechtsverweigerung, und sie deklarierten ihre eigenen politischen Ansprüche als Recht.²⁵ »Belgien darf die Unabhängigkeit, die wir im Namen des Friedens fordern, nicht als ein Geschenk betrachten«, hielt etwa der kongolesische Unabhängigkeitsführer Patrice Lumumba fest: »Im Gegenteil geht es um den Genuß eines Rechts, das die Menschen im Kongo verloren haben.«²⁶ Zahlreiche Autoren sprachen von einem Recht auf Unabhängigkeit, machten ein Recht auf Souveränität geltend oder beriefen sich auf das Selbstbestimmungsrecht der Völker.²⁷ Die Rechtssprache, die in diesen Texten wie selbstverständlich verwendet wurde, war in den afrikanischen und asiatischen Kolonien bekannt, seit sie im 19. Jahrhundert zuerst Missionare, später imperiale Verwaltungen sowie Antisklaverei- und andere philanthropische Organisationen eingeführt hatten.²⁸ Dabei stützten sich die Aktivisten auf eine ganze Bandbreite von Rechtsdokumenten – eigentlich auf alle, die bei der Hand waren: auf koloniale Gesetze, metropolitane Verfassungen und internationale Erklärungen.²⁹ Der antikoloniale Rechtsdiskurs war breit und diffus; in einem Menschenrechtsdiskurs ging er bei weitem nicht auf.

Welcher Stellenwert dem Menschenrechtsgedanken dabei in der antikolonialen Agitation der Kriegs- und Nachkriegsjahre überhaupt zukam, ist in der historischen Forschung kontrovers eingeschätzt worden. Fabian Klose hat betont, daß sich eine Reihe führender Aktivisten auf internationale Menschenrechtserklärungen und auf die menschenrechtlichen Verbesserungen bezog, die die Kolonialmächte in Aussicht stellten.³⁰ Dabei interpretiert er jedoch die Atlantik-Charta als Menschenrechtsdokument und rechnet daher Verweise auf die alliierte Erklärung mit ein. Andere Historiker haben hingegen nur wenige einschlägige Belege gefunden. Andreas Eckert sieht Menschenrechtsnormen nicht als wichtiges Bezugssystem. Er bemerkt zutreffend, daß Menschenrechtsforderungen häufiger in den Foren der internationalen Diplomatie laut wurden. Samuel Moyn schließlich hält den Rekurs auf Menschenrechtsnormen für gänzlich marginal. Er betont zurecht die überragende Bedeutung, die der Selbstbestimmungsgedanke für die antikolonialen Bewegungen besaß.³¹ Ferner weist er darauf hin, die Gedankensysteme prominenter Nationalisten wie Gandhi, Nehru, Sukarno oder Nasser seien weitgehend ausgebildet gewesen, bevor Men-

25 Vgl. etwa ZAPU Memorandum to Wilson; Dia, Nations; Nkrumah, Path, S. 83; Politische Resolution des III. Kongresses der RDA, S. 100; Wahlmanifest der Vereinigten Partei für Nationale Unabhängigkeit Nordrhodesiens; Kaunda, Zambia, hier wiedergegeben ein Brief an Macleod vom März 1960, S. 141 f.
26 Lumumba, Speech at Leopoldville, S. 66.
27 Vgl. Nkrumah, Positive Action, S. 95.
28 Vgl. Ibhawoh, Imperialism, S. 1–54. Vgl. zum weiteren Zusammenhang auch Asante, Aspects; Conklin, Colonialism; Roberts, Litigants.
29 Vgl. etwa d'Arboussier, Grundlagen, S. 113.
30 Klose, Menschenrechte, S. 29–45.
31 Eckert, Nationalisten; Moyn, Utopia, S. 84–119.

schenrechtsrhetorik ihren internationalen Aufschwung erlebte. Dagegen läßt sich allerdings einwenden, daß Rechtsrhetorik schon lange bekannt war, und versierte Politiker wie die vier genannten durchaus imstande waren, neue Ideen aufzunehmen, wenn sie ihnen zweckdienlich erschienen.

Betrachtet man zunächst die Verbreitung der Menschenrechtsrhetorik, so liegt die Wahrheit, wie man es von ihr gewohnt ist, in der Mitte, allerdings näher bei den beiden letztgenannten Autoren. In den weitaus meisten Programmen und Verlautbarungen afrikanischer und asiatischer Führer finden sich keine Anleihen an die Menschenrechtsidee, und so spricht der schlichte positivistische Befund deutlich dagegen, daß diese ein wesentlicher Bestandteil der antikolonialen Befreiungsideologien gewesen sei. Gleichwohl finden sich in der sehr ausgedehnten antikolonialen Publizistik zahlreiche Verwendungen des Menschenrechtsbegriffs, zeitlich und räumlich breit gestreut, darunter auch ganz konkrete Verweise auf die Arbeit der Vereinten Nationen oder die Allgemeine Menschenrechtserklärung. Zuweilen erhielt der Begriff sogar eine tragende politische Bedeutung – das waren zwar Ausnahmefälle, doch keine unwichtigen, und somit gilt es sie näher unter die Lupe zu nehmen, als bislang geschehen. Vor allem ist mit der Feststellung der relativen Randständigkeit bei weitem nicht alles gesagt, weder über die Funktionen des Begriffs dort, wo sich die antikolonialen Autoren seiner bedienten, noch über die Gründe für die Abwesenheit dort, wo sie es nicht taten.

Überblickt man die Verwendungen des Begriffs, so entsteht ein weitgefächertes Spektrum. An dem einen Ende stand Nnamdi Azikiwe, der sie in seinem politischen Gedankensystem mit einer zentralen Bedeutung versah. Azikiwe, der nach einer Ausbildung in den USA in den dreißiger Jahren nach Afrika zurückgekehrt war, gründete dort 1944 den *National Council for Nigeria and the Cameroons*, der sich *de facto* zu einer Massenpartei der Igbo im Südosten Nigerias entwickeln sollte. Er amtierte als Premierminister der östlichen Region und als Generalgouverneur Nigerias, bevor er 1963 der erste Präsident des unabhängigen Landes wurde. Bereits drei Jahre später stürzte ihn ein Militärputsch, der den Auftakt der Ereigniskette bildete, die in den jahrelangen nigerianischen Bürgerkrieg münden sollte.

In den vierziger und fünfziger Jahren propagierte Azikiwe nachdrücklich eine parlamentarisch-demokratische Vision für ein unabhängiges Nigeria, als deren integraler Bestandteil menschenrechtliche Garantien fungieren sollten. Bereits 1943 veröffentlichte er einen Verfassungsentwurf, der, modelliert nach verschiedenen westlichen Verfassungen, einen umfangreichen Katalog politischer und sozialer Grundrechte enthielt.[32] Der spätere Präsident verwies dafür zuweilen auch ausdrücklich auf die Allgemeine Menschenrechtserklärung. Damit war er eine Ausnahme selbst in den politischen Führungszirkeln Nige-

---

32 Vgl. Azikiwe, Blueprint. Vgl. auch Azikiwe, Zik, S. 82–99, 100–146.

rias, die die Erklärung zwar begrüßt hatten, die Chancen, sie umzusetzen, aber skeptisch betrachteten.[33] Schließlich sah Azikiwe Menschenrechte auch als entscheidendes Ingrediens einer panafrikanischen Staatenverbindung an, die ihm für den Kontinent vorschwebte. Eine entsprechende Konvention sollte eine der tragenden Säulen der Föderation bilden.[34]

Mit seinen konsequent durchgehaltenen, national wie international gedachten Menschenrechtsvorstellungen war Azikiwe in den antikolonialen Bewegungen ein Solitär. Dichter besetzt war das andere Ende des Spektrums, an dem Menschenrechtsvorstellungen wütend, höhnisch oder mindestens ernüchtert zurückgewiesen wurden. Mehrere prominente Wortführer entlarvten sie in ihren Schriften als eine scheinheilige Vorspiegelung, die in eklatantem Kontrast zur brutalen Wirklichkeit der kolonialen Herrschaft stehe. In diese Reihe läßt sich der kommunistische Guerrillaführer Ho Chi Minh einordnen, der von seinem langen Aufenthalt in Europa nach Vietnam zurückgekehrt war, um dort den Widerstand erst gegen die Japaner, anschließend gegen die Franzosen, später gegen die USA zu organisieren. Ideologisch berief er sich vor allem auf die Begriffe der Demokratie, der Unabhängigkeit und (das hatte im gespaltenen Vietnam eine besonders dringliche Bedeutung) der Einheit. In der wohl Anfang der zwanziger Jahre entstandenen langen Anklageschrift »gegen die französische Kolonialherrschaft« verwendete Ho den Menschenrechtsbegriff ein einziges Mal beiläufig; er bildete gerade nicht die Grundlage, auf der der vietnamesische Kommunist die Mißstände kolonialer Herrschaft so umfassend denunzierte.[35] In der vietnamesischen Unabhängigkeitserklärung von 1945 zitierte er die amerikanische Unabhängigkeitserklärung und die französische Menschenrechtserklärung, doch lediglich um kenntlich zu machen, wie weit sich die Kolonialmächte von den darin ausgesprochenen Werten entfernt hatten: »Dennoch haben die französischen Imperialisten seit mehr als achtzig Jahren, indem sie die Namen von Freiheit, Gleichheit und Brüderlichkeit mißbrauchten, unser Vaterland unterdrückt und unsere Mitbürger mißhandelt und so den Idealen der Humanität und Gerechtigkeit völlig zuwidergehandelt.«[36]

Sogar noch unzweideutiger fiel die Abrechnung aus, welcher Frantz Fanon den Kolonialismus unterzog. Auf Martinique geboren, hatte Fanon Medizin in Frankreich studiert und ging Anfang der fünfziger Jahre nach Algerien, um dort einige Jahre als Chefarzt in einer psychiatrischen Klinik zu arbeiten.

---

33 Vgl. Ibhawoh, Imperialism, S. 158–161.
34 Vgl. Azikiwe, Future.
35 Ho Chi Minh, Anklage gegen die französische Kolonialherrschaft [o. J., abgedruckt 1961], in: Ders., Revolution, S. 76–143. Mehrfach gab Ho in seinen Schriften sogar die französischen Menschenrechtsligen der Lächerlichkeit preis, da sie sich nicht um koloniales Unrecht kümmerten. Vgl. etwa ebd., S. 119. Vgl. aber auch ders., Manifest.
36 Ho, Revolution, S. 161. Zu seiner Verwendung des Selbstbestimmungsbegriffs vgl. ders., Anklage, S. 83; ders., Ansprache, S. 174; ders., Botschaft.

Nach dem Ausbruch des Kriegs schloß er sich dem *Front de Libération Nationale* (FLN) an, für den er zeitweilig als Gesandter unterwegs war, sollte jedoch die algerische Unabhängigkeit nicht mehr erleben, da er bereits 1961 an Krankheit starb. Zu seinem eigentlichen Vermächtnis wurde das noch kurz vor dem Tod fertiggestellte Buch »Die Verdammten dieser Erde«. Halb sozialpsychologische Analyse des Kolonialismus, halb politische Kampfschrift, zog Fanon darin die Summe seiner Erfahrungen in Algerien und propagierte nicht zuletzt unverhohlen die Gewalt als einzig wirksames antikoloniales Purifizierungsmittel. Die Schrift avancierte zu einem vielgelesenen Erweckungstext der antikolonialen Linken auf der ganzen Welt.[37] Fanon distanzierte sich darin von dem Gedanken der Menschenwürde, wie er im Westen vertreten werde: »Von jenem idealen Menschen hat der Kolonisierte niemals gehört. Was er auf seinem Boden gesehen hat, ist, daß man ihn ungestraft festnehmen, schlagen, aushungern kann.«[38] Den Glauben an Rechts- oder Menschenrechtsversprechen ridikülisierte er als faules Arrangement mit dem kolonialen Unterdrücker. So hielt er den antikolonialen Parteien vor, ihre Aktivität erschöpfe sich »in einer Folge von philosophisch-politischen Abhandlungen über das Selbstbestimmungsrecht der Völker, über das Menschenrecht auf Würde und Brot und in der ununterbrochenen Beteuerung des Grundsatzes: ›Ein Mensch – eine Stimme‹. Die nationalistischen politischen Parteien bestehen nie auf der Notwendigkeit der Kraftprobe, weil ihr Ziel eben nicht die radikale Umwälzung des Systems ist.«[39]

Zwischen diesen extremen Polen tat sich ein breites Feld auf. Die meisten antikolonialen Politiker, die den Menschenrechtsbegriff affirmativ aufnahmen, taten dies sporadisch, ohne daß er als ideologischer Dreh- und Angelpunkt fungierte. Davon zeugen zahlreiche Parteimanifeste und politische Absichtserklärungen.[40] In den Reden und Schriften einiger Nationalistenführer läßt sich gleichwohl ein distinktes Muster der antikolonialen Aneignung erkennen. Anders als Azikiwe ging es ihnen nicht darum, westliche Verfassungsvorstellungen und internationale Normen nach Afrika zu transponieren. Statt dessen verwendeten sie Menschenrechtsvorstellungen entweder als eine Folie, um das Unrecht des Kolonialismus zu denunzieren, und reicherten damit ihren negativen Konsens rhetorisch an.[41] Oder sie bezogen sich auf den Begriff und die mit ihm verbundenen Normen, um die ›positiven‹ Kernforderungen ihres politischen

---

37 In den zehn Jahren nach seinem Erscheinen erlebte das Buch acht Auflagen in Frankreich, vier in den USA und drei in Großbritannien. Vgl. Betts, Decolonization, S. 39.
38 Fanon, Verdammten, S. 37.
39 Ebd., S. 50. Vgl. Césaire, Kolonialismus, S. 64f.
40 Vgl. Wahlmanifest der CPP Ghanas; Programm der Volksbewegung für die Befreiung Angolas; Obote, Charta; Programm des Zambia National Congress vor der Unabhängigkeit, abgedruckt in Kaunda, Humanismus, S. 28f.; All African Peoples Conference, Letter; African National Council, Aims; Nkomo, Case; Chitepo, Ansprache, S. 67.
41 So allerdings auch Azikiwe, Zik, S. 50, 62, 83.

Kampfs, Unabhängigkeit, Selbstbestimmung und Rassengleichheit, als Menschenrechte zu reklamieren.

Die größte Bedeutung hatten diese Adaptionen, wenn auch nur einen kurzen Moment lang, in den Reden Patrice Lumumbas. Lumumba gründete 1958 den *Mouvement national congolais*, der mit der Partei Joseph Kasavubus, die die Bakongo repräsentierte, und derjenigen Moïse Tschombés in Katanga rivalisierte. Darin deutete sich bereits die ethnische und regionale Zerfurchung an, die das Land im Augenblick seiner politischen Selbständigkeit in einen jahrelangen Bürgerkrieg stürzen sollte. Zwei Vorgänge begründeten Lumumbas zeitweilig recht strahlkräftigen Mythos als radikaler Revolutionsführer und Freiheitsheld. Zum einen der Eklat, für den er bei der kongolesischen Unabhängigkeitsfeier sorgte, als er in Gegenwart des belgischen Königs Baudouin I. die gewaltsamen Exzesse der belgischen Kolonialherrschaft anklagte. Zum anderen sein früher Tod: Noch 1960 wurde Lumumba mit Hilfe des belgischen und amerikanischen Geheimdiensts gefangen genommen und ermordet. In den knapp zwei Jahren vor der Unabhängigkeit seines Landes nutzte Lumumba stärker als wohl jeder andere Nationalistenführer den Menschenrechtsbegriff, um seinen Kampf für das Ende der Kolonialherrschaft zu motivieren. »Wir gründen unser Vorgehen auf die Allgemeine Menschenrechtserklärung – Rechte, die die Charta der Vereinten Nationen jedem einzelnen Mitglied der Menschheit verbürgt«, so führte er etwa 1958, in einer formal nicht ganz korrekten Verknüpfung der beiden Dokumente, aus.[42] Und noch in seiner Unabhängigkeitsproklamation wiederholte Lumumba sein Bekenntnis: »Wir werden die Unterdrückung der Gedankenfreiheit beenden und dafür sorgen, daß alle Bürger die vollen und grundlegenden Freiheiten genießen, die in der Menschenrechtserklärung festgeschrieben sind.«[43]

In der politischen Rhetorik Julius Nyereres und Jomo Kenyattas trat die Menschenrechtsidee ähnlich, wenn auch eingeschränkter und zurückgenommener auf. Nyerere, seit 1961 Präsident Tanganyikas, später Tansanias, das er in seiner über zwanzigjährigen Herrschaft als Einparteienstaat nach den Maßgaben eines »afrikanischen Sozialismus« leitete, gebrauchte den Begriff unsystematisch und unterschiedlich.[44] Vor allem jedoch formulierte er, wenn er von Menschenrechten sprach, ein Bekenntnis zur Gleichheit der Rassen. An herausgehobener Stelle, in seiner Unabhängigkeitsansprache von 1961, betonte er, »der Gedanke, der der Allgemeinen Erklärung zugrunde liegt, derjenige der menschlichen Brüderschaft ungeachtet der Rasse, der Hautfarbe oder des Glaubens, ist das

---

42 Lumumba, Speech at the Accra Conference, S. 57. Vgl. ähnlich wenige Monate später ders., Unity, S. 74f.
43 Lumumba, Speech at Proclamation of Independence, S. 222f. Im englischen Text: »Declaration of the Rights of Man«. Vgl. auch ders., Speech of Prime Minister, S. 215.
44 Vgl. Nyerere, Self-Government, S. 76.

Grundprinzip, um dessen Durchsetzung wir gekämpft haben«.⁴⁵ Dieses Postulat wendete der tanganyikanische Präsident sogar nach innen, indem er den »Nicht-Afrikanern« in Ostafrika die gleichen Garantien versprach, was sich auf die Briten und Asiaten bezogen haben dürfte.⁴⁶ In diesem Sinn hielt Nyerere lange an dem Prinzip fest.⁴⁷ Jomo Kenyatta, Präsident der *Kenya African Union* und während des »Mau Mau«-Aufstands von den Briten inhaftiert, bevor er 1964 der erste kenianische Präsident wurde, assoziierte seinen Kampf gegen den Kolonialismus im nachhinein andeutungsweise mit einem Kampf um Menschenrechte.⁴⁸ Dabei hatte er vor allem den Leitwert der Freiheit im Sinn. In einer rückblickenden Bilanz hielt er fest: »Unser Kampf war ein gerechter. All die hehren Chartas und Erklärungen der Geschichte, und alle Verfassungen, die Menschenrechte verankern, sind einer höchsten Wahrheit entsprungen: daß Menschen als geistige und strebende Wesen, durch das Gesetz verbürgt, das Recht haben, frei zu sein.«⁴⁹

Die politische Ambivalenz in den Menschenrechtsauffassungen, die die Äußerungen antikolonialer Führer insgesamt durchzog, fand sich bisweilen sogar in den Stellungnahmen ein und derselben Person wieder. Manche Nationalisten wiesen westliche Rechtsgedanken in bestimmten Situationen als unaufrichtigen Herrschaftsdiskurs zurück, nahmen sie in anderen aber durchaus emphatisch auf, um ihre politischen Forderungen zu stärken. Dafür steht vor allem die politische Propaganda Kwame Nkrumahs. Er war nach langen Jahren in den USA und England am Ende der vierziger Jahre nach Ghana zurückgekehrt, wo er, als Pionier eines radikalen Nationalismus, gewiefter Organisator und charismatische Führungsgestalt, seine *Convention People's Party* zu einer proteststarken Massenbewegung formte.⁵⁰ Im Jahr 1957 wurde er der erste Präsident Ghanas, des ersten unabhängigen Staats im subsaharischen Afrika. Intellektuell umtriebig und herrschsüchtig, war Nkrumah Vorreiter auch in vielem anderen – später etwa mit seinen panafrikanischen Visionen und seinen polemischen Analysen des »Neokolonialismus«. Er bekannte sich zum Sozialismus und interpretierte den Kolonialismus konsequent als ein im Kern wirtschaftliches Phänomen. Als ghanaischer Präsident etablierte er eine autokratische Herrschaft, bevor er 1966 von seinen Gegnern im Land gestürzt wurde. Nkrumah denunzierte einerseits, ähnlich wie Ho oder Fanon, die koloniale Rechtsrhetorik immer wieder als fadenscheiniges Mittel der fortgesetzten Fremdherrschaft.⁵¹ »Staatsmänner haben viel Aufhebens von der Notwendigkeit

---

45 Nyerere, Independence Address, S. 146. Vgl. auch ders., Independence Message.
46 Vgl. Nyerere, Human Rights, S. 70. Vgl. auch ders., Courage.
47 Vgl. The Arusha Declaration, S. 14.
48 Vgl. als frühere Äußerungen vor allem: Kenyatta, Suffering, S. 64, 168.
49 Kenyatta, Suffering, S. 240f. Vgl. auch ebd., S. 281.
50 Vgl. Marx, »History«; Ansprenger/Traeder/Tetzlaff, Entwicklung; Gocking, History.
51 Vgl. Nkrumah, Freedom, S. xvi.

gemacht, Grundfreiheiten zu achten und das Recht des Menschen, frei vom Schatten der Furcht zu leben, die ihre Würde einschnürt, wenn sie sich in Sklaverei befinden«, erklärte er nach der Unabhängigkeit. »Sie haben die Atlantik-Charta und die Charta der Vereinten Nationen verkündet und dann gesagt, daß sich diese nicht auf die versklavte Welt beziehen«.[52] Ließen diese Absagen an Deutlichkeit nichts zu wünschen übrig, so eignete sich Nkrumah andernorts aber doch westliche Rechtsvorstellungen an, um die Kolonialherrschaft zu delegitimieren.[53] Auf einem panafrikanischen Kongreß von 1958 forderte der ghanaische Präsident sogar, die Allgemeine Menschenrechtserklärung umzusetzen, um so die Voraussetzungen für das Ende der Kolonialherrschaft zu schaffen.[54]

Diese Positionierungen verweisen noch auf einen weiteren symptomatischen Zug, denn sie verdeutlichen die taktische Flexibilität, die viele afrikanische und asiatische Unabhängigkeitsführer im Umgang mit dem Menschenrechtsgedanken bewiesen.[55] Die meisten Protagonisten verstanden ihn eben nicht als ein kohärentes ideologisches oder philosophisches System, sondern als einen politischen Kampfbegriff und als ein versatiles Instrument der Delegitimierung, das sie einsetzten, sofern es vielversprechend schien. Darin lag auch der Hauptgrund dafür, daß es der Aufnahme von Menschenrechten nicht im Wege stand, wenn sich die nationalistischen Politiker als Sozialisten verstanden.[56] Das zeigen bereits die Beispiele Nyereres, Kenyattas und Nkrumahs. Vielleicht noch stärker galt es für Amílcar Cabral, den Gründer des *Partido africano para a Independência da Guiné e Cabo Verde* (PAIGC), welcher 1963 in Guinea-Bissau den Guerrillakrieg gegen die Portugiesen eröffnete. Cabral hatte sich eine Version des Marxismus zurechtgelegt, die auf die Bedingungen in seinem Land zugeschnitten sein sollte, indem sie die dort vorherrschenden materiellen Nöte in den Vordergrund rückte und die historisch entscheidende Konfrontation als eine zwischen allen afrikanischen »Klassen« einerseits und den herrschenden Klassen der »imperialistischen« Länder andererseits verstand.[57] Mehrfach jedoch charakterisierte er das Syndrom aus politischer Unfreiheit, Armut und Bildungsmangel, unter dem Guinea-Bissau litt, als eine Verweigerung der Menschenrechte. »Die Lage unserer Völker, wie die der anderen Völker, die von Portugal beherrscht werden, ist widersinnig«, beklagte er zwei Jahre vor Beginn der bewaffneten Konfrontation. »Die grundlegenden Rechte des Menschen (*rights of man*), wesentliche Freiheiten, Achtung vor der menschlichen Würde – all das

---

52 Nkrumah, Africa Must Unite, S. ix.
53 Vgl. Nkrumah, Declaration to the Colonial Peoples, S. 44.
54 Nkrumah, Agenda, S. 134. Vgl. auch ders., Africa Must Unite, S. xiii.
55 So etwa auch Nehru, To The Editor, S. 616f.; ders., Foreign Policy, S. 450; ders., U. N. Resolution, S. 468.
56 Dies anders als Eckert, Nationalisten.
57 Vgl. Blackey, Fanon.

ist in unserem Land unbekannt.«[58] Vor allem bemühte sich Cabral, die Vereinten Nationen in den antikolonialen Befreiungskampf einzuspannen und setzte dafür, naheliegenderweise, auf eine menschenrechtspolitische Strategie, indem er die portugiesische Kolonialherrschaft als Verletzung der Allgemeinen Menschenrechtserklärung anklagte.[59]

Ein Sonderfall, mindestens von den äußeren Rahmenbedingungen her betrachtet, war schließlich derjenige der Opposition in Südafrika. Er verdient eine nähere Betrachtung, weil er der einzige war, in dem Menschenrechte eine lang anhaltende, wirklich tragende Bedeutung für den Freiheitskampf gewannen. Die Situation an der Südspitze des Kontinents unterschied sich von der in den regelrechten Kolonien, da nicht europäische Besatzer von einer überseeischen Metropole aus regierten, vermittelt über eine mehr oder weniger stark ausgeformte koloniale Administration vor Ort, sondern ein über viele Jahrzehnte eingewurzeltes weißes Siedlerregime. Dadurch rückte die afrikanische Emanzipationsbewegung, mehr als andere antikoloniale Bewegungen, in die Position einer inneren, zunächst gesetzlich tolerierten, später verbotenen Opposition. Es mag damit zusammengehangen haben, daß sie von vornherein stark von nationalen Rechtssicherungen her dachte; und daß sie, da sich dieser Weg angesichts der starren Haltung der Regierung als Sackgasse erwies, darauf verfiel, ihren Rechtsforderungen zusätzliche Kraft zu verleihen, indem sie auf internationale Normen und Foren zurückgriffen.

Der *African National Congress* (ANC), die dominierende Organisation innerhalb der afrikanischen Opposition, forderte stärker als koloniale Parteien anderswo demokratische politische Rechtssicherungen, die er schlagwortartig als »demokratische Rechte« oder »gleiche Rechte« titulierte.[60] Der Menschenrechtsbegriff erfüllte in diesem Zusammenhang immer wieder eine Schlüsselfunktion.[61] So beklagte der gemäßigte ANC-Präsident Alfred Bitini Xuma, der der Organisation in den ersten Jahren nach Ende des Zweiten Weltkriegs noch vorstand, den Willen der neuen Regierung unter Daniel François Malan »die Afrikaner ihrer politischen und anderen Menschenrechte zu berauben«.[62] Nachdem die frühen Gesetzesmaßnahmen von Malans Regierung deutlich gemacht hatten, daß die Unterdrückung der Afrikaner eine neue Qualität erhalten würde, brach der ANC mit dem Kurs Xumas und ging zur offenen Konfrontation über. Seine spektakulärste Aktion war die *Defiance Campaign* des Jahres

---

58 Cabral, Guinea, S. 10. Vgl. auch ders., Situation; Programm der PAIGC.
59 Vgl. Cabral, Verbrechen. Vgl. auch ders., United Nations.
60 Vgl. Mandela, Presidential Address; ders., Shifting Sands; ders., Freedom; ders., Announcement; Tambo, Southern Africa; Non-European Unity Movement, Declaration; Matthews, Presidential Address.
61 Zum historischen Hintergrund im Folgenden vgl. Barber, South Africa; Hagemann, Kleine Geschichte.
62 Xuma u. a., Call, S. 369. Vgl. auch ders./Naicker/Dadoo, Declaration; ders., Statement.

1952, bei der Afrikaner aufgerufen wurden, Rassengesetze bewußt zu übertreten. Die neue Spitze des ANC rechtfertigte diese Maßnahme in einem Brief an den Premierminister Malan unter anderem mit dem Streben der Afrikaner, »im Land ihrer Geburt die grundlegenden Menschenrechte zu erlangen«.[63]

Den vorläufigen Kulminationspunkt des inneren Protests gegen die repressive Staatspolitik markierte das Jahr 1955, als sich rund 3000 Vertreter aller Oppositionsgruppen – weiße Liberale und Kommunisten, Afrikaner, »coloureds« und Inder – bei Johannesburg zu einem »Volkskongreß« versammelten. Sein wichtigstes Resultat war die Verabschiedung einer »Freiheits-Charta«. Sie verkörperte einen hart umstrittenen Kompromiß, und konnte daher gar nicht anders als in vage Formulierungen gegossen sein. Für den ANC blieb sie gleichwohl bis zum Ende des Apartheidstaats ein zentraler programmatischer Bezugspunkt. Der Text bestand in einer breit gefaßten, nicht sonderlich systematischen Rechteerklärung, in der Menschenrechte einen eigenen Passus (von insgesamt zehn) erhielten. Dabei wurden sie vor allem als politische Freiheitsrechte ausbuchstabiert, als Meinungs-, Versammlungs- und Bewegungsfreiheit, daneben als Religions- und Erziehungsfreiheit.[64]

Im Anschluß an den Kongreß trat die afrikanische Opposition in eine schwierige Phase. Vor allem nach einer Demonstration gegen die gängelnden Paßgesetze in Sharpeville im März 1960, bei der die Polizei 69 Menschen tötete, verschärfte sich die Verfolgung der Opposition rigoros. Der ANC wie auch der 1958 gegründete *Pan Africanist Congress* wurden verboten, ihre Führer Nelson Mandela und Robert Sobukwe festgenommen. Im Jahr 1963 fiel der Polizei bei einer Razzia in Rivonia schließlich nahezu der gesamte Führungskern des ANC in die Hände. Wenn der grobe Blick nicht täuscht, trat der Menschenrechtsgedanke in diesen Jahren der zunehmenden Bedrängnis etwas zurück. Gelegentlich stellte der ANC seine Aktivitäten zwar weiterhin unter das Banner der Menschenrechte. Albert Luthuli tat dies in seiner Dankesrede bei der Verleihung des Friedensnobelpreises, den er, der Befürworter der Gewaltlosigkeit und der Zusammenarbeit von Schwarzen und Weißen, im Jahr nach Sharpeville erhielt – als erster Afrikaner.[65] Dennoch dürften es die unverkennbare Schwächung der Opposition einerseits – wer nicht in Haft war, floh ins Exil – und ihr inzwischen gewählter militanter Kurs andererseits erklären, daß politisch-philosophische Selbstlegitimierungen nicht länger so stark im Vordergrund standen, wie sie es in den vierziger und fünfziger Jahren getan hatten.

War der Menschenrechtsbegriff insgesamt betrachtet in den Schriften der antikolonialen Parteien und nationalistischen Führer, die sich seiner bedienten, eher nachgeordnet, und hielten sich Aufnahme und Ablehnung in dem

---

63 Moroka und Sisulu an Malan, 11. Februar 1952. Vgl. auch Luthuli, Message, S. 132.
64 Text in: Hamalengwa u. a. (Hg.), Law.
65 Vgl. Luthuli, Nobel Peace Prize Address.

Diskurs ungefähr die Waage, so ergibt sich ein etwas anderes Bild, wenn man den Blick auf die übernationalen Bewegungen und zwischenstaatlichen Zusammenschlüsse richtet. Für sie fungierte er nämlich als ein wichtigeres ideologisches Element – wenn auch wiederum mit Einschränkungen, denn die zugkräftigsten Entlehnungen konzentrierten sich auf einige wenige Jahre. Mindestens da jedoch entfalteten sie die antikolonialen Ausdeutungen des Menschenrechtsgedankens, die sich in den Reden von »Gründervätern« wie Kenyatta, Nyerere oder Lumumba andeutungsweise fanden, international am sichtbarsten.

Ein Kooperationswille, der über die regionale Zusammenarbeit hinausreichte, manifestierte sich erstmals auf der Konferenz, die, auf Initiative des indischen Ministerpräsidenten Jawaharlal Nehru und des indonesischen Präsidenten Sukarno, 1955 im indonesischen Bandung anberaumt wurde.[66] Sie stellte eine wichtige Wegmarke für die Wahrnehmung einer entstehenden »Dritten Welt« dar, weil hier asiatische und afrikanische Länder erstmals gemeinsam auf der weltpolitischen Bühne auftraten. Neunundzwanzig Staaten und Kolonien schickten überwiegend sehr hoch besetzte Delegationen. Bei näherem Hinsehen war die afro-asiatische Einheit, die in Bandung bekundet werden sollte, allerdings ein Geschöpf des Willens mehr als der Wirklichkeit. Zunächst einmal handelte es sich ganz überwiegend um eine asiatische Veranstaltung; nur vier Teilnehmer kamen aus Schwarzafrika, die in den Verhandlungen zudem wenig in Erscheinung traten. Wichtiger noch war, daß mindestens tendenziell eine Spaltung in drei politische Lager zutage trat: die Staaten, die mit den USA verbündet waren, wie unter anderem Pakistan, Japan und die Philippinen; daneben die Staaten, die konsequent auf eine neutralistische Linie bedacht waren; und schließlich die kommunistischen Staaten, zu denen China und Nordvietnam gehörten. Die abschließende Zehn-Punkte-Erklärung war umstritten, und sogar über das Kernanliegen der Konferenz, den Protest gegen den Kolonialismus, entzündete sich Streit, da einige westlich orientierte Teilnehmer die Sowjetunion ebenfalls als imperiale Macht verurteilen wollten.[67]

Der Diskussion über Menschenrechte widmete die Konferenz einen eigenen Agendapunkt. Der australische Historiker Roland Burke hat darin »den Höhepunkt der Unterstützung von Dritte-Welt-Staaten für die Universalität der Menschenrechte« erkannt.[68] Das macht er daran fest, daß Menschenrechte ein zentrales Thema der Konferenz dargestellt hätten und die afro-asiatischen Staaten als entschlossene Fürsprecher internationaler Normen aufgetreten seien. Diese Einschätzung scheint zunächst sowohl den Stellenwert des Themas als auch die Einmütigkeit der Teilnehmer darüber, was von ihm zu halten sei, überzuakzentuieren. »Menschenrechte und Selbstbestimmung« bildeten nur eine,

---

66 Vgl. Jansen, Afro-Asia.
67 Vgl. Ampiah, Imperatives.
68 Vgl. Burke, »Dialogue«, Zitat S. 14f.

wenn auch wichtige, Frage in einem breiten Diskussionspanorama, das sich von der wirtschaftlichen Zusammenarbeit über die »Probleme abhängiger Völker« bis zur Förderung des Weltfriedens erstreckte. Mehrere Länder wehrten sich dagegen, in dem Abschlußkommuniqué die Allgemeine Menschenrechtserklärung zu erwähnen – China und Nordvietnam, die beide nicht in den Vereinten Nationen vertreten waren, sowie die beiden Initiatoren Indien und Indonesien.

Vor allem aber trifft man die menschenrechtspolitische Stoßrichtung der Konferenz nicht, wenn man sie als Bekenntnis zu »universellen« Werten versteht. Die afrikanischen und asiatischen Staaten, die in Indonesien zusammengekommen waren, luden den Menschenrechtsgedanken nämlich mit einem antikolonialen Sinn auf und verliehen ihm damit eine ganz bestimmte politische Bedeutung. Auch in Bandung wurde die Erfahrung des Kolonialismus wiederholt als einigendes Band beschworen, und das erschien angesichts der handfesten Spannungen, die diesen Pionierversuch der Staatenkooperation beeinträchtigten, sogar besonders notwendig.[69] Die Annäherung an den Menschenrechtsbegriff stand ganz im Zeichen dieser Appelle. Die abschließende Erklärung verurteilte Kolonialismus und Rassismus als Menschenrechtsverletzung. Daneben rief sie das Selbstbestimmungsrecht an, das sie als »eine Voraussetzung des vollen Genusses aller grundlegenden Menschenrechte« bewertete.[70] Zu diesem Zeitpunkt gab es noch immer kein wichtiges internationales Dokument, das diese Ideen als Menschenrechte gefaßt hätte, wenn sich auch in den Vereinten Nationen bereits Stimmen regten, die genau dies einforderten. Die Bandung-Konferenz stellte daher das bis dato deutlichste Beispiel für die antikoloniale Definition – oder Redefinition – der Menschenrechtsidee dar.

Ebenso unvermittelt, wie sie zum Vorschein gekommen war, geriet diese Idee in der Staatenzusammenarbeit der folgenden Jahre aber wieder in den Hintergrund. Nach dem Treffen in Bandung ging die Initiative auf die Bewegung der Blockfreien über, in der Menschenrechte nie wieder eine derart herausgehobene Bedeutung erlangen sollten. Die Bewegung konstituierte sich 1961, als ein Forum für Staaten vor allem aus Afrika, Asien und Lateinamerika.[71] Sie bildete einen lockeren Zusammenschluß, wuchs aber stetig, von 25 Mitgliedern im Gründungsjahr auf über 86 Mitte der siebziger Jahre. Die Bewegung wollte sich zum einen der bipolaren Aufteilung der Welt entziehen und verstand sich als eine unabhängige Stimme im Staatenkonzert, ja sogar als moralisches Gewissen. Zum anderen wollte sie die Anliegen der Mitglieder auf die weltpolitische Agenda setzen und deren Gewicht in der internationalen Arena stärken.[72] Damit verhalf die Bewegung ihren Teilnehmern zu einer symbolischen

---

69 Vgl. Betts, Decolonization, S. 43. Vgl. auch Supplementary Speech Chou En-lai, S. 52.
70 Vgl. Final Communiqué of the Asian-African Conference.
71 Zur Bewegung hier und im Folgenden vgl. Jansen, Afro-Asia; Matthies, Blockfreien; Singham/Hune, Non-Alignment; Rothermund, Delhi, S. 183–210.
72 Vgl. dazu Jankowitsch/Sauvant (Hg.), Third World, vor allem Bd. 1 und 2.

Aufwertung in der internationalen Diplomatie. Diese Aufwertung blieb zwar nicht folgenlos, doch übersetzte sie sich auch nicht ohne weiteres in politische Verhandlungsmacht.[73]

Das hing auch mit der Heterogenität der Bewegung zusammen, die in jeder Hinsicht phänomenal war. Von stabilen freiheitlichen Demokratien bis zu harschen, mörderischen Diktaturen waren alle Arten von Regierungssystemen vertreten, bitterarme Länder gehörten ebenso dazu wie verschwenderisch reiche, eine Unzahl von Kulturen aus fast allen Ecken der Welt begegnete sich. Vor diesem Hintergrund entwickelten die Blockfreien nur wenige programmatische Leitlinien, auf die sich die Mehrheit einigen konnte. Zuvorderst stellte die Bewegung eine antikoloniale Plattform dar.[74] Neben den allgemeinen Anklagen von Kolonialismus und Imperialismus verurteilten die Blockfreien konkrete Fälle fortdauernder Kolonialherrschaft und unterstützten vehement den noch andauernden Befreiungskampf. Einen weiteren Pfeiler, der die Profilierung als dritte Kraft im Staatensystem stützen sollte, stellte die Friedensrhetorik dar. Beständig mahnte die Bewegung dazu, abzurüsten und die Kernenergie ausschließlich zu friedlichen Zwecken zu nutzen, sprach sich gegen Militärpakte aus und forderte, die internationalen Beziehungen zu »demokratisieren«. Ein dritter, von Beginn an wichtiger programmatischer Bestandteil der Bewegung war die Idee der »Entwicklung«.[75] Eine oft wiederholte Kernforderung, verband sie sich mit einer dezidierten Kritik an »neokolonialer« Ausbeutung und wachsender Ungleichverteilung. Im Verlauf der siebziger Jahre verwandelte sich die Bewegung dann zusehends in ein Forum für weltwirtschaftliche Fragen.[76]

Menschenrechtsrhetorik verwendete die Bewegung ausschließlich in einem kolonialismuskritischen Kontext. Die Konferenzen zogen den Begriff im Grunde nur heran, um konkrete Fälle der kolonialen Unterdrückung zu denunzieren. Am heftigsten schleuderten sie den Vorwurf der »eklatanten Verletzung verschiedener UN-Resolutionen zu Menschenrechten und Grundfreiheiten« Jahr um Jahr gegen das südafrikanische Apartheidregime.[77] Daneben traf er die israelische Okkupationspolitik, die amerikanische Kriegführung in Indochina sowie die fortgesetzte Kolonialherrschaft in den portugiesischen Territorien.[78]

---

73 Konträre Einschätzungen bei Rothermund, Delhi, S. 195, und Betts, Decolonization, S. 44. Die historische Forschung hat gerade erst begonnen, sich des Themas anzunehmen, und derzeit ist eine Reihe von Projekten in Bearbeitung. Vgl. bislang Dinkel, Rezension: Bandung.
74 Vgl. zum Folgenden die Texte der Resolutionen und Erklärungen der Konferenzen vor allem bis Ende der siebziger Jahre, in: Jankowitsch/Sauvant (Hg.), Third World, Bd. 1 bis 5.
75 Vgl. etwa früh schon: Cairo Summit, S. 72–74.
76 Vgl. dazu vor allem die Konferenz in Havanna 1979, in: Jankowitsch/Sauvant (Hg.), Third World, Bd. 5.
77 Lusaka Summit 1970, Resolution on Apartheid and Racial Discrimination, S. 91 f.
78 Vgl. dazu die Resolutionen in Lusaka 1970, Algier 1973, Havanna 1979, in: Jankowitsch/Sauvant (Hg.), Third World, Bd. 1 und 5.

Nur wenige staatliche Verbrechen, die sich nicht in das koloniale Schema fügten, zogen den Vorwurf der Menschenrechtsverletzung auf sich, vor allem die Repressionen der Pinochet-Junta in Chile und die türkische Besetzung Zyperns.[79] Bis zum Ende der siebziger Jahre wurde der Begriff bei alledem jedoch nicht zu einem emblematischen Aushängeschild der Bewegung oder auch nur zu einer prominenten Umschreibung ihres Antikolonialismus. Andere Referenzen und Schlüsselwörter waren dafür wichtiger. Vor allem beriefen sich die Blockfreien auf nationale Unabhängigkeit, Freiheit, die Gleichheit der Staaten und Selbstbestimmung.[80] Erst im Laufe der siebziger Jahre sollten sich die Verwendungsweisen des Menschenrechtsbegriffs, wie noch zu zeigen sein wird, verschieben, wenn auch nicht unbedingt ein viel größeres Gewicht gewinnen.

Deutlich stärker ins Zentrum des antikolonialen Befreiungsdiskurses rückten Menschenrechte in der panafrikanischen Bewegung. Allerdings wiederum nur für einen kurzen Moment. Der Panafrikanismus war neben dem Zusammenschluß der Blockfreien der wohl wichtigste Ausdruck der internationalen Kooperation postkolonialer Staaten (sowie anfänglich noch der Kolonien), ohne daß er dessen institutionellen Verfestigungsgrad erreichte. Die panafrikanische Bewegung hatte nach dem Ersten Weltkrieg in Form einiger Konferenzen eine lockere organisatorische Gestalt erhalten.[81] In den späten dreißiger und den vierziger Jahren wandten sich dann immer mehr Afrikaner dem Panafrikanismus zu, die für eine Infusion radikaleren Gedankenguts sorgten, indem sie die vollständige Unabhängigkeit der afrikanischen Kolonien forderten. Das schlug sich prägend auf dem fünften panafrikanischen Kongreß nieder, der 1945 in Manchester abgehalten wurde. Er visierte den Übergang zu einem Freiheitskampf an, der von den afrikanischen Bevölkerungen selbst getragen werden sollte.[82]

Danach schliefen die Aktivitäten praktisch völlig ein. Wiederbelebt wurde der Panafrikanismus erst gegen Ende der fünfziger Jahre, wobei ein starker Impuls von Kwame Nkrumah und dem soeben unabhängig gewordenen Ghana ausging. Nun sollte der Menschenrechtsgedanke plötzlich eine tragende Rolle spielen, wobei das Jahr 1958 das *annus mirabilis* darstellte, in dessen Verlauf der panafrikanische Menschenrechtsrekurs gleich bei mehreren Anlässen stark zum Vorschein kam. Er trat dabei in dem bekannten antikolonialen Gewand auf, das auch in Bandung und in den Schriften einiger Nationalistenführer zu

---

79 Im Umfeld der Konferenz von Algier 1973 wurde zudem eine Erklärung zu Menschenrechten als Voraussetzung für internationale Sicherheit verabschiedet, die ebenfalls eine antikoloniale Stoßrichtung hatte. Vgl. Jankowitsch/Sauvant (Hg.), Third World, Bd. 1, S. 459.
80 Vgl. Lusaka Declaration, S. 81.
81 Vgl. zum Hintergrund Geiss, Movement, S. 385–423; Duffield, Pan-Africanism; Esedebe, Pan-Africanism.
82 Vgl. Esedebe, Pan-Africanism, S. 142–144. Vgl. auch Nkrumah, Path, S. 42–44.

betrachten gewesen war. Den Anfang machte die »Konferenz unabhängiger Staaten« in Accra im April des Jahres. Die teilnehmenden Delegationen, von den acht bereits selbständigen afrikanischen Staaten entsandt, bekannten sich mehrfach zu Menschenrechten und gelobten ihre »unerschütterliche Loyalität« gegenüber der Allgemeinen Menschenrechtserklärung.[83] Des weiteren forderten sie die Kolonialmächte auf, die Menschenrechte der Afrikaner zu achten und brandmarkten Rassismus als »eine Verneinung der Grundprinzipien der Menschenrechte und der Menschenwürde«.[84] Im Dezember fand ebenfalls in der ghanaischen Hauptstadt die »All-afrikanische Völkerkonferenz« statt, zu der auch Repräsentanten der noch nicht unabhängigen Territorien geladen waren. Sie stellte die bis dato umfassendste panafrikanische Zusammenkunft dar. Auch hier durchzog Menschenrechtsrhetorik die Verlautbarungen relativ stark. Wiederum war sie vorrangig auf Kolonialismus und Rassismus gemünzt, deren Symptome wie Zwangsarbeit, Segregation und diskriminierende Gesetzgebung die Delegierten als Verstoß gegen die Allgemeine Menschenrechtserklärung beklagten.[85] Zudem beschloß die Konferenz, ein ständiges Sekretariat einzurichten, das die Weltöffentlichkeit auf Menschenrechtsverletzungen in Afrika aufmerksam machen sollte. Und schließlich sagten die Teilnehmer auch zu, in den neuen afrikanischen Nationalstaaten grundlegende politische Rechte zu gewähren. Diesen letzten Aspekt betonte auch die dritte Konferenz des Jahres, die das *Pan-African Freedom Movement of East and Central Africa* im September in Tanganyika ausrichtete. Das *Movement* verabschiedete eine Freiheits-Charta, die Menschenrechte, im Einklang mit der Allgemeinen Menschenrechtserklärung, zum fundamentalen Bestandteil seiner Vision für ein befreites Afrika erklärte. Dabei hob die Konferenz besonders hervor, daß diese Garantien auch für die in Afrika verbleibenden weißen Siedler gelten sollten.[86]

Nach dem Konferenzmarathon des Jahres 1958 ging der Menschenrechtsgedanke im panafrikanischen Zusammenhang allerdings praktisch vollständig verloren. Weder die »Zweite Konferenz der unabhängigen Staaten« von 1960 noch die zweite und dritte »All-afrikanische Völkerkonferenz«, 1960 und 1961 abgehalten, machten von ihm Gebrauch.[87] Allgemeiner wurde in diesen Jahren, als so viele afrikanische Staaten endlich die politische Selbständigkeit erlangten, die mangelnde Tragfähigkeit des Panafrikanismus schlagend deutlich. Das Projekt Nkrumahs und Sékou Tourés, eine Westafrikanische Union zu gründen, scheiterte. Die afrikanischen Staaten spalteten sich vorübergehend sogar

83 Vgl. Conference of Independent States, S. 82 f.
84 Conference of Independent States, S. 82 f.
85 Vgl. All-African People's Conference.
86 Vgl. Pan-African Freedom Movement of East and Central Africa, Conference. Vgl. auch das Kapitel bei Mboya, Freiheit, S. 203–230. Julius Nyerere hielt seine oben zitierte Rede auf dieser Konferenz. Vgl. Nyerere, Human Rights.
87 Vgl. zu alledem: Mutiso/Rohio (Hg.), Readings, S. 368–384.

in zwei Lager. Zunächst formierte sich die sogenannte Brazzaville-Gruppe, die aus Staaten des französischsprachigen Westafrika bestand und als »konservativ« galt, weil sie der Politik der Kolonialmächte moderater gegenüberstand.[88] Anschließend bildete sich die radikalere »Casablanca-Gruppe«, zu der etwa Ghana, Guinea, die Vereinigte Arabische Republik oder die »provisorische« algerische Regierung gehörten. Sie bezog wesentlich kämpferischer Position gegen Kolonialismus und »neokoloniale« Einflußversuche.[89]

In der Gründung der Organisation der Afrikanischen Einheit (OAE) im Jahr 1963 fanden die zerstrittenen Gruppen dann bis zu einem gewissen Grad wieder zusammen. Politisch war dies durch die algerische Unabhängigkeit und das Abschwellen der Kongokrise erleichtert worden, welche die Uneinigkeit in zwei wichtigen Fragen beseitigt hatten. Auf der Gründungskonferenz in Addis Abeba schufen insgesamt 32 Staaten den weltweit vorerst letzten der regionalen Staatenverbünde. Anders als der Europarat und die Organisation Amerikanischer Staaten nahm die OAE zunächst keine Menschenrechtserklärung an. Die Präambel der Charta enthielt ein Bekenntnis zur Charta der Vereinten Nationen und zur Allgemeinen Menschenrechtserklärung. Das Schwergewicht ihrer politischen Grundsätze lag aber dezidiert woanders.[90] Fünf der sieben Prinzipien der Organisation waren darauf abgestellt, die Souveränität der neuen Nationalstaaten festzuschreiben: »souveräne Gleichheit«, »Nichteinmischung«, »territoriale Integrität«, »friedliche Streitschlichtung« und die »vollkommene Emanzipation der noch abhängigen Territorien«. Damit war auch den weitergehenden Vorstellungen zwischenstaatlicher Kooperation, die die panafrikanische Bewegung einmal beseelt hatten, eine klare Absage erteilt worden. Sie vertrat in Addis Abeba nur noch eine Minderzahl.

In der organisatorischen Gestalt der OAE fanden somit Tendenzen einen vorläufigen Abschluß, die sich seit dem Ende der fünfziger Jahre immer deutlicher abgezeichnet hatten. In dem Maße nämlich, wie die Unabhängigkeit näher rückte, traten im panafrikanischen Zusammenhang solche Prinzipien in den Vordergrund, mit denen sich die Staatssouveränität befestigen ließ.[91] Für die Bewegung der Blockfreien galt übrigens das Gleiche, denn auch sie akzentuierte seit 1961 die Ideen der souveränen Gleichheit, der territorialen Unverletzlichkeit und der Nichtintervention. Alle diese Prinzipien standen in einem inhärenten Spannungsverhältnis zu dem Gedanken, sich gegenseitig an Menschenrechtsnormen zu binden, wie auch zu der Möglichkeit eines internationalen Schutzsystems. So verblaßten die menschenrechtlichen Anleihen in diesen

---

88 Vgl. Brazzaville Declaration; Monrovia Conference Communiqué.
89 In der Resolution über die Apartheid war auch von einer Menschenrechtsverletzung die Rede. Vgl. Legum, Documents.
90 Vgl. Tonndorf, Menschenrechte, S. 215–270. Die OAU-Charta ist abgedruckt in: Murray, Human Rights, S. 271–279.
91 Vgl. etwa schon: Conference of Independent States.

Jahren, machttaktisch betrachtet, konsequenterweise. Die Gründe, aus denen der antikoloniale Menschenrechtsgedanke verschwand, enthalten umgekehrt einige Hinweise darauf, wie sich dessen kurze Blütezeit erklären läßt. Sortiert man alles noch einmal chronologisch, erstreckte sich diese vor allem über die zweite Hälfte der fünfziger Jahre, als Lumumba, Nkrumah und die Redner auf den Konferenzen in Bandung und Accra die Menschenrechtssprache prominent verwendeten. Während dieser Phase war die antikoloniale Bewegung einerseits überhaupt erst genügend formiert, um eine vernehmbare internationale Stimme zu erheben. Andererseits erschien die Unabhängigkeit politisch noch so unkonkret, daß sich Selbstfestlegungen nicht als übermäßig gefährlich darstellten. Das alles traf im übrigen nur auf die politischen Aktivitäten zu, die sich außerhalb der Vereinten Nationen vollzogen. Diese eigentümliche Kluft verweist bereits darauf, daß in der Weltorganisation tatsächlich ganz eigene Gesetze herrschten.

Das galt auch noch in einer anderen Hinsicht. Denn für diejenigen Gebiete, die dem UN-Treuhandrat unterstellt worden waren, eröffnete sich ein zusätzlicher Kanal, über den sie mit dem Menschenrechtsgedanken in Berührung kamen. Als eines der Hauptorgane gegründet, war der Treuhandrat für elf Gebiete zuständig, die zuvor Völkerbundsmandate gewesen oder von den Kriegsverlierern Japan und Italien beherrscht worden waren. Sie waren in besonderer Weise mit der Weltorganisation verknüpft, da sie Inspektionsbesuche erhielten und ihnen ein gesondertes Petitionsrecht eingeräumt worden war.[92] Und tatsächlich entwickelte sich in den Treuhandgebieten ein sehr genaues Wissen sowohl um die Inhalte der Allgemeinen Menschenrechtserklärung als auch um die rechtlichen und Verfahrensmöglichkeiten, die ihnen offenstanden. Im ersten Jahrzehnt dürften Zehntausende von Petitionen beim Treuhandrat eingegangen sein, darunter auch Klagen wegen Menschenrechtsverletzungen. Diese Beschwerden kamen überdies nicht nur von den führenden nationalistischen Aktivisten, sondern auch von politisch sonst weniger engagierten Bürgerinnen und Bürgern. Den Aktivisten wiederum boten sich potentielle Einflußstrategien, die es in anderen abhängigen Territorien nicht gab. Einige vermochten nach New York zu reisen, um ihre Sache persönlich vor den Vereinten Nationen vorzubringen. Dort trafen sie nicht nur mit den Exponenten anderer Unabhängigkeitsbewegungen zusammen, sondern knüpften auch intensive Kontakte mit amerikanischen NGOs, die den antikolonialen Kampf unterstützen.

Vom Ergebnis her glichen diese Episoden jedoch den Wechselfällen, die andere Gruppen, die sich um Selbstschutz bemühten, in diesen Jahren ganz genau so erfahren mußten. Die Einwohner der Treuhandgebiete erkannten bald, daß die Mechanismen, die ihnen zur Verfügung standen, wirkungslos waren, da der Treuhandrat praktisch nie Abhilfe schaffen konnte. Auch in diesen Territorien verkehrte sich die anfänglich euphorisierende Hoffnung auf materielle

---

92 Vgl. zum Folgenden Lohrmann, Voices; ferner, wenngleich überzogen, Terretta, »Fooled«.

Verbesserungen und politische Mitsprache in eine nachhaltige Enttäuschung, und spätestens Anfang, Mitte der fünfziger Jahre kehrten sich daher viele Nationalisten von den Vereinten Nationen ab.

Moral ohne Menschenrechte. Westlicher Antikolonialismus und internationale Algeriensolidarität

Der Schwerpunkt der Agitation gegen den Kolonialismus lag in den Jahrzehnten nach dem Zweiten Weltkrieg ganz unverkennbar in den Kolonien selbst. Doch gab es antikoloniale Strömungen, ganz überwiegend der politischen Linken zugehörig, weiterhin auch in den Metropolen. Der Verweis auf Menschenrechte entwickelte sich in den politischen Vorstößen dieser Gruppen nicht zu einer substanziellen diskursiven Strategie. Als eine argumentative Folie waren sie jedoch präsent. Aus menschenrechtshistorischer Sicht erscheint der westliche Antikolonialismus vor allem als eine Art Durchgangsstadium interessant. Denn hier, vor allem in der internationalen Algeriensolidarität, daneben auch in den Anti-Apartheid-Protesten, bildeten sich gleichsam Inseln eines Aktivismus heraus, der zwar politisch distinkt, aber dem explizit menschenrechtlichen Engagement in manchen Aspekten auch verwandt war.

Nirgends gelang es antikolonialen Politikern und Gruppen dabei, der politischen Szenerie ihres Landes einen dauerhaften Stempel aufzudrücken. Am vergleichsweise einflußreichsten wurden sie in Großbritannien.[93] Auch hier fanden koloniale Themen in den Jahren nach Kriegsende allerdings kaum Resonanz. Ab Mitte der fünfziger Jahre wühlten Kolonialangelegenheiten dann immerhin in spektakulären Ausnahmefällen eine breitere politische Öffentlichkeit auf, am stärksten wohl im Zusammenhang der »Mau Mau«-Revolte in Kenia. Den eigentlichen Wendepunkt markierte die Gründung des *Movement for Colonial Freedom* unter der Führung Fenner Brockways im Jahr 1954, entstand damit doch ein organisatorischer und personeller Knotenpunkt, der dem Thema politischen Auftrieb verlieh.[94] Brockway selbst hatte sich schon seit Jahrzehnten gegen den Kolonialismus und für andere soziale und humanitäre Anliegen eingesetzt. Sein Engagement war stark religiös, wenn auch nicht christlich-orthodox grundiert, humanistisch und einem nicht-marxistischen Sozialismus verpflichtet.[95] Darin, daß er sich ganz wesentlich von einem moralischen Impetus leiten ließ, war seine Haltung charakteristisch für die Motivation des

---

93 Vgl. Goldsworthy, Issues; Howe, Anticolonialism; Owen, Critics, S. 188–211. Vgl. auch Altmann, Abschied.
94 Erwähnenswert ist ferner das *Africa Bureau* von Michael Scott, nicht zuletzt, weil Scott auch mit Menschenrechtsaktivisten zusammenarbeitete. Vgl. Goldsworthy, Issues, S. 254–278.
95 Vgl. etwa Brockway, Outside, S. 188.

britischen Antikolonialismus insgesamt.[96] Nachdem er 1950 in das britische Parlament gewählt worden war, avancierte er zu der zentralen Figur der antikolonialen Strömungen in Großbritannien.

Das *Movement for Colonial Freedom* war sowohl klein als auch effektiv. Finanziell blieb es schlecht ausgestattet, viel mediale Aufmerksamkeit fand es nicht, und obwohl seine Mitgliederschaft formal drei Millionen betrug – weil sich ihm mehrere Gewerkschaften kollektiv angeschlossen hatten –, lag die Zahl der tatsächlichen Aktivisten nie über 1000. Das *Movement* zog Liberale, Kommunisten, kirchlich gebundene Aktivisten, Pazifisten, Internationalisten an sich; das eigentliche Widerlager seiner Unterstützung bildete jedoch die *Labour Party*. Auch wenn seine organisatorische Reichweite eingeschränkt blieb, gelang es ihm, im Zentrum der britischen Politik, wenn auch nicht unbedingt in der breiteren Öffentlichkeit, ein ausgeprägtes antikoloniales Bewußtsein zu etablieren. Vor allem vermochte es die kolonialpolitische Linie der *Labour Party* nachhaltig zu formen, ja okkupierte sie eigentlich sogar vollständig. Anfang der sechziger Jahre war der Zenit allerdings schon wieder überschritten, und das politische Interesse für antikoloniale Anliegen ging, parallel zu dem nun unausweichlich sich nähernden Ende des *Empire*, deutlich zurück.

Ein ähnliches organisatorisches Zentrum wie in Großbritannien gab es in Frankreich nicht. Die großen linken Parteien waren in ihrer Haltung zum Kolonialismus schwankender. Eine herausgehobene Bedeutung hatten koloniale Fragen für sie bis Anfang oder sogar Mitte der fünfziger Jahre nicht, wenn man von der Kampagne absieht, die der *Parti communiste français* gegen den Indochinakrieg führte.[97] Der Stillstand in der französischen Vietnampolitik, der den Krieg immer weiter in die Länge zog, veranlaßte einige Intellektuelle, Journalisten und Schriftsteller, sich stärker antikolonial zu engagieren. Zudem bildeten sich einige außerparlamentarische Gruppen, die den Protest gegen die französische Kolonialpraxis ins Zentrum ihrer politischen Kritik rückten. Sie blieben jedoch durchweg klein und kurzlebig, wenngleich sie punktuell wichtige Zeichen zu setzen vermochten. Weitgehend unsichtbar war der antikoloniale Aktivismus in den USA. Hier nährte ihn vor allem eine Handvoll Unentwegter, die sich in dem Anfang der fünfziger Jahre gegründeten *American Committee on Africa* (ACOA) zusammenfanden.[98] Ähnlich wie das Engagement Fenner Brockways floß ihr Einsatz aus christlichen, pazifistischen und sozialistischen Impulsen. Einige Mitglieder knüpften an ihr früheres Engagement in der Bürgerrechtsbewegung an. George M. Houser, die treibende Kraft des ACOA, betonte in seinen späteren Rückblicken, wie vereinzelt und unerfahren die Gruppe

---

96 Vgl. Goldsworthy, Issues, S. 234.
97 Vgl. Biondi, Anticolonialistes.
98 Vgl. Houser, Challenge; ders., Rain; Nesbitt, Race, S. 23–26, 32–34; Hostetter, Movement, S. 13–42.

war. Immerhin konnte sie einige prominente Persönlichkeiten als Unterstützer gewinnen und Kontakte zu afrikanischen Unabhängigkeitsführern herstellen. Den Höhepunkt ihrer Ausstrahlung erreichte sie in der zweiten Hälfte der sechziger Jahre, im Kontext des nun massiv anschwellenden Protestaktivismus der überall hervorsprießenden sozialen Bewegungen. Doch selbst in dieser Phase kamen zu der größten ihrer nationalen Konferenzen lediglich 600 Besucher.

Wie andere internationalistische NGOs auch, machten sich die Gruppen zuweilen die Anknüpfungspunkte zunutze, die die Vereinten Nationen boten. Dort war der Kolonialismus Anfang der fünfziger Jahre zwar noch kein dominierendes, aber immerhin überhaupt ein Thema. Das symbolpolitische Kapital der Weltorganisation anzuzapfen, versuchte etwa das ACOA, als es am Menschenrechtstag 1957 eine »Gewissenserklärung zu Südafrika« veröffentlichte, die auf der Allgemeinen Menschenrechtserklärung beruhte.[99] Vor allem versuchte das ACOA, ebenso wie die *International League for the Rights of Man*, den Unabhängigkeitskampf in den Kolonien über die Weltorganisation materiell und politisch zu unterstützen. Die NGOs brachten antikoloniale Politiker nach New York, stellten Verbindungen zu Delegierten her, um sie für die kolonialen Anliegen zu sensibilisieren, und bemühten sich in Maßen auch, die amerikanische Öffentlichkeit zu informieren.[100]

Im Denken Fenner Brockways bildete die Menschenrechtsidee kein prägendes Element.[101] Gleichwohl bezog sich sein *Movement for Colonial Freedom* des öfteren pragmatisch auf sie, um ihre politischen Zielvorstellungen zu flankieren. Es formulierte die »Geltung der Vier Freiheiten und der Menschenrechtserklärung für alle Menschen« als eine seiner vier Leitlinien – neben dem Recht auf Unabhängigkeit und Selbstbestimmung, Wirtschaftshilfe für »unterentwickelte« Gebiete und Internationalismus.[102] Brockway selbst verwandte den Begriff dabei unterschiedlich. Er brachte ihn ins Spiel, wo es um grundlegende politische Sicherungen ging, die er in den Kolonien gewährleistet wissen wollte.[103] Gleichzeitig reklamierte er den Glauben an Menschenrechte auch, um sein *Movement* gegen den Vorwurf zu verteidigen, es spiele Kommunisten in die Hand.[104] Am bemerkenswertesten schließlich war, daß Brockway Menschenrechte ganz vereinzelt als Sprache eines moralischen Imperativs verwandte und damit zu einem Vehikel seiner humanitären Gegnerschaft gegen den Kolonialismus machte. Denn das war besonders ungewöhnlich, sowohl für

---

99 Vgl. dazu Houser, Challenge; NYPL, ILHR, Box 5, Dale Harrison an Baldwin, 21. Oktober 1957.
100 Vgl. auch Terretta, »Fooled«.
101 Vgl. Brockway, Journeys; ders., Outside; ders., Tomorrow. Vgl. auch ders., Revolution.
102 Vgl. NYPL, ILHR, Box 16, Movement for Colonial Freedom, o. Dat. [vermutlich 1958]. Vgl. auch Goldsworthy, Issues, S. 277.
103 Vgl. Brockway, Journeys, S. 217 f.
104 Vgl. ebd., S. 226; Goldsworthy, Issues, S. 328.

seine Publizistik als auch für den westlichen Antikolonialismusdiskurs insgesamt. »Mit der Allgemeinen Menschenrechtserklärung der Vereinten Nationen haben wir die grundlegenden moralischen Prinzipien angenommen, die unserer Zeit Hoffnung geben: ›Alle Menschen werden gleich an Menschenrechten und Würde geboren.‹ Doch in unseren Kolonien sind Menschen nicht gleich an Menschenrechten und Würde«, so faßte Brockway am Schluß seiner »Afrikanischen Reisen« zusammen. »Sie werden ausgebeutet, ihnen wird die Bildung verweigert, man läßt sie krank dahinvegetieren, manchmal werden sie verächtlich behandelt, als seien sie keine Menschen. Diese Schande muß ein Ende haben.«[105]

In der Agitation der französischen Antikolonialisten gehörte es zum festen Repertoire, in die Anklagen kolonialer Mißstände die Mahnung einzumischen, die *droits de l'homme* seien auch in den Kolonien zu achten.[106] Das geschah oft nebenher und ohne sonderliche programmatische Akzentuierung. Dabei hatten die Aktivisten die französisch-revolutionäre Tradition im Sinn und somit die von der nationalen Verfassung gewährten Rechte, während sie sich viel weniger auf internationale Normen bezogen. Das traf jedenfalls auf die öffentliche Auseinandersetzung über den Algerienkrieg zu, das wohl größte Diskussionsereignis der frühen französischen Nachkriegsgeschichte überhaupt und eine Sternstunde, so wurde es zeitgenössisch und später gesehen, des intellektuellen Protests gegen staatliches Unrecht. Gleichzeitig war der Algerienkrieg die erste Dekolonisierungskrise, die dauerhaft ein großes Maß internationaler Aufmerksamkeit auf sich zog und in vielen Ländern sogar eine umtriebige Solidaritätsbewegung auf den Plan rief. Er verschafft daher eine besonders aufschlußreiche Sonde, um den diskursiven Gemengelagen und politischen Motivschichten auf die Spur zu kommen, die koloniale Gewaltausbrüche während der späten fünfziger und frühen sechziger Jahre im Westen mobilisieren konnten.

In Frankreich wurde der Protest gegen den Algerienkrieg vor allem von Kommunisten, der gemäßigten Linken und liberalen Katholiken getragen.[107] Nach anfänglich nur vereinzelten Zeitungsnachrichten über französische Repressalien in Algerien ergoß sich seit 1956 eine regelrechte Flut von Informationen über die metropolitane Öffentlichkeit. Das Jahr 1957, in dem die französische Armee ihre verheerende *Bataille d'Algers* führte, erlebte den Höhepunkt des publizistischen Aufschreis. Jetzt erschienen zahlreiche Schriften, die den Krieg denunzierten, gerade auch solche, die von den Opfern der französischen Repression stammten.[108] Im selben Jahr schuf die Regierung eine »Kommission zum Schutz der individuellen Rechte und Freiheiten«, die Vorwürfe gegen die Methoden der französischen Kriegführung prüfen sollte, sich aber kaum

---

105 Brockway, Journeys, S. 227.
106 Vgl. Biondi, Anticolonialistes.
107 Hierzu und zum Hintergrund im Folgenden: Sorum, Intellectuals; Maran, Torture.
108 Vgl. Alleg, Folter; Servan-Schreiber, Lieutnant; Barberot, Malaventure; Tillion, L'Algérie; Memmi, Kolonisator; Simon, Torture.

kritisch profilierte. Klang die größte öffentliche Empörung bald danach ab, so setzten die Intellektuellen doch ihren Protest fort. Im Jahr 1960 veröffentlichten sie etwa das viel beachtete »Manifest der 121«, in dem sie den Krieg verurteilten und die Verweigerung des Kriegsdienstes rechtfertigten.

Das dunkle Herz der öffentlichen Auseinandersetzung bildete die Folter, über die in der Presse eingehend berichtet wurde, und die eine jahrelange, intensive Diskussion auslöste. In der verbreiteten, ja ganz offenkundig systematischen Anwendung körperlicher Marter lag der eigentliche Sündenfall, und an ihr vor allem wurde der moralische Zustand der Nation daher auch emblematisch verhandelt. Simone de Beauvoir, Henri Alleg, Pierre Vidal-Naquet und Pierre-Henri Simon lieferten in ihren Schriften soziologische Analysen und psychologische Deutungen der Folter, sie versuchten aufzurütteln mit einer Zurschaustellung der selbstzweckhaften französischen Bestialität, die den Lesern kein Detail ersparte. Die Komplizität einer abgestumpften Gesellschaft samt ihres politischen Apparats beschrieben sie als moralische Bankrotterklärung, die alles dementiere, was Frankreich an zivilisatorischen Parolen im Mund geführt habe.[109]

Um die Folter und andere Gewalttaten zu denunzieren, bedienten sich die Intellektuellen und Publizisten unterschiedlicher Bezugssysteme. Viele bemühten den Begriff des Humanismus und prangerten sie als Akte gegen die Menschlichkeit an. Gerade die katholischen Autoren führten naheliegenderweise religiöse und theologische Argumente in das Feld.[110] Oft wurde die französische Kriegführung in der Kolonie schlicht als Verbrechen, als moralischer und politischer Fehler oder als unehrenhaft denunziert. Auch in diesem Zusammenhang wurde die französische Menschenrechtstradition beschworen. »Der Kolonialismus verweigert die Menschenrechte Menschen, die er gewaltsam in Elend und Unwissenheit, also, wie Marx sagen würde, im Zustande des ›Untermenschentums‹ hält«, erklärte etwa Jean-Paul Sartre. Für die Fundamentalkritik des Kolonialismus, die Sartre in diesen Jahren entwickelte, war dieses Argument allerdings eher untypisch, denn sie war überwiegend existenzphilosophisch begründet und stellte vor allem auf die wirtschaftliche Ausbeutung der Kolonialbevölkerungen ab.[111] Wenngleich die rhetorischen Muster, die die Debatte prägten, sich in der Substanz vielfach mit menschenrechtlichen Vorstellungen überschnitten, wurde die Gewalt in Algerien doch kaum als Menschenrechtsverletzung bezeichnet, und internationale Normen wie die Allgemeine Menschenrechtserklärung oder die Europäische Menschenrechtskonvention wurden in den jahrelangen Kontroversen fast gar nicht angerufen.[112]

109 Vgl. Alleg, Folter; Simon, Torture; Vidal-Naquet, L'Affaire; de Beauvoir/Halimi, Boupacha.
110 Vgl. Fouilloux, Intellectuels; Granjon, Aron.
111 Sartre, Vorwort, in: Memmi, Kolonisator, S. 7. Vgl. dazu Sartre, Kolonialismus; auch hier ein knapper Bezug auf Menschenrechte, S. 33.
112 So in ihrer sehr sorgfältigen Untersuchung Maran, Torture, S. 174.

Im Ausland formierte sich derweil eine wenn auch weitgehend unzusammenhängende, national abgeschottete Bewegung, die den algerischen Unabhängigkeitskampf ideell und materiell zu unterstützen suchte. Verglichen mit späteren Kampagnen der siebziger oder achtziger Jahre war ihr Ausmaß gering, verglichen mit früheren aber nicht. International ausgerichtete NGOs wie das *Rote Kreuz*, die *International League for the Rights of Man* oder die *Commission internationale contre le régime concentrationnaire* nahmen sich des Kriegs in Nordafrika sozusagen professionell an, als eines von zahlreichen staatlichen Gewaltverbrechen, gegen die sie vorzugehen versuchten.[113] Darüber hinaus entstanden in westlichen Ländern spezifische, nur auf diesen einen Fall gemünzte Hilfsbewegungen. Sie waren, wie der westdeutsche Fall veranschaulicht, denkbar heterogen zusammengesetzt.[114] Politisch motivierte Aktivisten kamen fast ausschließlich von der Linken, zu ihnen gesellten sich Christen und Pazifisten, auch einige Schriftsteller und Journalisten. Die Bewegung blieb insgesamt äußerst schmal; vermutlich beteiligten sich an ihr nicht mehr als 300 Menschen.

Was sie dazu antrieb, sich mit dem algerischen Unabhängigkeitskampf zu identifizieren, war ein buntes Mosaik aus politischen Auf- und Ausbruchswünschen, ethischem Rigorismus und menschlicher Betroffenheit, nonkonformistischem Abenteurertum und einem Hauch von Exotik. Manche verstanden ihr Engagement als Beitrag zum Schutz des Weltfriedens und banden es an die zeitgleiche Antinuklearbewegung an, andere als schlichte humanitäre Hilfe. Gewerkschafter handelten aus einer altgewohnten internationalen Arbeitersolidarität, Kommunisten leiteten ihren Einsatz aus antifaschistischen Erfahrungen her. Studierende, die ein Auslandsjahr in den USA absolviert hatten, brachten ihre Beobachtungen der afroamerikanischen Bürgerrechtsbewegung ein. Die Angehörigen der »Neuen Linken« schließlich, die gerade erst Konturen annahm, sahen in der Algeriensolidarität ein Feld, auf dem sie sich von der alten Linken abgrenzen konnten. In ganz Westeuropa hatte der Algerienkrieg eine katalysierende Wirkung für die Formierung eines neulinken Milieus.[115] Die Kritik an der Kolonialherrschaft ließ sich zu einer fundamentalen Abrechnung mit den westlichen Industriegesellschaften erweitern, die Parteinahme für die »Dritte Welt« ermöglichte es, sich außerhalb der bipolaren Konfrontation des Kalten Kriegs zu stellen, und schließlich nährte sie sogar die Hoffnung auf eine Revolution im Weltmaßstab.

---

113 Vgl. NYPL, ILHR, Box 10, Board of Directors Meeting, 18.10.1955, sowie die Unterlagen in Box 1 und 13; Klose, Menschenrechte; Fraleigh, Revolution.
114 Vgl. zum Folgenden Leggewie, Kofferträger; Balsen/Rössel, Solidarität, S. 63–94; Scheffler, SPD; Olejniczak, Dritte-Welt-Bewegung, vor allem S. 324 f.; dies., Dritte-Welt-Bewegung in Deutschland.
115 Vgl. Biondi, Anticolonialistes; Howe, Anticolonialism; Evans, Memory; Kalter, Eigene; ders., »Monde«.

Daneben äußerte sich sowohl in den westdeutschen als auch in den französischen Protesten ein neues, räumlich und zeitlich entgrenztes Bewußtsein von Nationalsozialismus und Judenmord. Viele Kritiker stellten das französische Vorgehen in die Kontinuität der nationalsozialistischen Verbrechen. »Gestapo-Methoden« wurden beschworen, und das Bild der »Konzentrationslager« zirkulierte prominent durch die Berichte über den Krieg. Französische Aktivisten denunzierten die Gewalt gegen die Algerier als Genozid und Verbrechen gegen die Menschlichkeit und klagten das »Schweigen« der französischen Gesellschaft reminiszenzenreich an.[116] Deutsche Kommentatoren leiteten aus der historischen Schuld ihres Landes eine aktuelle Pflicht zum humanitären Eingreifen ab. »Wir sind Komplizen. Algerien ist überall, es ist auch hier, wie Auschwitz, Hiroshima und Budapest«, schrieb Hans-Magnus Enzensberger 1961 im Begleittext zu einer Algerien-Ausstellung. »Schon einmal haben wir alle miteinander nichts wissen wollen. Wir haben von sechs Millionen ermordeten Juden nichts wissen wollen.«[117] Die Fülle an Anspielungen und Parallelisierungen, beiderseits des Rheins, läßt den Algerienkrieg als eine bemerkenswerte Etappe auf dem jahrzehntelangen Weg erscheinen, auf dem sich die NS-Herrschaft von einer konkreten, realhistorischen Praxis in eine universalisierte Metapher des Bösen verwandelte.

Daß dabei ein expliziter Protest gegen Menschenrechtsverletzungen bestenfalls ganz vereinzelt laut wurde, deutet auf eine wichtige politisch-semantische Trennlinie, die die Algerienhilfe von den Initiativen internationaler Menschenrechts-NGOs unterschied. Die Algerien-Aktivisten beriefen sich nicht auf internationale Rechtsnormen, und ihr Einsatz galt auch nicht potentiell allen Opfern staatlicher Unterdrückung. Das sowohl erstaunlichste als auch aussagekräftigste Faktum war es in diesem Zusammenhang, daß knapp fünfzehn Jahre, bevor Amnesty International seine große Folterkampage organisierte, die dem internationalen Menschenrechtsaktivismus entscheidend mit zum Durchbruch verhalf, in Westeuropa eine derart intensive und elaborierte Abrechnung mit der Folter stattfand, ohne daß diese ansatzweise als Menschenrechtsproblem begriffen wurde. An dem Engagement für Algerien, wie auch an dem westlichen Antikolonialismus insgesamt, läßt sich ablesen, wie relativ weit moralisch-humanitäre Diskurse und internationale Menschenrechte in den westlichen Gesellschaften der fünfziger Jahre auseinanderliegen konnten. Sie illustrieren, wie wenig zwingend es Aktivisten erschien, die Anklage politischer Unterdrückung, wirtschaftlicher Ausbeutung und körperlichen Leids jenseits der eigenen Staatsgrenzen mit menschenrechtlichen Argumenten anzureichern. Schließlich verdeutlichen sie auch, daß die politische Linke, ob alt oder neu, den Begriff nicht ansatzweise programmatisch auflud, ja im Grunde noch überhaupt nicht für sich entdeckt hatte.

---

116 Vgl. Rioux/Sirinelli, Guerre; Evans, Memory.
117 Enzensberger, Algerien, S. 73 f.

Betrachtet man die Algerienbewegungen jedoch aus der größeren Perspektive der Protestgeschichte der zweiten Jahrhunderthälfte, so finden sich in ihnen, zu einem frühen Zeitpunkt und in relativ geringer Verbreitung, politische Überzeugungen und Aktionsformen, die auch in dem späteren, im engen Sinne verstandenen Menschenrechtsengagement der sechziger und siebziger Jahre wichtig sein sollten: ein internationalisierter moralischer Imperativ, die Verwobenheit von humanitären und dezidiert politischen Motiven, ein Transnationalismus, der als Vehikel der innenpolitischen Abgrenzung diente, die Praxis, Gewaltopfern im Ausland konkrete Hilfe zu leisten, schließlich auch die vielschichtige, sammlungsartige Zusammensetzung der Bewegungen. Mit alledem formierten sich in dem pro-algerischen Engagement ein embryonales internationales Solidaritätsbewußtsein und ein ansatzweiser grenzübergreifender Humanitarismus, die in den politischen Nachkriegslandschaften westlicher Staaten eine neue Erscheinung darstellten. Überdies waren viele Strategien der französischen Intellektuellen den Appelltechniken von Menschenrechtsorganisationen verwandt. Sie konzentrierten sich auf exemplarische Einzelfälle, um dem Leiden des Kolonialkriegs ein menschliches Gesicht zu verleihen, etwa auf denjenigen der gefolterten Algerierin Djamila Boupacha oder denjenigen Maurice Audins, eines kommunistischen Universitätsdozenten, der nach seiner Festnahme in der »Schlacht um Algier« verschwand.[118] Sie gründeten Komitees, um diese Geschichten in die Öffentlichkeit zu tragen, und unterstützten die Publikation von Erlebnisberichten. Direkte personelle und institutionelle Linien führten von hier vermutlich selten zum menschenrechtlichen Aktivismus späterer Dekaden; zu der frühen Vietnambewegung und dem ausgeprägten Dritte-Welt-Engagement der sechziger Jahre schon eher. Die Algeriensolidarität war eher eine Vor- als eine Frühform des Menschenrechtsaktivismus. Sie verweist darauf, daß es Konjunkturen internationaler Solidarität gab, eine erste sogar schon vor der breitflächigen sozialen Mobilisierung der sechziger Jahre, und daß sie sich im Laufe der Jahrzehnte in unterschiedliche politische Sprachen kleideten.

Verkehrte Welt. Dekolonisierung und Menschenrechte in den Vereinten Nationen

In Bandung und Accra hatte sich angedeutet, daß der afrikanische und asiatische Befreiungsdiskurs auf der Ebene zwischenstaatlicher Zusammenschlüsse stärker menschenrechtlich grundiert war als in der Rhetorik einzelner Unabhängigkeitsführer. Prägenden Einfluß gewann diese Verbindung jedoch allein in den Vereinten Nationen. Die Weltorganisation war das Forum, in dem sich die antikoloniale Strategie, Menschenrechte mit dem Streben nach

---

118 Vgl. Vidal-Naquet, Affaire; de Beauvoir/Halimi, Boupacha.

Selbstbestimmung und mit dem Kampf gegen Kolonialismus, Rassendiskriminierung und Apartheid zu assoziieren, massiv verdichtete. Hier wurde sie zu einem ebenso effektiven wie intransigenten Programm.

Die institutionelle Voraussetzung dafür bildete der dramatische Wandel in der Mitgliederzusammensetzung, den die Vereinten Nationen im Lauf der späten fünfziger und frühen sechziger Jahre erlebten, als sich immer mehr unabhängig gewordene Staaten der Organisation anschlossen. In die Jahre zwischen 1960 und 1965 fiel eine rasante Beitrittswelle, in deren Zuge allein 27 afrikanische Staaten aufgenommen wurden.[119] Damit kam nun die Hälfte aller Mitgliedstaaten, 63 von 119, aus Asien und Afrika, einschließlich des arabischen Raums. Innerhalb weniger Jahre hatte sich das Gesicht der Organisation grundlegend umgestaltet – eine Entwicklung, die »sich niemand in San Francisco 1945 in seinen wildesten Träumen hätte vorstellen können«, wie ein Beobachter aus dem zeitgenössischen Erstaunen heraus anmerkte.[120] Überdies schmiedeten die postkolonialen Staaten eine höchst ertragreiche Koordinierungsstrategie. Nach Bandung formierte sich zunächst eine afro-asiatische Gruppe, drei Jahre später zusätzlich eine afrikanische Gruppe, in die auch Vertreter von Befreiungsbewegungen aufgenommen wurden.[121] Beide sprachen sich in häufigen Treffen, auch zwischen den Generalversammlungen, ab und legten in allen Fragen, die ihre Kontinente betrafen, fest, welche Positionen zu beziehen und wie abzustimmen sei. Auch deshalb bildete der Dekolonisierungsprozeß in diesen Jahren einen mächtigen Grundstrom, der die Verhandlungen der Vereinten Nationen in praktisch allen ihren Arbeitsfeldern erfaßte und veränderte. Seit Mitte der fünfziger Jahre kreiste die Mehrzahl der Themen, die auf das Tapet kamen, um den Kolonialismus und die Auflösung der Kolonialherrschaft.[122] Der Ost-West-Gegensatz, der die Organisation bislang gefangengenommen hatte, wich daher nun zurück, und die bestimmende weltpolitische Konfliktlinie verlagerte sich auf die Konfrontation zwischen den Kolonialmächten einerseits und den antikolonialen Staaten andererseits.

Im Menschenrechtsbereich schlugen sich die Ergebnisse des konzertierten Vorgehens besonders deutlich nieder. Mehrere Autoren haben bereits darauf hingewiesen, daß die arabischen, afrikanischen und asiatischen Mitglieder ab etwa 1960 begannen, die Menschenrechtsagenda der Vereinten Nationen zu bestimmen.[123] Betrachtet man ihre Initiativen systematisch, so zeichnen sich vor allem vier Felder ab, in denen ihr formativer, bald auch schon beherrschender Einfluß zum Tragen kam.

---

119 Vgl. die Listen bei Volger, Geschichte, S. 247–255.
120 Hovet, Role, S. 123 f.
121 Vgl. Hovet, Politics; ders., Role.
122 Vgl. zu diesen Zusammenhängen Luard, History, Bd. 2.
123 Vgl. Klose, Menschenrechte; Burke, Decolonization; Moyn, Utopia.

Das Vorgehen gegen das Apartheidregime in Südafrika begann am frühesten und veranschaulicht daher am besten die schubweise Dynamik des antikolonialen Machtgewinns. Seit ihrer allerersten Sitzung befaßte sich die Generalversammlung mit der diskriminierenden Gesetzgebung der südafrikanischen Regierung gegen die im Land lebenden Inder.[124] Die Tatsache selbst sorgte für großes Aufsehen, denn hier mischte sich die Weltorganisation erstmals mit menschenrechtlichen Argumenten in die »inneren Angelegenheiten« eines souveränen Staates ein, worauf gerade Südafrika nicht müde wurde hinzuweisen. Ein »Wendepunkt von immenser Bedeutung« wurde daraus, im Rückblick betrachtet, allerdings nicht.[125] Einen »Runden Tisch« ließ Indien scheitern, mit seinem Versuch, den *Group Areas Act* von 1950 als Verletzung der Allgemeinen Menschenrechtserklärung verurteilen zu lassen, drang es nicht durch, und Südafrika boykottierte einen eigens eingesetzten Vermittlungsausschuß. Das Thema versandete schließlich Anfang der sechziger Jahre.[126]

Bedeutsamer wurde ein zweiter Strang, der seit 1952 zu diesen Verhandlungen parallel lief. Veranlaßt durch die *Defiance Campaign*, brachten in diesem Jahr fünfzehn arabische und asiatische Staaten, wiederum unter der Führung Indiens, erstmals das Thema der Apartheid vor, das in den folgenden Jahren und Jahrzehnten im Zentrum der politischen Angriffe stehen sollte.[127] Es gelang den Gegnern des südafrikanischen Regimes dabei in der Regel, Mehrheiten für eine Verurteilung der rassistischen Praktiken herzustellen. So wurde eine *Ad hoc*-Kommission geschaffen, die zwischen 1952 und 1954 drei Berichte vorlegte, welche sich ebenso unverhohlen wie konkret mit den politischen Zuständen im Land befaßten. Unter dem Eindruck dieses Ausgreifens begann die südafrikanische Regierung eine Politik der Dialogverweigerung, an der sie auch in Zukunft mit einem ostentativen Trotz festhielt, der seinesgleichen suchte. Im Jahr 1955 zog sich die Republik aus den Verhandlungen zurück. Gegen Ende der fünfziger Jahre verabschiedete die Generalversammlung zwar stets schärfer formulierte Resolutionen. Doch bekundeten diese äußerstenfalls ein »tiefes Bedauern« über die südafrikanische Rassenpolitik und fielen damit deutlich milder aus als so manche der giftigen Attacken, die im Plenum ergingen.

Mit der rapide wachsenden Verhandlungsmacht vor allem der afrikanischen Staaten erhob sich in der Weltorganisation dann seit 1960 ein neuer, entschlossener Furor, der verbal wie auch praktisch weit über die Zeichen hinausführen sollte, die in der früheren Phase gegen die Apartheid gesetzt worden waren.

---

124 Vgl. Lloyd, »Beginning«; dies., »Quarrel«; Luard, History, Bd. 2, S. 104–119; Mazower, Palace, S. 149–189.
125 So Lloyd, »Beginning«, S. 153.
126 Vgl. Luard, History, Bd. 2, S. 104–119.
127 Vgl. dazu Akpan, Goals; The United Nations and Apartheid; Klotz, Norms, S. 39–54; Luard, History, Bd. 2, S. 104–119; Ballinger, UN Action, S. 248–285; Bailey, Security Council, S. 9–13.

Den äußerlichen Einschnitt markierte das Massaker in Sharpeville 1960, das fast dreißig afrikanische und asiatische Mitgliedstaaten veranlaßte, eine Dringlichkeitssitzung des Sicherheitsrats einzuberufen. Der Sicherheitsrat verabschiedete daraufhin eine organisationsgeschichtlich bahnbrechende Resolution. Er stellte erstmals fest, daß eine Menschenrechtsverletzung den internationalen Frieden gefährdete, womit sich potentiell Zwangsmaßnahmen hätten rechtfertigen lassen. Zudem forderte er von der südafrikanischen Regierung, die Apartheid zu beseitigen.[128] Zwei Jahre später rief die Generalversammlung dazu auf, die diplomatischen Beziehungen mit Südafrika abzubrechen und Exporte in das Land zu untersagen. Für die institutionelle Entwicklung der Vereinten Nationen war es folgenreich, daß sie außerdem ein Sonderkomitee schuf, welches die Apartheidpolitik in den kommenden Jahren beharrlich ins Visier nahm. Nicht zuletzt forderte es die Mitgliedsregierungen immer wieder auf, einzuschreiten, und arbeitete mit Anti-Apartheid-Bewegungen innerhalb und außerhalb des Landes zusammen. Noch mehrfach richteten sich die afrikanischen Delegationen in diesen Jahren überdies an den Sicherheitsrat; das fruchtete 1963, als das Exekutivorgan ein freiwilliges Waffenembargo gegen das Regime am Kap verhängte und damit das erste Embargo überhaupt in der Geschichte der Vereinten Nationen. Unterdessen dehnte sich das institutionelle Gefüge, das sich mit der Apartheid befaßte, stetig aus. Im Jahr 1965 wurde ein Treuhandfonds für Opfer des Regimes geschaffen, 1967 ein Anti-Apartheid-Zentrum, im gleichen Jahr setzte zudem die Menschenrechtskommission eine *Ad hoc*-Arbeitsgruppe ein. Am Anfang der siebziger Jahre sollten sich die Bemühungen, das südafrikanische Regime von seinem rassistischen Kurs abzubringen, sogar noch einmal intensivieren. Die Koalition der Apartheidgegner attackierte auf neuen Feldern, indem sie sich etwa verstärkt um wirtschaftliche und sportliche Strafmaßnahmen und um ein Ölembargo bemühte. Ihre unablässigen Initiativen kulminierten darin, daß der Sicherheitsrat 1977 ein nunmehr obligatorisches Waffenembargo verhängte.

Daß sich die Kräfte der Weltorganisation in den sechziger Jahren so stark gegen einen einzelnen Staat zusammenballen konnten, hatte neben dem Zustrom postkolonialer Staaten im übrigen den weiteren Grund, daß die USA und Großbritannien, die beiden wichtigsten Verbündeten Südafrikas, ihre Haltung zu modifizieren begannen. Die Positionswechsel beider Westmächte hingen wesentlich damit zusammen, daß es ihnen nunmehr politisch zu kostspielig erschien, in der Weltorganisation mit dem Apartheidregime assoziiert zu werden.[129] Mindestens indirekt war ihr Umschwenken daher ein Zeugnis für die

---

128 Vgl. Luard, History, Bd. 2, S. 115. Vgl. hierzu NARA, RG 84, E 1030-D, Box 86, South Africa in the Security Council [1960].
129 Vgl. zu Großbritannien Hyam/Henshaw, Lion, S. 146–167. Zu den USA: NARA, RG 59, 1238, Box 23, Question of Race Conflict in South Africa, 5.10.1952; ebd., Office Files Assistant Secretary of State for UN Affairs, Box 5, Position Paper – Race Conflict in

neu gewonnene Stärke der Afrikaner und Asiaten in den Vereinten Nationen, und nicht das geringste.

Handelte es sich im südafrikanischen Fall um den politischen Angriff auf ein Unrechtsregime, so ging es bei den drei anderen Themenfeldern, die die postkolonialen Staaten zu okkupieren versuchten, stärker um Fragen der internationalen Normsetzung. Am Beginn stand der nach anfänglichen Schwierigkeiten auf ganzer Linie erfolgreiche Versuch, Selbstbestimmung als ein internationales Menschenrecht zu definieren.[130] Seit 1950 hatten die arabischen, asiatischen und afrikanischen Staaten, unterstützt vom Ostblock und einigen lateinamerikanischen Nationen, ihre Kräfte gebündelt, um das Selbstbestimmungsrecht in die Menschenrechtspakte einzuschreiben.[131] Viele Delegierte argumentierten, taktisch ebenso geschickt wie staatstheoretisch plausibel, die nationale Unabhängigkeit der Kolonien sei eine unverzichtbare Voraussetzung, um politische Freiheits- und Schutzrechte wirksam garantieren zu können. Im Jahr 1952 entschied die Generalversammlung, in der die Mehrheitsverhältnisse am günstigsten lagen, nach heftigen Debatten in diesem Sinn. Als die Menschenrechtskommission die Paktentwürfe ausgearbeitet hatte, regte sich aber erneut der zähe Widerstand der West- und vor allem der Kolonialmächte. Die britische Wahrnehmung stand stellvertretend dafür, wie stark sich letztere in die Defensive gedrängt fühlten. Das *Colonial Office* malte die »Gefahren eines Artikels über Selbstbestimmung« an die Wand, »der es zum Beispiel zulassen würde, daß der Erzbischof von Zypern vor die Menschenrechtskommission zitiert wird«.[132] Hinter den Kulissen legte die britische Delegation eine fieberhafte Aktivität an den Tag, um einen Selbstbestimmungsartikel zu verhindern oder mindestens zu entschärfen.[133] In den Verhandlungen zogen die westlichen Staaten ein breites Register, das von juristischen Bedenken – Selbstbestimmung sei ein politisches Prinzip und kein Recht[134] – über definitorische Verkomplizierungen – auf wen solle sich das Recht beziehen? – bis hin zu dem Versuch reichte, die politischen Ängste der postkolonialen Staaten zu schüren. So brachten einige Delegierte die Minderheitenprobleme der häufig ja multi-ethnischen

---

South Africa, 10.10.1952; ebd., RG 84, E 1030-D, Box 86, Proposed Policy Paper on Apartheid and South West Africa Questions at 16th General Assembly, 5.7.1961; ebd., Memorandum of Conversation, Call of South African Minister of External Affairs, 20.10.1961; ebd., Policy on Security Council Session on South Africa, 25.10.1963.

130 Als Überblick über die relevanten völkerrechtlichen Texte vgl. Fisch, Selbstbestimmungsrecht, S. 217–248.
131 Vgl. zum Folgenden Normand/Zaidi, Human Rights, S. 197–242; Burke, Decolonization, S. 35–58; Moyn, Last Utopia, S. 96–99; Leemann, Entwicklung, S. 159–274.
132 NAK, CO 936/100, Edith Mercer, Minute, 30.1.1952.
133 Vgl. NAK, FO 371/101435, Edith Mercer an Butler, 3.1.1951; ebd., D. T. Holland, Minute, 15.1.1952; ebd., FO 371/101433, D. T. Holland, Self-Determination, 3.4.1952; ebd., FO 371/107126, West an Attlee, 19.2.1953.
134 Vgl. NAK, FO 371/101434, Dudley, Memorandum, 30.5.1952.

neuen Nationen ins Spiel, indem sie darauf hinwiesen, die Aufnahme des Selbstbestimmungsrechts komme einer Aufforderung zur Sezession gleich.[135] Der Beschluß, das Recht aufzunehmen, wurde bereits 1955 gegen den Widerstand der zahlenmäßig unterlegenen westlichen Staaten getroffen, also noch vor dem großen Mitgliederzuwachs der frühen sechziger Jahre.[136] Geltung erlangte es aber erst mit der endgültigen Verabschiedung der Pakte 1966, in denen es gleichlautend jeweils im ersten Artikel festgehalten war. »Alle Völker«, so die bewußt vage gehaltene Umschreibung des Subjekts, »haben das Recht auf Selbstbestimmung«. Dieses Recht wiederum wurde auf den politischen Status sowie auf die wirtschaftliche, soziale und kulturelle Entwicklung bezogen. Damit war der emblematische Begriff des antikolonialen Kampfes in das wichtigste internationale Menschenrechtsdokument aufgenommen.

Nun war der Dekolonisierungsprozeß, als die Pakte endlich verabschiedet wurden, bereits weit vorangeschritten. Eine größere politische Bedeutung hatte für die afrikanisch-asiatische Gruppe daher ein anderer völkerrechtlicher Erfolg, den sie schon einige Jahre zuvor erzielen konnte. Dabei handelte es sich um die umständlich benannte Erklärung über die Gewährung der Unabhängigkeit an koloniale Länder und Völker, die die Generalversammlung 1960 verabschiedete und die, in den Worten Evan Luards, zur »Bibel der antikolonialen Religion« werden sollte.[137] Durch die populäre Erinnerung geistern die Verhandlungen dieser Generalversammlung bis heute, wegen der bizarren Szene, die sich ereignete, als der rustikal-hyperaktive Chruschtschow vor Wut mit seinem Schuh auf den Tisch schlug (weniger bekannt ist die amüsante Reaktion Macmillans, der sagte, er habe nicht verstanden, und um eine Übersetzung bat).[138]

Der sowjetische Staatsführer war es auch, der vorschlug, eine Erklärung über das Ende der Kolonialherrschaft zu verabschieden. Der doppelte Hintersinn dieser Idee lag darin, die westeuropäischen Kolonialmächte zu diskreditieren und gleichzeitig die Sowjetunion als Führerin der antikolonialen Bewegung zu profilieren. Die afrikanischen und asiatischen Staaten bemächtigten sich aber der Initiative und arbeiteten einen eigenständigen Entwurf aus, den die Generalversammlung mit der ungewöhnlich deutlichen Mehrheit von 89 Stimmen ohne Gegenvotum verabschiedete. Lediglich neun Staaten enthielten sich, darunter die europäischen Kolonialmächte und die USA. Mit der Erklärung war das bis dahin signalkräftigste internationale Bekenntnis zum Selbstbestimmungsrecht abgegeben worden, das dieses Recht wiederum eng mit dem Menschenrechtsgedanken assoziierte – Menschenrechtsvorstellungen werden

---

135 Vgl. NAK, FO 371/112494, David Cole an R. Ross, 25.6.1954.
136 Vgl. Nowak, Covenant, S. 10–13.
137 Vgl. Luard, History, Bd. 2, S. 175–197, Zitat S. 186; Klose, Menschenrechte, S. 281–284; Burke, Decolonization, S. 50–56.
138 Vgl. Louis, Enemy, S. 196.

in dem Erklärungstext prominent angerufen und koloniale Unterdrückung als eine Verweigerung der Menschenrechte angeklagt.[139]

In den folgenden Jahren zitierten antikoloniale Befreiungsbewegungen die Erklärung immer wieder und machten sie auf diese Weise zu einem langlebigen demonstrativen Referenzpunkt, welcher vermutlich sogar der Allgemeinen Menschenrechtserklärung den Rang ablief.[140] Darüber hinaus gelang es der afrikanisch-asiatischen Koalition, den Prinzipien der Erklärung innerhalb der Vereinten Nationen ein erhebliches institutionelles Gewicht zu verschaffen. Im Jahr 1962 wurde ein Spezialkomitee gegründet, das später so genannte Komitee der 24, und damit betraut, die Einhaltung der Erklärung zu überwachen. Das Spezialkomitee entfaltete einen geradezu sagenhaften Aktionismus und verwandelte sich in eine permanente Plattform für die stimmgewaltige Verurteilung des Kolonialismus. Es legte Jahr für Jahr erdrückend umfangreiche Berichte vor, die sich, anfänglich bis zu 2500 Seiten stark, mit rund sechzig Territorien befaßten.[141] Dafür hörte es Zeugen und führte Inspektionsbesuche vor Ort durch, was in den außen- und kolonialministeriellen Planungsstäben der westeuropäischen Regierungen für nervöse Unruhe sorgte.[142]

Schließlich war auch die Konvention zur Beseitigung jeder Form von Rassendiskriminierung ein Produkt der arabisch-afrikanisch-asiatischen Kooperation. Im Jahr 1962 erstmals vorgeschlagen, wurde sie seit Anfang 1964 in Rekordzeit durch die zuständigen Organe gepeitscht und im Dezember 1965 von der Generalversammlung einstimmig angenommen.[143] Die Präambel definierte die Konvention als ein Menschenrechtsdokument und band sie eng an die Allgemeine Menschenrechtserklärung.[144] Besonders bemerkenswert war, daß die Konvention Implementierungsmechanismen vorsah – selbst wenn diese gewollt schwach ausfielen und optional waren. Ein schließlich 1970 eingerichtetes Komitee konnte freiwillige Berichte der Signatarstaaten studieren und dazu Vorschläge unterbreiten sowie Beschwerden von Einzelnen erhalten.[145]

---

139 Vgl. ORUN, GA, 15th session 1960/61, Resolution 1514 (XV), 14.12.1960.
140 Vgl. dazu die Resolutionen der Blockfreien-Konferenzen von 1961, 1964, 1970 und 1973, in: Jankowitsch/Sauvant (Hg.), Third World, Bd. 1.
141 Vgl. ORUN, GA, 17th session 1962, 1167th plenary meeting; 18th session 1963, 1266th bis 1273rd, 1277th, 1284th plenary meetings; 20th session 1965, 1357th, 1367th, 1368th, 1375th, 1385th bis 1390th, 1398th, 1400th, 1405th, 1407th, 1408th plenary meetings; 21st session 1966, 1422th, 1450th, 1468th, 1485th, 1487th bis 1492nd, 1500th plenary meetings; 22nd session 1967/68, 1594th, 1613th, 1624th, 1627th, 1628th, 1630th, 1631st, 1633rd, 1634th, 1636th, 1641st, 1642nd plenary meetings; 23rd session 1968, 1692nd, 1707th, 1708th, 1710th, 1742nd bis 1744th, 1746th, 1747th, 1749th, 1751st, 1752nd plenary meetings.
142 Vgl. Louis, Enemy, S. 196.
143 Zum Ausarbeitungsprozeß vgl. Schwelb, Convention; Meron, Meaning; Banton, Action; Tolley, U. N. Commission, S. 32–54; Normand/Zaidi, Rights, S. 260–272.
144 Der Text in: Simma (Hg.), Menschenrechte, S. 100–123.
145 Vgl. Partsch, Discrimination.

Nicht zuletzt deshalb hat die Konvention in der völkerrechtlichen Literatur eine ungewöhnlich lobende Einschätzung erfahren, als »umfassendste und unzweideutige vertragliche Kodifizierung des Gedankens der Rassengleichheit«.[146] Seine Sponsoren betrachteten das Dokument mit unverhohlenem Stolz. Der ghanaische Delegierte Lamptey dürfte vielen aus dem Herz gesprochen haben, als er die Verabschiedung der Konvention eine »Sternstunde« der UN-Generalversammlung nannte.[147] Auch das Thema der Rassendiskriminierung hielt sich über die nächsten Jahre auf der Agenda und sollte vor allem in den siebziger Jahren zu einem bestimmenden Anliegen der Weltorganisation werden.

In ihrer Summe führten die selbstbewußten Vorstöße, die die postkoloniale Mehrheit Anfang der sechziger Jahre vortrug, zu einem wahrhaften Gezeitenwechsel in der UN-Menschenrechtsarbeit. Sie schlugen den Westmächten das Heft, das diese schon in der zweiten Hälfte der fünfziger Jahre zu verlieren gedroht hatten, endgültig aus der Hand und schnitten beiden ideologischen Lagern des Kalten Kriegs fast gänzlich die Möglichkeit ab, die Diskussionen für ihre Konfrontation zu funktionalisieren. Die Tendenz, daß eine ›dritte‹ Gruppe von Staaten eigenständige Positionen behauptete, welche sich in den fünfziger Jahren unter anderem in den Diskussionen über die Informationsfreiheit abgezeichnet hatte, gewann nunmehr die klaren Konturen einer afrikanisch-arabisch-asiatischen Vorherrschaft. Der dominierenden Formation gelang es dabei, die politischen Kernanliegen, die sie im internationalen Raum verfolgte, weithin sichtbar in die Menschenrechtspolitik der Vereinten Nationen einzuschreiben. In der Literatur sind die einzelnen Vorgänge, aus denen sich dieser politische Umschlag zusammensetzte, bislang zumeist mit einer mindestens unterschwelligen Sympathie kommentiert worden.[148] Und in der Tat erscheinen sie in mancher Hinsicht als flankierender Beitrag zur postkolonialen Emanzipation. Die robuste Selbstaffirmation der afrikanischen und asiatischen Staaten, die in den Vereinten Nationen gelang, weil sie hier die Verhandlungsmacht akkumulieren konnten, die ihnen außerhalb fehlte, war naheliegend und verständlich. Sie war möglicherweise sogar heilsam, weil sie die so lange Zeit beherrschenden Industriemächte, die westlichen wie die osteuropäischen, dazu zwang, ihre Interessen zur Kenntnis zu nehmen. Man könnte sogar noch weitergehen und darauf verweisen, daß die Vereinten Nationen nunmehr die völkerrechtliche Selbstblockade der Organisation durchbrachen und nach langen Jahren überhaupt wieder Fortschritte in der internationalen Normsetzung machten.

Für sich genommen greift diese Perspektive jedoch zu kurz, denn sie beleuchtet nur die eine Seite des Bilds. Die Kehrseite der afrikanisch-asiatischen Präponderanz der sechziger Jahre gerät dabei aus dem Blick, obwohl sie einen nicht

---

146 Meron, Meaning, S. 315. Vgl. auch Schwelb, Convention, S. 1057.
147 ORUN, GA, 20th session 1965, 1406th plenary meeting, Stellungnahme von Lamptey, Ghana.
148 Vgl. Klose, Menschenrechte; Burke, Decolonization; Mazower, Palace.

minder formierenden Zug der UN-Menschenrechtspolitik bildete. Auch wenn es sich ohne archivalische Einblicke in die Prozesse der Entscheidungsbildung nicht detailliert herleiten läßt, so ist doch unverkennbar, daß sich die afrikanisch-asiatische Offensive aus einem dezidiert politischen Kalkül speiste, und die postkoloniale Allianz eine um nichts weniger instrumentelle, politisierte Strategie schmiedete als es das westliche und östliche Lager im frühen Kalten Krieg getan hatten. Das bleibt festzuhalten, selbst wenn die Anliegen, für die sie diese Strategie einsetzten, heutigen Betrachtern als gerecht erscheinen mögen und jedenfalls gerechter als der ideologische Systemantagonismus.

Zudem stand die afrikanisch-asiatische Selbstbehauptung keineswegs ausschließlich im Zeichen des Kampfs für Emanzipation und Freiheit, und sie zielte nicht nur darauf ab, die westlichen Kolonialmächte zu beschämen und moralisch zu desavouieren. Ein weiteres bevorzugtes Angriffsobjekt stellte Israel dar, das sich seit diesen Jahren, und anschließend noch bis weit in die achtziger Jahre hinein, rigoros auf die Anklagebank gesetzt sah. Neben Südafrika wurde es dadurch zum zweiten Pariastaat innerhalb der Vereinten Nationen. Vor allem nach dem Sechstagekrieg von 1967 gab es keinen Mitgliedstaat mehr, der energischer für vermeintliche oder tatsächliche Menschenrechtsverletzungen verurteilt worden wäre. Die Generalversammlung richtete 1968 ein Spezialkomitee ein, das sich mit der israelischen Politik in den besetzten Gebieten befassen sollte.[149] Die Menschenrechtskommission, in der afrikanische und asiatische Staaten mittlerweile ebenfalls eine starke Stimme hatten, richtete die neuen, noch zu besprechenden Untersuchungsmöglichkeiten, die sie 1967 und 1970 erhielt, über Jahre hinweg ganz vorrangig gegen Israel. Die Feindseligkeit gegenüber dem Nahoststaat kulminierte in einer notorisch gewordenen Resolution des Wirtschafts- und Sozialrats von 1975, die Zionismus und Rassismus gleichsetzte (sie wurde in einem gewandelten politischen Klima am Anfang der neunziger Jahre widerrufen).

In den Verhandlungen über die Konvention gegen Rassendiskriminierung wurden die machtpolitischen Interessen und die verhandlungstechnischen Dynamiken, die hinter diesen Entwicklungen standen, wie unter einem Brennglas sichtbar. Zwar waren die Gemüter zu diesem Zeitpunkt noch weniger erhitzt als im Anschluß an die beiden Nahostkriege von 1967 und 1973. Dennoch führte die Ausarbeitung dieser Konvention die ambivalente Verschränkung von freiheitlichem Emanzipationsstreben und aggressiver Denunziationspolitik, die dem antikolonialen Menschenrechtsprogramm innewohnte, anschaulich vor Augen. Den Anlaß dafür, daß das Thema der Rassendiskriminierung überhaupt aufgebracht wurde, stellte nämlich die Welle antisemitischer Ausschreitungen der Jahre 1959/60 dar. Dabei wurden zunächst in der Bundesrepublik zahlreiche

---

149 Vgl. dazu und zum Folgenden Cassese, Assembly; Alston, Commission; Tolley, U.N. Commission, S. 63 f.

Synagogen und Friedhöfe geschändet, bevor die Gewaltakte in mehreren anderen Ländern Nachahmer fanden. Die Unterkommission zur Verhinderung von Diskriminierung verurteilte die Vorfälle sogleich als eine Verletzung der Allgemeinen Menschenrechtserklärung. Im folgenden Jahr machte sie den Vorschlag, eine Konvention gegen religiösen und Rassenhaß zu erarbeiten.[150]

In den anschließenden Verhandlungen der Generalversammlung, die sich über vier Jahre erstreckten, entbrannte eine heftige Kontroverse um die Frage, ob Antisemitismus in der Konvention als ein Ausdruck von Rassendiskriminierung erwähnt werden solle. Die israelische Delegation plädierte, wenn auch zurückhaltend, dafür. Anfänglich führte sie die jüngsten antisemitischen Exzesse unzweideutig für ihren Wunsch ins Feld: »Keine Woche sei vergangen ohne Berichte von Bombenanschlägen auf jüdische Schulen, Maschinengewehrangriffen auf jüdische Firmengrundstücke, in Brand gesetzten Synagogen, Versammlungen organisierter Randaliererbanden, Schmierereien von Hakenkreuzen und schmutzigen Parolen an Gebäuden und entweihten jüdischen Friedhöfen.«[151] Zum eigentlichen Anwalt des Gedankens, Antisemitismus in die Konvention aufzunehmen, machten sich indes die USA. Sie reagierten damit auch auf den Druck, der sich in der amerikanischen Öffentlichkeit aufgebaut hatte, nachdem zahlreiche Kongreßabgeordnete, wichtige Medien und Nichtregierungsorganisationen ihrer Bestürzung über die antisemitischen Aktionen Ausdruck verliehen hatten.[152] Nicht zuletzt ließ sich der Antisemitismus-Vorwurf auch gegen den sowjetischen Umgang mit jüdischen Staatsbürgern richten und damit eine weitere Front im Kalten Krieg eröffnen, an der die Amerikaner glaubten, punkten zu können.

Im Jahr 1964 brachte die amerikanische Delegation in der Menschenrechtskommission den Vorschlag eines zusätzlichen Artikels ein, der knapp festhalten sollte, daß »die Mitgliedstaaten Antisemitismus verurteilen und angemessene Maßnahmen für seine schleunige Beseitigung ergreifen werden«.[153] Die Sowjetunion konterte mit dem Vorschlag, daß *zusätzlich* »Nazismus« verurteilt werden sollte.[154] Zur Diskussion gestellt wurden beide Vorlagen in der entscheidenden Generalversammlung des Jahres 1965. In ihr sprachen sich die arabischen Staaten, unterstützt von einigen afrikanischen Delegationen, vehement gegen den amerikanischen Zusatz aus. Dafür bemühten sie mehrere formalistische Argumente. So warnten sie davor, einzelne Formen der Rassendiskriminierung

---

150 Vgl. ORUN, CHR, Report of the 16th session 1960, S. 21 ff.
151 ORUN, GA, 17th session 1962, Third Committee, 1165th meeting, Stellungnahme von Comay, Israel.
152 Vgl. NARA, RG 59, A1 (5536), Box 333, Position Paper, Commission on Human Rights, 16th session 1960, 11.2.1960, hier das Supplement.
153 Vgl. ORUN, CHR, Report of the 20th session 1964, S. 9–69.
154 Der Text schloß auch Antisemitismus ein, und setzte zudem Zionismus und Kolonialismus mit Antisemitismus gleich. Vgl. Schwelb, Convention, S. 1012.

gesondert aufzuführen, denn dann ergebe sich eine lange Liste, die den Text schwerfällig mache und doch nie exhaustiv sein könne.[155] Manche Delegationen wandten ein, es sei der Universalität des Dokuments abträglich, Antisemitismus zu erwähnen; der Text solle möglichst breit gefaßt und wenig konkretisiert sein, auch weil sich nicht voraussehen lasse, welche Arten der rassistischen Diskriminierung in Zukunft noch auftreten könnten.[156]

Solche Argumente wären für die Befürworter des Zusatzes vermutlich akzeptabler gewesen, wenn die Konvention nicht zwei Formen der rassistischen Diskriminierung ausdrücklich genannt hätte, nämlich den Kolonialismus, der in der Präambel mit Verweis auf die Erklärung über die Gewährung der Unabhängigkeit erwähnt war, und die Apartheid, welcher sogar ein eigener Artikel gewidmet wurde. Einige Mitgliedstaaten stellten diese Inkonsistenz in den Verhandlungen selbst heraus.[157] Tatsächlich hatten vor allem die afrikanischen Staaten im Prozeß der Ausarbeitung die antikoloniale Stoßrichtung sehr kräftig herausgestrichen und Südafrika und Portugal auch direkt attackiert.[158] Dabei scheuten sie vor unverhohlenen Äußerungen der Opferkonkurrenz nicht zurück, in denen klar zwischen schwererem und weniger schwerem Leid unterschieden wurde. »Manifestationen von Antisemitismus«, so führte etwa die malische Repräsentantin Rousseau aus, »so bedauerlich sie auch seien, stellten das Werk einer kleinen Minderheit dar, und es obliege den Ländern, in denen sie stattfänden, sie möglichst schnell zu beenden. Doch dürfe man nicht vergessen, daß Millionen von Menschen in Afrika und anderswo unter der schlimmsten Form der Diskriminierung litten, insofern sie in ihren eigenen Ländern als minderwertig angesehen würden.«[159] Die Konvention inhaltlich derart zu besetzen, leuchtete nicht einmal allen arabischen Staaten ein.[160] Die afrikanischen Vertreter ließen sich von solchen Einwänden allerdings nicht beirren.[161] In dem Maße, wie sich abzeichnete, daß sie ihre Sicht durchsetzen würden, erledigte

---

155 Vgl. etwa ORUN, GA, 20th session 1965, Third Committee, 1300th meeting, Stellungnahme von Baroody, Saudi-Arabien.
156 Vgl. ORUN, GA, 20th session 1965, Third Committee, 1301st meeting, Stellungnahme von Khanachet, Kuwait.
157 Vgl. ORUN, GA, 20th session 1965, Third Committee, 1312th, 1313th meeting.
158 Vgl. ORUN, GA, 17th session 1962, Third Committee, 1168th meeting, die Stellungnahmen Ghanas, Liberias und Malis; ebd., 18th session 1963, Third Committee, 1215th meeting, der Änderungsvorschlag Algeriens, Guineas, Mauritius' und Senegals sowie die Stellungnahmen Tunesiens, Indiens und Libyens; ebd., 1216th meeting, die Stellungnahme Burundis.
159 ORUN, GA, 17th session 1962, Third Committee, 1168th meeting, Stellungnahme von Rousseau, Mali.
160 Vgl. ORUN, GA, 17th session 1962, Third Committee, 1168th meeting, Stellungnahme von El-Ahdab, Libanon; ebd., 18th session 1963, Third Committee, 1217th meeting, Stellungnahme von Baroody, Saudi-Arabien.
161 Vgl. etwa ORUN, GA, 20th session 1965, Third Committee, 1313th meeting, die Stellungnahme Ghanas.

sich im übrigen auch der sowjetische Vorschlag, in den Konventionstext einen Verweis auf den »Nazismus« einzufügen. Der sowjetische Delegationsführer Chkhikvadze hatte noch einmal leidenschaftlich, aber vergeblich an die anderen Mitgliedstaaten appelliert, »die Sorge seines Landes vor einer möglichen Wiederholung der Schrecken des Nazismus zu verstehen.«[162]

Zudem blieb es in der Debatte eben nicht bei dem argumentativen Schlagabtausch, wie durchsichtig politisch motiviert er auch war, über die völkerrechtlich ja immerhin bedeutsame Frage, ob die Konvention spezifische Beispiele nennen solle, und gegebenenfalls welche. Die arabischen Delegationen nutzten die Debatte darüber hinaus, um Israel und den »Zionismus« scharf anzugreifen.[163] Den negativen rhetorischen Höhepunkt der Debatte markierten die Tiraden der arabischen Staatenvertreter gegen den israelischen Umgang mit den Palästinensern und den Arabern innerhalb des Landes, den sie unisono mit den nationalsozialistischen Herrschaftsmethoden gleichsetzten. »Es sei bedauerlich und paradox«, so bemerkte etwa der libanesische Delegierte El-Ahdab, »daß die vormaligen Opfer des Nazismus nun selbst Nazimethoden anwendeten, um sich eines Landes zu bemächtigen, das ihnen nicht gehöre«.[164] Auch einige afrikanische Delegierte unterstützten die anti-israelischen Stellungnahmen, wenngleich in deutlich moderaterem Ton.[165]

Die sachliche Kontroverse wurde schließlich durch ein kompromißloses Muskelspiel der afrikanischen und asiatischen Staaten gelöst. Die marokkanische Delegierte Warzazi stellte in einer förmlichen Erklärung die Generalversammlung vor die Tatsache, daß »die afro-asiatische Gruppe beschlossen hat, alle neuen Vorschläge abzulehnen und für den ursprünglichen Text zu stimmen, der von der Menschenrechtskommission vorgelegt worden ist.«[166] Der Antrag, in der Konvention keine »spezifischen Formen rassistischer Diskriminierung« zu erwähnen, passierte mit 82 gegen zwölf Stimmen bei zehn Enthaltungen; unter den Gegenvoten befanden sich diejenigen Israels, der USA und Großbritanniens.[167] Die Ostblockstaaten stimmten dafür und desavouierten damit den Vorschlag, den sie selbst zuvor in die Debatte eingebracht hatten.

---

162 ORUN, GA, 20th session 1965, Third Committee, 1302nd meeting, Stellungnahme von Chkhikvadze, Sowjetunion.
163 Vgl. ORUN, GA, 20th session 1965, Third Committee, 1302nd meeting, Stellungnahme von Abdel-Rahim, Sudan; ebd., 1313th meeting, Stellungnahme des Libanon.
164 ORUN, GA, 20th session 1965, Third Committee, 1313th meeting, Stellungnahme von El-Ahdab, Libanon.
165 Vgl. etwa ORUN, GA, 17th session 1962, Third Committee, 1168th meeting, Stellungnahme von Rousseau, Mali.
166 ORUN, GA, 20th session 1965, Third Committee, 1310th meeting, Stellungnahme von Warzazi, Marokko.
167 Vgl. ORUN, GA, 20th session 1965, Third Committee, 1310th meeting. Dagegen waren ferner Belgien, Bolivien, Brasilien, Kanada, Luxemburg, die Niederlande, Uruguay, Australien, Österreich.

Waren die Tendenz, andere als antikoloniale Anliegen von der UN-Menschenrechtsagenda zu verdrängen, und die Aussonderung Israels die sichtbarsten Kehrseiten der hegemonialen afrikanisch-asiatischen Politik, so bleibt abschließend noch auf eine unsichtbare Kehrseite vorauszuweisen. Vor allem in den siebziger Jahren sollte sich nämlich abzeichnen, daß die postkoloniale Staatenkoalition mit ihrem Stimmengewicht vor und vermutlich rigoros ausgeübtem Druck hinter den Kulissen verhinderte, daß Menschenrechtsverletzungen in den neuen Nationalstaaten eingehend behandelt wurden.[168] Das traf gleichermaßen auf die brutalen Repressionen unter Francisco Macías Nguema in Äquatorial-Guinea und die massenmörderische Herrschaft Idi Amins in Uganda zu, auf die in ihrem Ausmaß demgegenüber fast verblassenden Grausamkeiten des selbstgekrönten zentralafrikanischen Kaisers Jean-Bédel Bokassa, wie auch auf die Gewaltherrschaft des *Derg*, der kommunistisch ausgerichteten Militärjunta in Äthiopien. So gaben die großen Staatsverbrechen, die der afrikanische Kontinent in diesen Jahren erlebte, zu keinen oder bestenfalls sehr schwachen Maßnahmen Anlaß.

Die neue afrikanisch-asiatische Dominanz in der UN-Menschenrechtspolitik blieb in den sechziger Jahren keineswegs unangefochten. Wie stark sie auf der Seite ihrer Gegner als eine unerwünschte Ermächtigung empfunden wurde, und wie wenig sich trotz allem dagegen unternehmen ließ, gewinnt besonders scharfe Züge, wenn man einen Blick auf die Reaktionen der Westmächte wirft. Sowohl die USA als auch Großbritannien fanden sich am Anfang der sechziger Jahre in einer tiefgreifend gewandelten politischen Ausgangssituation wieder. Sie ließ das Bewußtsein entstehen, auf dem menschenrechtspolitischen Feld weniger verwundbar geworden zu sein und ermutigte die Regierungen in dem Versuch, aus der rein defensiven Ecke herauszutreten. Folglich setzten sie zu Gegenmanövern an, um die Deutungshoheit auf dem Menschenrechtsterrain zurückzuerobern oder dessen antikolonialer Besetzung mindestens entgegenzusteuern – ausrichten konnten sie damit allerdings so gut wie nichts.

Die demokratisch geführte Regierung unter Lyndon B. Johnson schätzte die UN-Menschenrechtsarbeit in ihren Bestandsaufnahmen der frühen sechziger Jahre generell als wenig zufriedenstellend ein. Dabei kritisierte sie bemerkenswerterweise eben die inhaltliche Entleerung der Verhandlungen in der Menschenrechtskommission, die ihre Vorgängerregierung mit dem »Aktionsprogramm« betrieben hatte – wobei fraglich ist, ob sie um diesen Ursprung wußte. Die Generalversammlung hingegen debattiere die »heißen Fragen«, ohne sich zu zügeln und ohne sachlich genügend informiert zu sein. Während auf diese Weise Themen wie das der religiösen Intoleranz, aus denen die Regierung glaubte, politisches Kapital schlagen zu können, vernachlässigt würden,

---

168 Vgl. Tolley, U.N. Commission, S. 55–82.

drohten die beherrschenden Diskussionen über die Rassendiskriminierung die USA automatisch in den Fokus zu rücken.[169] Im *State Department* gewann in dieser Situation die Überlegung eine starke Überzeugungskraft, die Offensive zu ergreifen, »indem wir Menschenrechte auf breiter Front ansprechen, in der Erwartung, daß eine objektive Prüfung für uns langfristig vorteilhaft ist«.[170] Dazu trug maßgeblich die entdramatisierende Wahrnehmung bei, daß die amerikanische Regierung durch die inzwischen jahrzehntelang anhaltende Kritik an der Benachteiligung und Verfolgung der Afroamerikaner *weniger* anfällig geworden sei.[171] Außenminister Dean Rusk schloß sich dieser Sicht in einem Memorandum für Präsident Johnson an und betonte, daß »es sehr in unserem Interesse liegen würde, wenn die Vereinten Nationen ihr Scheinwerferlicht auf Fortschritte und Probleme in anderen Teilen der Welt richten.«[172]

Ihren konkreten Ausdruck fand die neue Strategie in der Idee, den Posten eines UN-Hochkommissars für Menschenrechte zu schaffen. Sie war bereits im letzten Jahr der Amtszeit Kennedys diskutiert, dann aber auf Eis gelegt worden, weil der neue Präsident zuerst den *Civil Rights Act* durch den Kongreß bringen wollte.[173] Nachdem das gelungen war, stand dem Plan nichts mehr im Wege. Das *State Department* verband mit ihm eine mehrfache Hoffnung: Es wollte die Schwachstellen der anderen Lager ins Blickfeld rücken und so von den inneren Problemen des eigenen Landes ablenken, zudem eine ›positive‹ Initiative ergreifen, um ein menschenrechtsfreundliches Image zur Schau zu stellen, und mit alledem schließlich die »Führung in den Vereinten Nationen« wiedergewinnen.[174] Die Befugnisse des Hochkommissars wollte man eng begrenzen. Er sollte allein auf der Grundlage von Material, das ihm Regierungen zur Verfügung stellten, und dann auch nur beratend und vermittelnd tätig werden. Daß das neue Amt zwar geschaffen, aber schon vorsorglich so weitgehend entmachtet werden sollte, hatte verschiedene Gründe. Zum einen hätte ein weitergehender Vorschlag von vornherein keine Chance darauf gehabt, von einer Mehrheit angenommen zu werden. Zum anderen wollte das *State Department* vermeiden,

---

169 Vgl. Rusk, Memorandum for the President, eingeschlossen in: NARA, RG 59, Central Foreign Policy File, 1964–66, Box 3203, Harlan Cleveland an Rusk, Human Rights Initiative, 30.11.1964. Für die späteren Jahre vgl. ebd., Box 3300, 20th General Assembly Strategy Paper, 4.9.1965; ebd., Central Foreign Policy File, 1967–69, Box 3180, 22nd General Assembly – An Assessment, 22.12.1967; ebd., Box 3180, 23rd General Assembly – An Assessment, 24.12.1968.
170 NARA, RG 59, Central Foreign Policy File, 1963, Box 4201, Gardner, Proposal for UN Rapporteur on Human Rights, 4.11.1963.
171 Vgl. NARA, RG 59, Central Foreign Policy File, 1963, Box 4235, Special Rapporteur.
172 Rusk, Memorandum for the President.
173 Harlan Cleveland an Rusk, Human Rights Initiative, 30.11.1964. Vgl. zur Kennedy-Regierung auch Humphrey, Adventure, S. 296–301.
174 Rusk, Memorandum for the President.

daß der bekannte Rückstoßeffekt eintreten und der Hochkommissar der eigenen Regierung eventuell doch gefährlich werden könnte.[175] Daß es ein solches menschenrechtspolitisches Wunderschwert, das die Gegner schlug und seinen Besitzer beschirmte, im Forum der Vereinten Nationen nicht geben konnte, hätte ein Blick zurück auf die Verhandlungen der vierziger und fünfziger Jahre lehren können. Das kurze organisationsgeschichtliche Gedächtnis der amerikanischen Planungsstäbe blieb in diesem Fall allerdings folgenlos – weil das ganze Vorhaben folgenlos blieb.

Kurze Zeit später, zwischen Ende 1964 und Mitte 1966, führte auch die soeben angetretene *Labour*-Regierung Harold Wilsons eine gründliche Revision durch. Sie lenkte das britische Vorgehen in der UN-Menschenrechtspolitik, nach den langen Jahren des ängstlichen Auf-der-Stelle-Tretens, endlich in eine neue Richtung.[176] Ausschlaggebend dafür war, daß sich das britische *Empire* weitgehend aufgelöst und die Einschätzung der eigenen, kolonialen Schwachstellen daher grundlegend gewandelt hatte. Die britische Mission bei den Vereinten Nationen glaubte nicht, daß effektivere internationale Schutzmechanismen, als sie derzeit existierten, mit Blick auf die verbleibenden britischen Kolonien eine »unerträgliche Blamage« verursachen würden. Von John Humphrey hatte sie die Information erhalten, daß sich neun Zehntel der Beschwerden, die das Sekretariat erreichten, ohnehin nicht gegen die Kolonialmächte richteten.[177] Noch bedeutsamer war, daß nunmehr selbst das *Colonial Office*, über gut zwei Jahrzehnte hinweg der eigentliche Bremsklotz der britischen Menschenrechtspolitik, mehrheitlich diese Sicht der Dinge übernahm. »Viele unserer Problemgebiete haben uns verlassen«, so die äußerlich nüchterne, inhaltlich aber epochale Schlußfolgerung, »und ich glaube, daß wir von Petitionen aus unseren Territorien nun wenig Ärger zu erwarten haben«.[178] Doch mischte sich noch eine andere Wahrnehmung in die internen Diskussionen. So hielt ein Beamter des *Colonial Office* mit einer neuen Gelassenheit, die der amerikanischen Haltung eng verwandt war, fest, es sei schwer vorstellbar, daß die Angriffe auf die britische Kolonialpolitik noch gefährlicher werden könnten; denn »diese Attacken zeichneten sich auch in den letzten Jahren nicht durch irgendeine Zurückhaltung aus«.[179] Es dürfte nicht zu weit gegriffen sein, in solchen Kommentaren einen Gewöhnungseffekt zu konstatieren, den das mittlerweile jahrzehntelang währende verbale Trommelfeuer ganz offenbar mit sich

---

175 Vgl. NARA, RG 59, Central Foreign Policy File, 1963, Box 4201, Cleveland an Rusk, 13.11.1963. Vgl. auch Gardner, Proposal for UN Rapporteur on Human Rights, 4.11.1963.
176 Vgl. dazu bereits einige Hinweise bei Klose, Menschenrechte, S. 286–289.
177 NAK, FO 371/178437, K. Unwin an Pridham, 24.11.1964.
178 NAK, CO 936/886, Butler, Survey of UK Policy on Human Rights, 3.2.1965.
179 Butler, Survey of UK Policy on Human Rights, 3.2.1965, hier Derx, Minute, 4.2.1965. Vgl. auch NAK, CO 936/756, Minute by Secretary of State, 18.6.1965.

gebracht hatte. Er nahm nunmehr den Sorgen um kolonialpolitischen Schaden ihre empfindlichste Spitze.

Im Frühjahr 1966 traf die Regierung den interministeriell abgestimmten Beschluß, den menschenrechtspolitischen Ansatz des Landes in internationalen Organisationen zu modifizieren. Die neue Rechtsposition lautete, daß die Artikel 55 und 56 der UN-Charta, die die Förderung der Menschenrechte als Ziel der Organisation festschrieben, eine »positive Verpflichtung« darstellten, »eine Politik zu verfolgen, die darauf ausgerichtet ist, die Achtung vor Menschenrechten und ihre Wahrung zu befördern.« Die UN-Organe seien berechtigt, »über die Politik eines Staates, die eine Verweigerung der Menschenrechte bedeutet, zu diskutieren«.[180] Die Regierung erhoffte sich von diesem Schwenk, ihre UN-Politik stärker mit derjenigen der USA und anderer westlicher Blockpartner in Einklang bringen und argumentative Inkonsistenzen beseitigen zu können. Damit wollte sie einen wichtigen Schritt in Richtung der »positiveren Politik« machen, »die sich die Regierung im gesamten Feld wünscht«.[181]

In der britischen Einstellung zu den beiden wichtigsten völkerrechtlichen Projekten, die in diesen Jahren in den Vereinten Nationen verwirklicht wurden, schlug sich der neue Kurs sogleich nieder, ohne daß nun alles als begrüßenswert erschien, was vorher als bedenklich gegolten hatte. In den Paktentwürfen waren der Regierung das Selbstbestimmungsrecht und die Bestimmung, daß das zu schaffende Überwachungskomitee Petitionen aus den Kolonien empfangen dürfe, weiterhin ein Dorn im Auge. Mit allen anderen Teilen des umfangreichen Vertragswerks konnte man sich jedoch arrangieren.[182] In den Diskussionen über die Antirassismuskonvention machte sich die gewandelte politische Linie noch stärker geltend. Hier setzte das *Foreign Office* nämlich auf einen regelrechten politischen Befreiungsschlag. Das neue Ziel sei, »zu zeigen, daß die Regierung Ihrer Majestät unnachgiebig gegen das Übel der rassistischen Diskriminierung Stellung bezogen hat, daß sie die Beseitigung rassistischer Diskriminierung als eines der wichtigsten Ziele im Menschenrechtsfeld betrachtet«.[183] Nachdem sie 1965 den *Race Relations Act* verabschiedet hatte, der rassistische Diskriminierung erstmals gesetzlich verbot, erkannte die britische Regierung hier eine Möglichkeit, sich international als führender anti-rassistischer Staat

---

180 Vgl. NAK, FO 371/189957, Foreign Office an Dean, 22.4.1966.
181 NAK, CO 936/886, Stewart, Human Rights Policy at the UN, 3.5.1965. Vgl. auch ebd., UK Policy toward Articles 2,7, 55, 56, o. Dat.
182 Vgl. NAK, CO 936/764, Draft International Covenants, o. Dat. [1965]; ebd., FO 371/189938, Steering Committee on International Organization, General Assembly 1966, Draft Covenants, 20.9.1966; ebd., FO 371/189940, [Anweisungen an die Delegation für die Abstimmung über die Annahme des Pakts], 2.12.1966.
183 NAK, FO 371/183684, ECOSOC 39th session, item 26: Implementation of Declaration on Elimination of Racial Discrimination, o. Dat. [wohl 1965].

zu profilieren; zugleich erhöhte jenes Gesetz den innenpolitischen Druck, im internationalen Raum nicht hinter die nationalen Standards zurückzufallen.[184]

Im Zuge dieser Umorientierung diskutierten die Regierungsbeamten aber auch über mögliche Themenfelder, auf denen sich eine »positive« verhandlungspraktische Initiative zurückgewinnen lasse.[185] Da kam die amerikanische Idee des Hochkommissars wie gerufen. Die Briten teilten die Sicht des *State Department*, das Menschenrechtsfeld in den Vereinten Nationen sei weitgehend verwahrlost.[186] Das *Foreign Office* versprach sich von dem neuen Posten, ganz so wie die US-Regierung, den anderen politischen Lagern die propagandistische Möglichkeit abzuschneiden, sich unwidersprochen als makellose Wahrer von Recht und Freiheit zu präsentieren, und dadurch die moralische Oberhoheit in Menschenrechtsfragen wiederzugewinnen.[187]

Die vorbereitenden Überlegungen in den amerikanischen und britischen Ministerien überschnitten sich dabei mit der Initiative einer Gruppe internationaler NGOs, die schließlich wichtig werden sollte, um den Stein verhandlungspraktisch ins Rollen zu bringen. Im Lauf des Jahres 1964 bildeten Vertreter der *International League for the Rights of Man*, der *International Commission of Jurists*, *Amnesty Internationals*, des *World Jewish Congress*, des *Internationalen Komitees des Roten Kreuzes* und einiger anderer Organisationen eine hochkarätige Koalition. Sie trafen sich zu mehreren informellen Gesprächen, in denen sie den Stand der internationalen Menschenrechtspolitik diskutierten.[188] Auch sie gelangten zu ernüchternden Schlußfolgerungen, in denen schon viele Elemente der Kritik angelegt waren, die die beschriebene NGO-Konferenz in Paris vier Jahre später in einen scharfen öffentlichen Protest fassen sollte.[189] Die Aktivisten glaubten, ein unabhängiger, permanenter Überwachungsmechanismus in Form eines Hochkommissars würde wenigstens überhaupt einen Fortschritt bedeuten. Gleichwohl sahen auch sie für ihn lediglich die Befugnis vor, Staatenberichte zu kommentieren. Die NGOs »wollten die Länder nicht vergraulen, indem sie zu ambitionierte Vorschläge machen«, faßte das britische

---

184 Vgl. NAK, FCO 61/163, Human Rights Working Group, Report on Question of Ratification of CERD, o. Dat. [1968].
185 Vgl. NAK, CO 936/886, Working Group on Human Rights, Possible UK Initiatives in Human Rights Field, o. Dat.; ebd., Review of Human Rights Policy, Suggested Outline of inter-departmental meetings; ebd., FO 371/189957, Pridham an Smart, 29.6.1966.
186 Vgl. NAK, CO 936/756, UN High Commissioner for Human Rights, o. Dat.
187 Vgl. NAK, CO 936/764, Draft International Covenants, o. Dat. [1965], hier Annex: Working Group on Human Rights, UN High Commissioner, o. Dat. [1965, vor Mai].
188 Vgl. NAK, FO 371/178306, Benenson an Butler, 24.6.1964; ebd., CO 936/756, Human Rights Policy Planning Group, Meeting in Geneva, List of Participants, 19.7.1964; NARA, RG 59, Central Foreign Policy File, 1964–66, Box 3203, MacBride an Harriman, 2.12.1964; ebd., Box 3202, Telegramm USUN NY an Department of State, 15.1.1965.
189 MacBride an Harriman, 2.12.1964.

Foreign Office den Gedanken zusammen.[190] Schließlich erklärte sich der UN-Botschafter Costa Ricas, Fernando Volio Jiménez, bereit, die Idee im Namen seines Landes in den Vereinten Nationen einzubringen.[191]

Dort gelang es den Befürwortern eines Hochkommissariats in der Menschenrechtskommission zunächst, mühselig genug, eine Resolutionsvorlage für die Generalversammlung durchzubringen.[192] Daselbst stießen sie anschließend jedoch auf eine übermächtige Gegenkoalition aus arabischen, afrikanischen, asiatischen und osteuropäischen Staaten. Diese sorgte erst dafür, daß die Aussprache drei Jahre lang verschleppt wurde. In den seit 1969 dann doch stattfindenden Verhandlungen baute sie eine undurchdringliche Wand von Detaileinwänden, Grundsatzkritik und politischen Anschuldigungen gegen die Initiatoren auf.[193] Der eigentliche Kern der Sache kam in dem Vorwurf zum Vorschein, die Tätigkeit eines Hochkommissars bedeute einen unzulässigen Eingriff in die nationale Souveränität der Mitgliedstaaten. »Diejenigen, die zu den kleineren, blockfreien Entwicklungsländern gehörten, seien besonders besorgt über offene oder verdeckte Versuche, ihre Souveränitätsrechte zu beschränken«, gab der ceylonesische Delegierte Gunewardene zu bedenken. Das »rufe Erinnerungen an die dunklen Tage der Kolonialherrschaft wach«.[194] Gewissermaßen im gleichen Atemzug, und offenbar ohne daß irgendjemand hier einen Widerspruch bemerkte, kritisierten andere Staatenvertreter, der vorgesehene Hochkommissar habe zu schwache Kompetenzen, um dort einzugreifen, wo es wirklich wichtig sei. »Was könne der Hochkommissar bei Menschenrechtsverletzungen in Südafrika, Portugal, Rhodesien oder dem Nahen Osten tun?«, so die rhetorische Frage des ghanaischen Delegierten Namon.[195]

Die Vertreter der Idee versuchten, alle technischen Gegenargumente zu widerlegen und nutzten ansonsten die einzige Rückzugslinie, die ihnen zu bleiben schien, nämlich die vollständige Ungefährlichkeit des Hochkommissars in bunten Farben auszumalen. Daß diese Taktik in den fünfziger Jahren schon einmal aufgegangen war, als die USA ihr »Aktionsprogramm« lanciert hatten, dürfte ihnen vermutlich nicht bewußt gewesen sein; vor allem war die Gegenseite

---

190 NAK, FO 371/178433, Record of Meeting, 23.11.1964.
191 Vgl. Record of Meeting, 23.11.1964; NARA, RG 59, Central Foreign Policy File, 1964–66, Box 3202, USUN an Department of State, 22.1.1965; Humphrey, Human Rights, S. 296–301; ORUN, CHR, Report of the 21st session 1965.
192 Vgl. ORUN, CHR, Report of the 22nd session 1966, S. 70–81; Report of the 23rd session 1967, S. 161–172.
193 Vgl. etwa ORUN, GA, 24th session 1969, Third Committee, 1727th meeting, Stellungnahme von Baroody, Saudi-Arabien; 1730th meeting, Stellungnahme von El Sheikh, Sudan.
194 ORUN, GA, 25th session 1970, Third Committee, 1809th meeting, Stellungnahme von Gunewardene, Ceylon.
195 ORUN, GA, 24th session 1969, Third Committee, 1731st meeting, Stellungnahme von Namon, Ghana. Vgl. auch etwa 1730th meeting, Stellungnahme von Waldron-Ramsey, Tansania.

nunmehr so stark, daß sie keine Veranlassung hatte, sich mit einem Stillhalteabkommen zufrieden zu geben, wie es allen Beteiligten damals nützlich erschienen war. Jedenfalls beteuerte der niederländische Delegierte van Walsum, der Hochkommissar solle »taktvoll vorgehen und die vertrauliche und diplomatische Natur seiner Tätigkeiten beachten, um einen Gesichtsverlust oder die politische Beschämung der Regierung zu vermeiden, mit der er es zu tun hat.«[196] Auch hier kommentierte niemand den offenbaren Widersinn, einen Überwachungsmechanismus zu schaffen, der niemanden überwachen konnte.

Als sich abzeichnete, daß der Widerstand gegen den Vorschlag unnachgiebiger sein würde, als vermutet, traf sich die Gruppe der Befürworter zu intensiven Konsultationen, um den Vorschlag mittels einer wohl ausgedachten Lobbystrategie doch noch zu retten.[197] Die Ergebnisse gaben aber kaum zu Hoffnungen Anlaß. Nach Einschätzung der amerikanischen Delegation konnte man nur auf die West- und Nordeuropäer sicher zählen, während Costa Rica der einzige lateinamerikanische Befürworter war und sich in Afrika vor allem Senegal, in Asien vor allem Japan und die Philippinen engagierten.[198] Die Zeichen trogen nicht, und in der Generalversammlung von 1973 wurde der Vorschlag dann schließlich »erledigt«, wie es der niederländische Delegierte van Walsum verbittert ausdrückte.[199]

Die Kontroversen um den Hochkommissar illustrieren jedoch nicht nur die in den sechziger Jahren vorherrschenden Kräfteverhältnisse und die schier mathematisch genaue Abfolge menschenrechtspolitischer Offensiven und Gegenoffensiven. Darüber hinaus werfen sie ein aufschlußreiches Licht auf die Gründe, die hinter der Fortentwicklung menschenrechtlicher »Implementierungsmechanismen« standen. In den vierziger und fünfziger Jahren hatten sie sich ja als die eigentliche Scheidelinie erwiesen, an der sich die wenigen Vertreter eines wirksamen Menschenrechtsschutzes von der überwältigenden Mehrheit der Mitgliedstaaten trennten, die keinerlei Souveränitätsrisiken eingehen wollten. Insofern war es, selbst wenn der Hochkommissar scheiterte, eine der auffälligsten Veränderungen in der Menschenrechtsarchitektur der Vereinten Nationen während der sechziger Jahre, daß gleich eine Reihe von Verfahren und Institutionen geschaffen wurde, um Menschenrechtsverletzungen zu beobachten.

---

196 ORUN, GA, 26th session 1971, Third Committee, 1900th meeting, Stellungnahme von van Walsum, Niederlande.
197 Vgl. NARA, RG 59, Central Foreign Policy File, 1970–73, Box 3041, USUN an Department of State, 9.7.1971.
198 Vgl. NARA, RG 59, Central Foreign Policy File, 1970–73, Box 3040, USUN an State Department, 20.[?]8.1970; ebd., USUN an Department of State, 21.12.1970; ebd., Box 3041, USUN an Department of State, 9.7.1971.
199 ORUN, GA, 28th session 1973, Third Committee, 2047th meeting, Stellungnahme von van Walsum, Niederlande.

Daß es dazu kam, läßt sich nicht einfach der Politik der einen oder anderen Staatengruppierung zurechnen, sondern war Ausdruck eines komplexen Interessengeflechts. Die postkolonialen Staaten wirkten einmütig darauf hin, diejenigen Sonderkomitees zu schaffen, die sich mit der Kolonialherrschaft und der Apartheid befaßten. Was hingegen die Konvention gegen Rassendiskriminierung betraf, so zeigten sich in den Verhandlungen über die Durchsetzungsverfahren, in denen einmal mehr die Frage der Petitionen den Stein des Anstoßes bildete, Risse in der afrikanisch-asiatischen Koalition.[200] Ghana und die Philippinen engagierten sich anfänglich für ein starkes Petitionsverfahren, wobei sie von westlichen Staaten wie den Niederlanden und Schweden unterstützt wurden. Andere Delegationen, etwa die Saudi Arabiens, Tansanias, des Irak oder Indiens, wandten sich jedoch entschlossen dagegen.[201] Diejenigen afrikanischen und asiatischen Vertreter, die weitreichende Mechanismen gewünscht hatten, machten schließlich einen widerwilligen Rückzieher und unterbreiteten den Kompromißvorschlag, ein lediglich optionales Petitionsverfahren einzurichten, das dann auch beschlossen wurde. Die libanesische Delegierte Tabbara sprach stellvertretend für die Fraktion der Enttäuschten davon, das einzurichtende Komitee »wäre wenig mehr als eine Poststelle, die Petitionen erhalten, Staaten darauf aufmerksam machen und sie in ihrem jährlichen Bericht zusammenfassen würde«.[202]

Die Diskussionen über die Implementierungsverfahren für die Menschenrechtspakte, in denen nach langen Jahren des Streits schließlich auch eine Übereinkunft erzielt wurde, bedürften der genaueren Untersuchung. Es scheint aber, als seien die Fronten hier ähnlich verlaufen wie in den Auseinandersetzungen über die Antirassismuskonvention.[203] Schließlich brachte die afrikanisch-asiatische Gruppe noch eine Initiative zur Reform der Menschenrechtskommission auf den Weg; nachdem die Zahl der Kommissionsmitglieder 1967 auf 32 erhöht worden war, verfügte sie hier mit zwanzig Sitzen ebenfalls über eine Stimmenmehrheit. Mit der Unterstützung der westlichen Mitgliedstaaten gelang es noch im selben Jahr, im Wirtschafts- und Sozialrat die Resolution 1235 zu verabschieden, die der Kommission erlaubte, Menschenrechtsverletzungen zu untersuchen, wenn diese ein »durchgängiges Muster« aufwiesen, und zum Zweck

---

200 Vgl. ORUN, GA, 20th session 1965, Third Committee, 1344th bis 1364th meeting.
201 Vgl. ORUN, GA, Third Committee, 1345th meeting, Stellungnahme von Waldron-Ramsey, Tansania.
202 ORUN, GA, 20th session 1965, Third Committee, 1362nd meeting, Stellungnahme von Tabbara, Libanon.
203 Das entnehme ich der Darstellung Burkes, der selbst dabei aber zu einer etwas anderen Einschätzung gelangt. Jedenfalls sprachen sich mehrere afrikanische Delegationen gegen ein Petitionsverfahren aus, während die westlichen Staaten eher dafür waren; und am Ende wurde ebenfalls beschlossen, das Verfahren optional zu machen. Vgl. Burke, Decolonization, S. 75–78.

der Information auch von Einzelpetitionen Gebrauch zu machen. Drei Jahre später autorisierte der Rat mit seiner Resolution 1503 die Unterkommission zur Verhinderung von Diskriminierung, solche Petitionen und Mitteilungen, die auf ein »durchgängiges Muster« von Menschenrechtsverletzungen hindeuteten, zu behandeln und an die Menschenrechtskommission weiterzuleiten. Sie war dann berechtigt, eine Untersuchung durchzuführen – das ganze Verfahren sollte allerdings vertraulich ablaufen.[204] Beide Resolutionen zusammengenommen waren ein folgenreicher Schritt weg von der selbstauferlegten Untätigkeits-Doktrin der frühen Jahre, mit dem die Kommission erheblich an Initiativmöglichkeiten gewann. In den folgenden Jahren sorgte die afrikanisch-asiatische Mehrheit in der Kommission allerdings dafür, daß die neuen Untersuchungen sich ganz überwiegend auf die portugiesischen Kolonien, die Apartheid, Südwestafrika, Südrhodesien und die israelisch besetzten Gebiete erstreckten.[205]

Die neuen Überwachungsverfahren kamen somit zustande, weil sich gegenläufige politische Intentionen und unterschiedliche Instrumentalisierungsstrategien ungewollt überschnitten. Die afrikanisch-asiatische Gruppe bewies auch in diesem Aspekt ein ambivalentes Verhältnis zu internationalen Menschenrechtsnormen. Sie trieb die Implementierungsmechanismen dort schwungvoll voran, wo sie der antikolonialen Sache dienlich sein konnten. Mindestens ein großer Teil ihrer Mitglieder setzte hingegen alles daran, Verfahren zu verhindern, die drohten, ihre eigene innere Politik unter kritische Supervision zu stellen. Die westlichen Staaten schlossen sich nahezu allen Vorschlägen an, und zwar sicherlich aus denselben Gründen, aus denen sie auch den Hochkommissar propagierten: weil sie glaubten, nicht mehr Schaden nehmen zu können, als in den zurückliegenden Jahren ohnehin schon angerichtet worden war, und weil sie spekulierten, bei einer möglichst breiten Überwachung von Menschenrechtsverletzungen sogar besser dazustehen. Betrachtet man sie abgelöst von den eigennützigen Zielvorstellungen, so führte diese Konstellation immerhin dazu, daß überhaupt Implementierungsmechanismen eingerichtet wurden. Diese ließen sich, unter gewandelten internationalen Voraussetzungen, wiederum anders nutzen, als es ihre Schöpfer im Sinn gehabt hatten. Schon Ende der sechziger und Anfang der siebziger Jahre behandelte die Menschenrechtskommission etwa, wie zurückhaltend auch immer, die Situationen in Griechenland und Haiti.[206] Den eigentlichen Bruch mit einer Menschenrechtskritik, die im Zeichen des Antikolonialismus stand, sollte dann allerdings erst die Kampagne gegen das 1973 errichtete Militärregime in Chile darstellen, in der die Vereinten Nationen eine beispiellose institutionelle Schlagkraft entfalteten.

204 Die Resolutionen sind abgedruckt bei Tolley, U. N. Commission, S. 227–231.
205 Vgl. ebd., S. 55–82.
206 Vgl. ebd.

Die Vereinten Nationen erschienen in den Verhandlungen der sechziger Jahre, wie auch schon in den vorausgegangenen Dekaden, als ein Mikrokosmos der internationalen Politik: die kleine Welt am East River, mit ihren spezifischen politischen Dynamiken von Schlag und Gegenschlag, ihrer distinkten diplomatischen Binnenkultur, ihren eigenen argumentativen Logiken, ihrer verklausulierten, spröden, für den rückblickenden Analysten oft zum Verzweifeln aseptischen Sprache. Der Betrieb, auch im Menschenrechtsbereich, war enorm. Viele Delegationen investierten Zeit in ihn, bürokratischen Aufwand, vor allem aber eben vibrierende politische Energien, die ihn nach der Dürrephase der späten fünfziger Jahre wieder mit polemischem, konfliktgeladenem Leben füllten. Denen, die sich direkt daran beteiligten, erschien das menschenrechtspolitische Tauziehen in den Vereinten Nationen fraglos wichtig. Doch welche Bedeutung hatte es außerhalb des Mikrokosmos, im gesamten Zusammenhang der Weltpolitik? Die historische Literatur zu den Vereinten Nationen, die seit einigen Jahren stark anwächst, scheint sich zuweilen, um im Bild zu bleiben, in den weiten Gängen der Organisation verloren zu haben. Denn von sporadischen Ausnahmen abgesehen hat sie die Frage, welches Gewicht der UN-Politik in den internationalen Beziehungen zukam, nicht einmal gestellt.

Richtet man den Blick auf die politischen Aspirationen, mit denen die afrikanisch-asiatische Gruppe den UN-Menschenrechtsbereich in den sechziger Jahren nahezu monopolisierte, so fällt es zunächst deutlich leichter zu bestimmen, inwiefern sie in den internationalen Beziehungen keinen Unterschied machte. An der fundamentalen Tatsache, daß die internationale Politik in den allermeisten Fällen, und ganz sicher wenn es hart auf hart kam, eine Funktion militärischer und wirtschaftlicher Macht darstellte, konnten sie nicht rütteln. Ebenso wenig daran, daß dies die hegemoniale Stellung der Industriestaaten, der westlichen wie der östlichen, auf der Weltbühne zementierte. Zwei welthistorische Trends, die sich in diesen und den folgenden Jahren besonders scharf abzeichneten, rücken die Relationen auf drastische Weise zurecht. Denn zum einen wuchs, wie noch eingehender zu thematisieren, die sozioökonomische Kluft zwischen »Erster« und »Dritter Welt« ins Bodenlose. Zum anderen ließen sich die Supermächte auch weiterhin, wenn es ihnen ihre angstbesetzten geostrategischen Perzeptionen geboten, von keinerlei moralischen Selbstverpflichtungen bremsen und intervenierten offen oder verdeckt in Staaten Lateinamerikas, Afrikas und Asiens.[207]

Und dennoch, hält man sich die Tatsache vor Augen, daß tiefreichende realpolitische Hierarchien das Staatensystem während der gesamten modernen Geschichte durchzogen, es sogar erst eigentlich konstituiert hatten, dann stellte eine Organisation, in der alle Mitgliedstaaten unabhängig von ihrem Machtstatus das gleiche Stimmrecht hatten *und* in der auch alle Staaten tatsächlich

---

207 Vgl. dazu vor allem Westad, Cold War.

vertreten waren, eine geradezu wundersame Neuschöpfung dar. Sie hatte es 1920 noch nicht gegeben, und auch nicht 1950. Auch in der Völkerbundversammlung waren alle Staaten formal gleichberechtigt gewesen, doch befanden sich der afrikanische und der asiatische Kontinent noch fast vollständig unter kolonialer Herrschaft. In den Vereinten Nationen der späten vierziger und der fünfziger Jahre machten sich die Staaten des globalen Südens, wie gezeigt, zunehmend bemerkbar, aber ohne ein entscheidendes Übergewicht zu erlangen. Die eigentliche diplomatische Revolution fand erst nach 1960 statt, als direktes Resultat der nun rasant Fahrt aufnehmenden Dekolonisierung. Auch jetzt waren nicht ausnahmslos alle Staaten in der Weltorganisation vertreten (und sind es bis heute nicht). Mit der afrikanisch-asiatischen Zusammenarbeit entstand jedoch eine ausreichend kohäsive, ihre Interessen kraftvoll vertretende Staatenformation, die die Vereinten Nationen zu einem internationalen Forum machten, in dem die Großmächte zu Spielern zweiten Ranges degradiert zu werden drohten.

Das bedeutete eine bemerkenswerte Veränderung in den internationalen Beziehungen, die sich nicht auf die Binnenlogik der Verhandlungsrangeleien beschränkte. Hier war vielmehr die einzige Weltorganisation, die die Welt je gehabt hatte, ihren Gründern politisch entwunden worden. Die westlichen Regierungen waren sich dessen recht frühzeitig bewußt. Mit einem bezeichnenden Stoßseufzer klagte das britische *Foreign Office* 1957, die UN-Organisation sei »unendlich viel ungünstiger für die Interessen Westeuropas« als der Völkerbund, denn »leider bildet sie die Welt, in der wir leben, weitaus repräsentativer ab.«[208] Das amerikanische *State Department* hatte sogar schon Anfang der fünfziger Jahre festgehalten, die Staaten des globalen Südens wüßten »daß ihr Stimmengewicht die derzeitige Realität der Machtverteilung in der Welt nicht spiegelt«, und sähen gerade deshalb in den Vereinten Nationen »ein nützliches Mittel, um den Platz in der Weltpolitik zu erlangen, den sie für rechtmäßig halten«.[209] Die kleine Welt am East River, sie war, machtpolitisch betrachtet, eine verkehrte Welt. Von der anderen Seite aus stellte sich das genauso dar. Doch was den einen Anlaß zum Lamento gab, wirkte hier euphorisierend: »Man stelle sich die Wirkung auf Millionen Menschen vor, denen seit vielen Jahrzehnten beigebracht worden war, daß sie nicht in der Lage seien, sich selbst zu regieren [...]. Und dann kehrt eine internationale Organisation diese Entwicklung um, indem sie ihnen sagt, sie seien allen anderen gleich und zur Selbstregierung, Freiheit, Unabhängigkeit und vollgültiger Staatsbürgerschaft berechtigt [...]. Nur diejenigen, die die Erfahrung, im Land ihrer Geburt wie Dinge

---

208 The UN. A stocktaking, S. 306.
209 NARA, RG 59, Office Files Assistant Secretary of State for UN Affairs, Box 5, The General Assembly and the Security Council, o. Dat. [vielleicht 1953]. Vgl. ebd., Principal Stresses and Strains Facing the US in the UN, o. Dat.

behandelt zu werden, wirklich durchgemacht haben, können die emotionale und psychologische Wirkung ermessen, die es hat, wenn solche Erklärungen von einer derart erhabenen Plattform wie den Vereinten Nationen abgegeben werden.«[210]

Nimmt man für einen Augenblick doch noch einmal die institutionelle Innenperspektive ein, so muß man eine differenzierende Bemerkung einschieben. Denn die neuen Dominanzverhältnisse galten nicht für die gesamte Organisation; den Sicherheitsrat beherrschten ja nach wie vor die Großmächte der Nachweltkriegszeit mit ihrem Vetorecht (wenngleich die Zahl der nicht-ständigen Mitglieder 1965 erweitert wurde). Das eigentlich demokratische Forum, das als einziges die Möglichkeit bot, ihre Entscheidungsmacht auszuhebeln, stellte die Generalversammlung dar. Auf sie verlagerte sich in diesen Jahren dann auch der institutionelle Schwerpunkt: Sie war es, die die Erklärung über die Gewährung der Unabhängigkeit vorantrieb und eine Antidiskriminierungskonvention nach dem Geschmack der afrikanisch-asiatischen Gruppe formulierte, sie beschloß die härtesten Maßnahmen gegen Südafrika und ließ die heftigste Kritik an der Apartheid verlauten.

Die Umkehrung der Machtverhältnisse, die sich in den Vereinten Nationen und hier vor allem in der Generalversammlung ereignete, war bedeutsam in sich, weil sie sich nirgends sonst ereignete – nicht derart zugespitzt, nicht im unmittelbaren Gegeneinander der Lager, nicht unter Anwesenheit aller, nicht so dauerhaft. Trotzdem läßt sich auch hier natürlich noch weiterfragen, was das bedeutete. Ohne greifbare Effekte blieb es nicht, doch reichten diese nur bis zu einem bestimmten Grad. Gerade bis zum Ende der sechziger Jahre stellte die Weltorganisation den wichtigsten Brennpunkt des Protests gegen das südafrikanische Apartheidregime dar, weil der Anti-Apartheid-Aktivismus außerhalb ihrer, von kürzeren Konjunkturen wie etwa in Großbritannien am Anfang der Dekade abgesehen, noch keine massenhafte Anhängerschaft fand.[211] Auf diese Weise trugen die Vorgänge in den Vereinten Nationen entscheidend zu dem bemerkenswertesten Fall der Isolierung eines Staats bei, den das internationale System der Nachweltkriegszeit bislang gesehen hat. Gleichzeitig halfen sie, diesen Staat in seinen politischen, wirtschaftlichen, sozialen und kulturellen Strukturen derart intensiv kritisch zu durchleuchten, wie es mit wenig anderen geschehen sollte. Die Frage, ob das ohne die Vereinten Nationen ebenso geschehen wäre, ist nicht nur hypothetisch, sondern auch müßig; Tatsache ist, daß sich hier die Kritik bündelte, Jahr um Jahr, vor aller Augen. Eine andere und wichtige Frage ist, ob das den Entschluß der südafrikanischen Regierung, die gesetzliche Rassendiskriminierung zu beseitigen oder wenigstens zu mildern, beförderte. Denn das tat die geballte internationale Empörung jahrzehntelang eben

---

210 Sithole, Nationalism, S. 193.
211 Vgl. Hyam/Henshaw (Hg.), Lion, S. 307–342; Gurney, »Cause«.

nicht. Wie noch ausführlicher zu zeigen, fällt die Antwort darauf, inwiefern die antikolonialen Bestrebungen in den Vereinten Nationen zum Ende der europäischen Kolonialreiche beitrugen, ähnlich zwiespältig aus: Sie erhöhten den politischen Druck auf die demokratisch regierten Kolonialmächte, aber nicht entscheidend.

Wenn also die Machthierarchien, die die internationalen Beziehungen sonst formierten, in der Weltorganisation außer Kraft gesetzt und durch andere substituiert wurden, dann blieb dies, darauf läuft alles hinaus, im wesentlichen symbolisch. So sehr es der afrikanisch-asiatischen Koalition in den Vereinten Nationen gelang, ihre Werte und Anliegen international sichtbar zu plazieren, vermeintlich oder tatsächlich westliche Formen des Unrechts wie Kolonialismus und Rassismus zu stigmatisieren, die moralischen Selbstrechtfertigungen der Industriestaaten zu durchlöchern, deren Konfliktagenda beiseite zu schieben – die internationale Politik gestalteten sie damit nicht nennenswert um. Doch schufen sie Züge einer neuen Weltordnung, die in den Verhandlungen nicht einfach nur postuliert wurde; sie wurde *repräsentiert*. Die beinahe permanenten Anklagen, die unzähligen verurteilenden Erklärungen, die streng zurechtweisenden Statusberichte, die geradezu zelebrierten Abstimmungen, die unverhohlenen diplomatischen Erpressungen, die auftrumpfenden Sanktionsforderungen, sie waren, theoretisch formuliert, ein wirkungsvoller Akt der Performanz.[212] Weniger theoretisch formuliert, vermittelten sie Ahnung und Anschauung einer postkolonialen Politikvision, ließen diese in den Plenarsälen, Korridoren und Delegationsbüros erstehen, machten fühlbar, was es hieß, wenn Nationen, die so lange kein politisches Sagen gehabt hatten, plötzlich verfahren konnten, wie sie es für richtig hielten. Gerade der stark repetitive, mit den Jahren fast ritualisierte Charakter der afrikanisch-asiatischen Kritik trug dazu einen wesentlichen Teil bei, auch wenn er die Gefahrenwahrnehmung in den Planungsstäben der Westmächte eher stumpfer werden ließ. »Keine antikoloniale Rede wurde im afro-asiatischen Block als groß erachtet, wenn sie den Kolonialismus nicht lebhaft geißelte, vehement denunzierte und uneingeschränkt zurückwies«, so beschrieb der simbabwische Politiker Ndabaningi Sithole das stehende oratorische Zeremoniell. Er war sich im übrigen der ausschließlich indirekten Kraft, der *soft power* dieser Redeschlachten bewußt und lobte die Vereinten Nationen als »eine unschätzbare internationale moralische Autorität, die zwar zu zahnlos war, um den Kolonialismus zu zerreißen, aber dennoch ein machtvolles Instrument darstellte«.[213]

Wenn die Menschenrechtsarbeit der Vereinten Nationen während des Dekolonisierungsprozesses ganz wesentlich eine Arena für symbolische Deutungs-

---

212 Vgl. Bachmann-Medick, Turns, S. 104–143; Martschukat/Patzold (Hg.), Geschichtswissenschaft.
213 Sithole, Nationalism, S. 193.

und Rangordnungskämpfe darstellte, dann gab es einen besonderen Einsatz, der mindestens nicht allen Regierungen gleichgültig sein konnte: internationale Legitimität. Die Arbeiten an den Erklärungs- und Konventionstexten, die Anklagen, Verteidigungen und Gegenanklagen drehten sich ja alle um den ideellen Kern dessen, was das Staatensystem zusammenhielt, um Normen, Strukturen und Prinzipien der internationalen Beziehungen. Sie standen zur Disposition, sie konnten öffentlich desavouiert werden, sie galt es zu begründen und zu rechtfertigen.[214] Will man den Auswirkungen, die die menschenrechtspolitischen Verhandlungen in der Weltorganisation auf das Ende des Kolonialismus hatten, näher kommen, so scheint also die entscheidende Frage zu sein, ob und bis zu welchem Grad Kolonialregierungen ihre politische Legitimität an menschenrechtliche Vorstellungen zu binden begannen.

Nebenschauplätze. Menschenrechte und das Ende der Kolonialreiche

Daher gilt es abschließend, die Perspektive zu wechseln, und den Blick auf die Entscheidungsbildung in den Metropolen zu richten. Daß die nationalistischen Bewegungen in den Kolonien zuweilen Menschenrechte heranzogen, um ihr Unabhängigkeitsstreben zu rechtfertigen, und daß diese dabei vor allem in den Vereinten Nationen zu einem Terrain der symbolpolitischen Auseinandersetzung wurden, ist das eine. Ob Menschenrechtskritik für die westeuropäischen Regierungen einen Grund darstellte, den Rückzug aus den Kolonien voranzutreiben, ist noch etwas anderes. Die Bedeutung, die Menschenrechte für den Dekolonisierungsprozeß hatten, die Frage, welches emanzipatorische Potential sie in einem der großen weltgeschichtlichen Prozesse der zweiten Jahrhunderthälfte besaßen, läßt sich erst dann ganz ermessen, wenn man diese letzte Dimension mit einbezieht.

Dabei lohnt es sich, den britischen Fall ausführlicher zu betrachten. Nicht nur aus dem pragmatischen Grund, daß es die Quellen- und Forschungslage erlauben, die kolonialpolitische Willensbildung der britischen Nachkriegsregierungen *en détail* zu erschließen. Die Dekolonisierung des *Empire*, eines »weltweiten Mosaiks von nahezu undurchdringlicher Komplexität und schwindelerregenden Kontrasten«, vermag mit ihrer zeitlichen und geographischen Erstreckung auch die Vielschichtigkeit der politischen Prozesse besonders eindrucksvoll aufzuzeigen, die es zu berücksichtigen gilt, um menschenrechtspolitische Kalküle angemessen zu verorten.[215]

---

214 Als eine ähnliche Argumentation für den Völkerbund vgl. Pedersen, Meaning.
215 Das Zitat von Hyam, Empire, S. 3.

Die Vorstellung, dieser Abschied sei eine planvolle Abwicklung gewesen, geboren aus der Einsicht, der Kolonialismus habe sich überlebt, ist in der Forschung seit längerem schon *ad acta* gelegt worden.[216] Mehr noch, ein strategischer Gesamtplan läßt sich nicht erkennen: Mit Clement Attlee, Winston Churchill, Anthony Eden, Harold Macmillan und Harold Wilson hatten fünf Premierminister mit der Beendigung der Kolonialherrschaft zu tun, und sie mußten sie in einer weltpolitischen Großwetterlage treffen, die sich rasant veränderte. Gegebenheiten, Probleme, Faktoren unterschieden sich von Region zu Region, im Grunde sogar von Kolonie zu Kolonie: In Uganda versuchten vier Königreiche, ihre Beziehungen zum Zentrum auszutarieren, in Gambia stellte sich die Frage, ob das Territorium überhaupt lebensfähig sein würde, auf Fidschi gab es eine starke Meinungsströmung, die keine Unabhängigkeit wollte, in Guyana bereitete die kommunistische Ausrichtung der Unabhängigkeitsbewegung den Briten ein großes Problem, in Südrhodesien die Unbeugsamkeit der europäischen Siedler.[217]

Der metropolitane Entscheidungsprozeß war daher stark situativ geprägt und bestand in einem Vorgehen von Fall zu Fall, unter akutem Druck und angesichts enger Manövrierräume. Sehr oft reagierten die britischen Regierungen mehr, als daß sie den Prozeß initiativ steuerten.[218] Sie bemühten sich, das *Empire* an gewandelte Umstände anzupassen, um ein noch weitergehendes Abbröckeln der kolonialen Macht zu verhindern und die britischen Interessen möglichst zu wahren.[219] Erst wenn die Kosten der fortgesetzten Herrschaft zu groß wurden, wenn die Kolonien drohten, unregierbar zu werden, dann entschlossen sich die politischen Verantwortlichen, sie lieber in die Unabhängigkeit zu entlassen. Und dies sollte dann so geschehen, daß der Machttransfer geordnet vor sich ging und Großbritannien seinen Einfluß möglichst weitgehend aufrechterhalten konnte.[220] Wenn man die metropolitane Dekolonisierungspolitik als zusammenhängenden Prozeß fassen kann, dann am ehesten als einen, in dem die imperiale Herrschaft nach und nach »unhaltbar« wurde.[221] Es war die Schwierigkeit, das Kolonialreich fortzuführen, mehr als der Wille, es aufzugeben, was die Nachkriegsregierungen dazu veranlaßte, am Ende eben doch »der Liquidierung des Britischen Empire vorzustehen«, von der Churchill 1942 verkündet hatte, sie sei nicht die Aufgabe des Premierministers. Zeitlich lassen sich vor allem zwei Ballungsphasen ausmachen. Bis 1948 hatten die Briten wichtige Gebiete Asiens und des Nahen Ostens verlassen. Ihren afrikanischen Besitzungen

---

216 Vgl. Darwin, Britain.
217 Vgl. Hyam, Empire, S. 268f.
218 Das betonen Heinlein, Government; Butler, Britain; Hyam, Empire.
219 Vgl. etwa Hyam, Introduction.
220 Vgl. als frühe Formulierung: International Aspects of Colonial Policy – 1947, S. 418. Vgl. dazu Hyam, Empire, S. 163.
221 Vgl. dazu auch Holland, Decolonization, vor allem S. 299–302.

hingegen gewährten sie erst in einer zweiten, deutlich späteren Welle die Unabhängigkeit; den westafrikanischen dabei am frühsten und deutlich reibungsloser, den ost- und mittelafrikanischen, in denen weiße Siedler in größerer Zahl lebten, später. Die Hochzeit der afrikanischen Dekolonisierung fiel in die Jahre zwischen 1960 und 1964.

Daß sich das Ende des britischen Kolonialismus in einer solchen, reaktiven und uneinheitlichen Form vollzog, hing wiederum mit der komplexen Bedeutung zusammen, die das *Empire* für das politische Selbstverständnis Großbritanniens hatte. Es war und blieb eine unumstößliche Prämisse der britischen Nachkriegspolitik bis mindestens Ende der fünfziger Jahre, daß das *Empire* einen unverzichtbaren Bestandteil der britischen Großmachtexistenz darstelle. Es ging dabei um geostrategische Vorteile, wie etwa die Militärbasis auf Zypern oder die Überflugrechte in Ostafrika. Ökonomische Profite stellten mit Blick auf den metropolitanen Wiederaufbau, wie bereits erwähnt, gerade anfänglich einen großen Anreiz dar; später ging es stärker um einträgliche Wirtschafts- und Handelsbeziehungen. Immer wichtiger wurde auch der Gedanke, den weltweiten Penetrationsversuchen der Sowjetunion einen Riegel vorzuschieben und den Kommunismus vor allem vom afrikanischen Kontinent fernzuhalten. Schließlich spielte das Schicksal der europäischen Siedler in Ost-, Zentral- und im südlichen Afrika eine Rolle, denn sie wollte man nicht einem ungewissen Schicksal überlassen.

Mit alledem verbunden und darüber hinaus war das *Empire* aber auch eine Frage des »Prestige«.[222] Prestige bildete eine vage, schillernde Kategorie, die die britische Kolonialpolitik nichtsdestoweniger tief beeinflußte und sich gerade in wichtigen Momenten immer wieder in das Zentrum der politischen Räsonnements schob. Schlaglichtartig erhellt dies ein Kabinettsmemorandum, das Außenminister Anthony Eden 1952 anfertigte. Darin führte er »sehr starke Argumente gegen einen vollständigen Verzicht auf einen größeren Besitz« auf. Eines davon war die »allgemeine Wirkung des Prestigeverlusts«. Was das konkret bedeute, ließ sich seiner Ansicht nach unmöglich sagen: »Doch wenn das Prestige eines Landes einmal begonnen hat, abzusinken, weiß niemand, wo das aufhören wird.«[223] Der Kolonialbesitz war ein entscheidendes Statusmerkmal, ein Aushängeschild des britischen Image, wichtig für das, was er der Außenwelt gegenüber darstellte, und nicht nur der greif- und zählbaren Vorteile wegen. Diese materiellen Aspekte sahen die britischen Nachkriegsregierungen konsequenterweise in einer engen Wechselbeziehung zu dem, was sie als Prestige bezeichneten: Großbritanniens militärische Stärke sei von dem Besitz des Kolonialreichs

---

222 Am stärksten betont dies Heinlein, dessen Analyse ich hier weitgehend folge. Vgl. zusammenfassend Heinlein, Government, S. 291–312. Vgl. aber auch Darwin, Britain, vor allem S. 34–68.
223 British overseas obligations, S. 6.

abhängig, denn dieses werte das Land in den Augen der Verbündeten auf. Es trage auch bei, die wirtschaftliche Prosperität zu sichern, denn es steigere das Vertrauen in die Finanz- und Währungsstabilität des Landes. Nicht zuletzt glaubten die Regierungspolitiker, die Loyalität der Kolonien sei direkt abhängig von der Ostentation einer gefestigten Kolonialherrschaft. Man wird diese Facette des britischen Kalküls nicht überbetonen, wenn man schließt, daß der Anschein weltpolitischer Größe in den Augen der führenden Politiker ebenso wichtig war, wie diese Größe selbst, oder besser noch: ein untrennbarer Teil von ihr. Das hatte eine wichtige Konsequenz. Denn es führte dazu, daß die *Art, wie* die kolonialen Angelegenheiten betrieben wurden, in den britischen Erwägungen ein erhebliches Eigengewicht gewann. Es sollte unter keinen Umständen der Eindruck entstehen, als sei Großbritannien eine Kolonialmacht auf dem absteigenden Ast, die sich überstürzt zurückzog, weil sie die Kontrolle verloren hatte. Und: Die britischen Regierungen hatten ein essentielles Interesse daran, ihre Kolonialherrschaft als geordnet erscheinen zu lassen, als funktionstüchtig, als rechtmäßig – als legitim. Hier sollte das eigentliche politische Einfallstor für die internationale Kolonialismuskritik liegen, einschließlich ihrer menschenrechtlichen Begründungsvarianten.

Anfänglich war davon jedoch noch wenig zu spüren. Gerade die *Labour*-Regierung unter Clement Attlee war darauf bedacht, Großbritannien als eine der drei weltweit agierenden Großmächte zu positionieren.[224] Die Sorge vor einer weiteren Expansion der Sowjetunion, die sich in der Frühphase des Kalten Kriegs rapide vertiefte, bestärkte sie darin, daß es notwendig sei, an der imperialen Grundlage festzuhalten. Mit Blick auf diejenigen kolonialen Gebiete, die als die »fortgeschrittensten« galten, begann die britische Führung zaghaft umzudenken; daß sie ganz allmählich darauf vorbereitet werden müßten, sich selbst zu regieren, erschien nun denkbar, wenn auch nicht ihre Unabhängigkeit. Der Weg zu einer möglichen Selbstregierung afrikanischer Territorien wurde dagegen als äußerst langwierig und noch überhaupt nicht konkret absehbar betrachtet.

Dort, wo er geschah, war der Rückzug aus den Kolonien in den Jahren nach dem Krieg daher auch nicht Ausdruck einer grundlegend gewandelten Strategie, sondern das Resultat akuter Krisen, die die Regierung nicht besser zu bewältigen wußte. Mit Blick auf Indien bilanzierte Premierminister Attlee Ende 1946, Großbritannien habe weder die militärischen Ressourcen noch die administrativen Mittel noch auch die öffentliche Unterstützung im eigenen Land, um die Herrschaft auf lange Zeit fortzusetzen. Indien einfach zu verlassen, komme aber auch nicht in Frage, denn »die Weltöffentlichkeit würde dies als eine Politik

---

224 Vgl. zum Folgenden Darwin, Britain, S. 69–125; Hyam, Introduction, S. xxivf.; ders., Empire, S. 94–167; Butler, Britain, S. 63–96; Heinlein, Government, S. 11–86; Holland, Decolonization, S. 128–149.

des Sichdavonstehlens betrachten, die einer Großmacht unwürdig ist«.[225] Am Ende zog sich die Regierung aus der Affäre, indem sie versuchte, den Rückzug als konsequenten Schlußpunkt einer schon über Jahrzehnte verfolgten Politik zu präsentieren, die Indien auf die Unabhängigkeit vorbereitet habe. All dies spielte sich ab, als die internationale Kritik an der Kolonialherrschaft noch eine *quantité négligeable* war. Daß mit der Gründung der Vereinten Nationen eine neuartige Beobachtungssituation entstanden war, nahm der Regierungsapparat von Anfang an sensibel wahr. »Seit es die Vereinten Nationen gibt, hat sich die Aufmerksamkeit der Welt vielleicht stärker auf Kolonialfragen gerichtet als jemals zuvor«, resümierte ein internes Papier schon Ende 1947.[226] Doch blieben Memoranden, die auf den ungünstigen Meinungswandel in der »Weltöffentlichkeit« hinwiesen, in diesen Jahren noch vereinzelt.

Erst mit Beginn der fünfziger Jahre begannen sich die Effekte antikolonialer Kritik im politischen Kalkül der britischen Regierungen abzuzeichnen.[227] Ein Bericht, der dem Kabinett 1953, bereits in der Regierungszeit Churchills, vorlag, kam zu dem Schluß, daß »sich die Weltöffentlichkeit zunehmend um Kolonialangelegenheiten kümmert, und unsere Beziehungen mit den Kolonien zunehmend von der Weltöffentlichkeit beeinflußt werden«.[228] Vor allem das *Foreign Office* befürchtete, die antikoloniale Kritik würde das internationale Ansehen Großbritanniens beflecken und damit die auswärtigen Beziehungen des Landes allgemein belasten. Kolonialpolitisch schien sie noch viel konkretere Probleme zu schaffen. Denn die internationale Kritik drohte, die »Regierbarkeit« der Kolonien zu beeinträchtigen. »Die Entwicklung der Beziehungen zwischen dem Vereinigten Königreich und seinen Kolonialgebieten ist ein sehr anfälliger Prozeß, den Einmischungen von außen unendlich viel schwieriger machen würden«, hatte schon das erwähnte Memorandum von 1947 festgehalten.[229] Von öffentlichen Attacken und internationalen Einmischungsversuchen befürchteten die britischen Regierungen eine ganze Palette miteinander verbundener Schwierigkeiten: Sie würden die Autorität der britischen Herrschaft beschädigen und damit die Loyalität der Kolonialbevölkerungen unterminieren, die Unzufriedenheit in den Kolonien anfachen und immer weitergehende Forderungen stimulieren, damit insbesondere auch Kommunisten und anderen Extremisten in die Hände spielen, die sowjetische Propaganda begünstigen und das fragile politische Gefüge einiger Territorien bedrohen.[230] In den pessimistischsten

---

225 Zitiert nach Hyam, Empire, S. 108.
226 The colonies and international organisations, S. 281 f.
227 Vgl. dazu vor allem Goldsworthy, Britain. Auf das geringe Gewicht innenpolitischer Kritik für das Regierungshandeln verweisen Darwin, Britain, S. 168 f.; Howe, Anticolonialism; Owen, Critics.
228 Zitiert nach Goldsworthy, Britain, S. 2.
229 The colonies and international organisations, S. 282.
230 Vgl. Circular despatch from Mr Churchill.

Zukunftsszenarien reichten die Ängste so weit, daß die kritische internationale Beobachtung in den britischen Kolonien Chaos und Anarchie verbreiten und damit die Regierung zu politischen Konzessionen zwingen könnte, die sie eigentlich vermeiden wollte.[231] Bringt man das alles auf eine kurze Formel, so erschienen die antikolonialen Vorstöße in den Vereinten Nationen deshalb als gravierend, weil sie die Legitimität des *Empire* beschädigten und so dazu beitrugen, die Herrschaft in den Kolonien unhaltbar zu machen. In diesem Sinn also hatten die symbolpolitischen Konfrontationen in der Weltorganisation tatsächlich handfeste Konsequenzen für die britische Politikformulierung.

War die zunehmende, institutionalisierte Aufmerksamkeit einer internationalen Öffentlichkeit ein bedeutsamer Faktor für die Briten, so kamen andere hinzu: die permanente Ressourcenknappheit, das zunehmende Tauziehen des westlichen und des östlichen Lagers um die »Dritte Welt«, die stärker werdenden nationalistischen Bewegungen in den Kolonien und der nunmehr einsetzende Schneeballeffekt, daß je mehr Kolonien unabhängig wurden, um so mehr andere dasselbe für sich forderten.[232] Folglich begann sich in den Planungsstäben der Regierungen Churchills und Edens ein gewisser Denkwandel abzuzeichnen. Doch keine der beiden Regierungen zog daraus in der Praxis entscheidende Konsequenzen. Unter dem Strich blieb, daß seit 1949, mit der Ausnahme des Sudan, keine weiteren Kolonien unabhängig wurden, bis 1957 Ghana und Malaya folgten, nun bereits in der Regierungszeit Macmillans. Der robuste politische Umgang mit dem Krieg in Kenia, den die Regierung effektiv aus der internationalen Diskussion heraushielt, sowie die delikaten, doch im Ergebnis folgenlosen Verhandlungen über den zypriotischen Aufstand vor dem Europarat dürften die Protagonisten davon überzeugt haben, daß sich antikoloniale Initiativen im Keim ersticken ließen, ohne großes internationales Aufsehen zu verursachen.[233] Auch in den Vereinten Nationen schienen die Dinge nicht aus dem Ruder zu laufen. Die beiden konservativen Regierungen führten die Strategie ihrer sozialistischen Vorgängerin fort, im Rahmen der bestehenden Verfahren zu kooperieren, sich aber energisch dagegen zu wehren, daß ein Recht auf internationale Einmischung in die kolonialen Angelegenheiten oder eine britische Rechenschaftspflicht über die politischen Entwicklungen in den Kolonien bestehe.[234] Der Treuhandrat besaß formal die weitestreichenden Kompetenzen,

---

231 Vgl. dazu: The colonial empire today; The colonies and international organisations; UN: non-self governing territories and trusteeship; Despatch no 4 from Sir G. Jebb (New York) to Mr Eden; The Fourth Committee. Memo by D. I. Dunnett.
232 Vgl. zum Folgenden Butler, Britain, S. 97–134; Goldsworthy, Introduction; Heinlein, Government, S. 87–158; Hyam/Louis, Introduction.
233 Vgl. zu Kenia Klose, Menschenrechte, S. 239–255; zu Zypern Simpson, Rights, S. 924–1052.
234 Vgl. NAK, FO 371/88543, Minute by Foreign Secretary and Secretary of State for Colonies, UN Colonial and Trusteeship Questions, o. Dat. [1950]; FO 371/88542, Colonial Questions in the UN. Summary of Conclusions, o. Dat. [Feb 1950]; The colonies and

doch waren Kolonialmächte und die sogenannten nicht-selbstverwaltenden Gebiete dort paritätisch vertreten, so daß den Briten die Gefahren handhabbar erschienen. In der Generalversammlung gelang es der britischen Delegation bei wichtigen Entscheidungen in der Regel, ein blockierendes Stimmendrittel zusammenzubekommen.[235] »Bislang«, so bilanzierte das *Colonial Office* Ende 1954 in einer Aktennotiz, »haben sich die Bemühungen der Vereinten Nationen nicht sehr stark auf unsere Kolonien ausgewirkt.«[236]

Grundlegend ändern sollten sich die leitenden Wahrnehmungen erst in der Regierungszeit Macmillans. Dabei deutete bei seinem Amtsantritt zunächst nichts darauf hin.[237] Mit einer seiner ersten Regierungshandlungen stieß der neue Premier eine eingehende Überprüfung des kolonialpolitischen *status quo* an, die eine Grundlage schaffen sollte, um die kolonialen »Verpflichtungen« moderat und kontrolliert zu verringern. Die Planungsstäbe präsentierten statt dessen aber eine einfallsreiche Fülle von Gründen, warum man bloß nichts überhasten solle. Im Kern kreisten diese Gründe nach wie vor um den aus machtpolitischen und prestigebezogenen Erwägungen abgeleiteten Gedanken, Großbritannien könne es sich nicht leisten, seine weltweite Präsenz und den damit verknüpften Großmachtstatus aufzugeben.[238] Noch 1959 traf das Kabinett den Beschluß, die britische Politik in Afrika lediglich insofern umzustellen, als die wichtigen ostafrikanischen Kolonien allmählich auf die Selbstregierung vorbereitet werden sollten.[239]

Doch noch während die britischen Regierungsbeamten ihre Zukunftsprojektionen niederschrieben, begann sich das internationale Umfeld, in dem Großbritannien sein *Empire* zu behaupten gedachte, derart grundlegend zu wandeln, daß die Planungsprämissen bald schon hinfällig waren. In wenigen Jahren ballten sich dabei mehrere weltpolitisch relevante Entwicklungen. Zunächst einmal meldeten die USA unter ihrem neuen Präsidenten Kennedy ein erheblich gesteigertes Interesse an der »Dritten Welt« an, gerade auch an Afrika und dem Nahen Osten, die im geostrategischen Visier Großbritanniens lagen. Die britische Regierung konnte daher an der Einsicht nicht vorbeigehen, daß sie dort mittelfristig nicht mehr als führende Macht werde in Erscheinung treten können. Damit verbunden war die nun immer schärfer konturierte Perzeption, daß Afrika zu einem zunehmend wichtigen Terrain der Ost-West-Konfrontation

international organisations; The Fourth Committee. Memo by D.I. Dunnett; Minutes by W.A. Morris, Sir H. Poynton, B.O.B. Gidden; Informal note on Anglo-American discussions; Draft FO brief for UK representatives.
235 Vgl. auch Goldsworthy, Britain.
236 NAK, CO 936/319, Mathieson, Minute, 31.12.1954.
237 Vgl. zum Folgenden Heinlein, Government, S. 159–290; Hyam, Empire, S. 241–326; Darwin, Britain.
238 Vgl. Hyam, Empire, S. 252.
239 Vgl. Heinlein, Government, S. 190.

avancieren würde. Ein aufschlußreiches interministerielles Strategiepapier konstatierte 1961, daß die Bedeutung des subsaharischen Afrika weder in seinem Reichtum an Bodenschätzen noch in seinen strategischen Vorteilen liege, sondern darin, daß es »ohne jeden gewaltsamen Aufruhr in das kommunistische Lager hinübergleiten könnte«. Diese Gefahrenlage legte nun auf einmal eine »Politik der Loslösung« nahe.[240]

Gleichzeitig begann sich die Situation in den afrikanischen Kolonien selbst erheblich zuzuspitzen. Die politischen Entwicklungen in den Ländern, die ihre nationale Selbständigkeit erlangten, beginnend mit dem Fanal der ghanaischen Unabhängigkeit 1957, zogen die anderen Gebiete immer stärker in ihren Sog. Das politische Klima radikalisierte sich, und vor allem schien die Kette der gewaltsamen Konflikte nun nicht mehr abzureißen. Der eskalierende Krieg in Algerien, die Eruptionen im Kongo, die Unruhen in Somaliland, Nyasaland und auch in Südafrika standen der britischen Regierung warnend vor Augen. Für Großbritannien selbst kam 1959 der Moment eines erschreckten moralischen Erwachens. Bei zwei unzusammenhängenden Vorfällen wurden am selben Tag, dem 3. März, in Nyasaland bei einer Demonstration zwanzig Afrikaner erschossen und in Kenia elf Gefangene des »Mau Mau«-Aufstands in einem Gefangenenlager zu Tode geprügelt. Die Koinzidenz der Grausamkeiten löste in der Metropole eine Welle der Empörung aus, in der sich das »moralische Ende des britischen Empire in Afrika« abzuzeichnen schien.[241] Nun wurde es zu einem starken Antrieb der Regierungspolitik, nicht noch tiefer in die Gewaltspirale hinabzutauchen.

Überdies stand Großbritannien, nachdem Belgien den Kongo verlassen hatte und auch Frankreich im Begriff war, seine Kolonialherrschaft zu beenden, als Kolonialmacht zunehmend allein, was sich nicht zuletzt in den Verhandlungen der Vereinten Nationen empfindlich bemerkbar machte. Neben dem Vereinigten Königreich saßen nur noch Portugal und Südafrika auf der Anklagebank, und die britische Regierung fürchtete den Imageschaden, den es bedeutete, mit Staaten in einen Topf geworfen zu werden, die als verstockt und reaktionär verschrien waren.[242] Im Jahr 1959 hielt ein britischer Vertreter bei den Vereinten Nationen alarmiert fest: »Wir sprechen von friedlichem Wandel, doch können wir auf keine wirksamen Schritte verweisen, um diesen im südlichen Afrika herbeizuführen. [...] Wir könnten uns bald auf der falschen Seite in einer aussichtslosen Schlacht wiederfinden.«[243]

Schließlich deuten zahlreiche Indizien darauf hin, daß sich um 1960 die internationale Aufmerksamkeit für den Dekolonisierungsprozeß, und das hieß, für die Ereignisse in Afrika, mit einer gewissen Plötzlichkeit intensivierte. Die

---

240 Policy towards Africa south of the Sahara, S. 191.
241 Hyam/Louis, Introduction, S. xlv.
242 Africa in the next ten years, S. 319.
243 Colonial questions at the UN. Notes by Sir H. Foot, S. 360 f.

neue Qualität der Gewalt dürfte dabei eine wesentliche Rolle gespielt haben. Der Algerienkrieg seit der *Bataille d'Algers* im Jahr 1957, das Sharpeville-Massaker von 1960 und die im selben Jahr ausbrechende Kongokrise, wohl auch der 1961 beginnende Unabhängigkeitskrieg in Angola waren allesamt internationale Medienereignisse, die Afrika in den Mittelpunkt des öffentlichen politischen Bewußtseins und der internationalen Diplomatie katapultierten.[244] Mehrere zeitgenössische Autoren erkannten einen signifikanten Einschnitt. Der kenianische Gewerkschaftsführer Tom M'Boya beklagte 1963, es sei »traurig, aber wahr, daß die Welt bis zum Ausbruch der Gewalttätigkeiten in Algerien und Angola über die Leiden dieser Völker unter der Kolonialherrschaft geschwiegen hat«.[245] Jean-Paul Sartre hatte schon zwei Jahre zuvor geschrieben: »Der Augenblick ist günstig: nichts passiert in Bizerta, in Elisabethville, im algerischen Bled, worüber nicht die ganze Erde informiert würde«.[246] Frantz Fanon führte das darauf zurück, daß die Rivalität der Supermächte um den Kontinent akut zugenommen habe. Während Kolonialmassaker wie diejenigen im algerischen Sétif 1945, in Madagaskar 1947 und in Kenia Anfang der fünfziger Jahre international nicht registriert worden seien, gebe die Ost-West-Konfrontation »den lokalen Forderungen eine gleichsam universale Dimension. Jede Versammlung, jeder Unterdrückungsakt hallt in der internationalen Arena wider. [...] Jeder Aufstand, jede Erhebung in der Dritten Welt gewinnt im Rahmen des Kalten Kriegs Bedeutung«.[247]

Vor dem Hintergrund dieser Entwicklungen, die da in wenigen Jahren zusammenflossen und die internationalen Rahmenbedingungen der kolonialen Herrschaft kräftig umkrempelten, gewann die antikoloniale Kritik, die vor allem in den Vereinten Nationen auf Großbritannien niederging, eine neue Virulenz. Sie stellte alles Bisherige in den Schatten. Die Weltorganisation selbst wurde ja durch die Beitrittswelle postkolonialer Staaten, wie beschrieben, gerade in diesen Jahren zum Resonanzkörper einer geradezu donnerhallenden Verdammung des Kolonialismus. Für die Regierung Macmillans behielten alle Überlegungen, die bislang auf ihre Kolonialpolitik eingewirkt hatten, auch weiterhin ihr Gewicht – die Unzufriedenheit in den Kolonien, die Gefahr der kommunistischen Durchdringung, die finanziellen Kosten des *Empire*. Doch erlangte die Sorge um die reputationsschädigenden Stimmungsausschläge der »Weltöffentlichkeit« nunmehr den relativ größten Einfluß auf ihre Planungen.[248]

Die Probleme in den Vereinten Nationen begannen mit einem Mal, »riesige Mengen an Zeit, Energie und Papier« zu verschlingen.[249] Das *Colonial Office* re-

---

244 Vgl. auch Darwin, Britain, S. 245.
245 Mboya, Freiheit, S. 54.
246 Sartre, Vorwort, in: Fanon, Verdammten, S. 11.
247 Fanon, Verdammten, S. 63.
248 Vgl. Heinlein, Government, S. 239.
249 Hyam/Louis, Introduction, S. lxx.

gistrierte die Verschiebungen in der Organisation besonders hellhörig. Bereits im Herbst 1960 konstatierte es, daß die afrikanisch-asiatische Gruppe die Verhandlungen immer mehr dominiere und auf kolonialpolitische Themen lenke. Beunruhigt wies es darauf hin, daß das Nichteinmischungsprinzip des Artikels 2,7 der UN-Charta durch die Debatten über Zypern, Algerien und Südafrika in gefährlicher Weise ausgehöhlt worden sei. Dabei lag es auf der Hand, daß »jedes Argument, das in einem Fall wie den Unruhen in Sharpeville eine Intervention rechtfertigen würde, auch verwendet werden könnte, um eine Intervention zu rechtfertigen, wenn es zum Beispiel Unruhen in einem britischen Kolonialgebiet gäbe«. Die »moderne Publizitätsmaschinerie« sorge dafür, daß solche Vorfälle umgehend bekannt würden. Die Vorgänge in der Weltorganisation, so die Quintessenz des Papiers, hätten eine neue Phase eingeleitet, »in der das internationale Klima, in dem wir mit den Problemen unserer Territorien fertig werden müssen, sich gewandelt hat und zu einem entscheidenderen Faktor geworden ist«.[250]

Das Bewußtsein einer zunehmend prekären Stellung in den Vereinten Nationen schlug sich am akutesten in einer aufreibenden Diskussion darüber nieder, ob sich Großbritannien aus dem Sonderkomitee zur Überwachung der Erklärung über die Gewährung der Unabhängigkeit zurückziehen solle. Sie hielt in den Jahren 1962/63 alle einschlägigen Ministerien auf Trab.[251] Das Komitee verwende »nahezu seine gesamte Zeit auf genau die Art von Aktivitäten, von denen wir von Anfang an gesagt haben, sie seien falsch, nämlich darauf, Petenten anzuhören und Empfehlungen über einzelne Gebiete abzugeben«, beschwerte sich der Staatssekretär für die Kolonien, Reginald Maudling, in einem aufgebrachten Brief.[252] Am Ende setzten sich jedoch die Pragmatiker durch, die verstanden hatten, daß durch einen Boykott des Komitees nichts gewonnen wäre – die antikolonialen Attacken hätten dadurch nicht nachgelassen. Sie glaubten, die Regierung würde mit einer Politik der Kommunikationsverweigerung eher den letzten Ast absägen, auf dem sie noch saß. Statt dessen suchten die Planer in den Ministerien von nun an nach Wegen, um die britische Reputation in den Vereinten Nationen aufzupolieren; einer davon war, daß man Südafrika bald darauf die bedingungslose Unterstützung entzog.

Seit etwa 1960 sah sich die britische Regierung also als anfälliger für die international geäußerte Kolonialismuskritik und glaubte nicht länger, es handele sich um einen rhetorischen Nebenschauplatz, den man weitgehend im Griff habe. Die Verurteilungen vor allem in den Vereinten Nationen wuchsen sich zu einem veritablen Legitimitätsproblem aus, mit all den potentiellen

---

250 CO circular letter from Sir H. Poynton, S. 307, 309, 311. Vgl. auch Colonial questions at the UN. Memorandum by Sir H. Foot; Letter from Maudling to Lord Home; The UN. A stocktaking; Future Policy Study, 1960–1970.
251 Vgl. Hyam/Louis, Introduction. Vgl. auch Louis, Enemy.
252 Letter about draft Cabinet paper from Maudling, S. 349 f.

Konsequenzen für die koloniale Handlungsfähigkeit, das »Prestige« einer Großmacht und den internationalen Status, die die britischen Regierungen damit immer schon angstvoll verbunden hatten. Daher scheint es sehr plausibel anzunehmen, daß die dramatisierte internationale Kritik für den Rückzug Großbritanniens aus Afrika einen maßgeblichen Faktor darstellte – und nur für den aus Afrika. Anfang der sechziger Jahre war sich die Macmillan-Regierung darüber im Klaren, daß die Kosten den Nutzen überwiegen würden, falls man sich weiter an das *Empire* klammere; der Punkt war erreicht, an dem auch die Herrschaft in Afrika schließlich unhaltbar erschien.[253] Wichtige Territorien erhielten nun im Jahrestakt die Unabhängigkeit, Nigeria 1960 und die ostafrikanischen Kolonien Tanganyika, Uganda und Kenia zwischen 1961 und 1963 – was die Regierung noch 1959 ausgeschlossen hatte. Die rasche Dekolonisierung erschien einmal mehr als bester Ausweg: um die gemäßigten Nationalisten zu kooptieren, bevor radikale Gruppen weiteren Auftrieb erhielten, um den Teufelskreis der »Unregierbarkeit« zu durchbrechen und ein Absinken in Gewalt und Chaos zu verhindern, um einem sowjetischen Geländegewinn vorzubeugen, um weiteren Debatten in den Vereinten Nationen zu entgehen und den Druck der »Weltöffentlichkeit« zu verringern.[254] Der geordnete Rückzug, unter möglichst günstigen Bedingungen, die dem Vereinigten Königreich einen fortwährenden politischen, wirtschaftlichen und militärischen Einfluß erhalten sollten, war nun das kolonialpolitische Gebot der Stunde, das Macmillans Regierung in die Tat umzusetzen versuchte.[255] Damit leitete sie, mehr bewußt als unbewußt, den wirklichen Beginn vom Ende des *Empire* ein.

Bleibt die Frage, welche Bedeutung menschenrechtspolitischen Vorwürfen aus Sicht der Briten inmitten des Geflechts internationaler Kritik zukam, die ihnen in diesen Jahren so zusetzte. Immerhin beschrieben ja nicht alle Anklagen, die die postkolonialen Staaten, unterstützt von den Ostblockländern, in den Organen der Vereinten Nationen vorbrachten, die Kolonialherrschaft als eine Menschenrechtsverletzung. Oft verurteilten sie sie als repressiv, inhuman, ungerecht und illegitim, ohne auf menschenrechtliche Vorstellungen oder Normen Bezug zu nehmen. Soweit es sich in der Wahrnehmung der britischen Regierungspolitiker und Ministerialbeamten greifen läßt, war ihnen durchaus bewußt, daß der Vorwurf der Menschenrechtsverletzung einen distinkten Strang der antikolonialen Propaganda darstellte, daß hier ein rhetorischer und institutioneller Kanal bestand, über den die britische Politik diskreditiert werden konnte. Auf dem Höhepunkt der UN-Diskussionen über die Menschenrechtspakte am Anfang der fünfziger Jahre bilanzierte die zuständige Abteilung im *Foreign*

---

253 Vgl. Hyam/Louis, Introduction, S. xlvii.
254 Vgl. Darwin, Britain, S. 256–259. Vgl. auch Heinlein, Government, S. 237–269.
255 Vgl. exemplarisch: Kenya Constitutional Conference. Memorandum by Mr Maudling, S. 529.

Office, »Vorgänge, die unseren Interessen schaden«, spielten sich nicht nur in dem mit Treuhandfragen befaßten Vierten Komitee der Generalversammlung ab. »Auch die Diskussionen über Menschenrechte im Dritten Komitee und allgemein die Erörterung von Gedanken der Rassengleichheit und der Selbstbestimmung sind dazu angetan, unsere Position zu unterminieren.«[256] Einige Jahre später hielt das *Colonial Office* fest, »die Auffassung von Selbstbestimmung als eines vorrangigen Menschenrechts« enthalte eine »der Hauptgefahren der Einmischung«.[257] Ein weiteres Papier von Mitte der fünfziger Jahre schließlich warnte, das »bequemste Etikett«, um Diskussionen über Kolonialthemen zu rechtfertigen, sei »natürlich das der Menschenrechte«.[258] Nimmt man alles das zusammen, so erschien Menschenrechtskritik den politischen Verantwortlichen also weder einfach abzutun noch besonders gewichtig. Und nach der Wende zu den sechziger Jahren beeinflußte sie die britische Politik stärker als zuvor.

Kehrt man von dem britischen Beispiel zu dem größeren Zusammenhang der Dekolonisierung zurück, bleibt festzuhalten, daß diese Mechanismen, und damit der Stellenwert, den Menschenrechte für das Ende des britischen Kolonialismus hatten, nicht unbedingt repräsentativ waren. Ein wenigstens grober Blick auf drei andere Fälle, die zeitlich, geographisch und politisch genügend weit auseinanderliegen – der niederländische Rückzug aus Indonesien, die Dekolonisierung Algeriens und die Auflösung des portugiesischen Kolonialreichs –, kann dabei helfen, das Spektrum noch etwas genauer auszumessen.

In allen drei Fällen wurde die kritische Beobachtung im internationalen Raum zu einem einflußreichen Faktor. So zielten die indonesischen Nationalisten von Anfang an darauf ab, den Konflikt mit den Niederlanden zu internationalisieren.[259] Sie hatten nach Kriegsende eine unabhängige Republik ausgerufen, woraufhin sich in den Niederlanden sofort ein parteiübergreifender Konsens herausbildete, daß es nötig sei, die Kolonie zurückzugewinnen. Im Vordergrund stand dabei das wirtschaftliche Potential Indonesiens, das für den Wiederaufbau der Metropole als unverzichtbar galt. Zudem befürchtete man, ein Verlust des Besitzes würde die Niederlande »auf den Rang Dänemarks absinken« lassen, also von einer Mittel- zu einer Kleinmacht degradieren – insofern spielten also auch hier Prestigeerwägungen eine Rolle.[260] Schließlich durch-

---

256 The Fourth Committee. Memo by D. I. Dunnett, S. 387.
257 Report by CO on talks held in Washington, S. 286. Vgl. auch Minutes by W. A. Morris, Sir H. Poynton, B. O. B. Gidden, S. 381 f.
258 NAK, CO 936/316, Colonial Questions in the UN. Anglo-French-Belgian Talks, 1.–2. 10. 1956. Ähnlich: Draft FO brief for UK representatives at Anglo-French ministerial talks.
259 Vgl. zu den Niederlanden und Indonesien im Folgenden: Reid, Indonesia; McMahon, Colonialism; Dahm, Dekolonisationsprozeß; de Jong, Diplomatie; Homan, Netherlands; Wiebes/Zeeman, United States; de Jong, Netherlands; van den Doel, Afscheid; Gouda, Visions; Frey, Revolution; Luard, History, Bd. 1, 132–159.
260 Vgl. Foster, Avoiding.

zogen auch zivilisationsmissionarische Vorstellungen von der rechtmäßigen »Aufgabe« der Niederlande in der asiatischen Kolonie die Entschlußbildung. Im Juli 1947 marschierten daher niederländische Truppen in Indonesien ein, um mit einem euphemistisch als »Polizeiaktion« bezeichneten Kurzkrieg vor allem die wirtschaftlich bedeutsamen Gebiete zurückzugewinnen. Die indonesischen Nationalisten reagierten darauf nicht nur, indem sie militärischen Widerstand organisierten, der sich später zu einem hartnäckigen Guerrillakrieg ausweiten sollte. Darüber hinaus intensivierten sie ihre Bemühungen um internationale Unterstützung. Schon vor dem niederländischen Einmarsch hatten sie mit wenn auch bescheidenen Mitteln versucht, die politische und öffentliche Meinung in den USA für den indonesischen Unabhängigkeitskampf einzunehmen – »Es ist 1776 in Indonesien« hieß eine Broschüre, die zu diesem Zweck verbreitet wurde.[261] Vor allem in Asien hatten sie viel Zuspruch erfahren, was sich nicht zuletzt in dem begeisterten Empfang manifestierte, der der indonesischen Delegation auf der *Asian Relations Conference* im Frühjahr 1947 bereitet worden war. Nach der »Polizeiaktion« appellierte Premierminister Amir Sjarifuddin gezielt an Indien, China, die westeuropäischen Staaten und die USA, in den Konflikt zu intervenieren.

Dem algerischen *Front de Liberation Nationale* (FLN) gelang es sogar, den Unabhängigkeitskampf in ein weit ausstrahlendes, entgrenztes Ringen um die weltöffentliche Meinung zu verwandeln. In den Kriegsjahren entwickelte er eine mehrgliedrige außenpolitische Strategie.[262] Vor allem im arabischen Raum bauten die Nationalisten Auslandsbüros auf und entsandten Delegationen. Als geschickter Schachzug stellte sich heraus, daß der FLN 1958 eine Provisorische Regierung gründete, die Algerien quasi formal vertreten konnte und sogleich von zahlreichen arabischen Staaten anerkannt wurde. Überdies setzte er mit einer ebenso virtuosen wie skrupellosen Billarddiplomatie die amerikanische Regierung unter Druck, sich von Frankreich zu distanzieren. Zu diesem Zweck führten die Algerier den Amerikanern ihre tatsächlichen Verbindungen zur Sowjetunion sowie die Schreckvorstellung eines wachsenden kommunistischen Einflusses vor Augen.[263]

Zudem unterhielten die algerischen Nationalisten einen ständigen Repräsentanten in New York, dem Sitz der Vereinten Nationen, der von dort aus eine wirkungsvolle Öffentlichkeitsarbeit organisierte. Die französischen Gegenanstrengungen waren ebenfalls nicht zu verachten. Allein Anfang 1957 ließ die Regierung 1,3 Millionen Seiten Propagandaliteratur produzieren und investierte

---

261 Vgl. Gouda, Visions, S. 214.
262 Vgl. zum Folgenden Connelly, Revolution; Klose, Menschenrechte, S. 256–274; Wall, France. Die Arbeiten zeigen, daß der Algerienkrieg zu einem wichtigen Aspekt der internationalen Diplomatie wurde, geben aber keine Auskunft darüber, welches Gewicht menschenrechtliche Rhetorik dabei hatte.
263 Vgl. Connelly, Rethinking.

rund eine halbe Million Dollar, um Anzeigen in den dreißig größten US-Zeitungen zu schalten.[264] Überdies griff sie in großem Maßstab auf Film- und Fernsehmaterial zurück; Anfang 1957 erreichte sie damit in den USA geschätzte 60 Millionen Zuschauer. Gleichwohl zeigte sich der FLN im Lauf der Jahre imstande, Frankreich in der internationalen Arena propagandistisch in die Defensive zu drängen. Das lag an seinem organisatorischen Geschick, seinem stupenden Verständnis medialer Aufmerksamkeitsgesetze – manche seiner Gewalttaten stimmte er eigens auf die UN-Sitzungen ab – und nicht zuletzt an der beträchtlichen logistischen Unterstützung, die er von arabischen Regierungen erhielt. Vieles spricht für die Schlußfolgerung Matthew Connellys, die algerische Befreiungsfront habe den Krieg zwar militärisch verloren, den Kampf um die öffentliche Meinung jedoch gewonnen.[265] Die internationalen Medien berichteten ausgiebig über den Algerienkonflikt. Für die Staaten der Blockfreienbewegung wurde das algerische Freiheitsstreben zu einer *cause célèbre*, und die nationalistischen Bewegungen in den afrikanischen Kolonien sahen sich dadurch inspiriert und legitimiert.

Und auch die portugiesische Kolonialherrschaft wurde durch die Kriege, die die Unabhängigkeitsbewegungen in Angola, Guinea-Bissau und Mosambik zwischen 1961 und 1964 eröffneten, zu einem Streitfall in der internationalen Arena.[266] Diese Kriege leiteten den Anfang des Endes der portugiesischen Kolonialherrschaft ein, das sich dann allerdings noch quälend lange hinzog. Denn in Portugal selbst führten sie zunächst einmal dazu, daß sich wichtige Teile der politischen Eliten noch enger um den Diktator António Salazar scharten, und sich der koloniale Konsens verfestigte. Die militärische Lage in den afrikanischen Territorien entwickelte sich während der folgenden Jahre ungleich. In Angola und Mosambik bestand für die wesentlichen portugiesischen Interessen zu keinem Zeitpunkt Gefahr, vor allem weil die Rebellen von den urbanen Regionen der Länder ferngehalten werden konnten. Zudem spaltete sich die Unabhängigkeitsbewegung in Angola schon bald in drei Parteiungen, die sich untereinander in geradezu bürgerkriegsähnliche Konflikte verstrickten. In Guinea-Bissau hingegen wurde der Widerstand von dem geschlossenen PAIGC organisiert, dem es dann auch gelang, die Kolonialherren militärisch schwer zu bedrängen; nach und nach brachte er den Süden des Landes praktisch vollständig unter seine Kontrolle. Da Guinea besonders klein und wirtschaftlich unbedeutend war und zudem nur sehr wenige europäische Siedler dort lebten, fielen die militärischen Erfolge der Guerrillabewegung allerdings für das diktatorische Regime zunächst kaum ins Gewicht.

264 Vgl. ebd., S. 128.
265 So die zentrale These von Matthew Connelly, vgl. ebd.
266 Vgl. zum Folgenden: MacQueen, Decolonization of Portuguese Africa; ders., Domino; ders., Belated Decolonization; Costa Pinto, Fim; ders., Transition; Bailey, Security Council, S. 2 f., 41–43, 53; Balsen/Rössel, Solidarität, S. 285–290.

Da die Haltung der westlichen Regierungen wenig Aussicht bot, effektive Verbündete zu gewinnen, wandten sich die nationalistischen Bewegungen in den portugiesisch beherrschten Gebieten mit gezielten Publizitätskampagnen an die westlichen Öffentlichkeiten. Es läßt sich als sicher annehmen, daß sie dabei das Erfolgsmodell der algerischen Medienschlachten vor Augen hatten. Vor allem in der inzwischen rapide gewachsenen Dritte-Welt-Bewegung stießen sie auf Resonanz; sie machte den Kampf gegen den portugiesischen Kolonialismus Anfang der siebziger Jahre zu einem ihrer Hauptanliegen.[267] Im übrigen richteten die nationalistischen Bewegungen, ganz so wie der FLN, ihren Blick nicht ausschließlich nach Westen. Vor allem der PAIGC, die *Frente de Libertação de Moçambique* (FRELIMO) und der *Movimento Popular de Libertação de Angola* (MPLA) wandten sich an die Sowjetunion, von der sie materielle Unterstützung erhielten.

Spielte die internationale Dimension in allen drei Fällen eine wichtige Rolle, so avancierten die Vereinten Nationen dabei, ganz wie in der britischen Dekolonisierung, zu dem entscheidenden Forum. Im Konflikt um Indonesien verwandelte sich der Sicherheitsrat in die wichtigste Bühne, und seine Konfliktlösungsmechanismen wurden zum ersten Mal einer Bewährungsprobe ausgesetzt. Im August 1947 verabschiedete er eine Resolution, die beide Seiten aufforderte, die bewaffneten Feindseligkeiten einzustellen, und fügte den Niederlanden damit eine unerwartete diplomatische Niederlage zu. Überdies setzte er einen Vermittlungsausschuß ein, der die Parteien zu Gesprächen zusammenbrachte. Im Januar 1948 unterzeichneten sie daraufhin ein Abkommen, das vorsah, einen souveränen indonesischen Staat zu schaffen, der in einer Union mit den Niederlanden verbunden sein sollte. Hatten die Vereinten Nationen damit immerhin dazu beigetragen, den Konflikt zu kanalisieren, so hielt die Befriedung doch nicht lange vor. Im Dezember 1948 nämlich entschlossen sich die Niederlande, was die wenigsten Beobachter für möglich gehalten hatten, zu einer zweiten »Polizeiaktion«, die militärisch rasch erfolgreich war. Nunmehr legte der UN-Sicherheitsrat sogar ein noch entschlosseneres Vorgehen an den Tag. Vor allem stellte er einen Zeitplan für die indonesische Unabhängigkeit auf: Die niederländische Regierung sollte bis Oktober 1949 Wahlen veranstalten und bis Juli 1950 die Souveränität an den Inselstaat übergeben. Einen derart weitreichenden Eingriff in den Dekolonisierungsprozeß eines Gebiets unternahmen die Vereinten Nationen, von der Kongokrise abgesehen, danach nie wieder.[268]

Auch die beiden Kontrahenten im Algerienkrieg nutzten die Vereinten Nationen als wichtigstes Forum für ihren internationalen Selbstdarstellungskampf. Von 1955 bis zum Ende des Kriegs stand Algerien auf der Agenda der

---

267 Vgl. Balsen/Rössel, Solidarität, S. 285–290.
268 Vgl. Luard, History, Bd. 1, S. 148.

Organisation, seit 1956/57 wurde das Thema jährlich diskutiert.²⁶⁹ Wie wichtig ihr die Vorgänge tatsächlich waren, versuchte die französische Regierung hinter einer ostentativ aufgesetzten Miene der Unberührtheit zu verbergen. Insgeheim arbeitete sie jedoch unter Hochdruck daran, ungünstige Entscheidungen zu verhindern.²⁷⁰ In den Jahren 1956 und 1957 zog sie verschiedene Register, um die Verhandlungen zu beeinflussen. Und auch der neue Präsident Charles de Gaulles wies nach seinem Machtantritt die französischen Botschaften an, alles zu versuchen, damit das Thema Algerien nicht erneut in die Agenda der Generalversammlung eingeschrieben werde. Die Regierung schickte zahlreiche Delegationen ins Ausland, um für ihren Standpunkt zu werben oder Druck auszuüben. Der Ministerrat beriet wiederholt über die bevorstehenden UN-Verhandlungen, und die Mehrheit der Minister betonte, wie folgenreich die Vorgänge in New York für die internationale Stellung des Landes seien. De Gaulle entwickelte nun, unter dem Schlagwort der *autodétermination*, die Idee, ein Referendum abzuhalten, in dem die Algerier einige Jahre nach der Befriedung der Kolonie selbst über ihre Zukunft abstimmen sollten. Die Rede, in der er den neuen Plan verkünden wollte, hielt er bewußt vor dem Sitzungsbeginn der UN-Generalversammlung, um womöglich eine weitere kritische Debatte zu verhindern. Nachdem allerdings inzwischen, im Juni 1960, die vorbereitenden Gespräche mit der »provisorischen Regierung« gescheitert waren, blies der Wind in den Vereinten Nationen den Franzosen noch schärfer ins Gesicht.

Schließlich gab die Weltorganisation auch für die internationale Auseinandersetzung über die portugiesischen Kolonialpolitik den wichtigsten Schauplatz ab. Seit Beginn der Kriege braute sich hier eine vehemente, bis zum Ende der Diktatur sogar noch zunehmende Kritik zusammen. Sie wurde von der immer stärker werdenden afrikanisch-asiatischen Gruppe, dem Ostblock und später auch den skandinavischen Ländern getragen. In der Generalversammlung verurteilte die Koalition der Kritiker die fortgesetzte portugiesische Kolonialherrschaft, die Brutalität der Kriegführung und nicht zuletzt die Unterstützung Portugals durch NATO-Staaten in scharfen Tönen. Sie erklärte den Kampf der Befreiungsbewegungen für legitim und erkannte 1973 sogar den PAIGC als einzigen Repräsentanten Guinea-Bissaus an. Dieser nutzte das, um die Unabhängigkeit des Landes zu erklären, die innerhalb weniger Monate von über achtzig Staaten anerkannt wurde. Der Sicherheitsrat verabschiedete zahlreiche Resolutionen, in denen er die portugiesischen Militäraktionen als Gefahr für den internationalen Frieden brandmarkte und das Recht der Kolonien auf Unabhängigkeit und Selbstbestimmung postulierte. Erreichte die rhetorische

---

269 Zu den Vorgängen in den Vereinten Nationen vgl. United Nations, Yearbook, Bde. 1955–1961; Alwan, Algeria; Vaïsse, Guerre; Andreopoulos, Age; Thomas, France; Connelly, Revolution; Klose, Menschenrechte.
270 Zum Folgenden vor allem Vaïsse, Guerre. Daneben Thomas, France; Klose, Menschenrechte.

Verurteilung damit eine vergleichsweise hohe Intensität, so verhinderten es gleichwohl die Vetomächte USA, Großbritannien und Frankreich, einzeln oder im Zusammenspiel, daß der Rat spürbare Maßnahmen beschloß.

Die internationalen Deutungskämpfe waren also in allen drei Fällen prominent, wobei die Vereinten Nationen den Druck der »Weltöffentlichkeit« fokussierten und den Kolonialmächten ihren außenpolitischen Imageschaden am eklatantesten vor Augen führten. Doch zeigt der nähere Blick, daß dieser Druck eben auch auf deutliche Grenzen stieß. Zwar reagierte selbst das autoritär regierte Portugal auf die Verurteilungen, indem es entschlossene propagandistische Gegenanstrengungen unternahm. Doch was für das diktatorische Regime am meisten zählte, waren die diplomatischen Bande zu den westlichen Verbündeten, und solange diese sich nicht zu lösen drohten, konnten die internationalen Anschuldigungen wenig ausrichten. Salazar instrumentalisierte sie sogar und zeichnete das Land mitunter bewußt als von der internationalen Gemeinschaft ausgestoßen, um damit den nationalen Zusammenhalt zu festigen. Die Niederlande und Frankreich konnten die Feindseligkeit und Kritik, mit der sie es auf dem diplomatischen Parkett zu tun bekamen, wohl noch weniger ignorieren. Sie arbeiteten sogar intensiv daran, ihre außenpolitischen Strategien auf die ungünstigen internationalen Rahmenbedingungen abzustellen und ihr *standing* möglichst nicht noch weiter abrutschen zu lassen. Gleichzeitig aber waren beide eine Zeit lang entschlossen, der vorherrschenden weltpolitischen Stimmung auch um einen hohen Preis zu trotzen. Beide stemmten sich, solange es ging, gegen den Druck der Staatengemeinschaft. Die Franzosen taten dies sogar, obwohl die internationale Ächtung des Landes noch profunder und noch stärker symbolisch aufgeladen war als die Kritik, der sich etwa die britische Regierung ausgesetzt sah.

Und Menschenrechte stellten eben nicht die dominierende Sprache dar, in der darüber verhandelt, nicht die politische Währung, in der rechtmäßige Herrschaftsausübung gemessen wurde. In den frühen Auseinandersetzungen über die niederländische Politik in Indonesien waren sie praktisch gänzlich abwesend. Keine der Parteien in den Vereinten Nationen thematisierte die fortgesetzte niederländische Herrschaft oder die beiden Kurzkriege als Menschenrechtsprobleme, und das, obwohl die niederländische Regierung dabei exzessive Gewalt angewandt hatte.[271]

Am Ende der fünfziger Jahre, als der Algerienkrieg zur Debatte stand, hatte sich das Bild in den Vereinten Nationen bereits gewandelt. Wie im Fall der britischen Dekolonisierung Afrikas, fehlte Menschenrechtsrhetorik in den Verhandlungen nicht gänzlich. Doch spielte sie eine sehr zurückgenommene Rolle.[272]

---

271 Vgl. Castermans-Holleman, Mensenrechtsbeleid, S. 99 f.
272 Anders Klose, Menschenrechte, S. 260 f. Er stützt sich an dieser Stelle auf einen Aufsatz, in dem der Menschenrechtsbegriff jedoch in einem übertragenen Sinn verwendet wird, nicht als Quellenbegriff: Fraleigh, Revolution, hier S. 226 f.

Die pro-algerische Koalition, die aus den asiatischen, arabischen, afrikanischen und osteuropäischen Staaten bestand, griff am ehesten in den Anträgen auf sie zurück, in denen sie forderte, das Thema in die Agenda der Generalversammlung aufzunehmen. Hier erfüllte sie eine wichtige Funktion, denn hätten sich die Kriegshandlungen als Menschenrechtsverletzungen qualifizieren lassen, wäre die Generalversammlung befugt gewesen, darüber zu diskutieren. Doch über die Jahre brachte die pro-algerische Gruppe diese Rechtfertigung in ihren Schreiben nicht konsistent vor und nannte überdies noch eine Reihe weiterer Begründungen, etwa, das französische Vorgehen bedrohe den internationalen Frieden, verletze das Selbstbestimmungsrecht oder verstoße gegen die Genozidkonvention.[273] In den Plenardebatten kehrten diese argumentativen Muster, rhetorisch ausgeschmückt und polemisch verschärft, wieder. Zusätzlich verwiesen die pro-algerischen Staaten darauf, das Land sei bereits vor der französischen Besetzung souverän gewesen, und die algerische Befreiungsbewegung repräsentiere den Willen der Bevölkerung. Viel Kritik prasselte auf das unilaterale Vorgehen der Kolonialmacht, auf die Methoden der Kriegführung und die repressive, ausbeuterische Herrschaftspraxis nieder. Sofern die französische Delegation sich an den Debatten beteiligte – ab 1958/59 boykottierte sie das zuständige Erste Komitee –, antwortete sie mit einer Mischung aus positiver Selbstdarstellung und Gegenangriffen. Mal rühmte sie die fortschrittlichen Wirkungen der französischen Politik und die eigene Verhandlungsbereitschaft, mal denunzierte sie den Terrorismus des FLN oder die arabische und sowjetische Beteiligung an dem Konflikt.

Die Resolutionen, die die Generalversammlung schließlich verabschiedete, bezogen sich kaum auf Menschenrechte. Diese tauchten nicht einmal in den afrikanisch-asiatischen Entwürfen auf, die fast immer in noch schärferem Ton abgefaßt waren. Im Zentrum ihrer Vorlagen stand vielmehr das Selbstbestimmungsrecht, das allerdings, wie beschrieben, seit der Erklärung über die Gewährung der Unabhängigkeit von 1960 mit dem Menschenrechtsgedanken assoziiert war.[274] Der Sicherheitsrat befaßte sich nicht mit dem Algerienkrieg, obwohl ihn sowohl die afrikanischen und asiatischen Staaten als auch Frankreich anriefen. In der Menschenrechtskommission versuchte die ceylonesische Delegation 1957, das Thema auf die Tagesordnung zu setzen, doch wurde dies durch einen verborgenen Winkelzug verhindert.[275] Zudem erreichte die Kommission eine Flut von Petitionen, eingesandt von politischen und humanitären Organisationen aller Art, aus dem arabischen Raum, aber auch weit darüber

---

273 Vgl. dazu und zum Folgenden die Zusammenfassungen in United Nations, Yearbook, Bde. 1955–1961.
274 Vgl. Alwan, Algeria, S. 60–70; United Nations, Yearbook, Bde. 1955–1961.
275 Auf Initiative der Sowjetunion wurde die Behandlung verschoben, weil Italien gedroht hatte, sonst die Invasion in Ungarn zu thematisieren. Vgl. Klose, Menschenrechte, S. 261 f. Zum Folgenden ebd.

hinaus. Doch geschah damit, wie immer bis in die sechziger Jahre hinein, nichts weiter.

Wenn Menschenrechtsnormen in den UN-Verhandlungen eine lediglich sekundäre Bedeutung hatten, so entsprach das den propagandistischen Legitimierungsstrategien, derer sich der FLN selbst bediente. Auch wenn sich Ferhat Abbas als Präsident der »provisorischen« algerischen Regierung 1958 zur Allgemeinen Menschenrechtserklärung bekannte, traten menschenrechtliche Vorstellungen in den ideologischen Grundsatzerklärungen und den Kampfaufrufen nicht stark in Erscheinung.[276] Die algerische Befreiungsfront berief sich, sofern sie von den positiven Antrieben ihres Kampfes sprach, auf Nationalismus, Unabhängigkeit, Freiheit, nationale Souveränität und Selbstbestimmung.[277] An Rechte wie das auf freie Glaubensausübung, ungehinderten Sprachgebrauch und politische Teilhabe war dabei auch, aber seltener gedacht.[278] Demokratische und egalitäre Prinzipien machte der FLN zuweilen in seiner selbstrechtfertigenden Außendarstellung geltend, doch gewann die politische Gestalt eines unabhängigen Algerien keine klaren Konturen.[279] Tatsächlich erschien es in den Schriften des FLN vielleicht stärker noch als in denen anderer Unabhängigkeitsbewegungen als Selbstzweck, ja als Kairos, die Kolonialherrschaft zu zerschlagen und dadurch die Freiheit zu erreichen. Das dürfte sich nicht zuletzt aus der akuten Kriegssituation erklären, in der sich der FLN befand, und aus den massiven Gewalterfahrungen, die diese mit sich brachte. Seine Propaganda baute daher sehr stark darauf, die physische Brutalität und die Erniedrigung zu evozieren, die die Algerier über sich ergehen lassen müßten – viel stärker als auf der Forderung nach schützenden Rechten. Die französischen Verbrechen wurden als »Grausamkeiten« gebrandmarkt, als »Vernichtungskrieg« und immer wieder als »Genozid«.[280] Dieser Begriff trat in der öffentlichen Kampagne des FLN und auch in seinen diplomatischen Bemühungen deutlich plastischer hervor als der Begriff der Menschenrechtsverletzung. Nimmt man all das zusammen, erscheint es schwer vorstellbar, daß die französische Regierung einen distinkten Strang von Menschenrechtskritik wahrnahm oder sogar eine internationale Menschenrechtskampagne erkannte. Es ist daher kaum zu vermuten, daß menschenrechtspolitische Vorwürfe für ihre Entscheidungsbildung tragend geworden sein könnten.

---

276 Zu Abbas' Erklärung vgl. Klose, Menschenrechte, S. 258.
277 Vgl. FLN, Principes de la Révolution Algérienne, S. 652. Vgl. auch FLN, Cahier du but de notre révolution algérienne, 1957; FLN, La révolution algérienne.
278 Vgl. etwa FLN, Instructions des cadres.
279 Vgl. etwa den Auszug aus einer Botschaft an Nehru, Tito und Nasser von 1956, in: Harbi/Meynier (Hg.), FLN, S. 651–653; Meynier, Histoire, S. 160.
280 Vgl. Connelly, Revolution, S. 90; FLN, Conférence de Casablanca; Klose, Menschenrechte, S. 263.

In den UN-Verhandlungen über die portugiesische Kolonialherrschaft, die wiederum erst nach Ende des Algerienkriegs Fahrt aufnahmen, stellte menschenrechtliche Rhetorik immerhin einen erkennbaren Strang der vielstimmigen Anklagen dar, die über Jahre hinweg auf die portugiesische Regierung herabprasselten. Das galt weniger für den Sicherheitsrat, wo sich das altbekannte Muster fortsetzte, daß Menschenrechtsverletzungen nicht als formaler Grund herangezogen wurden, um einen Mitgliedstaat zu verurteilen. Eine Gruppe blockfreier Staaten argumentierte zwar anfänglich auf dieser Linie, um den portugiesischen Krieg in Angola als Gefährdung des internationalen Friedens zu qualifizieren, drang damit aber nicht durch.[281] Anders sah es jedoch in der Generalversammlung aus, wobei einmal mehr das Komitee der 24 besonders stark in Erscheinung trat. Zwar stand auch in diesen Debatten, ähnlich wie im algerischen Fall, der Bezug auf das Selbstbestimmungsrecht im Mittelpunkt. Doch verurteilten die Gegner des portugiesischen Vorgehens verschiedene Herrschaftspraktiken wie die Ansiedlung von Landsleuten oder die Mißhandlung Gefangener, und überhaupt den portugiesischen Kolonialismus, als Verstoß gegen die Menschenrechte, bisweilen auch als »Verbrechen gegen die Menschheit«.[282] Überdies befaßte sich seit 1969 auch die Menschenrechtskommission mit den Kriegen in den afrikanischen Kolonien, insbesondere mit der Behandlung gefangener Befreiungskämpfer, und verurteilte die Kolonialmacht stets aufs Neue.[283]

Den entscheidenden Motor des kolonialen Rückzugs stellte die internationale Kritik nirgends dar. Für die Niederlande war dies der geradezu existenzielle wirtschaftliche Druck, den die USA ausübten. Zwar hatte sich das Königreich zunächst von der Truman-Regierung begünstigt gesehen, da deren alles überragendes Interesse darin lag, eine fest integrierte westliche Allianz zu schaffen. Schon gegen Ende 1948, vollends aber nach der zweiten kriegerischen Besetzung Indonesiens zeichnete sich in der amerikanischen Haltung jedoch ein tiefgreifender Umschwung ab. Seit die republikanischen Kräfte in Indonesien im September 1948 einen kommunistischen Aufstand entschlossen unterdrückt hatten, glaubte die US-Führung, in ihnen einen wichtigen potentiellen Verbündeten zu haben. Die unnachgiebige Politik der Niederlande hingegen, so befürchtete die amerikanische Regierung, werde die anderen asiatischen Nationen verprellen und kommunistischen Einflüssen in der Region Tür und Tor öffnen. Überdies gab es im Senat eine Initiative, jegliche Marshallhilfe für die Niederlande einzufrieren. Wäre sie durchgedrungen, hätte das die Verabschiedung des *European Recovery Program* insgesamt verzögern können. Somit stand plötzlich

---

281 Vgl. Bailey, Security Council, S. 2 f.
282 Vgl. United Nations, Yearbook, Bde. 1965–1973, hier jeweils die Abschnitte zu den »Territories under Portuguese administration«.
283 Vgl. dazu auch Tolley, U. N. Commission, S. 55–82.

die *Containment*-Strategie der Truman-Regierung für den europäischen Kontinent in Frage. Im März 1949 griff der amerikanische Außenminister Dean Acheson daher zur *ultima ratio* und konfrontierte sein niederländisches Pendant Dirk Stikker damit, daß die Vereinigten Staaten die gesamte Finanzhilfe einstellen würden, wenn die Kolonialmacht nicht sofort mit ernsthaften Verhandlungen beginne. Stikker, der dies wie die gesamte niederländische Regierung als erniedrigend empfand, scheint bereit gewesen zu sein, aufs Ganze zu gehen und als Gegendruckmittel die niederländische Nicht-Beteiligung an der NATO ins Spiel zu bringen. Die US-Regierung ließ aber durchblicken, daß sie auch das nicht von ihrem Kurs abbringen würde. Derart in die Ecke gedrängt, hatte die niederländische Regierung keine andere Wahl, als nachzugeben. Im April begannen die Verhandlungen mit den Indonesiern, im Dezember erlangte das Land seine Unabhängigkeit.

Im Fall des Algerienkriegs war die amerikanische Intervention dagegen nicht ausschlaggebend – zwar erhöhte die Eisenhower-Regierung gegen Ende der fünfziger Jahre den Druck auf Frankreich, zu einer friedlichen Lösung zu gelangen, da sie die heftigen antifranzösischen Reaktionen in der »Dritten Welt« mittlerweile als politisch sehr bedenklich einstufte. Doch achtete sie darauf, die Schraube nicht zu überdrehen. Für die französische Regierung bot sich der Entschluß, Algerien in die Unabhängigkeit zu entlassen, vielmehr als letzte verbleibende Möglichkeit an, um aus der Sackgasse eines endlosen Kriegs hinauszugelangen, der politisch und gesellschaftlich desaströse Folgen für die Metropole hatte. Schritte in diese Richtung unternahm, nachdem die Gespaltenheit in der Algerienfrage das politische Establishment gelähmt hatte und die Vierte Republik darüber gestürzt war, erst de Gaulle. Binnen kurzem mußte der neue Staatspräsident, der ja zurückgerufen worden war, um das »französische Algerien« zu retten, erkennen, daß es keine Alternative zur Unabhängigkeit gab. Es zeichnete sich untrüglich ab, daß eine vollständige Befriedung der Kolonie nicht gelingen würde, und eine moderate »dritte Kraft« in Algerien aufzubauen, erwies sich als unrealisierbar. Es ist schwierig, durch die dichten Nebelwolken von de Gaulles sibyllinischen Äußerungen die Genese seiner Pläne scharf zu erkennen.[284] Jedenfalls aber leitete der französische Präsident mit seiner Zusage der *autodétermination* im Herbst 1959 gewollt oder ungewollt die entscheidende Wende ein, die gut zweieinhalb Jahre später in die algerische Unabhängigkeit mündete. Daß die politische Polarisierung in Frankreich selbst anhielt, bestärkte ihn dabei ebenso wie die sich weiter steigernde Militanz der algerischen Franzosen. Sie waren zum Äußersten entschlossen, wie nicht zuletzt die Bildung der *Organisation de l'armée secrète* demonstrierte, die den Terror schließlich sogar in das Mutterland trug. De Gaulle verstand es auch, seine Politik als einen mittleren Kurs zu verkaufen, und fand dafür ganz offenbar die

---

284 Vgl. Ruscio, Décolonisation, S. 150f.

Unterstützung einer Mehrheit der Franzosen, die weder für ein »französisches Algerien« noch für bedingungslose Verhandlungen mit der Provisorischen Regierung gewesen waren.

Das portugiesische Regime schließlich zeigte sich von der internationalen Aufregung mindestens äußerlich am wenigsten beeindruckt. Das hing entscheidend damit zusammen, daß es sich die meiste Zeit der Rückendeckung der westlichen Staaten sicher sein konnte, auch wenn die Beziehungen fraglos nicht immer reibungslos verliefen. Portugals NATO-Mitgliedschaft und die amerikanische Militärbasis auf den Azoren waren die beiden entscheidenden Pfunde, mit denen die diktatorische Führung wuchern konnte. Das verfing, solange die westlichen Regierungen die internationalen Beziehungen primär durch das Raster des Kalten Kriegs betrachteten. In der NATO schirmten die USA, Großbritannien, Frankreich und die Bundesrepublik Portugal gegen Kritik ab – die letzten beiden waren wichtige Waffenlieferanten. Die USA scherten lediglich in der Regierungszeit Kennedys und in den Anfangsjahren seines Nachfolgers Johnson aus der weitgehend geschlossenen Front aus; einen Moment lang fand sich das Regime Salazars daher unter präzedenzlosem Druck, so daß es sogar eine amerikanische PR-Agentur engagierte, um politische Meinungsführer und die luso-amerikanische Gemeinschaft für sich einzunehmen. Spätestens mit dem Amtsantritt Nixons wendete sich das Blatt allerdings, denn für die neue Regierung war Portugal wieder ein besonders wichtiger Verbündeter. Anfang der siebziger Jahre begann der westliche Schutzschirm dann noch einmal Risse zu bekommen. In dem Maße, wie sich die Entspannungspolitik auf ihren Zenit zu bewegte, erschien es nicht mehr allen Regierungen als unumgänglich, Portugal wegen seines geostrategischen Werts für die transatlantische Allianz zu schonen. Der veränderte Umgangston machte sich etwa 1973 bemerkbar, als Nachrichten über ein portugiesisches Massaker im mosambikanischen Wiriyamu – anders als frühere Gewaltexzesse – im Westen für einen öffentlichen Aufschrei sorgten. Doch beeinträchtigte dies die Handlungsfähigkeit des Regimes, das inzwischen Marcelo Caetano anführte, weil Salazar 1968 amtsunfähig geworden war, nicht nachhaltig. Zudem machte nur kurze Zeit nachdem die Gewalttaten bekannt geworden waren, der Jom-Kippur-Krieg Portugal militärstrategisch wieder wichtiger.

Eine irgendwie bedeutsame Form der Selbstregierung stand bis zu dem Sturz des neuen starken Mannes nicht zur Debatte. Aus handfesten Gründen war es ohnehin kaum denkbar, das Kolonialreich aufzulösen: Die Reintegration der rückwandernden portugiesischen Siedler hätte das Regime vor unlösbare sozialpolitische Probleme gestellt, und die Möglichkeit, seine koloniale in eine »neokoloniale« Herrschaft zu überführen, war ihm, anders als Großbritannien und Frankreich, angesichts der Lage in den Kolonien von vornherein versperrt. Der Entschluß, die afrikanischen Gebiete in die Unabhängigkeit zu entlassen, setzte sich tatsächlich erst im Gefolge der Ereignisse durch, die den *Estado Novo* zum jähen Einsturz brachten. Nachdem der Übergangspräsident General António de Spínola zurückgetreten war, wurde die Dekolonisierung geradezu überstürzt in die Wege geleitet. Im Juli 1974 akzeptierte Portugal die Unabhängigkeit der Kolonien. Während eines Besuchs des UN-Generalsekretärs Kurt Waldheim im August, den die neue Regierung als wichtig ansah, um international anerkannt zu werden, verkündete sie, den UN-Resolutionen in vollem Umfang nachzukommen.

Auch das Ende der portugiesischen Diktatur und damit das Ende des portugiesischen Kolonialreichs waren von einer schleichenden Einbuße politischer Legitimität mit verursacht. Doch bröckelte diese von innen her ab. Die festgefahrene militärische Situation in Afrika und die offenbare Sinnlosigkeit der Kriege bildeten den eigentlichen Untergrund der Mißstimmung, die eine Gruppe von Offizieren dazu bewog, den Putsch gegen Caetano zu planen. Und auch über diese sogenannte »Bewegung der Streitkräfte« (MFA) hinaus war die verfehlte Kolonialpolitik ein entscheidender Grund für die innere Erosion des diktatorischen Regimes.[285] Am Vorabend des Putsches bestand unter den sonst politisch und weltanschaulich so stark divergierenden Regimegegnern in einem einzigen Punkt Einigkeit, nämlich darin, daß die Kriege beendet und die Kolonien in die Unabhängigkeit entlassen werden müßten. Diese Kolonialkritik teilten progressive Katholiken, Sozialdemokraten, Sozialisten und sogar Angehörige der Mitte-Rechts- und Rechtsparteien. Und auch in der mit afrikanischen Angelegenheiten befaßten Ministerialbürokratie war das kolonialpolitische Unbehagen weit verbreitet. Für diese Gruppen symbolisierten die endlos sich dahinziehenden und immer weitere Menschenleben vertilgenden Kolonialkriege den politisch-moralischen Bankrott des *Estado Novo*. Die Kriege bildeten womöglich sogar das einigende Band, das ihrem Wunsch nach einem Regimewandel den entscheidenden Schub verlieh. Der für das autoritäre Regime letztlich fatale politische Druck baute sich also mehr wegen seines kolonialpolitischen Versagens auf, als wegen der internationalen Isolierung des Landes oder der weltöffentlichen Empörung. Daß moralische Skrupel oder gar Solidarität mit den Kolonialbevölkerungen dabei eine herausgehobene Rolle spielten, ist im übrigen nicht erkennbar.

Eine bislang verborgene Geschichte des metropolitanen Rückzugs zu enthüllen, erlaubt die menschenrechtsgeschichtliche Perspektive also nicht. Doch schärft sie den Blick für dessen Mechanismen. Vor allem zeigt sie, wie sich der koloniale Legitimitätsverlust vollzog, wie er das Kalkül der europäischen Regierungen beeinflußte, und wo dieser Einfluß wiederum seine Grenzen fand. Am tiefsten waren die Fissuren, die die politische Selbstkonstruktion kolonialer Herrschaft durchzogen, im Fall Großbritanniens. Sie eröffneten das

---

285 So die Hypothese des Dissertationsprojekts von Christiane Abele (Universität Freiburg), Portugal und die Kolonialfrage 1961–1974.

vergleichsweise größte Einfallstor für internationale Anschuldigungen, und so begann jener schleichende Reputationsverlust in der britischen Politik am folgenreichsten einzusetzen, von dem Eden seinerzeit so andeutungsvoll gesagt hatte, »niemand weiß, wo das aufhört.« Jetzt wußte es jeder. Ein Kolonialreich zu besitzen *und* legitim zu regieren, mit allen Implikationen, die dies hatte, das war in den Augen der britischen Entscheidungsträger nach 1960 nicht mehr möglich. So schwer greifbar das gewandelte internationale Meinungsklima analytisch erscheint, so immateriell die Vorstellung von einer »Weltöffentlichkeit«, so mühsam fixierbar, ob und wann Antikolonialismus zu einer herrschenden internationalen Norm wurde, so leicht der Einwand, daß in den Vereinten Nationen doch nur geredet wurde: Die Briten konnten sich all dem nicht länger entziehen.

Menschenrechtskritik hatte eine zusätzliche Angriffsfläche geschaffen, um die Kolonialherrschaft zu diskreditieren, und im Vergleich mit der Situation vor dem Zweiten Weltkrieg, als antikoloniale Aktivisten weniger profilierte Rechtfertigungsstrategien hatten und vor allem weniger Foren, in denen sie diese anwenden konnten, war dies nicht unbedeutend. Für sich genommen jedoch erschütterten Menschenrechtsforderungen die Fundamente der kolonialen Herrschaftsausübung nicht, und sie entwickelten keine grundstürzende emanzipatorische Kraft. Weder zentral noch gänzlich ohne Bedeutung: In einer eigentümlichen Spiegelung schien die Rolle der Menschenrechte für das Ende des *Empire* derjenigen zu entsprechen, die sie für den antikolonialen Befreiungskampf selbst hatten.

**Zweiter Teil:
Die 1970er und 1980er Jahre**

Überleitung: Chronologien

Im Jahr 1965, als die Vereinten Nationen die Konvention gegen Rassendiskriminierung verabschiedeten, sah es so aus, als ließen sich in der Weltorganisation nur antikolonial motivierte Menschenrechtsnormen verabschieden. Drei Jahre später beklagten internationale NGOs auf ihrer Konferenz in Paris den deprimierenden Stillstand der Menschenrechtspolitik. Ende 1969 schließlich kamen westeuropäische Regierungen überein, das griechische Militärregime symbolisch zu bestrafen, wanden sich dabei aber in bündnispolitischen Schmerzen. Kurze Zeit später begann sich das Bild grundlegend zu verwandeln. Zwischen 1973 und 1977 erlebte die internationale Politik eine immense Verdichtung menschenrechtspolitischer Initiativen. So löste der Militärputsch in Chile internationale Protestkampagnen aus, deren Vehemenz weit über das hinausreichte, was man in früheren Fällen hatte beobachten können; darin fungierten Menschenrechte als eine wichtige Sprache. Ähnlich kraftvoll waren die internationalen Aktivitäten gegen die Rassendiskriminierung in Südafrika, die indes vor allem gegen Ende der siebziger Jahre an Fahrt aufnahmen. Ein weiterer wichtiger Moment brach 1975 an, als die Konferenz für Sicherheit und Zusammenarbeit in Europa (KSZE) in Helsinki ihre Schlußakte verabschiedete, die Menschenrechte als ein Prinzip der internationalen Beziehungen stipulierte. Zwei Jahre später erhielt *Amnesty International* den Friedensnobelpreis. Die Organisation war in vielen Ländern überhaupt erst einer breiteren Öffentlichkeit bekannt geworden, seit sie vier Jahre zuvor ihre weltweite Kampagne gegen Folter ausgerufen hatte. Ebenfalls 1977 erklärte der neue Präsident Jimmy Carter Menschenrechte zu einem zentralen Anliegen der amerikanischen Außenpolitik. Bei alledem blieb die neue menschenrechtspolitische Konjunktur nicht auf westliche Länder beschränkt. Seit Mitte des Jahrzehnts verstärkte sich die Forderung afrikanischer und asiatischer Staaten nach einem Menschenrecht auf Entwicklung, das erstmals 1972 prominent formuliert worden war.[1] Überdies bedienten sich nicht-staatliche Gruppen des Menschenrechtsprotests in ebenso neuartiger wie aufsehenerregender Weise. In Lateinamerika breitete sich der Begriff unter Diktaturgegnern aus, nachdem Chile und Uruguay 1973, Argentinien 1976 unter Militärherrschaft geraten waren. Auch osteuropäische Dissidenten griffen ihn nun zunehmend auf, wobei die KSZE-Schlußakte ihren Bemühungen eine besondere Schubkraft gab.

---

1 Vgl. M'Baye, Droit.

Ähnlich, wie es schon bei der relativen Blüte des Menschenrechtsdiskurses in den vierziger Jahren zu beobachten gewesen war, reichten die Wurzeln dieser neuen Aufbrüche unterschiedlich weit zurück. Wieder ergibt sich eine multiple Chronologie, wenn man die Organisationen, politischen Konzeptionen und erfahrungsgeschichtlichen Aufladungen, die in den siebziger Jahren einflußreich wurden, historisch herzuleiten versucht. *Amnesty International* etwa wurde bereits 1961 begründet. Und selbst wenn es in der folgenden Dekade gleichsam neu entstehen sollte, gab es doch eine Kontinuität im institutionellen Selbstverständnis. Zudem sammelten viele Aktivisten, die sich der Menschenrechtsbewegung später anschließen sollten, politische Erfahrungen in den Protestbewegungen der sechziger Jahre, wenngleich der Menschenrechtsbegriff dabei eine verschwindende Rolle spielte. Gleichzeitig begannen oppositionelle Politiker der Linken und der linken Mitte, eine Kritik an der moralischen Gleichgültigkeit konservativer Regierungen zu formulieren, für die sie zuweilen auch auf die Menschenrechtsidee zurückgriffen. In den Niederlanden sollten diese oppositionellen Parlamentarier im folgenden Jahrzehnt, an die Macht gelangt, eine menschenrechtliche Außenpolitik inaugurieren. In Osteuropa formierten sich einige dissidente Zirkel, die später den Menschenrechtsaktivismus tragen sollten, bereits seit Mitte der sechziger Jahre.

Im Zuge dessen entwickelten sich gegen Ende dieser Dekade auch transnationale, kampagnenartige Aktivitäten gegen staatliche Unterdrückung. Wie bereits angedeutet, formierte sich eine schmale, aber sichtbare Protestbewegung gegen die Militärdiktatur in Griechenland. *Amnesty International*, die *International Commission of Jurists*, die *International League for the Rights of Man* und die *International Association of Democratic Lawyers* engagierten sich, indem sie über die Entwicklungen in Griechenland berichteten, Prozesse beobachteten und sich Verfolgter annahmen.[2] An solchen Unternehmungen beteiligten sich aber auch weniger bekannte, *ad hoc* gegründete Vereinigungen. Zur gleichen Zeit engagierten sich andere Aktivisten gegen den Staatsterror in Brasilien, wo das Militär 1964 die erste der sogenannten institutionalisierten Diktaturen errichtet hatte, die die Geschichte des südlichen Kontinents schon bald bestimmen sollten.[3] Während der Phase der schärfsten Repressionen zwischen 1968 und 1973 bildeten sich insbesondere in den USA kleinere Netzwerke von Studenten, Akademikern und religiösen Gruppen. Waren ihre Anstrengungen Ausdruck einer wachsenden moralischen Sensibilität für »fernes Leid«, so zeugten sie doch vor allem auch davon, wie mühsam es in diesen Jahren war, Aufmerksamkeit für die Ereignisse in Südamerika zu erregen.[4] Schließlich löste der nigerianische Bürgerkrieg eine internationale Welle der Hilfsbereitschaft für das sezessionistische

---

2 Vgl. dazu das Material in NYPL, ILHR, Box 34.
3 Vgl. Bernecker u. a., Kleine Geschichte, S. 271–297; Skidmore, Politics.
4 Vgl. Green, We Cannot Remain Silent.

Biafra aus. Auch hier traten neben etablierten Organisationen zahlreiche neu begründete humanitäre NGOs in Aktion, und auch sie bedienten sich zuweilen einer menschenrechtlichen Rhetorik.[5]

Nicht zuletzt hatten zwei weltpolitische Prozesse ihren Ursprung in den sechziger Jahren, die wichtige Rahmenbedingungen für die internationale Menschenrechtspolitik der folgenden Dekade schufen – wenngleich sie sich alles andere als eindeutig auf diese Politik auswirkten. So war die Entkolonisierung Afrikas und Asiens nunmehr weitgehend abgeschlossen. Die Länder dieser Kontinente konnten daher endlich eine eigenständige Außenpolitik betreiben, doch gerieten sie auch selbst in den Fokus einer internationalen Kritik an den Auswüchsen autoritärer Herrschaft. Und die Position, die (ehemalige) Kolonialmächte in menschenrechtlichen Diskussionen bezogen, wandelte sich, wie bereits angesprochen, ebenfalls mindestens prinzipiell, nachdem sie antikoloniale Anklagen nicht mehr so stark zu fürchten hatten. Schließlich veränderte die Entspannungspolitik, die im Verhältnis zwischen den Supermächten wie auch in Europa feste Formen anzunehmen begann, das internationale Klima. Das hatte, was ihre Haltung gegenüber Menschenrechtsverletzungen betraf, Folgen sowohl für Regierungspolitiker als auch für zivilgesellschaftliche Aktivisten. Dieser Entwicklungsstrang sollte allerdings erst bestimmend werden, als die Schwelle zur neuen Dekade überschritten war.

Gestalteten sich die Übergänge also fließend, so ändert das nichts daran, daß sich in den siebziger Jahren entscheidende menschenrechtspolitische Ereignisse und Neuansätze ballten. Innerhalb eines kurzen Zeitraums entstand dadurch in der internationalen Arena ein sich selbst verstärkender menschenrechtspolitischer Zusammenhang: ein weit ausstrahlendes Wechselspiel von politischer Aktion und Reaktion, ein dichtes Geflecht gegenseitiger Bezugnahmen, eine Dynamik der Positionierung und der Abgrenzung. Für das menschenrechtliche Politikfeld hatte dies umwälzende Konsequenzen. Es wuchs erheblich in die Breite. Eine kaum mehr übersehbare Fülle nicht-staatlicher Organisationen entstand, eine Vielzahl staatlicher wie auch multilateraler Koordinationsorgane wurde geschaffen, völkerrechtliche Vereinbarungen vervielfältigten sich, ein politisches Programm nach dem anderen wurde formuliert. Zudem war das Politikfeld nicht länger um die Vereinten Nationen zentriert. Seit den siebziger Jahren stellte es sich wesentlich diffuser, fluider, dezentraler dar. Das lag nicht nur daran, daß die Straße und die öffentliche Diskussion zu den wichtigsten Bühnen des zivilgesellschaftlichen Menschenrechtsprotests avancierten. Denn zudem eigneten sich NGOs neue Formen der direkten Druckausübung an, und Regierungen verankerten Menschenrechte tiefer als bislang in dem System ihrer bilateralen Beziehungen. Die Vereinten Nationen wurden dadurch keineswegs bedeutungslos. Eher im Gegenteil ging mit den vielen Neuentwicklungen

---

5 Vgl. Heerten, Dystopie.

die Tendenz einher, daß sich bestehende Strukturen aktivierten. Die Weltorganisation stellte ein wichtiges Forum dar: für die internationale Auseinandersetzung mit Chile und Südafrika, für die Diskussion zwischen westlichen Ländern und denen des globalen Südens, für neue völkerrechtliche Initiativen. Auch das Menschenrechtssystem der OAS entfaltete, wie bereits geschildert, in den siebziger Jahren eine neue politische Kraft.

Nach dem breitflächigen Vitalisierungsschub lassen sich in der internationalen Politik einige Jahre lang weniger signalkräftige Neuaufbrüche erkennen. Gleichwohl etablierten sich Menschenrechte in den späten siebziger und den achtziger Jahren noch fester in den internationalen Beziehungen. Zum Teil lag das an den politischen Folgeprozessen, die die früheren menschenrechtlichen Initiativen angestoßen hatten. Die KSZE-Verhandlungen setzten sich auf Anschlußkonferenzen fort, und in den Vereinten Nationen wurde weiterhin über ein Recht auf Entwicklung verhandelt. In der Außenpolitik westlicher Staaten blieben Menschenrechte als Zielvorstellung bestehen, obwohl die linken oder linksliberalen Regierungen, die sich am stärksten mit dieser Zielvorstellung identifiziert hatten, nun durch konservative Regierungen abgelöst worden waren. Über die multilaterale Entwicklungspolitik erlangten menschenrechtliche Kriterien auch im Verhältnis von westlichen Industrieländern und Staaten des globalen Südens eine eher noch stärkere Präsenz. Zudem entwickelten gerade die großen NGOs wie *Amnesty International* und *Human Rights Watch* eine stetig wachsende politische Schlagkraft.

Zur gleichen Zeit zeichnete sich jedoch ab, daß sich nicht alle politischen Erwartungen, die Regierungen und Nichtregierungsorganisationen in den siebziger Jahren mit der Menschenrechtsidee verbunden hatten, erfüllten. Erst gegen Ende der folgenden Dekade, als sich die Verwandlung des Ostblocks anzubahnen schien und die demokratische Opposition von Südamerika über Südafrika bis Asien an Stärke gewann, erhielt die menschenrechtliche Politik verschiedentlich wieder emphatischen Auftrieb. Jetzt erreichten die Mobilisierungen gegen die Pinochet-Diktatur und das südafrikanische Apartheidregime ihren endgültigen Höhepunkt. Jetzt organisierten Aktivisten für menschenrechtspolitische Zwecke Popmusikkonzerte, die zu gigantischen globalen Medienereignissen wurden. Um das Jahr 1990 herum waren Menschenrechte eine so hoffnungsträchtige Zielvision, ein so stark akklamiertes Leitbild in der internationalen Politik wie niemals zuvor.

6. Amnesty International und die Neuerfindung des westlichen Menschenrechtsaktivismus

In den siebziger Jahren begann der Menschenrechtsbegriff plötzlich, sich im Sprachregister politischer Aktivisten rasant auszubreiten. »Erst in den letzten Jahren ist die Bezeichnung ›Menschenrechte‹, mehr oder weniger treffend, auf eine disparate Ansammlung humanitärer Organisationen angewandt worden«, hielt eine Beobachterin fest. Sie vermerkte auch, daß manche bereits mokant von der »Menschenrechtsindustrie« sprachen, die da vor ihren Augen emporwachse.[1] Kurz darauf machten sich Aktivisten daran, Verzeichnisse zu erstellen, um den Überblick über die explodierende Zahl menschenrechtlich arbeitender Gruppen zu behalten.[2] Tatsächlich wandelte sich das Feld der Nichtregierungsorganisationen in diesen Jahren durchgreifend. Das lag zum Teil daran, daß neue professionell geführte Organisationen entstanden, etwa die *International Human Rights Law Group* oder *Survival International*. Auch die Ursprünge von *Human Rights Watch* lagen in dem Jahrzehnt, wenngleich es sich erst später in eine wirkliche politische Potenz verwandeln sollte.[3] Im Jahr 1978 als *Helsinki Watch Committee* gegründet, das es sich zum Ziel setzte, die Einhaltung der KSZE-Schlußakte zu überwachen, beobachtete es in der folgenden Dekade ein immer größeres Spektrum an Menschenrechtsverletzungen auf der ganzen Welt.

Deutlich prägender wurde indes ein anderer Trend. Denn innerhalb weniger Jahre formte sich eine kaum überschaubare Vielzahl von kleineren, weniger formalisierten, oft auch kurzlebigen Aktionsgruppen. Ihre Ausrichtung war denkbar divers. Einige scharten sich um bestimmte Anliegen wie den Kampf gegen die Folter oder die Rechte indigener Bevölkerungen. Andere konzentrierten sich auf bestimmte Regionen, vor allem auf Lateinamerika, Osteuropa oder Südafrika. Manche Komitees schließlich setzten sich für einzelne Verfolgte ein, für den russischen Physiker Andrei Sacharow etwa oder für den inhaftierten

---

1 Garling, Rights, S. 5.
2 Vgl. die sieben Bände des Human Rights Directory, herausgegeben von Human Rights Internet zwischen 1980 und 1990.
3 Human Rights Watch ist aus historischer Perspektive bislang nicht erforscht und auch schwierig zu erforschen, da kein aussagekräftiges Archivmaterial zugänglich ist. Wichtige Informationen enthalten die Memoiren eines der Gründer: Neier, Liberties. Aus politikwissenschaftlicher Sicht vgl. einige Beiträge in Welch, NGOs.

südafrikanischen Widerstandskämpfer Nelson Mandela, die zusammen mit einigen anderen nun die Aura prominenter Märtyrer der menschenrechtlichen Sache erwarben. Alle diese Gruppen verliehen dem Menschenrechtsaktivismus die Züge eines dezentralen, kreativen Protests. Erst jetzt entstand so etwas wie eine Menschenrechtsbewegung. Nicht nur, weil die Zahl derer, die sich engagierten, so dramatisch anwuchs, sondern auch, weil »Menschenrechte« zusehends ein politisches Engagement *sui generis* bezeichneten. Dabei ging es vor allem um das subjektive Bewußtsein, an Problemen zu arbeiten, die aufeinander bezogen seien. Denn die neue Strömung war in sich wie auch nach außen keineswegs scharf abgegrenzt. Dem 1974 gegründeten *British Human Rights Network* etwa gehörten unter anderem Flüchtlingsorganisationen, Pazifisten, Befürworter von Homosexuellenrechten, Gegner der Rassendiskriminierung, Lateinamerikakomitees und eine Liga an, die sich für die Reform des Strafvollzugs einsetzte.[4]

Schließlich hauchten die siebziger Jahre auch bestehenden Organisationen ein neues menschenrechtspolitisches Leben ein. Religiöse Organisationen, Gewerkschaften, Juristengruppen oder Berufsvereinigungen, von denen manche bereits seit längerem bei den Vereinten Nationen tätig gewesen waren, griffen Menschenrechtsthemen auf oder rückten sie stärker in den Vordergrund. Überall entwickelten NGOs neue, dezidiert menschenrechtliche Programme, schufen einschlägige Beratungsgremien, Beobachtungsorgane oder Hilfskomitees.[5] Die *International Commission of Jurists* und die *International League for the Rights of Man* blieben auf der Bildfläche präsent und gehörten nach wie vor zu den einflußreichsten Mitspielern. Doch auch sie gingen nun, wie am Beispiel der *League* beschrieben, dazu über, stärker aktionistisch und öffentlichkeitswirksam aufzutreten.[6]

Im Zentrum dieser Veränderungen stand *Amnesty International*. Die von London aus gesteuerte Bewegung entwickelte sich in den siebziger Jahren zum prominentesten nicht-staatlichen Akteur. Sie war sowohl die Avantgarde einer hoch professionellen Form der politischen Einflußnahme als auch eine Massenorganisation, die über das größte Reservoir an »Graswurzel«-Aktivisten verfügte – ihr Zwittercharakter blieb ein einmaliges Experiment, das keine andere Nichtregierungsorganisation wiederholen sollte. Darüber hinaus baute *Amnesty* eine präzedenzlose politische Schlagkraft auf. Die Voraussetzung dafür war eine äußerst wirksame Kombination von Informationspolitik und Interventionstechniken. Sie ermöglichte es der Organisation, einen vergleichsweise großen politischen Einfluß auf – wie es bald heißen sollte – »menschenrechtsverletzende« Regierungen auszuüben. Noch dauerhafter war der Beitrag, den sie

---

4 Garling, Rights, S. 307.
5 Vgl. als Fallstudie Livezey, Organizations. Ferner Human Rights Internet (Hg.), Directory.
6 Zur ICJ vgl. Tolley, International Commission, S. 138–217.

dazu leistete, daß sich ein Bewußtsein für »Menschenrechte« verbreitete: für den Begriff, den sie breitflächig popularisierte, für einige, bei weitem nicht alle Rechte, die sich mit ihm verbinden ließen, und nicht zuletzt für bestimmte Formen staatlicher Verbrechen, die sie als Menschenrechtsverletzungen definierte. Auf diese Weise verlieh die Organisation dem internationalen Menschenrechtsaktivismus, und darüber hinaus sogar der internationalen Menschenrechtspolitik insgesamt, eine neue Qualität.

Das alles wiederum geschah nicht von heute auf morgen. Die Organisation machte im Lauf der Jahrzehnte einschneidende, nicht selten konfliktgeladene Transformationen durch. Das durchrationalisierte und institutionell ausdifferenzierte *Amnesty International* der späten siebziger Jahre war eine wesentlich andere Organisation als die beschauliche, randständige Sekte der mittleren sechziger Jahre. Zudem veränderte sich die Anziehungskraft, die *Amnesty* ausübte, in den Jahren seiner Existenz. So erhielt die Organisation erst in den siebziger und achtziger Jahren massenhaften Zulauf, weil sich das Bedürfnis nach einer moralischen Erneuerung der Politik, wie sie *Amnestys* Aktivismus zu versprechen schien, erst jetzt so immens ausbreitete. Dieses Bedürfnis schlug sich in der Suche nach einer vermeintlich unpolitischen Form des Engagements nieder und verband sich dabei mit einer subjektbetonten kulturellen Praxis, die um das Leiden anderer und das eigene Mitleid zentriert war.

Die Menschenrechtspolitik, die *Amnesty International* in das internationale politische System implantierte, hatte aber auch ihre Eigenheiten und Widersprüche. Sie folgte einer obsessiven Expansionsphilosophie, die nach immer mehr verlangte, weil das automatisch als besser galt – ob es sich nun um Mitglieder, Ressourcen oder Einsatzgebiete handelte. Und auch sonst verselbständigten sich zuweilen die institutionellen Mechanismen, die *Amnesty* entwickelte, und lenkten seine Operationen in nicht immer beabsichtigte Richtungen. Dabei war die Politikkonzeption der Organisation auch in sich ambivalent: Sie war emanzipierend, mitfühlend, aufrichtig, doch auch vage, reduktionistisch, mystifizierend. Nicht zuletzt transportierte *Amnesty* einen Imperativ der permanenten, allzuständigen Hilfsbereitschaft in die nationale wie auch in die internationale Arena. Er erweiterte den Bereich des Politischen zwar um eine Sensibilität für individuelles Leid. Mindestens tendenziell überforderte er ihn aber auch, und zwar sachlogisch – wie sollte er sich umsetzen lassen? – ebenso wie emotional: Wer sich wirklich an ihn hielt, konnte das nur schwer ertragen.

Über alledem standen klare Grenzen: *Amnesty* setzte sich, allerdings bewußt, nur für bestimmte politische Rechte ein und entschied sich, wirtschaftliche und soziale Rechte aus seiner Zuständigkeit auszuschließen. Seine Fähigkeit, gegen Menschenrechtsverletzungen einzuschreiten, war institutionell vielfach eingeschränkt. Seine geographische Verankerung war denkbar schmal, und ebenso seine soziale – im Kern stellte *Amnesty* ein Produkt der gut situierten weißen Mittelschicht in Nordwesteuropa und Nordamerika dar. Schließlich war es eine zuweilen fast zerrissene Organisation, die die Bedürfnisse einer professionellen Steuerungszentrale und einer bald schon Hunderttausende zählenden Mitgliederbasis auszutarieren hatte, und dabei häufig scheiterte.

Für die Entwicklung der internationalen Menschenrechtspolitik zwischen den sechziger und den neunziger Jahren ist *Amnesty* daher aus unterschiedlichen Perspektiven von Interesse – als Katalysator ebenso wie als Spiegel. Die Geschichte der Organisation gibt Aufschluß über die politischen Wahrnehmungen, Motivationen und Ansprüche, die menschenrechtliches Engagement in diesem Zeitraum beförderten. Sie erlaubt zudem, die zunehmend vielfältige politische Praxis zu analysieren, mit der es vorangetrieben wurde. Und sie eröffnet einen Blick auf die institutionellen Voraussetzungen und Zwänge, die ihm zugrunde lagen. Dazu gehört auch der Bereich, den man als Organisationskultur bezeichnen könnte. Er umfaßt die Arbeitshaltungen der hauptberuflichen Mitarbeiter ebenso wie die politischen Lebensstile der Mitglieder.

Eine solche Analyse kann auf mehreren vorliegenden Untersuchungen aufbauen. Einige journalistische, aus sympathisierender Näher verfaßte Berichte über die Organisation enthalten manche wichtigen Fakten zur frühen Geschichte.[7] Tom Buchanan hat darüber hinaus die ersten Jahre *Amnesty Internationals* in Großbritannien empirisch dicht nachgezeichnet. Aus soziologischer Perspektive, aber mit substanziellen historischen Rückgriffen, hat Stephen Hopgood das Binnenklima des Internationalen Sekretariats und das Arbeitsethos von dessen Mitarbeitern untersucht. Die Frühgeschichte der amerikanischen *Amnesty*-Sektion bis in die siebziger Jahre hat jetzt auch Barbara Keys untersucht.[8] Sie zeichnet wichtige Entwicklungen nach und gibt anschaulich Einblick in manche Aspekte der politischen Arbeit der Sektionsleitung. Prozesse der Institutionalisierung, Motivationen der Mitglieder und vor allem der Aktivismus an der »Graswurzel«-Basis bleiben allerdings außen vor. Überdies geht es Keys im Kern um eine historische Kritik an der politischen Einseitigkeit von AIUSA, die sich in seiner linksliberalen Ausrichtung ebenso niedergeschlagen habe wie in einem oberflächlichen, selektiven Hilfsansatz, der darauf ausgerichtet gewesen sei, den Aktivisten ein gutes Gewissen zu verschaffen. Politikwissenschaftliche Autoren haben vor allem den Beitrag in den Blick genommen, den *Amnesty* dazu leistete, das Völkerrecht weiterzuentwickeln.[9] Uta Devries schließlich hat *Amnestys* Kampagne gegen die Folter eingehend rekonstruiert und einer »kritischen Bilanz« unterzogen.[10] Obwohl diese Studien allesamt ergiebig sind, bleibt das meiste aus archivalischen und anderen Quellen zu erschließen. Die folgenden Ausführungen basieren vor allem auf den Unterlagen

---

7 Vgl. Larsen, Namen; Powers, Oblivion; ders., Water.
8 Vgl. Keys, Virtue, S. 88–94, 182–213. Dazu bisher Cmiel, Emergence; Eckel, League.
9 Vgl. vor allem Clark, Diplomacy. Ferner Cook, Amnesty; Schmitz, Nichtregierungsorganisationen; Welch, NGOs.
10 Vgl. Devries, Amnesty.

des Internationalen Sekretariats und der amerikanischen *Amnesty*-Sektion. Eher punktuell greifen sie daneben auf die Bestände der niederländischen Sektion zurück. Zudem beziehen sie *Amnestys* veröffentlichtes Schrifttum und die Presseberichterstattung über die Organisation ein.

Zwei Organisationen: Amnesty in den sechziger und in den siebziger Jahren

Die Politik, die *Amnesty International* berühmt machte, war in hohem Maße ein Produkt der siebziger Jahre. In der Tat hatte es am Ende dieser Dekade nicht nur mit älteren NGOs wie der *International League* kaum mehr etwas gemeinsam, sondern auch mit der Organisation, die es selbst anfänglich gewesen war. Ins Leben gerufen wurde *Amnesty* bekanntlich von Peter Benenson (1921–2005), einem britischen Anwalt jüdischer Herkunft, der zum Katholizismus konvertiert war. Früh schon hatte er begonnen, sich für Opfer staatlichen Unrechts im Ausland einzusetzen, etwa für Kinder, die im Spanischen Bürgerkrieg verwaist waren, oder für Kinder deutscher Juden. Sein Blick für politische Probleme jenseits der Landesgrenzen läßt Benenson als »Internationalisten« erscheinen, der vieles mit denen gemeinsam hatte, die sich in der Zwischen- und Nachkriegszeit in international ausgerichteten NGOs engagierten. Sein Plan, eine Hilfsaktion für politische Häftlinge zu starten, den er 1960 faßte, setzte darüber hinaus aber auf eine Art innere Reform, und zwar in doppeltem Sinn. Benenson wollte eine Bewegung gründen, die sowohl »über« den parteipolitischen Gegensätzen angesiedelt sein als auch ihre Mitglieder spirituell verwandeln sollte.[11] Dafür gewann er zunächst einen kleinen Kreis von Mitarbeitern, die ebenfalls internationalistisch gesinnt und stark religiös geprägt waren.[12] Ursprünglich beabsichtigten Benenson und seine Mitstreiter, eine einjährige Kampagne für Gefangene zu betreiben, die sie als »Gewissenshäftlinge«, *prisoners of conscience*, bezeichneten. Ihr *Appeal for Amnesty* fiel in eine Zeit, in der auf der britischen Linken ein wachsendes Interesse für das Schicksal von Häftlingen in rechten Diktaturen zu spüren war.[13]

Amnesty entstand also nicht aus dem Nichts. Es wollte aber gleichwohl etwas dezidiert Neues schaffen. Diese Dialektik ihrer Gründung zeigte sich auch in der Art, wie die Bewegung an Vorläufer anzuknüpfen versuchte. Benenson hatte die Organisationen, die bereits im Menschenrechtsbereich arbeiteten, durchaus im Blick, fand seine Anliegen aber in keiner von ihnen gänzlich aufgehoben.[14]

---

11 Vgl. dazu und zum Folgenden: Buchanan, »Truth«.
12 Vgl. Hopgood, Keepers.
13 Vgl. Benenson, Prisoners; Buchanan, »Truth«.
14 Vgl. NYPL, ILHR, Box 29, Peter Benenson an Baldwin, 11.2.1961.

Am häufigsten verglichen die *Amnesty*-Mitarbeiter ihre Organisation in den frühen Jahren mit dem *Internationalen Roten Kreuz*, wobei sie sich bewußt von dessen nicht-öffentlichem Ansatz abgrenzten.[15] Daneben bezogen sie sich immer wieder auf den Anti-Sklaverei-Aktivismus; später sollte *Amnesty* Kampagnen zur »Abschaffung«, *Abolition*, von Folter und Todesstrafe initiieren. Die Organisation schrieb sich bewußt in diese Traditionen ein, um von ihrer Symbolkraft zu zehren, verstand sich aber nicht als Fortsetzerin.

In Großbritannien fand der Aufruf unter Parteien und Gewerkschaften eine sehr positive Resonanz. Als Mitglieder schlossen sich überwiegend Anwälte, Akademiker und Sozialarbeiter an, auch waren viele Frauen unter den frühen Unterstützern. Die britischen Aktivisten wurden stark von der persönlichen Ausstrahlung und dem organisatorischen Elan Benensons zusammengehalten. Dezentral strukturiert, bestand die Bewegung aus lokalen Gruppen, die sich um jeweils drei politische Häftlinge kümmern sollten, die aus einem westlich-demokratischen, einem kommunistischen und einem anderen Land kamen. Der Gedanke der »Dreieradoption« sollte bis in die siebziger Jahre hinein als ein grundlegendes Organisationsprinzip beibehalten werden, gedacht, die Unparteilichkeit der Bewegung zu dokumentieren. Die Gruppentätigkeit war als eine überwiegend leise, wenn auch persistente Einflußnahme konzipiert. Daran, Demonstrationen zu veranstalten oder Massenaktionen zu lancieren, dachte anfangs der sechziger Jahre niemand.[16]

Auch in anderen Ländern stieß die Idee auf Anklang. Anders jedoch als es in Zeitungsberichten, Selbstauskünften und journalistischen Chroniken vielfach dargestellt worden ist, war damit die Flamme – *Amnesty* wählte als Symbol eine in Stacheldraht gewickelte Kerze – noch keineswegs hell entzündet. Zwar breitete sich *Amnesty* in den folgenden Jahren aus, doch ging das stotternd und mit vielen Rückschlägen vonstatten. Anfänglich spielten direkte Kontakte eine entscheidende Rolle. Benenson selbst reiste in verschiedene Länder, um dort mögliche Mitstreiter zu gewinnen. In der Bundesrepublik sprach Gründungsmitglied Eric Baker die Journalisten Carola Stern und Gerd Ruge an, die dann die westdeutsche Sektion gründeten. Auch halfen sie dabei, eine österreichische Gruppe aus der Taufe zu heben.[17]

Am reibungslosesten verliefen die Sektionsgründungen offenbar in Dänemark, Schweden und Norwegen sowie in der Bundesrepublik.[18] Woanders waren die sechziger Jahre für *Amnesty* eine schwierige Zeit. In den Niederlanden bildeten sich um 1962 zwei Gruppen, doch waren sie schon zwei Jahre später

---

15 Vgl. CU, AIUSA, RG I.3, Box 1, Minutes of 1st ICM, 1968.
16 Vgl. die Aussage Benensons, zitiert in: Claudius/Stepan, Amnesty, S. 25.
17 Vgl. zur westdeutschen Sektion neben Claudius/Stepan, Amnesty; Müller, Betrifft; Mihr, Amnesty; Steenkamp, Entwicklung. Zur historischen Einordnung der Frühgeschichte vgl. vor allem Wildenthal, Language, S. 76–88.
18 Vgl. zu Schweden etwa: IISG, AI IS, Minutes meeting IEC, 12./13. März 1966.

an ihr Ende gelangt, was nicht zuletzt an den tiefen Differenzen zwischen ihren Leitern lag.[19] Erst Anfang des folgenden Jahrzehnts wurde die Bewegung in den Niederlanden wirklich populär, und es entstand sogar die proportional größte Sektion. In Frankreich hatten mehrere Gruppen 1964 eine nationale Sektion gegründet, welche allerdings nach wenigen Jahren ihre Arbeit einstellte, bevor 1971 auch hier ein neuer Versuch unternommen wurde.[20] Die italienische Sektion, 1963 etabliert, löste sich neun Jahre später auf, weil sich die Aktivisten auf innenpolitische Probleme konzentrieren wollten.[21] Die seit 1964 bestehende israelische Sektion beendete 1970 aus Protest gegen einen *Amnesty*-Bericht über Israel ihre Arbeit.[22] Andere Sektionen entstanden überhaupt erst im neuen Jahrzehnt, etwa diejenigen in Österreich, der Schweiz, Belgien oder Kanada.

Der Aufbau internationaler Strukturen ging in den ersten Jahren sichtbar, wenn auch nicht sonderlich schnell voran.[23] Auf der zweiten internationalen Delegiertenkonferenz 1962 verabschiedeten die etwa sechzig versammelten Aktivisten einen Verhaltenskodex für den Umgang mit »Gewissensgefangenen«. Im Jahr darauf bildeten sie ein Internationales Sekretariat, ein fünfköpfiges Internationales Exekutivkomitee und eine Untersuchungsabteilung. Damit war immerhin früh schon ein organisatorischer Embryo geschaffen; alle diese Gliederungen, einschließlich der später in Internationale Ratsversammlung umbenannten Delegiertenversammlung, sollten auch in der Zukunft tragende Pfeiler des internationalen Organisationsgerüsts bilden. Das Internationale Sekretariat führte seit 1962 einige wenige Ermittlungsreisen ins Ausland durch und veröffentlichte 1965/66 erste Berichte, über die Haftbedingungen in Südafrika, Portugal und Rumänien. Die Untersuchungsabteilung hatte Ende 1963 bereits 2800 »Gewissenshäftlinge« in 83 Ländern registriert, zu denen sie Informationsblätter ausarbeitete. Um die Mitte der sechziger Jahre gab es etwa 400 lokale Gruppen, die, nur lose an das Londoner Zentrum angeschlossen, für 1200 »adoptierte« Häftlinge arbeiteten.

Diese Zahlen konnten sich sehen lassen – von der zeitgenössischen Kapazität der *International League* dürfte *Amnesty* damit nicht weit entfernt gewesen sein. Doch taumelte die Führung in den Jahren 1966/67 in eine Krise, die die gesamte Organisation in Mitleidenschaft zog.[24] Die Misere dieser beiden Jahre

---

19 Vgl. IISG, Archief Amnesty International Nederland [im Folgenden: AI NL], Film 474, hier die Korrespondenz Benensons vor allem mit Erika Schrijver und Cornelis van der Vlies; Film 475; sowie Ordner »Sec 0.1 VI«, Brief aan de bestuursleden, Rotterdam 4.10.1968.
20 Vgl. zu den Fakten Claudius/Stepan, Amnesty.
21 Vgl. IISG, AI IS, 413, Minutes meeting IEC, 16.–18.6.1972; 414, Minutes meeting IEC, 6.–8.4.1973.
22 Im Jahr 1973 wurde dann eine neue Sektion gegründet. Vgl. Claudius/Stepan, Amnesty.
23 Vgl. zu den Fakten v.a. Claudius/Stepan, Amnesty. Daneben Larsen, Namen; Powers, Oblivion.
24 Vgl. Buchanan, Amnesty.

begann damit, daß *Amnesty* die Gunst der britischen Regierung verlor, als die schwedische Sektion einen Bericht veröffentlichte, der die Briten bezichtigte, in der Kronkolonie Aden zu foltern. Benenson verdächtigte darauf hin *Amnestys* Generalsekretär Robert Swann, vom britischen Geheimdienst in die Organisation eingeschleust worden zu sein. Schon darüber verschlechterte sich sein Verhältnis zu Sean MacBride, dem Vorsitzenden des Internationalen Exekutivkomitees, der dies nicht nachvollziehen konnte. Es trübte sich noch mehr ein, als zufällig zur gleichen Zeit, im Februar 1967, bekannt wurde, daß die *International Commission of Jurists* seinerzeit vom amerikanischen CIA finanziert worden war. Da MacBride als Generalsekretär der ICJ amtierte, drohte der Imageschaden auf *Amnesty* abzufärben. Nur einen Monat später erschienen in der britischen Presse Artikel, aus denen hervorging, daß Benenson selbst britische Regierungsgelder akzeptiert hatte, um Häftlinge in Rhodesien zu unterstützen; zwar hatte er, wie inzwischen feststeht, geglaubt, ein anonymer Wohltäter habe die Beträge gestiftet, doch fiel dies zeitgenössisch nicht ins Gewicht. Die Konflikte lösten sich vorderhand auf, indem das Internationale Exekutivkomitee im März 1967 Swann entlastete, MacBride das Vertrauen aussprach und erklärte, den Präsidenten Peter Benenson als zurückgetreten zu betrachten. Daß *Amnesty* indes noch eine Weile an seinem öffentlichen Reputationsverlust zu kauen haben würde, war der Londoner Führung nur allzu bewußt.

Tatsächlich war *Amnesty International* in diesen Jahren an seinem Tiefpunkt angelangt. Die Probleme, die so plötzlich aufgebrochen waren, zeugten von unzureichenden Kontrollmechanismen und unklaren Zuständigkeiten. Überdies plagten die Organisation existenzbedrohende Finanzsorgen.[25] Mit dem Ausschluß Benensons ging die charismatische Phase der Bewegung zu Ende. Und international schien sie gerade in diesen Jahren zu stagnieren. Rückblickend betrachtet, bewies die Krise organisationsstrukturell jedoch auch eine läuternde Wirkung. Denn die internationale Führung machte sich in der Folge daran, die Bewegung auf eine neue Grundlage zu stellen. Das Exekutivkomitee schuf den Posten eines Generalsekretärs, den als erster Martin Ennals bekleidete, ein professioneller Pragmatiker, der zuvor für die UNESCO und den britischen *National Council of Civil Liberties* gearbeitet hatte. Zudem beschloß es, Verwaltung und Finanzen zu reorganisieren.

Daß *Amnesty International* wenige Jahre später in einen regelrechten Veränderungsstrudel gerissen werden sollte, konnte die Führungsspitze indes nicht voraussehen. Am Anfang der siebziger Jahre trat die Organisation abrupt in eine neue Lebensphase ein. Die erste Veränderung war die schiere Ausbreitung. *Amnesty* erlebte seit etwa 1969 einen immensen Zustrom an Aktivisten und

---

25 Vgl. IISG, AI IS, 412, Minutes meeting IEC, 20.–21.3.1965; ebd., Minutes meeting IEC, 24./25.9.1965; ebd., Minutes meeting IEC, 17.–18.2.1968; ebd., Minutes meeting IEC, 30.11.–1.12.1968.

entwickelte sich dadurch in den siebziger Jahren zu einer Massenbewegung. Die Zahl der Mitglieder stieg zunächst von etwa 20.000 im Jahr 1969 auf 32.000 vier Jahre später. Bis 1978 kletterte die Mitgliederzahl dann auf 200.000.[26] Im Anschluß sollte das explosive Wachstum noch bis 1983 anhalten, inzwischen war die Zahl auf über 570.000 hochgeschnellt. Der Mitgliederzuwachs ging ganz überwiegend auf das Konto weniger großer Landesverbände. Im Jahr 1975 befanden sich drei Viertel der Adoptionsgruppen in fünf Ländern – der Bundesrepublik, Schweden, den Niederlanden, Großbritannien und den USA.[27] Noch 1990 stellten diese Sektionen über siebzig Prozent der Mitglieder der Gesamtorganisation.[28]

Die Londoner Zentrale arbeitete seit Anfang der siebziger Jahre unter Hochdruck daran, die jähen Veränderungen zu steuern. Vorderhand schlug sich dies, das war ein zweiter Prozeß, in einem durchgreifenden Professionalisierungsschub nieder. Das Exekutivkomitee versuchte 1972 erstmals überhaupt, die Entwicklung der Organisation umfassend zu planen. Der fertige Plan stellte alle Zeichen auf »mehr«: mehr Wachstum, mehr Geld, mehr Posten im Sekretariat, ein höheres Arbeitsniveau der nationalen Sektionen, größere öffentliche Sichtbarkeit.[29] Die meisten ihrer Umstrukturierungsvorhaben konnte die Führungsspitze in den folgenden Jahren erfolgreich durchführen. Hatte das Internationale Sekretariat 1969 zwölf feste Mitarbeiter, so waren es zehn Jahre darauf 146; im Jahr 1969 bearbeitete es 2000 Häftlingsfälle, 1977 bereits doppelt so viele.[30] Im Zuge dessen wurden die Kompetenzen innerhalb des Sekretariats immer weiter aufgefächert.[31] Am Ende des Jahrzehnts bestand das Sekretariat neben dem Büro des Generalsekretärs vor allem aus der Forschungsabteilung und einer in sich stark differenzierten Programmabteilung; darin befaßten sich eigenständige Unterabteilungen mit der Mitgliederkoordination, Öffentlichkeitsarbeit, Publikationen und Kampagnen.[32] Das Budget der Organisation stieg von 20.000 Pfund im Jahr 1969 auf eine dreiviertel Million 1978. Die

---

26 Vgl. IISG, AI IS, 92, Fritz Scherk, Fundraising and Promotion, Juli 1975; ebd., 265, Principles underlying AI's Development Work, November 1986; CU, AIUSA, RG I.3, Box 1, IEC, Report to the 11th ICM, 1978; ebd., RG II.3, Box 5, AI – 25 Years against Injustice, 1986. Vgl. ferner die Zahlen in Amnestys Jahresberichten.
27 Vgl. IISG, AI IS, 94, Number of Groups at 30 June, 1975.
28 Vgl. CU, AIUSA, RG I.1, Box 16, Membership Statistics [ca. 1993].
29 Vgl. IISG, AI IS, 58, Long Range Planning Committee, AI – Five Years Hence, 31. Mai 1972.
30 Vgl. CU, AIUSA, RG I.1, Box 1, AI Growth: A Historical Perspective, o. Dat.; Hopgood, Keepers, S. 85.
31 Vgl. IISG, AI IS, 415, Minutes meeting IEC, 4.–6.1.1974; 418, Minutes meeting IEC, 25.–27.11.1977.
32 Vgl. IISG, AI IS, 75, George Steiner: International Secretariat. Report and Recommendations, 30.11.1973; ebd., 111, Mumtaz Soysal: Restructuring the International Secretariat, 26.10.1976.

Finanzen stabilisierten sich dadurch zwar, doch arbeitete die Organisation weiterhin im Bewußtsein eng begrenzter finanzieller Möglichkeiten.[33]

Drittens erweiterte die internationale Führung in den siebziger Jahren das, was sie ihr »Mandat« nannte, das heißt das Spektrum an Rechtsverletzungen, mit denen sie sich befaßte. War *Amnesty* bis dahin rein auf die Hilfe für politische Gefangene ausgerichtet gewesen, so verwandelte es sich jetzt in eine auf breiter Grundlage arbeitende Menschenrechtsorganisation. Das erste wichtige Thema, das 1971 hinzukam, war die Folter. Bald darauf wurde auch das Engagement gegen die Todesstrafe als ein Ziel postuliert.[34] Ab dem Ende des Jahrzehnts bildete der Kampf gegen »außerlegale Hinrichtungen« (*extra-judicial executions*) und gegen »Verschwindenlassen« einen weiteren Schwerpunkt. Beides war ursprünglich als ein Teil des Vorgehens gegen die Todesstrafe konzipiert worden, der sich dann aber verselbständigte.[35] Tatsächlich handelte es sich bei allen diesen Erweiterungen um eine schleichende Folgelogik. Folter wurde zunächst als eine Form der Mißhandlung von »Gewissenshäftlingen« bekämpft, dann schien es allerdings untragbar, eine Grenze zwischen diesen und anderen Häftlingen zu ziehen. Das Gleiche galt für die Todesstrafe und »außerlegale Hinrichtungen«.[36]

Mit der thematischen Auffächerung (es wurden noch weitere Menschenrechtsverletzungen aufgenommen beziehungsweise ausgesondert, erlangten allerdings kein ähnliches Gewicht) gingen bestimmte Grenzziehungen einher.[37] So konnte sich die Forderung, Menschen, die wegen ihrer homosexuellen Orientierung inhaftiert wurden, als »Gewissensgefangene« anzusehen, bis zum Ende des Kalten Kriegs nicht durchsetzen. Der Hauptgrund dafür scheint die Angst gewesen zu sein, der offene Einsatz für Homosexuelle würde *Amnestys* Entwicklung in Ländern der »Dritten Welt« hemmen. Diese Angst bestimmte Teile des Internationalen Sekretariats ebenso wie einige der betreffenden

---

33 Vgl. AI Growth: A Historical Perspective; IISG, AI IS, 413, Minutes meeting IEC, 20.–21.3.1971; ebd., Minutes meeting IEC, 3.–4.11.1973; ebd., 92, Fundraising, 3.6.1975; CU, AIUSA, RG I.3, Box 1, Report of Meeting of the IEC, 5.–7.12.1980.
34 Vgl. CU, AIUSA, RG I.3, Box 1, Report and Decisions of the 10th Anniversary International Assembly and IC Meeting, 24.–26.9.1971; ebd., Report and Decisions of the 6th ICM, 13.–16.9.1973; ebd., Report and Decisions of the 8th ICM, 12.–14.9.1975; ebd., Report and Decisions of the 9th ICM, 24.–26.9.1976. Vgl. auch Larsen, Namen.
35 Vgl. Clark, Diplomacy, S. 101–123; CU, AIUSA, RG I.3, Box 1, Report and Decisions of the 10th ICM, 16.–18.9.1977; ebd., Box 2, Report and Decisions of the 13th ICM, 11.–14.9.1980; ebd., RG II.2, Box 4, Clayton Yeo, Draft: Amnesty International's Work against Extra Judicial Executions, 6.10.1981.
36 Vgl. CU, AIUSA, RG I.1, Box 2, Mandate Committee Report, 7.8.1979.
37 Zu den weiteren Themen vgl. CU, AIUSA, RG I.3, Box 1, Minutes of 3rd ICM, 25./26.9.1970; ebd., Report and Decisions of the 10th Anniversary International Assembly and ICM, 24.–26.9.1971; ebd., Report and Decisions of the 5th ICM, 8.–10.9.1972; ebd., Report and Decisions of the 9th ICM, 24.–26.9.1976.

nationalen Sektionen selbst.³⁸ Eine zweite wichtige Abgrenzung bestand darin, daß *Amnesty* sich »wirtschaftlicher, sozialer und kultureller Rechte« dezidiert nicht annahm. Darüber wurde eingehend debattiert, nachdem mehrere Regierungen versucht hatten, die Organisation zu diskreditieren, indem sie ihr vorwarfen, sich nicht mit den Lebensrealitäten zu befassen, die in vielen Ländern die größte Not verursachten. Gleichwohl entschied das Exekutivkomitee, wirtschaftliche und soziale Problematiken auch weiterhin nicht aufzunehmen. Als einziges Argument führte es an, andernfalls würden die institutionellen Kapazitäten überlastet. Das ließ sich zwar nachvollziehen, doch hätte es bei den anderen thematischen Erweiterungen mindestens ähnlich gegolten.³⁹ Das Exekutivgremium traf hier eine Richtungsentscheidung, und sie dürfte gerade deshalb argumentativ nicht weiter aufgelöst worden sein, weil sie die Grundfesten von *Amnestys* organisatorischer Identität betraf. *Amnesty* war und blieb eine Organisation, die sich ausschließlich darum bemühte, politische Rechte sicherzustellen. Hier kam die thematische Folgelogik daher an ein klar abgestecktes Ende.

Zu diesen Verwandlungen gesellte sich schließlich ein vierter wichtiger Veränderungsprozeß. Er bestand darin, daß sich auch die Arbeitstechniken differenzierten, mit denen sich *Amnesty International* um den Menschenrechtsschutz bemühte. Begonnen hatte es als eine Bewegung, die Briefaktionen für politische Häftlinge durchführte und ihnen und ihren Familien, soweit möglich, humanitäre Hilfe zukommen ließ. Seit den frühen siebziger Jahren entwickelte sich *Amnesty* hingegen zu einer vielfältig operierenden Kampagnenorganisation, die einzelne Länder oder Verbrechensformen systematisch ins Visier nahm. Einen ersten Schritt in diese Richtung machte *Amnesty* mit seinen Aktivitäten gegen das griechische Militärregime, das 1967 an die Macht gelangt war.⁴⁰ Der britische Anwalt und *Amnesty*-Schatzmeister Anthony Marreco und der amerikanische Anwalt James Becket unternahmen eine Ermittlungsreise in das Land und veröffentlichten Anfang 1968 einen Bericht.⁴¹ Darin deckten

---

38 Vgl. CU, AIUSA, RG I.3, Box 1, Report and Decisions of the 7th ICM, 6.–8.9.1974; ebd., Report and Decisions of the 10th ICM, 16.–18.9.1977; ebd., Report and Decisions of the 12th ICM, 6.–9.9.1979; ebd., RG III.2, Box 5, Clemens, Working Party A (Mandate) at ICM 1982, 23.9.1982; ebd., RG III, Box 8, Board of Directors Meeting, 30.–31.1.1988; ferner Mandate Committee Report, 7.8.1979. Erst 1991 wurde ein Kompromiß erzielt, *de facto* Häftlinge zu adoptieren, die wegen ihrer homosexuellen Orientierung eingesperrt worden waren. Vgl. Hopgood, Keepers, S. 116–121.
39 Vgl. Reports and Decisions of the 8th ICM; Report and Decisions of the 10th ICM; IEC, Report to the 11th ICM; IISG, AI IS, 99, Guidelines on the Relevance of AI's Work on Economic, Social and Cultural Rights, IEC Januar 1975; ebd., 417, Minutes meeting IEC, 16.–18.1.1976.
40 Vgl. dazu auch Keys, Politics.
41 Vgl. Amnesty International, Situation in Greece; Becket, Barbarism. Vgl. zu den weiteren Aktivitäten: CU, AIUSA, RG II.5, Box 8, Ordner »Greece 1967–71«.

sie vor allem auf, daß das Regime seine Gefangenen in großem Ausmaß foltern ließ. Nicht zuletzt für die westliche Presse hatten die Befunde einen hohen Enthüllungswert, weshalb sie in der Berichterstattung über Griechenland eine prominente Rolle spielten. *Amnesty* leitete seine Erkenntnisse zudem an den Europarat weiter, wo daraufhin die skandinavischen Staaten ihre beschriebene Klage gegen Griechenland um den Vorwurf der Folter erweiterten. Der Reputationsgewinn kam für *Amnesty* zu einem entscheidenden Zeitpunkt, nämlich kurz nachdem seine Glaubwürdigkeit in dem Aufruhr um Benensons und MacBrides mögliche Regierungsverbindungen so stark gelitten hatte.[42]

In diesen Jahren betrafen *Amnestys* Länderaktivitäten eine ganze Reihe wichtiger Krisengebiete, doch vollzogen sie sich weiterhin in einem vergleichsweise kleinen Rahmen.[43] Die nächste bedeutende Etappe in der arbeitstechnischen Fortentwicklung markierte erst die 1971 beschlossene »Kampagne zur Abschaffung der Folter«. Die bis dato größte Unternehmung überhaupt, und die erste der sogenannten Themenkampagnen, bestand sie aus einem verzweigten Geflecht politischer Initiativen, die sich von 1973 bis 1977 erstreckten.[44] Dazu gehörte eine symbolträchtige Petition an die Vereinten Nationen, für die schließlich 1,2 Millionen Unterschriften gesammelt werden konnten. Das informationspolitische Herzstück bildete der »Bericht über Folter«, der die Anwendung der Folter in 62 Staaten beschrieb. Ihm folgte in den nächsten Jahren noch mehr als ein Dutzend größerer Berichte. Zudem intervenierte *Amnesty* bei über sechzig Regierungen, die es vor allem dazu aufforderte, internationale Untersuchungen zuzulassen und bekannt gewordene Folterfälle zu ahnden.[45] Institutionsgeschichtlich beförderte die Folterkampagne *Amnesty* in ein neues Zeitalter. Sie verschaffte der Organisation ein immenses, zunächst anhaltendes Maß an medialer Aufmerksamkeit, beflügelte den Mitgliederzustrom und brachte damit auch dringend benötigte Einnahmen in die Kassen.[46] Mit den sogenannten »Eilaktionen« entwickelte *Amnesty* überdies eine seiner wichtigsten Aktionstechniken.

Der Zuwachs an politischem Ansehen und Mitgliedern, der für *Amnesty* selbst abfiel, stellte einen ganz entscheidenden Bestandteil dieser und ähnlicher

---

42 Vgl. IISG, AI IS, 412, Minutes meeting IEC, 17.–18.2.1968; 413, Minutes meeting IEC, 24.9.1971.
43 Vgl. IISG, AI IS, 412, Minutes meeting IEC, 12.9.1969; Minutes meeting, IEC 24.9.1971. Vgl. Minutes meeting IEC, 29.–31.10.1971; IISG, AI IS, 71, Peter Harris, Emergency Action Campaign on Vietnam, August 1973. Vgl. auch Larsen, Namen.
44 Vgl. u. a IISG, AI IS, 77, Summary report on campaign to promote AI appeal to President of UN General Assembly, 4.4.1974.
45 Vgl. Devries, Amnesty, S. 119.
46 Vgl. Report and Decisions of the 7th ICM; CU, AIUSA, RG III.3, Box 36, Campaign Against Torture 1984–5: Objectives and Methods, 15.4.1982. Vgl. auch Devries, Amnesty, S. 106 ff.

Kampagnen dar.[47] Im Jahr 1976 beschloß die Organisation sogar, ein »Jahr der Gewissenshäftlinge« zu veranstalten, das *de facto* eine groß angelegte Selbstvermarktungsaktion sein sollte.[48] Obwohl sie auch dafür erheblichen Aufwand betrieb, zog das Vorhaben nicht wie erwartet. Daß *Amnesty* 1977 gleichwohl der Durchbruch zu weltweiter Berühmtheit gelang, lag daran, daß ihm der Friedensnobelpreis zugesprochen wurde.[49] In einer Bestandsaufnahme dieser Jahre registrierte das Internationale Sekretariat mit Worten, denen man das eigene Erstaunen noch anmerken konnte, den »raschen Übergang von einer relativ obskuren und ›introvertierten‹ Organisation [...] zu einer Organisation, die internationale Anerkennung und Statur gewonnen hat«.[50] Dabei profitierte die Londoner Organisation zweifellos auch davon, daß »Menschenrechte« durch andere Ereignisse dieser Jahre popularisiert wurden, angefangen bei der KSZE-Schlußakte bis hin zur Wahl Jimmy Carters.[51]

Bei den rasanten Entwicklungen sollte man nicht übersehen, daß es ein mühsamer Prozeß des *trial and error* war, in dem sich *Amnesty* in eine stärker aktions- und publizitätsorientierte Organisation transformierte. Aus der Vorbereitungsarbeit dieser Jahre gewinnt man den Eindruck, daß jeder neue Schritt für *Amnesty* eine wichtige Lernerfahrung war. So trat die Internationale Ratsversammlung zufällig zwei Tage nach dem Militärputsch gegen Salvador Allende zusammen und forderte das Sekretariat umgehend auf, Beobachter in das Land zu entsenden. Die Londoner Zentrale war in der Lage, hochrangige Kontakte herzustellen, und es gelang ihr tatsächlich, die Einreisegenehmigung für eine Delegation zu erhalten, die schon im November in Chile eintraf. Doch hatte diese Operation eine »beträchtliche Herausforderung für unsere Arbeit« bedeutet, »in deren Konsequenz weiter über die besten Mittel nachgedacht werden muß, zukünftige Notsituationen zu antizipieren und auf sie zu reagieren«.[52] Auch lief nicht alles völlig glatt. So war eines der Delegationsmitglieder des Spanischen nicht mächtig, was die regimeloyale chilenische Presse genußvoll ausschlachtete, um die vermeintliche Ignoranz der Londoner Emissäre darzulegen.[53]

---

47 Vgl. IISG, AI IS, 106, Uruguay Campaign. Preliminary Report and Evaluation, IEC Juni 1976.
48 Vgl. IISG, AI IS, 417, IEC Meeting, Juni 1976; ebd., 96, Promotion and Fundraising Campaign, November 1975.
49 Vgl. IISG, AI IS, 151, Planning and Priorities Papers, August/September 1979. Sowohl in der *New York Times* als auch in der britischen *Time* erreichten die Erwähnungen von Amnesty International im Jahr 1977 einen bis dahin einsamen Spitzenwert. In den folgenden Jahren hielt sich die Zahl auf einem hohen Niveau.
50 Vgl. AI Growth: A Historical Perspective.
51 Vgl. CU, AIUSA, RG I.3, Box 1, IEC, Report to the 19th IC 1977.
52 Vgl. Report and Decisions of 6th ICM, 13.–16.9.1973.
53 Vgl. Amnesty International, in: El Mercurio, 21.1.1974. Vgl. auch CU, AIUSA, RG I.4, Box 7, Report of Structure Committee, September 1975, Appendix: CAT.

Überdies war der Professionalisierungsschub, der nach außen wie eine unwiderstehliche Erfolgsgeschichte erscheinen mochte, von innen betrachtet äußerst prekär. Die Führungsspitze erlebte ihn als eine anhaltende, tief verunsichernde Wachstumskrise. Von den jähen Veränderungen wurde die Londoner Zentrale zunächst geradezu überrollt. »Amnesty International ist nicht mehr dasselbe wie vor zehn oder fünfzehn Jahren«, hob Irmgard Hutter, ein Mitglied des Exekutivkomitees, 1976 hervor.[54] »Seine organisatorische Struktur jedoch ist weitgehend so geblieben wie in den frühen Tagen«. Das Sekretariat trug an dem Fluch der Expansion, die es einerseits restlos ausschöpfen wollte, deren Folgeerscheinungen es aber andererseits kaum bewältigen konnte. Es sah sich mit dramatisch steigenden Mitglieder- und Gruppenzahlen, mit den zunehmenden Anforderungen der immer mehr und immer ausgefeilteren Kampagnen und nicht zuletzt mit vermehrten Anfragen von außen konfrontiert. All dies zusammengenommen brachte gravierende Koordinationsprobleme und eine gigantische Arbeitsbelastung mit sich.[55] Immer wieder beklagten sich die Mitarbeiter über einen ruinösen psychologischen Stress. »Menschliche Ressourcen werden verschwendet, indem die Mitglieder des IEC und eine ganze Reihe von Mitgliedern des Internationalen Sekretariats zerstört werden«, so lautete etwa die dramatische (Selbst-) Einschätzung Irmgard Hutters. »Das ist der Punkt, an dem sich die Komödie einer Gruppe netter, intelligenter Leute [...] in eine Tragödie verwandelt«.[56]

Die internationale Führungsspitze diskutierte in diesen Jahren unablässig darüber, wie sie der beschleunigten Entwicklungsdynamik Herr werden könne. Die Introspektion deckte aber zunächst einmal immer weitere Defizite auf. Im Zentrum stand dabei die ungenügende Planungs- und Steuerungsfähigkeit des Internationalen Exekutivkomitees. Mitarbeiter des Sekretariats bemängelten, seine Kompetenzenverteilung sei unklar, es arbeite nicht vorausschauend und setze keine klaren Prioritäten. Doch kamen auch an vielen anderen Stellen Probleme zum Vorschein: das mangelhafte Finanzmanagement, die fehlende Selbstevaluation der Organisation, die sehr unterschiedliche Funktionsfähigkeit der nationalen Sektionen und deren geringer Einfluß auf die Londoner Zentrale.[57] Tatsächlich öffnete sich in diesen Jahren eine Kluft, die sich *Amnesty International* mit dem Verlust seiner vorprofessionellen Unschuld eingehandelt

---

54 IISG, AI IS, 112, Irmgard Hutter, Growth and Development, Part Two, [1976].
55 Vgl. CU, AIUSA, RG I.4, Box 7, Background Paper Annual Meeting, March 1977: Choice vs. Response. Vgl. auch Hopgood, Keepers, S. 73–104.
56 IISG, AI IS, 133, Irmgard Hutter, [Growth, Structure], IEC Juni 1978.
57 Vgl. dazu CU, AIUSA, RG I.1, Box 1, Meeting of the Board of Directors, 11.6.1977, Discussion of Growth and Development Policy; IISG, AI IS, 133, Martin Ennals, Role and Functioning of IEC, April 1978; Hutter, [Growth, Structure]; Dirk Börner an Soysal [Sommer 1978]; Minutes meeting IEC, 30.11.–3.12.1978; ebd., 136, Thomas Hammarberg: AI Annual Planning, 2.8.1978.

hatte, und die es fortan begleiten sollte. Es mutierte zu einer höchst selbstreflexiven Organisation, die eine scharfsichtige Problemdiagnose nach der anderen lieferte. Doch konnte sie ihre eigene Entwicklung nur bedingt steuern, und lief den immer neuen Veränderungen oft lediglich hinterher.

Dabei sah es um 1980 zunächst einmal so aus, als sollte das Sekretariat einigen Boden unter die Füße zurückgewinnen. Die internen Diskussionen mündeten in einen imposanten Revisionsprozeß. Das Sekretariat machte sich daran, *Amnestys* »Mandat« zu überprüfen, und evaluierte die Qualität seiner Recherchen, seine Arbeitstechniken, das Verhältnis des Sekretariats zu den nationalen Sektionen, den Zustand der Sektionen selbst wie auch die Kompetenzen der lokalen Gruppen und anderes mehr.[58] Für die organisatorische Gesamtsteuerung warf dieser Reflexionsprozeß vor allem zwei substanzielle Ergebnisse ab. Zum einen ging das Internationale Sekretariat nun zu einem neuen, längerfristigen Planungssystem über. Mit diesem System erklomm die Londoner Zentrale aber vor allem auch ein neues Komplexitätsniveau. Denn der eigentliche Plan, der dabei herauskam, war der Anlage nach ein Metaplan. Er plante nicht, was zu tun war, sondern wie das, was zu tun war, geplant werden sollte.[59] Zum anderen traf das Sekretariat den Beschluß, *Amnesty* auf der erreichten Stufe zu festigen. Dem zugrunde liegenden Befund, es gebe einen »dringenden Bedarf nach einer Phase der Zurückhaltung und Konsolidierung der Bewegung«, dürften ausnahmslos alle Sekretariatsmitglieder zugestimmt haben.[60] In einigen Bereichen war die Londoner Zentrale damit durchaus erfolgreich. So konnte in den folgenden Jahren die Qualität der Informationssammlung gesteigert werden, die öffentliche Druckausübung wurde breitflächiger, das Ausbildungsniveau vieler Sektionsführungen nahm zu. In anderen Bereichen jedoch griffen die Gegensteuerungen nicht. Das betraf vor allem den Prozeß der Entscheidungsbildung, die Finanzplanung, die Mitgliederpartizipation und die Verständigung zwischen Sekretariat und nationalen Sektionen. An diesen Stellen setzte einige Jahre später ein neuer Überprüfungsprozeß ein. Darin konstatierte das Sekretariat schonungslos eine Reihe von Problemen – es waren die selben, die es fünf, zum Teil sogar zehn Jahre zuvor bereits konstatiert hatte – und entwickelte aufs Neue umfassende Vorschläge, wie sie zu beheben seien.

Daß sich nicht alles planen ließ, zeigte sich noch in einem anderem Bereich besonders deutlich. *Amnesty* erhob den Anspruch, eine »weltweite« Bewegung zu sein, doch war es *de facto* ausschließlich in Westeuropa, Nordeuropa und Nordamerika angesiedelt. Und bis zum Ende des Kalten Kriegs änderte sich

---

58 Vgl. etwa IISG, AI IS, 163, Quality of Research, IEC Juli 1980; ebd., Local AI Groups, IEC Juli 1980; ebd., 157, hier zwei Berichte des Techniques Evaluation Committee, 1979 und 1980; ebd., 167, Relations between IS and National Sections, IEC November 1980; ebd., 181, National Sections, o. Dat. [1981].
59 Vgl. IISG, AI IS, 147, Draft Plan 1980–1982, IEC April 1979.
60 IISG, AI IS, 147, Final Plan 1979/80.

daran im wesentlichen nichts. Das ungleiche Wachstum trat ins Bewußtsein, nachdem asiatische und afrikanische Delegierte auf der Internationalen Ratsversammlung 1973 darauf hingewiesen hatten, das Organisationsmodell funktioniere in ihren Weltgegenden nicht ohne weiteres.[61] In den kommenden Jahren arbeitete die Führungsspitze ein institutionell breit abgestütztes Programm der »Entwicklung« aus. Vor allem schuf sie »Regionale Verbindungsoffiziere« für Afrika, Asien und Lateinamerika, die sich vor Ort darum bemühen sollten, Sektionen zu gründen oder auszubauen. Daneben veranstaltete sie Konferenzen und verbreitete gezielt Publikationen.[62] Bis zum Ende der achtziger Jahre machten die Londoner Expansionsanstrengungen dann auch gewisse Fortschritte, die von harter Anwerbungs- und Aufbauarbeit zeugten. Insgesamt ließ sich die geographische Reichweite jedoch nicht nennenswert vergrößern. In Asien und dem pazifischen Raum hatte die Organisation inzwischen an die 30.000 Mitglieder, in Lateinamerika etwa 2500 und in Afrika 1350. Das waren alles in allem nicht einmal vier Prozent der gesamten Mitgliederschaft.[63]

Eine einzelne Ursache hatte *Amnestys* uneinheitliche Ausbreitung nicht. Hier und da spielten sicherlich die Halbherzigkeiten örtlicher Aktivisten eine Rolle. So hatte der ghanaische Sektionsleiter zwar über Jahre hinweg seine *Amnesty*-Unterlagen sorgfältig archiviert, sich aus Zeitmangel aber nicht weiter darum kümmern können. Nicht nur betrieb der vielbeschäftigte Mann eine Anwaltspraxis und arbeitete an einigen Buchprojekten, er bereitete nebenher auch seine eigene Präsidentschaftskandidatur vor.[64] Strukturell betrachtet, fielen jedoch zwei andere Hemmfaktoren wesentlich stärker ins Gewicht. In vielen repressiv regierten Staaten mangelte es schlicht an politischen Freiräumen. So blieben etwa Kontakte mit potentiellen Unterstützern in Südkorea und Polen prekär und mußten in Notsituationen sogar abgebrochen werden, um die Aktivisten nicht zu gefährden.[65] Das andere gravierende Hemmnis hing nicht mit politischer Unfreiheit zusammen, sondern mit kultureller Differenz. *Amnesty* repräsentierte ein Modell von Menschenrechtsaktivismus, das in vielen Weltregionen keinen politischen Sinn ergab. Die mit dem Entwicklungsprogramm betrauten Mitarbeiter erhielten in lateinamerikanischen, asiatischen und afrikanischen Ländern immer wieder die Rückmeldung, politischen Aktivisten

---

61 Vgl. Report and Decisions of 6th ICM, 13.–16.9.1973, App. VII: Report of Working Party on Development.
62 Vgl. dazu IISG, AI IS, 93, Development of AI, Juli 1975; CU, AIUSA, RG I.4, Box 7, Background Paper Annual Meeting, March 1977: How AI is Viewed by the Non-Western World.
63 Vgl. CU, AIUSA, RG I.1, Box 16, Membership Statistics [1992].
64 Vgl. IISG, AI IS, 146, Report from Regional Liaison Officer on Visit to Nigeria, Ghana, Ivory Coast and Senegal, November-December 1978.
65 Zu Südkorea vgl. IISG, AI IS, 166, Basic/Dependent Sections with Acute Problems, IEC September 1980. Zu Polen vgl. ebd., 200, Development in Socialist/Communist Countries, Januar 1983; ebd., 280, Membership Development in Eastern Europe, Oktober 1988.

erschienen die Probleme von Hunger, Krankheit oder Analphabetismus in ihren eigenen Ländern als vordringlich.[66] Gleich zwei Prämissen von *Amnestys* Engagement verfingen daher nicht. Seine Konzentration auf politische Rechte wie die Meinungs- und Glaubensfreiheit schien an den brennenden sozialen Fragen vorbeizugehen. Und sein global ausgerichteter Interventionismus mußte dort als abwegig oder zumindest nachrangig empfunden werden, wo es zunächst die lokalen Voraussetzungen für ein besseres Leben zu schaffen galt.[67] An dieser Konstellation änderte sich bis zum Ende der achtziger Jahre prinzipiell nichts.

Doch erschien *Amnestys* Menschenrechtsansatz außerhalb der nordamerikanischen und westeuropäischen Kernregionen nicht nur als ungeeignet, sondern er wurde auch dezidiert zurückgewiesen. Der Asienexperte Richard Reoch hatte schon 1974 darauf hingewiesen, man laufe Gefahr »(stillschweigend) als neokoloniale Missionare abgetan zu werden, die ihre rhetorischen Werte denselben Menschen auferlegen, die sie zuvor unterjocht hatten«.[68] Wenngleich sich in den folgenden Jahren wenige Indizien für eine derart zugespitzte Kritik fanden, berichteten Mitarbeiter doch immer wieder von manifesten Ressentiments gegen die Organisation, die sich mit »westlichen« Rechtskonzeptionen in anderen Erdteile einmische und lediglich in sehr schmalen, nämlich in den gebildeten und wohlhabenden Gesellschaftskreisen Unterstützung suche.[69] Zwar versuchte *Amnesty* in der Folge, sich noch stärker auf die Bedingungen in den jeweiligen Ländern einzulassen, doch wollte die internationale Führung an den zentralen politischen und aktionstechnischen Pfeilern eben nicht rütteln.[70] Hinzu kam, daß die Funktionen, die die »Verbindungsoffiziere« wahrnahmen, mit »Entwicklungsarbeit« tatsächlich insofern vergleichbar waren, als sie organisatorische Standards in Lateinamerika, Afrika und Asien funktionsfähig zu machen versuchten, die anderswo geprägt worden waren.

An einer Stelle jedoch, das sollte abschließend nicht aus dem Blick geraten, wurde das Muster von *Amnestys* gehemmter »Entwicklung« durchbrochen. Gerade in diktatorisch regierten Staaten nämlich verbanden sich andere Erfahrungen mit *Amnesty International* als die der politischen Belanglosigkeit und der »westlichen« Kulturhegemonie. In Chile erhielten *Amnestys* Emissäre seit Ende

---

66 Vgl. IISG, AI IS, 61, Stephanie [Grant], Problems of Research Work, Dezember 1972; ebd., 414, Minutes meeting IEC, 19.–21.1.1973; ebd., Film 319, A Note on the Development of AI in the Third World, Januar 1973.
67 IISG, AI IS, 272, Development Priorities in Asia 1987/88, IEC September 1987.
68 CU, AIUSA, RG I.3, Box 1, Report and Decisions of 7th ICM 6.–8.9.1974, App. Richard Reoch, New Voices for Prisoners.
69 Vgl. IISG, AI IS, Film 319, Maggie Beirne, [Memorandum zu »Development«], April 1976.
70 Vgl. Background Paper Annual Meeting, March 1977: How AI is Viewed by the Non-Western World; CU, AIUSA, RG I.1, Box 8, Henry, Byler, Task Force on Development, 18.12.1986; IISG, AI IS, 265, IEC Subcommittee on Development: Development Strategy, März 1987.

der siebziger Jahre viel Anerkennung für den politischen Druck, den die Organisation auf das Pinochet-Regime ausgeübt hatte.[71] Als sich am Anfang der achtziger Jahre eine kleine Gruppe von Aktivisten zusammenfand, um eine chilenische *Amnesty*-Sektion zu gründen, standen die eigenen Erfahrungen unter der Militärdiktatur unverkennbar im Hintergrund. Die Gruppe sei »sehr vertraut (!) mit dem Menschenrechtsproblem, das Chile in den letzten zehn Jahren erlebt hat«, berichtete der »Verbindungsoffizier« für Lateinamerika, »und ihre persönliche Bilanz [...] verleiht ihnen vollauf die nötige moralische Autorität, um ihre Stimme gegen das zu erheben, was in anderen Ländern vorgeht«.[72] Ähnliche Erlebnisse bewogen Anfang der siebziger Jahre einige sowjetische Dissidenten, eine Moskauer *Amnesty*-Gruppe zu bilden.[73] In diesen Ländern erschien *Amnestys* Aktivismus nicht missionarisch, sondern emanzipatorisch. Sich der Bewegung anzuschließen, konnte bedeuten, anderen die Unterstützung, die man selbst erhalten hatte, zurückzuzahlen. Es war ein Weg, sich im eigenen Land politische Freiräume zu erobern. Und schließlich lag auch eine Art symbolische Opposition darin, sich für politische Werte einzusetzen, die die eigenen Regierungen so eklatant mißachteten.

Die Revolutionierung der internationalen Politik

Informationssammlung

Der wohl bedeutendste Wesenszug, den sich *Amnesty* in den turbulenten siebziger Jahren erhielt, war sein politisches Selbstverständnis. Der Anspruch, eine »unparteiliche« Vereinigung zu sein, machte einen entscheidenden Teil seines politischen Kapitals aus. Beharrlich ließ die Londoner Organisation verlauten, sie bekämpfe nicht diese oder jene Ideologie, attackiere nicht das eine oder andere politische System, sondern richte sich lediglich gegen die Verletzung von Menschenrechten.[74] Um das einzulösen, setzte sich *Amnesty* das ebenso strikte wie ambitiöse Ziel, in der Gesamtheit seiner Aktivitäten eine gewisse politisch-ideologische »Ausgewogenheit« herzustellen. Auf der Ebene der lokalen Gruppen drückte sich dieses Prinzip in dem beschriebenen Verfahren der Dreieradoption aus. Zudem war es den Gruppen nicht erlaubt, gegen Verstöße ihrer eigenen Regierungen einzuschreiten, um ihre Stellung »über« den innenpolitischen Auseinandersetzungen nicht zu kompromittieren.

---

71 Vgl. etwa IISG, AI IS, 159, Report on Field Work 1979, IEC März 1980.
72 IISG, AI IS, 197, Eduardo Mariño, Report on Visit to Chile, December 1981.
73 Vgl. IISG, AI IS, Film 557, Report on Mission to Moscow by Dirk Börner, Hammarberg, Ennals, Juli 1974.
74 Vgl. etwa Long Range Planning Committee, AI – Five Years Hence, 31.5.1972; CU, AIUSA, RG I.3, Box 1, IEC, Report to 19th IC 1977.

Sieht man von diesen Operationsprinzipien ab, war im Laufe der siebziger Jahre eine rundum neue Organisation entstanden, mit dramatisch gestiegenen Möglichkeiten, erweiterten Zielsetzungen und gewandelten Techniken. Im Zuge dieser Transformationen prägte *Amnesty International* dann auch eine neue menschenrechtspolitische Praxis aus, mit der sie die Rolle, die Nichtregierungsorganisationen in der internationalen Politik spielten, revolutionierte. Von derjenigen früherer NGOs unterschied sich diese Praxis auf vielerlei Weise: Sie war sachlich breiter fundiert, öffentlich sichtbarer, aktivistischer, konfrontativer und nicht zuletzt effektiver. Systematisch betrachtet, bestand sie aus drei Elementen: einer sorgfältig geplanten Informationspolitik, die sich ihrerseits aus der Faktenrecherche und der Öffentlichkeitsarbeit zusammensetzte, und einem kampagnenhaften, massenverstärkten Aktionismus.

Die Techniken der Informationssammlung erfand *Amnesty* prinzipiell nicht neu. Auch frühere Nichtregierungsorganisationen, von den Abolitionisten angefangen über internationalistische Gruppen des späten 19. Jahrhunderts bis hin zur *International Commission of Jurists*, hatten Unrecht dokumentiert. Sie hatten damit zuweilen die Öffentlichkeit aufzurütteln vermocht und die zeitgenössische Problemwahrnehmung geformt. Innovativ und historisch folgenreich war jedoch, wie sehr die Londoner Organisation Menschenrechtsprotest mit der Informationserzeugung identifizierte und welche Kapazitäten sie dabei entwickelte. Sie beobachtete Menschenrechtsverletzungen systematisch, vorsorglich und routinemäßig, dabei von Anfang an geographisch breit und später sogar insofern nahezu flächendeckend, als sie fast alle Staaten der Welt im Blick hatte. Nicht zuletzt *produzierte* sie Fakten – indem sie einen mächtigen Untersuchungsapparat aufbaute und sich Problemen widmete, die nicht im öffentlichen Brennpunkt standen. Damit bildete die Forschungs- und Ermittlungsarbeit eine entscheidende Grundlage von *Amnesty Internationals* Politik. Sie begründete die Glaubwürdigkeit der Organisation, mit der ihr Einflußpotential stand und fiel. Sie generierte aber auch die Basis für *Amnestys* Wissensvorsprung. Die Londoner Organisation verfügte oftmals über Erkenntnisse, die andere politische Akteure, ob nun Medien, Regierungsapparate, Botschaften oder NGOs, nicht besaßen und ihnen daher wertvoll erschienen.

Für die Erkenntnisproduktion war das *Research Department* zuständig. Von seinen Ergebnissen waren alle anderen Gliederungen abhängig, und dementsprechend läßt es sich tatsächlich als das verborgene Zentrum der Organisation verstehen.[75] Der forcierte Stellenausbau, der das Internationale Sekretariat ab Ende der sechziger Jahre aufzublähen begann, kam ganz wesentlich dieser stets wachsenden Abteilung zugute.[76] Verfügte sie im Jahr 1966 über zwei bezahlte

---

75 Vgl. Hopgood, Keepers.
76 Vgl. AI Growth: A Historical Perspective.

Mitarbeiter, so arbeiteten dort am Ende der siebziger Jahre 64.[77] Die Arbeitsleistung vergrößerte sich, damit einhergehend, in schnellem Takt. Was etwa die Länderaktivitäten betraf, so hatte das Exekutivkomitee 1966 darüber diskutiert, gegen die Menschenrechtsverletzungen in zehn Staaten vorzugehen.[78] Am Ende des folgenden Jahrzehnts produzierte die Forschungsabteilung umfangreiche Jahrespläne, in denen Staaten nach vier Prioritätsstufen unterschieden wurden, wobei 1979 allein in Afrika zwanzig Länder auf dem Programm standen.[79] Hatte die Organisation ihre Recherchekapazitäten damit einerseits massiv ausgebaut, blieben diese andererseits doch immer noch ungleichgewichtig und lückenhaft.[80] In Lateinamerika hatte sie allein sechs größere Länderkampagnen betrieben, doch hielt sie sich für wenig informiert über die Karibik und Mexiko. In Westafrika hatte sie praktisch noch gar keine Basis für die Faktensammlung aufgebaut. Im übrigen gab es in der Abteilung keinen Mitarbeiter, der Portugiesisch sprach.

Die Qualität der Informationen war für den Erfolg von *Amnestys* menschenrechtspolitischem Ansatz entscheidend; sie mußten zuverlässig sein und nach Möglichkeit einen gewissen Enthüllungswert haben. Dabei betrafen sie ebenso sensible wie abgeschirmte Bereiche der staatlichen Politik. An die Kompetenzen der Ermittler waren daher hohe Anforderungen gestellt. Sie mußten Englisch ohnehin beherrschen, zudem aber die Verkehrssprache(n) der Weltregionen, die sie bearbeiteten. Neben organisatorischer Erfahrung wurde ferner eine einschlägige akademische Ausbildung erwartet. Es läßt sich wohl davon ausgehen, daß praktisch alle Ermittler ein solides politisches und gesellschaftliches, daneben auch historisches Wissen über die Länder in ihrem Zuständigkeitsbereich mitbrachten, ob sie es nun universitär, auf Reisen oder durch private Studien erworben hatten.[81]

Die Quellen und Techniken der Informationsbeschaffung waren das eigentliche Arkanum der Organisation – weil sie den Schlüssel zu *Amnestys* Wissensreservoir lieferten und natürlich auch, weil es die persönliche Sicherheit von Kontaktpersonen zu schützen galt. Bis heute gehören die Akten, anhand derer sich, wie es scheint, manche Kanäle und Fühler bis ins Detail nachvollziehen ließen, zu den gesperrten Beständen. Was sich rekonstruieren läßt, ist, daß

---

77 Vgl. RD, Priorities and Decentralization, 31.9.1979, App. I.
78 Vgl. Minutes meeting IEC, 12./13.3.1966.
79 Vgl. IISG, AI IS, Regional Planning and Priorities Papers for 1979, IEC Dezember 1978.
80 Vgl. zum Folgenden: Planning and Priorities Papers, August/September 1979; CU, AIUSA, RG I.1, Box 2, Patricia Weiss-Fagen, Preliminary Report on the Meeting on the Americas, 9.8.1980.
81 Vgl. das Stellenangebot, abgedruckt in: Stepan/Claudius, Amnetsy, S. 205 f.; IISG, AI IS, Film 465, Present State and Future Development of RD, November 1970; das Interview mit der Asien-Expertin Yvonne Terlingen, in: Wordt Vervolgd, Februar 1972, S. 7; Quality of Research, IEC Juli 1980.

Amnestys Recherchearbeit eine akribische Medienauswertung mit dem Aufbau weit gespannter Kontaktnetze kombinierte.[82] Die Ermittler durchforsteten Zeitungen, gerade auch Regional- oder Lokalblätter. Ebenso verfolgten sie Radiosendungen, wiederum angefangen bei lokalen Stationen, bis hin zu *Radio Free Europe*, dessen Berichte über Osteuropa in den siebziger Jahren unverzichtbar waren. Zudem zapfte *Amnesty* andere Institutionen an: Kirchen, jüdische Organisationen, das *Rote Kreuz*, »Länderexperten«. Entscheidende Kenntnisse ließen sich oft gewinnen, indem man Exilanten und Flüchtlinge befragte, mit Verwandten von Häftlingen Kontakt aufnahm oder mit entlassenen Gefangenen. Die Dokumentationsarbeit, die Selbstschutzorganisationen oder oppositionelle Zirkel ihrerseits leisteten, stellte ebenfalls einen entscheidenden Fundus dar. Überdies schickte *Amnesty* für seine Ermittlungen immer zahlreichere, immer besser ausgestattete Delegationen um die Welt. Sie versuchten, mit Regierungsvertretern, Justiz- und anderen höheren Beamten, Gefängnispersonal sowie, wo möglich, mit Oppositionellen und Häftlingen selbst zu sprechen. Schließlich unterhielt die Londoner Zentrale Verbindungen zu verdeckten Informanten, die in dem fraglichen Land oder in angrenzenden Gebieten lebten; sie waren naheliegenderweise die delikateste Quelle. Die Informationen, die die Forschungsabteilung auf diesen Wegen gewann, wurden einem aufwendigen, vielstufigen Prüfungsprozeß unterzogen. *Amnesty* versuchte in der Regel, eine Information durch mehrere, voneinander unabhängige Quellen zu bestätigen, bevor es sie als zuverlässig einstufte.[83] Um 1980 diagnostizierte das Sekretariat ansehnliche Fortschritte in der Recherchequalität, die es vor allem auf die größere Zahl an Ermittlern und einen größeren Erfahrungsschatz zurückführte.[84] Zugleich war unübersehbar, daß Spielräume für eine weitere Professionalisierung bestanden. Ein internes Memorandum schlug etwa vor, die Datenbanken zu computerisieren, ein formalisiertes internes Ausbildungsprogramm zu schaffen, öfter auf externe Experten zurückzugreifen – und noch strengere Qualitätskontrollen einzuführen.

Daß bei steigender Quantität auch die Qualität stetig zunehmen sollte, verweist bereits auf das besondere, vielschichtige Arbeitsethos, das die Ermittler in ihrer Tätigkeit entwickelten. Darin kommen wie unter einem Brennglas einige wesentliche Züge von *Amnestys* Organisationskultur zum Vorschein. So arbeitete das *Research Department* in dem andauernden Empfinden, überlastet zu sein. Tatsächlich waren die Ermittler vielfältig beansprucht: Sie sollten »Fallblätter« (*case sheets*) für Adoptionen produzieren, Hintergrundinformationen

---

82 Vgl. zum Folgenden IISG, AI IS, Film 465, Meeting on Eastern Europe, 14.1 1972; ebd., Area Meeting Latin America, 7.1.1972; ebd., Film 7, Peter Harris, China Position paper, August 1973; Peter Harris an Anita Chan and John Unger, 4.2.1974; ebd., 416, Minutes meeting IEC, 31.10.–2.11.1975.
83 Zum Letzteren vgl. Hopgood, Keepers, S. 89f.
84 Vgl. dazu und zum Folgenden: Quality of Research, IEC Juli 1980.

für die lokalen Gruppen erarbeiten, Ermittlungsreisen vorbereiten, zum Teil umfangreiche Berichte erstellen und neben alledem über die politischen Entwicklungen in den Gebieten auf dem Laufenden bleiben, für die sie zuständig waren. »Zwar kann man bei AI gut arbeiten«, bilanzierte ein Papier am Ende der achtziger Jahre, das auch bereits in den frühen siebziger Jahren hätte geschrieben werden können, »doch die Arbeitsmenge kann erdrückend sein, und die Last der tagtäglichen Anspannung und Krisen übersteigt oft die Kräfte.«[85] Zum Teil lag dies in der Natur der Sache. Die Organisation mußte immer wieder auf akute Notsituationen reagieren, zudem war die Abteilung personell unterbesetzt. Im Jahr 1970 hielt ein Memorandum mit drohendem Unterton fest: »Wenn die Ausdehnung der Recherchen nicht von einer Ausdehnung der Mitarbeiterschaft begleitet wird, wird das System zusammenbrechen«.[86] Irritierend war daran nur, daß diese Expansion in den folgenden Jahren ja mit Nachdruck betrieben wurde, die durchschnittliche Zahl der Länder, die ein einzelner Ermittler bearbeitete, wohl sogar sank, die Klagen, überbeansprucht zu sein, aber nicht verstummten.[87] Die Forderungen nach mehr Mitarbeitern, mehr Kapazitäten, mehr Ermittlungsreisen, sie blieben der *basso continuo* der internen Selbstbeobachtung.[88] Das Problem war also keines der absoluten Größe.

Vielmehr kam der selbstformulierte Anspruch stark zum Tragen, der besonders hoch, und verhältnismäßig eigentlich immer zu hoch gesteckt war. Die Forschungsabteilung distinguierte sich bewußt durch ihre »Kultur herausragender Fähigkeiten«, durch eine Mischung aus Leistungswillen und der Suche nach intellektueller Herausforderung.[89] Dadurch setzte sie sich selbst unter einen zentnerschweren Druck. Der Wille, »jedes Land abzudecken«, die »Notwendigkeit, daß die Recherchen von höchstmöglicher Qualität sind«, das waren die unablässig beschworenen maximalistischen Maßgaben, mit denen die *researchers* den nächsten Burnout regelrecht herbeizurufen schienen.[90] Und zum Streben nach Allwissenheit gesellte sich der Fetisch der Akkuratesse. »Alles, was wir schreiben oder veröffentlichen, muß zutreffend sein«, so lautete, in den Worten des

---

85 CU, AIUSA, RG III.2, Box 9, Planning and Priorities: Draft Plan FY 1989, 14.3.1988. Vgl. auch ebd., RG IV.2.2, Box 1, Maurer an Michael Shaskevich, 23.3.1978.
86 Structure of AI, Mai 1970.
87 Vgl. CU, AIUSA, RG I.4, Box 7, Growth and Development, ICM, 24.–26.9.1976, App. Workload in IS; Planning and Priorities Papers, August/September 1979.
88 Vgl. CU, AIUSA, RG IV.1.7, Box 3, Annual Review of Country Work. Report to the IEC by Head of RD, Juni 1989; ebd., AIUSA Response to IEC Annual Review of Country Work 1990; ebd. RG III.1, Box 11, Board of Directors Meeting, 22.–25.6.1989; IISG, AI IS, Film 465, Tracy, Presentation re. staffing in Latin America department, 23.8.1972; ebd., Film 319, Report of Researchers' Meeting, September 1976; Report and Decisions of the 10th ICM, 16.–18.9.1977; Quality of Research, IEC Juli 1980.
89 Vgl. Hopgood, Keepers, S. 87 ff.
90 Planning and Priorities Papers, August/September 1979; Quality of Research, IEC Juli 1980.

späteren Generalsekretärs Thomas Hammarberg, das unumstößliche Gebot. »Wir können es uns heute noch weniger als früher leisten, mit den Fakten falsch zu liegen«.[91] In solchen Äußerungen dokumentierte sich nicht zuletzt ein durchdringender Faktenglaube, dem zufolge man der Wahrheit ganz nahekommen mußte, wenn man Unrecht umfassend eruierte und möglichst exakt beschrieb.

Schließlich entsprang das alltägliche Überforderungsgefühl auch einem selbst auferlegten moralischen Imperativ. Er verpflichtete die Mitarbeiter zu einem nie nachlassenden Einsatz für andere. Stephen Hopgood hat das begrifflich treffend beschrieben.[92] Die Angestellten arbeiteten in dem allgegenwärtigen Bewußtsein der persönlichen Verantwortung für die Menschen, denen sie zu helfen versuchten, in dem Glauben, sie müßten sich für die menschenrechtliche Sache aufopfern, sehr oft zudem mit dem nagenden Schuldgefühl, nicht genug zu tun. Ein Mitarbeiter der amerikanischen Sektion schrieb über eine Angestellte des Sekretariats: »Du bist nicht der einzige, der sich um ihre Gesundheit sorgt, während sie selbst fast vierundzwanzig Stunden am Tag dafür arbeitet, die Gesundheit und das Leben anderer zu schützen. [Sie] glaubt, daß man die Zeit, die man sich für persönliche Belange nimmt, dafür verliert, Menschen zu retten.«[93] Was für viele einzelne Mitarbeiter galt, traf ebenso auf die Organisation im Ganzen zu. Die Vorstellung, *Amnestys* Menschenrechtsarbeit habe vieles erreicht, doch bleibe noch viel mehr zu tun, war die tantalidische Prämisse, die die Politik der Organisation auf allen Ebenen anleitete. Sie wurde ganz unabhängig von den jüngst verzeichneten Erfolgen oder Fehlschlägen artikuliert, praktisch losgelöst von der je aktuellen Weltsituation: »Jeden Tag frage ich mich, tun wir genug? Und jeden Tag lautet die Antwort gleich: Ich fürchte, nicht. Zu viele Tote … zu viele Gefolterte … zu viele Verschwundene … zu viele im Gefängnis. Es gibt sehr viel mehr zu tun.«[94] Die emotionale Belastung, der sich viele Sekretariatsmitarbeiter ausgesetzt sahen, wog schließlich auch deshalb so schwer, weil es sie in einer äußerst disziplinierten Sachlichkeit zu verpacken galt. Das subjektive Unrechtsempfinden und die innere Aufgewühltheit durften sich gerade nicht in entrüstetem Protest und politischer Verdammung Bahn brechen. Die Mission der Mitarbeiter – und ihre unterdrückte Art der Auflehnung – bestand darin, Menschenrechtsverletzungen kühl zu beobachten und unbestechlich zu dokumentieren.

Waren die institutionellen Bedingungen für die organisatorische Binnenkultur also weniger prägend als die moralpolitischen Ambitionen, so beeinflußten sie die eigentliche Ermittlungsarbeit entscheidend. Eine Reihe organisationsstruktureller Eigenheiten, die sich nach und nach herausbildeten, bestimmten

---

91 IISG, AI IS, 92, Hammarberg, AI's Relations to Governments, Juli 1975.
92 Vgl. Hopgood, Keepers, S. 1–21.
93 CU, AIUSA, RG IV.2.2., Box 16, Maurer an Ward Stalnaker, 18.1.1980. Vgl. ebd., RG IV.1, Ramon Hodel Files, Box 1, Maggie an Latin America Department, 11.2.1978.
94 CU, AIUSA, RG I.1, Box 11, Healey, Human Rights in the 90's, 20.7.1989.

die Recherchen bis in ihre Feinstrukturen. Der Blick auf die konkreten Arbeitsabläufe der Forschungsabteilung macht daher deutlich, bis zu welchem Grad der organisatorische Rahmen darüber mitentschied, wessen Menschenrechte wo überhaupt geschützt werden sollten.

Zunächst bedingte er die Selektionskriterien, nach denen das *Research Department* festlegte, welche Länder es bearbeitete.[95] Eines der beiden wichtigsten Kriterien machten die Schwere der Menschenrechtsverletzungen und die Dringlichkeit der Situation aus. Daß sich die Ermittler stark davon leiten ließen, zeigte sich etwa darin, daß sie sich 1978 auf dem afrikanischen Kontinent vorrangig mit Uganda und Äthiopien, in Lateinamerika vorrangig mit Guatemala befaßten.[96] Gegen keine dieser drei Regierungen liefen in der internationalen Politik nennenswerte Anstrengungen. Insofern entsprachen die drei Länder auch dem zweiten wesentlichen Kriterium, das *Amnesty* anlegte. Oft ging es der Organisation nämlich darum, Staaten in den öffentlichen Fokus zu rücken, die bislang wenig internationale Aufmerksamkeit erhalten hatten, sich »vergessener« Fälle anzunehmen.

Daneben schlich sich in der Forschungsabteilung jedoch seit den frühen siebziger Jahren die Tendenz ein, das Schwergewicht ihrer Arbeit auf sogenannte »offene« Länder zu lenken, über die sich leichter Informationen sammeln ließen. Bald hatte die Organisation das Problem selbst diagnostiziert, und die ermittlungstechnische Schlagseite wurde auf verschiedenen Ebenen diskutiert und kritisiert.[97] Hervorgerufen hatte sie zum einen der quantitative Bedarf an »Fällen«, den *Amnesty* selbst erzeugte, indem es dem Wachstum seiner Mitgliederschaft freien Lauf ließ: »Die Gruppen wollen mehr Fälle, und das IS tendiert dazu, sie für die Länder zu produzieren, für die sie am leichtesten zu produzieren sind«, schlußfolgerte eine Denkschrift.[98] Zum anderen funktionierte die Adoptionstechnik überhaupt viel eher in »offenen« Ländern, da hier das Risiko geringer war, daß Häftlinge zusätzliche Repressalien erlitten, weil sich *Amnesty* um sie kümmerte. Daraus ergab sich »Amnesty Internationals klassischer Widerspruch«, wie der Afrikaexperte John Humphreys schon 1976 formulierte, »daß die Mehrheit der Adoptierten aus mäßig repressiven Ländern ist, wohingegen die wirklichen Elendslöcher gar keine Adoptionsfälle

---

95 Formalisiert wurden sie offenbar erst in den achtziger Jahren. Vgl. CU, AIUSA, RG III.3, Box 9, Barnett Rubin, Planning and Priorities for the RD, 10.5.1983; ebd., RG I.1, Box 7, Final Report of the Review of Impartiality, 26.6.1985.
96 Neben einigen anderen Ländern. Vgl. IISG, AI IS, 141, Regional Planning and Priorities Papers for 1979, IEC Dezember 1978.
97 Vgl. Reports and Decisions of the 8th ICM, 12.–14.9.1975; Report of Researchers' Meeting, September 1976; CU, AIUSA, RG I.4, Box 7, Growth and Development, ICM, 24.–26.9.1976.
98 Patricia Weiss-Fagen, Preliminary Report on the Meeting on the Americas, 9.8.1980.

haben«.⁹⁹ Im Weltmaßstab betrachtet, bedeutete die Konzentration auf zugänglichere Staaten, daß *Amnesty International* Lateinamerika unverhältnismäßig stark ins Visier nahm – keine andere Weltregion bekam es mit einer ähnlich geballten Aktivität zu tun.¹⁰⁰ Allein zwischen 1977 und 1979 fuhr die Organisation größere Kampagnen gegen Chile, Argentinien, El Salvador, Guatemala und die Dominikanische Republik, schickte »Missionen« in mindestens sieben Länder und führte »Eilaktionen« in fünfzehn Staaten durch, gegenüber dreißig im Rest der Welt. In kleinerem Maßstab reproduzierte sich das Dilemma aber etwa auch in Osteuropa, wo Jugoslawien besonders bedacht wurde, weil man über die dortigen Ereignisse recht gut im Bilde war, obgleich etwa die Menschenrechtsverletzungen in Bulgarien nach *Amnestys* eigener Einschätzung schwerer wogen.¹⁰¹

Darin deutet sich ein weiterer institutioneller Zwang an, den sich die Organisation selbst geschaffen hatte, und der ihre Arbeit ebenfalls nicht unwesentlich formierte. Denn was Jugoslawien betraf, so schätzte sich das Sekretariat glücklich, überhaupt über ein »osteuropäisches« Land zu verfügen, zu dem sich arbeiten ließ. *Amnestys* Anspruch, unparteilich zu sein, erzeugte eine Art Ausgewogenheitsarithmetik, die immer wieder kompensatorische Tätigkeiten nach sich zog. Als die Organisation beispielsweise endlich imstande war, Aktionen gegen die Menschenrechtsverletzungen in Zaire durchzuführen, wurde es sozusagen automatisch wichtig, auch die Forschungsarbeiten zu Angola voranzutreiben. Das begründete die Forschungsabteilung damit, daß »diese beiden Länder den ideologischen West-Ost-Gegensatz in Zentralafrika repräsentieren«.¹⁰² Das Prinzip der Unparteilichkeit zeitigte aber auch stärker strukturelle Folgen. Dazu gehörte die immer wieder beschworene Notwendigkeit, Menschenrechtsverstöße auch in Westeuropa und Nordamerika zu ahnden. Das war nicht der Schwere der Verstöße selbst geschuldet, die, wenn man sie an *Amnestys* eigenen Kriterien maß, vergleichsweise gering ausfielen. Kritik an westlich-demokratischen Regierungen zu üben, war gleichwohl entscheidend, »um die übergreifende Ausgewogenheit zu wahren«.¹⁰³

Schließlich resultierten noch zwei weitere Mechanismen aus *Amnestys* Organisationslogik, die auf die Auswahl der Arbeitsthemen einwirkten. Einmal ließen sich Tendenzen der Selbstperpetuierung erkennen: War die Aktivitätenmaschine einmal richtig angeworfen, dann lief sie zuweilen ein gutes Stück

---

99 CU, AIUSA, RG I.4, Box 7, John Humphreys, Growth and Techniques, A Possible Solution, Dezember 1976.
100 Vgl. Planning and Priorities Papers, August/September 1979, hier das Zitat. Vgl. auch CU, AIUSA, RG II.2, Box 20, Questions and Answers: Criticism of AI's Impartiality, 23.10.1978.
101 Vgl. Planning and Priorities Papers, August/September 1979.
102 Ebd.
103 Ebd. Vgl. dazu Report and Decisions of the 9th ICM, 24.–26.9.1976.

von alleine weiter. Im Jahr 1979 etwa plante die Forschungsabteilung, sich weiterhin intensiv mit Chile zu befassen, obwohl die Repressionen merklich nachgelassen hatten. Das begründete sie unter anderem damit, daß genügend Informationen verfügbar seien, ihre Beschäftigung mit den »Verschwundenen« Kenntnisse über neue Fälle erbracht habe und das Thema in internationalen Regierungsorganisationen behandelt werde. Mit anderen Worten, Chile blieb vor allem deshalb auf der Tagesordnung, weil es bereits darauf stand. Zudem vermerkte die Forschungsabteilung »Druck aus der Mitgliederschaft«.[104] Auch dieser Druck beeinflußte die Arbeit nachhaltig, wobei er praktisch ausschließlich von den stärksten Landesverbänden ausgeübt wurde. So forderten gerade die westeuropäischen Sektionen, die Organisation solle sich stärker mit Menschenrechtsverletzungen in Westeuropa befassen.[105] Und AIUSA setzte die Londoner Zentrale hartnäckig unter Druck, mehr Augenmerk auf kommunistische Staaten zu richten.[106]

Der institutionelle Rahmen determinierte *Amnestys* Menschenrechtspolitik aber mindestens ebenso sehr durch die Grenzen, die er der Recherchearbeit setzte. Die Organisation war während der siebziger Jahre vielfach nicht in der Lage, über entlegene, nach außen abgeschlossene Staaten tragfähiges Wissen zu gewinnen. Das betraf nach Lage der Dinge vor allem kommunistische Diktaturen. Und da man so sehr auf Ausgewogenheit angewiesen war, warf dieser Umstand gravierende Probleme auf. Um die Mitte des Jahrzehnts bezeichnete das Exekutivkomitee ganz Osteuropa als »einen fast weißen Fleck auf der Weltkarte von AI's Politik«.[107] Mit Blick auf Asien betonten die Ermittler 1976, intensivere Recherchen zu den kommunistischen Staaten seien »jetzt absolut notwendig, wenn AI in seiner Arbeit zu Asien ein unparteiliches Image aufrechterhalten soll.«[108]

Amnesty unternahm daher punktuell erhebliche Anstrengungen, um seine Wissensbasis auszubauen.[109] Doch selbst wenn sich die Organisation vornahm, ein Informationsdefizit zu beheben, bedeutete das nicht unbedingt, daß sie damit sehr weit kam. Das wichtigste Beispiel dafür war in den siebziger Jahren

---

104 Planning and Priorities Papers, August/September 1979.
105 Vgl. Report and Decisions of the 12th ICM, 6.–9.9.1979.
106 Vgl. CU, AIUSA, RG I.2, Box 1, Executive Committee Meeting, 4.11.1974; ebd., Executive Committee Meeting, 25.11.1974; ebd., Draft AIUSA resolution for IC, 17.12.1974; ebd., AIUSA draft resolution on impartiality, 13.3.1975; ebd., Executive Committee Meeting, 17.9.1975; ebd., RG I.1, Box 1, Draft resolution on even-handedness [wohl Ende 1974/Anfang 1975].
107 IISG, AI IS, 97, Irmgard Hutter, Eastern European Policy, IEC November 1975.
108 Report of Researchers' Meeting, September 1976.
109 Vgl. etwa auch IISG, AI IS, 415, Minutes meeting IEC, 5.–7.7.1974. Vgl. auch: Irmgard Hutter, Eeastern European Policy, IEC November 1975; Minutes meeting IEC, 31.10.–2.11.1975; IISG, AI IS, 97, Eastern Europe – General Policy, IEC November 1975; Regional Planning and Priorities Papers for 1979, IEC Dezember 1978.

China.¹¹⁰ Am Anfang des Jahrzehnts begann das Exekutivkomitee, Schritte zu unternehmen, um die Grundlagen seiner Arbeit zu dem Land zu verbessern.¹¹¹ In der Folge boten sich dafür allerdings kaum Ansatzpunkte. Die zuständigen Ermittler, Peter Harris und seine Nachfolgerin Anita Chan, werteten »Standardquellen« wie Auskünfte von Kirchen oder jüdischen Organisationen weitgehend erfolglos aus, die lokale Presse und der lokale Rundfunk waren unergiebig, es erwiesen sich »die Unmöglichkeit, Nachforschungen im Land selbst anzustellen und der Mangel an kenntnisreichen Informanten, die China verlassen«.¹¹² Das Exekutivkomitee beschloß daher, ein besonderes Forschungsprogramm auf den Weg zu bringen, das nicht zuletzt eine von Harris vorgeschlagene »Mission« nach Hong Kong einschloß. Dadurch erhielt das Londoner Sekretariat tatsächlich genauere Einblicke in das chinesische Zwangssystem der »Umerziehung durch Arbeit«. Ansonsten jedoch verbesserte sich der Wissensstand nicht entscheidend.¹¹³ Die Organisation hatte sich auch darum bemüht, diplomatischen Kontakt mit chinesischen Regierungsstellen und Botschaften aufzunehmen, doch blockten diese rigoros ab.¹¹⁴

Eine weitere Schwierigkeit, die nichts mit Informationen zu tun hatte, sondern mit kulturellen Unterschieden, kam im übrigen hinzu. Als die Asienexperten mit ihrer Arbeit anfingen, wurde ihnen bald bewußt, daß sich die westlich geprägten Rechtsvorstellungen, die *Amnestys* Menschenrechtsarbeit zugrunde lagen, nicht ohne weiteres auf China übertragen ließen. Anita Chan fand es schwierig, von dem Begriff »politische Gefangene« auszugehen, denn innerhalb des chinesischen Rechtsverständnisses lasse er sich auf alle Gesetzesbrecher anwenden. Zudem würden Verhaftungen nicht so willkürlich vorgenommen, wie oft vermutet werde.¹¹⁵ Chans Zögern war gerade deshalb bemerkenswert, weil das zugrunde liegende Problembewußtsein in der Organisation so selten artikuliert wurde. Zumeist war es der eigentliche Sinn von *Amnestys* Interventionen, rechtsstaatliche Garantien und Verfahren einzufordern, wie sie im liberalen Verfassungsstaat »westlicher« Prägung wenigstens theoretisch

---

110 Vgl. etwa Minutes meeting IEC, 12./13.3.1966; Report and Decisions of 10ᵗʰ Anniversary International Assembly and IC Meeting, 24.–26.9.1971; IISG, AI IS, Film 7. Vgl. zum Hintergrund auch Powers, Water, S. 224–251.
111 Vgl. IISG, AI IS, 413, Minutes meeting IEC, 16.–18.6.1972; Minutes meeting IEC, 6.–7.9.1972; Report and Decisions of the 5ᵗʰ ICM 8.–10.9.1972.
112 IISG, AI IS, Film 7, Peter Harris, China Position Paper, August 1973, hier das erste Zitat; ebd., Peter Harris an Anita Chan and John Unger, 4.2.1974; ebd., Anita Chan, Draft Proposal for Research Program, o. Dat. [1974?], hier das zweite Zitat.
113 Vgl. IISG, AI IS, Film 7, Asia RD, People's Republic of China, 11.5.1976. Vgl. IISG, AI IS, 106, Preliminary Report on Mission to Hong-Kong, IEC Juni 1976.
114 Vgl. IISG, AI IS, Film 7, Arlette Laduguie, Memo, 17.1.1975; ebd., 416, Minutes meeting IEC, 4.–7.7.1975; ebd., 141, China – Missions and other Proposals, Oktober 1976.
115 Vgl. IISG, AI IS, Film 7, Anita Chan, Report on Work on PR China, April-October 1974.

verwirklicht waren, und im Sinne einer universalen Menschenrechtslogik zu argumentieren, sie dürften niemals und nirgends zur Disposition gestellt werden.

Beide Faktoren beeinflußten das vorläufige Ergebnis von *Amnestys* Aktivitäten, den Bericht über »Politische Haft in der Volksrepublik China«, den die Organisation 1978 veröffentlichen konnte, nachdem sie noch einmal mehr Geld und Arbeitsaufwand investiert hatte.[116] Denn dieser Bericht war sehr viel weniger als andere geeignet, politische Repression auf spektakuläre Weise zu enthüllen. Er lieferte eher eine Art juristisch-soziologische Analyse des chinesischen Strafrechts- und Haftsystems.[117] Daß der Bericht überhaupt erschien, war für *Amnesty* gleichwohl ein besonderer, geradezu überraschender Erfolg. Auch in anderer Hinsicht hatte das kostspielige Forschungsprogramm, das ihn ermöglichte, die Arbeit der Organisation vorangebracht. Just um die Zeit, als der Bericht erschien, formierte sich in China eine zivile Protestbewegung, die Demokratie und Menschenrechte forderte. Die Behörden ließen sie etwa ein halbes Jahr gewähren, bevor sie sie zerschlugen. *Amnesty International* war relativ gut über die Vorgänge auf dem Laufenden und intervenierte sogar bei den chinesischen Machthabern, wozu es noch fünf Jahre zuvor vermutlich nicht imstande gewesen wäre.[118] Daran, daß *Amnesty* ein machtloser Zuschauer der politischen Ereignisse in China war, hatte sich allerdings nichts geändert.

Die bedeutsamste Folge, die die organisatorischen Begrenztheiten in den siebziger Jahren für *Amnestys* praktische Politik hatten, bestand dann auch zweifellos darin, daß die Londoner Organisation bei weitem nicht in alle schwerwiegenden Menschenrechtsverletzungen gleichermaßen energisch eingriff. Einmal erwies sich dies in dem vergleichsweise zurückhaltenden Vorgehen, das *Amnesty* gegenüber den genozidalen Massenmorden in Kambodscha an den Tag legte; das wird im übernächsten Kapitel noch genauer zu untersuchen sein. Und auch im Angesicht der Massenmorde, die die indonesische Regierung in Ost-Timor verübte, handelte die Organisation alles andere als schnell und entschlossen. Kurz nachdem die portugiesische Diktatur zusammengebrochen war, die das Gebiet als Kolonie beansprucht hatte, waren die Indonesier im Dezember 1975 in Ost-Timor eingefallen. Den mörderischen Methoden der neuen Besatzer, die Massaker begingen und große Teile der Bevölkerung vertrieben, zwangsumsiedelten und verhungern ließen, fielen bereits in den ersten

---

116 Vgl. IISG, AI IS, 417, Minutes meeting IEC, 18.–20.6.1976; ebd., 141, China – Missions and other Proposals, Oktober 1976; Minutes meeting IEC, 25.–27.11.1977; ebd., Film 7, Asia RD, China, Oktober 1978.
117 Vgl. Amnesty International, Imprisonment.
118 Vgl. IISG, AI IS, Film 7, die Telegramme und Briefe an die chinesischen Behörden; CU, AIUSA, RG II.5, Box 6, Asia RD, Recent Developments in the human rights situation in PR China, 18.7.1979; ebd., Asia RD, Special Action for the 30th Anniversary of the Foundation of the PR China, 10.9.1979; ebd., AI doubts Chinese dissenter had fair trial, 16.10.1979.

Monaten Zehntausende zum Opfer. Bis 1981 kamen zwischen 100.000 und 180.000 Menschen gewaltsam um das Leben.[119] *Amnesty* begann offenbar erst im Herbst 1978, zu ermitteln. Im Jahr 1980 schrieb die Organisation an den indonesischen Staatspräsidenten Suharto und leitete ihre Erkenntnisse an verschiedene UN-Organe und den amerikanischen Kongreß weiter.[120]

Paradox erscheint das späte Erwachen auf den ersten Blick deshalb, weil Indonesien für das Internationale Sekretariat in diesen Jahren eine besonders hohe Priorität besaß. Dieser Umstand liefert jedoch zugleich die Erklärung: Tatsächlich lief *Amnestys* Indonesienarbeit auf Hochtouren, doch galt sie anderen Menschenrechtsverletzungen, nämlich der immer noch immensen Zahl politischer Gefangener und den harschen Haftbedingungen, unter denen sie zu leiden hatten. Im Gefolge des vermeintlichen kommunistischen Putschversuchs von 1965, der Suharto an die Macht brachte, hatte der neue Staatschef etwa eine halbe Million Menschen ermorden und bis zu einer Million einsperren lassen. *Amnesty* hatte sehr bald begonnen, sich mit der Notlage in Indonesien zu befassen, und seine Kenntnisse gerade in den frühen siebziger Jahren beträchtlich ausdehnen können.[121] Diese Tätigkeiten waren für die Londoner Organisation um so bedeutsamer, als die Repressionen in dem Inselstaat weltweit eines der extremsten Beispiele für die Praxis politischer Inhaftierungen darstellten. Auch *Amnestys* Untätigkeit in Ost-Timor hatte also organisationsstrukturelle Gründe. Hier erwies sich die *Verteilung* von Ressourcen und Aufmerksamkeit als entscheidend: Gerade weil *Amnesty* an einer Stelle besonders genau hinsah, erkannte es nicht scharf genug, was an einer anderen vorging.[122] Auf diese Weise produzierte das geradezu berufsmäßig selbstreflexive Sekretariat, das nicht nur unaufhörlich darüber nachdachte, wo Interventionen am nötigsten seien, sondern sein eigenes Nachdenken dabei auch permanent beobachtete, einen echten blinden Fleck.

Vor diesem Hintergrund läßt sich die Frage der »Selektivität« anders diskutieren, als sie bereits zeitgenössisch diskutiert worden ist. Daß *Amnesty* unausgewogen agiere, war schon in den siebziger und achtziger Jahren der Vorwurf, den Regierungspolitiker und Journalisten am häufigsten gegen die Londoner Organisation erhoben.[123] Die Anschuldigungen waren zumeist durchsichtig politisch motiviert. So wurde zwar oft kritisiert, *Amnesty* spare die UdSSR aus, nicht aber, sie unternehme zu wenig gegen Albanien (was eigentlich zutraf); oft ließ sich der Einwand vernehmen, es übertreibe die Menschenrechtsverletzungen in den USA, selten hingegen, es bausche diejenigen der Schweiz auf. Die Organisation reagierte darauf unter anderem mit einer amüsanten

---

119 Zum Hintergrund vgl. Simpson, Denying.
120 Vgl. Amnesty International, Jahresbericht 1980.
121 Vgl. Amnesty International, Indonesia.
122 Vgl. Report and Decisions of the 11th ICM, 21.–24.9.1978.
123 Vgl. dazu IISG, AI IS, 219, Thomas Hammarberg, The Controversial Twenty, 1984.

Zitatensammlung, in der man nachlesen konnte, wie einmütig sie von sozialistischen Regimen als Handlangerin des faschistischen Kapitalismus, von rechten als Agentin der kommunistischen Subversion und von Regierungen der »Dritten Welt« als Vorhut des westlichen Imperialismus denunziert worden war.[124]

Nun war spielerische Gelassenheit in der Regel nicht der Modus, in dem die Londoner Organisation mit Kritik umging, und auch hier war sie nicht das letzte Wort. Der Vorwurf der Einseitigkeit stellte aus ihrer Sicht ein nicht zu unterschätzendes Imageproblem dar. Am Anfang der achtziger Jahre nahm sie die Frage von »Unparteilichkeit und Ausgewogenheit« daher intern noch einmal unter die Lupe. In den Diskussionen bildeten sich zwei entgegengesetzte Lager heraus, die sich beide elaborierter Aufrechnungssysteme bedienten. Die einen glaubten, *Amnestys* Forschungsarbeit sei in Wirklichkeit ausgewogen, doch würden die Medien sie ihrerseits verzerrt darstellen.[125] Die andere Position verfocht vor allem die US-Sektion. Sie argumentierte, die Londoner Zentrale unternehme nicht genügend Ermittlungsreisen in kommunistische Länder, äußere öffentlich ein größeres Verständnis für linksgerichtete Regierungen als für rechtsgerichtete und habe vielleicht auch ohnehin bessere Quellen »auf der Linken als auf der Rechten«.[126] Auch hartgesottene konservative Gegner der Organisation hätten die vermeintliche ideologische Blindheit nicht schärfer anprangern können. Die Zuspitzung war freilich auch aus der nationalpolitischen Bedrängnis heraus zu verstehen, in der sich die amerikanische Sektion am Anfang der achtziger Jahre fand. Seit dem Regierungsantritt von Präsident Reagan mußte sie sich zunehmend gegen die Kritik verteidigen, *Amnesty International* sei eine linkslastige Organisation.

Daß die Mitarbeiter der Organisation ganz überwiegend auf der politischen Linken standen, war dabei unstrittig. Hält man sich die Mechanismen vor Augen, nach denen die Forschungsarbeit verlief, spricht aber eben nicht viel dafür, daß *Amnestys* politische Praxis der siebziger Jahre in erster Linie als ein unbewußtes Produkt der ideologischen Präferenzen seiner Ermittler zu begreifen ist. Manches läßt sich zweifellos nicht überprüfen; gerade etwa über die Behauptung der amerikanischen Sektion, das Sekretariat vertraue »linken« Quellen mehr als »rechten«, lassen sich nur vage Vermutungen anstellen. Soweit es sich jedoch eruieren läßt, war *Amnestys* »selektiver« Zugriff stärker einem Geflecht organisationsstruktureller Determinanten geschuldet.

---

124 Vgl. CU, AIUSA, RG II.1, Box 1, Amnesty International in Quotes, 1973.
125 CU, AIUSA, RG I.1, Box 4, Task Force on Impartiality, Report to Board, Juni 1982. Vgl. auch ebd., Box 7, Secretary General's Office, Impartiality and Balance in the Work of AI, 5.7.1983; IISG, AI IS, 203, The »Balance« in AI's Work Today, IEC Juni 1983; ebd., The Quest for »Balance« – A Response, IEC Juni 1983.
126 Vgl. CU, AIUSA, RG III.3, Box 2, Hinkley, Thoughts about AI research, 9.6.1984; Cox, Impartiality and Balance: The Need for a Review Mechanism [wohl Ende 1985], hier das Zitat.

Schließlich kann man sogar noch weitergehen und konstatieren, daß *Amnesty* schlecht gerüstet war, um wirksam gegen Massenmorde vorzugehen. Das hing mit seinen Anfängen als Gefangenenhilfsorganisation zusammen. Es lag aber auch daran, daß seine Forschungsarbeit am besten funktionierte, wenn sie sich mit andauernden, zahlenmäßig wenigstens ansatzweise überschaubaren, dabei oftmals öffentlich nicht stark beachteten Staatsverbrechen befaßte. War die Organisation also einerseits in Dimensionen vorgedrungen, die einer NGO in den fünfziger Jahren hätten undenkbar erscheinen müssen, so konnte sie doch andererseits gegen einige der verheerendsten Staatsverbrechen der siebziger Jahre wenig oder nichts unternehmen. Daß die Londoner Organisation gegen Anfang der achtziger Jahre begann, sich auf das Thema der »außerlegalen Hinrichtungen« zu konzentrieren, ist insofern auch als ein Reflex auf die Hilflosigkeit zu verstehen, die sie gegenüber den Massenmorden der vergangenen Dekade an den Tag gelegt hatte.[127]

Publizität

Neben der Ermittlungsarbeit bildete die Publizität das zweite Standbein von *Amnestys* Informationspolitik. Die Organisation machte staatliche Verbrechen gezielt öffentlich und verbreitete sie systematisch über die Medien, um Regierungen dadurch unter Druck zu setzen. Schon Peter Benenson hatte darauf gesetzt, daß der Appell an die öffentliche Meinung unterdrückerische Regime an ihrem »empfindlichsten Punkt, ihrem öffentlichen Image, ihrem Image als Handelspartner, ihrem touristischen Image« treffe.[128]

Im Zentrum von *Amnestys* PR-Arbeit stand der »Bericht«, der die fundierten Anschuldigungen gegen Staaten bündelte. Denkt man an die durchaus minutiösen Dokumentationen, die die *International Commission of Jurists* seit den fünfziger Jahren angefertigt hatte, so unterschied sich die Londoner Organisation zunächst dadurch, daß sie mehr und noch dichter belegte Publikationen ausarbeitete.[129] Zudem stellte *Amnestys* »Jahresbericht« eine wenn auch im Rückblick leicht zu übersehende, so doch zeitgenössisch geradezu spektakuläre Erfindung dar. Ein Register, das staatliche Menschenrechtsverletzungen in vielen, später in fast allen Ländern der Erde verzeichnete, hatte es zuvor schlichtweg nicht gegeben. Im Jahresbericht kristallisierte sich viel von *Amnestys* Anspruch. Er sollte Jahr um Jahr die akribische Recherche, die unkorrumpierbare Erfassungstätigkeit und den geographischen Weitblick der Organisation de-

---

127 Vgl. auch die Selbsteinschätzung des Generalsekretärs Hammarberg: CU, AIUSA, RG II.2, Box 4, Conference on Extra-Legal Executions, 30.4.1982.
128 Helping Prisoners of Conscience, S. 79.
129 Vgl. etwa Internationale Juristen-Kommission, Fesseln; dies., Tibet.

monstrieren. Daher galt er auch als »die ›Bibel‹ für alle unsere Mitarbeiter, wie auch für Gruppenmitglieder und andere in der Bewegung«.[130]

Hinzu kam, daß sich *Amnesty International* neuer Strategien bediente, um sein Wissen medial ebenso punktgenau auszustreuen wie massenhaft zu verbreiten. Die institutionellen Voraussetzungen dafür schuf das Sekretariat seit Anfang der siebziger Jahre, indem es eine Informationssektion aufbaute. Gegen Ende des Jahrzehnts befaßten sich zwei getrennte Abteilungen mit Presse und Außenkommunikation einerseits und Publikationen andererseits. Auch wenn sie sich, wie alle Untergliederungen des Sekretariats, über mangelnde Ressourcen, unklare Abstimmungen und persönliche Spannungen beklagten, hatte sich *Amnesty* damit doch ein beträchtliches PR-Potential geschaffen.[131]

Die zuweilen hohe Auflage und sorgfältig adressierte Verteilung seiner Berichte waren dabei nur ein Mittel. Daneben gab *Amnesty* Pressemitteilungen zu politischen Ereignissen oder auch zu seinen eigenen Unternehmungen heraus; in den siebziger Jahren bewegte sich deren Zahl zwischen fünfzig und achtzig pro Jahr.[132] Seine großen Kampagnen eröffnete es in der Regel mit Pressekonferenzen, auf denen Ziele und Anliegen öffentlichkeitswirksam dargestellt wurden. Das langfristig wichtigste Element seiner Strategie schließlich bestand darin, Kontakte zu Medienvertretern herzustellen. Die Bedeutung, die diese Einflußnahme für *Amnestys* politische Etablierung und öffentliche Sichtbarkeit hatte, läßt sich kaum überschätzen. Eine Aufstellung über die Medienarbeit der amerikanischen Sektion aus dem Jahr 1985 wirft darauf ein bemerkenswertes Schlaglicht. Demnach trat die Medienabteilung regelmäßig an die wichtigsten nationalen und lokalen Zeitungsredaktionen, Korrespondenten, Fernsehnachrichtensendungen und -talkshows heran. Pro Woche erhielt sie zweihundert Anfragen von Zeitungen. Für das vergangene Jahr verzeichnete sie mehr als vierhundert Leitartikel, die *Amnesty* erwähnten, und vierhundert Fernsehsendungen, in denen sie AIUSA-Sprecher plaziert habe.[133] Schienen die Tentakel der amerikanischen Sektion in beinahe alle Redaktionsstuben des Landes zu reichen, so bewegte sie sich allerdings an dem maximalen Ende der Skala. AIUSA dürfte die Medienarbeit von allen Landesverbänden am meisten perfektioniert haben.

Überdies präsentierte die Bewegung ihre Informationen bewußt so, daß sie das Mitleid und die Hilfsbereitschaft der Rezipienten möglichst stark ansprachen. In den Länder- und Themenberichten verwendete die Organisation verschiedene Appellstrategien. Sehr oft war die Darstellung staatlicher

---

130 CU, AIUSA, RG II.2, Box 6, Elston an IEC [1977?].
131 Vgl. George Steiner, International Secretariat. Report and Recommendations, 30.11.1973; IISG, AI IS, 142, A. I. Information and Publications Department – A Historic Review, Januar 1979.
132 Vgl. Amnesty, Jahresberichte, 1975 bis 1980.
133 CU, AIUSA, RG IV.1.7, Box 11, Mary Daly, Planning Paper, 15.5.1985.

Menschenrechtsverletzungen an die Leidensgeschichten einzelner Opfer gebunden. Die Länderkapitel des Berichts über »außerlegale Hinrichtungen« etwa begannen mit Zeugenaussagen von Betroffenen. Ein guatemaltekisches Mädchen schilderte, wie es vergewaltigt und mit Macheten geschlagen worden war, und wie ihr Bruder habe mit ansehen müssen, daß ein Soldatenkommando die vielköpfige Familie mit Maschinengewehren niedermähte. Die interne Auswertung eines Berichts über Argentinien unterstrich ausdrücklich »die Macht der menschlichen Identifikation«.[134] Wo es möglich war, führten die Berichte die Namen der Betroffenen auf, und Fotos verliehen deren Leiden buchstäblich ein menschliches Gesicht. *Amnestys* Bericht über die »verschwundenen« Häftlinge in Chile bildete die Porträtfotos aller 218 Personen ab, die die Organisation ermittelt hatte.[135] Davon abgesehen, waren Bilder und visuelle Elemente in *Amnestys* Printveröffentlichungen der siebziger Jahre allerdings nicht hervorstechend. In den achtziger Jahren nahm ihr Gebrauch zu. Ein Bericht, der für die Kampagne gegen politische Hinrichtungen veröffentlicht wurde, zeigte Fotos eines Erschossenen in einer Blutlache, einer Schädelstätte in Kambodscha, von Leichenhaufen in Uganda sowie drei Filmbilder aus El Salvador, zu denen erklärt wurde: »Ein TV-Kamerateam hielt diese grauenerregende Bildfolge fest, in der ein uniformierter Offizier zwei 15 Jahre alte Schüler erschießt, sich umdreht und davongeht. Beide Jungen starben später.«[136] Bildliche Medien setzten die Aktivisten daneben häufig bei Kundgebungen, in ihrer Aufklärungsarbeit (etwa bei Filmabenden) oder in Zeitungsannoncen ein.[137] Die plastischen, schockierenden, intimisierenden Momente in *Amnestys* Berichten standen in einem harten Gegensatz zu der betont sachlichen Faktenvermittlung und der Unterdrückung politischer Werturteile. Tatsächlich ließe sich überlegen, ob der eigentliche Handlungsappell nicht in eben diesem Kontrast lag, mit dem anrührendes Unrecht und ein gleichsam technisch-pragmatisches Hilfsversprechen gegeneinandergeführt wurden.

Die Politik der Empathie, die auf diese Weise entstand, war nicht ohne Ambivalenzen. *Amnestys* Öffentlichkeitsarbeit transportierte oft eine dramatisierende Wahrnehmung politischer Ereignisse. Zu den zentralen Figuren ihrer Rhetorik gehörte es, Verschlechterungen zu konstatieren und mit ihnen neue Aktionen zu motivieren. Der Vorsitzende des Exekutivkomitees, Sean MacBride, behauptete auf der Pariser Eröffnungskonferenz der Antifolterkampagne: »Es unterliegt keinem Zweifel, daß die Ausübung der Folter in den letzten Jahren zugenommen hat. Es unterliegt keinem Zweifel, daß sie verbreiteter

---

134 CU, AIUSA, RG IV.1, Robert Maurer Files, Box 2, 1978 Argentina Campaign Report and Evaluation, 4.5.1979.
135 Vgl. Amnesty International, Disappeared Prisoners. Vgl. daneben dass., Bericht zur Kampagne; dass., Zehn Jahre Folter; dass., »Verschwunden«, S. 33–66.
136 Amnesty International, Bericht, S. 36 f.
137 Vgl. etwa Reports and Decisions of the 8th ICM, 12.–14.9.1975, App. 5 CAT.

angewendet worden ist [...]. Es unterliegt keinem Zweifel, daß sie sich wie eine ansteckende Krankheit von Land zu Land ausbreitet.«[138] Weder er noch andere machten diese Einschätzungen an Zahlen fest. Auch daß nicht einmal fünfzehn Jahre zuvor während des Algerienkriegs eine breite Folterdiskussion geführt worden war, konnte man *Amnestys* Publikationen nicht entnehmen. Die amerikanische Presse griff *Amnestys* Kernbotschaft unisono auf: »erschreckender Anstieg der Folter«, »Folter ist in der heutigen Welt ein wachsendes Krebsgeschwür«, »Folter hat epidemische Ausmaße angenommen«, so lauteten die Schlagwörter in der Berichterstattung.[139]

Eine bewußte Strategie der Übertreibung scheint sich dahinter gleichwohl nicht verborgen zu haben. Vielmehr gaben Äußerungen wie diejenige MacBrides einen Eindruck wieder, der in der Organisation durchaus weit verbreitet war, auch dort, wo es nicht darum ging, die Öffentlichkeit zu mobilisieren. So zeigte sich die Internationale Ratsversammlung am Anfang der siebziger Jahre »alarmiert von der zunehmenden Zahl an Massakern, die Regierungen verüben«, und wies darauf hin, daß »Menschen in einer wachsenden Zahl von Ländern Opfer des Verschwindens sind«.[140] Daß Menschenrechtsverletzungen zunahmen, Gewalt eskalierte, Unrecht sich ausbreitete, das war die unverrückbare Folie von *Amnestys* Politikperzeption. Derartige Äußerungen erschienen nicht spezifisch für bestimmte Momente oder Phasen, sie erschienen überhaupt nicht zeitgebunden. Nüchtern betrachtet, fand die Organisation darin nicht zuletzt ihre Existenzberechtigung. In einem Planungspapier vom Ende der achtziger Jahre schien dieser Zusammenhang in einer vieldeutigen Formulierung sogar auf: »Es gibt keine Anzeichen dafür, daß die Menschenrechtsverletzungen, die zu bekämpfen *Amnesty* gegründet wurde, abnehmen.«[141]

Ein ähnlich prägender Zug lag darin, daß staatliche Verbrechen in *Amnestys* Darstellungen entkontextualisiert erschienen. Die Publikationen äußerten sich nicht darüber, wie Menschenrechtsverletzungen motiviert waren, und lösten sie damit von ihren Ursachen. Auch setzten sie Regierungen tendenziell gleich, wenn sie sich der gleichen Formen der politischen Verfolgung bedienten: »Politische Morde durch Regierungen hat es in den meisten, wenn nicht allen Teilen der Welt gegeben«, erläuterte eine Veröffentlichung zu »außerlegalen Hinrichtungen«. Sie seien »nicht an ein bestimmtes politisches System oder an eine bestimmte Ideologie gebunden«.[142] Betonen mußte *Amnesty* dies einmal mehr, um seinen Anspruch der Unparteilichkeit aufrecht zu erhalten. Was dabei herauskam, war das Bild einer ebenso ubiquitären wie anonymen, verselbständig-

---

138 Zitiert nach Keys, First Campaign.
139 The Shocking Rise in Torture; Raise the Outcry against Torture; sowie Berichte in der Los Angeles Times, 4.4.1984 und The Tribune (Oakland, CA), 4.4.1984.
140 Report and Decisions of the 13th ICM, 11.–14.9.1980.
141 Planning and Priorities: Draft Plan FY 1989, 14.3.1988.
142 Amnesty International, Bericht zur Kampagne, S. 18.

ten, letztlich sogar unerklärlichen Gewalt: »Kein System schützt automatisch Menschenrechte. Fast jedes Land in der Welt hat Amnesty irgendwann einmal beschäftigt. Gewissenshäftlinge werden sowohl in Ländern mit freien Wahlen als auch in Ländern ohne Wahlen festgehalten. Folter wird aus Ländern mit zivilen Regierungen und aus Ländern mit Militärregierungen berichtet. Politische Gefangene werden in linken wie in rechten Ländern ohne Anklage inhaftiert. Sowohl Demokratien als auch Diktaturen lassen ihre eigenen Bürger hinrichten.«[143] Auch diese Diagnosen entfalteten in der öffentlichen Wahrnehmung eine besondere, suggestive Plausibilität, und viele Zeitungsartikel gaben sie ungefiltert wieder.[144]

Politische Zusammenhänge und ideologische Motivationen blieben in diesen Texten auch dann ausgeblendet, wenn es die Opfer staatlicher Verfolgung betraf. *Amnestys* Bericht über »verschwundene« Häftlinge in Chile erwähnte etwa nicht, daß alle Studenten, deren Fälle er vorstellte, Angehörige des *Movimiento de Izquierda Revolucionaria* (MIR) gewesen waren, einer marxistischen Guerrillaorganisation, die auch Waffengewalt anwendete.[145] Das bedeutete weder, daß die Studenten selbst Gewalt ausgeübt hatten, noch gar, daß sie mit Grund verhaftet worden waren. Doch sah das Militärregime im MIR einen seiner Hauptgegner. Die Dokumentationen betonten die Inhumanität staatlicher Verfolgungen und plädierten damit implizit für eine Hilfe aus Menschlichkeit, jenseits politischer Parteinahmen. Gleichzeitig unterlag ihnen damit eine uniforme Opferlogik des unschuldig Gequälten.

Ferner verwischten die Publikationen oft soziale Muster der Gewalt, indem sie diejenigen Opfer, deren Geschichten exemplarisch vorgestellt wurden, bewußt aus allen Gesellschaftsschichten wählten. *Amnestys* Bericht über Chile stellte Opfer aus allen sozialen Gruppen des Landes vor – sogar ein Militär war darunter – und erzeugte damit den Eindruck, die Pinochet-Junta übe unterschiedslose, willkürliche Gewalt aus. Das gab selbst dann, wenn man die Unübersichtlichkeit der Anfangsmonate in Rechnung stellt, die Muster der Verfolgung nicht treffend wieder.[146] Schließlich war die Politikdarstellung der Kampagnen und der Berichte stark ereigniszentriert. Ereignisse waren nötig, um eine »Verletzung« feststellen zu können, Unterstützung zu mobilisieren und Aufmerksamkeit zu erregen. Strukturelle Formen der Unterdrückung gerieten hingegen schwieriger in den Fokus und hatten eine geringere mobilisierende Kraft.

---

143 CU, AIUSA, RG II.3, Box 5, AI – 25 Years against Injustice, 1986.
144 Vgl. etwa: When Will They Ever Learn?
145 Amnesty International, Disappeared Prisoners.
146 Vgl. Amnesty International, Chile. Ein anderer Bericht machte dies sogar explizit. Vgl. dass., Bericht zur Kampagne, S. 18.

Kampagnen

Zu den beiden politischen Leben, die *Amnesty International* als Datenzentrale und als PR-Unternehmen führte, gesellte sich schließlich ein drittes als *pressure group*. Die Londoner Organisation entwickelte eine Vielzahl von Aktionstechniken, die sie zu unterschiedlichen politischen Zwecken einsetzte, variierte und kombinierte, und nicht zuletzt immer weiter austüftelte. Die »Adoption«, *Amnestys* emblematische Technik aus der allerfrühesten Gründerzeit, bestand in einer dauerhaften Briefkampagne für einzelne Häftlinge, deren Fälle in der Regel nicht über die Landesgrenzen hinaus bekannt waren. Die Briefe waren bewußt nicht denunziatorisch verfaßt. Sie achteten penibel auf Formalitäten (wie etwa die korrekte Anrede), befleißigten sich eines seriösen Tons, äußerten mitunter sogar Verständnis für obwaltende politische Schwierigkeiten im Land oder lobten Regierungen für vermeintlich liberalisierende Maßnahmen. Ihre Wirkweise läßt sich am ehesten als subversive Höflichkeit beschreiben. Im Kern zielte sie darauf, Regierungen bei ihrem Interesse an einem positiven internationalen Image zu packen.[147] Daneben setzten sie auf eine Art kumulative Lästigkeit. Der konstante Strom an Zuschriften sollte die Verantwortlichen zum Nachdenken bringen, ob sie sich nicht Ärger ersparen könnten, indem sie einen Häftling einfach freiließen.

Waren Adoptionen als der stete Tropfen gedacht, der den Stein höhlen sollte, so verfolgten die *Urgent Actions*, die *Amnesty* im Zuge der Folterkampagne einführte, ein anderes Ziel. Sie sollten in Fällen, in denen die Organisation erfuhr, daß einer Person Folter oder Tod drohte, möglichst schnell möglichst viele Aktivisten dazu veranlassen, bei der Regierung zu intervenieren. Es lohnt sich, einen Blick auf die technischen Details zu werfen, denn er verdeutlicht, wie grundlegend sich in den siebziger und achtziger Jahren die Möglichkeiten änderten, in fernen Ländern notfallartig zugunsten Einzelner einzugreifen, und daß es dafür sowohl kommunikationstechnischer Fortschritte als auch systematischer Planung bedurfte.[148] In der amerikanischen Sektion dauerte der gesamte Prozeß der *Urgent Action*, angefangen bei der Mitteilung aus dem Londoner Sekretariat, über die Weiterleitung an die lokalen Gruppen, bis zur Ankunft des Briefs zunächst offenbar bis zu vierundzwanzig Tage. Eine solche »Eilaktion« war eines ganz sicher nicht, nämlich eilig. Anfang der achtziger Jahre stellten London und AIUSA das System daher auf eine computerisierte Telexverbindung

---

147 Vgl. CU, AIUSA, RG IV.1, Robert Maurer Files, Box 1, Handbook for Groups, [ca. Mitte 1970er].
148 Vgl. zum Folgenden: CU, AIUSA, RG III.3, Box 38, Urgent Action Program Review, 16.–18.4.1993. Vgl. auch ebd., RG I.1, Box 2, Cox, Crisis and Death Watch, 7.8.1979; ebd. RG I.4, Box 14, Scott Harrison, Urgent Action Network Quarterly Report, December 1977-February 1978; Wasserman, Amnesty International's Politics of the Heart.

um. Mit ihr durchbrachen sie gleichsam die Schallmauer, denn nun war es möglich, ein Telegramm innerhalb von vierundzwanzig Stunden an die betreffende Regierung zu senden. Im Jahr 1983 richtete die amerikanische Sektion zudem die Möglichkeit ein, »rund um die Uhr auf Abruf« in Aktion zu treten, so daß sie die Eilappelle buchstäblich jederzeit verschicken konnte. In der Folge arbeitete die Organisation offenbar vor allem an einer stärkeren Computervernetzung. Anfang der neunziger Jahre konnten die Appelle dann innerhalb von Stunden oder sogar Minuten ausgesendet werden. Jetzt war also eine tatsächlich sofortige Reaktion möglich – und erst jetzt, denn immerhin knapp zwanzig Jahre hatte es gedauert. Eine immer weitere Verzweigung des Systems ging damit einher.[149] Verschickte die Gesamtorganisation im Jahr 1979 217 Appelle in 54 Länder, so intervenierte allein die amerikanische Sektion im Jahr 1992 zugunsten von fast 5800 Betroffenen.

Amnestys Länder- und Themenkampagnen waren stärker darauf abgestellt, möglichst breitflächigen politischen Druck auf Staaten aufzubauen. Geradezu experimentell legte *Amnesty* 1976 im Rahmen seiner Folterkampagne die Aktivitäten gegen die uruguayische Militärregierung an, als eine »Gelegenheit, die Kapazität von Amnesty International insgesamt zu ›testen‹«.[150] Sie stellten im Grunde den eigentlichen Durchbruch zu einer Kampagnenorganisation dar. In Uruguay hatte 1973 das Militär die Macht endgültig an sich gerissen, nachdem ihm zuvor bereits extrakonstitutionelle Vollmachten übertragen worden waren, um die Guerrillabewegung der Tupamaros zu bekämpfen.[151] Damit wollte es der politischen Polarisierung, die sich über Jahre hinweg vertieft hatte, ein Ende setzen. Die neuen Herrscher regierten in den ersten Jahren auf der Basis des Ausnahmezustands und versuchten vor allem, die kränkelnde Wirtschaft über eine monetaristische Strategie zu stabilisieren. Zudem gingen sie brutal gegen vermeintliche oder tatsächliche politische Gegner vor allem der politischen Linken vor. *Amnesty* fokussierte Uruguay aus einem mehrschichtigen Kalkül: weil es hier über verläßliche Informationen verfügte – es war im Besitz einer Liste von Todesfällen unter Folter –, weil die Zahl der Inhaftierten und Gefolterten proportional gesehen eine der höchsten der Welt war, und weil die Ereignisse bis dahin international kaum Aufmerksamkeit erregt hatten.[152]

Amnestys Vorbereitungen nahmen ein halbes Jahr in Anspruch und fielen so akribisch aus wie nie zuvor. Das Londoner Sekretariat arbeitete einen Plan aus, um alle Strukturen der Organisation optimal einzusetzen und möglichst viele

---

149 Vgl. zum Folgenden: Report to IC 1979 from IEC; IISG, AI IS, 157, Report from Techniques Evaluation Committee, Februar 1980; CU, AIUSA, RG I.1, Box 8, Healey, Update on activities, 22.1.1988; ebd., Box 12, Healey, Update on activities, o. Dat. [Januar/Februar 1990]; Urgent Action Program Review, 16.–18.4.1993.
150 Uruguay Campaign. Preliminary Report and Evaluation, IEC Juni 1976.
151 Vgl. Puhle, Uruguay, S. 992–1005.
152 Vgl. dazu und zum Folgenden Uruguay Campaign. Preliminary Report and Evaluation.

andere Akteure – Regierungen, Parlamente, internationale Regierungs- und Nichtregierungsorganisationen – in ihr Vorgehen einzuspannen. Die nationalen Sektionen versorgte es frühzeitig mit Informationen und koordinierte deren Aktivitäten untereinander. Um Erwartungen zu schüren, ließ die Londoner Zentrale durchsickern, sie plane eine Aktion gegen die uruguayische Militärjunta. Dieser Schachzug ging in unerwarteter Weise auf, denn am Tag vor dem offiziellen Beginn der Kampagne beraumte der uruguayische Außenminister Juan Carlos Blanco eine Pressekonferenz an, auf der er gegen die verleumderische Londoner Organisation wetterte – ein Glücksfall für das Internationale Sekretariat, das selbst keinen besseren PR-Coup hätte lancieren können. *Amnesty* begann nun seinerseits mit einer Vielzahl monatelang anhaltender Aktivitäten. Es übergab eine Petition mit über 350.000 Unterschriften an die uruguayische Vertretung in den Vereinten Nationen, doch war das nur die Spitze des Eisbergs. Gleichzeitig traten nämlich zahlreiche nationale Sektionen als Multiplikatoren auf den Plan. Allein AIUSA sorgte dafür, daß rund eintausend Aktivisten Briefe an den Präsidenten Juan María Bordaberry schickten – unter vielen anderen Funktionsträgern.[153] Einen besonders spektakulären Effekt erzielte *Amnesty*, als es zwei Fotos veröffentlichte, die der Organisation von einem uruguayischen Armeeoffizier zugespielt worden waren. Eines davon zeigte einen unbekleideten Mann, mit einer Kapuze über dem Kopf und hinter dem Rücken gefesselten Händen, der auf eine spitze Eisenstange gesetzt worden war, ohne daß seine Füße den Boden berühren konnten – ein Abscheu erregender visueller »Beweis« für die sadistischen Folterpraktiken der Militärs. Die Unternehmungen zogen schließlich auch greifbare politische Konsequenzen nach sich. Die Europäische Gemeinschaft lehnte das uruguayische Ersuchen um ein Präferenzabkommen ab, der amerikanische Kongreß stimmte dafür, die Militärhilfe einzustellen, und die Inter-Amerikanische Menschenrechtskommission begann, die Situation in Uruguay zu untersuchen.[154] Für alle diese Maßnahmen hatte *Amnesty* mindestens Argumentationshilfen geliefert.

Die Kampagnen erschöpften sich mithin nicht darin, verbrecherische Regierungen zu attackieren. Sie dienten auch dazu, ein öffentliches Bewußtsein über Menschenrechtsverletzungen wachsen zu lassen. Für die Themenkampagnen galt das eher noch mehr. Ihr Ausgangspunkt bestand in der Regel darin, daß *Amnesty* Menschenrechtsverletzungen *konstruierte*, das heißt bestimmte Gewalttaten aufgriff, als Verstöße gegen die Menschenrechte definierte und im politischen Diskurs zu etablieren versuchte. In *Amnestys* Kampagne gegen das »Verschwindenlassen« werden diese Mechanismen besonders anschaulich. Denn »Verschwindenlassen« war bis dato kein Gegenstand völkerrechtlicher

---

153 Vgl. CU, AIUSA, RG II.2, Box 7, Major Activities of Initial Period of the Campaign, o. Dat. [wohl Mai 1976].
154 Vgl. Devries, Amnesty.

Normen, keine allgemein bekannte Form staatlichen Unrechts, ja nicht einmal ein gängiger Begriff gewesen. *Amnestys* Mitarbeiter scheinen zum Teil davon ausgegangen zu sein, es handele sich um eine neuartige Praktik. So sagten führende Mitglieder der US-Sektion vor dem amerikanischen Repräsentantenhaus aus, »das Phänomen des massenhaften Verschwindens ist als Menschenrechtsproblem relativ neu«.[155] Bei anderen Gelegenheiten ließen sie die Ursprünge eigentümlich vage.[156] Vor diesem Hintergrund bemühte sich *Amnesty*, das Phänomen möglichst präzise zu definieren. Dem zufolge lag ein Fall des »Verschwindens« dann vor, wenn eine Person von Regierungsorganen festgenommen worden war, die Behörden diese Festnahme leugneten, und die Situation für die festgenommene Person die Gefahr mit sich brachte, gefoltert oder ermordet zu werden.[157] *De facto* hatte *Amnesty* damit Repressionspraktiken, die es in einigen lateinamerikanischen Staaten beobachtet hatte – die frühen Papiere nannten vor allem Argentinien, Chile, Uruguay und Guatemala – als *ein* Verbrechen identifiziert und anschließend generalisiert. Damit hatte es eine neue Kategorie der Menschenrechtsverletzung geschaffen, oder mindestens maßgeblich dazu beigetragen. Sie sollte tatsächlich eine Zeitlang sehr geläufig und später sogar völkerrechtlich kodifiziert werden.[158]

Gelang es *Amnesty* mit Blick auf Folter und »Verschwindenlassen«, seine Deutungen in weiten Teilen der Öffentlichkeit sichtbar zu machen, so entstand doch beileibe kein Automatismus. Nicht alle Themen konnte es in mobilisierende Kampagnen verwandeln. Das illustrieren die lange Zeit vergeblichen Versuche der Führung von AIUSA, die Sektion in den Kampf für die Abschaffung der Todesstrafe einzuspannen. Die institutionellen Vorbereitungen waren sorgfältig wie immer, doch die Aktivitäten kamen nicht recht in Gang.[159] Das hatte verschiedene Ursachen, die alle damit zusammenhingen, wie tief verwurzelt die Todesstrafe in der amerikanischen Rechtskultur war. Einige Aktivisten waren skeptisch, weil sie antizipierten, daß »die Öffentlichkeit, an die wir uns wenden, zwischen unschuldigen Personen und verurteilten Mördern verständlicherweise einen großen Unterschied macht«. Andere zögerten aus einem »Gefühl der Scheinheiligkeit, Briefe über die Todesstrafe an das Ausland zu schreiben, wenn die Vereinigten Staaten immer noch Menschen zu Tode verurteilen«.

---

155 Vgl. CU, AIUSA, RG II.2, Box 3, Involuntary Disappearance as a Human Rights Violation, Testimony of David Hinkley, Patricia Weiss-Fagan to the Subcommittee on International Organizations of the Committee on Foreign Affairs of the House of Representatives, 20.9.1979.
156 Der später veröffentlichte Kampagnenbericht faßte es historisch noch am konkretesten. Vgl. Amnesty International, Erde, S. 9.
157 Vgl. IISG, AI IS, 169, AI's Policy on the Application of the Term »Disappearance«, o. Dat.
158 Die Vereinten Nationen verabschiedeten 1992 eine Erklärung, 2006 eine Konvention, die OAS 1994 eine Konvention über das »Verschwindenlassen«.
159 Vgl. CU, AIUSA, RG I.1, Box 2, Report Death Penalty Committee, Juni 1980; ebd., RG I.4, Box 7, Update to AIUSA Long-Range Plan, 31.10.1980.

Wiederum andere hielten Hinrichtungen schlicht für eine angemessene Strafe.[160] Tatsächlich handelte es sich bei der Todesstrafe um eine andere Art der Menschenrechtsverletzung als bei Folter oder »außerlegalen Hinrichtungen«. Sie war im Prinzip kein willkürliches Staatshandeln, sondern ein formalisierter Teil nationaler Rechtssysteme. Während kein Regime offen zugab, Gefangene zu foltern oder politische Gegner zu ermorden, hatten legale Hinrichtungen bei weitem nicht denselben Ruch der Verwerflichkeit. Es dürfte an solchen Umständen gelegen haben, daß *Amnestys* Kampagne gegen die Todesstrafe auch international weniger Zugkraft entwickelte als die Antifolterkampagne.[161]

War ein Verbrechen als Menschenrechtsverletzung definiert, so bestand der nächste Schritt der »Bewußtseinsbildung« idealtypisch betrachtet darin, möglichst breite Sektoren der Öffentlichkeit dafür zu sensibilisieren. Im Zuge der Folterkampagne etwa veranstaltete *Amnesty* 1973 eine »Weltkonferenz«, die 280 Teilnehmer aus 26 Ländern, 69 NGOs und 150 Journalisten besuchten, und veröffentlichte zahlreiche Pressemitteilungen und Berichte.[162] Daneben veranstaltete es vor allem Expertenkonferenzen und betrieb eine sogenannte Berufsgruppenarbeit. Die nationalen Sektionen traten gezielt an Kirchen, Anwälte, Ärzte und Psychiater, Gewerkschaften, Lehrer, Polizisten und Unternehmer heran, um sie in den Kampf gegen Folter zu involvieren.[163] Eine zahlenmäßige Vorstellung vermögen die Initiativen der amerikanischen Sektion gegen Folterungen in Uruguay zu geben. Sie wandte sich unter anderem an 3500 Hochschulen, 1000 andere Organisationen, Dutzende Kirchen und 80 Unternehmen mit Investitionen im Land.[164] Eine wichtige Dimension bestand auch in der medizinischen Arbeit. Im Zuge der Folterkampagne schuf eine Reihe von Landesverbänden sogenannte Medizinergruppen, die daran arbeiteten, Nachweisverfahren für Folter zu entwickeln und Behandlungsmöglichkeiten zu verbessern.[165]

Darüber hinaus suchten die Ländersektionen Zugang zu ihren nationalen Regierungen und Parlamenten. AIUSA gründete dafür eigens ein Büro in Washington. Dessen Mitarbeiter stellten Verbindungen vor allem zur mittleren Ebene des *State Department* und zu Kongreßabgeordneten her.[166] Besonders gut

---

160 Vgl. CU, AIUSA, RG I.1, Box 3, Board of Directors Meeting, 1.–3.5.1981, hier das erste Zitat; ebd., Box 4, Chet Sygiel, [RMC Report], 1.12.1981, hier das zweite Zitat; ebd., RG I.4, Box 11, Sproul, General Ideas, 24.6.1982.
161 Vgl. CU, AIUSA, RG I.1, Box 2, Draft Two-Year Plan for 1980 ICM, 31.3.1980.
162 Vgl. Devries, Amnesty.
163 Vgl. Report and Decisions of the 7th ICM 6.–8.9.1974, hier: Peter Baehr, Activities of Dutch Section; Reports and Decisions of the 8th ICM 12.–14.9.1975, App. 5.
164 Vgl. Major Activities of Initial Period of the Campaign.
165 Vgl. Devries, Amnesty, S. 253–268. Vgl. CU, AIUSA, RG I.1, Box 2, Board of Directors meeting, 15./16.3.1980, hier: Report on Medical Capacity Committee.
166 Vgl. beispielhaft CU, AIUSA, RG I.2, Box 1, Draft Outline of Proposed AIUSA Washington Liaison [1975?]; ebd., RG II.2, Box 11, Grant, Quarterly Report Washington Office, 1.12.1977.

vernetzt war gegen Ende der siebziger, Anfang der achtziger Jahre die niederländische Sektion. Ihre Mitarbeiter trafen sich mit den Außenministern, den Entwicklungsministern und anderen hohen Beamten zu erstaunlich regelmäßigen Gesprächen, in denen sie *Amnestys* Positionen darlegten oder auch Kritik übten.[167] Sanktionsforderungen und Boykottaufrufe hingegen schloß *Amnesty International*, nach einer kontroversen internen Diskussion, aus seinem Taktikarsenal aus.[168]

Die Themenkampagnen waren schließlich auch darauf angelegt, die Menschenrechtsverletzungen im Völkerrecht zu verankern und internationale Ahndungsmechanismen zu etablieren.[169] Die Vereinten Nationen setzten bis Mitte der achtziger Jahre Arbeitsgruppen oder Sonderberichterstatter zur Folter, zum »Verschwindenlassen« und zu »außerlegalen Hinrichtungen« ein, also zu denjenigen Menschenrechtsverletzungen, die *Amnesty* in seinen drei großen Themenkampagnen der frühen achtziger Jahre ins Visier genommen hatte. An allen drei Entwicklungen war die Londoner Organisation dann auch in der einen oder anderen Form beteiligt. Daß sich die Vereinten Nationen mit Folter beschäftigten, hatte *Amnesty* maßgeblich mit angestoßen, indem es einige westeuropäische Regierungen davon überzeugt hatte, das Thema einzubringen. Zu der Erklärung über Folter, die die Generalversammlung 1975 verabschiedete, und zu dem »Verhaltenskodex«, den sie 1979 annahm, leistete *Amnesty* substanzielle Beiträge. Die schließlich 1984 verabschiedete UN-Konvention gegen Folter hingegen war in der Bewegung umstritten. Das größere Lager hielt sie für besser als nichts, doch ein Teil der Aktivisten wollte sie nicht unterstützen, weil sie verwässert sei. Infolge dieser Uneinigkeiten spielte *Amnesty* bei der Ausarbeitung der Konvention keine tragende Rolle. Insgesamt versuchte die Londoner Organisation also durchaus, über die Vereinten Nationen Einfluß auszuüben. Darin sah sie jedoch eine bestenfalls flankierende Strategie.[170] Ihr Verhältnis zur Weltorganisation war und blieb ambivalent. Einerseits setzte sie sich für neue Überwachungsverfahren ein und nutzte bestehende Mechanismen intensiv. Im Jahr 1983 etwa machte die Organisation insgesamt 134 länderbezogene Eingaben, mit denen sie eine Vielzahl von Organen bedachte.[171]

---

167 Vgl. IISG, AI NL, Box 150–153; ebd., Ordner »ATN 5.2 Cie. Pol. Inst. II«, »ATN 5.2 Cie. Pol. Inst. IV«, »ATN 5.2 Cie. Pol. Inst. V«.
168 Vgl. Reports and Decisions of the 8th ICM 12.–14.9.1975; Report and Decisions of the 11th ICM, 21.–24.9.1978; CU, AIUSA, RG I.1, Box 2, Annual General Meeting, Plenary Session, 17.6.1979; Report on the ICM Committee, August 1979.
169 Vgl. v. a. Devries, Amnesty; daneben Clark, Diplomacy; Cook, Amnesty.
170 Vgl. CU, AIUSA, RG IV.1.3, Box 2, AI and International Organisations: 2. The UN, Dezember 1979.
171 Vgl. CU, AIUSA, RG III.3, Box 28, Secretary General, Review of Country work 1984, 16.4.1984; IISG, AI IS, 189, RD, Planning and Priorities for 1983, März 1982. Vgl. auch ebd., 148, One-Year Plan for AI Work at UN, IEC August 1979; AI and International Organizations: 2. The UN, 3. UN Monitoring Procedures, o. Dat.

Andererseits übte *Amnesty* immer wieder Kritik an folgenlosen Verhandlungen und undurchsichtigen Kuhhandeln.

Auch dieser Strang von *Amnestys* Tätigkeit verdeutlicht mithin, wie weit sich die Organisation von den NGOs der fünfziger und sechziger Jahre entfernt hatte, deren hauptsächlicher Ansatzpunkt ja die Vereinten Nationen gewesen waren. Diese historische Distanz schlug sich schließlich auch darin nieder, daß *Amnesty* in seiner Arbeit eine neue Form des Expertentums ausbildete. Es speiste spezialisiertes Wissen in den politischen Prozeß ein, stellte Problemdiagnosen, indem es »Menschenrechtsverletzungen« definierte, und offerierte Lösungen. In anderen internationalen Politikfeldern, in der Bevölkerungs-, der Gesundheits- oder der Entwicklungspolitik, hatte es das schon länger gegeben. Von Menschenrechtsexperten läßt sich jedoch sinnvoll erst seit den siebziger Jahren sprechen. Die Expertise der Londoner Organisation hatte dabei eigene Charakteristika. Sie war nicht medizinisch, nicht sozialwissenschaftlich, nicht einmal nennenswert juristisch grundiert, auch wenn *Amnesty* diese Disziplinen vor allem in seinen Themenkampagnen anzapfte. *Amnestys* Wissen resultierte aus der politischen Praxis. Und es haftete ihm auch weiterhin stets ein laienhaftes Moment an. Denn außerhalb der Forschungsabteilung beobachteten Tausende von Aktivisten sozusagen kontinuierlich die Weltsituation und konnten das Sekretariat auf Krisen und Probleme hinweisen. Als ein Beispiel von vielen mag ein Treffen dienen, bei dem die Lateinamerika-Koordinationsgruppen, die einige Ländersektionen inzwischen eingerichtet hatten, 1983 zusammenkamen. Bei den Diskussionen fiel auf, daß inmitten der schweren Menschenrechtsverletzungen des Kontinents die jahrzehntealte Diktatur in Paraguay aus dem Blick geraten sei, deren Handlanger immer noch folterten und mordeten.[172] Diejenigen, die darauf hinweisen, waren keine hauptberuflichen, rechercheerprobten »Ermittler«, sondern eher politisch Interessierte oder vielgereiste Südamerika-*aficionados*. Trotzdem konnte eine solche Initiative den zündenden Funken für eine Länderkampagne schlagen, die dann, wie seinerzeit die gegen Uruguay, über eine ahnungslose »Weltöffentlichkeit« ganz ebenso hereinbrach wie über eine unvorbereitete Regierung. Was für die Diagnose dringlicher Menschenrechtsprobleme galt, galt auf allen anderen Ebenen von *Amnestys* Aktionstechniken genauso: Die Organisation ermächtigte zivile Aktivisten in großer Zahl, sich außerhalb etablierter diplomatischer Kanäle direkt in die internationale Politik einzumischen. Eher als im Sinne einer »Verwissenschaftlichung des Sozialen« wirkte *Amnestys* expertengestützter Interventionismus daher auch in die Richtung einer Laisierung des Politischen.[173]

---

172 Vgl. IISG, AI IS, 189, Planning and Priorities for 1983, März 1982, hier: Results of Seminar held by Latin America Co-groups.
173 Vgl. Raphael, Verwissenschaftlichung.

»Jeden Tag fühle ich seinen Schmerz«. Aktivismus an der Basis – das Beispiel AIUSA

Institutionelle Entwicklung

Amnestys Politik entwickelte sich im Spannungsfeld zwischen drei Polen. Neben dem Internationalen Sekretariat waren das die nationalen Sektionsleitungen und die lokalen Aktivisten, die die meisten Initiativen der Organisation überhaupt erst mit Leben füllten. Jede nationale Sektion hatte ihre eigene Geschichte. Die Befunde, die eine Betrachtung der amerikanischen *Amnesty*-Sektion zutage fördert, treffen daher nicht auf alle anderen Landesverbände in gleichem Maße zu. Gleichwohl läßt sich manches verallgemeinern. So zündete AIUSA spät und verwandelte sich anschließend schnell in eine der potentesten Sektionen überhaupt. Darin scheint ein spezifisches Entwicklungsmuster auf, das die amerikanische Bewegung von denen in Skandinavien und der Bundesrepublik ebenso unterschied wie von denen außerhalb Nordamerikas und Westeuropas. Gleichzeitig entsprach es jedoch sehr stark der Entwicklungskurve der Gesamtorganisation. Was die Professionalisierungsanstrengungen betraf, die AIUSA unternahm, so dürften sie sich von denen der europäischen Sektionen zwar nicht prinzipiell unterschieden haben, bewegten sich aber auf einem vergleichsweise hohen Niveau. Daher waren vermutlich auch die Konflikte, die zwischen der amerikanischen Sektionsleitung und ihrer Aktivistenbasis auftraten, prononcierter als anderswo. Die moralpolitischen Handlungsantriebe, die dem Menschenrechtsengagement in den USA zugrunde lagen, blieben einerseits stark auf den nationalen Kontext bezogen.[174] Dennoch fand sich andererseits viel davon ganz ähnlich in Westeuropa. Die konkrete Arbeitsweise der amerikanischen Ortsgruppen schließlich macht wichtige Elemente von *Amnestys* politischem und kulturellem Basisaktivismus stellvertretend anschaulich.

Die frühen Jahre der amerikanischen Sektion waren denkbar wenig verheißungsvoll. Schon im Herbst 1961 war Peter Benenson in die USA gereist, um dort eine nationale Sektion aufzubauen. Das schlug jedoch fehl.[175] Seit Ende 1965 fand sich eine Gruppe von Personen zusammen, die von nun an zielstrebiger auf eine Sektionsgründung hinarbeitete. Anfang 1967 war es dann soweit; zu diesem Zeitpunkt hatte *Amnesty* in den USA vermutlich etwas unter 300 Mitglieder.[176] Von dem frühen Kern der Gründer, dem sich etwa neun Personen

---

174 Die Bedeutung nationaler Kontexte betonen auch Snyder, Exporting, und für die westdeutsche Sektion Wildenthal, Language, S. 76–88.
175 Vgl. NYPL, ILHR, Box 29, Benenson an Baldwin, 23.8.1961; ebd., Benenson an Baldwin, 16.11.1962.
176 Vgl. CU, AIUSA, RG I.1, Box 1, Memorandum Lyons for Board Meeting, 12.9.1967.

zurechnen lassen, standen einige in direktem Kontakt zu Peter Benenson.[177] Das traf für dessen Cousin, den New Yorker Anwalt Mark Benenson, zu und für Ivan Morris, Japanologieprofessor an der Columbia University, der eine der ersten amerikanischen *Amnesty*-Gruppen mitgegründet hatte.[178] Geburtshilfe erhielten die Amerikaner überdies von der ebenfalls in New York ansässigen *International League for the Rights of Man*. Von Peter Benenson kontaktiert, halfen Roger Baldwin und später auch Frances Grant entscheidend mit, eine amerikanische Sektion auf den Weg zu bringen.[179]

Dennoch blieb die neue Organisation vorerst klein und in dem weiten Land praktisch unbekannt – selbst die Färöer Inseln hatten mehr *Amnesty*-Gruppen als die USA, wie *The New Yorker* süffisant bemerkte.[180] Das lag auch an dem offenbar erstaunlich unprofessionellen Management, das der Vorstand betrieb. Viele seiner Sitzungen waren schlecht besucht; zuweilen war nicht einmal das Stimmenminimum vorhanden, um Entscheidungen zu treffen.[181] Am schwersten wog jedoch die desolate Finanzlage. AIUSA sah sich außerstande, genügend Spenden einzuwerben, und operierte hart an der Grenze des Bankrotts.[182] Schließlich gestaltete sich das Verhältnis zum Internationalen Sekretariat äußerst konfliktreich.[183] Die amerikanische Führung fühlte sich in ihrer Autonomie beeinträchtigt und war mit einigen der in London getroffenen politischen Entscheidungen höchst unzufrieden. Im Jahr 1970 distanzierte sie sich öffentlich von einem *Amnesty International*-Bericht über die Folterung arabischer Häftlinge in Israel, der unter amerikanischen Juden Proteste ausgelöst hatte.[184] Das Internationale Exekutivkomitee wiederum zeigte sich verärgert darüber, daß es den Amerikanern nicht gelang, in ihrem Land eine stärkere Bewegung zu schmieden.[185] AIUSA habe »praktisch keinerlei Arbeit für Häftlinge« vorzuweisen, zudem stehe fest, »daß in Amerika sehr viel Geld im Namen

---

177 Außer den im Folgenden Genannten zählen dazu der Immobilienmakler Charles B. Benenson, der Investitionsberater Nelson Bengston, der Herausgeber von *The New Republic*, Michael Straight, sowie möglicherweise der PR-Berater Norman A. Schorr.
178 Vgl. IISG, AI IS, Film 464, Morris an Ennals, 17.9.1970.
179 Vgl. NYPL, ILHR, Box 29, Benenson an Baldwin, 1.2.1961; ebd., Baldwin an Benenson, 6.2.1961; ebd., Benenson an Baldwin, 11.2.1961; ebd., Baldwin an Benenson, 30.4.1965; ebd., Straight an Baldwin, 13.5.1965. Vgl. auch ebd., Benenson an Zimmermann 15.10.1965; ebd., Benenson an Zimmermann, 18.11.1965.
180 Vgl. Ross, Amnesty; The Meddlers.
181 Vgl. etwa CU, AIUSA, Minutes Meeting Board of Directors, 20.5.1971.
182 Vgl. CU, AIUSA, RG I.1, Box 1, Minutes Meeting Board of Directors, 4.10.1968; ebd., Minutes Meeting Board of Directors, 22.9.1970; ebd., Minutes Meeting Board of Directors, 1.7.1971; ebd., Minutes Meeting Board of Directors, 18.3.1973.
183 Vgl. dazu auch Snyder, Exporting.
184 Vgl. CU, AIUSA, RG I.1, Box 1, Minutes Meeting Board of Directors, 4.5.1970. Vgl. dazu auch The Meddlers; Frances Grant Papers, Box 36, MacBride an M. Benenson, 20.4.1970.
185 IISG, AI IS, 412, Minutes meeting IEC, 30.11.–1.12.1968.

von Amnesty gesammelt und völlig zwecklos verprasst worden ist«.[186] Lediglich in einem Punkt waren sich beide Seiten um 1970 einig, nämlich darin, daß *Amnesty* in den USA vor einem Scherbenhaufen stand. »Es betrübt mich«, bekannte Ivan Morris in einem Brief an Martin Ennals, »daß die amerikanische Operation bis jetzt ein so vollständiger Fehlschlag gewesen ist«.[187]

Um so überraschender war für alle Beteiligten, wie schnell es in den nächsten Jahren bergauf ging. Nach ihrer eigenen Beobachtung begann die Sektion 1973, ebenso plötzlich wie rasant zu wachsen. Von etwa 3500 im Jahr 1972 schnellte die Mitgliederzahl auf 90.000 am Ende des Jahrzehnts empor. Erst am Anfang des folgenden Jahrzehnts scheint sich das Tempo für einige Jahre verlangsamt zu haben.[188] Die Geschicke leitete in diesen Jahren ein neuer Vorstand. Bis auf Mark Benenson, Morris und den in Österreich geborenen und später aus dem Land geflohenen Entertainer Theodore Bikel war die ursprüngliche Besetzung bis 1973 ausgeschieden. An ihrer Stelle trat eine Reihe von Personen in den Vorstand ein, die AIUSA bis in die achtziger Jahre hinein prägen sollten. Dazu gehörten etwa Andrew Blane, ein Professor für russische Geschichte, Whitney Ellsworth, der Herausgeber des *New York Review of Books*, der Lehrer David Hinkley, Barbara Sproul, eine Professorin für Religionswissenschaft, die Autorin Rose Styron, die deutschstämmige Psychotherapeutin Hanna Grunwald oder die aus Italien emigrierte Ginetta Sagan.

Die vordringlichste Aufgabe des neuen Vorstands bestand darin, die finanziell marode Organisation zu sanieren. Als entscheidender Schritt sollte sich erweisen, daß die Sektionsleitung ein von einem externen Unternehmen betreutes Programm der »Direktanschreiben« auf den Weg brachte.[189] Es brachte der Sektion bereits seit der Mitte des Jahrzehnts achtzig Prozent oder mehr ihres gesamten Budgets ein, das sich nunmehr auf rund eine halben Million Dollar belief; im Jahr 1977 stammte dieses Geld von insgesamt etwa 55.000 Spendern.[190] Innerhalb dieses wachsenden Rahmens entwickelte sich AIUSA in den siebziger Jahren Schlag auf Schlag zu einer hoch professionalisierten und funktional ausdifferenzierten Organisation. Der Vorstand stellte zunächst das bis dato ungeklärte und zuweilen antagonistische Verhältnis zwischen den Aktivisten der

---

186 Frances Grant Papers, Box 36, Anthony Marreco an IEC, 23.4.1970.
187 IISG, AI IS, Film 464, Morris an Ennals, 17.9.1970; Minutes meeting IEC, 12.9.1969.
188 Vgl. CU, AIUSA, RG I.1, Box 1, Minutes Meeting Board of Directors, 26.9.1973; ebd., RG II.1, Box 1, AI USA, vermutlich 1976; ebd., RG I.4, Box 1, Long-Range Plan, Final Draft, 5.6.1979; ebd., RG III, Box 1, Maurer, Organizing Priorities, 3.3.1980.
189 Vgl. CU, AIUSA, RG I.1, Box 1, Meeting of Board of Directors, 12. und 16.1.1974; ebd., A. Whitney Ellsworth, Direct Mail Fund Raising, 2.7.1974; ebd., RG I.2, Box 1, Anacapa Fund, Report to AIUSA on direct mail, o. Dat. [wohl Anfang 1975].
190 Vgl. CU, AIUSA, RG I.1, Box 1, Meeting of the Board of Directors, 11.12.1976; ebd., RG I.4, Box 7, Three-Year Growth and Development Plan, Februar 1977; ebd., RG II.2, Box 7, Hawk an Jack Davis, 29.8.1977.

Westküste (wo *Amnesty* schon früh Fuß gefaßt hatte) und der New Yorker Sektionsleitung auf eine geregelte Grundlage.[191] Vor allem seit der zweiten Hälfte der siebziger Jahre flossen viele Energien, und viel Geld, in den Versuch, das Mitgliederwachstum der Sektion aktiv zu fördern.[192] Dafür ließ sie unter anderem sogenannte »Umherreisende Organisatoren« in amerikanische Städte ausschwärmen, wo lokale Aktivisten im Zusammenspiel mit dem New Yorker Büro bereits vorsorglich Presse-, Radio- und Fernsehinterviews arrangiert hatten.[193] Die Programme der Mitgliederwerbung waren sowohl regional ausgerichtet, um Städte oder Bundesstaaten zu ›erschließen‹, in denen *Amnesty* noch wenig vertreten war, als auch paßgenau auf verschiedene soziale Gruppen abgestimmt, etwa auf Studenten, Kirchen oder Gewerkschaften.[194] Denkt man über die wachsende Attraktivität nach, die *Amnesty* in diesen Jahren entfaltete, so wird man das Element der systematischen Planung stark in Anschlag bringen müssen: AIUSA verfügte über den Willen und die Mittel, ein weithin sichtbares Angebot auf dem Markt des zivilen Aktivismus zu machen.

Organisationsstrukturell mutierte die Sektion zwischen Anfang der siebziger Jahre und dem Beginn der folgenden Dekade zu einem extrem durchgeformten Gebilde. Zwei neue Einrichtungen waren besonders wichtig dafür, die politische Schlagkraft der Sektion zu vergrößern. Um 1976 begann der Vorstand, die Eröffnung eines Büros in der Hauptstadt vorzubereiten, dessen Mitarbeiter sich dann bemühten, die Einflußkanäle, die sich in der Hauptstadt boten, möglichst lückenlos zu nutzen.[195] Das gelang schnell. *Amnesty* »schickt sich an, bei der Unzahl von Mitarbeitern der Kongreßabgeordneten und sogar bei einer großen Zahl ihrer Chefs rasch zu einem bekannten Namen zu werden«, berichtete die *Washington Post* Ende 1976. »Auf dem Capitol Hill hat Amnesty Zugang zu den Büros von vierzig bis fünfzig Kongreßabgeordneten gewonnen und vor allem mit dem Unterausschuß für internationale Organisationen im Repräsentantenhaus enge Verbindungen geknüpft.«[196] Bei der

---

191 Vgl. CU, AIUSA, RG I.1, Box 1, Danto, Regional Policy and Procedure, o. Dat. [Ende 1973/Anfang 1974]; ebd., RG I.2, Box 1, Meeting Executive Committee, 30.1.1974; ebd., RG I.2, Box 1, Report on Some Questions of Regional Policy, o. Dat. [wohl Ende 1974]; ebd., RG I.1, Box 1, Meeting of the Board of Directors, 8. und 15.5.1975.
192 Vgl. CU, AIUSA, RG I.4, Box 1, Maurer, Working Paper on Growth and Development, 31.12.1976; ebd., RG II, Box 1, David Hinkley, Formation of New Groups, 16.2.1980; ebd., RG I.1, Box 2, Board of Directors Meeting, 15./16.3.1980; ebd., RG I.4, Box 7, Update to AIUSA Long-Range Plan, 31.10.1980.
193 CU, AIUSA, RG I.4, Box 7, Hawk, Report to the Membership and Board of Directors, 1976–77.
194 Vgl. etwa Long-Range Plan, Final Draft 5.6.1979; Update to AIUSA Long-Range Plan, 31.10.1980; CU, AIUSA, RG I.1, Box 5, Cox, AIUSA Outreach: Priorities and Plans, 25.3.1983.
195 Vgl. CU, AIUSA, RG II.2, Box 11, Grant, Quarterly Report Washington Office, 1.12.1977.
196 Ottaway, Lobby.

zweiten Einrichtung handelte es sich um die Stelle eines »Pressebeauftragten«, die der Vorstand gleichfalls 1976 schuf.[197] Larry Cox, der den neuen Posten bekleidete, begann, *Amnesty*-Informationen, die aus London kamen, regelmäßig an einige Hundert Medienadressen zu verschicken, allen Radio- und Fernsehstationen im Land Werbespots anzubieten und sich, offenbar mit Erfolg, um persönliche Kontakte zu wichtigen Pressevertretern zu bemühen. Wenig später konnte der Exekutivdirektor David Hawk zufrieden bilanzieren, »wir haben es weit damit gebracht [...], Amnesty International als eine der wichtigsten Organisationen kenntlich zu machen, die über Menschenrechte arbeitet.«[198]

Noch stärker veränderten sich diejenigen inneren Strukturen, die dazu gedacht waren, die Arbeit der lokalen Aktivisten zu koordinieren. Neben den Adoptionsgruppen, die noch aus den idyllischen, übersichtlichen Anfängen herrührten, schuf die amerikanische Sektion etwa Koordinationsgruppen, die sich mit bestimmten Ländern oder Weltregionen befaßten; »Sonderaktionsgruppen«, die sich vor allem an Kampagnenaktivitäten beteiligen sollten; Berufskomitees, zunächst aus Ärzten, Anwälten, Geistlichen und Journalisten, denen berufsspezifische Aufgaben zugeteilt wurden; mehrere Netzwerke, wie das »Eilaktions-Netzwerk« oder ein Universitätsnetzwerk; sowie schließlich »Mitgliederkoordinatoren«, die die Verbindungen zwischen ihnen allen halten sollten.[199]

Im Ergebnis bewegte sich AIUSA damit weit von seinen Anfängen als loser Hilfsverbund weg und glich nun mehr und mehr einem diversifizierten Menschenrechtsunternehmen. Das mochte die Sektion unübersichtlich machen, doch der Arbeit war es nicht unbedingt abträglich. Im Gegenteil, viele der neuen Strukturen erfüllten den Zweck, für den sie geschaffen worden waren, nämlich die Kräfte der Organisation zu bündeln. Als sich beispielsweise um 1980 die Klagen mehrten, daß »die meisten Gruppenmitglieder auf eine von zwei Arten ausgebildet sind: schlecht oder gar nicht«, da lag dies nicht daran, daß es vorher anders gewesen wäre.[200] Jetzt fiel es lediglich auf, weil es mehr »Koordinatoren« und andere Mitarbeiter gab, die den Gruppen auf die Finger schauten. Und erst jetzt hatte die Sektion die organisatorischen Möglichkeiten, darauf zu reagieren. So entwickelte sie verschiedene Trainingsprogramme, mit denen die

---

197 Vgl. dazu und zum Folgenden: CU, AIUSA, RG I.1, Box 1, Annual Meeting [1973] – Director's Report; ebd., RG II.1, Box 3, Executive Director Report March-June 1977, 6.6.1977.
198 Hawk, Report to the Membership and Board of Directors, 1976–77.
199 Vgl. CU, AIUSA, RG I.1, Box 3, Sproul, Co-Group Report, Part III, September 1981; AI USA, vermutlich 1976; Update to AIUSA Long-Range Plan, 31.10.1980.
200 CU, AIUSA, RG II.2, Box 26, Jack Rendler, RMC Report, July-December 1981. Vgl. früher schon ebd., RG I.4, Box 1, Maurer, Working Paper on Growth and Development, 31.12.1976.

Mitglieder zuverlässiger in *Amnestys* Techniken und politischen Prinzipien ausgebildet werden sollten.[201]

Gegen Ende der siebziger Jahre hatte die US-Sektion jedenfalls ein immenses Leistungspotential akkumuliert. Im nationalen Vergleich lag AIUSA mittlerweile ganz vorne. Um 1977 führte die Sektion Kampagnen gegen dreizehn Staaten durch, erstellte Hintergrundbroschüren oder Berichte zu neunzehn Ländern und arbeitete an 328 Häftlingsfällen in insgesamt fünfzig Staaten.[202] In der amerikanischen Politik war *Amnesty International* inzwischen eine weithin bekannte Hausmarke. Presseberichte priesen dabei gerade diejenigen Züge von *Amnestys* Ethos, die die Organisation besonders bedacht war, nach außen zu transportieren: die Glaubwürdigkeit ihrer Informationen, ihren unparteilichen Ansatz und ihren schlichten, moralisch integren Kampf, der sich jenseits tagespolitischer Gegensätze vollziehe.[203] Der Nobelpreis katapultierte *Amnesty* dann auch in den USA in eine neue Aufmerksamkeitsdimension.[204] Der »Pressebeauftragte« Larry Cox erinnerte sich später noch zu gut an »Amnestys Frühgeschichte in der Zeit vor dem Nobelpreis, als jedes Gespräch mit einem Neuankömmling damit begann, den Namen zu buchstabieren und zu erklären, warum wir immer noch existieren, obwohl doch der Krieg vorbei ist«.[205] Das sollte sich mit der Ehrung dramatisch ändern.[206] Aber so wonnig Cox in diesen Jahren Bilanz ziehen konnte, ein Haar in der Suppe fand er doch. Denn die immer mehr Amerikaner, die *Amnesty* kannten, nahmen die Organisation seinem Eindruck nach als eine Art Dokumentationszentrum wahr. Die andere Seite fiel dabei weg: »Die Auffassung, daß die Organisation eine Bewegung von Menschenrechtsaktivisten aus allen Gesellschaftsschichten ist«, so Cox bedauernd, »ist keineswegs genauso verbreitet«.[207]

201 Vgl. CU, AIUSA, RG IV.1, Ramon Hodel Files, Box 1, Membership Participation Committee, Unterlagen von Februar 1978 bis August 1980; ebd., RG I.1, Box 2, Memorandum, Organizing Training Session, 15.8.1980; Update to AIUSA Long-Range Plan, 31.10.1980; ebd., Box 5, First training of trainers, Oktober 1982.
202 Vgl. CU, AIUSA, RG II.1, Box 3, Hawk, Report to the Membership and Board of Directors 1977–78; Ramon Hodel, Quarterly Report, 5.12.1978.
203 Vgl. Nossiter, Amnesty; The World's Political Prisoners; Ottaway, Lobby; Wasserman, Amnesty.
204 Vgl. CU, AIUSA, RG I.1, Box 1, Press Officer, Quarterly Report, [Ende 1977].
205 CU, AIUSA, RG I.1, Box 2, Cox, Quarterly Report, 3.3.1980.
206 Vgl. CU, AIUSA, RG I.1, Box 2, Cox, Press and Information, Quarterly Report, März 1979; Cox, Quarterly Report, 3.3.1980.
207 CU, AIUSA, RG I.1, Box 2, Press Officer, 1981 Promotion Year, 4.8.1980.

Motivationen

War *Amnesty USA* eine »Bewegung von Menschenrechtsaktivisten aus allen Gesellschaftsschichten«? Auch daran hing ja ein Teil des politischen Geltungsanspruchs, den die Organisation erhob. Sie wollte auch insofern den Charakter einer politisch lagergebundenen Interessengruppe überwinden, als sie in möglichst vielen Ländern Menschen aus möglichst vielen sozialen Gruppen zusammenbrachte. Im Detail läßt sich das Sozialprofil der amerikanischen Sektion dabei nicht rekonstruieren, und vor allem läßt es sich nicht quantifizieren, da aussagekräftige Mitgliederstatistiken fehlen. Gleichwohl finden sich zahlreiche verstreute Hinweise, die es erlauben, relativ scharfe Umrisse zu zeichnen.

Sie lassen zunächst deutlich hervortreten, daß AIUSA eine Organisation der weißen, gut ausgebildeten Mittelschicht war. Deren Angehörige waren, wie es ein internes Planungspapier unübertrefflich formulierte, »ausreichend besorgt und wohlhabend genug«, um sich um die Menschenrechte anderer zu kümmern.[208] Die Sektion hatte einen starken akademischen Hintergrund; nicht zuletzt blühte *Amnesty* in Universitätsstädten, wo sich viele arbeitskräftige, sowohl aus Dozierenden als auch aus Studierenden zusammengesetzte Gruppen bildeten.[209] Überdies war die Mitgliederschaft stark religiös geprägt. Viele Aktivisten praktizierten ihre Religion und engagierten sich darüber hinaus in ihren Kirchengemeinden. Ganze Kirchengruppen schlossen sich der Organisation an, und es traten auch viele Geistliche bei. Konfessionell waren Protestanten, Katholiken und Juden sichtbar vertreten, zudem engagierten sich sehr viele Quäker.[210] Über die Altersverteilung lassen sich jenseits der Tatsache, daß sie von Schülern bis hin zu Menschen im Pensionsalter reichte, nur schwierig Aussagen treffen; sicherlich war AIUSA eher jung, vielleicht hatte es ein Übergewicht unter den Zwanzig- bis Vierzigjährigen. Frauen spielten in der Sektion numerisch eine große Rolle, aber auch politisch. Sie gestalteten das Leben der Sektion als Gruppenleiterinnen, Koordinatorinnen und Vorstandsmitglieder maßgeblich mit.[211]

Mit vielen dieser Merkmale dürfte die amerikanische Sektion repräsentativ für die soziale Zusammensetzung von *Amnesty International* gewesen sein.[212]

---

208 CU, AIUSA, RG I.4, Box 11, Planning and Management Assistance Project, Report on the Organizational Structure of AIUSA, 20.4.1981.
209 Vgl. dazu die Berichte der lokalen Gruppen in CU, AIUSA, RG IV.2.2, Box 1 bis 32.
210 Vgl. CU, AIUSA, RG IV.1, Ramon Hodel Files, Box 1, Reports from Maggie Beirne on visits to groups [Ende 1977].
211 Zur Situation in Großbritannien vgl. Buchanan, »Truth«.
212 Auch die westdeutsche Sektion rekrutierte sich aus der bürgerlichen Mittelschicht, hatte ein hohes akademisches Ausbildungsniveau, einen starken religiösen Hintergrund und einen hohen Anteil weiblicher Mitglieder und war eher jung. Vgl. Claudius/Stepan, Amnesty, S. 224; Stern, Gefangen.

Daran, daß *Amnesty* in den Vereinigten Staaten eine »weiße« Organisation darstellte, änderte sich bis in die neunziger Jahre hinein nichts, obwohl die New Yorker Führung fortdauernde Anstrengungen unternahm, um sich zu Afroamerikanern sowie zu Amerikanern lateinamerikanischer und asiatischer Herkunft zu öffnen.[213] Dabei befand sich das internationale Menschenrechtsengagement in diesen Jahren auch unter afroamerikanischen Aktivisten im Aufschwung, wenngleich es sich vor allem auf Probleme des afrikanischen Kontinents richtete.[214] *Amnesty* jedoch galt ihnen als »weiße«, aus anderen politischen Zusammenhängen gespeiste Organisation.

Mit alledem fand sich das amerikanische *Amnesty* in ein breites, in sich durchlässiges Milieu eingebettet. Zahlreiche Aktivisten setzten sich nebenher für weitere Zwecke ein oder hatten sich bereits vor ihrer *Amnesty*-Mitgliedschaft sozial oder politisch betätigt.[215] Sie partizipierten in Organisationen, die sich gegen Armut, Hunger oder Obdachlosigkeit im Land engagierten, gegen Rassismus kämpften oder gegen das Elend in der »Dritten Welt«. Manche gehörten international ausgerichteten Kirchengruppen oder feministischen Gruppen an, oder sie hatten im amerikanischen *Peace Corps* mitgearbeitet. Die Adoptionsgruppen versuchten überdies bewußt, den Kontakt zu anderen karitativen und sozialreformerischen Vereinigungen in ihrer Umgebung herzustellen.[216] Unter den Organisationen wiederum, die nach Mitgliedern suchten, entwickelte sich eine emsige Konkurrenz.[217] Ein Mann schilderte, wie er sich durch »aufgestautes Material« hindurchgekämpft hatte, »das mir 38 Organisationen geschickt hatten«. Er hatte sich entschlossen, *Amnesty* als einziger Organisation zu antworten, weil »Eure Literatur fesselnder ist (und häufiger) als die der anderen«.[218] Das dürfte manches über *Amnestys* Erfolgsbedingungen an der Basis aussagen.

213 Vgl. CU, AIUSA, RG I.1, Box 2, Maurer, Quarterly Report, 6.3.1979; ebd., Box 4, Paul K. Williamson, [RMC Report], 1.12.1981; ebd., Box 4, Suggestions for Priorities Discussion on September Board Meeting, September 1981; ebd., Watanabe, Plan for Minority Outreach, 14.7.1982; ebd., Box 5, Healey, Executive Director Report, 24.1.1983; ebd., Box 8, Board of Directors Meeting, 18.–20.9.1987; ebd., Box 9, Planning and Priorities: Draft Plan FY 1989, 14.3.1988; ebd., Section Response: 1990/91 Two Year Plan – AIUSA, [August 1988?]; ebd., Box 12, Healey an Board, 3.11.1989.
214 Vgl. Nesbitt, Race.
215 Vgl. dazu unter anderem die Gruppenberichte in: CU, AIUSA, RG IV.2.2, Box 1 bis 32; ebd., RG II.2, Box 25, [Bewerbungsbögen für die Stelle des Regional Membership Coordinator], Januar 1982. Vgl. auch ebd., RG IV.1, Robert Maurer Files, Box 2, Scott Wright an Maurer, 21.10.1976; ebd., Box 14, Alfred H. Jones an Elston, 1.7.1981.
216 Vgl. CU, AIUSA, RG IV.2.2, Box 7, Gruppe 48, Portland, Orgeon, Annual Group Report 1984.
217 Vgl. CU, AIUSA, RG IV.2.2, Box 5, Henry Tewksbury an Maurer, 29.5.1977.
218 CU, AIUSA, RG IV.1, Robert Maurer Files, Box 14, Simon R. Armstrong an Ellsworth, 5.3.1978.

Selbst wenn man das in Rechnung stellt, zeichnen sich in den biographischen Selbstauskünften der Mitglieder, auf die man stößt, bestimmte Erfahrungen ab, die einen offenbar wichtigen Hintergrund für den Entschluß darstellten, *Amnesty International* beizutreten. Eine Schlüsselrolle spielten das Engagement für die Emanzipation der Afroamerikaner und die Proteste gegen den Vietnamkrieg. Wie viele andere hatte sich David Hawk, von 1974 bis 1978 Exekutivdirektor der amerikanischen Sektion, an beiden Bewegungen beteiligt.[219] Er hatte in den Südstaaten bei der Wählerregistrierung und in verschiedenen Integrationsprojekten mitgearbeitet. Im Rahmen der *National Student Association* sowie als Koordinator des *Moratorium to End the War in Vietnam* Ende 1969 spielte er eine maßgebliche Rolle dabei, den Protest gegen den Vietnamkrieg zu organisieren. Kurz nachdem er seinen Posten bei *Amnesty* angetreten hatte, beschrieb er seine neue Tätigkeit als eine Art internationale Ausweitung seines politischen Einsatzes in den USA. Damit reagierte er offenbar nicht zuletzt auf die weltweiten Fernwirkungen der amerikanischen Außenpolitik.[220]

Viele Mitglieder blicken auch auf eigene Leidenserfahrungen zurück. In den Adoptionsgruppen betätigten sich Flüchtlinge und Exilanten aus Äthiopien, Chile, Uruguay, Irak, der Türkei und anderen Ländern. Manche wollten daher in erster Linie gegen die Unterdrückung in ihren Herkunftsländern einschreiten, andere gegen Menschenrechtsverletzungen überall.[221] Zudem schlossen sich der amerikanischen Sektion offenbar nicht wenige Personen an, die in den dreißiger und vierziger Jahren aus Europa geflohen waren.[222] Eine Reihe gerade der führenden Sektionsmitarbeiter hatte unter nationalsozialistischer Herrschaft am eigenen Leibe Diskriminierung oder Gewalt erlebt. Gerhard Elston, zwischen 1978 und 1981 Exekutivdirektor, stammte aus einer deutsch-jüdischen Familie und war während der nationalsozialistischen Herrschaft zeitweise von befreundeten Familien versteckt worden. Ihm gelang 1938 die Flucht nach England. Später arbeitete er in der Flüchtlingshilfe verschiedener lutherischer Kirchenorganisationen. Elston begründete seinen Einsatz für *Amnesty* aus seinen Erfahrungen »als vormaliger Flüchtling; als vormaliger staatenloser Ausländer aus einer ehemaligen Feindnation; als Flüchtlingshelfer«.[223] Das langjährige Vorstandsmitglied Hanna Grunwald, eine in Frankfurt promovierte

---

219 Vgl. CU, AIUSA, RG II.1, Box 1, Hawk an Andrew Young, 2.3.1977; Matchbox, Summer 1978.
220 CU, AIUSA, RG II.1, Box 1, David Hawk, Memo, o. Dat. [1974]. Ähnlich Jack Healey, Exekutivdirektor von 1981 bis Anfang der neunziger Jahre: Vgl. ebd., RG II.2, Box 11, Resume for John Healey; Matchbox, Februar 1982.
221 Vgl. etwa: Phil Haslanger, Madison women know all too well meaning of prisoner of conscience, Artikel findet sich in: CU, AIUSA, RG IV.2.2, Box 20.
222 Vgl. etwa zu dem Gruppenleiter Rainer Fried: Omaha World-Herald, 26.8.1981.
223 CU, AIUSA, RG II.2, Box 3, Elston an H. Grunwald, 18.4.1979; Artikel über Gerhard Elston, in: Matchbox, Autumn 1978, hier das Zitat.

Psychologin, war 1933 in den Untergrund gegangen und später über Frankreich und Marokko in die USA geflohen. Sie scheint den *Amnesty*-Aktivismus als eine direkte Lehre aus der Erfahrung des Nationalsozialismus verstanden zu haben. »Wenn es in den Dreißigern ein Amnesty International oder eine ähnliche weltweite Menschenrechtsorganisation gegeben hätte«, so soll sie geäußert haben, »wäre die mitteleuropäische Geschichte des 20. Jahrhunderts ganz anders verlaufen«.[224] Ginetta Sagan schließlich, die schon seit Ende der sechziger Jahre maßgeblich dabei mitgewirkt hatte, *Amnesty* an der Westküste aufzubauen, war die Tochter einer polnischen Jüdin, die vermutlich in Auschwitz ermordet wurde, und eines italienischen Katholiken. Sie hatte Haft und Folter durch die Gestapo überlebt.[225]

Eine weitere vermutlich große Gruppe von *Amnesty*-Aktivisten brachte das Interesse für bestimmte Länder oder Weltregionen mit in die Organisation.[226] Sehr viele waren ausgiebig gereist oder hatten längere Zeit im Ausland gelebt – daß sich die lebensweltlichen Bezüge vieler Amerikaner in den siebziger Jahren so stark über die nationalen Grenzen hinaus erweiterten, vor allem dadurch, daß Flugreisen sehr viel erschwinglicher und sehr viel gängiger wurden, stellte daher einen wichtigen Untergrund des Menschenrechtsaktivismus dar.[227] Im Ausland wurden sie auf Probleme aufmerksam, gegen die sie anschließend etwas unternehmen wollten.[228] Ebenso schlossen sich Akademiker an, die über eine wissenschaftliche Länderexpertise verfügten, oder kirchliche Mitarbeiter, die berufliche Auslandskontakte vorzuweisen hatten. Eine Gruppe in Ithaca, New York, bestand offenbar fast ausschließlich aus Personen mit derartigem Hintergrund. In ihr arbeiteten ein »Sowjetunionexperte«, der sich mit dem Mißbrauch psychiatrischer Kliniken in der UdSSR befaßt, ein Experte für slawische Sprachen, der in Jugoslawien gelebt, ein Lehrer, der in Kenia unterrichtet und zwei Mitglieder, die lange in Lateinamerika gearbeitet hatten, ferner eine Aktivistin mit Verwandtschaft im Baltikum.[229]

Viele führte sicherlich ein diffuses Unbehagen über die Weltsituation, ein politisch und zeitdiagnostisch weitgehend unausgereiftes Bewußtsein dazu,

---

224 Vgl. Matchbox, Februar 1980; How Hanna Grunwald Triumphed Amid Tragedy; CU, AIUSA, RG II.2, Box 7, Hawk an Ellsworth und Styron, 10.11.1976, hier das Zitat; Smith, Here is a Conscience that Battles Injustice.
225 Vgl. Hillyard, »The Meddlers«; CU, AIUSA, RG I.1, Box 1607, CV Sagan; ebd., Ginetta Sagan, Outline of Autobiography; Lewis, Woman's Choices; Willens, Fight; Karen, Fighting; Zane, Dawn.
226 Das stützt sich auf die Gruppenberichte in CU, AIUSA, RG IV.2.2, Box 1 bis 32.
227 Die Zahl privater Flugreisen nahm in den siebziger Jahren dramatisch zu. Vgl. Connelly, Shock, S. 345 f.
228 Vgl. etwa die Angaben zu den Mitgliedern der Gruppe 188, Asheville, North Carolina, in: CU, AIUSA, RG IV.2.2, Box 20.
229 Vgl. CU, AIUSA, RG IV.2.2, Box 10, Annual Group Report, Juni 1984.

einer *Amnesty*-Gruppe beizutreten.[230] Häufig erwähnten Aktivisten jedoch ein konkretes Ereignis, das das Maß dessen, was sie tatenlos hinzunehmen bereit waren, überstiegen hatte.[231] Diese Erzählungen verweisen darauf, wie stark das Menschenrechtsengagement in emotionalen Reaktionen gründete, in Gefühlen: der Empörung über Unrecht, dem Entsetzen über Gewalt, dem Mitleid – und nicht zuletzt der Ohnmacht. Die menschenrechtlichen Damaskuserlebnisse fielen ganz unterschiedlich aus. Ein Aktivist schloß sich der Organisation nach dem Attentat an, das der chilenische Geheimdienst 1976 in Washington auf Orlando Letelier verübt hatte, einen vormaligen Minister in der Regierung Allendes. Bei dem Attentat war auch eine Amerikanerin umgekommen, Ronni Moffitt, mit deren Familie der Aktivist nachbarschaftlich bekannt gewesen war. »Wenn es so nahekommt«, bemerkte er, »mußt du entweder etwas tun oder zu Stein werden«.[232] Andere Initiationsereignisse waren medial vermittelt oder sogar erzeugt. Eine Frau gab an, *Amnesty* beigetreten zu sein, nachdem sie »Missing« gesehen hatte, einen prominent besetzten Kinofilm des Regisseurs Costa-Gavras, der auf der wahren Geschichte des in Chile »verschwundenen« Amerikaners Charles Horman beruhte.[233]

Das Menschenrechtsengagement selbst speiste sich aus einem Geflecht von teils eher moralischen, teils eher politischen Motivationen. In vielen Selbstaussagen artikulierte sich ein globalisiertes Betroffenheitsgefühl. »Es macht mich wirklich besorgt zu denken, daß Menschen in diesem Moment, in dem wir hier sitzen, gefoltert werden, weil sie ihre Regierung kritisieren«, bekundete ein Mitglied.[234] Implizit gingen die Aktivisten daher von einer Art Ethik der Interdependenz aus, der zufolge Unrecht, das irgend jemandem auf der Welt widerfuhr, auch alle anderen Menschen anging. Ein *Amnesty*-Mitarbeiter betonte in einem Vortrag: »Was einem hier passiert, hängt mit dem zusammen, was in Bolivien passiert«, und fand deshalb, daß »alle betroffen sein sollten«.[235] Nahezu jeder Zeitungsartikel, der Adoptionsgruppen oder Mitglieder porträtierte, warf die Frage auf, warum sich ›ganz normale‹ Leute für Gequälte und Verfolgte in fernen Ländern einsetzten. Ein Autor wandte diese Frage gleich auf sich selbst an: »Warum sollte der Herausgeber einer kleinen Lokalzeitung Platz, der normalerweise für lokale Themen gedacht ist, dazu verwenden, um sich über die Verhältnisse in einer mittelamerikanischen Nation zu äußern, weit weg

---

230 Vgl. etwa CU, AIUSA, RG IV.1, Robert Maurer Files, Box 14, Don K. Smith an Cox, 9.8.1977; Patton, Human Rights Group Fights Injustice.
231 Vgl. etwa auch Jeri Labers Darstellung ihrer menschenrechtlichen Erweckung: Laber, Courage, S. 7f., 69–71.
232 CU, AIUSA, RG IV.2.2, Box 29, Mark Lafer an Maurer, 7.8.1977.
233 Tessa Melvin, Four Amnesty Groups Active County, Zeitungsartikel, o. Dat. [1983?], Exemplar in CU, AIUSA, RG IV.2.2, Box 25.
234 Wasserman, Amnesty.
235 Brown, Outrage.

von unserer Gemeinde? Weil dieser Herausgeber glaubt, daß unsere Gesundheit als Nation, und als Individuen, aufs engste mit der Gesundheit der politischen Weltgemeinschaft in Verbindung steht.«[236]

Neben »Betroffenheit« (*concern*) spielte in den Beschreibungen von *Amnestys* Arbeit der Begriff der »Verantwortung« eine zentrale Rolle.[237] Eine Gruppenleiterin führte aus: »Es ist reines Glück, daß wir in den USA geboren wurden und tun und sagen können, was wir wollen. Es ist unsere Verantwortung, denen zu helfen, die nicht so begünstigt sind wie wir«.[238] Eng damit verbunden war die Vorstellung, zu »stillen Komplizen« zu werden, wenn man untätig bleibe.[239] Manche verstanden ihr Engagement konsequenterweise vor allem als eine Form, Zeugnis abzulegen[240], während andere darin eher einen präventiven Akt sahen, gedacht, den Anfängen eines entorteten Unrechts zu wehren, das sich überall ereignen konnte: »Sofern Du schweigst, wenn andere – irgendwo auf der Welt – für ihre Überzeugungen gefoltert werden, könnte es eines Tages Dir passieren.«[241] Viele Aktivisten schließlich sagten aus, ihr Einsatz entspringe einem schlichten Mitleid, einer nicht weiter zu begründenden Bereitschaft, sich von dem Leid anderer rühren zu lassen. »Es bricht dir das Herz. Du kannst einfach nicht nichts tun«, äußerte eine Aktivistin.[242] *Amnestys* Mitgliederwerbung appellierte gezielt an solche ›einfachen‹, vermeintlich selbstverständlichen Gefühle. *Amnesty*-Aktivisten, hieß es in einem Werbebrief, seien »Menschen wie Du – Menschen, die sich kümmern, die ihren Kopf nicht in den Sand stecken, sondern helfen wollen«.[243]

Der Wille, aus einem globalen moralischen Verantwortungsgefühl heraus zu helfen, verband sich noch mit anderen Gedanken, etwa mit der Idee des Weltfriedens oder mit einer christlichen Botschaft.[244] Ein Aktivist aktualisierte die Passionsgeschichte auf den Linien von *Amnestys* »Mandat«: »Schließlich wurde Der, der uns lenkt, für seinen Glauben verhaftet, grausam gefoltert und hingerichtet«.[245] Überdies artikulierte sich in vielen Aussagen ein Holocaust- und Genozid-Bewußtsein. Viele Aktivisten führten sowohl den

---

236 The Suffering at Our Doorstep.
237 Vgl. unter anderem: Haynes, Fight.
238 Blackbourne, Amnesty.
239 Craig Burke, Commentary: Speak out against repression, 10.3.1977, Exemplar in CU, AIUSA, RG IV.2.2, Box 28.
240 Vgl. Hingston, Human Rights.
241 Zeitungsartikel Stan Moreillon, Joan Fights Political Torture, 1.6.1973, Exemplar in: CU, AIUSA, RG IV.2.2, Box 4.
242 By her investment, Amnesty is richer. Vgl. auch CU, AIUSA, RG IV.1, Robert Maurer Files, Box 2, Dora A. Byse-Lee an AIUSA, 15.11.1977.
243 CU, AIUSA, RG I.1, Box 2, Sample Direct Mail letters, 1978/79/80.
244 Vgl. Smith, Group.
245 James David Barber, AI Aids Victims of Injustice, in: The Communicant, o. Dat., Exemplar in: CU, AIUSA, RG IV.2.2, Box 4.

nationalsozialistischen Mord an den europäischen Juden als auch andere Massenmorde des 20. Jahrhunderts an, um die Notwendigkeit ihrer Hilfstätigkeit zu begründen. »Oregon's Menschenrechtsgemeinde ist tief besorgt, daß die Welt in eine Barbarei stürzt, die mit derjenigen Nazi-Deutschlands zu wetteifern beginnt«, so erklärte ein Gruppenmitglied in einer Lokalzeitung. Er rief gleich mehrere historische Parallelen auf, um auf die Gefahren der Untätigkeit hinzuweisen, die Morde an den Armeniern, den europäischen Juden und an den Kambodschanern.[246] Auch die Sektionsmitarbeiter begründeten *Amnestys* Einsatz gegen aktuelles Unrecht – in Indonesien, der Sowjetunion, Iran, Uganda oder Chile – mit einer »neuen Entschlossenheit des ›Nie Wieder‹«.[247] Tatsächlich war es oft ein dezidiert enthistorisierendes Bewußtsein, daß das Engagement von Aktivisten anleitete. So erzählte eine Gruppenleiterin: »Ich hatte mich mit dem Holocaust in Nazi-Deutschland beschäftigt, mit Menschen, die verhaftet wurden, ohne ein Verbrechen begangen zu haben – wegen ihres religiösen Glaubens und so weiter –, und fand über einen Freund heraus, daß das heute immer noch passiert, in der ganzen Welt. Das betrifft nicht nur die Vergangenheit und Nazi-Deutschland«.[248]

Was über diese im engeren Sinne moralischen Sentiments hinaus viele Mitglieder anzog, war die Vorstellung, *Amnesty Internationals* Menschenrechtsengagement sei eine ideologisch ungebundene und sogar unpolitische Form des Aktivismus. Das Kernelement seines organisatorischen Selbstverständnisses, das *Amnesty* öffentlich so stark akzentuierte, war an der Graswurzelbasis mithin ganz offenkundig ein wesentlicher Erfolgsfaktor. »Mir gefiel es, weil es unpolitisch war. Es ging ausschließlich um Menschenrechte«, gab eine Psychotherapeutin zu Protokoll, die sich der Bewegung angeschlossen hatte.[249] Andere Aktivisten hoben hervor, daß es *Amnestys* Menschenrechtsaktivismus erlaube, gegen lager- und systemübergreifende Notlagen vorzugehen. »Das Problem der politischen Gefangenen und der Folter überschreitet politische Grenzen. Es geht hier nicht um Ideologie, sondern um menschliche Würde«, räsonierte ein Gruppenmitglied.[250] Große politische Attraktivität entfaltete auch die eng damit verbundene Wahrnehmung, *Amnesty USA* stelle eine überparteiliche Sammlungsbewegung dar, an der sich Menschen jeder politischen Couleur und jeder sozialen Herkunft beteiligten.[251] Eine Aktivistin verkündete: »Du kannst jede politische Überzeugung, jede Religion, jeden beruflichen und wirtschaftlichen Hintergrund haben und trotzdem in dieser einen Sache der Menschenrechte

---

246 Hingston, Human Rights.
247 Vgl. auch Hawk, Prisoners.
248 Annette Brewer, Area Group Seeks to Free Prisoners of Conscience, in: Daily Democrat, o. Dat. [wohl Anfang der achtziger Jahre], Exemplar in: CU, AIUSA, RG IV.2.2, Box 7.
249 AI Goal to Free Prisoners.
250 You Can Help Free Political Prisoners.
251 Vgl. Day, Prisoners' fate.

zusammenkommen.«[252] Der organisationssoziologischen Realität entsprach dies allerdings, wie noch näher zu schildern ist, nicht.

Diejenigen, die in den lokalen Gruppen mitwirkten, empfanden das Menschenrechtsengagement ferner auch deshalb als politisch reizvoll und befriedigend, weil es für sie einen Weg darstellte, Politik zu verwesentlichen, sie auf wenige, wichtige Dinge zurückzuführen. »Verwende Deine Energien darauf, Regierungen anzuschubsen, hier bedeutet Politik mehr als Wahlen, hier geht es um Menschenleben«, schrieb ein Gruppenmitglied 1978, kurz vor einer Gouverneurswahl, in einem Lokalblatt.[253] Die Sektion sprach auch diese Bedürfnisse in ihrer Mitgliederwerbung direkt an.[254] Als wesentlich erschien der Aktivismus nicht zuletzt deshalb, weil er die Möglichkeit eröffne, Politik zu individualisieren und zu konkretisieren. Gruppenmitglieder begriffen sich als »Einzelne, die sich für Einzelne einsetzen«, »die sich auf drei ganz bestimmte, leidende Menschen konzentrieren«, und ihr Engagement erschien ihnen »so persönlich [...], so konkret«.[255] Menschenrechtsaktivismus war insofern auch eine Form der politischen Komplexitätsreduktion, und in der Sehnsucht danach lag vielleicht eine der tiefsten Wurzeln für *Amnestys* Aufschwung. Denn ob die Unterstützer nun aus schlichten Beweggründen das moralisch »Richtige« tun, ideologische Lagergrenzen auflösen oder Wege finden wollten, einigen wenigen Bedürftigen zu helfen, stets ging es darum, den politischen Prozeß zu vereinfachen, erfahrbar, beeinflußbar zu machen.

Welchen Veränderungsanspruch die amerikanischen *Amnesty*-Mitglieder mit ihrem menschenrechtspolitischen Engagement verbanden, blieb dabei unentschieden; gegenläufige Tendenzen existierten nebeneinander. Für viele stellte der Glaube, ihre Briefe hätten einen greifbaren Effekt, einen wichtigen Grund dar, warum sie Zeit investierten.[256] Nicht wenige Gruppen empfanden ihre Tätigkeit für *Amnesty International* daher als ermächtigend. In ihren Augen bot sie die Möglichkeit, als Akteure auf der politische Weltbühne in Erscheinung zu treten, und das überraschte und beflügelte sie: »Bevor ich mich Amnesty International anschloß, hatte ich niemals das Gefühl, daß ich, als Einzelner, soviel bewirken könnte«.[257] Einige Mitglieder glaubten in der Organisation also tatsächlich die Mittel zu finden, um ihr Gefühl der Ohnmacht gegenüber weltweiter Ungerechtigkeit zu lindern. Doch selbst wenn sich in solchen

---

252 Haynes, Fight; Bardash, Fight.
253 Selkowe, C-U help.
254 Vgl. CU, AIUSA, RG III.3, Box 20, Ginetta Sagan, Letter for Test Membership Package, Januar 1985.
255 Krasean, AI; Barber, AI; CU, AIUSA, RG II.1, Box 3, Richard DeRoy an Ginetta Sagan, o. Dat.
256 Vgl. Kittredge, Prisoners.
257 Vgl. Zeitungsartikel Tessa Melvin, Four Amnesty Groups Active County. Vgl. auch Cohen, Not helpless.

Einschätzungen eine zuversichtliche Note geltend machte, zeugten sie sicher nicht von einem dick aufgetragenen Weltverbesserungspathos. Und zudem gab es eben auch viele *Amnesty*-Angehörige, die die Ziele ihres Menschenrechtsaktivismus sehr zurückgenommen formulierten. »Einem Gefangenen eine Karte zu schicken [...], wird die Welt nicht sehr stark verändern«, bekundete etwa ein Gruppenorganisator. »Aber es lohnt sich, etwas Zeit und Porto zu investieren, um zwei anderen Menschen dabei zu helfen, Gerechtigkeit zu bekommen oder wenigstens Mut zu schöpfen«.[258] Naives Gutmenschentum schien in solchen Äußerungen ebenso selten auf wie eine realitätsfremde Selbstüberschätzung. Eher schon ein Idealismus der kleinen Schritte, der darauf abhob, Briefkampagnen und ähnliche Aktionen seien »ein Anfang«.[259]

Das bedeutete allerdings auch, daß ein mögliches Scheitern der menschenrechtlichen Anstrengungen oft von vornherein einkalkuliert war. Die Gewähr, etwas zu erreichen, gab es nicht. Daher zogen sich manche Aktivisten auf eine gewissermaßen gesinnungsethische Position zurück, der zufolge die Intentionen mindestens genau so bedeutsam waren wie die Ergebnisse: »Wenn wir verlieren, können wir wenigstens sagen, daß diese Person nicht vergessen worden ist.«[260] Derartige Formulierungen deuten schließlich darauf hin, daß die Menschenrechtsarbeit auch einen ausgeprägten Selbstbezug hatte. Zwar zielte die Hilfstätigkeit vorderhand darauf, die Lebensumstände der fernen »Anderen« zu verbessern. Doch besaß sie eben einen moralischen Mehrwert, der auch diejenigen bereicherte und veränderte, die halfen. Wo sie erfolgreich war, bot sie den Aktivisten die Chance der Selbstverwirklichung im Altruismus: »Der Lohn besteht darin, daß ich, als Einzelner in Stamford, Connecticut, hinausgreifen und die Gegenwart und Zukunft von jemandem beeinflussen kann, der weit weg ist und niemanden hat, der ihm hilft«.[261] Und selbst wenn er scheiterte, erlaubte es der Einsatz den Mitgliedern immer noch, sich selbst moralisch rein zu halten: »Ich weiß nicht, ob meine Arbeit diejenigen verändern wird, die für Repressionen verantwortlich sind, aber ich will nicht, daß es ihnen gelingt, uns zu verändern«.[262] Und damit schloß sich dann der Kreis: Hatten sich viele dem Menschenrechtsaktivismus verschrieben, um eine neue Moralität in die Politik zu injizieren, so erhielten sie mindestens diese Moralität am Ende zurück.

Viele der moralpolitischen Handlungsantriebe, die amerikanische Mitglieder in den siebziger und achtziger Jahren artikulierten, scheinen im übrigen

---

258 Baldwin, Fight.
259 Vgl. Hill, Idealism; Ervin, Americans.
260 Brown, Citizens' Outrage.
261 Zobel, »Conscience«.
262 Vgl. Zeitungsartikel Wynn Curtiss, El Salvador Concerns Amnesty Organization, 30.6.1983, Exemplar in: CU, AIUSA, RG IV.2.2, Box 22.

auch in europäischen Ländern dafür ausschlaggebend gewesen zu sein, daß sich Aktivisten *Amnestys* Sache verschrieben. Auch in der niederländischen und der westdeutschen Sektion finden sich reiche Indizien dafür, daß Mitglieder entweder selbst oder im engsten Freundeskreis Verfolgungen erlebt hatten, bevor sie zu der Organisation stießen.[263] Sie ließen sich gleichfalls von einer schlichten Ethik der wechselseitigen Betroffenheit leiten.[264] Der Rückbezug auf die nationalsozialistische Vergangenheit war gerade in der Bundesrepublik besonders stark ausgeprägt.[265] Darüber hinaus war es auch in den beiden westeuropäischen Ländern der vermeintlich unpolitische Charakter von *Amnesty International*, der viele Menschen anzog; in der niederländischen Sektion allerdings äußerte immerhin ein nennenswerter Teil die Ansicht, auch humanitäres Engagement stelle *de facto* politisches Handeln dar.[266] Für eine parteiübergreifende Bewegung hielten indes auch die Niederländer ihre Organisation.[267] Schließlich verstanden auch die westeuropäischen Aktivisten ihren Einsatz für Menschenrechte als eine pragmatische Weltverbesserung im Kleinen. Carola Stern sprach von einer »gehörigen Portion Idealismus, der sich aber hier nicht bei allgemeinem Menschheitsbeglückungsgerede aufhalten kann«, sondern »durch praktische Arbeit bewiesen werden muß«.[268]

Arbeitsstile, Lebensstile

Hatte der Wunsch nach solchen moralpolitischen Wirkmöglichkeiten Aktivisten einmal zu *Amnesty* stoßen lassen, richteten die allermeisten ihre Energien darauf, in einer der zahlreichen Ortsgruppen mitzuwirken. Die konkrete Arbeit, die sie dort leisteten, war eine vielfältige Praxis. Sie hatte politische, soziale und kulturelle Dimensionen, die die *Amnesty*-Erfahrung in den siebziger und achtziger Jahren ausmachten.

Die Größe der Gruppen war sehr variabel, sie konnten aus fünf Mitgliedern bestehen, aber auch aus fünfzig. Meist verfügten sie über einen eher kleinen Kern von besonders aktiven Personen, die die Gruppe beieinanderhielten. Das Briefeschreiben stand im Zentrum. Es war die politische Hauptaufgabe der Gruppen, von deren Erfüllung das Interventionspotential der Sektion zu einem großen Teil abhing. Verschickte eine Gruppe monatlich zwischen dreißig und vierzig Briefe, so erachtete die Sektionsleitung das als solide Leistung,

---

263 Vgl. Claudius/Stepan, Amnesty.
264 [Artikel:] Jacques Willemse, in: Wordt Vervolgd, September 1972, S. 16–18.
265 Vgl. Amnesty International, »Verschwundene« … bis wir sie finden!
266 Vgl. IISG, AI NL, Box »Alg. Ledenvergadering 1970–1977«, hier Briefe zu einer Umfrage unter Mitgliedern 1974.
267 Vgl. ebd., Brief Nr. 6.
268 Stern, Gefangen.

Spitzenwerte reichten bis über zweihundert.²⁶⁹ Wenn sie alle verfügbaren Kanäle ausschöpften, stellten die Gruppen weit ausgreifende Drehscheiben der politischen Einmischung dar. Denn dann richteten sie, für einen einzelnen Häftling, Schreiben an ranghohe Politiker in dem betreffenden Land und an das Gefängnispersonal, an ausländische Menschenrechtsgruppen und internationale Organisationen. Ferner kontaktierten sie Beamte des amerikanischen *State Department*, Kongreßabgeordnete, Berufsorganisationen oder kirchliche Institutionen, und sie versuchten, amerikanische oder ausländische Prominente ins Boot zu holen. Solche Briefkaskaden stellten gewissermaßen die materielle Grundlage des vielzitierten, ermächtigenden Gefühls dar, aus der privaten Schreibstube heraus in die politischen Weltläufe einzugreifen. Die »Adoption« bildete jedoch vor allem auch den identifikatorischen Kern der Gruppentätigkeit.²⁷⁰ Von einer »emotionalen Beziehung« war oft die Rede.²⁷¹ Frauen verglichen sie immer wieder mit der Erfahrung der Mutterschaft. Die Häftlinge seien »wie Kinder; Du hast sie die ganze Zeit«, äußerte eine Koordinatorin.²⁷² In dem Adoptionssystem verdichteten sich die moralischen Antriebe, die so viele Aktivisten dazu veranlaßt hatten, sich der Organisation anzuschließen. Und auch der amerikanischen Sektionsleitung war bewußt, daß darin ein großer Teil von *Amnestys* Bindekraft lag.²⁷³

Vom Internationalen Sekretariat und vom New Yorker Büro erhielten die Aktivisten sehr genaue Anleitungen. Die »Fallblätter«, die den Gruppen die notwendigen Informationen über ihre Häftlinge lieferten, schlugen vor, an wen sie schreiben und welche Erkenntnisse sie verwenden sollten: »Du solltest Dich auf die Liberalisierungsbemühungen beziehen, die in Haiti seit 1971 stattgefunden haben, die größere Sicherheit auf den Straßen etc. [...] Erkundige Dich nach den genauen Vorwürfen gegen die Bauern [...] und weise darauf hin, daß das Recht auf juristischen Beistand ein grundlegendes Menschenrecht ist«.²⁷⁴ Je gefährlicher die Situation für den Häftling, desto strenger mußten die Vorgaben ausfallen. Die Hintergrundpapiere zu den »Eilaktionen« hielten im Detail fest, ob

---

269 Vgl. CU, AIUSA, RG I.1, Box 5, Herrick/Wald, State of the Groups Report, 17.5.1985; ebd., Box 8, A Report of Local Group Activity for the Year 1986; ebd., Box 9, Report of Local Group Activity for 1987; ebd., Box 10, Healey, Update on activities, 21.4.1989; ebd., Box 12, Report of Local Group Activity for 1989, 25.4.1990; sowie ferner die Gruppenberichte in ebd., RG IV.2.2, Box 1 bis 32.
270 Vgl. CU, AIUSA, RG IV.2.2, Box 1, Nancy Mottet Elbert, Semi-Annual Report, November 1980.
271 CU, AIUSA, RG II.2, Box 26, Marc Levinson, [RMC Report], 26.5.1981.
272 Vgl. Kovanis, Vigil. Vgl. auch Krasean, AI.
273 Vgl. CU, AIUSA, RG I.1, Box 3, AI Group Work at the Local Level [1981].
274 CU, AIUSA, RG IV.2.2, Box 29, Case Sheet, Group investigation of 7 peasants from Arcahaie (Haiti), 22.4.1975.

die Mitglieder *Amnesty Internationals* Namen erwähnen, ob sie Folter direkt ansprechen und worum sie bitten sollten.[275]

Der »Aktivismus« der Gruppen bestand somit zu großen Teilen aus trockener Schreibarbeit. Ihre Treffen boten gerade nicht den Raum für politische Fundamentaldebatten und weltanschauliche Endlosdiskussionen. Eher glichen sie nüchternen, geschäftsmäßigen Arbeitssitzungen.[276] »Man muß ausgesprochen viel lesen, bevor man anfangen kann, Briefe zu schreiben«, erklärte eine Gruppenleiterin, »und manchmal hat man dann jemanden wie den Typ, der jedes Treffen in eine Diskussion über Robben und Wale verwandeln wollte. Das geht einfach nicht.«[277] Und tatsächlich erscheint es staunenswert, was für eine beharrliche Arbeit manche Gruppen zu leisten imstande waren. Eine Gruppe in Pittsburgh vermeldete im Jahr 1987, daß zwei ihrer »adoptierten« Häftlinge freigelassen worden seien – nachdem sie sieben Jahre lang insgesamt mehr als eintausend Briefe geschrieben hatte.[278] Wo hier allerdings Platz für spontanes Handeln und kreative Entfaltung bleiben sollte, die viele mit dem Gedanken einer »Bewegung« womöglich verbanden, wird nicht recht ersichtlich. Es sei denn, man kam auf die Idee, einem Brief an den philippinischen Präsidenten Marcos eine Botschaft hinzuzufügen, die an den »Verwaltungsassistenten, der für das Öffnen der präsidialen Post zuständig ist«, gerichtet war und die Chancen steigern sollte, daß der Brief durchkam. »Die Notiz hielt einfach nur fest, daß der Präsident sicher eine riesige Menge an Post erhält, aber bat darum, diesen Brief zu beachten, weil er von einer Person komme, die sich um die amerikanisch-philippinischen Beziehungen sorgt.« Die Gruppeninspektorin, die von dieser Episode nach New York berichtete, fand den Einfall »genial!«[279] Doch wenn eine so winzige Variation schon Jubel auslöste, fragt man sich, wie sich die eher langweiligen Teile der Arbeit angefühlt haben müssen.

Es mag auch damit zusammengehangen haben, daß es nicht allen leicht fiel, ihre Arbeitsmoral über längere Zeit aufrechtzuerhalten. Besonders frustrierend und demotivierend wirkten Adoptionsfälle, bei denen Gruppen über lange Zeit hinweg keinerlei Reaktion erhielten.[280] Daß lokale Gruppen ihre Arbeit einstellten, war daher auch keineswegs selten. Zwischen 1976 und 1982 lösten sich vermutlich etwa vierzig Gruppen auf, in den folgenden sechs Jahren womöglich

---

275 Vgl. CU, AIUSA, RG IV.1, Ramon Hodel Files, Box 1, hier zahlreiche CAT *Urgent Action calls*, u. a. zu Chile, Januar 1975-August 1978.
276 Vgl. Barber, AI.
277 Vgl. Quiet Help for »Prisoners of Conscience«.
278 Vgl. die Unterlagen in: CU, AIUSA, RG IV.2.2, Box 6, Gruppe 39, Pittsburgh, PA.
279 CU, AIUSA, RG IV.1, Ramon Hodel Files, Box 1, Reports from Maggie Beirne (IS) on visits to groups, USA 25.11.1977.
280 Vgl. CU, AIUSA, RG IV.2.2, Box 7, Gruppe 53, Fayetville, AR, Annual Group Report 1986.

über fünfzig.[281] Um 1980 war in der Sektionsleitung viel von einem »Burnout-Syndrom« die Rede, das sich unter den Aktivisten bemerkbar mache.[282]

Im Laufe der siebziger Jahre begann sich die Arbeit an der Basis merklich zu wandeln. Die Gruppen mußten über die stetig vor sich hinfließende Adoptionsarbeit hinaus immer mehr andere Initiativen ergreifen. Das lag daran, daß die Aktionsformen von *Amnesty International* gerade in diesen Jahren in die Breite wuchsen und einiges davon nach unten durchsickerte. Darüber hinaus aber wollte die amerikanische Sektionsführung die Gruppenarbeit ganz bewußt auffächern: um das Mitgliederwachstum zu kanalisieren und mehr Geld einzuwerben.[283] Seit 1979/80 diskutierte sie daher den vom Internationalen Sekretariat entworfenen Plan, ein neues Gruppenmodell einzuführen, die sogenannte »Gruppe der Achtziger«. Er lief darauf hinaus, die Ortsgruppen in alle Arten von Aktivitäten einzuspannen, die AIUSA durchführte, und sie damit gleichsam zu Miniatur-Sektionen umzubauen.[284] Künftig sollten sie sich obligatorisch an den Länder- und Themenkampagnen sowie den verschiedenen Aktionsnetzwerken beteiligen, in ihren Gemeinden Öffentlichkeitsarbeit und Werbung betreiben, Spenden sammeln und »Bildungsarbeit« leisten.[285] Unter den amerikanischen Mitgliedern stießen die Innovationspläne keineswegs auf ungetrübte Begeisterung. Viele Gruppen wollten sich nicht verbindlich vorschreiben lassen, an welchen Unternehmungen sie sich wie beteiligen sollten. Zudem beharrte die Mitgliederbasis darauf, daß das Adoptionssystem den »Eckstein von Amnestys Techniken« darstelle.[286] Im Ergebnis setzte sich die Tendenz, die Gruppen in multifunktionale Kampagnezellen zu verwandeln, durch, wenn auch in einer flexibilisierten Form, die ihnen Wahlmöglichkeiten ließ. Doch auch die Unzufriedenheit darüber bestand fort.[287]

Dabei waren es gerade die nach außen gerichteten Formen des Engagements, in denen sich dokumentierte, daß viele Mitglieder ihren Einsatz für *Amnesty International* in einen politischen Lebensstil verwandelten. In den

---

281 Vgl. dazu die Angaben im Findbuch der Columbia University Library. Vgl. aber CU, AIUSA, RG IV.2.2, Box 29, Maurer an Klassen, 28.1.1980.
282 Vgl. etwa CU, AIUSA, RG II.2, Box 26, Eileen Maloy, RMC Report, 5.6.1980.
283 Vgl. CU, AIUSA, RG I.1, Box 2, Report Fundraising Committee, Juni 1979; ebd., RG I.4, Box 1, Long-Range Plan, Final Draft, 5.6.1979; Update to AIUSA Long-Range Plan, 31.10.1980.
284 Vgl. CU, AIUSA, RG II.2, Box 27, Techniques Evaluation Committee, The Local Group (The Group of the 80s), 9.12.1980.
285 CU, AIUSA, RG I.4, Box 1, »Group of the 80s«: resolution to 1981 ICM [1981], hier Resolution of Techniques Evaluation Committee for ICM 1981.
286 »Group of the 80s«: resolution to 1981 ICM [1981]. Vgl. CU, AIUSA, RG II.2, Box 24, Kate and Bill Poe, Scott Harrison, Group-of-the-Eighties: A Critical Appraisal, 4.9.1981.
287 Vgl. CU, AIUSA, RG III, Box 1, Disposition of Resolutions, AGM Seattle, 20.6.1982; ebd., RG I.1, Box 5, Sirkin, Report of Membership Unit, o. Dat. [Januar/Februar 1984]; Cox, Thoughts on How to Have a Bad Discussion on Membership Development, 17.1.1985.

Spendensammelaktionen auf der Straße oder bei der »Bewußtseinsbildung« in der Nachbarschaft wurde Menschenrechtspolitik in hohem Maße gelebt, kulturell angereichert und mit vielfältigen Alltagspraktiken verwoben. Das galt auch für Demonstrationen und Protestkundgebungen, doch stellten sie, was *Amnesty* von anderen Bewegungen dieser Jahrzehnte unterschied, eben gar keine vorrangige Ausdrucksform dar. Die Aktivisten trugen Menschenrechte in die verschiedensten Lebensbereiche hinein. Sie organisierten Picknicks zum Menschenrechtstag und veranstalteten Tanzabende, auf denen »Eilaktions«-Appelle unterzeichnet wurden. Sie errichteten Informationsstände in Universitäten und bei Straßenfesten. Sie verteilten Flugblätter vor Kinos, sammelten Unterschriften vor Kirchen ebenso wie bei Popkonzerten. Eine Gruppe verkaufte Opernkarten mit Aufpreis weiter, für »Fidelio«, »der ganz und gar von einem Gewissenshäftling handelt«.[288]

Was dabei vor allem entstand, war eine durchdringende, vielgestaltige, in manchen Zügen bedrückend wirkende Kultur des Leidens. *Amnesty*-Mitglieder umgaben sich mit Leid: Sie lasen davon, sie erzählten darüber, sie erinnerten daran, sie stellten es künstlerisch dar, sie fühlten oder lebten es sogar nach, sie luden den öffentlichen Raum damit auf, kleideten aber auch buchstäblich die eigenen Zimmerwände damit aus. Das Vorstandsmitglied Rose Styron schilderte etwa, wie sie Folterlektüre in sich aufgesogen hatte, »John Corry über Folter in griechischen Inselgefängnissen, Sartre über französische Folterlehrgänge in Algerien und Don Luce über Tigerkäfige in Vietnam«.[289] Um öffentlich des Unrechts zu gedenken, inszenierten Gruppen Lichterketten und Schweigemärsche, oder sie verlasen rituell die Namen »Verschwundener«, womit sie diesen eine symbolische Präsenz verschafften. Künstlerische Ausdrucksformen hatten eine wichtige Bedeutung. Aktivisten organisierten Lesungen von »Häftlingspoesie« und schrieben selbst Gedichte. Den deutschen Bericht über das »Verschwindenlassen« eröffnete ein Gedicht von Hans-Magnus Enzensberger, das 1964 entstanden war und auf den nationalsozialistischen Judenmord anspielte: »Nicht die Erde hat sie verschluckt. War es die Luft? / Wie der Sand sind sie zahlreich, doch nicht zu Sand / sind sie geworden, sondern zu nichte.«[290] Die Adoptionsgruppen versuchten auch, lokale Künstler zu gewinnen, die dann Bilder malten oder Poster gestalteten. Bei Kinoabenden wurden Filme gezeigt, die sich mit aktuellen oder jüngst vergangenen Staatsverbrechen auseinandersetzten: *The Last Grave at Dimbaza* über die Apartheid in Südafrika, *Your Neighbor's Son* über Folter in Griechenland, *Compañero* über den in Chile grausam ermordeten Sänger Víctor Jara. Der bereits erwähnte Film *Missing* von Costa-Gavras wurde gezeigt, um die Verbrechen der chilenischen Militärjunta

---

288 CU, AIUSA, RG II.2, Box 4, Fundraising: Adoption Groups Tell Their Stories, Mai 1980.
289 Interview with Rose Styron, in: Amnesty Action, August 1974.
290 Enzensberger, Verschwundenen, S. 7.

zu illustrieren, obwohl er eigentlich von etwas anderem handelte, nämlich von der Komplizenschaft der US-Regierung und ihren Vertuschungsversuchen.

Nicht nur in den USA veranstalteten lokale Gruppen Kleinkunstaufführungen, bei denen sie pantomimisch Folterpraktiken nachstellten.[291] Diese Theatralisierungen zielten auf ein intensives, stilles, geradezu physisches Nachempfinden des Leids anderer. Das war überhaupt ein prägendes Kennzeichen des Menschenrechtsengagements. Eine lokale Aktivistin sagte über einen »adoptierten« Häftling: »Jeden Tag fühle ich seinen Schmerz.«[292] Scott Harrison, der das amerikanische »Eilaktions«-Programm leitete, hatte an der Wand seines häuslichen Arbeitszimmers das Porträtfoto einer jungen Brasilianerin angebracht, die von Sicherheitskräften ermordet worden war. Über die kulturgeschichtlich konventionelle Verbindung von weiblicher Schönheit und Tod hinaus, für die das Bild auch stand, diente es der Einfühlung und der inneren Mahnung: »Sie ist meine Inspiration.«[293]

Manche Mitgliederzeitschriften – die der niederländischen Sektion deutlich mehr als die der amerikanischen – öffneten Fenster zu einer Welt von Leid: Sie berichteten aus allen Teilen der Erde, aber ausschließlich unter der Perspektive von Tod und Qualen. Sie schilderten Massenmorde hier, Folterpraktiken dort, Erschießungen, Massaker, Staatsstreiche, Massenverhaftungen, grausame Haftbedingungen. Damit erzeugten sie eine ganz eigene Art der Realitätserfassung, eine Wahrnehmung der Wirklichkeit im Modus der Pein.[294] Viele Mitglieder erlebten die Konfrontation mit so vielen furchtbaren, beklemmenden Ereignissen, wie sie die Tätigkeit für *Amnesty* mit sich brachte, daher auch als belastend. Eine Lokalzeitung berichtete über eine Soziologieprofessorin, sie finde »die Arbeit ihrer neu gegründeten Gruppe bereichernd, aber manchmal auch deprimierend. ›Die meisten ertragen es nicht, zu lange über Häftlingsmißhandlung und Folter nachzudenken. Es ist zu schwer auszuhalten.‹ Sie malt und zeichnet, um sich zu erholen.«[295] Doch im Sinne der globalen, identifikatorischen Betroffenheitsethik gehörten Gefühle der Bedrückung und der Beschwernis, gehörte das Tragen der Bürde gewissermaßen dazu. Die moralpolitische Gretchenfrage, die sich viele Aktivisten bewußt stellten, war, ob sie einen Anspruch darauf hatten, daß es ihnen besser gehe als den Menschen in Not, für die sich einsetzten.[296] Und viele arbeiteten in dem akuten Bewußtsein, daß das weltweite Leiden nie enden würde, was ihnen nur um so stärker vor Augen führte, wie ungenügend ihr Hilfsbemühen letztlich bleiben mußte: »Wenn du wirklich mal

---

291 CU, AIUSA, RG IV.2.2, Box 29, Gruppe 102, Erie, PA, Report for Matchbox, 21.2.1977; Wordt Vervolgd, März 1979.
292 Vgl. Wasserman, Amnesty.
293 Gibson, Nederland Pair.
294 Vgl. etwa die Ausgaben von Wordt Vervolg 1974–1979.
295 Rose, Amnesty's Goal.
296 Vgl. Kovanis, Vigil.

einen vorzeitig aus dem Gefängnis geholt hast, dachtest du sofort: irgendwo anders werden gleichzeitig zehn neue eingesperrt«, erinnerte sich eine deutsche Englischlehrerin und Familienmutter, die über fünfhundert Briefe für einen afroamerikanischen Häftling geschrieben hatte. »Und jedesmal, wenn ich für die Familie gekocht oder gewaschen habe, habe ich gedacht, jetzt müßtest du eigentlich was für den tun, und jedesmal, wenn ich wieder irgendwelche Briefe geschrieben habe […], dann habe ich gedacht, jetzt müßtest Du eigentlich etwas für die Familie tun. Ich hatte immer ein schlechtes Gewissen.«[297]

Ganz ohne Freude und Heiterkeit ging es nicht ab. Einige Aktivisten verwiesen darauf, daß ein bißchen Spaß sein müsse, um die Gruppendynamik zu erhalten: »Es ist gut, eine lustige Aktion zu haben«.[298] Dem dienten vor allem Spendensammelaktionen, zum Beispiel wohltätige Wettläufe unter dem Motto »Lauf für Menschenrechte«. Besonderer Beliebtheit erfreuten sich Veranstaltungen, bei denen Passanten gegen einen geringen Betrag darüber abstimmen durften, wer die grausamsten politischen Herrscher seien. Bei einer Wahl zum »Abscheulichsten Despoten Aller Zeiten« in Bloomington, Indiana, 1981 belegten Hitler, Stalin und Pol Pot die ersten drei Plätze, dann folgte Iwan der Schreckliche, der womöglich von seinem Namen zehrte. Auf dem fünften Platz landete bemerkenswerterweise Henrik Verwoerd, der Idi Amin auf den sechsten Rang verweisen konnte.[299] Solche Aktionen glichen aber hellen Tupfern in einem überwiegend düsteren Bild. Ebenso oft fanden sich Zeugnisse eines schwierig zu erschließenden, makabren Humors. Die Mitgliederzeitschriften verwendeten Cartoons, die Grausamkeiten denunzieren sollten, sie aber gleichzeitig derart plastisch und erfindungsreich darstellten, daß die Botschaft uneindeutig ausfiel: Ein Mann saß auf einen Stuhl gefesselt, seine überdimensionale Zunge hing aus seinem Mund und war mit einem großen Nagel auf dem vor ihm stehenden Tisch festgenagelt. Die Zeichnung war gedacht, die Unterdrückung der freien Meinungsäußerung anzuklagen, aber was auf dem Bild deutete darauf hin?[300] Die Einfälle konnten derart gesucht abscheulich erscheinen, daß sie sich verselbständigten und die menschenrechtliche Rahmung aus dem Blick geriet.

Die vereinnahmende Präsenz von Leid, intellektuell, visuell und emotional, ganz öffentlich, aber auch ganz innerlich, war zweifellos das vornehmliche Merkmal der menschenrechtlichen *lifestyle politics*. Sie hatten aber noch einen weiteren auffälligen Zug. Das Engagement schuf nämlich auch breiten Raum für die landeskundliche Repräsentation fremder Kulturen. *Amnesty*-Mitglieder, die ihre Arbeit ernst nahmen, eigneten sich Wissen über die Länder an, mit denen sie sich beschäftigten. In öffentlichen Veranstaltungen verschmolzen die

---

297 Vgl. Pokatzky, Siege.
298 CU, AIUSA, RG I.1, Box 2, Janet Johnstone, Quarterly Report, August-November 1979.
299 Vgl. CU, AIUSA, RG IV.2.2, Box 7, Gruppe 47, Bloomington, IN, Newsletter, 20.4.1981: Most Despicable Despot of All Times election.
300 Das Beispiel stammt aus: Wordt Vervolg. Vgl. auch Span, Keepers.

lokalen Gruppen menschenrechtspolitische Aufklärung mit interkultureller Begegnung. Eine »Nacht für Argentinien« oder eine »Woche des Lateinamerika-Bewußtseins« waren in ein breites kulturelles Rahmenprogramm eingebettet.[301] Kurzfilme vermittelten Eindrücke des Kontinents, Musikgruppen spielten Volkslieder, es wurden landeseigene Tänze aufgeführt, Poesie verlesen und »typisches« Kunsthandwerk verkauft. Zu essen gab es *empanadas*. Der folkloristische Charakter solcher Festivitäten liegt auf der Hand. Sie riefen vermutlich häufiger ein folgenloses Erstaunen darüber hervor, welche anderen Sitten doch andere Länder hatten, als eine profunde Auseinandersetzung mit politischer oder kultureller Alterität.[302] Doch fragt sich, ob man sie vor allem daran messen sollte. In jedem Fall standen sie auch für etwas anderes. In ihnen drückten sich eine alltagskulturelle Öffnung, ein wie auch immer diffuses Interesse an fremden Lebensrealitäten und eine zelebrierte Solidarität aus, die in der amerikanischen und den westeuropäischen Gesellschaften erst seit den siebziger Jahren begannen, sich stärker zu verbreiten.

Amnesty und die Protestbewegungen der sechziger und siebziger Jahre

Betrachtet man das Bündel aus ethischen Haltungen, politischen Praktiken und Lebensstilen, das sich in der Arbeit von AIUSA dokumentierte, aus einer genetischen Perspektive, so stellt es sich in Teilen als eine Fortentwicklung, überwiegend aber als Neuentwicklung dar. In der Geschichte des zivilen Aktivismus der Nachkriegsepoche nahm das Menschenrechtsengagement der siebziger Jahre damit einen eigentümlichen Ort ein. Zunächst einmal stand es in einer dialektischen Beziehung zu den politischen Bewegungen der sechziger Jahre.[303] Auf der einen Seite wurzelte es in vielen der Veränderungen, die die außerparlamentarische Szenerie damals so tiefgreifend umgestaltet hatten. Daß der Einsatz für Menschenrechte überhaupt eine derart energische Anhängerschaft fand, wäre ohne die Massenaktivierung des gesellschaftlichen Protests, die den sechziger Jahren ihre Signatur verlieh, nicht denkbar gewesen. Auch vorher hatte es soziale Bewegungen gegeben, die für ihre Anliegen öffentlich demonstrierten. Das traf vor allem auf die Antinuklearbewegung zu sowie auf

---

301 Vgl. CU, AIUSA, RG IV.2.2, Box 29, Gruppe 99, Storrs, CT, »Human Rights in Today's World: Latin America. A three-day colloquium featuring films, poetry, songs, panels«, September 1977; ebd., Box 7, Gruppe 43, Notre Dame, IN, Latin America Awareness Week, [November 1977?].
302 Cmiel, Emergence, kritisiert das oberflächliche Verständnis kultureller Andersartigkeit unter amerikanischen Amnesty-Aktivisten.
303 Vgl. zum Folgenden: Chafe, Journey, S. 290–328; Cook, Land; DeBenedetti, Ordeal; Jeffreys-Jones, Peace; Levy, Debate; Wells, War.

die afroamerikanische Bürgerrechtsbewegung, die sich bereits im Lauf der fünfziger Jahre von der »legalistischen« Strategie zu lösen begann, die reine Lobbygruppen wie der NAACP verfochten hatten. Doch waren die Ausdrucksformen dieses Aktivismus noch vergleichsweise kanalisiert und zahlenmäßig übersichtlich. Irreversibel überholt wurden sie erst in den sechziger Jahren. In den USA hatte dabei der immer mehr durch massenhafte, symbolpolitische Protestaktionen vorangetriebene Bürgerrechtskampf eine wichtige katalysierende Funktion. Denn er politisierte über die afroamerikanische *community* hinaus zahlreiche vor allem junge Menschen, die ihren Veränderungswillen später weitertrugen, etwa in die Studenten- oder die Frauenbewegung. Noch bedeutender war vermutlich der Protest gegen den Vietnamkrieg. Nicht nur brachten die Demonstrationen eine Anzahl von Menschen auf die Straße, die alle bekannten Dimensionen sprengte, und vereinte praktisch alle Protestgruppen dieser Jahre hinter einem gemeinsamen Ziel. Darüber hinaus zerbrach in der Empörung über das amerikanische Engagement in Südostasien endgültig die seit dem Ende des Zweiten Weltkriegs weit verbreitete Zustimmung zu einem außenpolitischen Kurs, der seine Prämissen aus der *containment*-Logik des Kalten Kriegs bezog. Der Vietnamkrieg nährte einen vehementen Widerwillen gegen militärische Interventionen im Ausland. Gleichzeitig popularisierten die sozialen Massenbewegungen der sechziger Jahre ein ganzes Arsenal an Aktionsformen, des öffentlich sichtbaren »Graswurzel«-Protests und der konfrontativen *direct action*, die im Engagement von *Amnestys* Mitgliederbasis weiterlebten. Und schließlich reichte das globalisierte Betroffenheitsgefühl ebenfalls in die Anti-Vietnamkriegs-Bewegung zurück. Auch wenn sie den Menschenrechtsbegriff nicht verwendet hatte, schärfte sie die Sensibilität für internationale politische Verflechtungen, weckte das Interesse am politischen Geschehen in weit entfernten Regionen, und überschritt in ihrer Empathie mit den Opfern auch bereits den nationalen Rahmen.[304] Alle diese Entwicklungen lassen die sechziger Jahre als eine transformative Phase erscheinen, die den gesellschaftlichen Aktivismus auf lange Zeit veränderte.

Auf der anderen Seite drückte sich in *Amnestys* Aktivismus aber auch ein tiefer reichender politischer Konstellationswandel aus, der den Zivilprotest der siebziger Jahre eben doch von dem der vorausgegangenen Dekade abhob. An der Entwicklung der amerikanischen Sektion läßt sich das besonders anschaulich ablesen. Sie erlebte ihre Mitgliederexplosion genau in dem Moment, als die populären Massenbewegungen der sechziger Jahre an ihr Ende gelangt oder sogar regelrecht gescheitert waren. Der plötzliche Zulauf zu *Amnesty* begann in den Jahren, als sich die Studentenbewegung, sofern sie noch als solche bestand,

---

304 Zur Abwesenheit menschenrechtlicher Proteste vgl. jetzt Keys, Virtue, S. 54–63, die beide Bewegungen indes strikt voneinander absetzt. Vgl. allgemein DeBenedetti, Ordeal; Farrell, Spirit.

in immer kleinere Strömungen und Grüppchen auflöste. Die Bürgerrechtsbewegung hatte inzwischen die formale Rechtsgleichheit erlangt, mußte aber erkennen, daß sich an den elenden Lebensbedingungen der meisten Afroamerikaner nur wenig geändert hatte. Schließlich ging in den frühen siebziger Jahren auch das amerikanische Engagement in Vietnam seinem unrühmlichen Ende entgegen. Führt man sich noch einmal vor Augen, daß sich viele amerikanische *Amnesty*-Mitglieder zuvor für die Gleichstellung der Afroamerikaner und gegen den Vietnamkrieg engagiert hatten, dann scheint es kaum von der Hand zu weisen, daß die Organisation groß wurde, weil sie einen Teil des gleichsam frei werdenden Protestpotentials in sich aufnahm. Dabei vollzog sich *Amnestys* Aufstieg inmitten eines weiterreichenden Umbruchs im Spektrum sozialer Bewegungen.[305] Die »zweite Welle« des Feminismus, die seit den späten sechziger Jahren in Fahrt gekommen war, wuchs nun zu einer immer stärkeren innenpolitischen Kraft. Das afroamerikanische Emanzipationsstreben entwickelte sich in verschiedene Richtungen weiter, von denen die »Black Power«-Bewegung nur eine war. Andere Aktivisten bemühten sich, die Arbeitswelten zu desegregieren oder verlegten sich auf den Kampf für die ökonomische Besserstellung, die Partizipation in der Lokalpolitik oder die Sorge für afroamerikanische Häftlinge. Zudem begannen neue Gruppen ihren zivilgesellschaftlichen Protest zu organisieren, wie die Umweltbewegung, die Homosexuellenbewegung und ethnisch definierte Gruppen wie *Mexican*, *Asian* oder *native Americans*.

Für viele Aktivisten, die in den siebziger Jahren zu *Amnesty International* kamen, bedeutete der Eintritt in die neue Organisation tatsächlich zuallererst eine Abkehr. Sie versuchten bewußt, sich von vielen der Aspirationen, Mittel und Stile zu lösen, die die sozialen Bewegungen der sechziger Jahre ausgemacht hatten. Das traf nicht nur auf Mitglieder zu, die selbst an diesen Bewegungen teilgenommen hatten, sondern prinzipiell auch auf solche, die abseits gestanden hatten, ob sie nun zu jung oder nicht interessiert gewesen waren. Ihr Einsatz für Menschenrechte war eine Absage an Gesellschaftsutopien und den revolutionären Kampf gegen »das System«, an Theoriediskussionen, die inneren Polarisierungen der politischen Szene, übrigens auch an radikalen Aktionismus und terroristische Gewalt. Eine externe Studie über die freiwilligen Mitarbeiter der amerikanischen *Amnesty*-Sektion gelangte 1981 zu dem Schluß, daß viele ihren Weg hierher gefunden hatten, weil »AIUSA eine Alternative zu, oder sogar einen Rückzug von, stärker konfrontativer politischer Aktivität bietet, wobei es trotzdem die Möglichkeit verschafft, sich in einer sehr direkten Weise zu betätigen.« Daneben machte sie im übrigen einen zweiten, im eigentlichen Sinne unpolitischen Typ von Mitarbeiter aus. In seinen Augen bot *Amnesty* die Gelegenheit,

---

305 Vgl. Burns, Movements; Epstein, Protest; Agnew/Rosenzweig, Companion; Dowd Hall, Civil Rights; Gosse, New Left; Tuck, »Movement«.

»in einer sehr persönlichen und direkten Weise sinnvoll tätig zu werden, ohne sich aktiv in der Politik zu engagieren«.[306]

Bis zu einem gewissen Grad wurde der Gegensatz zwischen einem radikaleren Modell des politischen Aktivismus und dem behutsameren, für den *Amnesty* stand, aber auch innerhalb der Organisation ausgetragen. Die Beitrittswellen der siebziger Jahre spülten auch solche Mitglieder hinein, die *Amnesty* einen kämpferischen Stempel aufprägen wollten. Am frühesten machte sich dies offenbar in der niederländischen Sektion bemerkbar, wo sich eine »›radikale‹ Debatte über den Charakter der AI-Gruppen« entzündete, nachdem Aktivisten hinzugestoßen waren, die ihre Vorliebe dafür deutlich machten, »Unterschriften an Universitäten zu sammeln, für Spenden zu werben, Informationsstände aufzubauen, Publikationen zu verkaufen, Leute über AI zu informieren«.[307] Um die Mitte der siebziger Jahre richteten sich einige niederländische Mitglieder sogar scharfzüngig gegen einen humanitären Ansatz, der nicht geeignet sei, strukturelle Mißstände zu lösen und statt dessen nur an Symptomen laboriere – ein »Luxus«, den sich die Organisation »nicht länger leisten kann«.[308] Ähnliche Stimmen erhoben sich in Westdeutschland.[309] Und auch in der amerikanischen Sektion drängten neue Mitglieder auf aggressivere Formen der Druckausübung und plädierten für »direkte Aktionen wie Boykotte, Kundgebungen, Demonstrationen, Mahnwachen, Flugblätterverteilen, um Aufmerksamkeit für die Themen zu erregen und Antworten zu fordern, so daß Regierungen die Dinge nicht so leicht totschweigen können.«[310] In allen drei Ländern hatten die inneren Auseinandersetzungen der siebziger Jahre ein doppeltes Ergebnis. Zum einen zurrten die Sektionen die traditionellen Parameter von *Amnestys* Menschenrechtsansatz fest. Er blieb gewollt unparteilich, respektvoll und geduldig. Zum anderen aber erhielten sie *de facto* einen aktivierenden Schwung. Daß sich die Gruppenarbeit in den siebziger Jahren so stark von ihren Anfängen entfernte, daß sie mannigfaltiger, öffentlich ausgreifender, performativer wurde – das alles lag also nicht nur an der zentral gesteuerten Wachstumspolitik, sondern auch an der Infusion aktionistisch ausgerichteter Mitglieder.

---

306 Planning and Management Assistance Project, Report. Vgl. zu Westdeutschland Stern, Gefangen.
307 IISG, AI IS, 163, Local AI Groups, IEC Juli 1980.
308 Vgl. IISG, AI NL, Box »Bestuursvegaderingen 1973–1975«, Notulen bestuursvergadering, 19.10.1974, anbei: Memorandum Politiek of humanitair; De diskussie loopt, in: Wordt Vervolgd, Juli/August 1974, S. 6a-6c; IISG, AI NL, Box »Alg. Ledenvergadering 1970–1977«, hier neun Briefe zu einer Umfrage unter Mitgliedern 1974, hier das Zitat; ebd., Box »Bestuursvegaderingen 1976«, Jaarverslag van de Kommissie mensenrechten [»ingekomen Feb. 1976«]; Diskussiebrieven, in: Wordt Vervolgd, November 1974; »Amnesty is irreeel«, in: Wordt Vervolgd, Januar 1977, S. 11.
309 Vgl. Stern, Gefangen.
310 CU, AIUSA, RG IV.2.2, Box 11, Rosenblum an Arthur Michaelson, 2.2.1973. Vgl. ebd., Box 11, Lewis an AI, 13.7.1977. Vgl. auch Quiet Help for »Prisoners of Conscience«.

Im Kern war und blieb der Menschenrechtsaktivismus jedoch eine Politik des Unpolitischen: In ihren Handlungen und Auswirkungen war sie dezidiert politisch, doch von ihrem Selbstverständnis her richtete sie sich auf eine menschliche Fürsorge, die dem politischen und ideologischen Streit vorausgehen sollte. Im Vergleich mit den gesellschaftsverändernden Projekten der sechziger Jahre war der Anspruch dabei gebrochen und stark zurückgenommen. Der Sinn der Arbeit lag weniger darin, das Leiden aus der Welt zu verbannen, sondern vielmehr, es in erfahrbaren Fällen zu lindern. Die Ziele der Menschenrechtsaktivisten waren vergleichsweise minimalistisch und weit entfernt von ideologischen Glücksverheißungen. Ein amerikanischer Aktivist brachte den Anspruch auf eine Formel, mit der sich vermutlich die meisten hätten identifizieren können: »die Welt ein kleines bißchen weniger schlecht zu machen«.[311] Das Menschenrechtsengagement der siebziger Jahre beruhte auf einem post-revolutionären Idealismus, der mindestens implizit die Lehren aus den zerplatzten Weltveränderungsträumen der späten sechziger Jahre zog. Auch ein desillusionierter Unterton war darin zu vernehmen, der auffällig mit den euphorisierenden Ambitionen kontrastierte, welche die früheren Protestbewegungen beflügelt hatten.[312]

Blickt man genauer auf das moralpolitische Motivgeflecht, aus dem sich die menschenrechtliche Arbeit der siebziger Jahre speiste, so lassen sich einige Elemente bereits in früheren sozialen Bewegungen identifizieren. Die Sorge für leidende Personen, der Gedanke, ein Akt des Unrechts betreffe alle Menschen, der Glaube an die »Wahrheit« der Tat, die wichtiger sei als ihr Ergebnis, der Wille, durch Proteste »Zeugnis abzulegen« – solche ethischen Haltungen fanden sich schon in der Antinuklearbewegung der fünfziger Jahre. In unterschiedlichen Formen befruchteten sie auch die Bürgerrechts- und die Antivietnamkriegsbewegung, die Frauen- und die Studentenbewegung.[313] Im Menschenrechtsaktivismus rückten sie nun allerdings ins Zentrum. Er konzentrierte sich auf das individuelle Leiden, das er zudem unabhängig von seinen politischen Bezügen denunzierte und als Imperativ für eine weltweite Hilfstätigkeit begriff. Wenn man das zivile Engagement für Menschenrechte als eine Erneuerungsbewegung begreifen kann, dann genau in diesem Aspekt: Es zielte darauf, die Substanz der Politik, das Politische schlechthin zu moralisieren. Nicht nur forderten die Aktivisten, politische Handlungen an moralischen Maßstäben zu messen, sondern sie wollten grundlegender darauf hinwirken, daß moralische Fragen als legitimer, sogar als notwendiger Gegenstand in die politische Entscheidungsbildung einbezogen würden.

311 CU, AIUSA, RG IV.2.2, Box 2, Werbeanzeige der Gruppe 10, Hanover, NH, 7.9.1985.
312 Vgl. Stern, Gefangen. Zu den Niederlanden vgl. [Artikel:] Jacques Willemse. Vgl. Moyn, Utopia, S. 129–133, 146–148.
313 Vgl. Farrell, Spirit.

Damit stand im Einklang, daß *Amnesty*-Aktivisten nicht an das eine oder andere politische Lager anknüpfen wollten. Auch in dieser Hinsicht versuchten sie, sich von den Grabenkämpfen früherer Jahre zu distanzieren. Sie wollten eine Bewegung schaffen, die sich abseits spannungsgeladener Fraktionierungen hielt oder die politische Zersplitterung sogar überwand. So waren einige amerikanische Aktivisten überzeugt, daß eine neue innenpolitische Zeitrechnung angebrochen sei. Der langjährige Mitgliederkoordinator Robert Maurer hielt die gängige Einteilung in *radicals, liberals* und *conservatives* für inhaltsleere Etiketten »vergangener Politikstile«. Er glaubte folglich, daß sich AIUSA, »mit einer Ideologie, die über frühere politische Trennlinien hinweg ausstrahlt«, auf eine Art entwickeln könne, »daß sich solche ›Spaltungen‹ (und Spannungen) vermeiden lassen.«[314]

Solcher Hoffnungen ungeachtet war *Amnesty International*, soweit die Mitglieder nicht tatsächlich »unpolitisch« waren, *de facto* eine Formation der politischen Linken und der linken Mitte.[315] In den USA bilanzierte David Hawk, kurz nachdem er seinen Posten als Exekutivdirektor angetreten hatte, die Sektion arbeite mit »vorwiegend links-liberalen Adressenlisten und Veröffentlichungen«, um Geld und Mitglieder anzuwerben, und die meisten Sektionsmitarbeiter seien dem Vernehmen nach »linksgerichtet«.[316] Mindestens in signifikanten Teilen der nationalen politischen Öffentlichkeit hatte AIUSA dementsprechend auch das Image, eine dezidert linksliberale Organisation zu sein.[317] Der Sektionsleitung war dies durchaus bewußt. Sie versuchte daher auch immer wieder, Unterstützer in den Reihen der Republikaner oder in konservativen Wirtschafts- und Kirchenkreisen zu finden, allerdings mit wenig Erfolg.[318] Die westdeutsche Sektion hatte in den siebziger Jahren ein ähnliches Profil. Soweit ihre Mitglieder parteigebunden waren, gehörten sie der SPD an, und die allerwenigsten dürften sich mit einer konservativen Weltanschauung identifiziert haben. Auch in der Bundesrepublik galt *Amnesty International* als eine linke Organisation.[319]

Insofern ist der Aufschwung des Menschenrechtsengagements schließlich auch als ein Produkt der Transformationen zu begreifen, die sich seit den späten sechziger Jahren im linken Spektrum vollzogen. Nach den Eruptionen des mythischen Jahres 1968 fragmentierte die Neue Linke und spaltete sich in eine unübersichtliche Zahl von Gruppierungen auf, die sich gegenseitig oft genug heftig

---

314 CU, AIUSA, RG I.4, Box 1, Maurer, Working Paper on Growth and Development, Dezember 1976.
315 Keys, Virtue, macht dies zu einem Ansatzpunkt ihrer Kritik und kann Amnesty daher nicht als Produkt einer historischen Entwicklung der politischen Linken begreifen.
316 David Hawk, Memo, o. Dat. [1974].
317 Vgl. Nash, Ordeal.
318 Vgl. CU, AIUSA, RG II.2, Box 25, David Hinkley, Meeting with Elliott Abrams, 6.8.1982.
319 Vgl. Claudius/Stepan, Amnesty.

befehdeten.³²⁰ Ein Teil der Rebellierenden fand den Weg zurück in die etablierten sozialistischen Parteien und verlegte sich darauf, das parlamentarische System innerlich zu erneuern. Daneben prägten vor allem zwei, in sich wiederum sehr heterogene, Entwicklungslinien die siebziger Jahre. Einmal entstand ein diffuses Panorama sektiererischer Klein- und Kleinstgruppen. In vielen westeuropäischen Ländern gehörten dabei ultralinke trotzkistische und maoistische Gruppen zu den stärksten Unterströmungen. Einen anderen Ausläufer stellten das fluide, bald schon riesige Ausmaße annehmende »alternative« Milieu und die mit ihm mannigfach verbundenen »Neuen Sozialen Bewegungen« dar. Auch hier waren die Binnengrenzen zwischen den verschiedenen Gruppen und Richtungen höchst durchlässig.

Die Menschenrechtsbewegung bildete in vieler Hinsicht einen Teil dieser alternativen Bewegungskultur. Zwar trat sie in den meisten Ländern öffentlich nicht derart stark in Erscheinung wie andere Protestinitiativen, die in diesen Jahren Zehn- und sogar Hunderttausende Menschen zu Demonstrationen auf die Straße brachten.³²¹ Dennoch hatten Menschenrechtsgruppen und Neue Soziale Bewegungen wichtige Züge ihrer Politikkonzeption gemeinsam. Sie wahrten Distanz zum parlamentarischen System, experimentierten mit neuen Formen der Partizipation, setzten auf symbolische Integration, organisierten sich auf lokaler Ebene und widmeten sich konkreten Sachfragen. Das Sozialprofil ihrer Anhänger deckte sich ohnehin weitgehend, und darüber hinaus setzten sich, wie beschrieben, viele Menschenrechtsaktivisten ja auch nebenher für Themen wie die Frauenemanzipation, den Weltfrieden oder den Kampf gegen das Elend in der Dritten Welt ein. Manche der politischen Lebensstile und Wertorientierungen, welche dem linksalternativen Milieu, das ansonsten so plural und ostentativ abweichlerisch war, eine gemeinsame Klammer verschafften, prägten auch die politische Menschenrechtskultur.³²² »Postmaterialistische« Vorstellungen wie Selbstverwirklichung und Autonomie, die zu den Leitwerten der Linksalternativen avancierten, stellten auch für Menschenrechtsaktivisten einen wichtigen Impetus dar.³²³ Die menschenrechtliche Hilfe für Notleidende war Ausdruck einer bewußten Form der Lebensführung, die auch darauf zielte, im eigenen Handeln diejenigen moralischen Standards lebendig zu halten, die die Bewegung der Politik ganz allgemein abforderte.

---

320 Vgl. zum Folgenden Eley, Democracy, S. 341–469.
321 Vgl. zum Folgenden: Brand (Hg.), Bewegungen; Roth/Rucht (Hg.), Neue soziale Bewegungen in der Bundesrepublik; dies., Neue Soziale Bewegungen; Knoch (Hg.), Bürgersinn; Roth/Rucht (Hg.), Die sozialen Bewegungen; Reichardt/Siegfried (Hg.), Milieu.
322 Vgl. dazu vor allem Reichardt/Siegfried, Milieu, in: Dies. (Hg.), Milieu.
323 Ronald Ingleharts Theorie, der diese Begrifflichkeit entstammt, ist bekanntlich eine zeitgenössische Deutung, transportiert diese Selbstwahrnehmungen also mindestens so sehr wie sie sie analytisch beschreibt. Vgl. Inglehart, Revolution.

Eine tiefreichende Gemeinsamkeit lag überdies in der Hinwendung zur Subjektivität, die das alternative Milieu in seiner »Politik der ersten Person« postulierte und zelebrierte. Sie fand sich in der ausgeprägten Sensibilität wieder, die *Amnesty*-Mitglieder dem körperlichen Leiden anderer entgegenbrachten, in der zentralen Bedeutung von Einfühlung und Mitleid. Ferner bedienten sie sich auch insofern sub- und gegenkultureller Ausdrucksformen, als sie ihre eigenen Publikationsforen, Zeremonien und nicht zuletzt ihre eigenen politischen Wissensquellen schufen.

Manche der politischen Perzeptionen, die die Neuen Sozialen Bewegungen umtrieben, blieben im Menschenrechtsaktivismus schwach ausgeprägt. Die Kritik an politischem Fortschrittsglauben und ökonomischen Wachstumsgewißheiten spielte keine große Rolle. Und *Amnestys* Politik der »Betroffenheit« hatte mindestens spezifische Züge, denn betroffen fühlten sich die Mitglieder in einem übertragenen oder identifikatorischen Sinn. Eine Form der *identity politics* betrieben sie nicht, denn sie gingen nicht auf die Straße, um ihre eigene Lebenssituation zu verbessern. Schließlich dürfte es nicht zu weit gegriffen sein, *Amnesty* auch in seiner Suche nach Authentizität, die es prinzipiell mit so vielen anderen Bewegungen dieser Jahre teilte, eine charakteristische Note zu bescheinigen. Denn *Amnesty* suchte sie in den baren Fakten, die, gerade weil sie so rein und von ideologiedurchtränkten Auslegungen vermeintlich befreit waren, eine höhere politische Wahrheit verhießen. *Amnestys* Authentizität hieß »Glaubwürdigkeit«, und in der Fixierung auf diesen Begriff lief dann noch einmal fast alles zusammen, was den Menschenrechtsaktivismus in den siebziger Jahren als verführerisches neues Projekt erscheinen ließ: der Wunsch, eine nicht länger vertrauenswürdige Politik zu überwinden, die Hoffnung auf moralische Purifizierung, der Wille zu einer gegenkulturellen Erneuerung, das Streben nach persönlicher Verwirklichung.

Was *Amnesty International* vom alternativen Milieu am stärksten abhob, hing mit der professionellen Arbeit der Londoner Zentrale und davon abgeleitet der nationalen Sektionen zusammen. Denn sie sorgte dafür, daß die bürokratischen, hierarchischen Organisationsstrukturen, die die linksalternative Szene ja gerade ablehnte, ein allgegenwärtiges Medium der individuellen Betätigung bildeten. Das blieb nicht ohne problematische Folgen. Tatsächlich erwuchs *Amnesty* im Zuge des organisatorischen Wachstums aus dem prekären Verhältnis von Steuerungszentrale(n) und Aktivistenbasis ein langlebiges Dilemma.

Auf der einen Seite nämlich stellte der massenhafte Zulauf von Aktivisten die sorgfältig austarierte Prinzipienpolitik, über die das Internationale Sekretariat wachte, vor beträchtliche Schwierigkeiten. Wollte keiner der mit der politischen Steuerung betrauten Instanzen *Amnestys* Anspruch, eine Mitgliederorganisation zu sein, aufgeben, so durfte die Einsatzfreude der Tausende neuer Aktivisten doch nicht frei sprießen, sondern mußte in zielgenaue Bahnen gelenkt werden.³²⁴ Diese Situation wurde besonders dadurch verkompliziert, daß die lokalen Gruppen seit Ende der sechziger Jahre nicht mehr ohne weiteres mit ausreichend Adoptionsfällen versorgt werden konnten. An der Basis riefen die Engpässe Unzufriedenheit hervor. Die amerikanische Sektion berichtete 1976 nach London, daß »derzeit eine bedrückend große Zahl von Gruppen auf einen oder zwei neue Fälle wartet, eine Situation, die die Moral der Gruppenmitarbeiter beeinträchtigen muß«.³²⁵ Das Internationale Sekretariat sah darin »eins der dringlichsten Probleme« und versuchte, zu reagieren.³²⁶ Es beschloß, die Vermehrung der Adoptionsfälle zu forcieren und den Sektionen die Entscheidung darüber zu überlassen, wie sie die Fälle unter den lokalen Gruppen verteilten. Zudem begann es nun, über eine systematische Diversifizierung der Aktionstechniken an der Basis nachzudenken, was einige Jahre später in die bereits erwähnte Diskussion über die »Gruppe der Achtziger« münden sollte.³²⁷ Vorerst beseitigten diese Maßnahmen jedoch nicht das zugrunde liegende Problem, daß die Organisation ihrer Massenmitgliederschaft die individuelle Hilfsarbeit nicht gewährleisten konnte, die eigentlich ihre *raison d'être* war. Noch 1980 hielt das Internationale Exekutivkomitee besorgt fest, das »Problem hat einen Punkt erreicht, an dem die Moral der Mitglieder stark in Mitleidenschaft gezogen wird«.³²⁸

Forderte also der Massenzustrom *Amnestys* professionell betriebenen Ansatz heraus, so gefährdete die fortgesetzte Professionalisierung der Organisation ihren Charakter als »Bewegung« – das war die andere Seite des Dilemmas. Um den wachsenden Anforderungen standzuhalten, differenzierte sich das Internationale Sekretariat, wie beschrieben, aus, vervielfältigte Posten und Organe und regulierte immer mehr Arbeitsabläufe immer genauer. Aus Sicht der Mitglieder rückte »London« dadurch jedoch in eine zusehends weite Ferne. Die niederländische Sektionsleitung konstatierte gleich eine ganze Reihe von Problemen: Niemand verstehe noch, nach welchen Kriterien sich die Planung im Sekretariat vollziehe, die Kommunikation gestalte sich äußerst schwierig, und die meisten erlebten das Internationale Sekretariat vor allem als Agent eines

---

324 Vgl. Growth and Development, ICM, 24.–26.9.1976. Zu dem Anspruch vgl. Draft Two-Year Plan for 1980 ICM, 31.3.1980.
325 CU, AIUSA, RG I.1, Box 1, Meeting of the Board of Directors, 12.6.1976. Vgl. auch ebd., Hammarberg, Some Aspects on AI and Growth Problems, 27.12.1976; ebd., Box 2, Maurer, Memorandum, 29.11.1978.
326 Vgl. zur Sicht des Internationalen Sekretariats auch Hopgood, Keepers, S. 73–104. Vgl. IISG, AI IS, 412, Minutes meeting IEC 29.–30.11.1969; ebd., 112, Irmgard Hutter, Growth and Development, Part Two [1976], hier das Zitat; Growth and Development, ICM, 24.–26.9.1976.
327 Vgl. Hutter, Growth and Development, Part Two [1976]; IISG, AI IS, 418, Minutes meeting IEC 29.4.–1.5.1977.
328 Draft Two-Year Plan for 1980 ICM, 31.3.1980.

bürokratischen Overkill, in dessen Zuge »im Jahr etwa fünfzig Kilo Papier« ausgestoßen würden.³²⁹

Die wachsende Kluft zwischen freiwilligen Aktivisten und professionellen Mitarbeitern reproduzierte sich innerhalb der nationalen Sektionen. Teile des Vorstands von AIUSA diagnostizierten um die Mitte der siebziger Jahre, daß sich die Verhältnisse geradezu verkehrt hätten: Die Sektion bestehe aus »Baumgipfel-Leuten, die die Graswurzeln anweisen. Wir sollten versuchen, das umzukehren und die Graswurzeln die Baumgipfel-Leute lenken lassen.«³³⁰ Die Kritik an der »Zentralisierung« der Sektion nahm aber in den folgenden Jahren nur noch mehr Fahrt auf, was vor dem Hintergrund der geschilderten institutionellen Wucherung kaum verwundert. Zahlreiche lokale Gruppen beklagten, die New Yorker Führung habe den Kontakt mit den Aktivisten verloren, und forderten größere Möglichkeiten, die Politik der Sektion mitzugestalten.³³¹ Der Vorstand beteuerte, für derartige Forderungen offen zu sein, kam aber mit seinen Versuchen augenscheinlich nicht voran.³³² Die mehr oder weniger latenten Spannungen kulminierten Anfang der achtziger Jahre in einer Diskussion über die »Demokratisierung« der organisatorischen Strukturen. Formal ging es dabei um die Frage, ob die Beschlüsse der nationalen Mitgliederversammlung für den Vorstand bindend gemacht werden sollten, was sie in den USA, anders als in manchen anderen Landesverbänden, bis dato nicht waren.³³³ Das eigentliche Problem reichte aber wesentlich tiefer. Aus Sicht der Unzufriedenen stand auf dem Spiel, ob sich der partizipatorische Charakter von *Amnesty International* – »das Versprechen der Bewegung an ihre Mitglieder« – aufrecht erhalten lasse.³³⁴

Die Schlaglichter, die diese konflikthaften Episoden auf das institutionelle Binnenklima werfen, machen deutlich, daß sich *Amnesty International* im Zuge seiner Expansion in einen problematischen Hybrid verwandelt hatte. *Amnesty* war mittlerweile eine exklusive NGO *und* eine Bewegung, eine hoch

---

329 Vgl. IISG, AI NL, Ordner »Int 2.3 Int 0.3«, Verslag van bezoek aan het internationaal sekretariaat, 31.1.1980.
330 Planning Meeting: AIUSA Growth and Development, 20.11.1976. Zu einer ähnlichen Diskussion in der niederländischen Sektion zwischen etwa 1977 und 1980 vgl. IISH, AI NL, 80.
331 Vgl. dazu die Gruppenberichte in CU, AIUSA, RG IV.2.2, Box 1 bis 32. Vgl. auch: Planning and Management Assistance Project, Report; Update to AIUSA Long-Range Plan, 31.10.1980.
332 CU, AIUSA, RG I.4, Box 11, Structure and Roles Task Force, Submission of Issue/Policy Matters to Board, 16.7.1981; ebd., RG III.3, Box 19, Sproul, Initial thoughts on work of the Task Force, August 1982.
333 Vgl. CU, AIUSA, RG I.1, Box 5, Democratization of AIUSA, 2.11.1983; ebd., Abrams, A Brief History of the Role of Members in the Decision-Making Process of AIUSA, 5.12.1983; ebd., Watanabe, Blyberg, re: democratization, 8.12.1983; ebd., Box 11, Board of Directors Meeting, 11.–13.11.1983.
334 Abrams, A Brief History of the Role of Members in the Decision-Making Process.

professionalisierte *pressure group und* eine Freiwilligenorganisation, ein streng hierarchisierter Politikapparat *und* eine fluides Aktionspotential. In den sechziger Jahren war dieses Oszillieren noch nicht zu spüren gewesen. Daher illustriert es auch nicht allein organisationssoziologische Eigenheiten, sondern steht darüber hinaus für eine Entwicklung. Historisch betrachtet, knüpfte *Amnesty* an die vermeintlichen Stärken des Protestaktivismus der sechziger Jahre an: an die politische Druckkulisse der Massen, die quasi-demokratische Legitimation der Vielzahl, den selbsttragenden Enthusiasmus der direkten Partizipation. All das kombinierte die Londoner Organisation aber mit einem neuen Professionalismus, der wie eine direkte Konsequenz aus den Unzulänglichkeiten erscheint, die jenes Modell eben auch aufgewiesen hatte: aus der mangelnden Feinjustierung politischer Einflußnahme, den basisdemokratischen Selbstlähmungen, dem aktionistischen Verströmen in die Breite.

Amnesty forcierte sehenden Auges beide Entwicklungstendenzen und bürdete sich damit, bei allen Vorteilen, die es erzielen mochte, eben auch einen permanenten Balanceakt auf. Letztlich gelang es der Organisation nie, dieses Dilemma aufzulösen. Vielmehr schuf es eine weitere Dimension, in der es immer wieder galt, gegenzusteuern und Fehlentwicklungen auszugleichen. Um 1980 schlug diese Spannung vorläufig zum Negativen aus. In diesen Jahren zeichneten sich nämlich die Umrisse einer organisatorischen Motivations- und Identitätskrise ab, die wie ein vorwurfsvoller Kommentar zu dem vorausgegangenen Expansionsboom wirkte. Vor allem unterstrich sie die Kosten, die dieser für die »Bewegungs«-Seite der Organisation mit sich brachte. Besonders stark bekam die amerikanische Sektion die Krise zu spüren. Die bereits erwähnte externe Studie befand »daß der Vorstand, die Mitarbeiter und die Mitglieder von AIUSA sich wieder inspiriert fühlen, aus dem Sumpf unwichtiger Details herauskommen und wieder ein Gefühl für die ›Sache‹ bekommen wollen, die sie überhaupt erst zu AIUSA gebracht hat«.[335] Ähnliche Diagnosen äußerte in diesen Jahren, mit Blick auf die Gesamtorganisation, auch das Internationale Exekutivkomitee.[336] Auch noch viele Jahre später galten die frühen achtziger Jahre im Organisationsgedächtnis als ein Moment des »verlorenen Schwungs«.[337]

Insofern *Amnesty* aus einem Formwandel der politischen Linken, einer Neubegründung des Aktivismus sozialer Bewegungen und der Suche nach einem neuen Expertentum erwuchs, ergaben sich in den siebziger Jahren dann schließlich auch Berührungspunkte zwischen Menschenrechts- und humanitärem Engagement. Das verdeutlich ein Blick auf die *Médecins Sans Frontières*, die oft als Aushängeschild des sogenannten neuen Humanitarismus der siebziger

---

335 Planning and Management Assistance Project, Report.
336 Vgl. Draft Two-Year Plan for 1980, 31.3.1980.
337 CU, AIUSA, RG I.1, Box 12, Board of Director Meeting, 2.–4.1990, hier die Äußerung von Peter Duffy, Vorsitzender der IEC.

und achtziger Jahre angesehen worden sind.[338] Ein Dutzend Ärzte, von denen manche durch den Algerienkrieg politisiert worden waren, gründete die Gruppe 1971. Einige hatten zuvor auch für das *Rote Kreuz* gearbeitet, vor allem während des nigerianischen Bürgerkriegs, in dem sie das traditionelle Schweigegebot der Organisation als zunehmend problematisch empfanden. Das galt nicht zuletzt für Bernard Kouchner, charismatische Leitfigur der *Médecins* und später französischer Außenminister. Nicht alle, die sich zu der neuen Gruppe zusammenfanden, plädierten von Anfang an dafür, als Notfallhelfer in Katastrophensituationen zu agieren. Dieses Profil, mit dem sie später identifiziert wurden, bildeten die *Médecins* erst in einem jahrelangen Prozeß aus, in dem sie auch zu einem öffentlichkeitsträchtigen, massenmedial abgestützten Ansatz übergingen.

Die Motivation, die die Ärzte dazu bewog, ihr neues Unternehmen auf den Weg zu bringen, war denkbar vielschichtig. Sicherlich resultierte sie zum Teil aus dem Wunsch, aus den als bürokratisiert und kommerzialisiert wahrgenommenen Strukturen des medizinischen Betriebs auszubrechen.[339] Doch verbarg sich bereits darin ein Impuls, der ähnlich auch das menschenrechtliche Engagement prägte. Denn die französischen Ärzte suchten, indem sie sich von den Krankheitserscheinungen der Wohlstandsgesellschaft abkehrten, gleichsam nach dem authentischen, existentiellen Leiden und fanden dies in der Ferne der »Dritten Welt«. Ihre Missionen stellten einen kurzzeitigen Eingriff dar, und schon darin war angelegt, daß es nicht darum gehen konnte, das Elend in armen und verwüsteten Ländern zu beseitigen. Die *Médecins* sahen ihre vorrangige Aufgabe darin, es zu lindern und zu bezeugen. Hier erkannten die Ärzte selbst eine Parallele zu *Amnesty International*, auch wenn sie dessen großdimensionierte Arbeit nicht kopieren wollten. Der Selbstbezug des humanitären Einsatzes war dabei genauso stark ausgeprägt wie der des menschenrechtspolitischen. Die Ärzte beschrieben ihre Auslandstätigkeiten immer wieder als verwandelnd, als Möglichkeit, die ethischen Lebensströme der eigenen Person zu beleben und in Taten umzusetzen.

Vor allem Kouchner betonte zudem bereits zeitgenössisch, mit der medizinischen Hilfstätigkeit einen steril gewordenen, nur vermeintlich revolutionären Aktionismus hinter sich lassen, das fruchtlose Theoretisieren des »Mai 1968« überwinden zu wollen. Die *Médecins* warben mit einem prononciert unpolitischen Selbstverständnis für ihre Anliegen. Sie seien »Techniker, und wir haben keine geheime Agenda, weder politisch noch religiös, und ganz sicher nicht christliche Wohlfahrt oder Imperialismus«.[340] Zuweilen strebten sie auf diese Weise ausdrücklich nach einer post-ideologischen Form des Engagements. Es

---

338 Zum Folgenden vgl. Vallaeys, Médecins; Givoni, Governance.
339 So die These von Givoni, Governance.
340 Zitiert nach ebd., S. 52.

sei nicht nötig, so betonte Kouchner während seiner Hilfskampagne für die vietnamesischen Bootsflüchtlinge 1979, eine philosophische oder soziologische Analyse der Welt zu entwickeln, um diese zu verändern. »Man muß auf der Seite des Opfers sein, das steht fest, und was kümmert seine politische Identität. Die einzige Wahl, bei der man sich nicht irren kann, ist, auf dieser Seite zu stehen, immer und überall.«[341] Die Sorge um die Bootsflüchtlinge war dabei freilich ein eminent politischer Akt, eine Hilfsleistung für die Opfer eines kommunistischen Regimes nämlich, das auf der Linken noch kurze Zeit zuvor so viele Fürsprecher gehabt hatte. Tatsächlich schlossen sich gerade gegen Ende der Dekade auch solche Aktivisten der Ärztegruppe an, die von der repressiven Wirklichkeit des Kommunismus desillusioniert waren, wie sie sich in Vietnam, aber auch in Kambodscha oder dem Schicksal der sowjetischen Dissidenten manifestierte.

Erneuerungsbewegung im Stadium ihrer Klassizität: Die achtziger Jahre

Amnesty Internationals Geschichte in den etwa fünfzehn Jahren nach dem Beginn des abrupten Expansionsschubs weist keinen vollends klaren Einschnitt auf. Den Durchbruch in der öffentlichen Bekanntheit erlebte die Organisation 1977. Die Erweiterung des Themenspektrums war am Ende der Dekade vorerst abgeschlossen. Ein zweiter interner Revisionsprozeß (nach dem von 1972) vollzog sich 1979/80. Das immense Mitgliederwachstum hielt bis 1983 an. Ein neuer Zyklus an Themenkampagnen erstreckte sich von 1979 bis 1984. Und die politischen Wahrnehmungen und moralischen Haltungen, die Aktivisten veranlaßten, sich für *Amnesty* zu engagieren, scheinen sich im Kern zwischen dem Anfang der siebziger und den frühen achtziger Jahren wenig verändert zu haben. All das zusammengenommen spricht am ehesten dafür, die Zeit von den frühen siebziger bis zu den frühen achtziger Jahren als die Phase der Professionalisierung und öffentlichen Etablierung der Organisation zu fassen.

Betrachtet man *Amnestys* Entwicklung in den frühen und mittleren achtziger Jahren, so gewinnt man den Eindruck, daß sich einige zentrale Tendenzen der institutionellen Steuerung, der politischen Praxis und der organisatorischen Binnenkultur entweder schlicht fortsetzten oder einen neuen Durchlauf auf einem höheren Niveau erlebten. Nun stehen die Vorstellungen des linearen Fortschritts und der Wiederkehr des Gleichen nicht nur geschichtstheoretisch niedrig im Kurs, sondern sie scheinen sich auch gegenseitig auszuschließen. Beides hing aber eng miteinander zusammen. Denn *Amnestys* Geschichte bis zum Ende der achtziger Jahre war davon geprägt, daß die Organisation die professionelle Qualität und Reichweite ihrer politischen Aktivitäten mit unbeirrbarer

---

341 Zitiert nach Vallaeys, Médecins, S. 283.

Energie vergrößerte, dadurch aber eben auch einige grundlegende Strukturprobleme mitschleppte. Während dieser Jahre hatte *Amnesty International* gewissermaßen das, allerdings nur kurz währende, Stadium seiner Klassizität erreicht, gekennzeichnet durch seine politische Meisterschaft, aber eben auch durch eine gewisse innere Erstarrung. Einerseits war seine menschenrechtspolitische Arbeit noch wirkungsvoller, noch anerkannter. Andererseits erhielt das Mitgliederwachstum einen Dämpfer, machten sich Routinisierungserscheinungen bemerkbar, nahm das Überraschungspotential ab, schwand das Versprechen einer politischen Erneuerung.

Die führenden Mitarbeiter selbst sahen *Amnesty International* um die Mitte der achtziger Jahre als eine international fest verankerte Organisation an, die den Zenit ihrer öffentlichen und politischen Geltung erreicht habe.[342] Die Führung von AIUSA sprach von einem »aufregenden Moment«: »Unsere Gruppen und Freiwilligen sind aktiver und besser ausgebildet, unsere Sichtbarkeit ist stark angestiegen, unsere Fähigkeit, wichtige Teile der amerikanischen Öffentlichkeit zu mobilisieren, hat dramatisch zugenommen, und wir nehmen mehr Geld ein als jemals zuvor.«[343] Keine der Stimmen versäumte im übrigen, hervorzuheben, daß auch der Erwartungsdruck, der auf *Amnestys* Menschenrechtsarbeit laste, beträchtlich angestiegen sei.

Der Gedanke, daß größerer Erfolg zu noch größeren Anstrengungen verpflichte, war ein wichtiges Motiv dafür, daß *Amnesty* immer noch weiter zu expandieren versuchte. So beschloß das Internationale Sekretariat 1985, die Arbeit der Rechercheabteilung nochmals zu verbessern.[344] Zu diesem Zweck vermehrte es die Zahl der Auslandsreisen, die nun gerade auch in schwierig zugängliche Gebiete führen sollten – die Zahl stieg von jährlich um die dreißig am Anfang der achtziger Jahre auf 74 im Jahr 1987.[345] Zudem schuf es Kapazitäten für »Sonderforschungsprojekte«, mit denen das Sammeln von Erkenntnissen über bestimmte Länder oder Regionen intensiviert werden sollte.[346] In den folgenden Jahren wurde die Forschungsabteilung in die Lage versetzt, Menschenrechtsverletzungen, soweit durch *Amnestys* »Mandat« abgesteckt, in nahezu allen Ländern der Welt routinemäßig zu beobachten und in irgendeiner Form

---

342 Vgl. zum Internationalen Sekretariat CU, AIUSA, RG III.3, Box 19, IC, Draft Two-Year Plan, August/September 1985. Vgl. CU, AIUSA, RG I.1, Box 9, Board of Directors meeting, 18.–20.11.1988, hier Presentation of Ian Martin.
343 CU, AIUSA, RG I.1, Box 5, Sirkin, How to Get From Here to There with the Least Amount of Pain, Januar 1985, hier das erste Zitat; ebd., Box 7, Healey, Program Planning Material, 12.9.1986, hier das zweite Zitat.
344 Vgl. CU, AIUSA, RG III.3, Box 2, Hinkley, Thoughts about AI research, 9.6.1984; IC, Draft Two-Year Plan, August/September 1985; IISG, AI IS, 237, Annual Review of Country Work, IEC Juni 1985; ebd., 250, The Long-Term Development of AI, 1986; ebd., 277, Annual Review of Country Work, Juni 1988.
345 Vgl. IISG, AI IS, 277, Missions, IEC Juni 1988.
346 Vgl. Annual Review of Country Work, IEC Juni 1985.

auf sie zu reagieren. Das bedeutete einen erheblichen Schritt über das Arbeitsniveau der siebziger Jahre hinaus. Um 1984/85 bearbeitete die Abteilung bereits alle Staaten Afrikas, spätestens 1988 dann auch alle Länder Asiens und des Nahen Ostens.[347] Will man die neue Qualität von *Amnestys* Menschenrechtsaktivismus an einer einzigen Zahl festmachen, so vielleicht an den 1695 Briefen und Telexen, die die Organisation 1987 an Regierungen schickte – sie war Lichtjahre entfernt von den jährlich zehn bis fünfzehn direkten Interventionen, die die *International League* in den fünfziger Jahren unternommen hatte.[348] Gleichzeitig gelang es der Forschungsabteilung, in den sogenannten »geschlossenen«, informationstechnisch schwierig zu erschließenden Ländern wesentlich stärker Fuß zu fassen. So veröffentlichte sie Berichte über Afghanistan, Albanien, Bangladesch, Bulgarien, Burma, Kambodscha oder Ost-Timor. In den siebziger Jahren wäre das nicht vorstellbar gewesen, und der geradezu sportliche Stolz über diese Leistung ließ sich den Verantwortlichen auch anmerken.[349] Gleichwohl stießen *Amnestys* Versuche, Informationen zu gewinnen, auch jetzt noch an Grenzen. Die Recherchen konnten weiterhin aus ganz unterschiedlichen Gründen verkompliziert werden. Ein internes Memorandum listete einige davon auf: »geschlossen als Folge bewußter Regierungspolitik (Nordkorea, Burma, Albanien); von Krieg befallen (Angola, Äthiopien, Afghanistan, Iran, Irak); Regierungen, die sich weigern, mit AI zu kommunizieren oder uns einreisen zu lassen (Malawi, Somalia, China, Kampuchea, Syrien); schiere Größe – Sudan, Zaire, Brasilien, China, UdSSR; ›Abgelegenheit‹ – Kamerun, Äquatorial-Guinea, Mali, Karibik und Südpazifik, Nepal, Laos, Oman, Jemen«.[350]

Die Forschungsarbeit stellte jedenfalls sicher, daß die Organisation weiterhin breitgefächerte politische Aktionen durchführen konnte. *Amnestys* Kampagnen der mittleren achtziger Jahre waren nach bewährtem, dabei stets verbessertem Muster geplante, geradezu uhrwerkartig abschnurrende Großunternehmungen, und wenn sich gegenüber den siebziger Jahren etwas veränderte, dann am ehesten, daß sie so uhrwerkartig abschnurrten. Die zweite Folterkampagne der Jahre 1984/85 macht das besonders deutlich. Schon daß es sich um eine Art Neuauflage handelte, veränderte die Voraussetzungen. Zwar mochte das Argument, die Folter grassiere nach wie vor, zutreffen (es war ja der faktische Irrtum der ersten Kampagne, von einer aktuellen Zunahme der Folter ausgegangen zu

---

347 Vgl. CU, AIUSA, RG III.3, Box 28, Secretary General, Review of Country work 1984, 16.4.1984; ebd., RG IV.1.7, Box 3, Secretary General, Annual Review of Country Work 1985, 8.4.1985; ebd., Annual Review of Country Work, 6.5.1988.
348 Vgl. Annual Review of Country Work, Juni 1988.
349 Vgl. Annual Review of Country Work, IEC Juni 1985; CU, AIUSA, RG I.1, Box 8, Henry/Healey, RIM Report, 7.10.1986; IISG, AI IS, 271, Report from Head of Research Department, September 1987; ebd., 262, Draft Plan for 1988/89, o. Dat.; Board of Director meeting, 18.–20.1988, hier Presentation of Ian Martin.
350 Annual Review of Country Work, Juni 1988.

sein). Auch erschien das implizit damit verbundene Eingeständnis, daß die erste Kampagne im Kern wirkungslos geblieben war, in den Augen von *Amnestys* Führung unproblematisch. Denn sie arbeitete ja unter der stehenden Prämisse, daß immer noch mehr zu tun blieb, als bereits erreicht war. Beides jedoch mußte dem Aha-Effekt abträglich sein, den die Wiederentdeckung der Folter gut zehn Jahre zuvor ausgelöst hatte. Und beides mußte das Versprechen, Menschenrechtsaktivismus könne etwas bewirken, wenn sich nur genügend Menschen zusammenschlössen, vager erscheinen lassen. Zudem war »CAT II« noch bürokratischer organisiert als frühere Aktivitäten. All das minderte die Ausstrahlung, die die Kampagne auf Aktivisten und potentielle neue Unterstützer hatte. Der belebende, dynamisierende Schub für die Organisation, auf den das Londoner Sekretariat mit der zweiten Folterkampagne spekuliert hatte, stellte sich nicht ein. Zwar fand sie in den Medien einen eher noch vollklingenderen Widerhall als die erste Kampagne.[351] Doch dürfte das zum Teil eben auch *Amnestys* Medienzugang geschuldet gewesen sein, der mittlerweile deutlich elaborierter war. Einen neuen Zustrom an Mitgliedern konnte die Organisation jedenfalls nicht verzeichnen.

Das lag wiederum auch an der veränderten informationspolitischen Ausrichtung, die das Londoner Sekretariat der Kampagne verliehen hatte. Damit wollte es die Lehren aus den Mängeln ziehen, die es rückblickend in der ersten Folterkampagne erkannt hatte. So hielt ein Planungsmemorandum fest, »einiges Material löste Folter aus ihrem Kontext und führte zu sehr viel sensationalistischer – fast schon pornographischer – Presseberichterstattung.« Nunmehr ziele das Vorgehen folglich darauf, »ein besseres Verständnis der Folter zu verbreiten und Einzelne und Institutionen zu überlegtem Handeln anzuregen.«[352] Die Kampagne von 1984/85 war deshalb nicht so sehr darauf angelegt, einen weltweiten Aufschrei der Empörung auszulösen, sondern sollte vor allem politische und institutionelle Verantwortlichkeiten aufzeigen.[353] Mit seinem »Zwölf-Punkte-Programm zur Verhütung der Folter« richtete sich *Amnesty* ausschließlich an kooperationsbereite Regierungen. In seinen öffentlichen Darstellungen erschien Folter nicht mehr als mysteriöse »Epidemie«. Die Dokumentationen und Materialien gaben statt dessen völkerrechtlichen Fragen mehr Raum und betteten die Verbrechen in komplexere Hintergrundanalysen ein, daher waren sie faktisch übersättigt und voller technischer Details.

Daß es *Amnesty International* gelang, seine Recherchearbeit in neue Dimensionen zu schrauben und große, reibungslos koordinierte Kampagnen zu lancieren, sprach dafür, daß die Organisation in den Kernbereichen ihrer Politik noch

---

351 Vgl. Devries, Amnesty, S. 184–268.
352 CU, AIUSA, RG III.3, Box 36, Campaign Against Torture 1984–5: Objectives and Methods, 15.4.1982.
353 Vgl. hierzu und zum Folgenden Devries, Amnesty, S. 184–268.

leistungsfähiger geworden war als im vorausgegangenen Jahrzehnt. Um so stärker trat der Kontrast zur Innensicht der verantwortlichen Planer hervor. Denn das Sekretariat war weiterhin nicht in der Lage, die fundamentalen Steuerungsprobleme, die es gegen Ende der siebziger Jahre an den Rand des physischen und psychischen Zusammenbruchs geführt hatten, vollständig in den Griff zu bekommen. Mitte der achtziger Jahre initiierte es einen weiteren Prozeß der Überprüfung und der langfristigen Planung, den dritten nach 1972 und 1977–79.[354] Die Bestandsaufnahmen, die er zutage förderte, waren denjenigen der späten siebziger Jahre frappierend ähnlich, fast so, als hätte es die dazwischenliegenden Reformen und Selbstkontrollen nie gegeben.[355] Zwei Mitglieder des eigens eingesetzten Planungskomitees stellten ohnmächtig fest, daß sich trotz allen Versuchen der Fehlerbehebung nichts geändert habe: »Die Entscheidungsbildung ist genauso hoffnungslos wie in der Vergangenheit. Achtzig Prozent unserer Befunde steht schon im Whitney-Bericht von 1980. [...] Wir brauchen einen Weg hinaus aus dem Teufelskreis: Krise – Überprüfung – Empfehlungen – *keine* Umsetzung, Krise auf einem neuen Niveau – Überprüfung – ...«.[356] Das Sekretariat blieb im Käfig seiner Selbstreflexivität gefangen, in dem es eine luzide Problemdiagnose nach der anderen produzierte, ohne sie zufriedenstellend in die Tat umsetzen zu können. Organisationssoziologisch betrachtet war daran erstaunlich, wie relativ weit *Amnestys* unbestreitbare politische Funktionsfähigkeit und seine zentrale Lenkungskompetenz auseinanderklafften.

In manchen Bereichen wirkte sich das unzulängliche Management dann aber eben auch kontraproduktiv aus. Am irritierendsten äußerte es sich in der schier endlosen Fortsetzungsgeschichte des Mangels an Adoptionsfällen.[357] Nachdem die Organisation weiter gewachsen war, ging die Zahl neuer Häftlingsfälle um die Mitte der achtziger Jahre dramatisch zurück. Sie sank von etwa 3400 1985 auf weniger als 1700 1987.[358] Der stellvertretende Leiter der Abteilung führte gleich eine ganze Reihe von Gründen an: Die Ermittlerteams hätten Ausfälle gehabt, ihre Leistungsfähigkeit sei überhaupt ungleich, Adoptionen hätten nicht immer Priorität besessen, die Muster staatlicher Repression hätten sich geändert. Die Aufzählung erklärte alles und gar nichts, denn keines dieser Probleme war grundlegend neu.

---

354 Vgl. CU, AIUSA, RG III.3, Box 14, Secretary General, Report on Long-Term Planning, 9.4.1984.
355 Vgl. CU, AIUSA, RG I.1, Box 7, Report Task Force on Long-Range Organizational Development, prepared for February 1986 Board meeting.
356 Zitiert nach Hopgood, Keepers, S. 115.
357 Vgl. zum Folgenden CU, AIUSA, RG I.1, Box 9, Michael O'Reilly, Report on Case Sheet Shortage, 8.4.1988.
358 Vgl. Report from Head of Research Department, September 1987; Annual Review of Country Work, Juni 1988.

Die erneuten Schwierigkeiten nährten dann auch wieder die Sorge, *Amnesty* drohe seinen Charakter als Mitgliederorganisation, als »Bewegung« zu verlieren. Somit setzte sich ein weiteres Grundproblem fort, das der Organisation in den siebziger Jahren schmerzhafte Risse zugefügt hatte. In der amerikanischen Sektion, in der den lokalen Gruppen schon lange nicht mehr automatisch drei Häftlinge zugeteilt worden waren, standen nunmehr zwanzig Prozent der Gruppen auf der Warteliste, um überhaupt einen Adoptionsfall zu erhalten. Der zuständige Koordinator hielt »diese offenkundige Bewegung weg von Mitgliederaktivität und Arbeit an Fällen« für besorgniserregend.[359] Und auch sonst fanden sich reichlich Anzeichen dafür, daß sich die Kluft zwischen dem professionellen Zentrum und der Aktivistenbasis nicht verringert hatte. Fast alle Elemente der schon in den siebziger Jahren geäußerten Kritik erhielten sich oder tauchten erneut auf. Mitglieder wie auch Sektionsführungen warfen dem Sekretariat vor, *Amnesty International* sei überbürokratisiert und gleichzeitig desorganisiert, es biete zu geringe demokratische Partizipationschancen, seine Sprache sei »zu steril und lasch, weniger zupackend« geworden, und es bilde im Grunde selbst schon einen Teil des »Establishments«.[360] Schließlich attestierten viele Aktivisten *Amnesty* nach wie vor ein visionäres Defizit und beklagten, es fehle an einem einigenden, vitalisierenden, zukunftsweisenden Projekt.[361]

Die Zeichen einer abnehmenden aktivistischen Zugkraft mag man schließlich auch aus dem Kurvenverlauf der Mitgliederstatistik herauslesen. Zwischen 1983 und 1986 sank die Mitgliederzahl um etwa 44.000, rangierte aber immer noch deutlich über einer halben Million.[362] Diese Ziffern sprechen für eine Stagnation auf einem allerdings hohen Niveau. Ein etwas anderes Bild ergibt sich, wenn man die einzelnen Sektionen betrachtet. Einige, wie die niederländische und die britische, zeigten ein ungebrochenes Wachstum. Manche verzeichneten einen vorübergehenden Rückgang, um dann um so stärker zu wachsen, wie die amerikanische und die schwedische. Andere schrumpften jedoch auch kontinuierlich; das traf auf Frankreich, Italien und die Bundesrepublik zu. Die westdeutsche Sektion, vormals eine der stärksten, verlor zwischen 1983 und 1990 weit über die Hälfte ihrer Mitglieder. Da das Mitgliederwachstum in Afrika, Asien und Lateinamerika in diesen Jahren zahlenmäßig nicht ins Gewicht fiel, trugen also immer weniger, immer stärkere Landesverbände die Bewegung. In anderen Ländern verlor die Londoner Organisation an Attraktivität.

---

359 Vgl. Michael O'Reilly, Report on Case Sheet Shortage, 8.4.1988.
360 Vgl. IC, Draft Two-Year Plan, August/September 1985, hier das zweite Zitat; The Long-Term Development of AI, 1986, hier das erste Zitat; Report Task Force on Long-Range Organizational Development, prepared for February 1986 Board meeting.
361 Vgl. IISG, AI IS, 265, Report and Recommendations of »Crash Committee« on IEC, November 1986.
362 Vgl. Membership Statistics [1992]; sowie die Jahresberichte von Amnesty International.

Erhielt *Amnestys* Menschenrechtsaktivismus in diesen Jahren, allenfalls abgesehen von der Qualitätssteigerung, keine grundlegend neuen Impulse, so sollte er am Ende der Dekade doch noch einmal einen plötzlichen und in gewisser Hinsicht auch spektakulären Wandel erleben; denn mit Spektakel hatte er viel zu tun. Er ging von der amerikanischen Sektion aus und prägte sie am stärksten. Verantwortlich dafür war ein erlebniskultureller Doppelschlag, der *Amnesty USA* aus dem wohlverdienten Schlaf des Konsolidierungskurses riß, den es am Anfang des Jahrzehnts eingeschlagen hatte.[363] Unbändig angetrieben von ihrem Exekutivdirektor Jack Healey, organisierten die Amerikaner in rascher Abfolge zwei hochkarätig besetzte und massenwirksam vermarktete Popkonzerttourneen. Auf der *Conspiracy of Hope*-Tour, aus Anlaß des 25. Gründungsjubiläums im Jahr 1986 veranstaltet, spielten Musikstars wie die irische Rockgruppe U2 und die Rocksänger Sting, Bryan Adams, Peter Gabriel und Lou Reed. Sie traten in sechs Städten vor insgesamt 120.000 Besuchern und zehn bis elf Millionen Fernsehzuschauern auf. Healey hatte die Hilfe der »besten Leute in der Industrie« und die finanzielle Unterstützung mehrerer Wirtschaftsunternehmen gewinnen können. Die Medien berichteten extensiv von dem Ereignis; in drei Monaten erschienen allein 8600 Zeitungsartikel.[364] Hatte der amerikanische Exekutivdirektor geglaubt, die Tournee sei »das schwierigste Projekt meines Lebens« gewesen, so sollte er schon bald eines Besseren belehrt werden. Denn nur zwei Jahre später führte die amerikanische Sektion, im Namen der Gesamtorganisation, eine nunmehr weltweite Konzerttournee durch, »die größte [Kampagne], die AI jemals gestartet hat«.[365] Die Tournee erstreckte sich über sechs Wochen und umfaßte zwanzig Konzerte in fünfzehn Ländern. Wiederum konnte die Organisation zugkräftige Popmusiker wie Sting oder die amerikanischen Rocksänger Bruce Springsteen und Tracy Chapman für sich gewinnen.

Die *Human Rights Now!*-Tour war intern stark umstritten und sorgte für viel böses Blut.[366] Das Internationale Sekretariat äußerte sich zunächst gegen den Plan, der von einigen Sektionen entschlossen befürwortet wurde. Die britische Sektion zog sich dann wegen Mißhelligkeiten schon früh aus dem Organisationskomitee zurück, und auch mit anderen Landesverbänden traten Konflikte auf: die skandinavischen Sektionen fühlten sich übergangen, in Indien

---

363 Vgl. zu dem Konsolidierungskurs CU, AIUSA, RG III.3, Box 1, Radner, Action Plans, 28.11.1984; ebd., RG I.1, Box 10, Draft, Board of Directors, Structure and Function, 1988.
364 Vgl. CU, AIUSA, RG I.1, Box 5, Healey, Executive Director report, 4.10.1985; ebd., Box 7, Healey, Report on Section's Activities, 28.5.1986; ebd., Board of Directors Meeting, 19.–21.9.1986; ebd., Healey, Executive Director Report, 3.2.1986, hier das Zitat.
365 CU, AIUSA, RG I.1, Box 9, Planning and Priorities: Draft Plan FY 1989, 14.3.1988.
366 Vgl. CU, AIUSA, RG I.1, Box 10, Healey/Neuwirth, The Human Rights Now! World Tour. A Study in International Decision-making, Mai 1989. Vgl. zum Folgenden: Ebd; sowie ebd., Board of Directors Meeting, 13.–15.1.1989.

gab es organisatorische Probleme, in Spanien Streit um den Auftritt einzelner Musiker, schließlich waren Teile des Sekretariats offenbar unzufrieden damit, wie AIUSA die Tournee durchgeführt hatte. Der Entschluß, den Sportartikelhersteller *Reebok* als Sponsor zu verpflichten, stieß auch in der Öffentlichkeit auf Kritik. Die amerikanische Sektion sah den Vertrag mit einem finanzkräftigen kommerziellen Unternehmen als alternativlos an, da das Internationale Sekretariat die Vorgabe gemacht hatte, keine *Amnesty*-Gelder zu verwenden. Sie hatte ausgehandelt, daß der Konzern die Konzertreise nicht für die Selbstvermarktung nutzen dürfe; allerdings scheint *Reebok* diese Grenzen punktuell überschritten zu haben. Am Ende mußte *Amnesty* im übrigen lediglich auf knapp zweieinhalb der zugesagten zehn Millionen US-Dollar zurückgreifen. Der Rest der stolzen Gesamtkosten von 29 Millionen Dollar ließ sich aus den Einnahmen finanzieren, die die Erwartungen um ein Vielfaches übertrafen.

Was die Tournee der Londoner Organisation an Breitenwirkung und Massenmobilisierung einbrachte, sprengte schlichtweg alle bekannten Dimensionen. Die Musiker traten nicht nur für *Amnesty* auf, sondern sie gaben auch Pressekonferenzen und Interviews und riefen zu Spenden auf. *Amnesty* sammelte 400.000 Unterschriften für die Allgemeine Menschenrechtserklärung, eine Million Musikfans kam zu den Konzerten und bis zu einer Milliarde Menschen sah eine der Fernsehübertragungen. Das Medienecho war gigantisch. Healey bilanzierte, »AIUSA war ein fast regelmäßiges Nachrichten- und Unterhaltungsprodukt im nationalen, Kabel-, regionalen und lokalen Radio und Fernsehen. Die Berichterstattung der Printmedien war sogar noch ausgiebiger, so daß wir zum internationalen, nationalen, regionalen und lokalen Publikum vorgedrungen sind.«[367] Das spürbarste Resultat für die amerikanische Sektion war indes eine Beitrittswelle nie dagewesenen Ausmaßes. Ihre Mitgliederschaft wuchs von 170.000 im Jahr 1986 auf über 400.000 zwei Jahre später.[368] Und die Sektionsleitung war gewillt, den Zustrom aufzunehmen und in organisatorische Stärke umzumünzen. Sie stellte die Weichen auf »ambitioniertes Wachstum« und schuf neue Programme wie das »*Freedom Writers*-Netzwerk«, die es den hinzugestoßenen Aktivisten ermöglichen sollten, sich möglichst schnell und unkompliziert zu betätigen.[369] Über die USA hinaus ließ die Welttournee die Mitgliederzahlen auch in anderen Sektionen in die Höhe schnellen.[370]

Die Infusion von Tatendrang und Enthusiasmus, die *Amnesty* durch die Konzerttourneen erhielt, machte die Organisation jedoch nicht lediglich noch

---

367 CU, AIUSA, RG I.1, Box 10, Healey, Update on activities, 6.1.1989.
368 Vgl. CU, AIUSA, RG I.1, Box 10, Draft, Board of Directors, Structure and Function, 1988. Vgl. auch Membership Statistics [1992]; ebd., Box 13, AI Membership Size [1990].
369 Vgl. CU, AIUSA, RG I.1, Box 7, Board of Directors Meeting, 19.–21.9.1986; ebd., Box 8, Membership Development Plan, o. Dat. [vor Februar 1987]; ebd., Box 9, Membership Development Plan, Januar 1988, hier das Zitat.
370 Vgl. Board of Directors Meeting, 13.–15.1.1989.

größer und noch bekannter. Ihr Menschenrechtsaktivismus gewann dadurch am Ende der achtziger Jahre auch zwei markante neue Züge. Denn zum einen wurde AIUSA zu einer Jugendorganisation. Absolute Zahlen lassen sich schwierig ermitteln, doch stieg die Anzahl der aus Schülern oder Studenten zusammengesetzten Gruppen von 250 vor der *Conspiracy of Hope*-Tour auf sagenhaft erscheinende 2492 im Jahr 1990.[371] Hatten solche Gruppen am Anfang der achtziger Jahre insgesamt etwa zwei Fünftel ausgemacht, so betrug ihr Anteil jetzt gut 85 Prozent. Einige schrieben Briefe »in Mengen, die wir schlicht noch nicht erlebt haben«, manche verfaßten einhundert Schreiben pro Woche.[372]

Zum anderen, und eng damit verbunden, verankerte das amerikanische *Amnesty* seine Menschenrechtspolitik fest in der Popkultur und in den visuellen Medien. Grundlegend neu war die Fusion von populärer Kunst und Menschenrechten für die Organisation nicht. Mehrere Sektionen hatten zuvor schon Konzerte kleineren Formats veranstaltet. In den frühen siebziger Jahren hatte die Folksängerin Joan Baez an der amerikanischen Westküste auch mit musikalischen Auftritten um Unterstützung für *Amnesty* geworben. Im Jahr 1976 organisierte die US-Sektion eine erste *Artists for Amnesty*-Kampagne, die zunächst vor allem mit bildenden Künstlern arbeitete. Später veranstaltete sie weitere Events, darunter 1982 eine Premierengala für den Film *Sophie's Choice* des *New Hollywood*-Regisseurs Alan Pakula. Die bis dahin größte Ausstrahlung dürfte die Comedyserie *The Secret Policeman's Ball* erzielt haben, die die britische Sektion seit 1976 veranstaltete. Sie wurde von Mitgliedern der Komikergruppe *Monty Python* mitkonzipiert und hat bis heute Fortsetzung gefunden. Anfänglich handelte es sich um Bühnenshows, die aber schon bald als Fernsehsendungen, Schallplatten und im Buchformat vermarktet wurden.[373]

Nach der Mitte der achtziger Jahre erreichte die populärkulturelle Vermittlung von Menschenrechts- und anderen humanitären Anliegen jedoch eine neue Qualität. Das medial versierte und kommerziell einträgliche Modell, das dabei schnell Schule machte, entstand im Zusammenhang der Hungerhilfe für Afrika. In den Jahren 1984/85 erzielten die von Bob Geldof zusammengetrommelte *Band Aid* mit ihrem Song *Do They Know It's Christmas* und das weltweit im Fernsehen übertragene *Live Aid*-Konzert einen sensationellen Erfolg. Anschließend bildeten sich weitere ähnliche Gruppen, die inzwischen gänzlich in der Vergessenheit versunken sind – musikalisch betrachtet übrigens zurecht. Das riesige Konzert zum siebzigsten Geburtstag des weiterhin inhaftierten Nelson Mandela, das im Juni 1988 das Londoner Wembley-Stadion füllte und von mehreren Hundert Millionen Fernsehzuschauern verfolgt wurde,

---

371 CU, AIUSA, RG I.1, Box 13, AIUSA Student Program – Growth for the Future, 12.–13.5.1990.
372 CU, AIUSA, RG I.1, Box 8, Healey, Update on activities, 26.1.1987.
373 Vgl. Lahusen, Rhetoric.

gehörte ebenfalls in diese Reihe.[374] *Amnestys* Tourneen griffen den neuen Konzerttrend ganz offenkundig auf. Sein Eintritt in die publikumsträchtige Popwelt blieb indes nicht darauf beschränkt. Die Rockgruppe U2 und der amerikanische Sänger Peter Gabriel machten auch sonst Werbung für *Amnesty*. Sting besang in seinem Lied *They Dance Alone* chilenische Frauen, deren Angehörige »verschwunden« waren, und was einerseits einen musikalischen Protest gegen das Pinochet-Regime darstellte, wies andererseits auf einen von *Amnestys* Themenschwerpunkten hin. Die Musikgeschäftskette *Tower Records* schließlich, in amerikanischen Städten omnipräsent, stellte Materialien der Londoner Organisation aus.[375]

Daneben arbeitete der amerikanische Exekutivdirektor in diesen Jahren daran, *Amnestys* visuelle Präsenz zu verstärken. Er ließ sich dabei von dem geradezu inbrünstigen Glauben leiten, *Amnestys* Anliegen könnten die amerikanische Gesellschaft auf diese Weise tiefer als jemals zuvor durchdringen. Die Macht des Fernsehens erschien ihm verlockend, weil es erlaube, Menschenrechtsfragen besonders effektvoll zu personalisieren – »diese Medien sind ausgezeichnete Mittel, um die Geschichte einer Person zu erzählen und den Einzelnen in den Mittelpunkt der Menschenrechtsbewegung zu stellen« – und Regierungen unter verstärkten Druck zu setzen. Daneben zählte wiederum die suggestive Ausstrahlung, die es auf Jugendliche hatte. Dabei durchschaute Healey die Tendenz, daß für viele junge Medienkonsumenten die virtuelle Realität zu der eigentlichen wurde, ebenso sehr wie er sie beförderte.[376] Nicht alle der zuweilen megalomanen Ideen – darunter eine eigene Radiostation, die auf einem Schiff um die Welt segeln und in diktatorisch regierte Länder senden sollte – ließen sich in den folgenden Jahren verwirklichen. Doch immerhin gelang es der Sektionsführung, zwei Folgen der beliebten Fernsehserie *21 Jump Street* zu plazieren, die sich mit *Amnesty*-Themen befaßten. Sie wurden von Spots unterbrochen, in denen Peter Gabriel und Bono, der Leadsänger von U2, für *Amnesty* International warben. Die Folgen brachten 80.000 neue Mitglieder, eine Größenordnung, für die sonst 350.000 Postwerbesendungen erforderlich gewesen wären.[377]

Die drastische Verjüngung der Organisation und ihre enge Liaison mit populärkulturellen Ausdrucksformen ließen *Amnestys* Politikansatz nicht unberührt. Zwar wirkten sie sich nicht auf die theoretischen Prämissen, die Substanz der Forschungsarbeit und die praktischen Interventionsformen aus. Zudem hatte Amnesty eben auch früher schon stark auf den emotionalen Appell

---

374 Vgl. Hostetter, Movement, S. 95–122.
375 Vgl. CU, AIUSA, RG I.1, Box 8, Board of Directors Meeting, 25.–26.4.1987; ebd., Board of Directors Meeting, 23.–25.10.1987.
376 Healey, Human Rights in the 90's, 20.7.1989.
377 Vgl. CU, AIUSA, RG I.1, Box 12, Healey an Board, 3.11.1989; ebd., Healey, Video, TV and Movie Projects [wohl Frühjahr 1990].

gesetzt, und seine politischen Grundwahrheiten konnten immer schon sehr reduziert ausfallen. Doch veränderten sich am Ende der achtziger Jahre die öffentliche Botschaft, der performative Stil und nicht zuletzt der Ton von *Amnestys* Menschenrechtspolitik. In dem Maße, wie sich die menschenrechtlichen Anliegen über musikalisch-visuelle Stimmungsbilder vermittelten, geriet eine Facette, die *Amnesty* stets wesentlich ausgemacht hatte, nämlich seine Verankerung in kritisch-aufklärerischer Gegeninformation, in den Hintergrund. An die Stelle der strengen Leidenskultur, des düster-schaurigen Straßentheaters und des asketischen Ernsts der Kerzenlichtwachen, die die Szenerie in den siebziger Jahren dominiert hatten, trat nun eine eventgestützte Feier der gemeinsamen Hoffnung. Die neuen Mitglieder kamen nicht aus verebbten, im Kern gescheiterten sozialen Bewegungen, sondern aus der Schule, und das heißt, daß viele mit den menschenrechtlichen Popsongs ihre politische Initiation erlebt haben dürften. Wahrscheinlich brachten sie daher auch einen weniger gebrochenen Idealismus mit. Dieser wiederum konnte in der weltweiten Demokratisierungswelle, die bereits begonnen hatte anzuheben, eine wichtige Bestätigung finden. Es war insofern nur folgerichtig, daß Amnesty International 1990 unter dem Motto *An Embrace of Hope* ein weiteres Popkonzert im postdiktatorischen Chile veranstaltete.

Im übrigen machte sich genau an diesen Zügen eine neuartige öffentliche Kritik fest, auch wenn sie in der überwältigenden Akklamation der Konzerte fast ein wenig unterging. Der Spott über den »renommierten Moralphilosophen Sting« war dabei ebenso leicht auszugießen, wie er den Kern der Sache traf: Amnestys »Ruf gründete auf dem Glauben, daß ein paar Tausend engagierte, moralisch seriöse und politisch nüchterne Mitglieder mehr wert waren als ein Stadion voller wirrer Woodstock-Nostalgiker. Es erwarb sich genau deshalb Respekt, weil es nicht die Art von Organisation war, deren Mitglieder Sting brauchten, um ihnen zu sagen, wer Andrei Sacharow ist.«[378] Das *Wall Street Journal* beklagte, etwas weniger sarkastisch, die musikalischen Aufführungen führten zu einer »Trivialisierung der Menschenrechte«.[379] Daß sich die konservative Kulturkritik berufen fühlte, das wahre Amnesty gegen seine vermeintliche postmoderne Entleerung in Schutz zu nehmen, ließ sich einerseits als Zeichen für die politische Etablierung der Organisation begreifen. Andererseits konnte es eben auch darauf hindeuten, daß sich Amnesty mit seinem Kult der Sachlichkeit eine lagerübergreifende Achtung, wenn auch nicht unbedingt Unterstützung, erworben hatte, die es nunmehr aufs Spiel zu setzen drohte. Alle pessimistischen Warnungen vor einem zunehmend seichten Menschenrechtsengagement fanden zudem in der weiteren Mitgliederentwicklung von AIUSA einen starken Beleg. Bis 1992 war die Mitgliederzahl von 400.000 wieder auf

---

378 Sullivan, Shut Up and Sing.
379 Weisberg, Amnesty International's »Magical« Mystery Tour.

etwas über 300.000 gesunken.[380] Das war zwar immer noch ein hohes Niveau; doch überträgt man die Differenz, so waren alle Aktivisten, die sich im Zuge der *Human Rights Now*-Welttournee der amerikanischen Sektion angeschlossen hatten, vier Jahre später wieder verschwunden.

Nicht alle Veränderungen, die sich gegen Ende der achtziger Jahre im organisatorischen Gefüge und der menschenrechtspolitischen Konzeption der US-Sektion vollzogen, betrafen die anderen Landesverbände gleichermaßen. Doch die Verschmelzung von Menschenrechten mit Popmusik und Fernsehkultur war zweifellos ein nationenübergreifendes Phänomen. Sie prägte das Bild von *Amnesty International* auch in anderen Ländern, außerhalb Europas vielleicht sogar noch mehr als in Europa, wo *Amnesty* auf eine festere Tradition zurückblicken konnte. Und wie in den USA dürfte sie in der Organisation insgesamt nach dem kurzen, eruptiven Moment der späten achtziger und vielleicht der frühen neunziger Jahre in das Standardrepertoire abgewandert und damit auch wieder etwas in den Hintergrund getreten sein. Daß es weiterhin auch nationalspezifische Rhythmen gab, verdeutlicht ein abschließender Blick auf die amerikanische Sektion. Hier trug in den späteren achtziger Jahren noch ein weiterer Umstand zur Popularität der Organisation bei. Denn während der unerschütterlich scheinenden republikanischen Ära erlebten linksliberale Nichtregierungsorganisationen in den USA eine wahre Blüte. Das galt etwa auch für *Greenpeace* (mit 1,8 Millionen amerikanischen Mitgliedern fast fünfmal so groß wie AIUSA), die *American Civil Liberties Union* (mit 300.000 fast so groß wie AIUSA) oder *Planned Parenthood*.[381] Gerade weil die Reagan-Regierung immer wieder harte Attacken gegen solche zivilgesellschaftlichen Organisationen führte, erschienen sie einer polarisierten Minderheit als Bastion einer mehr oder weniger verdeckten außerparlamentarischen Opposition. So mochte auch die Unzufriedenheit mit Reagans Außenpolitik ein Grund sein, warum neue Aktivisten ihren Weg zu *Amnesty* fanden. Die Sektion selbst sah sich zwar immer wieder scharfer öffentlicher Kritik ausgesetzt, doch blieb ihr Zugang zu Regierungsstellen, ihrer eigenen Einschätzung zufolge, auch während der republikanischen Jahre zufriedenstellend.[382] *Amnesty* war ein Teil des Establishments, auch wenn beileibe nicht alle wußten, ob es das war, was sie wollten.

---

380 Vgl. Membership Statistics [1992].
381 Vgl. den Zeitungsartikel: Liberal Causes Cash In On a Rash of Conservatism, Exemplar in CU, AIUSA, RG I.1, Box 12; Healey, Human Rights in the 90's, 20.7.1989.
382 Vgl. CU, AIUSA, RG III.3, Box 38, Blyberg, AIUSA Program vis-à-vis US Government, 15.4.1986; ebd., RG I.1, Box 15, Washington Office Board Review, 5.–7.2.1993.

7. Menschenrechte als außenpolitisches Programm westlicher Regierungen

Es lag auch an dem politischen Aufsehen, das Nichtregierungsorganisationen erregten, aber bei weitem nicht allein, daß Menschenrechte seit den siebziger Jahren in der Außenpolitik westlicher Staaten eine besondere Bedeutung erlangten. Im Verlauf weniger Jahre begannen zahlreiche Regierungen, neu oder erstmals darüber nachzudenken, welchen Stellenwert sie menschenrechtlichen Fragen in ihren auswärtigen Beziehungen einräumen sollten. Von Ferne erscheinen diese Vorgänge wie eine Kettenreaktion: Als habe nur eine anfangen müssen, damit alle anderen erkannten, daß hier eine politische Notwendigkeit der Zeit lag. Bei näherem Hinsehen allerdings stellt sich die Ankunft des Menschenrechtsgedankens in der westlichen Außenpolitik komplizierter und vielgestaltiger dar.

Der Blick auf drei Staaten, die den weltweiten Menschenrechtsschutz zu einem prominenten Ziel erklärten, enthüllt zunächst verschiedenartige Genesen. Die nationalen Entstehungskontexte verliehen den neuen außenpolitischen Projekten eine je spezifische Signatur. So war die niederländische Regierung unter dem Sozialdemokraten Joop den Uyl bestrebt, den gesellschaftlichen Aufbruch der sechziger Jahre, das neue Wertebewußtsein und die moralischen Sensibilitäten, die die politisch-kulturellen Verwandlungen dieser Dekade gespeist hatten, auf die internationale Bühne zu tragen. Die Niederlande wollte den Uyls Kabinett damit als Avantgarde eines humanitären Umdenkens in der Weltgemeinschaft etablieren. Der demokratische Präsident Jimmy Carter suchte nach einem Weg, die USA von dem politischen Abgrund zurückzuziehen, der sich in den Jahren des Vietnamkriegs und der Watergate- und CIA-Skandale klaffend aufgetan hatte. Innenpolitisch ging es ihm darum, die gefährlich tiefen Zerwürfnisse in der Gesellschaft zu überwinden, außenpolitisch, das moralische Ethos der Supermacht wiederherzustellen – und damit auch ihre Machtposition in der Welt neu zu befestigen. Das britische Kabinett James Callaghans schließlich hatte einen pragmatischen Zugang. Nicht so sehr neue visionäre Leidenschaften oder jüngste politische Katastrophen bestimmten seine Hinwendung zu Menschenrechten, sondern der Versuch, die britische Außenpolitik auf ein gewandeltes gesellschaftliches und weltpolitisches Bedingungsgefüge einzustellen. Dabei spielte die koloniale Vergangenheit des Landes, das war ein weiterer bedeutsamer Unterschied, ganz anders in die Kursbestimmungen der siebziger Jahre hinein als in den Niederlanden.

Wichen die Entstehungsgeschichten der menschenrechtspolitischen Konzeptionen erheblich voneinander ab, so wiesen diese gleichwohl auch gemeinsame Muster auf. In allen drei Ländern setzten sich zivilgesellschaftliche Reform- und Umkehrforderungen in das auswärtige Regierungshandeln hinein fort – weil die außenpolitischen Entscheidungsträger sie teilten, aus Einsicht aufnahmen oder sich dem öffentlichen Druck beugten. Vorgebracht wurden diese Forderungen von Medien, Parteien und außerparlamentarischen Aktionsgruppen, und dabei ganz überwiegend von linken und religiös motivierten Akteuren. In den Niederlanden, der USA, aber etwa auch der Schweiz, zerbrach im Zuge dieser Proteste ein in Jahrzehnten gefestigter, lagerübergreifender Konsens, der die Außenpolitik seit dem Ende des Zweiten Weltkriegs in einem relativ ruhigen Fahrwasser gehalten hatte. Daß das auswärtige Staatshandeln auf diese Weise durchlässiger wurde für gesellschaftliche Anliegen, bedeutete eine fundamentale Verschiebung in der Politik der sechziger und siebziger Jahre. Sie erstreckte sich auch auf andere Themenfelder wie den Humanitarismus, die Entwicklungs- oder die Umweltpolitik, prägte gerade den menschenrechtspolitischen Aufschwung aber besonders stark.

Hinzu kam die unter außenpolitischen Experten in diesen Jahren geradezu ubiquitäre Wahrnehmung, die »Interdependenz« im Staatensystem habe dramatisch zugenommen.[1] Die Konsequenz daraus lautete, daß das politische Unrecht in anderen Staaten und zwischenstaatliche Konflikte in entfernten Regionen weltweite Folgen haben und daher nicht länger gleichgültig sein konnten. Menschenrechtsverletzungen erschienen folglich auch als potentiell bedrohlich für den Weltfrieden, und so fand sich in manchen außenpolitischen Einschätzungen die sicherheitspolitische Denkfigur wieder, die für das Heraufziehen internationaler Menschenrechtspolitik in den vierziger Jahren so bedeutsam gewesen war. Schließlich verband sich mit der Beobachtung wechselseitiger Abhängigkeiten die Diagnose, der ideologische Wettbewerb zwischen westlicher Demokratie und östlichem Kommunismus sei im internationalen Geschehen nicht länger die alles dominierende Konfliktlinie. Es galt, Politikformen zu entwickeln, die den Herausforderungen jenseits des Kalten Kriegs gewachsen waren. Das Interdependenzdenken der Außenpolitiker mag in vielen Fällen aus ähnlichen lebensweltlichen Erfahrungen erwachsen sein, wie dasjenige ziviler Menschenrechtsaktivisten. Sie selbst beschrieben jedoch immer wieder die Weltwirtschaftskrise der frühen siebziger Jahre als den Moment, in dem sich die globale Schicksalsgemeinschaft unausweichlich erwiesen habe.

Schließlich verstanden alle drei Regierungen ihre menschenrechtlichen Selbstverpflichtungen als Teil einer umfassenden außenpolitischen Erneuerung. Alte Orthodoxien sollten über Bord geworfen, neue Leitbilder an ihre Stelle gesetzt werden. Alle drei Projekte waren dabei von einem zuweilen glühenden

---

1 Zum Kontext vgl. Ferguson/Maier/Manela/Sargent (Hg.), Shock.

politischen Moralismus durchsetzt. Daß es eine Verpflichtung gebe, anderen Ländern zu helfen, daß auswärtiges Handeln das menschliche Wohlergehen im Blick haben müsse, daß Idealismus einen Platz habe in dem so oft als anarchisch verschrienen Staatensystem, das wurden niederländische, amerikanische und britische Regierungsvertreter nicht müde, zu betonen. Die konkreten politischen Funktionen und Aspirationen, die sie mit diesen ethischen Postulaten verbanden, unterschieden sich dann jedoch wieder von Land zu Land.

Bei alledem trug auch die gegenseitige Beobachtung dazu bei, daß sich die menschenrechtspolitische Reflexion ausbreitete und Erfahrungswissen entstand. Im Zuge des KSZE-Prozesses, der seit Anfang der siebziger Jahre Formen annahm, arbeiteten die westeuropäischen Staaten in menschenrechtlichen Fragen eng zusammen. Das wird im übernächsten Kapitel näher beschrieben. Zudem koordinierten sie sich zusehends im Rahmen der Europäischen Politischen Zusammenarbeit. Nicht zuletzt verfolgten die außenpolitischen Apparate aufmerksam, wie sich die Regierungen der Partner in menschenrechtspolitischen Angelegenheiten verhielten. Zum wichtigsten Referenzpunkt wurde die amerikanische Regierung unter Carter, wobei die außenpolitischen Beamten etwa in Großbritannien oder der Bundesrepublik vor allem lernten, daß es klüger sei, sich nicht ähnlich weit vorzuwagen.

Die außenpolitische Praxis der Staaten veränderte der menschenrechtspolitische Ansatz in unterschiedlichem Maße. Das internationale Auftreten der Niederlande und der USA wie auch ihr Bild in den nationalen und internationalen Öffentlichkeiten prägte er unübersehbar. Die britische Regierung hingegen versuchte, ihn stärker zurückzustufen und abzufedern. Dabei hing die Art, wie die drei Staaten ihre menschenrechtspolitischen Prämissen umsetzten, wesentlich von der Position ab, die sie im internationalen System einnahmen. Etwas vergröbert gesagt, traute sich die Supermacht manchen Alleingang zu und nahm es sich eher heraus, die Bedingungen vorzugeben, unter denen bilaterale Beziehungen abzulaufen hatten. Im Gegenzug schlug ihr mehr Mißtrauen entgegen, und sie riskierte, wenn sie ungestüm auftrat, folgenreichere Verwicklungen. Die Mittelmacht hatte die größte Furcht vor schädlichen Rückwirkungen. Daher achteten die Briten sorgsam darauf, maßvoll vorzugehen und sich bei jedem ihrer Schritte abzusichern. Der Kleinstaat wiederum war sich bewußt, wenig bewirken zu können, außer durch sein Exempel. Zudem scheint die Regierung den Uyls seltener wichtige nationale Interessen bedroht gesehen zu haben. Sie pochte daher zuweilen stärker auf die moralischen Werte, die sie für richtig hielt, und ließ es auf den einen oder anderen zwischenstaatlichen Konflikt durchaus ankommen.

Für alle drei, das war wohl die grundlegendste Gemeinsamkeit, verkomplizierte der menschenrechtliche Ansatz die Außenpolitik beträchtlich. Schon die Politikformulierung, die überall bei Null beginnen mußte, gestaltete sich sehr mühsam; es fiel schwer, Zielen Mittel zuzuordnen, und die Experten wurden sich immer mehr Risiken bewußt. Die Praxis hielt trotzdem noch mehr Unwägbarkeiten bereit, als sie vorausgesehen hatten. Die politische Lebenssituation ausländischer Bevölkerungen in das auswärtige Kalkül einzubeziehen, provozierte Interessenkonflikte, schuf zusätzliche Spannungsquellen, brachte neue Glaubwürdigkeitsprobleme mit sich; es machte den zwischenstaatlichen Verkehr schwieriger steuerbar. Keine der Regierungen fand dafür eine ideale Lösung. Sie mußten mit der neuen Komplexität, die sie selbst geschaffen hatten, leben. Keine konnte sich aus der mißlichen Lage befreien, stets von Fall zu Fall zu agieren. Überall brachen zudem innenpolitische – und ausländische – Gegner zornige Diskussionen über die »Selektivität« des menschenrechtspolitischen Vorgehens vom Zaun. Und überall war es tatsächlich selektiv. Das war gar nicht anders denkbar, wenn man es am höchsten, »universellen« Maßstab maß – an demselben Maßstab, zu dem sich die Staatsführungen bekannt hatten, die niederländische und die amerikanische mehr, die britische weniger. Nur im Fall der USA war das alles indes ein Grund für das politische Verhängnis, das bemerkenswerterweise alle drei Regierungen ereilte, nämlich bald schon von der Bildfläche verschwunden zu sein.

Der kumulierte Effekt, der von der menschenrechtlichen Erweiterung der staatlichen Außenpolitik ausging, läßt sich gleichwohl schwerlich überschätzen. Denn Menschenrechte hörten damit auf, ein außenpolitisch eng umgrenztes Unterthema zu sein, das Regierungen ausschließlich in den einschlägigen Organen internationaler Regierungsorganisationen behandelten. Statt dessen wanderten sie nun zunehmend in die bilateralen Staatsbeziehungen und fanden Eingang in weitere intergouvernementale und multilaterale Foren. Dadurch nahm ihr Gewicht in der internationalen Öffentlichkeit zu, und sie rückten stärker ins Zentrum der Weltpolitik.

Ungleichmäßig war die Ankunft von Menschenrechten in der westlichen Außenpolitik nicht nur deshalb, weil Regierungen sie aus divergierenden Motiven aufgriffen und ihre Prinzipien unterschiedlich umsetzten. Darüber hinaus nämlich erlangten sie für manche westlichen Staaten gar nicht erst eine herausgehobene Bedeutung. Ein wenigstens kursorischer Blick auf die Beispiele der Bundesrepublik Deutschland und der Schweiz kann vorgreifend verdeutlichen, welche unterschiedlichen Facetten das Gesamtbild in diesen Jahren aufwies.[2] Die Regierungen beider Staaten nahmen menschenrechtliche Erwägungen in einigen Fällen am Rande in ihre außenpolitische Entscheidungsbildung auf. Daß sie das überhaupt taten, war eine neue Entwicklung und hatte strukturell besehen ähnliche Ursachen. Zum einen reagierten sie auf ein gesellschaftliches Bedürfnis. So bemühte sich die sozial-liberale Koalition in der Bundesrepublik

---

2 Vgl. im Folgenden zur Bundesrepublik Rock, Macht. Zur Schweiz vor allem Fanzun, Grenzen; ders., Souveränität; ferner Altermatt, Geschichte S. 61–78; Hug, Aufbruch; Stauffer, Aubert.

etwa darum, innenpolitische Kritiker – aus der SPD, den Gewerkschaften, Kirchen oder Menschenrechtsgruppen – mit symbolischen Gesten gegenüber der griechischen Militärdiktatur und dem südafrikanischen Apartheidregime zu beschwichtigen. In der Schweiz machte sich das Plädoyer für eine auswärtige Menschenrechtspolitik während der sechziger Jahre in einem kritischen Diskurs über den außenpolitischen Immobilismus geltend. Journalisten, Politiker und Sozialwissenschaftler forderten, das auswärtige Handeln auf die zunehmende weltweite »Interdependenz«, die Entspannungspolitik und die voranschreitende europäische Integration einzustellen. Zum anderen entfalteten multilaterale Koordinationsmechanismen einen gewissen Sog. Die Bundesrepublik versuchte zwar hartnäckig, das Vorgehen der EWG gegenüber Südafrika zu mildern und erreichte etwa auch, daß der 1977 beschlossene Verhaltenskodex für westliche Unternehmen am Kap aufgeweicht wurde. Doch verließ sie, indem sie ihm am Ende zustimmte, immerhin ihre vormalige Linie, politische und wirtschaftliche Beziehungen getrennt zu halten. Bei alledem begriffen die Regierungen beider Länder Menschenrechte nicht als eine wichtige Dimension ihrer Außenpolitik. Übergreifende konzeptionelle Leitlinien sollten beide Staaten erst in den achtziger Jahren entwickeln.

Zu fragen bliebe allerdings, warum beide Staaten das moralische Legitimierungspotential nicht anzuzapfen versuchten, das anderen westlichen Regierungen in diesen Jahren so vielversprechend erschien. Im Fall der sozial-liberalen Bundesregierung verhinderte dies vor allem der Wunsch nach entspannungspolitischer Stabilität, insbesondere mit Blick auf das deutsch-deutsche Verhältnis. Denn dieser Wunsch ließ es als höchst riskant erscheinen, sich einem kritischen Umgang mit der Menschenrechtssituation in Osteuropa zu öffnen. Für Bundeskanzler Schmidt schlossen sich Entspannungs- und Menschenrechtspolitik gegenseitig aus, und das Ziel, sich dem Osten in kleinen Schritten anzunähern, behielt einen kategorischen Vorrang.[3] Weltpolitisch war die Bundesrepublik überdies gerade erst dabei, sich zu positionieren, und es lag ihr fern, vollmundige Leitbilder globaler Humanität und internationaler Gerechtigkeit zu formulieren.[4] Nicht zuletzt verzichtete das Kabinett Schmidt, das gleichsam in politischer Katerstimmung aus dem Machbarkeitsglauben der langen sechziger Jahre erwacht war, überhaupt ganz prononciert auf idealistische Überhöhungen.[5] Was die schweizerischen Halbherzigkeiten betraf, war es der neutralitätspolitische Grundsatz, mit dem das Land aus dem Zweiten Weltkrieg hervorgegangen war, der eine alles andere überragende Prägekraft bewies. Die ängstliche Sorge, die vom Neutralitätsgedanken auferlegte Zurückhaltung zu durchbrechen, wenn man sich in die inneren Verhältnisse anderer

---

3 Vgl. dazu auch Wiegrefe, Zerwürfnis, S. 123–254.
4 Vgl. Jäger/Link, Republik, S. 383–410.
5 Vgl. Rödder, Bundesrepublik, S. 130–148.

Staaten einmische, und damit die Grundfesten der schweizerischen Position im Staatensystem ins Wanken zu bringen, stellte letztlich den entscheidenden Hemmfaktor dar. Einen unwiderstehlichen Diffusionsprozeß, das verdeutlichen die beiden Beispiele, setzte die Ankunft des Menschenrechtsgedankens in der westlichen Außenpolitik also nicht in Gang. In der Bundesrepublik und der Schweiz blieben die Tendenzen weitgehend wirkungslos, die die auswärtigen Beziehungen anderer Staaten in diesen Jahren markant umgestalten sollten.

Neulinkes »Führungsland«:
Die Niederlande unter Joop den Uyl

Zu diesen Staaten zählten zweifellos die Niederlande. Anfang 1975, gut eineinhalb Jahre nach Übernahme der Regierungsgeschäfte, postulierte der niederländische Außenminister Max van der Stoel vor dem Parlament, daß »kein Land aktiver ist als die Niederlande auf dem Gebiet des Schutzes der Menschenrechte«.[6] Schwang in der Äußerung auch ein gehöriges Maß an Eigenlob dafür mit, dem kleinen Land eine internationale Vorreiterrolle verschafft zu haben, so dürfte van der Stoel sachlich doch richtig gelegen haben. Allenfalls ließe sich einwenden, daß es zu diesem Zeitpunkt, anders als zwei, drei Jahre später, keine große Kunst war, das menschenrechtspolitisch aktivste Land zu sein. Tatsächlich versahen die Niederlande unter der Regierung Joop den Uyls – die in die kollektive Erinnerung als die am weitesten links stehende der Geschichte eingegangen ist – Menschenrechte als einer der ersten westlichen Staaten mit einer programmatischen Bedeutung für ihre Außenpolitik, vielleicht sogar als der erste.

Bereits in dem Moment, als sie sie aus der Taufe hoben, präsentierten die Regierungsvertreter ihre neue außenpolitische Linie als Ausfluß einer langen historischen Kontinuität. In der Menschenrechtspolitik, so die offizielle Lesart, drückten sich die internationale Solidarität, der Einsatz für weltweite Gerechtigkeit, das Streben nach einer tragfähigen Völkerrechtsordnung und die mundiale Verflochtenheit aus, die das Verhalten des Landes auf dem internationalen Parkett seit jeher bestimmt hätten.[7] Die Wissenschaft veranlaßten derartige Standortbestimmungen schon bald, die besagten Traditionen in der niederländischen Historie tatsächlich nachzuweisen. Besonders einflußreich wurde dabei die Deutung, die Joris Voorhoeve am Ende der siebziger Jahre entwarf. Er identifizierte in der neuzeitlichen Außenpolitik der Niederlande eine »internationalistisch-idealistische« Dimension. Darin hätten sich pazifistische, legalistische und moralistische Motive über die Jahrhunderte hinweg immer wieder geltend

---

6 Vgl. Handelingen Tweede Kamer, 26. Februar 1975, S. 3065 f.
7 Vgl. Rijksbegroting voor 1974, S. 4.

gemacht.⁸ Spätere Autoren haben dieses Gedankengebäude weitgehend abgetragen. Als niederländische Historiker begannen, die Menschenrechtspolitik der siebziger Jahre breitflächig zu erforschen – das geschah in der zweiten Hälfte der neunziger Jahre und damit wohl früher als irgendwo sonst –, ordneten sie diese anders in den Gang der niederländischen Geschichte ein. Sie verwiesen vor allem auf die erhebliche Kluft zwischen dem rhetorischen Anspruch und der Praxis niederländischer Außenpolitik, die bis weit in das 20. Jahrhundert hinein nicht sonderlich von humanitären Antrieben geprägt gewesen sei.⁹ Doch selbst wenn man Verbindungslinien zu früheren Epochen ziehen möchte, würden sie doch nur wenig erklären. Denn die niederländische Menschenrechtspolitik der siebziger Jahre, daran läßt sich nicht vorbeisehen, entstand aus kurzfristigen Bedingungen, reagierte auf politische Umwälzungen der Zeit und stellte in mancher Hinsicht sogar einen Bruch mit der Vergangenheit dar. Die historischen Exkurse der Regierungsmitglieder (und einiger Wissenschaftler) waren eine Erfindung der Tradition, eine mehr unbewußte als bewußte Strategie, die neue Akzentsetzung nicht als gewagte Abzweigung vom Pfad der Nationalgeschichte erscheinen zu lassen. Die amerikanische und die britische Regierung sollten ihre neuen Aufbrüche einige Jahre später ganz ähnlich darstellen: als historisch tief verwurzelt, als Wiederbelebung dessen, was immer schon richtig war.¹⁰

Die Genese der niederländischen Menschenrechts-Außenpolitik

Wie vergleichsweise neu die Unternehmungen der Regierung den Uyls waren, vermag ein Blick auf die vierziger und fünfziger Jahre zu zeigen. Die Zeit nach dem Zweiten Weltkrieg brachte für die niederländische Außenpolitik einen tiefgreifenden, säkularen Umbruch mit sich – allerdings nicht in menschenrechtspolitischer Hinsicht.¹¹ Aus den Erfahrungen der Kriegsjahre, in denen das Land unter einer fast fünfjährigen nationalsozialistischen Besetzung gelitten hatte, zog die politische Elite die Lehre, ihre vormalige Neutralitätspolitik aufzugeben. Um zukünftigen Angriffen nicht schutzlos preisgegeben zu sein, und um sich auf die neuen Realitäten des Kalten Kriegs einzustellen, gliederte sich die niederländische Führung geradezu bedingungslos in das amerikanisch geführte, westliche Lager ein. Die Regierungen ließen von da an nie einen Zweifel daran, ein »treuer Bundesgenosse« der NATO zu sein.¹² Etwas später begannen

---

8 Vgl. Voorhoeve, Peace, S. 42–54.
9 Vgl. den Überblick von Malcontent/Baudet, Burden.
10 Vgl. etwa Carter, President's News Conference, 15.12.1977, S. 2115; Owen, Menschenrechte, S. 1–8.
11 Vgl. zum Folgenden Wielenga, Niederlande; ders., Geschichte, S. 386–419.
12 Van Staden, Een trouwe bondgenoot.

die Niederlande auch, sich am Prozeß der europäischen Integration zu beteiligen. Allerdings war dieser dem atlantischen Bündnis stets unumwunden nachgeordnet, und die niederländischen Führungspolitiker begrüßten auch nicht alle seine Erscheinungsformen. Während sie das wirtschaftliche Zusammenwachsen des Kontinents zu befördern trachteten, blieben sie bis weit in die siebziger Jahre hinein skeptisch gegenüber der politischen Einigung.

Waren die Sicherheit in der atlantischen Verteidigungsgemeinschaft und die wirtschaftliche Kooperation im europäischen Rahmen die neuen Pfeiler, auf denen die niederländische Außenpolitik ab Ende der vierziger zu stehen kam, so brach ein alter weg. Mit der bereits geschilderten, erzwungenen Dekolonisierung Indonesiens, dem materiell wie auch für das koloniale Selbstverständnis wichtigsten Besitz, waren die Niederlande im Grunde nicht länger eine Kolonialmacht. Zwar blieben Surinam, die Antillen und Neuguinea, das sich der neuen Republik Indonesien nicht anschloß, unter der Verwaltung des Königreichs. Doch fielen sie in der nationalen wie in der internationalen Wahrnehmung nicht stark ins Gewicht und änderten nichts daran, daß die Niederlande auf den Status eines Kleinstaats vom sprichwörtlichen »Rang Dänemarks« herabsanken.

Menschenrechtliche Erwägungen spielten in der auswärtigen Politik des Landes während der gut fünfundzwanzig Jahre nach Kriegsende keine erkennbare Rolle. Nicht einmal im Forum der Vereinten Nationen traten die Niederlande hervor. Ihr Beitrag dazu, daß sich die internationalen Menschenrechtssysteme im Europarat und in den Vereinten Nationen etablieren konnten, blieb dürftig.[13] Bindende Überwachungsverfahren lehnten die niederländischen Delegationen in der Regel ab. Überdies verspürten sie zwar nicht mehr den Glanz, trugen in den internationalen Organisationen aber gleichwohl noch die Last einer Kolonialmacht. Um ihre Herrschaft vor allem über Neuguinea nicht zu gefährden, stimmten die Niederlande konsequent dagegen, ein Selbstbestimmungsrecht zu stipulieren. Zudem suchten sie die Unterstützung Portugals und Südafrikas und hielten daher still, wenn deren Menschenrechtsverletzungen in der Weltorganisation zur Sprache kamen.

Die strukturelle Voraussetzung dafür, daß Menschenrechte eine tragende Bedeutung erlangen konnten, schuf eine grundlegende Verschiebung, die sich seit der Mitte der sechziger Jahre ereignete und die Rahmenbedingungen der außenpolitischen Diskussion in den Niederlanden langfristig veränderte.[14] In den Nachkriegsjahren hatte in Politik und Gesellschaft eine breite, wenngleich oft stillschweigende Übereinstimmung über den auswärtigen Kurs der Regierungen geherrscht. Daß das Handeln des Landes streng antikommunistisch

---

13 Vgl. Baehr/Castermans-Holleman (Hg.), Netherlands; Castermans-Holleman, Mensenrechtsbeleid.
14 Vgl. zum Folgenden Wielenga, Niederlande, S. 305–337; Wielenga, Geschichte; Hellema, Nederland, S. 304–348; Kersten, Nederland; Kennedy, Babylon.

ausgerichtet und die nordatlantische Allianz gefestigt werden müsse, war, außer am kommunistischen Rand des politischen Spektrums, prinzipiell unumstritten.

Seit Ende der fünfziger Jahre jedoch wuchs die außenpolitische Diskussion weit über die abgeschotteten Zirkel staatlicher und regierungsnaher Entscheidungsträger hinaus. Sie öffnete sich nun für eine überwiegend junge Generation von Politikern und Aktivisten, für die das Feindbild des Ostblocks an Bedrohlichkeit verloren hatte, und die in neuen, idealistischen und moralischen Kategorien dachten. Systematisch betrachtet, machte sich dies an zwei Fronten bemerkbar. Zum einen wurde das auswärtige Handeln zu einem Terrain der parteipolitischen Auseinandersetzung. Um die Mitte der sechziger Jahre begannen die größeren Parteien zu beobachten, daß die als »Säulen« bezeichneten soziopolitischen Milieus rapide an Bindekraft verloren, und suchten nach Wegen, um ihre politische Identität zu verstärken. Dafür verlegten sie sich nun zunehmend auch auf außenpolitische Themen, und so erhob sich bald schon in allen Parteien Kritik an dem Kurs, den das Land in der internationalen Arena steuerte. Schon nach dem Massaker in Sharpeville 1960 diskutierte das Parlament über die richtige Haltung gegenüber dem Apartheidregime. Später boten der Vietnamkrieg, die Militärdiktatur in Griechenland, die portugiesische Kolonialherrschaft und die Situation im Nahen Osten Anlaß für einen emotionsgeladenen parteipolitischen Schlagabtausch. Zum anderen breitete sich außerhalb des Parlaments ein internationalistischer Aktivismus lauffeuerartig aus, der sich an sehr ähnlichen Themen festmachte.[15] Katalysatorische Wirkung hatten dabei die Proteste gegen den Vietnamkrieg. Zunächst von pazifistischen Kreisen, Sozialisten und Atomwaffengegnern getragen, wuchsen sie sich 1972/73 zu einer regelrechten Volksbewegung aus, die bis zu 50.000 Menschen auf die Straßen brachte. Radikalisiert durch den Vietnamkrieg und den Militärputsch in Chile, gewann zugleich die Dritte-Welt-Bewegung an Breite. Eng mit ihr verbunden, florierten Anti-Apartheidvereinigungen, und auch ein Biafrakomitee und ein allerdings gemäßigteres *Comité Vrij Griekenland* mischten sich in den vielstimmigen Protestchor. Entstammten die meisten Aktivisten weltanschaulich linken Gruppen, so bekundeten die Kirchen ebenfalls ein wachsendes Interesse für Fragen der internationalen Politik. Beide Entwicklungen, die inner- wie die außerparlamentarische, hatten zur Folge, daß sich der jahrzehntelang währende Nachkriegskonsens nunmehr verflüchtigte. Die auswärtige Orientierung der Niederlande wurde zum Gegenstand eines politischen Grundsatzstreits.[16]

---

15 Vgl. zum Folgenden de Boer, Nederland; Kuitenbrouwer, Ontdekking, S. 64–108; Malcontent, Op kruistocht; ders., Myth.
16 Vgl. etwa Kuitenbrouwer, Nederland, S. 188.

Auf der Regierungsebene kamen diese Veränderungen allerdings erst mit einer gewissen Verzögerung an. Joseph Luns, der zwischen 1956 und 1971, alle Regierungswechsel überdauernd, als Außenminister amtierte und die außenpolitische Orthodoxie geradezu personifizierte, reagierte auf die politischen Turbulenzen um ihn herum mit Unverständnis und taktischer Abwehr.[17] Unter seiner Ägide stützten die Kabinette die amerikanische Kriegführung in Vietnam auch gegen die lautstarken Demonstrationen und verschonten die portugiesische Diktatur mit Kritik, um die Kohäsion der NATO nicht zu gefährden. Die Verständigungspolitik mit Indonesien setzte die Regierung ungeachtet der Massenmorde nach dem vermeintlichen kommunistischen Putsch von 1965 fort.[18] Die 1967 angetretene christdemokratisch-liberale Regierung unter Piet de Jong nahm einige zögerliche Korrekturen vor. Vor dem Europarat erhob sie, wie beschrieben, widerwillig eine menschenrechtliche Klage gegen Griechenland. Zudem trieb Luns das humanitäre Engagement seines Landes im Biafrakonflikt voran, indem er einen Plan zur Koordinierung der EG-Hilfe initiierte.[19] Schließlich stimmten die Niederlande nach dem Massaker in Sharpeville erstmals für eine UN-Resolution, die die Apartheid verurteilte, wenngleich sie drastischere Schritte ausschlossen. Diese Maßnahmen zielten darauf ab, der nationalen wie internationalen Kritik am Verhalten der Niederlande die Spitze zu nehmen, die bilateralen Beziehungen aber gleichzeitig möglichst wenig zu trüben. Dahinter stand stets die Sorge, der Sowjetkommunismus könne bedrohlich an Einfluß gewinnen. Nach dem Abschied der außenpolitischen Galionsfigur Luns im Jahr 1971 konnten Veränderungen daher kaum ausbleiben. Das instabile, christdemokratisch-liberale Kabinett Barend Biesheuvels justierte die internationale Position des Landes vorsichtig neu, wobei sich menschenrechtliche Erwägungen implizit und explizit bereits geltend machten.[20] In ihrer Thronrede von 1971, mit der sie die Richtlinien der Regierungspolitik verkündete, zählte Königin Juliana den Menschenrechtsschutz zusammen mit dem Frieden, einer gerechteren Wohlstandsverteilung und dem Umweltschutz zu den Aufgaben, die »dringend unser aller Aufmerksamkeit fordern«.[21] In den Beziehungen mit Indonesien setzte Außenminister Norbert Schmelzer die Frage der politischen Gefangenen nunmehr auf die Tagesordnung. Zudem erklärte er, auf ein Ende der Apartheid hinarbeiten zu wollen, und setzte sich im Rahmen der KSZE für menschenrechtliche Bestimmungen ein.

Eine vollgültige Menschenrechtspolitik inaugurierte indes erst die Regierung Joop den Uyls, die zwischen Mai 1973 und Dezember 1977 die Geschicke

---

17 Vgl. Kersten, Luns, S. 329–461.
18 Vgl. de Goede, Mensenrechten; Kuitenbrouwer, Ontdekking; Malcontent, Kruistocht, S. 74–125.
19 Vgl. Kersten, Luns, S. 420–429.
20 Vgl. Hellema, Nederland, S. 261–303.
21 Verenigde vergadering van de beide kamers der Staten-Generaal, 21.9.1971, S. 1.

des Landes leitete. Sie wurde von der sozialdemokratischen *Partij van de Arbeid* (PvdA), den sozialliberalen *Democraten '66* (D'66) und der linkskatholischen *Politieke Partij Radikalen* (PPR) getragen. Die *Katholieke Volkspartij* (KVP) und die protestantische *Anti-Revolutionaire Partij* (ARP) stützten sie. Daß diese, stark links dominierte Regierungskonstellation zustande kam, kündete von einer tiefergreifenden Umwälzung der politischen Landschaft, die ebenfalls eine Folge der gesellschaftlichen Wandlungsprozesse der sechziger Jahre, der sogenannten »Entsäulung«, darstellte.[22] Zwischen 1967 und 1972 änderten sich die Kräfteverhältnisse im Land, die seit dem Ende des Ersten Weltkriegs fast unverändert fortbestanden hatten, grundstürzend. Vor allem die PvdA erhielt seit den späten sechziger Jahren ein neues Gesicht. Jüngere Sozialisten wie Han Lammers und André van der Louw formierten sich 1966 als *Nieuw Links*. Sie versuchten, ihrer Partei ein radikales Programm aufzuprägen, das weitreichende Maßnahmen der Einkommensumverteilung, der betrieblichen Mitbestimmung sowie der Verstaatlichung von Banken vorsah.[23] Nicht sehr theoretisch ausgerichtet, ging es der Gruppierung in hohem Maße darum, die innerparteiliche Macht zu erlangen und die PvdA scharf von ihren politischen Konkurrentinnen abzugrenzen. Schon bald dominierte sie die Partei stärker, als das neulinken Fraktionen in anderen westlichen Ländern gelang. Schließlich wurde 1971 André van der Louw zum Parteivorsitzenden gewählt. Unter diesem Einfluß rückte die PvdA markant nach links. Auch optierte sie nun für eine Strategie der »Polarisierung«, die darauf ausgerichtet war, die Christdemokraten in die Defensive zu drängen und mittelfristig eine linke Mehrheit im Land zu schaffen. Bei den zwei anderen Linksparteien, die 1973 in die Regierung eintraten, den D'66 und der PPR, handelte es sich um Neugründungen, die den starken Willen mitbrachten, das überkommene Parteiensystem inhaltlich und vom politischen Stil her zu sprengen.

Aus derartigen Neuordnungsimpulsen hervorgegangen, trat die Regierung den Uyls an, um den hochfliegenden Reformvisionen der sechziger Jahre eine politische Gestalt zu geben.[24] Wirtschaftspolitisch hob ihr Programm darauf ab, Besitzverhältnisse und Unternehmensstrukturen einschneidend zu verändern und nahm dabei den Forderungen von *Nieuw Links* allenfalls die radikalsten Spitzen. Ihre gesellschaftspolitischen Leitvorstellungen kreisten um die Begriffe der Demokratisierung, der politischen Teilhabe und des offenen Konfliktaustrags. Ein konsum- und gegenwartskritischer Unterton und, damit einhergehend, das Bekenntnis zu »postmaterialistischen« Werten waren in den Absichtserklärungen der neuen Regierung kaum zu überhören.[25]

22 Vgl. zum Folgenden Wielenga, Niederlande, S. 305–337.
23 Vgl. van den Doel/Lammers (Hg.), Tien. Insgesamt unterzeichneten 74 Personen das Manifest.
24 Vgl. Wielenga, Niederlande, S. 305–337.
25 Vgl. Regierungserklärung der Regierung den Uyls, S. 1573.

Und auch die außenpolitischen Pläne der Regierung entsprangen einem Reform- und Profilierungsgedanken mit stark neulinken Einschlägen.[26] Tatsächlich bildete die Außenpolitik ein wesentliches Feld, auf dem sich die Neulinken politisch abzugrenzen versuchten. Das setzte sich in den Ambitionen der Regierung fort, wenngleich der umstürzlerische Impetus von *Nieuw Links* an vielen Stellen gedrosselt war. Ihre außenpolitischen Zielvorstellungen, wie sie sich in den öffentlichen Stellungnahmen der Jahre 1973 bis 1977 abzeichneten, bargen ein vielfältiges Programm der Erneuerung. Daß sich die Regierung dafür einsetzen wollte, die NATO zu einer demokratischen Wertegemeinschaft zu machen – das zielte auf die autoritäre Herrschaft in Spanien, Portugal und Griechenland – und Kolonialismus und Rassendiskriminierung im südlichen Afrika zu beseitigen, entsprach den Vorstellungen von *Nieuw Links*. Und das galt auch für den Hauptakzent, den die neue Regierung in ihren Reformplänen setzte, nämlich das Streben nach einer gerechteren weltweiten Wohlstandsverteilung. Die Regierung diagnostizierte, die optimistischen Erwartungen einer baldigen »Entwicklung« der Südhalbkugel, die in den frühen sechziger Jahren ins Kraut geschossen seien, hätten sich nicht erfüllt. Die Kluft zwischen Arm und Reich hielt sie für eines der beiden »großen Kernprobleme in der heutigen Weltsituation« – neben demjenigen von Frieden und Sicherheit.[27] Beides sahen die Regierungsvertreter zudem untrennbar zusammenhängen. So verstanden sie den globalen Kampf gegen die Armut auch nicht allein als einen Imperativ der internationalen Solidarität, sondern ebenso als eine Frage der Stabilität des Staatensystems. Um Abhilfe zu schaffen, schwebte ihnen nicht weniger vor, als das »gesamte Netz politischer und ökonomischer Machtverhältnisse« neu zu knüpfen. Den Entwicklungsländern müsse eine gleichrangige Teilhabe an der internationalen Politik gewährt werden.[28] Die Regierung wollte daher eine Entwicklungspolitik formulieren, die »weltweit und integral ist: Auf die Verbesserung der internationalen Produktions-, Finanz- und Handelsstrukturen soll ebenso großes Gewicht gelegt werden wie auf die Ausdehnung des finanziellen und technischen Beistands«.[29]

Der Menschenrechtsgedanke war insofern als Teil einer breiter angelegten außenpolitischen Neuorientierung konzipiert. Er war nicht von *Nieuw Links* entlehnt; im Gründungsaufruf der Gruppierung tauchte der Begriff nicht auf, und ebensowenig fanden sich Vorstellungen internationalen Rechts oder eines universellen Einsatzes gegen staatliche Verbrechen.[30] Noch in der Regierungserklärung kamen Menschenrechte eher beiläufig daher. Schon in den

---

26 Vgl. zu den Vorstellungen von *Nieuw Links* im Folgenden: van den Doel/Lammers (Hg.), Tien, S. 57–62. Vgl. ferner Keerpunt 1972.
27 Rijksbegroting voor 1974, S. 4.
28 Ebd., S. 28.
29 Regierungserklärung der Regierung den Uyls, S. 1567.
30 Vgl. van den Doel/Lammers, Tien.

programmatischen Erläuterungen zum Staatshaushalt für 1974 hob sie die Regierung jedoch nachdrücklich hervor und rückte sie im Lauf der Jahre immer mehr ins Zentrum. Wie bei so vielen anderen Akteuren des Zeitraums auch, läßt sich nicht nachvollziehen, wie sie so plötzlich auf den Terminus verfiel. Denn das Resultat einer politisch-philosophischen Reflexion war es nicht; der Menschenrechtsbegriff wurde vielmehr gleichsam stillschweigend adaptiert. Jedenfalls aber wollten die linken Politiker in ihrem Bemühen um eine internationale Rechtsordnung »dem Einsatz zur Verteidigung grundlegender Menschenrechte« einen besonderen Platz einräumen[31]: »Wo immer die Menschenrechte verletzt werden, stellt sich die niederländische Regierung dagegen. Wir machen keinen Unterschied zwischen verschiedenen Formen der Diktatur«, wie Außenminister van der Stoel Ende 1976 im Parlament erläuterte.[32] Der Einsatz gegen repressive Herrschaftsstrukturen hatte dabei in den Augen der Regierungsvertreter auch eine friedens- und sicherheitspolitische Implikation. Menschenrechte zu schützen, so beteuerten sie, helfe, Krisenherde gar nicht erst entstehen zu lassen, und sei daher eine Voraussetzung des friedlichen Zusammenlebens im nationalen wie im internationalen Raum.[33] Eine besondere Kontur verlieh die Regierung den Uyls ihrer menschenrechtlichen Konzeption schließlich dadurch, daß sie sie als Bestandteil einer Politik der sozialen Gerechtigkeit begriff. Sie machte die Ursachen gravierender Menschenrechtsverletzungen in »einem System politischer und sozialer Ungerechtigkeit und Ungleichheit« aus, »in dem Repression und Einschüchterung den Ton angeben.«[34] Insofern betonte sie auch, daß politisch-bürgerliche und wirtschaftlich-soziale Rechte auf das Engste miteinander verknüpft seien.[35]

Dem Gerechtigkeitsideal entsprang auch die vielleicht am weitesten reichende konzeptionelle Innovation. Unter Federführung Jan Pronks revidierte das Entwicklungsministerium 1974 die Kriterien, nach denen die Empfänger finanzieller Hilfe ausgewählt wurden. Neben dem »Maß an Armut« und dem »spezifischen Bedarf an Hilfe« sollte an dritter Stelle auch geprüft werden – wie es etwas vage hieß –, ob ein Staat über eine »soziopolitische Struktur« verfüge, die garantiere, daß die Zuwendungen der gesamten Gesellschaft zugute kämen, wobei die innere Menschenrechtspolitik besonders zu berücksichtigen sei.[36] Menschenrechte hatten damit nun in der niederländischen Entwicklungspolitik einen systematischen Platz.[37]

---

31 Rijksbegroting voor 1974, S. 4.
32 Handelingen Tweede Kamer, 3.11.1976, S. 907.
33 Vgl. Rijksbegrooting voor 1978, S. 5; Van der Stoel, Plaats, S. 446.
34 Rijksbegroting voor 1976, S. 38 f.
35 Vgl. etwa Rijksbegroting voor 1978, S. 5.
36 Rijksbegroting voor 1975, S. 76.
37 Vgl. Rijksbegroting voor 1977, S. 58.

Wie die Regierung politisch vorgehen wolle, um ihre Aspirationen zu verwirklichen, konkretisierte Außenminister van der Stoel mit den Jahren, legte allerdings nie so etwas wie einen umfassenden Ziel-Mittel-Katalog vor. Neben einer aktiven Mitarbeit in internationalen Organisationen versprach er eine Politik, die sich auch bilateral um den Menschenrechtsschutz bemühen werde, ohne selektiv zu sein. Diesen Grundsatz schränkte er allerdings vielfach ein, um unrealistischen Erwartungen vorzubeugen: Die Möglichkeiten der Niederlande, diplomatisch zu intervenieren, seien begrenzt, und das Land könne sich unmöglich mit Menschenrechtsproblemen überall auf der Welt befassen. Die außenpolitischen Methoden, so gab van der Stoel zu bedenken, müßten der jeweiligen Situation angepaßt werden. Nicht immer sei es von Vorteil, andere Regierungen öffentlich zu denunzieren – man müsse sich im Einzelfall an den Erfolgsaussichten orientieren.[38] Im Lauf ihrer Amtszeit präzisierte die Regierung, daß ein geringerer sozioökonomischer Entwicklungsstand nicht als Argument gelten könne, um Menschenrechtsverletzungen zu rechtfertigen. Damit wollte sie Kritiker aus den Oppositionsrängen besänftigen, die bemängelten, daß undemokratische linke Regimes wie Kuba oder Vietnam Unterstützungsleistungen erhielten, weil die Regierung »progressive« sozioökonomische Strukturen fördern wolle.[39]

Die drei Regierungsmitglieder, die für die Außenpolitik hauptverantwortlich waren, trugen diese Neuausrichtung einschließlich ihrer menschenrechtlichen Komponente entschlossen mit, ja sie identifizierten sich auch persönlich mit ihr. Ihre politischen Philosophien und Temperamente unterschieden sich dabei nicht unerheblich. Max van der Stoel war kein Neulinker; tatsächlich sollte dieser Flügel seine Menschenrechtspolitik immer wieder als zu zurückhaltend kritisieren. Der Außenminister galt als ein eher konservativer Sozialdemokrat und hatte sich dem stark neulinks geprägten Wahlprogramm des Linksbündnisses innerlich auch nicht voll angeschlossen. Nichtsdestoweniger vertrat er den Menschenrechtsgedanken aus aufrichtiger Überzeugung. Seit den späten sechziger Jahren hatte er sich im Parlament als Kritiker einer niederländischen Außenpolitik hervorgetan, die er als moralisch unsensibel empfand.[40] Entwicklungsminister Jan Pronk hingegen, bei seiner Ernennung erst 33 Jahre alt, war durch und durch ein Exponent der neulinken Ideologie. Mehr noch, er hatte sich seit den sechziger Jahren in der Dritte-Welt-Bewegung und der kirchlich-ökumenischen Entwicklungszusammenarbeit engagiert. Pronk war Mitbegründer des niederländischen *Chili-komitee*, das sich formierte, um Allendes sozialistische Reformambitionen zu unterstützen. Sein zuweilen radikaler, humanitär ausgerichteter, sozialistischer Internationalismus machte ihn nicht nur bei der äußeren Linken in den Niederlanden beliebt, sondern gerade auch unter

---

38 Vgl. zu alledem Rijksbegroting voor 1974, S. 4; Rijksbegroting voor 1978, S. 5, 41 f.
39 Vgl. Rijksbegroting voor 1977, S. 59.
40 Vgl. de Goede, Mensenrechten; Kersten, Luns, S. 420–429; Kuitenbrouwer, Ontdekking.

postkolonialen Politikern und Befreiungsbewegungen im globalen Süden. Ministerpräsident den Uyl schließlich war *Nieuw Links* ebenfalls nicht zuzurechnen, ließ die Gruppierung aber sehr weitgehend gewähren. Ähnlich wie van der Stoel verkörperte er eine strikt antitotalitäre Haltung, die aus den Erfahrungen des Zweiten Weltkriegs gewonnen war. Wie Pronk, so war auch den Uyl Anfang der siebziger Jahre in den Bann von Allendes »friedlichem Weg« zum Sozialismus geraten.

Zu dem (neu-) linken Reformelan und dem persönlichen Engagement der Führungspolitiker gesellten sich drei weitere Motive, die die Bedeutung des Menschenrechtsgedankens für die außenpolitische Konzeption der Regierung erklären und seine besondere Gestalt ausmachen. Eines davon war die Wahrnehmung, die internationale Politik zeichne sich durch eine neue Komplexität aus.[41] An die Stelle des alles überschattenden bipolaren Konflikts zwischen West und Ost sah die Regierung den Uyls ein wesentlich intrikateres Muster von Beziehungen treten. Die USA und die Sowjetunion hätten ihr Verhältnis auf der Grundlage nuklearer Parität neu ausgerichtet, China sei im Begriff, zur Weltmacht aufzusteigen, das ökonomische Wachstum Japans halte ungebrochen an, die europäische Einigung schreite voran, und die Probleme der Entwicklungsländer würden immer dringlicher.[42] Das neue Beziehungsmuster, dessen gegenwärtiges Werden sie beobachteten, faßten die Regierungsvertreter als »Verflechtung« und »wechselseitige Abhängigkeit« und, daraus hervorgehend, als »die wesenhafte Schicksalsverbundenheit der Weltgemeinschaft«.[43] Die neue Ausgangslage bringe es mit sich, daß sich die Grenzen zwischen Sicherheitspolitik und den übrigen Politikfeldern, zwischen inter-staatlichen und anderen internationalen Konflikten und sogar zwischen Innen- und Außenpolitik aufweichten. Angesichts der Turbulenzen, die die Weltwirtschaft seit der im Oktober 1973 ausgebrochenen »Ölkrise« erschütterten, beschwor Außenminister van der Stoel den Interdependenzgedanken immer inbrünstiger. Im Jahr 1975 schärfte er seinen Zuhörern ein, daß »die Welt nicht nur ein Ganzes, sondern auch ein äußerst begrenztes Ganzes ist, in dem es keine entlegenen Winkel mehr gibt«.[44] Diese Diagnosen mündeten in einen neuen Leitgedanken für die niederländische Außenpolitik, nämlich »die Beförderung von Frieden, Sicherheit, einer Weltrechtsordnung, der gerechten Verteilung des Wohlstands und der Achtung vor den grundlegenden Menschenrechten als eine große, zusammenhängende Aufgabe«.[45] Darin lag, in der Selbsteinschätzung der Regierung, der Kern ihres Beitrags zu einer neuen internationalen Politik.[46]

41 Vgl. Rijksbegroting voor 1974, S. 2.
42 Vgl. Rijksbegrooting voor 1976, S. 2.
43 Rijksbegroting voor 1974, S. 2.
44 Rijksbegroting voor 1975, S. 2.
45 Rijksbegroting voor 1974, S. 2.
46 Vgl. Rijksbegroting voor 1978, S. 2.

Mit dem Bestreben, zu einer sichereren und gerechteren Weltordnung beizutragen, war, zweitens, eine starke moralische Emphase verbunden. Sie war keineswegs auf das auswärtige Handeln beschränkt. Aufgrund des eindringlichen, prinzipiellen Charakters ihrer politischen Botschaften umgab sich die Regierung den Uyls generell mit einer Aura der ethisch-religiösen Wegweisung. Tatsächlich haben manche Beobachter in der moralischen Leidenschaft ein hervorstechenderes Signum ihrer Reformpolitik gesehen als in theoretischer Stringenz oder ideologischem Eifer.[47] Zwar besaß auch sie unterschiedliche Schattierungen. Entwicklungsminister Pronk galt als gerechtigkeitssuchender Feuerkopf, van der Stoel hingegen als Pragmatiker. Gleichwohl war oft auch von dem *geheven vingertje*, dem gehobenen Zeigefinger, des Außenministers die Rede. Für ihn bedeutete Außenpolitik wesentlich mehr als nationale Interessenvertretung, nämlich einen tätigen Ausdruck internationaler Solidarität und die greifbare Manifestation eines sozialistischen Idealismus. Und eine Aktion wie diejenige im Oktober 1975, als sich das gesamte Kabinett an Protesten gegen die Hinrichtung von Diktaturgegnern in Spanien beteiligte, hatte man zuvor noch nicht gesehen. Darin verlängerte sich, wenn man so will, die politische Ethik linker Solidaritätsgruppen direkt in die Regierungspolitik hinein.

Änderten sich damit Stil und Ziele, so hatte die Moralpolitik der Regierung doch noch eine weitere Bedeutungsdimension. In ihr verbarg sich nämlich auch ein Führungsanspruch: Die Niederlande sollten sich an die Spitze des Strebens nach einer besseren Welt setzen und durch ihr gutes Beispiel andere Staaten anleiten, ebenso gut zu handeln.[48] »Die Niederlande [müssen] ein *Führungsland* sein«, so forderte der Fraktionsvorsitzende der PPR, Bas de Gaay Fortman, »sie müssen in ihrer Politik einen Weg aufzeigen, der auch andere Mitgliedsländer der EG und der NATO zu einer weltweit verantwortlichen Sicherheits- und Entwicklungspolitik führen kann.«[49] Die Niederlande sollten helfen, den Ost-West-Gegensatz zu durchbrechen, sich der Probleme der »Dritten Welt« annehmen und staatliche Unterdrückung ahnden. Auch den Uyl machte sich den Gedanken des »Führungslands« zu eigen, und Jank Pronk verkörperte ihn in Reinform.[50] Gerade als wenig einflußreicher und verwundbarer Staat, so fanden sie alle, seien die Niederlande besser befähigt, zu erkennen, wie es um die Welt stand, und etwas dagegen zu tun.[51]

Die Umwertung von machtpolitischer Marginalität zu moralischer Superiorität war dazu gedacht, oder konnte doch dazu dienen, den Niederlanden eine

---

47 Vgl. dazu und zum Folgenden Wielenga, Niederlande, 305–337; Hellema, Nederland, S. 261–303.
48 Vgl. Kennedy, Babylon, S. 77–81.
49 De Gaay Fortman, Vredespolitiek, S. 112. Hervorhebung im Original.
50 Vgl. Heldring, Dreams, S. 321.
51 Vgl. Kennedy, Babylon, S. 80; Fortman, Vredespolitiek, S. 112.

sichtbare Rolle auf dem internationalen Parkett zu verschaffen. Dies mit dem Argument zurückzuweisen, das Interesse an Menschenrechten habe sich ursprünglich in progressiven Aktionsgruppen und Parteien herausgebildet und sei daher nicht aus außenpolitischen Statuserwägungen geflossen, sondern aus dem gesellschaftlich-kulturellen Wandel der sechziger Jahre, greift hier deutlich zu kurz.[52] Denn einmal an die Regierungsmacht gelangt, trugen die ehemaligen Aktivisten und Oppositionellen diesen Impetus eben durchaus auf die weltpolitische Bühne, versuchten ihn in internationales Kapital umzumünzen, ja sahen darin ihre eigentliche Mission. Nach einigen Jahren im Amt zählten sie vor allem ihre Menschenrechtspolitik zu den »erneuernden Elementen«; die Niederlande hätten in internationalen Foren »eine Vorreiterrolle gespielt«, und damit im Ausland »sehr oft Achtung gewonnen«.[53]

Drittens schließlich stand die neue Moralpolitik auch in einem Bezug zur kolonialen Vergangenheit des Landes. Nach einem lange währenden, sogenannten »großen Schweigen« machte sich diese seit den späten sechziger Jahren plötzlich in der öffentlichen Diskussion geltend. Das beförderten vor allem die Proteste gegen den Vietnamkrieg, die viele Aktivisten und Journalisten zu einer kritischen Auseinandersetzung mit »imperialistischen« Herrschaftspraktiken anregte. Darüber hinaus gab es einen punktuellen Auslöser, eine Dokumentarserie über die niederländischen Verbrechen in Indonesien nach dem Zweiten Weltkrieg, die das Fernsehen 1969 ausstrahlte, und die eine kontroverse Debatte nach sich zog.[54] Das erwachende Bewußtsein über die kolonialpolitischen Mißtaten beeinflußte auch die Regierungspolitik. In der Forschung ist dabei die These Alfred E. Pijpers viel erörtert worden, die Vertreter des Kabinetts den Uyl seien von Schuldgefühlen und einem Wunsch nach Wiedergutmachung beseelt gewesen.[55] Zahlreiche Äußerungen von PvdA-Mitgliedern weisen in diese Richtung. Und Jan Pronk gab rückblickend zu Protokoll, »Schuld und Buße« des vormaligen Kolonisators seien wichtige Motive gewesen, aus denen sich seine Sympathie für die Länder des globalen Südens gespeist habe.

Sicherlich schießt Pijpers' Deutung in mancher Hinsicht über das Ziel hinaus. Pronks entwicklungspolitische Vorstellungen waren ausgreifender und damit vager – ihm ging es darum, daß der reiche Westen ein humanitäres Verantwortungsbewußtsein gegenüber der unterprivilegierten »Dritten Welt« entwickelte.[56] Auch spielten noch andere Kalküle in die neue außenpolitische Konzeption hinein, vor allem das Bedürfnis, die Niederlande von den USA zu distanzieren und den rigiden Antikommunismus der langen fünfziger Jahre

---

52 Dieses Argument bei Malcontent, Kruistocht; de Boer, Sharpeville.
53 Rijksbegroting voor 1977, S. 3. Das letztes Zitat ist eine Äußerung van der Stoels im Parlament: Handelingen Tweede Kamer, 3.11.1976, S. 897.
54 Vgl. Kennedy, Babylon, S. 72; Kuitenbrouwer, Ontdekking; Malcontent, Kruistocht.
55 Vgl. Pijpers, Dekolonisatie.
56 Vgl. Kuitenbrouwer, Ontdekking, S. 248–258.

zurückzudrängen. Doch selbst wenn man dies in Rechnung stellt, bildete die niederländische Kolonialgeschichte einen prominenten Hintergrund der Regierungspolitik. Die Kabinettsmitglieder betrachteten sie als Unrecht, und diese Wahrnehmung floß in den Gedanken einer nötigen außenpolitischen Umkehr ein, wenn auch vielleicht nicht an erster Stelle. Das zeigte sich nicht zuletzt in der überhasteten Dekolonisierung Surinams, die die Regierung den Uyl nahezu umgehend einleitete, und die bereits 1975 abgeschlossen war. Anschließend steckte die niederländische Führung große Summen in die Entwicklungshilfe für das Land, die tatsächlich Züge eines Wiedergutmachungsversuchs einer neuen Generation von Sozialisten trug.[57]

Menschenrechtspolitik in der Praxis

Den Richtungsbestimmungen entsprechend, stand das außenpolitische Handeln der links-konfessionellen Regierung während ihrer viereinhalbjährigen Amtszeit im Zeichen einer grundsätzlichen Kontinuität mit neuen, »progressiven« Akzentsetzungen.[58] Die Veränderungen im Bereich der Nord-Süd-Politik fielen, wie zu erwarten war, einschneidend aus. Auch hier baute die neue Regierung allerdings auf Vorläufern auf.[59] So hatte der erste Minister für Entwicklungszusammenarbeit, der KVP-Politiker Theo Bot, die niederländische Entwicklungshilfe bereits seit 1966 neu ausgerichtet. Statt als Mittel, den Kommunismus einzudämmen, sollte sie fortan dazu dienen, das weltweite Wohlstandsgefälle zu vermindern. Bots Nachfolger setzten diese Politik bis 1973 fort. Dabei machte sich in der entwicklungspolitischen Diskussion bereits in diesen Jahren ein Bewußtsein darüber geltend, daß der globale Süden an Bedeutung zunehme und es eines moralischen Verantwortungsgefühls gegenüber »unterentwickelten« Ländern bedürfe.[60]

Waren damit also wichtige Grundlagen gelegt, trieb der junge Minister Pronk die Dinge doch erheblich weiter.[61] Sein Bemühen, die Niederlande zu einem solidarischen Vorkämpfer weltwirtschaftlicher Emanzipation zu machen, reichte so weit, daß er das arabische Ölembargo prinzipiell guthieß und die Ziele der UN-Entwicklungsdekade für die niederländische Politik übernahm. Vor allem unterstützte er die Forderung nach einer »Neuen Weltwirtschaftsordnung« mit großer Energie. In den Vereinten Nationen wie auch

57 Vgl. Kuitenbrouwer, Nederland.
58 Vgl. zum Folgenden Hellema, Nederland, S. 261–303, der allerdings die Kontinuitäten überbetont.
59 Zum Hintergrund vgl. Kuitenbrouwer, Ontdekking; de Jong, Kielzog.
60 Vgl. Kennedy, Babylon, S. 73–76.
61 Vgl. Hellema, Nederland, S. 261–303; Malcontent, Nederland; Malcontent, Kruistocht; Kuitenbrouwer, Ontdekking.

innerhalb der Europäischen Gemeinschaft suchten er und seine Mitarbeiter sich immer wieder als Mittler zu betätigen. Dabei vertraten sie Standpunkte, die die anderen EG-Mitglieder mehr als einmal gegen die Niederlande aufbrachten – sei es in der Frage des UN-Rohstoffprogramms, der Schuldenverringerung, der Reform internationaler Finanzinstitutionen oder des Zugangs zu westlichen Industrieprodukten. Gleichzeitig sorgte Pronk dafür, der niederländischen Entwicklungshilfe eine neue Richtung zu geben. So stieg ihr Umfang zwischen 1973 und 1977 fast um das Dreifache von 1,2 auf über 3 Milliarden Gulden. Das entsprach eineinhalb Prozent des Nationaleinkommens, mehr, als fast jedes andere westliche Land bereit war auszugeben. Die Liste der »Schwerpunktländer« wuchs. Dabei begünstigte der Entwicklungsminister mit der Begründung, Staaten fördern zu wollen, die die Armut bekämpften und eine aktive Sozialpolitik betrieben, gerade auch sozialistisch orientierte Länder wie Kuba oder (Nord-) Vietnam. Die christdemokratischen und liberal-konservativen Parteien im Parlament kritisierten das dritte Vergabekriterium, das Pronk eigens entwickelt hatte und auf das er sich nun berief, als einen Vorwand, um seiner ideologischen Einseitigkeit freien Lauf zu lassen. Dabei denunzierten sie seine Politik bemerkenswerterweise als neokoloniale Einmischung in die Angelegenheiten unabhängiger Staaten. In jedem Fall wurde Pronks Nord-Süd-Politik damit zu einem Terrain, auf dem sich die außenpolitische Vision der links-konfessionellen Regierung auffällig niederschlug.

Mit der menschenrechtspolitischen Linie verhielt es sich prinzipiell ähnlich. Auch wenn sie die niederländische Außenpolitik zu keinem Zeitpunkt dominierte, bildete sie doch eine wichtige und bis zuletzt aufrechterhaltene Stoßrichtung des Bemühens, das Land international zu positionieren. In ihrer Politik gegenüber zahlreichen Ländern ließ sich die Regierung nachhaltig von menschenrechtlichen Erwägungen beeinflussen. So gehörte sie etwa zu den entschlossensten Gegnern der Pinochet-Diktatur innerhalb des westlichen Lagers. Sie strich Chile von der Liste entwicklungspolitischer »Schwerpunktländer«, protestierte wiederholt gegen die Repressionen der Militärjunta und ging in internationalen Organisationen besonders aktiv gegen das Regime vor.[62]

Auch gegenüber Südafrika kündigte die neue Regierung eine härtere Gangart an, ohne aber sogleich zu drastischen Mitteln greifen zu wollen.[63] Vor allem van der Stoel plädierte anfänglich für einen »kritischen Dialog«, der vorwiegend über die Kanäle der stillen Diplomatie geführt werden sollte. Hochgesteckte Erwartungen verband er damit indessen nicht. Ein ministerielles Schlüsselmemorandum resümierte noch 1976, »fundamentale Veränderungen« in der südafrikanischen Politik seien »unvermeidlich, aber kurzfristig nicht

---

62 Vgl. dazu Malcontent, Kruistocht, S. 145–178.
63 Vgl. zum Folgenden v.a. de Boer, Sharpeville, S. 240–308; ferner de Goede, Mensenrechten.

realisierbar«.⁶⁴ Über den kritischen Dialog hinaus, der alsbald in Gang kam, unternahm die Regierung zunächst eine Reihe begrenzter Schritte. In den Vereinten Nationen verurteilte sie die Apartheid, schloß sich aber Resolutionen nicht an, die forderten, die Kaprepublik aus der Weltorganisation auszuschließen, oder Apartheid mit Kolonialismus gleichsetzten. Das zwischen 1974 und 1976 diskutierte Vorhaben, ein Waffen- und Ölembargo zu verhängen, unterstützten die Niederlande nicht, was zum Teil offenbar dem westdeutschen Druck geschuldet war, die Linie der EG-Staaten einzuhalten. Dagegen erhöhte die Regierung ihren Beitrag zu einem UN-Treuhandfonds. Uneinigkeit herrschte regierungsintern darüber, wie die wirtschaftlichen Beziehungen zu Südafrika zu gestalten seien. Eine große Bedeutung hatten sie für das Königreich nicht. Zwar operierten mit Shell, Unilever und Philips drei wichtige niederländische Unternehmen am Kap, doch blieben das Investitions- und das Handelsvolumen aufs Ganze betrachtet gering. Dessen ungeachtet fand sich van der Stoel nicht zu wirtschaftlichen Sanktionen bereit, wobei er sich auf das Argument zurückzog, sie bewirkten ohnehin nichts: »Wir wissen alle, daß ohne amerikanische und britische Unterstützung [...] ein solcher Druck nichts zustande bringt.«⁶⁵ Ministerpräsident den Uyl hingegen beschloß, wenn auch nur mit größten Bedenken, vorsichtige Maßnahmen zu ergreifen. So wies er 1974 an, von Fall zu Fall zu prüfen, ob Exportgarantien dazu beitrugen, das Apartheidsystem zu stützen.

Erst in den Jahren 1976 und 1977 verschärfte die Regierung ihren Kurs merklich.⁶⁶ Den Anlaß dafür boten die brutale Gewalt, die im Massaker von Soweto und der anschließenden Unterdrückung der *Black Consciousness*-Bewegung hervorbrach – ihr fiel im September 1977 auch der international bekannte Aktivist Steve Biko zum Opfer. Die niederländische Führung sandte daraufhin mehrere empörte Demarchen an die südafrikanische Regierung, sprach sich gegen eine Zusammenarbeit der NATO mit dem Apartheidregime aus, erhöhte die humanitären Hilfszahlungen und kündigte schließlich ein bilaterales Kulturabkommen. Auch beschloß sie nun, keine weiteren Exportkreditgarantien zu vergeben. Da die Experten im Außenministerium unilaterale Schritte nach wie vor für unwirksam hielten, machte sie weitergehende Strafmaßnahmen davon abhängig, ob die EG-Partner sie unterstützen würden. Folglich wurde van der Stoel instruiert, im Rahmen der Europäischen Politischen Zusammenarbeit dafür zu werben, keine weiteren Exportkreditgarantien zu gewähren und keine neuen Investitionen zu genehmigen. Großbritannien, Frankreich und die Bundesrepublik stemmten sich allerdings resolut dagegen. Sie wollten erst die Effekte der bereits getroffenen Maßnahmen abwarten – dazu zählten vor allem

---

64 Zitiert nach de Boer, Sharpeville, S. 256.
65 Zitiert nach ebd., S. 247.
66 Vgl. ebd., S. 334–367.

ein Verhaltenskodex für Unternehmen, den die EWG im September 1977 beschlossen, und das verpflichtende Waffenembargo, das der UN-Sicherheitsrat im folgenden November verhängt hatte. In diese Sackgasse hatten sich die Dinge manövriert, als Chris van der Klaauw neuer niederländischer Außenminister wurde, der den Gedanken wirtschaftlicher Sanktionen gegen Südafrika nun vollends verwarf.

Bei alledem hatten die niederländischen Beziehungen zu Südafrika in den siebziger Jahren bereits etwas von ihrer besonderen Brisanz verloren. Bis weit in die sechziger Jahre hinein hatten sowohl die Verteidiger als auch die Gegner des Apartheidregimes das Argument bemüht, beide Länder seien angesichts ihrer Migrationsgeschichte durch »historische Bande« verknüpft – jene mahnte es zur Zurückhaltung, diese verpflichtete es zu Kritik. Doch verblaßte dieser Gedanke im folgenden Jahrzehnt.[67] Etwas Ähnliches galt für Indonesien nicht. Das niederländische Verhältnis zum Inselstaat gestaltete sich infolge der kolonialen Vergangenheit vielmehr unverändert heikel. Alle führenden Politiker waren sich einig, daß es sich die Niederlande nicht erlauben konnten, als Strafmacht aufzutreten. Und dennoch bemühte sich die Regierung den Uyls auch gegenüber Suharto um eine kritische menschenrechtspolitische Linie, wenngleich sie sehr darauf bedacht war, die Grenzen eines politisch sinnvollen Drucks nicht zu überschreiten. Ministerpräsident den Uyl und Außenminister van der Stoel gaben dabei wiederum einem diskreten Ansatz den Vorzug.[68] Diesen unterlief allerdings Entwicklungsminister Pronk, der öffentlich andeutete, wie sehr er den indonesischen Umgang mit den politischen Gefangenen mißbillige, die seit 1965 in der Haft verharrten. Im Jahr 1975 kündigte er schließlich an, die Entwicklungshilfe für Indonesien zu verringern. Dies begründete er aber nicht mit Menschenrechtsverletzungen, sondern damit, daß das Bedarfskriterium nicht länger erfüllt sei, weil sich die indonesische Wirtschaftslage gebessert habe. In Pronks Schachzug offenbarten sich die vertrackten Widersprüche einer mehrfach determinierten Moralpolitik mit aller Klarheit. Gab der menschenrechtliche Imperativ vor, die Verbrechen eines autoritären Regimes entwicklungspolitisch zu ahnden, so wirkte das koloniale Schuldbewußtsein als Hemmfaktor. Es nährte nämlich Pronks Wunsch, die Hilfsbeziehung fortzusetzen, um das Leid der indonesischen Bevölkerung wenigstens ansatzweise wiedergutzumachen. Der Minister behalf sich mit seinem argumentativen Trick, um sich aus dem Dilemma herauszuwinden. Das wiederum mußte seine Politik nach außen als unentschlossen oder sogar unaufrichtig erscheinen lassen. Denn auf allen Seiten wurde seine Geste als Wink verstanden, daß eine Verbesserung der Häftlingssituation in Indonesien nötig sei.

---

67 Vgl. de Boer, Sharpeville.
68 Vgl. zum Folgenden Malcontent, Kruistocht, S. 126–144.

In dem Maße, wie deutlich wurde, daß sich an der Situation der politischen Gefangenen nichts änderte, fand indessen der Gedanke, die Entwicklungshilfe für Indonesien aus menschenrechtlichen Gründen zu kürzen, immer mehr Unterstützer, nicht zuletzt in der PvdA selbst. Ende 1975 ließ Staatspräsident Suharto daraufhin die Freilassung von über Tausend Häftlingen ankündigen und sagte kurze Zeit später zu, das Problem bis Ende 1978 vollständig zu lösen. Die niederländische Haltung spielte für diesen Entschluß höchstwahrscheinlich eine Rolle; sie fiel um so mehr ins Gewicht, als das Land den Vorsitz der *Inter-Governmental Group on Indonesia* innehatte, in der sich die Geberländer koordinierten. Doch war sie nur einer von mehreren Faktoren, da gleichzeitig auch die Kritik von anderer Seite zunahm, vor allem im amerikanischen Kongreß und in der britischen Regierung. Schließlich waren die Verhandlungen für die Indonesier womöglich ohnehin nicht viel mehr als ein verbrecherisches Täuschungsmanöver. Suharto mag den Dialog mit den Geberländern vor allem als Kulisse aufgebaut haben, um die internationale Aufmerksamkeit von den Massenmorden abzulenken, die seine Armee seit ihrer Invasion in Ost-Timor Ende 1975 verübte. Mit Äußerungen über diese Verbrechen hielten sich die niederländischen Regierungsvertreter sehr weitgehend zurück. Van der Stoel verwies dabei auf das koloniale Vermächtnis und die wirtschaftlichen Beziehungen (die Niederlande waren gerade im Begriff, der indonesischen Marine drei Korvetten zu verkaufen). Anderes kam hinzu: So zögerten die außenministeriellen Beamten, die Gewalt in Ost-Timor als Menschenrechtsverletzung zu qualifizieren, weil die indonesische Armee auf den bewaffneten Widerstand der *Frente Revolucionária do Timor-Leste Independente* (Fretilin) getroffen sei. Überdies hätte es die Haltung gegenüber den in den Niederlanden lebenden Molukkern erschwert, wenn die Regierung das ost-timoresische Selbstbestimmungsrecht betont hätte. Denn die Molukker forderten ebenfalls einen eigenen Staat, wobei sich einige von ihnen just um die Mitte der siebziger Jahre radikalisierten und die niederländische Öffentlichkeit mit einer Serie von Terroranschlägen in Atem hielten. Die Situation der politischen Gefangenen in Indonesien war verzweifelt genug, doch während die niederländische Regierung in diese Frage erhebliche diplomatische Energien steckte, fielen die gleichzeitigen, hunderttausendfachen Gewaltexzesse in der ehemaligen portugiesischen Kolonie durch das Raster ihrer Menschenrechtspolitik.

Auch in der niederländischen Politik gegenüber den kommunistischen Staaten Osteuropas schließlich schoben sich menschenrechtliche Argumente in den Vordergrund. Dabei bediente sich die Regierung einer zwar offenbar nicht bewußt geschmiedeten, aber in der Summe ihrer Handlungen doch erkennbaren Strategie der Unterminierung durch Menschenrechtskritik. Mit ihr verfolgte das Linksbündnis insofern nicht ausschließlich einen moralisch-humanitären Zweck, sondern griff auch nach einer diplomatischen Waffe in der Auseinandersetzung mit dem Systemgegner. Darin die immer gleiche, lediglich menschenrechtlich umetikettierte Logik des Katen Kriegs zu sehen, trifft die Sache allerdings nicht ganz.⁶⁹ Zwar zielte die Regierung den Uyls tatsächlich darauf, zur Auflösung des kommunistischen Herrschaftssystems beizutragen. Doch strebte sie dies nicht nur langfristig und auf friedliche Weise an, sondern der Systemkonflikt beschränkte sich für sie auch nicht länger auf die machtpolitische Dominanz der Sowjetunion, ihre nukleare Unberechenbarkeit oder ihr vermeintlich unbegrenztes Expansionsstreben. Als vordringlich erschien ihr vielmehr, daß das kommunistische Herrschaftssystem die Menschen in Osteuropa zu einer inhumanen Existenz verdammte. Insofern baute der menschenrechtspolitische Ansatz auf einer Situationseinschätzung auf, die sich von derjenigen des frühen Kalten Kriegs nicht unbedeutend unterschied.

Die subversive Menschenrechtsstrategie der niederländischen Führung war dabei taktisch abgestuft. So ging sie die osteuropäische Hegemonialmacht selbst und deren linientreuste Satelliten vergleichsweise hart an. Nicht nur legte Außenminister van der Stoel bei seinem Besuch in Moskau im April 1974 besonderen Nachdruck auf die Menschenrechtssituation im Land.⁷⁰ Vor allem intervenierten die Niederländer mehrfach diplomatisch, um auf eine bessere Behandlung der Dissidenten zu dringen. Im Jahr 1975 setzten sich den Uyl und van der Stoel in Gesprächen mit Breschnew und Gromyko persönlich dafür ein, Andrei Amalrik ausreisen zu lassen, und in den folgenden Jahren bemühten sie sich um die Freilassung Wladimir Bukowskis und Anatoli Schtscharanskis. Auch im Verhältnis zur Tschechoslowakei, die sie fest in der Hand moskautreuer Parteihardliner sah, welche jeden Hauch von Liberalisierung zu verhindern wüßten, erlegte sich die niederländische Regierung vergleichsweise wenig Reserve auf.⁷¹ Den ambivalenten Höhepunkt dieser Politik bildete der Besuch van der Stoels in Prag im März 1977, bei dem sich der Außenminister auch einige Minuten mit dem Charta-Mitbegründer Jan Patočka unterredete. Während diese Begegnung im Westen van der Stoels Ruf als Verteidiger der Menschenrechte festigte, reagierten die tschechoslowakischen Behörden erzürnt und unterzogen Patočka Verhören, die ihn schließlich erschöpft zusammenbrechen ließen; kurz darauf starb er.

Zielte die Regierung den Uyls also konsequent auf die wunden Punkte in der Herrschaftspraxis der Sowjetunion und der Tschechoslowakei, so hütete sie sich geradezu peinlich, Staaten, die äußerlich relativ unabhängig von der Sowjetunion auftraten und oppositionellen Regungen im Inneren etwas mehr Spielraum zu lassen schienen, auf die Menschenrechtssituation anzusprechen. In Gesprächen, die van der Stoel und den Uyl 1975 beziehungsweise 1977 mit dem

---

69 So die Interpretation von Floribert Baudet, auf dessen empirische Befunde ich mich stütze: Vgl. Baudet, »Aandacht«.
70 Vgl. dazu und zum Folgenden Baudet, »Aandacht«, S. 99–136.
71 Vgl. Baudet, »Aandacht«, S. 173–212.

polnischen Ministerpräsidenten Piotr Jaroszewicz führten, erwähnten sie das Thema zwar gleichsam für das Protokoll, achteten aber sorgsam darauf, möglichst wenig Druck auszuüben.[72] In den Beziehungen zu Jugoslawien schließlich traten menschenrechtliche Fragen gänzlich in den Hintergrund.[73] Wo die Geschlossenheit des kommunistischen Lagers zu bröckeln versprach, wollte die niederländische Regierung ganz offensichtlich nicht riskieren, mit unbequemen menschenrechtspolitischen Vorstößen eine neue Verhärtung herbeizuführen.

Das Bestreben, einen Keil in den Ostblock zu treiben, war dabei nicht der einzige Grund, warum die niederländische Regierung Menschenrechtskritik in ihren bilateralen Beziehungen oftmals nicht prononciert vorbrachte. Tatsächlich legte sie gegenüber Chile, Südafrika, der Sowjetunion und der Tschechoslowakei wohl überhaupt ihr offensivstes Verhalten an den Tag. In anderen Fällen blieb sie weit dahinter zurück. Dafür mochten vielerlei Überlegungen sprechen: die geringen Ressourcen etwa, über die die Niederlande verfügten, oder die Tatsache, daß man mit manchen repressiven Staaten gar nicht erst intensive Kontakte unterhielt. Zuweilen scheinen wirtschaftliche Prioritäten den Ausschlag gegeben zu haben. So ließ die niederländische Regierung gegenüber der argentinischen Militärjunta, angesichts florierender Handelsbeziehungen, eine Milde walten, die eigentümlich mit dem Furor kontrastierte, den sie auf das Pinochet-Regime losließ.[74]

Doch wie die Beziehungen zu Kuba zeigten, kamen dort, wo sich die Niederlande zurückhielten, noch weitere Faktoren zum Tragen. So stufte das Kabinett den Uyl menschenrechtliche Kriterien in seiner Politik gegenüber sozialistischen Regimen außerhalb Osteuropas stark zurück. Minister Pronk erklärte Kuba zu einem entwicklungspolitischen Schwerpunktland, weil sein sozioökonomisches System darauf ausgerichtet sei, den Wohlstand der gesamten Gesellschaft zu mehren.[75] Einige Experten im Außenministerium liefen dagegen Sturm und verwiesen auf den »totalitären« Herrschaftsapparat und die desaströse Wirtschaftspolitik der Regierung. Doch setzte sich Pronk schließlich durch. Zwar entging ihm keineswegs, daß es auf Kuba keine rechtsstaatlichen Garantien gab und die Situation der politischen Gefangenen beklagenswert war. Er glaubte aber, gerade durch die Entwicklungshilfe dazu beitragen zu können, daß sich das Regime Fidel Castros liberalisiere. Selbst als sich das internationale Ansehen der Karibikinsel infolge der militärischen Abenteuer in Angola und Äthiopien rapide verschlechterte, hielt Pronk seine Linie aufrecht, unter anderem, indem er die kubanischen Interventionen mit der amerikanischen Befreiung Europas im Zweiten Weltkrieg verglich. Ähnliche Motive

---

72 Vgl. ebd., S. 137–172.
73 Vgl. ebd., S. 213–252.
74 Vgl. Malcontent/Baudet, Burden.
75 Vgl. Malcontent, Kruistocht, S. 179–204.

gaben auch den Ausschlag dafür, daß Pronk die Niederlande, gegen vehemente Proteste aus dem Parlament, zum drittgrößten Geldgeber für das kommunistische Vietnam machte.[76] Beide Länder, Kuba und Vietnam, hatten für das Projekt der Regierung, die niederländische Außenpolitik, und die internationale Politik insgesamt, neu auszurichten, eine mehrschichtige Symbolfunktion. Sie zu unterstützen, bedeutete, zentrifugale Bewegungen im sozialistischen Lager zu stimulieren, »egalitär« regierte Entwicklungsländer zu stärken und amerikakritischen Tendenzen im Staatensystem Auftrieb zu verschaffen. Mit alledem diente die Politik der Regierung schließlich dazu, einen außenpolitischen Wertewandel zu dokumentieren, der in der Dritte-Welt-Bewegung seit längerem vorgedacht war.

Schließlich stellten auch Meinungsströmungen im Parlament und in der Gesellschaft einen nicht zu unterschätzenden Einflußfaktor dar, der oft darüber mitentschied, ob und wie resolut die Regierung den Uyls in Aktion trat. Bei allem moralischen Eifer, den sie selbst aufbrachte, schritt sie oftmals auch deshalb menschenrechtspolitisch in anderen Ländern ein, um auf wütende Proteste in der politischen Öffentlichkeit zu reagieren. Das galt neben den Verbrechen der chilenischen Militärdiktatur und der Verfolgung der sowjetischen Dissidenten wiederum sehr stark für die südafrikanische Apartheidpolitik. Die öffentliche Aufmerksamkeit für die zunehmend gewalttätige Linie Pretorias erreichte in den Niederlanden während der siebziger Jahre einen bemerkenswerten Höhepunkt.[77] Fast alle Parteien sprachen sich gegen die rassistische Politik der weißen Regierung aus. Außerhalb des Parlaments formierte sich eine Reihe neuer, radikalerer Organisationen wie die *Anti-Apartheids Beweging Nederland* oder das *Azania Komitee*. Auch der *Raad van Kerken*, ein interkonfessioneller Dachverband, und die Synode der Reformierten Kirche erhoben eine immer lautere Stimme, und es bildeten sich zahlreiche kirchliche Aktionsgruppen. In der Wahrnehmung der Regierungsmitglieder war der Handlungsdruck, der von den vielgestaltigen Protesten ausging, hoch. Die Appelle der linken Parteien im Parlament, die den Uyl und van der Stoel stets weiter zu treiben versuchten, hatten dabei das größte Gewicht, doch schufen die Nichtregierungsorganisationen einen öffentlichen Resonanzraum und waren überdies zuweilen eng mit den Linksparteien vernetzt. Manche Forderungen der Apartheidgegner beeinflußten die Beschlüsse der Regierung sogar direkt. So entschied sich diese im Spätsommer 1977 dagegen, dem Flugzeughersteller Fokker eine Genehmigung für Flugzeugverkäufe zu erteilen, nachdem das *Komité Zuidelijk Afrika* darauf hingewiesen hatte, die Flugzeuge könnten für Truppentransporte benutzt werden. Wenn Staatsverbrechen hingegen in der niederländischen Gesellschaft keine ähnlich starken moralischen Leidenschaften weckten, entfiel für die Regierung

---

76 Nach der Sowjetunion und Schweden. Vgl. Malcontent, Kruistocht, S. 205–236.
77 Vgl. de Boer, Sharpeville, S. 240–308.

den Uyls ein wichtiges Handlungsmotiv. Das sozialistische Kuba etwa genoß in niederländischen Intellektuellenzirkeln und Medien nach wie vor ein hohes revolutionäres Ansehen. Proteste gegen Castros repressive Herrschaft, die sich in den siebziger Jahren zwar ein wenig lockerte, aber nach wie vor zahlreiche politische Häftlinge ihre Freiheit kostete, blieben aus.[78]

Viel Zeit, solche Erfahrungen auszuwerten, blieb der Regierung indessen nicht, denn nach viereinhalb Jahren war ihr menschenrechtspolitisches Experiment bereits beendet. Den Uyls überraschender Fall von der Macht illustrierte dabei, wie nah Triumph und Scheitern beieinander liegen konnten. In den Wahlen von 1977 errang die PvdA einen historischen Sieg – sie vergrößerte ihren Stimmenanteil von 27,3 auf 33,8 Prozent –, pokerte aber in den Koalitionsverhandlungen mit den konfessionellen Parteien zu hoch. Diese wandten sich daraufhin von dem bisherigen Partner ab und verständigten sich mit der liberal-konservativen *Volkspartij voor Vrijheid en Democratie* (VVD), mit der sie gemeinsam über eine hauchdünne Mehrheit verfügten.

Die Regierung den Uyl blickte auf eine gemischte Bilanz. Ihre ambitionierten wirtschaftlichen und sozialpolitischen Reformpläne scheiterten – weil sie mit den Folgen der »Ölkrise«, mit Arbeitslosigkeit und »Stagflation« zu kämpfen hatte, aber auch, weil sie die staatliche Steuerungsfähigkeit über- und die gesellschaftliche Zustimmung zu den alten Strukturen unterschätzte.[79] Ihre Strategie der »Polarisierung« schien sich 1977 zwar auszuzahlen, brachte auf lange Sicht aber ganz das Gegenteil dessen, was sie intendiert hatte: Sie trug dazu bei, daß sich mit dem *Christen-Democratisch Appèl* 1980 eine konfessionelle Sammlungspartei formierte, die die politische Bühne bis Anfang der neunziger Jahre dominieren sollte und die PvdA zu einer langen oppositionellen Durststrecke verdammte. Heutige Historiker attestieren dem politischen Projekt des Linksbündnisses gleichwohl wichtige Langzeitfolgen, da es einen durchgreifenden Wandel der politischen Kultur angeschoben habe. Daß autoritäre Strukturen abgebaut wurden, Partizipation und politischer Konfliktaustrag eine neue Intensität erreichten, gesellschaftliche Gruppen mehr Raum erhielten, um ihre Interessen zu artikulieren, war demnach auch den Weichenstellungen und dem politischen Stil des Kabinetts den Uyl zu verdanken.

Die neuen außenpolitischen Aufbrüche bieten ein ähnliches Bild. Ihr Hauptanliegen, eine gerechtere weltweite Verteilung von Macht und Wohlstand herbeizuführen, konnte die Regierung den Uyls nicht einmal ansatzweise verwirklichen. Die Verhandlungen über die »Neue Weltwirtschaftsordnung« waren dafür symptomatisch, in denen es den Niederlanden trotz großem Engagement nicht gelang, den anderen Industriestaaten substanzielle Konzessionen abzuringen. Dafür hatte ihre Stimme viel zu wenig Gewicht und entwickelte zu wenig

---

78 Vgl. Malcontent, Kruistocht, S. 195–199.
79 Vgl. dazu und zum Folgenden Wielenga, Niederlande.

Überzeugungskraft. Mit ihrem Ausscheren setzte die niederländische Regierung nicht mehr und nicht weniger als ein Zeichen, das indessen von vielen Politikern des globalen Südens anerkennend aufgenommen wurde. Überdies waren die Niederlande, mit Blick auf das Volumen und die Konditionen ihrer Entwicklungshilfe, unter den westlichen Staaten tatsächlich zum »Führungsland« geworden.

Menschenrechte blieben weit davon entfernt, in den auswärtigen Beziehungen stets die oberste Priorität darzustellen, und sie avancierten nicht zu der Zauberformel, mit der sich die Rolle des Landes in der Welt grundlegend umgestalten ließ. Dennoch betrachtete die Regierung gegen Ende ihrer Amtszeit die »große und anhaltende Sorge für die [...] Aufrechterhaltung der Menschenrechte« als rühmlichen Ausweis ihrer Außenpolitik.[80] Und tatsächlich wurden die Niederlande unter den Uyl – anders als etwa Großbritannien – zu Hause wie auch auf dem internationalen Parkett mit dem weltweiten Einsatz für Menschenrechte identifiziert. In mehreren Fällen trug die niederländische Führung zudem nach Kräften dazu bei, den internationalen Druck auf repressive Regime zu erhöhen, und nahm dafür auch bilaterale Spannungen in Kauf, so mit Chile, Südafrika oder der Sowjetunion. Die Folgen für die nationale Politik waren vielleicht sogar noch erheblicher, denn die neue menschenrechtspolitische Linie veränderte die niederländische Agenda dauerhaft. Wie noch zu zeigen sein wird, bekannten sich die nachfolgenden christlich-konservativen Regierungen zu den prinzipiellen und praktischen Grundlagen, die den Uyl, van der Stoel und Pronk geschaffen hatten.

In der Praxis entpuppte sich das niederländische Menschenrechtsengagement als eine mehrschichtige Strategie, mit der die Regierung den Uyls tatsächlich eine Art neulinke Moral in die weltpolitische Arena transportierte, vielleicht sogar mehr, als sie es jemals beabsichtigt hatte: In der Pinochet-Diktatur bekämpfte sie den alten »faschistischen« Feind in seiner jüngsten Verkleidung, im Apartheidregime die letzten Relikte des westlichen »Imperialismus«, in der Sowjetunion die monströse Mißgeburt des kommunistischen Traums. Das entrückte Kuba, »fernes Paradies« mit seiner noch jungen Revolution, identifizierte sie mit dem humanitären Fortschritt.[81] Diese politische Aufladung mag ein Grund gewesen sein, warum die niederländische Menschenrechtspolitik in der historischen Erinnerung bis heute nicht als international traditionsbildend erschienen ist – neben der machtpolitischen Marginalität des Landes und dem wissenschaftssoziologischen Umstand, daß Historiker, die nicht aus den Niederlanden kommen, nicht wissen, warum sie sich mit niederländischer Geschichte befassen sollten. Schließlich wurde sie bald schon in den Schatten

---

80 Rijksbegroting voor 1978, S. 2.
81 Vgl. Aarsbergen, Verre paradijzen.

gestellt. Denn Anfang 1977 bekannte sich der neue US-Präsident Carter zum internationalen Menschenrechtsschutz. Damit verlieh er der Außenpolitik der westlichen Supermacht eine Richtung, die ihr einige Jahre zuvor wenige zugetraut hatten, die Männer um den Uyl ganz sicher nicht.

Postkatastrophale Moral:
Die Menschenrechtspolitik Jimmy Carters

Die Präsidentschaft Jimmy Carters war eine der überraschendsten, an dramatischen Wechselfällen reichsten, im Rückblick erklärungsbedürftigsten der zweiten Jahrhunderthälfte. Nach dem Beginn seines Präsidentschaftswahlkampfs war der ehemalige Marineoffizier, Agromanager und Gouverneur von Georgia im Oktober 1975 der Favorit von gerade einmal drei Prozent der demokratischen Wähler. Vierzehn Monate später zog er ins Weiße Haus ein. Nicht von der präsidialen Limousine vorgefahren, denn Carter legte den Weg über die von Menschen gesäumte Pennsylvania Avenue zu Fuß zurück, in einem bewußten Bruch mit der Etikette, der seine politische Botschaft in ein denkwürdiges Bild faßte: ein erdverbundener, unhierarchischer Präsident, nahe an den Menschen und ihren Nöten, der gekommen war, der hermetischen Selbstherrlichkeit des Washingtoner Establishments den Garaus zu bereiten. War der Wahlsieg hauchdünn ausgefallen, erhielt der neue Präsident nach einigen Monaten der Amtsführung traumhafte Zustimmungsquoten von bis zu drei Vierteln aller Befragten.

Doch so kometenhaft sein Aufstieg war, so schnell und bis zur Unsichtbarkeit erlosch seine politische Strahlkraft auch wieder. Carters Popularität fiel zeitweise auf knapp über zwanzig Prozent, das schlechteste Ergebnis, seit es Präsidentenumfragen gab. Seine Amtszeit prägten Bilder von Autoschlangen an benzinlosen Tankstellen, eine als Umkehrsignal gedachte Fernsehansprache, die bald schon als »Malaise-Rede« verspottet wurde, die Schockstarre des Geiseldramas in der Teheraner Botschaft, die gekränkte Wut über den sowjetischen Einmarsch in Afghanistan. Schließlich wurde der einstmalige Hoffnungsträger mit einer der höchsten Wahlniederlagen des 20. Jahrhunderts geradezu aus dem Amt gejagt. Ein späterer Cartoon zeigt Carter vor dem Auftritt in einer Fernsehshow, in der der »schlechteste Präsident aller Zeiten« gewählt werden soll. Einer der Produzenten weist ihn darauf hin, daß er den falschen Platz eingenommen hat: »Ähem ... Das muß wohl ein Irrtum sein, Mr. Carter. Als wir Sie in die Show einluden, da meinten wir nicht, in der *Jury*«.

Der Blick auf Aufstieg und Fall spiegelt die vorherrschende Perspektive der historischen Literatur, die ganz überwiegend darauf abgehoben hat, Erfolg und Mißerfolg, Leistung und Scheitern der Carter-Regierung zu bilanzieren und zu beurteilen. Bis weit in die neunziger Jahre hinein beherrschten schneidende

Kritiken das Feld.⁸² Sie spießten die unpraktikablen Zielsetzungen der Regierung auf, die ineffiziente Regierungspraxis und vor allem die verheerende Bilanz: innenpolitische Krisenherde und außenpolitischen Geländeverluste, wohin man sehe. Carters menschenrechtspolitischer Ansatz diente als eine Art Prisma, in dem sich diese Vorwürfe bündelten. Er galt den Autoren als Ausdruck eines naiven, an Überheblichkeit grenzenden Idealismus, als ein unausgegorener, amateurhafter Politikentwurf, der die außenpolitische Lage der USA verschlechtert und in der Welt wenig Gutes bewirkt habe.⁸³ Mehr als durch alles andere sahen die Kritiker die Menschenrechtspolitik dadurch desavouiert, daß sie inkonsistent und selektiv umgesetzt worden sei. Bereits zeitgenössisch formuliert, haben sich diesem Urteil bis heute bemerkenswerterweise fast alle Historikerinnen und Historiker angeschlossen, wenn auch mit unterschiedlicher Schärfe.⁸⁴

Seit den späten achtziger Jahren bildete sich, beeinflußt von den Skandalen der Reagan-Ära, dem Ende des Kalten Kriegs und dem aller Ehren werten sozialen und internationalen Engagement des Ex-Präsidenten eine revisionistische Historiographie heraus, die bis heute stark an Gewicht gewonnen hat.⁸⁵ Ihre Vertreter machten diplomatische (Teil-) Erfolge wie die Panamakanal-Verträge oder die Vermittlung zwischen Ägypten und Israel geltend. Innenpolitisch schlugen nunmehr Carters Energiewende, die wirtschaftliche Deregulierung, das Bemühen um Umweltschutz oder die restriktive Ausgabenpolitik positiv zu Buche.⁸⁶ Einige rückblickende Propheten stilisierten Carter nun sogar zum besseren Kalten Krieger, der den Sowjetblock entscheidend geschwächt habe, indem er eine robuste Hochrüstungspolitik mit einer neuen ideologischen Offensive im Zeichen der Menschenrechte verband.⁸⁷ Auch die Menschenrechtspolitik erfuhr dabei eine grundlegende Neubewertung.⁸⁸ Daß die Regierung überhaupt den Schritt unternahm, die Sicherheitshilfe an andere Staaten zu reduzieren, weil diese Verbrechen an ihrer eigenen Bevölkerung begingen, sahen die Proponenten der neuen Orthodoxie als einen radikalen Bruch mit der außenpolitischen Tradition. Noch grundlegender stellten sie heraus, daß

---

82 Die Kritik referiert bei Brinkley, Stock; Sneh, Future, S. 1–14. Vgl. Ambrose/Brinkley, Rise, S. 281–302; Kaufman/Kaufman, Presidency. Abgewogene Kritik: Skidmore, Course; Stueck, Placing; Zelizer, Carter.
83 Vgl. Muravchik, Crusade; Ambrose/Brinkley, Rise; Kaufman/Kaufman, Presidency; Stueck, Placing; Hartmann, Menschenrechtspolitik.
84 Im akademischen Diskurs popularisierte der »Neokonservative« Joshua Muravchik dieses Argument mehr als jeder andere. Vgl. etwa Muravchik, Crusade, S. 149. Vgl. ferner Smith, Morality; Vavrina, Carter; Dumbrell, Foreign Policy, S. 11–52.
85 Hargrove, Carter; Dumbrell, Carter; Strong, Working; Brinkley, Stock.
86 Vgl. Smith, Morality, S. 241–247; Brinkley, Stock.
87 Vgl. ebd.; Bourne, Carter.
88 Vgl. Dumbrell, Carter; Smith, Mission, S. 239–265; Brinkley, Stock; Stueck, Placing; Vavrina, Carter; Schmitz/Walker, Carter; Stuckey, Carter; Schmidli, Fate.

die neue Führung Menschenrechtskriterien wenn auch nicht vollends konsistent angewendet, so doch zu einem integralen Bestandteil der Politikformulierung gemacht habe. Einige Historiker haben Carters Menschenrechtspolitik als Versuch interpretiert, auf die gewandelten politischen Kontextbedingungen der siebziger Jahre zu reagieren und sie als reflektierten, sinnvollen, wenn auch schwierigen Neuansatz beschrieben.[89] Zuletzt ist vor allem ihre innenpolitische Funktion näher beleuchtet worden.[90]

Diesen letzten Deutungen ist es am ehesten gelungen, eine analytisch distanzierte Perspektive auf die amerikanische Menschenrechts-Außenpolitik zwischen 1977 und 1981 zu entwickeln. Sie ist in den Gewinn-Verlust-Bilanzen, in denen viele politische Argumente, die bereits zeitgenössisch formuliert worden waren, historisch erstaunlich ungebrochen fortlebten, oft zu kurz gekommen. Carters Regierungsmannschaft, dabei gilt es anzusetzen, unternahm etwas historisch Neuartiges. Sie war die erste in den USA, die den Versuch, Menschenrechte zu einem Fixpunkt der internationalen Beziehungen zu machen, mit dieser mindestens anfänglichen Entschlossenheit und relativen Konsequenz unternahm, und die erste weltweit, die das mit dieser öffentlichen Signalwirkung tat. Sie exerzierte dieses Unterfangen mit all seinen politischen Verheißungen, Dilemmata und Rückkopplungen am intensivsten und vielleicht auch am schmerzhaftesten durch. Ihre Politik gewinnt daher etwas Exemplarisches – übrigens auch rezeptionsgeschichtlich, denn sehr viele staatliche und nicht-staatliche Akteure innerhalb und außerhalb der Vereinigten Staaten zogen daraus ihre Lehren.

Die Entstehung einer menschenrechtspolitischen Konzeption

Carters Ankunft auf der Bühne der nationalen Politik fiel in eine Zeit denkbar starker politischer Gärung. Mitte der siebziger Jahre zeigte sich die amerikanische Gesellschaft zerrissen wie nie zuvor seit dem Ende des Zweiten Weltkriegs.[91] Der Vietnamkrieg hatte einen tiefgreifenden Argwohn gegen die amerikanische Außenpolitik entfacht und über die präzedenzlosen Massendemonstrationen bis in die entlegensten Winkel des Landes getragen. Die Gegner des Kriegs protestierten dagegen, daß sich die Regierung ihre Entscheidungen von einem blindwütigen Glauben an die Gefahren des Dominoeffekts diktieren lasse, dessen Kosten an Geld und Menschenleben schon lange nicht

---

89 Vgl. vor allem Dumbrell, Policy; Schmitz/Walker, Carter; Schmitz, United States, S. 143–193.
90 Vgl. Keys, Virtue, S. 242–268.
91 In diesen Kontext ordnen Carters Politik mehr oder weniger deutlich ein: Smith, Morality; Dumbrell, Carter; Rosati, Rise; Stueck, Placing; Schmitz, United States; Stuckey, Carter; Moyn, Utopia, S. 120–175.

mehr tragbar seien. Die Proteste riefen heftige Gegenreaktionen hervor und spalteten die amerikanische Öffentlichkeit in zwei unversöhnliche Lager. Viele Angehörige jener vermeintlichen »schweigenden Mehrheit«, deren Patriotismus Nixon populistisch beschwor, standen den Kriegsgegnern nicht weniger feindselig gegenüber, als diese dem Regierungsapparat. Das politische Gefüge erodierte noch weiter, als die Watergate-Affäre das Präsidentenamt so stark in Verruf bracht, wie kein anderer Vorfall zuvor. Die Spionageaktion schien Abgründe der kriminellen Manipulation, die anschließenden Vertuschungsversuche ein System von Lügen und Korruption aufzudecken, die die wenigsten Beobachter für möglich gehalten hatten. Der Skandal setzte einen unehrenhaften Schlußpunkt unter die Präsidentschaft Richard Nixons, dessen Politik am Ende rettungslos diskreditiert erschien. Dazu hatten auch die Enthüllungen über geheime CIA-Operation im Ausland beigetragen, die zu bestätigen schienen, daß der amerikanischen Regierung von der Wirtschaftssabotage bis hin zu schäbigen Attentatsplänen jedes Mittel recht war, um die Ausbreitung des Kommunismus zu verhindern. Im kollektiven Erschrecken über die Ausmaße des politischen Machtmißbrauchs waren die ideologischen Glaubenssätze, die die amerikanische Politik im Kalten Krieg jahrzehntelang getragen hatten, zutiefst fragwürdig geworden. Das Gefühl der nationalen Demütigung und des Niedergangs reichte sogar noch darüber hinaus. Es verdüsterte um die Mitte des Jahrzehnts, unterschiedlich motiviert, die politische Befindlichkeit derer, die den Vietnamkrieg als Akt patriotischer Selbstlosigkeit begrüßt, wie auch derjenigen, die ihn als strategische Fehlentscheidung oder sogar als unmoralisches Ausgreifen abgelehnt hatten.

Jimmy Carter erkannte in dem wachsenden Mißtrauen gegenüber der Regierungspolitik, der nationalen Verunsicherung und der Suche nach neuer ideologischer Orientierung das politische Kardinalproblem seiner Zeit. »Die Tragödien von Kambodscha und Vietnam –«, so zählte er in seiner 1975 erschienenen Autobiographie auf, »das Erschrecken, die Beschämung und die Schande von Watergate – die Zweifel und die Verwirrung über die wirtschaftlichen Probleme unserer Nation haben eine beispiellose Unsicherheit und Gewissensprüfung unter den Menschen ausgelöst.«[92] Auf dieser Einsicht baute er seine politische Botschaft auf. Carter profilierte sich anfänglich nicht in erster Linie über ein bestimmtes politisches Vorhaben. Während des Wahlkampfs und zu Beginn seiner Präsidentschaft stand er vielmehr für eine grundlegende Umkehr. Den Werten Geltung zu verschaffen, die eigentlich zählten, Anstand, Glaubwürdigkeit und Ehrlichkeit wiederherzustellen, Zuversicht, Prestige und Konsens neu erstehen zu lassen – das war sein Versprechen an die USA und die Welt, das war, ebenso grundlegend wie unkonturiert, das Programm seiner

---

92 Carter, Best, S. 9.

Regierung.[93] Der Kandidat aus den Südstaaten, der gerade einmal auf eine vierjährige Amtszeit als Gouverneur zurückblickte, schien Eigenschaften persönlich zu verkörpern und politisch in den Vordergrund zu rücken, nach denen sich die desillusionierte Nation sehnte: prinzipienfesten Idealismus, unkorrumpiertes Außenseitertum, den Mut, zwischen den verfeindeten Lagern Brücken zu schlagen. Hierin lag, in der politischen Situation der mittleren siebziger Jahre, die strukturelle Attraktivität des Politikers Carter.

Der Außenpolitik kam in diesem Zusammenhang eine herausgehobene Bedeutung zu, lagen hier doch gleichermaßen die Wurzeln für die aufreibendsten innenpolitischen Auseinandersetzungen und für die nachhaltige Beschädigung der internationalen Reputation.[94] Das zu beheben, machte der Präsident mit der geringsten außenpolitischen Erfahrung seit Ende des Zweiten Weltkriegs zu einer Priorität.[95] Die Konzeption, die er und seine Regierung dafür entwickelten, erschöpfte sich nicht darin, ein Gegenentwurf zu den Machtexzessen Nixons und Kissingers zu sein. Auch war sie substanzvoller und weitblickender, als die vielen vagen Formeln vermuten ließen, derer sich Carter bediente. Sie setzte sich vor allem aus drei politischen Denkansätzen zusammen, einem globalistischen, einem moralistischen und einem technokratischen.

»Dies ist eine neue Welt, die eine neue amerikanische Außenpolitik erfordert«, so umschrieb der Präsident das Bewußtsein, in dem seine Regierung angetreten war.[96] Eine Politik, die ihre Maximen einzig aus dem Gegensatz des Kalten Kriegs ableitete, wies sie als überholt zurück. Daß die Sowjetunion von einem weltweiten Dominanzstreben angetrieben sei, schien ihr nicht länger plausibel – »wir sind jetzt frei von der übermäßigen Furcht vor dem Kommunismus«, wie es Carter in einer seiner berühmtesten Formulierungen ausdrückte.[97] Die Fixierung auf den Systemgegner hatte den Handlungsspielraum der amerikanischen Politik in der Auffassung der Regierungsmitglieder gefährlich verengt und ihr einen Modus der permanenten Krise aufgezwungen. Vor allem glaubten viele von ihnen, der *Containment*-Ansatz habe in seiner bipolaren Engführung die Komplexität der internationalen Politik sträflich verkannt und den Blick auf langfristige Probleme wie auch auf neue Gestaltungsmöglichkeiten verstellt, die jenseits der Ost-West-Konfrontation heraufzogen. Ihre weltpolitischen Diagnosen gingen davon aus, daß das Ende der Kolonialherrschaft und das gewachsene Gewicht der »Dritte Welt«-Länder eine neue internationale Konstellation herbeigeführt hätten. Diese beschrieben sie in Begriffen einer

---

93 Vgl. Carter, Best, S. 10f.
94 Vgl. Carter, Our Foreign Relations, 15.3.1976, S. 109.
95 Vgl. Ambrose/Brinkley, Rise, S. 281.
96 Carter, Address at Commencement Exercises at University of Notre Dame, 22.5.1977, S. 957.
97 Ebd., S. 956.

multipolaren Ordnung, weltweiter Diversität und regionaler Konflikte mit je eigenen Logiken. Die neue Handlungsprämisse, die Carters außenpolitisches Team der überholten manichäischen Weltsicht entgegensetzte, lautete »globale Interdependenz«.[98] Die entscheidenden Weichenstellungen sah die Regierung darin, eine größere Koordination unter den Industrieländern herbeizuführen und die Staaten des globalen Südens stärker in die internationale Politik einzubeziehen. Es galt, gemeinsame Lösungen für globale Probleme wie Hunger, Migrationen, Bevölkerungswachstum, Umweltverschmutzung, Energieknappheit und die Weitergabe von Nukleartechnologie zu entwickeln.[99]

Die weltpolitische Sicht, von der sich die Carter-Regierung leiten ließ, erwuchs aus einem breiten intellektuellen und politischen Umfeld, in dem solche Ideen bereits seit einigen Jahren diskutiert worden waren. Außenminister Kissinger hatte bereits im April 1974 in den Vereinten Nationen eine Rede über die Herausforderungen der »Interdependenz« gehalten und später zu bedenken gegeben, daß diese »zum wichtigsten Ausgangspunkt unserer Diplomatie wird«.[100] Das war der Nixon-Regierung im Zuge der »Ölkrise« von 1973/74 schmerzhaft bewußt geworden, die dramatisch zutage treten ließ, daß sich die Supermacht mit neuen Formen der Verwundbarkeit auseinandersetzen mußte. Unter Gerald Ford hatte die Regierung auch bereits Schritte unternommen, den Gefahren der ökonomischen Verflochtenheit entgegenzusteuern – darunter der erste G-6 Gipfel im Jahr 1975 –, doch betrieb sie ihre Politik reaktiv, ohne eine längerfristige Vision und stets im vorrangigen Bemühen, die amerikanische Machtposition in der Welt zu sichern. Die neuen politischen Einsichten korrespondierten überdies mit Analysemodellen, die seit Anfang der siebziger Jahre in der sozialwissenschaftlichen Forschung entwickelt worden waren.[101] Im selben Jahr, in dem Carter die präsidialen Geschäfte aufnahm, erschien Robert Keohanes und Joseph Nyes *Power and Interdepence*, das Hauptwerk der Theorie der »komplexen Interdependenz«. Sie wiesen auf die Folgen der wechselseitigen Abhängigkeit zwischen Staaten, den relativen Bedeutungsverlust militärischer Macht und die Vielzahl weitgehend gleichrangiger internationaler Politikfelder hin.[102] Carters Sicherheitsberater Zbigniew Brzezinski hatte als Politikwissenschaftler an der Columbia University selbst zu der Diskussion über verwandte Ansätze beigetragen.

---

98 Vance, Choices, S. 27. Vgl. dort vor allem Vances Schlüsselmemorandum vom Oktober 1976: App. I, Overview of Foreign Policy Issues and Positions [Oktober 1976], S. 441–463, hier S. 445.
99 Vgl. Carter, Our Foreign Relations, 15.3.1976, S. 118.
100 Vgl. Kissinger, Address to the Sixth Special Session of the United Nations General Assembly. Das Zitat nach Sargent, United States, S. 57. Das Folgende nach ebd.
101 Vgl. Dumbrell, Carter; Dumbrell, Foreign Policy.
102 Keohane/Nye, Power.

Darüber hinaus hatte sich der gewandelte Blick, mit dem Carters Regierung die internationalen Beziehungen betrachtete, maßgeblich über die sogenannte *Trilateral Commission* ausgeformt.[103] Von David Rockefeller in den Jahren 1972/73 auf den Weg gebracht, gehörten ihr ursprünglich rund 180 Personen aus Wirtschaft, Politik und Wissenschaft an. Die Kommission diente ihnen als Kontaktbörse und Forum für den Gedankenaustausch, in dem sie politische Konzepte entwickelten, die sie über elitäre Netzwerke in die Arbeit von Regierungen und einflußreichen Interessengruppen einzuspeisen versuchten. Ihren gedanklichen Ursprung hatte die Kommission in der Auffassung außenpolitischer Zirkel westlicher Länder und Japans, das internationale System sei in eine neue Phase eingetreten, in der Nationalstaaten infolge transnationaler Verflechtungen und Krisen an Bedeutung verlören. Das Zauberwort lautete auch hier »Interdependenz«. Sie machte in den Augen der Kommission eine intensivierte »trilaterale« Kooperation zwischen den USA, den Ländern der Europäischen Gemeinschaft und Japan unumgänglich, wollte man globalen Problemen wie der Ressourcenknappheit, der Anfälligkeit des Finanzsystems oder Umweltschäden begegnen. Auf die Politikformulierung der Carter-Regierung hatten die Diskussionen einen nicht zu unterschätzenden Einfluß. Die *Trilateral Commission* wurde überhaupt nur bekannt – und berüchtigt –, weil mehr als zwanzig ihrer Mitglieder in hohe Regierungsposten einrückten. Dazu gehörten neben Außenminister Cyrus Vance und Brzezinski, der als erster Direktor der Kommission amtiert hatte, unter anderem Vizepräsident Walter Mondale, Verteidigungsminister Harold Brown, Finanzminister Michael Blumenthal und der stellvertretende Direktor der CIA, Robert Bowie. Der außenpolitische Vorstellungshorizont des Präsidenten dürfte entscheidend von der Kommissionsarbeit beeinflußt worden sein. Carter besuchte zahlreiche Treffen, las die Berichte sorgfältig und nutzte die Gelegenheit, um Kontakte zu außenpolitischen Experten herzustellen.[104]

In den meisten Grundannahmen waren sich Carters wichtigste außenpolitische Mitarbeiter anfangs zwar durchaus einig, doch deutete sich schon früh ein prinzipieller Gegensatz an, der sich mit der Zeit nur noch vertiefen sollte. Sicherheitsberater Zbigniew Brzezinski hatte in seinem 1970 erschienenen Buch *Between Two Ages* viele der außenpolitischen Umwertungen bereits vorweggenommen, die die Regierung ihrer Politik später zugrunde legen sollte. Ausgehend von dem Befund, daß infolge technologischer Entwicklungen ein »globales Bewußtsein« heranwachse, hielt Brzezinski den ideologischen Reduktionismus für überholt. Er visierte eine »Gemeinschaft der entwickelten Nationen« an, die die großen Menschheitsprobleme angehen sollte.[105] Doch

---

103 Zum Folgenden vgl. Sklar (Hg.), Trilateralism; Gill, Hegemony; Beverungen, Elite.
104 Vgl. Smith, Morality, S. 38.
105 Brzezinski, Ages, Zitat S. 293. Vgl. Dumbrell, Carter, S. 110.

waren diese Überlegungen von Anfang an deutlich darauf bezogen, den USA im Wettbewerb mit dem Ostblock Vorteile zu verschaffen.[106] Damit war ein Gegensatz zwischen Brzezinski und dem Nationalen Sicherheitsrat einerseits, Vance und dem *State Department* andererseits angelegt, der den zeitgenössischen Beobachtern nicht verborgen blieb. Seit 1978 behielt Brzezinski in den internen Machtkämpfen zunehmend die Oberhand – nicht zuletzt, weil er den Präsidenten von seiner Sicht zu überzeugen vermochte – und prägte wichtigen Entscheidungen einen antisowjetischen Stempel auf.[107]

Wuchs der Interdependenz-Ansatz aus einer gewandelten Einschätzung der weltpolitischen Rahmenbedingungen, so zog der Moralismus, der Carters außenpolitische Konzeption geradezu durchwirkte, die Lehren aus den politischen Krisen der späten Nixon-Ära. Als Belege für den verlogenen Zynismus der jüngsten amerikanischen Außenpolitik nannte Carter zumeist die Interventionen in Vietnam – »das beste Beispiel für ihre intellektuelle und moralische Armut« –, Kambodscha und Chile.[108] Die Bedeutung des moralpolitischen Gegenentwurfs, der in Carters Reden anklang, war vielschichtig. Er enthielt die Vorstellung, das militärische Potential der USA müsse eingehegt und die Grenzen der amerikanischen Macht anerkannt werden. Damit sollte er beitragen, der Supermacht wieder zu internationaler Glaubwürdigkeit zu verhelfen – aber auch, ihren Einfluß in der Welt neu zu begründen. Gleichzeitig war der moralische Appell darauf angelegt, die innenpolitischen Wunden zu heilen und das Vertrauen in die Politik zu restituieren.

Auch wenn der Menschenrechtsschutz zum Symbol von Carters Außenpolitik werden sollte, ging der ethische Impetus doch darüber hinaus. Waffenverkäufe zu drosseln und die Weiterverbreitung von Atomtechnologie zu unterbinden, Diktaturen die Unterstützung zu entziehen und den Ländern des globalen Südens fair zu begegnen, bildeten weitere wichtige Teile des moralpolitischen Programms. Schließlich erstreckte es sich auch auf die Mittel der Außenpolitik. »Unsere Regierung hat zweifelhafte Taktiken verfolgt, und die ›Nationale Sicherheit‹ war manchmal ein Deckmantel für unnötige Geheimniskrämerei und nationale Skandale«, führte Carter 1976 aus.[109] Er wollte daher auf militärische Interventionen und Geheimdienstoperationen, auf Gewalt und politische Erpressung verzichten. Und er gelobte, den außenpolitischen Entscheidungsprozeß offen und nachvollziehbar zu gestalten, statt sich in einem

---

106 Vgl. auch Brzezinskis Wiedergabe der Memoranden, die er zwischen 1975 und 1977 verfaßt hatte: Brzezinski, Power, vor allem S. 54.
107 Vgl. Smith, Morality, S. 34–64; Glad, Outsider.
108 Carter, Address at Commencement Exercises at University of Notre Dame, 22.5.1977, S. 955.
109 Carter, On Foreign Policy at the Convention of B'nai B'rith, 8.9.1976, S. 146.

inner circle von zwielichtigen Planern zu verschanzen.[110] Für die amerikanischen Bürgerinnen und Bürger mag in der moralischen Dimension von Carters Politik kein geringer Reiz gelegen haben. Dies um so mehr, als sie mit einer patriotischen Selbstaufrichtung verbunden war, die auf Schmeichelei, Pathos und den Anspruch moralischer Führerschaft gebaut war. So appellierte der künftige Präsident immer wieder an diejenigen Amerikaner, »die auf die größte Nation der Erde berechtigterweise wieder stolz sein und daran mitwirken wollen, die Welt, in der wir leben, besser zu machen«.[111]

Der Begriff der Menschenrechte bündelte diesen Ansatz etwa seit der Mitte des Wahlkampfs.[112] In dem Maße, wie Carter ihn in das Zentrum rückte, richtete sich der moralpolitische Fokus vorwiegend auf die Unterdrückung politischer Freiheiten, physische Repressionen und die menschliche Not, die sie verursachten. Dabei sprach der Kandidat die Menschenrechtsverletzungen in der Sowjetunion, nicht zuletzt den schikanösen Umgang mit Juden, die das Land verlassen wollten, wohl häufiger an als andere. Gleichwohl betonte er, daß »sich solche Verbrechen nicht auf ein einziges Land oder eine bestimmte Ideologie beschränken«.[113] Dementsprechend beanstandete er etwa die Indifferenz gegenüber dem »Leiden der Menschen« in Bangladesch, Burundi und der Sahelzone und sprach sich für die Rechte der Schwarzen in Rhodesien und der Asiaten in Uganda aus (die Idi Amin 1972 ausgewiesen hatte).[114]

So sehr Menschenrechte seit 1977 mit Carter identifiziert wurden, hatten sie in der amerikanischen Politik doch schon seit einigen Jahren eine Rolle gespielt. Wie Barbara Keys jetzt in einer detaillierten Untersuchung gezeigt hat, waren es dabei zunächst konservative Demokraten um Senator Henry M. Jackson, die die Drangsalierung ausreisewilliger sowjetischer Juden als Menschenrechtsverletzung anprangerten, um die Entspannungspolitik Nixons und Fords zu diskreditieren.[115] Das wird noch ausführlicher zu betrachten sein, wenn es um die Genese konservativer Menschenrechtskonzeptionen geht. Ein linksliberaler Ansatz entstand dagegen erst nach dem Ende des Vietnamkriegs. Noch der demokratische Präsidentschaftskandidat George McGovern hatte sich in seinem Wahlkampf 1972 nicht des Begriffs bedient und überhaupt einen sehr

110 Vgl. Carter, New Approach to Foreign Policy, 28.5.1975, S. 67; ders., Our Foreign Relations, 15.3.1976, S. 110; ders.: Foreign Policy Address before the Foreign Policy Association, 23.6.1976.
111 Carter, At Notre Dame University, 10.10.1976, S. 998. Barbara Keys hat diesen Aspekt jetzt zum Angelpunkt ihrer Deutung gemacht, die Vielschichtigkeit von Carters Ansatz darüber aber aus den Augen verloren. Vgl. Keys, Virtue, S. 242–268.
112 Und damit nicht so spät, wie in der Literatur zumeist angenommen. Vgl. etwa früh schon Muravchik, Crusade, S. 1–22.
113 Carter, Foreign Policy Address before the Foreign Policy Association, 23.6.1976, S. 157.
114 Vgl. Carter, At Notre Dame University, 10.10.1976, hier das Zitat, S. 994; ders., Our Foreign Relations, 15.3.1976, S. 117.
115 Vgl. dazu und zum Folgenden Keys, Virtue, S. 48–177.

düsteren, höchst amerikakritischen Moralismus gepflegt, dessen desaströse Ausstrahlung im Wahlkampf Carter veranlassen sollte, eine wesentlich optimistischere Botschaft zu formulieren. Seit 1973 machten dann demokratische Abgeordnete im Kongreß wie James Abourezk, Donald Fraser, Frank Church, Tom Harkin und Edward Kennedy, fallweise von Republikanern unterstützt, verschiedene Vorstöße, um über menschenrechtlich begründete Einschränkungen der Auslandshilfe die außenpolitische Handlungsfreiheit der Regierung zu beschneiden.[116] Seit Ende des Jahres ließ Donald Fraser in einem Unterausschuß des Repräsentantenhauses Anhörungen über UN-Menschenrechtsfragen und die Rolle der USA durchführen. Und auch wenn sie öffentlich wenig beachtet wurden, markierten sie doch den eigentlichen Auftakt eines Ansatzes, der ganz verschiedene Fälle staatlichen Unrechts im Ausland unter dem Rubrum der Menschenrechtsverletzung versammelte. Der Vertreter Minnesotas brachte die jüngsten Ereignisse in Bangladesch, Burundi, Brasilien, Chile und im südlichen Afrika detailliert zur Sprache, um die Untätigkeit der amerikanischen Regierung bloßzustellen.

Daß sich einige *liberals* nun dem Menschenrechtsgedanken zuwandten, hatte verschiedene Gründe.[117] Das Ende des Vietnamkriegs ließ sie nach neuen außenpolitischen Optionen suchen, wobei insbesondere Fraser seine vormalige, modernisierungstheoretisch unterlegte Hoffnung, Staaten des globalen Südens ließen sich durch Entwicklungsprogramme demokratisieren, durch das zurückhaltendere Ziel ersetzte, repressive Auswüchse einzudämmen. Überdies war die machttaktische Seite unverkennbar, denn die Demokraten versuchten mit ihren Gesetzesvorhaben auch, Einfluß auf die Außenpolitik zu gewinnen, die ihrer Mitwirkung so lange entzogen gewesen war. Schließlich verwandelten die Kongreßreformen dieser Jahre die parlamentarischen Unterausschüsse überhaupt erst in schlagkräftige Instrumente. Weniger überzeugend erscheint dagegen die Deutung, es sei den demokratischen Verfechtern von Menschenrechtsbestimmungen um möglichst kostengünstige Wege gegangen, die Schuldgefühle zu überwinden, welche der Vietnamkrieg so nagend hervorgerufen hatte.[118] Vielmehr zielten sie ja gerade darauf, ähnliche Exzesse zukünftig zu verhindern, und sie nahmen vor allem auch solche Staaten ins Visier, für deren Verbrechen die amerikanische Regierung in ihren Augen eine Mitverantwortung trug, weil sie mit ihnen verbündet war. Die demokratischen Abgeordneten teilten dabei die Impulse einer moralischen Reformpolitik und das Bewußtsein weltweiter Verflechtung, die auch Carters Programm zugrunde lagen. So forderte Frank Church, Senator aus Idaho und Vorsitzender des Sonderausschusses, der die

---

116 Vgl. dazu auch Dumbrell, Carter; Cohen, Conditioning; Schmitz, United States, S. 112–142; Johnson, Congress, insbes. S. 190–241; Keys, Congress.
117 Vgl. Keys, Virtue, vor allem S. 127–177.
118 So ebd.

Auslandsaktivitäten der amerikanischen Geheimdienste aufdeckte, schon Mitte 1973 einen »gedämpften, realistischen, nicht-perfektionistischen Idealismus, der es uns ermöglichen wird, die Balance zwischen unseren höchsten Aspirationen und unseren menschlichen Beschränkungen zu halten«.[119] Der Abschlußbericht zu Frasers Anhörungen betonte, daß Menschenrechtsverletzungen nicht an eine bestimmte Ideologie gebunden seien und in einer »zunehmend interdependenten Welt« weitreichende Folgen haben könnten. Der Bericht forderte das, was Carter später tatsächlich versuchen sollte, nämlich Menschenrechtskriterien als »einen normalen Bestandteil der außenpolitischen Beschlußfassung« zu betrachten.[120]

In jedem Fall verfolgte diese Gruppe von Demokraten ihre Gesetzesvorhaben nur um so entschlossener, weil Außenminister Henry Kissinger einen unbeugsamen Widerstand an den Tag legte und sie, gegen die Empfehlung seiner Berater, seine Verachtung mehrfach spüren ließ.[121] Am Ende des jahrelangen Engagements standen einige handfeste Erfolge. Mit einem Zusatz zum Auslandshilfegesetz vom Dezember 1974 und dem sogenannten *Harkin-Amendment* zum Gesetz über internationale Entwicklungs- und Nahrungshilfe verfügte der Kongreß, Staaten im Fall von klar definierten »groben Menschenrechtsverletzungen« Sicherheits- beziehungsweise Wirtschaftshilfe zu verweigern. Mit seinem Veto konnte Präsident Ford allerdings verhindern, daß der neue Passus über die Sicherheitshilfe für bindend erklärt wurde; das sollte 1978 nachgeholt werden. Im Mai 1976 schließlich kam ein weiterer Gesetzeszusatz zustande, der die amerikanischen Vertreter in einigen Multilateralen Entwicklungsbanken anwies, gegen Kredite für repressive Staaten zu stimmen. Zwar enthielten die Bestimmungen Schlupflöcher, die die Ford-Regierung stets auszunutzen wußte. Gleichwohl war die amerikanische Außenpolitik damit auf eine neue normative Grundlage gestellt worden. Schließlich entstanden in diesen Jahren auch bereits Ansätze, menschenrechtspolitische Erwägungen institutionell in die Abläufe des Außenministeriums einzubinden. So verpflichtete die Gesetzgebung des Kongresses das *State Department*, jährliche Berichte über die Menschenrechtslage in den Staaten anzufertigen, die Sicherheitshilfe erhielten. Im April 1975 schuf Kissinger überdies die Position eines »Koordinators für Humanitäre Angelegenheiten«. Das war allerdings als Geste gedacht, um weitergehenden Forderungen des Kongresses vorzubeugen, und so liefen die Initiativen des Koordinators stets ins Leere.

Auf den Linien, die diese Kongreßinitiativen vorgezeichnet hatten, wenn auch offenbar nicht in direkter Übernahme, bot sich der Menschenrechtsbegriff im Wahlkampf des Jahres 1976 schon deshalb an, weil er es erlaubte, den

---

119 Zitiert nach Schmitz, United States, S. 122.
120 Human Rights in the World Community, S. 3.
121 Vgl. Keys, Virtue, S. 166–176.

amtierenden Präsidenten Ford zu attackieren, und zwar gewissermaßen sowohl von links als von rechts.[122] Carter warf der republikanischen Regierung vor, sie sei »so besessen von der Politik des Machtgleichgewichts, daß sie oft grundlegende amerikanische Werte und die gebührende Sorge um Menschenrechte außer Acht gelassen hat«.[123] Entsprach dies der »liberalen« Position Churchs und Frasers, so denunzierte der demokratische Kandidat den Präsidenten aber gleichzeitig dafür, nicht entschlossen gegen die Unfreiheit im osteuropäischen Machtbereich vorgegangen zu sein.

Der politisch-strategische Wert des Menschenrechtsgedankens war damit allerdings nicht erschöpft. Carter eignete ihn sich, darauf ist mehrfach verwiesen worden, auch als eine Formel der Sammlung an, die die widerstreitenden Lager innerhalb der Demokratischen Partei auf eine gemeinsame Grundlage zurückführen sollte.[124] Bei den Treffen im Vorfeld des Parteitags vom Juni 1976, in denen das demokratische Wahlprogramm formuliert werden sollte, schienen Menschenrechte beinahe das einzige Thema zu sein, auf das sich die auseinander driftenden Gruppen einigen konnten.[125] Die außenpolitisch konservativer ausgerichteten Demokraten um Senator Henry Jackson verbanden damit den Kampf gegen den Ostblock, während die »liberalen« Demokraten im Sinn hatten, gegen rechte Militärregime vorzugehen. In der Erinnerung des New Yorker Senators Patrick Moynihan kam dabei ein ganz einfacher Kuhhandel heraus: »Wir sind gegen die Diktatoren, die Ihr am meisten ablehnt, [...] wenn Ihr gegen die Diktatoren seid, die wir am meisten ablehnen.«[126] Klang das auch nach einem fragilen gemeinsamen Nenner, so drangen die engsten Berater im Anschluß an den demokratischen Parteitag gleichwohl auf Carter ein, sich des Themas anzunehmen. Noch in der Anfangsphase der Regierung strichen sie mehrfach dessen konsensfördernde Wirkung heraus, die »breitflächige, nicht-ideologische Unterstützung für unsere Außenpolitik, die Menschenrechte verschaffen«.[127]

Seltener ist zur Kenntnis genommen worden, daß Menschenrechte innerhalb der Regierung ein mindestens ebenso wichtiger politischer Passepartout waren. Während Außenminister Vance in Menschenrechtsfragen eines jener globalen Themen sah, die es in einer zunehmend verflochtenen Welt zu berücksichtigen gelte, waren sie für Brzezinski (der bereits seit Anfang der Dekade dem *National Advisory Council* von *Amnestys* US-Sektion angehörte) letztlich Teil einer moralisch sublimierten Machtpolitik. Ihm und seinen Beratern galt der Einsatz für Menschenrechte als ein vielversprechendes Vehikel, um die Defizite des

---

122 Vgl. Drew, Reporter, S. 38.
123 Carter, On Foreign Policy at the Convention of B'nai B'rith, 8.9.1976, S. 146.
124 Vgl. Muravchik, Crusade, S. 1–22.
125 Vgl. Dumbrell, Carter.
126 So Moynihan im August 1977, zitiert nach Muravchik, Crusade, S. 4.
127 So Hamilton Jordan im Dezember 1977, zitiert nach Dumbrell, Foreign Policy, S. 18.

kommunistischen Systems herauszustreichen. Damit taugte der Begriff nicht zuletzt als Lockmittel im Werben um die »Dritte Welt«. Menschenrechte hatten in dieser Konzeption bestenfalls eine abgeleitete Bedeutung, schlechtestenfalls eine untergeordnete.[128] Gleichwohl konnten sich anfangs beide Regierungslager dem Gedanken der Menschenrechte anschließen. Einmal mehr waren es also die Deutungsoffenheit und die Multifunktionalität des Konzepts, die es unterschiedlichen Fraktionen erlaubte, mindestens äußerlich an einem Strang zu ziehen.[129]

Daß er so viele strategische Vorteile bot, bedeutete jedoch nicht, daß Carter und seine Regierung den moralpolitischen Ansatz rein instrumentell begriffen. Der Präsident selbst verschrieb sich ihm in der festen Überzeugung, daß er gut und richtig sei. Es mag daher naheliegen, auch auf Carters persönliche Erfahrungen zu rekurrieren, um seine Hinwendung zum Menschenrechtsgedanken zu erklären. Vor allem die tiefe Religiosität des »wiedergeborenen« Christen, der sich 1966 nach der für ihn bis dahin schwersten persönlichen Niederlage, seinem Scheitern in den Gouverneurswahlen, dem Glauben zugewendet hatte, mochte seine Sensibilität für politisches Unrecht geschärft haben.[130] Und Carter selbst bezeichnete rückblickend den afroamerikanischen Kampf um Bürgerrechte im Süden als eine »machtvolle Demonstration, wie moralische Prinzipien effektiv auf das Rechtsgefüge unserer Gesellschaft angewandt werden sollten und könnten«.[131] Auf einen menschenrechtlich begründeten Internationalismus führte das alles jedoch keineswegs zwingend zu, ganz abgesehen davon, daß Carter selbst nicht im engeren Sinne in der Bürgerrechtsbewegung engagiert war. In seiner Zeit als Gouverneur stellte der politische Moralismus keinen ähnlich prominenten Teil seiner Agenda dar. Erst in der Ära nach Vietnam und Watergate begann er, sein politisches Profil so stark moralisch aufzuladen – und erst jetzt machte das politisch Sinn. Carters Menschenrechtsansatz ist insofern als ein Produkt der Kontextbedingungen der mittleren siebziger Jahre zu begreifen. Retrospektiv ließ er sich dann nahtlos an den christlichen Glauben und die Ablehnung der Rassendiskriminierung anbinden, die ihm so ein zusätzliches Fundament verschafften. Tatsächlich war die moralische Erneuerung der Außenpolitik ein Gedanke, dem sich im Vorwahlkampf fast alle Präsidentschaftsbewerber verschrieben hatten, die demokratischen ebenso wie die republikanischen.[132]

Zum weltpolitischen Verflechtungsdenken und der moralischen Erneuerungsvision gesellte sich schließlich noch ein eigentümlicher Technokratismus,

---

128 Vgl. mit rückblickendem Freimut Brzezinski, Power, S. 124, 49.
129 Vgl. schon Schlesinger, Rights, S. 514.
130 Vgl. Bourne, Carter, S. 383; Hargrove, Carter; Dumbrell, Carter; Strong, World; Zelizer, Carter. Anders: Glad, Outsider.
131 Carter, Faith, S. 142.
132 Vgl. Keys, Virtue, S. 214–241.

der Carters politischen Zugriff zeit seiner Karriere prägte. Er zielte auf eine sachadäquate, ergebnisorientierte, effiziente Regierungsweise, der es um die technisch besten Antworten auf politische Herausforderungen ging. Für seinen persönlichen Arbeitsstil als Gouverneur und Präsident war es kennzeichnend, daß er Entscheidungen stets auf der Grundlage einer möglichst erschöpfenden Expertise treffen wollte und sich dafür akribisch in eine Vielzahl von Materien einarbeitete. Sein technokratischer Handlungsansatz barg aber auch die Vorstellung, daß Regieren frei von Partei- oder Lagerrücksichten sein und sogar davon absehen solle, das eigene politische Kapital strategisch zu mehren, wenn das der Sache zuwiderlaufe. Bei Diskussionen im Weißen Haus soll Carter immer wieder darauf bestanden haben, keine »politischen Argumente« zu hören, sondern allein die »Argumente zur Sache«.[133] Mit einem nach der Wahl erstellten Memorandum, das empfahl, Themen zu besetzen, die »weder im herkömmlichen Sinne liberal noch im herkömmlichen Sinne konservativ« seien, ging Carter vollständig konform.[134] Und tatsächlich brachte er später seine Partei und ihre Anhänger gegen sich auf, weil er sich aus Budgetgründen weigerte, viele der sozialen Reformprogramme aufzulegen, die seit der Präsidentschaft Johnsons als Ausweis demokratischer Innenpolitik galten.[135] In Carters Schlagwort der »Kompetenz« schien das Idealbild einer ingenieurhaften, durch polittaktische Erwägungen unverwässerten, gleichsam reinen Problemlösungskapazität auf, für die die alten ideologischen Grabenkämpfe lediglich Ballast darstellten.[136]

Globalismus, Moralismus und Technokratismus liefen in dem Versuch zusammen, eine *post-Cold War foreign policy* zu entwerfen, wie es in der amerikanischen Literatur treffend genannt worden ist, mit der die Carter-Regierung auf veränderte Problemlagen reagieren und die Position der USA im internationalen System neu justieren wollte.[137] Im Rückblick betrachtet, war dieser Versuch nicht weniger als spektakulär – nicht zuletzt, weil er der einzige blieb, eingefaßt von Phasen feindseligster kalter Kriegführung. Der Menschenrechtsgedanke fügte sich, auch wenn er nicht immer ausdrücklich zitiert wurde, in alle drei Stränge ein: Er war Teil des neuen globalen Problembewußtseins, Grundstein des moralischen Erneuerungspathos und vereinbar mit, vielleicht auch ermöglicht durch ein technokratisches, überpolitisches Regierungsverständnis.

---

133 Zitiert nach Bourne, Carter, S. 421.
134 Zitiert nach Leuchtenburg, Carter, S. 11.
135 Vgl. ebd.; Bourne, Carter, S. 370–379, 421.
136 Vgl. auch Carter, New York Liberal Party Dinner, 14.10.1976, S. 1014.
137 Der Begriff unter anderem bei Rosati, Rise, S. 36; Brinkley, Stock, S. 523.

Die Formulierung einer menschenrechtlichen Außenpolitik

Wie daraus jedoch Politik werden sollte, war im Januar 1977 völlig ungewiß. Die Regierung stand nicht lediglich vor der Aufgabe, ein neues Vorhaben zu implementieren, sondern sie mußte ein neues außenpolitisches Handlungsfeld entwickeln. Auf institutionelle Erfahrungen in den Ministerien konnte sie kaum zurückgreifen. Konzeptionelle Blaupausen fanden sich in den Aktenschränken keine, und es fehlte an Präzedenzfällen in der außenpolitischen Praxis.[138] Zugleich machte sich die neue Regierung das Leben selbst noch schwerer, weil sie ihre menschenrechtspolitischen Geschäfte in geradezu fahrlässiger Weise unvorbereitet aufnahm. Im Wahlkampf waren Menschenrechte eine rhetorische Chiffre gewesen, noch kein konkretes Programm.[139] Vor der Amtsübernahme hatte Carter zwar fünfzehn Studien zur Außenpolitik in Auftrag gegeben, doch befaßte sich keine davon mit Menschenrechten.[140]

Brzezinskis Erinnerung zufolge dämmerte der Regierung erst nach ihrem noch zu schildernden holprigen Start, als die Sowjetunion wütend gegen die amerikanische Unterstützung für Dissidenten zu protestieren begann, daß der neue Politikansatz genauer durchdacht werden müsse.[141] Auch wenn sich Spuren konzeptioneller Planung schon früher finden, so setzte ein gesteuerter, zusammenhängender Denkprozeß erst um diese Zeit ein.[142] Im Juli wurde ein *Presidential Review Memorandum* fertiggestellt, ein Grundlagenpapier, das den Stand der regierungsinternen Reflexion bündelte und einige Richtlinien fixierte.[143] Zuvor hatte Außenminister Vance im April in einer öffentlichen Rede den Menschenrechtsbegriff der Regierung definiert und skizziert, welche Mittel und Vorgehensweisen sie in menschenrechtspolitischen Fragen für angemessen hielt.[144] Eine »Präsidiale Direktive«, an der Carter selbst eingehend mitgearbeitet hatte, wurde schließlich im Februar 1978 ausgegeben.[145] Damit

---

138 Vgl. die zeitgenössische Untersuchung von Mower, United States, S. 167.
139 Vgl. etwa Carter on Foreign Policy at the Convention of B'nai B'rith, 8.9.1976; ders., At Notre Dame University, 10.10.1976.
140 Vgl. Muravchik, Crusade, S. 7.
141 Vgl. Brzezinski, Power, S. 126.
142 Vgl. vor allem Jimmy Carter Presidential Library, Atlanta, Georgia [im Folgenden: JCPL], NSA 7 Brzezinski Material, Subject File, Box 28, Fo. Human Rights 2–4/77, A. Sirkin, Draft Outline for a Human Rights Strategy, 2.2.1977; ebd., Vance, Memorandum for All Assistant Secretaries, o. Dat. Das Folgende vollziehen auch nach: Hartmann, Menschenrechtspolitik; Schmitz, United States.
143 Vgl. JCPL, Staff Office Counsel – Lipshutz, Box 19, Fo. Human Rights PRM, 7/77, PRM on Human Rights, 8.7.1977.
144 Vgl. Vance, Address, 30.4.1977.
145 JCPL, Staff Offices, Office of Staff Secretary, Handwriting Files, Box 63, Fo. 12/9/77, Brzezinski an Carter, Human Rights, 3.12.1977; ebd., Vertical File, Presidential Direc-

war es der Regierung erst ein Jahr nach Amtsantritt gelungen, die Leitlinien für ihre neue außenpolitische Konzeption festzuklopfen. Der Schwebezustand führte unter den Regierungsbeamten, die mit den Tagesgeschäften betraut waren, immer wieder zu Klagen über fehlende Prioritäten, Bewertungskriterien und Länderstrategien.[146] Einer wurde mit den Worten zitiert: »Niemand weiß, worin die Politik besteht, doch sie durchdringt alles, was wir tun.«[147]

Die Politikformulierung mag auch deshalb so stockend in Gang gekommen sein, weil den Planern im *State Department* und im Sicherheitsstab im Lauf ihrer Arbeit deutlich wurde, welche Vielzahl vertrackter Probleme und politischer Gefahren es in sich barg, Menschenrechte zu einem integralen Teil der Außenpolitik zu machen. Vermittelt der interne Reflexionsprozeß somit einerseits das Bild einer Regierung, die sich die Dinge anfangs zu leicht (oder gar nicht) vorgestellt hatte, so stand an seinem Ende andererseits ein scharfes Bewußtsein um die Komplexität staatlicher Menschenrechtspolitik.[148] Dabei wurde zunächst deutlich, daß es regional zu differenzieren galt. Sei in Lateinamerika das aus jahrzehntelanger Erfahrung geborene Mißtrauen gegenüber amerikanischen Interventionen in Rechnung zu stellen, so in Afrika die vehemente Ablehnung des Rassismus und im Nahen Osten die Rivalitäten zwischen verfeindeten Staaten. Noch mehr Raum nahm das Nachdenken über mögliche Fallstricke ein, die die neue Außenpolitik bereithalten könnte. Die außenpolitischen Experten rechneten damit, daß menschenrechtliche Kritik die Beziehungen zu anderen Staaten belasten würde. Sie könnte repressive Regime dazu treiben, ihre Bevölkerung noch gewaltsamer zu unterdrücken oder sich mit anderen Diktaturen zu einem anti-amerikanischen Block zusammenzuschließen. Überdies würde sich die Wirkung öffentlicher Denunziationen mit der Zeit verbrauchen, und wenn die Regierung die Erwartungen zu hoch trieb, mußte das Vertrauen in die amerikanische Politik unfehlbar enttäuscht werden.

---

tives, Box 100, Fo. Presidential Directives 21–40, Presidential Directive/NSC-30, Human Rights, 17.2.1978.
146 Vgl. JCPL, NSA 7 Brzezinski Material, Subject File, Box 28, Fo. Human Rights 5/77–11/78, Jane Pisano an David Aaron, 6.5.1977; ebd., White House Central File [im Folgenden: WHCF], Subject File, Human Rights, HU-1, Fo. HU 1/20/77–1/20/81, Anthony Lake an Vance, The Human Rights Policy: An Interim Assessment, 20.1.1978; ebd., NSA 26 Staff Material – Far East, Armacost – Chron. File, Box 5, Fo. 1/78, Armacost, Oksenberg an Brzezinski, Agenda for Human Rights Meeting, 30.1.1978.
147 Drew, Reporter, S. 36.
148 Vgl. zum Folgenden A. Sirkin, Draft Outline for a Human Rights Strategy, 2.2.1977; JCPL, NLC-17-26-1-1-3, Review of US Policy Toward Latin America, 12.3.1977; ebd., NSA 26 Staff Material – Far East, Armacost – Chron. File, Box 2, Fo. 4/1–12/77, East Asia, Where do we stand? Where are we going?, 7.4.1977; ebd., Staff Office Counsel – Lipshutz, Box 19, Fo. Human Rights PRM, 7/77, PRM on Human Rights, 8.7.1977. Das Bewußtsein der Regierung für die Schwierigkeiten betonen auch Schmitz/Walker, Carter.

Schließlich werde es Situationen geben, in denen man Menschenrechte anderen Interessen unterordnen müsse, doch »würden uns potentiell unvermeidliche Inkonsequenzen [...] scharfer Kritik aussetzen«.[149]

Die Regierung definierte ferner drei Kategorien von Menschenrechten, für die sie sich einsetzen wollte: »persönliche Integrität«, »bürgerliche und politische Freiheiten« und »grundlegende wirtschaftliche und soziale Rechte«, wobei letztere in der maßgeblichen präsidialen Direktive nachgeordnet waren. Vance hatte sie in seiner Rede vom April 1977 erwähnt und damit Tatsachen geschaffen, wohl hauptsächlich mit Blick auf die Resonanz im globalen Süden.[150] Fortan liefen wirtschaftliche und soziale Rechte jedoch vor allem aus Gründen der Vollständigkeit mit; sie ernsthaft umzusetzen, bemühte sich die Regierung nie.

Einen besonderen Vorrang schrieben die internen Vorlagen dem Menschenrechtsschutz nicht zu, sondern ordneten ihn fest in das Gesamtgefüge nationaler Interessen ein. Er sollte gegen andere Ziele abgewogen werden; beabsichtigt war, »daß es künftig weniger Fälle gibt, in denen die Beförderung der Menschenrechte als randständiges Ziel betrachtet wird.«[151] Im Wissen, daß der eigene Einfluß auf andere Staaten begrenzt sein würde, zielte die Politik der Carter-Regierung im Kern darauf, im internationalen Raum eine langfristige Bewußtseinsveränderung herbeizuführen.[152] Konkreter faßte sie ihre Ziele nur dort, wo sie davon sprach, schweren Menschenrechtsverletzungen Einhalt gebieten und die USA von Diktaturen abrücken zu wollen. In der Praxis sollte sich die Außenpolitik eines »Vorgehens von Fall zu Fall« bedienen.[153] Die Regierung setzte dabei auf diplomatische Interventionen – und zwar vor allem vertrauliche, um den Effekt öffentlicher Äußerungen nicht zu erschöpfen – und auf symbolische Gesten. Als das wirksamste Mittel schätzte sie es ein, Auslandshilfe zu streichen. Um die internationalen Finanzinstitutionen nicht zu stark zu politisieren, sollten die amerikanischen Vertreter mit negativen Voten zurückhaltend sein. Die Bemühungen in den Vereinten Nationen und der OAS galt es dagegen zu verstärken, und auch mit NGOs wie *Amnesty International* wollte die Regierung zusammenarbeiten, worauf der Präsident selbst großen Wert gelegt hatte.

Was in dieser gut ein Jahr währenden Operationalisierungsdiskussion schließlich entstand, waren differenzierte, umsichtige, durch und durch realistische Vorgaben und Strategien. Zahlreiche Probleme, die in der bilateralen Praxis auftreten sollten, hatten die Planer scharfsichtig antizipiert; daß ihnen das selten helfen sollte, sie zu lösen, stand auf einem anderen Blatt. Der Mittelkatalog lief auf eine Linie maßvoller Kritik hinaus, die das Potential für

---

149 PRM on Human Rights, 8.7.1977, S. 14.
150 Vgl. Vogelsang, Dream, S. 184.
151 PRM on Human Rights, 8.7.1977, S. 12 f.
152 Vgl. ebd.
153 Presidential Directive/NSC-30, Human Rights, 17.2.1978.

bilaterale Konfrontationen möglichst begrenzen sollte. Ebenso unübersehbar war jedoch, daß sich der visionäre Charakter des Neuansatzes in der pragmatischen Vernunft der konkreten Vorgaben weitgehend verflüchtigte. Tatsächlich hatte sich Carters Menschenrechtskonzeption von einer befeuernden Hoffnung auf moralpolitische Strahlkraft in eine nüchterne, behutsame Verhaltensrichtlinie verwandelt.

Während die operationellen Ziele und Strategien übermäßig lange diskutiert wurden, nahmen die institutionellen Strukturen, mit denen menschenrechtliche Erwägungen in die Politik eingespeist werden sollten, relativ rasch Form an.[154] Das hing auch damit zusammen, daß die Regierung hier an die Schritte anknüpfen konnte, die das *State Department* 1974/75 zähneknirschend eingeleitet hatte, um die Menschenrechtsverfechter im Kongreß nicht noch mehr gegen sich aufzubringen. Carters außenpolitischer Kurswechsel verlieh diesen Prozessen jedoch eine neue Qualität. So ließ er die Stelle des Koordinators für Humanitäre Angelegenheiten im *State Department* zu einem größeren »Büro für Menschenrechte und Humanitäre Angelegenheiten« ausbauen (das Donald Fraser und Edward Kennedy schon seit Jahren gefordert hatten).[155] Es war vor allem damit betraut, eine übergreifende ministerielle Menschenrechtsstrategie zu entwickeln und Entscheidungen gegenüber Ländern zu überprüfen, die Finanzhilfe empfingen. Besetzt wurde es mit hoch motivierten Mitarbeitern, die oft auf eine Karriere als Aktivisten zurückblickten. Die Leiterin des Büros, Patricia Derian, hatte sich in Mississippi mit ihrem Engagement in der Bürgerrechtsbewegung einen Namen gemacht, sich aber auch weit darüber hinaus reichend für soziale und politische Wohlfahrtsprogramme eingesetzt. In die internationale Menschenrechtspolitik war sie nach eigener Aussage dagegen gänzlich uneingeweiht, als sie ihren neuen Job antrat.[156] Weitere Mitarbeiter waren Mark Schneider, der dem *Peace Corps* angehört und danach im Beraterstab von Edward Kennedy auch an Menschenrechtsinitiativen mitgewirkt hatte, Stephen Cohen, der sich in der Antivietnamkriegsbewegung betätigt hatte, und Roberta Cohen, die zuvor bei der *International League for the Rights of Man* angestellt gewesen war.[157] Darüber hinaus arbeiteten in den fünf Regionalbüros des *State Department* (die federführend mit der Politikformulierung gegenüber den Staaten der verschiedenen Erdteile betraut waren) und in allen Botschaften »Menschenrechtsbeauftragte«; ihre Stellen waren ebenfalls schon unter Ford geschaffen worden. Vertreter fast aller außenministeriellen Büros sowie anderer interessierter Ministerien und Behörden, insgesamt über vierzig Personen,

---

154 Vgl. zum Folgenden Warshawsky, Department; Vogelsang, Dream; Cohen, Conditioning; Petro, Predicament; Rossiter, Carter; Maynard, Bureaucracy; Hartmann, Menschenrechtspolitik, S. 81–108; Dumbrell, Carter; Kaufman, Bureau; Keys, Congress.
155 Vgl. Human Rights in the World Community.
156 Vgl. Schmidli, Fate. S. 85–88.
157 Vgl. Muravchik, Crusade, S. 7–17.

versammelte die im April 1977 förmlich begründete »Ressortübergreifende Gruppe« unter ihrem Leiter Warren Christopher. Ihre Aufgabe bestand darin, die Programme der Wirtschaftshilfe unter menschenrechtspolitischen Kriterien zu begutachten. Schließlich schuf die neue Regierung im Nationalen Sicherheitsrat eine »Schwerpunktgruppe Globale Themen«, die sich mit all den Problemen befassen sollte, die über die traditionellen Bereiche der Außenpolitik hinausreichten, einschließlich menschenrechtlicher Fragen.

Was in der Theorie als ebenso breitflächige wie zweckmäßige Neuorganisation erschien, produzierte in der Praxis allerdings zahlreiche institutionelle Widerstände. Sie gingen meist zu Lasten der Menschenrechtsbürokratie und verhinderten aufs Ganze betrachtet, daß diese ein nennenswertes politisches Eigengewicht entfaltete.[158] Der letzte Vorsitzende der »Schwerpunktgruppe Globale Themen«, Lincoln Bloomfield, vordem Politikwissenschaftler am *Massachusetts Institute of Technology*, klagte relativ bald, nachdem er seinen Job angetreten hatte: »Es gibt jede Menge Leute im *State Department* – und nicht nur dort –, die Menschenrechte als fehlgeleitetes Bemühen ansehen und nur in dem minimalen Maß mitspielen, das nötig ist, um einen Präsidenten bei Laune zu halten, der die Realitäten internationaler Politik ›nicht versteht‹. Kissinger lebt.«[159] Die mit Menschenrechten befaßten Mitarbeiter des *State Department* prallten vor allem mit den Karrierebeamten der Regionalbüros zusammen. Stephen Cohen beklagte rückblickend, diese seien so weit gegangen, das Menschenrechtsbüro von der Telegrammzirkulation auszuschließen.[160] Die Mitarbeiter der Regionalbüros wußten ebenfalls von andauernden Konflikten zu berichten, machten dafür allerdings in erster Linie die »Menschenrechtsfreaks« verantwortlich.[161] Besonders Derian zog glühende Antipathien auf sich. Strukturell besehen, wurde darin deutlich, welche Probleme es aufwarf, wenn sich die Ambitionen und Stile des außerparlamentarischen Protestaktivismus gleichsam ungefiltert in die ministerielle Bürokratie fortsetzten. Derians Ansatz war maximalistisch und kompromißlos, und was ihr nötig erschien, um menschenrechtlichen Sensibilitäten überhaupt ein Gewicht zu verschaffen, kontrastierte scharf mit der überkommenen Logik des diplomatischen Austauschs. Ein Vorgehen wie jenes im August 1977 jedenfalls, als sie General Emilio Massera beim Besuch einer argentinischen Militärschule ins Gesicht sagte, sie wisse, daß hier gefoltert werde, erschien den Karrierebeamten ruinös.[162] Auf diese Weise entstand im Außenministerium eine Mischung aus strategischen Divergenzen und bürokratischen Nickeligkeiten, die die politische Praxis ganz

---

158 Vgl. zum Folgenden Vogelsang, Dream; Smith, Morality, S. 49–55; Dumbrell, Carter.
159 JCPL, Vertical File, Box 40, Fo. Chile Human Rights (3) 6/30/99, Thomas Thornton an Brzezinski, Bloomfield Material – Human Rights, 11.7.1979.
160 Vgl. dazu Cohen, Conditioning.
161 Vgl. Vogelsang, Dream, Zitat S. 149. Vgl. jetzt auch Schmidli, Fate, vor allem S. 106–109.
162 Berichtet bei Schmidli, Fate, S. 117.

erheblich verkomplizierte. Ob in der Frage der sowjetischen Dissidenten, des Umgangs mit dem nicaraguanischen Diktator Somoza oder des Genozids in Kambodscha: Stets drängten die Menschenrechtsbeamten auf weiterreichende Maßnahmen und weniger Kompromisse, während die Regionalbüros das Ausmaß von Repressionen zurückhaltender einschätzten, auf positive Entwicklungen verwiesen und die Gefahren menschenrechtlicher Kritik akzentuierten.[163] Das Menschenrechtsbüro hatte bei alledem auch aus anderen Gründen einen schweren Stand. Derian konnte in den ersten beiden Amtsjahren nur ein einziges Gespräch mit dem Präsidenten führen. In den letzten beiden Jahren sollte das Büro, nicht zuletzt infolge ihrer Krankheit, zusehends verwaisen.

Die anderen neuen institutionellen Komponenten vermochten die außenpolitische Entscheidungsbildung ebenfalls nicht sonderlich zu prägen. Die Kompetenzen der »Ressortübergreifenden Gruppe« wurden schon zu Beginn stark beschnitten.[164] Was ihr blieb, war lediglich die Entscheidung darüber, wie die USA in den sogenannten Multilateralen Entwicklungsbanken abstimmen sollten.[165] Was die »Schwerpunktgruppe Globale Themen« des Nationalen Sicherheitsrats betraf, so war sie zwar mit Mitarbeitern besetzt, die dem Menschenrechtsgedanken durchaus zu Geltung verhelfen wollten. Doch vermochten sie sich im Konfliktfall nicht gegen die Sicherheitsbedenken Brzezinskis und anderer durchzusetzen. Der Anteil, den Menschenrechtsfragen in ihrer Arbeit einnahmen, ging stetig zurück.[166] Vergleichsweise am effizientesten funktionierte das Beobachtungs- und Berichtssystem, das die Carter-Regierung zum Teil ausbaute, zum Teil neu installierte. Während ihrer Amtszeit vermochte sie die Qualität und Dichte der sogenannten Länderberichte enorm zu steigern, die sie auf Geheiß des Kongresses über die Menschenrechtssituation derjenigen Staaten anzufertigen hatte, die Sicherheits- oder Wirtschaftshilfe erhielten.[167] Als sie 1975 eingeführt wurden, stellten diese Berichte ein gänzliches neues Politikinstrument dar. Waren an ihrer Erstellung die jeweiligen Botschaften, das zuständige regionale Büro und das Menschenrechtsbüro beteiligt, so beauftragte die Regierung zusätzlich die CIA, regelmäßig Übersichten über die menschenrechtspolitischen Entwicklungen auf der Welt zu erstellen.[168] Der Aufwand, den

---

163 Vgl. dazu auch Cohen, Conditioning.
164 Vgl. vor allem Rossiter, Carter; JCPL, Donated Historical Material, 7B Collection, Subject File, Box 34, Fo. [NSC – Accomplishments – HR 1/81], Bloomfield, The Carter Human Rights Policy: A Provisional Appraisal, 11.1.1981, S. 14; Maynard, Bureaucracy, S. 206–209.
165 Vgl. Maynard, Bureaucracy; Rossiter, Carter.
166 Vgl. Bloomfield, The Carter Human Rights Policy: A Provisional Appraisal, 11.1.1981; Dumbrell, Carter.
167 Vgl. Maynard, Bureaucracy; Hartmann, Menschenrechtspolitik.
168 Vgl. etwa JCPL, Staff Offices, Office of Staff Secretary, Handwriting File, Box 67, Fo. 1/11/78, Impact of the US Stand on Human Rights, 6.6.1977; ebd., CIA, Significant Developments related to the US Stand on Human Rights (6–12 January, 1978), o. Dat.

die Regierung betreiben ließ, stellte ihre menschenrechtspolitischen Entscheidungen auf eine geradezu dramatisch verbesserte Informationsgrundlage. Darüber hinaus dürfte er stark dazu beigetragen haben, das Bewußtsein für Menschenrechtsverletzungen innerhalb der Regierung zu erhöhen.[169] Nicht zuletzt beförderte er den Austausch mit Menschenrechts-NGOs und anderen unabhängigen Experten. Die Kehrseite lag darin, daß sich die Veröffentlichung der immer detaillierteren Berichte ungünstig auf die bilateralen Beziehungen auszuwirken begann.[170] Die Carter-Regierung versuchte daher, die Berichte unter Verschluß zu halten, wenngleich ohne Erfolg.[171]

Daß selbst Mitarbeiter wie Bloomfield, die die Menschenrechtsinitiativen begrüßten, die öffentliche Berichtspraxis für »schädlich und kontraproduktiv« hielten, verweist darauf, daß es sich nicht um Leisetreterei handelte, sondern um einen tiefer reichenden Konflikt zwischen bürokratischen Normen – in diesem Fall Öffentlichkeit – und politischer Praxis.[172] Er zeigte sich auch an anderer Stelle. So weigerte sich die Carter-Regierung etwa hartnäckig, in anderen Ländern ein »durchgängiges Muster schwerer Menschenrechtsverletzungen« zu identifizieren, wie die Standardformel der menschenrechtlichen Gesetzeszusätze lautete, die der Kongreß entwickelt hatte. Denn das hätte ihr eine ganze Reihe von Sanktionen vorgeschrieben, die sie unter Umständen nicht ergreifen wollte. Und es hätte dazu geführt, wie Brzezinski ausmalte, »eine ›Hitliste‹ schwerer und durchgängiger Menschenrechtsverletzer« zu generieren, die eine erhebliche Hypothek für die amerikanischen Außenpolitik darstellen müsse.[173] Carters außenpolitisches Team mußte hier die ernüchternde Erfahrung machen, wie sehr die gesetzliche Verstetigung und bürokratische Selbstbindung der Menschenrechtspolitik, die sie prinzipiell ja vorantreiben wollte, ihren Handlungsspielraum einengen konnte.

Dieses Problem belastete schließlich auch das Verhältnis der Regierung zum Kongreß. Zur Überraschung der neuen Führung war von dem Wohlwollen, das ihr anfänglich vor allem demokratische Kongreßabgeordnete entgegengebracht hatten, schon bald nichts mehr zu spüren.[174] Ein erster offener Konflikt brach aus, als eine Gruppe von Abgeordneten um die Demokraten Herman Badillo und James Abourezk das sogenannte Harkin-Amendment auf das Abstimmungsverhalten in allen Multilateralen Entwicklungsbanken ausdehnen

---

169 Vgl. de Neufville, Human Rights.
170 Vgl. JCPL, WHCF, Subject File, Human Rights, HU-1, Fo. HU 1/20/77–1/20/81, Jessica Tuchman an Brzezinksi, 2.10.1978.
171 Vgl. Hartmann, Menschenrechtspolitik.
172 Bloomfield, The Carter Human Rights Policy: A Provisional Appraisal, 11.1.1981.
173 Brzezinski an Carter, Human Rights, 3.12.1977.
174 JCPL, WHCF, Subject File, Human Rights, Box HU-1, Fo. HU 4/1/77–4/30/77, [Brief von 57 Kongreßabgeordneten an Carter], 23.3.1977.

wollte.¹⁷⁵ Die Regierungsvertreter wehrten sich dagegen, konnten sich mit ihrer rein taktisch gemeinten Unterstützung für deutlich weniger weitreichende Gegenvorschläge allerdings nicht durchsetzen.¹⁷⁶ Im Zuge dieser Auseinandersetzungen büßte die Regierung im Kongreß rapide an Ansehen ein.¹⁷⁷ Über weiteren Initiativen, die Kongreßabgeordnete 1978 unternahmen, verhärteten sich die Fronten schließlich so weit, daß Carter sogar erwog, sein Veto einzulegen.¹⁷⁸ Intern wie öffentlich reklamierte die Regierung die nötige »Flexibilität«, um das zu tun, was ihr im gegebenen Fall nützlich und wirksam erschien – und spannte im Kongreß damit ein rotes Tuch auf, wo dieses Argument den Geschmack Nixonianischer Ausflüchte hatte. Mochten Carters Experten glauben, die Vorstöße des Kongresses aus guten nationalpolitischen Gründen abwehren zu müssen – nach außen konnte das Verhalten einer Regierung, die Menschenrechtspolitik betreiben, aber keine groben Menschenrechtsverletzungen identifizieren, die Menschenrechtskriterien in alle ihre Entscheidungen einfließen lassen, aber einzelne Agenturen davon ausnehmen wollte, kaum anders als ein skurriler Rückzug wirken.

Die Menschenrechtspolitik in den bilateralen Beziehungen

Die Art, wie die Regierung ihren Menschenrechtsansatz in den bilateralen Staatenbeziehungen verwirklichte, blieb von den definitorischen und institutionellen Problemen nicht unberührt. Doch kamen im direkten Austausch mit anderen Staaten weitere schwierig beherrschbare Dynamiken hinzu. Zum Teil lagen sie darin, daß die Regierung ihr Vorgehen ungeschickt einfädelte. Oft prallten konkurrierende Interessen aufeinander, und die amerikanische Führung verwickelte sich in heikle Zielkonflikte – diese bildeten sogar das Grundmuster der neuen bilateralen Politik, das in dem Moment unausweichlich war, als Menschenrechte zu einem prinzipiell gleichrangigen Anliegen einer mehrdimensionalen Außenpolitik erhoben wurden. Zuweilen litt Carters Ansatz aber auch unter einer ungeklärten Ziel-Mittel-Relation: Manche Maßnahmen erschöpften sich nach einiger Zeit, andere war die Regierung nicht bereit, zu ergreifen, wieder andere hatten politische Effekte, waren aber öffentlich nicht sichtbar. Viele

---

175 Vgl. Bloomfield, The Carter Human Rights Policy: A Provisional Appraisal, 11.1.1981; Vogelsang, Dream, S. 110–160; Hartmann, Menschenrechtspolitik, S. 38–41.
176 Vgl. JCPL, Staff Offices Counsel – Lipshutz, Box 19, Fo. Human Rights (International Financial Institutions), 4–8/77, Brzezinski an Carter, 13.4.1977; ebd., Vance an Carter, 15.4.1977.
177 Vgl. PRM on Human Rights, 8.7.1977, S. 82; Brzezinski an Carter, Human Rights, 3.12.1977.
178 Vgl. Bloomfield, The Carter Human Rights Policy: A Provisional Appraisal, 11.1.1981; Vogelsang, Dream.

Entwicklungen konnte die Regierung schlicht nicht beeinflussen. Das Maß an Mißtrauen und Ressentiment, das andere Staatsführungen ihr entgegenbrachten, hing nicht ausschließlich von ihren Handlungen ab, und Regierungen, die sich jeglicher Kommunikation entzogen, waren schlicht nicht zu fassen. Das alles hatte zur Folge, daß die USA ihre Konzeption zumeist nicht konsequent, nicht wirksam oder nicht erkennbar durchführen konnten. In das System ihrer Beziehungen führten sie damit gleichwohl einen erheblichen Irritationsfaktor ein. Und das, obwohl materiell gar nicht viel geschah; tatsächlich blieb die Regierung aufs Ganze betrachtet in ihrem Einsatz von Pressionsmitteln oder gar Strafmaßnahmen zurückhaltend.

Diese Zusammenhänge prägten die auswärtigen Beziehungen in unterschiedlichem Maße, je nachdem, welche ideologische Position das betreffende Land hatte, welchen geostrategischen und wirtschaftlichen Wert es für die USA besaß. Ein Blick auf die amerikanische Politik gegenüber der Sowjetunion, Südkorea, China, Südafrika und Lateinamerika kann die unterschiedlichen außenpolitischen Probleme, die der Regierung entstanden, die Lösungsstrategien, die sie zu entwickelten suchte, und die verschiedenartigen Ergebnisse ihrer Menschenrechtspolitik verdeutlichen.

Der frühe Zusammenstoß mit der Sowjetunion bescherte Carters außenpolitischem Kurswechsel dabei einen denkbar ungünstigen Auftakt. Gegenüber der kommunistischen Supermacht schlug sich der menschenrechtspolitische Ansatz vor allem darin nieder, daß die amerikanische Regierung sowjetische Dissidenten offen zu unterstützen begann.[179] Im Februar beantwortete der Präsident einen Brief des regimekritischen Physikers Andrei Sacharow mit einigen allgemein gehaltenen, ermutigenden Zeilen. Regierungssprecher kritisierten die Verhaftung Alexander Ginsburgs und Juri Orlows, zweier Gründer der Moskauer Helsinki-Gruppe. Und im März wurde Wladimir Bukowski, den die Sowjetunion im Austausch für den in Chile inhaftierten Kommunistenführer Luis Corvalán hatte ausreisen lassen, im Weißen Haus empfangen.[180] Eine konfrontative Note wollte die Regierung (Brzezinski ausgenommen) mit diesen symbolischen Gesten nicht anschlagen. Im Gegenteil war sie mit der doppelten Absicht angetreten, zwar eine menschenrechtliche Komponente in das Verhältnis zur Sowjetunion einzufügen, gleichzeitig aber die Entspannungsbemühungen fortzuführen; sie hatten sich seit einigen Jahren auf die *Strategic Arms Limitation Talks* (SALT) konzentriert. Daß darin ein schwer überbrückbarer Zielkonflikt lag, erkannte die Regierung erstaunlicherweise nicht.[181] Was

---

179 Über Carters Menschenrechtspolitik gegenüber der Sowjetunion mit anderen Akzenten: Snyder, Rights, S. 81–96; Peterson, Globalizing, S. 45–64, 79–92.
180 Vgl. JCPL, NSA 6 Brzezinski Material, Subject File, Box 29, Fo. 4/79–4/80, Peter Tarnoff, US Government Initiatives on behalf of Human Rights in the USSR and Eastern Europe, 17.4.1980.
181 Vgl. PRM on Human Rights, 8.7.1977, S. 20.

für die zeitgenössischen Beobachter blauäugig wirkte, gründete auf dem Glauben, die Sowjets davon überzeugen zu können, daß ein Maß an Menschenrechtskritik aus innenpolitischen Rücksichten notwendig sei. »Die Sowjets sind ganz bestimmt reflektiert genug«, so lautete die selbstbewußte Fehlwahrnehmung des Pressesprechers Jody Powell, »zu begreifen, daß wir die innenpolitische Flexibilität, die wir brauchen, um in anderen Bereichen Fortschritte zu machen, durch Ihre [Carters] Position zu Menschenrechten erhöhen.«[182]

Um dies zu erreichen, versuchte Carter in Briefen an den sowjetischen Parteichef Leonid Breschnew sowie in Unterredungen mit Botschafter Anatoli Dobrynin und Außenminister Andrei Gromyko, Ängste zu nehmen. »Er wolle die Sowjetunion nicht bloßstellen«, versicherte er etwa, doch »er glaube, es sei notwendig, daß er von Zeit zu Zeit seine menschenrechtlichen Bedenken ausspreche.«[183] In innere Angelegenheiten wollten sich die USA damit nicht einmischen, so beschwichtigte der Präsident, auch sei die Sowjetunion nicht das alleinige Ziel der Kritik, und man begrüße einen vertraulichen, nicht-öffentlichen Austausch.[184]

Die Moskauer Führung war anfänglich offenbar ratlos, welche Intentionen der unerfahrene Präsident mit seiner Kritik verfolge, und bald schon zutiefst verärgert. »Sie glauben jetzt, daß wir das Menschenrechtsthema als Instrument der politischen Kriegführung nutzen«, so bilanzierte der Sowjetexperte im *State Department*, Marshall D. Shulman, im Juni.[185] Mit ihrer moralischen Parteinahme für die Dissidenten hatte die amerikanische Führung dabei einen besonders sensiblen Punkt berührt, denn sie bediente die sowjetische Furcht, die Kontrolle über die osteuropäischen Gesellschaften zu verlieren.[186] Die Sowjets sprachen mehrere unverblümte Warnungen aus, um die amerikanische Regierung zum Einlenken zu bewegen.[187] Der sowjetische Parteichef selbst erteilte Carter einen verbalen Schlag vor den Kopf, der seine Wirkung nicht verfehlte. In einem Brief wies Breschnew »Einmischungen in unsere inneren Angelegenheiten, mit welchen pseudo-humanitären Floskeln sie auch vorgebracht

---

182 JCPL, Staff Offices, Office of Staff Secretary, Handwriting File, Box 9, Fo. 2/22/77, Jody Powell an Carter, Re. Soviet Dissidents, 21.2.1977.
183 JCPL, NSA 7 Brzezinski Material, Subject File, Box 34, Fo. Memcons: President 2/77, Memorandum of Conversation, President, Dobrynin, Vance, Brzezinski, 1.2.1977.
184 Vgl. JCPL, Brzezinski Donated Material, Geographic File, Box 18, Carter an Breschnew, 26.1.1977; ebd., Carter an Breschnew, 14.2.1977; ebd., NSA 7 Brzezinski Material, Subject File, Box 35, Fo. Memcons: President, 9/19–30/77, President's Meeting with Foreign Minister Gromyko, 23.9.1977.
185 JCPL, NSA 7 Brzezinski Material, Subject File, Box 35, Marshall D. Shulman an Mondale, Some Observations on Current US-Soviet Relations, 16.6.1977.
186 Vgl. Impact of the US Stand on Human Rights, 6.6.1977; JCPL, NLC-33-6-15-11-1, Soviet Perceptions of US Foreign Policy, o. Dat.
187 Vgl. Memorandum of Conversation, President, Dobrynin, Vance, Brzezinski, 1.2.1977.

werden«, barsch zurück und fügte hinzu: »So geht man nicht mit der Sowjetunion um.«[188]

Die Irritation der sowjetischen Führung rührte im tiefsten Grunde daher, daß sie die Äußerungen Carters und seiner Mitarbeiter als Aufkündigung des stillschweigenden Entspannungskonsenses verstand, der sich in den vergangenen Jahren mühsam genug eingependelt hatte. Die propagandistische Kriegführung war darin bewußt gedämpft, damit beide Supermächte zu einem *modus vivendi* gelangen konnten. Dobrynin hatte den amerikanischen Präsidenten Anfang Februar sogar unumwunden gebeten, zur »stillen Diplomatie« zurückzukehren.[189] Noch im Herbst 1977 spiegelte sich das genuine Unverständnis darüber, daß Carter den neugewonnenen, ohnehin noch prekären Kommunikationsmodus zu verletzen schien, in Gromykos Empörung darüber, daß die amerikanische Seite die Festnahme Anatoli Schtscharanskis kritisiert hatte: »Welche Bedeutung habe Schtscharanski? Gromyko habe nichts davon gehört. Niemand scheine zu wissen, wer er sei. Er sei ein mikroskopisch kleiner Fleck in der Landschaft.«[190]

Überdies hatte der neue amerikanische Präsident die Konfusion noch dadurch gesteigert, daß er auch in der Entspannungspolitik die Linie seiner Vorgängerregierungen verließ.[191] Statt sich an den Rüstungsgrenzen zu orientieren, die beide Seiten 1974 in Wladiwostok vereinbart hatten und als Grundlage für das geplante SALT II-Abkommen verstanden, brachte Carter den Vorschlag »tiefer Einschnitte« auf den Tisch, mit denen er die Waffenarsenale wesentlich stärker beschneiden wollte. Dabei spielte der politische Stil des Präsidenten, möglichst alles auf einmal erreichen zu wollen, mit dem Eifer zusammen, die Verhandlungserfolge Nixons und Fords noch zu übertreffen. Breschnew hingegen hatte sein ganzes politisches Kapital in die Waagschale werfen müssen, um im Politbüro überhaupt die Lösung von Wladiwostok durchzubringen. Für die Sowjets waren die »tiefen Einschnitte« überdies sachlich abwegig, denn die zusätzlich vorgesehenen Begrenzungen der Raketensysteme fielen fast ausschließlich auf sie zurück. Als Außenminister Vance schließlich im März 1977 nach Moskau reiste, holte er sich von der Sowjetführung eine drastische Abfuhr für die »absichtlich inakzeptablen« Vorschläge. Das amerikanische Magazin *Newsweek* nannte die Vance-Mission, im Einklang mit dem Gros der veröffentlichten Meinung, »Carters ersten großen außenpolitischen Rückschlag«.[192]

---

188 JCPL, Brzezinski Donated Material, Geographic File, Box 18, Breschnew an Carter, 27.2.1977. Zur Reaktion Carters vgl. Brzezinski, Power, S. 155.
189 Memorandum of Conversation, President, Dobrynin, Vance, Brzezinski, 1.2.1977. Vgl. Soviet Perceptions of US Foreign Policy, o. Dat.
190 President's Meeting with Foreign Minister Gromyko, 23.9.1977.
191 Vgl. zum Folgenden Smith, Morality, S. 65–84, 208–240; Ambrose/Brinkley, Rise; Hargrove, Carter; Dumbrell, Carter; Glad, Outsider, S. 69–76, 206–218; Bourne, Carter.
192 Zitiert nach Glad, Outsider, S. 46.

Beide überraschenden Volten zusammengenommen, die menschenrechts- und die entspannungspolitische, lösten die stärksten Spannungen aus, die das Verhältnis zwischen den Supermächten seit Jahren erlebt hatte. Das *State Department* zeigte sich »besorgt über die gegenwärtige Abwärtsspirale sowohl im Ton als auch im Gehalt der Beziehung«.[193]

Nachdem sie den sowjetischen Zorn zu spüren bekommen hatte, begann die Carter-Regierung, ihre Menschenrechtskritik zurückzustellen und wieder auf den entspannungspolitischen *Comment* einzuschwenken.[194] Im Vordergrund stand nun das Bemühen, die SALT-Verhandlungen erneut in Gang zu bringen. Im September 1977 gelang es beiden Seiten, sich auf eine neue Rüstungsobergrenze zu einigen. Damit schien sich doch noch einmal ein Weg aufzutun, um an den SALT II-Verträgen weiterzuarbeiten.[195] Als die Moskauer Führung im folgenden Jahr begann, Prozesse gegen die inhaftierten Regimekritiker einzuleiten, schien das Vorhaben jedoch wieder gefährdet. Im Juli 1978 spitzte sich die Situation zu. Jessica Tuchman, die erste Vorsitzende der »Schwerpunktgruppe Globale Themen«, sah die sowjetische Entscheidung, Ginsburg und Schtscharanski unmittelbar vor einem SALT gewidmeten Treffen zwischen Vance und Gromyko vor Gericht zu stellen, als direkte Herausforderung, »denn sie fragen uns damit vor den Augen der gesamten internationalen Gemeinschaft: ›Wie wichtig sind Euch Menschenrechte?‹«[196] Die Carter-Regierung sah sich nun als eine Gefangene ihrer eigenen menschenrechtspolitischen Anfangsoffensive. Jetzt passiv zu bleiben, hätte sie als wankelmütig erscheinen lassen, gleichzeitig wollte sie die Sowjets nicht noch einmal so erzürnen wie im vergangenen Frühjahr. So bemühte sie sich, die entspannungspolitischen Brücken nicht abzureißen – Vance setzte seine Arbeitsgespräche mit Gromyko wie vorgesehen fort, wenn er auch Kritik übte. Nachdem die beiden Regimegegner drakonische Strafen erhalten hatten, entschied sich die amerikanische Führung jedoch gleichzeitig, ein Zeichen ihrer Entrüstung zu setzen, indem sie zum ersten Mal seit Beginn der Détente Sanktionen gegen die Sowjetunion verhängte (sie betrafen Öl- und Gasfördertechnologien, wissenschaftliche Austauschprogramme und eine Computerlieferung). Wie unschwer vorherzusehen, trübte sich das Verhältnis zwischen den beiden Supermächten darauf hin wieder dramatisch ein; und wie bei der letzten sowjetischen Verstimmung, hielt sich die

---

193 Marshall D. Shulman an Mondale, Some Observations on Current US-Soviet Relations, 16.6.1977.
194 Vgl. etwa Bloomfield, The Carter Human Rights Policy: A Provisional Appraisal, 11.1.1981, S. 22.
195 Vgl. Smith, Morality, S. 65–84, 208–240; Ambrose/Brinkley, Rise; Hargrove, Carter; Dumbrell, Carter; Glad, Outsider, S. 69–76, 206–218.
196 JCPL, WHCF, Subject File, Human Rights, Box HU-2, Fo. 7/1/78–8/31/78, Tuchman an Brzezinski, 7.7.1978.

Carter-Regierung anschließend mit öffentlicher Kritik aufs Äußerste zurück.[197] Daß dies alles andere als eine klare Linie war, zeigte sich vielleicht am deutlichsten darin, daß sich im *State Department* mittlerweile Desorientierung über die amerikanische Dissidentenpolitik breit machte.[198]

SALT II konnte hingegen wohl auch deshalb zum Abschluß gelangen, weil die Regierung sich menschenrechtspolitisch immer wieder zurückzog. Carter und Breschnew unterzeichneten die Verträge bei ihrer einzigen persönlichen Zusammenkunft in Wien im Juni 1979. Der amerikanische Präsident betonte noch einmal die Bedeutung der Menschenrechts- und der Dissidentenfrage, was Breschnew mit den Worten abprallen ließ, »Menschenrechte sind ein heikles Thema für uns und keine legitime Grundlage für Diskussionen zwischen uns«.[199] Im Rückblick betrachtet, wirkt die Unterzeichnung des SALT-Abkommens wie das Relikt aus einer entspannungspolitischen Phase der amerikanisch-sowjetischen Beziehungen, die inzwischen von den menschenrechtlichen Konflikten stark ausgehöhlt war, und aus anderen Gründen ohnehin vor dem radikalen Abbruch stand: Der sowjetische Einmarsch in Afghanistan Ende 1979 löste eine neue Stufe der Eskalation aus, wozu der amerikanische Präsident, der sich persönlich von den Sowjets hintergangen fühlte, allerdings entscheidend beitrug.[200] Im Januar 1980 bezeichnete er die Invasion als »die schwerste Bedrohung des Weltfriedens seit dem Zweiten Weltkrieg«.[201] In einer eng an Trumans Rede von 1947 angelehnten Ansprache vor dem Kongreß verkündete er die sogenannte Carter-Doktrin, der zufolge die USA die Persische Golfregion als vitale Interessenzone begriffen. Überdies verhängte er ein ganzes Bündel von Sanktionen, zu dem ein Weizenembargo, der Stop von Technologieexporten und der Boykott der Olympischen Spiele in Moskau gehörten. Den Senat ersuchte er, die Befassung mit den SALT II-Verträgen auf unbestimmte Zeit zu verschieben.

Am Ende von Carters Amtszeit waren die Beziehungen zum Systemgegner daher schlechter als zu Beginn, und die sowjetischen Dissidenten wurden härter unterdrückt – gleichzeitig waren die Nukleararsenale beider Seiten in neue Dimensionen vorgestoßen. Die menschenrechtlichen Züge von Carters Außenpolitik hatten die Spannungen zeitweise erheblich verschärft, doch war der Temperatursturz, den das Verhältnis der Supermächte über diese Fragen erlitt,

---

197 Vgl. JCPL, Brzezinski Donated Material, Geographic File, Box 18, Breschnew an Carter, 14.9.1978; ebd., NSA 7 Brzezinski Material, Subject File, Box 35, Stansfield Turner an Carter, 29.9.1978.
198 Vgl. Bloomfield, The Carter Human Rights Policy: A Provisional Appraisal, 11.1.1981, S. 23.
199 Zitiert nach Smith, Morality, S. 68.
200 Vgl. ebd., S. 65–84, 208–240; Ambrose/Brinkley, Rise; Hargrove, Carter; Dumbrell, Carter; Glad, Outsider, S. 69–76, 206–218.
201 Zitiert nach ebd., S. 200.

nicht der Hauptgrund dafür, daß die Neue Eiszeit heraufzog. Die amerikanische Regierung hatte die Politik des Rivalen schon seit 1978, zunächst infolge des verstärkten sowjetischen Engagements am Horn von Afrika, wieder zunehmend als aggressives Ausgreifen interpretiert. In dem afghanischen Abenteuer sah sie dafür nur den offenkundigsten Beleg.[202] Dabei kam nun auch der gewachsene Einfluß Brzezinskis voll zum Tragen. Er hatte seit 1978 immer erfolgreicher seine Sicht durchsetzen können, daß die Sowjetunion nach wie vor einen Kampf um globale Dominanz führe und die USA ihr überall, wo sie Fortschritte zu machen schien, entschlossen entgegentreten müßten. Die Moskauer Führung hatte ihrerseits jedem von Carters Schritten die denkbar ungünstigste Auslegung gegeben.

Die entgegengesetzten Bewertungen, die die amerikanische Menschenrechtspolitik gegenüber der Sowjetunion in der Literatur erfahren hat, greifen daher auch allesamt historisch zu kurz. Diese Politik als inkompetenten Terrainverlust zu kritisieren, geht ebenso am Wesentlichen vorbei, wie sie als wertgeleitete Alternative zum *containment* zu rehabilitieren oder sie gar *postum* als kalkulierte Destabilisierung des Systemgegners zu feiern.[203] Daß sie in den Konflikten der Jahre 1979/80 schlichtweg unterging, verweist vielmehr darauf, daß eine *post-Cold War foreign policy* eine bloße Aspiration bleiben mußte, wenn erst eine Supermacht, und dann beide nicht daran glaubten, daß der Kalte Krieg überwunden sei oder überwunden werden sollte. Unter diesen Voraussetzungen mußte sie gleichsam systemlogisch zu einem Kalten Krieg mit anderen Mitteln werden, auch wenn die amerikanische Führung das überwiegend nicht beabsichtigt hatte. Tatsächlich entkam die Carter-Regierung den weltpolitischen Mechanismen, gegen die sie angetreten war, in diesem Fall wohl am wenigsten.

In ihrer Politik gegenüber langjährigen autoritären Verbündeten stellte sich für die Carter-Regierung eine andere, wenngleich nicht unbedingt einfacher zu lösende Aufgabe. Außerhalb Lateinamerikas betraf das vor allem Südkorea, die Philippinen, Indonesien und den Iran. Die amerikanische Führung wollte diese Länder prinzipiell nicht von ihrem Menschenrechtsansatz ausnehmen. Daß sie überhaupt gewillt war, sich kritisch gegen wichtige Alliierte zu wenden, weil diese die politischen Freiheiten ihrer Bürger unterdrückten, bedeutete vor dem Hintergrund der amerikanischen Bündnispolitik seit dem Ende des Zweiten Weltkriegs bereits eine markante Umorientierung. Die enge, vor allem militärische Zusammenarbeit mit ihnen aufzugeben, erwog die amerikanische Führung gleichwohl nicht. Im Ergebnis lagen mithin das Ziel, die sicherheitspolitische Partnerschaft möglichst reibungslos aufrechtzuerhalten, und die Absicht, die Vereinigten Staaten von repressiven Regimen zu distanzieren, miteinander im Konflikt. Diesem Konflikt versuchte die Carter-Regierung in allen

---

202 Vgl. etwa ebd., vor allem S. 197–218.
203 Vgl. Muravchik, Crusade; Brinkley, Stock; Dumbrell, Carter; Bourne, Carter.

vier Fällen ähnlich zu begegnen: Sie setzte ihre menschenrechtlichen Bedenken auf die bilaterale Agenda, versuchte ihre Kritik so zu dosieren, daß sie politische Fortschritte beförderte, ohne die geostrategische Allianz zu gefährden, und hielt sich vor allem mit öffentlichen Verurteilungen stark zurück. Die politische wie auch historische Standardkritik, die amerikanische Regierung habe ihre menschenrechtspolitische Linie gegenüber den autoritären Verbündeten in Asien und im Nahen Osten fallenlassen, trifft bei näherem Hinsehen somit nicht zu. Auch hier begab sie sich vielmehr auf eine Gratwanderung – eine Linie, die rigorosen Menschenrechtsverfechtern als zu wenig, Anhängern des *containment* und nicht zuletzt den betroffenen Regimen selbst als zu viel erschien.

Die Gratwanderung gestaltete sich je nach Staat unterschiedlich. In den Beziehungen zu Südkorea machte die Carter-Regierung ihre menschenrechtlichen Anliegen vergleichsweise stark geltend. Seit dem Ende des Koreakriegs verband die USA ein enges, mit massiver Finanzhilfe zementiertes Verteidigungsbündnis mit dem Land.[204] Im Jahr 1961 hatte General Park Chung Hee dort die Macht übernommen und eine streng antikommunistische Diktatur etabliert, die über ein engmaschiges Überwachungs- und Repressionssystem verfügte. Gleichzeitig gelang es Park, das wirtschaftliche Wachstum Südkoreas stark anzukurbeln. Im Zuge des Vietnamkriegs gewann sein Regime für die US-Regierungen seinen bis dahin höchsten Bündniswert, was der südkoreanische Führer nutzte, um seine kompromißlose Herrschaft auszubauen. Carter hatte Parks Herrschaftsmethoden im Wahlkampf als »abstoßend« bezeichnet. Nachdem er gleich in seiner ersten Pressekonferenz als Präsident angekündigt hatte, er werde die amerikanischen Truppen aus dem Land abziehen, forderte er den südkoreanischen Präsidenten in einer deutlichen Ouvertüre auf, »daß Sie darüber nachdenken, was im Menschenrechtsbereich getan werden kann«.[205]

Die südkoreanische Regierung reagierte darauf in einer Weise, die für das Verhalten der autoritären Verbündeten typisch war. Allen fiel es zunächst schwer, die Intentionen der menschenrechtlichen Vorstöße zu deuten. Da sie mit dem Plan des Truppenabzugs aus Südkorea zusammenfielen und zudem der Status der amerikanischen Militärbasen auf den Philippinen in der Schwebe war, seit beide Seiten 1975 Neuverhandlungen begonnen hatten, wuchs vor allem in Asien die Verunsicherung darüber, ob die Kritik das Ende der strategischen Partnerschaften ankündigen sollte.[206] Als sich abzeichnete, daß die

---

204 Zum Hintergrund hier und im Folgenden vgl. Eggert/Plassen, Kleine Geschichte; Engelhard, Südkorea; Shaw (Hg.), Human Rights.
205 JCPL, NSA 3 Brzezinski Material, President's Correspondence with Foreign Leaders, Box 12, Fo. Korea, Republic of: President Park Chung Hee, 2/77–12/78, Carter an Park, 14.2.1977.
206 Vgl. JCPL, NSA 26 Staff Material – Far East, Armacost – Chron. File, Box 4, Fo. 8/16–25/77, Oakley an Holbrooke, 19.8.1977; ebd., Fo. 9/24–30/77, US Policy in South East Asia: Background and Issues [September 1977].

USA ihre menschenrechtlichen Mahnungen zwar ernst meinten, aber zugleich an den Sicherheitsbeziehungen festhalten wollten, fühlte sich jede der Regierungen unfair ausgesondert und schärfer kritisiert als alle anderen.²⁰⁷ Die südkoreanische Führung entwickelte eine vergleichsweise elaborierte Verteidigungsstrategie. Sie verwies auf die besondere Bedrohungssituation im geteilten Land, wegen der »die überwältigende Mehrheit der Koreaner einsieht, daß es unvermeidlich ist, einige ihrer Rechte vorzubehalten, um die Sicherheit, Stabilität und letztlich das Überleben der Nation zu gewährleisten«.²⁰⁸ Immer wieder versuchte sie zudem, mit legalistischen Spitzfindigkeiten die Rechtmäßigkeit der Ausnahmegesetze zu begründen, auf deren Grundlage sie hart gegen oppositionelle Regungen vorging.²⁰⁹ Schließlich entwickelte sie sogar eine Art rechtlichen Gegendiskurs. Sie reklamierte, die Koreaner »sollten das Recht haben, ihre eigene Rangfolge von Prioritäten aufzustellen«, wobei »westliche individualistische Auffassungen« nicht zuoberst stünden.²¹⁰ Weiter waren die Regierungskreise der autoritären Verbündeten selten bereit, zu gehen, solange sie selbst auf die amerikanische Unterstützung angewiesen blieben. Unter der Oberfläche schwelten jedoch heftige Ressentiments gegen die »Arroganz der Moralität«, die als ebenso beleidigend empfunden wurde wie die vormalige »Arroganz der Macht«.²¹¹

Ungeachtet der Abwehrreflexe versuchte die Carter-Regierung, ihr menschenrechtspolitisches Vorgehen möglichst genau auf die politischen Rahmenbedingungen zuzuschneiden, unter denen der Diktator Park handelte. Die amerikanischen Analysen ergaben, daß Park am ehesten dann bereit sein würde, seine repressive Herrschaft zu lockern, wenn er sich innenpolitisch sicher fühlte und seine Konzessionen nicht als das Resultat amerikanischen Drucks erschienen.²¹² Die Strategie, die der Präsident und seine Mitarbeiter daraus ableiteten, zielte zwar darauf ab, unter den gegebenen Umständen möglichst viel zu bewirken, bewegte sich gleichzeitig aber auf unverkennbar dünnem Eis. Auf der einen

---

207 Vgl. JCPL, NSA 6 Brzezinski Material, Country File, Box 43, Telegramm Secretary of State an White House, 9.4.1977; US Policy in South East Asia: Background and Issues.
208 JCPL, WHCF Subject File, Countries, Box CO-41, Fo. CO 82-2 1/20/77–1/20/81, Park Chung Hee an Carter, 26.2.1977.
209 JCPL, NSA 6 Brzezinski Material, Country File, Box 43, Fo. Korea, Rep. of 1–4/77, Telegramm American Embassy Seoul an Secretary of State, 26.2.1977.
210 JPCL, NSA 7 Brzezinski Material, Subject File, Box 34, Fo. Memcons: President 3/77, Memorandum of Conversation, President, Foreign Minister Pak Tong-chin, 9.3.1977.
211 JCPL, NSA 26 Staff Material – Far East, Armacost – Chron. File, Box 3, Fo. 6/1–10/77, Armacost an Brzezinski, My Trip to Asia, 8.6.1977.
212 Vgl. JCPL, NSA 6 Brzezinski Material, Country File, Box 43, Brzezinski, Memorandum for the President, President Park's Reply to Your Letter of February 15, 5.3.1977; ebd., Telegramm American Embassy Seoul an White House, 5.4.1977; ebd., NSA 26 Staff Material – Far East, Armacost – Chron. File, Box 7, Fo. 6/1–13/78, CIA, South Korea, 12.10.1978.

Seite nämlich brachten die Regierungsvertreter ihre menschenrechtlichen Mahnungen stets vertraulich vor und balancierten sie dabei mit Versicherungen, die amerikanische Bündnistreue werde fortdauern. Als wie groß dürfte der südkoreanische Außenminister Park Tong-jin den Anreiz zu politischen Reformen empfunden haben, wenn er zu hören bekam, »daß wir ungeachtet menschenrechtlicher Veränderungen zu unserer Sicherheitsverpflichtung stehen werden«? Dabei überschritten die Amerikaner bisweilen auch die Grenze zu einer rein instrumentellen Argumentation. So bemerkte Carter im selben Gespräch mit Park Tong-jin, »daß selbst kleine Gesten – wenn sie auf die richtige Weise bekannt gemacht werden – sich reich auszahlen könnten, indem sie die Haltung der amerikanischen Öffentlichkeit verändern«.[213] Vor allem stellte die amerikanische Regierung ihre massive, jährlich bis zu 280 Millionen US-Dollar betragende Militärhilfe niemals zur Disposition.[214]

Wenn Carter und seine Mitarbeiter also gleichsam Kritik zu den günstigsten Bedingungen übten, so drangen sie auf der anderen Seite doch vielfach resolut darauf, daß sich die südkoreanische Regierung politisch bewege.[215] Vor allem engagierten sich die USA nachdrücklich für inhaftierte südkoreanische Dissidenten. Das betraf insbesondere eine Gruppe Oppositioneller um Kim Dae Jung, die zu drakonischen Strafen verurteilt worden waren, nachdem sie Park Chung Hee im März 1976 öffentlich aufgerufen hatten, die Demokratie wiederherzustellen. Die amerikanischen Interventionen waren insofern besonders heikel, als der südkoreanische Präsident befürchtete, eine Freilassung der Häftlinge würde die Opposition veranlassen, die US-Regierung nur noch tiefer in die inneren Konflikte hineinzuziehen.[216] Um diesen Bedenken möglichst weit entgegenzukommen, war Carter bereit, seine eigene Rolle zu verschleiern.[217] Unter diesen Bedingungen ließ sich die südkoreanische Führung allmählich auf die amerikanischen Forderungen ein. In einem informellen Gespräch im Mai

---

213 Memorandum of Conversation, President, Foreign Minister Park Tong-chin, 9.3.1977.
214 Vgl. JCPL, NSA 26 Staff Material – Far East, Armacost-Chron. File, Box 3, Fo. 4/27–30/77, NSC Meeting, Subject: Korea, 27.4.1977; ebd., NSA 3 Brzezinski Material, President's Correspondence with Foreign Leaders, Box 12, Carter an Park, 21.7.1977. Vgl. dazu Smith, Morality; Dumbrell, Carter; Kaufman/Kaufman, Carter; Smith, Mission; Vavrina, Carter.
215 Vgl. JCPL, NSA 6 Brzezinski Material, Country File, Box 43, Carter [handschriftliche Notiz] an Brzezinksi und Vance, 5.3.1977; ebd., Brzezinski, Meeting with South Korean Foreign Minister Park Tong-chin, 8.3.1977; Memorandum of Conversation, President, Foreign Minister Park Tong-chin, 9.3.1977.
216 JCPL, NSA 6 Brzezinski Material, Country File, Box 43, Telegramm Secretary of State an White House, 5.4.1977; ebd., Telegramm Secretary of State an White House, 9.4.1977; ebd., Mike Armacost, Memorandum for Brzezinski, Ambassador Sneider's Meeting with President Pak on Human Rights, 11.4.1977.
217 Vgl. JCPL, NSA 6 Brzezinski Material, Country File, Box 43, Memorandum for Carter, 26.4.1977.

1977 signalisierte der südkoreanische Präsident, daß »es seine Absicht sei, etwas zu unternehmen, wenn es eine Phase der Ruhe gebe, in der der amerikanische Druck nicht öffentlich sichtbar sei.«[218] Im Dezember ließ er einen Teil der Gefangenen frei.[219]

Das Argument, die Empörung über die südkoreanischen Herrschaftstechniken in der amerikanischen Öffentlichkeit enge ihren Manövrierraum ein, das die Carter-Regierung in diesen Kontakten immer wieder vorbrachte, war nur zur Hälfte Taktik. Zur anderen Hälfte spiegelte es eine echte innenpolitische Zwangslage. Die Aussichten, die vorgesehene Militärhilfe für Südkorea durch den Kongreß zu bringen, standen schlecht – und ein Truppenabzug, »ohne daß wir diese Hilfe zur Verfügung stellen könnten, wäre verheerend für unsere Asienpolitik und unsere Reputation als ernstzunehmende Weltmacht«, wie Brzezinski alarmiert festhielt.[220] Es war eine bunte Allianz, die sich gegen die Regierung stemmte – manche wollten die Hilfe verweigern, um die südkoreanischen Menschenrechtsverletzungen zu ahnden, andere, weil sie gegen den Truppenabzug waren, wieder andere, weil sie der südkoreanischen Führung seit dem 1976 ruchbar gewordenen »Koreagate«-Skandal nicht mehr über den Weg trauten. Dabei hatte der südkoreanische Geheimdienst über den wohlhabenden Geschäftsmann Tongsun Park versucht, Kongreßabgeordnete zu bestechen.[221]

Nachdem dieser Komplex von Problemen das erste Amtsjahr der Carter-Regierung zum »Jahr der wahrscheinlich stärksten Belastung« des beiderseitigen Verhältnisses seit dem Koreakrieg gemacht hatte, begann sich der Knoten erst im Laufe des folgenden Jahres allmählich zu lösen.[222] Zunächst verschob Carter, vom Militär, dem Kongreß und seiner eigenen Regierung unter Druck gesetzt, im April 1978 den geplanten Truppenabzug.[223] Der Kongreß genehmigte zudem eine Lieferung von Militärausrüstung im Wert von 800 Millionen US-Dollar.[224] Im Dezember schließlich entließ Präsident Park Chung Hee

---

218 JCPL, NSA 6 Brzezinski Material, Country File, Box 43, Telegramm American Embassy Seoul an Secretary of State, 27.5.1977.
219 Vgl. JCPL, NSA 3 Brzezinski Material, President's Correspondence with Foreign Leaders, Box 12, Carter an Park, 17.1.1978.
220 JCPL, NSA 6 Brzezinski Material, Country File, Box 43, Fo. Korea, Rep. of, 7–9/77, Brzezinski, Memorandum for the President, Congressional Reactions to our Korean Policy, 21.7.1977.
221 Vgl. JCPL, WHCF, Subject Files, Countries, Box CO-40, Douglas J. Bennet, Richard Holbrooke an Vance, 31.1.1978.
222 JCPL, Printout, CIA, US-South Korean Relations, 10.5.1978.
223 Vgl. Smith, Morality; Dumbrell, Carter; Kaufman/Kaufman, Carter; Smith, Mission; Vavrina, Carter.
224 Vgl. JCPL, NSA 6 Brzezinski Material, Country File, Box 43, Fo. Korea, Rep. of 10/77–12/78, Nick Platt, Memorandum for Brzezinski, Your Appointment with Korean Foreign Minister Park Tong-chin, 28.9.1978.

den Oppositionsführer Kim Dae Jung in den Hausarrest.[225] Im Juli 1979 sollte Carter den Rückzugsplan dann sogar gänzlich aufgeben, nachdem die CIA ihre Einschätzung der nordkoreanischen Militärstärke nach oben korrigiert hatte.

Insofern ließe sich argumentieren, daß das geostrategisch-menschenrechtspolitische Doppelkalkül, wie immer man es moralisch bewertet, im südkoreanischen Fall nach rund zwei Jahren einigermaßen aufgegangen war. Die sicherheitspolitische Partnerschaft hatte die bilateralen Turbulenzen überstanden, und das südkoreanische Regime hatte eine wenn auch eng begrenzte politische Liberalisierung eingeleitet, die ohne den amerikanischen Druck nicht zustande gekommen wäre. Doch schwappte im Herbst 1979 eine neue Repressionswelle über das Land, die die vermeintliche oder tatsächliche Aufweichung von Parks Herrschaft beendete und Carters menschenrechtspolitisches Engagement als weitgehend wirkungslos erscheinen ließ. Seinen politischen Höhepunkt fand das südkoreanische Vorgehen darin, daß der Oppositionsführer Kim Young Sam aus dem Parlament ausgeschlossen wurde, was wiederum Aufstände in seiner Heimatregion auslöste. Die amerikanische Regierung beschloß, ein weiteres Mal »still« zu intervenieren, war aber weiterhin bedacht, die Grenze nicht zu überschreiten, die sie sich von Anfang an gesetzt hatte.[226] Carter forderte Park in einem weiteren Brief auf, »den Liberalisierungstrend so früh wie möglich wiederaufzunehmen«. Dabei hielt er ihm unmißverständlich vor Augen, daß die Entfernung Kim Young Sams und seiner Partei aus der Nationalversammlung seinem Image in den Vereinigten Staaten beträchtlich schade und die südkoreanische Gesellschaft politisch schwäche.[227]

Nachdem Park Chung Hee in einem Zwist von seinem Geheimdienstchef erschossen worden war, eskalierten die Konflikte in Südkorea vollends. Eine Gruppe von Militärs unter Chun Doo Hwan ergriff die Macht, die zwar zunächst einige liberalisierende Maßnahmen ergriff, den anschwellenden Strom des Protests aber nicht stoppen konnte. Nicht nur schlossen sich die bis dato zerstrittenen Oppositionsführer Kim Dae Jung und Kim Young Sam zusammen, es entzündete sich auch eine Welle von Streiks und studentischen Demonstrationen. Als Sicherheitskräfte im Mai 1980 in der südlichen Provinzhauptstadt Kwangju ein Massaker an den protestierenden Studenten anrichten, löste dies einen zehn Tage währenden Aufstand aus, der am Ende ebenfalls blutig erstickt wurde, mit möglicherweise bis zu 2000 Todesopfern. Danach führte

---

225 Vgl. JCPL, NSA 26 Staff Material – Far East, Armacost – Chron. File, Box 7, Fo. 6/1–13/78, CIA, South Korea, 12.10.1978; ebd., NSA 3 Brzezinski Material, President's Correspondence with Foreign Leaders, Box 12, Carter an Park, o. Dat. [Sommer 1979].
226 Vgl. JCPL, NLC-26-40-8-3-8, Nick Platt an Brzezinski, 9.10.1979. Vgl. auch ebd., NSA 3 Brzezinski Material, President's Correspondence with Foreign Leaders, Box 12, Vance, Memorandum for the President, 12.10.1979.
227 JCPL, NSA 3 Brzezinski Material, President's Correspondence with Foreign Leaders, Box 12, Carter an Park, 13.10.1979.

das Regime rigorose Säuberungen durch und nahm der Opposition praktisch jeden Bewegungsspielraum. Die amerikanische Führung ging in dieser Phase dazu über, ihre Mißbilligung auch öffentlich auszudrücken. Dabei hielt sie sich allerdings im Frühjahr 1980 stärker zurück als im vorangegangenen Herbst, da nach der iranischen Revolution und der Geiselnahme in der Teheraner US-Botschaft alles vermieden werden sollte, was einen weiteren Verbündeten hätte destabilisieren können.[228] In Briefen mahnte Carter Präsident Chun Doo Hwan an sein Versprechen, eine neue Verfassung auszuarbeiten und baldmöglichst freie Wahlen abzuhalten, was »entscheidend« sei, »um eine feste Beziehung zwischen unseren Ländern aufrechtzuerhalten.[229] Nicht zuletzt nutzten die Amerikaner alle ihnen zur Verfügung stehenden Kanäle, um die Vollstreckung des Todesurteils gegen Kim Dae Jung zu verhindern.[230] Der südkoreanische Oppositionsführer wurde schließlich verschont; gleichwohl blieb der amerikanische Einfluß auf die südkoreanische Politik bis zum Ende von Carters Amtszeit begrenzt.

War die amerikanische Regierung subjektiv der Auffassung, ihre menschenrechtspolitischen Anliegen in die Beziehungen zu Südkorea integriert zu haben, so stufte sie sie im Umgang mit China am ehesten auf eine Kritik *pro forma* herab. Sie ordnete alles den Verhandlungen über die »Normalisierung« des Verhältnisses unter, die sie von der Nixon-Regierung geerbt und dann zu einem ihrer wichtigsten außenpolitischen Vorhaben erklärt hatte. Im Dezember 1978 konnte schließlich verkündet werden, daß die ehemaligen Antagonisten vollwertige Beziehungen hergestellt hatten.

Carter und seine außenpolitischen Berater verstanden die Annäherung an die asiatische Großmacht ursprünglich auch als Teil ihres globalistischen Programms.[231] Sie wollten China möglichst irreversibel in das internationale Staatensystem einbeziehen, um sein Gefahrenpotential einzudämmen, seine immense Wirtschaftskraft nutzbar zu machen und die Führung zu bewegen, transnationale Probleme regulieren zu helfen.[232] Daneben enthielt das amerikanische Vorgehen, im Sinne der von Nixon und Kissinger betriebenen »Dreiecksdiplomatie«, jedoch eine antisowjetische Spitze, die sich im Zuge

---

228 Vgl. Fowler, United States.
229 JCPL, NSA 3 Brzezinski Material, President's Correspondence with Foreign Leaders, Box 12, Fo. Korea, Rep. of, President Chun Doo Hwan, 8–12/80, Carter an President Elect Chun, 27.8.1980.
230 Vgl. u. a. JCPL, NSA 3 Brzezinski Material, President's Correspondence with Foreign Leaders, Box 12, Carter an Chun, Presidential Message, 1.12.1980.
231 Zum Hintergrund vgl. Ross, Negotiating, S. 120–162; Foot, Practice; Berger, Normalisierung, S. 397–496.
232 Vgl. JCPL, NSA 5 Brzezinski Material, VIP Visit File, Box 3, Fo. China, Cables and Memos, 1/25/79–2/1/79, Cyrus Vance, Memorandum for the President, Scope Paper for the Visit of Vice Premier Deng Xiaoping, 26.1.1979.

der Verhandlungen immer deutlicher ausprägte.[233] Dafür sorgte einmal mehr Brzezinski, der sich, von Carter geduldet, zum Chefunterhändler aufwarf. Intern pochte er darauf, daß der primäre Wert der Verbindung darin bestehe, die geostrategische Ausgangslage für die osteuropäische Supermacht nachhaltig zu verschlechtern. Bei einem Besuch im Mai 1978 machte er diese Absicht auch dem chinesischen Staatsführer Deng Xiaoping deutlich, der den Zweck der Normalisierung ohnehin vorrangig darin sah, Chinas Position gegenüber dem westlichen Nachbarn zu stärken. Bei Dengs Staatsbesuch in den USA im Januar 1979 arbeiteten beide Seiten einen geheimen Plan aus, um nachrichtendienstliche Informationen über die Sowjetunion auszutauschen. Das Abschlußkommuniqué sprach sich gegen jegliche Formen der »Hegemonie« aus und verwendete damit das chinesische Codewort für die außenpolitischen Machtambitionen der Sowjets.[234] Die Moskauer Führung verstand die amerikanische Annäherung an China dann auch als einen gegen sie gerichteten diplomatisch-strategischen Hebel.

Machte die Carter-Regierung ihr Normalisierungsvorhaben also einerseits unübersehbar zu einem Teil der Supermächtekonfrontation, so ging der globalpolitische Ansatz andererseits doch bis zum Schluß nie völlig verloren. Ein Memorandum von 1980, das offenbar gedacht war, die Linien für eine zweite Amtszeit festzulegen, betonte, daß die China-Politik nicht völlig in der »sino-sowjetischen militärischen Spannung« aufgehen dürfe: »Chinas Mithilfe wird nötig sein, wenn wir transnationale Probleme angehen – Waffenkontrolle, Welternährung und Weltenergieversorgung, Nutzung der Meeresböden etc.« In dem Maße, wie diese Überlegungen das Annäherungsbestreben speisten, waren es also zwei Pfeiler von Carters außenpolitischem Neuansatz, die kollidierten. Die Regierung verfolgte den Interdependenzgedanken, und glaubte, ihn nur auf Kosten der Menschenrechtspolitik verwirklichen zu können. Daß China ein »massiver Menschenrechtsverletzer« sei, führte das genannte Memorandum unter den Argumenten auf, die gegen eine engere Beziehung sprachen. Doch befand es schließlich, angesichts der »Möglichkeit, China friedlich in die Weltgemeinschaft zu integrieren«, seien diese Bedenken zurückzustellen.[235]

Infolgedessen war das Mißverhältnis zwischen amerikanischer Kritik und dem Ausmaß staatlicher Menschenrechtsverletzungen wohl nirgends größer als im Fall Chinas. Im selben Jahr, in dem Carter das Präsidentenamt antrat, begann auch in China eine neue Ära. Nach dem Tod Maos begann Deng Xiaoping seinen Aufstieg zum mächtigen Lenker der chinesischen Politik. Die geradezu phantastischen Gewaltexzesse der Nachkriegsjahrzehnte fanden damit ein

---

233 Vgl. Ambrose/Brinkley, Rise; Kaufman/Kaufman, Carter; Smith, Morality; Dumbrell, Policy; Glad, Outsider; Kirby/Ross/Gong Li (Hg.), Normalization.
234 Visit of Vice Premier Deng of China, Joint Press Communiqué, 1.2.1979.
235 JCPL, NLC-128-7-1-1-1, The US-China Relationship, o. Dat. [1980].

Ende – angefangen von den Landreformen über die diversen »Kampagnen« gegen vermeintliche Konterrevolutionäre bis hin zu der verheerenden Hungersnot infolge des »Großen Sprungs nach vorn« und den Verfolgungen im Zuge der »Großen Proletarischen Kulturrevolution« waren ihnen rund siebzig Millionen Chinesen zum Opfer gefallen. Unter Dengs Ägide verlor das Leben seinen Charakter als permanenter, ideologisch fanatisierter Kampf gegen die inneren und äußeren Feinde. Formen privater Marktwirtschaft wurden eingeführt, und der Staat gewährte manche gesellschaftlichen Freiräume. Gleichwohl ging die Führung nach wie vor mit rücksichtsloser Härte gegen diejenigen vor, die ihr Machtmonopol in Frage zu stellen schienen. Das betraf Dissidenten und Demokratiebewegungen, Autonomiebestrebungen etwa in Tibet wie auch »häretische« Religionen.[236]

In der Praxis reduzierte sich der menschenrechtspolitische Ansatz der amerikanischen Regierung auf ein Problem der Außendarstellung. Daß sie sich in der amerikanischen Öffentlichkeit Vorwürfe einhandeln würde, wenn sie der kommunistischen Diktatur menschenrechtliche Forderungen erspare, war der Regierung vollauf bewußt. Mit Blick auf Dengs Besuch in der USA schlug Außenminister Vance daher vor, »unser weltweites Engagement für das Menschenrechtsthema im Rahmen unserer gesamten Außenpolitik« darzulegen, »trotz (oder vielleicht wegen) Dengs Äußerungen«, über das Thema nicht sprechen zu wollen.[237] Mit solchen Vorstößen war auf die Chinesen allerdings wenig Eindruck zu machen. Die Führung in Peking hatte sich von Carters menschenrechtspolitischem Aufbruch stets ostentativ unbetroffen gezeigt.[238] Nachdem die Normalisierung einmal beschlossen war, perlte die amerikanische Kritik am nonchalanten Deng einfach ab. Als Carter den chinesischen Staatsführer in Washington bat, die Ausreisefrage flexibler zu handhaben, entgegnete dieser: »Gut. Wir lassen sie gehen. Sind Sie bereit, zehn Millionen aufzunehmen?«[239]

Auch die Politik gegenüber Afrika suchte die amerikanische Führung auf eine neue Grundlage zu stellen. Sie wollte die Entwicklungen auf dem Kontinent »regionalistisch« verstehen und nicht als bloße Funktion der Auseinandersetzung mit dem Ostblock. Ihre Ambitionen setzte die amerikanische Führung dabei nicht überall konsequent um.[240] In der Haltung gegenüber den weißen Regierungen im südlichen Afrika war der Bruch mit der traditionellen Außenpolitik hingegen deutlich und noch deutlicher als in der doch eher partiellen Revision des Verhältnisses zu strategischen Verbündeten wie Südkorea oder Iran. Den drei miteinander zusammenhängenden Problemen

---

236 Vgl. Vogelsang, Geschichte, S. 536–602; Dabringhaus, Geschichte, S. 113–194.
237 Vance, Memorandum for the President, Scope Paper for the Visit of Vice Premier Deng Xiaoping, 26.1.1979.
238 Vgl. JCPL, NLC-26-39-6-17-7, Far East an Brzezinski, Evening Report, 30.3.1977.
239 So berichtet Brzezinski, Power, S. 407.
240 So etwa in den Konflikten am Horn. Vgl. dazu Jackson, Carter; Mitchell, Cold War.

der Apartheid in Südafrika, der südafrikanischen Besetzung Südwestafrikas (Namibias) und der weißen Herrschaft in Südrhodesien (Simbabwe) gab sie eine hohe außenpolitische Priorität und verfolgte dabei konsistent den Grundsatz der »Mehrheitsherrschaft«.[241]

Daß die Regierungen in Südafrika und Rhodesien unverrückbar antikommunistisch ausgerichtet waren, stellte für die amerikanische Führung nicht länger einen Grund dar, sie zu unterstützen. Noch die Nixon-Regierung hatte in einer geheimen Direktive beschlossen, die Verbindungen mit beiden aus strategischen Gründen zu intensivieren. Ihre Nachfolgerin hielt dagegen die Gefahr, daß der kommunistische Einfluß auf die Region wachsen könnte, für um so größer, je länger sich die Minderheitenregime an der Macht behaupteten.[242] Und auch die anderen Motive, die die USA seit dem Ende des Zweiten Weltkriegs bewogen hatten, Südafrika bei aller rhetorischen Abstandnahme von der Rassenpolitik den Rücken zu stärken, wie vor allem die Lieferung strategischer Mineralien und der Schutz der Öllieferrouten aus dem Nahen Osten, fielen in ihren Überlegungen nicht erkennbar ins Gewicht.[243] Der Glaube, die Herrschaftsverhältnisse im südlichen Afrika seien zutiefst ungerecht, war in der außenpolitischen Neuorientierung hingegen spürbar.[244] Die Forderung nach »Mehrheitsherrschaft« begriff die Carter-Regierung insofern auch als einen zentralen Bestandteil ihrer Menschenrechts-Außenpolitik.[245]

Ein echter Zielkonflikt entwickelte sich daher auch nicht. Eher war die amerikanische Führung darum besorgt, potentiell schädlichen Folgewirkungen vorzubeugen. Die Gefahr, in der südafrikanischen Regierung eine »selbstzerstörerische Haltung der starren und defensiven Isolation« zu befördern, »die nur dazu beitragen mag, einen blutigen Bürgerkrieg auszulösen«, hielt sie für groß.[246] Zugleich wollte sie vermeiden, daß sich die Kaprepublik auf einen unberechenbaren nuklearen Alleingang begab.[247] In den siebziger Jahren erhielten Spekulationen immer neue Nahrung, Pretoria arbeite an der Entwicklung einer Atombombe.[248] Deshalb wollten die USA die Regierung bewegen, dem

---

241 Vgl. JCPL, Donated Historical Material, Zbigniew Brzezinski Collection, Subject File, Box 14, Fo. Southern Africa [3/77–4/77], Mondale, Southern Africa – US Strategy and Meeting with Vorster, 4.4.1977.
242 Vgl. Mondale, Southern Africa – US Strategy and Meeting with Vorster, 4.4.1977.
243 Vgl. dazu JCPL, Donated Historical Material, Zbigniew Brzezinski Collection, Subject File, Box 24, Fo. [Meetings PRC 3: 2/8/77], Brzezinski an Carter, PRC Meeting on Southern Africa – PRM 4, 9.2.1977.
244 Brzezinski an Carter, PRC Meeting on Southern Africa – PRM 4, 9.2.1977.
245 Vgl. Mondale, Southern Africa – US Strategy and Meeting with Vorster, 4.4.1977.
246 Mondale, Southern Africa – US Strategy and Meeting with Vorster, 4.4.1977.
247 Vgl. JCPL, WHCF, Subject File, Countries, Box CO-53, Fo. CO 141 6/1/78–1/20/81, Tarnoff, Memorandum for Brzezinski, Administration Policy toward South Africa, 3.6.1978.
248 Vgl. Barber/Barratt, Foreign Policy, S. 238–243.

multilateralen Atomwaffensperrvertrag beizutreten. Ihre Möglichkeiten, auf die innere politische Entwicklung in Südafrika einzuwirken, hielten die außenpolitischen Experten dabei alles in allem für gering. Sie glaubten, vornehmlich »politischen und psychologischen« Druck ausüben zu können, indem sie die südafrikanische Regierung bei ihrer Furcht packten, innerhalb der westlichen Welt isoliert dazustehen.[249]

Das amerikanische Engagement in den drei Problemfeldern des südlichen Afrika war unterschiedlich erfolgreich, und insgesamt betrachtet nicht sehr. Zu der friedlichen Transition in Südrhodesien trug die Haltung der Vereinigten Staaten maßgeblich bei.[250] In der Frage Südwestafrikas vermochten der südafrikanische Premierminister John Vorster und sein Nachfolger P. W. Botha dagegen dem Druck zu widerstehen, der von den Vereinten Nationen und der sogenannten Kontaktgruppe ausgeübt wurde, der neben den USA noch Großbritannien, Frankreich, Kanada und die Bundesrepublik angehörten.[251] In ihren Bemühungen um ein Ende der Apartheid konnte die amerikanische Regierung ebenso wenig einen Durchbruch erzielen. Dabei übermittelte sie der südafrikanischen Regierung schon früh, daß die zukünftigen Beziehungen davon abhingen, ob das System der Rassendiskriminierung abgeschafft würde. Carter und andere führende Regierungsvertreter sprachen eine ungewohnt klare Sprache und formulierten weitreichende Forderungen, und bauten damit im Rahmen der Möglichkeiten starken Druck auf. Diesem Zweck diente vor allem ein Treffen zwischen Walter Mondale und Vorster in Wien im Mai 1977. Der amerikanische Vizepräsident war instruiert, dem südafrikanischen Premier vor Augen zu führen, daß die US-Regierung Menschenrechte als einen Selbstzweck betrachte, ihr Antikommunismus sie nicht davon abbringen werde, und sie aus der Geschichte der Rassendiskriminierung in den USA eine zusätzliche moralische Verpflichtung ableite, ihre Stimme gegen die Apartheid zu erheben.[252] Auf einer Pressekonferenz nach dem Treffen machte Mondale klar, daß die Beziehungen an einer Wegscheide stünden. Er könne nicht ausschließen, »daß sich die südafrikanische Regierung nicht ändert, daß sich unsere Wege trennen und unsere politischen Linien in Konflikt geraten.«[253]

Die Drohgebärden verfingen jedoch nicht, und das südafrikanische Regime tat das, was es in ähnlichen Situationen bislang immer getan hatte: Es schaltete

---

249 Mondale, Southern Africa – US Strategy and Meeting with Vorster, 4.4.1977.
250 Vgl. Smith, Morality; DeRoche, Standing.
251 Vgl. Gleijeses, Test.
252 Vgl. JCPL, Donated Historical Material, Zbigniew Brzezinski Collection, Geographical File, Box 14, Fo. Southern Africa [5/77–5/79], Vice President, Memorandum for President, Objectives During Visit to Europe for Talks with Vorster and European Leaders, 10.5.1977.
253 Zitiert nach Smith, Mission, S. 246.

auf sturen Widerstand.²⁵⁴ Der Premierminister verkündete, der amerikanische Kurs werde zu einer marxistischen Revolution führen und die Region in Anarchie stürzen. Außenminister Pik Botha äußerte, die US-Regierung habe kein »Monopol auf Moralität«, und warf ihr ein falsches Verständnis der Menschenrechte vor, das die Weißen des Rechts beraube, sich selbst zu regieren.²⁵⁵ Gleichzeitig zog Pretoria die Schrauben der Unterdrückung im Land noch an. Nachdem das Apartheidregime seine Verfolgungswelle gegen die *Black Consciousness*-Bewegung losgetreten hatte, stimmten die USA in den Vereinten Nationen für ein verpflichtendes Waffenembargo, das es Südafrika merklich erschwerte, an militärisches Gerät zu gelangen. Die politische Empörung in den Vereinigten Staaten hatte inzwischen einen neuen Höhepunkt erreicht. Schon in der Folge des Massakers von Soweto 1976 hatte die Medienberichterstattung zugenommen, und zwei Berichte von *Amnesty International* trugen dazu bei, das öffentliche Bewußtsein über die Repressionen im Land weiter zu steigern. Amerikanische NGOs wie das *American Committee on Africa*, *TransAfrica* oder das *Washington Office on Africa* intensivierten ihre Lobbybemühungen. Der Kongreß schließlich verabschiedete eine Resolution, die das südafrikanische Regime verurteilte, und begrenzte die von der Export-Import Bank unterstützten Geschäfte mit dem Land.

An der Lage in Südafrika änderte das wenig. Mit der Wahl P. W. Bothas zum neuen Premierminister zeigte sich die Kapregierung noch intransigenter gegenüber Einflußversuchen von außen. Botha, der in apokalyptischen Bildern von »totalem Ansturm« und Überlebenskampf sprach, versuchte den westlichen Nationen sogar zu drohen, indem er offen mit einer »Neutralität« seines Landes im Ost-West-Konflikt liebäugelte.²⁵⁶ Er leitete einige kleinere, pragmatische Reformen an der Apartheidgesetzgebung in die Wege, doch nur, um offenkundige Hemmnisse für die Wirtschaft zu beseitigen. Auf längere Sicht schwebte der Regierung vor, eine stabile schwarzafrikanische Mittelschicht in den Städten zu schaffen, um das Unruhepotential zu verringern. Gleichzeitig ließ Botha den Sicherheitsapparat modernisieren und ausbauen.

Noch einschneidendere Maßnahmen zu ergreifen, als sie bereits getroffen hatte, konnte sich die Carter-Regierung indessen nicht entschließen. Ökonomische Sanktionen wollte sie nicht verhängen und auch keinen Einfluß auf die amerikanische Privatwirtschaft nehmen.²⁵⁷ Diese Entscheidung hatte keine geringe Tragweite. Amerikanische Unternehmen waren hinter den britischen der

---

254 Vgl. zum folgenden Absatz Smith, Morality; Coker, United States, S. 127–153; Massie, Loosing, S. 404–522; Thomas, Predicament, S. 12–34, 85–108; Walldorf, Politics, S. 112–143; Barber/Barrett, South Africa, S. 231–236; Bissell, South Africa.
255 Zitiert nach Barber/Barrett, South Africa, S. 233.
256 Vgl. Barber, South Africa, S. 223–242.
257 Vgl. Tarnoff, Memorandum for Brzezinski, Administration Policy toward South Africa, 3.6.1978.

zweitstärkste ausländische Investor in Südafrika und beherrschten weitgehend die dortige Automobil-, Computer- und Ölindustrie. Amerikanische Banken stellten rund ein Fünftel der Auslandskredite zur Verfügung, und Geschäfte mit den USA machten etwa den selben Anteil des südafrikanischen Außenhandels aus. Die Carter-Regierung wollte sich jedoch lediglich verstärkt dafür einsetzen, daß sich amerikanische Firmen auf die sogenannten Sullivan-Prinzipien verpflichteten, einen 1977 formulierten Verhaltenskodex, der auf Desegregierung und fairen Beschäftigungspraktiken gründete. Von vielen Anti-Apartheid-Aktivisten als ein systemkonformes Kurieren an Symptomen kritisiert, hatte bis zum Frühjahr 1979 nicht ganz die Hälfte der in Südafrika operierenden US-Unternehmen diese Prinzipien zur Grundlage ihrer Betriebspolitik erklärt.[258] In wirtschaftspolitischer Hinsicht wich Carter mit alledem nicht von der Politik früherer amerikanischer Regierungen ab.

Öffentlich argumentierten die Vertreter seiner Regierung, daß nicht wenige Stimmen gerade aus der schwarzafrikanischen Bevölkerung am Kap vor den kontraproduktiven Folgen des *disinvestment* warnten. Auch beteuerten sie immer wieder, die Handelsbeziehungen würden langfristig einen liberalisierenden Einfluß ausüben. In der internen Entscheidungsbildung wurde jedoch auch deutlich, daß die Carter-Regierung wirtschaftliche Sanktionen generell nur als *ultima ratio* begreifen wollte, und in diesem Fall um so stärker darauf bedacht war, die bilateralen Bande nicht endgültig zu zerschneiden, weil sie in Südwestafrika und in Südrhodesien wie auch in der Nuklearfrage weiterhin die südafrikanische Kooperation benötigte.[259] Diesseits wirtschaftlicher Sanktionsmaßnahmen hatte die Regierung jedoch ihre Eskalationsmöglichkeiten ausgereizt. Damit war sie auf ein Regime getroffen, daß sich angesichts der öffentlichen Kritik nur noch mehr verschanzte, und so zeigte Carters menschenrechtspolitischer Ansatz kurzfristig keinerlei Wirkung. Brzezinski behauptete in seinen Memoiren, vorausgesehen zu haben, daß die scharfe Forderung nach innenpolitischem Wandel ohne einen »kohärenten Handlungsplan, der eine Aussicht auf Erfolg gehabt hätte, und den wir hätten zu Ende bringen können«, zum Scheitern verurteilt sei.[260] Mindestens rückblickend hatte er Recht, und so war das amerikanische Vorgehen gegenüber Südafrika ein Lehrstück dafür, wie sich rhetorischer Druck erschöpfte. Seit Frühjahr 1978 mehrten sich innerhalb

---

258 Vgl. Coker, States; Massie, Loosing; Thomas, Predicament; Barber/Barrett, South Africa, S. 275.
259 Vgl. JCPL, WHCF, Subject File, Countries, Box CO-53, Fo. CO 141 1/20/77–1/20/81, Memorandum on Congressional Black Caucus Twelve Points on South Africa, o. Dat.; Tarnoff, Memorandum for Brzezinski, Administration Policy toward South Africa, 3.6.1978. Kurze Zeit später entschied sie sich auch dagegen, Sanktionen im Lufttransport anzuwenden, um Südafrika damit zu Fortschritten in der Namibia-Frage zu bewegen. Vgl. Gleijeses, Test.
260 Brzezinski, Power, S. 141.

der Regierung daher auch die Stimmen, die den Stillstand beklagten und fürchteten, der Präsident werde an Glaubwürdigkeit einbüßen.[261] Innenpolitisch erntete die Regierung nun zunehmend Kritik – wiederum von beiden Seiten. Denn während Demokraten, afroamerikanische Politiker und Anti-Apartheid-Aktivisten bemängelten, das amerikanische Vorgehen sei nicht entschlossen genug, behaupteten die Republikaner, Carters Menschenrechtspolitik habe den innersüdafrikanischen Konflikt noch verschärft und die USA einen wichtigen Verbündeten gekostet. Dort blieben die Dinge in den folgenden beiden Jahren stehen. Angesichts drängenderer Probleme trat das Thema in der amerikanischen Außenpolitik zurück, und die Regierung entfaltete, was Südafrika betraf, keine nennenswerten Initiativen mehr.[262]

Neben dem südlichen Afrika war Lateinamerika die zweite Weltregion, in der die Politik der Carter-Regierung von einer grundlegenden Umkehr geprägt war. Betrachtet man die blutige Geschichte der amerikanischen Einmischung auf dem Kontinent, so stellte sie womöglich eine noch tiefergreifende Zäsur dar. Fast jeder Präsident seit dem Ende des Zweiten Weltkriegs hatte der westlichen Hemisphäre zu Beginn eine neue Politik der gleichberechtigten Partnerschaft versprochen. Eisenhower hatte dann eine militärische Intervention in Guatemala autorisiert, Kennedy in Kuba und Johnson in der Dominikanischen Republik.[263] Unter Nixon und Kissinger hatte die Furcht vor der kommunistischen Penetration neue obsessive Höhen erreicht, wie sich am folgenreichsten in der Subversionspolitik zeigte, die sie gegenüber der Allende-Regierung in Chile betrieb. Auch wegen dieser unrühmlichen Tradition sah Carter in Lateinamerika eine »besondere Gelegenheit, seine Philosophie der Buße und der Erneuerung anzuwenden«.[264]

In den Maßgaben, die die Carter-Regierung kurz nach dem Amtsantritt für ihre Lateinamerikapolitik formulierte, verabschiedete sie sich deutlich vom Imperativ der »nationalen Sicherheit«, der jahrzehntelang vorherrschend gewesen war. »Heute, nur fünfzehn Jahre nach der Kubakrise, sind die inter-amerikanischen Beziehungen wesentlich komplexer«, so hielt das entscheidende Richtungspapier fest. Ihm zufolge wollte die Regierung nunmehr Menschenrechtsverletzungen nach Möglichkeit verhindern, auf Distanz zu repressiven Regimen gehen und demokratische Regierungen unterstützen.[265] Blickt man auf diesen

---

261 JCPL, WHCF, Subject File, Countries, Box CO-53, Fo. CO 141 6/1/78–1/20/81, Thornton an Brzezinski, US Policy toward South Africa, 13.4.1978.
262 Vgl. Smith, Morality; Coker, States; Massie, Loosing; Thomas, Predicament.
263 Vgl. Smith, Years; Schoultz, United States; Rabe, Killing Zone.
264 Smith, Morality, S. 110.
265 JCPL, Printout, Review of US Policy Toward Latin America, 12.3.1977. Vgl. ebd., Donated Historical Material, Zbigniew Brzezinski Collection, Subject File, Box 24, Fo. [Meetings – PRC 8: 3/34/77], Brzezinski, Memorandum for the President, PRC Meeting on Latin America, 31.3.1977.

Zusammenhang, so wird deutlich, daß der politische und historische Vorwurf, Carter habe den menschenrechtspolitischen Ansatz bevorzugt in Lateinamerika umgesetzt, weil die strategische und wirtschaftliche Bedeutung des Kontinents vernachlässigbar gewesen sei, schief ist.[266] Denn die Tatsache, *daß* sich der geostrategische Wert der westlichen Hemisphäre gering ausnahm, war eben bereits die Folge einer epochalen Umwertung, die die amerikanische Regierung auf der Grundlage ihrer globalistischen und moralistischen Prämissen vollzog.

Was hingegen zutrifft, ist, daß diese veränderten Grundannahmen die politischen Kosten menschenrechtskritischer Vorstöße als vergleichsweise gering erscheinen ließen. Im Januar 1978 erstellte Anthony Lake, der Leiter des Planungsstabs im Außenministerium, eine aufschlußreiche »Zwischenbilanz«, in der er selbstkritisch festhielt, »man kann unsere Politik so auslegen, daß sie sich auf Lateinamerika als die beste Bühne für das Menschenrechtsengagement konzentriert«. Dafür gab es seiner Ansicht nach gute Gründe – die Regierungen seien »ideologisch abgeneigt, sich Moskau zuzuwenden«, und die Waffenverkäufe in der Region hätten eine geringe wirtschaftliche Bedeutung.[267] Spielten die niedrigen Kosten also eine bewußte Rolle, so waren sie doch nicht das einzige Motiv. Denn daneben nannte Lake auch die relativ großen amerikanischen Einflußmöglichkeiten, die höheren Ansprüche, die man an »westliche« Länder stelle, die faktische Verschlechterung der Menschenrechtssituation und die vergangene amerikanische Unterstützung für lateinamerikanische Militärregime.[268]

In der Praxis ließ sich die amerikanische Politik gegenüber zahlreichen lateinamerikanischen Staaten tatsächlich stark von der dortigen Menschenrechtssituation bestimmen. Die Regierung bediente sich eines relativ breitgefächerten Instrumentariums und übte auch öffentlich sichtbaren Druck aus. Der Paukenschlag vom Februar 1977, als sie in einer ihrer ersten menschenrechtspolitischen Amtshandlungen die Auslandshilfe für Argentinien und Uruguay (sowie daneben für Äthiopien) kürzte, war insofern ein Vorbote kommender Dinge. Bei in etwa gleichbleibenden Gesamtausgaben sank der Anteil der lateinamerikanischen Staaten an der US-Militärhilfe in den zwei Jahren nach Carters Amtsantritt von 210 auf 54 Millionen.[269] Bereits Anfang März 1977 hatte die neue Führung alle lateinamerikanischen Regierungen außer der kubanischen auf ihre menschenrechtspolitische Linie hingewiesen und den »schlimmsten Rechtsverletzern« ihre »dringende Besorgnis« übermittelt.[270] Dazu gehörte das Regime Augusto Pinochets in Chile, dessen internationale Position sich, wie im folgenden Kapitel ausführlich beschrieben, beträchtlich verschlechterte, als es

266 So unter anderen Hartmann, Menschenrechtspolitik, S. 160.
267 Lake an Vance, The Human Rights Policy: An Interim Assessment, 20.1.1978.
268 Review of US Policy Toward Latin America, 12.3.1977.
269 Vgl. Smith, Mission, S. 245.
270 Review of US Policy Toward Latin America, 12.3.1977.

die amerikanische Unterstützung verlor. Auch gegenüber der argentinischen Militärdiktatur griff die Carter-Regierung zu resoluten Mitteln.[271] Im mehreren hochrangigen Gesprächen drängte sie die Junta um General Jorge Videla, die Menschenrechtssituation im Land zu verbessern. Ende 1978 verwandte sie dann einen Kredit der Export-Import Bank als Zuckerbrot, um die Machthaber zu bewegen, einen Besuch der Interamerikanischen Menschenrechtskommission zuzulassen. Die Kommission konnte schließlich im September 1979 einreisen und Untersuchungen durchführen, die nicht nur in einen sehr kritischen Abschlußbericht mündeten, sondern auch den öffentlichen Diskurs über die Menschenrechtsverletzungen innerhalb Argentiniens, wenngleich in Maßen, beförderten.[272]

Auch Carters Lateinamerikapolitik war jedoch in sich abgestuft und zuweilen schwankend. In Mittelamerika waren die potentiell negativen Rückwirkungen größer als in Südamerika. Denn die autoritären Regierungen dieser Region waren eben nicht nur vorgeblich (wie die chilenische oder argentinische), sondern tatsächlich in Kämpfe mit »linken« Guerrillabewegungen verwickelt, die der US-Regierung nicht als wünschenswerte Alternative erschienen. Daher begannen die Amerikaner schon bald, ihre Menschenrechtskritik mit »positiven« Anreizen zu demokratischen Reformen zu kombinieren. So drohte die Regierung anfänglich sowohl der Militärregierung in El Salvador als auch dem nicaraguanischen Diktator Anastasio Somoza, Hilfszahlungen zu kürzen, falls sie die Gewalt gegen die Zivilbevölkerung nicht einstellten und ihre Herrschaft nicht liberalisierten.[273] Im September 1977 beschloß die US-Regierung sogar, ihre Wirtschaftshilfe für Nicaragua einzufrieren, und nach der Ermordung des oppositionellen Zeitungsherausgebers Pedro Chamorro suspendierte sie im Februar 1978 auch die Militärhilfe. Als sich jedoch die Kämpfe zwischen den Regierungstruppen und der Sandinistischen Befreiungsfront intensivierten und Somoza weitere politische Reformmaßnahmen ankündigte, gewährte die Carter-Regierung wieder einige Anleihen. Der Präsident sandte dem nicaraguanischen Diktator sogar ein paar Zeilen des Lobs, die in der Menschenrechtsbürokratie des *State Department* blankes Entsetzen auslösten und später öffentlich stark kritisiert wurden.

Als die globalen Sicherheitsbedenken der Carter-Regierung im Lauf des Jahrs 1979 zunahmen, vertiefte sich ihr Dilemma. Die brutalen mittelamerikanischen Militärherrscher zu unterstützen, schien nun nicht länger ein primär moralisches, sondern zunehmend ein geopolitisches Problem, schürte deren Intransigenz doch die inneren Konflikte und ließ eine demokratische Transition

---

271 Vgl. dazu jetzt ausführlich Schmidli, Fate, vor allem S. 120–155; ferner Smith, Morality; Sikkink, Signals, S. 121–147.
272 Vgl. Skiba, Besuch.
273 Vgl. hierzu und zum Folgenden Dumbrell, Carter; Schmitz, United States, S. 181–191; Smith, Mission; Hartmann, Menschenrechtspolitik, S. 173–329.

zunehmend unwahrscheinlich werden. Gleichzeitig hielt es die amerikanische Führung für immer dringlicher, einem Sieg der militanten Linken zuvorzukommen. Bereits im September 1978 schloß das *State Department*, daß Somoza von der Macht entfernt und eine moderate Regierung installiert werden müßte, wollte man verhindern, daß das Land an die Sandinisten falle. Dafür war es jetzt allerdings schon zu spät, und überdies stand der Diktator selbst dieser Möglichkeit stur im Wege. Die Sandinisten drangen 1979 immer weiter vor und zwangen Somoza schließlich zur Flucht. In den USA sah sich Carter daraufhin harscher Kritik ausgesetzt, weil er einen jahrzehntelang loyalen Verbündeten fallengelassen und den amerikanischen Hinterhof für Kommunisten geöffnet habe. In El Salvador gelang es der Regierung infolge einer ähnlichen politischen Konstellation ebenfalls nicht, einen tragfähigen Kurs zwischen den Extremen zu steuern. Die amerikanische Regierung machte in Mittelamerika also mindestens phasenweise Abstriche an ihrer Menschenrechtspolitik und gelangte über ein stetes Lavieren nicht hinaus. Gleichwohl fiel sie auch hier nicht in die traditionellen Reaktionsmuster der amerikanischen Außenpolitik zurück. Um jeden Preis an den Militärdiktatoren festzuhalten oder gar militärisch einzugreifen – für Nicaragua war dies im Juni 1979 die von Brzezinski favorisierte Option –, kam für den Präsidenten nicht in Frage.[274]

Nachdem der »Zweite Kalte Krieg« voll ausgebrochen war, vollzog die Carter-Regierung 1980 allerdings doch noch einen markanten Kurswechsel. Jetzt nahm sie die sowjetische Politik wieder als ein weltweites Dominanzstreben wahr, vor dem es auch den lateinamerikanischen Kontinent zu schützen galt. Ihre menschenrechtlichen Ambitionen erschienen folglich als ein potentiell destabilisierender Faktor. Warren Christopher schlug im Juni 1980 vor, die Menschenrechtspolitik künftig in einer Weise durchzuführen, »die negative Rückwirkungen für unsere anderen Interessen minimiert.«[275] Nachdem die salvadorianische Guerrillabewegung, der *Frente Farabundo Martí para la Liberación Nacional*, seine »Schlußoffensive« ausgerufen hatte, nahm die amerikanische Führung dann sogar noch kurz vor der Amtsübergabe im Januar 1981 die Militärhilfe an das diktatorische Regime wieder auf. Ebenso versuchte sie nun, die anti-sandinistischen Kräfte in Nicaragua mit verdeckten Zahlungen zu stärken.[276]

Carters Menschenrechtskonzeption für Lateinamerika war somit als letzte von einer neuen geostrategischen Handlungslogik überlagert worden, die sich in den meisten anderen Weltgegenden schon zuvor in den Vordergrund geschoben hatte. Betrachtet man den zeitlichen Rhythmus seiner Moralpolitik noch

---

274 Vgl. Schmitz, United States, S. 181–191.
275 JCPL, NSA 24 Staff Material – North/South, Pastor – Country File, Box 27, Fo. Latin America 1–12/80, Memorandum Christopher an Carter, Soviet Relations with Southern South America, 19.6.1980.
276 Vgl. Hartmann, Menschenrechtspolitik.

einmal regionenübergreifend, so waren die meisten Energien im ersten Jahr in sie hineingeflossen, bis sich die Schwierigkeiten, die die außenpolitischen Experten zum Teil theoretisch bereits erkannt hatten, auch in der Praxis scharf abzuzeichnen begannen.[277] Seit Mitte 1977 und bis weit in das Jahr 1978 hinein versuchte die Regierung mit einer ganzen Reihe meist unzusammenhängender Maßnahmen, ihren anfänglichen Kurs zu korrigieren und ihre Politik neu zu justieren. Dazu gehörte die gezügelte Kritik gegenüber der Sowjetunion, aber auch der größere Akzent, den Carter fortan auf »Belohnungen« setzen wollte.[278] Seit Anfang 1979 trat die menschenrechtspolitische Dimension in dem Maße zurück, wie in der Regierung eine neue weltweite Bedrohungswahrnehmung handlungsleitend wurde; im folgenden Jahr beschleunigte sich dieser Prozeß noch.[279] Das zunehmende sowjetische Engagement in Afrika, die Revolution im Iran, die Machtergreifung der Sandinisten und schließlich der sowjetische Einmarsch in Afghanistan markieren die Stationen einer schleichenden Desillusionierung, die Carters Außenpolitik auch in den anderen Bereichen tiefgreifend beeinträchtigte. Die optimistische, zukunftsgewisse, auf komplexer Interdependenz und »globaler Gemeinschaft« beruhende Sicht der Weltpolitik warf sie nunmehr über Bord. Statt dessen entdeckte sie die Politik der Eindämmung und der Hochrüstung wieder, die zu verabschieden ihre anfängliche *raison d'être* gewesen war.[280] Die nur zu offenkundige Abkehr von den Reformambitionen ließ es dem Präsidenten schließlich auch als nötig erscheinen, seine auswärtige Politik neu zu legitimieren. Dies tat er in einer programmatischen Rede vom Mai 1980, die allerdings öffentlich weitgehend verhallte. Brzezinski hielt sie rückblickend für die quintessentielle Lehre, die seine Regierung aus dreieinhalb Jahren neuer Außenpolitik gezogen habe. Carter beschwor darin eine »Verschmelzung von Prinzip und Macht« als einzigen Weg, den Weltfrieden zu wahren.[281] War die neue Moralpolitik der alten Machtpolitik rhetorisch noch nebengeordnet, stand sie doch in der Praxis inzwischen unverkennbar hinter ihr zurück.

---

277 Vgl. auch Bloomfield, The Carter Human Rights Policy: A Provisional Appraisal, 11.1.1981, S. 10.
278 Vgl. Bloomfield, The Carter Human Rights Policy: A Provisional Appraisal, 11.1.1981, S. 21.
279 Vgl. auch JCPL, Plains File, Subject File, Box 39, Fo. State Department Enemy Reports 1/79, Vance, Memorandum for Carter, Priorties for 1979–80.
280 Vgl. etwa Smith, Morality; Skidmore, Course.
281 Carter, Address Before the World Affairs Council, 9.5.1980, S. 868. Vgl. Brzezinski, Power, S. 460.

Vom Scheitern des moralpolitischen Aufbruchs

Daß Carter seine menschenrechtliche Außenpolitik rund ein halbes Jahr vor seiner Abwahl prinzipiell neu zu begründen versuchte, war gleichwohl ein wichtiges Zeichen. Sie war von Beginn an mindestens ebenso sehr ein innenpolitisches Versprechen gewesen wie ein Signal an die Staaten der Welt. Und trotz allen komplizierten Verwicklungen und hartnäckigen Dilemmata, unter denen sie in ihrer internationalen Umsetzung litt, war es in erster Linie die innenpolitische Arena, in der sie scheiterte.

Hier blühte der ethisch grundierte Neuansatz nur einen kurzen Moment lang: in den Jahren 1976 und 1977, einer Zeit der politischen Gewissensprüfung, in der die nationale Umkehrbereitschaft ungewöhnlich stark ausgeprägt war. In diesen Jahren entfalteten moralische Argumente eine enorme Zugkraft, und der Gedanke einer außenpolitischen Erneuerung wurde lagerübergreifend positiv aufgenommen. »Dies ist ein seltener Moment und ein kostbarer«, schrieb Daniel P. Moynihan 1977.[282] Nicht nur die demokratischen Menschenrechtsverfechter im Kongreß hofften, daß nun endlich eine bessere Richtung eingeschlagen sei. Das galt auch für die spätere Starkritikerin von Carters Menschenrechtspolitik, die »neokonservative« Jeane Kirkpatrick, die zu dieser Zeit noch Mitglied der Demokratischen Partei war und bald schon als Beraterin Reagans arbeiten sollte. Im Jahr 1977 erkannte sie ein »besonders großes Bedürfnis nach moralischem Konsens« und begrüßte das Bekenntnis zu den Menschenrechten folglich als »wiederaufbauend und stabilisierend«.[283] Doch war ein so starkes politisches Bedürfnis nach moralischer Regeneration eben exzeptionell, und Carter der wohl erste Präsident seit Woodrow Wilson, der davon an die Macht getragen wurde.[284] Dieses Bedürfnis war letztlich ein Krisensymptom, und es währte so lange, bis das Krisengefühl geschwunden oder von anderen beiseite gedrängt worden war.

Dieser Konnex wurde noch dadurch befördert, daß das moralpolitische Programm zwar geeignet war, in Mißkredit geratene Politikmodelle zu verabschieden, und immerhin anfänglich auch, das politische Vertrauen zurückzugewinnen. Deutlich weniger taugte es jedoch dazu, der Außenpolitik eine praktikable, erfolgversprechende Strategie vorzugeben. Daß die Regierung antrat, ohne auch nur über halbwegs ausgereifte konzeptionelle Überlegungen zu verfügen, war insofern symptomatisch. Machtexzesse zu vermeiden, war tatsächlich der einzige der hehren Vorsätze, den die Carter-Regierung vollends einlöste – und das ist lange viel zu wenig beachtet worden. Alle anderen Ziele – Leiden zu

---

282 Moynihan, Totalitarianism, S. 32 f.
283 Kirkpatrick, Invocation, S. 22. Vgl. auch Kissinger, Morality, S. 60 f.
284 Vgl. Smith, Morality, S. 241–247.

verringern, darauf hinzuwirken, daß andere Regierungen die Rechte ihrer Bürger achten, mit oppressiven Regimen zu brechen, letztlich und vor allem: Moralität, Humanität zum Maßstab der internationalen Staatenbeziehungen zu machen – erwiesen sich als wesentlicher schwieriger zu verwirklichen.

Das war im Kern keine Frage der besseren oder schlechteren Politikgestaltung. Zweifellos gab es in diesem Bereich nicht wenige Mängel zu konstatieren: Züge der Unprofessionalität und der Unkoordiniertheit; nicht so sehr die bis zum Überdruß zitierte Naivität, ein Kampfbegriff in- und ausländischer Gegner, der nicht weniger Überheblichkeit verriet, als man Carter selbst oft vorwarf, aber doch die Unfähigkeit, politische, organisatorische und kommunikatorische Probleme adäquat zu lösen. Selbst wenn die Regierung jedoch das operationelle Geschäft geschickter betrieben hätte, waren politische Halbheiten und Fehlschläge vorprogrammiert, ein Maß an Enttäuschung sicher und die Fallhöhe groß. Die zukunftsweisende, beflügelnde Vision, die Carter anfänglich aufscheinen ließ, war zu maximalistisch, zu politikfern, zu rigoros, um sich in ein Regierungsprogramm übersetzen zu lassen. Wenn man Menschenrechte aber den politischen Realitäten anpaßte, hörten sie auf, eine beflügelnde Vision zu sein.

So schien der Menschenrechtsansatz, wie ihn die Carter-Regierung ausgestaltete, einen Keim des Scheiterns geradezu in sich zu tragen. Dies wiederum hing auch damit zusammen, daß sie nicht beim Gedanken der moralischen Rehabilitation stehenblieb. Gleichsam im selben Atemzug bot sie eine neue amerikanische Sendung an. Wenn Carter davon sprach, »wir können ganz gewiß das Unrecht auf dieser Welt verringern«, wenn er verkündete, die weltweite Bewegung hin zum Schutz des Individuums »anführen« zu wollen, »um die moralische Stellung wiederzugewinnen, die wir einmal hatten«, dann lud er den Menschenrechtsgedanken zugleich mit einer neuen, weitgesteckten internationalen Mission auf.[285] Daß solche Ambitionen Skepsis und Ressentiment weckten, im Inland wie im Ausland, war das eine. Das andere war eine inhärente Überforderung der außenpolitischen Leistungsfähigkeit. Die Regierung vermochte sich selbst zu bescheiden, doch verhielt es sich mit der Weltheilung schwieriger; konnte sie die Zerknirschung ob der vergangenen Sünden dokumentieren, war es höchst fraglich, ob sich das Versprechen einer weltweiten moralischen Führerschaft einlösen ließ.

Das war ein Grund, aber bei weitem nicht der einzige, warum Carters Menschenrechtspolitik zeitgenössisch kritisiert wurde. Tatsächlich war die Offenheit für Kritik vielleicht die schwerste innenpolitische Hypothek für das moralistische Programm. Vor allem traf die Regierung der Vorwurf der Selektivität,

---

285 Carter, Relation between World's Democracies, 23.6.1976, S. 270; ders., Address at Commencement Exercises at University of Notre Dame, 22.5.1977, S. 958.

der sich in vielerlei Gewand präsentierte[286]: Den einen war Carters Menschenrechtspolitik gegenüber der Sowjetunion (oder Südafrika) zu lax, den anderen zu harsch. Manche beklagten, daß viel mehr gegen Chile unternommen werde als gegen Argentinien, obwohl die Menschenrechtsverletzungen hier gravierender seien, andere sahen es genau umgekehrt. Vielen wurde überhaupt zu viel gegen Lateinamerika unternommen und im Vergleich damit zu wenig gegen Iran, Südkorea oder die Philippinen. Doch gab es wiederum auch solche, die jeden Schritt gegen diese drei Länder verurteilten. Daher stand auch der Vorwurf, Verbündete fallenzulassen (Iran, Südkorea, Nicaragua, Chile), neben dem, Verbündete von Kritik auszusparen (Iran, Südkorea, Nicaragua, Philippinen, Indonesien). Viele Beobachter bemängelten, Menschenrechtspolitik bedeute eine Einmischung in innere Angelegenheiten, die nicht praktikabel oder nicht legitimierbar sei.[287] Daß der Interventionist Kissinger warnte, »wir laufen Gefahr, zum Weltpolizisten zu werden«, und ein Gegner der Menschenrechtspolitik wie Ernest Lefever, den Ronald Reagan später als Leiter des Menschenrechtsbüros vorschlagen sollte, hochtrabend mahnte: »Wir haben nicht den moralischen Auftrag, die Welt nach unserem Bilde neu zu erschaffen«, das zeigte, wie sehr sich die Fronten in der moralpolitischen Domäne verkehren konnten.[288]

Ebenso wie diese, waren sicherlich viele der Gegenargumente politisch klar zuzuordnen. Die konservativen Kritiker zielten auf die Kernelemente der *post-Cold War foreign policy*. Sie verurteilten den menschenrechtspolitischen Aufbruch, weil er die Gefahren der Sowjetherrschaft übergehe und die Beziehungen zu antikommunistischen Staaten gefährde.[289] Die Bedenken von Demokraten und linken Aktivisten hoben darauf ab, daß die Regierung moralpolitische Erwägungen nicht hoch genug veranschlage, die Sowjetunion zu stark in den Vordergrund rücke und autoritäre Partner vernachlässige. Insofern war das Urteil, zu dem Lincoln Bloomfield nach vier Regierungsjahren gelangte, die »Frage der Inkonsistenz« sei vor allem eine »Waffe, um die Regierung mit politischer Absicht zu prügeln«, durchaus zutreffend.[290] Viele andere Einwürfe waren aber nicht lagergebunden. Wenn die Carter-Regierung betonte, sie wolle ihren Menschenrechtsansatz gegenüber allen Ländern anwenden, wurde sie des Messianismus, der moralischen Selbstüberhebung und des kulturellen Chauvinismus geziehen; wenn sie ihn ganz offensichtlich nicht allen Ländern gegenüber gleich

---

286 Vgl. als Verteidigung gegen Selektivitäts- und Einseitigkeitsvorwürfe: Carter, President's News Conference, 9.3.1977, S. 341; ders., European Broadcast Journalists, 2.5.1977, S. 765.
287 Vgl. als Verteidigung gegen den Einmischungsvorwurf: Carter, European Newspaper Journalists, 25.4.1977, S. 782; ders., NATO Ministerial Meeting, 10.5.1977.
288 Kissinger, Morality, S. 62; Lefever, Limits, S. 73.
289 Vgl. Kissinger, Morality; Lefever, Limits; Rostow, Ignoring.
290 Bloomfield, The Carter Human Rights Policy: A Provisional Appraisal, 11.1.1981, S. 48.

anwenden konnte, der Scheinheiligkeit.²⁹¹ Je nachdem, wie man es betrachtete, konnte sogar die Kritik der Regierung an Kambodscha, Uganda oder Paraguay als unlauter erscheinen, denn sie war billig, weil die USA dort keine strategischen und wirtschaftlichen Interessen hatten.²⁹² Die proteische Verheißung, es allen politischen Lagern recht machen zu können, die den Menschenrechtsgedanken für Carter und seine Berater anfangs so attraktiv gemacht hatte, verkehrte sich in den politischen Alptraum, ein Projekt als Symbol der Präsidentschaft auserkoren zu haben, mit dem niemand zufrieden war.

Der wichtige Befund ist dabei nicht, daß die Regierung inkonsistent handelte. Das tat sie, je nach Maßstab, mehr oder weniger. Intern gestanden sich dies die außenpolitischen Experten offen ein. Sie betonten, Menschenrechtspolitik sei ein »unvermeidlicher Balanceakt«, und man solle »eher das in den Vordergrund stellen, was effektiv ist, als das, was uns konsequent erscheinen läßt«.²⁹³ Historisch aufschlußreicher ist, daß die außenpolitische Institutionalisierung des universellen Prinzips der Menschenrechte ein politisches Selektivitätsdilemma mitproduzierte. Menschenrechtliche Maßstäbe vollends gleichmäßig, ohne Abstriche, gleichsam absolut umzusetzen, war in der vielfach determinierten Praxis der internationalen Politik von vornherein nicht möglich.²⁹⁴ Da dies aber den Kern des politischen Anspruchs ausmachte, erschien Inkonsistenz als das größtmögliche Defizit. Somit machte der dem Menschenrechtsansatz inhärente Universalismus die amerikanische Regierung prinzipiell nach allen Seiten hin verwundbar für Kritik. Daß sich die große Mehrzahl der Historiker bis heute ebenfalls auf die eine oder andere Seite der kontroversen Debatte geschlagen hat, spricht im übrigen für die Prägekraft dieses Zusammenhangs.

War die politische Anfälligkeit also angelegt, so gewann sie ihr lähmendes Gewicht doch erst aus der konkreten historischen Situation der späten siebziger Jahre. Der Weg zurück in die Zeit vor dem Verlust des außenpolitischen Konsenses, dessen Bedeutung Carter schärfer als jeder andere in den Fokus gerückt hatte, war versperrt. Die innenpolitischen Voraussetzungen der Außenpolitik hatten sich seit Vietnam und Watergate bleibend gewandelt. Daß sich die außenpolitischen Orientierungen und die strategischen Optionen pluralisiert hatten, ja sogar fragmentiert waren, ließ sich nicht rückgängig machen. Innenpolitische Kritiker des zynischen Machtmißbrauchs traten Carter genau so argwöhnisch oder unbestechlich gegenüber, wie sie Nixon und Ford gegenübergetreten waren. Der Kongreß trieb seinen Versuch, sich in den auswärtigen Angelegenheiten zu behaupten, entschlossen weiter, die Medien führten ihre desillusioniert-skeptische Berichterstattung fort. Daß gerade diejenige Regierung,

---

291 Vgl. Schlesinger, Rights; Morgenthau, Rights.
292 Vgl. Schlesinger, Rights.
293 Lake an Vance, The Human Rights Policy: An Interim Assessment, 20.1.1978.
294 Vgl. auch Dumbrell, Carter, S. 189.

die die politischen Konsequenzen aus dem Wandel der mittleren siebziger Jahren am entschlossensten ziehen wollte, gegen dessen Fernwirkungen nicht ankam, mag man dabei paradox finden. Vor allem aber war es ein Beleg dafür, wie stark sich die politische Tektonik der amerikanischen Gesellschaft verschoben hatte. Dem zu begegnen, mußte in jedem Fall schwirig sein. Darin lag ein Grundmuster von Carters Präsidentschaft und der vielleicht am tiefsten reichende, strukturelle Grund, warum sie am Ende fast alle Unterstützung verloren hatte.[295] In vielen Bereichen, auch etwa in der Wirtschafts-, Energie-, Umwelt- und Teilen der Gesellschaftspolitik, versuchte die Regierung, die amerikanische Politik dauerhaft auf die neuen Problemlagen der siebziger Jahre umzustellen. Ihre Rezepte verfingen jedoch nur selten – weil sie ungenügend durchdacht waren und schlecht kommuniziert wurden, aber auch weil Erfahrungen fehlten, weil der Bruch mit altgewohnten politischen Modellen neue Verunsicherung schuf, weil es sich um Themen handelte, für die es nur unpopuläre Lösungen gab oder auch noch gar keine.

Mit dem »unvermeidlichen Balanceakt«, von dem Anthony Lake gesprochen hatte, war noch ein weiteres Problem verbunden. Denn wie konnte man einen solchen Ansatz öffentlich präsentieren, für ihn werben, innenpolitisches Kapital aus ihm schlagen? Um ihre Politik zu vermitteln, mußte sich die Regierung subtiler, abgewogener Argumente bedienen: Sie wolle ihre Stimme erheben, sich aber nicht einmischen; das Ansehen der USA in der Welt wiederherstellen, sich aber nicht auf einen Kreuzzug begeben; den Verbündeten nicht schaden, aber doch Kritik üben; die moralpolitischen Notwendigkeiten ebenso berücksichtigen wie die Grenzen des Machbaren. Carter versicherte, er wisse um »die Grenzen moralischen Zuredens«, er habe »keine Illusionen, daß sich die Dinge leicht oder schnell verändern lassen«.[296] Das war alles sachlich akkurat und politisch verantwortlich gesprochen, doch einprägsame Formeln und klare Orientierung flossen aus solchen Reden nicht. Die internen Bilanzen beanstandeten fast ausnahmslos das Versäumnis »öffentlich zu vermitteln, was wir machen und warum, was wir hoffen können zu erreichen, und was nicht«.[297]

Am stärksten fiel dabei ins Gewicht, daß sich kaum Erfolge der Menschenrechtspolitik reklamieren ließen, nicht einmal dort, wo die Regierung glaubte, sie vorweisen zu können. Auch wenn sie der Meinung war, daß sich die Situation in einem Land infolge ihrer Bemühungen gebessert habe, konnte sie das öffentlich selten äußern, um die betreffende Regierung nicht vor den Kopf zu stoßen. So listete das *State Department* in einem Papier, mit dem es eine Stellungnahme im Kongreß vorbereitete, positive Entwicklungen in El Salvador, Nicaragua,

---

295 Vgl. dazu auch ebd.; Schulman, Slouching.
296 Carter, Address at Commencement Exercises at University of Notre Dame, 22.5.1977, S. 958; ders., President's News Conference, 15.12.1977, S. 2116.
297 Lake an Vance, The Human Rights Policy: An Interim Assessment, 20.1.1978.

Guatemala, Paraguay, Panama, Haiti, Thailand, Indonesien und dem Iran auf, die die amerikanische Politik herbeigeführt habe. Für die Anhörung wurde der Vertreter des Menschenrechtsbüros allerdings angewiesen, keines der Länder zu nennen.[298] Überdies wurde der zuweilen erhebliche Druck, den die amerikanische Führung über ihre stille Diplomatie ausübte, öffentlich nicht erkennbar. Daher fiel es mitunter schwer, innenpolitische Kritiker zu besänftigen. Im Fall Südkoreas etwa konnte Brzezinski vorübergehend die Wogen glätten, indem er Donald Fraser, der sich wiederholt empört zu Wort gemeldet hatte, in einem vertraulichen Telefongespräch mitteilte, man wirke hinter den Kulissen auf Präsident Park Chung Hee ein. Über die Jahre hinweg halfen solche Versicherungen jedoch nicht entscheidend weiter.[299]

Folglich mußte sich die Regierung in ihrer Außendarstellung darauf verlegen, den nicht meßbaren Gewinn ihrer Menschenrechtspolitik zu betonen. Sie machte geltend, den Makel von Vietnam und Watergate abgewaschen, das amerikanische Ansehen in der Welt restituiert, und die ideologische Offensive wieder ergriffen zu haben.[300] In dem Maße jedoch, wie neue politische Probleme in den Vordergrund rückten, in dem Maße nicht zuletzt, wie die Regierung vielen Beobachtern durch ihre verfehlten menschenrechtlichen Initiativen einen Teil des amerikanischen Ansehens eher zu verspielen schien, verloren solche Behauptungen an Überzeugungskraft. Was blieb, war der Hinweis, ein weltweites Bewußtsein für das Thema geschaffen, andere westliche Regierungen mitgezogen und repressiven Regierungen klar gemacht zu haben, daß Menschenrechte für die USA ein wichtiges Kriterium waren. Von Carter gebetsmühlenartig wiederholt, avancierten diese Argumente zur wichtigsten Rechtfertigungslinie.[301] So bedeutsam all das tatsächlich war: Als großer, bahnbrechender außenpolitischer Erfolg ließ es sich kaum verkaufen.

Damit fehlte dem außenpolitischen Moralismus schließlich auch eine zwingende legitimatorische oder mobilisierende Kraft. Auch außerhalb des Elitendiskurses überlebte der menschenrechtspolitische Enthusiasmus daher die Anfangszeit der Regierung nicht. Zu Beginn scheinen die Umfragen, die Carter anstellen ließ, darauf hingedeutet zu haben, daß das Thema eine hohe

---

298 Vgl. JCPL, Staff Offices, Office of Staff Secretary, Handwriting File, Box 67, Fo. 1/11/78, Human Rights, o. Dat., anbei: Mark L. Schneider before House Committee on International Relations Subcommittee on International Organizations, 25.10.1977.
299 Vgl. JCPL, NSA 6 Brzezinski Material, Country File, Box 43, Donald Fraser an Richard Moe, 1.4.1977; ebd., Fraser an Brzezinski, 11.4.1977; ebd., Mike Armacost, Memorandum for Brzezinski, 20.4.1977.
300 Vgl. Carter, The State of the Union, 19.1.1978; ders., Flint, Michigan, Remarks at a »Get Out the Vote« Rally, 2.11.1978.
301 Vgl. Carter, European Broadcast Journalists, 2.5.1977; ders., Interview with the President; ders., The State of the Union, 19.1.1978; ders., President's News Conference, 30.3.1978; ders., The State of the Union, 25.1.1979.

Akzeptanz hatte und seine persönliche Popularität erhöhte.[302] Nachdem die nationalen Umfrageinstitute einmal begonnen hatten, Menschenrechte in ihr Fragerepertoire aufzunehmen, begann sich indes ein etwas anderer, erstaunlich stabiler Trend abzuzeichnen. Während die abstrakte Zustimmung zur Menschenrechtspolitik hoch ausfiel, veranschlagten die Befragten deren konkrete Bedeutung – etwa im Umgang mit der Sowjetunion oder Südafrika – gering. In einer Umfrage von 1979 rangierten Menschenrechte nur für ein Prozent unter den drei größten außenpolitischen Problemen.[303] In die Erfahrungen und Sorgen, die die Mehrzahl der Amerikaner umtrieb, waren Menschenrechte letztlich wohl zu wenig verwoben. An das starke, aus der Legierung von Machtambition und Angst erwachsene Potential, das der Antikommunismus in den Hochphasen des Kalten Kriegs als politisches Bindemittel und Integrationselement (jedenfalls für die Mehrheit) gehabt hatte, reichten sie nie annähernd heran.[304] Das ideologische Vakuum, das der Vietnamkrieg in der amerikanischen Außenpolitik hinterlassen hatte, konnten sie nicht ausfüllen.

Strategien des Übergangs: David Owens Ansatz in Großbritannien

Gut zwei Monate, nachdem Jimmy Carter in seiner Vereidigungsansprache Menschenrechte zu einem außenpolitischen Leitwert erhoben hatte, verkündete der frisch ernannte britische Außenminister David Owen vor dem Unterhaus, er wolle der Außenpolitik des Landes eine neue Richtung geben. Die Regierung werde »Menschenrechtserwägungen systematisch einbeziehen« und bestrebt sein, »Menschenrechte überall zu schützen und zu stärken«.[305] Kritiker sprachen abschätzig von einer »Ich auch-Politik« (*me-too approach*), mit der sich die Regierung beeile, dem großen transatlantischen Partner hinterher zu schwimmen. In Wirklichkeit war Owens Stellungnahme jedoch der vorläufige Endpunkt eines Diskussionsprozesses, der bereits im Sommer des vorausgegangenen Jahres eingesetzt hatte.[306] Großbritannien hatte seit 1977 ebenfalls eine Menschenrechts-Außenpolitik, die eigenständig entstanden war.

Keine britische Regierung zuvor hatte, jenseits der Vereinten Nationen, den Menschenrechtsschutz zu einem außenpolitischen Auftrag erklärt.[307] Auch in

---

302 Vgl. Muravchik, Crusade, S. 7. Vgl. auch JCPL, NSA 7 Brzezinski Material, Subject File, Box 28, Fo. Human Rights 5/77–11/78, Brzezinski, Memorandum for the President, 3.5.1977; Tarnoff, Memorandum for Brzezinski, 5.12.1978.
303 Vgl. Dumbrell, Carter; Skidmore, Course, S. 90–94; Stuckey, Carter.
304 Vgl. Skidmore, Course, S. 90–94.
305 Debatte im House of Commons, 30.3.1977, § 396.
306 NAK, FCO 58/1143, Simpson-Orlebar an Squire, 21.4.1977.
307 Zur zweiten Wilson-Regierung vgl. etwa Labour Party Manifesto, October 1974.

der Praxis hatte dies ferngelegen. Daß die *Labour*-Regierung Harold Wilsons gegenüber dem griechischen Militärregime, das im April 1967 die Macht ergriffen hatte, sehr zurückhaltend blieb und sich selbst im Europarat so lange wie möglich bedeckt hielt, ist bereits beschrieben worden.[308] Und auch im Biafra-Konflikt verfolgte sie keine menschenrechtliche Linie. Außerhalb des Parlaments fächerte sich eine entschlossene Protestbewegung auf, die große Zeitungen, Kirchen und eigens gegründete Biafra-Komitees umfaßte; den Stein des Anstoßes bildeten dabei die fortgesetzten britischen Waffenverkäufe an die nigerianische Zentralregierung.[309] Der Premier drohte sogar mehrfach die Unterstützung der *Labour*-Partei zu verlieren, und selbst Angehörige der Regierung stellten sich gegen ihn. Zwar sah sich die britische Führung deshalb genötigt, ihr humanitäres Hilfsengagement zu verstärken und diplomatische Anstrengungen zu unternehmen, um Verhandlungen über ein Ende des Konflikts herbeizuführen. Im Kern hielt sie gleichwohl an ihrer Politik fest: Die erheblichen wirtschaftlichen Interessen in Nigeria, dessen Bedeutung als Öllieferant und die Furcht, Biafra könne ein gefährliches Fanal für das Auseinanderbrechen postkolonialer Staaten auf dem Kontinent setzen, ließen es als ihr geboten erscheinen, den Ambitionen der Sezessionisten einen Riegel vorzuschieben.

Wie noch zu schildern sein wird, erlangten in der Amtszeit der zweiten Wilson-Regierung, die 1974 ihre Geschäfte aufnahm, menschenrechtspolitische Überlegungen im Umgang mit dem Militärregime in Chile eine wesentlich größere Bedeutung. Dies geschah allerdings *de facto* und wirkte sich vorerst nicht auf den übergreifenden außenpolitischen Kurs aus. David Owens Ankündigung von 1977 bedeutete somit eine programmatische Neudefinition der britische Rolle in der internationalen Politik. Umso auffälliger erscheint es, daß sie in der historischen Erinnerung kaum Spuren hinterlassen hat. James Callaghan, seit 1976 Premierminister und damit Owens Regierungschef, kommt in seinen Memoiren nicht auf die Menschenrechtspolitik zu sprechen. Und sogar in Owens eigenen Rückblicken bleibt sie merkwürdig farblos.[310] Die britische Geschichtswissenschaft, die sich in die späten siebziger Jahre ohnehin nur selten vorgetastet hat, scheint sie bislang nicht entdeckt zu haben.[311]

Owens menschenrechtspolitischer Vorstoß fiel in eine Phase, in der sich Großbritanniens Position in der Weltpolitik grundlegend gewandelt hatte. Noch 1962 hatte Dean Acheson das seither vielzitierte Urteil gefällt, Großbritannien habe »ein Reich verloren und noch keine Rolle gefunden«.[312] Viele Historiker haben die britische Außenpolitik der sechziger Jahre auf eben diesen Linien

---

308 Vgl. Pedaliu, Human Rights; sowie ausführlich: Nafpliotis, Britain.
309 Vgl. Young, Labour, Bd. II, S. 193–217.
310 Callaghan, Time; Owen, David Owen.
311 Vgl. zusätzlich zu der im Folgenden genannten Literatur etwa auch: Young/Pedaliu/Kandiah (Hg.), Britain.
312 Zitiert nach Brinkley, Acheson, S. 176.

gedeutet: als einen schwierigen Prozeß des Umlernens und eine prekäre Orientierungssuche, in die sich die Regierungen geworfen sahen, als Großbritannien seine Großmachtstellung verloren hatte und der Abschied vom *Empire* unaufhaltsam näherrückte.[313] Seit Achesons Ausspruch hatte sich indes vieles verändert, und die britische Außenpolitik war bis zum Anfang der siebziger Jahre auf eine sichtbar neue Grundlage gestellt worden. Zunächst einmal war im Laufe der sechziger Jahre das britische Kolonialreich tatsächlich fast ganz verloren gegangen. Bis zum Ende des Jahrzehnts war der Rückzug aus Afrika abgeschlossen, und zudem hatte die Wilson-Regierung 1967/68 beschlossen, die nicht unbeträchtlichen Stützpunkte »östlich von Suez«, das heißt im Nahen Osten und in Südostasien, aufzugeben.[314] Der militärische Rückzug beendete die globale Präsenz der Briten bis auf weniger Relikte. Erst jetzt hatte die post-imperiale Phase der britischen Außenpolitik endgültig begonnen.

Zudem war Großbritannien, nach zwei vergeblichen Anläufen, 1973 in die EWG aufgenommen worden. Durchgesetzt vom konservativen Premierminister Edward Heath, einem überzeugten Europäer, war der Beitritt zu Hause nach wie vor umstritten. Doch hatte sich inzwischen ein Elitenkonsens herausgebildet, daß die Mitgliedschaft der richtige Weg sei, vor allem, weil sie wirtschaftlich alternativlos erschien. Der EWG-Beitritt war zweifellos ein säkularer Schritt. Die Auffassung jedoch, die europäische Politik sei von nun an zu Großbritanniens neuer außenpolitischer Identität geworden und habe damit die alte weltpolitisch-koloniale abgelöst, erscheint sehr konstruiert.[315] In den kommenden Jahren brachte sie einen äußerst konfliktbeladenen Anpassungs- und Aushandlungsprozeß mit sich.

Schließlich hatte sich auch das britische Verhältnis zu den USA, die viel beschworene *special relationship*, inzwischen merklich verwandelt und damit eine der zentralen Achsen, um die die britische Außenpolitik seit dem Ende des Zweiten Weltkriegs gekreist hatte. Seit den späten sechziger Jahren mehrten sich Mißtöne und gegenseitige Irritationen. In einem schwierigen Spagat zwischen außen- und innenpolitischen Rücksichten unterstützte Wilson den amerikanischen Krieg in Vietnam zwar diplomatisch, weigerte sich jedoch standhaft, Truppen zu stellen. Die britischen Entscheidungen, das Pfund abzuwerten und ihre Kräfte »östlich von Suez« abzuziehen, trieben weitere Keile in das Verhältnis. Eine dauerhafte Entfremdung machte sich bei alledem zwar nicht breit. Gerade Callaghan unterhielt wieder einen sehr guten Kontakt zur amerikanischen Regierung. Doch angesichts der strikt bilateral ausgehandelten

---

313 Vgl. dazu und zum Folgenden: Sanders, Losing; Ziegler, Wilson; Jansen/Lehmkuhl (Hg.), Großbritannien; Coker, Policy, S. 3–18; die Aufsätze von Lothar Kettenacker, Stefan Fröhlich, Simon Bulmer, in: Kastendiek/Sturm (Hg.), Länderbericht, S. 514–570; Turner, Britain.
314 Vgl. Reynolds, Britain; Darwin, Britain, S. 289–314.
315 So die Interpretation von Sanders, Losing.

Supermächte-Détente und der britischen Ankunft in Europa büßten beide Partner füreinander den Stellenwert ein, den sie in den vierziger und fünfziger Jahren besessen hatten.

Ob Großbritannien mit diesen weitreichenden Weichenstellungen nun eine neue »Rolle gefunden« hatte, hängt davon ab, wie man die Implikationen dieses überstrapazierten *Aperçus* begreift. Natürlich bedeuteten sie nicht das Ende aller außenpolitischen Orientierungsnöte. Wichtiger war, daß zwei tief eingewurzelte Traditionen des britischen Auftretens in der Welt mindestens unterschwellig weiterwirkten. Das Selbstverständnis als Träger einer weltweiten Zivilisierungsmission, mit dem ganzen Gewicht einer vermeintlich gloriosen Kolonialgeschichte beladen, ließ sich kaum von heute auf morgen abstreifen. Das sollte sich geradezu eruptiv in der einmütigen Unterstützung offenbaren, die die britische politische Öffentlichkeit 1982 dem Falklandkrieg entgegenbrachte. Und auch der mit dem imperialen Selbstbild eng verwobene Anspruch auf den Status einer Großmacht, die die wichtigen Angelegenheiten der internationalen Politik mitzuentscheiden habe, löste sich nicht umgehend auf.[316] Gleichwohl bewegte sich die britische Außenpolitik seit Anfang der siebziger Jahre, innerlich und äußerlich, in einem neuen Koordinatensystem. Offiziell behauptete kein leitender Politiker mehr, Großbritannien bekleide eine weltpolitische Führungsrolle. Indem die britischen Regierungen neue Bindungen eingegangen waren und alte aufgelöst hatten, veränderten sich auch die Handlungsfelder, Foren und Operationsmodi ihrer Außenpolitik.

Keines der beiden klassischen Narrative der britischen Außenpolitikgeschichtsschreibung scheint daher geeignet, die Ansätze der späteren siebziger Jahre zu beschreiben.[317] Denn sowohl die Vorstellung des »Niedergangs« (*decline*) als auch die der »schmerzhaften Anpassung« sind auf die Ausgangslage nach dem Zweiten Weltkrieg bezogen, als Großbritannien die dritte Weltmacht darstellte und über ein weitgespanntes Kolonialreich verfügte. Die Erosion dieses *status quo* rücken beide Interpretation ins Zentrum; erscheint sie in der einen als nostalgisch betrauerter Verfall, so in der anderen als eher weniger denn mehr gelungener Versuch, den schwindenden Einfluß zu kompensieren. Doch für die *Labour*-Regierung ging es ab 1974 um etwas anderes, nämlich um eine Neuausrichtung, die die Konsequenzen aus »Niedergang« und »schmerzhafter Anpassung« bereits gezogen hatte. Nicht mehr der Abschied vom *Empire* stand auf der Agenda, sondern die postkolonialen Probleme; nicht mehr, ob Großbritannien zu Europa gehöre, war die Frage, sondern der Modus der Kooperation; und das alles wurde von der Wahrnehmung überwölbt, daß querliegend zum Kalten Krieg globale Problemlagen heraufzogen, die die weltpolitische Situation entscheidend mitbestimmen würden.

---

316 Vgl. Kaiser, »Gesicht«.
317 Vgl. Reynolds, Britain.

Die Ankunft der Menschenrechte in der britischen Außenpolitik

Der menschenrechtspolitische Ansatz, den Owen im März 1977 vor dem Parlament präsentierte, war ein Teil dieser Neuausrichtung. Er entstand in einer Art doppelter Genese, wobei der allererste Anstoß nicht von einer programmatischen Infusion ausging – in *Labours* Wahlmanifesten von 1974 spielte der Menschenrechtsgedanke eine verschwindend geringe Rolle –, sondern von der Klärung einer Sachfrage.[318] In einer Unterhausdebatte zum Thema »Moralität und Außenpolitik« forderte Stanley Newens, Abgeordneter der *Labour Co-operative Party*, im Februar 1976 die Regierung auf, »alle Menschenrechtsverletzungen heftig zu verurteilen, wo auch immer sie geschehen, und den Regierungen, die solche Verletzungen begehen, Waffenlieferungen und im schlimmsten Falle auch Entwicklungshilfe zu verweigern«.[319] Der Staatsminister im *Foreign Office*, David Ennals, hielt sich in seiner Entgegnung bedeckt, konzedierte aber doch, daß »es Momente geben könnte, in denen wir über die Aussetzung bilateraler Hilfe nachdenken müssen«.[320]

Damit war die Frage aufgeworfen, welcher Stellenwert Menschenrechten in der britischen Entwicklungspolitik eingeräumt werden solle.[321] Das Außenministerium begann im Juni darüber nachzudenken, wobei schnell deutlich wurde, daß es keine internen Richtlinien gab.[322] Zur Orientierung holten die Ministerien Informationen darüber ein, wie andere westliche Geberstaaten diese Frage handhabten, und gewannen den Eindruck, daß fast alle deutlich mehr Reserve an den Tag legten, als Ennals' Äußerungen anzudeuten schienen.[323] Intern wurde der Gedanke, Hilfsleistungen mit menschenrechtspolitischen Erwägungen zu verknüpfen, überwiegend skeptisch kommentiert. Das könne leicht auf Kosten der Ärmsten in den Empfängerländern gehen und sei überhaupt »viel eher ein Beruhigungsmittel für die Öffentlichkeit und das Parlament, als etwas, womit man die Politik der Empfängerländer verändert«.[324] Gleichwohl hielt das Entwicklungsministerium als vage neue Vorgabe fest, daß

---

318 Vgl. Labour Party, Manifesto, October 1974, S. 27; dies.: Let Us Work Together, S. 13.
319 Debatte im House of Commons, 9.2.1976, § 35. Die *Co-operative Party* ist eine Partei der linken Mitte, die bei nationalen Wahlen zusammen mit der *Labour Party* antritt.
320 Debatte im House of Commons, 9.2.1976, § 97–98.
321 Vgl. NAK, FCO 58/1010, Glason an Thomas, 15.6.1976.
322 Vgl. etwa NAK, FCO 58/1010, Raftery, ODM and Human Rights, 15.6.1976. Zuvor hatte Großbritannien in zwei Fällen, denen Ugandas 1972 und Chiles 1974, bereits jegliche Unterstützung für repressive Regime eingestellt. Vgl. NAK, FCO 31/1352, Aid to Uganda. Brief for the Ministers, o. Dat. [1972]; ebd., FCO 58/1143, Luard an Secretary of State, 23.5.1977.
323 Vgl. NAK, FCO 58/1010, D. Williams, Human Rights and Aid, 22.6.1976.
324 Vgl. NAK, FCO 58/1010, Luard, Meeting of Ministers – Human Rights, 21.6.1976; D. Williams, Human Rights and Aid, 22.6.1976, hier das Zitat.

»schwere und durchgängige Verletzungen der Menschenrechte [...] berücksichtigt werden sollten«.[325] Der Diskussionsprozeß, der damit in Gang gesetzt worden war, reichte jedoch früh schon über den entwicklungspolitischen Aspekt hinaus. Das Außenministerium nahm ihn zum Anlaß, um generell zu bestimmen, welche Bedeutung Menschenrechte in der britischen Außenpolitik haben sollten.[326] Im Juli 1976 wurde auf oberster Ebene beschlossen, Methoden für eine »systematische vergleichende Bewertung der Menschenrechtsbilanz ausländischer Regierungen« auszuarbeiten. Diese vergleichende Bewertung sollte dann als Grundlage einer Menschenrechts-Außenpolitik dienen.[327] Die Arbeiten daran gestalteten sich indes schwierig und sollten sich schließlich bis Ende März 1977 hinziehen.[328]

Kurz bevor sie abgeschlossen wurden, geschah der Wechsel an der Spitze des Ministeriums. Im Februar 1977 ernannt, war es David Owen, der das Menschenrechtsthema nunmehr programmatisch stark auflud. Dem rechten *Labour*-Flügel zugehörig und später Mitbegründer der *Social Democratic Party*, war Owen mit seinen 38 Jahren der jüngste Außenminister, seit Anthony Eden 1935 in das Amt gerückt war. Er war erst kurz zuvor als Staatsminister und damit zweithöchster Beamter in das *Foreign Office* berufen worden, wo er sich mit der europäischen Politik befassen sollte. Owen war also ein wahrer Überraschungskandidat; das Satiremagazin *Private Eye* druckte nach seiner Ernennung ein Titelfoto mit einmontierten Sprechblasen ab, auf dem sich Harold Wilson im Parlament zu seinem Nebenmann hinüberlehnt und fragt: »Welcher von denen ist Dr. Owen?« Worauf der Nebenmann entgegnet: »Wer?«[329]

Intern ließ Owen gleich zu Beginn seiner Amtszeit verlauten, »er werde erwägen, eine stärkere Linie in Menschenrechtsfragen zu verfolgen als bisher«.[330] Seinen Ansatz formulierte er 1977/78 in mehreren Reden, wenngleich er darin nicht unbedingt im Zentrum stand, waren sie doch als ausladende *tours d'horizon* der britischen Außenpolitik angelegt.[331] Darüber hinaus veröffentlichte er 1978 einen umfänglichen Traktat, in dem der Menschenrechtsgedanke den Rahmen für eine ambitionierte außenpolitische Konzeption abgab.[332] In diesem Buch

325 D. Williams, Human Rights and Aid, 22.6.1976.
326 Luard, Meeting of Ministers – Human Rights, 21.6.1976.
327 Vgl. NAK, FCO 58/1010, Proposed Comparative Assessment of the Human Rights Performance of Foreign Governments, o. Dat. [August oder September 1976].
328 Vgl. NAK, FCO 58/1143, Luard an Secretary of State, 3.5.1977; ebd., Luard, Human Rights and Foreign Policy, 23.5.1977.
329 Private Eye, 4.3.1977, Titelblatt.
330 NAK, FCO 58/1143, Secretary of State's Meeting to Discuss his speech to the Diplomatic and Commonwealth Writers Association (3 March), 23.2.1977.
331 Vgl. Debatte im House of Commons am 1.3.1977, § 96–99; Debatte im House of Commons am 30.3.1977, § 396–398; Owen, Speech to the Diplomatic and Commonwealth Writers Association, 3.3.1977.
332 Vgl. Owen, Menschenrechte.

verstand Owen den Kampf gegen die weltweite Armut, die Sanktionierung staatlicher Repressionen im Ausland, Abrüstungsfragen sowie Teile der Entspannungspolitik als wichtigste Bausteine einer internationalen Neuorientierung im Zeichen der Menschenrechte. In den zukunftsweisenden Formulierungen der *Labour*-Philosophie hatten die internationalen Beziehungen traditionell eine marginale Rolle gespielt.[333] Insofern dürfte Owen die Menschenrechtsidee auch deshalb dankbar aufgegriffen haben, um der britischen Außenpolitik – und sich selbst als Außenminister – überhaupt ein Profil zu geben.

In Owens richtungsweisenden Stellungnahmen erhielt die Menschenrechtspolitik eine breite und vielschichtige Bedeutung. Sie gründeten zunächst auf der Wahrnehmung, daß sich die internationalen Realitäten in einem doppelten Sinn gewandelt hätten. Zum einen stellte sich der junge Außenminister auf den Boden einer veränderten nationalen Ausgangslage – Großbritannien war in Europa angekommen, die koloniale Vergangenheit beendet und alle Großmachtträume ausgeträumt.[334] Zum anderen schälte sich ein globalistisches Motiv heraus. In einer »Welt gegenseitiger Abhängigkeit« sehe sich auch das internationale Staatensystem mit neuen Aufgaben konfrontiert. Wenn Owen auch von dem »Modewort ›Interdependenz‹« sprach und sich damit bis zu einem gewissen Grad von der neuen Denkkonjunktur distanzierte, so teilte er doch deren Befunde. Für ihn hatte sich die enge Verflochtenheit der Nationalstaaten vor allem in der 1973 ausgebrochenen Weltwirtschaftskrise erwiesen. Überdies erkannte er in der prekären Situation, in der sich viele Staaten des globalen Südens befanden, eine mögliche Quelle internationaler Destabilisierung, und so enthielt sein Interdependenz-Gedanke zumindest umrißhaft auch eine neue Interpretation von Frieden und weltweiter Sicherheit.[335]

Neben diese Perspektive trat der Impuls, das auswärtige Handeln ethisch zu grundieren. Vor allem in Owens Buch schien die Auffassung durch, Großbritannien sei verpflichtet, Unrecht überall auf dem Globus zu ahnden und darüber hinaus weltweite Nöte zu lindern. Der Außenminister stellte heraus, die »Mißachtung der Menschenrechte« sei »eine weltweite Erscheinung«, so daß »die Sicherung der Menschenrechte nicht länger den nationalen Regierungen allein überlassen werden darf«.[336] Im übrigen ging es Owen dabei nicht ausschließlich um eine weltpolitische Moral. Er band den Menschenrechtsgedanken auch an das philosophisch-ideologische Fundament von *Labour* an. Indem er »Altruismus« als die Grundlage des sozialistischen Strebens nach einer weniger ungleichen Gesellschaft interpretierte, stellte er sein neues auswärtiges

---

333 Vgl. Howe, Labour.
334 Vgl. Debatte im House of Commons, 1.3.1977, § 96.
335 Vgl. Owen, Menschenrechte, Zitate S. 34 f.
336 Ebd., S. 42 und 30.

Bekenntnis auch als eine Rückkehr zu den weltanschaulichen Wurzeln seiner Partei dar.[337]

Schließlich verschrieb sich der britische Außenminister einem vermeintlich über-ideologischen Universalismus. Er visierte eine Politik an, die keinen Unterschied zwischen den Ländern oder Systemen machte. Menschenrechte fungierten als Schlüssel, um allen Arten der staatlichen Repression gleich zu begegnen: »Wir dürfen keine verschiedenen Maßstäbe mehr anlegen, wir müssen uns in allen Teilen der Welt für die Menschenrechte einsetzen.« Owen wollte gegen die Verbrechen rechter Diktaturen wie der chilenischen ebenso vorgehen wie gegen die kommunistischer Staaten, sich auf die Seite der schwarzen Bevölkerung im südlichen Afrika stellen, aber »auch nicht zögern, die schwarzen Länder dazu aufzufordern, Ausschreitungen eines anderen schwarzen Landes, wie etwa Uganda, zu kritisieren.«[338]

Ebenso aufschlußreich wie die Bedeutungen, mit denen Owen seinen moralpolitischen Ansatz versah, erscheinen diejenigen, die er nicht explizit in ihn einschrieb. Am meisten sticht ins Auge, daß sich der Außenminister nicht auf die britische Kolonialherrschaft bezog. Sprach das Papier, das die britische Regierung anläßlich der Aufnahme in die EWG veröffentlicht hatte, noch davon, »eine imperiale Vergangenheit« gegen »eine europäische Zukunft« eingetauscht zu haben, so sucht man einen ähnlichen Konnex in den menschenrechtlichen Grundsatzäußerungen vergebens.[339] Weder fand sich die Auffassung, die ethisch geleitete Außenpolitik solle das vergangene koloniale Unrecht wiedergutmachen – was noch am wenigsten überraschte, da die meisten Briten die Geschichte des britischen *Empire* eben nicht als eine Unrechtsgeschichte erachteten. Noch brachte Owen – was sich eher hätte erwarten lassen – Großbritanniens fortdauernde moralische Verantwortung für das Wohlergehen der unabhängig gewordenen Staaten mit dem kolonialen Vermächtnis in Verbindung. Schließlich schien auch der Gedanke, der weltweite Einsatz für Menschenrechte könne im post-imperialen Vakuum eine moralische Sendung darstellen, welche die verlorene Zivilisierungsaufgabe zu ersetzen vermöge, bestenfalls ganz schwach auf.[340] Tatsächlich beschwor der neue Außenminister wiederholt ein neues außenpolitisches Selbstbewußtsein, in einer offensichtlichen, wenngleich impliziten Antwort auf die überallher schallenden Unkenrufe des »Niedergangs«: »Aber ebenso ist es an der Zeit, uns nicht länger schlechtzumachen. Wir brauchen mehr Selbstvertrauen, mehr nationalen Schwung. Wir laufen Gefahr, unsere Schwächen zu übertreiben und unser Potential unausgeschöpft zu lassen.«[341] In einem weitgefaßten Sinn ließe sich also argumentieren, daß der

337 Vgl. ebd., S. 21–26.
338 Ebd., S. 159.
339 Zitiert nach Reynolds, Britain, S. 169.
340 Vgl. Owen, Menschenrechte, S. 31.
341 Debatte im House of Commons, 1.3.1977, § 196.

Menschenrechtsgedanke mit der Suche nach neuen internationalen Einflußmöglichkeiten zusammenhing. Doch jedenfalls auf der Ebene der Programmbildung war er keineswegs stark missionarisch aufgeladen. Eine Weltheilung strebte Owen mit ihm nicht an und strich überhaupt das dignifizierende moralische Kapital, das er versprechen mochte, kaum heraus.

Allerdings floß die britische Hinwendung zu Menschenrechten, ebenso wie die amerikanische, nicht allein aus außenpolitischen Lehren und einer Deutung der Weltsituation. Vielmehr war sie auch in die britische Gesellschaftsgeschichte der siebziger Jahre verwoben. Dabei scheint ein Blick auf diese Geschichte vorderhand die Annahme geradezu aufzudrängen, die moralpolitische Umorientierung sei als Teil einer Krisenüberwindungsstrategie zu verstehen. Denn politisch erscheint die Zeit zwischen dem Ende der sechziger Jahre und dem Regierungsantritt Margaret Thatchers als eine einzige Abfolge von gravierenden Wirtschaftsproblemen und ohnmächtigem Krisenmanagement.[342] Die endemische Schwäche der britischen Wirtschaft verschärfte sich infolge der Ölpreiserhöhung von 1973 dramatisch. Das Land wurde fortan vom neuen Phänomen der Stagflation geschüttelt, während sich die Arbeitslosenzahlen in ungeahnte Höhen schraubten. Die machtvollen Gewerkschaften beharrten dennoch auf Lohnerhöhungen, und so brachen Arbeitskonflikte von einer Heftigkeit aus, die fast alles, was sich auf dem Kontinent in diesen Jahren abspielte, in den Schatten stellte. Der wirtschaftspolitische Problemkomplex bestimmte auch die gesellschaftlichen Perzeptionen der Dekade. Die Wirtschaft schien außer Kontrolle geraten, die Regierung gelähmt und die Fundamente der Demokratie akut gefährdet. Doch so sehr dieses Krisensyndrom auch die politischen Befindlichkeiten prägte, spiegelte es sich in der neuen Zielformulierung des Außenministers Owen allenfalls schwach. Er beschrieb seine Gegenwart der siebziger Jahre als eine Ära der »Ernüchterung« und des »Zynismus«, die die »Selbstzufriedenheit« der fünfziger und die »technokratische Zuversicht« der sechziger Jahre verdrängt habe.[343] Gleichzeitig war er bemüht, die pessimistische Diagnose positiv zu wenden und die vorherrschende Desillusion auch als eine Möglichkeit zu deuten, ein festes Wertebewußtsein wiederzuerwecken. Sein unverhohlenes Bekenntnis zu einer idealistischen Außenpolitik, seine Forderung, daß »Ideale der Moralität, Gleichheit und Gerechtigkeit [...] alle Aspekte unserer Außenpolitik durchdringen müssen«, ließe sich als Beitrag dazu verstehen und damit als eine Antwort auf den gesellschaftlichen Sinnverlust, den er zu erkennen glaubte.[344] Doch selbst wenn man dies in Rechnung stellt, war die britische Menschenrechtskonzeption nicht vorrangig ein Produkt der Krisenerfahrung.

342 Vgl. Holmes, Labour; Morgan, Britain; Clarke, Hope, S. 319–357; Marwick, History, S. 202–331; Turner, Governors; Mergel, Großbritannien; Brüggemeier, Geschichte, S. 251–279; Crewe/King, SDP.
343 Owen, Menschenrechte, S. 15.
344 Debatte im House of Commons, 1.3.1977, § 209.

Das idealistische Plädoyer scheint vor allem ein viel konkreteres, letztlich machttaktisches Motiv gehabt zu haben. Denn die wertgebundene Außenpolitik sollte eingestandenermaßen dazu dienen, neue politische Strömungen aufzunehmen und damit gesellschaftliche Unterstützung für das auswärtige Handeln zu gewinnen. »In einer Demokratie wie der unseren«, führte Owen in einer seiner frühen Reden aus, »sollte keine Regierung die legitimen Sorgen um notleidende, ihrer grundlegenden Menschenrechte beraubte Menschen in anderen Ländern ignorieren, die Teile der Öffentlichkeit zum Ausdruck bringen.«[345] Die moralisch gefärbte Konzeption reflektierte somit vor allem die Einsicht, daß sich das innere Bedingungsgefüge des außenpolitischen Handelns verändert habe. Sie zielte darauf, das internationalistische Engagement, das sich außerhalb des Parlaments immer stärker regte, an den Staat zu binden. Dabei mochte Owen im Sinn haben, das gewachsene Oppositionspotential möglichst zu entschärfen. Noch grundlegender ging es indes darum, die britische Außenpolitik zu vitalisieren und neu zu legitimieren.

Bald nachdem Owen sein Amt angetreten hatte, kam der ministerielle Reflexionsprozeß über den außenpolitischen Stellenwert der Menschenrechte, der im Sommer 1976 begonnen hatte, zu einem ersten Abschluß. Im Mai 1977 wurden die Vorlagen, die die Experten bis Ende März ausgearbeitet hatten, im *Foreign Office* auf höchster Ebene diskutiert.[346] Auf ihrer Basis wurde beschlossen, daß der weltweite Schutz der Menschenrechte einen integralen Bestandteil der britischen Außenpolitik darstelle. Er sollte sich auf einige bürgerlich-politische Rechte wie das Recht auf Leben und auf körperliche Unversehrtheit, das Verbot von Versklavung und willkürlicher Verhaftung, Meinungs-, Bewegungs- und Versammlungsfreiheit beziehen.[347] Wirtschaftliche Rechte zu berücksichtigen, wurde diskutiert, doch schienen die Weiterungen als unabsehbar und Verstöße überhaupt sehr schwierig korrigierbar. Wenngleich sich die Regierung in den kommenden Jahren öffentlich immer wieder zu ihnen bekennen sollte, blieben sie in der Entscheidungsbildung konsequent außen vor.[348]

Als Grundlage, um die Haltung gegenüber anderen Staaten zu bestimmen, diente fortan die seit längerem vorbereitete vergleichende Übersicht, in der die Menschenrechtssituation im Ausland jährlich neu eingeschätzt werden sollte.[349]

---

345 Speech to the Diplomatic and Commonwealth Writers Association, 3.3.1977.
346 Vgl. NAK, FCO 58/1144, Office Meeting, 25.5.1977; wichtigste Vorlagen: ebd., Luard an Secretary of State, 3.5.1977; Luard an Secretary of State, 23.5.1977.
347 Vgl. Proposed Comparative Assessment of the Human Rights Performance of Foreign Governments, o. Dat. [August oder September 1976].
348 Vgl. Office Meeting, 25.5.1977; NAK, FCO 58/1156, Aufzeichnung Simpson-Orlebar, o. Dat.; ebd., Crowe an Simpson-Orlebar, 27.10.1977.
349 Vgl. NAK, FCO 58/1144, Human Rights and Foreign Policy [Entwurf], o. Dat. [vermutlich Mai/Juni 1977]; NAK, FCO 58/1156, Simpson-Orlebar, Parliamentary Question, 13.12.1977.

Diese Übersicht zu erstellen, hatte viel Kopfzerbrechen bereitet.[350] Nach einem Testlauf unternahm das Außenministerium tatsächlich den Kraftakt, alle derzeit 150 Staaten in den Blick zu fassen. Doch war es nicht über alle gleich gut informiert. Das erschwerte die Kriterienbildung und schränkte die Vergleichbarkeit ein. Probleme der Begriffsdefinition gesellten sich hinzu, und es blieb unklar, wie sich Verbesserungen oder Verschlechterungen der Lage einberechnen ließen. So arbeitete das *Foreign Office* in dem Bewußtsein, über eine notwendig defizitäre Entscheidungsbasis zu verfügen, die bloß »ganz grobe Hinweise« liefere, welche Maßnahmen angemessen sein könnten.[351]

In der Menschenrechtstabelle wurden die ausländischen Staaten, je nach der Schwere ihrer Verstöße, in sieben Gruppen aufgeteilt.[352] Automatische Folgen sollte die Zuordnung nicht haben. Die geographischen Abteilungen wurden damit beauftragt, Handlungsvorschläge zu allen Ländern der sogenannten »untersten Gruppe« zu entwickeln, in der sich die Staaten mit der schlechtesten Bilanz befanden, sowie zu weiteren sich abzeichnenden Problemfällen.[353] Entscheidungen waren dann von Fall zu Fall zu treffen. Vorgezeichnet schien damit allerdings, daß sich die britische Menschenrechtspolitik auf die »schlimmsten Täter« konzentrieren und gegen die große Mehrheit ausländischer Staaten nichts unternehmen würde. Damit setzte sich die Linie durch, die dem Parlamentarischen Unterstaatssekretär Evan Luard, einer der treibenden Kräfte des Formulierungsprozesses, vorgeschwebt hatte. Staaten wie Kambodscha, Äquatorial-Guinea oder das Zentralafrikanische Kaiserreich vor Augen, schienen ihm die großen Vorteile eines solchen Vorgehens auf der Hand zu liegen: In keinem dieser Länder »stehen für uns substanzielle nationale Interessen auf dem Spiel. Es würde wenig Meinungsverschiedenheiten geben [...]. Wir würden unsere Objektivität demonstrieren, indem wir uns auf die schlimmsten Fälle konzentrieren, unabhängig von politischen Erwägungen, statt auf die besonders populären Sündenböcke wie Chile oder Südafrika.«[354]

Um Menschenrechtsverletzungen zu ahnden, wollte das Außenministerium prinzipiell die ganze Bandbreite verfügbarer Mittel ausschöpfen, angefangen bei vertraulichen Demarchen über die Herabstufung der diplomatischen Beziehungen bis hin zu Handelsembargos.[355] Schon im Entwicklungsstadium wurde

---

350 Vgl. zum Folgenden Proposed Comparative Assessment of the Human Rights Performance of Foreign Governments, o. Dat. [August oder September 1976]; NAK, FCO 58/1011, Michael Palliser, Proposed Comparative Assessment, 13.10.1976; Luard, Human Rights and Foreign Policy, 23.5.1977.
351 Luard an Secretary of State, 23.5.1977.
352 Vgl. Human Rights [Entwurf], o. Dat. [vermutlich Mai/Juni 1977].
353 NAK, FCO 58/1144, Simpson-Orlebar an Heads of Geographic Departments, 13.6.1977.
354 Luard an Secretary of State, 3.5.1977. Hier auch das vorangegangene Zitat.
355 Vgl. Proposed Comparative Assessment of the Human Rights Performance of Foreign Governments, o. Dat. [August oder September 1976].

allerdings deutlich, daß die Beamten stille Diplomatie bevorzugten und vor den Rückwirkungen wirtschaftlicher Sanktionen zurückschreckten.[356] Wie mit der britischen Entwicklungshilfe zu verfahren sei, wurde in diesem Zusammenhang noch einmal eingehend diskutiert. Vieles sprach aus Sicht der beteiligten Ministerien dagegen, Zahlungen in mehr als seltenen Ausnahmefällen zu kürzen: daß davon keine abschreckende Wirkung ausgehe, daß es die Ausbildung demokratischer Regierungsformen behindere, wenn die »Entwicklung« nicht voranschreite, und daß es dem Vorwurf Auftrieb geben werde, westliche Staaten vernachlässigten wirtschaftliche und soziale Rechte.[357] Im Ergebnis bestätigte sich die pragmatische Unentschiedenheit, die sich auch zuvor schon eingepegelt hatte. Entwicklungshilfe sollte nicht zum politischen Druckmittel entarten, aber in schweren Fällen auch nicht dazu dienen, verbrecherische Regime zu stabilisieren.[358] Unter Callaghan ging die Regierung dann nie soweit, ihre Zahlungen und Programme vollständig einzustellen.[359]

Die außenministeriellen Beamten entwickelten ihre Leitlinien von Anfang an in genauer Beobachtung der amerikanischen Menschenrechtspolitik.[360] Dabei kamen sie zum Schluß, daß »die Vereinigten Staaten nicht der Stern sind, dem wir folgen sollten«. In den politischen Grundüberzeugungen sahen sie sich zwar mit dem transatlantischen Partner einig, doch glaubten sie, die amerikanische Regierung könne aufgrund ihrer Machtposition international forscher auftreten. »Bei unserer viel größeren Abhängigkeit vom internationalen Handel, unserem viel geringeren Einfluß auf andere Länder und der Schwäche der britischen Wirtschaft«, so die ängstliche Einschätzung Evan Luards, »ziemt es uns, vorsichtiger zu sein«.[361] Dementsprechend strich Minister Owen öffentlich immer wieder heraus, daß man sich erreichbare Ziele setzen müsse, ein komplexes Interessenkalkül zu berücksichtigen sei, und unterschiedliche Umstände unterschiedliche Maßnahmen erfordern würden. Vor allem sprach er offen aus, der »Preis dafür, Menschenrechte zu verfechten«, sei »immer wieder einmal ein wenig Inkonsistenz«.[362] Die Leitformel, mit der Owen einen wenn auch behutsamen Kontrapunkt zu Präsident Carter zu setzen versuchte, lautete,

---

356 Vgl. NAK, FCO 58/1152, TRED, Human Rights and Trade, 1.7.1977.
357 Vgl. NAK, FCO 58/1152, Judith Hart, Aid and Human Rights, 1.7.1977; ebd., Frank Judd an Secretary of State, 4.7.1977; ebd., UN Department, Aid and Human Rights: Mrs Hart's Paper, 4.7.1977; ebd., FCO 58/1146, Human Rights and Foreign Policy: Progress Report, o. Dat. [wohl Herbst oder Ende 1977]; Stewart (Hg.), Rights, S. 40.
358 Vgl. dazu auch Owen, Menschenrechte, S. 182.
359 Vgl. die Äußerungen von Judith Hart, in: Stewart (Hg.), Rights, S. 39–41. Vgl. auch Cunliffe, Policy; Cumming, Aid, S. 70–80.
360 Vgl. Michael Palliser, Proposed Comparative Assessment, 13.10.1976; NAK, FCO 58/1143, Simpson-Orlebar an Squire, 21.4.1977.
361 Luard, Human Rights and Foreign Policy, 23.5.1977. Hier auch das vorherige Zitat.
362 Debatte im House of Commons, 30.3.1977, § 397 f.

»wir müssen Moralität und Realismus ausbalancieren«.³⁶³ Der britische Außenminister war von Anfang an bedacht, keine zu weitreichenden Selbstbindungen einzugehen.

Im Einklang damit blieben die institutionellen Folgen für den außenpolitischen Apparat auch sehr begrenzt.³⁶⁴ Vor allem schuf das Ministerium keine bürokratische Sonderzuständigkeit in Form einer Menschenrechtsabteilung. Die UN-Abteilung sollte als konzeptionelles Zentrum fungieren und hatte (außer für Europa) die operative Verantwortung. Der Planungsstab hatte die jährliche Einstufung der ausländischen Staaten vorzunehmen, während alle geographischen Abteilungen die Menschenrechtssituation in ihren Regionen beobachten sollten.³⁶⁵ Menschenrechtspolitische Informationen wurden auf diese Weise immerhin systematisch in die außenministerielle Arbeit eingespeist. Dies um so mehr, als die Auslandsvertretungen mit regelmäßigen Berichten beauftragt wurden und Hinweise zur Lage der Menschenrechte künftig zur Routinevorbereitung von Auslandsbesuchen gehören sollten. Ein öffentliches Berichtssystem hatte das *Foreign Office* allerdings schon 1976 ausgeschlossen, und zwar um genau die Probleme zu vermeiden, mit denen sich die Carter-Regierung schon bald herumschlagen sollte. Denn öffentliche Berichte, so die weise Voraussicht, müßten die Erwartungen an eine »konsistente« Politik in gefährlicher Weise erhöhen.³⁶⁶ Die menschenrechtliche Konzeption erfuhr in den kommenden Jahren lediglich einige Verfeinerungen. Die festen Umrisse, die sie bis Mitte 1977 erhalten hatte, behielt die Regierung bei.³⁶⁷

Die Umsetzung der menschenrechtspolitischen Linie

Menschenrechte bildeten fortan eine grundlegende Kategorie, unter der die Regierung das internationale Geschehen beobachtete, und eine feste Komponente in der Gestaltung der Beziehungen zu einer Reihe von Staaten. Im äußersten Fall führte dies unmittelbar zu folgenreichen Eigeninitiativen. Dafür stand die britische Politik gegenüber dem genozidalen Regime Pol Pots in Kambodscha, dessen Verbrechen die Briten, wie im folgenden Kapitel näher beschrieben, in der UN-Menschenrechtskommission untersuchen lassen wollten.

---

363 Owen, Speech to the Diplomatic and Commonwealth Writers Association, 3.3.1977.
364 Vgl. zum Folgenden: NAK, FCO 58/1011, A. D. S. Goodall an Maxey, 29.11.1976; Human Rights [Entwurf], o. Dat. [vermutlich Mai/Juni 1977].
365 Vgl. ebd.
366 Vgl. NAK, FCO 58/1009, P. M. Maxey, Memorandum, 25.2.1976.
367 Vgl. NAK, FCO 58/1156, Simpson-Orlebar an Certain Heads of Chancery, 14.12.1977; ebd., FCO 58/1398, Simpson-Orlebar, Human Rights and Foreign Policy, 4.9.1978; ebd., Simpson-Orlebar an Heads of Chancery, 19.12.1978; NAK, FCO 58/1414, Luard an Secretary of State, Human Rights Policy [1978].

War das Verhältnis zu Kambodscha für die Briten indes randständig, so verhielt es sich mit Uganda, zu dem das Vereinigte Königreich aus der Kolonialzeit herrührende, enge Verbindungen besaß, anders. Daß die Regierung Callaghan mindestens fallweise von einer nationalen Interessenpolitik zu einer interdependentistischen Menschenrechtspolitik überging, trat daher im Umgang mit Idi Amins Schreckensherrschaft besonders deutlich hervor.

Nachdem General Amin 1971 den im Land verhaßten und in Großbritannien unbeliebten Präsidenten Milton Obote gestürzt hatte, verbesserte sich das zwischenstaatliche Verhältnis zunächst.[368] Die blutigen Säuberungen in der Armee, die den Auftakt der Gewaltexzesse des neuen Regimes darstellten, nahm das *Foreign Office* zwar seit Anfang 1972 wahr, doch fühlte sich die Heath-Regierung für die vermeintlich inneren Angelegenheiten des Landes nicht zuständig.[369] Erst Amins Entschluß vom August 1972, die asiatische Bevölkerung aus dem Land auszuweisen, bedeutete einen verhängnisvollen Wendepunkt. Für die internationale Öffentlichkeit setzte diese Maßnahme Uganda schlagartig auf die Weltkarte brutaler Diktaturen. Bei den Asiaten handelte es sich vor allem um Inder, die seit dem Ende des 19. Jahrhunderts im Rahmen des *Commonwealth* nach Uganda gekommen waren. Weniger als ein Prozent der Landesbevölkerung, waren sie in Handel und Bankwesen, im öffentlichen Dienst und auch in der Industrie ausgesprochen stark vertreten. In Uganda und auch in anderen Teilen Afrikas war Amins Schritt, der sich gleichermaßen aus einem aggressiven Willen zur nationalen Selbstbehauptung und aus anti-indischem Ressentiment speiste, durchaus populär.[370] Schließlich sollten mehr als 26.000 Inder, die britische Pässe besaßen, gezwungenermaßen und ihres Besitzes beraubt, nach Großbritannien auswandern.[371] Die britische Regierung beschloß daraufhin, Sanktionen gegen Uganda zu verhängen. Vor allem stellte sie ihre Entwicklungshilfe ein und verweigerte Exportlizenzen für Waffenverkäufe.[372] Ein moralpolitischer Gedanke stand hinter diesem Vorgehen jedoch nicht. Dominierten zunächst die Vertreibung britischer Staatsbürger und die Sicherheit der im Land verbleibenden britischen Gemeinschaft das Kalkül, so rückte bald schon der wirtschaftliche Besitz in den Fokus. Der ugandische Diktator

---

368 Vgl. NAK, FCO 31/1325, Uganda: Annual Review for 1971, 11.1.1972.
369 Vgl. NAK, FCO 31/1327, R. M. K. Slater an Dawbarn, 29.2.1972. Zum Hintergrund hier und im Folgenden vgl. Heinz, Menschenrechte, S. 74–103; Mutibwa, Uganda, S. 78–124; Ofcansky, Uganda; Decalo, Psychoses, S. 77–128.
370 Vgl. zu alledem NAK, FCO 31/1593, Address by Amin to the Nation on Radio, 18.12.1972; ebd., FCO 31/1596 Information Research Department, Amin's First Two Years, 1.2.1973.
371 Vgl. NAK, FCO 31/1587 Uganda: Annual Review for 1972, Januar 1973; ebd., FCO 31/1593, Prime Minister's Press Conference, 17.1.1973, 16.1.1973.
372 Vgl. NAK, FCO 31/1339, Ugandan Asians, o. Dat. [wohl August 1972]; ebd., Aid to Uganda, o. Dat. [wohl September 1972]; ebd., FCO 31/1340, D. K. Haskell: Uganda, 25.10.1972; ebd., FCO 31/1342, Statement on Uganda made by the Foreign and Commonwealth Secretary, 30.11.1972.

holte nämlich Ende 1972 und Anfang 1973 zum Vergeltungsschlag aus und beschlagnahmte britische Firmen und Landbesitz.³⁷³

In den folgenden Jahren hielten immer neue Vorfälle, Krisen und Kapriolen das *Foreign Office* in Atem.³⁷⁴ Den dramatischsten Bruch erlebten die Beziehungen infolge der spektakulären Geiselbefreiung auf dem Flughafen von Entebbe im Juli 1976. Amin hatte eine Gruppe palästinensischer und deutscher Terroristen unterstützt, die eine Passagiermaschine der *Air France* entführt hatten. Von der Rettungsaktion einer israelischen Sondereinheit, die die Terroristen tötete und fast alle Geiseln lebendig befreite, wurden seine Sicherheitskräfte freilich vollständig überrumpelt. Besonders heikel war, daß ugandische Schergen nach der gelungenen Befreiungsaktion Dora Bloch ermordet hatten, eine ältere Frau mit israelischer und britischer Staatsangehörigkeit, die während des Nervenkriegs auf dem Flughafen in ein Krankenhaus gebracht worden war. Ein Mitarbeiter des britischen Hochkommissariats hatte Bloch noch im Krankenhaus gesehen und die ugandische Schutzbehauptung, sie sei bereits vor dem Eingreifen der Israelis zu der Maschine zurücktransportiert worden, als Lüge entlarvt.³⁷⁵ Nachdem die Ereignisse im britischen Unterhaus entsetzt kommentiert worden waren, erklärte Amin den stellvertretenden Hochkommissar zur *persona non grata* und bedrohte einmal mehr die Briten in Uganda.³⁷⁶ Für Außenminister Anthony Crosland war der Bogen damit endgültig überspannt, und er beschloß, daß »der Punkt erreicht ist, an dem wir es nicht länger versuchen sollten«.³⁷⁷ Im Juli 1976 brach die Regierung die Beziehungen ab – ein Schritt, zu dem die Briten seit dreißig Jahren nicht mehr gegriffen hatten, als sie die diplomatischen Bande mit Albanien kappten.³⁷⁸

War die britische Politik somit in den ersten sechs Jahren davon geleitet, die eigenen Belange gegenüber Uganda zu vertreten, so verschob sie sich mit dem Amtsantritt David Owens zu einem im engeren Sinn menschenrechtspolitischen Ansatz, der nun das Augenmerk auf die Repressionen gegen die ugandische Bevölkerung richtete. Den Anlaß dafür bot der Mord an dem anglikanischen Erzbischof Janani Luwum Anfang 1977, der den Staatspräsidenten öffentlich kritisiert hatte – wobei Gerüchte kursierten, Amin habe den Bischof eigenhändig getötet. In Großbritannien und darüber hinaus löste der Tod des Geistlichen

---

373 Vgl. Aid to Uganda, o. Dat. [wohl September 1972]; Prime Minister's Press Conference, 17.1.1973, 16.1.1973.
374 Im Jahr 1978 etwa die aufsehenerregenden Ereignisse um den britischen Staatsbürger Denis Hills. Vgl. NAK, FCO 31/2044, Uganda: Annual Review for 1975, Januar 1976.
375 Vgl. zu alledem NAK, FCO 31/2147, Uganda: Annual Review for 1976, 19.1.1977; ebd., FCO 31/2393, Background Note on Relations with Uganda, o. Dat.
376 Vgl. Debatte im House of Commons, 12.7.1976; NAK, FCO 31/2050, Political Relations 1976, Ewans an Sir A. Duff, 13.7.1976.
377 NAK, FCO 31/2050, Crosland an Paris und Kampala, 15.7.1976.
378 Vgl. Uganda: Annual Review for 1976, 19.1.1977.

unter führenden Politikern, Kirchen und anderen gesellschaftlichen Gruppen eine Welle der Betroffenheit aus.[379] Das britische Außenministerium leitete nun ausdrücklich einen Kurswechsel »vom Schutz der britischen Interessen in Uganda [...] hin zum Streben nach effektiven internationalen Beschränkungen für das Regime und Maßnahmen wegen Menschenechten« ein.[380] Sowohl innerhalb des *Commonwealth* als auch in der EWG setzte sich Großbritannien für eine Verurteilung von Amins mörderischer Politik ein und erreichte, daß beide Foren im Juni 1977 kritische Stellungnahmen veröffentlichten.[381] Nachdem ein Waffenembargo ja bereits bestand, strich die Regierung weitere Ausrüstungsverkäufe an das ugandische Militär. Da Großbritannien auch keine Entwicklungshilfe mehr leistete, versuchte die Regierung, die EWG-Partner auf ihre Linie zu bringen.[382] Schließlich drang die britische Delegation in der UN-Menschenrechtskommission darauf, daß die Verbrechen des ugandischen Diktators untersucht würden.[383]

Verdeutlicht der Umgang mit Uganda (wie auch mit Kambodscha), daß sich menschenrechtspolitische Initiativen zu einem erkennbaren Zug der britischen Außenpolitik entwickelten, so blieb der neue Impetus doch aufs Ganze betrachtet begrenzt. Der Menschenrechtsschutz stellte zu keinem Zeitpunkt einen wesentlichen Pfeiler des auswärtigen Handelns dar. Das begann sich bereits 1977 abzuzeichnen, als sich das *Foreign Office* erstmals daran begab, staatliche Menschenrechtsverletzungen zu klassifizieren. Denn nur eine Minderzahl der Länder, die schlecht abschnitten, mußten mit politischen Konsequenzen rechnen. Die geographischen Abteilungen blieben in ihren Vorschlägen, wie mit den schwersten Fällen umzugehen sei, denkbar zurückhaltend. Die Gründe, die sie dafür anführten, summierten sich zu einem ausgefeilten Katalog der Inaktivität. In Kuba verzeichneten sie leichte Verbesserungen in der Situation politischer Gefangener, aus der Volksdemokratischen Republik Jemen befürchteten sie Retourkutschen wegen der ehemaligen Kolonialpolitik, mit Blick auf Äthiopien verwiesen sie auf die dort noch lebenden sechshundert Briten; in allen drei Staaten sprach zudem der wahrgenommene Einfluß der Sowjetunion dagegen, etwas zu unternehmen.[384] Auf höherer Ebene war man mit soviel vorauseilender Zahmheit zwar unzufrieden, doch blieb das Außenministerium von

---

379 Vgl. NAK, FCO 58/1176, Uganda and UN Committee on Human Rights, 2.3.1977.
380 NAK, FCO 31/2386, Uganda: Annual Review for 1977, 12.1.1978.
381 Vgl. NAK, FCO 58/1402, East Africa Department, UN Commission on Human Rights, Uganda, 6 February-10 March, 1978, 30.1.1978.
382 Vgl. NAK, FCO 58/1402, Background on relations with Uganda, o. Dat.; ebd., FCO 58/1403, East Africa Department, Memorandum for the Select Committee on Overseas Development, June 1978, 21.6.1978.
383 Vgl. die Unterlagen in NAK, FCO 58/1174 und 1175.
384 Vgl. NAK, FCO 58/1145, Simpson-Orlebar, Human Rights and Foreign Policy, 11.7.1977; ebd., FCO 58/1147, Human Rights and Foreign Policy, o. Dat. [vor Juli 1977].

flächendeckenden Vorstößen gleichwohl entfernt.[385] Neben den Maßnahmen, die es mit Blick auf die Verbrechen in Uganda und Kambodscha ergriff, unterstützte es mögliche Schritte gegen Äquatorial-Guinea in den Vereinten Nationen und sprach sich dagegen aus, die Entwicklungshilfe für Vietnam und Laos auszudehnen. Gegenüber den meisten Staaten der »untersten Gruppe«, darunter Algerien, der Iran und die Mongolei, Jemen, Guinea, das Zentralafrikanische Kaiserreich, Nordkorea, Burma, Kuba und Haiti, unternahm es jedoch vorerst nichts.[386] Immerhin brachte Owen Menschenrechte in hochrangigen Unterredungen zur Sprache, als er Argentinien, den Iran und die Sowjetunion besuchte.[387]

Damit deutete sich überdies bereits in der Anfangsphase ein Muster der britischen Menschenrechtspolitik an, das sie in der Folgezeit zunehmend bestimmen sollte. Denn die britische Regierung agierte in den meisten Fällen nicht vorausgreifend, indem sie etwa ihren Beziehungen zu erwiesenermaßen repressiven Staaten von vornherein eine kritische Wendung gab. Ihr Vorgehen hatte einen abwartenden Zug und blieb vor allem stark anlaßgebunden – sie verschärfte den Kurs erst dann, wenn akute Verschlechterungen zu beobachten waren oder sich aufsehenerregende Verbrechen ereigneten. So überprüfte das Außenministerium etwa im Februar 1977 die britische Haltung gegenüber den Menschenrechtsverletzungen in der Sowjetunion. Dabei gelangte es zu der Erkenntnis, daß die britische Regierung mit der Unterzeichnung der KSZE-Schlußakte einen »locus standi« gewonnen habe, um gegen die Unterdrückung politischer Freiheiten in Osteuropa zu protestieren. Das stand im Widerspruch zu der Linie, die die Regierung bislang öffentlich vertreten hatte, um Forderungen abzuwehren, sie solle die sowjetischen Herrscher kritisieren. Das Ministerium hielt es daher nun für nötig, den offiziellen Standpunkt zu ändern, mahnte aber zugleich, in der Praxis die bislang geübte Zurückhaltung beizubehalten. Demnach sollte die Regierung lediglich vertraulich darauf hinweisen, daß das Schicksal bestimmter Dissidenten in Großbritannien öffentliche Besorgnis hervorrufe. Die sowjetische Regierung würde menschenrechtliche Kritik, KSZE hin oder her, als unberechtigte Einmischung empfinden, und den Opfern werde sie vermutlich nicht helfen.[388] Als es im März 1978 so aussah, als forcierten die sowjetischen Behörden die Gerichtsprozesse gegen Anatoli Schtscharanski, Juri Orlow und Alexander Ginsburg, war jedoch eine neue Situation geschaffen. Die britische Regierung hatte, wie andere westliche Regierungen auch, inzwischen mehrfach öffentlich signalisiert, das bilaterale Verhältnis würde unter der

---

385 Vgl. NAK, FCO 58/1145, Luard an Secretary of State, Human Rights and Foreign Policy, 19.7.1977; NAK, FCO 58/1147, J. S. Wall an Simpson-Orlebar, 22.8.1977.
386 Human Rights and Foreign Policy: Progress Report, o. Dat. [wohl Herbst oder Ende 1977].
387 Vgl. NAK, FCO 58/1414, Simpson-Orlebar, Human Rights and Foreign Policy, 17.1.1978.
388 Vgl. NAK, FCO 28/3002, B. G. Cartledge, HMG's Locus Standi, 4.2.1977.

weiteren Verfolgung der Dissidenten leiden. Somit hatten sie dazu beigetragen, den Umgang mit den inneren Kritikern zum »Prüfstein für die sowjetische Aufrichtigkeit im KSZE-Prozeß« zu machen. Folglich sah sie sich jetzt – und erst jetzt – genötigt, zu reagieren, und begab sich daran, eine menschenrechtspolitische Antwort zu entwickeln.[389]

Hing es somit stark von aktuellen Anlässen ab, ob sich die britische Regierung menschenrechtspolitisch engagierte – die Dynamiken in ihrer Politik gegenüber Südafrika nahmen sich ähnlich aus[390] –, so setzte sie in den Fällen, in denen sie auf den Plan trat, zudem konsequent auf ein multilaterales Vorgehen.[391] Sie bemühte sich stets darum, im Einklang mit den Vereinigten Staaten und vor allem mit den europäischen Partnern zu handeln. Auf den Schwung menschenrechtspolitischer Bemühungen konnten sich diese Koordinierungsversuche unterschiedlich auswirken. So schärften die Briten zweifellos das Bewußtsein ihrer europäischen Partner für die Gewalttaten Idi Amins. Im Juni 1977 formulierte die EG, auch auf britisches Drängen, die sogenannten Uganda-Richtlinien, mit denen sie dafür sorgen wollte, daß ihre Entwicklungshilfe nicht mißbraucht würde, um die Bevölkerung zu unterdrücken.[392] Etwas später erlangte das *Foreign Office* eine informelle Zusage der Außenminister, »mit der Entwicklungshilfe ›langsam zu machen‹«.[393] Bis zum Sturz Amins wurden in der Folge lediglich fünf Prozent der Uganda zustehenden Mittel ausgezahlt.[394] Mit weiterreichenden Schritten drangen die Briten allerdings nicht durch. So wollte die Callaghan-Regierung in das sogenannte Lomé II-Abkommen zwischen der EG und mehr als vierzig Staaten aus Afrika, der Karibik und dem Pazifikraum eine Formel einfügen, die es ermöglichen würde, bei schweren Menschenrechtsverletzungen die Entwicklungshilfe einzustellen.[395] Dabei stand ihr der »Präzedenzfall Uganda« deutlich vor Augen.[396] Unterstützung für ihre Position erhielten die Briten jedoch lediglich von Belgien, den Niederlanden,

---

389 NAK, FCO 28/3527, K. B. A. Scott, Western Reaction to Human Rights Violations in Soviet Union, 25.5.1978.
390 Vgl. NAK, FCO 45/1919, H. M. S. Reid, South Africa, 17.12.1976; NAK, FCO 45/2115, Background Note, South Africa, o. Dat. [wohl Ende 1977].
391 Vgl. programmatisch etwa: Simpson-Orlebar an Heads of Geographical Departments, 13.6.1977; Luard an Secretary of State, 23.5.1977; Human Rights [Entwurf], o. Dat. [wohl Mai/Juni 1977].
392 Zum faktischen Hintergrund vgl. Lerch, Menschenrechte, S. 87–91.
393 Human Rights and Foreign Policy: Progress Report, o. Dat. [wohl Herbst oder Ende 1977].
394 Hoffmeister, Menschenrechts- und Demokratieklauseln, S. 11.
395 Vgl. NAK, FCO 98/330, Third ACP/EEC Council of Ministers, 13/14 March, Human Rights and the Lomé Convention, o. Dat. [wohl Februar/März 1978]; ebd., M. R. H. Jenkins, Lomé Renegotiation: Human Rights, 22.2.1978.
396 Third ACP/EEC Council of Ministers, 13/14 March, Human Rights and the Lomé Convention, o. Dat. [wohl Februar/März 1978].

Dänemark und Irland. Am Ende mußten sie sich damit begnügen, daß die EG-Länder 1979 die »Uganda-Richtlinien« generalisierten.[397] Im Fall Kambodschas scheiterten die Briten sogar mit ihrem Bemühen, ihre europäischen Partner wenigstens zu einer Verurteilung der Verbrechen zu bewegen.[398]

Was dagegen Südafrika betraf, so war es die britische Regierung selbst, die auf die Bremse trat. Von den Briten bereits 1976 in die Agenda der Europäischen Politischen Zusammenarbeit eingebracht, begann das Thema dort eine größere Rolle zu spielen, als sich die Konflikte am Kap im folgenden Jahr zuspitzten.[399] Mit dem Argument, das Vereinigte Königreich sei von allen EG-Ländern »am verwundbarsten«, stellte sich die Callaghan-Regierung rigoros gegen ökonomische Sanktionen.[400] Damit fand sie sich plötzlich auf der Seite der Bundesrepublik und Frankreichs wieder; während die westdeutsche Regierung sehr daran interessiert war, die Handelsbeziehungen zwischen beiden Ländern zu intensivieren, war die französische auch darauf bedacht, die nukleare Zusammenarbeit mit der Kaprepublik möglichst reibungslos fortzusetzen.[401] Zusammen bildeten die drei eine Front gegen diejenigen Mitglieder, die ein energisches Durchgreifen forderten – neben den Niederlanden gehörten dazu Dänemark, Italien und Irland, die Länder, »für die wirtschaftlich wenig oder nichts auf dem Spielt steht«, wie das *Foreign Office* spitz anmerkte.[402] Im Juli brachte Owen den Vorschlag ein, einen Verhaltenskodex für europäische Unternehmen auszuarbeiten, der dann bereits zwei Monate später beschlossen wurde. Er war freiwillig, und auf westdeutsches Betreiben hatte man zuvor sogar noch einen Passus gestrichen, der die Unternehmen aufforderte, keine neuen Investitionen am Kap zu tätigen.[403] Als der öffentliche Druck in den Mitgliedsländern zunahm, endlich wirksam gegen die südafrikanische Regierung vorzugehen, schlugen Frankreich und die Bundesrepublik im April ein Maßnahmenbündel vor, das vorsah, Investitionsversicherungen zurückzuziehen, Exportkreditgarantien zu beschränken und offiziell auf die Nachteile eines wirtschaftlichen Engagements im Land hinzuweisen. Damit war, wie mit dem Kodex, ein demonstrativer Effekt beabsichtigt, der möglichst geringe wirtschaftliche Kosten verursachen sollte.[404] Premierminister Callaghan schwor die britischen Vertreter

---

397 Vgl. Lerch, Menschenrechte, S. 90.
398 Vgl. NAK, FCO 58/1146, D. F. Murray, Human Rights and Foreign Policy: Action on the Bottom Band, Indochina, 15.9.1977; ebd. FCO 58/1405, European Political Cooperation Asia Working Group, 8.–9.12.1977.
399 Vgl. H. M. S. Reid, South Africa, 17.12.1976; NAK, FCO 45/2391, European Council, Copenhagen, 7.–8.4.1978, Brief by FCO, 30.3.1978.
400 NAK, FCO 45/2443, R. T. Fell an Bonn, Study of measures, o. Dat. [1978].
401 Vgl. Rock, Macht, S. 166–179; NAK, FCO 45/2429, P. R. A. Mansfield, Possible measures against South Africa, 22.3.1978.
402 European Council, Copenhagen, 7.–8.4.1978, Brief by FCO, 30.3.1978.
403 Vgl. Rock, Macht, S. 174.
404 Vgl. Mansfield, Possible economic measures against South Africa, 21.4.1978.

in der EWG trotzdem noch darauf ein, den anderen Mitgliedern dringlich vor Augen zu halten, daß »alles, was allgemeinen Wirtschaftssanktionen auch nur nahe kommt, [...] die Weltwirtschaft ernsthaft zerrütten könnte«.[405] Die Neun berieten in diesen Jahren immer wieder kontrovers, wie und ob sich der Druck auf das Apartheidregime steigern lasse. Am Ende standen neben dem Verhaltenskodex jedoch lediglich eine Vereinbarung, die kulturelle Zusammenarbeit zu nutzen, um die Rassengleichheit im Land zu fördern, sowie eine Reihe von Stellungnahmen, die die südafrikanische Rassenpolitik als Menschenrechtsverletzung brandmarkten.[406]

Indem die britische Regierung den internationalen Rechtsschutz aus dem Zentrum ihrer Außenpolitik heraushielt, ihn an akute Verschlechterungen koppelte und ihn schließlich multilateral abfederte, versah sie ihre Menschenrechtspolitik mit einer Art Sicherheitskorsett. Die Briten exponierten sich vergleichsweise wenig, teilten die Verantwortung und hielten die Risiken prinzipiell so überschaubar, wie es eben möglich war. Überdies schien der moralpolitische Ansatz eine Hypothek, die sich hätte erwarten lassen, bemerkenswerterweise nicht mit sich zu bringen. Die Sorge nämlich, die diplomatische Einmischung in die repressive Politik von Staaten der Südhalbkugel könnte als neokoloniales Dominanzgehabe aufgefaßt werden, belastete die internen Überlegungen offenbar wenig. Das kam besonders deutlich in der britischen Haltung gegenüber Uganda zum Ausdruck, weil sich hier ausnahmsweise tatsächlich eine Stimme erhob, die Großbritanniens menschenrechtspolitischen Handlungsspielraum durch das imperiale Vermächtnis beschnitten sah. So befürchtete der Hochkommissar in Uganda, James Hennessy, im Jahr 1974, öffentliche Kritik an den Verbrechen Amins mache es »unausweichlich, daß wir immer noch als weiße Imperialisten, Rassisten und Neokolonialisten angesehen werden«.[407] Damit blieb er jedoch ein einsamer Rufer. Owens Politik gegenüber Uganda ließ sich gerade nicht von solchen Befürchtungen leiten. Soweit die Aussagekraft des Beispiels reicht, stellte Großbritanniens koloniale Vergangenheit also ebensowenig einen Hemmschuh der neuen Menschenrechtspolitik dar, wie sie dessen Triebfeder gewesen war.

Gleichwohl entging auch die Callaghan-Regierung nicht allen Fallstricken und kontraproduktiven Folgen, die der weltweite Einsatz für Menschenrechte mit sich brachte. In den Beziehungen zur Sowjetunion versuchte David Owen zunächst, die nötigen Lehren aus den diplomatischen Verwicklungen zu ziehen,

---

405 NAK, FCO 45/2430, Carledge [?] an Wall, Economic links with South Africa, 8.5.1978.
406 Vgl. European Council, Copenhagen, 7.–8.4.1978, Brief by FCO, 30.3.1978; NAK, FCO 45/2390, European Political Cooperation, Ministerial Meeting Copenhagen, 13.–14.2.1978; ebd., FCO 45/2442, South Africa: An appraisal of the current situation, o. Dat. Vgl. auch Holland, Community, S. 29–35.
407 NAK, FCO 31/1783, Hennessey an Ewans, 3.7.1974.

in die die Carter-Regierung gleich zu Beginn ihrer Amtszeit geraten war. Noch im Februar 1977 äußerte er sich vor diesem Hintergrund, er sei »nicht der Überzeugung, daß Menschenrechte den zentralen Aspekt der Détente ausmachen«.[408] Dagegen betonte er zunächst, es liege nicht in der Absicht der Regierung, »Denunziationskampagnen zu befördern«.[409] Ganz verzichten wollte er auf das antagonistische Element jedoch nicht. »Die Menschenrechte sind Ausdruck jener Werte, [...] die den Bemühungen des Westens im ideologischen Kampf ihren Sinn geben«, schrieb er bereits 1978 wieder.[410] Und somit handelte sich die britische Regierung letztlich doch ganz ähnliche politische Schwierigkeiten ein wie die amerikanische Supermacht.[411] Das zeigte sich, als die Sowjetregierung im Frühjahr 1978 begann, die Schlinge um die Dissidenten zuzuziehen, und sich das Außenministerium genötigt sah, die Optionen für die britische Antwort eingehend abzuwägen. Die Maßgabe, die sich in den Beratungen herausschälte, lief darauf hinaus, den Sowjets vor Augen zu führen, daß das Schicksal der Regimegegner das beiderseitige Verhältnis beeinträchtigen müsse.[412] Dennoch sollten ungünstige Rückwirkungen, auf die Situation der Dissidenten selbst, vor allem aber auf die Entspannungspolitik, unbedingt vermieden werden. »Negative Maßnahmen sollten nur ergriffen werden, soweit sie erforderlich scheinen, um Taten und Worte in Einklang zu bringen«, empfahl die Osteuropaabteilung im *Foreign Office*.[413] Dabei erkannte sie – anders als die amerikanische Regierung – besonders scharf, daß ein menschenrechtspolitisches Vorgehen, das darauf setzte, Verstöße unmittelbar zu ahnden, und eine Annäherungspolitik, die das kommunistische System durch beiderseitige Öffnung langfristig zu erodieren suchte, in einem unauflösbaren Konflikt standen. Denn wenn sie daran interessiert waren, den Informations- und Reisefluß langfristig zu verstärken, so die Überlegung, dann schnitten sich die Briten ins eigene Fleisch, wenn sie die politischen und wirtschaftlichen Beziehungen einschränkten.[414] Nachdem die sowjetischen Gerichte im Juli 1978 Schtscharanski und Ginsburg schuldig gesprochen hatten, fand Außenminister Owen daher zwar klare Worte der Verurteilung, billigte aber lediglich einige wenige

---

408 Secretary of State's Meeting to Discuss his speech to the Diplomatic and Commonwealth Writers Association (3 March), 23.2.1977.
409 Owen, Speech to the Diplomatic and Commonwealth Writers Association, 3.3.1977.
410 Owen, Menschenrechte, S. 67f.
411 Vgl. Human Rights and Foreign Policy [vor Juli 1977].
412 Vgl. NAK, FCO 28/3527, W.K. Prendergast, Belgrade, 2.3.1978; ebd., B.L. Crowe an Llewellyn-Smith, 13.3.1978; K.B.A. Scott, Policy on Human Rights in the Soviet Union, 17.3.1978.
413 NAK, FCO 28/3527, R.A. Hibbert, Policy on Human Rights in the Soviet Union, 28.3.1978.
414 Vgl. K.B.A. Scott, Western Reaction to Human Rights Violations in Soviet Union, 25.5.1978.

Strafmaßnahmen, die kaum politische Sprengkraft besaßen (etwa den britischen Rückzug von einer Hubschrauber-Weltmeisterschaft).[415]

Und auch im britischen Umgang mit Südafrika kamen menschenrechtspolitische Impulse wichtigen Interessen in die Quere, wenn diese auch anders gelagert waren. Vor allem stand wirtschaftlich viel auf dem Spiel.[416] Das Vereinigte Königreich nahm ein Viertel der südafrikanischen Exporte ab und versorgte das Land mit einem Fünftel seiner Importe. Damit stellten die Briten nach wie vor den bedeutendsten Handelspartner der Kaprepublik dar. Rund 500 britische Firmen operierten im Land, und Großbritannien war der führende Investor. Überdies war es für seine Öllieferungen auf die von Südafrika geschützten Seerouten angewiesen und bezog von dort wichtige Rohstoffe. Schließlich mußten die Briten auch deshalb vorsichtig sein, das Apartheidregime nicht zu verärgern, weil es eine Schlüsselrolle in den Verhandlungen mit Rhodesien und über die namibische Frage spielte.[417] In allen drei Bereichen glich die britische Ausgangslage der amerikanischen in hohem Maß; doch gewichteten beide Regierungen nur die Entkolonialisierungsproblematik gleich stark, während die Briten die wirtschaftlichen und strategischen Interessen deutlich höher veranschlagten. Den Beziehungen zu Südafrika eine kritische menschenrechtspolitische Linie hinzuzufügen, stellte das *Foreign Office* mithin vor die wohl schwierigsten Probleme.

Die unter Owen eingeleitete Strategieplanung setzte zunächst auf eine Politik der Überzeugung.[418] Langfristig hielten es die außenpolitischen Experten für unumgänglich, daß den Schwarzafrikanern die volle politische Teilhabe gewährt würde. Kurzfristig bestand dafür in ihren Augen aber keine Aussicht, und einen überstürzten Wandel lehnte das *Foreign Office* ohnehin ab, weil er einen Teufelskreis selbstzerstörerischer Gewalt auslösen würde, der die gesamte Region destabilisieren müsse. Die britische Regierung solle sich statt dessen diplomatisch dafür einsetzen, daß die Südafrikaner ihre Politik der getrennten Entwicklung aufgäben, die sogenannte »kleine«, alltagspraktische Apartheid beseitigten und die wirtschaftliche Lage der Schwarzafrikaner verbesserten.

---

415 Vgl. NAK, FCO 28/3527, M.J. Llewellyn Smith an R.L. Wade-Gery, 21.7.1978; ebd., G.G.H. Walden, British reaction to Soviet trial of dissidents, 18.7.1978.
416 Vgl. zum Folgenden NAK, FCO 45/1917, Central and South Africa Department, West Indian and Atlantic Department, Regional Assessment Paper, 19.2.1976; NAK, FCO 45/2113, Mansfield, The Objectives of UK Policies toward South Africa, 11.8.1977.
417 Vgl. NAK, FCO 45/2120, Central and South Africa Department, Meeting on South Africa at the UN, 2 June 1977, 8.6.1977; Masefield, The Objectives of UK Policies toward South Africa, 11.8.1977; ebd., FCO 45/2441, Mansfield, Political, psychological and economic effects on South Africa of measures already taken or envisaged, 23.3.1978.
418 Vgl. NAK, FCO 45/2113, Government's Policies toward South Africa. Notes by Central and South African Department, FCO, o. Dat. [wohl Juli/August 1977]; Mansfield, The Objectives of UK Policies toward South Africa, 11.8.1977.

Als die Kapregierung im Herbst 1977 gegen die *Black Consciousness*-Bewegung loszuschlagen begann, schien ein solcher Kurs allerdings nicht mehr haltbar. Seit Ende des Jahres entwickelte das *Foreign Office* daher eine neue Position, die nun die Quadratur des Kreises leisten, nämlich der moralischen Mißbilligung handfeste Formen geben sollte, ohne die nach wie vor omnipräsenten wirtschaftlichen Interessen und die stets brisanten Gespräche über Südwestafrika und Rhodesien zu gefährden.[419] Das bedeutete vor allem, daß die Briten nunmehr in den Vereinten Nationen einem verpflichtenden Waffenembargo zustimmten.[420] Am vertracktesten stellte sich jedoch die Frage dar, wie wirtschaftspolitisch vorzugehen sei. Im Außenministerium wurde erwogen, Exportgarantien und Investitionsversicherungen zu verringern und britischen Unternehmen von neuen Investitionen abzuraten.[421] Innerhalb der Regierung herrschte jedoch beträchtliche Uneinigkeit, da sich das Finanz- und das Handelsministerium kategorisch weigerten, »irgendwelche weiteren Schritte gegen Südafrika zu unternehmen, die den normalen Handel und die Investitionen stören würden«.[422] Dabei waren die Vorschläge des Außenministeriums ohnehin als taktische Konzessionen angelegt. Indem es Schritte einleitete, die britischen Wirtschaftsinteressen begrenzt schadeten, wollte das Ministerium demonstrieren, daß Großbritannien über den eigenen Schatten springe, und hoffte sich damit »eine bessere moralische Grundlage« zu verschaffen, um weitergehende Maßnahmen abzulehnen.[423]

Ebenso wie die USA überschritt die britische Regierung eine wichtige Grenze bei alledem nicht. Wirtschaftliche Sanktionen wurden 1977 und 1978 zwar eingehend erörtert, dann aber stets verworfen: »Ob es uns gefällt oder nicht: Südafrika ist einer unserer größten Exportmärkte, und Zehntausende Arbeitsplätze in unserem Land hängen von den Exporten in die Republik ab.«[424] Das Kalkül verkomplizierte sich dadurch, daß die Regierung glaubte, ihre Zurückhaltung würde andere afrikanische Staaten zu ökonomischen Vergeltungsmaßnahmen veranlassen. Doch kamen die akribischen Berechnungen durchweg zu dem Schluß, dies sei das geringere Übel.[425] Intern wie auch öffentlich flankierte die Regierung ihre wirtschaftlichen Sorgen mit dem Argument, Sanktionen würden nicht helfen, denn »die Schwarzen wären die ersten, die darunter leiden«.[426]

---

419 Vgl. NAK, FCO 45/2115, Reid, Statement of Current Policy, 6.12.1977.
420 Vgl. NAK, FCO 45/2115, Background Note, South Africa, o. Dat. [wohl Ende 1977].
421 Vgl. stellvertretend NAK, FCO 45/2127, J.D. Hennings, Economic links with South Africa, 20.12.1977.
422 Mansfield, Possible measures against South Africa, 22.3.1978.
423 Ebd.
424 NAK, FCO 45/2112, Reid, Secretary of State's Meeting with International Committee of Labour Party, 31.1.1977.
425 Vgl. etwa NAK, FCO 45/2112, M. Stewart, Economic Links with Africa, 9.6.1977.
426 Reid, Secretary of State's Meeting with International Committee of Labour Party, 31.1.1977.

Eine Studie des *Foreign Office* kam sogar zum Schluß, sie drohten die Polarisierung im Land zu verschärfen, da sie die weiße Regierung noch mehr in die Enge treiben und zugleich die Militanz innerhalb der schwarzen Opposition befeuern würden.[427] Schließlich glaubten die außenpolitischen Experten, derartige Schritte würden die südafrikanische Wirtschaft kaum tangieren. Bisherige Ausfälle hätten dem Autarkiestreben der Kapregierung einen kräftigen Schub verliehen, das mit dem Aufbau einer leistungsfähigen Waffenindustrie und den Fortschritten bei der Ölgewinnung bereits ansehnliche Erfolge gezeitigt habe.[428] Daß die Apartheidgegner im In- und Ausland die ökonomische Rechtfertigung der britischen Regierung »als verschleiertes Eigeninteresse oder Schlimmeres« attackieren würden, sahen die Ministerialbeamten richtig voraus.[429] Auch im Umgang mit Uganda schloß die Regierung im übrigen ein Handelsembargo aus, obwohl sie sich damit dasjenige Mittel vergab, das Amins Herrschaft am wirksamsten hätte aushöhlen können.[430]

Da die britische Regierung in diesen und anderen Fällen auf drastische bilaterale Schritte verzichtete, stellte das Forum der Vereinten Nationen letztlich das wichtigstes Handlungsfeld ihrer Menschenrechtspolitik dar. Auch damit begab sich die Callaghan-Regierung einerseits auf relativ sichere Bahnen, weil sie bestehende Verfahren nutzte und unilaterale Alleingänge vermied. Andererseits stand und fiel die Durchschlagskraft ihres Einsatzes gegen ausländische Staatsverbrechen folglich damit, welche Ergebnisse sich in den dortigen Verhandlungen erzielen ließen. Und diese Ergebnisse waren selten sehr weitreichend. Zumeist sorgten die Mechanismen innerhalb der Weltorganisation dafür, daß die britischen Ambitionen an deutliche Grenzen stießen.

Gerade die britischen Bemühungen, die Massenmorde in Uganda zu ahnden, gestalteten sich wenig aussichtsreich. Im Februar 1977 forderte die britische Delegation in der Menschenrechtskommission, die Ereignisse im ostafrikanischen Staat zu untersuchen.[431] Vor allem auf Betreiben der afrikanischen Vertreter setzte sich allerdings der Gegenvorschlag durch, der Generalsekretär solle vertraulich mit der ugandischen Regierung in Kontakt treten, um die Situation zu »klären«.[432] Dabei hatte Generalsekretär Kurt Waldheim die Kommission

---

427 Vgl. Mansfield, Political, psychological and economic effects on South Africa of measures already taken or envisaged, 23.3.1978 (endgültiges Papier in: FCO 45/2442).
428 Ebd.
429 NAK, FCO 45/2127, Hennings an Ross, 16.12.1977.
430 Vgl. Human Rights and Foreign Policy [vor Juli 1977]; NAK, PREM 16/2285, Owen an Callaghan, 13.11.1978.
431 Vgl. die Unterlagen in NAK, FCO 58/1174 und 1175, vor allem Simpson-Orlebar, Uganda, 25.2.1977.
432 Die afrikanischen Vertreter waren zu dieser Zeit Lesotho, Nigeria, Ruanda, Senegal, Uganda und Obervolta. Vgl. Tolley, Commission, S. 56 f.

zuvor bereits zweimal aufgefordert, ihre Verantwortung selbst wahrzunehmen. Die schließlich verabschiedete Resolution schob die Angelegenheit faktisch auf, indem sie festlegte, »die Situation im Lichte neuer Informationen weiter zu untersuchen«.[433] Der britische Außenminister Owen äußerte sich daraufhin öffentlich enttäuscht. Auf Vermittlung des Generalsekretärs stimmte der ugandische Diktator anschließend einer UN-Untersuchung vor Ort zu. Bevor sie allerdings zustande kommen konnte, stürzte Amins Regime, weshalb sie nicht mehr durchgeführt wurde.[434]

Soweit sich die Effekte der menschenrechtspolitischen Vorstöße isolieren lassen, die die britische Regierung unternahm, waren sie daher auch gering. Immerhin ließ die internationale Verdammung das ugandische Regime laut britischen Informationen 1978 nicht mehr vollends kalt. Das ging indes weniger auf Sorgen um die Reputation des Landes zurück als auf den handfesten ökonomischen Schaden, den die westlichen Strafmaßnahmen in ihrer Summe anzurichten begannen.[435] Nach Einschätzung des *Foreign Office* waren dafür vor allem die wachsende Zurückhaltung amerikanischer und britischer Firmen, der komplette Ausfall westlicher Entwicklungshilfe und schließlich das amerikanische Handelsembargo verantwortlich – vom Kongreß durchgesetzt, war es gedacht, die Kaffee-Exporte zu beschneiden, führte unintendiert aber vor allem dazu, daß die ugandische Ölversorgung empfindlich beeinträchtigt wurde.[436] Dabei hatte die britische Regierung immerhin dazu beigetragen, daß die westlichen Hilfszahlungen versiegten. Letztlich war es aber eben ein äußeres Ereignis, nämlich das militärische Eingreifen Tansanias, das die Diktatur zum Einsturz brachte.

Die Erfolgsmöglichkeiten menschenrechtspolitischer Aktivitäten schätzte das britische Außenministerium bei alledem stets realistisch, oftmals sogar pessimistisch ein. So hielten es die Beamten etwa für unwahrscheinlich, daß »das, was das Vereinigte Königreich tun könnte, viel oder überhaupt einen Einfluß auf die sowjetischen Entscheidungen haben würde«.[437] Ähnliches galt für das südafrikanische Apartheidregime, wenngleich die Analysen hier wesentlich elaborierter ausfielen. Eine Politik der Überzeugung werde nicht verfangen, so prognostizierten die außenpolitischen Experten, während diplomatischer oder wirtschaftlicher Druck die Führung in Pretoria nur noch halsstarriger machen

---

433 Vgl. Uganda and UN Committee on Human Rights, 2.3.1977, hier auch das Zitat.
434 Vgl. NAK, FCO 58/1154, Visit of UN Secretary General, 24.–26.8.1977; NAK, FCO 58/1403, D. R. Snoxell an D. Carter, 28.9.1978.
435 Vgl. NAK, FCO 31/2394, Munro, Relations with Uganda, 25.7.1978.
436 Vgl. Munro an Mansfield, 4.8.1978; Owen an Callaghan, 13.11.1978. Zu den Vorgängen in den USA vgl. JCPL, NSA 7 Brzezinski Material, Subject File, Box 19, Fo. Evening Report (State): 12/77, Vance, Memorandum for the President, 28.12.1977; Smith, Morality, S. 150 f.; Miller, Sanctions, S. 123 f.
437 R. A. Hibbert, Policy on Human Rights in the Soviet Union, 28.3.1978.

würde.⁴³⁸ Im Kern erkannte das *Foreign Office* ein psychologisches Problem: Die weißen Südafrikaner sah es von nackter Zukunftsangst getrieben; sie versperrten sich daher der Einsicht, daß sich die Apartheidpolitik langfristig nicht werde aufrechterhalten lassen.⁴³⁹ Im historischen Rückblick betrachtet, dürfte das britische Außenministerium mit den meisten Einschätzungen richtig gelegen haben. Doch fungierten sie in den internen Überlegungen eben auch immer wieder als Argument, um keine Maßnahmen zu ergreifen oder allenfalls sehr behutsam zu Werke zu gehen. Der Glaube an die eigene Wirkungslosigkeit gewann dadurch auch Züge einer Prophezeiung, die sich selbst erfüllte.

Vor diesem Hintergrund zeichnete sich um so deutlicher ab, daß die britische Menschenrechtspolitik auch gar nicht immer primär darauf angelegt war, leidenden »Anderen« in entfernten Weltregionen zu helfen. Oftmals stellte sie vielmehr eine Botschaft dar, die sich an die britische Gesellschaft richtete. In nahezu allen Fällen, in denen die Callaghan-Regierung resolut auftrat, empfand sie sich unter einen starken öffentlichen Handlungsdruck gesetzt. Er floß stets als eines der wichtigsten Motive in die Entscheidungsbildung ein.⁴⁴⁰ Die »Heftigkeit der öffentlichen und parlamentarischen Meinung« über die Verbrechen des ugandischen Diktators etwa registrierte das *Foreign Office* sensibel.⁴⁴¹ Tatsächlich schlug die Kurve der öffentlichen Aufmerksamkeit in Großbritannien 1977, als Owen seine Initiative startete, besonders stark nach oben aus. Die Wogen der Empörung über den kaltblütigen Mord an Dora Bloch waren noch nicht geglättet, als die Ermordung des Erzbischofs Luwum den Kritikern neue Nahrung gab.⁴⁴² Auch bei den britischen Beratungen darüber, wie man auf die Verfolgung Oppositioneller in der Sowjetunion antworten könne, stellte es einen wichtigen Handlungsantrieb dar, »den Bedenken der […] öffentlichen Meinung in unserem Land nachzukommen«.⁴⁴³ Die Freilassung Bukowskis, der sich nach seiner Aussiedlung 1976 in Großbritannien niedergelassen hatte, die Drangsalierung osteuropäischer Helsinki-Gruppen und vor allem das Schicksal Schtscharanskis hatten auch in Großbritannien eine starke Welle des Interesses hervorgerufen.⁴⁴⁴ Das britische Außenministerium glaubte, sich dem nicht verweigern zu können, auch wenn es sich durchaus bewußt war, daß der sowjetische Umgang mit den Dissidenten symbolisch aufgeladen

---

438 Vgl. South Africa, An appraisal of the current situation, o. Dat.; Reid, Statement of Current Policy, 6.12.1977; Mansfield, Political, psychological and economic effects on South Africa of measures already taken or envisaged, 23.3.1978.
439 South Africa: An appraisal of the current situation, o. Dat.
440 Zu Südafrika vgl. Reid, Statement of Current Policy, 6.12.1977; zu Kambodscha D. F. Murray, Human Rights and Foreign Policy: Action on the Bottom Band, Indochina, 15.9.1977.
441 Vgl. NAK, FCO 58/1174, Ewans an Mansfield, 21.2.1977.
442 Vgl. die Unterlagen in NAK, FCO 58/1174.
443 Crowe an Llewellyn-Smith, 13.3.1978.
444 Vgl. B. G. Cartledge, HMG's Locus Standi, 4.2.1977.

worden sei und deshalb »unverhältnismäßige Aufmerksamkeit« auf sich gezogen habe.[445]

Öffentlich eine neue außenpolitische Moralität zu dokumentieren, gewann im britischen Kalkül daher Züge eines Selbstzwecks. Mit ihrem Versuch, in den Vereinten Nationen eine Untersuchung über Uganda zu initiieren, verfolgte das *Foreign Office* etwa unumwunden die Absicht, »dem Parlament und der Öffentlichkeit zu demonstrieren, daß wir vehement darauf gedrungen haben, daß etwas passiert«.[446] In der Nachbetrachtung erschienen die diplomatischen Anstrengungen sogar als eine öffentliche Pflichtübung. »Wir haben unsere Bedenken mehr als angemessen artikuliert, zur Zufriedenheit der öffentlichen Meinung im Vereinigten Königreich und gleichgesinnter Mitglieder der Kommission«, so lautete die Zwischenbilanz der UN-Abteilung im *Foreign Office* 1977. »Und dabei sollten wir es einstweilen belassen.«[447] Und auch die Strategie, den sowjetischen Menschenrechtsverletzungen zu begegnen, schien sich zuweilen darin zu erschöpfen, die innenpolitische Schuldigkeit zu tun.[448] In der Osteuropa-Abteilung gab es sogar Stimmen, die bemängelten, die Regierung lasse sich von der öffentlichen Kritik im Land in fahrlässiger Weise mitreißen.[449] War Owens Menschenrechtsansatz also ursprünglich stark davon geleitet, neue gesellschaftliche Sensibilitäten aufzunehmen, so wurde die innenpolitische Selbstlegitimierung in der Praxis zu einer seiner wichtigsten Dimensionen.

Insgesamt betrachtet, zielte die britische Hinwendung zum Menschenrechtsgedanken ebenso wie die niederländische und die amerikanische darauf ab, die Legitimationsgrundlagen der nationalen Außenpolitik zu renovieren und deren Steuerungsfähigkeit angesichts der Probleme eines neuen Zeitalters zu sichern. Sie war jedoch von Anfang an deutlich weniger emphatisch aufgeladen; den Ausfluß eines nationalen Avantgardestrebens stellte sie nicht dar, und auch keine rettende Vision. Eher ging der britische Ansatz aus dem Bewußtsein eines prekären, aber gestaltbaren Übergangs hervor, und zwar sowohl in der internationalen Politik als auch in den öffentlichen Erwartungen vieler Briten, ihre Regierung möge sich in der auswärtigen Arena stärker für das Gute engagieren. Daher hatten Menschenrechte in der Praxis auch bei weitem nicht die alles durchdringende Bedeutung, mit der sie die Carter-Regierung anfangs versehen wollte. Als außenpolitische Reform besaß das menschenrechtliche Handeln eine Art mittlere Reichweite. David Owen gab ihm zudem ein gemäßigteres, weniger konfrontatives Aussehen. Im Ergebnis entwickelte es sich zu einer moderaten, pragmatisch geerdeten, »realistischen« Moralpolitik. Dieser ging es nicht um

---

445 K. B. A. Scott, Policy on Human Rights in the Soviet Union, 17.3.1978.
446 East African Department, UN Commission on Human Rights, Uganda, 6 February–10 March, 1978, 30.1.1978.
447 Simpson-Orlebar, Uganda in the Human Rights Commission, 18.3.1977.
448 Vgl. NAK, FCO 28/3527, Jones, Policy on Human Rights in the Soviet Union, 3.4.1978.
449 NAK, FCO 28/3527, Lllewellyn Smith an Wade-Gery, 21.7.1978.

Weltverbesserung und ethische Sendung, sondern darum, internationales Verantwortungsbewußtsein zu demonstrieren – vor allem den Briten selbst.

Das hing nicht zuletzt mit den außenpolitischen Ressourcen zusammen, über die Großbritannien verfügte, und mit der Position, die es im Staatensystem einnahm. Die Callaghan-Regierung hätte sich gar nicht so stark vorwagen können, wie es der amerikanische Partner tat, und nicht so weit ausscheren, wie es das Kabinett den Uyl vorexerzierte. Sie mußte es aber eben auch nicht, denn dafür bestand weder eine innenpolitische noch eine weltpolitische Notwendigkeit. Daher verlor die *Labour*-Regierung nicht so viel an Ansehen und Glaubwürdigkeit und bürdete sich weniger Dilemmata und Selbstblockaden auf. Aber, so möchte man schlußfolgern, sie gewann auch nicht viel. Auf dem internationalen Parkett dürfte der Einsatz für Menschenrechte nicht als bedeutsamer Zug von Großbritanniens außenpolitischem Image erschienen sein. Die Wahlen von 1979 verlor *Labour* aus anderen Gründen, vor allem wegen des desaströsen wirtschaftlichen Niedergangs und seiner für viele erwiesenen Regierungsinkompetenz. Doch dürfte Callaghan und seinen Mitstreitern das moralpolitische Engagement, anders als dem niederländischen Linksbündnis, auch kaum geholfen haben. Schließlich gelang es ihnen auch nicht, Menschenrechte fest im Raum der nationalen Politik zu verankern. Die neue Premierministerin Thatcher rollte die Ansätze einer menschenrechtlichen Außenpolitik rigoroser zurück, als es dem amerikanischen Präsidenten Reagan möglich sein sollte. Damit verschwanden sie, flüchtiges Ideal, ebenso schnell, wie sie gekommen waren.

Konservative Umdeutungen und neuer Fundamentalkonsens: Die Regierungen Ronald Reagans und Helmut Kohls

In ihrer Blütephase der siebziger Jahre war Menschenrechtspolitik in den westlichen Ländern kein konservatives Projekt. Den Aufschwung trugen ganz überwiegend linke Regierungen sowie links orientierte oder ihrem Selbstverständnis nach unpolitische Aktivisten. Gleichwohl zog er auch nicht spurlos am Konservatismus vorbei. Die Parteien begannen sich zu positionieren. Dem KSZE-Prozeß kam dabei eine besondere Bedeutung zu, denn er löste in vielen Ländern hitzige Konfrontationen aus. Doch auch die politische und mediale Aufmerksamkeit, die die großen Staatsverbrechen der Dekade auf sich zogen, nötigte die politische Rechte, Stellung zu beziehen, nicht zuletzt, wie noch zu zeigen sein wird, die Verbrechen der Pinochet-Diktatur.[450]

---

450 Im Bereich der NGOs dachte das der rechten Mitte zuzuordnende *Freedom House* noch vor Carters Amtsantritt darüber nach, Menschenrechte in sein Tätigkeitsprofil einzuordnen. Vgl. Bon Tempo, Center-Right.

Eine konservative Menschenrechtspolitik, die über zaghafte Ansätze und oppositionelle Gebärden hinausreichte, entwickelte sich gleichwohl erst in den achtziger Jahren. Das war in hohem Maße der politischen Rahmenkonstellation geschuldet. Denn vielerorts trugen konservative Parteien eben erst jetzt wieder die Regierungsverantwortung, in den Vereinigten Staaten, Großbritannien oder der Bundesrepublik, in den Niederlanden schon einige Jahre länger. Fast alle hatten sich mit einem menschenrechtspolitischen Erbe auseinanderzusetzen: mit den programmatischen Konzeptionen, den Präzedenzbeschlüssen, den Institutionen ihrer Vorgängerregierungen, mit einer gestärkten Landschaft von NGOs, mit einem gesteigerten öffentlichen Bewußtsein. Verlieh das der Positionierung der neuen Regierungen anfänglich einen stark reaktiven Zug, so versuchten sie doch alsbald, sich die Menschenrechtsidee aktiv anzueignen. Zum Angelpunkt eines reformpolitischen Aufbruchs wurde sie dabei allerdings nirgends. Eher ging es darum, sie in Konzeptionen zu integrieren, in denen anderes wichtiger blieb.

Die Formen und die Implikationen dieses Aneignungsprozesses fielen unterschiedlich aus. Die konservativen Regierungen hatten verschiedene Vorstellungen davon, wie sie die auswärtige Rolle ihrer Länder nach den Jahren der linken politischen Führerschaft neu ausrichten wollten. Davon abhängig aktualisierten sie je andere Bedeutungsschichten der Menschenrechtsidee und wiesen ihr in der praktischen Gestaltung ihrer Außenpolitik unterschiedliche Orte zu. Den Niederlanden ging es im Kern um einen gedämpften Moralismus in einer nach wie vor interdependenten Welt. Die USA suchten unter Reagan das idealistische Potential des Menschenrechtsgedankens für einen erneuerten Kalten Krieg zu funktionalisieren, bevor sie sie zum Pfeiler einer vorsichtigen weltweiten Demokratisierungspolitik machten. Damit verschoben sie den Akzent vom akuten Schutz Verfolgter auf strukturelle, institutionelle Reformen – was in der Praxis zunächst vor allem hieß, daß sie sich nicht mehr helfend einmischten. Die Regierung Helmut Kohls fügte Menschenrechte in das Leitbild einer konservativen Friedenspolitik ein und bekannte sich zur humanitären Verantwortung der Bundesrepublik vor der Welt und ihrer eigenen Geschichte, ohne tatsächlich international sehr viel stärker in Erscheinung zu treten.

Bei allen nationalen Differenzen bewegte sich die Menschenrechtspolitik unter konservativen Vorzeichen gleichwohl auf einer in mancher Hinsicht ähnlichen Laufbahn. Zumeist verengten sie konservative Parteien, solange sie sich in der Opposition befanden, auf die Auseinandersetzung mit dem Kommunismus. Nachdem sie die Regierungsmacht erlangt hatten, bekannten sie sich dann früher oder später zu einem ideologisch ungebundenen, globalen Menschenrechtsschutz. Gleichzeitig versuchten sie konzeptionell und in der Praxis, ihrer Politik einen konservativen Gehalt zu geben – wobei konservativ, angesichts der ideologischen Unterschiede zwischen den Regierungen kaum überraschend, unterschiedliche Dinge bezeichnen konnte. Es konnte bedeuten,

Menschenrechte nach wie vor primär auf den Systemgegensatz auszurichten, aber auch, sie mit christlichen Elementen oder einem besonderen Friedensgedanken zu verbinden. Eine weitere Gemeinsamkeit bestand darin, daß die neuen Staatsführungen die Menschenrechtspolitik *de facto* zurücknahmen. Damit reagierten sie auch auf die selbstschädigenden Überschüsse, die sie während der siebziger Jahre auf Seiten der emphatischen Befürworter einer globalen Hilfspolitik erkannt hatten. Zumindest in diesem Sinn bauten sie auf den Erfahrungen der früheren Regierungen auf.

Dessen ungeachtet wuchs spätestens in der zweiten Hälfte der achtziger Jahre, und damit noch vor dem Ende des Kalten Kriegs, ein innenpolitischer Grundkonsens heran. Nicht alle politischen Kräfte teilten ihn, und er erstreckte sich keineswegs auch nur auf die meisten konkreten Entscheidungen, die in den Außenbeziehungen anstanden. Doch waren sich Politiker nun parteiübergreifend einig, daß das auswärtige Handeln eines Wertbezugs bedürfe und daß eine Moral, die alle ideologischen Lagerzuordnungen transzendiere, in der Außenpolitik ihr gutes Recht habe. Das war, wie umstritten die politische Praxis auch blieb, eine Veränderung gegenüber den siebziger Jahren, deren Folgewirkung sich kaum überschätzen läßt. Auch wenn Menschenrechte schon länger in den politischen Szenerien prägend gewesen waren, hatten sie den Raum »des Politischen« auf staatlicher Ebene erst jetzt grundlegend erweitert.

Am frühesten geschah dies wiederum in den Niederlanden. Denn hier blieben die christdemokratisch geführten Mitte-Rechts-Kabinette unter Dries van Agt, der von 1977 bis 1982 als Premier amtierte, den außenpolitischen Leitbildern der Regierung den Uyls in bemerkenswert hohem Maße treu. Eine wichtige Voraussetzung dafür war, daß die neue Regierung eine weitreichende gesellschaftliche Übereinstimmung über die »Ideale, Werte und Belange« diagnostizierte, die es international hochzuhalten gelte.[451] Auch die Wahrnehmung, daß die nationale Politik immer stärker von Entwicklungen betroffen werde, die sich außerhalb der Staatsgrenzen abspielten, trug sie ungebrochen fort. Insofern wollte sie dem auswärtigen Menschenrechtsschutz weiterhin einen zentralen Platz einräumen.

Konzeptionell arbeitete die Regierung die niederländische Menschenrechts-Außenpolitik deutlich feiner aus, als es ihre Vorgängerin getan hatte. Davon zeugte ein mehr als einhundertseitiges Memorandum, das sie im Mai 1979 veröffentlichte.[452] Bereits in der Detailschärfe lag eine Konsequenz aus der vierjährigen Erfahrung mit dem neuen außenpolitischen Feld. Ganz offensichtlich wollten sich van Agt und sein Außenminister Chris van der Klaauw gegen die Anfechtungen und Unwägbarkeiten absichern, die in den vergangenen Jahren nach und nach bewußt geworden waren. Vor allem aber grenzten sie sich

---

451 Rijksbegroting voor het jaar 1979, S. 4.
452 De rechten van de mens in het buitenlandse beleid.

auch von den inhaltlichen Verheißungen ab, die für die Menschenrechtspolitik des Linksbündnisses unter den Uyl kennzeichnend gewesen waren. Menschenrechte könnten nicht die beherrschende Zielsetzung sein, so führte das Memorandum aus, und konkrete Verletzungen zu ahnden nur ein Teil der menschenrechtlichen Außenpolitik. Ob die Niederlande überhaupt in der Lage seien, auf eine andere Regierung Einfluß auszuüben, wollte die neue Führung zu einem wichtigen Kriterium machen, wirtschaftliche Maßnahmen nur ergreifen, wenn sie dem eigenen Land nicht schadeten. An die osteuropäischen Staaten wollte sie keine überzogenen Forderungen stellen. »In der heutigen Konstellation würde es nicht realistisch sein«, so klang der gemäßigte Idealismus der neuen Regierung, »von den kommunistischen Regierungen zu erwarten, daß sie unter Druck von außen Maßnahmen ergreifen, die ihr Fortbestehen wesentlich bedrohen.«[453] In der Entwicklungshilfe behielt sich die Regierung vor, Hilfszahlungen einzustellen, falls diese die Unterdrückung politischer Freiheiten befördern sollten. Noch stärker aber betonte die christlich-liberale Kolition, Entwicklungspolitik nicht instrumentalisieren zu wollen, um ausländische Regierungen zu bestrafen oder zu belohnen, sondern sie darauf auszurichten, bedürftigen Menschen zu helfen.

Menschenrechtliche Prinzipien blieben also in der außenpolitischen Programmatik präsent, selbst wenn sie in ihrer Bedeutung zurückgenommen waren – und beides spiegelte sich auch in der Praxis. Die Beziehungen zu Indonesien etwa verbesserten sich. Weil sie stark daran interessiert war, die wirtschaftlichen Kontakte zu intensivieren, stellte die Regierung Menschenrechtskritik hintan. Dafür berief sie sich auf die fortgesetzte Freilassung politischer Häftlinge, während sie auf neue Gewalttaten in Ost-Timor nicht reagierte.[454] Gegenüber Südafrika wahrte sie Distanz, leitete aber auch keine neuen, weitergehenden Schritte ein. Vor allem schloß das Kabinett aus, zu wirtschaftlichen Sanktionen oder zu einem Ölembargo zu greifen, zwei Maßnahmen, die in diesen Jahren weithin diskutiert wurden.[455] Am weitestgehenden setzte die christlich-liberale Regierung die Politik gegenüber den osteuropäischen Diktaturen fort. Darin zeigte sich, daß die antikommunistische Ausrichtung nach wie vor die größte innenpolitische Schnittfläche darstellte, die die Menschenrechtsrhetorik bot. Hier hatten linke und rechte Politiker am frühesten, nämlich bereits in den siebziger Jahren, an einem Strang ziehen können, selbst wenn sie sich dabei immer noch befehdeten. Infolge der Dissidentenprozesse vom Juli 1978 fror van Agt etwa die Beziehungen zur Sowjetunion ein, um beiden Seiten eine »Denkpause« zu verschaffen.[456] Auf den sowjetischen Einmarsch in

---

453 Ebd., S. 108.
454 Vgl. Malcontent, Kruistocht, S. 126–144.
455 Vgl. de Boer, Sharpeville, S. 368–408; de Goede, Mensenrechten.
456 Vgl. Baudet, »Aandacht«, S. 99–136.

Afghanistan und die Verbannung Sacharows reagierte die niederländische Führung mit scharfen Protesten, und sie trug den von Jimmy Carter angestoßenen Boykott der Olympischen Spiele in Moskau mit.

Somit glich der Kurs der Regierung van Agts dem Versuch, die idealistische Energiezufuhr, die der menschenrechtspolitische Ansatz versprach, aufzunehmen, und das, was ihr als neuer gesellschaftlicher Mainstream erschien, politisch abzubilden. Den progressiven Radikalismus, den sie und andere Beobachter mit der Politik den Uyls verbanden, suchte sie zu entschärfen und vertrat auch in Einzelfragen manch andere Position. Damit wollte sie nicht zuletzt der Kritik inner- und außerhalb der Niederlande begegnen, das PvdA-geführte Linksbündnis habe das Land zu einem unsicheren Kantonisten im westlichen Bündnis gemacht. Der neue Premier unterstützte daher auch den NATO-Doppelbeschluß und versagte der Neuen Weltwirtschaftsordnung seine Unterstützung. Auf diese Weise fügten die christlich-liberalen Kabinette die Niederlande wieder fest in das westliche Lager ein – sie verloren auf moralpolitischem Terrain aber auch an Profil. Vor allem rückte van Agt die niederländische Außenpolitik mit alledem in die politische Mitte, die indes nunmehr eine andere war, als zu Beginn der siebziger Jahre. Menschenrechte waren darin fest verankert. Im Ergebnis hatten sie damit auch fester in der Außen- und Entwicklungspolitik Fuß gefaßt, als zuvor, und zwar ganz unabhängig davon, wie die Regierung sie politisch auflud und umsetzte. Denn sie behaupteten sich auch nach dem politischen Pendelschwung von einer Links- zu einer Mitte-Rechts-Koalition und waren nun nicht länger mit radikaler Erneuerung und innenpolitischem Grundsatzstreit assoziiert.

Antikommunismus und Demokratisierung: Die USA unter Reagan

Die neue amerikanische Regierung hingegen trat 1981 nicht mit einem menschenrechtspolitischen Programm an, sondern vor allem mit einer Kritik und mit einem gehörigem Maß an Verachtung für das, was sie als die schwächliche Politik des abgewählten Präsidenten betrachtete. Das konservative Nachdenken über Menschenrechte reichte dabei einige Jahre zurück, war aber vorerst blaß geblieben. Festere politische Konturen erhielt es dann erst aus der Opposition gegen die Politik Jimmy Carters. Bis Ende der siebziger Jahre abgeschlossen, bildete sich in diesem Klärungsprozeß ein gewisses Spektrum an Auffassungen heraus. Was sie alle zusammenhielt, war der Glaube, Carters Außenpolitik sei in gefährlichem Maße verfehlt.[457]

Viele Republikaner blieben zutiefst skeptisch gegenüber einer Außenpolitik, die sich weltweit für Menschenrechte engagieren wollte, oder lehnten sie sogar

---

457 Vgl. zum Folgenden etwas anders, Hartmann, United States.

offen ab. In ihren Augen schwächte sich die Supermacht damit selbst, denn eine solche Politik durchkreuzte ihre existenziellen, sicherheitspolitischen Interessen. Vor allem, so bemängelten sie, lenke die Menschenrechtspolitik die Regierung von ihrer vordringlichen globalen Aufgabe ab, den Kommunismus zu bekämpfen. Die weltpolitische Linie, die die USA seit dem Ende des Zweiten Weltkriegs verfolgt hatten, »war nicht von einer ›übermäßigen Furcht vor dem Kommunismus‹ beherrscht«, so wies Eugene Rostow Carters berühmte Formel zurück, »sondern von einer legitimen Sorge vor der sowjetischen Expansions- und Aggressionspolitik«.[458]

Daneben gewann in diesen Jahren jedoch noch eine andere Position an Boden, vertreten von Politikern, die zwar Rostows Sicht auf die Prämissen und Ziele amerikanischer Außenpolitik teilten, daraus aber etwas andere Schlüsse zogen. Ihnen schwebte vor, Menschenrechte als eine ideologische Ressource dienstbar zu machen, um den Systemwettbewerb mit den kommunistischen Diktaturen noch wirkungsvoller zu führen.[459] Wie bereits angesprochen, war es der demokratische Senator aus Washington, Henry M. Jackson, der zuerst mit diesem Gedanken ernst machte. Im September 1972 angekündigt, erregte sein Projekt eines Gesetzeszusatzes, der den Meistbegünstigungsstatus für die Sowjetunion daran band, daß diese ihre Ausreisebestimmungen für Juden lockerte, viel Aufmerksamkeit.[460] Jackson reagierte damit auf die Hindernisse, die die sowjetischen Behörden jüdischen Bürgern in den Weg legten, als es im Anschluß an den Sechstagekrieg zu einer regelrechten Emigrationswelle gekommen war. Politisch bezweckte der Senator damit, die amerikanisch-sowjetische Annäherung zu verhindern, die mit dem Moskauer Gipfel 1972 einen ersten Höhepunkt erreicht hatte. In Menschenrechtsrhetorik gekleidet, passierte der Zusatz 1974 leicht verändert den Kongreß, woraufhin die Sowjetunion das in Moskau unterzeichnete Handelsabkommen mit den USA aufkündigte.

Sich den Menschenrechtsgedanken auf diese Weise anzueignen, erschien schon bald vor allem den Neokonservativen attraktiv, wiewohl nicht allen gleichermaßen. Als neokonservativ wurde seit Mitte der siebziger Jahre eine Gruppe von Intellektuellen und Politikern um Irving Kristol, Norman Podhoretz, Daniel P. Moynihan und Nathan Glazer bezeichnet, die innerhalb der Demokratischen Partei eine Art rechte Opposition betreiben.[461] Henry Jackson, obgleich der Formation nicht zugehörig, galt vielen von ihnen wegen seines unbeirrbaren Antikommunismus zunächst als Hoffnungsträger innerhalb der Partei. Sie betrachteten die kommunistische Herrschaft nach wie vor als die größte globale Bedrohung, wiesen die Prämissen der Entspannungspolitik zurück und

---

458 Rostow, Ignoring, S. 49.
459 Vgl. etwa auch Kissinger, Morality, S. 62.
460 Vgl. dazu und zum Folgenden Vaïsse, Neoconservatism; Keys, Virtue, S. 117–126.
461 Vgl. Ehrman, Rise; Keller, Neokonservatismus S. 91–138; Vaïsse, Neoconservatism.

wehrten sich gegen »revisionistische« Interpretationen des Ost-West-Konflikts. Gänzlich stehen geblieben war die Zeit in ihren Deutungen allerdings nicht. Vielmehr konstatierten sie, die internationale Ausgangslage der USA habe sich verschlechtert, weil das westliche Bündnis innerlich stark geschwächt sei und sich die »Dritte Welt« in immer heftigeren Attacken gegen die Industrieländer ergehe. Die Außenpolitik Carters geißelten sie unerbittlich dafür, es an einer aggressiven antisowjetischen Strategie fehlen zu lassen und den Interessen des globalen Südens zu sehr entgegenzukommen. Anfang 1980 begannen die Neokonservativen ihren Exodus aus der Demokratischen Partei. Mit Stil und Inhalt der Außenpolitik Reagans konnten sie sich zunächst in hohem Maße identifizieren; einige von ihnen gelangten zudem in einflußreiche Regierungspositionen. Andere jedoch wandten sich nach einiger Zeit auch vom republikanischen Präsidenten enttäuscht ab, da ihnen seine tatsächliche Politik weit hinter der rhetorischen Entschlossenheit zurückzubleiben schien.

Auch der kalifornische Gouverneur Ronald Reagan schließlich, der nach der Abwahl Gerald Fords alles daran setzte, sich als der kommende republikanische Präsidentschaftsanwärter in Szene zu setzen, suchte zuweilen das antikommunistische Beschämungspotential des Menschenrechtsbegriffs für sich auszuschöpfen. Schon auf dem republikanischen Parteitag vom August 1976 hatten seine Unterstützer getreu der Strategie Henry Jacksons versucht, den Blick möglichst stark auf Menschenrechtsverletzungen kommunistischer Staaten zu lenken, um die Détentepolitik zu diskreditieren. Damit waren sie aber nur begrenzt erfolgreich gewesen.[462] In seinen späteren Reden beklagte Reagan zum einen Menschenrechtsverletzungen in sozialistischen Staaten, in der Sowjetunion, der DDR, Kuba, China oder Mosambik.[463] Dabei nahm er vor allem die Ausreiseverweigerung und die Unterdrückung der Glaubensfreiheit ins Visier. Zum anderen verurteilte er die Carter-Regierung für ihre vermeintlich einseitige Politik, die allein auf Kosten autoritärer Verbündeter wie Chile oder Südafrika gehe. Das war auch das Thema der in den Medien viel beachteten Ansprache, die Reagan im Juni vor der *Foreign Policy Association* in New York hielt; sie war eine direkte Replik auf die große Rede, mit der Carter im Vormonat in Notre Dame seine menschenrechtspolitische Vision entworfen hatte.[464] Bei alledem mokierte sich der Gouverneur auch gekonnt über den »Protestapparat« der linken Menschenrechts- und Solidaritätsgruppen, die die Verbrechen rechter Diktaturen mit automatisierter Entrüstung und ritualisierten Kampagnen überzögen, während sie über Verstöße linker Regierungen schwiegen.[465]

---

462 Vgl. Bon Tempo, Menschenrechte; Keys, Virtue, S. 224f.; Republican Party Platform 1976.
463 Vgl. Reagans Radioansprachen, in: Skinner u. a. (Hg.), Reagan.
464 Vgl. Skinner (Hg.), Reagan, S. 129.
465 Vgl. Reagan, Ruritania, S. 134.

Eine dritte und letzte Position schließlich, die sich zwischen diesen beiden verorten läßt, in mancher Hinsicht aber auch über sie hinausführte, formulierte Jeane Kirkpatrick, Professorin für Politikwissenschaft an der Georgetown University. Sie war ebenfalls der Gruppe der Neokonservativen zuzurechnen. Ihr 1979 erschienener Aufsatz *Dictatorships and Double Standards* erlangte schlagartig eine gewisse Berühmtheit.[466] Er machte auch Reagan auf Kirkpatrick aufmerksam, der sie dann in sein Wahlkampfteam holte und sie anschließend zur amerikanischen Botschafterin bei den Vereinten Nationen ernannte.[467] Schon zeitgenössisch, und seither, hat sich die Rezeption von Kirkpatricks Text auf einen Aspekt verengt, nämlich auf ihre kategorische Unterscheidung von autoritären und totalitären Regimen.[468] Autoritäre Regime waren demnach weniger repressiv als kommunistisch-totalitäre, amerikanischen Interessen dienstbarer und empfänglicher für liberalisierende Einflüsse.[469] »Während es keinen Fall einer revolutionären ›sozialistischen‹ oder kommunistischen Gesellschaft gibt, die demokratisiert worden ist«, so lautete Kirkpatricks historische Bilanz, »entwickeln sich rechtsgerichtete Autokratien durchaus manchmal zu Demokratien«.[470] Carter, so der politische Vorwurf, habe autoritäre Regime wie die in Iran und Nicaragua destabilisiert und damit den Weg für eine »totalitäre« Machtübernahme frei gemacht. Neu war die Entgegensetzung zwischen diesen beiden Regimetypen nicht. Ausgehend von der Lektüre Hannah Arendts, hatte sie in neokonservativen Zirkeln schon zuvor eine nicht unbedeutende Rolle gespielt.[471] Dennoch popularisierte Kirkpatricks Aufsatz die pointierte Begriffsopposition enorm, und formte dadurch eine der wichtigsten menschenrechtspolitischen Argumentationslinien mit, derer sich die Reagan-Regierung vor allem anfänglich bedienen sollte.[472]

Kirkpatricks Kritik reichte allerdings noch viel weiter. Im Kern nämlich verfiel der gesamte globalpolitische Ansatz des Präsidenten dem Verdikt der gestrengen Politikwissenschaftlerin.[473] Sie führte einen intellektuellen Gegenschlag gegen eine außenpolitische Sicht, die auf die neue Unübersichtlichkeit des Staatensystems, das verminderte Gewicht ideologischer Konfliktlinien und die gewachsene Bedeutung südlicher Akteure abhob. Hierin lag tatsächlich das Herz des neokonservativen Credos. Die Neokonservativen glaubten nicht und

---

466 Vgl. Keller, Neokonservatismus, S. 91.
467 Vgl. Ehrman, Rise, S. 149–155.
468 Vgl. so schon Carleton/Stohl, Policy; Shestack, Focus; aber auch noch Sikkink, Signals, S. 148–180; Schmitz, United States, S. 194–201.
469 Vgl. Kirkpatrick, Dictatorships, in: Dies., Dictatorships, S. 49.
470 Ebd., S. 32.
471 Vgl. Ehrman, Rise, S. 115.
472 Vgl. etwa Reagan, Excerpts; sowie Haig Favors Stand Against Violations of Rights Abroad.
473 Vgl. Kirkpatrick, Dictatorships, in: Dies., Dictatorships, S. 37, 40. Vgl. dazu auch dies., Security.

wollten nicht glauben, eine neue, multipolare, interdependente Weltordnung sei im Entstehen begriffen, in der wirtschaftliche und kulturelle Determinanten die ideologische und militärische Stärke als Triebkräfte der internationalen Beziehungen ersetzten.[474] Die globalistische Konfusion wollten sie durch weltanschauliche Eindeutigkeit ersetzen, die Welt wieder klar ordnen, wenn nicht in Gut und Böse, so in Gut, Böse und vergleichsweise Gut – demokratisch, totalitär und autoritär.

Kirkpatricks Traktat wurde wohl deshalb so einflußreich, weil es das, was die Republikaner verband – eine tiefgreifende Desavouierung der flagellantischen Außenpolitik Carters – am elaboriertesten formulierte und mit einem quasi-sozialwissenschaftlichen Fundament versah. Dabei ließ es sich ebenso mit der grundsätzlichen Zurückweisung menschenrechtspolitischer Konzepte vereinbaren wie mit dem Gedanken, man solle sie für die Konfrontation mit der Sowjetunion mobilisieren – auch wenn Kirkpatrick gerade nicht deutlich machte, wie der moralische Gehalt einer antisowjetischen Außenpolitik aussehen könne.[475] Wie auch immer es darum bestellt war, machte die Diskussion dieser Jahre doch insgesamt deutlich, daß die menschenrechtspolitischen Vorstellungen der Republikaner in hohem Maße aus der Reaktion geboren waren. Wo sie die Neuausrichtung der Carter-Regierung nicht gänzlich verteufelten, funktionalisierten sie den Menschenrechtsbegriff eindimensional als Kampfmittel gegen die kommunistischen Diktaturen um. Tatsächlich ließ sich eine dem Anspruch nach universale Konzeption mit den klaren ideologischen Parteinahmen, die alle diese Gegenentwürfe gleichermaßen forderten, kaum vereinbaren.

Nachdem Reagan einmal die präsidialen Geschäfte aufgenommen hatte, war es zunächst der Wunsch, die Spuren der Vorgängerregierung möglichst vollständig zu tilgen, der die Linie der Regierungsmannschaft bestimmte. In der Übergangsphase hatte Reagans Planungsstab empfohlen, »die internen Prozesse der Politikformulierung« so auszurichten, daß Menschenrechtserwägungen »Entscheidungen nicht lähmen oder über Gebühr verzögern können«, bei denen sie »mit vitalen amerikanischen Interessen im Konflikt liegen.«[476] Und auch an öffentlichen Zeichen, die in diese Richtung wiesen, fehlte es nicht.[477] Reagan selbst erwähnte Menschenrechte bei seiner Amtseinführung nicht. Vielleicht das erste Mal äußerte er sich auf Nachfrage in einem Interview im März 1981, die er mit dem viel zitierten Satz beantwortete, die Sowjetunion

---

474 Vgl. auch Ehrman, Rise.
475 Dies anders als Keller, Neokonservatismus, S. 96. Vgl. Kirkpatrick, Dictatorships, in: Dies., Dictatorships, S. 52. Vgl. auch Hartmann, United States.
476 Zitiert nach Mower, United States, S. 33.
477 So etwa auf der ersten Pressekonferenz des Außenministers Haig. Vgl. Jacoby, Reagan, S. 1069.

sei »heute der größte Menschenrechtsverletzer auf der ganzen Welt.«[478] Der Eindruck, der neue Präsident vollziehe eine menschenrechtspolitische Kehrtwende, erhärtete sich dann durch das symbolträchtige Besuchsprogramm, das die Regierung in den ersten Monaten arrangierte. Als ersten Staatsgast empfing Reagan den südkoreanischen Präsidenten Chun Doo-hwan, und der argentinische Diktator Roberto Viola reiste als erster lateinamerikanischer Regierungschef nach Washington. Das alles fügte sich indes, anders als zeitgenössisch oft interpretiert, noch nicht zu einem Programm. »Es gab keine Menschenrechtspolitik«, erinnerte sich später Elliott Abrams, der erste Leiter des außenministeriellen Menschenrechtsbüros unter Reagan. »Es gab eine Kritik an der Politik Carters, verbunden mit einem instinktiven Mißtrauen gegenüber dem Begriff, den Leuten und der zugehörigen *community*.«[479]

Eine zusammenhängende Konzeption begann die Regierung erst auszuarbeiten, als sich abzeichnete, daß ihr Versuch, die Menschenrechtspolitik »hinauszuwerfen«, auf Widerstände stieß.[480] In der politischen Öffentlichkeit riefen ihre Gesten nahezu umgehend Menschenrechtsbefürworter auf den Plan. Das erste unmißverständliche Warnsignal setzte der Kongreß. Reagan hatte als Leiter des Menschenrechtsbüros im Außenministerium Ernest Lefever nominiert, einen konservativen Außenpolitikexperten, der seine ablehnende Haltung gegenüber dem auswärtigen Menschenrechtsschutz, einschließlich der Institution, der er vorstehen sollte, zuvor immer wieder öffentlich kundgetan hatte.[481] *Helsinki Watch* lief öffentlich gegen die Nominierung Sturm, und auch einige Zeitungen machten Stimmung gegen den Kandidaten.[482] Der außenpolitische Ausschuß des Senats ging schließlich den äußerst ungewöhnlichen Schritt, Lefever abzulehnen. Viele Kongreßmitglieder verstanden dessen Menschenrechtskritik als Angriff – und zwar gar nicht in erster Linie auf die Bilanz der Carter-Regierung, sondern auf die Politik, die sie selbst ursprünglich etabliert hatten. Das Menschenrechtsbüro selbst entwickelte kaum eigenständige Beharrungskraft. Der schließlich eingesetzte Elliott Abrams brachte das Büro auf den Kurs der Regierungsspitze und intervenierte nicht länger kritisch in die Politik anderer Abteilungen, wenn diese menschenrechtliche Erwägungen zurückstellten.[483]

Teile der Regierung nahmen gleichwohl sehr aufmerksam zur Kenntnis, daß »Menschenrechte zu einem der wichtigsten Kanäle für innenpolitische Angriffe

---

478 Regan, Excerpts.
479 Zitiert nach Sikkink, Signals, S. 148.
480 So wiederum Abrams in einem Interview von 1998, zitiert nach Hartmann, United States, S. 424.
481 Vgl. dazu und zum Folgenden, die Bedeutung der Episode allerdings überschätzend: Snyder, Defeat.
482 Vgl. Neier, Liberties, S. 174–189.
483 Vgl. Maynard, Bureaucracy.

auf die Außenpolitik der Regierung geworden sind«, wie der Unterstaatssekretär im *State Department*, Richard Kennedy, im Oktober 1981 mahnte.[484] Ein Mitarbeiter des Nationalen Sicherheitsrats hatte schon zuvor darauf gedrungen, die Regierung solle dem öffentlichen Eindruck entgegentreten, daß »Menschenrechte über Bord geworfen werden«.[485] Dafür scheinen sie Gehör gefunden zu haben, denn die Regierung begann alsbald, ihre Selbstdarstellung zu verändern. Verschiedentlich gelobten Regierungsvertreter nun, Menschenrechte international zu schützen, in befreundeten wie auch in gegnerischen Staaten, stelle eine wesentliche Komponente ihrer Außenpolitik dar.[486] Die größte Resonanz erzielte eine interne Denkschrift über die »Neubelebung der Menschenrechtspolitik«, ebenfalls vom Oktober 1981, die die Regierung offenbar bewußt der Presse zuspielte. Von Elliott Abrams verfaßt, war darin zu lesen, daß »Menschenrechte der Kern unserer Außenpolitik sind.«[487] Im Zuge dieses öffentlichen Positionswechsels begann die Reagan-Regierung auch, Grundzüge einer menschenrechtspolitischen Programmatik zu entwerfen. Der Prozeß erstreckte sich bis weit in das Jahr 1982 hinein. Neben dem durchgesickerten Memorandum kristallisierte er sich vor allem in der Einleitung zu den ersten Länderberichten, die das *State Department* unter der Reagan-Regierung veröffentlichte – ebenfalls von Abrams verfaßt, galt sie schon bald als eine Art inoffizielle Richtlinie –, sowie in einigen späteren Reden von Reagan und George Shultz (der Alexander Haig im Juli 1982 als Außenminister abgelöst hatte).

In diesen Stellungnahmen definierte die republikanische Regierung die menschenrechtlichen Grundlagen der Außenpolitik, wie sie Carter proklamiert und praktiziert hatte, weitreichend um. So stellte sie in Aussicht, »befreundeten Regierungen« künftig zurückhaltender gegenüberzutreten, um nicht den Einfluß auf sie zu verlieren.[488] Zudem wollte sie nicht ausschließlich staatliche Verbrechen ins Visier nehmen, sondern auch die Gewalttaten oppositioneller Gruppen, denn dem »Terrorismus wohnt eine Tendenz inne, die Grundlage der Menschenrechte zu zerfressen«.[489] Den Gedanken wirtschaftlicher und sozialer Rechte wiesen die programmatischen Texte umstandslos zurück. Diese dienten nur zu oft dazu – so das Argument, das westliche Politiker auch außerhalb der US-Regierung in den achtziger Jahren zunehmend vorbrachten –, die Verletzung politischer und bürgerlicher Rechte zu rechtfertigen.[490] In der praktischen

---

484 Zitiert nach Snyder, Defeat, S. 149.
485 Zitiert nach Peterson, Globalizing, S. 102.
486 Vgl. Schifter, Foundations; Snyder, Defeat, S. 139.
487 Vgl. Excerpts from State Department Memo on Human Rights.
488 Introduction, in: Department of State, Country Reports on Human Rights Practices for 1981, S. 5f.
489 Ebd., S. 9.
490 Introduction, in: Department of State, Country Reports on Human Rights Practices for 1982, S. 5.

Anwendung sollte »Effektivität« das wichtigste Kriterium sein, um über Maßnahmen zu entscheiden, wobei die Regierung stille Diplomatie generell als das wirksamste Mittel erachtete, während sie öffentliche Kritik für oftmals kontraproduktiv hielt. »Unser Ziel ist es, Resultate zu erzielen«, so faßte es die Einleitung der Länderberichte für 1982 zusammen, »nicht, selbstgefällige, aber wirkungslose Gesten zu machen.«[491]

Noch grundlegender und für die amerikanische Menschenrechtspolitik folgenreicher waren indes zwei weitere konzeptionelle Verschiebungen. Zum einen nämlich bezog der internationale Rechtsschutz in den Augen der neuen Führung seine Notwendigkeit und seine Legitimität aus dem Kampf gegen die Sowjetunion. Das *State Department* präsentierte die sowjetische Ideologie als Antithese zur philosophischen Menschenrechtsidee, da sie dazu geführt habe, den Staaten in Osteuropa und im globalen Süden ein unfreiheitliches Herrschaftsmodell aufzuerlegen. Daher betrachtete es die Regierung als einen »bedeutenden Dienst an der Sache der Menschenrechte«, allererst den Einfluß der Sowjetunion und ihrer Verbündeten zu begrenzen.[492]

Zum anderen subsumierte die Reagan-Regierung Menschenrechte unter einen weiterreichenden Einsatz für die Demokratie in der Welt. Diesen Gedanken entwickelte der Präsident selbst in einer Ansprache an das britische Parlament vom Juni 1982, einer seiner berühmtesten Reden, erstmals prominent. Darin formulierte er es als Ziel seiner Außenpolitik, »die Infrastruktur der Demokratie zu fördern, das System einer freien Presse, von Gewerkschaften, politischen Parteien, Universitäten, das es einem Volk erlaubt, seinen eigenen Weg zu wählen, um seine Kultur zu entwickeln«.[493] Dies sei der beste Schutz der Freiheit, die ein unveräußerliches Menschenrecht darstelle. Bei späterer Gelegenheit ergänzte Reagan, demokratische Systeme gewährleisten *per se* Menschenrechte wie Meinungsfreiheit, politische Teilhabe und ein friedliches Zusammenleben.[494] Der alte Gegner blieb in dieser Richtungsbestimmung erhalten. »Freiheit und Demokratie sind auf dem Vormarsch«, so prophezeite der Präsident vor den britischen Abgeordneten, »und werden den Marxismus-Leninismus auf dem Müllhaufen der Geschichte zurücklassen, wie sie es auch mit anderen Tyranneien gemacht haben, die die Freiheit [...] des Volkes ersticken.«

In den kommenden Jahren bildete der Demokratisierungsgedanke die rhetorische Hauptlinie der Regierung. Der Menschenrechtsbegriff trat daher nun

---

491 Ebd., S. 7f.
492 Introduction, in: Department of State, Country Reports on Human Rights Practices for 1981, S. 9.
493 Reagan, Address to Members of the British Parliament, 8.6.1982.
494 Vgl. Reagan, Remarks at a White House Ceremony Inaugurating the National Endowment for Democracy, 16.12.1983.

zurück, wenngleich er erhalten blieb.[495] Zu Beginn der zweiten Amtszeit sollte Außenminister Shultz diesen Kurs nochmals bekräftigen und präzisieren. Er bemühte dabei ein empirisches Argument, das in den öffentlichen Verlautbarungen der Regierung um diese Zeit immer wichtiger wurde. Demzufolge vollzog sich in der Welt eine »demokratische Revolution«. Sie manifestiere sich im Aufbegehren der *Solidarność* in Polen, der Dissidenten in der Sowjetunion, der Widerstandskämpfer in Afghanistan, Kambodscha, Nicaragua oder Angola; aber auch in den demokratischen Transitionen in Südamerika und in den demokratischen Oppositionsbewegungen in Südafrika, Chile, Südkorea und den Philippinen. Diesen heterogenen Tendenzen schrieb Shultz zu, daß sie alle auf »Unabhängigkeit, Freiheit und Menschenrechte« zielten – »Ideale, die den Kern der Demokratie ausmachen«.[496] Um diese Freiheitswelle weiterzutragen, skizzierte der Außenminister eine mehrteilige Strategie. Die USA würden befreundeten demokratischen Staaten beistehen, freiheitliche Kräfte in kommunistischen Diktaturen befördern und den demokratischen Wandel in autoritär regierten, pro-westlichen Staaten unterstützen. Das materielle Herzstück dieser Strategie stellte der privat verwaltete *National Endowment for Democracy* dar, der bereits im Dezember 1983 geschaffen worden war. Er war aus einer von Reagan in Auftrag gegebenen Studie entstanden, an der hochrangige Mitglieder beider Parteien, Kongreßabgeordnete, Gewerkschaftsführer und Wirtschaftsvertreter mitgewirkt hatten.

Mit dieser Programmatik verschaffte sich die Regierung eine konsistente, eigenständige und politisch profitable Position. Zunächst einmal hatte sie sich dazu durchgerungen, sich die Dignifizierung der Außenpolitik, die der Menschenrechtsgedanke versprach, jedenfalls offiziell zu eigen zu machen und sie auf ihr antikommunistisches Projekt umzulenken. Das schien ihr schon deshalb wünschenswert, um sich eine möglichst breite gesellschaftliche Unterstützung für ihre erneuerte *Containment*-Politik zu sichern. »Wir brauchen auch eine ideologische Antwort, die unsere und ihre [die sowjetischen] Bürger daran erinnert, worum es eigentlich geht, und warum es die Anstrengung lohnt«, führte das durchgesickerte Memorandum von 1981 aus.[497] Damit setzte sich also schließlich die Auffassung derjenigen Konservativen und Neokonservativen durch, die bereits in den siebziger Jahren gefordert hatten, die diametral entgegengesetzten Wertesysteme in das Zentrum des Ost-West-Konflikts zu rücken. Der missionarische Zug des neuen außenpolitischen Ansatzes war in der Tat unübersehbar. So beschwor der Präsident in seiner Rede vor dem

---

495 Vgl. etwa Reagan, Remarks Announcing a Proposed Initiative for Central America, 3.2.1984; ders., Address to the American and Soviet Peoples on the Soviet-United States Summit Meeting, 8.12.1987.
496 Shultz, America, S. 16.
497 Zitiert nach Schifter, Foundations, S. 18.

britischen Parlament »einen Kreuzzug für die Freiheit, der den Glauben und die Tapferkeit der kommenden Generation an sich bindet«.[498]

Darüber hinaus gewann die Regierung in den moralpolitischen Deutungskämpfen innerhalb der USA unabweisliche Vorteile. Sie konnte ihren Ansatz als die bessere Menschenrechtspolitik präsentieren – als eine überlegene Antwort auf die defizitäre linksliberale Konzeption ihrer Vorgängerin. Tatsächlich setzte der konservative Gegenentwurf bei einer Reihe von Schwächen an, die auch Befürworter von Carters Außenpolitik eingeräumt hätten, und die von Menschenrechtsorganisationen schon des längeren diskutiert worden waren. Indem sie sich bemühten, Rechte über demokratische Institutionen langfristig zu sichern, so argumentierten die Exponenten der republikanischen Regierung, setzten sie bei den Ursachen von Menschenrechtsverstößen an, statt an den Symptomen herumzukurieren. »Wichtig ist es nicht nur, politische Gefangene zu befreien«, so die schwer zurückzuweisende Schlußfolgerung in den Länderberichten von 1982, »sondern auch Bedingungen zu schaffen, in denen keine neuen politischen Gefangenen gemacht werden.«[499] Auch in anderen Bereichen hatten Reagans außenpolitische Experten ihre Finger auf Probleme und Widersprüche gelegt, die die wenigsten Beobachter leugneten. Daß die UN-Menschenrechtskommission einige wenige repressive Regime aussondere, beklagten NGOs schon seit langem. Und autoritäre Regierungen des globalen Südens verwandten ja tatsächlich das Argument, es gelte vorrangig wirtschaftliche Rechte zu verwirklichen, um davon abzulenken, daß sie politische Freiheiten beschnitten.

Doch schließlich bekannte sich die Regierung in ihren Ortsbestimmungen der Jahre 1981/82 auch zur universellen Verpflichtung der Menschenrechtsidee, und das hieß dazu, die Verbrechen auch verbündeter Staaten zu ahnden.[500] Das schien den Planern im Außenministerium eine offensichtliche Frage der Glaubwürdigkeit zu sein. Doch ging es dabei tatsächlich auch um das Prinzip: »Jede Folter- oder Mordtat finden die Amerikaner gleich abstoßend«, versicherte das *State Department*, »unabhängig davon, wer sie begeht.«[501] Diese Beteuerungen widersprachen der politischen Schlagseite, die Reagans Menschenrechtspolitik bis in die zweite Hälfte der achtziger Jahre haben sollte, geradezu eklatant. Das mag für die Unredlichkeit, ja den blanken Zynismus sprechen, der die Politikformulierung der Regierung vor allem während der frühen Jahre auch sonst

---

498 Reagan, Address to Members of the British Parliament, 8.6.1982.
499 Introduction, in: Department of State, Country Reports on Human Rights Practices for 1981, S. 6. Vgl. auch Introduction, in: Department of State, Country Reports on Human Rights Practices for 1982, S. 9.
500 Vgl. Introduction, in: Department of State, Country Reports on Human Rights Practices for 1981, S. 9; Introduction, in: Department of State, Country Reports on Human Rights Practices for 1982, S. 8.
501 Introduction, in: Department of State, Country Reports on Human Rights Practices for 1981, S. 9.

prägte. Interessanter scheint aber, daß sie sich überhaupt zu einem unterschiedslosen Einsatz für Verfolgte bekannte. Das zeigte, daß sich die universalistische Sprache der Menschenrechte nicht ohne weiteres ausräumen ließ. Hier lag ein vorerst schwacher, aber grundlegender Ansatzpunkt, von dem aus sich eine lagerübergreifende Haltung zu menschenrechtspolitischen Fragen anbahnte.

Carters Menschenrechtskonzeption war in derjenigen Reagans also gleichsam in einem doppelten Sinn aufgehoben, nämlich teils bewahrt und teils eliminiert. Den Bezugsrahmen stellte nicht länger eine globalistische Politik im Interdependenzzeitalter dar, sondern das manichäische Ringen zwischen West und Ost. Statt um Sühne und moralische Rehabilitierung für Vietnam und Watergate ging es um die von Selbstzweifeln freie, zukunftsgewisse Ostentation amerikanischer Stärke. Das strahlten Reagans Rhetorik und sein Denken zeit seiner Präsidentschaft in hohem Maße aus, und darin lag ein wichtiger Grund für seine politische und persönliche Popularität. Der Gedanke, Individuen unabhängig von ideologischen Präferenzen weltweit zu schützen, war im konservativen Programm zugleich postuliert und dementiert. Die physische Gewalt, die Staatsorgane ausübten – das, was die Carter-Regierung in ihrem Kriterium der »persönlichen Integrität« faßte –, trat sehr stark in den Hintergrund und wurde durch einen erneuerten, gleichsam verbesserten Systemwettbewerb ersetzt. Er sollte nunmehr wieder und vielleicht stärker als jemals zuvor auf einer moralpolitischen Ebene ausgetragen werden.

Darüber, wie die Regierung ihre 1981/82 gefaßten Absichten praktisch umsetzte, bleiben, solange viele Akten nicht einsehbar sind, einige Ungewißheiten.[502] Auch ohne Einblick in die interne Entscheidungsbildung stellt sich die menschenrechtspolitische Linie des republikanischen Präsidenten indes als höchst ambivalent und wandelbar dar, wenn auch in einem ganz anderen Sinn als diejenige Carters. In den ersten Jahren erwies sich nicht nur, daß die neue Führung Menschenrechte ausschließlich antikommunistisch ausrichtete, sondern ebenso, daß sie sie von einer Verhandlungsstrategie auf einen rein propagandistischen Zusatz zurückstufte. Beides manifestierte sich gerade im Verhältnis zur Sowjetunion. Die Regierungsvertreter bemühten Menschenrechtsrhetorik allein in der denunziatorischen Absicht, die die (neo-) konservativen Falken seit Mitte der siebziger Jahre gefordert hatten. Ein von Reagan abgezeichnetes Strategiepapier vom Januar 1983 hielt fest, die amerikanische Politik müsse »eine ideologische Stoßrichtung haben, die klar von der Überlegenheit amerikanischer und westlicher Werte zeugt«, und solle daher das Gewicht darauf legen, »sowjetische Menschenrechtsverletzungen herauszustellen«.[503] Auf diesen Li-

---

502 So ist etwa kolportiert worden, daß Außenminister Haig im Januar 1982 eine Direktive an Spitzenbeamten des *State Department* ausgab, mit dem Menschenrechtsbüro zu kooperieren, um sicherzustellen, daß Menschenrechten ein prominenter Platz eingeräumt würde. Vgl. Schifter, Building, S. 19.
503 NSDD 75, US Relations with the USSR, 17.1.1983.

nien ermutigte der Präsident etwa sowjetische Regimekritiker, von denen er einige auch im Weißen Haus empfing, oder verdammte die Unterdrückung der *Solidarność* und die Verhängung des Kriegsrechts in Polen.[504] Ohne öffentliches Aufheben darum zu machen, setzte sich Reagan persönlich für einige Familien ein, Anhänger der Pfingstbewegung, die sich in die amerikanische Botschaft in Moskau geflüchtet hatten. Doch als Thema, das es integral in die Neubestimmung der bilateralen Beziehungen einzufügen galt, verstand die Regierung Menschenrechte anders als ihre demokratische Vorgängerin nicht.

Das war schon deshalb zwangsläufig, weil es in den Augen der neuen Führung ja vorerst überhaupt keinen bedeutsamen Dialog geben sollte. Zunächst hatte die Regierung nämlich eine konfrontative Politik eingeleitet, wie sie die USA seit dem *roll back* der fünfziger Jahre nicht mehr gesehen hatten.[505] So warf sie Moskau vor, für offensive Zwecke hochgerüstet zu haben, um das Endziel der Weltrevolution schließlich doch noch zu erreichen, und knüpfte die gesamten Beziehungen, ob nun Handel, Gipfeldiplomatie oder Rüstungsgespräche, daran, daß die Sowjetunion ihr Verhalten zuerst ändere. Reagan selbst garnierte dies immer wieder mit besonders scharfen Attacken. Im März 1983 schließlich dämonisierte er die Sowjetunion in einem vielzitierten Diktum als das »Zentrum des Bösen in der modernen Welt«.[506]

Auch wenn die interne Politikformulierung stets deutlich von den Endkampfszenarien entfernt blieb, die solche Worte vor den Augen vieler zeitgenössischer Beobachter erstehen ließen, so handelte es sich auch nicht um leere Gesten. Reagan leitete die gewaltigsten Rüstungsanstrengungen der amerikanischen Geschichte ein. Während seiner ersten Amtszeit stiegen die Ausgaben von 171 auf 229 Milliarden Dollar.[507] Das wirkte um so bedrohlicher, als Regierungsvertreter immer wieder durchblicken ließen, der Gedanke eines Atomkriegs spiele in ihren Planungen eine Rolle.[508] Die *Strategic Defense Initiative* (SDI), die die Regierung 1983 ankündigte, ein weltraumgestütztes Raketenabwehrsystem, das die sowjetische Führung zu harschen Kommentaren veranlaßte, schien vielen Beobachtern eine neue Dimension des Wettrüstens zu eröffnen. Schließlich unterbreitete die amerikanische Regierung mit den *Strategic Arms Reduction Talks*, vor allem der sogenannten Null-Lösung, einen Vorschlag, der weithin als unaufrichtig betrachtet wurde, da er die weitaus meisten Konzessionen von der sowjetischen Seite verlangte. Die Beziehungen zwischen

---

504 Vgl. unter anderem Reagan, Message on the 60th Birthday of Andrei Sakharov, 2.5.1981; ders., Address to the Nation About Christmas and the Situation in Poland, 23.12.1981. Vgl. auch Snyder, Rights, S. 140–142; Peterson, Globalizing, S. 106–126.
505 Vgl. zum Folgenden Fischer, Reagan; dies., Foreign Policy; Dumbrell, Policy; Wilentz, Age.
506 Dieses und andere Zitate bewundernd zusammengestellt von Busch, Reagan, S. 196.
507 Vgl. Dumbrell, Policy, S. 65.
508 Vgl. Wilentz, Age; Dumbrell, Policy, S. 65.

den USA und der Sowjetunion hatten sich mit alledem so sehr verschlechtert, wie seit der Kubakrise nicht mehr.

Beide Züge ihres neuen idealistischen Programms, die Funktionalisierung des Menschenrechtsgedankens für den Kalten Krieg und sein vorwiegend rhetorischer Gebrauch, prägten auch die amerikanische Politik außerhalb Europas. Hier waren sie sogar noch hervorstechender und praktisch folgenreicher. Tatsächlich kommt man kaum umhin, die menschenrechts- und demokratiepolitischen Proklamationen in diesem Raum als bloße Fassade für eine offensive und zuweilen skrupellose Machtpolitik zu begreifen. Auf der einen Seite stützte die Regierung Diktaturen und Despotien, solange sie als gute antikommunistische Bundesgenossen gelten konnten. So näherte sie sich etwa, in einem besonders provokanten menschenrechtspolitischen Tabubruch, den südamerikanischen Militärregimen wieder an.[509] Und auch im amerikanischen Verhältnis zu Südafrika stellte die neue Führung die Weichen um, wenngleich das Land zunächst keineswegs im Vordergrund stand.[510] Die Länderexperten im Außenministerium glaubten, die amerikanische Außenpolitik von dem »schweren Fall von Regionalitis (*regionalitis*)« heilen zu müssen, unter dem sie während Carters Amtsjahren gelitten habe, und erklärten das sowjetische Engagement im südlichen Afrika zu dem Faktor, nach dem es sich auszurichten gelte.[511] Der verantwortliche Beamte im *State Department*, Chester Crocker, entwickelte das Konzept des »konstruktiven Engagements«. Ihm zufolge wollte die Regierung das vermeintliche Reformprogramm des südafrikanischen Premiers P. W. Botha unterstützen, den sie als politisch gemäßigten Modernisierer porträtierte. Die amerikanische Regierung hob einige Beschränkungen für Waffenexporte und für die Handelsbeziehungen auf. Den Kontakt zur demokratischen Opposition im Land suchte sie nicht. Auf der anderen Seite hob die Regierung darauf ab, antikommunistische Kräfte zu unterstützen, wo immer sie sich fanden. Im Anschluß an seine Rede zur Lage der Nation im Februar 1985, in der Reagan gesagt hatte, »die Unterstützung für Freiheitskämpfer ist eine Form der Selbstverteidigung«, prägte der Journalist Charles Krauthammer dafür den Begriff der Reagan-Doktrin. Er bürgerte sich ein, obwohl ihn die Regierung selbst im Grunde nie verwandte.[512] Der Vorsatz sollte dann vor allem in Afghanistan, Angola, Kambodscha, Äthiopien, Mosambik und Nicaragua verwirklicht werden. Auf diese Weise bezog die Reagan-Regierung, nach den Jahren der weitgehenden Abstinenz unter Carter, verdeckte Interventionen wieder voll in ihr politisches Repertoire ein.

509 Vgl. Rossiter, Carter; Jacoby, Reagan; Sikkink, Signals; Carothers, Name, S. 117–148.
510 Vgl. Massie, Loosing, S. 473–522; Schmitz, United States, S. 194–240; Dumbrell, Policy; Coker, United States, S. 154–215.
511 Zitiert nach Mower, Rights, S. 128.
512 Vgl. Pach, Reagan. Auch inaugurierte die Rede keine neue Politik; ähnliche Beschlüsse hatte Reagan schon zuvor getroffen.

Das dunkle Herz der amerikanischen Obsessionen bildete dabei zweifellos Mittelamerika, und hier kamen beide Seiten der außenpolitischen Offensive zusammen. Die amerikanischen Strategen hielten die Region für einen Krisenherd von unabsehbaren Proportionen. Die Sowjetunion und Kuba, so fürchteten sie, könnten hier einen Brückenkopf errichten, über den sich ihr Einfluß auf die Region unaufhaltsam ausbreiten würde. Und tatsächlich unterstützten beide kommunistischen Staaten die salvadorianischen Rebellen wie auch die sandinistische Regierung in Nicaragua mit Waffenlieferungen, technischer Expertise und Geld. In El Salvador und Guatemala hatten die erbitterten Konfrontationen zwischen den Militärregimen und den linken Guerrillagruppen seit den siebziger Jahren eine neue, bürgerkriegsartige Qualität erreicht. Für die amerikanische Führung war es gleichwohl ausgemacht, daß sie den Diktaturen ihre volle Unterstützung zukommen lassen würde.[513] Im Kongreß unternahm sie erhebliche Anstrengungen, um Hilfszahlungen durchzusetzen, und bescheinigte dafür wiederholt, in El Salvador würden die Menschenrechte eingehalten, obwohl dies den Informationen der US-Botschaften wie auch den Erkenntnissen der großen Menschenrechts-NGOs eklatant widersprach. Als es immer schwieriger wurde, die Zustimmung des Kongresses zu erlangen, reiste Vizepräsident George Bush 1983 nach El Salvador, um einen Brief des Präsidenten zu übergeben, in dem dieser die Machthaber aufforderte, den Terror der Todesschwadronen zu beenden. Dies war indes die einzige hochrangige, kritische Intervention. *De facto* nahm die amerikanische Regierung die staatlichen Mordprogramme die längste Zeit über in Kauf.

Nicaragua okkupierte im Kalkül der Reagan-Regierung indes einen noch wichtigeren Platz. Dort hatten nach dem Sturz Somozas die Sandinisten ihre Herrschaft etabliert. Marxistisch beeinflußt, stellten sie politische und wirtschaftliche Beziehungen zu Kuba und der Sowjetunion her, banden sich aber nicht rückhaltlos an diese Partner. Ihre Regierungspraxis schwankte zwischen autoritären Maßnahmen und zunächst erfolgreichen Agrar- und Sozialreformprogrammen. Die Sandinisten verloren in der zweiten Hälfte der achtziger Jahre in dem Maße an Unterstützung im Land, wie sie die wirtschaftlichen Schwierigkeiten nicht zu lösen vermochten.[514] Auch ihre Politik gegenüber Nicaragua faßte die amerikanische Führung als Teil ihres Ansatzes, sich weltweit für die Demokratisierung einzusetzen. Doch glich sie in der Praxis eher einem erbitterten Kampf gegen den ideologischen Gegner im amerikanischen »Hinterhof«.[515] Die Regierung stellte die Wirtschaftshilfe ein und beschloß später auch wirtschaftliche Sanktionen, die der Präsident unter anderem mit

---

513 Vgl. Hartmann, Menschenrechtspolitik, S. 341–352; Sikkink, Signals, S. 158–174; Carothers, Name; Brands, Cold War, S. 189–222.
514 Vgl. König, Kleine Geschichte, S. 650–656.
515 Vgl. zum Folgenden Carothers, Name, S. 77–116.

Menschenrechtsverletzungen begründete.[516] Die Verhandlungen mit den Sandinisten, die sie bis 1985 unregelmäßig führte, fruchteten nicht, was auch an den weitreichenden Forderungen der Amerikaner lag, die politische Umstrukturierungen, Beschränkungen der auswärtigen Politik und den Bruch mit der Sowjetunion verlangten. Zum wichtigsten und folgenreichsten Gleis avancierte die verdeckte Hilfe für die sogenannten *Contras*. Damit setzte sich die Regierung über ein Verbot des Kongresses hinweg, Geld für umstürzlerische Aktionen in Nicaragua zu verwenden. Als die Zahlungen, die überdies aus dem geheimen Verkauf von Waffen an den Erzfeind Iran geflossen waren, seit Ende 1986 ans Licht kamen, bildeten sie einen Teil des größten politischen Skandals, der Reagans Amtszeit überschattete.[517] Bald auf 10.000 Mitglieder angewachsen, trugen die *Contras* dazu bei, Nicaragua in ein Schlachtfeld zu verwandeln. Die amerikanische Regierung trug somit eine Mitverantwortung für die Verwüstungen des Bürgerkriegs, der 30.000 Menschen das Leben kostete und das Land wirtschaftlich zerrüttete.

Wurden die moralpolitischen Ziele, die die konservative Regierung Anfang der achtziger Jahre aufgestellt hatte, auf diese Weise fast gänzlich entleert, so vollzog sie im Laufe ihrer zweiten Amtszeit eine bemerkenswerte Wende. Damit prägte sie ihren Menschenrechts- und Demokratisierungsansatz zwar nicht radikal um, doch verlieh sie ihm sowohl inhaltlich als auch praktisch eine neue Bedeutung. Nicht zuletzt avancierte er erst jetzt zu einer Strategie der Verhandlung und der diplomatischen Druckausübung.

So rückte die republikanische Führung nun davon ab, harschen Rechtsdiktaturen um jeden Preis die Stange zu halten und blutige Bürgerkriege zu nähren. Statt dessen verlegte sie sich darauf, demokratische Oppositionsbewegungen und liberalisierende Reformen auch in autoritär regierten Ländern zu unterstützen. Dieser Wandel setzte allerdings zu unterschiedlichen Zeitpunkten ein und wirkte sich ungleichmäßig aus. In Südamerika bestimmte er die amerikanische Haltung sowohl am frühesten als auch am stärksten.[518] Zuerst kehrte Reagan dem argentinischen Militärregime den Rücken, jedoch allein, weil ihn der Falklandkrieg zu einer Entscheidung zwang. Wie noch näher zu schildern sein wird, begann die US-Regierung ab 1983 auch, sich zusehends kompromißlos vom chilenischen Diktator Pinochet abzuwenden. Und auch auf die Militärherrscher in Paraguay, Panama und Haiti übte sie beträchtlichen diplomatischen und wirtschaftlichen Druck aus, um sie zu demokratischen Reformanstrengungen zu zwingen. Bei alledem war die amerikanische Politik insofern reaktiv, als sie demokratische Trends aufnahm, die sich schon im Gang befanden und erst dann kritisch umschwenkte, als die repressive Herrschaft ohnehin zunehmend

---

516 Vgl. Reagan, Message to the Congress on Economic Sanctions Against Nicaragua.
517 Vgl. Wilentz, Age.
518 Vgl. zum Folgenden Carothers, Name.

unhaltbar wurde. Eine wichtige Rolle spielte Südamerika im übrigen in den amerikanischen Plänen nicht.

In Mittelamerika dagegen führte der Präsident seine antikommunistische Linie länger fort. Bei den Präsidentenwahlen in El Salvador und Guatemala 1984/85 ließ er den vermeintlich moderaten Kandidaten massive Hilfe zufließen. Im Jahr 1982 begonnen, war das Wahlhilfeprogramm für El Salvador das erste, das die Regierung im Zuge ihrer Demokratisierungsinitiative durchführte. Sie erreichte zwar, daß ihre Favoriten, Napoleón Duarte in El Salvador und der Christdemokrat Vinicio Cerezo Arévalo in Guatemala, als Sieger hervorgingen. Doch versanken beide Länder bald schon in ihren unbezähmbaren wirtschaftlichen Problemen, und die politische Gewalt nahm wieder bestürzend zu. In Nicaragua führte eine regionale Friedensinitiative 1988/89 das Ende der gewaltsamen Auseinandersetzungen herbei, die unter der Führung des costaricanischen Präsidenten Oscar Arias schon seit einigen Jahren betrieben worden war. Die USA hatten sie nicht unterstützt, doch fand sich die Regierung George Bushs, in einem veränderten weltpolitischen Kontext, schließlich damit ab. In den Wahlen vom Februar 1990 stimmte die Mehrheit der Nicaraguaner wider Erwarten für die demokratische Opposition. Ortega akzeptierte den Ausgang und übergab die Macht an Violeta Chamorro.

Selbst diese alles in allem moderate Politik der Demokratieförderung ließ sich überdies nur gegen erhebliche Widerstände innerhalb der Regierung durchsetzen, nicht zuletzt gegen denjenigen des Präsidenten selbst. So hielt Reagan auch gegen den Rat des *State Department* am philippinischen Diktator Ferdinand Marcos fest, nachdem mit der Ermordung des Oppositionsführers Benigno Aquino 1983 die, wie sich herausstellen sollte, finale Krise des Regimes ausgebrochen war.[519] »Ich weiß, daß es da in den Philippinen Sachen gibt, die uns jetzt vom Standpunkt demokratischer Rechte nicht so gut erscheinen, aber was ist die Alternative?«, fragte Reagan in der Fernsehdebatte mit Walter Mondale im Oktober 1984 und rekurrierte einmal mehr auf die stereotype Dichotomie autoritärer und totalitärer Regime: »Die Alternative ist eine große kommunistische Bewegung, die die Macht auf den Philippinen übernimmt.«[520] Der Präsident ließ seine starre Haltung erst fallen, als Marcos die philippinischen Wahlen von 1986 offenkundig fälschte und die friedliche Oppositionsbewegung im Land immer stärker anschwoll.

Daß die republikanische Regierung überhaupt von ihren treuen antikommunistischen Bundesgenossen abrückte, stellte gleichwohl eine wesentliche Veränderung ihres auswärtigen Koordinatensystems dar. Ein Motiv dafür dürfte der um die Mitte der achtziger Jahre dramatisch steigende gesell-

---

519 Vgl. Schmitz, United States, S. 194–240; Wilentz, Age.
520 Reagan, Debate Between the President and Former Vice President Walter F. Mondale, 21.10.1984.

schaftliche Protest gegen Reagans Außenpolitik gewesen sein. Der Mittelamerikabewegung, die sich seit Anfang der Dekade ausgebreitet hatte, schlossen sich bis zu 100.000 Amerikaner an. Damit war sie die zahlenmäßig wohl stärkste seit den Demonstrationen gegen den Vietnamkrieg.[521] Im Jahr 1986, auf dem Höhepunkt der Bewegung, hielten Aktivisten sieben Monate lang insgesamt eintausend Demonstrationen und Mahnwachen ab. Die Medien berichteten über spektakuläre Protestaktionen, Umfragen wiesen besonders niedrige Zustimmungswerte für Reagans Mittelamerikapolitik aus, und die Aktivisten sensibilisierten zahlreiche Kongreßabgeordnete für ihre Anliegen. Und auch die Proteste gegen Reagans Südafrikapolitik erlangten eine gewaltige, ja präzedenzlose Stoßkraft.[522] Seit Anfang der Dekade vernetzten sich die wichtigen Anti-Apartheid-Gruppen sowohl untereinander als auch mit dem politischen Establishment immer dichter. Unter kirchlichen Gruppen, Studenten und Berufsverbänden wuchs ihnen ein immer größerer Resonanzboden heran. Das Jahr 1985 erlebte Demonstrationen in 23 Großstädten, und in Presse und Fernsehen nahm die Südafrikafrage mehr Raum ein als jemals zuvor. Unter dem Eindruck der eskalierenden Gewalt am Kap und des aufbrandenden Unmuts in den USA galt das »konstruktive Engagement« auch immer mehr Kongreßabgeordneten als gescheitert. In dieser Situation begann die Geduld, die die Reagan-Regierung bislang mit dem südafrikanischen Regime bewiesen hatte, zu bröckeln.[523] Im Juni 1985 forderte sie Präsident Botha auf, den Ausnahmezustand aufzuheben und mit der schwarzen Opposition zu verhandeln. Gleichzeitig bekräftigte die Regierung allerdings ihre Linie des »konstruktiven Engagements« und ließ Botha nicht fallen. Die Auseinandersetzung mit dem Kongreß spitzte sich daher 1986 zu. Angesichts neuer Schreckensmeldungen aus Südafrika, wo das Regime im Mai erneut den Ausnahmezustand verhängt hatte, beschlossen die Abgeordneten ein umfangreiches Sanktionspaket, den sogenannten *Comprehensive Anti-Apartheid Act*. Reagan legte dagegen sein Veto ein, wurde jedoch überstimmt. Das Gesetz verhängte unter anderem ein Embargo gegen Produkte von über 150 südafrikanischen Unternehmen und beendete jegliche Exportfinanzierung.

Die Politik der Reagan-Regierung kollidierte folglich mit der innenpolitischen Konstellation, die die Debatte über die amerikanische Außenpolitik seit den Protesten gegen den Vietnamkrieg bestimmt hatte: An der Tatsache, daß das außenpolitische Handeln von einer mißtrauischen Öffentlichkeit genau beobachtet und von einem wohl artikulierten, außerparlamentarischen Gegenlager angefochten wurde, kam Reagan ebenso wenig wie Carter vorbei. Nicht

---

521 Vgl. dazu und zum Folgenden Smith, Resisting.
522 Vgl. zum Folgenden Love, Anti-Apartheid Movement; Metz, Anti-Apartheid Movement; Culverson, Politics; Massie, Loosing, S. 473–522; Walldorf, Politics.
523 Vgl. zum Folgenden Schmitz, United States, S. 194–240; Mower, Rights, S. 128–136.

zuletzt hatten ja die politischen Widerstände, die unmittelbar nach dem Regierungswechsel von Menschenrechtsverfechtern ausgegangen waren, die republikanische Führung erst erkennen lassen, wie nötig idealistische Zielsetzungen seien, um gesellschaftliche Unterstützung für die amerikanische Politik in der Welt zu gewinnen. Der politische Druck, der sich dadurch auf die Regierung aufbaute, sollte allerdings auch nicht überschätzt werden. Daß sich der Kongreß über Reagans Willen in der Südafrikafrage hinwegsetzte, stellte tatsächlich eine der größten Niederlagen dar, die die Außenpolitik des Präsidenten auf dem amerikanischen Parkett erlitt. In seiner Mittelamerikapolitik ließ er sich viel weniger von dem Kurs abbringen, der ihm als richtig erschien.

Der wichtigere Grund dafür, daß die amerikanische Regierung nach der Mitte des Jahrzehnts ihre Außenpolitik umzustellen begann, lag daher in der sich rapide verändernden geostrategischen Gesamtsituation. Die republikanische Führung ließ sich erst in dem Moment darauf ein, oppositionelle Bewegungen gegen autoritäre Herrscher zu unterstützen, als ihre globalen Bedrohungswahrnehmungen an Virulenz verloren. Dabei lieferte die Demokratisierungswelle, die in Lateinamerika ins Rollen kam, manchen Regierungsmitgliedern eine Anschauung davon, daß Autoritarismus und Totalitarismus nicht immer die einzigen Alternativen darstellten.[524] Sie schuf eine zusätzliche Option, nämlich auf die gemäßigten Kräfte der Mitte zu setzen, die vorher nicht annähernd so stark gewesen waren. Tatsächlich waren die globalen Entwicklungen soeben dabei, der doktrinären Weltsicht, die Jeane Kirkpatrick formuliert hatte, Unrecht zu geben: In »totalitären« Regimen regten sich freiheitliche Tendenzen – in der Sowjetunion, Polen oder Nicaragua –, während sich »autoritäre« Regime halsstarrig Reformen verweigerten, wie in Chile, den Philippinen oder Südafrika. Was am Ende der achtziger Jahre auf dem »Müllhaufen der Geschichte« landete, den Reagan 1982 vor dem britischen Parlament evoziert hatte, war also zunächst einmal die neokonservative Reaktion, die am Beginn seiner menschenrechtlichen Außenpolitik gestanden hatte.[525] Durchsetzbar wurden die neuen Einsichten aber auch, weil sich der Präsident nach dem Iran-Contra-Skandal von den Hardlinern unter seinen außenpolitischen Beratern trennte. Im Jahr 1987 tauschte er mehrere ideologische Eiferer gegen gemessene Pragmatiker aus: den verstorbenen CIA-Direktor William Casey ersetzte er durch William Webster, der diesen Posten schon unter Carter innegehabt hatte; anstelle von Donald Regan berief er Howard Baker zum Stabschef; und Frank Carlucci löste Caspar Weinberger als Verteidigungsminister ab. Den Posten des schon im Vorjahr ausgeschiedenen Nationalen Sicherheitsberaters John Poindexter erhielt Colin Powell.

---

524 Vgl. Carothers, Name.
525 Reagan, Address to Members of the British Parliament, 8.6.1982.

Am wichtigsten schließlich war der Dialog zwischen den Supermächten, der Mitte der achtziger Jahre anhob. War die Umkehr in der Demokratisierungspolitik bedeutsam genug, so stellte die »Reagan-Wende« in den Beziehungen zur Sowjetunion eine welthistorisch noch folgenreichere Weichenstellung dar. Im Januar 1984 kündigte der Präsident an, in Fragen der Rüstungsbeschränkung und bei der Lösung regionaler Konflikte kooperieren zu wollen.[526] Unter Historikern bleibt es umstritten, ob sich die konservative Regierung damit bereits definitiv von ihrem *Neocontainment* abkehrte, oder ob sie eher eine konfuse Mixtur von Initiativen verfolgte.[527] Für wichtige Vertreter der Regierung hatte sich die Ausgangslage geändert, da sie glaubten, die USA hätten inzwischen ihre Stärke zurückgewonnen, und mit Blick auf die Wahlen 1984 überdies ein weniger offensives Auftreten für ratsam hielten.[528] In jedem Fall bewegte sich die amerikanische Regierung schon vor dem Antritt Michail Gorbatschows von der Politik der schärfsten Konfrontation weg. Greifbar veränderten sich die Beziehungen allerdings erst, nachdem der neue Generalsekretär seinen inneren Reformkurs begonnen hatte. Dieser neue Kurs machte es erforderlich, auch die sowjetische Außenpolitik umzuorientieren, um finanzielle und politische Belastungen abzubauen. Für beide Staatschefs gewann es nun Vorrang, die Gefahr einer nuklearen Konfrontation möglichst schnell zu beseitigen. Beide teilten einen aufrichtigen Friedenswunsch, der bei aller verbalen Militanz auch für Reagans politisches Denken stets bestimmend gewesen war. Damit waren nun die Voraussetzungen gegeben, um das Supermächteverhältnis auf eine neue Grundlage zu stellen.

Der amerikanische Menschenrechtsansatz gewann in dieser zweiten Phase eine erheblich größere, über die bloße Anklage hinausreichende Bedeutung. Schon 1983 hatte Außenminister Shultz, vom Nationalen Sicherheitsrat heftig befehdet, eine »vierteilige Agenda« entworfen, die den bilateralen Gesprächen dann bis zum Ende von Reagans Amtszeit zugrunde liegen sollte. Ihr zufolge wollte die amerikanische Regierung die Beziehungen zur Sowjetunion durch Gespräche über Rüstungsbegrenzung, regionale Konflikte, Handel und Menschenrechte allmählich verbessern. Bei den menschenrechtlichen Fragen ging es Shultz nicht darum, die Sowjets öffentlich zu verdammen, sondern vertrauliche und ergebnisorientierte Gespräche zu führen.[529] Vor dem außenpolitischen Ausschuß des Senats präsentierte Shultz seine Agenda im Juni als eine Strategie, die aus der neuen amerikanischen Stärke geboren war. Mit ihr beschränke sich die Regierung nicht länger darauf, der sowjetischen Machtentfaltung entgegenzutreten, sondern gehe dazu über, ihre eigenen Ziele aktiv durchzusetzen.[530]

---

526 Vgl. Fischer, Reagan; dies., Foreign Policy.
527 Vgl. gegen Fischer etwa: Head, Reagan.
528 Vgl. Fischer, Foreign Policy.
529 Vgl. Oberdorfer, Cold War, S. 35; Shultz, Turmoil.
530 Vgl. ebd., S. 277.

Reagan machte sich Shultz' Ansatz in seiner wegweisenden Ansprache vom Januar 1984 weitgehend zu eigen. »Allein schon moralische Erwägungen zwingen uns dazu, unserer tiefen Sorge über Gewissenshäftlinge in der Sowjetunion und den praktischen Stop der Emigration von Juden, Armeniern und anderen Ausdruck zu verleihen, die zu ihren Familien im Ausland stoßen möchten«, so erläuterte der Präsident.[531] Dies waren und blieben im übrigen die Probleme, die die Reagan-Regierung in ihrer menschenrechtlichen Diplomatie tatsächlich aufbrachte: Dissidenten und Helsinki-Aktivisten, Religionsfreiheit und die jüdische Emigration. Der Fokus war recht eng und blieb den Prioritäten verhaftet, die demokratische wie republikanische Menschenrechtsverfechter bereits in den siebziger Jahren gesetzt hatten.

In den öffentlichen Kommentaren versicherte die Regierung ein um das andere Mal, sie mache eine Verbesserung der Beziehungen von menschenrechtspolitischen Fortschritten abhängig.[532] Dabei interpretierte Reagan Menschenrechte zusehends als Grundstein eines qualitativ verstandenen Friedens: »Wenn wir von Frieden sprechen, sollten wir damit nicht nur die Abwesenheit von Krieg meinen. Wahrer Friede ruht auf den Säulen von individueller Freiheit, Menschenrechten, nationaler Selbstbestimmung und Achtung vor dem Rechtsstaat.«[533] In dieser Verknüpfung lag, neben der antikommunistischen Wendung und dem Demokratisierungsprogramm, ein dritter wesentlicher und neuer Akzent, mit dem die Regierung ihre menschenrechtspolitischen Vorstellungen versah. Nur hier lud Reagan sie mit einer visionären Bedeutung auf, indem er sie zu einem Teil seines »Traums« von einer atomwaffenfreien, befriedeten, gerechten Welt erhob.[534] Dieser Traum führte über die sicherheitspolitische Deutung der Menschenrechte, die sich auch im Gedankenhaushalt der linken Regierungen der siebziger Jahre gefunden hatte, hinaus. Deren globalistische, interdependentistische Prämissen ließen sich nun allerdings sogar vereinzelt in den Reden des republikanischen Präsidenten erkennen.[535]

In den Verhandlungen selbst, die mit einer Serie von Gipfeltreffen bald auf Hochtouren liefen, hielten die Amerikaner Menschenrechtsforderungen konstant auf der Agenda.[536] Bei der ersten Begegnung zwischen Reagan und

---

531 Reagan, Address to the Nation and Other Countries on United States-Soviet Relations, 16.1.1984.
532 Vgl. Reagans Ansprachen vom 14.11.1985, 4., 7. und 13.10.1986, 28.5.1988.
533 Reagan, Address to the Nation on the Upcoming Soviet-United States Summit Meeting in Geneva, 14.11.1985.
534 Vgl. ebd; und Reagan, Remarks at a White House Meeting With Human Rights Advocates, 7.10.1986.
535 Vgl. etwa Reagan, Address to the American and Soviet Peoples on the Soviet-United States Summit Meeting, 8.12.1987.
536 Vgl. zum Folgenden Shultz, Turmoil; Oberdorfer, Cold War; Cannon, President; Fitzgerald, Way Out There; Adamishin/Schifter, Rights, vor allem S. 111–150; Snyder, Rights, S. vor allem 163–168; Peterson, Globalizing, S. 144–161.

Gorbatschow im November 1985 in Genf übergab der amerikanische Präsident eine Liste mit Namen vorwiegend jüdischer Sowjetbürger, denen die Ausreise verweigert worden war. In den folgenden Jahren sollte er noch weitere Aufstellungen übergeben, etwa auch über getrennte Familien, bis Gorbatschow die Geduld verlor und barsch erwiderte, es gebe mittlerweile »zu viele Listen«.[537] In Treffen und Korrespondenzen wies die amerikanische Regierung auch zwischen den Gipfeln immer wieder auf ihre Menschenrechtsanliegen hin. Zu einem bedeutsamen Verhandlungsthema avancierten sie allerdings erst beim Moskauer Gipfel im Juni 1988. Womöglich auch, weil keine substanziellen Vereinbarungen mehr auf dem Programm standen, beschloß die amerikanische Führung offenbar, menschenrechtliche Fragen in das Zentrum zu rücken.[538] In Moskau angelangt, traf Reagan in der amerikanischen Botschaft mit einer größeren Gruppe von Menschenrechtsaktivisten und Personen zusammen, denen die Ausreise verweigert worden war. In einer Rede an der Moskauer Universität sprach der amerikanische Präsident, vor einer überdimensionalen Lenin-Büste postiert, zu den Studenten von den Segnungen der Demokratie und der persönlichen Freiheit.[539] Gorbatschow hatte seinen Mißmut über die amerikanischen Menschenrechtsforderungen schon vor Reagans Eintreffen bekundet und gedroht, seinerseits Rechtsverstöße in den USA zu denunzieren.[540] Der amerikanische Präsident schnitt das Thema in seinen Unterredungen mit dem Generalsekretär dann gemessen an und lobte öffentlich die menschenrechtspolitischen Fortschritte, die Gorbatschow herbeigeführt habe.[541]

Alles in allem vermittelt die amerikanische Gipfeldiplomatie somit den Eindruck, Menschenrechtskritik zwar für den Konsum zu Hause stark profiliert, in den Verhandlungen selbst jedoch die Grenzen eines verträglichen Vorgehens nicht überschritten zu haben. Tatsächlich bot Reagan Gorbatschow zwischenzeitlich an, auf Publizität zu verzichten, sollte sich die Sowjetunion um substanzielle Verbesserungen bemühen, und äußerte sich auch intern wiederholt skeptisch über den Sinn der öffentlichen Diskreditierung.[542] Diese Zurückhaltung war sicherlich ein Grund dafür, daß beide Seiten in den Rüstungsgesprächen rasante Fortschritte erzielten, die über alles zunächst Vorstellbare hinausreichten.[543] Im Oktober 1986 diskutierten die Supermächte in Reykjavik darüber, die Nuklearwaffenarsenale drastisch zu reduzieren. Ein Durchbruch gelang jedoch erst, als Gorbatschow beschloß, Abrüstungsschritte nicht länger an SDI

---

537 Vgl. Cannon, President, S. 703–709.
538 Vgl. ebd.; Fitzgerald, Way Out There; Reagan, Radio Address to the Nation on the Soviet-United States Summit Meeting in Moscow, 28.5.1988.
539 Vgl. Fitzgerald, Way Out There.
540 Vgl. Oberdorfer, Cold War, S. 292.
541 Vgl. Cannon, President; Fitzgerald, Way Out There.
542 Vgl. Snyder, Rights, S. 163–166.
543 Vgl. Wilentz, Age; Leffler, Soul, S. 338–450.

zu binden. Diesen Entschluß kündigte er im Februar 1987 an, nachdem die sowjetischen Experten zu der Überzeugung gelangt waren, die Pläne eines Raketensystems im Weltraum seien nicht durchführbar. Damit war der Weg für die Staatschefs frei, im Dezember in Washington den sogenannten INF-Vertrag zu unterzeichnen. Zwar erstreckte sich dieser nur auf fünf Prozent der Atomsprengköpfe, doch beseitigten die Kontrahenten mit ihm erstmals eine ganze Klasse von Waffen, die bodengestützten Kurz- und Mittelstreckenraketen, und einigten sich überdies auf ein ausgedehntes Verifikationssystem.

In Reaktion auf die siegestrunkenen Stilisierungen, die nach dem Zusammenbruch der Sowjetunion die öffentliche Debatte über Reagans Politik beherrschten, haben amerikanische Historiker vor allem aufzuzeigen versucht, warum seine Regierung den Kalten Krieg nicht gewonnen habe.[544] Dabei haben sie hervorgehoben, daß die amerikanischen Experten die wahre Schwäche der sowjetischen Wirtschaft gar nicht erkannt hatten, und die Regierung nie die Absicht hegte, die kommunistische Supermacht wirtschaftlich zu ruinieren. Indem Reagan an SDI festhielt, stärkte er zeitweise sogar die Position der Hardliner im Politbüro und zögerte eine Annäherung damit womöglich hinaus.[545] Vor allem waren die Entwicklungen innerhalb der Sowjetunion, wie im übernächsten Kapitel ausgeführt, für das Ende des Kalten Kriegs viel ausschlaggebender als alles, was die USA anstellten. Reagans Beitrag war insofern entscheidend, als er die welthistorische Gelegenheit beim Schopfe packte und alte Dogmen auch gegen den wild entschlossenen Widerstand der glühendsten Antikommunisten in seiner Regierung verabschiedete. Zuletzt schlug sein tiefer Wunsch durch, den Amerikanern einen dauerhaften Frieden in einer atomwaffenfreien Welt zu sichern, der für ihn stets einen starken politischen Antrieb gebildet hatte. Zugleich rettete er seine Regierung davor, in einem Sumpf aus Inkompetenz und Skandalen zu versinken. Daß die amerikanischen Menschenrechtsforderungen eine ständige Begleitmusik bildeten, war folgenreich, denn es überzeugte Gorbatschow und seine Berater davon, auf diesem Gebiet Konzessionen machen zu müssen – auch das wird noch ausführlicher zu schildern sein. Ein Anstoß für den sowjetischen Transitionsprozeß ging davon nicht aus – auch hier stützte die amerikanische Regierung eine Liberalisierungstendenz, die sie nicht mit herbeigeführt hatte –, doch beeinflußte es die Form, in der er ablief.

Überhaupt ist mit Blick auf Reagans gesamte Regierungszeit kaum zu übersehen, daß sich das Versprechen, Menschenrechte, Demokratie und Freiheit zu Leitwerten der internationalen Politik zu erheben, zumeist nicht bei seinem Nennwert nehmen ließ. Selbst im diplomatischen Umgang mit kommunistischen Diktaturen waren diese Prinzipien, vor wie nach der außenpolitischen Wende, stets weniger wichtig, als behauptet. In der Südamerikapolitik waren sie

---

544 Vgl. Fischer, Foreign Policy; Dumbrell, Policy; Wilentz, Age; Schaller, Reagan.
545 Vgl. auch Zubok, Empire, S. 265–302.

anfänglich sogar ein taktisches Täuschungsmanöver. Die vielleicht am tiefsten reichende Neuausrichtung, die die Reagan-Regierung vornahm, bestand folglich auch darin, das Menschenrechtskonzept von einer Politik im engeren Sinn des Worts auf eine über den Wassern schwebende Zielvision zurückzuführen. Nüchtern betrachtet, gelang es ihr damit, an der idealistischen Aura teilzuhaben, ohne sich den praktischen Schwierigkeiten auszusetzen, mit denen sich die Regierungen der siebziger Jahre in ihrer Außenpolitik herumgeschlagen hatten.

Überdies rückte sie den Menschenrechtsbegriff nach einigen Jahren so weit in die politische Mitte, daß ihm viele, vielleicht sogar die meisten amerikanischen Politiker zustimmen konnten: als Teil einer Kritik an der kommunistischen Unfreiheit, die jedoch die Linie nicht überschritt, jenseits derer sie kontraproduktiv zu werden drohte, und als Grundlage der Demokratie, zu der sich ohnehin immer schon alle bekannt hatten. Bis zu einem gewissen Grad waren Menschenrechte damit nun tatsächlich überpolitisch geworden. Die außenpolitischen Diskussionen stellten nicht länger einen polarisierten Schlagabtausch zwischen den grundlegenden Befürwortern und Gegnern einer menschenrechtlichen Außenpolitik dar. Sie drehten sich eher darum, wie diese umgesetzt werden sollte – was der Heftigkeit der politischen Auseinandersetzungen oft keinen Abbruch tat. Dabei überwölbte sie das allen politischen Kräften gemeinsame, mindestens rhetorische Bekenntnis zu einem internationalen Menschenrechtsengagement.

Damit vermochte es die vielbeschworene »Reagan-Revolution« zwar einerseits nicht, das linksliberale menschenrechtspolitische Modell der siebziger Jahre zu beseitigen. Zivile Protestbewegungen blieben stark, Nichtregierungsorganisationen waren stärker denn je. Ein Verständnis der Menschenrechte, das individuelles Leid und ideologische Äquidistanz ins Zentrum rückte, verschwand nicht und ließ sich weiter politisch aktualisieren. Die institutionelle Rolle des Kongresses (weniger die der Menschenrechtsbürokratie im *State Department*) war zementiert. Das stand im Einklang mit der Bilanz in anderen Politikbereichen, in denen die Regierung die »liberalen« Vermächtnisse am Ende nicht so weitgehend zurücknehmen konnte oder wollte, wie sie anfangs entschlossen schien – ob dies nun die Reform der Regierungsstrukturen, die staatlichen Wohlfahrtsprogramme, Bürgerrechte oder brisante gesellschaftspolitische Streitfragen wie die Abtreibung und das Schulgebet betraf.[546] Andererseits jedoch gelang es ihr, die politische Agenda der sechziger und siebziger Jahre nachhaltig umzubesetzen und sie, nicht zuletzt was Menschenrechte betraf, für die konservative Politik zu vereinnahmen.

Daß es unverzichtbar sei, in der Außenpolitik ethische Werte zu akzentuieren, mußten Reagan und seine Mitarbeiter erst lernen, doch am Ende hatten

---

546 Vgl. Wilentz, Age.

sie ihre Lektion vollauf verstanden.[547] Sie griffen die Menschenrechtsidee erst defensiv auf, um sich innenpolitische Kritiker vom Leib zu halten und Handlungsspielräume zu wahren. Dann redefinierten sie tatkräftig ihren Gehalt, um dem Kalten Krieg eine möglichst attraktive moralpolitische Dimension hinzuzufügen. Später hantierten sie staatsmännisch moderat mit ihr, indem sie freiheitliche Tendenzen im Ausland flankierten. Schließlich kehrten sie sie triumphalistisch heraus, um ihrem vermeintlichen welthistorischen Sieg eine höhere Weihe zu verleihen. Die Reagan-Regierung hatte demnach die Demokratie nach Lateinamerika und Asien gebracht, sie hatte den Zusammenbruch des Ostblocks herbeigeführt, und das war eben nicht nur ein Sieg der Stärke, sondern auch ein Sieg des Guten.

Menschenrechte ohne Weltpolitik: Die Kohl-Regierung in der Bundesrepublik

Auch in der Bundesrepublik begann der konservative Menschenrechtsbegriff seine Karriere als ein in seiner politischen Funktion begrenztes, oppositionelles Konzept, bevor er sich in der Politik der liberal-konservativen Regierung unter Bundeskanzler Helmut Kohl dann auffächerte. Doch wies die westdeutsche Menschenrechtspolitik auch spezifische Bedeutungsschichten auf und erlangte nie einen ähnlichen Stellenwert wie in der Außenpolitik der USA.

Daß die CDU in den Oppositionsjahren den politischen Wert der Menschenrechtsidee entdeckte, hing ursächlich mit dem KSZE-Prozeß zusammen. Weil sie befürchteten, das Abkommen würde die sowjetische Dominanz über Osteuropa verstetigen, hatten die Unionsparteien die Schlußakte von Helsinki zwar anfänglich abgelehnt – »als einzige Parteien in Europa neben den albanischen Kommunisten und den italienischen Neofaschisten«, wie sie Horst Ehmke später scharfzüngig erinnern sollte.[548] Bald orientierte sich die CDU jedoch um und versuchte, die Schlußakte als eine Rechtsgrundlage zu nutzen, mit der sich ihren deutschlandpolitischen Positionen noch mehr Gewicht verleihen ließ. Das hatte zur Folge, daß sie den Menschenrechtsbegriff fortan praktisch ausschließlich mit Blick auf die Unterdrückung der Deutschen in der DDR und in anderen kommunistisch regierten Staaten Osteuropas verwandte.[549] Den Vorwurf, die Menschenrechte der Deutschen in Osteuropa würden systematisch verletzt, brachte die CDU erstmals öffentlichkeitswirksam in einem Weißbuch vor, das sie anläßlich des KSZE-Folgetreffens kompilierte, das 1977 in Belgrad

---

547 Vgl. auch Gelb/Rosenthal, Rise.
548 Deutscher Bundestag, 10. WP, 149. Sitzung, 27.6.1985, S. 11157.
549 Vgl. zum Folgenden auch Voß, Menschenrechtspolitik, S. 203 f.

begann.⁵⁵⁰ Neben dem Menschenrechtsbegriff berief sie sich übrigens auch auf das Selbstbestimmungsrecht der Völker, das in Helsinki ebenfalls festgeschrieben worden war.⁵⁵¹ Damit bediente sich die Partei einer partikularen, zuweilen sogar dezidiert nationalen Rechtssemantik. Der »Begriff von deutscher Nation«, den der Fraktionsvorsitzende Helmut Kohl in diesen Jahren stark in den Vordergrund rückte, um das Ziel eines geeinten Deutschland lebendig zu erhalten, sollte »unauflöslich mit den demokratischen Grundwerten von Freiheit und Menschenrechten verbunden« sein.⁵⁵²

In den folgenden Jahren entwickelte die CDU eine zweiseitige Angriffsstrategie, mit der sie ihre oppositionelle Deutschlandpolitik möglichst scharf zu konturieren suchte. Auf der einen Seite fungierten Menschenrechte als Teil der harschen Grundsatzkritik, die sie am Kurs der sozial-liberalen Bundesregierung übte. Tatsächlich besaß die deutsche Frage für die Regierung von Bundeskanzler Schmidt nicht länger den hohen Stellenwert, den sie unter seinem Vorgänger Brandt genossen hatte. Der Grundlagenvertrag von 1972 hatte zwar grenzübergreifende persönliche Kontakte erleichtert, doch abgesehen davon hatte die SED ihre Abgrenzungsbemühungen nur intensiviert.⁵⁵³ Die Unionsparteien warfen der Regierung daher vor, sie stabilisiere das ostdeutsche Unrechtsregime und habe das Ziel der Wiedervereinigung aufgegeben. Dem hielten sie ihr offensives Bekenntnis zu Einheit, nationaler »Identität« und dem Verfassungsauftrag des Grundgesetzes entgegen. In diesem Zusammenhang bezichtigten sie Schmidt schließlich auch, »selbst gröbste Verletzungen des Grundvertrages, der KSZE-Schlußakte und grundlegender Menschenrechte ohne spürbare Reaktion« zu lassen.⁵⁵⁴ Im Bundestag setzte die Union die Regierung immer wieder mit Anfragen unter Druck, in denen sie sie aufforderte, Rechenschaft über ihre menschenrechtspolitische Konzeption abzulegen, das Thema in den Vereinten Nationen und im KSZE-Prozeß verstärkt zur Sprache zu bringen und auf oppositionelle Tendenzen in der DDR einzugehen.⁵⁵⁵

Diese Attacken verfehlten ihre Wirkung nicht und zwangen die sozialliberale Koalition zeitweise in die Defensive. So sah sich diese etwa 1977 genötigt, klarzustellen: »Die Bundesregierung nimmt derartige Menschenrechtsverletzungen sehr ernst, findet sich nicht damit ab und stellt hier noch einmal fest, daß diese Menschenrechtsverletzungen das politische Zusammenleben

---

550 Vgl. CDU/CSU-Fraktion des Deutschen Bundestages, Weißbuch. Vgl. auch CDU, Menschenrechte in Ostberlin.
551 Vgl. CDU-Bundesgeschäftsstelle (Hg.), Menschenrechte für alle Deutschen, S. 9–12.
552 Kohl, 30. Jahrestag, S. 53 f.
553 Vgl. Rödder, Bundesrepublik.
554 Kohl, Wiedervereinigungsgebot, S. 36 f.
555 Vgl. Große Anfragen der CDU/CSU vom 16.2.1977, 7.12.1977, 25.1.1979, 6.7.1982, sowie Entschließungsanträge vom 3.3.1977, 9.3.1978, 22.7.1981.

der beiden deutschen Staaten belasten.«⁵⁵⁶ Intern stand für die Regierung fest, daß Entspannungspolitik und Menschenrechtspolitik in einem Konflikt lagen, und sie war entschlossen, diesen zugunsten der Entspannungspolitik zu entscheiden. In der öffentlichen Argumentation versuchte sie ihr Dilemma zu lösen, indem sie die Politik der Annäherung und der sogenannten menschlichen Erleichterungen zu der »entscheidende[n] Voraussetzung für die Verbesserung der menschenrechtlichen Lage in Europa« erklärte.⁵⁵⁷

Zugleich bezog die CDU mit ihrem Menschenrechtsdiskurs, darin bestand die andere Seite ihrer Strategie, offensiv gegen das SED-Regime Stellung. Daß die Führung der DDR »ihre Unrechtsherrschaft mit Willkürakten, Rechtsbrüchen und Menschenrechtsverletzungen aufrecht hält«, somit die Ostdeutschen einer leidvollen Knechtschaft unterwerfe und den europäischen Entspannungsprozeß gefährde, strich die Partei in den späten siebziger Jahren in immer kräftigeren Farben heraus.⁵⁵⁸ Um dies zu illustrieren, gab sie in ihren Publikationen den Minenstreifen und Selbstschußanlagen an der innerdeutschen Grenze breiten Raum. Daneben dokumentierte sie die Verschärfung des Strafrechts, die Zustände in den Haftanstalten, Beschränkungen der Meinungsfreiheit, Zwangsadoptionen oder die mutwillige Trennung von Familien.⁵⁵⁹ Mit beiden Stoßrichtungen positionierte sich die CDU als »Anwalt der Menschenrechte für die deutsche Bevölkerung in der DDR«.⁵⁶⁰

Aus der Oppositionspolitik geboren, wirkte die deutschlandpolitische Aufladung des Menschenrechtsbegriffs denkbar lange nach. Teile der Partei sollten noch bis zum Ende des Kalten Kriegs daran festhalten, Menschenrechte in erster Linie für die deutsche Frage zu funktionalisieren. Auch in der Rhetorik von Bundeskanzler Kohl kam diese Verwendung immer wieder zum Vorschein, wenngleich er den bis dahin aggressiven Ton seiner Anklagen deutlich mäßigte.⁵⁶¹ Politisch war das nicht unbedeutend. Denn einmal an die Macht gelangt, blieb von dem resoluten deutschlandpolitischen Veränderungswillen, mit dem sich die CDU zuvor gebrüstet hatte, nicht mehr viel übrig. In der Praxis ließ sich die Linie, die sie gegenüber dem SED-Staat verfolgte, kaum von derjenigen der sozial-liberalen Koalition unterscheiden.⁵⁶² Einerseits betrieb die neue Regierung einigen symbolpolitischen Aufwand, um die deutsche Frage nach wie vor

---

556 Antwort der Bundesregierung, 4.4.1977.
557 Entschließungsantrag der SPD und FDP, 14.11.1979.
558 Kohl, Vorwort, S. 7.
559 Vgl. CDU/CSU-Fraktion, Weißbuch; Kohl, Verletzung der Menschenrechte, S. 49 f.
560 Kohl, Vorwort, S. 7.
561 Vgl. Kohl, Regierungserklärung, 4.5.1983; Beratung der Großen Anfrage, Deutscher Bundestag 10. WP, 192. Sitzung, 24.1.1986, hier die Ausführungen von Huyn und Hoffmann; Kohl, Bericht zur Lage der Nation im geteilten Deutschland.
562 Vgl. dazu und zum Folgenden Wirsching, Abschied, S. 591–655. Vgl. auch Rödder, Bundesrepublik.

als offen erscheinen zu lassen. Andererseits führte sie die praktische Kooperation mit der DDR fort und stabilisierte das ostdeutsche Regime finanziell. Die deutsch-deutschen Kontakte intensivierten sich sogar erheblich – vor allem der Reiseverkehr nahm auf allen Ebenen dramatisch zu. Im Ergebnis ging die Politik des »Wandels durch Annäherung« nie stärker auf, als in den achtziger Jahren, in dem Moment, als die DDR bereits in ihrer Agonie lag. Gerade deshalb wurde es wichtig, daß die Regierung ihre deutschlandpolitische Menschenrechtsrhetorik beibehielt. Helmut Kohl betonte seine »Zuversicht, daß die deutsche Frage, wann immer dies sein wird, wieder auf die Tagesordnung der Weltgeschichte kommen wird«, mit einem weitaus größeren Nachdruck als seine Vorgänger.[563] Damit stellt er sich nicht nur gegen eine zunehmend starke linksintellektuelle Strömung in Westdeutschland, die forderte, sich mit der deutschen Teilung endgültig abzufinden, sondern erwarb sich, darauf hat Andreas Wirsching hingewiesen, ein enormes moralisches Kapital, als sich das SED-Regime aufzulösen begann.[564] Menschenrechte, so muß man hinzufügen, waren ein wesentlicher Teil dieses Kapitals, nicht zuletzt, weil sie sich mit einer wichtigen Protestsprache berührten, die sich ostdeutsche Oppositionelle seit den achtziger Jahren zu eigen gemacht hatten.[565]

Nachdem die Union 1982 an die Regierungsmacht gelangt war, begann sie nicht sofort, ihre menschenrechtspolitischen Vorstellungen umzubauen. Überhaupt profilierte sie sie anfangs kaum. Das lag wesentlich daran, daß ihre sozialliberale Vorgängerin Menschenrechte nicht zu einem Aushängeschild der westdeutschen Außenpolitik gemacht hatte. Daher bestand nun, anders als für den niederländischen Premier van Agt und vor allem für den amerikanischen Präsidenten Reagan, kein sonderliches taktisches oder ideologisches Bedürfnis, sich abzugrenzen. Ein konzeptioneller Entwicklungsschub setzte erst um die Mitte der achtziger Jahre ein. Er war vielfältig determiniert und führte schließlich dazu, daß die von der CDU geführte Bundesregierung ihre Haltung zur internationalen Menschenrechtspolitik erheblich veränderte.

Zwei Stränge liefen in dieser Neuausrichtung parallel. So versuchten Generalsekretär Heiner Geißler und der Parteivorstand, die CDU als eine Partei der Menschenrechte zu profilieren. Zunächst verabschiedete der Bundesparteiausschuß im Dezember 1985 eine Menschenrechtserklärung. Im Sommer 1986 unternahm Geißler dann eine viel beachtete Reise, die ihn nach Chile, Südkorea und auf die Philippinen führte. Schließlich veröffentlichte die CDU mehrere mediengerecht aufbereitete Dokumentationen über Menschenrechtsverletzungen im Ausland.[566] »Keine Partei der Bundesrepublik Deutschland«, das sollte

---

563 Kohl, Bericht zur Lage der Nation im geteilten Deutschland, 15.10.1987.
564 Wirsching, Abschied.
565 Vgl. Richardson-Little, »Menschenrecht«.
566 Vgl. zum faktischen Rahmen Peltzer, Menschenrechtskampagne.

mit alledem unter Beweis gestellt werden, »engagiert sich mit soviel Nachdruck für die Menschenrechte wie die Christlich Demokratische Union«.[567] Der Ansatz, den Geißler und seine Mitarbeiter dabei entwickelten, akzentuierte nun, anders als in den Oppositionsjahren, den Gedanken eins über-ideologischen Universalismus. Ihr Engagement gegen Rechtsverletzungen richte sich »nach der Schwere des Unrechts, und nicht danach, in welchem Land sie stattfinden«, proklamierte die CDU in ihrer Erklärung.[568] Für ihre Dokumentationen hatte die Partei daher, in einem sorgfältig kalkuliertem Proporz, Afghanistan, Chile, Südafrika und Nicaragua ausgewählt.

Die menschenrechtspolitischen Vorstöße stellten fraglos einen Teil der Modernisierungsambitionen dar, die Heiner Geißler in diesen Jahren, in einem wachsenden Gegensatz zum Bundeskanzler, innerhalb der Partei voranzutreiben suchte. Bestrebt, die CDU für Wähler der »Mitte« attraktiv zu machen, hatte er seit einigen Jahren immer wieder gefordert, die Partei müsse sich neuer gesellschaftlicher Tendenzen annehmen. Darauf hatten seine Konzepte der »neuen Armut« und der »multikulturellen Gesellschaft« ebenso abgezielt wie seine Reformimpulse in der Frage des Geschlechterverhältnisses.[569] Mit der menschenrechtlichen Problematik wollte er sich wohl um solche gesellschaftlichen Gruppen bemühen, die, wie es in internen Strategiepapieren hieß, die Politik auf »Werte« wie Selbstverwirklichung und Glaubwürdigkeit verpflichten wollten.[570] Überdies dürfte der Generalsekretär für seine Ideen auch auf dem christlich-sozialen Flügel der Partei um Norbert Blüm und Rita Süssmuth Unterstützung gefunden haben.

Insofern war die Partei auch bedacht darauf, ihrem Begriff eine christlich-konservative Signatur zu verleihen. Nicht nur leitete sie die Menschenrechte von einem christlichen Gottesverständnis her, aus dem heraus sie auch die »wirtschaftlichen und sozialen Bedingungen für ein menschenwürdiges Dasein« in ihre Rechtsauffassung einschloß. Darüber hinaus unterschieden sich die konkreten außenpolitischen Positionen, die sie vertrat, markant von den Forderungen linker Parteien und Aktivisten.[571] So attestierte die CDU etwa der südafrikanischen Regierung bei aller verurteilungswürdigen Rassendiskriminierung eine »sehr dialogbereite Politik«. Sie lehnte Wirtschaftssanktionen resolut ab und sprach sich gegen nicht näher genannte »marxistische« Oppositionsgruppen im Land aus – nichts von alledem hätten Menschenrechtsgruppen unterschrieben. Dabei markierten die Initiativen indes auch den Grad, bis zu dem die CDU die Formen des gegenkulturellen Protests der sechziger und siebziger

567 CDU, Einsatz, S. 2.
568 Menschenrechtserklärung der Christlich Demokratischen Union, 9.12.1985, in: CDU, Einsatz, S. 32–34.
569 Vgl. Wirsching, Abschied, S. 171–198.
570 Vgl. Peltzer, Menschenrechtskampagne.
571 Vgl. etwa CDU-Bundesgeschäftsstelle (Hg.), Nicaragua-Report, S. 1.

Jahre mittlerweile für sich übernommen hatte. Die Länderbroschüren glichen bis in die Erfahrungsberichte und die Folterbeschreibungen hinein den Publikationen von *Amnesty International*, auf die sie sich im übrigen auch faktisch stark stützten. Ein »Aktionshandbuch« leitete Sympathisanten zu Informationsveranstaltungen und Demonstrationen an, die sich phänomenologisch von dem Graswurzelprotest der Menschenrechtsbewegung nicht unterschieden.[572] Von langer Dauer war das alles jedoch nicht. Schon 1987 hatte die Menschenrechtsoffensive der Partei ihren größten Schwung verloren. Innerhalb der CDU war sie vermutlich nie mehrheitsfähig. Die im folgenden Kapitel noch zu schildernde Aufregung um die Reise Norbert Blüms nach Chile machte dann den menschenrechtspolitischen Riß im konservativen Lager, vor allem zwischen CDU und CSU, unübersehbar. Schließlich verlor Heiner Geißler 1988 den Machtkampf mit Kanzler Kohl und wurde nicht wieder zum Generalsekretär gewählt.

Offenbar ohne Geißlers Überlegungen direkt aufzunehmen, begann die Bundesregierung zur gleichen Zeit, menschenrechtspolitische Richtlinien für ihr auswärtiges Handeln zu konzipieren. Das scheint ein mühsamer und nicht unwesentlich von außen angestoßener Prozeß gewesen zu sein. Denn zuerst baute die sozialdemokratische Opposition Handlungsdruck auf, indem sie in einer Großen Anfrage vom März 1985 Rechenschaft darüber forderte, welchen Stellenwert die Bundesregierung Menschenrechten in ihren Außenbeziehungen einräume.[573] Die Bundestagsfraktionen der Regierungsparteien zogen kurze Zeit später mit einer eigenen Großen Anfrage nach.[574] Daß die Regierung lange brauchte, um auf die parlamentarischen Vorstöße zu reagieren, wird mit den notorischen Querelen zwischen der FDP und der CSU zusammengehangen haben. Deren Vorsitzender Franz-Josef Strauß machte in diesen Jahren keinen Hehl daraus, menschenrechtspolitische Anliegen für abwegig zu halten, während sie Außenminister Hans-Dietrich Genscher bereits während der sozialliberalen Koalition öffentlich für wichtig erklärt hatte.[575] Doch gerieten auch diejenigen Teile der CDU mit Genscher in Konflikt, die die westdeutsche Menschenrechtspolitik weiterhin vor allem gegen die DDR wenden wollten.[576]

Ihre menschenrechtspolitische Linie legte die christlich-liberale Regierung zwischen 1985 und 1990 in mehreren grundsätzlichen Stellungnahmen dar, am ausführlichsten in ihren Antworten auf die beiden parlamentarischen Anfragen vom Januar 1986 und ihrem ersten Menschenrechtsbericht, den sie im

---

572 Vgl. CDU, Einsatz.
573 Vgl. Große Anfrage der SPD vom 28.3.1985.
574 Vgl. Große Anfrage der CDU/CSU und FDP vom 21.6.1985.
575 Vgl. dazu die Äußerung des Abgeordneten Jung (FDP) in: Deutscher Bundestag, 8. WP, 61. Sitzung, 8.12.1977.
576 Vgl. die Äußerungen von Klose und Schlaga (beide SPD) in: Deutscher Bundestag, 27.6.1985, 10. WP, 149. Sitzung; sowie Große Anfrage der CDU/CSU und FDP, 21.6.1985.

März 1990 veröffentlichte.[577] Dabei erklärte sie, Menschenrechte weltweit zu fördern, stehe »im Zentrum« ihrer Außenpolitik, und gründete dieses Postulat auf die normativen Verpflichtungen, die aus dem Grundgesetz sowie aus internationalen Menschenrechtsvereinbarungen erwuchsen.[578] Auch bekannte sich die Regierung dazu, alle Menschenrechte als gleichrangig anzusehen und unterschiedslos in allen Staaten für sie einzutreten. Den Platz, den sie menschenrechtlichen Erwägungen in den bilateralen Beziehungen zuweisen wollte, bestimmte die christlich-liberale Koalition nur sehr vage. Die »Einhaltung der menschenrechtlichen Verpflichtungen durch das Partnerland«, so führte sie aus, werde »berücksichtigt«.[579] Handeln wolle sie nur nach einer sorgfältigen Abwägung aller Interessen, und sofern es verspreche, wirksam zu sein. Dabei zeigte sich die Regierung zuversichtlich, daß eine »Politik der kleinen Schritte« selbst auf hartgesottene totalitäre Diktaturen einen moralischen Druck auszuüben vermöge.[580] Überdies billigte sie eine Entschließung des Bundestags von 1982, der zufolge die Vergabe westdeutscher Entwicklungshilfe daran gebunden werden sollte, daß die Empfängerländer die Menschenrechte wahrten.[581] Mit dem gegenüber den siebziger Jahren nur noch schwach vernehmbaren globalpolitischen Veränderungswillen lag die westdeutsche Regierung auf der Linie des vorsichtigen niederländischen und amerikanischen Rückzugs. Daß sich die Bundesregierung kraftvoll moralpolitisch engagieren würde, schien darin sogar eher noch weniger angelegt.

Das lag nicht zuletzt daran, daß der Ansatz der Bundesrepublik weder aus einer nationalen Krise noch aus einem mitreißenden Wunsch nach außenpolitischer Reform hervorging. Wie anderswo auch, flossen in seiner Genese mehrere Motive ineinander. Zunächst erscheint er wie eine Art nachholende Reaktion darauf, daß sich inzwischen ein weit verzweigtes internationales Politikfeld etabliert hatte. Innerhalb des Westens stellte die Bundesrepublik mit ihrem Formulierungsprozeß doch eher eine Nachzüglerin dar. Manchen Beiträgen in den Bundestagsdebatten ließ sich daher auch eine gewisse Verwunderung darüber anmerken, warum die Bundesrepublik ›nicht auch‹ eine Menschenrechtspolitik habe. Als der Bundestag im Januar 1986 die beiden Großen

---

577 Vgl. die Grundsatzrede Genschers in: Deutscher Bundestag, 10. WP, 149. Sitzung, 27.6.1985; Antwort der Bundesregierung auf die Große Anfrage der SPD, 23.1.1986; Antwort der Bundesregierung auf die Große Anfrage der CDU/CSU und FDP, 23.1.1986; Regierungserklärung der Bundesregierung, Deutscher Bundestag, 11. WP, 4. Sitzung, 18.3.1987; Regierungserklärung der Bundesregierung, 11. WP, 228. Sitzung, 4.10.1990; Menschenrechtsbericht der Bundesregierung für die 11. Legislaturperiode, 1.3.1990.
578 Ebd., S. 3.
579 Antwort der Bundesregierung auf die Große Anfrage der SPD, 23.1.1986.
580 Menschenrechtsbericht der Bundesregierung, 1.3.1990.
581 Vgl. Beschlußempfehlung und Bericht des Ausschusses für wirtschaftliche Zusammenarbeit, 11.2.1982, S. 2 f.; Fünfter entwicklungspolitischer Bericht der Bundesregierung, 23.2.1983, S. 7.

Anfragen beriet, stellte der SPD-Abgeordnete Rudolf Bindig eigens heraus, man befasse sich »zum ersten Mal« mit der »Menschenrechtspolitik als einem eigenständigen Politikbereich«.[582] Womöglich läßt sich die Neuorientierung auch als ein verspäteter Reflex darauf ansehen, daß sich das Geflecht der weltweiten Bezüge, in dem die Bundesrepublik stand, seit den frühen siebziger Jahren sukzessive ausgeweitet hatte, ihr wirtschaftliches Gewicht und ihre Handelsverflechtungen weiter gewachsen waren.[583] Explizit jedoch wollte niemand in der Regierung – und ebensowenig in der Opposition – die Hinwendung zu Menschenrechtsfragen als tatendurstigen Schritt in die weltpolitische Verantwortung verstanden wissen.

Wenn die Bundesregierung glaubte, so etwas wie eine globalpolitische Verpflichtung zu haben, dann lag sie in einer »aktiven Friedenspolitik«. Und mit ihr wiederum waren Menschenrechte eng verknüpft – darin bestand eine besonders wichtige Dimension der westdeutsche Konzeption. Sie zeichnete sich früher und stärker ab als in der Rhetorik der Reagan-Regierung und war naheliegenderweise viel weniger auf den Supermächteantagonismus bezogen. Die Verbindung der beiden Begriffe wies mehrere Bedeutungsfacetten auf. Einmal machte der Genuß der Menschenrechte in den Augen der Regierung einen Frieden aus, der, wie eine geradezu stereotype Formel dieser Jahre lautete, mehr sei, als die Abwesenheit von Krieg.[584] Daneben schien aber auch der sicherheitspolitische Präventionsgedanke auf, der nach dem Ende des Zweiten Weltkriegs so prominent gewesen und auch in die staatlichen Positionsbestimmungen der siebziger Jahre eingeflossen war. Daß »massive Menschenrechtsverletzungen zur Instabilität der Staaten und zur Gefährdung des Friedens führen«, war auch für die Bundesregierung ein Grund, um international gegen sie vorzugehen.[585] Rudimentär erhielt sich darin auch die Wahrnehmung einer steigenden Interdependenz des Staatensystems, die sich ansonsten aber bei weitem nicht mehr so stark ausgeprägt fand, wie sie es in den siebziger Jahren allerorten gewesen war.[586] Womöglich war sie zu einer denkerischen Selbstverständlichkeit geworden. Vielleicht erschien sie auch weniger virulent, als sich die internationalen Wirtschaftsturbulenzen einmal beruhigt hatten und der Ost-West-Konflikt wieder seinen dunklen Schatten über die internationalen Beziehungen warf.

Darüber hinaus spiegelte sich im konzeptionellen Schub der späten achtziger Jahre das Bemühen der konservativen Regierung, die »postmaterialistische« Umorientierung wohl artikulierter Teile der Gesellschaft aufzunehmen.

---

582 Beratung der Großen Anfrage, Deutscher Bundestag, 10. WP, 192. Sitzung, 24.1.1986.
583 Vgl. Conze, Suche, S. 642–646.
584 Vgl. etwa die Ausführungen Kohls, in: Deutscher Bundestag, 11. WP, 117. Sitzung, 9.12.1988, Debatte anläßlich des 40. Jubiläums der Allgemeinen Menschenrechtserklärung, S. 8570.
585 Antwort der Bundesregierung auf die Große Anfrage der CDU/CSU und FDP, 23.1.1986.
586 Vgl. Menschenrechtsbericht der Bundesregierung, 1.3.1990.

»Deutsche Außenpolitik darf nicht wertfrei sein«, postulierte Bundeskanzler Kohl in seiner Regierungserklärung vom März 1987. »Deshalb sind Achtung und Schutz der Menschenwürde, die Herrschaft des Rechts und der Menschenrechte unsere Richtschnur.«[587] In diesem Aspekt berührte sich die Regierungskonzeption am ehesten mit den Reforminitiativen, die Generalsekretär Geißler parallel verfolgte. Die inzwischen gut ein Jahrzehnt währende Tendenz westlicher Regierungen, ihr internationales Auftreten um eine idealistische Komponente zu erweitern, war damit schließlich auch in der Bundesrepublik angekommen.

Anders als den Uyl und Owen, hatte die christlich-liberale Koalition jedoch keineswegs im Sinn, die politischen Ideen der außerparlamentarischen Linken gleichsam maßstabsgetreu in ihren Außenbeziehungen abzubilden. Sie versuchte vielmehr, diese Ideen konservativ zu wenden. Das zeigte sich ebenfalls an ihrem Friedensbegriff, und hierin lag eine weitere seiner semantischen Nuancen. Denn indem sie ihn mit Menschenrechten verknüpfte, stellte die Regierung der zivilgesellschaftlichen Friedensbewegung, die es als absoluten Wert, als Selbstzweck begriff, Krieg zu verhindern, eine gleichsam politisch konditionierte Friedensvorstellung entgegen. Der Friede, den die Kohl-Regierung meinte, baute auf einer Garantie der bürgerlichen Freiheiten auf und ließ sich daher unter einer kommunistischen Diktatur nicht erreichen.[588] So verstanden, unterfütterte die Menschenrechtspolitik auch einen westgebundenen Kurs im Kalten Krieg. Angesichts der massiven Proteste der Friedensaktivisten – nie hatte es in der westdeutschen Nachkriegsgeschichte eine zahlenmäßig ähnlich starke Protestbewegung gegeben – und der kräftezehrenden innenpolitischen Auseinandersetzungen der frühen achtziger Jahre lag darin keine unbedeutende Funktion.[589]

Schließlich erhielt der westdeutsche Menschenrechtsansatz dadurch ein besonderes Gepräge, daß er in einem engen Bezug zur nationalsozialistischen Vergangenheit stand. In den Debatten dieser Jahre omnipräsent, leiteten Regierungspolitiker ebenso wie Vertreter der Opposition aus ihr den Auftrag ab, sich weltweit um den Schutz der Menschenrechte zu kümmern. »Wir in unserem Lande können diese Frage nicht losgelöst von dem Hintergrund der Geschichte sehen«, beteuerte Außenminister Genscher in seiner Grundsatzrede 1985. »Für uns bedeutet das: Die Bundesrepublik Deutschland muß stets Anwalt der Menschenrechte sein – überall in der Welt.«[590]

Nun hatte der Verweis auf den Nationalsozialismus auch in der außenpolitischen Diskussion früherer Jahrzehnte nicht gefehlt. Gleichwohl war in den Debatten der mittleren achtziger Jahre das Bedürfnis greifbar, die Bedeutung

---

587 Regierungserklärung der Bundesregierung, Bundestag, 11. WP, 4. Sitzung, 18.3.1987, S. 67.
588 Vgl. Menschenrechtserklärung der Christlich Demokratischen Union, 9.12.1985.
589 Vgl. Gassert u. a. (Hg.), Kalter Krieg.
590 Deutscher Bundestag, 10. WP, 149. Sitzung, 27.6.1985, S. 11149.

zu bestätigen, die die nationalsozialistische Geschichte für die internationale Rolle des Landes habe, und sie auf eine neue Weise in die außenpolitische Identität des Landes einzubeziehen. Diese Debatten fielen in eine Hochphase der erinnerungskulturellen Sensibilität, die durch die Rede des Bundespräsidenten Richard von Weizsäcker zum 40. Jahrestag des Kriegsendes, den sogenannten Historikerstreit und die Ansprache des Bundestagspräsidenten Philipp Jenninger zum 50. Jahrestag des Novemberpogroms mit angestoßen und einige Jahre lang genährt wurde. Dabei förderten vor allem die heftigen Kontroversen um Ernst Nolte und die entrüsteten Reaktionen auf Jenningers Rede die scharfen Gegensätze zutage, die zwischen den weltanschaulichen Lagern darüber bestanden, wie in der Gegenwart geschichtspolitisch mit dem Nationalsozialismus umzugehen sei. Ihn als Lehre zu verstehen, sich für die Wahrung der Menschenrechte in der Welt einzusetzen, war hingegen konsensuell. Alle Bundestagsparteien stimmten in diesem Punkt überein.

Wie sie den Nationalsozialismus auslegten, und welche Aspekte seiner Geschichte sie bei ihren menschenrechtlichen Plädoyers vor Augen hatten, blieb gleichwohl unbestimmt und uneinheitlich. Manche Abgeordnete spielten darauf an, daß Deutschland den Ausbruch des Zweiten Weltkriegs verschuldet habe. Andere, vor allem aus der CDU, aktualisierten eher die Diktaturerfahrung der (nicht-jüdischen) Deutschen und zogen von hier aus Parallelen zur gegenwärtigen SED-Herrschaft.[591] Die Ermordung der deutschen und europäischen Juden wurde in diesen Debatten hingegen kaum besonders hervorgehoben und noch seltener benannt. Der SPD-Fraktionsvorsitzende Hans-Jochen Vogel war einer der wenigen, der darauf hinwies, in Deutschland seien »die Menschenrechte zwischen 1933 und 1945 in brutaler Weise, ja bis hin zum Völkermord mißachtet« worden.[592]

Jedenfalls verlieh der vergangenheitspolitische Diskurs den Debatten einen Grundton, der doch auffallend mit der wenn auch gebrochenen idealistischen Zuversicht kontrastierte, die die menschenrechtspolitischen Aufbrüche der siebziger Jahre begleitet hatte; die Reagan-Regierung akzentuierte sie auf ihre eigene Weise sogar noch stärker. Als moralpolitische Kraftquelle begriff Menschenrechte kaum jemand in der westdeutschen Politik. Auch den Uyl und Carter hatten ja historisches Unrecht wiedergutmachen wollen, die koloniale Unterdrückung jener, die Exzesse der Vietnam-Ära dieser. Doch erschien der internationale Einsatz für Menschenrechte in ihren Programmen als Ausweg, in dem

---

591 Vgl. Beratung der Großen Anfrage, Deutscher Bundestag, 10. WP, 192. Sitzung, 24.1.1986, hier die Ausführungen Genschers; Menschenrechtserklärung der Christlich Demokratischen Union, 9.12.1985; Debatte anläßlich des 40. Jubiläums der Allgemeinen Menschenrechtserklärung, Deutscher Bundestag, 11. WP, 117. Sitzung, 9.12.1988, hier die Ausführungen Helmut Kohls und Willy Brandts.
592 Beratung der Großen Anfrage, Deutscher Bundestag, 10. WP, 192. Sitzung, 24.1.1986, S. 14479.

der Bundesrepublik als Teil der Bürde. Die Vorstellung einer internationalen Mission schien daher in den Debatten des Bundestags auch nicht einmal implizit auf. Hans-Jochen Vogel mahnte sogar, der »Eindruck, am deutschen Wesen müsse einmal mehr die Welt genesen«, dürfe in der menschenrechtlichen Außenpolitik keinesfalls entstehen.[593] Im Gegenteil betonten die Abgeordneten aller Parteien die innenpolitische Selbstverpflichtung, die das Bekenntnis zu internationalen Rechtsvorstellungen mit sich bringe, besonders stark und stärker, als es andere Regierungen getan hatten. Für Gerechtigkeit im Ausland einzutreten, hieß es in dem Bericht der Bundesregierung von 1990, könne nur dann »glaubwürdig und wirkungsvoll« sein, »wenn die eigene gesellschaftliche Ordnung freiheitlich, tolerant, sozial und gerecht ist.«[594] SPD und Grüne pflichteten dem bei, verknüpften damit allerdings eine politische Kritik am Asylrecht, der Arbeitslosigkeit und der Situation anderer minderprivilegierter Gruppen der Gesellschaft.

Die Regierung klärte ihre außenpolitische Linie in einer Phase, in der die Bedeutung von Menschenrechtsfragen im Parlament generell stark zunahm. Debattierte der Bundestag zwischen 1976 und 1980 27 Anträge und Anfragen, so stieg die Zahl zwischen 1987 und 1990 auf über Hundert.[595] Die Sozialdemokraten nahmen dabei nicht nur für sich in Anspruch, die Regierung überhaupt erst dazu gebracht zu haben, menschenrechtspolitisch Farbe zu bekennen.[596] Die Bundestagsfraktion schärfte seit etwa 1983 vielmehr auch ihre eigene programmatische Ausrichtung.[597] Sie akzentuierte wirtschaftliche und soziale Rechte deutlich stärker als die Regierung und wich mit ihrer Forderung, Menschenrechtspolitik müsse »in weiten Teilen der Welt zunächst einmal Entwicklungspolitik sein«, deutlich von der christlich-liberalen Koalition ab.[598] In grundlegenden Positionen stimmte sie aber mit ihr überein – etwa darin, daß die deutsche Außenpolitik Menschenrechte weltweit fördern solle, oder auch darin, daß stille Diplomatie oft das wirksamste Mittel sei.

Und tatsächlich begann sich in der deutschen Parteienlandschaft gegen Ende der achtziger Jahre umrißhaft so etwas wie ein Fundamentalkonsens abzuzeichnen. Noch kaum ein Jahrzehnt zuvor waren das rechte und das linke Lager in ideologisch polarisierten, mitunter explosiven Diskussionen aufeinandergeprallt, ob es nun um die Haltung zur KSZE ging oder, wie noch genauer zu

---

593 Beratung der Großen Anfrage, Deutscher Bundestag, 10. WP, 192. Sitzung, 24.1.1986, S. 14480.
594 Menschenrechtsbericht der Bundesregierung, 1.3.1990.
595 Vgl. Voß, Menschenrechtspolitik, S. 88–100, 135–37; Entschließungsantrag der Fraktion der SPD, 24.1.1986.
596 Vgl. die Äußerungen des SPD-Abgeordneten Bindig in der Aussprache über den ersten Menschenrechtsbericht der Regierung: Deutscher Bundestag, 11. WP, 234. Sitzung, 31.10.1990.
597 Zum Hintergrund vgl. Voß, Menschenrechtspolitik, S. 191–197.
598 Vgl. Beratung der Großen Anfrage, Deutscher Bundestag, 10. WP, 192. Sitzung, 24.1.1986, S. 14480.

beschreiben, um den angemessenen Umgang mit Chile. Von hier aus betrachtet, lag ein ebenso wenig erwartbarer wie folgenreicher Wandel darin, daß nun Zonen einer parteiübergreifenden Einigkeit sichtbar wurden. So mehrten sich um die Mitte der achtziger Jahre die Appelle aus allen Fraktionen, Menschenrechte dürften nicht für den Parteienstreit eingespannt werden.[599] Mehr noch, eine Reihe inhaltlicher Positionen konnte nunmehr auf interfraktionelle Zustimmung rechnen. Dazu zählte an erster Stelle der gleichsam absolute Abscheu vor physischer Gewalt und der Mißhandlung Unschuldiger oder Wehrloser.[600] Damit eng verbunden, stieß auch ein gesinnungsethischer Minimalismus der Rettung auf allgemeinen Beifall, den Willy Brandt in die Worte faßte: »Jeder einzelne, jede einzelne ist es wert, daß man sich um ihn, um sie kümmert. Jeder Freigelassene, jede verhinderte Mißhandlung ist ein Erfolg.«[601] Nichtregierungsorganisationen, die sich eben dafür einsetzten, darunter vor allem *Amnesty International*, wurden quer durch die Parteien gewürdigt.[602]

Auch dem Anspruch, daß Menschenrechte überpolitisch seien und ein universelles Engagement erforderten, pflichteten alle Parteien bei. »[F]ür uns darf auch keine Rolle spielen«, erklärte Helmut Kohl unter dem Applaus des Bundestags 1988, »ob Menschenrechte von einem autoritären Regime in Lateinamerika oder von einem kommunistischen System in Europa mißachtet werden.«[603] *De facto* scheint allerdings die antikommunistische Seite dieser Gleichung gegen Ende der achtziger Jahre etwas stärker gewesen zu sein.[604] Schließlich unterzeichneten, in gewissem Sinn querliegend zu diesen Überschneidungsflächen, fast alle weiblichen Abgeordneten des Bundestags 1988 eine von *Amnesty International* initiierte Anfrage an die Regierung zum Thema »Menschenrechtsverletzungen an Frauen«.[605] Insofern hielt der erste Menschenrechtsbericht der Bundesregierung 1990 weitgehend zutreffend fest, über die wichtigsten Prinzipien bestehe ein »Grundkonsens der politischen und gesellschaftlichen Kräfte in der Bundesrepublik«.[606]

---

599 So Hans-Jürgen Vogel in der Beratung der Großen Anfrage, Deutscher Bundestag, 10. WP, 192. Sitzung, 24.1.1986, S. 14481; Willy Brandt in der Debatte anläßlich des 40. Jubiläums der Allgemeinen Menschenrechtserklärung, 9.12.1988, S. 8575.
600 Vgl. etwa die Äußerung des Unionsabgeordneten Volkmar Köhler: Deutscher Bundestag, 10. WP, 131. Sitzung, 17.4.1985, S. 9700.
601 Debatte anläßlich des 40. Jubiläums der Allgemeinen Menschenrechtserklärung, 9.12. 1988, S. 8575.
602 Vgl. die Äußerungen Helmut Kohls, Deutscher Bundestag, 11. WP, 117. Sitzung, 9.12.1988.
603 Debatte anläßlich des 40. Jubiläums der Allgemeinen Menschenrechtserklärung, 9.12. 1988, S. 8569.
604 Vgl. die Ausführungen Schäfers (FDP) in der Beratung der Großen Anfrage, 24.1.1986, S. 14481–14483; Regierungserklärung der Bundesregierung, 18.3.1987.
605 Vgl. Voß, Menschenrechtspolitik, S. 115–130, die auch auf die zunehmende Zahl interfraktioneller Anträge hinweist.
606 Menschenrechtsbericht der Bundesregierung, 1.3.1990, S. 4.

Allerdings reichte er wiederum nicht so weit, wie es den Beteiligten in manchen Momenten, zumal der menschenrechtspolitischen Verbrüderungsstunde zur Feier des 40. Jahrestags der Allgemeinen Menschenrechtserklärung, scheinen mochte. Tatsächlich wies der anhebende Basiskonsens auch klare Grenzen auf. Zunächst einmal funktionalisierten die Parteien menschenrechtspolitische Fragen eben doch weiterhin für den politischen Richtungsstreit. Mit ermüdender Beharrlichkeit beschuldigten sie sich gegenseitig, auf einem politischen Auge blind zu sein. Die linken Oppositionsparteien beschönigten demnach die Repressionen der Sandinisten, sparten die Gewalt der guatemaltekischen Guerrilla aus und unterschlugen die demokratischen Tendenzen in El Salvador; die Regierung beklagte demzufolge ausschließlich die Verbrechen in Nicaragua, Äthiopien, Polen und der DDR, schwieg aber über Chile, Südafrika oder die Türkei.[607] Überdies divergierten auch die konkreten außenpolitischen Positionen. Vertreter der Regierungsparteien übten deutlichere Kritik an der Unfreiheit in Entwicklungsländern, wahrten merkliche Distanz zum Kampf linker »Befreiungsbewegungen« und differenzierten wesentlich stärker zwischen moderaten und radikalen Exponenten rechter Diktaturen. Auch die von Reagan in diesen Jahren so vehement popularisierte Auffassung, die »Herstellung demokratischer und rechtsstaatlicher Verhältnisse« sei »die beste Voraussetzung für eine dauerhafte Sicherung der Menschenrechte«, machten sie sich zu eigen.[608] Schließlich gab es mit den Grünen eine Partei, die aus dem menschenrechtspolitischen Konsens ausscherte. Sie warfen der christlich-liberalen Koalition – darin zum Teil von der SPD flankiert – vor, ihre wirtschaftlichen und sicherheitspolitischen Interessen auf Kosten der Menschenrechte zu verfolgen und mit Finanzhilfen und Rüstungsexporten repressive Regime zu stabilisieren.[609] Gründungsmitglied Petra Kelly sah einen durchgehenden historischen Zusammenhang westdeutscher Mitschuld: »Seit 1960 wurde kaum ein Völkermord an meist wehrlosen Minderheitenvölkern begangen, in dem nicht auch deutsche Waffen mitschossen, von Deutschen ausgebildete Offiziere, Polizisten und Geheimdienstler verhafteten, folterten und mordeten«.[610] Auch legten die Abgeordneten der Grünen ihren Finger immer wieder auf die Menschenrechtsverletzungen, die sie innerhalb der Bundesrepublik identifizierten, wie etwa eine illiberale Regelung des Asylrechts oder die fehlende »soziale Gleichheit«.

---

607 Vgl. Deutscher Bundestag, 10. WP, 131. Sitzung, 17.4.1985; Deutscher Bundestag, 10. WP, 149. Sitzung, 27.6.1985; Beratung der Großen Anfrage, 24.1.1986.
608 Vgl. Beratung der Großen Anfrage, 24.1.1986; Antrag CDU/CSU und FDP, 7.10.1987, hier das Zitat; Debatte zum 40jährigen Jubiläum der Allgemeinen Menschenrechtserklärung.
609 Vgl. die Ausführungen U. Fischers in der Beratung der Großen Anfrage, 24.1.1986, S. 14483–14486; Ausführungen von Olms, Deutscher Bundestag, 11. WP, 74. Sitzung, 21.4.1988, S. 5021 f.
610 Aussprache über den ersten Menschenrechtsbericht, Deutscher Bundestag, 11. WP, 234. Sitzung, 31.10.1990, S. 18753.

Wie auch immer die innenpolitischen Bruchlinien verliefen, hatte die Bundesrepublik jedenfalls in der zweiten Hälfte der achtziger Jahre, und erst jetzt, eine Menschenrechtskonzeption für ihre Außenpolitik, die vergleichbar integral und ähnlich entfaltet war wie die anderer westlicher Staaten. Einen festen institutionellen Niederschlag fand sie vorerst nicht. Eine eigene Unterabteilung richtete das Auswärtige Amt erst in den neunziger Jahren ein, und auch gegen ein Berichtssystem sprach sich die Regierung aus; damit glich das Muster dem britischen und unterschied sich stark vom niederländischen und amerikanischen.

Vor allem bestimmten menschenrechtliche Erwägungen das praktische Handeln deutlich weniger stark als andernorts. Zwar läßt sich dies ohne Akteneinsicht im Detail kaum nachvollziehen, doch zeichnen sich einige Grundzüge ab. So sah die Regierung selbst das Schwergewicht ihres menschenrechtlichen Engagements stets darin, an der Politik internationaler Foren mitzuwirken. Sie beteuerte, die osteuropäischen Probleme im Rahmen der KSZE zu verfolgen, staatlichem Unrecht in anderen Weltgegenden vor allem in der UN-Menschenrechtskommission entgegenzutreten, und sich in allen Fragen mit den europäischen Partnern abzustimmen.[611] Wie sehr auch immer das im Einzelfall zutraf, äußerte sich in dieser Ausrichtung die Suche nach einem abgesicherten, kontrollierbaren Vorgehen, das seit den siebziger Jahren für linke wie für konservative Regierungen ein wichtiger Grund gewesen war, Menschenrechtsfragen primär in internationalen Organisationen aufzuwerfen.

In ihren bilateralen Beziehungen scheint die christlich-liberale Regierung Menschenrechte hingegen aufs Ganze betrachtet nicht zu einem dringlichen Anliegen gemacht zu haben. In ihren Antworten auf die parlamentarischen Anfragen von der Mitte der achtziger Jahre hatte sie kaum diplomatische Interventionen vorzuweisen.[612] Davor, Entwicklungshilfe einzuschränken, um das politische Fehlverhalten ausländischer Staaten zu sanktionieren, schreckte sie zudem zurück. Eine solche Linie hätte mit dem Ziel kollidiert, die Handelsbeziehungen zu den Ländern des globalen Südens auszubauen, das die Bundesregierung mit ihrer Entwicklungspolitik in diesen Jahren vorrangig verfolgte.[613] Mindestens gegenüber der chilenischen Militärdiktatur und dem südafrikanischen Apartheidregime mußte sie allerdings deutlich Stellung beziehen. Das war schon deshalb unumgänglich, weil es sich hier um die beiden Fälle staatlicher

---

611 Vgl. Antwort der Bundesregierung auf die Große Anfrage der SPD, 23.1.1986; Antwort der Bundesregierung auf die Große Anfrage der CDU/CSU und FDP, 23.1.1986; Menschenrechtsbericht der Bundesregierung, 1.3.1990.
612 Vgl. Antwort der Bundesregierung auf die Große Anfrage der CDU/CSU und FDP, 23.1.1986, S. 10–16. Der Menschenrechtsbericht von 1990 nennt gar keine bilateralen Aktivitäten.
613 Vgl. Voß, Menschenrechtspolitik; Wirsching, Abschied, S. 578; Conze, Suche, S. 642–646; Tetzlaff, Bilanz.

Repression handelte, die in der zweiten Hälfte des Jahrzehnts die wohl größte internationale Aufmerksamkeit auf sich zogen. Der innenpolitische und gesellschaftliche Aufruhr war auch in der Bundesrepublik enorm.

Im Ergebnis unterschied sich der menschenrechtspolitische Kurs, den die Kohl-Regierung gegenüber den beiden Ländern einschlug, deutlich. Wie noch genauer zu beschreiben, machte sie sich gegenüber dem chilenischen Regime zu einem konsequenten Anwalt des Demokratisierungsprozesses. Auf diese Weise wirkte sie daran mit, erheblichen internationalen Druck auf die Militärherrscher aufzubauen und die Opposition im Land zu stärken. Im südafrikanischen Fall hingegen tat sich die konservativ-liberale Koalition schwerer. Hier öffnete sich eine Schere zwischen der rhetorischen Verurteilung und deren praktischer Umsetzung.[614] Nachdem sie zunächst ähnlich wie die USA auf einen »kritischen«, dabei stets vertraulichen »Dialog« gesetzt hatte, betonte die Regierung auf der einen Seite nun zunehmend, das System der Apartheid stelle eine gravierende Menschenrechtsverletzung dar, sei nicht reformierbar und müsse daher abgeschafft werden. Wie ungelenk das westdeutsche Auftreten dabei ausfallen konnte, illustriert der Umstand, daß Bundeskanzler Kohl anläßlich eines Besuchs von Pieter Willem Botha im Juni 1984 vor laufenden Kameras das Sofa aus dem Empfangsraum im Kanzleramt heraustragen ließ, um zu signalisieren, daß den südafrikanischen Premier, man muß wohl sagen, ungemütliche Gespräche erwarten würden.

Auf der anderen Seite scheute sich die christlich-liberale Regierung, eine weitreichende Strafpolitik zu betreiben. Davor, die Beziehungen irreversibel zu beschädigen, hütete sie sich sorgsam, und suchte zunächst auch nicht den Kontakt zu oppositionellen Organisationen, bis sich dann Hans-Dietrich Genscher im April 1986 als erster westlicher Außenminister mit Oliver Tambo, dem Präsidenten des ANC, traf. Wirtschaftliche Schritte schloß die Koalition aus, weil sie die Lebenssituation der schwarzen Bevölkerung verschlechtern, keine ökonomische Wirkung haben und das Blutvergießen im Land anheizen würden – also mit der gleichen Begründung, die andere sanktionsunwillige Regierungen anführten, einschließlich der britischen *Labour*-Regierung in den siebziger Jahren. Bezeichnender für die Haltung der Bundesrepublik war daher, daß sie in der Europäischen Politischen Zusammenarbeit als Bremser auftrat und die dort getroffenen Entscheidungen auch nicht entschlossen umsetzte. Im Jahr 1985 rangen sich die europäischen Partner endlich doch dazu durch, ein Maßnahmenpaket zu beschließen, für das sich in dem vorherigen Jahrzehnt noch keine Basis gefunden hatte. Es sah unter anderem vor, die militärische, nukleare wie auch kulturelle Zusammenarbeit mit Südafrika zu beenden und die Ölexporte einzustellen. Die Bundesregierung entzog sich in der innenpolitischen Arena gleichwohl einer Stellungnahme darüber, ob sie diese Beschlüsse verwirklichen

---

614 Vgl. als Grundlage zum Folgenden Wenzel, Südafrika-Politik.

werde. Als nach den militärischen Übergriffen Südafrikas auf Botswana, Sambia und Simbabwe im Jahr darauf die Empörung innerhalb der EG-Regierungen hohe Wellen schlug, setzte sich die Bundesregierung dafür ein, die Sanktionsentscheidungen zu mildern. Im Hintergrund standen bei alledem starke wirtschaftliche Interessen. Zudem setzten die CSU und Teile der CDU die Regierung unter massiven Druck, die Kaprepublik zu verschonen, was sie mit einer vehementen Agitation gegen die Linie von Außenminister Genscher begleiteten. Die tiefreichende Spaltung in der Koalition, die der Kanzler weitgehend passiv beobachtete, schlug sich am augenfälligsten in der skandalträchtigen »Nebenaußenpolitik« nieder – so der Vorwurf der FDP –, die der CSU-Vorsitzende Strauß in diesen Jahren in Südafrika betrieb.

Somit hatte sich die Bundesregierung infolge ihrer neuen menschenrechtspolitischen Positionierung auch die Probleme eingehandelt, mit denen bereits die Regierungen der siebziger Jahre zu kämpfen gehabt hatten. Das Bekenntnis zum internationalen Menschenrechtsschutz verschärfte die außenpolitischen Interessenkonflikte und öffnete innenpolitische Angriffsflächen, wenn ein zaghaftes Auftreten die Absichtserklärungen als unglaubwürdig erscheinen ließ. Im Kern unterschied sich die Lage, in die sich die christlich-liberale Regierung manövrierte, dabei aber allenfalls graduell von den Schwierigkeiten, die auch schon Bundeskanzler Schmidt zu spüren bekommen hatte. Das war ein weiteres Indiz dafür, daß beide in der menschenrechtspolitischen Praxis keine Welten trennten. Innerhalb des westlichen Bündnisses gehörte die Bundesrepublik in den achtziger Jahren, zusammen mit den USA und Großbritannien, in das Lager derer, die sich zumeist gegen die am weitesten reichenden Maßnahmen stemmten. Gleichwohl ging sie in ihrer Kritik an der chilenischen Diktatur wie auch am südafrikanischen Apartheidregime weiter, als konservative Politiker ein Jahrzehnt zuvor in der Regel bereit gewesen waren. Schließlich blieb es dabei, daß die Bundesrepublik auch in den achtziger Jahren, von der weltwirtschaftlichen Dimension abgesehen, in der internationalen Politik keine starke Handlungskraft entwickelte. Das Verhältnis zum amerikanischen Verbündeten und der transatlantische Sicherheitszusammenhang einerseits, die deutsche Frage im Rahmen der Beziehungen zur Sowjetunion andererseits, stellten für die westdeutsche Außenpolitik nach wie vor den dominierenden Bezugsrahmen dar. Ihre Gestaltungsspielräume nahmen sich dabei unverändert gering aus, selbst nachdem sich ihr Verhältnis zu den beiden Supermächten, das mit belastenden Dissonanzen begonnen hatte, seit Mitte des Jahrzehnts aufzuhellen begann.[615] Die Bundesrepublik hatte bestenfalls eine rudimentäre Weltpolitik – das unterschied sie von den USA, Großbritannien, aber auch den Niederlanden –, und Menschenrechte eröffneten kein Tor, durch das sie sich wesentlich stärker in die globale Arena hineinbegeben hätte.

615 Vgl. Conze, Suche, S. 642–646.

8. Die Politik gegen die Diktatur in Chile

In den gut sechzehn Jahren, in denen die Militärregierung unter Augusto Pinochet Chile beherrschte, begleiteten sie die internationale Proteste sozusagen auf Schritt und Tritt. Angefangen mit dem Putsch, mit dem das Militär am 11. September 1973 den sozialistischen Präsidenten Salvador Allende stürzte, loderten sie bei jedem neuen Anlaß wieder auf, und wenn sie auch phasenweise zurücktraten, ganz verschwanden sie doch nie. Tatsächlich stellt das Vorgehen gegen Chile einen der eklatantesten Fälle der politischen Verurteilung und Isolierung eines Staates dar, den die internationalen Beziehungen nach dem Zweiten Weltkrieg erlebten; ähnlich stark geächtet wurde wohl nur das südafrikanische Apartheidregime während der späten achtziger Jahre. Auf einem ersten Tiefpunkt des chilenischen Regimes, im Frühjahr 1975, zog der Generaldirektor im Außenministerium, Javier Illanes Fernández, daher auch eine trostlose Bilanz: »offenkundige politische Isolierung«, »internationaler Boykott gegen den Erwerb von Rüstungsgütern«, »Schließung oder Verschlechterung einiger Handelsmärkte«.[1] Der internationale Umgang mit der Militärregierung war also einerseits exzeptionell. Ungewöhnlich war, daß die Kritik von einer so großen Zahl von Akteuren getragen wurde. Ungewöhnlich war auch, daß sie sich über einen so langen Zeitraum fortsetzte und schließlich, daß sie sich in besonders resoluten Forderungen und Maßnahmen niederschlug. Chile stellte einen Fall *sui generis* dar, und das gilt es mit zu bedenken, wenn man über die Reichweite der internationalen Menschenrechtspolitik in den siebziger und achtziger Jahren reflektiert.

Gerade weil die Reaktionen auf die Ereignisse im Land so weitverzweigt und energisch waren, geraten andererseits aber wichtige menschenrechtspolitische Mechanismen besonders scharf in den Blick. Daß sich überhaupt derart viele Politiker und zivile Aktivisten mit Nachdruck gegen die Ereignisse in einem Staat einsetzten, der geographisch marginal und international leichtgewichtig erschien, war weder selbstverständlich noch läßt es sich eindimensional erklären. Die Entstehungsdynamiken des internationalen Vorgehens gegen die chilenische Diktatur waren verwickelt und zum Teil sogar gegenläufig. Der Gewalt, die die chilenischen Militärs gegen ihre vermeintlichen oder tatsächlichen Gegner ausübten, kam eine große Bedeutung zu. Ausnahmslos alle internationalen

---

1 Archivo del Ministerio de Relaciones Exteriores, Santiago de Chile [im Folgenden: AMRE], Circulares Secretas, Confidenciales, 1975, Illanes Fernández, [Memorandum], 25.3.1975.

Kritiker verurteilten sie. Die Verbrechensbilanz der Militärherrschaft war dabei fürchterlich genug – nach der demokratischen Transition konnte eine Wahrheitskommission rund 3000 Todesopfer identifizieren.[2] Zehntausende Menschen wurden gefoltert und über 80.000 nachweislich inhaftiert. Die Zahlen machen die Junta zu einem der blutigsten Regimes, die der Kontinent je gesehen hatte, und vermögen dabei doch nur eine unzureichende Vorstellung von dem Leid zu geben, das sehr viele Chilenen durchlebten.[3] Und dennoch liefert die Pinochet-Diktatur einen weiteren Beleg dafür, daß zwischen dem Ausmaß an gewaltsamer Verfolgung und der Vehemenz der internationalen Reaktionen kein fester Zusammenhang bestand. In anderen Erdteilen wüteten zur gleichen Zeit Regime noch verheerender unter ihrer Zivilbevölkerung (so wenig Unterschied das auch für die chilenischen Opfer machte), ohne annähernd ebenso lautstarke Proteste auszulösen. Umgekehrt hielt die Menschenrechtskritik im Umgang mit den Chilenen auch dann noch vor, als das Gewaltniveau stark zurückgegangen war.

Um den Abscheu gegen die brutalen Vorgehensweisen der Junta in ein kraftvolles internationales Handeln zu übersetzten, bedurfte es zahlreicher weiterer Voraussetzungen: informationeller Ströme und medialer Aufbereitungen, verhandlungstechnischer Schachzüge und institutioneller Rahmenbedingungen. Auch taktische Fehler des Regimes, das mal mehr Einblick gewährte, als es hätte gewähren müssen, mal weniger entgegenkommend war, als es hätte sein können, begünstigten die Mobilisierung. Vor allem aber sprach der chilenische Fall die Handlungsbereitschaft eines denkbar breiten Spektrums von Akteuren an. Ein substanzieller Konsens bildete sich dabei zwischen der Vielzahl der beteiligten Nationen, Organisationen und Institutionen nicht heraus. Wenn es ein Muster gab, dann bestand es vielmehr darin, daß die verschiedenen Akteure aus ganz unterschiedlichen Gründen gegen das Pinochet-Regime vorgingen. Politische Nähe zu Allende trieb sie an und linker »Antifaschismus«, demokratischer Internationalismus und humanitäre Sensibilität, Antiamerikanismus und ein Ressentiment gegen das internationale Finanzkapital, Dritte-Welt-Solidarität, Lateinamerika-Solidarität, christliche Solidarität. Viele folgten dabei im Kern einer dezidiert politischen Logik – das gilt es gerade deshalb zu betonen, weil so viele Kritiker auf die vermeintlich vorpolitische, rein menschliche Notlage der Verfolgten abhoben. Ihre Kritik floß ganz wesentlich aus ideologischem Antagonismus und strategischem Kalkül. Nicht zuletzt waren die Konjunkturen des internationalen Protests gegen Chile tief in die Mechanik der politischen Gefechte verstrickt, die sich Linke und Rechte *innerhalb* der westlichen Staaten lieferten. Viele Entscheidungsträger handelten daher, weil sie sich dem Druck anderer Akteure ausgesetzt sahen. Schließlich waren

---

2 Vgl. Comisión Nacional de Verdad y Reconciliación, Informe.
3 Vgl. Stern, Battling for Hearts, S. xxi.

manche Regierungen mit Strafmaßnahmen gegen das südamerikanische Land auch deshalb schnell bei der Hand, weil sie staatspolitisch keinen hohen Preis hatten. Daraus entstand ein Gemisch, das ebenso explosiv wie diffus war. Von einer Menschenrechtskampagne zu sprechen, wäre nicht nur deshalb ungenau, weil sich aus der Vielzahl von Aktivitäten keine einzelne, zusammenhängende Kampagne herausschälte, sondern auch, weil es dabei um mehr und anderes ging als um Menschenrechtsforderungen.

Doch selbst wenn man dies in Rechnung stellt, bleibt der Befund, daß die Stigmatisierung der chilenischen Machthaber eine besondere menschenrechtspolitische Signatur hatte. »In den zweieinhalb Jahren seit die chilenische Junta die Macht ergriffen hat«, so hielt der britische Botschafter schon 1976 fest, »ist ihr Name zum Synonym für die Mißachtung von Menschenrechten geworden: Diese Verbindung ist inzwischen so automatisiert wie die zwischen Südafrika und Apartheid.«[4] Das war nicht übertrieben. Der Menschenrechtsbezug haftete an dem Regime wie sein eigener dunkler Schatten. Er versah es mit einem zählebigen Negativimage, das die chilenischen Machthaber nicht abstreifen konnten, was auch immer sie in den folgenden Jahren anstellen sollten. Alles in allem genommen, war in der Geschichte niemals zuvor ein Regime derart porentief mit »Menschenrechtsverletzungen« identifiziert worden wie das chilenische – und seitdem auch niemals wieder. Menschenrechte wurden zu einer weithin verwendeten Symbolsprache, um die Repressionen des Regimes zu charakterisieren und zu denunzieren, und damit zu dem archimedischen Punkt, an dem fast alle, die der Junta kritisch gegenüberstanden, ihre Hebel ansetzten: sozialdemokratische, konservative und kommunistische Regierungen, linke Solidaritätskomitees, vermeintlich unpolitische Menschenrechtsorganisationen, Gewerkschaften, Kirchen und nicht zuletzt die Selbstschutz- und Oppositionsgruppen im Land selbst. Ganz offenkundig zogen dabei nicht immer alle tatsächlich auch an einem Strang. Doch wenn sich in einem Bereich nennenswerte Synergien herausbildeten, dann hier. Gleichzeitig nahm der Begriff der Menschenrechte in den jahrelangen Auseinandersetzungen dadurch eine recht präzise, recht enge Bedeutung an: Er bezog sich auf physische Gewalt – Morde, Folter, »Verschwindenlassen« – und auf die Abschaffung politischer und bürgerlicher Freiheiten. Das entsprach der Hauptstoßrichtung der westlichen Menschrechtspolitik dieser Jahre.

Nicht nur die verschlungenen Wege, auf denen die internationale Kritik entstand, lassen prägende menschenrechtspolitische Konstellationen des Zeitraums hervortreten. Ebenso gilt das für die Formen der internationalen Auseinandersetzung. So war die Konfrontation mit dem chilenischen Regime in hohem Maße ein Deutungskampf, in dem um die baren Fakten der chilenischen

---

4 NAK, FCO 58/1020, Haskell an Anthony Crosland, 12.5.1976.

Unterdrückungspolitik gestritten wurde und um die politischen Konsequenzen, die aus ihnen zu ziehen seien. Daß sich allmählich eine Art Deutungshegemonie über die Verbrechen entwickelte, das war auch bereits eine ›Leistung‹ der in- und ausländischen Regimegegner. Überdies spielten die Vereinten Nationen eine besondere Rolle. Sie fungierten nicht lediglich als Forum, sondern legten ein härteres Vorgehen an den Tag als gegen jeden anderen Staat zuvor. Doch gerade deshalb wurden auch die Grenzen ihrer Handlungsfähigkeit besonders deutlich; die chilenischen Machthaber jedenfalls beschlossen nach gut fünf Jahren, die Verhandlungen schlicht zu ignorieren. Regierungen wiederum mußten entscheiden, welche Strafmaßnahmen für die Untaten der Junta angemessen seien – viele Präzedenzfälle gab es nicht. Einige verwickelten sich darüber früher oder später in echte Zielkonflikte und politische Dilemmata. Unsicherheit – über Ereignisabläufe, über die Tragweite politischer Maßnahmen, über die Intentionen des jeweils Anderen – war ein durchdringendes Element der Entscheidungsbildung sowohl auf Seiten der Militärherrscher als auch auf Seiten diktaturkritischer Staaten.

Tatsächlich betraten die meisten Akteure, die sich für oder gegen die Diktatur engagierten, subjektiv betrachtet Neuland – ob nun internationale Organisationen neue Verfahren entwickelten, Regierungen mit Isolierungsstrategien experimentierten oder die Junta austestete, wie weit sie ungestraft gehen konnte. Chile war für alle Akteure ein Lernprozeß. Insofern ist der chilenische Fall auch nicht nur als ein Symptom zu begreifen. Er war ebenso ein Faktor, der das internationale Politikfeld veränderte. Was die internationale Gemeinschaft gegen »menschenrechtsverletzende« Regierungen unternahm – oder was sie unterließ –, wurde fortan am Durchgreifen gegen Chile gemessen. In vielen Ländern popularisierte es den Menschenrechtsprotest als eine Form des zivilen Engagements. Auch rückte es »Menschenrechte« sichtbarer auf die außenpolitische Agenda vieler Regierungen, und gerade in ihrer Politik schliffen sich Reaktions- und Sanktionsmuster ein, die sich zum Teil noch lange erhalten sollten.

Da nun einmal so viele Akteure zu vergleichsweise drastischen Schritten griffen, lassen sich an dem internationalen Vorgehen gegen die chilenische Junta schließlich auch die Wirkungen menschenrechtspolitischen Handelns studieren. Auch die optimistischsten Einschätzungen können nicht über das Faktum hinweggehen, daß Pinochets Herrschaft fast sechzehn Jahre lang bestand, länger als jede andere lateinamerikanische Militärdiktatur des Zeitraums, mit Ausnahme der paraguayischen unter Alfredo Stroessner, die noch aus den fünfziger Jahren herrührte. Es gelang den Kampagnen nicht einmal, die Machthaber dauerhaft davon abzuhalten, ihre Gegner mit grausamen Verfolgungen zu überziehen. Ebenso falsch wäre es jedoch anzunehmen, die internationalen Anstrengungen seien wirkungslos geblieben. Bildlich gesprochen, streuten sie Sand in das Getriebe der chilenischen Regierungsmaschinerie: Sie veränderten das nationale wie internationale Umfeld in einer Weise, die es den Militärs erschwerte, ihre Pläne so durchzusetzen, wie sie es sich vorgestellt hatten, und die nicht zuletzt vielen Regimeopfern unmittelbar zugute kam.

Das alles geschah nicht in einem kontinuierlichen Prozeß, in dem sich Proteste und Sanktionen allmählich akkumulierten, bis sie einen kritischen Punkt erreicht hatten. Das chilenische Beispiel verweist darauf, daß man die Langzeitwirkungen politischer Ächtung nicht überschätzen sollte. So gab es einerseits einen meßbaren Abstempelungseffekt – das Militärregime hatte nach einigen Jahren schlicht sein Image als »Menschenrechtsverletzer« weg. In dem Kalkül der Machthaber spielte das andererseits aber nicht immer eine gleich große Rolle. Aus der Perspektive der westlichen Staatenkonstellation betrachtet, die letztlich die entscheidende war, gab es wiederum zwei sehr unterschiedliche Phasen der Menschenrechtskritik, die auf Seiten der Militärs ganz verschiedene Reaktionen zeitigten. In den siebziger Jahren waren es sozialistische und sozialdemokratische Regierungen, die mit Menschenrechtsvorwürfen als Waffe in einem zuweilen glühenden politischen Kampf hantierten. Das trug dazu bei, daß sich das Regime zeitweise wagenburgartig verschanzte. In der zweiten Hälfte der achtziger Jahre hingegen waren Menschenrechte die Sprache, in der konservative Regierungen die Machthaber unnachgiebig aufforderten, das chilenische Herrschaftssystem zu demokratisieren. Erst unter diesen Rahmenbedingungen wurden sie zu einem Faktor der politischen Transition. Letztlich nämlich war es der konservative Menschenrechts- und Demokratisierungsdruck, der die Regierungskreise dazu bewog, ihr Versprechen, die chilenische Bevölkerung könne frei über ihre politische Zukunft entscheiden, einzuhalten und sich, buchstäblich, abwählen zu lassen.

Der Ort, den die Kampagnen gegen Chile in der internationalen Politik der siebziger und achtziger Jahre einnahmen, läßt sich schließlich noch genauer fassen, wenn man sie mit zwei anderen Ereigniskomplexen vergleicht. Das Apartheidregime in Südafrika wurde zum Ziel ähnlich entschlossener internationaler Proteste und konnte sich – trotzdem – noch ähnlich lange an der Macht behaupten, wie die chilenischen Militärs. Die Massenmorde der Roten Khmer in Kambodscha dagegen lösten keine transnationalen Kampagnen aus. Beide Fälle zeigen aber von unterschiedlichen Seiten aus, daß die ideologischen Faktoren und die politischen Mechanismen, die darüber entschieden, gegen welche Verbrechen sich Proteste erhoben und gegen welche nicht, daß also die Tiefengrammatik der Menschenrechtspolitik oftmals die gleiche war.

Manche Aspekte dieser weitverzweigten Prozesse sind historisch bereits ausgeleuchtet worden. Die chilenische Politik des Zeitraums ist relativ gut erschlossen, und das gilt auch für das Handeln der amerikanischen Regierungen. Über die Tätigkeiten einiger Nichtregierungsorganisationen finden sich wertvolle Hinweise. Das meiste bleibt aus den Quellen zu erschließen und zu einem Gesamtbild zusammenzusetzen. Infolge eines weitreichenden Deklassifizierungsbeschlusses in den späten neunziger Jahren existiert eine dichte archivalische

Grundlage für eine Untersuchung der amerikanischen Politik zwischen 1970 und 1990. Die britische Entscheidungsbildung läßt sich anhand der Akten bis Ende der siebziger Jahre sehr genau rekonstruieren. Die Archive von *Amnesty International* und der *International League for the Rights of Man* geben Einblick in die Tätigkeiten wichtiger Menschenrechts-NGOs, während die Solidaritätsbewegungen ein breites Schrifttum hinterlassen haben. Die Protokolle der Sitzungen der chilenischen Junta haben sich erhalten, sind allerdings vor allem für die ersten Jahre aufschlußreich. Die Überlieferung des chilenischen Außenministeriums schließlich sagt viel über die Wahrnehmungen und Strategien der Militärregierung aus.

Polarisierung und Repression: Politik in Chile 1970 bis 1980

Salvador Allende war 1970 verfassungsmäßig zum Präsidenten gewählt worden, wenn auch auf einer denkbar schmalen Grundlage.[5] Die rund 36 Prozent der Stimmen, die er auf sich vereinigen konnte, sind bis heute Gegenstand konträrer Auslegungen. Einerseits läßt sich darauf verweisen, daß nur ein Präsident vor ihm eine absolute Mehrheit errungen hatte. Andererseits bleibt das Faktum, daß Allende und seine Regierungskoalition für ihr einschneidendes Transformationsprogramm nur ein schwaches Mandat besaßen. Dieses Regierungsbündnis, die *Unidad Popular*, war ein instabiles, zunehmend auseinanderdriftendes Gebilde. Bestehend aus sechs Parteien der kommunistischen, sozialistischen und nicht-marxistischen Linken, öffnete sich ein Graben zwischen einem moderateren und einem radikaleren Flügel, der zwei der Parteien sogar durchschnitt, darunter Allendes Sozialistische Partei. Die einen wollten die Sozialisierung des Landes gesetzmäßig und kontrolliert vorantreiben und eine Mehrheit der Bevölkerung für ihre Reformen gewinnen. Die anderen liebäugelten damit, die proletarischen Massen zu mobilisieren, um den revolutionären Umbruch zu erzwingen.

Das Regierungsprogramm der *Unidad Popular* umfaßte zwei große Reformkomplexe. Konnte das Vorhaben, die bereits 1967 beschlossenen Landumverteilungen zum Abschluß zu bringen, mit breiter Zustimmung rechnen, wurde das zweite Projekt, einen verstaatlichten Sektor zu schaffen, zum Stein des innenpolitischen Anstoßes. Das ausgesprochene Fernziel bestand darin, den Übergang zum Sozialismus vorzubereiten, indem die Besitzverhältnisse allmählich verändert, die Mitbestimmung gestärkt und die ausländischen Kapitalanteile verringert würden. Zur Verstaatlichung hatte die Regierung etwa 250 der rund 30.000 Unternehmen vorgesehen, aber gerade jene, die in den besonders produktionsstarken und von ausländischen Investoren mitfinanzierten Zweigen

---

5   Vgl. zum Folgenden vor allem Oppenheim, Politics.

angesiedelt waren. Über einige der Mittel, die Allendes Regierung bei ihrem Sozialisierungsprogramm anwendete, entbrannte heftiger innenpolitischer Streit. So lief die Opposition Sturm, als die *Unidad Popular* auf eine jahrzehntealte Verordnung zurückgriff, die staatliche Enteignungen legitimierte. Als die Christdemokratische Partei im Kongreß einen Gegen-Gesetzesentwurf einbrachte, kam es zur parlamentarischen Selbstlähmung. Als es dann doch noch danach aussah, als sollten sich *Unidad Popular* und Christdemokraten einigen können, torpedierte Mitte 1972 eine radikale Flügelzange aus extremen linken und rechten Parlamentsabgeordneten den Prozeß. Im Rückblick betrachtet, war damit die letzte wirkliche Chance, auf dem Verhandlungsweg aus der innenpolitischen Krise hinauszugelangen, vertan. In der Folge nahm die politische Polarisierung rasch immer schärfere Züge an. Die Kongreßwahlen vom März 1973 zeugten von einem zwiegespaltenen Land. Das neu gebildete rechte Parteienbündnis erhielt 56,5, die *Unidad Popular* 43,5 Prozent der Stimmen.

Auf der Straße hatten sich die tiefen innergesellschaftlichen Risse längst unübersehbar bemerkbar gemacht. Angehörige der bürgerlichen Mittelschicht und Kleinunternehmer machten ihrer Angst vor Enteignung und ihrer Unzufriedenheit über die wirtschaftliche Lage Luft. Im Dezember 1971 veranstalteten Frauen aus dem wohlhabenden Bürgertum einen »Marsch der leeren Töpfe und Pfannen«, im Oktober des folgenden Jahres legte ein Streik der Lastwagenunternehmer das Transportwesen lahm, mit verheerenden Folgen für das gesamte Wirtschaftsleben. Auf der Gegenseite formierten sich militante Arbeiter, um zügigere Sozialisierungen zu fordern, und begannen, Fabriken zu besetzen. Die rechtsextreme Vereinigung »Vaterland und Freiheit« (*Patria y Libertad*) wiederum beging Sabotageakte, um die Regierung weiter zu schwächen. Mit Beginn des Jahres 1973 geriet das Land in einen Strudel von Streiks und Gegenstreiks, von Protestmärschen und Demonstrationen. Den düsteren Hintergrund für diese Szenen bildete eine sich verschärfende Wirtschaftslage; die Inflation geriet außer Kontrolle, die Güterversorgung konnte nicht überall aufrecht erhalten werden, und der Schwarzmarkthandel dehnte sich immer weiter aus. Aus Sicht aller politischen Lager erzeugten diese Verhältnisse eine Atmosphäre der drohenden Unregierbarkeit. Der Streit um die Verstaatlichungen kam währenddessen aus seiner Sackgasse nicht heraus. Allende rief das Verfassungsgericht an, über das Sozialisierungsgesetz zu befinden, doch erklärte sich das Gericht Mitte 1973 für unzuständig. Der Präsident sah die letzte verbleibende Option nunmehr darin, ein Plebiszit über sein Sozialisierungsprogramm anzuberaumen, was er am 11. September verkünden wollte.

Der Putsch lag fast buchstäblich in der Luft. Im Mitte-Rechts-Lager hatte die Ansicht immer mehr an Boden gewonnen, daß nur ein Eingreifen der Militärs Abhilfe schaffen könne. Im Regierungslager rechneten bereits viele damit, und Gerüchte kursierten. Nicht zuletzt hatte es im Juni, beim sogenannten *tancazo*, eine Offiziersgruppe ja schon einmal versucht, war allerdings kläglich gescheitert. Daß die Intervention des Militärs dennoch schockartig wirkte, lag daher wohl auch weniger daran, daß sie einen Bruch mit der traditionell friedfertigen politischen Kultur des Landes darstellte – die letzte Militärintervention in Chile datierte aus dem Jahr 1931, während sie in anderen lateinamerikanischen Ländern, wenn man so will, zur erweiterten Verfassungspraxis gehörte. Denn diese politische Kultur war bereits offenkundig erodiert. Die geradezu traumatisierende Wirkung des 11. September speiste sich eher aus der rücksichtslosen, alle Vorahnungen übertreffenden Brutalität, mit der die Putschisten vorgingen. Die Bombardierung des Präsidentenpalasts *La Moneda* im Zentrum Santiagos erschien dabei als Fanal, ebenso der gewaltsame Tod des Präsidenten. Der bewaffnete Widerstand, mit dem die neuen Machthaber fest gerechnet hatten, blieb weitgehend aus, und die blutrünstige Repressionswelle, die sie in den folgenden drei, vier Monaten über das Land rollen ließen, mußte daher nur um so unverhältnismäßiger erscheinen.[6] Die Führer der *Unidad Popular* wurden auf der unwirtlichen Dawson-Insel zwangsinterniert. Vor allem in Santiago führte das Militär massenhafte Verhaftungen durch; Tausende Gefangene pferchte man in den Sportstadien der Stadt zusammen, wo viele gefoltert oder erschossen wurden. Etwa 4000 Chilenen suchten bis Ende des Jahres in Botschaften Zuflucht. Mindestens 1260 Menschen wurden in diesem Zeitraum getötet. Bei den frühen Morden, ob nun in den Stadien, in ärmlichen Stadtsiedlungen oder in ländlichen Gegenden, brach sich oft aufgestauter Haß auf die Anhänger der gestürzten Regierung Bahn, und sie glichen daher rachsüchtigen Abrechnungen. Systematisch geplant war dagegen die berüchtigt gewordene »Todeskarawane« des Generals Arellano Stark, der verschiedene Gegenden des Landes mit dem Hubschrauber bereiste, um dort insgesamt 72 Mitglieder linker Parteien hinzurichten.

Die Regierungsmacht ergriff eine Junta, die aus den vier Oberbefehlshabern der Streitkräfte zusammengesetzt war: Gustavo Leigh Guzmán (Luftwaffe), José Merino Castro (Marine) und César Mendoza Durán (Carabineros); Augusto Pinochet, der das Heer repräsentierte, war erst 1973 von Allende eingesetzt worden, weil er als verfassungsloyal galt, und stand zunächst eher im Hintergrund. Große Zustimmung schlug der neuen Führung aus der bürgerlichen Mittelschicht und der politischen Rechten entgegen (die Christdemokratische Partei war allerdings gespalten), und auch in der Justiz und in den Medien verfügte sie über wichtigen Rückhalt. Mit einer längerfristigen Zielsetzung waren die Militärs nicht angetreten. Ihre anfänglichen Verlautbarungen und Maßnahmen kreisten um zwei Achsen, die dann bis zum Ende der Diktatur tatsächlich die beiden Kernelemente ihrer politischen Programmatik ausmachen sollten. Zum einen wollten sie die politische Linke dauerhaft eliminieren. Damit beabsichtigten sie, die Subversionsgefahr zu beseitigen, Ordnung und »nationale

---

6   Vgl. Ensalaco, Chile; Wright, State Terrorism.

Sicherheit« zu festigen, schließlich überhaupt die gesellschaftliche Politisierung zu überwinden. Zum anderen nahm sich die Junta vor, eine freie Marktwirtschaft zu etablieren und das Land für die internationale Wirtschaft zu öffnen.

Politische Repressionen blieben auch nach der Umsturzphase ein integrales Herrschaftsinstrument. Die Junta verhängte den »Belagerungszustand in Kriegszeiten«, schloß das Parlament und löste alle Parteien auf (als letzte die Christdemokraten 1977). Sie verbot die Gewerkschaften, säuberte Universitäten und verhängte eine strikte Medienzensur. Ihre politischen Gegner verfolgte sie nach den Exzessen der ersten Monate gezielter. Zunächst konzentrierte sich der staatliche Terror auf den *Movimiento de Izquierda Revolucionaria* (MIR), eine 1965 gegründete, revolutionäre Partei, die sich zum gewaltsamen Umsturz bekannt und im Untergrund operiert hatte. Sie versuchte nach dem Putsch, einen bewaffneten Widerstand zu organisieren, war den Sicherheitsdiensten aber hoffnungslos unterlegen und wurde bis Ende 1975 weitgehend zerstört. Etwa ab Mitte 1975 nahm der Unterdrückungsapparat verstärkt die Sozialisten, im darauf folgenden Jahr vor allem die Kommunisten in das Visier. Auch andere Menschen wurden aber zu Zielscheiben der Gewalt, vor allem Arbeiter, Bauern, die an dem Landreformprogramm mitgewirkt hatten, andere politisch Linksgerichtete und vermeintliche »Subversive«, eine denkbar vage Zuschreibung. Das Hauptwerkzeug der Repressionspolitik war die *Dirección de Inteligencia Nacional* (DINA), ein Pinochet direkt unterstellter Geheimdienst, der von Manuel Contreras geleitet wurde, einem engen Vertrauten des Diktators. Für ihn arbeiteten auf dem Höhepunkt vielleicht 4000 Agenten. Gerade in den ersten Jahren war zudem der Geheimdienst der Luftwaffe für zahlreiche Morde verantwortlich.

Die Militärregierung baute auf diese Weise eine autoritäre Diktatur auf, die für viele ihrer Gegner tödlich war, ihren Unterstützern aber große gesellschaftliche Freiräume ließ. Pinochet firmierte seit Ende 1974 als »Präsident der Republik« und »Oberhaupt (*jefe supremo*) der Nation«. Unumschränkt herrschen konnte er gleichwohl nicht.[7] Mindestens bis Ende der siebziger Jahre besaßen die anderen Juntamitglieder ein echtes politisches Gewicht. Verschiedene Machtzirkel mußten zudem mindestens symbolisch an der Herrschaft beteiligt werden. Für die Politikformulierung wurden zwei Gruppen besonders wichtig. Die eine war der sogenannte *gremialismo*, eine in den späten sechziger Jahren gegründete, vor allem an Universitäten und in Unternehmerkreisen beheimatete rechte Bewegung. Ihr Gründer, der Verfassungsrechtler Jaime Guzmán, war in den siebziger Jahren die politisch vielleicht prägendste Figur im Umfeld Pinochets und unter anderem maßgeblich daran beteiligt, die neue, schließlich 1980 verabschiedete Verfassung auszuarbeiten.

---

7 Vgl. Huneeus, Régimen; Barros, Junta.

Die andere Gruppe waren die sogenannten *Chicago Boys*, eine Gruppe technokratischer Wirtschaftsexperten, die sich nach den marktliberalen Grundsätzen der Chicagoer Schule ausrichteten und zumeist selbst in den USA ausgebildet worden waren. Bis 1976 besetzten sie nach und nach zahlreiche Schlüsselstellungen. Sie wurden mit der Aufgabe betraut, den zweiten programmatischen Kernpunkt der Militärregierung, die wirtschaftliche Liberalisierung, in die Tat umzusetzen. Dafür wandten sie 1975 ihre »Schocktherapie« an, die darauf abzielte, durch Preiserhöhungen und die Senkung der öffentlichen Ausgaben die Inflation zu verringern. Kurzfristig führte das zu Produktionseinbrüchen und ließ die Arbeitslosigkeit emporschnellen. Die Wirtschaftsexperten begannen unterdessen ein breitangelegtes Privatisierungsprogramm und senkten die Zölle. Bald darauf setzte eine wirtschaftliche Erholung ein, die das Regime propagandistisch als »Wirtschaftswunder« ausschlachtete: Die Wirtschaft verzeichnete vergleichsweise hohe Wachstumsraten, die Arbeitslosigkeit sank, die Inflation war unter Kontrolle, und es strömte ausländisches Kapital ins Land. Das Wachstum war allerdings geringer als das der sechziger Jahre, und die Arbeitslosenquote blieb fast durchweg im zweistelligen Bereich.[8] Vor allem tat sich eine wachsende Kluft zwischen Arm und Reich auf, und das soziale Elend weiter Bevölkerungskreise nahm dramatische Ausmaße an. Nicht zuletzt mündeten die Reformen, wie noch zu schildern sein wird, 1982/83 in die schärfste Rezession, die das Land im 20. Jahrhundert erlebte. Das Vorhaben, die Strukturen der chilenischen Wirtschaft tiefgreifend zu transformieren, ging gleichwohl in einem hohen Maße auf. Es gelang den *Chicago Boys*, eine weitgehend deregulierte, von Staatseingriffen befreite Privatwirtschaft zu etablieren und das Land zugleich fest in der Weltwirtschaft zu verankern.

Unterschiedliche Wege, unterschiedliche Ziele: Die Dynamiken der Mobilisierung

Die Politik Allendes als transnationales Ereignis

So elektrisierend der Putsch vom 11. September auch war, die Furie der Verdammung, die über die Militärjunta hereinbrach, hatte tiefere Wurzeln. Am Anfang war Allende: Daß er, wie es hieß, als erster frei gewählter marxistischer Staatsführer – »der Weltgeschichte«, wie manche Beobachter hyperbolisch hinzufügten – die Macht erlangte, war eine politische Sensation, die weltweit gespannte Aufmerksamkeit auf das Land lenkte. Allendes erklärte Absicht, in Chile ein sozialistisches System aufzubauen, machte die politische Entwicklung

---

8 Vgl. Huneeus, Régimen.

im Andenstaat in den Augen der Weltöffentlichkeit zu einem »Experiment« mit globalen Implikationen.[9]

In kontinentaler Perspektive ging es um die Frage, ob sich Chile, gut zehn Jahre nach dem politischen Erdbeben der karibischen Revolution, in ein »zweites Kuba« verwandeln würde. Allende selbst nährte die Spekulation. Die *Unidad Popular* nahm diplomatische Beziehungen zur kubanischen Regierung auf und unterlief damit den Boykott, den die OAS am Anfang der sechziger Jahre gegen die Karibikinsel verhängt hatte. Am ersten Jahrestag seines Regierungsantritts sprach Allende davon, die *Unidad Popular* habe mehr Reformen durchgeführt, als es den kubanischen Revolutionären im gleichen Zeitraum gelungen sei.[10] Vor allem kultivierte er eine persönliche Freundschaft mit Fidel Castro. Dieser stattete Chile im November 1971 einen Besuch ab, der international um so mehr beachtet wurde, als der *Máximo Líder* sein Land überhaupt nur selten verließ. Zwar hatten weder die politischen Projekte noch die persönlichen Stile der beiden Staatsführer viel gemeinsam. Von dem charismatischen, machistischen Berufsrevolutionär, der den bewaffneten Umsturz gepredigt hatte und den mächtigen USA nun trotzig die Stirn bot, hob sich Allende denkbar scharf ab. Er war ein bürgerlich-mondäner, redlicher, rhetorisch eher ungelenker Pragmatiker, der als jedermanns *Compañero Presidente* oft mehr Achtung hervorrief als Faszination. Doch spielte das in dem zukunftsoffenen Moment der frühen siebziger Jahre kaum eine Rolle für die Ängste – oder Hoffnungen –, er könne dem kubanischen Beispiel folgen.

Daß Allende den Sozialismus auf friedlichem und demokratischem Wege herbeiführen und damit den viel beschworenen »chilenischen Weg« beschreiten wollte, stellte dabei gerade für die linken Intellektuellen und Politiker im Ausland eine besondere Herausforderung dar. Viele räsonierten darüber, ob Chile anderen Ländern als Modell dienen könne. Das wurde besonders für Frankreich und Italien diskutiert, wo die parlamentarische Linke stark, wenn auch in sich zersplittert war. Radikale Linke hingegen verachteten Allendes »reformistisches« Projekt und entlarvten seine Vorstellungen als einen Verrat an der Revolution. Überall entzündeten sich in linken Zirkeln daher lebhafte Debatten, die Chile zu einem heiß umstrittenen Thema der Tagespolitik machten. Durch das Interview, das Régis Debray, der durch seine bolivianische Weggenossenschaft mit Che Guevara geadelte französische Revolutionstheoretiker, mit Allende führte, empfing der chilenische Sozialismus dann die besondere Weihe des linksintellektuellen Chic.[11]

---

9 Vgl. Whitehead, Experiment; Nohlen, Chile. Vgl. zum internationalen Kontext der Allende-Jahre Harmer, Chile.
10 Vgl. Whitehead, Experiment.
11 Debray/Allende, Weg; Debray, Entretiens.

Andere reisten nach Südamerika, um die Dinge mit eigenen Augen zu sehen. Zahlreiche linke Politiker besuchten Chile, um Verbindungen zu den Parteien der *Unidad Popular* herzustellen. Noch im Februar 1973 traf sich das Büro der *Sozialistischen Internationale* in Santiago, woran sich westliche Mitglieder nach dem Putsch lebhaft erinnern sollten. Auch politische Aktivisten, Sozialarbeiter und Ärzte begaben sich in das Land, um den Sozialismus mit aufzubauen oder wenigsten Zeuge der neuen Aufbrüche zu werden. Dependenztheoretiker, Historiker und Soziologen sahen in Chile ein aufregendes Laboratorium für die Feldforschung, schien doch die Tatsache, daß ein eher armer, aber bereits demokratischer Staat in die Richtung einer sozialistischen Entwicklung abbog, die Annahmen der Modernisierungstheorie zu widerlegen.[12] Ob sie nun aus Idealismus, Abenteurertum oder Revolutionstourismus gekommen waren, sie machten Chile zu einem vibrierenden internationalen Treffpunkt. Hier schlossen sie persönliche Bekanntschaften, sammelten lebensgeschichtliche Erfahrungen und stellten institutionelle Kontakte her, die nach dem Putsch entscheidend dafür sein sollten, den Protest gegen die Militärdiktatur anzuschieben.

Doch stellten die Allende-Jahre nicht nur insofern die Weichen für die späteren Reaktionen auf den politischen Umsturz, als sie Aufmerksamkeit auf das Land lenkten und persönliche Beziehungen anbahnten. Die chilenische Entwicklung hatte von Anfang an einen symbolischen und emotionalen Mehrwert. Das galt sowohl für die Rechte als auch für die Linke, weshalb Allendes Weg zum Gegenstand einer spannungsgeladenen internationalen Kontroverse wurde. Nach dem Wahlsieg der *Unidad Popular* reichten die Reaktionen im Ausland »von blanker Hysterie auf der Rechten bis zum euphorischen Freudentaumel auf der Linken«, wie die Wochenzeitung *Die Zeit* anschaulich berichtete.[13] Für viele Linke in Europa, Lateinamerika und Afrika stellte Chile tatsächliche eine utopische Vision dar, ein kleines Fenster zu einer besseren, sozialistischen Zukunft. Weil sie einen marxistischen Führer frei gewählt hatten und freudig dabei mithalfen, Wohlstand und Privilegien umzuverteilen, setzten die Chilenen in ihren Augen ein historisches Beispiel dafür, wie dem Sozialismus doch noch ein menschliches Antlitz verliehen werden könne. Der Generalsekretär der britischen *Labour*-Partei, Ron Hayward, brachte diesen Geist im Moment des Scheiterns zum Ausdruck. Nach dem Putsch evozierte er in einem offenen Brief die »zerschlagenen Hoffnungen von Millionen Menschen innerhalb und außerhalb [Chiles], die an diesem tapferen Versuch, die Macht in der Gesellschaft mit demokratischen Mitteln grundsätzlich umzuverteilen, mitgewirkt oder ihn wohlwollend beobachtet hatten«.[14] Diese zerstörten

---

12 Vgl. als zeitgenössische Analysen: Boris/Boris/Ehrhardt, Chile; Sonntag, Revolution; Eßer, Wahlen; Nohlen, Chile; Angell, Allende's First Year; Sigmund, Chile; Steenland, Two Years.
13 Neues Kuba in Chile?, S. 1.
14 Zitiert in: World Anger Aroused, S. 6.

Hoffnungen lebten anschließend in der gleichsam sofortigen Mythisierung weiter, die Allendes Politik widerfuhr. Sympathisanten zitierten nun geradezu stereotyp das »tägliche Glas Milch für Schulkinder« – eine sozialstaatlich wenig sinnvolle, aber höchst öffentlichkeitswirksame *Ad hoc*-Maßnahme –, um Gemeinsinn und romantische Güte der *Unidad Popular* zu versinnbildlichen. Der Präsident selbst, so die Legende, die sie strickten, war mit dem Gewehr in der Hand getötet worden, als er versuchte, den Präsidentenpalast zu verteidigen, ein selbstloser Soldat seiner politischen Träume.

Was für die Linke gesellschaftliche Erneuerung und Vorglanz einer besseren Welt, war für die Rechte ein Schreckbild. Die *Unidad Popular*, so erschien es konservativen Beobachtern, öffnete der kommunistischen Subversion Tür und Tor, hetzte die armen Länder der Welt auf, sich zu erheben, und setzte das Land auf einen Kurs, der im wirtschaftlichen Ruin enden mußte. Ihre Sinnbilder waren andere: lahmgelegter Verkehr, wilde Streiks, Versorgungsengpässe, Gewalt und Unregierbarkeit – die ganze Inkompetenz und Ignoranz einer vermeintlich proto-totalitären Regierung. In den scharf gegensätzlichen Deutungen von Allendes Experiment wurden auf diese Weise die politischen Parteinahmen und zeithistorischen Beurteilungen ganz wesentlich verankert, die in den Jahren nach seinem Sturz gleichsam spiegelverkehrt weiterwirkten.

Schließlich blieb die Anziehungskraft der chilenischen Entwicklung nicht auf die westliche Linke beschränkt. Allende setzte sich mit viel Geschick und Überzeugungskraft an die Spitze des Kampfes, den die sogenannten Entwicklungsländer um nationale Selbstbestimmung und weltwirtschaftliche Gerechtigkeit ausfochten. Daß er amerikanische Unternehmen enteignete und sich *de facto* weigerte, sie zu entschädigen, sicherte ihm die Bewunderung postkolonialer Politiker.[15] Den Höhepunkt seines »Klassenkampf[s] im internationalen Maßstab«[16] bildete die dritte UN-Welthandelskonferenz, die 1972 in Santiago ausgerichtet wurde. Von den Medien weltweit verfolgt, eröffnete Allende die Konferenz mit einer kämpferischen Rede, in der er die Industrienationen anklagte, die Länder des globalen Südens erbarmungslos auszubeuten.[17] Auf einer Auslandsreise legte der chilenische Staatsführer nach. Vor den Vereinten Nationen erneuerte er seine Attacke auf amerikanische Unternehmen, verbrüderte sich mit Mexiko und Algerien und suchte in der Sowjetunion um Entwicklungshilfe nach, wo er Chile als »stummes Vietnam« bezeichnete.[18] Allendes energischer Einsatz für die Rechte postkolonialer Staaten machte Chile zu einer wichtigen Kraft innerhalb der Bewegung der Blockfreien, die sich daher nach dem Militärputsch gleichsam logischerweise gegen die neuen Machthaber kehren

---

15 Vgl. zum Hintergrund Sigmund, Overthrow; Kornbluh, Pinochet File; Haslam, Nixon Administration.
16 Zitiert nach Eßer, Wahlen, S. 146.
17 Vgl. Hoffmann, Tribunal.
18 Vgl. Kein zweites Kuba.

sollte. Und auch der westlichen Dritte-Welt-Bewegung erschien das Land als wichtiges Studien- und Zielobjekt.[19] Ein transnationales Ereignis war Chiles politische Entwicklung schon vor dem Putsch des September 1973.

Informationen

Daß der Putsch selbst eine so immense mobilisierende Kraft entwickelte, hing auch damit zusammen, daß von Beginn an eine Flut von Informationen über die Ereignisse in Chile sprudelte. Sie war eine wichtige Voraussetzung dafür, daß sich so viele Menschen weltweit entschlossen, in Aktion zu treten. Verschiedenes kam dabei zusammen. Da das Scheinwerferlicht bereits seit Wochen auf die Konflikte im Land gerichtet war, mußte die Nachrichtenmaschinerie nicht erst schwerfällig angeworfen werden.[20] Zahlreiche Journalisten waren bereits vor Ort. So wurde der Umsturz in Chile nahezu umgehend zu einem erstrangigen Medienereignis. In vielen Ländern füllte er am 12. September und in den Tagen danach die Titelseiten der Zeitungen, und Fernsehsender zeigten nach einigen Tagen Aufnahmen der Flugzeuge, die den Präsidentenpalast bombardierten. Bestimmte Geschehensmuster begünstigten das Medieninteresse. Der Putsch war ereignishaft, so daß die weltweite Berichterstattung auf einen einzelnen Akt und seine Folgen fokussieren konnte. Zudem schien die Konfrontation, die sich in Chile vollzog, nicht schwierig zu verstehen. Wie auch immer man politisch zu den Ereignissen stand, es lag offen zutage, daß hier das Militär gegen eine sozialistische Regierung und ihre Anhänger vorging.

Langfristig erwies sich als entscheidend, daß Chile während der Diktaturjahre ein bemerkenswert offenes Land blieb, in dem sich nur wenig vor den Blicken ausländischer Beobachter verbergen ließ. Informationen gelangten auf verschiedenen Wegen aus dem Land: durch die internationale Medienberichterstattung, die Kontakte, die inländische Menschenrechtsgruppen ins Ausland knüpften, über Exilanten und Auslandsreisen kirchlicher Würdenträger oder der Angehörigen von Opfern. Zudem ließ das Regime zahlreiche internationale Beobachter einreisen. Noch vor Ende des Jahres 1973 kamen etwa das *Rote Kreuz*, der UN-Flüchtlingskommissar, der Exekutivdirektor der Inter-Amerikanischen Menschenrechtskommission und eine Mission *Amnesty Internationals* ins Land.[21] Sie und andere hatten einen erstaunlich weitreichenden Zugang. Sie besuchten Gefängnisse und Häftlingslager, konnten sich mit

---

19 Vgl. etwa: Blätter des iz3w, Nr. 2–3, Dezember 1970-Januar 1971.
20 Über die anfänglichen Schwierigkeiten in den Tagen nach dem Putsch berichtet: »File Now, Die Later«.
21 Vgl. UN Document E/CN.4/1166, Januar 1975, Add. 6; AMRE, Organizaciones Internacionales, Naciones Unidas, Telex 1973, Ismael Huerta an DelChile Naciones Unidas, 16.10.1973.

hochrangigen Repräsentanten der neuen Regierung unterreden, beobachteten Gerichtsprozesse und befragten darüber hinaus chilenische Häftlinge, Angehörige, Anwälte, Priester, Sozialarbeiter, Journalisten, Wissenschaftler sowie Vertreter internationaler Organisationen vor Ort.[22] Diesen Delegationen folgten viele weitere internationale NGOs, die zum Teil ohne offizielle Erlaubnis ins Land kamen, ferner Gruppen von Regierungspolitikern oder Parlamentariern und natürlich zahllose Journalisten.[23] Nicht alle konnten gleichermaßen systematisch Fakten ermitteln. Sie trugen aber doch dazu bei, daß ein stets anschwellender und praktisch unkontrollierbarer Nachrichtenfluß entstand.

Im Rückblick liegen die desaströsen Folgen, die diese Offenheit für Chiles internationales Image haben mußte, so deutlich auf der Hand, daß man sich fragt, warum die Junta solche Besuche überhaupt zuließ. Was das *Rote Kreuz* betraf, so war es dessen Harmlosigkeit, die in den Augen der chilenischen Führung den Ausschlag gab. Immerhin machte es seine Erkenntnisse nicht öffentlich.[24] Viel spricht aber auch dafür, daß die Junta keine genaue Vorstellung hatte, worauf sie sich einließ. Der schädlichen Rückwirkungen der internationalen Besuche wurden sich die Machthaber erst in dem Maße bewußt, wie sie stattfanden. Dann wurden sie allerdings zu einem Thema auf höchster Ebene. Im November 1973 beschloß die Junta gleich zweimal, keine weiteren Untersuchungen im Land mehr zu gestatten.[25] Diese Linie hielt sie in der Folge aber alles andere als konsequent durch. Manchen NGOs und Journalisten gewährte man weiterhin Zutritt.[26] Das mag auch dadurch befördert worden sein, daß die Regierung glaubte, den Ausgang der Ermittlungsarbeiten durch eine selektive Einreisepraxis und strikt überwachte Visiten lenken zu können – auch hier sollte es eine Weile dauern, bevor die neuen Machthaber ihre Lektion gelernt hatten.[27] Bei alledem versuchten die Militärs, so gut es ging Spuren zu verwischen, indem sie etwa bestimmte Gefängnisse schlossen und Folterzentren verlegten oder dem Erdboden gleichmachten.[28]

Selbst wenn die chilenische Führung in späteren Jahren mehr auf der Hut war, blieben ausländische Beobachter sehr gut informiert. Allein der quantita-

---

22 Vgl. IISG, AI IS, Film 564, Frank C. Newman/Bruce W. Sumner/Roger Plant, Report to AI on our Mission to Santiago (November, 1973), o. Dat.
23 Zu den NGOs gehörten etwa die *Women's International Democratic Federation*, die *World Confederation of Organizations of the Teaching Profession* oder die *International Union of Students*. Vgl. u. a. UN Document E/CN.4/1166.
24 Vgl. die Äußerungen von Verteidigungsminister Carvajal: Biblioteca del Congreso Nacional, Santiago de Chile, Actas de sesiones de la honorable Junta de Gobierno [im Folgenden BCN, Actas], Acta Nr. 126, 27.5.1974.
25 Vgl. BCN, Actas, Acta Nr. 28, 5.11.1973; Acta Nr. 32, 9.11.1973.
26 Vgl. dazu AMRE, Embajada de Chile en Francia, Oficios secretos, 1975, Durán an Ministro RREE, 28.3.1975; BCN, Actas, Acta Nr. 118, 29.4.1974, S. 5.
27 Vgl. AMRE, Presidencia 1974, Pinochet an Ministro Interior, 18.1.1974.
28 Vgl. auch IISG, AI IS, Film 4, David Braham an Ennals, 16.6.1975.

tive Ausstoß an Presse- und Fernsehbeiträgen war gewaltig; die chilenische Botschaft in den USA zählte für den Zeitraum von 1973 bis 1977 über 1700 Zeitungsartikel (davon stufte sie über 1000 als »negativ« ein).[29] Die Medien berichteten über die Gesetzgebung der neuen Regierung und ihre wirtschaftspolitischen Maßnahmen, über innere Konflikte und außenpolitische Spannungen, über ihren Umgang mit Parteien und ihren Sicherheitsapparat, über die soziale Lage und das politische Klima im Land. Einen relativ großen Raum nahmen Berichte über die politischen Verfolgungen und brutalen Repressionsmethoden ein.

Für viele ausländische Aktivisten und Politiker ging von den Meldungen, die sie erreichten, vor allem anfänglich eine schockartige, unmittelbar mobilisierende Wirkung aus. Die Nachricht vom Tod Allendes rief Solidaritätskomitees auf den Plan, Berichte über die breitflächige Anwendung von Folter alarmierten Menschenrechtsgruppen, der entwürdigende Umgang mit verhafteten Mitgliedern der *Unidad Popular* löste unter linken Spitzenpolitikern tiefe Bestürzung aus. Bilder spielten dabei gerade in den ersten Monaten eine erhebliche Rolle. Fernsehzuschauer konnten die in den Sportstadien zusammengetriebenen politischen Häftlinge sehen und sogar das Gefängnis auf der Dawson-Insel, in dem die Führungsriege der *Unidad Popular* inhaftiert war. Unzählige Fotos kursierten, die ganz unterschiedliche Facetten der staatlichen Gewalt abbildeten: Gefangene hinter Gittern, eingeschüchterte Menschen in den Katakomben der Sportstadien, Leichen in Santiagos Mapocho-Fluß, Bücherverbrennungen, brutale Verhaftungen, Begräbnisse und anderes mehr.[30] Manche dieser Bilder besaßen das, was der Kunsthistoriker Horst Bredekamp als Akteursqualität bezeichnet hat.[31] Weit mehr als bloße Illustrationen, wirkten sie als Appelle, indem sie tief verwurzelte kulturelle Bezugssysteme aktivierten: Die Abbildung schutzloser Frauen, der verängstigten Mienen Verhafteter oder der verzweifelten Trauer von Angehörigen forderten die Betrachter gleichsam auf, zu helfen. Dadurch verwandelten sich Bilder in machtvolle Botschaften, die geeignet waren, politische Bedeutungen zu kondensieren und emotionale Reaktionen hervorzurufen. Gleichzeitig lösten sie die Ereignisse, die sie darstellten, sehr oft aus ihrem politischen Kontext – sie konnten scheinbar verstanden werden, ohne sich mit den politischen und sozialen Ursachen auseinanderzusetzen, die hinter der Gewalt in dem südamerikanischen Land standen.

Allerdings blies nicht jede Information automatisch Wind in die Segel der Diktaturgegner. Die Zusammenhänge zwischen Wissen und politischem Einsatz waren auf das Ganze gesehen verwickelter. Gerade im chilenischen Fall ist

---

29 Vgl. AMRE, Embajada en Estados Unidos, Oficios secretos, 1978, Cauas an Ministro RREE, 17.2.1978.
30 Viele dieser Fotos sind abgedruckt in: Bartsch/Buschmann/Stuby/Wulff (Hg.), Chile. Vgl. auch später: Robotham/Federspiel, Hinsehen verboten.
31 Vgl. Bredekamp, Bild-Akt-Geschichte; ders.: Theorie.

es plausibel anzunehmen, daß die Berichterstattung die Bereitschaft vieler Menschen, einzuschreiten, nicht so sehr *erzeugte*, sondern eher bereits vorhandene Dispositionen aktivierte. Anders als Konflikte wie der Bürgerkrieg in Nigeria, über dessen Ursachen oder sogar Existenz viele Aktivisten nichts wußten, bevor sie durch Berichte und Bilder darauf hingewiesen wurden, war Chile keine leere *mental map*, sondern stand für eine politisch stark vorgeformte Konfrontation. Am deutlichsten zeigte sich das in der noch näher zu beschreibenden Agitation linker Solidaritätsgruppen. Viele dieser Gruppen hatten sich nämlich schon vor der Intervention der Militärs formiert, um Allendes Politik zu unterstützen. Was dann über den Staatsstreich durchsickerte, lenkte ihre Aktivitäten zwar um, bestätigte sie aber darin, daß ihr schon begonnenes Hilfsengagement prinzipiell richtig war.

Zudem war die Informationslage gerade zu Beginn alles andere als klar. Es kursierten widersprüchliche Nachrichten und Einschätzungen, und so mußte es für fakteninteressierte Zeitgenossen schwer sein, sich über das Geschehen zu orientieren. Im Zentrum der Unsicherheit stand die Dimension des staatlichen Terrors. Die Zahlen, die darüber in den ersten Monaten kursierten, waren ein einziges Verwirrspiel.[32] Die osteuropäische Propaganda sprach in der Regel von 30.000 ermordeten Gegnern der Militärs, und Hortensia Bussi de Allende, die Witwe des verstorbenen Präsidenten, nannte vor der UN-Menschenrechtskommission sogar eine Höchstzahl von 80.000. Das stand in einem geradezu absurden Kontrast zu den offiziellen Auskünften der Militärregierung, wonach sechs- bis achthundert Chilenen gewaltsam zu Tode gekommen waren, Soldaten eingeschlossen. Ein Mitglied des Vorstands von AIUSA schrieb in einer Zeitschrift von einer »Schreckensherrschaft, wie es sie in der modernen Geschichte selten gegeben hat«, und bezifferte die Morde auf bis zu 40.000. In den großen amerikanischen, französischen, britischen oder deutschen Zeitungen konnte man lesen, Schätzungen zufolge seien bis zu 5000 Menschen getötet worden, wahrscheinlich aber liege die Zahl bei etwa 2000.

Woran sollte man sich also halten? Auch war die Unübersichtlichkeit nicht nur eine Frage der Zahlen. Journalisten und Beobachter, die nach Chile reisten, *sahen* unterschiedliche Dinge: Leichen, Razzien, Massenverhaftungen die einen, ein beruhigtes Land auf dem Weg zurück zur Normalität die anderen. Diese schilderten, wie die neuen Machthaber die allernötigste Ordnung wiederhergestellt und die Produktion wiederangekurbelt hatten, jene registrierten anhaltenden Hunger, sinnlose Verordnungen und ein Klima der Angst.[33] Manche Journalisten beklagten, ihre Kollegen würden die Gewalt herunterspielen oder

---

32 Vgl. zum Folgenden: ORUN, GA, 28th session 1973, 2138th plenary meeting 1973; CHR, Summary Records, 30th session 1974, 1271th meeting; Rose Styron, Chile – The Spain of Our Generation, in: Ramparts o. Dat., Exemplar in: CU, AIUSA, RG I.1, Box 1; Chiles Junta will zunächst allein regieren, S. 4; The Price of Order.
33 Beide Sichtweisen vereint der Artikel: In a Shadow Country.

leugnen, für andere war die Vorstellung, die Machthaber seien »blutrünstige Faschisten«, nichts als ein ideologisch voreingenommenes Manöver, »die Wirklichkeit zu verbiegen«.[34] Der Korrespondent der *Frankfurter Allgemeinen Zeitung*, der zu dieser Schlußfolgerung gelangte, hatte die Ungewißheit über das, was im Land vor sich ging, selbst zum Thema gemacht. Er war nach Chile gereist, wo er, von erklärlichen Exzessen abgesehen, nichts Besorgniserregendes vorgefunden habe. »Es ist jetzt wenig sinnvoll«, so belehrte er seine Leser, »all denen, die in diesen Übergriffen die Norm sehen, vorzuhalten, daß eine siegreiche Volksfront gewiß nicht weniger radikal, eher radikaler vorgegangen wäre.« Informationen waren eine entscheidende Bedingung für die weltweite Mobilisierung gegen die Diktatur. Nicht zuletzt der Versuch des deutschen Journalisten, die Opfer zu Tätern zu erklären, zeigte indes, daß sie oft in sich bereits ein Produkt politischer Deutungen waren.

Menschenrechtsgruppen

Für die zivilen Protestbewegungen, die mit dem Putsch aktiv wurden, waren die Nachrichten aus Chile ebenfalls alarmierend, doch gehörten sie bald auch schon zu den wichtigsten Produzenten von Information. Die Bewegungen waren politisch heterogen und bisweilen sogar untereinander zerstritten. Sie konvergierten lediglich in zwei Bereichen, in denen sie dann allerdings eine beträchtliche gemeinsame Stoßkraft entfalteten: in dem Bestreben, die Junta politisch unter Druck zu setzen, und in der moralischen Entrüstung über deren brutale Herrschaftsmethoden. Darin wurde eine menschenrechtliche Rhetorik bald schon dominierend.

Der Menschenrechtsbewegung im engeren Sinn verliehen die Ereignisse in Chile in vielen Ländern einen kräftigen Schub. In den USA etwa gründeten sich zahlreiche lokale Menschenrechtskomitees, die sich für die Opfer der Militärregierung einsetzten, und in Großbritannien entstand ein überregional arbeitendes *Chile Committe for Human Rights*.[35] Ein Teil des Mitgliederzustroms, den *Amnesty International* in diesen Jahren verbuchte, ging ganz sicher auf die Betroffenheit über den Umsturz zurück. Zahlreiche andere internationale NGOs, wie die *International Confederation of Free Trade Unions* oder die *Commission of the Churches on International Affairs*, revitalisierten ihre menschenrechtlichen Programme, um verfolgten Chilenen zu Hilfe zu kommen.

Hatte der Putsch also für viele eine katalysierende Wirkung, so traf er doch zugleich auf eine Landschaft von Menschenrechts-NGOs, die sich schon zuvor

---

34 Vgl. Le Putsch et l'information, S. 5; Im Dickicht von Gerüchten, Erleichterung und Angst, hier die Zitate.
35 Vgl. Hoeffel/Kornbluh, War; Gosse, Unpacking; Goff, Chile Solidarity; Garling, Rights.

erheblich gewandelt hatte. Sie erschwerte es dem Militärregime von vornherein, seine Verbrechen unbehelligt zu verüben. Im Zentrum stand dabei *Amnesty International*; der institutionelle Quantensprung, den es seit dem Ende der sechziger Jahre gemacht hatte, ist bereits beschrieben worden. Im Vergleich mit den Militärjuntas, die sich damals in Griechenland und Brasilien an die Macht geputscht hatten, bekamen es die chilenischen Generale mit einer deutlich stärkeren, eingespielteren Organisation zu tun. Sie trat buchstäblich sofort in Aktion. Während die chilenischen Militärs gegen die sozialistische Regierung putschten, tagte die Internationale Ratsversammlung in Wien und forderte das Sekretariat auf, etwas zu unternehmen – nachdem sich die Delegierten in einer Geste, die anschließend intern kritisiert wurde, zum Gedenken an den verstorbenen Präsidenten Allende erhoben hatten.[36] Die Londoner Zentrale erwirkte daraufhin nicht nur, wie bereits beschrieben, die Zustimmung zu einer Inspektionsreise nach Chile, sondern alarmierte auch den UN-Generalsekretär Kurt Waldheim.[37] In der Folge wirkte sich vor allem aus, daß die Repressionsformen, derer sich das Pinochet-Regime bediente, im Zentrum von *Amnestys* »Mandat« lagen und daher gleichsam automatisch eine hohe Priorität erhielten. Die politische Motivation der massenhaften Verhaftungen war unübersehbar, und die zahlreichen Berichte über Folter gingen zu einem Zeitpunkt ein, als *Amnestys* Antifolterkampagne gerade in Schwung gekommen war.[38] In den folgenden Jahren erstellte das Sekretariat zahlreiche öffentliche Berichte und interne Hintergrundpapiere.[39] Anfang der achtziger Jahre sollten weitere kampagnenartige Aktivitäten folgen, die nun vor allem dazu gedacht waren, die inzwischen gesunkene internationale Aufmerksamkeit auf die anhaltenden Menschenrechtsverletzungen im Land zurückzulenken.[40]

Auch anderen NGOs standen inzwischen mehr Ressourcen zur Verfügung als in früheren Jahrzehnten. Die *International Commission of Jurists* verfaßte zahlreiche Protesttelegramme an die Junta sowie Eingaben an die Vereinten Nationen. Vor allem unternahm sie eine Untersuchungsreise in das Land, über die sie im Herbst 1974 einen viel beachteten Bericht veröffentlichte.[41] Die

---

36 Vgl. IISG, AI IS, Film 4, Ennals an Börner, 6.2.1974.
37 Vgl. ebd., Ennals an Pinochet, 31.12.1973; CU, AIUSA, RG II.5, Box 3, Telegramm an UN-Generalsekretär, 14.9.1973.
38 Alle Programme, die sich mit diesen beiden Themen befaßten, legten dann auch einen Schwerpunkt auf die Situation in Chile. Vgl. IISG, AI IS Film 280, Chilean prisoners under adoption or investigation, 14.3.1975.
39 Vgl. IISG, AI IS, Film 4, Ennals an Waldheim, 27.12.1974; ebd., 33, Proposal for Mission to Chile, ICE Juni 1978; CU, AIUSA, RG II.5, Box 4, hier »background information papers« des IS.
40 Vgl. u.a. CU, AIUSA, RG II.2, Box 1, Robin Stein, International Meeting on Argentina and Chile, 28.2.1982.
41 Vgl. UN Document E/CN.4/1232, Januar 1977; International Commission of Jurists, Final Report.

International League for the Rights of Man engagierte sich vor allem in den achtziger Jahren. Inzwischen hatte sie die von zivilen Aktivisten geleitete *Comisión Chilena de Derechos Humanos* als ausländische Kooperationspartnerin aufgenommen und arbeitete ein Programm aus, um Menschenrechtsverteidiger im Land zu schützen.[42] Schließlich gesellte sich in den frühen achtziger Jahren mit *Americas Watch* (später ein Teil von *Human Rights Watch*) eine weitere potente NGO hinzu, die Chile ebenfalls genau unter die Lupe nahm.[43]

Daß die Schlagkraft ziviler Aktivisten in wenigen Jahren rasant gewachsen war, zeigt sich auch, wenn man es von der anderen Seite aus betrachtet. Die chilenischen Machthaber nämlich wurden von den Einmischungsversuchen aus dem Ausland vollständig überrascht. Der Botschafter in den USA, Walter Heitman, echauffierte sich im Mai 1974 bei seinem Vortrag vor der Junta, daß »diese Leute Briefe an alle Senatoren, alle Parlamentarier, den Papst, den Sekretär der Vereinten Nationen, den Präsidenten Pinochet und die halbe Welt schreiben, und Schritt für Schritt trägt ihre Beharrlichkeit dazu bei, ein Bild zu erzeugen«.[44] Und der Justizminister Miguel Schweitzer berichtete der baß erstaunten Junta im September 1976: »Sobald das Subjekt verhaftet ist, [...] geschieht innerhalb von 48 Stunden stets dasselbe. Und das habe ich selbst ganz konkret mitbekommen. Wenn das Subjekt verhaftet ist, noch bevor 48 Stunden herum sind, fangen sie an, anzurufen, sogar aus dem Ausland. Sie rufen das Ministerium an.«[45]

Solidaritätsbewegungen

Die Bewegung der »Chile-Solidariät« entstand aus einem dezidiert anderen politischen Impuls als die erklärt überparteiliche Tätigkeit der menschenrechtlichen Organisationen. Auch in ihrem Fall waren indes personelle, institutionelle und biographische Ansatzpunkte wichtig, die zum Zeitpunkt des Umsturzes bereits bestanden. Die ersten Solidaritätskomitees hatten sich Anfang der siebziger Jahre gebildet, um politische und materielle Unterstützung für Allendes Projekt eines friedlichen sozialistischen Umbaus zu mobilisieren, etwa in den Niederlanden, Schweden oder der Bundesrepublik.[46] Wie bereits angedeutet, hatten daher viele Aktivisten schon persönliche Verbindungen hergestellt und politische Beobachtungen gesammelt, nicht zuletzt in Chile

---

42 Vgl. die Unterlagen in NYPL, ILHR, Box 50 und 51.
43 Vgl. etwa Americas Watch Committee, Chile; dass., Human Rights Concerns; dass., Chile.
44 BCN, Actas, Acta Nr. 122, 13.5.1974, S. 4.
45 BCN, Actas, Acta Nr. 280-A, 3.9.1976.
46 Vgl. AMRE, Embajada de Chile en Gran Bretaña, Oficios confidenciales, 1973, Buzeta an Ministro RREE, 10.11.1973; Camacho Padilla, Vida; Malcontent, Kruistocht, S. 145–178.

selbst. All das war für die Initialzündung der Solidaritätsbewegung nach dem Putsch entscheidend: für den Informationsfluß, die organisatorische Energie, die persönliche Empathie und oft genug für das konkrete Wissen darum, wer gerettet werden mußte. Daneben gab es auch Wurzeln, die in die Vietnambewegung zurückreichten. Eine Reihe von Aktivisten sah ihren Kampf gegen die Pinochet-Diktatur in der Kontinuität der (zum Teil ja noch nicht ganz verebbten) Proteste gegen den Krieg in Südostasien, sei es, daß sie ihn als Fortsetzung des weltrevolutionären Klassenkampfs, sei es, daß sie ihn als nächste Etappe der Opposition gegen die Interventionslogik des Kalten Kriegs verstanden.[47]

Nach dem Militärputsch verwandelte sich die Chile-Solidarität schlagartig in ein weltweites, nach Hunderttausenden Teilnehmern zählendes Massenphänomen. Solidaritätsgruppen unterschiedlichen Zuschnitts agitierten in den USA, Schweden, Norwegen, Belgien, den Niederlanden, Frankreich, der Bundesrepublik, der Schweiz, Italien und sicherlich einigen westlichen Ländern mehr. Manche waren lokal organisiert, andere hatten eine nationale Reichweite; viele befaßten sich mit allen anfallenden Problemen, während sich andere spezifischer für die Flüchtlingshilfe oder die Entlassung von Häftlingen einsetzten.[48] Und auch in Osteuropa entwickelten sich massenwirksame Solidaritätskampagnen. Staatlich orchestriert, spannten sie gesellschaftliche Gruppen von Gewerkschaften über Frauen- oder Jugendvereinigungen bis hin zu Schulklassen in den Kampf gegen die chilenische Diktatur ein.[49]

In den westlichen Ländern traten vor allem drei Trägergruppen in Erscheinung, zwischen denen es allerdings beträchtliche Überschneidungen gab. Ganz überwiegend war die Chile-Solidarität ein Produkt der politischen Linken, wobei sich Politiker und Organisationen der traditionellen Linken ganz ebenso beteiligten wie neulinke Gruppierungen. Dabei bildeten sich die ideologischen Fraktionierungen der post-68er Jahre auch in der Chile-Bewegung ab. Die grundlegende Trennlinie verlief zwischen den Gruppen, die sich mit der *Unidad Popular* solidarisierten, und denen, die einem »nicht-revisionistischen« Kurs anhingen.[50] Viele Sozialdemokraten, Sozialisten und Kommunisten tendierten dazu, Allendes Politik auch rückblickend für die richtige zu halten, pragmatischer zu agieren und ihre Unterstützung auf die Parteien der *Unidad Popular*, zum Teil aber zusätzlich auch auf den MIR zu erstrecken. »Ultralinke«, radikal-

---

47 Vgl. Münster, Strategie, S. 38; Gosse, Unpacking. Die britische *Chile Solidarity Campaign* hatte sich offensichtlich nach der *Vietnam Solidarity Campaign* benannt.
48 Zur Übersicht vgl. Human Rights Internet, Human Rights Directory: Western Europe; dass., North American Human Rights Directory.
49 Vgl. UN Document A/32/234, Report of the Secretary-General, Oktober 1977.
50 Vgl. zum Folgenden zeitgenössisch zur Bundesrepublik: Buro, Solidarität; Notwendige Klarstellungen; Chile-BRD. Zur Solidarität in der BRD. Vgl. rückblickend Wojak/Holz, Exilanten. Vgl. zur britischen *Chile Solidarity Campaign*: NAK, FCO 7/2795, Crabbie an Webb, 15.1.1975. Vgl. zur USA: Gosse, Unpacking.

revolutionäre Aktivisten der unterschiedlichen linksideologischen Orientierungen dagegen warfen Allende Versagen vor, hielten den unbewaffneten Kampf für einen Irrweg und sympathisierten meist ausschließlich mit dem chilenischen MIR. In Großbritannien scheinen Angehörige beider großen Richtungen bis zu einem gewissen Grad in der riesenhafte Ausmaße annehmenden *Chile Solidarity Campaign* zusammengefunden zu haben, während sich in Frankreich zwei große Unterstützungskomitees formierten, in denen sich die grundlegende Spaltung organisatorisch abbildete.[51]

Daneben waren es Kirchen, religiöse Gruppen und kirchliche Hilfsorganisationen, die den Protest und die Bemühungen um Abhilfe entscheidend beförderten. In den USA befaßte sich etwa das 1974 gegründete *Washington Office on Latin America* intensiv mit Chile, das sich aus drei Dutzend katholischen und protestantischen Organisationen zusammensetzte, und in der niederländischen *Chili Beweging* arbeiteten die großen protestantischen und katholischen Parteien mit.[52] Schließlich fanden die gewaltsamen Ereignisse in Chile ein starkes Echo unter Intellektuellen und Akademikern. In den USA gehörten sie zu den ersten, die die Öffentlichkeit alarmierten.[53] Lateinamerikanisten spielten hier und in anderen Ländern eine wichtige Rolle.[54] Der in der DDR lebende Liedermacher Wolf Biermann komponierte seine »Ballade vom Kameramann«. Sie wurde als eine Anklage des Militärputschs gegen Allende rezipiert und war ganz offensichtlich auch so gemeint, obwohl sich die Episode des schwedischen Journalisten, der seinen eigenen Tod filmte, bei dem *tancazo* vom Juni 1973 ereignet hatte. Wenngleich die drei genannten Trägergruppen das Gros der Solidaritätsbewegung ausmachten, so entwickelten doch auch viele andere ein kritisches Interesse an Chile. Darunter waren etwa Minderheitenschutzorganisationen wie die westdeutsche *Gesellschaft für bedrohte Völker* oder der britische *Indigenous Minorities Research Council*, die sich der Lage der Mapuche zu widmen begannen.

Schon die Zusammensetzung der Bewegung verweist mithin darauf, daß es unterschiedliche Solidaritäten gab, die mindestens vorrangig verfolgten Berufskollegen, christlichen Glaubensbrüdern, dieser oder jener Partei galten. Die Komitees operierten dabei überwiegend im nationalen Rahmen. Und doch hatte die Chile-Solidarität auch eine internationale Dimension, die mitunter sogar über die Blockgrenzen des Kalten Kriegs hinwegreichte. Der kommunistisch dominierte Weltfriedensrat veranstaltete bereits Ende September 1973 eine große Solidaritätskonferenz in Helsinki, auf der vierhundert Delegierte aus sechzig Ländern eine umfassende Strategie für den propagandistischen Kampf

---

51 Vgl. Garling, Rights; AMRE, Embajada de Chile en Francia, Oficios reservados, 1974, Fernando Durán V. an Ministro RREE, 5.3.1974.
52 Vgl. Gosse, Unpacking.
53 Vgl. ebd.
54 Vgl. Garling, Rights.

gegen die chilenische Junta beschlossen.⁵⁵ In den folgenden Jahren organisierte er dann eine Reihe weiterer internationaler Konferenzen in verschiedenen europäischen Städten.⁵⁶ Die westeuropäischen Komitees versuchten sich bei mehreren Treffen untereinander zu koordinieren, was angesichts erheblicher politischer Meinungsunterschiede allerdings mehr schlecht als recht gelang.⁵⁷

Löste die Herrschaft der chilenischen Militärs also bei ganz unterschiedlichen Gruppen im Ausland starke politische Leidenschaften aus, so waren fast überall chilenische Exilanten entscheidend daran beteiligt, die Chile-Solidarität zu initiieren und am Leben zu erhalten.⁵⁸ Anders als so viele andere Faktoren, die die Mobilisierung beförderten, resultierten sie nicht aus schon bestehenden transnationalen Verflechtungen. Diese bauten die Exilanten vielmehr erst auf, nachdem sie sich unter politischem Zwang entschlossen hatten, ihr Heimatland zu verlassen. Wohl 200.000 Chilenen, rund zwei Prozent der Gesamtbevölkerung, gingen infolge des politischen Umsturzes ins Exil (bevor weitere Hunderttausende Anfang der achtziger Jahre das Land aus ökonomischen Gründen verließen). Sie siedelten sich in über einhundert Ländern auf allen Kontinenten an. Dort wandten sie sich an Regierungen, Parteien, Kirchen, Gewerkschaften, Menschenrechtsorganisationen und Studentenvereinigungen und forderten sie auf, gegen die Verhältnisse in Chile einzuschreiten. Überdies veranstalteten sie Kundgebungen und Protestmärsche, verbreiteten Informationen über die Verbrechen der Junta, organisierten Kampagnen für Häftlinge oder Verschwundene und sammelten Spenden. Etablierte chilenische Politiker suchten den Zugang zu höheren Regierungs- oder Parteistellen und internationalen Organisationen. Auch wenn sie alle dazu beitrugen, Chile ins öffentliche Bewußtsein zu heben, konnte die Exilsituation doch die Rivalitäten und Spannungen, die die chilenische Linke zuvor belastet hatten, nicht lange überdecken. Bald schon gründeten die chilenischen Aktivisten daher parteigebundene Exilorganisationen.⁵⁹

In den ersten Jahren gelang es den Solidaritätsbewegungen, eine mächtige Drohkulisse aufzubauen. Sie stellte sowohl in den innenpolitischen Diskussionen der verschiedenen Länder als auch in der außenpolitischen Wahrnehmung des chilenischen Regimes einen unübersehbaren Faktor dar. Das stärkste Aufkommen war dabei am ersten Jahrestag des Putschs zu verzeichnen. Das

---

55 Vgl. Chile-Nachrichten, Nr. 7, 12.10.1973. Zum Weltfriedensrat vgl. Schlaga, Kommunisten.
56 Vgl. AMRE, Secretaría General del Gobierno 1978, Ministro RREE an Ministro Secretaría General del Gobierno, 18.10.1978; Schlaga, Kommunisten, S. 279.
57 Vgl. Chile-Nachrichten Nr. 16, 22.5.1974, S. 48 f.
58 Vgl. zum Folgenden Oppenheim, Politics; Wright/Oñate Zúñiga, Chilean Political Exiles; Montupil (Hg.), Exilio; del Pozo Artigas (Hg.), Exiliados; Hite, Romance; Kelly, Zauberworte.
59 Vgl. zu Schweden Camacho, Vida.

chilenische Außenministerium hatte Informationen über größere Veranstaltungen in dreizehn Ländern Europas sowie Lateinamerikas erhalten.[60] In Paris beteiligten sich an einzelnen Demonstrationen bis zu 50.000 Menschen, in Frankfurt weit über 30.000 und in niederländischen Städten bis zu 16.000. In den folgenden Jahren brandete der Protest bei bestimmten Anlässen immer wieder auf – regelmäßig am 11. September, ferner vor Auslandsbesuchen chilenischer Politiker, nach den Ermordungen des MIR-Führers Miguel Enríquez 1974 und Orlando Leteliers 1976, anläßlich von Parlamentsdebatten oder Treffen internationaler Finanzinstitutionen.

Ihre Ausdrucksformen bezogen die Solidaritätsbewegungen aus dem mittlerweile etablierten Repertoire des außerparlamentarischen Protests. Sie glichen daher in vieler Hinsicht auch denen der Menschenrechtsbewegung. Mit Mahnwachen vor Botschaften, Demonstrationen vor Geschäften und Firmensitzen oder Diskussionsveranstaltungen versuchten die Aktivisten, politischen Druck auf das Militärregime auszuüben.[61] Darüber hinaus avancierten Schauprozesse zu einer herausgehobenen Form des Protests. Die in Helsinki ansässige *International Commission of Enquiry into the Crimes of the Military Junta in Chile* hielt seit 1974 Sitzungen in verschiedenen Städten ab, 1974 und 1975 tagte das sogenannte Zweite Russell Tribunal zu den Verbrechen der Militärdiktaturen in Lateinamerika, und schließlich fanden im November 1976 in Westdeutschland die sogenannten Nürnberger Verhandlungen gegen die Verbrechen der Militärjunta in Chile statt.[62] Diese Veranstaltungen knüpften an das Tribunal an, das der britische Philosoph Bertrand Russell 1966/67 mit der Unterstützung namhafter Intellektueller organisiert hatte. Den Gedanken einer universalen Jurisdiktion im Stile Nürnbergs und Tokios gleichsam von unten wiederbelebend, war es gedacht, die amerikanische Kriegführung in Vietnam symbolpolitisch möglichst wirksam zu denunzieren.[63] Anders als damals spielte in den Verhandlungen über Chile jedoch der Vorwurf der Menschenrechtsverletzung eine zentrale Rolle.[64] Ferner führte die Chile-Solidarität, im Unterschied zu *Amnesty International*, Boykottaktionen durch und forderte ökonomische Sanktionen. Das *Chili-komitee Nederland* boykottierte unter anderem den Import chilenischer Äpfel – vom Vorsitzenden des Gewerkschaftsdachverbands FNV, Wim Kok, mit den denkwürdigen Worten unterstützt, es müßten sich alle Niederländer »gut überlegen, ob sie ihre Zähne in einen mit Blut befleckten, faschistischen Apfel stecken wollen«.[65] Die Grenze zur Gewalt wurde in den Protesten nicht

---

60 Vgl. AMRE, DINA 1974, C. Collados Núñez an Direcor Inteligencia Nacional, 9.11.1974.
61 Vgl. AMRE, Embajada de Chile en Estados Unidos, Oficios secretos, 1978, Cauas an Ministro RREE, 17.2.1978.
62 Zur *International Commission* vgl. Camacho, Vida.
63 Vgl. Basso, Inaugural Discourse.
64 Vgl. Jerman (Hg.), Repression; Stuby/Wulff, Vorwort.
65 Beerends, Wereldbeweging, S. 223. Vgl. IISG, Chili-Komitee Nederland, Nr. 42.

selten überschritten, zumeist wohl von radikalen linken Aktivisten. Am stärksten eskalierten sie vermutlich in Frankreich, wo bis Mitte der achtziger Jahre allein fünf Anschläge auf die chilenische Botschaft sowie Anschläge auf andere chilenische Einrichtungen verübt wurden.[66]

Neben den Protestaktivitäten widmeten sich die Solidaritätsbewegungen schließlich, ganz ähnlich wie Menschenrechtsgruppen, der Informations- und Aufklärungsarbeit. Sie verteilten Flugblätter und errichteten Informationsstände, gaben Zeitschriften und Berichte heraus, wobei sie sich ihrer eigenen, alternativen Medien bedienten. Die öffentliche Bewußtseinsbildung verband sich zudem eng mit kulturellen Aktivitäten, die oftmals gerade die chilenischen Exilanten initiierten. Auf diese Weise schwappte eine Welle chilenischer Kultur durch die Gesellschaften Westeuropas und Nordamerikas, die gerade für Jugendliche vielerorts einen starken Anreiz darstellte, um sich für die Situation im Land zu interessieren. Víctor Jara und Violeta Parra waren in den alternativen Milieus vieler Länder bekannt, und die Gruppen *Quilapayún* und *Inti-Illimani*, zwei der bekanntesten Vertreter der *Nueva Canción Chilena* der späten sechziger Jahre, gaben Konzerte in Europa.[67] Der Dichter Pablo Neruda hatte erst 1971 den Literaturnobelpreis erhalten.

Für die linken Aktivisten bedeutete die Machtergreifung des Militärs nicht nur eine akute Notlage, in der es Gefährdete zu schützen galt. Sie führten eine ideologische Auseinandersetzung, wollten die gewaltsam zerschlagenen politischen Visionen rehabilitieren und denunzierten die Militärjunta als weltanschaulichen Feind. Ihr Endziel war daher auch nicht die Wiederherstellung der »bürgerlichen Demokratie«, sondern der nachgeholte Sieg des Sozialismus.[68] Darin unterschieden sie sich von den meisten menschenrechtlichen und kirchlich-humanitären Gruppen. Und darin bestand trotz allem Disput eine gemeinsame Grundlage ihres Protests. Die Ereignisse in Chile waren aus ihrer Sicht ein »Lehrstück« – in den dogmatischen Texten für das, was man ohnehin schon wußte, in den weniger dogmatischen immerhin mit offenem Ausgang. Die westeuropäischen Chile-Komitees betonten in einer gemeinsamen Erklärung, daß es sich »bei der chilenischen Erfahrung um ein aktuelles politisches Problem handelt, das die Perspektive der Klassenkämpfe und der Strategie für eine Revolution in Westeuropa berührt«.[69] Unter dieser Prämisse diskutierten sie intensiv darüber, was sich aus dem Scheitern von Allendes Politik

---

66 Vgl. AMRE, Embajada de Chile en Francia, Oficios reservados, 1974, Durán an Ministro RREE, 17.10.1974; ebd., Oficios secretos, 1975, Durán an Ministro RREE, 28.3.1975; ebd., Oficios secretos, 1976, Errázuriz an Ministro RREE, 4.3.1976.
67 Vgl. die Schallplatte »Solidarität mit Chile '70/73«, Köln 1973 [?]; Tübinger Festival für Victor Jara.
68 Internationaler Chile-Kongreß in Frankfurt, S. 48 f.; Resolution der westeuropäischen Komitees, S. 50–51.
69 Ebd., S. 36. Vgl. auch Buro, Solidarität; Chile – Lehrstück des Imperialismus.

für die Möglichkeiten ableiten ließ, die westeuropäischen Gesellschaften sozialistisch umzugestalten. Chile war überall, aber nicht weil sich dort das entortete Böse ereignete, das Menschenrechtsaktivisten bekämpften, sondern weil es eine politische Grundkonstellation exemplifizierte, die prinzipiell weltweit übertragbar war.

Ihre Diagnosen enthielten einige wiederkehrende Interpretamente. Die Militärregierung betrachteten sie, in einer ubiquitären Zuschreibung, als ein »faschistisches« Regime. Sofern es sich dabei nicht um eine weitgehend inhaltsleere Denunziationsvokabel handelte, bezog sie sich auf den vehementen Antimarxismus, den die Junta gerade anfangs ungeschminkt zur Schau stellte, oder diente dazu, den Putsch als eine Reaktion der besitzenden Klassen auf die vermeintliche revolutionäre Massenmobilisierung zu beschreiben. Viele Pamphlete stellten darüber hinaus Analogien zum Nationalsozialismus her. Sie dienten ausschließlich dazu, den chilenischen Staatsterror zu charakterisieren. Pinochet wurde, nicht zuletzt ikonographisch, mit Hitler parallelisiert (wie auch mit Mussolini), chilenische Häftlingslager wurden unisono als »KZs« und die DINA als chilenische »Gestapo« bezeichnet. Ein »Schwarzbuch« von Anfang 1974 stellte auf suggestive Weise Fotos aus »Nazi-Deutschland 1933« solchen aus »Chile 1973« gegenüber, etwa den Reichstagsbrand und die brennende *Moneda*, Bücherverbrennungen, Häftlingskolonnen oder Lager- und Gefängnisinsassen.[70] Solche Parallelisierungen waren indes nicht exklusiv für die Solidaritätsarbeit, sondern fanden sich auch in den Publikationen von Menschenrechts- und anderen Gruppen. In den Medien linker Gruppen erschienen die politischen Repressionen dabei oft nicht als eigengewichtiger Ausdruck einer inhumanen Herrschaftspraxis, sondern als Begleiterscheinung des reaktionären, marktliberalen Wirtschaftsprogramms, eingesetzt von den Marionetten der einheimischen Großbourgeoisie und des internationalen Finanzkapitals, um soziale Unruhen im Keim zu ersticken.[71]

Von einer menschenrechtlich und moralisch begründeten Politik der Empathie grenzten sich die Aktivisten zuweilen ausdrücklich ab, wenn auch selten polemisch. »Menschliches Mitleid für die Unterdrückten und Gefolterten« galt ihnen nicht per se als verwerflich, doch »eine Solidaritätskampagne mit langfristiger Perspektive läßt sich darauf allein kaum aufbauen.«[72] Der Einsatz für Gefangene lief aus ihrer Sicht zudem Gefahr, von der notwendigen Analyse der »Machtverhältnisse« abzulenken, und war daher nicht geeignet, die politische Ursache des chilenischen Problems zu beseitigen.[73] Gleichwohl bildeten sich, sowohl rhetorisch als auch praktisch, wichtige Überschneidungen

---

70 Vgl. Bartsch u. a., Chile.
71 Vgl. beispielhaft: Zu den Ereignissen in Chile, S. 1 f.; Chile – Faschismus im fünften Jahr.
72 Buro, Solidarität, S. 258.
73 Vgl. Patenschaften; NAK, FCO 7/2781, Hugh Carless an Secondé, 31.1.1975.

mit den Anliegen humanitärer und Menschenrechtsgruppen heraus. In den ersten Jahren betraf das vor allem die Hilfe für chilenische Flüchtlinge. In der Bundesrepublik kooperierten die Chile-Komitees überdies bei Appellen für die Freilassung politischer Gefangener und bei Kampagnen zugunsten »Verschwundener« lose mit der deutschen *Amnesty*-Sektion.[74] Zudem bezogen die Zeitschriften der Bewegung die menschenrechtspolitische Kritik, die in den Vereinten Nationen wie auch in den Dokumentationen chilenischer und internationaler NGOs ausgesprochen wurde, in ihre Anklagen mit ein.[75] Tatsächlich spielten die Grausamkeiten, die das Regime an seinen politischen Gegnern verüben ließ, in der Solidaritäts-Propaganda eine hervorstechende Rolle, und hier begannen ihre Texte denen der Menschenrechtsorganisationen zu gleichen. Augenzeugenberichte über Folterungen, von Regimeopfern verfaßte »Briefe aus Chile«, Berichte aus »Konzentrationslagern« oder Notizen über das Schicksal Verschwundener machten in den ersten vier Jahren einen beträchtlichen Anteil der Berichterstattung der deutschen *Chile-Nachrichten* aus.[76] Ohne daß darüber theoretisch reflektiert worden wäre, verwandelten sich »Menschenrechte« auf diese Weise in einen dominierenden Referenzrahmen, wenn es darum ging, die Repressionspolitik des Regimes zu kennzeichnen. Im Sprachgebrauch der Solidaritätsbewegungen wurden Mord, Folter, Inhaftierungen und andere Formen der politischen Unterdrückung geradezu synonym mit »Menschenrechtsverletzungen«.[77] Bisweilen gingen Autoren sogar so weit, in Menschenrechten ein verbindendes Element des ansonsten so fragmentierten linken Kampfs zu sehen: Die Linke, so hieß es etwa, müsse am Menschenrechtsthema festhalten, denn die »Anklage des beständigen Terrors in Lateinamerika ist im jetzigen defensiven Stadium eine ihrer stärksten, einigenden Waffen.«[78]

---

74 Appelle für politische Gefangene finden sich in den Chile-Nachrichten u. a. in Nr. 10, 1.12.1973. Vgl. ferner Vorschlag für eine Kampagne zur Befreiung politischer Gefangener in Chile; Bericht über Solidaritätsarbeit von AI.
75 Die Chile-Nachrichten druckten Teile von Berichten der ICJ oder der *Vicaría de la Solidaridad*. Vgl. auch Dokumentation Nr. 5: Die Kirche im Kampf um die Menschenrechte.
76 Vgl. beispielhaft Chile-Nachrichten, Nr. 6, 28.9.1973; Chile-Nachrichten, Nr. 8, 26.10.1973.
77 Vgl. stellvertretend: Die Unterdrückung hält an, S. 8 f. Die in Bonn erscheinenden »Chile-Informationen« enthielten ab 1976 eine Rubrik »Menschenrechte«, in der Zeitungsartikel zu politischen Repressionen abgedruckt waren. Als Beispiele aus anderen Ländern vgl. IISG, Chili-Komitee Nederland, Nr. 43; NAK, FCO 7/2608, [Brief der *Chile Solidarity Campaign*], 29.4.1974.
78 Menschenrechte ... den Kanal runter, S. 8.

Die Politik westlicher Regierungen: Motive

Der Putsch gegen Allende fiel nicht nur in eine Zeit, in der sich Menschenrechts-NGOs konsolidiert hatten, sondern auch in eine Phase, in der sich die Großwetterlage in der internationalen Staatenpolitik für die chilenische Militärregierung denkbar widrig gestaltete. Mancher Gegenwind war für die neuen Machthaber absehbar gewesen. So konnte die heftige Reaktion des kommunistischen Ostblocks angesichts der antimarxistischen Kampfparolen, die die Junta im Munde führte, niemanden verwundern. Mehrere osteuropäische Staatsführungen verurteilten den blutigen Umsturz mit harschen Worten, und nachdem die sowjetische Regierung den Auftakt gemacht hatte, brachen alle Länder bis auf Rumänien die diplomatischen Beziehungen zu Chile ab.[79] In den folgenden Jahren hielten sie die beschriebenen Solidaritätskampagnen lebendig, beherbergten politische Flüchtlinge und leisteten oppositionellen Kräften in und außerhalb Chiles finanzielle Hilfe. In den Vereinten Nationen und anderen internationalen Organisationen fuhren sie einen kompromißlosen Angriffskurs.

Unerwarteter kam für die Militärregierung die entschlossene Ablehnung durch die Bewegung der Blockfreien, auch wenn sie im Grunde ebenfalls nicht schwierig zu antizipieren gewesen wäre. Die chilenische Führung war durchaus daran interessiert, die Beziehungen zu der Bewegung aufrecht zu erhalten. Das Außenministerium sah seine Politik in den großen Linien als durchaus kompatibel mit der der Blockfreien an.[80] Diese luden Chile indes zu ihren Treffen nicht mehr ein. Auf ihren Gipfelkonferenzen und Außenministertreffen verurteilten sie die »imperialistische Aggression«, beklagten Menschenrechtsverletzungen und legitimierten den politischen wie auch den bewaffneten Kampf der Regimegegner im Land. Salvador Allende wurde auf diesen Treffen zu einem »Märtyrer« der Bewegung stilisiert und als Vorbild einer selbstbestimmten, sozial gerechten Politik gewürdigt.[81] Dabei war die Haltung der Mitglieder dieser heterogenen Formation alles andere als einheitlich. Einige afrikanische Staaten brachen ihre bilateralen Beziehungen zu Chile ab. Vielen anderen afrikanischen und asiatischen Regierungen hingegen dürften die dortigen Ereignisse nicht als besonders wichtig erschienen sein. In Lateinamerika war das Bild im Ganzen genommen ohnehin nicht ungünstig, wenn es auch einige gravierende

---

79 Vgl. dazu und zum Folgenden die Übersichten: UN Document A/32/234, Report of the Secretary-General, Oktober 1977; UN Document E/CN.4/1268, Report of the Secretary-General, Januar 1978; UN Document A/33/293, Report of the Secretary-General, Oktober 1978.
80 Vgl. AMRE, Naciones Unidas, DelChile, Oficios secretos, reservados, 1979, Ministerio RREE an Embajador NU, 30.6.1979.
81 Vgl. unter anderem: Colombo Summit 1976, Political Declaration, S. 777, 881; Havanna Summit 1979, Political Declaration, S. 46 f.

Problemzonen aufwies. Zum einen nämlich bekundeten die sozialistischen Regierungen Kubas und Mexikos ihre offene Feindschaft. Zum anderen erbte die Junta delikate Beziehungen zu allen drei Nachbarländern, die ausnahmsweise nicht in erster Linie mit dem gewaltsamen Machtwechsel zu tun hatten.[82] Das Verhältnis zu der links orientierten Militärregierung in Peru war bis zu dem Punkt gespannt, daß die chilenische Führung um die Mitte der siebziger Jahre einen Angriff fürchtete. Mit Bolivien schwelte ein Konflikt über einen bolivianischen Zugang zum Meer, und mit Argentinien war die Regierung in Grenzstreitigkeiten im Gebiet des Beagle-Kanals verwickelt. Sie sollten auf ihrem Höhepunkt 1978 bis an den Rand eines Kriegs führen.

Am überraschendsten war für die Junta indes die teils kühle Mißbilligung, teils flammende Kritik, die ihr aus den Regierungen und Parlamenten westlicher Staaten entgegenschlug. Das fiel um so mehr ins Gewicht, als die Beziehungen zu diesen Ländern für sie mit Abstand am wichtigsten waren. Der deutsche Bundeskanzler Willy Brandt gab eher zurückhaltend seiner »tiefen Bestürzung« Ausdruck.[83] Der niederländische Außenminister van der Stoel hingegen verglich die Verhältnisse in Chile mit der deutschen Besatzung im Zweiten Weltkrieg, und Entwicklungsminister Pronk nannte die neuen Machthaber eine »Folter- und Mordjunta«. Der britische Premier Wilson legte etwas später nach und sprach von einem »mörderischen Regime« und einer »unterdrückerischen faschistischen Regierung«.[84] Auch viele führende Politiker der linken Opposition in Frankreich verurteilten den Putsch, darunter François Mitterand und Pierre Mendes-France.[85]

Tatsächlich nahm sich die politische Konstellation im Westen während der siebziger Jahre für die Interessen der Junta besonders ungünstig aus. Das lag an der Stärke, ja Hegemonie, die die parlamentarische Linke inzwischen gewonnen hatte. In Schweden regierten die Sozialdemokraten, seit 1969 unter Olof Palme, und 1972 war in der Bundesrepublik eine sozial-liberale Koalition an die Macht gelangt. Im Jahr 1973 trat eine überwiegend sozialistische Regierung in den Niederlanden an, 1974 eine *Labour*-Regierung in Großbritannien, zudem folgte auf den konservativen französischen Präsidenten Pompidou der Liberale Giscard d'Estaing. In Italien waren die Kommunisten 1976 zur zweitstärksten Partei geworden und über ihren Tolerierungskurs einige Jahre lang indirekt an der christdemokratisch geführten Regierung beteiligt. Ein entscheidender Stein in dem Mosaik war schließlich die Wahl Jimmy Carters zum amerikanischen

---

82 Vgl. Muñoz, Relaciones, S. 135–216.
83 Vgl. Bericht der Bundesregierung über die Lage in Chile, 19.9.1973, S. 295.
84 Vgl. zu den Niederlanden Malcontent, Kruistocht, S. 145–178. Zu Großbritannien vgl. Debatte im House of Commons, 21. Mai 1974; Debatte im House of Commons, 23. Mai 1974.
85 Vgl. AMRE, Embajada en Francia, Oficios confidenciales, 1973, Berguño an Ministro RREE, 8.11.1973.

Präsidenten 1976. Erschwerend kam für die Militärregierung hinzu, daß sie über kaum etwas verfügte, womit sie sich zu einem unentbehrlichen Partner hätte machen können. In dem seit dem Ende der sechziger Jahre heraufziehenden Klima der Entspannung boten die unablässigen Tiraden Pinochets, man stehe in einem weltweiten Kampf gegen die sowjetische Subversion, wenig Aussicht, Chile geostrategisch aufzuwerten. Auch wirtschaftlich hatte das Land zunächst wenig zu bieten. Wichtig war es allein als Kupferexporteur, punktuell auch als Käufer von Rüstungsgütern.

In der distanzierten bis offen feindseligen Haltung, die die meisten westeuropäischen Staaten in den siebziger Jahren gegenüber dem Pinochet-Regime an den Tag legten, kamen verschiedene Motive zum Tragen. Die Bestürzung darüber, daß die Militärs die Demokratie zerschlagen hatten und Unschuldige mitleidlos quälten, gewann dabei ein großes Gewicht. Mehrere Regierungen begannen schon sehr bald, diese gewaltsame Seite der Junta-Politik als »Menschenrechtsverletzungen« zu fassen und *de facto* als eine eigenständige Dimension ihrer bilateralen Beziehungen zu betrachten. So ließ sich etwa die Regierung Harold Wilsons in Großbritannien von Anfang an stark von der Empörung über die Repressionen leiten. Sie formulierte es als integrales Ziel, die Junta dazu zu bringen, »ihre Gegner menschlich zu behandeln und auf die Wiederherstellung der Demokratie hinzuarbeiten«.[86] Zu dem Maßnahmenpaket, das sie im März 1974 beschloß, gehörte auch eine »energische Linie in Menschenrechtsfragen«.[87] Ähnliche Signale erhielt auch der chilenische Botschafter in Frankreich.[88]

Eine vermeintlich überparteiliche Politik der Nothilfe für leidende »Andere« jenseits der eigenen Grenzen entwickelte sich dabei allerdings nur in eng umzirkelten Ansätzen. So handelten die Regierungen nicht selten aus einer diplomatische Sorge um eigene Staatsangehörige, die alle anderen Erwägungen überschattete. In den Mahlstrom des chilenischen Verfolgungsapparats gerieten zahlreiche Ausländer, die sich im Land aufhielten. Sie erlitten grausame Schicksale, die den Regierungen ihrer Heimatländer schon deshalb nicht gleichgültig sein konnten, weil sie in der nationalen Öffentlichkeit entsetzte Anteilnahme hervorriefen. Daraus resultierten zum Teil jahrelange diplomatische Verwicklungen. Im Fall der britischen Regierung waren es die Ereignisse um die britische Staatsbürgerin Sheila Cassidy, die das Verhältnis zum südamerikanischen Land in den ersten Jahren am schwersten belasteten. Cassidy hatte als Ärztin in Chile gearbeitet und ein führendes Mitglied des MIR medizinisch versorgt,

---

86 NAK, FCO 7/2605, Cabinet Defence and Overseas Policy Committee, Policy toward Chile. Memorandum by Secretary of State for Foreign and Commonwealth Affairs, 19.3.1974.
87 NAK, FCO 7/2605, Draft Speaking Note: Cabinet, 28.3.[1974].
88 Vgl. AMRE, Embajada en Francia, Oficios secretos, 1976, Leonidas Irarrázaval an Ministro RREE, 7.10.1976.

das in einem Schußwechsel mit chilenischen Sicherheitskräften verwundet worden war. Daraufhin war sie festgenommen und während ihrer Inhaftierung gefoltert worden. Die britische Regierung protestierte energisch und berief ihren Botschafter zu Konsultationen zurück.[89] Das chilenische Außenministerium sah die Beziehungen infolge des Zwischenfalls auf ihr »niedrigstes und explosivstes Niveau« herabgesunken.[90] In vielen anderen Ländern ereigneten sich ähnliche Fälle. In den USA gehörten dazu diejenigen der jungen Journalisten Charles Horman und Frank Teruggi, die beide im Anschluß an den Putsch ermordet worden waren, in Frankreich derjenige von Alfonso René Chanfreau Oyarce, der nach seiner Verhaftung durch die DINA verschwunden war.[91]

Darüber hinaus, und grundlegender, gehorchte die Verschlechterung der bilateralen Beziehungen, die allerorten zu beobachten war, in hohem Maße einer Logik der ideologischen Gegnerschaft. Das zeigte sich gerade in den Überlegungen derjenigen Regierungen, die die chilenische Junta am kompromißlosesten ablehnten. Die harte Haltung Schwedens und der Niederlande war auch ein Reflex darauf, daß führende Politiker eine tiefe Solidarität mit der *Unidad Popular* empfanden und große Hoffnungen in Allendes Politik gesetzt hatten. Für den niederländischen Premier den Uyl und seinen Entwicklungsminister Pronk ist dies bereits beschrieben worden. Die schwedischen Sozialdemokraten hatten während Allendes Regierungszeit besonders enge Bindungen hergestellt. Olof Palme war noch als Bildungsminister selbst nach Südamerika gereist und hatte Chile dann als Premier zum wichtigsten Land der schwedischen Entwicklungszusammenarbeit auserkoren.[92] Und auch die konfrontative Haltung, die François Mitterand später als französischer Staatspräsident an den Tag legen sollte, führten die Chilenen auf sein enges Verhältnis zu Allende zurück.[93] Die SPD-geführte Regierung in der Bundesrepublik war Chile in der Regierungszeit Allendes finanziell stark entgegengekommen, und der Parlamentarische Staatssekretär im Entwicklungsministerium, Hans Matthöfer, hatte in einem viel beachteten Interview verkündet, es liege »in der Tat im Interesse der Bundesrepublik, daß in ganz Lateinamerika die erforderliche Umwandlung der Strukturen, die die Unterentwicklung aufrechterhalten, auf friedliche und demokratische

---

89 Vgl. NAK, FCO 7/3083, Cabinet Defence and Overseas Policy Committee, Policy toward Chile. Memorandum by the Foreign and Commonwealth Secretary, o. Dat. [1976]; ebd., Speaking Notes for Secretary of State, o. Dat.
90 AMRE, Memorandos Dirección de Relaciones Internacionales, 1971–1978, Relaciones chileno-británicas [wohl 1976].
91 Zu Horman und Terrugi vgl. Hauser, Missing; sowie den Film »Missing« von Costa-Gavras (1982). Zu Chanfreau vgl. AMRE, Embajada en Francia, Oficios secretos, 1976, Jorge Errázuriz an Ministro RREE, 2.1.1976.
92 Vgl. Camacho, Vida; ders.: Relaciones.
93 Vgl. etwa AMRE, Embajada en Francia, Oficios secretos, 1981, Fernández Valdés an Ministro RREE, 3.12.1981.

Weise geschieht. Insofern haben wir wirklich ein Interesse daran, daß das Experiment Allende nicht scheitert.«[94] Nach dem Umsturz setzten sich SPD-Politiker besonders nachdrücklich dafür ein, Angehörige der Radikalen Partei, des chilenischen Mitglieds der *Sozialistischen Internationale*, vor Mißhandlung zu bewahren.[95] Der Einsatz für die Opfer des Regimes bedeutete hier, wie auch andernorts, weltanschaulich nahestehenden Politikern zu helfen.[96]

Politisch waren die Ereignisse im geographisch fernen Chile eben alles andere als fern oder belanglos. Nicht nur die außerparlamentarische Linke zog aus ihnen ihre »Lehren«. Auch in der Sicht der linken Parteien und des bürgerlich-konservativen Lagers wurde in dem kleinen Land auf der Südhalbkugel das Drama der politischen Gegenwart exemplarisch ausgespielt. Konservative Politiker und Zeitungen kommentierten den Putsch mit sichtlicher Genugtuung. Ihnen diente Allendes Scheitern vor allem als Beleg dafür, daß es einen »friedlichen Weg« zum Sozialismus nicht geben könne, dieser vielmehr, wenn er erfolgreich sein wollte, unausweichlich auf Zwang und Gewalt angewiesen sei.[97] Der Fraktionsvorsitzende der CDU/CSU, Karl Carstens, sprach eine weit verbreitete Auffassung aus, als er feststellte, die »Ereignisse haben bewiesen, daß Marxismus und freiheitlich-demokratische Grundsätze unvereinbar sind.«[98] Halb zielten solche Interpretationen darauf, den ideologischen Gegner zu diskreditieren, halb wollten sie das Schreckgespenst bannen, daß linke Parteien in Europa Allendes Strategie übernehmen könnten, um die Gesellschaftssysteme schleichend zu transformieren. Aus konservativen und rechten Kreisen erhielt die Militärregierung dann anfänglich auch mehr oder weniger verhohlene Unterstützung. So signalisierten die konservativen Regierungen in Großbritannien und Frankreich deutlich ihre Gewogenheit, wenngleich das chilenische Regime nicht lange davon zehren konnte.[99] Die Heath-Regierung übermittelte den neuen Machthabern über informelle Kanäle, sie sei mit dem Regierungswechsel zufrieden und werde die bilaterale Unterstützung nicht zurückziehen. Gleichzeitig

---

94 Vgl. Bericht der Bundesregierung über die Lage in Chile, 19.9.1973, S. 296; Staeck/Adelmann, Bildersturm, S. 44–46.
95 So vor allem der Bundestagsabgeordnete und baldige Staatsminister Hans-Jürgen Wischnewski auf mehreren Reisen nach Chile 1973/74. Vgl. Akten zur Auswärtigen Politik, Bd. 1974, II, S. 1529–1537. Vgl. auch einen Protestbrief Wischnewskis vom 22.11.1973 zugunsten von Anselmo Sule, dem Führer der Radikalen Partei, in: AMRE, Embajada de Chile en RFA, Oficios confidenciales, 1973.
96 Zu den sehr ähnlichen Mechanismen in Großbritannien vgl. Report of the Seventy-second Annual Conference of the Labour Party, S. 39; Statement by the NEC, in: Ebd., S. 370.
97 Vgl. etwa Predictable End to the Bold Chilean Experiment, S. 14.
98 Zitiert nach Stolle, Inbegriff, S. 799. Vgl. aus chilenischer Sicht u. a. AMRE, Embajada de Chile en RFA, Oficios confidenciales, 1973, Pablo Valdés an Ministro RREE, 2.11.1973.
99 Zu Frankreich vgl. AMRE, Embajada en Francia, Oficios confidenciales, 1973, Berguño an Ministro RREE, 7.11.1973; ebd., Berguño an Ministro RREE, 8.11.1973.

brandmarkten konservative Abgeordnete im Parlament die Regierung der *Unidad Popular* als »kommunistische Tyrannei« und raunten von gewaltsamen Umsturzplänen der Linken, denen die Militärs zuvorgekommen seien.[100] Auch reisten in den ersten Jahren nach dem Putsch mehrere Abgeordnete der CDU und der CSU nach Chile und äußerten sich positiv über ihre dortigen Beobachtungen. Nach seiner Rückkehr von einem Kurzbesuch in Santiago wurde der vormalige CDU-Generalsekretär Bruno Heck im Oktober 1973 mit den Worten zitiert, die »Verhafteten, die wir sprachen, haben sich nicht beklagt«, und das »Leben im Stadion« sei »bei sonnigem Frühlingswetter recht angenehm«.[101] Die Tageszeitung *Die Welt* verschaffte Pinochet 1977 in einem Interview ganz unumwunden eine Bühne zur politischen Selbstdarstellung: »Das bringt uns unmittelbar zum Problem der antichilenischen Propaganda. Bitte sagen Sie uns alles, was Sie in dieser Hinsicht auf dem Herzen haben.«[102] Die extreme Rechte begrüßte die Machtergreifung der Militärs ohnehin. In Frankreich taten sich dabei etwa Maurice Papon und Jean-Marie Le Pen hervor.[103]

Die chilenische Entwicklung geriet auf diese Weise zum Gegenstand vehementer innenpolitischer Kontroversen, die europaweit entlang den gleichen weltanschaulichen Bruchlinien ausgetragen wurden. Konservative Oppositionspolitiker in Großbritannien und der Bundesrepublik warfen den sozialdemokratischen Regierungen vor, auf die Vorfälle in Chile überzogen zu reagieren und gegen Menschenrechtsverletzungen in kommunistischen Staaten nicht annähernd so entschlossen vorzugehen.[104] Im März 1976 beherbergte die Parlamentarische Gesellschaft in Bonn eine Ausstellung des Graphikers Klaus Staeck, die unter anderem ein Plakat mit dem Bild Pinochets enthielt, das mit Bruno Hecks Zitat über den angenehmen Stadionaufenthalt und mit der Unterschrift versehen war: »Seit Chile wissen wir genauer, was die CDU von Demokratie hält«. Kurz nach ihrer Eröffnung drang eine Gruppe von Unionsabgeordneten, angeführt von Philipp Jenninger, in die Räume ein, zerriß die Plakate und trampelte auf den Fetzen herum. Nach manchen Medienberichten fielen dabei Begriffe wie »politische Pornographie« und »entartete Kunst«.

---

100 Vgl. AMRE, Embajada de Chile en Gran Bretaña, Oficios confidenciales, 1973, Oscar Buzeta an Ministro RREE, 4.10.1973; ebd., Buzeta an Ministro RREE, 10.11.1973. Vgl. auch Debatte im House of Commons, 28.11.1973, Sp. 499 und 520.
101 Heck wirbt um Verständnis für die Junta. Vgl. Stolle, Inbegriff, S. 800. Später unternahmen Heinrich Gewandt, Franz-Josef Strauß und Alfred Dregger Reisen, die in der Öffentlichkeit stark umstritten waren. Zur chilenischen Reaktion vgl. AMRE, Embajada de Chile en RFA, Oficios reservados, 1975, Valdés an Ministro RREE, 13.11.1975; ebd., Oficios reservados, 1979, Undurraga an Ministro RREE, 4.9.1979.
102 Zitiert nach Stolle, Inbegriff, S. 804.
103 Vgl. Berguño an Ministro RREE, 8.11.1973.
104 Für die Bundesrepublik vgl. Stolle, Inbegriff. Für Großbritannien vgl. Debatte im House of Commons, 21. und 23.5.1974.

SPD-Sprecher Uwe-Karsten Heye erklärte darauf hin, die Vorfälle machten deutlich, »wie ›die angebliche Freiheit‹ aussehen könne, welche Teile der Union den Bürgern der Bundesrepublik als vermeintliche Alternative zum demokratischen Sozialismus anpreisen wollen«.[105] Chile, das war eine Zeit lang auch der europäische Bürgerkrieg der siebziger Jahre, in dem die Rechte und die Linke in scharfen diskursiven Gefechten aufeinanderprallten.

In die Mechanik des staatlichen Umgangs mit Chile führte dies zwei zusätzliche Elemente ein. Denn einmal bildete die Haltung gegenüber der Militärregierung, gewollt oder ungewollt, einen Teil der innenpolitischen Positionierung. Daraus konnte ihr ein emblematischer Überschuß erwachsen. So hatte die *Labour Party* die Politik der konservativen britischen Regierung in den Monaten nach dem Putsch in zuweilen schrillen Tönen verurteilt und ein kompromißloses Vorgehen gegenüber dem Militärregime in Aussicht gestellt.[106] Nach dem Wahlsieg mußte *Labour* daher zusehen, die aus der Opposition heraus gesprochenen Worte in seiner Regierungspolitik praktisch einzuholen, was mindestens in der noch näher zu schildernden Frage der Kriegsschifflieferungen, in der sich einige Abgeordnete weit aus dem Fenster gelehnt hatten, nicht gelang.[107] Und als um 1980 die britische Regierung Margaret Thatchers und die US-Regierung unter Ronald Reagan eine Kehrtwende im Verhältnis zu Chile vollzogen, da geschah dies unübersehbar auch mit dem innenpolitischen Nebensinn, die auswärtige Inkompetenz des gegnerischen Lagers vorzuführen. Um die Mitte der siebziger Jahre sah es in einigen Ländern jedoch vorerst so aus, als hätten die linken Parteien die Diskurshoheit weitgehend errungen. Jedenfalls wurden die Stimmen, die den Kurs der Militärregierung befürworteten, schwächer. »Heute verteidigen nicht einmal die Konservativen Chile mit der gleichen Inbrunst und Begeisterung«, so lautete die bedrückte Einschätzung des chilenischen Botschafters in London, »wenn auch viele von ihnen großes Verständnis für unsere Entwicklung haben«.[108] Dabei war es gerade die menschenrechtlich begründete Kritik an der Militärregierung, die liberale Politiker mit ins Boot holte und es den Konservativen schwer machte, sich vorbehaltlos zugunsten der Junta zu äußern.[109] Im Jahr 1977 erwog der CDU-Parteivorsitzende Helmut Kohl sogar, einen Protestbrief europäischer Christdemokraten zu

---

105 Die Vorfälle und die Medienberichterstattung sind dokumentiert in Staeck/Adelmann, Bildersturm. Das Zitat stammt aus der *Rheinischen Post* vom 1.4.1976.
106 Vgl. Statement by NEC, S. 370; Konferenzresolution der Labour Party, 1.–5.10.1973.
107 Einige Abgeordnete hatten angekündigt, keinerlei Waffen an Chile liefern zu wollen, doch beschloß die Regierung später, laufende Verträge über einige Kriegsschiffe zu erfüllen. Vgl. Debatte im House of Commons, 28.11.1973, Sp. 475.
108 AMRE, Embajada de Chile en Gran Bretaña, Oficios secretos, 1976, Olsen an Ministro RREE, 25.8.1976.
109 Vgl. etwa AMRE, Embajada de Chile en Gran Bretaña, Aerogramas secretos, 1975, Olsen an Ministro RREE, 13.1.1975.

unterzeichnen. Der Gedanke löste in den Reihen seiner Partei allerdings kräftigen Widerspruch aus, und der Brief wurde offenbar nie abgeschickt.[110]

Wichtiger wurde ein zweites Element. Infolge der polarisierten Diskussionen baute sich ein starker innenpolitischer Handlungsdruck auf, über den sich die staatliche Außenpolitik nicht einfach hinwegsetzen konnte – auf die rechten Regierungen ein Druck von links, auf die linken von noch weiter links. In Europa kam das erste Muster in den kurzen Jahren, in denen Pompidou und Heath noch an der Macht waren, ansatzweise zum Tragen.[111] Mitglieder beider Regierungsbürokratien verwiesen ihren chilenischen Gesprächspartnern gegenüber darauf, wie stark ihr Manövrierraum, bei allem Wohlwollen, eingeschränkt sei. Die Angriffe auf Chile seien »in Wahrheit Angriffe auf die gegenwärtige französische Regierung«, führte der für Lateinamerika zuständige Beamte im französischen Außenministerium aus, und sie wögen besonders schwer, weil sie das einzige Band bildeten, das die Opposition eine.[112]

Die amerikanische Regierung unter Richard Nixon fand sich prinzipiell in einer ähnlichen Situation. Die Dinge lagen allerdings noch komplizierter, und daher gab es im Verhältnis der USA zu dem südamerikanischen Land auch einige Sonderentwicklungen. Dazu gehörte zunächst fraglos die wild entschlossene Feindschaft, die Nixon und Kissinger für Allendes sozialistisches Experiment hegten, und die dazu führte, daß sie seit 1970 mit verschiedenen Mitteln auf den Sturz der *Unidad Popular* hinarbeiteten. Die amerikanische Destabilisierungskampagne umfaßte verschiedene Strategien.[113] Vor allem versuchten die USA, das Land gezielt finanziell zu schädigen – »die Wirtschaft aufkreischen zu lassen«, in den Worten Nixons. Sie strichen die Finanzhilfe und verhinderten, daß Chile internationale Kredite erhielt. Zudem versorgten sie oppositionelle Parteien und Medien großzügig mit Geld. Über eine Involvierung der CIA in den Putsch vom 11. September ist bereits zeitgenössisch viel spekuliert, und seitdem viel geschrieben worden. Nach den heute verfügbaren Quellen ist klar, daß CIA und Pentagon in den Monaten vor dem Putsch enge Kontakte zu den Verschwörern im Militär unterhielten. Die Regierung war genau im Bilde, wie sich die Vorbereitungen entwickelten, und die Putschisten wußten, daß sie auf die amerikanische Billigung zählen konnten. Die operative Planung und Durchführung hingegen scheint beim chilenischen Militär gelegen zu haben (das immerhin zu den am besten ausgebildeten Lateinamerikas

---

110 Vgl. AMRE, Embajada de Chile en RFA, Oficios secretos, reservados, 1977, Gevert an Ministro RREE, 5.10.1977; Hofmann, Stramm und stumm; Zundel, Der Weltgeist geht im Trachtenanzug.
111 Zu Großbritannien vgl. AMRE, Embajada de Chile en Gran Bretaña, Oficios confidenciales, 1973, Oscar Buzeta an Ministro RREE, 4.10.1973.
112 Berguño an Ministro RREE, 7.11.1973.
113 Vgl. zum Folgenden vor allem Kornbluh, Pinochet File.

gehörte). Daß amerikanische Kräfte im engeren Sinne beteiligt waren, läßt sich derzeit also nicht belegen – die Kontroverse in der Forschung hält aber an.[114]

Die neue Militärregierung erkannten die USA folglich sofort an und sicherten ihr vertraulich Unterstützung zu. Im weiteren Verlauf zeichneten sich dann zwei wichtige Entwicklungen ab. So wurde erstens deutlich, welche engen Grenzen selbst dem auswärtigen Handlungsspielraum der Supermacht durch den innenpolitischen Protest gezogen waren. Dessen Urgrund bildete die tiefgreifende Kritik an der amerikanischen Außenpolitik, die in den Diskussionen um das militärische Engagement in Vietnam aufgebrochen war und seitdem immer mehr Raum gegriffen hatte. Im Kongreß regte sich umgehend vehementer Unmut sowohl über die repressive Politik der chilenischen Militärs als auch über das Verhalten der amerikanischen Regierung. Fast alle Abgeordneten, die diese Linie verfolgten, hatten bereits in den Protesten gegen den Vietnamkrieg eine herausgehobenen Rolle gespielt. Die ersten Ansätze ihrer parlamentarischen Gegenbewegung waren dem Putsch gegen Allende daher auch vorausgegangen; und ihre Ergebnisse sollten, wie beschrieben, weit über den Umgang mit dem Land hinausreichen. Gleichwohl diente ihnen Chile in diesen Jahren als zentrales, geradezu emblematisches Argument bei ihrem Versuch, die US-Außenpolitik an Menschenrechtserwägungen zu binden. Die demokratischen Abgeordneten Edward Kennedy und Donald Fraser ließen allein in den ersten zweieinhalb Jahren mehr als ein Dutzend Anhörungen über die Ereignisse abhalten. Im September 1974 unterzeichneten 104 Abgeordnete einen offenen Brief, in dem sie Außenminister Kissinger aufforderten, die Menschenrechtssituation bei der Vergabe von Auslandshilfe zu berücksichtigen. In den folgenden Jahren unternahm die Opposition im Kongreß dann mehrere Vorstöße, um die bilaterale und multilaterale Wirtschaftshilfe sowie die Militärunterstützung der USA für Chile zu reduzieren oder ganz einzustellen. Ende 1975 schließlich veröffentlichte ein Senatskomitee zwei Berichte über die Geheimoperationen in Chile, die das Ansehen der Nixon-Regierung und der CIA noch tiefer sinken ließen, als es zuvor ohnehin schon der Fall gewesen war.

Daß »dieses [Menschenrechts-] Problem und die Reaktion des Kongresses darauf unsere Fähigkeit gefährden, normale, produktive Beziehungen mit Chile zu führen«, war für die Regierung von Gerald Ford, der Nixon 1974 im Amt folgte, bald schon unübersehbar.[115] Die chilenische Junta ersuchte um Rüstungslieferungen und finanzielle Unterstützung, die die amerikanische Regierung nur zu gerne gewährt hätte, doch schob die innenpolitische Opposition eben genau in diesen Bereichen einen Riegel vor.[116] Das *State Department*

---

114 Vgl. Shiraz, CIA Intervention.
115 NARA, Chile Human Rights Documents [im Folgenden CHRD], State Department, Box 5, William D. Rogers to Sisco, 16.12.1974.
116 Vgl. NARA, CHRD, State Department, Box 6, Popper an Rogers, Special Briefing Points, 11.3.1975.

wählte die Strategie, die Militärregierung ihrer prinzipiellen Unterstützung zu versichern, aber klarzustellen, daß die Menschenrechtskritik in Kongreß und Öffentlichkeit für sie ein echtes Problem sei; das hielten Regierungsmitglieder der chilenischen Führung immer wieder vor Augen.[117] Obwohl sie für die US-Regierung selbst kein Kriterium darstellte, avancierte die Menschenrechtssituation in Chile damit zu einem zentralen Thema der bilateralen Beziehungen.[118] Mehr noch, Teile der amerikanischen Regierung machten sich gegenüber den chilenischen Militärs *de facto* zum Anwalt der Forderungen nach mehr Rechtsstaatlichkeit und einem humaneren Umgang mit den politischen Gegnern – wenn auch aus instrumentellen und nicht aus moralischen Gründen. So bekam die Junta zu hören, sie solle sich um rechtliche Sicherungen wie sofortige Anklagen, öffentliche Prozesse oder wirksame Appellationsmechanismen bemühen.[119] Im Laufe des Jahres 1975 entwickelte sich im *State Department* sogar eine kontroverse Diskussion darüber, ob es nicht an der Zeit sei, von der »Politik freundschaftlichen Zuredens« abzurücken.[120] Sie hatte sich in den Augen einiger Beamter als unwirksam erwiesen. Daher schlugen manche nun vor, dem Pinochet-Regime keine neue Unterstützung zuzusagen, bevor sich die Menschenrechtssituation nicht sichtlich bessere.[121] Noch grundlegender wurde dabei in Frage gestellt, wie nützlich Chile überhaupt als Verbündeter sei. Ein Memorandum erachtete die Vorteile, die die USA aus der Verbindung ziehe, als »relativ unbedeutend«.[122] Und schließlich erhoben sich sogar Stimmen, die dem »Menschenrechtsproblem« eine substanzielle, nicht lediglich abgeleitete Bedeutung zumaßen: »In den Augen der Welt sind wir eng mit dieser Junta verbunden, und das heißt mit Faschisten und Folterern […]. Das ist ein Grund mehr, warum sich ein großer Teil der Jugend unseres Landes von der Regierung entfremdet hat.«[123]

Daß daraus gleichwohl kein wirklicher politischer Druck resultierte, hatte mehrere Gründe. Einmal ließen die Vertreter der amerikanischen Regierung in der Regel eben keinen Zweifel an ihrer grundsätzlichen Gewogenheit. Die Menschenrechtsproblematik sprachen sie unter der Prämisse geteilter Interessen

---

117 Vgl. NARA, CHRD, State Department, Box 3, Popper an Secretary of State, 13.3.1974; ebd., Box 4, Telegramm Secretary of State an Embassy Santiago, 30.3.1974; ebd., Box 5, Embassy Santiago an Secretary of State, 18.9.1974.
118 Vgl. NARA, CHRD, State Department, Box 10, Embassy Santiago an Secretary of State, 21.4.1976; ebd., Embassy Santiago, Country Analysis and Strategy Paper, 12.4.1976.
119 Vgl. NARA, CHRD, State Department, Box 6, Telegramm Kissinger an Embassy Santiago, 1.2.1975; ebd., Box 5, Embassy Santiago an Secretary of State, 23.7.1974.
120 NARA, CHRD, State Department, Box 7, Embassy Santiago, Analysis and Strategy Paper, 18.5.1975.
121 Vgl. ebd.
122 Ebd.
123 NARA, CHRD, State Department, Box 7, Bloomfield an Rogers und Ryan, 11.7.1975.

an und »mit Betonung unseres Wunsches, zu helfen«.[124] Daneben setzte die US-Regierung mindestens anfänglich auf die eigene Einsicht des Regimes. Man hoffe, die Chilenen würden sich fragen, »ob alle Maßnahmen, die sie ergriffen haben, in einem angemessenen Verhältnis zu ihren Sicherheitsbedürfnissen stehen«, führte der amerikanische Botschafter Popper im April 1974 aus.[125] Das fragte sich die chilenische Regimeführung aber nicht, und wenn doch, dann lautete ihre Antwort in diesen Jahren unwandelbar, daß die Repressionen nötig seien. Vor allem aber hintertrieb Außenminister Kissinger persönlich alle Ansätze, das Regime mit einer Kritik zu konfrontieren, die mindestens so scheinen konnte, als sei sie ernst gemeint. Und somit zeigte die amerikanische Politik eben auch – das war die zweite wichtige Entwicklung –, bis zu welchem Grad sich ein Regierungshandeln, das allein der realpolitischen Nullsummenlogik des Kalten Kriegs verpflichtet war, über die menschenrechtlichen Widerstände im eigenen Land hinwegsetzen konnte.[126] In einer internen Diskussion über Chile im Sommer 1975 schäumte Kissinger über die »schreiende Heuchelei«, deren Opfer das Militärregime geworden sei.[127] Kissinger riet der chilenischen Führung daher in der Folge entschieden dazu, kosmetische Maßnahmen zu ergreifen, um die Menschenrechtskritiker zu beschwichtigen und den Weg für eine vollgültige amerikanische Unterstützung freizumachen.[128] Am konkretesten wurde er in einem Gespräch mit Pinochet anläßlich der Generalversammlung der OAS, die 1976 in Santiago tagte. In den öffentlichen Sitzungen wies er kritisch darauf hin, die Menschenrechtssituation in Chile belaste das Verhältnis zu den USA, und ging damit über alles hinaus, was die amerikanische Regierung bis dato öffentlich hatte verlauten lassen. In einer privaten Unterredung mit dem Diktator hatte Kissinger aber zuvor klargestellt, daß er diesen Passus wegen der Stimmung im Kongreß in seine Rede aufgenommen habe und Pinochet sich daran nicht stören solle. Den Putsch gegen Allende bezeichnete Kissinger als einen »großen Dienst für den Westen«, weil er ein zweites Kuba verhindert habe. Schließlich versicherte er Pinochet, »ich will, daß Sie Erfolg haben, und ich will die Möglichkeit von Hilfszahlungen aufrecht erhalten.« Dafür machte der amerikanische Außenminister nun detaillierte Vorschläge, etwa mehr Häftlinge, die freigelassen werden sollten, auf einmal zu entlassen, um die

---

124 Telegramm Kissinger an Embassy Santiago, 1.2.1975.
125 NARA, CHRD, State Department, Box 4, Telegramm Embassy Santiago an Secretary of State, 9.4.1974.
126 Vgl. zum Hintergrund auch Schoultz, Rights; Sigmund, United States, S. 85–107; Sikkink, Signals, S. 106–120.
127 NARA, CHRD, State Department, Box 7, Ambassador Popper's Meeting with the Secretary, 18.7.1975.
128 NARA, CHRD, State Department, Box 8, Secretary's Meeting with Foreign Minister Carvajal, 29.9.1975. Vgl. dazu ebd., Rogers an Secretary of State, FMS Sales to Chile, 4.8.1975; ebd., Kissinger an Carvajal, n.d. (übermittelt an Embassy Santiago am 5.8.1975).

»psychologische Wirkung« zu steigern.[129] Die amerikanische Regierung schritt somit skrupelloser über die innenpolitische Kritik hinweg als andere Staatsführungen; gleichwohl hatte auch sie auf Optionen ausweichen müssen, die ihr vergleichsweise ungünstig erschienen.

Führte der innenpolitische Handlungsdruck also dazu, daß konservative Regierungen die chilenische Junta nicht so sehr unterstützen konnten, wie sie gewollt hätten, so drohte er die sozialdemokratischen Regierungen weiter zu treiben, als ihnen lieb war. Sowohl die sozial-liberale Koalition in der Bundesrepublik als auch die britische *Labour*-Regierung standen bei allen ihren Entscheidungen unter einem lautstarken Druck, Chile möglichst schwer zu bestrafen. Die SPD-Bundestagsfraktion forderte eine gute Woche nach dem Umsturz in einer Entschließung: »Jede Hilfe, die als Billigung oder Unterstützung des Militärregimes verstanden werden kann, muß unterbleiben«. Damit hatte sie früh eine Maximalposition formuliert, die aus den Reihen der Partei immer wieder eingeschärft werden sollte.[130] Nach Einschätzung des Auswärtigen Amts war dies ein wesentlicher Grund, warum das Bundesministerium für wirtschaftliche Zusammenarbeit den ungewöhnlichen Schritt unternahm, die Entwicklungshilfe für Chile einzustellen.[131]

In Großbritannien ging die Agitation vom linken Flügel der Partei, von Gewerkschaften sowie von der *Chile Solidarity Campaign* aus, die, wie bereits angedeutet, die Kritik eines breiten Panoramas linker Gruppen und Organisationen bündelte.[132] Mindestens punktuell spaltete sich aber auch das Kabinett.[133] Die Proteste und Appelle von *Amnesty International*, von Studentenvereinigungen, Kirchengruppen, Berufsorganisationen und lokalen *Labour*-Mitgliedern verschafften den Forderungen nach einem radikaleren Vorgehen zusätzliche Resonanz.[134] In ihren Diskussionen über das bilaterale Vorgehen rechnete die Regierung daher stets damit, ihre eigentliche Unterstützerbasis zu verprellen, wenn sie sich den radikalen Forderungen verschlösse.[135] An einer entscheidenden Wegmarke, als nämlich 1975 die Frage einer Neuverhandlung der

---

129 NARA, CHRD, Box Ford Presidential Library, Memorandum of Conversation, Kissinger-Pinochet, 8.6.1976.
130 Zitiert nach: Aufzeichnung des Vortragenden Legationsrats I. Klasse Marré, 29.11.1974, S. 1531, Fn. 9. Vgl. später u. a.: Parteitag der SPD vom 11. bis 15. November 1975, S. 1228 f.
131 Vgl. Aufzeichnung Ministerialdirektor Lautenschläger, 22.3.1976, S. 406, Fn. 19.
132 Vgl. NAK, CAB 128/54, Confidential Annex CC (74) 7th Conclusions, 28.3.1974; ebd., CAB 128/54, Conclusions Meeting of Cabinet, 16.5.1974; ebd., FCO 7/2605, Crabbie, [Aktennotiz] Policy on Chile, 19.11.1974; ebd., FCO 7/2608, Michael Gatehouse an Callaghan, 12.3.1974; ebd., Gatehouse an Wilson, 3.4.1974; ebd., Record of Conversation between Foreign Secretary and CSSC, 30.4.1974.
133 Vgl. Conclusions Meeting of Cabinet, 16.5.1974.
134 Vgl. NAK, FCO 7/3295, darin fünf Mappen mit Eingaben zugunsten politischer Gefangener von 1977.
135 Vgl. etwa Confidential Annex CC (74) 7th Conclusions, 28.3.1974.

chilenischen Schulden anstand, beeinflußte das ihr Handeln direkt. Die Entschlußbildung stand dezidiert unter innenpolitischen Vorzeichen. Ende 1974 hatte die *Labour Party Conference* eine Resolution verabschiedet, in der sie ihr Entsetzen darüber ausdrückte, daß die britische Regierung einen Zahlungsaufschub gewährt hatte.[136] Belasteten schon die Aussichten, mit der eigenen Partei in Konflikt zu geraten, die Überlegungen erheblich, so kam eine Lobbyaktion der *Chile Solidarity Campaign* erschwerend hinzu, die die Regierung mit »fast täglichen Pilgerfahrten zum Außen-, Finanz- und Entwicklungsministerium« weichzukochen versuchte.[137] Die Wilson-Regierung teilte den Chilenen schließlich mit, sie bestehe darauf, daß die Schulden vollständig zurückgezahlt würden, und ergriff damit eine der gravierendsten Einzelmaßnahmen, die überhaupt gegen die Militärregierung getroffen wurden. Deren Botschafter in London ordnete die Dinge durchaus treffend ein, als er nach Hause berichtete, die britische Regierung habe ihre Beziehungen zu Chile dem innerparteilichen Konflikt mit dem linken Flügel geopfert.[138]

Auch in den folgenden Jahren zwang der innenpolitische Druck die mittlerweile von James Callaghan geführte Regierung zu einem stets diffizilen Balanceakt.[139] Die *Labour*-Regierung setzte nun jedoch alles daran, nicht noch weiter einzuknicken.[140] Das Kabinett befürchtete chilenische Vergeltungsmaßnahmen und sah Großbritannien im wirtschaftlichen Wettbewerb mit Frankreich und der Bundesrepublik bereits weit im Hintertreffen. Die diplomatischen Beziehungen abzubrechen oder bereits zugesagte Schiffslieferungen zu stoppen, wie es der linke *Labour*-Flügel forderte, hielt es daher für denkbar unklug.[141] Lockern ließ sich die Haltung gegenüber Chile jedoch auch nicht. Das zeigte sich, als die Regierungen die Beziehungen im Herbst 1976 und Frühjahr 1977 überprüfen ließ.[142] Darüber, daß die Menschenrechtsverletzungen im Anden-

---

136 Vgl. Craig (Hg.), Conference Decisions, S. 271 f. Vgl. NAK, FCO 7/2613, Collins, Debt Rescheduling, 9.12.1974; ebd., FCO 7/2800, Crabbie, Chile debt rescheduling, 6.1.1975.
137 Vgl. Report of the Seventy Third Annual Conference of the Labour Party, S. 364; NAK, PREM 16/758, Foreign Minister [?], Memorandum for Prime Minister, 11.2.1975; ebd., FCO 7/2800, Crabbie an Secondé, 15.2.1975, hier das Zitat.
138 Vgl. AMRE, Embajada de Chile en Gran Bretaña, Oficios secretos, reservados, 1976, Olsen an Ministro RREE, 9.1.1976.
139 Vgl. u. a. Report of the Seventy Fifth Annual Conference of the Labour Party, S. 34 f.; NAK, FCO 7/3298, Meeting Foreign Secretary of State and Delegation CSSC, 3.11.1977; ebd., FCO 7/3300, Davies, Policy toward Chile, 22.9.1977, hier Aufstellung über »Further measures which the Government are under pressure to take«.
140 Meeting Foreign Secretary of State and Delegation CSSC, 3.11.1977; NAK, FCO 7/3488, Meeting Ted Rowlands with Delegation CSC, 1978.
141 Vgl. NAK, FCO 7/3083, Cabinet Defence and Overseas Policy Committee, Policy toward Chile. Memorandum by the Foreign and Commonwealth Secretary, o. Dat. [1976]; ebd., [Meeting Defence and Overseas Policy Committee, Mai 1976].
142 Vgl. vor allem NAK, FCO 7/3299, South America Department, Policy Toward Chile, April 1977.

staat an Virulenz verloren hatten, waren sich zu diesem Zeitpunkt alle einig. Im *Foreign Office* mehrten sich daher nun die Stimmen, denen es geboten erschien, dem Militärregime etwas stärker entgegenzukommen. Gerade in Lateinamerika würden inzwischen Diktaturen herrschen, die schlimmere Verbrechen begingen. Die britische Politik laufe daher Gefahr, »den Vorwurf der Selektivität auf sich zu ziehen. Aber würden wir [...] unsere Chilepolitik auf den Großteil Lateinamerikas ausdehnen wollen?«[143] Auch hatte sich Großbritannien in den Augen dieser Beamten recht weit von der Politik der anderen westeuropäischen Staaten entfernt und war dabei, den eigenen materiellen Interessen zu schaden. Andere wollten gleichwohl an der bisherigen Linie festhalten, und es waren einmal mehr die innenpolitischen Rücksichtnahmen, die dabei im Hintergrund standen. Die Lateinamerika-Abteilung im *Foreign Office* gab vertraulich ihre Einschätzung weiter, »jede Lockerung würde insofern hohe Kosten mit sich bringen, als sie die enge Beziehung zwischen der Regierung und den Gewerkschaften beschädigt, von der der *Social Contract* abhängt.«[144] Die Regierung beschloß daher auch, nichts zu ändern, und da die inneren Handlungszwänge nicht abnahmen, blieb es auch in der Folge dabei.[145]

Die Politik westlicher Regierungen: Maßnahmen

War das Motivbündel, das westliche Regierungen veranlaßte, gegen die Unterdrückung in Chile einzuschreiten, also denkbar intrikat, so war es noch eine ganz andere Frage, welche Art der Strafpolitik daraus abzuleiten sei. Keiner der involvierten westlichen Staaten hatte bis dato nachhaltige Erfahrungen damit gesammelt, aus Anlaß von Menschenrechtsverletzungen bilaterale Sanktionen zu verhängen. Als die Militärs in Chile putschten, existierten kaum Präzedenzfälle, eine außenpolitische Routine war nicht vorhanden. Der Entscheidungsprozeß innerhalb der Regierungen war dabei in ein breiteres Geflecht »nationaler Interessen« eingebunden, die oft gegen besonders harsche Schritte sprechen mochten. Daß dies auch eine Schutzbehauptung sein konnte, um Untätigkeit zu kaschieren oder sogar verhohlene Sympathie für das Militärregime, machte die Dinge in der aufgeheizten Atmosphäre der siebziger Jahre nicht leichter. Die staatlichen Interessenkonflikte konzentrierten sich dabei auf den wirtschaftlichen Bereich, da Chiles militärisch-strategische Bedeutung vernachlässigbar erschien – außer für das besonders empfindsame Sicherheitsgefühl der

---

143 NAK, FCO 7/3084, Collins an Lipsey, 20.10.1976.
144 Ebd., Carless, Draft letter to Haskell, British Embassy, o. Dat. [Oktober/November 1976].
145 Vgl. NAK, FCO 7/3300, Ure, Policy Toward Chile, 13.9.1977; ebd., FCO 7/3485, Aktennotiz Cortazzi, 11.4.1978.

Nixon- und Ford-Regierungen und, greifbarer, aber auch begrenzter, für den britischen Zugang zu den Falkland-Inseln. Obwohl die wirtschaftlichen Einsätze wiederum vergleichsweise niedrig waren, lag ein ungebremstes Vorgehen für die meisten Regierungen weit außerhalb des Möglichen.

In den Überlegungen der *Labour*-Regierung kam dies besonders deutlich zum Vorschein, weil gerade sie am entschlossensten war, die Militärregierung zu bestrafen, und auch tatsächlich den härtesten Kurs einschlug. Dabei achtete sie gleichwohl behutsam darauf, die Sanktionen nicht so weit zu treiben, daß die Junta etwa im Gegenschlag die Kupferlieferungen einstellen oder die Geschäfte britischer Privatunternehmen beeinträchtigen könnte.[146] Am kompliziertesten stellte sich die Frage einiger Kriegsschiffe dar, die Großbritannien an Chile liefern sollte. In ihrem Maßnahmenbündel vom März 1974 hatte die neue Regierung auch festgelegt, die Junta nicht länger mit Waffen zu versorgen.[147] Die Lieferverträge waren allerdings schon Jahre zuvor abgeschlossen worden, und die Schiffe längst im Bau. Die Regierung fürchtete, Großbritanniens internationale Glaubwürdigkeit als Schiffslieferant würde nachhaltigen Schaden nehmen, wenn man die Verträge nun aus politischen Gründen aufkündigte. Für die radikalen Gegner des Pinochet-Regimes stand der Symbolwert einer Waffenlieferung voran, und sie forderten daher energisch, die Schiffe nicht auszuliefern. Aus Sicht der *Labour*-Regierung biß sich die Katze der Menschenrechtssanktionen hier in den Schwanz: Ein schwindendes internationales Vertrauen in die britische Lieferzuverlässigkeit würde einen Rückgang an Bauaufträgen nach sich ziehen; dieser wiederum würde die nationale Schiffbauindustrie schädigen; darunter würden dieselben Arbeiter leiden, die auf den Werften gerade streikten, um die Auslieferung der Schiffe zu verhindern.[148] In diesem Punkt behielt die wirtschaftliche Überlegung Vorrang, und die Wilson-Regierung sah sich nicht imstande, ihre Mißbilligung des Regimes so konsistent umzumünzen, wie sie es gewollt hätte.

Es waren aber nicht nur widerstreitende Interessen, die das Vorgehen der Regierungen hemmten. Hinzu kamen Unschärferelationen, die es schwer machten, zu entscheiden, welche Strafpolitik effizient und angemessen sei. Eine davon betraf die Frage, ob eine Sanktion überhaupt eine Sanktion war. Sie tauchte in den Diskussionen über eine Neuverhandlung der chilenischen Schulden auf. Diese Neuverhandlung zu verweigern und Chile damit zu verpflichten, seine Schulden zurückzuzahlen, bot mindestens auf den ersten Blick die Möglichkeit, ein armes, im Umbruch befindliches Land an einer sensiblen Stelle zu treffen.

---

146 Vgl. u. a. Cabinet Defence and Overseas Policy Committee, Policy toward Chile, 19.3.1974.
147 NAK, FCO 7/2605, Draft Speaking Note: Cabinet 28.3.[1974].
148 Vgl. etwa Cabinet Defence and Overseas Policy Committee, Policy toward Chile, 19.3.1974.

Daher machten die Niederlande im Frühjahr 1974 einen ersten Vorstoß im Pariser Club, dem Zusammenschluß der wirtschaftlich mächtigen Gläubigerländer des globalen Nordens, wo sie forderten, die Umschuldung zu begrenzen; der Club einigte sich schließlich auf eine Formel von achtzig Prozent.[149]

Ein heftiger Konflikt entbrannte, als die britische Regierung im folgenden Jahr, wie bereits erwähnt, beschloß, gar nicht umzuschulden, um den menschenrechtspolitischen Druck auf das Pinochet-Regime zu erhöhen.[150] Die Entscheidung war alles andere als unumstritten gewesen. Großbritannien war der zweitgrößte Gläubiger im Pariser Club mit ausstehenden Schulden von 26 Millionen Pfund allein für die Jahre 1973/74. Im *Foreign Office* sah man die Gefahr, daß die Rückzahlungen ganz entfallen könnten. »Umschuldung ist kein Akt der Nächstenliebe«, so glaubte die Lateinamerika-Abteilung erinnern zu müssen, »sondern notwendig, um die Zahlungen eines nahezu bankrotten Landes sicherzustellen.«[151] Im Pariser Club standen die Briten allerdings keineswegs allein. Vielmehr spaltete er sich in zwei Lager: Während sich vor allem die USA, die Bundesrepublik und Japan für einen Zahlungsaufschub aussprachen, stemmten sich neben Großbritannien auch Belgien, Dänemark, Italien, die Niederlande, Norwegen und schließlich Frankreich dagegen.[152] Beide Gruppen konnten argumentieren, daß die Haltung der jeweils anderen das Militärregime begünstige: Von der Umschuldung würde Chile profitieren, weil es dadurch an Kreditwürdigkeit gewinne, so glaubten die einen; die Neuverhandlung zu verweigern, laufe auf eine Finanzhilfe *de facto* hinaus, meinten die anderen, da Chile dann auch die Summen einbehalten könnte, die es andernfalls in die anteilige Schuldentilgung investieren müßte. So betrachtet, ließ sich die Junta über die Schuldenpolitik gar nicht bestrafen. Vom Ergebnis her gesehen, war das auch tatsächlich der Fall. Zwar gelang es den Gegnern der Umschuldung 1975, eine neue multilaterale Vereinbarung zu torpedieren, doch die USA und die Bundesrepublik schlossen daraufhin separate Abkommen.[153] Den Briten zahlte die chilenische Regierung nur die zehn Prozent der Schulden zurück, die sie auch den umschuldungsbereiten Gläubigern zurückzahlte – daß Chile keinem Staat mehr beglich, war deren Bedingung für eine Vereinbarung gewesen.[154] Die britische Regierung überlegte ein wenig hin und her, ließ es dann aber gut sein. Daß nun alles so war, als hätte sich Großbritannien dem Umschuldungsabkommen angeschlossen, sprach niemand aus. Im folgenden Jahr war

---

149 Vgl. Malcontent, Kruistocht, S. 172–177; sowie die Unterlagen in NAK, FCO 7/2611.
150 Vgl. NAK, FCO 7/2801, Carless, Chile debt, o. Dat.
151 NAK, FCO 7/2605, Hugh Carless, Speaking Notes for Secretary of State, o. Dat. [März 1974?].
152 Vgl. FCO 7/2802, J. Kelley, Chile Debt, 25.4.1975.
153 Vgl. BCN, Actas, Acta Nr. 235-A, 23.9.1975, hier: Exposición del Sr Ministro de Hacienda sobre último viaje a EEUU; Malcontent, Kruistocht, S. 172–177.
154 Vgl. die Unterlagen in NAK, FCO 7/2802.

Chile dann, wohl für alle überraschend, bereits in der Lage, seine Schulden vollständig zu bedienen, und stellte gar keinen Antrag auf Neuverhandlung mehr.

Eine weitere Unschärferelation ergab sich bei der Frage, ob Sanktionen einen Effekt hatten. Daß die menschenrechtlichen Schritte, die man unternahm, auch tatsächlich etwas bewirkten, stellte für die juntakritischen Regierungen ein zentrales Kriterium dar.[155] In der britischen Regierung hielten es viele etwa schon in der Umschuldungsdiskussion für ausschlaggebend, ob eine Weigerung »wirklichen und unwiderstehlichen Druck auf Chile ausübt«, oder ob sie lediglich »eine leere und sehr teure Geste« sei.[156] Zweckrationalität rangierte hier deutlich vor Symbolpolitik. Doch welche Maßnahmen waren effektiv? Das ließ sich entscheiden, wenn man die Gründe kannte, warum sich die Menschenrechtslage in Chile seit Mitte der siebziger Jahre verbessert hatte; und diese Gründe kannte man eigentlich nicht. Hier eröffnete sich folglich ein breiter Interpretationsspielraum, der es gleichermaßen zuließ, Argumente für oder gegen Strafmaßnahmen zu entwickeln. Die britischen Verantwortlichen bezogen dabei im Lauf der Jahre diametral entgegengesetzte Positionen. Auf der einen Seite fand die Deutung des *post hoc ergo propter hoc* einen gewissen Anklang. So vermerkte ein Memorandum von 1977, das die bilateralen Beziehungen umfassend evaluierte, mit Blick auf die nachlassenden Repressionen: »Das ist zum Teil unser Verdienst« – selbstbewußt, aber ohne weitere Begründung. Dem standen diejenigen Beobachter gegenüber, die Pinochet fester am Steuer sahen als jemals zuvor und den veränderten politischen Stil der chilenischen Junta auf innere Entwicklungen zurückführten. Sie glaubten, daß »sich äußerer Druck bislang nicht darin ausgewirkt hat, einen echten und substanziellen Wandel herbeizuführen.«[157]

Schließlich barg eine entschlossene Sanktionspolitik ihre eigenen Dilemmata. So sahen einige Beamte des *Foreign Office* die Gefahr, eine andauernd harte Haltung könne das chilenische Regime nur noch unzugänglicher machen.[158] »Die unerbittliche Verwendung der Peitsche ohne jegliche Verabreichung des Zuckerbrots verhindert Fortschritte auf dem Menschenrechtsfeld eher, als daß sie sie befördert«, befand der britische Botschafter in Santiago, Haskell.[159] Auch würde die Regierung, wenn sie zu schnell zu den einschneidendsten Maßnahmen griff, bald ohne weitere Eskalationsmöglichkeiten dastehen. »Wenn die Grenze unseres Vermögens, chilenische Interessen zu schädigen, einmal erreicht ist (und an diesem Punkt sind wir jetzt fast angelangt), dann ha-

---

155 Ähnlich die niederländische Regierung. Vgl. Malconent, Kruistocht, S. 169.
156 Foreign Minister [?], Memorandum for Prime Minister, 11.2.1975; Crabbie an Secondé, 15.2.1975.
157 Alles in: NAK, FCO 7/3299, South American Department, Policy Toward Chile, April 1977.
158 FCO 7/2800, Crabbie, Chile debt, 31.1.1975.
159 NAK, FCO 7/3305, Haskell an Ure, 3.8.1977.

ben wir nur noch die Wahl zwischen totaler Wirkungslosigkeit und schmachvollem Rückzug«, führte eine Denkschrift der britischen Botschaft aus.[160]

Im Nachdenken über solche Probleme gelangten die westlichen Regierungen zu unterschiedlichen Schlüssen – markierte Großbritannien den einen Extrempunkt, so Frankreich den entgegengesetzten, da es kaum etwas an seinem Verhältnis zu Chile änderte. Trotz dieser Streuung wiesen die Strafmaßnahmen, die tatsächlich ergriffen wurden, einige Muster auf.[161] Ein erstes Bündel konzentrierte sich auf Rüstungsexporte, welche neben Großbritannien vor allem auch die Bundesrepublik einstellte.[162] Das war ein ebenso konsequenter wie naheliegender Schritt: Von den USA abgesehen, hatte niemand ein Interesse daran, Chile aufzurüsten, und es ließ sich dadurch ein klares Zeichen gegen ein gewalttätiges Regime setzen. Einige Staaten versuchten das Militärregime zudem wirtschaftlich zu schädigen. Über das Vorgehen im Bereich der Schuldenpolitik hinaus gingen Großbritannien, die Niederlande und Italien dazu über, keine Exportkreditgarantien mehr auszustellen, und die skandinavischen Regierungen stimmten in der Weltbank gegen Anleihen für Chile. Wollten die Regierungen nicht in den privaten Wirtschafts- und Finanzsektor eingreifen, blieben die Spielräume aber begrenzt, eben weil Chile ein armes und nicht sehr exportstarkes Land war.

Damit hing auch zusammen, daß der Bereich der Entwicklungspolitik zu einem der wichtigsten Zielfelder wurde. Die Bundesrepublik stoppte etwa zunächst einen Kredit von 21 Millionen Mark, den das Bundesministerium für wirtschaftliche Zusammenarbeit ursprünglich der Allende-Regierung zugesagt hatte. Sie gewährte ihn erst, als das Regime Clodomiro Almeyda freiließ, der als Minister seinerzeit das Abkommen unterzeichnet hatte.[163] Auch die Niederlande, Großbritannien, Italien und Norwegen froren ihre Entwicklungshilfe ein. Daß sich die Stoßkraft der Sanktionspolitik im Entwicklungsbereich konzentrierte, lag zum Teil an der spezifischen ministeriellen Konstellation dieser Jahre. So richteten das niederländische Entwicklungsministerium unter Jan Pronk und das westdeutsche unter Erhard Eppler und anschließend Egon Bahr ihre Politik stärker darauf aus, die Emanzipation der »Dritte Welt«-Länder zu befördern, und standen dem Pinochet-Regime ablehnend gegenüber.[164] Doch

---

160 NAK, FCO 7/3299, British Embassy Santiago, Relative Merits of Hard-Line/Soft-Line Policies [1977].
161 Vgl. zum Folgenden auch: UN Document A/32/234, Report of the Secretary-General, Oktober 1977. Zu Italien vgl. UN Document A/33/293, Report of the Secretary-General, Oktober 1978. Zu den Niederlanden vgl. Malcontent, Kruistocht, S. 145–178.
162 Vgl. AMRE, Embajada de Chile en RFA, Oficios reservados, 1975, Irarrázaval an Ministro RREE, 11.12.1975.
163 Vgl. AMRE, Embajada de Chile en RFA, Oficios reservados, 1974, Irarrázaval an Ministro RREE, 20.5.1974.
164 Vgl. allgemein Hein, Westdeutschen, S. 192–211, 252–267. Zur chilenischen Sicht vgl. AMRE, Embajada de Chile en RFA, Oficios secretos, reservados, 1976, Irarrázaval an Ministro RREE, 19.1.1976.

schliff sich hier zudem, gleichsam unwillkürlich, ein menschenrechtspolitischer Konnex ein, der später noch eine beachtliche Karriere machen sollte. Wirtschaftlich schwache Staaten des globalen Südens mußten bei Menschenrechtsverletzungen zunehmend damit rechnen, Entwicklungsgelder und technische Kooperation des Westens zu verlieren. Die westliche Entwicklungshilfe war seit ihren Anfängen in den fünfziger Jahren ein multifunktional schillerndes Gebilde gewesen. Sie verfolgte zuweilen humanitäre Ziele, zuweilen sicherheitspolitische, stellte auf bilateralen Einfluß ab oder auf das eigene internationale Prestige. Doch was ursprünglich als rein ›konstruktive‹ Maßnahme gedacht war, verwandelte sich mit seiner menschenrechtspolitischen Aufladung nun zunehmend auch in ein Strafinstrument. Für die Bundesregierung war Chile überhaupt erst der zweite Fall, in dem sie Entwicklungshilfe aus menschenrechtspolitischen Gründen einstellte.[165]

Insgesamt fügten sich die Maßnahmen der westlichen Staaten in jedem Fall zu einer entschlossenen Antwort auf die Untaten der Diktatur. Sie transportierte die symbolische Mißbilligung deutlich mit, reichte aber darüber hinaus und beschnitt die Verbindungen zu dem südamerikanischen Land auf fast allen Ebenen effektiv. Neben diesen Sanktionen engagierten sich die westlichen Regierungen zudem humanitär, vor allem indem sie chilenische Flüchtlinge aufnahmen und versorgten.[166] Schließlich setzten sie weitere politische Zeichen, indem sie Menschenrechtsverteidiger oder Oppositionspolitiker empfingen.[167]

Und es blieben noch die Vereinten Nationen. Wie im Anschluß beschrieben, nutzten alle westlichen Regierungen die Weltorganisation als einen Kanal, um ihre Mißbilligung der Verbrechen in Chile auszudrücken. Doch gerade wenn man die staatliche UN-Politik im Zusammenhang betrachtet, zeigt sich, daß sie nicht immer eine *zusätzliche* Option darstellte. Die Regierungen nutzten sie auch kompensatorisch oder als Ausweichmöglichkeit – als einen Sonderbereich der internationalen Beziehungen, in dem sich das Verhältnis zu Chile gewissermaßen kontrolliert verschlechtern ließ, weil dies vergleichsweise geringe Kosten verursachte. So wertete etwa die britische *Labour*-Regierung in dem Moment, als sie ihren Kurs gegenüber Chile nicht weiter verschärfen wollte, intern wie auch öffentlich ihr Vorgehen in den Vereinten Nationen auf, um innenpoliti-

---

165 Zum ersten Mal hatte sie das 1967 gegenüber Griechenland getan. Vgl. Aufzeichnung Ministerialdirektor Lautenschläger, 22.3.1976, S. 406.
166 Vgl. dazu die Aufstellung von Regierungsmaßnahmen in: UN Document, A/32/234, Oktober 1977.
167 Darunter Hortensia Bussi de Allende oder Kardinal Silva Henríquez. Vgl. AMRE, Embajada de Chile en Gran Bretaña, Oficios secretos, 1976, Olsen an Ministro RREE, 8.12.1976; ebd., Embajada de Chile en RFA, Oficios secretos, reservados, 1976, Gevert an Ministro RREE, 9.9.1977.

schen Kritikern gegenüber auf die harte Haltung verweisen zu können, die sie dort an den Tag lege.[168]

Chile in den Vereinten Nationen

Die Verhandlungen in den Vereinten Nationen hatten dessen ungeachtet in den ersten Jahren eine zentrale Bedeutung für den internationalen Umgang mit den Staatsverbrechen in Chile. Der politische Umsturz setzte in der Weltorganisation immense politische Energien frei. Schon bald begannen alle Menschenrechtsorgane, gegen die Repressionen in Chile vorzugehen. Die kommunistischen Staaten Osteuropas traten dabei eine aggressive Denunziationskampagne gegen die Junta los. Ihre Rhetorik blieb sich über die Jahre hinweg weitgehend gleich: Sie verdammten die »faschistische« Junta, die sie immer wieder mit der nationalsozialistischen Diktatur gleichsetzten, und identifizierten sie als gewalttätige Speerspitze des Weltkapitalismus.[169] Die Delegationen beklagten Verstöße gegen die Menschenrechtspakte und malten dabei die Verbrechen, die das Regime beging, anschaulich aus. In den Verhandlungen forderten sie härteste Sanktionen. Die westlichen Staaten setzten sich von diesen osteuropäischen Attacken deutlich ab. Sie plädierten für ein humanitär motiviertes Vorgehen, »darauf ausgerichtet, die Lage der Menschen zu verbessern, statt bloß die Schuldigen anzuklagen«, wie es der niederländische Vertreter in der Menschenrechtskommission 1974 ausdrückte.[170] Dabei waren die USA, Frankreich und Großbritannien anfänglich bemüht, positive Maßnahmen des chilenischen Regimes anerkennend hervorzuheben.[171] Aus den Reihen der afrikanischen und asiatischen Mitgliedstaaten kamen unterschiedliche Reaktionen, aber nennenswerte Unterstützung regte sich nirgends. Einige Delegationen, wie diejenigen Tansanias oder des Irak, attackierten die Militärregierung vom Standpunkt der Blockfreien-Bewegung.[172]

---

168 Vgl. Cabinet Defense and Overseas Policy Committee, Policy toward Chile. Memorandum by the Foreign and Commonwealth Secretary, o. Dat. [1976]; Meeting Foreign Secretary of State and Delegation CSSC, 3.11.1977.
169 Vgl. exemplarisch die Äußerungen der chilenischen Delegationen in der Menschenrechtskommission: ORUN, CHR, Summary Records, 30th session bis 35th session, 1974 bis 1979.
170 So der niederländische Delegierte van Boven: ORUN, CHR, Summary Records of 30th session 1974.
171 Vgl. die Stellungnahmen Großbritanniens und der USA in ORUN, GA, 29th session 1974, Third Committee; und die Stellungnahmen Frankreichs in: ORUN, CHR, Summary Records of 30th session 1974.
172 Vgl. ORUN, GA, 29th session 1973, 2133rd meeting, hier die Stellungnahme Tansanias, sowie 2134th meeting, hier die Stellungnahme Iraks.

Einen gewissen Erfolg konnte die chilenische Regierung allein in ihrem Bemühen verzeichnen, den Beistand der lateinamerikanischen Länder zu mobilisieren.[173] In den Verhandlungen entwickelte sich ein mit den Jahren an Stärke zunehmender Diskurs der lateinamerikanischen Solidarität, der das einzig wirkliche Gegengewicht gegen die von überall hereinbrechende Kritik bildete. »Was auf dem Spiel steht«, so brachte es der bolivianische Delegierte 1977 auf den Punkt, »ist das Prestige einer Schwesterrepublik und einer lateinamerikanischen Regierung, die erbarmungslos auf die Anklagebank gesetzt wird«.[174] Daß sich die Militärdiktaturen an Chiles Seite stellten, lag nahe. Der Umgang mit dem Pinochet-Regime sei voreingenommen, und »Menschenrechtsfragen werden zu einer billigen Währung, um rein politische Ziele zu erreichen«, so klagte der uruguayische Delegierte in der Generalversammlung von 1974.[175] Drei Jahre später sprachen sich aber bereits acht weitere lateinamerikanische Staaten offen gegen die tendenziöse Kritik an Chile aus, und darunter befand sich auch das demokratisch regierte Costa Rica. Sie warfen der Sowjetunion vor, den Sturz einer wehrlosen lateinamerikanischen Regierung im Sinn zu haben. Und auch die westeuropäischen Regierungen bekamen ihr Fett ab, weil sie lediglich auf linke Wählerstimmen aus seien und dabei, wie etwa die Bundesrepublik, doch selbst unliebsame politische Parteien verboten hätten.[176]

Die Lateinamerikaner bemühten verschiedene Argumente, das Prinzip der Nichteinmischung ebenso wie den Gedanken der Selbstbestimmung. Doch machten sie vor allem die eklatante Ungleichbehandlung geltend, die Chile erfahre. Kein anderer Staat werde ähnlich stark ins Kreuzfeuer genommen, obwohl sich vielerorts wesentlich schlimmere Menschenrechtsverletzungen ereigneten.[177] Interessanterweise gab es niemanden in der Weltorganisation, der diese Inkonsistenz leugnete. Doch zogen die Staatenvertreter unterschiedliche Schlüsse daraus. Einige westeuropäische Mitglieder argumentierten, daß das Vorgehen der Vereinten Nationen »selektiv« sei, dürfe nicht zum Grund genommen werden, um über die Menschenrechtsverletzungen in Chile hinwegzusehen, sondern müsse im Gegenteil dazu führen, Vorfälle in anderen Ländern stärker zu beachten.[178] Manche nutzten die Gelegenheit, den ideologischen Systemgegner zu beschämen, indem sie mehr oder weniger verklausuliert darauf hinwiesen, daß die Sowjetunion die Militärregierung harsch verurteile,

---

173 Vgl. BCN, Actas, Acta Nr. 150a, 29.8.1974; AMRE, Naciones Unidas, DelChile, Oficios secretos, oficios reservados, 1975, Huerta Díaz an Ministro RREE, 25.3.1975.
174 ORUN, GA, 32nd session 1977, Third Committee, A/32/PV.105, Stellungnahme Boliviens.
175 ORUN, GA, 29th session 1974, Third Committee, 2070th meeting, Stellungnahme Uruguays.
176 Vgl. ORUN, GA, 32nd session 1977, Third Committee, vor allem 65th meeting.
177 Vgl. ORUN, GA, 30th session 1975, 2151th meeting, Stellungnahme Paraguays.
178 Vgl. ORUN, CHR, Summary Records of 34th session 1978, 1455th meeting, hier die Äußerungen des britischen Delegierten.

selbst aber keine Untersuchungen im Ostblock zulasse.[179] Auch die Untätigkeit gegenüber den Massemorden in Uganda und Kambodscha, die nicht in den Vereinten Nationen behandelt wurden, kam dabei zur Sprache (wogegen sich Uganda heftig verwahrte). Ägypten wiederum beklagte sich über die Selektivität im Umgang mit Chile, weil den Menschenrechtsverletzungen Israels deshalb zu wenig Aufmerksamkeit zuteil werde.[180] Der saudi-arabische Vertreter schließlich äußerte im Namen der »kleinen Länder« Kritik an den beiden Supermächten: »Warum sollte man sich nicht einmal [...] die Vereinigten Staaten vornehmen, die sicherlich etwas dagegen hätten, wenn die Vereinten Nationen in die Indianerreservate gingen.«[181]

Wenn das chilenische Regime in den Vereinten Nationen auf die Anklagebank geriet, dann also nicht, weil sich eine lagerübergreifende Einigkeit darüber herausgebildet hätte, wie die Ereignisse im Land zu bewerten seien. In den rhetorischen Scharmützeln wurde deutlich, daß die Menschenrechtsverletzungen der Militärregierung keineswegs dazu angetan waren, die weltpolitischen Gegensätze zu transzendieren – im Gegenteil, sie schienen sie eher zu schüren. Ein von der Mehrheit der Mitglieder geteilter humanitärer Diskurs zeichnete sich ebenso wenig ab. Was das Vorgehen gegen das Pinochet-Regime speiste, war ein rein negativer Konsens. Die verschiedenen Staatenblöcke hatten unterschiedliche Gründe dafür, Chile ins Visier zu nehmen. Überein kam man nur darin, daß überhaupt Schritte geboten seien – oder jedenfalls, daß es keinen ausreichenden Grund gebe, sie zu verhindern.

Nach den verbalen Abreibungen, die sie in der Generalversammlung von 1973 erhalten hatten, bereiteten die Chilenen ihren Auftritt im folgenden Jahr generalstabsmäßig vor, stellten das Team sorgfältig zusammen und informierten es minutiös.[182] Wie hartnäckig die Ablehnung sein würde, die ihnen entgegenschlug, hatten die Planer aber bei weitem unterschätzt. Ihre Strategie schlug daher grandios fehl, und die Delegation sah sich erneut von einer Welle der Kritik überrollt.[183] In den folgenden Jahren versuchten die chilenischen Delegationen, einen flexiblen Verteidigungsdiskurs zu entwickeln, darauf ausgerichtet, zu retten, was zu retten war. Den Weg in die Selbstisolierung, wie ihn Südafrika beschritten hatte, versuchten sie bewußt zu vermeiden. Wirkliche Zugeständnisse an ihre Kritiker wollten sie jedoch auch nicht machen, und so

---

179 Vgl. beispielhaft ORUN, GA, 32nd session 1977, 56th meeting, die Stellungnahme Belgiens.
180 Vgl. ORUN, CHR, Summary Records of 32nd session 1976, 1355th meeting, die Stellungnahme Ägyptens.
181 ORUN, GA, 30th session 1975, 2146th meeting, die Stellungnahme Saudi Arabiens.
182 Vgl. BCN, Actas, Acta Nr. 150a, 29.8.1974; Acta Nr. 155a, 12.9.1974, hier der Abschnitt: Delegación chilena a la Asamblea General de las Naciones Unidas.
183 Vgl. AMRE, Organizaciones Internacionales, Naciones Unidas, DelChile, Oficios secretos, oficios reservados 1975, Huerta Díaz an Ministro RREE, 25.3.1975.

waren sie gezwungen, zu lavieren.[184] Die Sowjetunion griffen sie mit heftigen Vorwürfen an. Diese sei daran beteiligt gewesen, in Chile eine totalitäre Diktatur zu errichten, und organisiere nun eine massive Verleumdungskampagne, wobei doch in der Sowjetunion selbst alle denkbaren Menschenrechte systematisch verletzt würden.[185] Den westlichen Mitgliedstaaten hingegen gestanden sie zu, aufrichtig darum bemüht zu sein, die Wahrheit über die Ereignisse in Chile zu erfahren und helfend einzugreifen. Allerdings gab man ihnen zu bedenken, daß sie schlecht informiert und ihre Sorgen daher übertrieben seien.[186] Schließlich buhlten die chilenischen Delegierten um die Unterstützung blockfreier Staaten, indem sie Chile als »ein kleines Land« darstellten, das über »keine wirtschaftliche Macht oder strategische Bedeutung« verfüge und, wie so viele andere »kleine« Staaten auch, von den Supermächten zum Sündenbock und Kampffeld gemacht werde.[187]

Vor allem in den ersten Jahren bemühten die Chilenen eine Art zeithistorische Standardinterpretation, um das Eingreifen der Militärs zu rechtfertigen. Demnach hatte die Allende-Regierung die Demokratie zerstört, einen totalitären Wandel herbeiführen wollen, wirtschaftliches Chaos gesät und mit sowjetisch-kubanischer Hilfe einen Putsch vorbereitet. Die Junta habe hingegen, dem Willen der überwältigenden Mehrheit der Chilenen folgend, die Demokratie wiederhergestellt und lediglich aus Gründen der inneren Sicherheit einige Rechte suspendiert, im Einklang mit der Verfassung. Damit einhergehend unternahmen die Delegierten auch einen kurzlebigen Versuch, den Menschenrechtsdiskurs zu adaptieren: Chile verfüge über eine lange demokratische und menschenrechtliche Tradition; Allende sei es gewesen, der die Menschenrechte mit Füßen getreten habe, und das Militär habe ihn gestürzt, um sie zu restituieren; das sei schließlich durch die Allgemeine Menschenrechtserklärung legitimiert, die das Recht verbriefe, gegen eine Tyrannei zu rebellieren.[188]

Verhandlungstaktisch waren die Chilenen zunächst sorgfältig darauf bedacht, sich als kooperationsbereit zu präsentieren. Sie betonten etwa, das Prinzip der Nichteinmischung nicht zu ihrer Verteidigung anrufen zu wollen (wenngleich sie das punktuell doch taten).[189] Man habe zudem auf alle Anklagen

---

184 Zu den internen Absprachen und Strategieplanungen vgl. etwa: AMRE, Naciones Unidas, DelChile, Oficios reservados, ordinarios, 1974, Bazán Dávila an Ministro RREE, 7.1.1974.
185 Vgl. ORUN, CHR, Summary Records of 30th session 1974, 1272nd meeting.
186 Vgl. etwa ORUN, Subcommission on Prevention of Discrimination, 28th session 1975, 731st meeting.
187 Vgl. ORUN, GA, 30th session 1975, Third Committee, 2152nd meeting.
188 Vgl. vor allem die Ausführungen Chiles in ORUN, CHR, Summary Records, 30th session bis 32nd session, 1974 bis 1976; AMRE, Junta Gobierno, 1974, Declaración Pública de la Junta de Gobierno sobre los Derechos Humanos.
189 Vgl. etwa die Stellungnahme in ORUN, CHR, Summary Records of 30th session 1974, 1272nd meeting.

wegen Menschenrechtsverletzungen geantwortet und werde auch weiterhin in allen internationalen Foren mitarbeiten.[190] Schließlich legten die Delegierten viel Gewicht auf die Feststellung, daß zahlreiche Beobachter in das Land hätten einreisen können – Chile habe »seine Türen geöffnet wie kein anderes Land jemals zuvor.«[191] Das Argument der Ungleichbehandlung, das darin bereits anklang, gehörte ebenfalls von vornherein zum chilenischen Repertoire.[192] Insofern verzichtete die Regierung auch keineswegs auf jedes offensive Element. Das zeigte sich vor allem darin, daß sie die Informationsgrundlagen privater Menschenrechtsorganisationen wie *Amnesty* oder der ICJ unnachgiebig angriff. Sie gelte es zu diskreditieren, so lautete eine interne Maßgabe aus dem Außenministerium, da sie voreingenommen und marxistisch gelenkt seien.[193] Ebenso rigoros kritisierten die Chilenen später aber auch die Befunde der UN-Untersuchungen und disqualifizierten sie, darin immerhin einfallsreich, als diffamierend, verzerrend, abwegig, vorgefertigt oder jeder Logik zuwiderlaufend. Tatsächliche Widerlegungen enthielten die chilenischen Repliken kaum. Viel öfter wiesen sie die Anschuldigungen lediglich empört zurück. »Beschreibungen schrecklicher und physisch unwahrscheinlicher Folterungen werden als Wahrheit akzeptiert«, hieß es da etwa. »Die meisten haben deutliche sexuelle Untertöne, wie heutzutage nicht anders zu erwarten, und bestimmte Teile der Presse weiden sich an diesen Folterpraktiken natürlich mit großer Lust.«[194] Der Rechtfertigungsdruck, unter dem sich die chilenische Regierung sah, war bei alledem nicht gering. Allein zwischen 1975 und 1977 verfaßte das Außenministerium rund sechzig Antworten auf Eingaben und Petitionen, die an die Vereinten Nationen gerichtet worden waren. Darin leugnete es Vorwürfe, verwies auf laufende oder abgeschlossene Untersuchungen, zitierte Rechtsbestimmungen und machte Angaben über Personen, nach denen gefragt worden war.[195] Wie vernebelnd seine Taktik auch immer gewesen sein mochte, der Aufwand, den das Ministerium betrieb, war erheblich.

Daß die Vereinten Nationen Maßnahmen gegen die Menschenrechtsverletzungen ergriffen, konnte all dies nicht verhindern. Zuerst wurde die Menschenrechtskommission tätig, die 1974 ein Telegramm an die Militärregierung richtete – das war ein präzedenzloser Schritt –, in dem sie die »sofortige Beendigung jeglicher Menschenrechtsverletzungen« forderte.[196] In das Zentrum

---

190 Vgl. etwa ORUN, GA, 29th session 1974, Third Committee, 2278th meeting.
191 UN Document E/CN.4/Sub.2/SR.754.
192 Vgl. etwa ORUN, ECOSOC, Summary Records, 56th session 1974, 1898th meeting.
193 Vgl. dazu AMRE, Naciones Unidas, DelChile, Oficios reservados, oficios ordinarios, 1974, Dirección de Organismos Internacionales an Embajador ONU, 30.1.1974.
194 Vgl. UN Document E/CN.4/1207, Observations of Delegation of Chile on Report of Working Group, 1976.
195 Vgl. die Schreiben in: UNOGA, ARR 1576.
196 Abgedruckt in: ORUN, CHR, Report of 30th session 1974.

der Verhandlungen rückte bald schon der Vorschlag, eine Arbeitsgruppe zu bilden, die die Menschenrechtsverletzungen in Chile selbst untersuchen solle. Vor allem die Niederlande hatten früh schon für diesen Gedanken geworben, und andere westeuropäische Staaten schwenkten nicht zuletzt deshalb darauf ein, weil sie mit den chilenischen Auskünften zunehmend unzufrieden waren.[197] Die kommunistischen Staaten einschließlich Kubas sprachen sich vehement dagegen aus – alles sei bereits erwiesen und weitere Anstrengungen daher überflüssig. Dabei stand die Furcht, künftig selbst zum Ziel einer solchen Untersuchung zu werden, allzu deutlich im Raum. Tatsächlich sahen einige westeuropäische Delegationen einen großen Vorzug des Vorgehens darin, daß es einen Präzedenzfall schaffen und das UN-System damit langfristig stärken könne. Nachdem hinter den Kulissen lange und schwierige Verhandlungen geführt worden waren, warteten schließlich Tunesien, Ghana, Indien, Ägypten und der Senegal mit einer gemeinsamen Kompromißresolution auf, die anschließend ohne Abstimmung angenommen wurde. Sie schuf eine fünfköpfige *Ad hoc*-Arbeitsgruppe, die mit einer Untersuchung *in situ* betraut wurde. Der entscheidende Punkt war, daß der Arbeitsgruppe kein Vertreter eines sozialistischen Landes angehörte.[198] Die Westeuropäer hatten sich weit strecken müssen, um die Mitarbeit der afrikanisch-asiatischen Gruppe dafür zu gewinnen. Diese Gruppe wiederum hatte auf die Sowjetunion eingeredet, es sei widersinnig, sich einer Untersuchung zu verschließen.[199]

Daß sich die Militärregierung auf das Vorhaben einer UN-Untersuchung einließ, stellte zweifellos einen überraschenden Schachzug dar. Er war auf höchster Ebene gebilligt worden; warum, läßt sich nicht ganz leicht durchschauen. Ursprünglich scheint die Erwägung eine Rolle gespielt zu haben, dies sei die einzige Möglichkeit, der weiteren Verurteilung in der Weltorganisation zu entgehen, und stelle somit das geringere Übel dar.[200] Womöglich suchten zivile Kreise im Außenministerium, und vielleicht darüber hinaus, in dem Besuch der *Ad hoc*-Gruppe aber auch einen Hebel – zwar sicher nicht, um die Militärregierung zu unterminieren, aber doch, um sie von dem abzubringen, was ihnen als unnötige Härte erschien, die Chiles internationales Image nur weiter ramponiere.[201] Tatsächlich ließe sich der Hinweis im Bericht des chilenischen

---

197 Vgl. ORUN, CHR, Summary Records of 31st session 1975, 1318th meeting, hier die Stellungnahmen der Bundesrepublik, der Niederlande, Großbritanniens und Frankreichs.
198 Vgl. UN Document E/CN.4/L.1301, L.1302 und L.1303; ECOSOC, Resolution 8 (XXXI) von 1975.
199 Vgl. AMRE, Ginebra, DelChile, Oficios reservados, ordinarios, 1975, Sergio Diez, Informe de la Delegación de Chile en el 31º período de sesiones de la Comisión de Derechos Humanos, o. Dat. [Mai/Juni 1975].
200 Vgl. ebd.
201 Vgl. den Hinweis der britischen UN-Delegation: NAK, FCO 7/2811, Telegramm UKMIS New York, empfangen 3.3.1975.

UN-Botschafters Sergio Diez, alles hänge jetzt von dem Ausgang des Besuchs ab, als versteckte Mahnung lesen. Nur wenn der Besuch »ein für unsere Interessen positives Ergebnis abwirft, wird es uns gelungen sein, diese schwere Hypothek der Menschenrechte aufzuheben, die den Erfolg unserer Außenpolitik hintertreibt«.[202] Vorerst zahlte sich die chilenische Bereitschaft, den Vorwürfen der Menschenrechtsverletzung offen zu begegnen, reichhaltig aus. Die Kritiken gingen merklich zurück, zumal in den internationalen Organisationen. Im Pariser Club wurde die chilenische Haltung positiv in Anschlag gebracht. Und die OAS verzichtete, mit Blick auf den bevorstehenden UN-Besuch, vorerst darauf, einen bereits vorliegenden Bericht zu verlesen, »der außerordentlich schlecht ausfiel«.[203] Die chilenische Regierung begann derweil bereits mit den Vorbereitungen. Innenminister César Benavides erhielt den Auftrag, die zwischen fünf Ministerien aufgeteilte »Generalvorbereitung der Medien und des nationalen Klimas« zu übernehmen, »um die Arbeitsgruppe der UNO in bestem Zustand zu empfangen«.[204]

Ohne Rücksicht auf die elaborierten psychologischen Stratageme, die Benavides entwickelte, sagte Pinochet dann aber, fast buchstäblich in letzter Minute, den Besuch ab.[205] Die Beobachtergruppe war tatsächlich bereits in Lima gelandet, als ihr mitgeteilt wurde, daß sie nicht nach Chile einreisen dürfe.[206] Die Entscheidung scheint der Präsident weitgehend allein getroffen zu haben. Am Ende hielt er die Gefahren, sei es für Chiles internationale Reputation, sei es, wahrscheinlicher, für die innere »Sicherheit«, offenbar doch für zu groß. Ob er die zu erwartenden ausländischen Reaktionen unterschätzte oder hintanstellte, ist ungewiß. Vermutlich letzteres. Taktisch war die ganze Angelegenheit in jedem Fall haarsträubend ungeschickt. Denn was zunächst als mögliche Entlastungsoffensive erschienen war, hatte sich nun mit einem Schlag in ein diplomatisches Fiasko verkehrt, das nicht größer hätte sein können, wenn die UN-Beobachter die Menschenrechtssituation aus eigener Anschauung kritisiert hätten. Die westlichen Regierungen, die sich für die Kompromißlösung eingesetzt hatten, fühlten sich »persönlich veralbert«, wie das chilenische Außenministerium referierte.[207] In der amerikanischen Regierung, die Chile gegenüber Kritikern vor allem mit dem Argument verteidigt hatte, die Junta habe

---

202 Sergio Diez, Informe de la Delegación de Chile en el 31° período de sesiones de la Comisión de Derechos Humanos, o. Dat. [Mai/Juni 1975].
203 Vgl. BCN, Actas, Acta Nr. 205-A, 13.6.1975, S. 2.
204 AMRE, Ministerio del Interior, 1975, Oficios secretos, reservados, Ministro del Interior [César Benavides], Aufzeichnug, 9.6.1975.
205 Vgl. AMRE, Ministerio del Interior, 1975, Oficios secretos, reservados, César Benavides Escobar an Carvajal, 13.6.1975.
206 Vgl. AMRE, Naciones Unidas, Grupo Allana, 1975–79, Relaciones del Grupo de Trabajo y el Gobierno de Chile, o. Dat. [1977]; UN Document A/10285 Progress Report of Working Group, Oktober 1975.
207 BCN, Actas, Acta Nr. 226-A, 18.8.1975, S. 7.

aus freien Stücken eine Untersuchungskommission akzeptiert, waren die Reaktionen sogar noch heftiger. Der amerikanische Botschafter Popper räsonierte im Gespräch mit Kissinger, »die Chilenen müssen irgendwie Todessehnsucht haben«, und der Außenminister selbst wütete gegen die »Irren« in Santiago.[208]

Allen Besänftigungsversuchen zum Trotz, die das chilenische Außenministerium im Vorfeld unternahm, erreichte die Empörung über Chile in der Generalversammlung von 1975 daraufhin eine neue Dimension.[209] »Das internationale Klima für Chile in Sachen Menschenrechte ist miserabel«, berichtete die chilenische Delegation aus Genf.[210] Sowohl die westlichen als auch einige afrikanische Delegationen geißelten das chilenische Manöver als Affront gegen die Vereinten Nationen, und dem Ostblock lieferte es eine Vorlage für eine nochmals gesteigerte Attacke.[211] Die *Ad hoc*-Gruppe erstellte ihren Menschenrechtsbericht, auch ohne die Situation im Land inspiziert zu haben, und fällte ein denkbar ungünstiges Urteil. Die Generalversammlung verabschiedete die bei weitem harscheste Resolution, die sie bislang zu Chile verfaßt hatte.[212] Im folgenden Jahr trübte sich das Klima für Chile sogar noch weiter ein.[213] Zum eigentlichen Showdown kam es indes in der Generalversammlung von 1977. Auf schwedische Initiative empfahl eine größere Gruppe von Staaten, darunter die USA und Großbritannien ebenso wie die Sowjetunion und Kuba, eine Studie über die Auswirkungen der internationalen Finanzhilfe erstellen zu lassen, die Chile erhielt, und einen Treuhandfonds für humanitäre Zwecke einzurichten. Die chilenische Delegation sah darin zwei »äußerst schwerwiegende« Schritte und befürchtete, es werde »ein ganzer Mechanismus« in Gang gesetzt, um das Land dauerhaft unter Beschuß zu nehmen.[214]

Tatsächlich zeichnete sich zu diesem Zeitpunkt deutlich ab, daß die Verhandlungen in den Vereinten Nationen nicht nur insofern wichtig waren, als sie spürbare Folgen für das chilenische Regime zeitigten, sondern auch, weil

---

208 Ambassador Popper's Meeting with the Secretary, 18.7.1975.
209 So hatte das Außenministerium Delegationen in arabische und afrikanische Länder geschickt. Vgl. Muñoz, Relaciones, S. 259.
210 AMRE, Ginebra, DelChile, Oficios reservados, ordinarios, 1975, Delegación Permanente Ginebra, [Bericht über die 28. Sitzung der Unterkommission zur Verhinderung von Diskriminierung], September 1975.
211 Vgl. die Auseinandersetzungen in: ORUN, GA, 30th session 1975, Third Committee, vor allem 2150th bis 2155th, 2157th, 2166th meetings.
212 Vgl. GA, Resolution 3448 (XXX) vom 9.12.1975.
213 Vgl. ORUN, CHR, Summary Records of 32nd session 1976, 1353rd bis 1360th meeting; GA, Resolution 31/124 vom 16.12.1976; NAK, FCO 58/1021, UK Mission to UN an FCO, Dezember 1976; ebd., 58/1169, Simpson-Orlebar: Human Rights in Chile, 4.2.1977.
214 AMRE, Naciones Unidas, DelChile, Ginebra, Oficios Reservados, 1977, Manuel Trucco, Informe Embajador Ginebra sobre 33° período sesiones Comisión Derechos Humanos, 15.4.1977, hier das erste Zitat; ebd., Encargado de negocios, Ginebra, Informe sobre 30° período de sesiones Subcomisión para la Prevención de la Discriminación, 14.9.1977, hier das zweite Zitat.

sie spürbare Folgen für das UN-Menschenrechtssystem selbst hatten. Zunächst einmal begann mit dem chilenischen Fall eine neue menschenrechtspolitische Zeitrechnung. Das Thema dominierte die Agenden der einschlägigen Organe und sollte bis zum Ende der Diktatur nicht mehr von ihnen verschwinden. Allein damit setzten die Verhandlungen der inzwischen über zehn Jahre währenden Phase ein Ende, in der der UN-Menschenrechtsbereich nahezu ausschließlich von kolonialen oder post-kolonialen Problemen besetzt gewesen war.

Die Vereinten Nationen bewiesen dabei einmal mehr ihren Forumscharakter. Von den Tausenden Petitionen aus aller Welt angefangen, über die jährlichen Verhandlungen in den verschiedenen Organen, bis hin zu der Presseberichterstattung fokussierten die Vorgänge in der Organisation die internationale Aufmerksamkeit, schufen eine Bühne für den direkten Schlagabtausch und erzeugten das symbolische Abbild einer Isolierungssituation, die sonst nirgends so augenfällig geworden wäre. Die Organisation trat überdies aber auch als ein vergleichsweise kraftvoller Akteur in Erscheinung. Zuvor war sie gegen keinen Staat, allenfalls mit der Ausnahme Südafrikas, ähnlich resolut und beharrlich vorgegangen. Die neue Akteursqualität der Vereinten Nationen schlug sich nicht zuletzt in neuen Verfahren nieder. Die *Ad hoc*-Arbeitsgruppe zu Chile war die erste überhaupt, die damit betraut wurde, eine Untersuchung vor Ort durchzuführen. Weitere innovative Schritte waren der Treuhandfonds, der schließlich 1978 gegründet, und Sonderberichterstatter, die etwa gleichzeitig eingesetzt wurden. Seit Anfang der achtziger Jahre schließlich entstanden thematische Beobachtungsmechanismen, die ihren Ursprung zu einem großen Teil in den Menschenrechtsverletzungen in Chile hatten. Institutionell brachte der chilenische Fall also einige bahnbrechende Neuentwicklungen mit sich. Daher trug die Weltorganisation phasenweise auch merklich dazu bei, den politischen Druck auf die Militärregierung zu erhöhen. In der chilenischen Regimekrise von 1975 erreichte er, wie noch zu beschreiben sein wird, einen bemerkenswerten Höhepunkt. Das Vorgehen der Vereinten Nationen war insofern auch wesentlich entschlossener als das der OAS, in der die Militärregierung, alles in allem, deutlich besser wegkam.[215]

Und auch die Beschlüsse des Jahres 1977 trafen die Vertreter der Militärregierung hart. Sie bildeten sogar einen weiteren, letzten Umschlagpunkt in den UN-Verhandlungen. Die westeuropäischen Staaten und die inzwischen vom demokratischen Präsidenten Carter geführten USA stellten sich hinter die neuen Vorschläge, die dann auch von der Generalversammlung beschlossen wurden.[216] Vierzehn Mitglieder stimmten dagegen, darunter der Libanon als einziger nicht-lateinamerikanischer Staat. Pinochet trieb die Dinge nun persönlich auf die Spitze. Einmal mehr über die Generäle Merino und Leigh und seine

---

215 Vgl. Dykmann, Endeavors, S. 189–221; Medina Quiroga, Battle, S. 263–313.
216 Vgl. GA, Resolution 32/118 vom 16.12.1977.

Berater hinweggehend, beraumte er ein Plebiszit an, das dokumentieren sollte, wie entschlossen sich die chilenische Bevölkerung im Angesicht der UN-Kampagne hinter ihrem Anführer versammele. Im Januar 1978 stimmten über fünf Millionen Chilenen ab, von denen 75 Prozent erklärten, »ich unterstützte Präsident Pinochet in seiner Verteidigung der Würde Chiles und bekräftige die Legitimität der Regierung«.²¹⁷ Den Rücken derart gestärkt, ging die chilenische Delegation in den Verhandlungen des Jahres 1978 zu einem Großangriff auf die *Ad hoc*-Arbeitsgruppe und ihre »abscheuliche und anhaltende Sonderbehandlung« über.²¹⁸ Damit verhärteten sich die Fronten endgültig. Mehrere Delegationen entlarvten das Plebiszit als inszenierte Scheinabstimmung und sahen in ihm eine bedenkliche Manifestation gegen die Vereinten Nationen. Auch für die Kritiker Chiles war der Fall gewissermaßen erledigt.²¹⁹

Nach einigen Jahren erwies sich das Potential der Vereinten Nationen somit als begrenzt. Hatten die Verhandlungen zunächst dazu beitragen können, die Militärregierung in die Enge zu treiben, war der Bogen 1977 für alle sichtbar überspannt. Chile entzog sich. Damit wählte die Regierung, um viele Erfahrungen reicher, nun doch den Weg, den sie anfänglich ausgeschlossen hatte. Und wenn sich ihre Probleme in der Weltorganisation damit zwar auch nicht lösten, so sollte sie in den folgenden Jahren doch relativ unbesorgt beobachten können, wie sich die Lage beruhigte.

Die amerikanische Politik unter Carter

In den Jahren 1977 und 1978 war es eine Entwicklung außerhalb der Vereinten Nationen, durch die sich die internationale Situation des Pinochet-Regimes ganz plötzlich signifikant verschlechterte, nämlich der Amtsantritt von Jimmy Carter in den USA.²²⁰ Ganz sicher, was da kommen würde, war sich die chilenische Regierung anfänglich nicht. Eine breitgefächerte amerikanische Menschenrechtspolitik mochte den Stellenwert des chilenischen Falls verringern, da auch andere Staaten in ihren Fokus geraten mußten.²²¹ Nichtsdestoweniger hatte Carter im Wahlkampf Präsident Ford dafür kritisiert, die südameri-

---

217 Zitiert nach Huneeus, Régimen, S. 149.
218 ORUN, CHR, Summary Records of 34th session 1978, 1454th meeting.
219 Vgl. ORUN, CHR, Summary Records of 34th session 1978, 1454th meeting, hier die Äußerungen Großbritanniens.
220 Zu Carters Politik gegenüber Chile bislang vor allem Schmitz/Walker, Carter, und Schmitz, United States, S. 143–193. Schmitz und Walker legen einen anderen Akzent als ich, da sie vor allem betonen, wie konsistent und auch wirksam Carters Politik war. Vgl. ferner Sigmund, United States, S. 108–131.
221 Vgl. AMRE, Embajada de Chile en Estados Unidos, Oficios secretos, 1977, Jorge Cauas an Ministro RREE, 15.4.1977; ebd., Cauas an Ministro RREE, 24.8.1977.

kanische Militärdiktatur geschont zu haben, und damit zumindest deutlich gemacht, daß seine Augen auf Chile gerichtet waren. Daß das chilenische Regime Ende 1976 und Anfang 1977 weitere politische Gefangene entlassen hatte, verstand das Weiße Haus dann auch als eine vorauseilende »Geste«, um die bilateralen Beziehungen zu entspannen.[222] Im übrigen war sich die amerikanische Regierung jedoch ebenso unsicher darüber, was die Junta im Innersten bewegte, wie umgekehrt. Denn im selben Atemzug hielt sie fest, es gebe »auch Hinweise, daß Pinochet den Versuch aufgegeben hat, die US-Regierung zu beeinflussen«.[223]

In den außenpolitischen Planungen der neuen amerikanischen Regierung wurde Chile von Beginn an als ein besonderer Fall verstanden. Das lag allerdings weniger am Ausmaß der politischen Unterdrückung, auf die das Regime seine Herrschaft baute. Was stärker ins Gewicht fiel, waren »die symbolische Bedeutung dieses Landes für das Menschenrechtsthema [...] und die Geschichte des amerikanischen Engagements in Chile«. Weltweit, so führte Robert Pastor, der Sicherheitsberater für Lateinamerika, aus, werde die amerikanische Haltung gegenüber Pinochet als ein Prüfstein dafür angesehen werden, ob der außenpolitische Neuansatz der USA aufrichtig sei.[224] Den chilenischen Machthabern signalisierten die Amerikaner unmißverständlich, daß das Menschenrechtsproblem für sie im Zentrum der bilateralen Beziehungen stehe. Warren Christopher, Kopf der mit Menschenrechten befaßten »Ressortübergreifenden Gruppe«, und Außenminister Cyrus Vance sprachen in Unterredungen mit dem chilenischen Botschafter Jorge Cauas und Außenminister Patricio Carvajal vom Mai und Juni 1977 den Belagerungszustand, die Methoden der DINA, das Problem der »Verschwundenen« und das Fehlen rechtsstaatlicher Verfahren an. Indirekt machten sie klar, daß Verbesserungen in diesen Bereichen nötig seien, damit sich das Verhältnis zwischen beiden Ländern aufhellen könne.[225] Und der im *State Department* für Lateinamerika zuständige Terence Todman legte bei einem Besuch in Chile im August noch einmal nach, indem er hervorhob, »er wolle, daß Präsident Pinochet und die chilenische Regierung verstehen, daß Menschenrechte das Herzstück der Außenpolitik der Carter-Regierung

---

222 Zu den Entlassungen vgl. Schmitz, United States; Schmitz/Walker, Carter; Wright, State Terrorism, S. 78.
223 JCPL, Vertical File, Box 40, Chile – Human Rights 6/30/99, Briefing Memorandum for the President, 22.3.1977 [?].
224 Vgl. JCPL, White House Cental File, Subject Files, Box CO-15, Robert Pastor, Memorandum for Brzezinski, 13.5.1977; ebd., NSA 6 Brzezinski Material, Country Files, Box 7, Fo. Chile, 1/77 – 1/81, Robert Pastor an Rick Inderfurth, 24.6.1977, hier das Zitat.
225 Vgl. AMRE, Embajada de Chile en Estados Unidos, Oficios secretos, 1978, Encargado de Negocios an Ministro RREE, 14.4.1978; NARA, CHRD, State Department, Box 13, Todman an Christopher, 25.5.1977; ebd., Embassy Santiago an Secretary of State, 10.6.1977.

seien«.[226] Damit waren die USA zweifellos weiter gegangen als andere kritisch eingestellte westliche Staaten, sowohl in ihrer Gewichtung der Menschenrechtsfrage als vor allem auch darin, konkrete Forderungen zu stellen.

Schon bald darauf gewann Pinochet allerdings den Eindruck, daß die bellenden Hunde nicht beißen würden, und es öffnete sich eine irritierende Kluft in der Wahrnehmung der beiden Seiten, wie wichtig die Menschenrechtskritik zu nehmen sei. Der Ausgangspunkt lag in einer Rede vom Juli 1977, in der der chilenische Präsident, wie noch näher zu beschreiben sein wird, einen langfristigen Übergang zur Demokratie in Aussicht stellte. Diese Erklärung war in den Vereinigten Staaten gut aufgenommen worden.[227] Zwei Monate darauf kamen die beiden Staatsoberhäupter dann anläßlich der Unterzeichnung der Panamakanal-Verträge in Washington zusammen.[228] Carter lobte die jüngsten Fortschritte, vor allem die Häftlingsentlassungen und die Ankündigung freier Wahlen, wies aber auch darauf hin, das Menschenrechtsproblem bleibe »in den Augen der Welt« bestehen. Pinochet hielt eine seiner gewohnten Verteidigungsreden über die marxistische Kampagne gegen Chile und die weiße Menschenrechtsweste seiner Militärregierung. Das einzige substanzielle Ergebnis bestand darin, daß der amerikanische Präsident fragte, ob Pinochet einer Mission von zwei UN-Beobachtern zustimme, die ohne öffentliches Aufsehen einreisen würden. Dazu erklärte sich der chilenische Diktator, »unter vereinbarten Spielregeln«, bereit. Daß Carter in diesem Gespräch empfindlichen Druck ausübte, wird man kaum behaupten können. Nach Informationen der CIA war der chilenische Präsident daher auch »sehr zufrieden mit den Ergebnissen« und nahm sie als Indiz, daß sich die Beziehungen zu den USA verbessern könnten. »Pinochet deutete nicht an, daß infolge des Gesprächs irgendeine Veränderung an der Politik vorgenommen würde«.[229] Es mag durchaus mit solchen Rückmeldungen zusammengehangen haben, daß Carter dem Treffen noch einen Brief an Pinochet folgen ließ. Darin stellte er noch einmal fest, daß »Menschenrechtserwägungen das größte Hindernis für die Wiederherstellung der traditionell engen Beziehungen bleiben«. »[O]hne vermehrte Anzeichen, daß Ihre Regierung Schritte unternimmt, um Menschenrechte zu schützen und zu befördern«, werde sich an der amerikanischen Haltung nichts ändern.[230]

---

226 NARA, CHRD, State Department, Box 13, Embassy Santiago an Secretary of State, 16.8.1977.
227 Vgl. AMRE, Embajada de Chile en Estados Unidos, Oficios secretos, 1978, Cauas an Ministro RREE, 24.2.1978.
228 Vgl. zum Folgenden AMRE, Embajada de Chile en Estados Unidos, Oficios secretos, 1977, Cauas an Ministro RREE, 13.9.1977; JCPL, Vertical File, Box 40, Chile – Human Rights 6/30/99, President Carter/President Pinochet Bilateral, 6.9.1977.
229 NARA, CHRD, CIA, Box 5, Information report, 14.9.1977.
230 JCPL, Vertical File, Box 40, Chile – Human Rights 6/30/99, Carter an Pinochet, 31.10.1977.

Kurz darauf zeigte sich allerdings, daß Pinochets Widerstand härter war, als manche wohl vermutet hatten. In einem neunseitigen Schreiben vom Januar 1978, in dem er nicht zuletzt das soeben veranstaltete Plebiszit rechtfertigte, übte Pinochet deutliche Kritik daran, daß die amerikanische Regierung die jüngste Entschließung der UN-Generalversammlung mitgetragen hatte. Der Diktator zeigte sich »tief betroffen«, daß »Ihre Regierung die Resolution unterstützt hat, und dann auch noch in enger Gemeinschaft mit Ländern wie Kuba«.[231] Das *State Department* war über den Resolutionsentwurf, den es für »äußerst verdammend« hielt, in der Tat »entsetzt« gewesen und hatte den Text abmildern wollen. Doch war die amerikanische UN-Delegation aus dem Ruder gelaufen und hatte sich ihm angeschlossen.[232] Das war um so problematischer, als sich die Einschätzung der Lage in Chile unter den Beamten des *State Department* seit Mitte 1977 stetig zum Positiven gewendet hatte. Wenn die Machthaber das Land auch weiterhin fest in ihrem autoritären Griff hätten, so gehe doch die Zahl der Inhaftierten zurück, die Strafverfahren seien weniger willkürlich, Folter nehme ab, und es gebe kaum neue Fälle von »Verschwundenen«.[233] Daher erhob sich innerhalb des Ministeriums nun sogar Widerspruch gegen die offizielle Regierungslinie. So äußerte ein Beamter des Büros für inter-amerikanische Angelegenheiten »tiefe Bestürzung« über die »Haltung eines neuen Paternalismus den Lateinamerikanern gegenüber, indem wir ihnen Maßstäbe auferlegen, an die wir im Umgang mit dem Rest der Welt nicht einmal entfernt heranreichen«.[234] Tatsächlich lag ein Paradox von Carters außenpolitischem Ansatz darin, daß seine Regierung Chile in dem Moment zum Testfall eines gerechten internationalen Kampfs gegen Menschenrechtsverletzungen machen wollte, als die Voraussetzungen dafür schwanden.

Gerade deshalb wäre es so interessant, der hypothetischen Frage nachzugehen, wie sich die Beziehungen entwickelt hätten, wenn nicht der sogenannte Fall Letelier dazwischen gekommen wäre. Denn es war dieser Fall, der das amerikanisch-chilenische Verhältnis seit 1978 auf seinen Tiefpunkt führte; und dieser Fall hatte, in der Auffassung aller Beteiligten, nichts mit Menschenrechten zu tun.[235] Orlando Letelier, der unter Allende verschiedene Ministerposten bekleidet hatte, war im September 1976 mitten in Washington, wo er inzwischen

---

231 JCPL, Vertical File, Box 40, Chile – Human Rights 6/30/99, Pinochet an Carter, 30.1.1978.
232 Ebd., Thomas B. Thornton, Memorandum for Brzezinski, 25.11.1977.
233 Vgl. NARA, CHRD, State Department, Box 12, Embassy Santiago an Secretary of State, 14.2.1977; ebd., Box 13, Embassy Santiago an Secretary of State, 31.3.1977; JCPL, White House Central File, Subject Files, Box CO-15, Peter Tarnoff, Memorandum for Brzezinski, 1.7.1977; Chile Declassification Project [im Folgenden: CDP], Human Rights, Chile, Oktober 1978.
234 CDP, Minutes of November 4 meeting of Christopher group, 7.11.1977.
235 Insofern stimme ich nicht mit der Interpretation von Vanessa Walker überein, die diesen Fall unter die Menschenrechtspolitik der Regierung subsumiert. Vgl. Walker, End of Influence.

lebte, einer Autobombe zum Opfer gefallen, und mit ihm die junge Amerikanerin Ronni Moffit.[236] Nach einem Jahr hatten die amerikanischen Nachrichtendienste den Täter ermittelt, und die Staatsanwaltschaft informierte die Regierung, daß der Anschlag vermutlich, mit Wissen Pinochets, durch die chilenische DINA geplant worden sei. Im April 1978 lieferten die chilenischen Behörden den Attentäter an die USA aus, Michael Townley, einen amerikanischen Staatsbürger, der auch in die beiden anderen berüchtigten Anschläge verwickelt gewesen war, die die DINA bereits im Ausland verübt hatte.[237] Auf der Grundlage seiner Zeugenaussage klagte die *Federal Grand Jury* im August Townley selbst, einen Mittäter sowie Townleys Befehlsgeber in der DINA an, Pedro Espinoza und den Leiter der Behörde, Manuel Contreras. Die amerikanische Regierung ersuchte daraufhin um Auslieferung der drei Männer. Dieses Ersuchen lehnte das chilenische Verfassungsgericht im Mai 1979 ab und weigerte sich zudem, den Fall an ein chilenisches Gericht zu überstellen.

Seit die amerikanische Regierung Hinweise erhalten hatte, daß die oberste chilenische Führungsebene in einen Mordanschlag auf amerikanischem Boden involviert war, hatte der Fall Letelier die Beziehungen dramatisch belastet. Die US-Regierung hatte den chilenischen Machthabern klar zu verstehen gegeben, daß es für sie von essentieller Bedeutung sei, die Hintergründe aufzuklären, und war dann zunehmend verärgert über die Untätigkeit der chilenischen Gerichte.[238] Damit, daß das Regime den Vereinigten Staaten offen trotzen würde, hatte die Carter-Regierung nicht gerechnet.[239] Botschafter Landau wurde instruiert, dem chilenischen Außenminister unverzüglich mitzuteilen, die amerikanische Reaktion werde »scharf sein – schärfer als alles, was wir in unseren Beziehungen bisher erlebt haben«.[240] Im November lehnte das chilenische Verfassungsgericht gleichwohl auch noch den amerikanischen Einspruch ab. Die US-Regierung ergriff nun ein ganzes Paket an Maßnahmen, das kurz vor dem Abbruch der diplomatischen Beziehungen rangierte. Vor allem reduzierte sie die Größe ihrer Botschaft, strich alle noch anstehenden Rüstungsverkäufe und beendete die Außenhandelsfinanzierung durch die Export-Import Bank.[241] Die chilenische Führung beeindruckte das alles wenig. Ihrer Deutung zufolge waren die Sanktionen aus Gründen der innenpolitischen Glaubwürdigkeit

---

236 Vgl. zum Folgenden Sigmund, United States.
237 Dabei handelte es sich um die Anschläge auf den ehemaligen Oberbefehlshaber der Armee zu Allendes Regierungszeit, Carlos Prats, der 1974 in Argentinien getötet, und auf den Christdemokraten Bernardo Leighton, der 1975 in Italien verletzt wurde.
238 Vgl. etwa AMRE, Embajada de Chile en Estados Unidos, Oficios secretos, 1979, José Miguel Barros an Ministro RREE, 28.2.1979.
239 Vgl. JCPL, Vertical File, Box 40, Chile – Human Rights 6/30/99, Pastor, Memorandum for Brzezinski, 25.5.1979.
240 Ebd., Secretary of State an Embassy Santiago, 12.6.1979.
241 Vgl. JCPL, NSA 6 Brzezinski Material, Country Files, Box 7, Vance, Memorandum for the President, 19.10.1979; ebd., Brzezinski, Memorandum for Vance, 27.11.1979.

verkündet worden und hatten einen »eher symbolischen Charakter«.²⁴² Außenminister Hernán Cubillos bezichtigte die USA eines »altmodischen Imperialismus«, und auch Pinochet feuerte öffentliche Spitzen gegen die Carter-Regierung ab.²⁴³

Als einen Teil ihrer Menschenrechtspolitik begriff die amerikanische Regierung den Fall Letelier dezidiert nicht. Ihre Sanktionsentscheidung begründete sie damit, einen verwerflichen »Akt des internationalen Terrorismus« zu ahnden.²⁴⁴ Ein Memorandum des Nationalen Sicherheitsrats vom Oktober 1980 betonte eigens, die Maßnahmen seien keine »Menschenrechtsangelegenheit«: »Wir haben Menschenrechtsbelange mit Blick auf Chile, aber sie sind zu diesem Zeitpunkt nicht die Triebkraft hinter unserer Politik.«²⁴⁵ Es bedeutete ein weiteres Paradox von Carters neuem weltpolitischen Aufbruch, daß seine Regierung die rigorosesten Maßnahmen gegen die chilenische Diktatur, das Symbol der Menschenrechtsverletzungen, nicht ergriff, um Menschenrechtsverletzungen zu ahnden. Das Paradox war Carters Ansatz nicht inhärent und auch nicht selbstverschuldet. Gleichwohl mußte es die außenpolitische Linie der Regierung zusätzlich verkomplizieren. So hielt ein weiteres Papier des Nationalen Sicherheitsrats fest, die »Letelier-Sanktionen« hätten die Verbesserungen der chilenischen Menschenrechtssituation überlagert, »mit dem Ergebnis, daß wir nun viel härter gegenüber Chile sind als gegenüber Argentinien, wo Verletzungen von Korb I viel schlimmer sind. Das ist anomal und diskreditiert unsere Menschenrechtspolitik.«²⁴⁶ Inzwischen stellte das allerdings nur noch ein abstraktes Problem dar. Im November 1980 formuliert, waren diese Worte fast schon ein Nachruf, ein sehr günstiger allerdings nicht.

---

242 AMRE, Circulares reservadas, 1979, Ministro RREE an Jefes de Misión, 14.12.1979.
243 Zitiert nach Sigmund, United States, S. 128.
244 Vgl. CDP, Viron P. Vaky an Secretary of State, 15.10.1979; ebd., Secretary of State an President, draft memorandum, 15.10.1979; ebd., Brzezinski, Memorandum for Secretary of State, 27.11.1979; JCPL, Vertical File, Box 40, Chile – Human Rights 6/30/99, Secretary of State an Embassy Santiago, 30.11.1979.
245 JCPL, White House Central File, Subject Files, Box CO-15, Christine Dodson, Memorandum for Denis Clift, 23.10.1980.
246 JCPL, Vertical File, Box 40, Chile – Human Rights 6/30/99, Thomas Thornton, Memorandum for Brzezinski, 18.11.1980.

»Wir machen weiter wie bisher«.
Die Reaktionen des Regimes und die Effekte
der Menschenrechtspolitik

Perzeptionen und der Charakter der Diktatur

Ebenso wenig wie die juntakritischen westlichen Regierungen hatten die chilenischen Machthaber Erfahrung im Umgang mit Menschenrechtspolitik, und konnten sie auch kaum haben. Immerhin hatten sie nicht einmal Erfahrung im Regieren – Pinochet räumte das mit dem ihm eigenen bauernschlauen Freimut gegenüber Kissinger sogar ein.[247] Das bedeutete aber nicht, daß sie die internationale Kritik leichtnahmen. Im Gegenteil, die Militärregierung verzeichnete die ausländischen Reaktionen auf ihre Politik von Anfang an dünnhäutig und mitunter geradezu alarmiert. Die staatlichen Proteste forderten die Machthaber dabei zweifellos am stärksten heraus. Aber auch die Aktivitäten der internationalen NGOs und der Solidaritätsbewegungen sowie die Berichterstattung ausländischer Medien beobachtete der chilenische Apparat genau.

Daß es die »Menschenrechtsverletzungen« waren, die in den Augen vieler ausländischer Akteure die eigentliche Sünde des Militärregimes darstellten, entging der chilenischen Regierung keineswegs. General Leigh betonte in einer Sitzung der Junta im Mai 1974, »daß die Situation Chiles, international, unter zwei Gesichtspunkten ernst ist: wegen der Asylanten in den Botschaften und wegen der Menschenrechte« (wobei das Problem der Asylsuchenden bald gelöst werden sollte). Die Botschafter berichteten wiederholt aus den USA, Großbritannien, Frankreich und anderen Ländern, die Menschenrechtssituation sei »der wesentliche Störfaktor in unseren Beziehungen«.[248] In den Vereinten Nationen wurden die chilenischen Vertreter von einer Welle der Kritik überrollt, für die »man als Vorwand [...] das Thema der Menschenrechte gewählt hat«, wie sie schon früh vermerkten.[249] Schließlich registrierte das Außenministerium Zehntausende Briefe ziviler Protestgruppen und Tausende Medienberichte, in denen gefordert wurde, die Menschenreche zu achten oder wiederherzustellen. Nicht nur in dem Diskurs der Gegner also, sondern auch in der Wahrnehmung des Regimes selbst avancierten Menschenrechte zu der zentralen Chiffre dessen, was problematisch war.

---

247 Vgl. NARA, CHRD, Box Ford Presidential Library, Memorandum of Conversation, Kissinger-Pinochet, 8.6.1976.
248 AMRE, Embajada de Chile en Estados Unidos, Oficios secretos, 1976, Trucco an Ministro RREE, 7.9.1976. Vgl. etwa auch Embajada de Chile en Gran Bretaña, Oficios secretos, reservados, 1976, Olsen an Ministro RREE, 9.1.1976.
249 AMRE, Naciones Unidas, DelChile, Oficios secretos, oficios reservados 1975, Huerta Díaz an Ministro RREE, 25.3.1975.

Was diese Chiffre allerdings zu bedeuten habe, darüber gingen die Meinungen auseinander. Die gesamten siebziger Jahre hindurch hielt sich unter den Juntamitgliedern wie auch im Außenministerium der Glaube, es mit einer kommunistischen, und zum Teil auch jüdischen, Verschwörung zu tun zu haben.[250] Die Feinde betrieben mit dem Kampfwort der »Menschenrechte« nichts weniger als eine gigantische Verleumdungs-, ja Vernichtungskampagne. Sie hätten sogar westliche Regierungskreise, NGOs und Zeitungen infiltriert und infolge ihrer unerschöpflichen finanziellen Mittel ein Deutungsmonopol gewonnen, das selbst Wohlmeinende verleite, sich gegen die Junta zu stellen. Den ersten Anhaltspunkt dafür gewannen die Regierungsvertreter in der erwähnten Internationalen Solidaritätskonferenz in Helsinki von Ende 1973 und einer anschließenden Konferenz des Weltfriedenskongresses in Moskau, auf denen tatsächlich viele der Strategien formuliert worden waren, derer sich die über alle Länder verstreuten Solidaritätskomitees zu bedienen begannen.[251] Später uferte der Glaube an eine zentrale Kampagne immer mehr aus. Der Krieg, den die Sowjetunion gegen Chile führe, sei »total, global, permanent«, und seine »wesentliche Waffe« sei »die tatsächliche [!] oder vermeintliche Verletzung der Menschenrechte«.[252] Nun traf es ja zu, daß die kommunistischen Staaten und Parteien der Welt einen konzertierten Angriff auf Chile führten. Die Art, wie sich die chilenischen Diplomaten eine weltweit vernetzte Diffamierungsmaschinerie herbeiphantasierten, »perfekt koordiniert und synchronisiert bis in das kleinste Detail hinein«, mit allen Wassern der psychologischen Kriegführung gewaschen, trug aber doch Züge einer paranoiden Übersteigerung. Und daß in ihrem Wahn bisweilen alle politischen Gruppen, die sich gegen die Militärdiktatur aussprachen, zu kommunistischen Frontorganisationen mutierten – darunter prominent *Amnesty International*[253] –, zeugte von einem ideologischen Reduktionismus, der mehr über die Feindbilder der Militärs aussagte als über die Beweggründe ihrer Gegner.[254]

Für das Verständnis der internationalen Empörungswelle hatte das einige nicht völlig unerhebliche Folgen. Vor allem neigten einige Regierungsvertreter dazu, der Forderung nach Menschenrechten eine leidglich instrumentelle

---

250 Zum vermuteten jüdischen Einfluß vgl. die Äußerungen von Sergio Diez, Leigh und Mendoza in: BCN, Actas, Acta Nr. 193a, 23.4.1975; Acta Nr. 205-A, 13.6.1975.
251 Vgl. AMRE, Embajada de Chile en Gran Bretaña, Oficios confidenciales, 1973, Buzeta an Ministro RREE, 10.11.1973.
252 AMRE, Circulares Secretas, 1980, Campaña por el Retorno, o. Dat.
253 Vgl. beispielhaft AMRE, Embajada de Chile en RFA, Oficios confidenciales, 1973, Delegación Permanente ante UNESCO an Ministro RREE, 29.11.1973; ebd., Naciones Unidas, DelChile, Oficios reservados, ordinarios, 1974, Dirección de Organismos Internacionales an Embajador ONU, 30.1.1974.
254 Vgl. beispielhaft BCN, Actas, Acta Nr. 122, 13.5.1974, hier der Bericht von: Sr Embajador de Chile en EEUU [Heitman]; AMRE, Embajada de Chile en Estados Unidos, Oficios secretos, 1977, Cauas an Ministro RREE, 10.8.1977.

Bedeutung im Kampf gegen das Militärregime zuzuschreiben. Die amerikanischen Demokraten, so glaubte der chilenische Botschafter Heitman, sähen Chile als ein »Symbol, das es zu zerstören gilt«, und dafür sei ihnen jedes Mittel recht: »Heute klagt man uns an, die Menschenrechte zu verletzen, und morgen wird es irgend etwas anderes sein.«[255] Insofern begriffen es einige in der chilenischen Regierung nicht als das eigentliche Ziel der internationalen Kritik, die Menschenrechtssituation zu verbessern. »Wir müssen uns bewußt sein, daß das Endziel des Gegners, des inneren wie des äußeren, über eine bloße Verurteilung wegen Menschenrechtsverletzungen weit hinausgeht«, warnte das Außenministerium noch gegen Ende der achtziger Jahre. »Das Ziel ist die wirtschaftliche Sanktion, als Konsequenz der politischen Sanktion, denn man ist sich wohl bewußt, daß das unser verwundbarster Bereich ist«.[256]

Es waren die Wirtschaftsexperten, die sich im Lauf der Jahre 1974/75 bemühten, die Junta zu überzeugen, daß die Menschenrechtskritik nicht in den marxistischen Diffamierungsversuchen aufgehe. Der Eiertanz, den sie dabei vollführten, verweist darauf, wie heikel es ihnen erschien, die Sicht der Führungsriege in diesem Punkt zu korrigieren. Wirtschaftsminister Fernando Léniz führte nach einer Reise in die USA gewunden aus, sicherlich gebe es eine kommunistische Verschwörung, doch bestehe für ihn eben auch »kein Zweifel, und davon bin ich jetzt vollkommen überzeugt, wobei ich die Schwierigkeiten, auf die wir getroffen sind, ganz objektiv bewerte, daß wir uns Probleme geschaffen haben, oder daß wir sie vorfinden, in akademischen Kreisen, intellektuellen Kreisen, politischen Kreisen, in der Presse, und ich würde sogar sagen, in wirtschaftlichen Kreisen der USA, wegen der Menschenrechtsprobleme.«[257] Léniz wurde allerdings rund ein halbes Jahr später entlassen, wobei seine Position in der Menschenrechtsfrage eine Rolle gespielt haben mochte, ebenso wie der Minister für Wirtschafts- und Entwicklungskoordination, Raúl Sáez, der ähnliche Auffassungen vertreten hatte.[258]

Die menschenrechtlichen Vorwürfe kamen folglich zwar an, aber nicht unbedingt so, wie sie gemeint waren. Der Menschenrechtsdiskurs bewies etwas Uneindeutiges, Schillerndes, und als »unpolitisch«, wie ihn zahlreiche westliche Politiker und Aktivisten verstanden wissen wollten, konnten ihn die chilenischen Machthaber ganz sicher nicht auffassen. Hatten sie so unrecht, wenn sie glaubten, die Menschenrechtskritik ziele letztlich darauf, Chile in ein demokratisches System zurückzuverwandeln? Viele der Forderungen, die international

---

255 AMRE, Embaja de Chile en Estados Unidos, Oficios secretos, reservados, 1974, Heitmann an Ministro RREE, 6.12.1974.
256 AMRE, Memorandos Dirección de Planificación, 1987–1988, Ministerio RREE, Diagnóstico de la situación de Chile, su incidencia interna y externa, o. Dat. [1987 oder 1988].
257 BCN, Actas, Acta Nr. 177a, 11.12.1974, S. 2, 4.
258 Vgl. Huneeus, Régimen, S. 399–401; BCN, Actas, Acta Nr. 187a, 4.4.1975.

laut wurden, setzten eben jene pluralistische, rechtstaatliche Demokratie notwendig voraus, die die Junta angetreten war, für immer zu beseitigen. Die Kritiker mochten sich dieser Doppelbödigkeit nicht immer bewußt sein, für das Militärregime machte es ihre Ansinnen unweigerlich suspekt. Daß sie die Regierung dabei so stark auf eine kommunistische Subversionskampagne verengte, stand auf einem anderem Blatt. Zwar ist die Episode von dem belesenen katholischen Geistlichen, der auf klandestinen Wegen engagiert werden mußte, um Pinochet und die anderen Generäle *privatissime* in die marxistische Lehre einzuführen – unter anderem mit einer Zusammenfassung des »Kapitals« auf einer Seite –, zwar ist diese Episode eine satirische Fiktion.[259] Den ideologischen Scheuklappenblick der Junta fängt sie aber historisch treffend ein.

Auf welche Motive die chilenischen Machthaber sie auch immer zurückführten, punktuell ging von den internationalen Isolierungsversuchen ein erheblicher Druck aus. Die Strafmaßnahmen, die international ergriffen wurden, gingen insofern über die symbolische Ächtung weit hinaus. Dabei sollte man sich indes von der Vorstellung lösen, Sanktionen hätten ein irgendwie objektiv bestimmbares Gewicht. Worauf es ankam, war vielmehr, wie sie die Machthaber in einer bestimmten Situation subjektiv wahrnahmen. Daß westliche Regierungen Entwicklungsgelder strichen, hatte etwa zur Folge, daß größere Infrastrukturprojekte ins Stocken gerieten – unter anderem reichte das Geld nicht aus, um vorgesehene Bauarbeiten am Hafen von Puerto Montt zu vollenden.[260] Jedoch spielte das in den Gesprächen, in denen die höchste Führungsebene die internationale Situation des Landes beurteilte, keine erkennbare Rolle. Besorgniserregender war da schon, daß die Zahlungswilligkeit der Weltbank und der Interamerikanischen Entwicklungsbank zu erlahmen drohte.[261] Und dennoch leisteten es sich die Militärs, im Wortsinne, ihrem verletzten Stolz freien Lauf zu lassen und mehrfach Entwicklungshilfe abzulehnen, die zum Zweck der Bestrafung gekürzt worden war – so etwa 1976 die vom Kongreß zusammengestrichenen amerikanischen Gelder.[262]

Die Probleme, die aus der Einstellung von Rüstungslieferungen und der verkomplizierten Schuldenrückzahlung resultierten, waren ›objektiv‹ gering, weil sie das Regime im Ergebnis nicht entscheidend schwächten. Die chilenischen Prognosen über die Umschuldungs- und Kreditmöglichkeiten fielen schon

---

259 Vgl. Bolaño, Nocturno.
260 Vgl. AMRE, Embajada de Chile en RFA, Oficios secretos, reservados, 1976, Irarrázaval an Ministro RREE, 19.1.1976; ebd., Ministro RREE an Gevert, 12.5.1976; ebd., Emba-Chile RFA, Oficios secretos 1978, Gevert an Ministro RREE, 24.11.1978.
261 Vgl. BCN, Actas, Acta Nr. 177a, 11.12.1974, hier: Informe del Sr Fernando Léniz sobre las gestiones realizadas durante su reciente viaje a EE UU; NARA, CHRD, State Department, Box 6, Popper an Rogers, 10.3.1975.
262 Vgl. Muñoz, Relaciones, S. 26; Sigmund, United States, S. 110.

gegen Ende 1975 wieder recht günstig aus. Im Jahr 1977 bediente Chile dann 800 Millionen US-Dollar Schulden, seine Kreditwürdigkeit galt als hoch.[263] Was die Versorgung mit militärischer Ausrüstung betraf, so sind die Hinweise undeutlicher. Doch scheint es, als habe die Regierung bis Ende der siebziger Jahre einen Gutteil der Ausfälle durch Käufe in Frankreich oder Südafrika kompensieren können.[264] Ab da baute sie zudem eine kleine heimische Waffenindustrie auf, die in den achtziger Jahren sogar eine geringfügige Exportkapazität entwickeln sollte.[265]

War im Rückblick betrachtet nach wenigen Jahren das Gröbste ausgestanden, so sah es aus der zukunftsoffenen Perspektive der Regierung bisweilen ganz anders aus. Das erwies sich in zwei Momenten der subjektiven Schwäche des Regimes, die 1975 und 1977 anbrachen. Nicht einmal zwei Jahre nach dem Putsch erlebte das Regime eine erste akute Krise, in der die Grundfesten des neuen Staats ins Wanken zu geraten drohten. In den Augen der Führung verschlechterten die Sanktionen in der Schuldenpolitik wie auch im Rüstungsbereich Chiles politische Ausgangslage dramatisch.[266] Die internationalen Finanzschwierigkeiten waren deshalb so gravierend, weil sich das Land ohnehin in einer schweren Wirtschaftskrise befand, und die »Schocktherapie«, mit der die Regierung antwortete, die Lage kurzfristig noch verschärfte. Gleichzeitig geriet Chile infolge der ausbleibenden Rüstungslieferungen gegenüber seinem Nachbarn Peru militärisch bedenklich ins Hintertreffen.[267] Und die Temperatur stieg in dem kalten Nachbarschaftskrieg, da Peru weitere moderne Waffen akquirierte und engere Beziehungen zu der Sowjetunion und Kuba herstellte. Die chilenische Führung ging zu diesem Zeitpunkt wohl davon aus, daß in einem oder zwei Jahren ein peruanischer Angriff erfolgen könne.[268]

In dieser Situation löste eine dritte menschenrechtspolitisch motivierte Entwicklung, nämlich der internationale Zorn über die abrupte Absage des UN-Besuchs, in der Führung ein tiefgreifendes Bedrohungsgefühl aus. Die konkrete Sorge des Außenministeriums bestand darin, die Vereinten Nationen könnten auf Betreiben der Sowjetunion Sanktionen verhängen, Chile möglicherweise

---

263 Vgl. BCN, Actas, Acta Nr. 235-A, 23.9.1975; NARA, CHRD, State Department, Box 12, Embassy Santiago an Secretary of State, 28.1.1977.
264 Vgl. AMRE, Embajada en Francia, Oficios secretos, 1977, Encargado de Negocios an Ministro RREE, 8.12.1977; ebd., Oficios reservados, 1979, Irarrázaval an Ministro RREE, 23.11.1979; ebd., Oficios secretos, 1980, Ministro RREE an Embajador, 15.5.1980; ebd., Oficios secretos, 1981, Juan José Fernández Valdés an Director General Político, 19.3.1981; ferner Muñoz, Relaciones, S. 217–302.
265 Vgl. ebd., S. 163–168.
266 Vgl. BCN, Actas, Acta Nr. 187a, 4.4.1975, S. 3.
267 Vgl. NARA, CHRD, State Department, Box 7, The Situation in Chile and the Prospects for US Policy, 1.7.1975.
268 Vgl. Embassy Santiago, Analysis and Strategy Paper, 18.5.1975.

sogar aus der Organisation ausschließen.²⁶⁹ Als Folgeschritt mochten westliche Länder dann die diplomatischen Beziehungen abbrechen und Chile aus den internationalen Finanzorganisationen ausschließen. Das wiederum würde nach sich ziehen, daß die ausländischen Finanzquellen versiegten und die nationale Sicherheit akut gefährdet wäre. Die Menschenrechtskritik stand damit am Beginn einer letztlich fatalen Kette von Weiterungen: totale Isolierung, somit der wirtschaftliche Ruin und schließlich »das Endziel, das der Marxismus verfolgt, das heißt, die Ehrwürdige Junta zu zwingen, die Macht abzugeben«.²⁷⁰ Die Generale Merino, Mendoza und Leigh schlossen sich der alarmierenden Einschätzung an. Vor allem Leigh bekam sichtlich kalte Füße und warnte, es gehe um nichts weniger als um »das Schicksal Chiles«.²⁷¹

Markierten die Ereignisse von 1975 einen ersten angstvollen Tiefpunkt in der internationalen Lageeinschätzung des Regimes, trieb die Menschenrechtskritik die Machthaber auch in der neuen Krise von 1977/78 in die Enge. Da für sie keine Zeugnisse überliefert sind, die die Innensicht der Machthaber erschließen, bleibt sie farbloser, wenn sie auch ähnlich einschneidend war. Wieder liefen mehrere Entwicklungen zusammen. So lebte die Militärregierung seit der Wahl Carters (und bis zu Pinochets Treffen mit dem neuen Präsidenten im September 1977) in der Sorge, den bis dahin wichtigsten internationalen Partner zu verlieren. Gegen Ende des Jahres eskalierte dann die Kontroverse in den Vereinten Nationen, und Pinochets Anti-UN-Plebiszit dürfte mindestens bei denen, die dagegen waren, die Furcht genährt haben, von der Weltorganisation eine harsche Quittung zu erhalten. Zudem trug sich der amerikanische Gewerkschaftsverbund AFL-CIO mit Plänen eines Boykotts gegen die Diktatur, der angesichts des Machtpotentials der Organisation bedenkliche wirtschaftliche Folgen hätte haben können. Die Gefahr war erst gebannt, als die Militärregierung im Januar 1979 ihren *Plan Laboral* veröffentlichte, der vordergründig die Position der chilenischen Gewerkschaften verbesserte.

Die Menschenrechtsprobleme verbanden sich dabei mit neuen inneren Schwierigkeiten. Nachdem General Leigh im Zuge des Putschs von 1973 als der eigentliche *duro* innerhalb der Junta in Erscheinung getreten war, hatte er spätestens 1976 begonnen, sich von Pinochets Kurs zu distanzieren. Das war ein Machtkonflikt – Leigh mißtraute der DINA und baute sich in der Luftwaffe einen eigenen Geheimdienst auf –, doch waren die beiden Kontrahenten auch politisch uneins. Leigh lehnte das neoliberale Wirtschaftsprogramm der *Chicago Boys* ab, und er war nicht zuletzt wegen Pinochets unkonzilianter Haltung gegenüber den internationalen Kritikern besorgt. Daher plädierte er dafür, der Regierung ein zivileres Gesicht zu verpassen und einige der schärfsten

---

269 Vgl. Acta Nr. 226-A, 18.8.1975.
270 Ebd.
271 Ebd., S. 24 f.

Repressionen zurückzunehmen.²⁷² Im Juli 1978 schließlich wollte Pinochet den Widerspruch nicht länger dulden, und Leigh wurde auf sein Geheiß aus der Junta ausgeschlossen. Zugleich richtete sich auch die Christdemokratische Partei (die 1977 formal verboten wurde) zunehmend gegen die Militärführung.

Darüber hinaus verschärfte sich einmal mehr die außenpolitische Lage auf dem Kontinent. Vor allem drohte der Streit mit Argentinien über den Grenzverlauf im Beagle-Kanal nunmehr zu eskalieren.²⁷³ Im Mai 1977 hatte die britische Königin, die sechs Jahre zuvor angerufen worden war, ihren Schiedsspruch abgegeben, doch erklärte ihn die argentinische Militärregierung im Februar 1978 für nichtig. Es entstand eine explosive Situation, in der die chilenische Junta durchaus damit rechnete, daß es zu einem Krieg kommen könnte. Erst im Januar des folgenden Jahres konnte eine Einigung darüber erzielt werden, den Papst um Vermittlung zu bitten. Die Spannungen mit Argentinien überschnitten sich schließlich auch noch mit der in der zweiten Jahreshälfte 1978 wachsenden Konfrontation über den Fall Letelier, der die USA, wie beschrieben, dazu veranlaßte, kräftigen Druck auszuüben.

Daß die Menschenrechtsproteste überhaupt dazu beitrugen, das chilenische Regime zeitweilig in arge Bedrängnis zu bringen, lag somit an besonders ungünstigen, situativen Umständen. Doch hatte die Besorgnis, die in diesen Momenten an die Oberfläche trat, noch einen regimestrukturellen Grund. Die Herrschaft der Militärs war vergleichsweise anfällig für Kritik aus dem Ausland. Tatsächlich bildete die Sorge, das internationale »Image« (*imagen*) des Landes könne beschädigt werden, von Beginn an einen zentralen Topos der regierungsinternen Bestandsaufnahmen.²⁷⁴ Im Februar 1974 erhielt die DINA den Auftrag, zu analysieren, wie die Kritik die ausländische Wahrnehmung der Militärregierung beeinflusse, was fortan kontinuierlich geschehen sollte.²⁷⁵

Das Gefühl, an dieser Front besonders verwundbar zu sein, hing mit dem Charakter des chilenischen Herrschaftssystems zusammen, das sich formelhaft am ehesten als eine legitimierungsbedürftige Modernisierungsdiktatur beschreiben läßt. Die Militärs installierten ihre Herrschaft nicht aus einem egomanen Machttrieb heraus und auch nicht allein aus einem anti-marxistischen Reflex. Schon bald schob sich das gleichsam technokratische Kalkül in den Vordergrund, die vermeintlich jahrzehntelange Fehlentwicklung der chilenischen Gesellschaft zu stoppen und das Land auf einen grundlegend neuen Entwicklungspfad zu setzen. Mit Gewalt allein, so rücksichtslos sie gegen politische Gegner ausgeübt wurde, ließ sich dies nicht erreichen. Die Militärführung war angewiesen auf Expertise – weshalb sie Wirtschaftsfachleute, aber auch Juristen

---

272 Vgl. dazu auch JCPL, Vertical File, Box 40, Telegramm Embassy Santiago an Secretary of State, 21.7.1977.
273 Vgl. Muñoz, Relaciones, S. 155–163.
274 Vgl. BCN, Actas, Acta Nr. 4, 17.9.1973; Acta Nr. 17, 8.10.1973, S. 2; Acta Nr. 109, 2.4.1974.
275 AMRE, DINA, 1974, Collados Núñez an Director Inteligencia Nacional, 4.2.1974.

und andere zivile Beamte auf einflußreiche Posten beförderte – und auf Legitimität. Sie wollte und konnte nicht gegen die gesamte chilenische Bevölkerung regieren. Daß sie im Einklang mit dem Willen der meisten Chilenen handele, war nicht nur eine Schutzbehauptung, sondern auch Teil ihres Selbstverständnisses. Nicht zuletzt verfügte sie ja tatsächlich über erheblichen Rückhalt im eigenen Land. Ebenso wenig wollte oder konnte sich das Regime aus allen internationalen Verflechtungen lösen. Außenpolitisch wünschte sich die Junta Normalität und einen Platz als respektiertes Mitglied einer westlichen Staatengemeinschaft.

Aus allen diesen Gründen entwickelten die Machthaber, in den Worten Carlos Huneeus', eine »multiple Legitimierungsstrategie«, um ihre Herrschaft zusätzlich abzusichern.[276] Zwei Muster waren dabei besonders wirkmächtig. Das eine bestand im ökonomischen Erfolg. Die wirtschaftliche Stabilisierung des Landes besaß von Beginn an einen ideologischen Mehrwert, wie er plastisch in den propagandistischen Anstrengungen zum Ausdruck kam, den zaghaften konjunkturellen Aufschwung als chilenisches »Wirtschaftswunder« zu verkaufen. Das wirtschaftliche Umstrukturierungsprogramm sollte ein Vehikel sein, um politische Mentalitäten und Lebensweisen umzugestalten. Am deutlichsten wurde das in den sogenannten »Sieben Modernisierungen«, die die Regierung Ende der siebziger Jahre ankündigte. Nachdem ihre neoliberalen Glaubenssätze im wirtschaftspolitischen Kernbereich vermeintlich angeschlagen hatten, sollten sie nun auf eine Reihe weiterer gesellschaftlicher Bereiche übertragen werden, auf das Tarifwesen, die Sozialversicherung, Bildung, Gesundheit, Landwirtschaft, Justiz und öffentliche Verwaltung – überall sollten sich der Staat zurückziehen und Privatisierungen Raum greifen.

Das andere wichtige Legitimierungsmuster zielte darauf, die Machtausübung als rechtsförmig darzustellen. Die Militärregierung verwandte viel Mühe darauf, ihren Staatsumbau mit juristischen Argumenten abzustützen. Gerade auch ihre repressiven Maßnahmen versuchte sie als konform mit Verfassungsgrundsätzen und rechtsstaatlichen Verfahren zu präsentieren, ob es sich nun um Verhaftungen, Strafprozesse oder die Verhängung des Ausnahmezustands handelte. Im Zentrum dieser legalistischen Strategie stand indessen das Projekt einer neuen Verfassung, das die Junta bereits Ende September 1973 in Auftrag gab. Noch bevor sie endgültig ausgearbeitet war, proklamierten die Machthaber 1976 vier Verfassungsakte (*Actas Constitucionales*), um Fortschritte in der Verfassungsgebung zu dokumentieren. Im Jahr 1980 wurde die Verfassung dann verabschiedet und in einem Plebiszit angenommen. Sie verbriefte ein System mit weitreichender Aufsichtsfunktion des Militärs und schwacher Legislative, das zudem marxistische Parteien dauerhaft ausschloß. Vorläufig trat sie allerdings nicht in Kraft; für die kommenden acht Jahre sollten sogenannte

---

276 Huneeus, Régimen, S. 136

Übergangsartikel gelten, die alles beim Alten ließen. Die verfassungsrechtlichen Neuschöpfungen waren gleichwohl mehr als das quasi-juristische Ornat einer im Kern arbiträren Machtausübung. Vielmehr sah die Führung darin eine zweckdienliche, rationale Maßnahme, um das neue Regime zu institutionalisieren und damit langfristig zu erhalten.

In diesen beiden Bereichen, der Selbstlegitimierung durch wirtschaftlichen Erfolg und durch eine Rechtssprache, taten sich folglich auch die eigentlichen Einfallstore für die internationale Kritik auf. Gerade weil – und insoweit – das Militärregime bemüht war, seine Herrschaft legalistisch einzukleiden und in einem formalen Sinn sogar zu verrechtlichen, mußten es Vorwürfe, die auf die Geltung des Rechts abzielten, besonders stark anfechten. In den siebziger Jahren registrierten Vertreter des Regimes ebenso wehrlos wie verbittert, daß ausländische Beobachter die chilenischen Rechtsbestimmungen an ihren eigenen staatspolitischen und juristischen Maßstäben maßen, vor denen sie keine Gnade fanden. Das machte es der chilenischen Führung schwerer, den angestrebten Institutionalisierungsprozeß reibungslos voranzutreiben. Noch wichtiger, weil überlebensnotwendig, war indes der ökonomische Nexus. Funktionierende internationale Wirtschaftsbeziehungen waren unerläßlich, um das Projekt eines marktwirtschaftlichen, fest im kapitalistischen Weltsystem verankerten Chile zum Erfolg zu führen. Eine beschädigte Reputation konnte dieses Beziehungsgeflecht empfindlich durchschneiden. Von hier aus betrachtet, lassen sich die Wirkungen der Menschenrechtskritik, soweit sie eben reichten, als Kehrseite der strukturellen Abhängigkeiten und Beschränkungen begreifen, in denen das Regime gefangen war.

Doch noch eine weitere theoretische Schlußfolgerung läßt sich aus diesen Überlegungen ziehen. Denn sie erlauben es, die Rolle genauer zu bestimmen, die dem internationalen Image einer Regierung im Zusammenhang der internationalen Menschenrechtspolitik zukam. Der politikwissenschaftliche Konstruktivismus der letzten beiden Jahrzehnte hat in der Art, wie repressive Regimes seit den siebziger Jahren auf ausländische Menschenrechtskritik reagierten, einen besonders deutlichen Beleg dafür gesehen, wie verwundbar sie im Bereich ihres Image und wie empfänglich sie daher für Strategien der Beschämung seien.[277] Die historische Analyse des chilenischen Falls weist zwar in die Richtung dieser Befunde, legt aber nahe, sie deutlich einzuschränken. Tatsächlich gewann das »Bild Chiles im Ausland« in den internen Diskussionen der Militärregierung und in den alltäglichen außenpolitischen Operationen durchaus ein Eigengewicht. Gleichwohl war seine Bedeutung in vielen wichtigen Situationen lediglich abgeleitet. *Wenn* die Regierung konkrete Zukunftsszenarien durchspielte, *wenn* sie ihre Furcht vor ausländischer Kritik und internationaler

---

277 Vgl. Risse/Ropp, International Human Rights. Darren Hawkins hat dies in einer fundierten Studie sogar für die Pinochet-Diktatur zu zeigen versucht. Vgl. Hawkins, Rights.

Isolierung rational auflöste, dann war sie in letzter Instanz wirtschaftlich begründet.[278] Bezeichnend dafür war etwa, daß Sergio Diez zwar von einer »moralischen Bedeutung« der Vereinten Nationen sprach, die feindselige Stimmung dort aber vor allem deshalb als gefährlich erachtete, weil »es in der internationalen Wirtschaftswelt sehr schwierig ist, außerhalb der Vereinten Nationen zu leben«.[279] Umgekehrt gehörten, wie bereits angedeutet, die chilenischen Wirtschaftsexperten zu denen, die die Bedeutung des chilenischen Bilds im Ausland am stärksten betonten.

Gegenmaßnahmen

In der außenpolitischen Praxis entwickelten sich aus diesen strukturellen Bedingtheiten und situativen Perzeptionen verschiedene Reaktionsmuster, mit denen die Militärregierung der ausländischen Kritik entgegenzusteuern versuchte. Faßt man sie näher in den Blick, so führen sie den Effekten auf die Spur, die die internationale Menschenrechtspolitik auf die Diktatur ausübte. Auch hier entstand indes kein einfacher Zusammenhang. Die Auswirkungen der Kampagnen erwiesen sich vielmehr im Kern als ambivalent.

Daß die Machthaber einen starken Schutzwall errichteten, aus Verschleierung, Leugnung und Gegenangriffen, war wenig verwunderlich. Der neue Staat wehrte sich auf allen Ebenen: Die Junta und das Außenministerium protestierten diplomatisch, das Verfassungsgericht gab Erklärungen ab, Beratungsgremien entwickelten Verteidigungsstrategien, und die Medien betätigten sich als propagandistische Lautsprecher.[280] Die kommunistischen Staaten forderten die Generale sogar zynisch heraus; so kündigte Pinochet an, politische Häftlinge entlassen zu wollen, wenn die Sowjetunion und Kuba das Gleiche tun würden. »Ihr bittet um die Häftlinge. Gut, dann holt sie euch«, erläuterte der Präsident intern seine ebenso schlichte wie boshafte Logik.[281] Konnten sie ihre Sache dadurch kaum befördern, so schon eher, indem sie sich geschickt verstellten. Immer wieder gaben sie in Gesprächen mit wichtigen westlichen Politikern und Diplomaten Menschenrechtsverletzungen zu, spielten sie aber herunter. Gegenüber dem amerikanischen Botschafter Popper beteuerte Pinochet etwa, »vereinzelte Fälle von Mißbrauch könnten immer noch vorkommen, weil die Menschen

---

278 Vgl. etwa eine Einschätzung des Außenministeriums von 1975: AMRE, Circulares secretas, confidenciales, 1975, Illanes Fernández, 25.3.1975.
279 BCN, Actas, Acta Nr. 193a, 23.4.1975, hier: Informe del Sr Sergio Diez sobre sus gestiones en las Naciones Unidas y la UNESCO.
280 Vgl. etwa zu den Vorwürfen gegen Amnesty: IISG, AI IS, Film 4, Ennals an Pinochet, 28.1.1974; CU, AIUSA, RG II.5, Box 3, AI an All Groups with Chilean Political Prisoners, Recommendations for Action, 28.10.1974.
281 BCN, Actas, Acta Nr. 150a, 29.8.1974, S. 7.

›nicht perfekt sind‹«, doch sei er fest entschlossen, »jeden zur Rechenschaft zu ziehen, von dem festgestellt wird, daß er dafür verantwortlich ist.«[282]

Eine tragende Rolle in dieser Defensive kam der Gegeninformation zu. Die Regierung leitete schon wenige Monate nach ihrer Machtergreifung eine Kampagne in die Wege, in die sie beträchtliche Ressourcen investierte, und die sie gerade in kritischen Momenten wieder beleben sollte.[283] So entsandte sie Image-Botschafter ins westliche Ausland, renommierte Politiker, Juristen oder Wirtschaftsexperten, die sich auf mitunter ausgedehnte Reisen begaben, um einflußreiche Kreise über die ›wahre‹ Situation in Chile zu unterrichten.[284] Um den Nachrichtenfluß besser zu koordinieren, ließ die Junta die Abteilung für auswärtige Information innerhalb des Außenministeriums ausbauen.[285] Bis Mitte 1974 erstellte sie einen »Propaganda- und Gegenpropagandaplan«, der einen reichen Katalog an Maßnahmen vorsah.[286] Die Botschaften sollten juntakritischen Äußerungen systematisch entgegentreten und Kontakte zu Meinungsführern in Politik, Finanz, Medien und Wissenschaft herstellen. Dafür wurden sie mit Materialien eingedeckt, die von Büchern über Zeitschriften und Radioprogramme bis hin zu Filmen reichten. Das Programm lief relativ gut an, wenn auch angesichts finanzieller Engpässe – für den Gegenpropagandaplan hatte das Außenministerium 7,6 Millionen Dollar veranschlagt – nicht im geplanten Ausmaß.[287] Die Botschaften wurden überdies darauf ausgerichtet, nachrichtendienstliche Tätigkeiten wahrzunehmen – chilenische Exilanten akribisch zu beobachten und die nationalen politischen Landschaften nach Gegnern und Unterstützern zu sondieren.[288] Darüber hinaus engagierte das Regime auch

---

282 So der Bericht Poppers: NARA, CHRD, State Department, Box 4, Embassy Santiago an Secretary of State, 4.6.1974.
283 Vgl. Acta Nr. 226-A, 18.8.1975; AMRE, Embajada de Chile en Gran Bretaña, Oficios secretos, 1983, Francisco Orrego an Ministro RREE, 15.12.1983; Embajada de Chile en Gran Bretaña, Oficios reservados, 1986, Ricardo Lira an Director Asuntos Culturales e Informaciones, 18.6.1986.
284 Vgl. BCN, Actas, Acta Nr. 22, 18.10.1973; Acta Nr. 64, 10.1.1974; AMRE, Presidencia 1975, Pinochet an Ministro RREE, 22.1.1975.
285 Vgl. BCN, Actas, Acta Nr. 123, 14.5.1974; Acta Nr. 122, 13.5.1974. Vgl. auch Muñoz, Relaciones, S. 217–302.
286 Vgl. AMRE, Junta Gobierno, 1974, Carlos Ashton an Director de Informaciones de Gobierno, 29.1.1974; ebd., Circulares Confidenciales 1974, Imagen exterior, o. Dat. [1974].
287 Vgl. AMRE, Presidencia 1975, Carvajal Prado an Pinochet, 12.3.1975; ebd., Junta de Gobierno, 1975, Ministro RREE an Director Nacional de Comunicación Social, 27.12.1975; Embajada de Chile en Estados Unidos, Oficios secretos, 1976, Trucco an Ministro RREE, 13.2.1976.
288 Vgl. zum Hintergrund etwa AMRE, Embajada de Chile en Estados Unidos, Oficios secretos, reservados, 1974, Heitmann an Ministro RREE, 26.7.1974. Zu den konkreten Aktivitäten vgl. etwa die Unterlagen in: Ebd., EmbaChile RFA, Oficios secretos, 1980, Undurraga an Ministro RREE, 19.2.1980.

professionelle PR-Firmen, vor allem in den USA, die gegen nicht zu verachtende Summen dabei halfen, die chilenische Sicht der Dinge mediengerecht an die Öffentlichkeit zu bringen.[289] Viel Geld floß auch darein, Anzeigen, Beilagen und sogar Berichte in großen Zeitungen zu kaufen, darunter das *Wall Street Journal*, *Die Welt* oder *Die Presse*.[290] Schließlich unterhielt die chilenische Regierung in den USA sogar eine Lobbyorganisation, den *American Chilean Council*; er wurde nach einiger Zeit von den amerikanischen Behörden verboten.[291]

Das Regime reagierte aber nicht nur mit rhetorischer Verschleierung und Gegenpropaganda auf die internationalen Proteste, sondern auch mit handfesten politischen Maßnahmen. Sowohl zeitgenössisch als auch im historischen Rückblick sind sie zuweilen optimistisch ausgelegt worden. Tatsächlich aber bedeutete keine davon auch nur im mindesten eine substanzielle Kursänderung. Es handelte sich vielmehr durchweg um kosmetische Veränderungen, die mal einigermaßen durchsichtig, mal verblüffend hinterhältig inszeniert waren. Selbst zu solchen taktischen Schachzügen fanden sich die Militärs erst nach einigen Jahren bereit, in denen ihnen die übersteigerte Furcht um die »nationale Sicherheit« geradezu blind die politische Hand geführt hatte.[292]

Daß es der Führungsriege mit ihren vermeintlich positiven Maßnahmen selbst in äußerster Bedrängnis ausschließlich darum ging, eine Fassade zu errichten, hinter der sie ihre Pläne möglichst ungestört verwirklichen konnte, zeigte sich am deutlichsten an ihrem Verhalten in den beiden beschriebenen Regimekrisen. In ihrer Krisensitzung im August 1975, als der ausländische Druck akut angestiegen war, zeigten sich alle vier Juntamitglieder einig darüber, daß »ein großes Maßnahmenpaket« auf den Weg gebracht werden müsse, um den Fall ins Bodenlose aufzuhalten.[293] Sie erörterten, den Belagerungszustand abzumildern und damit auch die Kompetenzen der Militärtribunale einzuschränken, die Ausgangssperre aufzuheben und Häftlinge zu entlassen. Außerdem könne man einige einschlägige Artikel der neuen, noch in Arbeit befindlichen Verfassung vorab veröffentlichen, in denen »alles, was mit den Menschenrechten und den Freiheiten des Menschen passiert«, nachvollziehbar geregelt sein sollte. Pinochet selbst war mit alledem, wenn auch zum Teil zähneknirschend, einverstanden. Alle diese Maßnahmen waren bewußt so konzipiert, daß sie die »nationale Sicherheit« nicht gefährden konnten – nicht zuletzt hatte sie die zuständige Planungsgruppe vorher mit der DINA abgestimmt. Sie waren

---

289 Vgl. Schoultz, Rights, S. 52–58; BCN, Actas, Acta Nr. 150a, 29.8.1974; AMRE, Presidencia, 1974, Pinochet an Ministro RREE, 6.8.1974.
290 Vgl. auch Muñoz, Relaciones, S. 217–302.
291 Vgl. Acta Nr. 226-A, 18.8.1975, S. 31 f.; AMRE, Embajada de Chile en Estados Unidos, Oficios secretos, 1976, Trucco an Ministro RREE, 20.2.1976.
292 Vgl. dazu auch die amerikanischen Einschätzungen, u. a.: NARA, CHRD, Box 1, Chile Responds to Growing International Pressures on Human Rights, 27.1.1975.
293 Acta Nr. 226-A, 18.8.1975, hier das Zitat Pinochets. Die folgenden Zitate ebd.

mithin als reine Pseudokonzessionen gedacht, bis hin zu dem Detail, daß die Führungsspitze über den günstigsten Zeitpunkt diskutierte, um sie anzukündigen. In den internen Gesprächen machte daraus niemand einen Hehl. Was die Häftlingsentlassungen betraf, so teilte der Innenminister etwa mit, daß man die eigentlich gefährlichen – »die ›VIP‹, wie wir sie nennen« – »behalten« werde (das waren vor allem die Mitglieder des MIR).

Die Umsetzung dieser Beschlüsse zog sich dann weit bis in das folgende Jahr hinein. In mehreren Wellen ließ das Regime Häftlinge frei, »in direktem Bezug zu der Besorgnis, die in Sachen der Menschenrechte geäußert worden ist«, wie das Außenministerium noch einmal festhielt.[294] Im September 1976 verkündete die Regierung dann die drei bereits erwähnten Verfassungsartikel, um die Kritik an fehlenden rechtsstaatlichen Sicherungen zu besänftigen.[295] Der Artikel 3 gewährte bestimmte Grundrechte, die jedoch infolge der Regelungen des Ausnahmezustands, die in Artikel 4 festgeschrieben waren, eingeschränkt werden konnten. Daß die verbrieften Rechte damit nur auf dem Papier standen, war ein integraler Teil des Plans. So führte Jaime Guzmán in einer Juntasitzung aus, »damit sie nicht in Kraft treten, muß es eine Ausnahmeregelung geben.«[296] Pinochet hatte die schlichte Wirkweise eines solchen Schritts schon bei einer früheren Gelegenheit treffend auf den Punkt gebracht: »Wir machen weiter wie bisher. Was sich ändert, ist nur der Name.«[297] Im Glauben, die ausländischen Beobachter würden dieses Manöver nicht durchschauen, hatten die Berater allerdings in einer Weise die Rechnung ohne den Wirt gemacht, die starke Zweifel an dem diplomatischen Verstand der *best and brightest* aufkommen läßt, die Pinochet da um sich versammelt hatte – neben Guzmán offenbar vor allem Justizminister Miguel Schweitzer und Verfassungsgerichtspräsident José María Eyzaguirre.[298]

Etwas anders gelagert war das politische Reaktionsmuster in den schwierigen Jahren 1977/78. Wieder setzte die Militärregierung, um den internationalen Druck zu dämpfen, Hunderte von Gefangenen auf freien Fuß. Im Juli 1977 hielt Pinochet dann seine berühmt gewordene Rede von Chacarillas. Darin kündigte er einen mehrstufigen Transitionsprozeß an, mit dem bis 1985 die »verfassungsmäßige Normalität« in Chile wiederhergestellt werden sollte, auf der Grundlage einer 1980 zu verabschiedenden Verfassung und unter der Leitung einer zivilen Regierung. Einen Monat später löste der Präsident auch die DINA auf, worüber er möglicherweise seit längerem schon nachgedacht hatte, und

---

294 AMRE, Naciones Unidas, DelChile, Ginebra, Oficios reservados, 1977, Manuel Trucco, Informe del Embajador Ginebra sobre 33º período de sesiones Comisión de Derechos Humanos, 15.4.1977.
295 Vgl. dazu auch Barros, Junta, insbes. S. 220.
296 BCN, Actas, Acta Nr. 280-A, 3.9.1976, S. 175.
297 BCN, Actas, Acta Nr. 150a, 29.8.1974, S. 6f.
298 Vgl. NARA, CHRD, CIA, Box 4, Information report, 20.2.1976.

entließ den offenbar völlig schockierten Contreras aus dem Sicherheitsdienst.[299] Der Reformprozeß erstreckte sich wiederum bis in das folgende Jahr hinein. Im März 1978 wurde der Belagerungszustand (*estado de sitio*) durch den Ausnahmezustand (*estado de emergencia*) ersetzt, im April Sergio Fernández zum Innenminister ernannt, so daß die Sicherheitsdienste nunmehr formal unter der Zuständigkeit eines Zivilisten standen. Ein gleichzeitig verabschiedetes Amnestiegesetz stellte alle Personen frei von Strafe, die zwischen dem 11. September 1973 und dem 10. März 1978 Verbrechen begangen hatten. Und im Juli genehmigte die Regierung der UN-Beobachtergruppe endlich doch, die Menschenrechtslage vor Ort zu untersuchen.

Da die interne Entscheidungsbildung anders als zwei Jahre zuvor nicht dokumentiert ist, fällt es schwerer, diese politische Umorientierung einzuschätzen. Zudem bestand sie aus einem vielschichtigen Bündel von Maßnahmen, das nicht ganz leicht zu entwirren ist. Sie auch nur überwiegend auf den bilateralen Ansatz der Carter-Regierung zurückzuführen, wäre kurzschlüssig, selbst wenn die Militärs tatsächlich einige der amerikanischen Kernforderungen erfüllten.[300] Manche Schritte lagen ganz auf den Linien der Scheinzugeständnisse, die das Regime zuvor schon gemacht hatte. So blieb die Aufhebung des Belagerungszustands ohne praktische Wirkung. Das Amnestiegesetz war doppelbödig; zwar begnadigte es Personen, die Verbrechen gegen den Staat begangen hatten, entzog aber eben auch die Staatsorgane, die gegen die politische Linke gewütet hatten, der Strafverfolgung. Hier lag seine eigentliche Funktion, wie sich in den folgenden Jahren zeigen sollte, als die chilenischen Behörden ausländische Forderungen, aktenkundige Mörder und Folterer zu bestrafen, mit dem Verweis auf das Gesetz abschmetterten.

Das Ende der DINA hingegen läßt sich nicht so leicht abtun. Es war in Teilen eine Folge ihrer Machtakkumulation, die offenbar selbst Pinochet nicht mehr ganz geheuer war, und bedeutete dabei gleichzeitig ganz gewiß keine Absage an den Sicherheitsstaat. Ihre Nachfolgeorganisation, die *Central Nacional de Informaciones* (CNI), war schnell errichtet. Gleichwohl fiel dieser Übergang mindestens zeitlich mit einer gewissen Pazifizierung der Militärherrschaft zusammen. So berichteten NGOs inner- und außerhalb des Landes nach 1977 keine Fälle von »Verschwindenlassen« mehr, und auch die Folter wurde seltener angewendet. Nimmt man den Zeitplan für den konstitutionellen Übergang hinzu, dann waren die Veränderungen, die das Regime in diesen Jahren einleitete, mithin keine bloße Augenwischerei. Auch dieser Zeitplan war mehrdeutig. Er stellte vor allem auch eine Art Herrschaftskompromiß dar, mit dem die

---

299 Vgl. CDP, Harold H. Saunders an Secretary of State, 9.6.1976; NARA, CHRD, Box 5, Information report, 9.11.1977.
300 Vgl. zeitgenössisch: JCPL, Landau an Secretary of State, 20.4.1978; CDP, Human Rights, Chile, Oktober 1978; aus historischer Sicht: Schmitz/Walker, Carter.

übrigen Junta-Mitglieder versuchten, Pinochets Allgewalt zu beschränken und gleichzeitig die Machtausübung des Militärs zu verstetigen.[301] Wie auch immer, diese Reformen strukturierten das chilenische Herrschaftssystem tatsächlich um und läuteten, nach den Jahren der Machtetablierung, eine neue Phase in seiner Geschichte ein.[302]

Gerade darin liegt der eigentliche Schlüssel zum Verständnis der Maßnahmen – denn die Junta hatte ihre Macht nun eben etabliert. Die Transformationen geschahen in einem Moment, als die Führungsriege der Meinung sein konnte, das Projekt, mit dem sie angetreten war, erfolgreich auf den Weg gebracht zu haben. Die Wirtschaft zeigte deutliche Zeichen der Besserung – 1976/77 hatte endlich der als »Wirtschaftswunder« verklärte Produktionsaufschwung eingesetzt. Und unmittelbar vielleicht wichtiger, hatten die Repressionsorgane die politische Linke vollständig ausgeschaltet und damit die »nationale Sicherheit« in einem Ausmaß gefestigt, das selbst die paranoiden Regimeexponenten davon zu überzeugen begann, die akute Gefahr sei vorüber.[303] Die Militärregierung hatte also ihre beiden Kernvorhaben vorerst verwirklicht. Aufmerksame Beobachter erkannten das bereits zeitgenössisch. Die Regimeveränderungen als Fortschritt zu begrüßen, so der exilierte chilenische Anwalt und Menschenrechtsaktivist José Zalaquett, heiße »eine Diktatur dafür zu loben, daß sie ihre Ziele erreicht hat.«[304] Wie auch immer man geneigt ist, den Einfluß des Menschenrechtsprotests auf das Reformprogramm zu veranschlagen, er kam erst dann zum Tragen, als die chilenische Führung die innenpolitischen Kosten für gering genug erachtete.

Eines war den beiden Krisen damit doch gemeinsam. Die chilenischen Machthaber sahen sich in beiden Momenten unter extremem Zugzwang; doch ihr autoritäres Gesellschaftsprojekt stand immer voran, und sie behielten stets die Kontrolle darüber, wie weit sie nachgaben. Nicht zuletzt wählten sie die Zeitpunkte, an denen sie reagierten, selbst – um gerade nicht den Anschein zu erwecken, als gäben sie nach. So zeigte sich Pinochet in seinem Gespräch mit Kissinger anläßlich der OAS-Versammlung in Santiago im Juni 1976 aufgeschlossen gegenüber dessen Anregungen, dem Ausland mit scheinbaren Zugeständnissen entgegenzukommen. Den Wunsch des US-Außenministers, noch während der Versammlung Schritte zu unternehmen, wollte er jedoch nicht erfüllen: »Wir wollten vermeiden, irgend etwas zu tun, solange die OAS hier ist, weil es sonst so aussieht, als ob wir es getan hätten, um den Druck der OAS zu dämpfen. Vielleicht können wir in dreißig Tagen etwas machen.«[305]

---

301 Vgl. Barros, Junta.
302 Vgl. Huneuus, Régimen.
303 Zu den Effekten der Repression vgl. Ensalaco, Chile, S. 127.
304 Zalaquett, A Skeptical View of Progress in Chile.
305 Memorandum of Conversation, Kissinger-Pinochet, 8.6.1976.

Damit stellt sich bei näherer Betrachtung ein Interpretationsmodell als unzutreffend heraus, das in den neunziger Jahren, auf einer wagemutig schmalen empirischen Basis, in der Politikwissenschaft entwickelt worden ist.³⁰⁶ Dieses Modell postuliert, daß Staaten, die zur Zielscheibe internationaler Menschenrechtsproteste werden, nach einer anfänglichen Phase der Zurückweisung taktische Konzessionen und rhetorische Anleihen machen, in die sie sich nach und nach »verstricken«. Solche Schachzüge wüchsen nämlich über ihre Intentionen hinaus und schüfen ungewollte Freiräume, die Regimegegner ausnutzen könnten. Das führe schließlich dazu, daß vormals repressive Staaten Menschenrechtsnormen bis zu einem gewissen Grade »internalisieren«, also innenpolitisch umsetzen. Doch so schön es auch wäre, *diese* List der Geschichte hat es nicht gegeben: Die Interpretation verkennt den Graben zwischen öffentlicher Rhetorik und interner politischer Steuerung und überschätzt die Kraft »moralischer Überzeugung«.³⁰⁷ Sie unterschätzt hingegen den Grad an Kontrolle, den eine stigmatisierte Regierung wie die chilenische trotz allem behielt, und das Ausmaß an Täuschung und hohlen Zugeständnissen, das sie an den Tag legte.

Doch nicht nur greifen solche optimistischen Einschätzungen zu weit, sie übersehen auch, daß Menschenrechtskampagnen zugleich durchaus kontraproduktive Folgen haben konnten. Pinochet selbst wußte, am spektakulärsten mit seinem Plebiszit von 1978, die nationalistische Stimmung in Chile geschickt auszunutzen, um die ausländische Kritik in innenpolitische Unterstützung umzumünzen. Gleichzeitig entwickelte die Militärregierung nach einigen Jahren eine resolute Trotzhaltung. Seit 1976 argumentierten Regierungsvertreter immer eindringlicher, die Menschenrechtssituation im Land habe sich verbessert, und es sei ungerecht, daß das Ausland diese Fortschritte nicht anerkenne. Da sie damit nicht durchdrangen, machte sich ein menschenrechtspolitischer Fatalismus breit. Fast gleichlautend gaben hochrangige Exponenten des Regimes in internen Diskussionen zu bedenken, an der internationalen Kritik werde sich nichts ändern, solange die Militärregierung bestehe. »Die schlagen sowieso auf uns ein«, so resümierte Pinochet im September 1976, »denn wir können machen, was wir wollen, sie werden es schlecht finden«.³⁰⁸ Auf eine verquere Weise scheinen die Militärs tatsächlich geglaubt zu haben, sie hätten menschenrechtliche Fortschritte gemacht, indem sie Häftlinge entlassen oder die DINA aufgelöst hatten.³⁰⁹ Verquer war dieser Glaube, weil sie damit lediglich die brutalsten Gewaltexzesse beseitigt hatten. Gemessen an den Kriterien ihrer Ankläger jedoch war ihr Eindruck, es tue sich ein zunehmendes Mißverhältnis zwischen Menschenrechtssituation und Menschenrechtskritik auf, nicht völlig unberech-

---

306 Vgl. Risse/Ropp/Sikkink (Hg.), Power, hierin vor allem Risse/Sikkink, Socialization; Ropp/Sikkink, Norms; Risse/Ropp, International Human Rights.
307 Risse/Ropp, International Human Rights, S. 251.
308 BCN Actas, Acta Nr. 281-A, 9.9.1976, S. 60.
309 Vgl. NARA, CHRD, CIA, Box 5, Information report, 2.3.1978.

tigt. Um die gleiche Zeit registrierten die Außenministerien in Großbritannien, den USA oder der Bundesrepublik ja ebenfalls menschenrechtliche Fortschritte und wiesen zum Teil sogar selbst auf das Mißverhältnis hin.

Nachdem auch der begrenzte Regimewandel, den die Junta 1977 eingeleitet hatte, im Ausland nicht verfing, verhielt sie sich daher auch geradezu ostentativ unzugänglich. Wie bereits geschildert, ließ sie sich vor allem im Fall Letelier durch keine amerikanische Drohung mehr beeindrucken. Für alle sichtbar schlug sich die neue trotzige Unbekümmertheit im chilenischen Auftreten vor den Vereinten Nationen nieder. Im Juli 1978 hatte das Regime, in einer Hundertachtziggrad-Volte, die UN-Arbeitsgruppe nun doch zu einem zweiwöchigen Besuch einreisen lassen, in der Hoffnung, die Vereinten Nationen würden dann ihr »selektives Vorgehen« einstellen.[310] Einmal mehr weit gefehlt, schuf die Generalversammlung daraufhin den bereits seit einiger Zeit diskutierten Treuhandfonds für die Opfer des Regimes. Die Menschenrechtskommission ersetzte die *Ad hoc*-Arbeitsgruppe durch einen Sonderberichterstatter für Chile und schuf eine Expertengruppe für das Problem der »Verschwundenen«.[311] Von Pinochet autorisiert, verweigerte Chile daher künftig die Zusammenarbeit mit den »diskriminierenden« Mechanismen.[312] Selbst die ansonsten eher ängstliche chilenische UN-Delegation bewies dabei eine neue Gelassenheit und betonte, es sei notwendig, »dem Thema allmählich die Bedeutung zu nehmen«.[313]

Effekte

Wenn die chilenische Junta mit Abwehr und Gegenpropaganda reagierte, mit Scheinzugeständnissen und Trotz, und dabei unbeirrbar an ihrem politischen Kurs festzuhalten suchte, so war das jedoch nur die eine Seite. Die internationale Menschenrechtskritik konnte die Machthaber nicht überzeugen oder zur Umkehr zwingen, doch ebenso wenig verpuffte sie wirkungslos. Auf der anderen Seite nämlich hatte der politische Druck wichtige Effekte, die jedoch oft subtil waren und eher indirekt zum Tragen kamen.

Nachdem sich die Erwartung, von den westlichen Staaten als Partner akzeptiert zu werden, bald schon als falsch erwiesen hatte, sah sich die Militärregie-

---

310 Vgl. UN Document A/33/331, Report Working Group, Oktober 1978; AMRE, Naciones Unidas, Grupo Allana, 1975–79, Consecuencias visita a Chile del Grupo de Trabajo, o. Dat. [vor Juli 1978].
311 Vgl. CHR, Resolution 33/174 und 33/175 vom 20.12.1978; GA, Resolution 11 (XXXV); ECOSOC, Resolution 1979/32.
312 Vgl. AMRE, Naciones Unidas, DelChile, Oficios secretos, oficios reservados, 1979, Embajador NU an Ministro RREE, 9.7.1979; ebd. Instrucciones XXXIV período de sesiones Asamblea General de las NU, 1979.
313 Embajador NU an Ministro RREE, 9.7.1979.

rung etwa dazu genötigt, ihr außenpolitisches Koordinatensystem umzugestalten. So zog sie Ressourcen aus westlichen Ländern wie Italien ab und begann eine Politik der »Öffnung« gegenüber dem globalen Süden, um ihre diplomatische Isolierung zu durchbrechen.[314] Das bedeutete nicht per se einen Nachteil; doch alles in allem genommen, verkomplizierten sich dadurch die auswärtigen Operationen.[315] Die intensivierten Kontakte zu Südafrika etwa waren sehr ergiebig, wenn man auf das steigende südafrikanische Investitionsvolumen und auf die Waffenkäufe blickt, die Chile am Kap tätigen konnte. Doch deutete sich hier eine Internationale der Pariastaaten an, die andernorts wiederum denkbar ungünstig vermerkt wurde. Die afrikanischen Staaten mußte sie verprellen, und Menschenrechtsvertreter zögerten nicht, sie ihrerseits in die langen Kataloge politischen Fehlverhaltens einzureihen.[316] Um die Unterstützung arabischer Staaten zu gewinnen, ließ die Junta den bisherigen Partner Israel fallen. Mitte 1975 bilanzierte sie, daß sich die Hoffnungen auf mögliche Waffenkäufe und einen positiven jüdischen Einfluß in der amerikanischen politischen Öffentlichkeit nicht materialisiert hatten. »Was dagegen die arabischen Länder betrifft, das sind zwanzig Stimmen [in den Vereinten Nationen] anstatt einer, und derzeit haben sie, abgesehen von den Stimmen, das Öl und die Dollars.«[317] Das aber belastete das Verhältnis zu den USA zusätzlich, vor allem, als Chile in den Vereinten Nationen für die Resolution stimmte, die Zionismus und Rassismus gleichsetzte.[318]

Zudem waren die chilenischen Machthaber eben nicht die einzigen Adressaten der menschenrechtspolitischen Initiativen, sondern auch ihre Gegner und Opfer im Land. So gelang es ausländischen Solidaritäts- und Menschenrechtsaktivisten, engagierten Regierungspolitikern und Delegierten in internationalen Organisationen, ein enormes Maß an direkter, humanitärer Hilfe zu mobilisieren. Dabei handelte es sich vor allem um finanzielle Leistungen und rechtlichen Beistand, die sowohl den Betroffenen in Chile als auch den chilenischen Flüchtlingen zugute kamen. Eine weitere Wirkung, die nicht meßbar ist, sich aber kaum überschätzen läßt, lag in der moralischen Unterstützung, die den Verfolgten und ihren Angehörigen zukam. Viele Chilenen bezeugten in Briefen an internationale Menschenrechts-NGOs oder die Vereinten Nationen ihre tiefe Dankbarkeit für die internationale Hilfe.[319] Zu wissen, daß ihr per-

---

314 Vgl. Acta Nr. 226-A, 18.8.1975; AMRE, Secretaría General del Gobierno, 1983, Logros del Ministerio de RREE decenio 1973–83, 1983.
315 Vgl. Muñoz, Relaciones, vor allem S. 217–302.
316 Vgl. BCN, Actas, Acta Nr. 150a, 29.8.1974; Muñoz, Relaciones, S. 251–258; ORUN, CHR, Report on 38th session 1982.
317 BCN, Actas, Acta Nr. 205-A, 13.6.1975, S. 8.
318 Vgl. etwa NARA, CHRD, Box Ford Presidential Library, Stephen Low, Memorandum for General Scowcroft, 18.11.1975.
319 Vgl. etwa UN Document, A/31/253 Report Working Group, Oktober 1976.

sönlicher Fall international beobachtet wurde, hatte für sie eine oft buchstäblich lebenserhaltende Ermutigung bedeutet. Schließlich darf man nicht vergessen, daß auch kosmetische Maßnahmen und Scheinkonzessionen punktuell für Verbesserungen sorgten. Bei Häftlingsentlassungen lag das auf der Hand, denn ob nun aus Image- oder anderen Gründen freigelassen, zunächst einmal waren die Betroffenen der unmittelbaren Bedrohung entzogen.

Überdies stärkten die internationalen Akteure der unerschrockenen Menschenrechtsbewegung den Rücken, die sich in Chile entwickelte. In das Vakuum an rechtlichem Schutz und materieller Hilfe, das nach dem Putsch entstand, stieß zuerst die Kirche, die als einzige über die Ressourcen und die moralische Autorität verfügte, um den Opfern der Verfolgung einigermaßen wirksam beizustehen.[320] Im Oktober 1973 gründeten Vertreter aller Konfessionen das ökumenische *Comité de Cooperación para la Paz en Chile* (COPACHI). Seit April des Jahres erhielt es vorsichtige Deckung von den katholischen Bischöfen. Pinochet sah die Tätigkeiten des COPACHI mit Argwohn und setzte Kardinal Silva Henríquez unter Druck, es aufzulösen. Silva kam dem nach, aber nur, um im Januar 1976 die dann international berühmt gewordene *Vicaría de la Solidaridad* zu schaffen, eine Institution innerhalb der Kirche, die folglich gegen den staatlichen Zugriff besser abgeschirmt war. Für die *Vicaría* arbeiteten fast ausschließlich Laien, zumeist Anwälte und Sozialarbeiter, von denen einige nicht einmal gläubig waren. Auf dem Höhepunkt waren es etwa zweihundert.

Nach und nach begannen sich weitere Hilfsgruppen zu formieren. Einige hatten ebenfalls einen religiös-kirchlichen Hintergrund. Darüber hinaus wurden Familienangehörige der Opfer zu einer wichtigen Kraft der Menschenrechtsbewegung. Sie schufen eine ganze Reihe von Vereinigungen, die sich wohl zu über neunzig Prozent aus Frauen zusammensetzten. Am bekanntesten wurde die *Vereinigung der Angehörigen Verschwundener Häftlinge* (*Agrupación de Familiares de Detenidos Desaparecidos*), die in den Jahren 1977/78 durch Hungerstreiks und friedliche Gebäudebesetzungen auf sich aufmerksam machte. Schließlich entstanden im weiteren Sinn politische, weder primär religiös noch familiär motivierte Institutionen. Die *Comisión Chilena de Derechos Humanos* war darunter die bedeutendste. Im Jahr 1978 von den Christdemokraten Jaime Castillo und Máximo Pacheco errichtet, markierte sie die Ankunft vormaliger Parteiaktivisten in der Menschenrechtsbewegung. Dabei deckten ihre Mitarbeiter ein von der christdemokratischen Mitte bis zur kommunistischen Linken reichendes Spektrum ab, mit einer links orientierten Mehrheit. Im Jahr 1985 sollte sie über mehr als 1500 Mitglieder verfügen, darunter auch Künstler, Wissenschaftler oder Gewerkschafter.

Mindestens in den ersten Jahren war die Tätigkeit der zivilen Gruppen indes keine politische oder ideologisch-theoretische Antwort auf den Umsturz

---

320 Vgl. zum Folgenden Orellana/Hutchison, Movimiento; Lowden, Opposition.

im Land. Sie wuchs vielmehr aus dem unmittelbaren, pragmatischen Bedürfnis nach Hilfe und Selbstschutz. Die Rechtsschutzabteilung des COPACHI und später der *Vicaría* versuchte zunächst, mit Eingaben und Appellen Verhaftete vor Folter oder Tod zu bewahren. Erst als sich allmählich Berge an Daten ansammelten, begann sie, ihre Informationen systematisch gegen das Regime zu wenden. So veröffentlichte die *Vicaría* Berichte, in denen sie Mißbrauchsfälle, Gerichtsentscheidungen oder Menschenrechtsinitiativen dokumentierte und statistische Übersichten über Festnahmen, das Verschwinden von Häftlingen und Todesfälle gab.[321] Während der gesamten Dauer der Diktatur blieb indes karitativ-soziale Arbeit, zugunsten von Armen, Arbeitslosen oder sonstigen Schutzbedürftigen, für sie ein entscheidendes Betätigungsfeld. Die *Comisión Chilena* hingegen sah ihr wichtigstes Standbein darin, Informationen zu verbreiten, und wählte dafür auch einen konfrontativeren Ansatz. Zusammen mit der Arbeit der übrigen Organisationen fügte sich dies zu einem breiten Panorama. Denn andere halfen etwa Landsleuten bei der Ausreise, kümmerten sich um die Gesundheit entlassener Häftlinge, betrieben öffentliche Kampagnen gegen die Repressionen und machten Eingaben bei den Vereinten Nationen oder der OAS. Die Menschenrechtsbewegung gewann dadurch Züge eines Schattensozialstaats.

Dabei koordinierten sich die Aktivisten sowohl untereinander als auch mit ausländischen NGOs. Die *Vicaría* verfügte über Kontakte zu *Amnesty International*, die *Comisión Chilena* darüber hinaus zur ICJ, der *International League for the Rights of Man* und der *Fédération Internationale des Droits de l'Homme*. Andere arbeiteten mit regionalen Organisationen zusammen. Die Beziehungen zu den internationalen NGOs waren asymmetrisch, aber keine Einbahnstraße. Einerseits erhielten die chilenischen Gruppen überlebensnotwendige Unterstützung aus dem Ausland. Die *Vicaría* bezog bis zu 85 Prozent ihres Budgets von religiösen Organisationen wie dem Weltkirchenrat, dem deutschen *Misereor* oder der *United States Catholic Conference*. Andererseits stellten die chilenischen Organisationen, weil sie die Regimeverbrechen akribisch dokumentierten, eine der wichtigsten Informationsquellen für die internationalen Menschenrechtsaktivisten dar. Auf diese Weise steuerten sie deren politische Interventionen und Hilfsprogramme in einem nicht zu unterschätzenden Ausmaß. Die internationalen Kontakte mögen schließlich für die Regimegegner im Land auch einen gewissen Schutz dargestellt haben. Prinzipiell änderten sie allerdings nichts daran, daß der staatliche Terror stets wie ein Damoklesschwert über ihnen schwebte. Sehr viele wurden diffamiert und drangsaliert, gefoltert und ermordet.[322]

---

321 Vgl. den mehrmals jährlich erschienenen »Informe« der Vicariá, erhältlich in: Biblioteca de la Vicaría de la Solidaridad, Santiago de Chile.
322 Vgl. Ensalaco, Chile, S. 58–68.

Der Menschenrechtsbegriff spielte in den Bemühungen der chilenischen Vereinigungen eine tragende Rolle, wenn ihm auch nicht alle den gleichen Stellenwert einräumten und das selbe mit ihm meinten. Die meisten verwendeten die Allgemeine Menschenrechtserklärung als einen prinzipiellen Referenzrahmen und artikulierten ihre Anliegen in der einen oder anderen Weise als Menschenrechtsforderungen. Das stellte für sie einen neuen Ansatz dar. Vor dem Putsch waren Menschenrechte in der politischen Szenerie des Landes alles andere als ein etabliertes Konzept gewesen. Fernando Salas, der Direktor des COPACHI, berichtete später, er sei Ende 1973 erstmals über die Allgemeine Menschenrechtserklärung gestolpert, und habe es für einen gewagten, neuen Aufbruch gehalten, in seiner Arbeit von ihr Gebrauch zu machen.[323] In dem Maße, wie sich die Menschenrechtssprache unter den Hilfsorganisationen und Gegnern des Regimes verbreitete, erfüllte sie dann jedoch eine besonders wichtige Funktion. Denn sie ermöglichte es politisch denkbar heterogenen Gruppen, wenigstens an einem gemeinsamen Strang zu ziehen – Linke hatten sich in der Bewegung ja ebenso eingefunden wie Konservative, politisch vormals Indifferente ebenso wie professionelle Politiker, Gläubige ebenso wie Atheisten und Kirchengegner. Einen politischen Ausgleich bedeutete es zwar nicht, wenn jetzt Aktivisten aus vormals verfeindeten Lagern im Rahmen der *Vicaría* oder anderer Organisationen zusammenkamen und sich über die dringendsten Bedürfnisse des Tages verständigten. Und doch bauten Menschenrechte eine Brücke über die vormaligen ideologischen Klüfte hinweg – soweit dies überhaupt möglich war. Von außen betrachtet bildeten sie ohnehin das einigende Band der Bewegung und mögen daher mitgeholfen haben, dem Regime den Eindruck zu vermitteln, es sei mit einer relativ geschlossenen Gegenbewegung konfrontiert.

Um diese Allianz, wie zweckhaft und transitorisch sie auch gewesen sein mochte, zu ermöglichen, eignete sich der menschenrechtspolitische Ansatz wegen seines vermeintlich unpolitischen Charakters. Die verschiedenen weltanschaulichen Fraktionen konnten auf diesem Terrain zusammenfinden, weil es diesseits politischer Grundsatzdiskussionen über vergangene Fehlentwicklungen und zukünftige Gesellschaftsmodelle zunächst einmal darum ging, lebensnotwendige Rechte und Freiheiten zu sichern. Und darin bestand eine echte Gemeinsamkeit: ein System herbeizuführen, ganz gleich wie es sonst beschaffen war, in dem Menschenrechtsverletzungen ein Riegel vorgeschoben sein würde. Der Anwalt José Zalaquett, der für das COPACHI gearbeitet hatte und 1975 ausgewiesen worden war, beschrieb diesen wachsenden Konsens als eine Entdeckung und Begegnung, bei der die Christen in der Bewegung sich auf einen stärker systemischen Protest verlegten, während die Linken lernten, sich um den konkreten Menschen zu sorgen.[324] Das war gerade nicht das Resultat

---

323 Vgl. Lowden, Opposition, S. 173, Fn. 61.
324 Vgl. Wipfler, Solidarity.

theoretischer Diskussionen, wie Zalaquett hervorhob, sondern entsprang der Erfahrung einer gemeinsamen praktischen Hilfsarbeit.

Daß die Aktivisten diese Hilfsarbeit als unpolitisch darstellten, diente aber nicht zuletzt auch dem Selbstschutz. Menschenrechtsarbeit war insofern auch eine taktische Wahl, eine bewußt entpolitisierte Antwort auf ein Regime, das politischen Protest mit linker Subversion identifizierte und gnadenlos verfolgte. Die *Vicaría* war über die gesamte Zeit der Diktatur darauf bedacht, ihre Forderungen als rein moralisch und nicht parteigebunden zu präsentieren. Auch in späteren Jahren hielt sie sich fern von den im engeren Sinne politischen Diskussionen der wiedererstehenden Opposition. Insofern zeigten sich durchaus Unterschiede darin, wie sich die verschiedenen Gruppen der Bewegung die Menschenrechtssprache aneigneten. Denn während sie für die kirchlichen Organisationen und die Familienangehörigen stets primär auf die humanitäre Hilfe und die konkrete, juristische Gerechtigkeit ausgerichtet blieb, hatte sie für die parteigebundenen Aktivisten, zumal in den achtziger Jahren, einen stärker instrumentellen Sinn. Für sie fungierte der Menschenrechtsdiskurs auch als eine Art Deckstrategie, hinter der sie ihre dezidert politische Tätigkeit langsam wieder anbahnten. Daß sich die Rechtsrhetorik aus unterschiedlichen Strängen speiste, ließ die Bewegung gleichwohl nicht zersplittern. Es trug im Gegenteil dazu bei, daß sich Menschenrechte längerfristig als eine politische Gegensprache etablierten und auch während der Transition und danach noch weiterlebten. Zwar vermochte es die chilenische Menschenrechtsbewegung ebensowenig wie die internationalen Akteure, dem Terror der Militärregierung Einhalt zu gebieten. Und den Weg in die Demokratie führte nicht sie an, sondern die wieder genesenen politischen Parteien. Doch gelang es ihr nicht nur, während der brutalsten Jahre der Diktatur Inseln des Schutzes zu behaupten, sondern sie trug darüber hinaus maßgeblich zu einem Klimawandel in der öffentlichen Beurteilung des Regimes bei, der Pinochet dringend nötige politische Unterstützung entzog. Im Jahr 1988 gaben in Umfragen rund siebzig Prozent an, das Menschenrechtsproblem in Chile sei ungelöst, und sprachen sich dafür aus, die Schuldigen zu bestrafen. Rund sechzig Prozent glaubten, die Militärregierung habe mehr Menschenrechtsverletzungen begangen als jede andere Regierung vor ihr.[325]

War die internationale Menschenrechtspolitik also geradezu entscheidend, um die Gegner der Junta zu stärken, so trug sie auch dazu bei, Spannungen innerhalb der chilenischen Führung zu erzeugen.[326] Diejenigen Exponenten des Regimes, denen Chiles internationale Reputation als besonders wichtig erschien, um ein günstiges Umfeld für das politisch-wirtschaftliche Programm zu

---

325 Vgl. Hawkins, Rights, S. 163 f.
326 Vgl. Hawkins, Rights, der dies betont. Vgl. zeitgenössisch u. a. NARA, CHRD, State Department, Box 5, Popper an Secretary of State, 6.1.1975.

schaffen, hielten es aus funktionalen Gründen für unumgänglich, die willkürlichen Exzesse der Militärherrschaft zu domestizieren. Zu ihnen gehörten einige der technokratischen Wirtschaftsexperten und Teile der außenministeriellen Beamtenschaft, die die Kernentscheidungen der Regimeführung jedoch wenig beeinflussen konnten. Bedeutsamer waren daher die Risse, die sich in politisch besonders prekären Momenten innerhalb der Junta selbst auftaten. In den Krisengesprächen der Jahre 1975/76 waren es vor allem die Generale Leigh und Merino, die Chiles miserables internationales Image für den ausschlaggebenden Faktor hielten. Leigh plädierte in der bereits geschilderten Sitzung vom August 1975 dringlich dafür, wenigstens einige der vielen diskutierten Maßnahmen zu ergreifen, »aber machen wir es so schnell wie möglich, auch wenn es als von außen auferlegt erscheint, denn sonst steht die Junta in Chile und außerhalb des Landes sehr schlecht da.«[327] Ein gutes Jahr darauf protestierte Merino gegen die seines Erachtens ruinöse Strategie, die Verfassungsgarantien in Form der vorab veröffentlichten Artikel zwar zu verkünden, *de facto* aber außer Kraft zu setzen. Zu vermuten, das Ausland werde der chilenischen Führung »durch das Werk des Heiligen Geistes und Ihres brillanten Verstandes« abkaufen, daß »zum Zweck, das Leben der Bürger zu bewahren, die Freiheiten beschnitten werden«, so belehrte er Jaime Guzmán, sei absurd.[328]

Die Friktionen waren unübersehbar und verwandelten die Juntasitzungen in einen emotionsgeladenen Schlagabtausch. In zweierlei Hinsicht muß man sie jedoch qualifizieren. Zum einen nämlich bedeuteten die Abweichungen von Pinochets robusterer Linie nicht, daß die Generale einer liberaleren, humaneren Politik das Wort geredet hätte. Es handelte sich lediglich um unterschiedliche taktische Prioritätensetzungen. Zum anderen setzten sich diejenigen, die den internationalen Forderungen stärker nachgeben wollten, eben nicht durch. In den Beratungen vom September 1976 entschieden sich Pinochet, Leigh und Mendoza schließlich für die Konstruktion, mit der die Grundrechte außer Kraft gesetzt wurden. »Im übrigen«, so brachte Leigh die Auffassung auf den Punkt, die am Ende handlungsleitend wurde, »glaube ich, daß die innere Sicherheit Vorrang vor dem Image hat.«[329] Die internen Differenzen blieben somit ohne Konsequenzen.

Waren die Wirkungen der internationalen Menschenrechtsinitiativen auf den Regimezusammenhalt bestenfalls temporär, so lag einer ihrer langfristig wichtigsten Effekte in dem Wissen, das sie produzierten – umfassendes, detailgenaues, ständig aktualisiertes Wissen über die Ereignisse im Land. Das half, wie bereits beschrieben, dabei, internationale Unterstützung zu mobilisieren. Doch es war auch eine entscheidende Voraussetzung, um die Militärregierung zu diskreditieren und politischen Druck auf sie zu richten. Die UN-Arbeitsgruppe

---

327 Acta Nr. 226-A, 18.8.1975, S. 24f.
328 BCN, Actas, Acta Nr. 280-A, 3.9.1976, S. 176.
329 Vgl. Acta Nr. 281-A, 9.9.1976, S. 66.

berichtete seit 1975 praktisch jedes Jahr, und auch die interamerikanische Menschenrechtskommission legte eine Reihe von Berichten über Chile vor.³³⁰ Waren diese Texte nicht ohne weiteres zugänglich, so referierten viele Zeitungen kürzere oder längere Auszüge. Hinzu kamen die zahlreichen Berichte internationaler Menschenrechtsorganisationen, die von vornherein ein größeres Publikum erreichten. Sie wurden komplementiert durch die Publikationen chilenischer Gruppen. Schließlich schufen die Hunderte Solidaritätskomitees ihre reiche »alternative« Informationsbörse. Damit häufte sich eine derartige Wissensmenge an, daß sich das überforderte amerikanische *State Department* schon bald beklagte, sie nicht mehr überschauen zu können.³³¹

Diese Berichte durchleuchteten die staatliche Repression bis in ihre Einzelheiten. Die organisatorische Struktur, die Methoden und sogar das Personal der DINA waren zeitgenössisch bekannt. Menschenrechtsverfechter wußten genau Bescheid darüber, wo und wie gefoltert wurde. Einige Haft- und Folterzentren, wie *Tres Álamos* oder *Villa Grimaldi*, verwandelten sich in international berüchtigte Symbole chilenischer Grausamkeit, und es zirkulierten Listen mit den Namen von Folterern. Die Beobachtung war permanent und registrierte es scharfsichtig, wenn sich das Niveau der Gewalt oder die Formen der Unterdrückung veränderten: daß neue Verhaftungswellen über das Land liefen, daß die Sicherheitsdienste auf ein System von Kurzzeithaft mit intensiver Mißhandlung umstellten, daß die abnehmende Zahl von Morden mit einer zunehmenden Zahl der Fälle von »Verschwundenen« einherging.³³² Nicht zuletzt entlarvten die Berichte Scheinzugeständnisse und beschönigende Darstellungen als das, was sie waren. Ein UN-Bericht kontrastierte die blanke Regimefassade aus Gesetzen und der »Normalität des Alltags in den Straßen von Santiago« mit der düsteren »Welt derjenigen«, »die die Führung als potentielle Gegner betrachtet, der Verhafteten, in Lagern Festgehaltenen, Gefolterten, Verschwundenen, tot Aufgefundenen«.³³³ Kaum war die DINA aufgelöst, hatten Menschenrechtsexperten bereits festgestellt, daß ihre Nachfolgeorganisation, die CNI, über die gleichen Strukturen und Kompetenzen verfügte.³³⁴

330 Vgl. UN Document A/10285, Progress Report Working Group, Oktober 1975; UN Document E/CN.4/1188, Report Ad Hoc Working Group, Februar 1976; UN Document A/31/253, Report Working Group, Oktober 1976; UN Document A/32/227, Report Working Group, September 1977; UN Document A/33/331, Report Working Group Oktober 1978; UN Document A/34/583, Report Special Rapporteur, November 1979; UN Document A/35/522, Report Special Rapporteur, Oktober 1980. Zur OAS vgl. Medina Quiroga, Battle; Dykmann, Endeavors, S. 189–221.
331 Vgl. auch NARA, CHRD, State Department, Box 12, Shlaudemann an Popper, 28.10.1976; ebd., Boyatt an Shlaudeman, 16.11.1976
332 Vgl. Report Working Group, September 1977; Report Working Group, Oktober 1978; Report Special Rapporteur, November 1979; Report Special Rapporteur, Oktober 1980.
333 Report Working Group, Oktober 1976.
334 Vgl. Report Working Group, Oktober 1978.

Die massiven Beweise drängten die Junta argumentativ in die Enge. Sie ließen ihre Versuche, Verbrechen und Rechtsverletzungen abzustreiten, unglaubwürdig erscheinen, worauf Kritiker, etwa in den Diskussionen innerhalb der Vereinten Nationen, auch immer wieder hinwiesen.[335] Gleichwohl waren und blieben die Machthaber fest entschlossen, die schweren Vorwürfe nicht auf sich sitzen zu lassen. Daran entzündeten sich ebenso heftige wie langwierige Informationskämpfe, die schon bald zu einem Signum der internationalen Auseinandersetzungen um die Diktatur wurden. Die Diskussionen über das Schicksal der »Verschwundenen« vermögen das am besten zu illustrieren. Sie zeigen auch, wie schwierig es sein konnte, die menschenrechtlichen Wahrheiten öffentlich durchzusetzen.

Den Stein brachten chilenische Menschenrechtsaktivisten ins Rollen. Schon im März 1974 machte das COPACHI bei den Behörden eine erste Eingabe mit 131 Namen verschwundener Personen. International dauerte es noch eine Weile, bis das »Verschwindenlassen« als Problem *sui generis* auf der Agenda stand; spätestens 1976 allerdings war es dort angekommen. Die UN-Arbeitsgruppe widmete der Repressionspraktik jetzt einen eigenen Abschnitt in ihrem Bericht, und auch das amerikanische *State Department* begann, sie zu beobachten.[336] In die Presseberichterstattung fand das Thema nun ebenfalls Eingang.[337] Die größte Ausstrahlung hatte indes eine Kampagne, die *Amnesty International* in diesem Zeitraum vorbereitete und im Frühjahr 1977 eröffnete.[338] Einmal mehr eingeläutet durch eine internationale Pressekonferenz, organisierten zahlreiche Sektionen über drei Monate hinweg Demonstrationen, Botschaftsbesuche, Gedenkzeremonien, Spendensammlungen und andere publizitätsträchtige Veranstaltungen.[339] Das war ein Grund, warum sich die Auseinandersetzungen 1977/78 zuspitzten. Vor allem ergriffen nun Verwandte und Menschenrechtsgruppen in Chile eine Reihe entschlossener Initiativen, um den

---

335 Vgl. etwa ORUN, CHR, Summary Records of 31st session 1975; ORUN, Subcommission on Prevention of Discrimination, 28th session 1975, 729th, 731st, 738th meetings; Report Working Group, Oktober 1976.
336 Vgl. Report Working Group, Februar 1976; Report Working Group, Oktober 1976. Zu den UN-Tätigkeiten zuvor vgl. ORUN, Subcommission on Prevention of Discrimination, Report on 28th session 1975, hier abgedruckt: Resolution 2 (XXVIII); GA, Resolution 3448 (XXX) vom Dezember 1975. Die Arbeitsgruppe berichtete seit Oktober 1975: UN Document A/10285, Progress Report Working Group, Oktober 1975. Zum *State Department* vgl. NARA, CHRD, State Department, Box 11, Embassy Santiago an Secretary of State, 9.8.1976.
337 Vgl. Bieber, Zittern vor der DINA; Dorfman, Kein Recht auf Begräbnis; Amnesty File on Political Prisoners in Chile.
338 Vgl. vorbereitend: IISG, AI IS, Film 280, Chile – the Problem of Disappearances, Januar 1977; ebd., Campaign for disappeared prisoners in Chile, 22.2.1977.
339 Vgl. IISG, AI IS, Film 280, IS, Campaign for the Disappeared Prisoners in Chile, April 1977.

Staat zum Reagieren zu zwingen. Im März 1977 drängten Hunderte Frauen mit einer Sammelpetition in den Verfassungsgerichtshof in Santiago, und im Juni besetzten wiederum ganz überwiegend weibliche Familienangehörige das Gebäude der UN-Wirtschaftskommission für Lateinamerika. Sie traten in einen Hungerstreik, so daß schließlich sogar UN-Generalsekretär Kurt Waldheim als Vermittler eingeschaltet wurde. Die chilenischen Medien berichteten ausgiebig über die Vorgänge.[340] Mitte des nächsten Jahres brandete der Protest im Land noch einmal auf, und es kam zu weiteren Hungerstreiks, die im Ausland durch zahlreiche solidarisierende Aktionen unterstützt wurden.[341]

Die chilenische Führungsriege war sich schon 1975 bewußt geworden, daß das ungewisse Schicksal der vermißten Personen zu einem Hauptvorwurf der Kritiker im In- und Ausland avancierte.[342] Zuerst flüchtete sie sich in ein geradezu stümperhaftes Täuschungsmanöver. Im Juli 1975 wurden die Berichte zweier obskurer argentinischer Zeitungen bekannt, in Argentinien seien die Leichen von 119 Miristas gefunden worden, die internen Konflikten zum Opfer gefallen seien. Die amerikanische Presse brauchte nicht lange, um herauszufinden, daß die argentinischen Zeitungen gar nicht wirklich existierten.[343] Die UN-Arbeitsgruppe hatte verläßliche Informationen, daß mindestens 77 der gefundenen Toten zuvor in Chile verhaftet worden waren.[344] In den Vereinten Nationen zettelte die Militärregierung derweil ein makabres Geschacher um Zahlen und Schicksale der »Verschwundenen« an. Eine Auswertung aller eingegangenen Listen, so teilte sie mit, habe 768 Fälle ergeben; dabei seien jedoch zahlreiche Namen doppelt genannt worden, 153 der Personen hätten nie existiert, 64 seien bereits als verstorben registriert, sechs freigelassen und sieben niemals verhaftet worden.[345] Über die Zahlen ließ sich in diesen Jahren keine Klarheit gewinnen, und es kursierten bald divergierende Aufstellungen nationaler und internationaler Menschenrechts-NGOs.[346]

Der außenpolitische Apparat reagierte zunehmend besorgt.[347] Das Außenministerium forderte, die Verschwundenenfälle restlos aufzuklären und den

---

340 Vgl. IS, Campaign for the Disappeared Prisoners in Chile, April 1977.
341 Vgl. Campaña por el Retorno.
342 Vgl. Acta Nr. 226-A, 18.8.1975.
343 Vgl. Stern, Battling, S. 108–111.
344 Vgl. Report of Working Group, Oktober 1976.
345 Vgl. UN Document A/C.3/639, Government of Chile, Present Situation of Human Rights in Chile, Oktober 1975.
346 Vgl. Vicaría de la Solidaridad (Hg.), ¿Dónde Están?; Report of Working Group, Oktober 1978; UN Document A/34/583/Add.1, Report of Expert on the Missing and Disappeared, November 1979; UN Document E/CN.4/1290, Observations of Government of Chile on Report of Working Group, Februar 1978.
347 Vgl. AMRE, Embajada de Chile en Estados Unidos, Oficios secretos, 1977, Cauas an Ministro RREE, 11.5.1977; ebd., Embajada de Chile en Gran Bretaña, Oficios secretos, 1977, Berguño an Ministro RREE, 6.5.1977.

ausländischen Beobachtern umfassende Informationen zur Verfügung zu stellen, damit diese nicht länger insistierten.[348] Die Führungszirkel blieben einstweilen jedoch bei ihrer zynischen Verwirr- und Verschleierungstaktik. Die DINA erpreßte und bedrohte Familienangehörige, damit sie in den Medien erzählten, ihre verschwundenen Verwandten seien zurückgekehrt; eine Familie, die fliehen konnte, berichtete von der Nötigung.[349] Auch täuschte der Sicherheitsdienst Fälle von Verschwinden vor, um die Dokumentationsarbeit der *Vicaría* diskreditieren zu können, wenn die betreffenden Personen dann wieder auftauchten.[350] Den protestierenden Familienangehörigen sagte sie wiederholt Untersuchungen zu, die später aber versandeten oder keine Resultate erbrachten. Das Verfassungsgericht wies die Sammelpetition von 1977 ab.[351]

Wohl mit Blick auf den bevorstehenden Besuch der UN-Beobachtermission richtete die chilenische Führung dann eine interministerielle Kommission ein, die die Informationen aller einschlägigen Ministerien und Behörden zu Menschenrechtsfragen aufbereiten sollte, darunter auch gesondert die zum Problem der »Verschwundenen«.[352] Noch bevor die UN-Arbeitsgruppe im Juli einreiste, veröffentlichte die Junta allerdings eine »endgültige Stellungnahme«, in der sie noch einmal alles abstritt: Die meisten Personen hätten entweder falsche Identitäten gehabt, seien in den Untergrund abgetaucht, außer Landes geflohen, bei Schießereien umgekommen oder zwar verhaftet, aber inzwischen wieder freigelassen worden.[353] Im September erwog die Junta dann, ein Gesetz zu erlassen, das es den Angehörigen ermöglichen würde, Erbschaftsangelegenheiten zu regeln. Der Gedanke dahinter war, daß ein Teil von ihnen anschließend Ruhe geben würde.[354] Am Ende des Jahres bahnte sich jedoch gleich das nächste PR-Desaster an, als bei Lonquén fünfzehn Leichen gefunden wurden. Der von der Regierung eingesetzte Sonderrichter hatte den Mut, unabhängig zu ermitteln, und fand bald heraus, daß es sich bei den Toten um Bauern handelte, die im Oktober 1973 entführt und ermordet worden waren, und von denen einige auch auf den Vermißtenlisten der *Vicaría* gestanden hatten. Als er den Fall abgeben mußte, brachen die Angehörigen einmal mehr in Zorn und Verzweiflung aus und veranstalteten eine Reihe von Demonstrationen, Hungerstreiks und Gebäudebesetzungen. Das Militärgericht ordnete schließlich an, die Leichen zur

---

348 AMRE, Ministerio del Interior, Oficios secretos, reservados, 1977, Jaime Lavin Fariña an Ministro del Interior, 7.9.1977.
349 Vgl. Stern, Battling, S. 123.
350 Vgl CU, AIUSA, RG I.4, Box 14, Staff Meeting, Western Regional Office, 23.6.1977; ebd., RG IV.1, Ramon Hodel Files, Box 1, Follow-Up, Juli 1977.
351 Vgl. Report of Working Group, Oktober 1978.
352 Vgl. AMRE, Ministerio del Interior, Oficios secretos, reservados, 1978, Fernández Fernández an Cubillos Sallato, 15.6.1978.
353 Vgl. Report of Working Group, Oktober 1978, Ann. L: Statement Minister of Interior, 15.6.1978.
354 Vgl. BCN, Actas, Acta Nr. 354-A, 14.9.1978.

Bestattung freizugeben, doch stellte sich heraus, daß sie bereits in Massengräber geworfen worden waren.[355]

Die Bilanz dieses jahrelangen schaurigen Ringens, das im Kern ein Ringen um Kenntnisse war, fiel gemischt aus. Die Machthaber gaben bis zuletzt nichts preis. Sie erkannten keinen einzigen Verschwundenenfall als solchen an. Sie verwischten die Spuren und behinderten die Ermittlungen so nachhaltig, daß bis heute die Umstände des Todes zahlreicher Chilenen noch immer ungeklärt sind. Möglicherweise brachte sie der Aufschrei inner- und außerhalb des Landes dazu, das »Verschwindenlassen« einzustellen. Nach 1977, dem Höhepunkt der nationalen und internationalen Bestürzung, wurden keine neuen Fälle bekannt.[356] Doch läßt sich kaum entscheiden, ob die Proteste dafür verantwortlich waren, oder ob sich die Praxis selbst überflüssig gemacht hatte. Oder ob sich der Terror, wie *Amnesty International* intern diskutierte, möglicherweise nur auf andere Methoden verschob.[357]

Eines jedoch gelang den Menschenrechtsverfechtern in hohem Maße, nämlich die Herrschaft der Junta untrennbar mit dem »Verschwindenlassen« zu assoziieren. Trotz allen Verdunkelungsbemühungen setzte sich in der internationalen Öffentlichkeit auf breiter Front ein bestimmtes Bild der chilenischen Verbrechen durch. Wohin die Vertreter der Militärregierung auch kamen, wurden sie von westlichen Politikern und Diplomaten unweigerlich mit dem Problem der »Verschwundenen« konfrontiert, zuweilen auch mit ganz konkreten Fällen. Die Vereinten Nationen institutionalisierten die Beschäftigung mit dem Thema sogar, indem sie eine Expertengruppe schufen. Und auch in der öffentlichen Wahrnehmung war dieser Verbrechenskomplex in den späten siebziger Jahren überall präsent. »Wenn Menschen sich mit den anhaltenden Menschenrechtsverletzungen befassen, wird das Problem der verschwundenen Häftlinge fast immer erwähnt«, berichtete zum Beispiel ein Mitarbeiter von AIUSA.[358] Das schändliche Emblem der Diktatur hat sich sogar bis heute erhalten, und die Informationen, die die Menschenrechtsgruppen seinerzeit sammelten, geben dabei noch immer die Grundlage für die kulturelle Erinnerung ab. Sie speisen ein Gedenken, das wohl alles leistet, was Gedenken zu leisten vermag. Die Verschwundenen kann es nicht zurückbringen, doch verleiht es ihnen eine so starke Präsenz, wie es nach ihrem Tod nur möglich ist: Es gibt ihnen Namen und Gesicht und erzählt ihre Geschichte. Es verfolgt ihre Spuren, bis sie sich verlieren, und stellt dem mordhungrigen Wahn des Regimes die ganz andere Sicht derer gegenüber, denen die Ermordeten viel bedeuteten.[359]

---

355 Vgl. Report of Expert on the Missing and Disappeared, November 1979.
356 Vgl. ebd.
357 Vgl. CU, AIUSA, RG I.1, Box 1, Board of Directors Meeting, 10./11.9.1977.
358 CU, AIUSA, RG II.1, Box 3, Executive Director and Staff Quarterly Report, June–August 1977, o. Dat.
359 Vgl. das online-Archiv der chilenischen Stiftung Memoria viva.

Politischer Paria, wirtschaftlicher Partner:
Die Jahre der Windstille 1977–1982

Wie immer man die Auswirkungen der menschenrechtspolitischen Initiativen einschätzt, es läßt sich nicht leugnen, daß das Pinochet-Regime am Ende der siebziger Jahre fester im Sattel saß als jemals zuvor. Nicht nur war die stärkste internationale Druckwelle vorerst vorübergezogen. Die Situation wendete sich sogar, wenngleich zaghaft, zum Besseren. Im Jahr 1983 zog das Außenministerium zum ersten Mal eine leidlich positive Zwischenbilanz seines anhaltenden Versuchs, sich gegen die weltweite Ächtung zu stemmen.[360] Die Vorgänge in den Vereinten Nationen – Anfang der achtziger Jahre wurde der Treuhandfonds verallgemeinert und die Expertengruppe, die sich mit dem Verschwundenenproblem befaßt hatte, aufgelöst – hatten für die Machthaber ihren Schrecken sogar gänzlich verloren.[361] »Was die Vereinten Nationen betrifft, vergessen wir das«, kanzelte Pinochet Anfang 1980. »Jetzt haben die sogar die Invasion Afghanistans akzeptiert. Warum sollen die sich da wegen so eines Problems anstellen!«[362]

Tatsächlich erlebte die chilenische Diktatur zwischen 1977/78 und 1982 ein gutes Jahrfünft der relativen Windstille. Das waren die besten Jahre für ihre Exponenten und Befürworter, für ihre Gegner im In- und Ausland die deprimierendsten. Der leichte, aber merkliche Wandel im internationalen Klima hatte mehrere Gründe. Zunächst einmal war die Phase, in der die Militärs ihre Herrschaft auf kaum verhüllte Gewalt gebaut hatten, vorüber. Daß westliche Regierungen wie diejenigen Callaghans in Großbritannien und Carters in den USA dies durchaus registrierten, ist bereits erwähnt worden, wenn es sie auch nicht veranlaßte, ihre Kritik zu drosseln.[363] Doch riß nun die Kette immer neuer Greuelnachrichten ab, und es gab kaum mehr spektakuläre Verbrechensfälle, die die Emotionen in den nationalen und internationalen Öffentlichkeiten so hochkochen ließen, wie in den Jahren zuvor. Wo Regierungen an ihren Vorwürfen festhielten, richteten sich diese daher auch immer häufiger darauf, daß überhaupt noch Mißbräuche vorkamen, und darauf, daß noch nicht alle Unrechtstaten aufgeklärt waren. Auch der Höhepunkt der Solidaritätsbewegung

---

360 Vgl. Logros del Ministerio de RREE decenio 1973–83, 1983.
361 Vgl. AMRE, Naciones Unidas, DelChile, Oficios secretos, 1981, Manuel Trucco an Ministro RREE, 8.4.1981.
362 BCN, Actas, Acta Nr. 387-A, 28.1.1980, S. 39. Vgl. auch etwa AMRE, Naciones Unidas, DelChile, Oficios secretos, reservados, 1982, Embajador Representación Permanente NU an Ministro RREE, 19.1.1982.
363 Vgl. auch die Einschätzung des Auswärtigen Amts: Aufzeichnung des Vortragenden Legationsrats I. Klasse Marré, 29.11.1974, S. 1365, Fn. 5.

war allmählich überschritten. Die Bewegung drohe »etwas zu ›versanden‹«, hielt eine deutsche Delegiertenkonferenz schon 1977 fest und mutmaßte, die Chile-Solidarität habe ihren »Charakter als Auslöser massenhafter Bewußtwerdung und Politisierung verloren«.[364] Auch das Engagement der chilenischen Exilanten ließ nach. Sie gingen zusehends dazu über, sich in den neuen Heimatländern ein weniger provisorisches Leben aufzubauen.[365]

Auch das pseudo-konstitutionelle Gesicht, das sich das Militärregime mit seinem angekündigten »Institutionalisierungs«-Prozeß und den flankierenden Reformen von 1977/78 verpaßt hatte, trug dazu bei, die Wogen der internationalen Verdammung zu glätten. Selbst die Carter-Regierung vermerkte diese Entscheidungen anfänglich positiv, wenn sich die Beziehungen über den Fall Letelier dann auch bald wieder eintrübten.[366] In der Bundesrepublik und in Frankreich versicherten Regierungs- und Ministerialkreise den chilenischen Diplomaten, daß man die politischen Entwicklungen billigend beobachte.[367] Kurze Zeit später allerdings kritisierte eine Reihe westlicher Regierungen das Verfassungsplebiszit als eine Scheinabstimmung.[368]

Was die Stimmung am stärksten umschlagen ließ, war das chilenische »Wirtschaftswunder«. In den wenigen Jahren unter der Militärdiktatur hatte sich das ärmliche südamerikanische Land über alle Erwartungen hinaus dynamisch entwickelt. Es brachte beachtliche Wachstumsraten hervor, trat international als vertrauenswürdiger Handelspartner auf – und bot potentiellen Investoren »stabile« Verhältnisse. Das hatte unabweisbare politische Implikationen: Hier war ein Land der »Dritten Welt«, das in Zeiten dramatischer Verarmung und rasant wachsender Auslandsverschuldung seinen Kopf hoch über Wasser hielt. Und auch den »Westen« selbst konnte das chilenische Erfolgsmodell etwas lehren, nämlich die Überlegenheit eines radikalen Freihandelssystems, das in diesen Jahren mit dem Heraufziehen der (neo-) konservativen Dominanz gerade in den wirtschaftlich starken Ländern an Attraktivität gewann. In den Regierungen und Wirtschaftsministerien der Bundesrepublik, Frankreichs oder Großbritanniens stießen die wirtschaftlichen Leistungen der Chilenen dann auch

---

364 Delegiertenkonferenz der Chile-Komitees, S. 44f. Vgl. zu den Niederlanden: IISG, Chili-Komitee, Nr. 2, CKN – CBN: Fondsencampagne voor Projekten in Chili, 21.6.1982; ebd., Vervolg diskussie, 20.11.1982. Zur chilenischen Sicht vgl. etwa AMRE, Embajada de Chile en RFA, Oficios secretos, reservados, 1977, Gevert an Ministro RREE, 18.11.1977.
365 Vgl. auch Camacho, Vida; Wojak/Holz, Exilanten.
366 Vgl. AMRE, Embajada de Chile en Estados Unidos, Oficios secretos, 1977, Cauas an Ministro RREE, 24.8.1977.
367 Vgl. etwa Embajada de Chile en RFA, Oficios secretos, reservados, 1978, Gevert, Informe Abril 1978, 18.5.1978; ebd., Embajada en Francia, Oficios secretos, 1977, Encargado de Negocios an Ministro RREE, 8.12.1977.
368 Vgl. Muñoz, Relaciones, S. 176.

auf erhebliches Interesse.[369] Noch emphatischer fiel die Resonanz in privaten Finanz- und Wirtschaftskreisen aus, die sich keinerlei politische Vorbehalte auferlegten.[370] Tatsächlich boomten die privaten Handels- und Wirtschaftsbeziehungen überall, ganz gleich welche Regierung sich gerade an der Macht befand – mit amerikanischen, westdeutschen, britischen Unternehmen ebenso wie mit australischen und kanadischen, sogar mit italienischen, und auch Ostblockstaaten wie die DDR oder Rumänien ließen sich nicht abhalten, mit dem Andenstaat Geschäfte zu machen.[371] Daß die *Chicago Boys* den Typus des westlichen Managers geradezu perfekt verkörperten, exzellent ausgebildet waren, fließend Englisch sprachen, geschmeidig auftraten – nicht zu selbstbewußt, aber auch nicht als Bittsteller –, das dürfte zu ihrer Ausstrahlung einiges beigetragen haben. Nicht zuletzt schienen sie in geradezu beglückender Weise das Stereotyp des inkompetenten, bramarbasierenden lateinamerikanischen Politikers zu widerlegen, das viele Diplomaten und Unternehmer ganz offenbar hegten.[372]

Damit tat sich immer deutlicher eine Schere auf zwischen der politischen Distanz, die die westlichen Regierungen der chilenischen Militärregierung bedeuteten, und der faktischen Integration des Landes in den westlichen Wirtschaftsraum. Darin bestand das Muster, das Chiles Beziehungen zum Westen in diesen Jahren am stärksten prägte. Die wirtschaftliche Integration zu hemmen, hüteten sich selbst die Regierungen, die die Junta sonst am meisten schalten, und das, obwohl florierende Handelsbeziehungen das Regime mehr als alles andere stabilisieren mußten. Das britische *Foreign Office* sprach das am deutlichsten aus, weil Großbritannien der Staat war, der von dem Rennen um die lukrativen Geschäfte mit Chile am wenigsten profitierte. Es erkannte »eine fast schizophrene Haltung in den Beziehungen vieler Länder zu Chile […]. Die wenigsten wollen wegen politischer Vorbehalte gegenüber dem Regime ihre Handelsverbindungen verlieren oder wichtige Lieferungen gefährden.«[373]

Bedeutete dies eine graduelle Verbesserung im internationalen Status des Militärregimes, so wandelte sich seine Ausgangslage durch die konservativen Regierungsumschwünge in Großbritannien 1979, den USA 1981 und der

---

369 Vgl. etwa AMRE, Embajada de Chile en RFA, Oficios secretos, 1980, Undurraga an Ministro RREE, 8.7.1980; ebd., Embajada en Francia, Oficios secretos, 1980, Ministro RREE an Embajador, 15.5.1980; ebd., Embajada de Chile en Gran Bretaña, Oficios reservados, 1981, Sylvia Balbontin an Ministro RREE, 11.8.1981.
370 Vgl. Muñoz, Relaciones, S. 201.
371 Vgl. Muñoz, Relaciones, S. 135–302; zu den USA: AMRE, Embajada de Chile en Estados Unidos, Oficios secretos, 1976, Trucco an Ministro RREE, 12.10.1976; zu Frankreich ebd., Embajada en Francia, Oficios secretos, 1981, Juan José Fernández Valdés an Director General Político, 19.3.1981.
372 Vgl. etwa AMRE, Embajada de Chile en Gran Bretaña, Oficios secretos, 1977, Berguño an Ministro RREE, 15.7.1977; ebd., Oficios secretos, 1979, Berguño an Ministro RREE, 13.9.1979.
373 NAK, FCO 7/3609, Annual Review for 1978, 10.1.1979.

Bundesrepublik ein Jahr darauf, für einige Zeit sogar nachhaltig zum Positiven. Demgegenüber war der Präsidentschaftswechsel 1981 in Frankreich, wo mit François Mitterand ein Politiker an die Macht kam, der der Junta offen feindselig begegnete, zwar unerfreulich, aber zu verkraften. Margaret Thatcher und Ronald Reagan lösten zwei der Regierungen ab, die die chilenische Diktatur am entschlossensten bestraft hatten. Für beide Staatschefs besaß es daher einen programmatischen Mehrwert, wenn sie nun das Pendel weit zurückschwingen ließen. Die neue konservative Regierung in Großbritannien verurteilte ihre Vorgängerin dafür, Chile kompensatorisch zu einem Sinnbild des Bösen stilisiert zu haben, um eigentlich gravierendere Menschenrechtsverletzungen in Osteuropa nicht ahnden zu müssen.[374] In den Vereinigten Staaten fiel der Symbolwert dieser Absetzbewegung, wie beschrieben, noch größer aus.[375] Was noch hinzu kam, war, daß Chile eine wichtige Rolle für Reagans Mittelamerikapolitik zugedacht war. Das Pinochet-Regime sollte sowohl mit Waffenlieferungen als auch mit militärischer Ausbildung einspringen, damit es nicht so aussehe, als unterstützten allein die USA die Diktatur in El Salvador.[376]

Die britische Regierung machte schon bald große Schritte auf Chile zu, indem sie wieder Exportkreditgarantien gewährte, einen Botschafter auf den vakanten Posten in Santiago schickte und im Juli 1980 sogar das Waffenembargo aufhob.[377] Zuvor hatte die Regierung beschlossen, die Junta zu befriedigenden Auskünften in den Fällen von Sheila Cassidy und William Beausire, eines weiteren vermißten britischen Staatsbürgers, zu drängen, um die erwartete Kritik auf der Insel aufzufangen.[378] Die Reagan-Regierung läutete ihren Kurswechsel in zahlreichen öffentlichen Erklärungen und vertraulichen Gesprächen für alle unüberhörbar ein. Sie betonte, die USA seien ein Freund der Regierung und würden Menschenrechte nicht als einziges Kriterium anlegen.[379] Ihren Worten ließ die neue Regierung bald Taten folgen. Im Februar 1981 hob sie die Sanktionen auf, die Carter infolge des chilenischen Verhaltens im Fall Letelier verhängt

---

374 Vgl. NAK, FCO 7/3612, Policy towards Chile, Mai 1979; ebd., British Embassy, HMG's Policy toward Chile, 16.5.1979.
375 Vgl. CDP, Secretary of State an Embassy Santiago, Final version of the 1980 Human Rights Report, 25.1.1981; ebd., Haig, Memorandum for the President, 16.2.1981.
376 Vgl. CDP, Memorandum of Conversation, Ambassador Enrique Valenzuela and Ambassador-at-Large Vernon A. Walters, 20.8.1981.
377 Vgl. NAK, FCO 7/3612, Carrington, Memorandum for Prime Minister, 17.9.1979; ebd., FCO 7/3614, Carrington, Memorandum for Prime Minister, 20.12.1979; AMRE, Embajada de Chile en Gran Bretaña, Oficios secretos, reservados, 1980, Schweitzer an Ministro RREE, 18.7.1980; ebd., Oficios secretos, 1983, Orrego an Ministro RREE, 12.8.1983.
378 Vgl. NAK, FCO 7/3612, Ure, UK/Chile Relations, 9.7.1979.
379 Vgl. u. a. AMRE, Embajada de Chile en Estados Unidos, Oficios reservados, 1981, Barros an Ministro RREE, 11.3.1981; Memorandum of Conversation, Ambassador Enrique Valenzuela and Ambassador-at-Large Vernon A. Walters, 20.8.1981.

hatte. In internationalen Finanzinstitutionen stimmte sie nun dafür, Chile Kredite zu gewähren, und kündigte im September in der UN-Menschenrechtskommission an, sich nicht länger an einem »diskriminierenden« Vorgehen zu beteiligen.[380] Die chilenische Militärregierung triumphierte. »Vor sieben Jahren standen wir fast allein«, bemerkte Pinochet im März mit Blick auf die konservativen Regierungen in Großbritannien und den USA. »Heute sind wir Teil eines deutlichen weltweiten Trends. Und ich sage Ihnen, meine Damen und Herren, es ist nicht Chile, das seine Ansichten geändert hat.«[381]

In einer Hinsicht jedoch wandelte sich Chiles internationales Umfeld in dem ruhigeren Jahrfünft nicht. Denn selbst dort, wo Regierungspolitiker auf die Machthaber zugingen, hatte die neue Einvernehmlichkeit eine dezidierte Grenze. Als etwa Außenminister Hernán Cubillos und Miguel Kast, der Generaldirektor des Nationalen Planungsbüros, 1979/80 in die Bundesrepublik reisten, erhielten sie sehr ermutigende Signale aus dem Außen- und dem Wirtschaftsministerium und warmen Zuspruch von der konservativen Opposition, besonders von der CSU. Doch übten fast alle Gesprächspartner, nicht zuletzt der CDU-Vorsitzende Helmut Kohl, moderate Kritik an den Menschenrechtsproblemen.[382] Cubillos mußte sich Fragen nach politischen Gefangenen stellen, nach der Stellung der Gewerkschaften, nach der Möglichkeit für Exilanten, zurückzukehren, und danach, wie und wann die Verfassungsmäßigkeit wiederhergestellt werden sollte. Außenminister Hans-Dietrich Genscher, der diese Linie konsistent vertrat, verwies mehrfach auf das positive Vorbild der demokratischen Transitionen in Spanien, Griechenland und Portugal. Er drückte Sorge über das Schicksal der »Verschwundenen« aus, sprach die Leichenfunde von Lonquén an und bezog sich »mit einer gewissen Insistenz auf jüngste Fälle von Folter und Mißhandlung, über die er durch *Amnesty International* und den DGB informiert worden war«.[383]

Selbst die beiden Gesinnungsgenossen im Westen konnten oder wollten es sich, nach einem kurzen *Honeymoon*, aus innenpolitischen Gründen nicht länger leisten, über die noch bestehenden Menschenrechtsprobleme gänzlich hinwegzusehen. Die Thatcher-Regierung ließ dem chilenischen Botschafter im Juli 1980 mitteilen, das Ende der Sanktionen »bedeute keinen Wandel in der Einschätzung der Menschenrechtssituation von Seiten der britischen Regierung;

---

380 Vgl. Haig, Memorandum for the President, 16.2.1981; AMRE, Embajada de Chile en Estados Unidos, Oficios reservados, 1981, Costa-Nora an Ministro RREE, 17.7.1981; Muñoz, Relaciones, S. 85–134.
381 Zitiert nach Sigmund, United States, S. 135.
382 Vgl. AMRE, Embajada de Chile en RFA, Oficios secretos, 1979, Vasco Undurraga an Ministro RREE, 26.9.1979; ebd., Oficios secretos, 1980, Undurraga an Ministro RREE, 8.2.1980.
383 Vasco Undurraga an Ministro RREE, 26.9.1979.

das seien gänzlich verschiedene Probleme«.[384] Der Fall des verschwundenen William Beausire war ihr dabei besonders wichtig, doch ging es auch um Folter, Zwangsexilierungen und politische Verhaftungen.[385] Der »Falkland-Faktor«, der bald darauf zum Tragen kam, weil Chile nach dem britischen Krieg gegen Argentinien in Lateinamerika vermittelte, konnte das nur kurzzeitig überdecken.[386] Und auch die Reagan-Regierung sah sich genötigt, weiterhin zu mahnen. Pinochet übermittelte sie, »daß er uns in Menschenrechtsangelegenheiten helfen müsse, ihm zu helfen, indem er nichts tue, das den Ärger unseres Kongresses errege«.[387]

Darin, daß selbst die Regierungen Thatchers und Reagans sich diesen Mustern nicht entziehen konnten, deutete sich eine dauerhafte Belastung von Chiles internationalem Beziehungssystem an, die noch 1980/81 nicht abzusehen gewesen war. Selbst in den vergleichsweise günstigsten Jahren wurde das chilenische Regime sein Stigma nicht los. Chile habe »aufgehört, in den Nachrichten zu sein«, so brachte es der Botschafter in Frankreich auf den Punkt, doch existiere ein »kristallisiertes, archiviertes Negativimage«.[388] Die Machthaber schien das allerdings nicht sonderlich zu kümmern. Vorerst konnten nicht einmal die Partner in den USA und Großbritannien die Militärs konzessionsbereit stimmen. Die chilenische Regierung war sich bewußt, daß sie schon ganz andere Kritikstürme überstanden hatte.[389]

Konservative Revolution: Menschenrechte und das Ende der Diktatur

Betrachtet man die Situation des Militärregimes von den frühen achtziger Jahren aus, so hatte sich die internationale Menschenrechtskritik also nie verloren, doch hatte dies die Diktatur zuerst nur begrenzt angefochten und anschließend kalt gelassen. Die Interpretation, die in der historischen und politikwissenschaftlichen Literatur häufig, wenn auch zumeist implizit anzutreffen ist, daß sich politischer Druck über Jahre hinweg ansammle, sich Strafmaßnahmen

---

384 AMRE, Embajada de Chile en Gran Bretaña, Oficios secretos, 1980, Miguel Schweitzer an Ministro RREE, 24.7.1980.
385 Vgl. AMRE, Embajada de Chile en Gran Bretaña, Oficios secretos, 1982, Schweitzer an Ministro RREE, 4.2.1982.
386 Vgl. AMRE, Embajada de Chile en Gran Bretaña, Oficios secretos, 1982, Carlos Ducci an Ministro RREE, 9.12.1982; ebd., Oficios secretos, 1983, Orrego an Ministro RREE, 12.8.1983.
387 Memorandum of Conversation, Ambassador Enrique Valenzuela and Ambassador-at-Large Vernon A. Walters, 20.8.1981.
388 AMRE, Embajada en Francia, Oficios secretos, 1982, Fernández V. an Ministro RREE, 2.4.1982.
389 Vgl. CDP, Embassy Santiago an Secretary of State, 18.8.1982.

gleichsam addierten, bis ein Regime unter ihrer gewachsenen Last zusammenbreche, trifft auf die chilenische Entwicklung gerade nicht zu. Die Vorstellung einer solchen kumulativen Erodierung, so legt sie im Gegenteil nahe, verfehlt die eigentlichen Dynamiken der internationalen Isolierung und die eigentlichen Ursachen von Regimetransitionen. Sie sind, was das autoritäre Regime Pinochets betraf, kurztaktiger und diskontinuierlicher zu denken. Es waren neue Ereignisse und Entwicklungen, nämlich die wirtschaftlichen und politischen Umschwünge der Jahre 1982/83, die den Anfang seines Endes einläuteten. Die menschenrechtspolitische Abstempelung trug dazu wesentlich bei – aber eben erst unter den Rahmenbedingungen der späteren achtziger Jahre. Die Retrospektive des geglückten Übergangs zur Demokratie sollte dabei den Blick auf zweierlei nicht verstellen: Das Ende der Diktatur streckte sich quälend lange hin – seit dem Beginn der Regimekrise von 1982 vergingen noch einmal fast acht Jahre und damit mehr als ein Drittel der gesamten Lebensdauer der Diktatur. Und dieses Ende war eine denkbar knappe Angelegenheit. In dem Plebiszit von 1988, das Pinochet acht Jahre zuvor in Aussicht gestellt hatte, als er die neue Verfassung verkündete, stimmten immer noch 44 Prozent der Wähler für den Präsidenten. Einem Erdrutsch kam das nicht gleich. Und zwangsläufig war dieses Ergebnis auch nicht, sondern hing von einigen entscheidenden Weichenstellungen ab, die auch anders hätten ausfallen können.

Es waren im wesentlichen drei strukturelle Veränderungen in seinen inneren und äußeren Ausgangsbedingungen, die das Ende des Militärregimes herbeiführten. Sie zeichnen sich deutlich ab, wenn das Bild auch kursorisch ausfällt, da kaum Akten vorhanden oder zugänglich sind. Die erste war die mittelfristig verheerende Wirtschaftskrise, in die Chile am Anfang des neuen Jahrzehnts taumelte.[390] Das schwarze Jahr kam 1982: Mehr als achthundert Unternehmen mußten Konkurs anmelden, die offizielle Arbeitslosigkeit stieg auf zwanzig Prozent, und die Inflation begann zu rasen (1983 betrug sie 27 Prozent). Der ganze mühsame Wiederaufschwung, die zum Erstaunen der internationalen Finanzwelt erzielten Produktionserfolge, die lebenswichtige Ankurbelung durch ausländisches Kapital, sie alle waren innerhalb weniger Jahre dahin. Chile verzeichnete negative Wachstumsraten von über zwanzig Prozent, und seine externen Schulden bezifferten sich 1984 auf das Rekordhoch von zwanzig Milliarden US-Dollar. Selbstverschuldet war dieser ökonomische Einbruch insofern, als er auch auf einen überbewerteten Peso und niedrige Zölle zurückging, die es begünstigt hatten, daß sich die Wirtschaft zu sehr auf Güterimporte wie auch auf Auslandsanleihen verlassen hatte. Unter Führung des neuen Finanzministers Hernán Büchi, der im Zuge eines breiteren Revirements auf seinen Posten gelangt war, wurde die Talsohle 1986 durchschritten. Erst jetzt setzte

---

390 Vgl. Oppenheim, Politics; Huneeus, Régimen.

makroökonomisch betrachtet wieder ein wenn auch zaghafter Aufschwung ein, der sich dann bis in die Demokratie hinein fortsetzen sollte.

Das änderte indes nichts an den fatalen Folgen, die die Wirtschaftsmisere für die Militärregierung mit sich brachte, nachdem diese ihre Existenzberechtigung so lange an ihre wirtschaftlichen Leistungen gebunden hatte. Waren sie ein wichtiger Grund dafür gewesen, daß sich Chiles internationale Position einigermaßen stabilisiert hatte, schlug dies nun um so heftiger auf die Diktatur zurück. Die *Financial Times* schrieb, das chilenische Wunder habe sich in einen Alptraum verkehrt, Umfragen belegten, daß Chiles Vertrauenswürdigkeit unter internationalen Banken drastisch sank, und vor allem gingen die ausländischen Investitionen rapide zurück.[391] Nicht weniger dramatisch war die innere Legitimitätseinbuße. Das wirtschaftliche Versagen trieb beträchtliche Teile der traditionell mit der Militärregierung verbündeten Mittelschichten in das Lager der Regimegegner. Im Jahr 1988 war es Umfragen zufolge das wichtigste Motiv dafür, daß die Chilenen Pinochet abwählten – mehr als siebzig Prozent derer, die gegen den Präsidenten stimmten, nannten die wirtschaftliche Situation als Beweggrund.

Unmittelbar löste die ökomische Krise eine jahrelange Welle des zivilen Protests aus, beginnend mit einem »Tag des nationalen Protests« im Mai 1983, dem in den folgenden drei Jahren noch mehr als ein Dutzend folgen sollten. Es war überhaupt das erste Mal seit Bestehen der Militärdiktatur, daß auf den Straßen offener Aufruhr ausbrach. Er mobilisierte eine erhebliche Anzahl von Menschen, die die Machthaber mit einer ganz neuen politischen Situation konfrontierten – und zugleich mit ihren alerältesten Ängsten. Zwar gelang es dieser Bewegung nicht, auch nicht mittelbar, das Regime zu stürzen, doch spielte sie eine wichtige vorbereitende Rolle, indem sie die politische Unzufriedenheit für alle sichtbar machte und Freiräume für die Selbstorganisation eroberte.

Die Militärregierung reagierte mit einer Doppelstrategie. Sie verkündete einerseits eine Politik der »Öffnung«. Diese schlug sich am greifbarsten darin nieder, daß sie die Rückkehr aus dem Exil erleichterte, die Pressezensur aufhob und den neuen Innenminister Onofre Jarpa beauftragte, einen dann allerdings bald abgewürgten Dialog mit der Opposition zu beginnen. Andererseits scheute sie sich nicht, den Aufruhr mit exzessiver Gewalt niederzuschlagen und erreichte damit, daß die Massenproteste bis 1986 wieder abflauten. Allein im August und September 1983 setzte sie 18.000 Soldaten ein. Die Unruhen dieser beiden Monate forderten rund vierzig Tote und vierhundert Verletzte. Überdies trat die CNI in Aktion, um Gewerkschafter, Studenten und Menschenrechtsverfechter zu attackieren oder einzuschüchtern, und auch grauenvolle Entführungen waren plötzlich keine Sache der Vergangenheit mehr. Für besonders großes Aufsehen sorgte der Fall dreier Kommunisten, die Anfang 1985

---

391 Vgl. Muñoz, Relaciones.

vom Geheimdienst der *Carabineros* verschleppt und später mit durchgeschnittenen Kehlen am Wegesrand aufgefunden worden waren. Zwischen 1981 und 1990 wurden mindestens 467 Menschen ermordet oder verschwanden, ungezählte weitere wurden verhaftet oder gefoltert. Dabei sah sich das Regime nunmehr tatsächlich auch einem gewaltsamen Widerstand gegenüber, organisiert von eingeschleusten Miristas und dem von Exilkommunisten unterstützen *Frente Patriótico Manuel Rodríguez*. Seine spektakulärste Aktion war der Mordanschlag auf Pinochet 1986, dem der Diktator nur knapp entging.

Daß die chilenische Junta in dem Moment, als ihre Herrschaft von innen offen angefochten zu werden begann, nicht etwa resigniert oder zähneknirschend einlenkte, sondern sich entschloß, einen zweiten Krieg gegen die eigene Bevölkerung zu führen, unterschied sie auffällig von den anderen südamerikanischen Diktaturen. Denn in Argentinien, Uruguay und Brasilien begannen sich die Militärherrscher, wenngleich aus unterschiedlichen Gründen, in diesen Jahren von der Macht zurückzuziehen. Die neue Unterdrückungswelle in Chile, das wird im Kontrast noch deutlicher, war daher auch der letzte und wichtigste Beleg dafür, daß die internationale Menschenrechtspolitik in einem wesentlichen Aspekt gescheitert war: insofern nämlich, als sie die Gewalt der Diktatur nicht einzudämmen vermochte.

Eine weitere Entwicklung kam jedoch hinzu. Denn das Protestgeschehen dieser Jahre beförderte unter den Juntamitgliedern erneut einen gravierenden Konflikt darüber, wie Chiles menschenrechtspolitisches Image im Verhältnis zu seiner nationalen Sicherheit zu gewichten sei. Dieser Konflikt schaukelte sich derart hoch, daß sich das Regime einer wirklichen inneren Zerreißprobe ausgesetzt sah, wohl der einzigen seiner gesamten Existenzdauer. Die Gegensätze entzündeten sich daran, daß Pinochet im Juni 1983 den Belagerungszustand verhängen wollte, was Merino, Fernando Matthei (der Leigh nach dessen Ausscheiden ersetzt hatte) und César Benavides (der inzwischen den Platz von Mendoza eingenommen hatte) geradezu schockierte. Anders als in der Krise von 1975 zeichneten sich nunmehr tiefreichende Differenzen darüber ab, wie das Regime politisch auszurichten sei.[392] Die drei Juntamitglieder wollten den Griff zur Gewalt nicht mittragen, denn er erschien ihnen als Rückfall auf eine längst überwundene Stufe. »Wir sollen also heute, nach zehn Jahren, wieder bei Null anfangen?«, so die rhetorische Frage Mattheis. »Regieren soll nichts anderes heißen, als den Belagerungszustand zu verhängen? [...] Ich glaube, daß wir damit ganz falsch liegen.«[393] Auch die anderen waren der Meinung, man dürfe das schwer genug aufgebaute internationale Vertrauen nicht zerstören, das in der Wirtschaftskrise wichtiger sei als jemals zuvor. Weitere Repressionen würden aber auch die inneren Probleme nicht lösen. Alle Proteste zu unterdrücken,

392 Zum Folgenden vgl. BCN, Actas, Acta Nr. 14/83-E, 16.6.1983.
393 Ebd., S. 15.

hielt Matthei für das sichere Ende der Militärregierung: »Was auch immer wir machen, um uns auf den Topfdeckel zu setzen, der wird am Ende nur in die Luft gehen [...]. Und wenn der Druck so groß ist, daß er explodiert, dann werden wir weit mitfliegen.«[394] Bei all ihrer Schlichtheit verbarg sich in dieser Metapher doch ein Plädoyer dafür, eine Art systemkonforme Opposition zu dulden. Insofern schwebte den drei Generalen bei ihrer Kritik an Pinochet tatsächlich ein grundlegenderer Politikwechsel vor. In diesen Monaten beschnitten sie daher auch verschiedentlich die Handlungsmöglichkeiten des Diktators im Umgang mit den Protesten.[395] Von dem Gedanken, den Belagerungszustand zu verhängen, scheint Pinochet allerdings, aus Gründen des internationalen Image, auch selbst Abstand genommen zu haben.

Der Hauch von Palastrevolution war jedoch schon bald darauf verweht. Um die Mitte des folgenden Jahres vollzogen die drei Juntamitglieder eine Kehrtwende und genehmigten Pinochet, den Belagerungszustand für die volle von ihm gewünschte Dauer von neunzig Tagen zu verhängen (wovon dieser dann im November Gebrauch machte). Mittlerweile befanden die drei Generale diese Maßnahme, aller antizipierten internationalen Aufregung zum Trotz, für richtig. Auch sie glaubten jetzt, die kritische Agitation gegen das Regime habe den Punkt erreicht, an dem sie es zu unterminieren drohe.[396] Insofern hatte es die internationale Menschenrechtskritik zwar tatsächlich vermocht, den Führungszirkel zu entzweien. Aber eben nur für einen kurzen, folgenlosen Moment, bevor alle wieder darauf zurückschwenkten, das Regime gewaltsam zu befestigen.

Das Aufbegehren gegen die Militärregierung ließ sich dennoch nicht vollständig unterdrücken. Aus den Protesten der mittleren achtziger Jahre entstand vielmehr eine gemäßigte, demokratische Gegenbewegung, die eine zunehmend starke und letztlich siegreiche politische Alternative zu Pinochet schuf. Darin bestand die zweite strukturelle Verschiebung, die das Ende der Diktatur beförderte. Angeführt wurde diese Bewegung von den Spitzenvertretern der formal immer noch verbotenen politischen Parteien, sowohl in Chile als auch im Exil.[397] Sie erkannten nun die Notwendigkeit, ihre Kräfte zu bündeln, und läuteten damit einen entscheidenden Strategiewechsel ein. Im Jahr 1985 formierte sich der aus elf Parteien der Linken und der Mitte bestehende *Acuerdo Nacional*. Er stellte nunmehr tatsächlich einen politischen Ausgleich vormals zerstrittener Gruppen dar. Angebahnt hatte er sich auf verschiedenen Wegen – über die Zusammenarbeit in der Menschenrechtsbewegung, über die sogenannte Gruppe der 24, in der sich ab 1978 Politiker, Anwälte und Akademiker unterschiedlicher Couleur zusammengefunden hatten, um einen alternativen Verfassungsentwurf

---

394 Ebd., S. 12.
395 Vgl. Barros, Junta, S. 332–334.
396 BCN, Actas, Acta 22/84-E, 30.8.1984, S. 7.
397 Vgl. Oppenheim, Politics; Ensalaco, Chile.

auszuarbeiten, sowie über die gemeinsame Tätigkeit in privat finanzierten Forschungsstellen.[398] In Anbetracht der tiefen Konfliktlinien, die das chilenische Parteienspektrum seit Jahrzehnten zerfurcht und Anfang der siebziger Jahre schließlich in unversöhnlichen Gegensätzen hatten erstarren lassen, bedeutete das Bündnis zwischen den Christlich-Konservativen und einer nunmehr gemäßigteren Linken nicht weniger als einen säkularen Durchbruch. Es trug die demokratische Opposition gegen die Diktatur, wie anschließend auch die Politik des demokratisierten Chile – letztlich bis zur Präsidentenwahl des Jahres 2009. Die politischen Lernprozesse, die linke Parteienvertreter im Exil durchgemacht hatten, trugen zu der neuen Kompromißfähigkeit maßgeblich bei.[399] Etwa dreihundert führende Figuren hatten den Weg in das Ausland angetreten. Vor allem die Sozialisten nahmen wichtige Einflüsse auf, die Theorien Gramscis und die Gedanken des Eurokommunismus, die Agitation der polnischen *Solidarność* und die sowjetische Politik der *perestroika*. Viele verloren ihren Glauben an den real existierenden Sozialismus, als sie die Zwänge der kommunistischen Systeme Osteuropas aus eigener Anschauung kennenlernten; andere, die in Westeuropa lebten, öffneten sich der Sozialdemokratie. Zusammen mit der Erfahrung des chilenischen Staatsterrors bewog dies viele, sich von einem doktrinären Marxismus-Leninismus zu verabschieden und Demokratie als einen politischen Zweck in sich selbst zu begreifen. Auch Menschenrechte wurden in Exilantenkreisen diskutiert, und wenn sich dabei zunächst auch unterschiedliche Optionen herauskristallisierten, näherten sich viele Aktivisten der Idee doch an.[400] Die Kommunistische Partei blieb vom demokratischen Bündnis der späten achtziger Jahre ausgeschlossen, da sie sich 1980, unter dem Eindruck des sandinistischen Siegs in Nicaragua und der politischen Stagnation in Chile, im Exil zum bewaffneten Kampf gegen das Militärregime bekannt hatte. Ihr Ausschluß steigerte Chancen der demokratischen Oppositionsbewegung, akzeptiert zu werden, im Land wie auch außerhalb entscheidend.

Nachdem die zivile Protestbewegung von der Bildfläche verschwunden war, begann die neue demokratische Opposition daher, ihre Kräfte auf das Plebiszit von 1988 zu richten. Sie bemühte sich um die Wählerregistrierung und betrieb eine geduldige politische Aufklärungsarbeit. Im Februar 1988 gründeten sechzehn Parteien, wiederum unter Ausschluß der Kommunisten und der radikalen Sozialisten, ein Wahlbündnis, die *Concertación por el No*, und organisierten allen widrigen Umständen zum Trotz eine weit ausstrahlende Wahlkampagne. In dem Plebiszit vom Oktober vereinigte die *Concertación* 55 Prozent der Stimmen auf sich. Damit war zunächst entschieden, daß ein Jahr darauf Präsidentschaftswahlen abgehalten würden. Pinochets engste Berater überzeugten den

---

398 Vgl. Huneeus, Régimen, S. 572–581.
399 Vgl. Wright/Oñate Zúñiga, Political Exiles.
400 Vgl. Kelly, Zauberworte.

Präsidenten, nicht anzutreten. Im Dezember 1989 wurde der Christdemokrat Patricio Aylwin, der seinerzeit der Demokratie das Grab mitgeschaufelt hatte, indem er die Verhandlungen mit Allendes *Unidad Popular* planvoll zum Scheitern brachte, als Kandidat der *Concertación* mit wiederum 55 Prozent zum chilenischen Präsidenten gewählt.

Menschenrechte waren für die chilenische Oppositionsbewegung auf diesem letzten Wegstück zur Transition eine zentrale Trieb- und Bindekraft. Zum einen spielten die Menschenrechtsaktivisten in den Protesten der Jahre 1983 bis 1986 und in der Vorbereitung des Plebiszits eine kraftvolle mobilisierende Rolle. Die *Vicaría* verfolgte unter einer neuen Generation von Anführern nunmehr eine stärker anklagende Linie. Wie andere Gruppen auch, setzte sie sich dafür ein, die Voraussetzungen für eine starke Wahlbeteiligung und eine faire Abstimmung zu schaffen, und akzentuierte dabei besonders stark das Thema der Menschenrechte. Zum anderen und strukturell bedeutsamer, wurden Menschenrechte jetzt von einer Strategie des akuten Schutzes zu einer integralen politischen Zielvorstellung. Und auch in dieser Funktion gaben sie wieder einen gemeinsamen Boden ab, auf dem das demokratische Wahlbündnis voranschreiten konnte. Der *Acuerdo Nacional* hatte 1985 postuliert, »wirksamer Menschenrechtsschutz« sei »eine vorrangige Pflicht der Behörden«.[401] Gerade auch die zur Demokratie bekehrten Sozialisten maßen ihnen nun einen zentralen Stellenwert zu. »Die Vision eines Sozialismus mit Freiheit und Achtung vor den Menschenrechten ist eine absolute Notwendigkeit«, formulierte etwa der frühere Kommunist Antonio Leal, der lange im italienischen Exil gelebt hatte.[402] Nicht zuletzt bildete das Menschenrechtsthema einen wichtigen Baustein der Wahlkampagne der *Concertación* und war folglich in Zeitungen, Radio und Fernsehen unablässig präsent. Am Ende der achtziger Jahre bündelte es auch über die Parteieliten hinaus die Unzufriedenheit eines Großteils der Diktaturgegner. So gaben fast sechzig Prozent derer, die 1988 gegen Pinochet stimmten, in Umfragen zu Protokoll, die Menschenrechtssituation habe sie zu ihrer Entscheidung veranlaßt.

Der internationale Druck spielte ebenfalls eine entscheidende Rolle dabei, die Entwicklung zur Demokratie zu gewährleisten. Auf dem internationalen Parkett war nun mit einem Schlag alles wieder da: Weltweit überschlugen sich die Medien dabei, die wiederausbrechende Gewalt anzuprangern und Chile als Land zu beschreiben, in dem »Instabilität«, »wirtschaftliches Chaos« und »Menschenrechtsverletzungen« vorherrschten, wie der verschreckte Botschafter aus der Bundesrepublik schrieb.[403] Und das Medieninteresse hielt an; in West-

---

401 Zitiert nach Ensalaco, Chile, S. 170.
402 Zitiert nach Hite, Romance, S. 144.
403 AMRE, Embajada de Chile en RFA, Oficios secretos, 1983, Undurraga an Ministro RREE, 8.3.1983.

deutschland erschienen 1988 die meisten Zeitungsartikel, die überhaupt je in einem Jahr zu Chile veröffentlicht worden waren.[404] Auch traten internationale Menschenrechtsorganisationen und Solidaritätsgruppen wieder auf den Plan. Das chilenische Außenministerium trug 1983 Informationen über Aktivitäten in vierundzwanzig Ländern Amerikas, Europas und des pazifischen Raums zusammen. Darin zeichnete sich ein imposantes Protestpanorama ab, das man seit mindestens acht Jahren nicht mehr gesehen hatte. Demonstrationen und Anschlagsdrohungen sorgten auf chilenischer Seite für ein alptraumhaftes *Déjà Vu*.[405] Daher regte sich jetzt wieder der tiefsitzende Glaube an eine koordinierte ausländische Kampagne, die man letztlich auch hinter der Unruhe innerhalb des Landes vermutete.[406]

Und auch die westlichen Regierungen brachte das Regime wieder massiv gegen sich auf. In den Jahren 1983/84 hagelte es diplomatische Kritik und öffentliche Verurteilungen. Sie steigerten sich zu Wortgefechten von einer Vehemenz, die man seit den Anfangsjahren der Diktatur nicht mehr vernommen hatte. Der italienische Premier Bettino Craxi befand, »wir müssen eine liebenswürdige Art oder auch eine nicht so liebenswürdige Art finden, Pinochet wegzubekommen«, woraufhin die chilenische Regierung seine Äußerung mit Mussolinis Intervention in Äthiopien verglich.[407] Nun fielen die rhetorischen Exzesse linker Regierungen für die chilenische Militärregierung politisch nach wie vor nicht sonderlich ins Gewicht. Neu und entscheidend war hingegen, daß die konservativen Regierungen eine geschlossene Front errichteten, die auf Pinochet und seine Gesinnungsgenossen einen konsistenten Demokratisierungsdruck ausübte. Darin lag die dritte strukturelle Transformation, die die Diktatur ihrem Finale entgegentrieb. Und darin lag die eigentliche Ironie der Geschichte: daß sich die gleichsam logischen Bündnispartner, die die Diktatur in den siebziger Jahren noch zu einer Chiffre ihres Kampfs gegen die westliche Hegemonie der Linken gemacht hatten, besannen; daß sie den Rückzug der Militärs forcierten, nachdem es den linken Regierungen nicht annähernd gelungen war, die Junta so weit zu treiben; und daß sie sich dabei einer Menschenrechtspolitik bedienten, die sie zuvor als untauglich und gefühlsduselig verspottet hatten – und die ja auch tatsächlich untauglich gewesen war, den Tyrannensturz herbeizuführen.

Die wichtigste Größe im neuen Kräfteparallelogramm stellte die von Ronald Reagan geführte amerikanische Regierung dar. Ihre veränderte Haltung war insofern bezeichnend für den internationalen Wandel, als sie nicht ursächlich mit der neuen Qualität der Repressionen in Chile zusammenhing. Sie ging vielmehr aus dem beschriebenen Schwenk zur »Demokratieförderung« hervor und

---

404 Vgl. Stolle, Inbegriff.
405 Vgl. AMRE, Memorandos Dirección de Planificación, 1976–1983, Recuento de hechos ocurridos en el exterior, 17.6.1983.
406 Vgl. die Äußerungen von Benavides und Merino, Acta Nr. 14/83-E, 16.6.1983, S. 6, 15.
407 Muñoz, Relaciones, S. 179 f.

aus der relativen Positionsverschiebung Chiles in einem breiteren Interessengeflecht. So sollte die Kritik an den Diktaturen im geostrategisch weniger bedeutenden *Cono Sur* als Gegengewicht zur amerikanischen Mittelamerikapolitik dienen. Auch grassierte in der Regierung die Furcht vor einem »neuen Nicaragua«, die sie vorsichtiger werden ließ, zu lange an rechten Diktaturen festzuhalten, die mit ihrer kompromißlosen Unterdrückung revolutionären Gegenkräften einen Nährboden bereiten konnten. Nachdem 1983 Argentinien und Uruguay und zwei Jahre darauf auch Brasilien zu demokratischen Regierungsformen zurückgekehrt waren, wirkte die chilenische Diktatur überdies zunehmend unbelehrbar und verkalkt. Das chilenische Außenministerium sah in diesen Jahren mit wachsender Sorge, daß Chile im Ausland zum Inbegriff des »politischen Immobilismus« werde.[408] Schließlich verlor der amerikanische Antikommunismus im Zuge der gipfeldiplomatischen Entspannung seit 1986 an Virulenz, und Chile stand daher auch hier bald auf verlorenem Posten. »Von einem Paradebeispiel des Antikommunismus in der westlichen Welt werden wir zu einem verzichtbaren Element für beide Seiten«, lautete die ernüchterte Bilanz des chilenischen Außenministeriums.[409]

Der Wandel in Reagans Außenpolitik stellte aber auch einen Reflex auf die Stärke des Widerstands dar, mit dem es die Regierung in den amerikanischen Medien und dem Kongreß zu tun bekam. Die chilenische Diktatur behielt für die demokratische Opposition ihren emblematischen Wert, weshalb sie dem Präsidenten auf diesem Terrain besonders hartnäckig entgegen trat. Im Jahr 1981 setzte eine von dem Demokraten Stephen Solarz geführte Gruppe von Abgeordneten eine neue Zertifizierungsformel für Waffenverkäufe durch. Demnach machte das Parlament die militärischen Geschäfte mit Chile von der Menschenrechtsituation und der Zusammenarbeit in dem immer noch schwelenden Fall Letelier abhängig.[410] Zudem präsentierte eine Gruppe demokratischer Politiker, darunter einmal mehr Edward Kennedy und Tom Harkin, im März 1987 einen Entwurf umfassender wirtschaftlicher Sanktionen, wenngleich er von vornherein als eine symbolische Geste gedacht war.[411] In diesem und dem folgenden Jahr verabschiedete der Kongreß zudem zwei überparteiliche Resolutionen, um die demokratische Transition zu unterstützen.

In der Bundesrepublik und in Großbritannien war die innenpolitische Konstellation ähnlich. Die Chile-Politik beider konservativen Regierungen wurde

---

408 Vgl. AMRE, Embajada de Chile en Estados Unidos, Oficios secretos, 1986, Gastón Illanes Fernández an Embajada, 27.3.1986.
409 Ministerio de RREE, Diagnóstico de la situación de Chile, su incidencia interna y externa, o. Dat. [1987 oder 1988].
410 Vgl. AMRE, Embajada de Chile en Estados Unidos, Oficios reservados, 1983, Embajada an Ministro RREE, 31.3.1983.
411 Vgl. AMRE, Embajada de Chile en Estados Unidos, Oficios secretos, reservados, 1988, Errázuriz an Ministro RREE, 12.5.1988.

zuweilen hart attackiert. In Deutschland machten SPD und Grüne die Situation in Chile zum Feld einer scharfen Opposition.[412] Zwar hatte sich die christlich-liberale Koalition die menschenrechtspolitischen Kernforderungen, nach einem Ende der Gewalt, der Wiederherstellung der Demokratie oder der Aufklärung der »Verschwundenen«-Fälle, inzwischen zu eigen gemacht.[413] Ihre erklärte Absicht, moderat vorzugehen, rief jedoch immer wieder die geharnischte Kritik der beiden linken Parteien auf den Plan.[414] Daß sich die parteipolitische Positionierung zur Pinochet-Diktatur, wie auch zu Menschenrechtsfragen insgesamt, gegenüber den siebziger Jahren gleichwohl grundlegend verändert hatte, zeichnete sich dann am klarsten in den Diskussionen von 1987 ab. Im Hintergrund stand die Frage, ob die Bundesrepublik vierzehn (später fünfzehn) Angehörigen des MIR, denen nach ihrer Festnahme in Chile die Todesstrafe drohte, Asyl gewähren sollte. Im Sommer reiste Arbeitsminister Norbert Blüm in das Land, wo er sich mit Angehörigen der Häftlinge traf, erklärte, sie seien zweifellos gefoltert worden, und die Brutalität des Regimes verurteilte. Dafür erntete er wüste Kritik aus den Reihen der CSU. Innenminister Friedrich Zimmermann stellte fest: »Wer meint, er müsse die ganze Welt auffordern, ihre Mörder in die Bundesrepublik zu schicken, der hat nicht das richtige Verständnis vom Zusammenleben der Menschen«. Und der CSU-Vorsitzende Franz-Josef Strauß meinte, daß die Gefangenen »unfein behandelt« worden seien, heiße »noch lange nicht, daß die Geständnisse falsch sind.«[415] In Deutschland brach nun eine politische Kontroverse los, die der chilenische Botschafter für die »schärfste, aufgebrachteste und verbissenste Debatte über Chile« hielt, »an die man sich in diesen vierzehn Regierungsjahren erinnern kann«.[416] Fast zwei Wochen lang bestimmte das Thema die politische Diskussion in Presse und Fernsehen.[417] Im Oktober kam es dann zu einer langen Aussprache im Bundestag. Hier schlugen die Wogen des parlamentarischen Streits einerseits noch einmal hoch. Die Parteien bezichtigten sich gegenseitig, die Ereignisse in Chile »zu einem Knüppel in der innenpolitischen Auseinandersetzung« zu machen.[418] Andererseits jedoch bestand *de facto*, mit Ausnahme der CSU, in grundlegenden Aspekten

---

412 Vgl. unter anderem SPD, Antrag auf Beschließung des Bundestags, 7.8.1983; Kleine Anfrage der Grünen in Sachen Rüstungsexporte, März 1984; Beschlußantrag betreffend Sanktionen gegen Chile, 4.9.1986.
413 Vgl. Antwort des Staatsministers Möllemann, 1.6.1983; Antwort des Staatsministers Dr. Mertes, 18.7.1983; Beschlußempfehlung Auswärtiger Ausschuß, 23.2.1984; Plenardebatte vom 25.9.1986, hier die Ausführungen Möllemanns.
414 Vgl. Plenardebatte vom 5.4.1984, hier die Ausführungen Möllemanns, S. 4550; sowie die Äußerungen Kleins, S. 4543f.
415 Zitiert nach Archiv der Gegenwart 57 (1987), S. 31340f.
416 AMRE, Embajada de Chile en RFA, Oficios secretos, 1987, Ricardo Riesco an Ministro RREE, 6.8.1987.
417 Vgl. Stolle, Inbegriff.
418 Plenardebatte vom 8.10.1987, hier Hirsch, FDP, S. 1962.

parteiübergreifende Einigkeit: Redner aller Parteien bekannten sich dazu, internationaler Menschenrechtsschutz sei nötig, und zwar in allen Ländern, in denen unschuldige Menschen gequält würden. Alle erklärten, daß Folter unter jedweden Umständen abzulehnen sei und gewaltsam erpreßte Geständnisse kein Beweismittel darstellen könnten. Seinen Auftritt in Chile verteidigend, und wiederholt vom Beifall aller Fraktionen unterbrochen, formulierte Norbert Blüm den neuen Konsens: »Mitleid muß der Auslöser für unsere Solidarität sein. Das kann doch keine parteipolitische Sache sein. Das hat doch nichts mit rechts und links zu tun. Ein anständiger Rechter ist genauso gegen die Folter wie ein anständiger Linker.«[419]

Auch in Großbritannien ließ die linke Opposition nicht locker. Premierministerin Thatcher sah sich in den späteren achtziger Jahren zahlreichen kritischen Anfragen aus dem Parlament gegenüber, und *Labour*-Abgeordnete nutzten die wiederholten Parlamentsdebatten über Chile dazu, die Militärregierung harsch zu denunzieren.[420] In allen drei Ländern erwies sich somit, daß, sofern es um Chile ging, ein Zurück in die Zeit vor der menschenrechtspolitischen Sensibilisierung nicht mehr denkbar war. Die linke Opposition hatte sich das Thema nach wie vor auf die Fahnen geschrieben und benutzte es als Hebel, um die konservativen Regierungen in die Enge zu treiben. Zudem schlossen sich zunehmend mehr Politiker der liberal-konservativen Mitte der Menschenrechtskritik an, auch wenn sie versuchen mochten, eine um Nuancen abweichende Position zu beziehen. Der politischen Öffentlichkeit gegenüber ließ sich eine andere als distanzierte Haltung gegenüber der Pinochet-Diktatur kaum noch vermitteln. Hierin lag das eigentliche Erbe der Menschenrechtspolitik der siebziger Jahre, die auf staatlicher Ebene ganz überwiegend von linken Politikern geschmiedet worden war. Daß die Ereignisse in dem südamerikanischen Staat während der achtziger Jahre praktisch ausnahmslos in einem menschenrechtlichen Kontext diskutiert wurden, war mindestens in wichtigen Teilen eine Folge der Art, wie sie das Thema über ein gutes Jahrzehnt hinweg öffentlich definiert hatten.

In der Praxis der amerikanischen Außenpolitik machte sich der neue Kurs im Laufe des Protestjahrs 1983 geltend, als die Regierung begann, das bilaterale Verhältnis unübersehbar daran zu binden, daß die Militärregierung mit dem Demokratisierungsprozeß voranschreite.[421] Ende 1984 legte sie dann eine Strategie fest, die auf eine frühestmögliche Rückkehr zur Demokratie zielte.[422] Da

---

419 Plenardebatte vom 8.10.1987, S. 1972.
420 Zu den zahlreichen schriftlichen Anfragen 1985 und 1986 vgl. etwa: Written Answers, Chile, 28.1.1985; zu den Debatten in den beiden Jahren: Debatte im House of Commons, 22.7.1985; Debatte im House of Commons, 24.7.1986; ferner die Fragestunde: Commons Sitting, Chile, House of Commons, 24.7.1987.
421 Vgl. CDP, Chile – Policy Strategy, November 1983.
422 Zu den internen Kontroversen vgl. Carothers, Name, S. 150–163.

klar zutage lag, daß Pinochet nicht freiwillig auf die Macht verzichten würde, stellte der unbeugsame Wille des Diktators ein zunehmend ärgerliches Hindernis dar.[423] Tatsächlich reagierte dieser auf die Volte in der amerikanischen Politik, indem er sich nur immer noch mehr verbohrte. Mal ließ er seine amerikanischen Gesprächspartner »auf wohlwollende, onkelhafte Weise« wissen, Chile sei immer ein größerer Freund der USA gewesen als umgekehrt. Mal schoß er rhetorisch scharf: »Wir sind keine Kolonie der Vereinigten Staaten […]. Ich akzeptiere keine Ratschläge, keine Instruktionen und keine Belehrungen«.[424]

Die Kette der kritischen Äußerungen, offenen Konflikte und unnachgiebigen Gespräche, in denen die Reagan-Regierung die chilenischen Machthaber spüren ließ, daß die Zeit der Zurückhaltung vorüber war, riß nun nicht mehr ab.[425] Ende 1983 teilte Vizepräsident Bush den Chilenen mit, die US-Regierung könne ohne weitere demokratische Fortschritte dem Kongreß nicht bescheinigen, daß Chile die Voraussetzungen für Waffenverkäufe erfülle.[426] Reagan selbst verurteilte das Regime Ende 1984, Anfang 1985 gleich zweimal öffentlich, und Elliott Abrams erklärte in einem Bericht an den Kongreß, Chile sei die größte Enttäuschung der Regierung.[427] In diesem Jahr reiste der im *State Department* für inter-amerikanische Angelegenheiten zuständige Langhorne Motley nach Chile und machte in Treffen mit Pinochet und anderen hohen Funktionsträgern die amerikanischen Demokratisierungsforderungen unumwunden deutlich. Es liege in ihrem eigenen Interesse, die internationale Empörung zu dämpfen, und dafür sollten sie die Zensur aufheben, die Wahlregister veröffentlichen und funktionierende Parteien zulassen.[428] Im Herbst 1985 optierte die Reagan-Regierung dann, unterstützt von beiden Parteien im Kongreß, offen für den *Acuerdo Nacional*. Daß sich plötzlich eine echte demokratische Alternative zu den Militärs abzuzeichnen begann, die sich zu einem gewaltfreien Weg bekannte, die Kommunisten ausschloß und von einem breiten Spektrum gesellschaftlicher Kräfte getragen wurde – neben den demokratischen Parteien auch von der Kirche, den Gewerkschaften und sogar Mittelstandsvereinigungen –, sollte sich zu einem wesentlichen Faktor dafür entwickeln, daß die US-Regierung ihren Demokratisierungskurs aufrecht erhielt.[429] Amerikanische

---

423 Vgl. CDP, Tony Motley an Dam, 21.11.1984; ebd., Abrams an Secretary of State, 4.9.1985.
424 CDP, Embassy Santiago an Secretary of State, 12.12.1983; ebd., Embassy Santiago an Secretary of State, 19.2.1985.
425 Vgl. zum Folgenden auch AMRE, Embajada de Chile en Estados Unidos, Oficios secretos, 1984, Embajada an Ministro RREE, 24.7.1984; Sigmund, United States, S. 141.
426 Vgl. CDP, Tony Motley, Memorandum for Eagleburger, 16.11.1983; ebd., Embassy Santiago an Secretary of State, 22.11.1983.
427 Vgl. Muñoz, Relaciones, S. 85–134; AMRE, Embajada de Chile en Estados Unidos, Oficios reservados, 1985, Errázuriz an Director General de Política Exterior, 7.3.1985.
428 Vgl. AMRE, Embajada en Francia, Oficios secretos, 1984, Director de Política Bilateral an Fernández V., 15.3.1985; Embassy Santiago an Secretary of State, 19.2.1985.
429 Vgl. CDP, US Policy Goals and Objectives for Chile, 16.4.1986.

Regierungspolitiker unterstützten die demokratische Gegenbewegung bis zuletzt rhetorisch, materiell, und indem sie sich mit ihren Exponenten trafen. Und auch die Außenminister der EG schlugen sich auf die Seite des demokratischen Parteienbündnisses.[430]

Menschenrechte fungierten als eine wichtige Rhetorik, um die Unzufriedenheit mit den politischen Verhältnissen zu artikulieren. Sie behielten den Sinn, den auch die Carter-Regierung und andere westliche Regierungen mit ihnen verbunden hatten, Chile auf ein rechtsstaatliches und demokratisches System zu verpflichten. Die Pinochet-Diktatur stellte damit einen der frühesten Fälle dar, in denen Reagan die Konzeption der »Demokratieförderung« mehr als nur deklamatorisch anwenden ließ. Spätestens seit einem Strategiepapier von Ende 1983 bildeten Menschenrechte einen untrennbaren Bestandteil des Programms, das die Amerikaner gegenüber Chile verfolgten.[431] In einem vielstimmigen Chor hielten Vertreter der Regierung ihren Pendants auf allen Ebenen konsequent vor Augen, daß Demokratie und Menschenrechte zusammengehörten und das Hauptkriterium der Beziehungen zwischen den beiden Staaten darstellten.[432] Das betonte nicht zuletzt Reagan selbst in seiner Korrespondenz mit dem chilenischen Präsidenten, die die Regierung seit 1985 als eine zusätzliche Strategie einsetzte, um Pinochet zu bearbeiten.[433] In einer Zwischenbilanz vom Anfang des folgenden Jahres vermerkte das chilenische Außenministerium dann auch, die Politik der US-Regierung sei »niemals entschieden günstig, und das Thema der Wiederherstellung der Demokratie und der Achtung der Menschenrechte, nun als ein unauflösliches Ganzes verstanden, bleibt als negativer Faktor«.[434] Konkret beanstandeten die Amerikaner dabei die Menschenrechtsverletzungen, gegen die sich die internationale Kritik immer schon gerichtet hatte: den Belagerungszustand, willkürliche Verhaftungen, Folter, Angriffe auf Menschenrechtsverteidiger, Razzien in den Armenvierteln.[435]

Die Regierungen Helmut Kohls und Margaret Thatchers flankierten diesen Ansatz, wohl auch deshalb, weil sich die Reagan-Regierung darum bemühte,

---

430 Vgl. AMRE, Embajada en Francia, Oficios secretos, 1988, Gaston Illanes Fernandez an Embajador, 20.2.1988.
431 Vgl. Chile – Policy Strategy, November 1983.
432 Vgl. beispielhaft AMRE, Embajada de Chile en Estados Unidos, Oficios reservados, 1985, Errázuriz an Director de Política Bilateral, 5.6.1985; ebd., Oficios secretos, 1987, Errázuriz an Director de Política Bilateral, 27.4.1987; ebd., Oficios secretos, reservados, 1988, Errázuriz an Director General de Política Exterior, 11.4.1988; CDP, Secretary of State an Embassy Santiago, 4.6.1986.
433 Vgl. CDP, Memorandum for John M. Poindexter, 9.6.1986.
434 AMRE, Embajada de Chile en Estados Unidos, Oficios secretos, 1986, Gastón Illanes Fernández an Embajador, 27.3.1986.
435 Vgl. u. a. AMRE, Embajada de Chile en Estados Unidos, Oficios secretos, 1986, Errázuriz an Director General de Política Exterior, 16.3.1986.

beide mit ins Boot zu holen.[436] Die christlich-liberale Koalition in Deutschland drückte ihren Unmut über die Abwesenheit von Demokratie und Menschenrechtsgarantien seit 1984 unmißverständlich aus. Dabei signalisierte sie den chilenischen Diplomaten das »besondere Interesse« des Kanzlers an den politischen Entwicklungen. Regierungsvertreter forderten »greifbare Handlungen« wie die Zulassung politischer Parteien und den Schutz grundlegender politischer Rechte.[437] Zudem drangen sie darauf, daß die Militärs in einen aufrichtigen Dialog mit der demokratischen Opposition einträten, vor allem seitdem sich der *Acuerdo Nacional* formiert hatte; einige seiner führenden Politiker besuchten 1985 die Bundesrepublik.[438] Nicht zuletzt bediente sich das Außenministerium jetzt einer konsistenten Menschenrechtssprache. So wies etwa Genscher den chilenischen Botschafter darauf hin, »seine tiefe Besorgnis über die Menschenrechtssituation in Chile halte an«.[439] Wirtschaftliche Unterstützung banden die Ministerien, und sogar einige private Banken, nun stärker an politische Zusagen.[440] Die britische Regierung trat im Vergleich dazu eher zurückhaltend in Erscheinung. Das galt mindestens insofern, als sie die Chilenen bat, ihre Kritik als Konzession an die westlichen Partner zu verstehen, und betonte, sie bemühe sich in der EG um eine Mittlerrolle.[441] Punktuell trug sie jedoch ihren Teil zu dem konservativen Demokratisierungsdruck bei, etwa mit einem Chilebesuch des Unterstaatssekretärs im Außenministerium, William Harding, im Jahr 1985, der ähnliche Forderungen erhob wie der amerikanische Emissär Motley.[442]

Das chilenische Außenministerium erkannte in alledem eine gewichtige Verschlechterung. Es wähnte am Horizont einen neuartigen konservativen »Interventionismus« heraufziehen, der zu Lasten der autoritären Verbündeten gehe.[443] Menschenrechte waren dabei in seiner Sicht zu dem verbindenden Symbol al-

---

436 Vgl. CDP, Memorandum for John M. Poindexter, 10.11.1986.
437 Beide Zitate in: AMRE, Embajada de Chile en RFA, Oficios secretos, 1986, Undurraga an Director General de Política Exterior, 14.1.1986.
438 Vgl. AMRE, Embajada de Chile en RFA, Oficios secretos, 1986, Undurraga an Director General de Política Exterior, 14.1.1986.
439 AMRE, Embajada de Chile en RFA, Oficios secretos, 1987, Ricardo Riesco an Ministro RREE, 6.8.1987.
440 Vgl. AMRE, Embajada de Chile en RFA, Oficios reservados, 1984, Alfredo Tapia Salazar an Director General de Relaciones Económicas Internacionales, 20.3.1984; Undurraga an Director General de Política Exterior, 14.1.1986.
441 Vgl. AMRE, Embajada de Chile en Gran Bretaña, Oficios secretos, reservados, 1987, Ramírez Migliassi an Embajador, 10.11.1987; ebd., Oficios secretos, 1988, Jaime Lagos Erazo an Silva C., 28.7.1988.
442 Vgl. AMRE, Embajada de Chile en Gran Bretaña, Oficios reservados, 1985, Orrego an Ministro RREE, 13.6.1985.
443 Vgl. AMRE, Embajada de Chile en Estados Unidos, Oficios reservados, 1985, Errázuriz an Director General de Política Exterior, 7.3.1985; ebd., Oficios secretos, 1986, Errázuriz an Director General de Política Exterior, 16.3.1986.

ler politischen Kräfte geworden, die sich in dem Aufruhr der zweiten Dekadenhälfte gegen die Militärregierung stemmten. Seit nunmehr vierzehn Jahren, so resümierte ein Memorandum um 1987, hätten die Gegner das »verzerrte Bild« des Regimes auf das Engste an die »Menschenrechtssituation« gebunden, »bis zu dem Punkt, daß sie dazu neigen, jeden politischen Fortschritt von vornherein abzuqualifizieren, wenn er nicht von Verbesserungen [...] in Sachen der Menschenrechte begleitet wird.« Das schweiße die verschiedenen Strömungen der inneren Opposition zusammen – von subversiven Gruppen bis hin zu demokratischen Politikern – und vereine diese mit den äußeren Gegnern.[444]

Ganz unrecht hatten die außenpolitischen Experten damit offenkundig nicht, auch wenn sie in die massive Kritikwelle der späten achtziger Jahre wieder einmal Züge einer Konspiration hineinlasen, die sonst niemand entdecken konnte. Nach einer zweiten ebenso sinnlosen wie verlustreichen Gewaltwelle, unter konservativer internationaler Führerschaft und als zentrales Element eines gemäßigten oppositionellen Reformprogramms, avancierten Menschenrechtsforderungen tatsächlich zu einem wirkmächtigen Faktor der Regimeablösung. Wie sie wirkten, läßt sich dabei noch genauer beschreiben. Ereignisgeschichtlich betrachtet, lag die *Crux* der chilenischen Transition darin, daß sich die Militärregierung selbst auf einen verfassungsmäßigen Fahrplan verpflichtet hatte, und daß sie sich tatsächlich an ihn hielt: Sie ließ der Opposition genügend Freiraum, um sich zu organisieren, das Plebiszit konnte unter relativ fairen Rahmenbedingungen vonstatten gehen, und seine Ergebnisse wurden nicht revidiert. Eine Erklärung dafür war, daß Pinochet und sein engster Beraterkreis damit rechneten, das Plebiszit für sich zu entscheiden.[445] Sie hatten immense Ressourcen in den Wahlkampf gesteckt, und völlig unrealistisch waren ihre Erwartungen ja nicht – sie verkalkulierten sich um genau sieben Prozent, die ihnen am Ende zur Stimmenmehrheit fehlten. Pinochet bekam in der Wahlnacht einen Wutanfall, verteufelte seine Berater und verlangte Ausnahmevollmachten. Merino und Matthei verweigerten sie ihm, und andere Regierungsvertreter schufen vollendete Tatsachen, indem sie den Wahlausgang an Ort und Stelle anerkannten.

Welche Optionen hätten sie auch gehabt? Und insofern war der konservative Menschenrechts- und Demokratisierungsdruck eben doch entscheidend: Denn jedem Regimeexponenten, der sich einen Funken Verstand bewahrt hatte, mußte klar sein, daß es ruinös sein würde, die Wahlen zu annullieren. Die USA und die westeuropäischen Staaten hatten in den Monaten vor dem Plebiszit ihre Ermahnungen an die Militärregierung, eine faire Abstimmung durchzuführen, noch einmal immens verstärkt. Im Dezember 1987 hatten Reagan und Shultz öffentlich verkündet, was sie als Minimalbedingungen für eine gültige Wahl

---

444 Ministerio RREE, Diagnóstico de la situación de Chile, su incidencia interna y externa, o. Dat. [1987 oder 1988].
445 Vgl. Sigmund, United States, S. 176.

erachteten. Bis unmittelbar vor dem Plebiszit hatten westliche Regierungsvertreter den Chilenen in hochrangigen Treffen geradezu eingebleut, man werde keinerlei Unregelmäßigkeiten dulden.[446] Die EG-Länder hatten in mehreren gemeinsamen Stellungnahmen erklärt, die Rückkehr zu einer »wahrhaft demokratischen Regierung« sei »unverzichtbar, um den Frieden und den Respekt für die Menschenrechte wiederherzustellen«.[447] Zudem war der Oppositionskandidat Aylwin in den USA, wo ihn Shultz, und in der Bundesrepublik, wo ihn Kohl und Genscher empfingen, beträchtlich aufgewertet worden.[448] Schließlich pumpten westliche Regierungen erhebliche Geldsummen in das Land, um die Opposition in ihrem Wahlkampf zu unterstützen, von der Strategieplanung angefangen bis hin zur Mobilisierung von Wählern in abgelegenen Gebieten. Unter anderem wurde davon die Computerausstattung bezahlt, mit der die *Concertación* in der Wahlnacht ihre eigenen Stimmenauszählungen durchführen konnte.[449] Den Kampf gegen eine derart entschlossene internationale Kräftekonstellation aufzunehmen; die gesamte politische Glaubwürdigkeit zu verspielen, ohne Aussicht darauf, daß die nächsten Wahlen im Westen gewogenere Regierungen an das Ruder bringen könnten; Chile noch einmal zu einer Insel des Trotzes zu machen, von der die Investoren abspringen würden; sich gegen den bekundeten Willen der eigenen Bevölkerungsmehrheit zu stellen und sogar die Unterstützung bislang regimetreuer Eliten und Gesellschaftskreise zu riskieren – das muß vielen Vertretern der Militärregierung als zutiefst aussichtslos erschienen sein.

Menschenrechtskampagnen in der internationalen Politik der siebziger und achtziger Jahre

Der Pinochet-Diktatur schlug eine außergewöhnlich heftige internationale Ablehnung entgegen, doch war Chile gewiß nicht das einzige Land, das in den Fokus menschenrechtspolitischer Kritik geriet. Die Zeit zwischen den späten sechziger Jahren und dem Ende des Kalten Kriegs erlebte eine intensive Mobilisierung, die sich weit darüber hinaus erstreckte. Wie erwähnt, erhob sich kampagnenartiger Protest, wenngleich in kleinerem Maßstab, auch gegen die griechische und die brasilianische Militärdiktatur und gegen den Krieg, den die

---

446 Vgl. etwa CDP, US Delegation New York an Secretary of State, 29.9.1988.
447 AMRE, Embajada en Francia, Oficios secretos, 1988, Embajador an Subsecretario RREE, 10.2.1988.
448 Vgl. Sigmund, United States, S. 174. Als Zeugnisse dafür, daß der Druck ankam, vgl. AMRE, Memorandos Dirección de Planificación, 1987–1988, Carrasco Díaz, Vigencia de estados de excepción, 22.3.1988; ebd., Embajada de Chile en Estados Unidos, Oficios secretos, reservados, 1988, Errázuriz an Director General de Política Exterior, 11.4.1988.
449 Vgl. Sigmund, United States, S. 172–174; Oppenheim, Politics, S. 191 f.

nigerianische Zentralregierung gegen das sezessionistische Biafra führte. Bisweilen heftiger internationaler Empörung sahen sich auch das Militärregime in Argentinien und die Sowjetunion ausgesetzt. Sie wurde alles in allem wohl stärker von Nichtregierungsorganisationen getragen als von Staaten und erschien zeitgenössisch weniger gebündelt, weil die Verbrechen in beiden Ländern keine Bühne in den Vereinten Nationen hatten.[450] Schließlich beteiligten sich auch zahlreiche Aktivisten an den Themenkampagnen von *Amnesty International*, vor allem an der Kampagne gegen Länder, die Folter anwendeten.

Auch wenn sich die Intensität dieser weitgespannten Protestzusammenhänge kaum quantifizieren läßt, so gewinnt man doch den Eindruck, daß allein das südafrikanische Apartheidregime in der internationalen Politik ähnlich energisch isoliert wurde wie Chile. Manche Dynamiken, die den politischen Druck auf die Pinochet-Diktatur so stark anwachsen ließen, spielten dabei auch im Fall Südafrikas eine wesentliche Rolle. Die Medienberichterstattung inner- und außerhalb des Landes war sogar noch freier als in Chile, und an Wissen darüber, was am Kap vorging, fehlte es nie. Der Konflikt konnte einfach durchschaubar erscheinen, Täter und Opfer leicht identifizierbar: Hier herrschte eine Minderheit weißer »Siedler«, die die schwarzafrikanische Mehrheit der Bevölkerung unterdrückte. Überdies ereigneten sich mehrere Gewalteruptionen, die international tiefe Bestürzung hervorriefen. Vor allem das Massaker von Sharpeville 1960 und die blutige Niederschlagung einer von Schulkindern und Jugendlichen getragenen Demonstration in Soweto 1976 sollten sich zu Ikonen der Unrechts- und Protestgeschichte der zweiten Jahrhunderthälfte entwickeln. Warum gerade sie soviel Aufsehen erregten – drei Monate vor Sharpeville hatten Sicherheitskräfte eine ähnliche Gewalttat verübt, die kaum zur Kenntnis genommen wurde –, bliebe allerdings ebenso näher zu untersuchen, wie die Frage, welche konkreten politischen Folgen die beiden Vorfälle zeitigten.[451]

Ähnlich den Kampagnen gegen Chile bildete sich überdies eine machtvolle zivilgesellschaftliche Bewegung heraus, die gegen die Apartheid vorging. Sie entwickelte sich in einem über die Jahrzehnte zunehmend engen Zusammenspiel von südafrikanischen und ausländischen Aktivisten.[452] Tatsächlich gehörte das Engagement westlicher Nichtregierungsorganisationen zu den frühesten Ausdrucksformen eines transnationalen Menschenrechtsprotests überhaupt, wenn auch vielfach nicht dem Namen nach. Manche Gruppen begannen ihre Kampagnen, wie erwähnt, bereits in den fünfziger Jahren, etwa das *American Committee on Africa* oder das britische *Movement for Colonial Free-*

---

450 Vgl. zur Sowjetunion: Altshul, Exodus.
451 Das frühere Massaker erwähnt Thörn, Anti-Apartheid, S. 18.
452 Vgl. zum faktischen Hintergrund im Folgenden: Borstelmann, Uncle; Coker, United States; Culverson, Politics; Fieldhouse, Anti-Apartheid; Hostetter, Movement; Klotz, Norms; Love, Anti-Apartheid; Massie, Loosing; Metz, Anti-Apartheid; Thomas, Predicament; Thörn, Anti-Apartheid; Walldorf, Politics, S. 112–143.

dom. Und bis zum Ende des weißen Minderheitenregimes im Jahre 1994 sollte der grenzüberschreitende Protest niemals ganz verschwinden. Der Anti-Apartheid-Aktivismus stellt daher ein Fallbeispiel *par excellence* dar, um der Logik von Protestzyklen nachzugehen. Er verweist auf die stets vielfältigen, stark medienbezogenen und oftmals kontingenten Gründe hinter dem Auf und Ab internationaler Betroffenheit; und seine Rhythmen unterscheiden sich in mancher Hinsicht von denen der Kampagnen gegen Chile. So bildete sich organisierter Protest gegen Südafrika in vielen westlichen Ländern schon seit 1959 heraus, nachdem der ANC an das Ausland appelliert hatte, Südafrika zu boykottieren. Durch das Massaker in Sharpeville im folgenden Jahr wurde er vielerorts noch zusätzlich befeuert. Während der sechziger Jahre flackerte die Kritik im Ausland immer wieder einmal auf. Anti-Apartheid-Gruppen veranstalteten Demonstrationen, forderten Banken auf, ihre Investitionen zurückzuziehen, oder boykottierten Sportveranstaltungen, an denen südafrikanische Teams teilnahmen. Den siebziger Jahren, vor allem der zweiten Hälfte, kam in diesem Zusammenhang eine gewisse Bedeutung zu, denn sie markierten in manchen Ländern einen relativen Höhepunkt der Initiativen. Der eigentliche Gipfel der Mobilisierung sollte allerdings erst ab Mitte der achtziger Jahre erreicht werden. In den letzten beiden Protestdekaden erwies es sich, ganz wie im chilenischen Fall, als ein wichtiger Katalysator, daß sich der politische Kampf gegen Südafrika mit verschiedenen Anliegen verbinden ließ. Auf diese Weise konnten nämlich ganz unterschiedliche Aktivistengruppen eine gemeinsame Stoßkraft entwickeln. Neben Menschenrechtskritik mischten sich ein antikolonialer Diskurs, Forderungen nach dem Recht auf Selbstbestimmung, »antiimperialistische« Rhetorik sowie Kritik an internationalen Wirtschaftsunternehmen und dem globalen Kapitalismus in die Anklagen. Vielleicht am bedeutsamsten war ein antirassistisches Bewußtsein.[453] Den Aktivisten, die dieses in den Vordergrund rückten, ging es oft nicht allein um die Apartheid, sondern auch um die Diskriminierung, die Schwarze in ihren eigenen Ländern erfuhren.[454]

Einen größeren Einschnitt markierten die siebziger Jahre innerhalb Südafrikas selbst, da der afrikanische Widerstand nunmehr wieder erstarkte. Soweit es sich an den publizierten Schriften ablesen läßt, trat die Menschenrechtsrhetorik, die in den Jahren zuvor, wie beschrieben, an Bedeutung verloren hatte, dabei nicht sogleich zurück in den Vordergrund.[455] Das lag zum einen daran, daß die Opposition ihr Gesicht veränderte. Die Führer der sogenannten *Homelands*, von der Regierung als vermeintlich unabhängige Gebiete geschaffen, und allen voran Gatsha Buthelezi, der Chef der *Inkatha Freedom Party*, stiegen zu einer unübersehbaren politischen Kraft auf. Dabei schlugen

---

453 Vgl. auch Thörn, Anti-Apartheid, S. 68f.
454 Für Großbritannien vgl. Stevens, Warum Südafrika?
455 Vgl. aber etwa Zani, The Future Society as Seen by Black People's Convention [1977].

sie einen oft schwer zu durchschauenden Kurs der Zusammenarbeit mit dem Apartheidregime ein; spätestens seit Ende der Dekade zeichneten sich die Spannungen zwischen Buthelezi und dem ANC deutlich ab. Es entstand zudem eine *Black Consciousness*-Bewegung um den Studentenführer Steve Biko, die sich um »schwarze« Selbstfindung und um die Aufwertung »schwarzer« Kultur und Lebensformen bemühte. In beiden Zusammenhängen spielte die Sprache der Menschenrechte keine Rolle.[456] Zum anderen radikalisierte sich der Kampf gegen die Apartheid weiter. Die nächste dramatische Zäsur stellte das Massaker in Soweto dar. Auf die Widerstandsbewegung wirkte es wie ein Fanal, und die bewaffneten Aktivitäten inner- und außerhalb des Landes intensivierten sich.

Die Reaktionen westlicher Regierungen blieben hingegen jahrzehntelang schwach. Das lag an der hohen geostrategischen und wirtschaftlichen Bedeutung, die Südafrika besaß – und über die Chile nie annähernd verfügte. Die Kaprepublik galt als antikommunistische Trutzburg auf dem südlichen Kontinent und schützte wichtige Öllieferrouten aus dem Nahen Osten. Zudem versorgte sie westliche Staaten mit Uranerz und anderen strategisch wichtigen Rohstoffen, und auch die wirtschaftlichen Beziehungen gestalteten sich lukrativ. Auf der einen Seite wurde Südafrika in den Vereinten Nationen über Jahrzehnte hinweg stigmatisiert – mit der osteuropäisch-afrikanisch-asiatischen Mehrheit und oft gegen die Stimmen westlicher Staaten. Im Jahr 1977 verhängte der Sicherheitsrat sogar das erwähnte verpflichtende Waffenembargo. Entscheidend war auf der anderen Seite aber, daß Südafrikas wichtigste Partner, die USA und Großbritannien, nicht zu wirksamen Maßnahmen bereit waren.[457] Daß diese Haltung in den siebziger Jahren zwar aufzubrechen begann, sich viele westliche Staaten aber weiterhin nicht dazu durchringen konnten, das gesamte Potential möglicher Strafmaßnahmen auszuschöpfen, zeigte sich in der Politik Carters, Owens und sogar den Uyls.

Auch in den internationalen Kampagnen gegen Südafrika akkumulierte sich also der politische Druck nicht über Jahrzehnte hinweg. Vielmehr verschärften sich die inneren und äußeren Rahmenbedingungen für die Afrikaner erst um die Mitte der achtziger Jahre. Nun setzten die Entwicklungen ein, die schließlich die Transition herbeiführen sollten – wenngleich diese noch fast eine Dekade auf sich warten ließ. Zunächst intensivierte die Opposition innerhalb Südafrikas ihren Kampf gegen die Apartheid. Nach der aus ihrer Sicht farcenhaften Verfassungsreform von 1983/4, die keinerlei substanzielle Konzessionen enthielt, formierte sich die Dachorganisation *United Democratic Front* (UDF), der sich über hundert oppositionelle Gruppen anschlossen. Vor allem brachen nun gewaltsame Unruhen aus, die das Land in weiten Teilen ins Chaos zu stürzen drohten – »Macht Südafrika unregierbar« war die Parole, die der ANC

---

456 Vgl Biko: I Write.
457 Vgl. zu Großbritannien: Hyam/Henshaw, Lion.

ausgegeben hatte. Die südafrikanische Führung reagierte mit geradezu blindwütiger Härte, so als wollte sie das Schiff eher zum Untergang bringen, als es zu verlassen. Die Jahre 1984 bis 1986 erlebten schwerste Auseinandersetzungen, bei denen jährlich viele Hundert Menschen starben; 1985 wurden mehr als 35.000 Soldaten in die schwarzen Townships geschickt. Rückblickend erweist sich die Gewaltorgie dieser Jahre als der Umschlagpunkt, an dem die Verhandlungen eingeleitet wurden, die schließlich in den paktierten Übergang münden sollten. Jetzt griff die Oppositionsbewegung auch allmählich wieder auf menschenrechtliche Vorstellungen zurück. Sie boten sich in dem Maße wieder als politische Zielvision an, wie es darum ging, die Grundlinien einer neuen Verfassungsordnung zu diskutieren, die ein von der afrikanischen Mehrheit regiertes Südafrika erhalten sollte. Die Richtlinien, die der ANC 1988 veröffentlichte, sahen etwa einen Rechtskatalog vor, der die »grundlegenden Menschenrechte aller Bürger, ungeachtet der Rasse, der Hautfarbe, des Geschlechts oder des Glaubens« garantieren sollte.[458]

Überdies löste der blutige Teufelskreis immer größerer Unruhen und immer rücksichtsloserer staatlicher Gewalt, der sich seit 1984/85 zu drehen begann, im Westen eine massive Woge der zivilgesellschaftlichen Solidarität aus. Vor dem Hintergrund einer präzedenzlosen Medienberichterstattung bauten nicht-staatliche Gruppen mit großen Protestkundgebungen, symbolischen Aktionen und Boykottappellen einen qualitativ neuartigen Druck auf die Regierungen ihrer Länder auf. In den USA fanden sie, wie beschrieben, eine enorme Resonanz. Doch auch in Großbritannien und der Bundesrepublik prägten sie der innenpolitischen Szene nunmehr unübersehbar ihren Stempel auf. Im Jahr 1988 nahmen zahlreiche Popmusikstars an einem Geburtstagskonzert für den immer noch inhaftierten Nelson Mandela teil, das von geschätzten 600 Millionen Fernsehzuschauern rund um den Globus verfolgt wurde.

Unter dem Eindruck wachsender Demonstrationen und der immer unversöhnlicher vorgetragenen Forderung nach »disinvestment« beschlossen nun auch zahlreiche transnationale Unternehmen, Südafrika den Rücken zu kehren. Damit begannen sie dem Regime spürbaren wirtschaftlichen Schaden zuzufügen. Die lautstarke Protestkulisse stellte auch einen Grund dar, warum westliche Regierungen seit Mitte der achtziger Jahre härtere Sanktionen gegen Südafrika verhängten. Vielleicht noch wichtiger war jedoch, daß Südafrika im Zuge der neuen Entspannung zwischen den Supermächten, die spätestens seit 1986 für alle sichtbar wurde, seinen Wert als unverzichtbarer Bündnispartner einbüßte. Die empfindlichsten Maßnahmen enthielten, wie erwähnt, der amerikanische *Comprehensive Anti-Apartheid Act* und das Strafenbündel, das die EG beschloß.

---

458 ANC, Constitutional Guidelines for a Democratic South Africa [1988], S. 303.

Schließlich offenbart das südafrikanische Beispiel aber eben auch, wie begrenzt die Wirkungen selbst schonungsloser internationaler Kritik bleiben konnten. Das Apartheidregime nahm seine Rolle als Paria der internationalen Staatenwelt trotzig an und entwickelte eine im Rückblick bizarr anmutende *laager*-Mentalität. Auf diese Weise saß die Regierung die Wellen der glühenden internationalen Empörung lange Zeit einfach aus. Seinen emblematischen Ausdruck fand diese Haltung in der sogenannten »Rubikon-Rede« des Staatspräsidenten P. W. Botha von 1985. Sie hatte schon im Vorfeld erhebliches Medieninteresse auf sich gezogen, weil Beobachter erwarteten, der Präsident werde einschneidende Reformen ankündigen, und wurde dann weltweit *live* im Fernsehen übertragen. Botha jedoch hatte sich anders entschieden und warnte seinerseits die internationale Staatengemeinschaft: »Treibt uns nicht zu weit!«[459] Einmal mehr zeitigte die Isolierung in der internationalen Arena zudem kontraproduktive Effekte – die unintendierten Folgen menschenrechtspolitischer Initiativen konnten eben in beide Richtungen verlaufen. Vor allem reagierte Pretoria auf die militärischen Sanktionen mit dem Aufbau einer heimischen Waffenindustrie, die sich zu einer der stärksten der Welt entwickeln sollte. Die inneren Legitimierungsstrukturen und die wirtschaftliche Verflechtung erwiesen sich als ebenso wichtige Variablen, wie in den Reaktionsweisen der chilenischen Militärdiktatur, doch wirkten sie eher umgekehrt. Daß es sich bei der herrschenden Elite um eine weiße Minderheit handelte, schuf einen festen inneren Zusammenhalt und erzeugte gleichsam eine Spirale der Selbstbestätigung, die das Regime für internationalen Druck unempfänglicher machte. Und um seine Wirtschaftsbeziehungen mußte sich Südafrika die längste Zeit keine gravierenden Sorgen machen. Das änderte sich allerdings seit der Mitte der achtziger Jahre, als sich wichtige Unternehmen aus dem Land zurückzogen. Überdies konnte das Regime die Ausfälle an Rüstungsgütern nun nicht mehr kompensieren. Die Ausrüstung des südafrikanischen Militärs erwies sich als veraltet, weshalb es in seinen militärischen Abenteuern im südlichen Afrika plötzlich ungekannte Verluste davontrug.

Richtet man den Blick über Chile und Südafrika hinaus und denkt noch einmal abstrakter über die Effekte der internationalen Menschenrechtspolitik nach, wie sie sich seit den siebziger Jahren entfaltete, so lassen sich viele Befunde verallgemeinern. Systemisch betrachtet, veränderten die Proteste staatlicher und nicht-staatlicher Akteure die internationalen Beziehungen anders und vielleicht auch weniger, als die meisten anfänglich erwartet oder gehofft hatten, aber gleichwohl in einem nicht zu unterschätzenden Maße. In nahezu keinem Land gelang es, einen kurz- oder mittelfristigen Systemwandel herbeizuführen. Darauf wies nicht zuletzt *Amnesty International* in den internen Evaluationen hin, die es seit Mitte der siebziger Jahre durchzuführen begonnen hatte.

---

459 Zitiert nach Hagemann, Kleine Geschichte, S. 94.

Darin veranschlagten die Mitarbeiter den Einfluß, den ihre Kampagnen auf den Wesenskern verbrecherischer Regimes hatten – etwa in Uruguay, Guatemala und Argentinien, später in Zaire, den Philippinen, Chile, El Salvador und Sri Lanka –, als gering oder sogar inexistent. Diese Bilanzen waren bemerkenswert nüchterne Zeugnisse der eigenen Wirkungslosigkeit.[460] Für die außenpolitischen Experten in der Carter-Regierung galt Ähnliches. Als sie einmal in der Lage waren, etwas längerfristige Trends zu überblicken, wurde ihnen bewußt, daß der amerikanische Einfluß auf autoritäre Regime oftmals völlig nachrangig war.[461]

Die Folgen der Menschenrechtspolitik lagen eher darin, daß sie es repressiven Regimen erschwerte, ihre Projekte durchzusetzen. Sie half, ihre innere und äußere Umgebung so zu verändern, daß sich ihr Manövrierraum verengte. Neben den Ausweichstrategien auf außen-, wirtschafts- und rüstungspolitischem Gebiet, zu denen menschenrechtspolitische Bemühungen sie mitunter zwangen, schlug dabei vor allem zu Buche, daß ausländische Akteure Selbstschutzorganisationen und demokratische Oppositionsgruppen im Inneren der Länder stärkten. So war die internationale Unterstützung, die der südafrikanische ANC in den späten achtziger Jahren erhielt, entscheidend dafür, daß er zu einem Verhandlungspartner der Regierung avancieren konnte. Auch diese Unterstützung war allerdings nicht ohne Ambivalenz. Der Versuch ausländischer Menschenrechtsvertreter, sich öffentlich mit Oppositionellen zu solidarisieren, konnte diese auch gefährden. So begannen die sowjetischen Behörden in dem Moment besonders rigoros gegen die Dissidenten vorzugehen, in dem sie zu internationalen Symbolfiguren des Widerstands gegen das kommunistische System zu werden drohten. Jimmy Carter stand in den Zirkeln der Regimegegner allgemein in hohem Ansehen, doch gab es auch nicht wenige Stimmen, die bevorzugten, daß die USA zur Nicht-Einmischung zurückkehren würden, weil sie die Errungenschaften der Entspannungspolitik, oder ihre eigene Existenz, bedroht sahen.[462] Die demokratischen Transitionen Ende der achtziger und Anfang der neunziger Jahre stellten in jedem Fall multikausale Prozesse dar. Viele andere Faktoren mußten zum menschenrechtspolitischen Protest hinzu-

---

460   Vgl. CU, AIUSA, RG IV.1.3, Box 7, Edy Kaufman, Progress Report Evaluation of Country Campaigns, April 1983, einschließlich der angehängten Berichte; IISG, AI IS, Film 1257, Report and Evaluation of the Campaign against Political Killings by Governments, Juli 1985.
461   Vgl. etwa JCPL, White House Central File, Subject File, Human Rights, HU-1, Fo. HU 1/20/77–1/20/81, Anthony Lake an Vance, The Human Rights Policy: An Interim Assessment, 20.1.1978; ebd., NSA 26 Staff Material – Far East, Armacost Chron. File, Box 4, Fo. 9/24–30/77, Human Rights Performance: January 1977-July 1978, September 1978.
462   Vgl. Savranskaya, Movement; JCPL, Staff Offices, Office of Staff Secretary, Handwriting File, Box 67, Fo. 1/11/78, CIA Memorandum, Impact of the US Stand on Human Rights, 6.6.1977; Peterson, Globalizing, S. 70 f.

kommen, bevor sie möglich wurden: wirtschaftliche Krisen, militärische Fehlschläge, Eigeninitiativen von Reformpolitikern und die Restrukturierung der Allianzen am Ende des Kalten Kriegs.[463]

Eine andere Leistung menschenrechtspolitischer Initiativen war daher vermutlich bedeutsamer, obwohl sie die Stabilität der staatlichen Unterdrückungsapparate zumeist gerade nicht gefährdete: die unmittelbare Hilfe für einzelne Verfolgte und Bedrängte. Tatsächlich fragt man sich, ob es vor den siebziger Jahren überhaupt jemals eine Dekade gegeben hatte, in der sich so viele Akteure dafür einsetzten, daß so viele Menschen in so vielen Ländern freigelassen, von Gewalt oder harten Strafen verschont oder besser behandelt würden. Allein *Amnesty International* entwickelte dabei einen derart weitgestreckten wie auch zielgenauen Zugriff auf bedrohte Individuen, wie er in früheren Jahrzehnten oder gar Jahrhunderten kaum denkbar gewesen wäre. Nie zuvor hatte eine einzelne Organisation über ähnlich viele Menschen, die verfolgt oder gequält wurden, derart genau Bescheid gewußt – mit der Ausnahme vielleicht des *Internationalen Roten Kreuzes*, das seine Arbeit aber im Stillen vollzog. Dabei war sich die Organisation lange nicht im Klaren, ob ihr Einsatz für politische Häftlinge etwas bewirkte.[464] Später hantierte die Organisation mit Zahlen von 60 bis 85 Prozent adoptierter Gefangener, die entlassen worden seien, ohne daß sie nach außen beansprucht, dazu beigetragen zu haben.[465]

Der Dank der Menschen, deren Situation sich auf diese Weise verbessert hatte, die womöglich überhaupt nur mit dem Leben davongekommen waren, weil sich Aktivisten und Politiker im Ausland für sie engagiert hatten, wurde zu der vielleicht wichtigsten Begründung, die Menschenrechtsverfechter für den Sinn ihrer Unternehmungen geltend machten. Der amerikanische Präsident Carter rechtfertigte seine Politik mit dem Hinweis, daß »wir aus den Gefängnissen, aus den Lagern, aus dem Exil eine einzige Botschaft empfangen: Sagt Eure Meinung, laßt nicht nach, laßt die Stimme der Freiheit erschallen.«[466] Das war, bei allem Pathos, nicht dahergeredet. Der regierungskritische Zeitungsherausgeber Jacobo Timerman, selbst von den Handlangern der argentinischen Militärjunta entführt und gefoltert, war lediglich eine der prominenteren Stimmen, die der amerikanischen Regierung ihre Bemühungen hoch anrechneten: »Diejenigen von uns, die inhaftiert waren, diejenigen, die noch im Gefängnis sind, werden Präsident Carter und seinen Beitrag zum Kampf

---

463 Vgl. beispielhaft aus der umfangreichen Literatur: Guelke, South Africa; Hagopian, Third Wave; Wejnert (Hg.), Transition; May/Milton (Hg.), Societies.
464 Vgl. IISG, AI IS, 414, Minutes meeting IEC, 19.–21.1.1973; ebd., 90, Analysis of Releases, April 1975; ebd., 94, Techniques Assessment, Juli 1975.
465 Vgl. Hawk, Prisoners of Conscience – Everywhere; CU, AIUSA, RG I.3, Box 2, Report to IC 1979 from IEC; ebd., RG III.3, Box 5, AI – 25 Years against Injustice, 1986.
466 Carter, Remarks at a White House Meeting Commemorating the 30th Anniversary of the Universal Declaration of Human Rights, 6.12.1978, S. 2163.

für Menschenrechte niemals vergessen«.[467] Auch *Amnesty* verzeichnete, intern und öffentlich, die zahlreichen Dankesschreiben ehemaliger Häftlinge oder ihrer Angehörigen, als wichtigstes Zeugnis der eigenen Wirkung.[468] Manche dieser Geschichten setzte die Organisation, um für sich zu werben, wieder und wieder ein – so auch die Erzählung des dominikanischen Gewerkschaftsführers Julio de Peña Valdez, die eingangs dieses Buches geschildert worden ist. Auch wenn sie also nicht ganz ohne Stilisierungen auskam, läßt sich doch kaum daran zweifeln, daß die Dankesbekundungen dieser Menschen echt waren. In jedem Fall kam die internationale Menschenrechtspolitik der siebziger Jahre hier am vollständigsten bei sich selbst an. Denn hier erwies sich ihre verändernde Kraft im innersten Kern ihres moralischen Projekts: darin, die Welt im Einzelnen zu retten.

Lagen in diesen Hilfsleistungen die wichtigsten punktuellen Ergebnisse des menschenrechtspolitischen Einsatzes, so entfaltete er seine größte strukturelle Wirkmacht darin, internationale Öffentlichkeit herzustellen. Blickt man einmal mehr beispielhaft auf *Amnesty International*, so war dies bereits der ganze Trick der Adoptionen und der Eilaktionen. Eigentlich geschah nicht viel mehr, als daß eine internationale Organisation gewalttätige Regime wissen ließ, daß sie wußte – von Verhaftungen, Haftbedingungen, Mißhandlungen, bevorstehenden Hinrichtungen. Die Länder- und Themenkampagnen potenzierten diesen Effekt. Sie schufen die Voraussetzung dafür, daß Verbrechen, die Staaten an ihrer eigenen Bevölkerung verübten, und damit das üblicherweise wohl gehütete Arkanum repressiver Regierungspolitik, zu einem im Ausland breit diskutierten und medial ausgiebig berichteten Gegenstand wurden.

Auch der Umstand, daß *Amnesty* so stark auf Publizität abstellte, hatte seine Kehrseiten. Oftmals verursachte es damit nur kurzlebige Ausschläge in der internationalen Aufmerksamkeitskurve.[469] Mehr noch, der Wunsch nach Öffentlichkeit konnte fast zu einem Selbstzweck werden. So versorgte die amerikanische Sektion im Vorfeld einer USA-Reise von Ferdinand Marcos die amerikanischen Medien gezielt mit ihren Erkenntnissen über die Lage auf den Philippinen. Der Diktator wurde während seines Besuchs dann immer wieder mit den Anschuldigungen der Organisation konfrontiert. Seinen erzürnten Gegenvorwurf, *Amnesty* sei nie auf den Philippinen gewesen, konnte die amerikanische Sektion umgehend widerlegen, so daß der Imageschaden für den Besucher vollständig war. Der Jubel darüber, einen spektakulären PR-Erfolg erzielt zu

---

467 So Timerman 1981, zitiert nach: Dumbrell, Carter Presidency, S. 194.
468 Vgl. CU, AIUSA, RG I.2, Box 1, Michaelson an Enthoven, 20.6.1974; ebd., Enthoven an Michaelson, 28.6.1974; ebd., 1981 Kit; ebd., RG II.2, Box 6, [Standardanschreiben für *Urgent Actions*], o. Dat. [1977?].
469 Vgl. etwa IISG, AI Nederland, Ordner »Int 0.1 I«, Dutch Section Report to IEC 1983, Mai 1984.

haben, war anschließend unter den amerikanischen Aktivisten so groß, daß es praktisch zur Nebensache wurde, daß die Repressionen im Land an Intensität eher zuzunehmen schienen.[470]

Gleichwohl gelang es Regierungen wie auch NGOs auf diese Weise, das internationale Image von Unrechtsstaaten zu beschädigen. Je nachdem, wie hoch das im Kalkül der Machthaber rangierte, verwickelten sie diese in diskursive Auseinandersetzungen und Informationskämpfe. Es wurde eine Routinestrategie angeklagter Regime, aufwendige Gegenkampagnen zu finanzieren, zumeist indem sie amerikanische PR-Firmen engagierten, die Werbeanzeigen plazierten, Broschüren zusammenstellten und Lobbyarbeit betrieben. Das galt etwa auch für das griechische und das argentinische Militärregime.[471] In Südafrika entbrannte sogar der sogenannte »Muldergate«-Skandal darüber, daß der Informationsminister Connie Mulder nach 1973 versucht hatte, mit Staatsgeldern ausländische Medien zu bestechen.[472] Menschenrechtspolitik schuf im internationalen System somit einen öffentlichen Raum, in dem der Umgang von Regierungen mit ihrer eigenen Bevölkerung sichtbar, in dem die Einmischung in die inneren Angelegenheiten eine gängige Praxis wurde. Niemals zuvor in der Geschichte des internationalen Staatensystems – hier scheint die apodiktische Formulierung in der Tat angebracht – waren Staatsverbrechen so breit beobachtet, so intensiv öffentlich diskutiert und so oft zum Kriterium der bilateralen Beziehungen gemacht worden wie in den siebziger Jahren und danach. Damit setzten menschenrechtspolitische Initiativen gewalttätige Herrscher unter einen steten Druck, sich zu rechtfertigen, und konfrontierten sie mit dem Risiko, im Ausland an Glaubwürdigkeit und Unterstützung zu verlieren. Das mag sogar der wesentlichste Mechanismus gewesen sein, über den ausländische Kritiker das Umfeld, in dem repressive Regime operierten, beeinträchtigten.

Schließlich und noch grundlegender sorgten die Exponenten der Menschenrechtspolitik dafür, daß in der internationalen Politik eine neue Kategorie staatlichen Handelns entstand. In hohem Maße ausgehend von den Aktivitäten *Amnesty Internationals* und anderer NGOs, flankiert von der Medienberichterstattung und der sozialwissenschaftlichen Analyse, aber letztlich fest verankert von Regierungen und Außenministerien, wurden »Menschenrechtsverletzungen« in der politischen Praxis dieser Jahre zu einer eigenständigen

---

470 Vgl. zu alledem CU, AIUSA, RG IV.1.3, Box 7, Interim Report on Philippines Campaign, 30.11.1982; ebd., RG I.1, Box 4, Cox, The Philippines, 3.12.1982; ebd., RG II.2, Box 5, Jaime Radner an Gene Zannon, 24.9.1982.
471 Zu Argentinien vgl. Schmidli, Fate, S. 159 f.
472 Vgl. BCN, Actas, Acta Nr. 122, 13.5.1974; sowie den »Propaganda- und Gegenpropagandaplan«, in: AMRE, Circulares Confidenciales 1974, Imagen Exterior [1974]. Zu »Muldergate« vgl. Love, Anti-Apartheid, S. 53–88.

Größe.[473] An ihr ließ sich das Verhalten von Staaten fortan ebenso messen wie etwa an Wirtschaftsexporten oder bilateralen Abkommen. Im Englischen bürgerte sich der Begriff des staatlichen *human rights record* ein, der mindestens terminologisch neben den allerhand anderen Bilanzen stand, die sich in Anschlag bringen ließen, um Regierungshandeln zu beurteilen. Damit verband sich ein außenpolitischer Reflexionsprozeß, der den Blick auf die Staatenbeziehungen veränderte. In dem Maße, wie Regierungen den menschenrechtlichen Impuls aufnahmen, mußten sie beginnen, die staatlichen Verflechtungen darauf hin zu durchdenken, ob sie den Bürgern anderer Länder nutzten oder schadeten. Konkret war zu entscheiden, ob wirtschaftliche Beziehungen repressive Regime stabilisierten oder liberalisierten, ob Entwicklungshilfe die Schlagkraft despotischer Herrscher vergrößerte oder tatsächlich die Not der Bedürftigen linderte, ob Kulturkontakte fortgesetzt werden sollten, weil sie die Verständigung förderten, oder nicht, weil sie Menschenrechtsverletzer aufwerteten. Damit traten politische Wirkungsketten und Handlungsfolgen in den Fokus, die in den außenpolitischen Entscheidungsapparaten zuvor keine ähnlich große Rolle gespielt hatten. Auch bildeten Informationen darüber, welche politischen Verbrechen ausländische Staaten an ihrer Bevölkerung begingen, welche nationalen Rechte und internationalen Standards sie verletzten, nunmehr einen zunehmend wichtigen Bestandteil der auswärtigen Routinebeobachtung. Mit alledem hatte die Menschenrechtspolitik die internationalen Beziehungen seit den siebziger Jahren auf eine neue Grundlage gestellt.

Und doch blieb ihre Reichweite bisweilen gering. Das wird deutlich, wenn man bedenkt, daß sich in denselben Jahren, in denen diese neue Grundlage geschaffen wurde, staatliche Verbrechen größten Ausmaßes ereigneten, die wesentlich weniger Aufsehen erregten als die in Chile und Südafrika. Dazu gehörten die Massenmorde unter Idi Amin in Uganda, die Terrorherrschaft Macías Nguemas in Äquatorial-Guinea, der Massenmord an Hutu in Burundi 1972, die Repressionen der sozialistischen Regierung in Äthiopien, der indonesische Massenmord in Ost-Timor sowie die Verbrechen in China und Nordkorea. Ebenso wie den ausgedehnten Protestkampagnen lag auch den weitgehend ausgebliebenen Mobilisierungen des Jahrzehnts ein komplexes Geflecht von Ursachen zugrunde. Das vermag ein abschließender Blick auf das Geschehen in Kambodscha zu illustrieren.

In Kambodscha ergriffen im April 1975 die Roten Khmer die Macht. Von der Idee getrieben, eine radikal egalitäre Gesellschaft zu schaffen, die das Land für den Sprung in die kommunistische Moderne vorbereiten sollte, machten sie

---

473 Vgl. zur sozialwissenschaftlichen Reflexion etwa die amerikanische Diskussion über »Moralität und Außenpolitik«, die unmittelbar von Carters außenpolitischer Neuorientierung angestoßen worden war. Vgl. dazu: Lefever (Hg.), Morality; Thompson, Morality; Vogelsang, Dream; Kennan, Morality.

sich umgehend daran, bestehende Strukturen mit einem Höchstmaß an Gewalt zu zerstören – von der öffentlichen Verwaltung über das Geld und die Religion bis hinein in die Familien. Damit wollten die neuen Machthaber gleichsam eine *tabula rasa* schaffen, auf der sie ihr Projekt dann um so reiner verwirklichen könnten. In dieser mörderischen Utopie paarte sich ein äußerster ideologischer Radikalismus mit einer ausgeprägten Angst vor Unterwanderung und nicht zuletzt mit dem Streben nach ethnischer Homogenität. Die Herrschaft der Roten Khmer setzte auf diese Weise eine Dynamik der permanenten Säuberung in Gang, die immer neue innere Feinde produzierte, die es auszulöschen galt. Bis zu zwei Millionen Kambodschaner kamen während des dreieinhalb Jahre währenden Schreckensregiments um. Zahlreiche Menschen starben bei der Evakuierung der Städte und im Zuge der Kollektivierungsmaßnahmen. Alte Eliten und Gebildete wurden gezielt ermordet, andere fielen der unmenschlichen Arbeitsbelastung oder Hungersnöten zum Opfer.[474]

Für die internationalen Reaktionen spielte auch hier die Informationslage eine entscheidende, wenngleich keineswegs eindeutige Rolle. Es gelangten vergleichsweise sehr wenige Nachrichten aus dem Land.[475] Die Roten Khmer betrieben eine bewußte Selbstisolierung und schnitten Kambodscha in hohem Maße von der Außenwelt ab. So kappten sie Telefonleitungen und Postverbindungen ins Ausland. Kaum eine Botschaft außer der chinesischen blieb besetzt, und schon im April 1975 hatten fast alle westlichen Journalisten Phnom Penh verlassen. Im ersten Jahr erschienen einige Artikel in großen internationalen Zeitungen, die darauf hinwiesen, daß die neuen Machthaber das Land mit schrecklichen Gewalttaten überzogen. Doch blieben sie nicht nur vereinzelt, es herrschte auch große Unsicherheit über die Ereignisse. Viele Journalisten betonten, wie ungewiß alles war, was man aus Kambodscha erfuhr. Die Roten Khmer sorgten für zusätzliche Verwirrung, indem sie einige Morde an politischen Gegnern sogar einräumten, was viele veranlaßte zu glauben, es handele sich um begrenzte Säuberungen. Erst in den Jahren 1977 und 1978 verbesserten sich die Kenntnisse ein wenig. Zu wichtigen Referenzen in der internationalen Diskussionen wurden die Publikationen François Ponchauds – eines französischen Priesters, der zum Zeitpunkt der Machtübernahme als Missionar in Kambodscha gearbeitet und später Flüchtlinge befragt hatte –, das Buch John Barrons und Anthony Pauls sowie die von zivilen Aktivisten veranstalteten *International Cambodia Hearings* in Oslo.[476]

---

474 Vgl. Jackson (Hg.), Cambodia; Kiernan, Pol Pot Regime; Chandler, Voices; Weitz, Century, S. 14–189; Hinton, Why.
475 Vgl. Neuringer, Carter; Power, »Problem from Hell«, S. 87–154; Clymer, Carter.
476 Vgl. NAK, FCO 15/2341, J.P. Millington an B. Smith, Human Rights in Cambodia, 13.1.1978; ebd., South East Asia Department an verschiedene Botschaften, o. Dat.; ebd., FCO 15/2345, P. Reddicliffe, Violations of Human Rights in Cambodia, 28.6.1978. Vgl. Ponchaud, Cambodge; Barron/Paul, Murder.

Die Informationsarmut wurde gerade für potentiell machtvolle Akteure zu einem wichtigen Argument dafür, daß sich gegen die Verbrechen in Kambodscha nichts unternehmen lasse. Das britische Außenministerium blieb in den ersten knapp zwei Jahren von Pol Pots Herrschaft gänzlich untätig. Zweifel daran, daß die Roten Khmer verheerende Gewalttaten verübten, hegten die Ministerialbeamten nicht.[477] Doch verwiesen sie intern immer wieder darauf, kaum über konkretere Informationen zu verfügen. Auch die Regierung des amerikanischen Präsidenten Carter ergriff zunächst keine Maßnahmen. Die CIA ließ intern verlauten, sie wisse nicht viel mehr als das, was sie aus der Presseberichterstattung erfahren habe.[478] Schließlich trat auch *Amnesty International* kaum in Erscheinung. Entgangen waren der Organisation die Ereignisse nicht. Sie war sogar relativ frühzeitig aufmerksam geworden, allerdings, wie es aussieht, nicht, bevor die westliche Presse die ersten substanzielleren Berichte über Massaker veröffentlicht hatte. Im Februar und Mai 1976 forderte *Amnesty* Premierminister Penn Nouth und Präsident Khieu Samphan brieflich auf, zu den Gerüchten über Menschenrechtsverletzungen Stellung zu nehmen. In den nächsten beiden Jahren folgten einige weitere Anschreiben, doch blieben sie alle ohne Antwort.[479] Seit Herbst 1976 appellierte die Internationale Ratsversammlung an das Exekutivkomitee, alles Mögliche zu unternehmen, um Klarheit über die Lage in Kambodscha zu gewinnen.[480] Dennoch leitete die Organisation bis Juli 1978 keine weiterreichenden öffentlichen oder politischen Schritte ein. In den Jahresberichten äußerte sie sich sehr zurückhaltend und verwies vor allem darauf, wie schwierig es sei, die Situation zu beurteilen.[481] Ein internes Memorandum von 1976 wußte dem auch nicht mehr hinzuzufügen und verwendete ansonsten, darin durchaus repräsentativ für *Amnestys* Reaktionsmuster dieser Jahre, viele Überlegungen darauf, wie sich das »Schweigen« der Organisation nach außen rechtfertigen lasse.[482]

So sehr alle Akteure ihr Unwissen beklagten, eine Quelle gab es aber eben doch, nämlich die Erzählungen kambodschanischer Flüchtlinge, denen es gelungen war, nach Thailand zu entkommen. Somit zeigte sich, daß der Genozid in Südostasien zwar ein immenses Informationsproblem aufwarf; was jedoch

---

477 Vgl. NAK, FCO 15/2049, N. H. S. Armour, Cambodia, 12.5.1975; ebd., FCO 15/2154, Annual Review for 1975: Cambodia, 30.1.1976; NAK; FCO 15/2153, A. K. Goldsmith an Gring-Morris, 9.4.1976; ebd., FCO 15/2155, Simons, Cambodia, 14.12.1976; ebd., FCO 15/2153, A. K. Goldsmith, Letter to Secretary of State, 2.2.1976.
478 Vgl. JCPL, NSA 6 Country Files, Box 42, Fo. Kampuchea 1/77–10/79, Tuchman an Brzezinski, 26.9.1977.
479 Vgl. CU, AIUSA, RG II.5, Box 6, Research Department, Cambodia, 17.5.1976.
480 Vgl. CU, AIUSA, RG I.3, Box 1, Report and Decisions of the 9th ICM, 24.–26.9.1976; ebd., Report and Decisions of the 11th ICM, 21.–24.9.1978.
481 Vgl. Amnesty International, Jahresbericht 1975/76; dass., Jahresbericht 1977.
482 Research Department, Cambodia, 17.5.1976. Vgl. auch IISG, AI IS, 418, Minutes meeting IEC 14.–16.1.1977.

ein Informationsproblem war, stellte eben keine feste Größe dar, sondern war auch eine Frage der Interpretation. Die Auskünfte von Flüchtlingen stellten in der Sicht der Politiker und Experten besonders problematische Zeugnisse dar, weil sie die Machthaber leicht als politisch motivierte Verleumdungen abqualifizieren konnten.[483] Die CIA stufte sie dabei durchaus als glaubwürdig ein. Daß sich die Flüchtlingsberichte anfechten ließen, war mit Blick auf die politischen und diplomatischen Auseinandersetzungen, die die westlichen Staatsführungen antizipierten, nicht von der Hand zu weisen. Ein Grund jedoch, der zur Untätigkeit verdammte, mußte es auch nicht sein. Noch weniger galt das für *Amnesty International*, und hier kam dann auch, einmal mehr, eine organisationsstrukturelle Eigenheit ins Spiel. Auch *Amnesty* war, wiederum relativ frühzeitig, auf die Flüchtlingsberichte aufmerksam geworden, und das Sekretariat wertete sie auch aus.[484] Doch nach den Glaubwürdigkeitskriterien der Organisation war es nötig, jede Information anhand »unabhängiger« Quellen zu prüfen, und für Flüchtlingsberichte galt das eher noch mehr. Daran, weitere Quellen zu erschließen, arbeitete die Forschungsabteilung seit 1976, doch wie es scheint, vergeblich.[485] Daß *Amnestys* Vorsicht im Umgang mit den Flüchtlingsberichten nicht alternativlos war, wurde daran am deutlichsten, daß es sie 1978 doch noch einsetzte. Im Juli des Jahres sandte es eine Eingabe an die Unterkommission zur Verhinderung von Diskriminierung der UN-Menschenrechtskommission, in der sie sich auf die Berichte bezog, um auf summarische Hinrichtungen, willkürliche Verhaftungen, Folter und die Diskriminierung verschiedener sozialer und religiöser Gruppen hinzuweisen.[486]

Mindestens im Nachhinein war *Amnestys* Umgang mit dem Massenmord in Kambodscha auch in der Organisation selbst umstritten. Larry Cox, ein langjähriges Mitglied der amerikanischen Sektionsleitung, hielt in den achtziger Jahren vorwurfsvoll fest, *Amnesty* habe damals nicht »aggressiv herauszufinden versucht, was dort wirklich vorging, nachdem die ersten Berichte einmal durchgesickert waren.« Und seitdem, so Cox, »scheint es keine wirkliche Selbstprüfung gegeben zu haben, wie es zu einem solchen Versagen kommen konnte.«[487] Ob die Ermittler »aggressiver« nach Quellen hätten suchen können, scheint von heute aus betrachtet fraglich. Doch ging *Amnestys* jahrelange Blockade mindestens auch auf die selbstauferlegten Organisationsstandards zurück und hätte

---

483 Vgl. NAK, FCO 15/2341, A.M. Simons, Violations of human rights in Cambodia, 9.1.1978.
484 Vgl. IISG, AI IS, 107, Arlette Laduguie, Cambodia – Report on Trip to Paris, IEC Juni 1976.
485 Research Department, Cambodia, 17.5.1976.
486 Vgl. CU, AIUSA, RG II.1, Box 2, Lela Cooper an Herbert Harned; Amnesty International, Jahresbericht 1979.
487 CU, AIUSA, RG I.1, Box 7, Larry Cox, Impartiality and Balance: The Need for a Review Mechanism, Draft [wohl Ende 1985].

daher eher durchbrochen werden können. Als das Sekretariat 1978 doch tätig wurde, war das ja nicht einer qualitativ neuen Kenntnislage geschuldet, sondern dem offenkundigen Entschluß, sich über die eigenen Standards hinwegzusetzen – wenn auch in sehr zurückhaltender Form, denn *Amnesty* reichte gewissermaßen den Stab an die Vereinten Nationen weiter.

Was die Carter-Regierung in den USA betraf, so gesellten sich andere Motive hinzu, die sie von einem entschlossenen Engagement abhielten. Zunächst einmal verfügte sie nicht über die gängigen Ansatzpunkte, um Einfluß auszuüben. Die USA unterhielten keine diplomatischen Beziehungen zu Kambodscha, und die Finanzhilfe war bereits zuvor eingestellt worden.[488] Obwohl er mutmaßte, daß die Gewalttaten »ein Niveau erreichen, das sie zu einem der großen Massenmorde (*holocausts*) der Geschichte macht«, schloß der China-Experte im Nationalen Sicherheitsrat, Michel Oksenberg, daher, »wir haben derzeit wenig Einfluß auf Phnom Penh«.[489] Auch dieses Argument läßt sich nur schwer zurückweisen. Trotzdem waren dadurch natürlich nicht alle anderen Handlungsmöglichkeiten versperrt. Und die Haltung, die in Oksenbergs Diagnose aufschien, verriet noch ein grundlegenderes Dilemma: Eine staatliche Menschenrechtspolitik, die stark auf das Strafinstrument der Auslandshilfe setzte, konnte eben kaum weiter reichen, als diese Hilfe reichte.

Der bedeutendste Hemmfaktor für die Regierung lag indes im größeren geostrategischen Zusammenhang, in dem sich die Verbrechen der Roten Khmer vollzogen. Dabei ging es nicht nur um die jüngste Geschichte des amerikanischen Engagements in der Region – eine amerikanische Intervention hätte sich so kurz nach dem Vietnamkrieg, der auch mit höchst kontroversen Bombardierungen Kambodschas geführt worden war, öffentlich kaum rechtfertigen lassen. Vor allem aber stellte es eben für die amerikanische Regierung die oberste Priorität dar, die Beziehungen zu China zu normalisieren. Gleichzeitig waren die Amerikaner bemüht, Vietnam nicht zu stark werden zu lassen, das sie als sowjetischen Klientelstaat betrachteten. Beides sprach dagegen, in Kambodscha zu forsch aufzutreten. Denn China hielt seine schützende Hand über die Roten Khmer, während diese mit den Vietnamesen zutiefst verfeindet waren.[490] Um den Annäherungsprozeß nicht zu gefährden, lehnte es die Regierung ganz offensichtlich ab, sich in ihren Verhandlungen mit China zum Schutz der kambodschanischen Bevölkerung einzusetzen. Zwar wurde kolportiert, Sicherheitsberater Brzezinksi habe auf seiner Chinareise im Mai 1978 Sorge geäußert, doch ist es angesichts seiner Position in den südostasiatischen Konflikten wenig

---

488 Vgl. die Unterlagen in: JCPL, White House Central File, Subject File, Countries, Box CO-40, Fo. CO 81 1/20/77–1/20/81.
489 JCPL, NSA 6 Brzezinski Material, Country Files, Box 42, Cambodia, Fo. Kampuchea 1/77–10/79, Michel Oksenberg, Memorandum for Jessica Tuchman, 13.12.1977.
490 Clymer, Carter, läßt die Beziehungen zu China fast komplett außen vor. Vgl. ferner Lieberman, Reaction; Vogelsang, Dream, S. 31–45; Neuringer, Carter.

wahrscheinlich, daß er das mit großer Emphase tat.[491] Dabei war Druck aus China zweifellos das einzige, was die Roten Khmer überhaupt hätte veranlassen können, ihre Gewaltherrschaft zu mäßigen.[492] Die USA jedenfalls traten erst nach dem Sturz der Roten Khmer stärker in Aktion, als sie begannen, größere humanitäre Hilfsanstrengungen zu koordinieren. Diese hatten allerdings eine sehr ausgeprägte antivietnamesische Spitze.[493]

Fiel die politische Zurückhaltung der Carter-Regierung stark ins Gewicht, war es ebenso entscheidend, daß sich in den USA, aber wohl auch darüber hinaus, keine starke zivile Protestbewegung formierte.[494] Wiederum spielte dabei eine Reihe von Gründen zusammen. Paradoxerweise wirkte es in der öffentlichen Diskussion hemmend, daß die Ford-Regierung schon früh Alarm schlug. Noch vor der Machtergreifung der Roten Khmer warnte sie vor Massakern an politischen Gegnern und sah sich anschließend durch die wenigen Medienberichte bestätigt. Gerade Regierungskritiker hielten dies jedoch, von den vielen Lügen über die amerikanische Kriegführung in Vietnam mißtrauisch geworden, für ein Manöver, mit dem lediglich eine neue Intervention in dem Raum gerechtfertigt werden solle.[495] Hinzu kam, daß von der sparsamen Berichterstattung über die Ereignisse in Kambodscha kaum eine mobilisierende Wirkung ausging. Dramatische Bilder, die Betroffenheit hätten auslösen können, fehlten, und ohnehin machte sich in diesen Jahren eine gewisse Sättigung an Nachrichten über Südostasien breit.[496]

Vielleicht am folgenreichsten war jedoch, daß die politische Linke im kambodschanischen Fall eben nicht zu einer Triebkraft des öffentlichen Protests wurde. Bedenkt man, wie entscheidend sie für die internationale Ächtung der chilenischen Militärdiktatur, aber auch andere rechter Diktaturen dieser Jahre war, so läßt sich die Bedeutung dieser politischen Konstellation ganz ermessen. Die Herrschaft der Roten Khmer galt vielen als kommunistische Revolution in einem von den USA geschundenen Entwicklungsland und erschien daher in hohem Maße schutzbedürftig. Intellektuelle wie Noam Chomsky oder Gareth Porter wiesen Berichte über die Grausamkeiten der neuen Machthaber sogar mit Verve zurück, diskreditierten Kritiker des Regimes und lobten

---

491 Zu Brzezinskis angeblichen Äußerungen vgl. Vogelsang, Dream, S. 31–45.
492 Einige Kongreßdelegationen, die bei den Chinesen vorstellig wurden, bissen allerdings auf Granit. Vgl. Vogelsang, Dream, S. 31–45.
493 Vgl. JCPL, NSA 6 Brzezinski Material, Country Files, Box 42, Cambodia, Fo. Kampuchea 1/77–10/79, Oksenberg, Platt, Gregg an Brzezinski, 28.9.1979; ebd., Fo. Kampuchea 11–12/79, Oksenberg an Brzezinski, 4.12.1979.
494 Auch das *Foreign Office* registrierte, etwas verwundert, daß die Ereignisse in dem südostasiatischen Land in Großbritannien und darüber hinaus kaum Aufmerksamkeit erregten. Vgl. unter anderem NAK, FCO 15/2049, N. H. S. Armour, Cambodia, 12.5.1975.
495 Vgl. Clymer, Carter.
496 Vgl. Power, »Problem from Hell«.

dessen Politik.⁴⁹⁷ Eine vernehmbare Solidaritätsbewegung bildete sich nicht heraus, auch wenn Mitte 1978 eine neu begründete Gruppe, die *United People for Human Rights in Cambodia*, zu demonstrieren begann. Und auch der Kongreß entfachte keinen Entrüstungssturm.⁴⁹⁸ Bis Mitte 1977 fanden keine Anhörungen statt. In diesem und dem folgenden Jahr verabschiedete das Abgeordnetenhaus dann kritische Resolutionen, und im Oktober 1978 unterzeichneten achtzig Senatoren einen Aufruf, den Genozid zu stoppen. Spiegelte sich in dieser Entwicklung einerseits der allgemein langsame Takt der Bewußtseinsbildung, so war das Thema andererseits für eine symbolische Opposition denkbar ungeeignet. Mit alledem blieb der innenpolitische Handlungsdruck, dem sich die Carter-Regierung ausgesetzt sah, gering.

Sichtbare Bewegung kam erst 1978 in die internationale Politik. Im April verurteilte Präsident Carter die kambodschanische Regierung öffentlich als »den schlimmsten Menschenrechtsverletzer in der heutigen Welt«.⁴⁹⁹ Die Zahl von zwei Millionen Toten und ein Verweis auf den Holocaust, die in dem Entwurf gestanden hatten, waren in der endgültigen Stellungnahme fallengelassen worden.⁵⁰⁰ Vor allem befaßten sich nun die Vereinten Nationen mit der Situation in Kambodscha. Den Ausgangspunkt bildete die angesprochene britische Initiative. Als das *Foreign Office* unter David Owen begonnen hatte, Menschenrechtsverletzungen im Ausland systematisch zu evaluieren, war Kambodscha in der sogenannten »untersten Gruppe« gelandet, und die für Südostasien zuständige Abteilung begann folglich darüber nachzudenken, wie man auf die Verbrechen reagieren könne.⁵⁰¹ Ende 1977 billigte Außenminister Owen dann den Vorschlag, die Ereignisse vor die UN-Menschenrechtskommission zu bringen.⁵⁰² Die Briten wollten durchsetzen, daß die Situation in Kambodscha wenigstens untersucht würde, und unternahmen dafür nicht unerhebliche Anstrengungen.⁵⁰³ Auch erstellten sie einen Bericht über die Menschenrechtsverletzungen in dem südostasiatischen Land. Für ihn hatten sie vor allem auf amerikanisches Material zurückgegriffen, das die Carter-Regierung bereitwillig zur Verfügung stellte, so auf die Berichte der US-Botschaft im thailändischen Bangkok und auf Einschätzungen der CIA.

Im März 1978 brachte die britische Delegation dann in der Menschenrechtskommission ihren Antrag ein, einen Sonderberichterstatter für Kambodscha

---

497 Vgl. ebd.
498 Vgl. Lieberman, Reaction; Vogelsang, Dream, S. 31–45; Neuringer, Carter; Clymer, Carter.
499 Carter, Human RightsViolations in Cambodia. Statement by President, 21.4.1978.
500 Vgl. JCPL, White House Central File, Subject File, Countries, Box CO-40, Fo. CO 81 1/20/77–1/20/81, Presidential Statement on Cambodia, 21.4.1978.
501 Vgl. NAK, FCO 15/2348, A. M. Simons an A. E. Donald, 31.8.1977.
502 NAK, FCO 15/2341, A. M. Simons, Violations of human rights in Cambodia, 9.1.1978.
503 Vgl. NAK, FCO 15/2341, Owen an UKMIS Geneva, 24.1.1978.

einzusetzen. Hatte sie Österreich, Schweden und Australien dafür gewinnen können, sich hinter den Vorschlag zu stellen, sprach sich eine Koalition aus kommunistischen und blockfreien Staaten dagegen aus. Zu ihnen gehörten wohl die Sowjetunion, Jugoslawien und Syrien.[504] Angenommen wurde eine Kompromißresolution, die die kambodschanische Regierung aufforderte, zu den Vorwürfen Stellung zu nehmen.[505] In der Sitzung der Unterkommission zur Verhinderung von Diskriminierung einige Monate später verlegten sich die Kambodschaner indessen darauf, den britischen Kolonialismus zu attackieren. Gleichwohl ließ sich, gegen die Stimmen der drei osteuropäischen Vertreter, durchsetzen, daß die Eingaben zu den kambodschanischen Menschenrechtsverletzungen geprüft würden – neben einem überarbeiteten Bericht der Briten und der erwähnten Eingabe *Amnesty Internationals* hatten auch die Amerikaner, Norweger und Australier inzwischen Materialien eingereicht.[506] Der britische Bericht war ein sorgfältig ausgearbeitetes Dokument, das alle Informationen zusammentrug, die über die Zwangsevakuierungen der Städte, die Massenmorde an Offizieren und anderen Gruppen, das Fehlen eines Rechtssystems und die Unterdrückung religiöser und persönlicher Freiheiten verfügbar waren. Er bezifferte das Minimum der gewaltsam zu Tode gekommenen Menschen auf 100.000, nannte aber eine mögliche Zahl von über zwei Millionen.[507] Mittlerweile ließen sich die Ereignisse in Kambodscha also recht gut dokumentieren. Das traf auch auf einen Bericht zu, den die CIA schon im September 1977 fertiggestellt hatte.[508]

Das britische *Foreign Office* zeigte sich mit dem Verhandlungsresultat zufrieden. »Zwar können wir nicht erwarten, daß es irgend einen unmittelbaren Einfluß auf die kambodschanische Politik haben wird«, so befand die Südostasien-Abteilung, »doch bedeutet es einen weiteren Schritt, um das kambodschanische Regime internationaler Beobachtung auszusetzen«.[509] Und tatsächlich schienen sich die Kambodschaner im Lauf des Jahres 1978 der internationalen Kritik nicht mehr völlig entziehen zu können. Vor allem schwenkten sie auf eine neue Einladungspolitik um, im Zuge derer einige gewogene Journalisten,

---

504 Diese Länder nennt Powers, »Problem from Hell«.
505 Vgl. NAK, FCO 15/2343, A. M. Simons an Smart, Cambodia and the UN Human Rights Commission, 18.41978.
506 Vgl. zu alledem NAK, FCO 58/1410, Call by Mr Whittaker on Mr Luard, 21.8.1978; ebd., R. J. Edis, Human Rights Sub-Commission: Cambodia, 29.8.1978; ebd., FO 972/145, International Section Research Department, The Question of Cambodia at the UN Commission on Human Rights from 1978, März 1985.
507 Vgl. NAK, FCO 58/1407, Human Rights Violations in Democratic Kampuchea. A Report Prepared by the United Kingdom Government, 14.7.1978.
508 Vgl. JCPL, NSA 6 Country Files, Box 42, Fo. Kampuchea 1/77–10/79, Tuchman an Brzezinski, 26.9.1977, anbei der Bericht: Human Rights Violations in Cambodia, 21.9.1977.
509 NAK, FCO 58/1411, B. Smith, UK Initiative on Cambodia, 4.10.1978.

darunter ein jugoslawisches Filmteam, in das Land gelangten.[510] Die britischen Beobachter vermuteten dahinter chinesischen Druck auf Pol Pot, angesichts des kambodschanisch-vietnamesischen Konflikts etwas zu unternehmen, um international nicht völlig geächtet dazustehen.[511]

Mit dem Sturz der Roten Khmer einige Monate später war dann allerdings der grausige Spuk in Kambodscha vorbei, bevor die UN-Maschinerie überhaupt angeworfen war. Angesichts der geradezu unheimlichen Geschwindigkeit, mit der die Roten Khmer ihre vermeintlichen Feinde in den Tod schickten, kamen die internationalen Bemühungen, als sie einmal wenigstens zaghaft begonnen hatten, spät und retrospektiv betrachtet viel zu spät. Doch selbst wenn mehr Menschenrechtsverfechter früher und entschlossener vorgegangen wären, ist nicht ausgemacht, daß sie dem Mordwahn der Roten Khmer eher hätten Einhalt gebieten können. Das tiefste Problem lag nämlich woanders. Eine Menschenrechtspolitik, die im wesentlichen auf Überzeugung (durch »stille« Interventionen), Imageschädigung (durch öffentliche Kritik) und das Kappen materieller Verbindungen setzte, bekam Regierungen nicht zu fassen, die skrupellos oder fanatisch genug waren, aus der internationalen Staatengemeinschaft auszuscheren und sich konsequent zu entflechten. Das lag nicht in der politischen Verantwortung ihrer Exponenten. Und doch mußte es einen tiefen Schatten auf das moralische Versprechen menschenrechtlicher Politik werfen, daß sich das Maximum ihrer Wirkungslosigkeit, ja ihre Ohnmacht gerade angesichts der monströsesten Massenverbrechen der Dekade dokumentierte.

---

510 Vgl. u.a. NAK, FCO 15/2345, South East Asia Department, Democratic Kampuchea, 22.6.1978; ebd., FCO 15/2348, Edis an Miss F. Elliott, 17.10.1978.
511 Vgl. ebd.

9. Menschenrechte in Osteuropa

Es war nicht nur den Initiativen westlicher Akteure und den Konflikten in und mit den lateinamerikanischen Militärdiktaturen geschuldet, daß Menschenrechte die internationale Politik in den siebziger und achtziger Jahren stärker zu prägen begannen. Auch in Osteuropa erlangten sie in diesem Zeitraum eine neue und insgesamt größere Bedeutung als in den vorangegangenen Dekaden. Ein wichtiger Anstoß ging dabei von den neuen Protestbewegungen aus, die sich seit den späten sechziger Jahren herausbildeten. Sie machten sich menschenrechtliche Forderungen zu eigen, um sich gegen staatliche Übergriffe zu wehren und die sozialistischen Diktaturen vor einer internationalen Öffentlichkeit zu diskreditieren. Dabei spielten die Suche nach wirksamen politischen Strategien und ideologische Umorientierungen ineinander; in einer wesentlichen Dimension floß die Hinwendung zu Menschenrechten aus der endgültigen Absage an den real existierenden Kommunismus, dem mit einem Gestus der antiutopischen, überpolitischen, moralisch purifizierenden Auflehnung begegnet wurde. Wenn es ein Gegenbild gab, das die Dissidenten dabei evozierten, so lag es in der autonomen Selbstorganisation außerhalb des »Systems«. Wiesen viele Betätigungsmuster eine phänomenologische Ähnlichkeit mit dem Protest in Lateinamerika und sogar mit dem Menschenrechtsaktivismus in Nordamerika und Westeuropa auf – in den Formen des Selbstschutzes, den Techniken der politischen Druckerzeugung, der Überbrückung ideologischer Divergenzen, der Bedeutung moralischer Begründungen –, so waren dem Geschehen in Osteuropa wichtige Logiken eigen. Politische Auslöser und Katalysatoren, inhaltliche Aufladungen, Verlaufsgeschichten waren spezifisch – oft unterschieden sie sich sogar von Land zu Land –, und das galt nicht zuletzt für die politischen Resultate.

Einen anderen wichtigen Angelpunkt der osteuropäischen Menschenrechtsgeschichte stellte der KSZE-Prozeß dar. Dazu konnte er sich entwickeln, weil die osteuropäischen Regierungen eine Schlußakte unterzeichneten, die Menschenrechte als ein Prinzip der internationalen Beziehungen festschrieb und sogenannte humanitäre Erleichterungen im zwischenstaatlichen Verkehr vorsah. Von westeuropäischen Staaten durchgesetzt, ließen sich die Osteuropäer auf diese Bestimmungen ein – nicht in blauäugiger Verkennung ihres subversiven Potentials (über das sich die Westeuropäer nicht einmal einig waren), sondern weil es die förmliche Anerkennung der europäischen Nachkriegsordnung, die mit der Schlußakte auch vollzogen wurde, wert zu sein schien, gewisse Risiken einzugehen. Niemand, das gilt es zu betonen, sah voraus, daß der KSZE-Prozeß neue, effektive Möglichkeiten für die osteuropäischen Regimegegner schaffen würde, auf die unfreiheitlichen Lebensverhältnisse in ihren Ländern aufmerksam zu machen und weitgespannte Verbindungen zu westlichen Aktivisten und Politikern zu knüpfen.

Beide Entwicklungen wirkten darin zusammen, daß die Menschenrechtsverletzungen der kommunistischen Staaten merklich in den Fokus der internationalen Politik gerieten. Im Vergleich mit der Frühphase des Kalten Kriegs war die Resonanz nun größer – weil die Dissidenten mindestens anfänglich mehr Artikulationsmöglichkeiten hatten, weil es schlagkräftigere westliche NGOs gab, weil ein Diplomatiegeflecht entstand, dem sich die osteuropäischen Staatsführungen nicht völlig entziehen konnten, weil ein dichterer Strom von Informationen floß. Die kommunistischen Diktaturen sahen sich von innen und außen angefochten, und so stellt sich auch hier die Frage, inwiefern Menschenrechtspolitik zu den Regimetransitionen der späten achtziger und frühen neunziger Jahre beitrug. Ihre Wirkung war vermittelt, aber greifbar, und unterschied sich dabei von den Mechanismen, die um dieselbe Zeit im Fall der chilenischen Pinochet-Diktatur zum Tragen kamen. Menschenrechte waren ein Element des von zivilgesellschaftlichen Gruppen getragenen demokratischen Umbruchs, doch fiel das für den Transitionsprozeß weniger ins Gewicht, als in dem Andenland, da dies die politischen Rahmenbedingungen nicht zuließen. Als wichtiger erwies sich, daß menschenrechtliche Ideen – ebenfalls anders, als in dem südamerikanischen Staat – zu einer Komponente des Reformprojekts wurden, das eine um Michail Gorbatschow gescharte Gruppe jüngerer sowjetischer Eliten verfolgte. Sie bekannten sich zu Vorstellungen »globaler Interdependenz« und weltweiter Gerechtigkeit, die zuweilen wie eine Reprise der Leitbilder klangen, die westliche Regierungen in den siebziger Jahren für sich entdeckt hatten. Überwiegend reagierten sie damit indes auf den politischen Druck, der von den USA, aber auch vom KSZE-Prozeß ausging. Manche Dissidenten, die sich schon in den siebziger Jahren betätigt hatten, waren an den Prozessen des staatlichen Umbaus beteiligt, in der Tschechoslowakei an herausgehobener Stelle, in der Sowjetunion weniger sichtbar. Doch war ihre späte politische Rehabilitierung nicht das letzte Wort der Geschichte. In den umgewälzten politischen Landschaften der post-diktatorialen Jahre fanden sich viele schon bald marginalisiert.

Die Historiographie hat viele Aspekte dieses Geschehens zufriedenstellend erforscht, und gerade in den letzten Jahren haben Historikerinnen und Historiker genauere Erkenntnisse über wichtige Abläufe zutage gefördert. Eine Synthese dieser Befunde steht allerdings noch aus. Linien einer übergreifenden Interpretation sind bislang kaum zu erkennen, und die osteuropäische Menschenrechtsgeschichte ist überhaupt noch selten zu den Entwicklungen in anderen Weltregionen in Beziehung gesetzt worden.

Menschenrechte im staatlichen Diskurs seit Ende des Zweiten Weltkriegs

Zu Lebzeiten der Sowjetunion herrschte unter westlichen Kommentatoren die Auffassung vor, Recht sei in der politischen Wirklichkeit des kommunistischen Staates bedeutungslos.[1] Daß er Rechtsvorstellungen als »bourgeois« verwerfe, schien unter Rekurs auf die Äußerungen Marx' und Lenins evident. Zwar hatte es der Begriff der Menschenrechte in das Lied der »Internationale« geschafft – sie »erkämpft das Menschenrecht«, so heißt es da. Doch taucht er nur in der deutschen Version auf und dort wohl auch nur, weil ein besseres Reimwort nicht bei der Hand war: »Völker, hört die Signale!«, lautet die vorausgehende Zeile, »Auf zum letzten Gefecht!«[2] Vor allem schien der politische Alltag immer aufs Neue zu erweisen, daß die sowjetischen Gesetze bloß auf dem Papier stünden. Im Gegensatz zu diesen Vorstellungen hat die jüngste historische Forschung zu zeigen versucht, daß rechtliche Normen und Begründungen für die sowjetische Führung durchaus eine Rolle spielten, und zwar für die politische Selbstlegitimierung und für die Konstruktion von Vorstellungen sozialistischer Staatlichkeit. Schon der Umstand, daß die Sowjetunion zwischen 1918 und 1977 vier Verfassungen ausarbeiten ließ, kann dafür als Indiz gelten. Der Anspruch, weltweit der erste Staat zu sein, der seinen Bürgern umfassende soziale und wirtschaftliche Rechte sichere, war von Anfang an bedeutsam.

Mit Menschenrechten befaßte sich die Sowjetunion, wie alle anderen Staaten auch, nach dem Zweiten Weltkrieg primär im Forum der Vereinten Nationen. Hier ließ sie sich, wie geschildert, auf den propagandistischen Wettlauf der Beschämung ein, indem sie die Errungenschaften des sowjetischen Systems mit Aplomb herausstrich, während sie die Mängel demokratisch-kapitalistisch verfaßter Staaten als Verstoß gegen internationale Normen diskreditierte. Bei alledem jedoch hatte der Menschenrechtsbezug in der sowjetischen Politik insgesamt keinen herausgehobenen Stellenwert.

Nach Stalins Tod gerieten die Dinge in Fluß.[3] Um sich von der terroristischen Willkür der vergangenen Jahrzehnte loszusagen, betonte die neue Führung den Gedanken der »sozialistischen Gesetzlichkeit«. Diese sollte gewährleisten, daß Gesetze strikt beachtet und juristischen Normen Geltung verschafft würden. Vor diesem Hintergrund schickte sich das Außenministerium an, die sowjetische Menschenrechtsvorstellung auf dem internationalen Parkett stärker zu akzentuieren. Und zaghaft fanden Menschenrechte nun auch Eingang in den innenpolitischen Raum. Mit Blick auf die imagepolitische Außenwirkung

---

1 Vgl. dazu und zum Folgenden Nathans, Rights-Talk.
2 Kolakowski, Marxism, S. 81
3 Vgl. dazu und zum Folgenden Amos, Unterstützen.

ließen die Machthaber eine Organisation schaffen, die dem *Weltverband der Gesellschaften für die Vereinten Nationen* beitrat. Da der *Weltverband* seine Mitglieder aber eben vor allem anwies, den Menschenrechtsgedanken in den eigenen Ländern zu verbreiten, setzten die sowjetischen Behörden 1957 und 1958 einige Veranstaltungen aufs Programm, um den Tag der Menschenrechte zu begehen. Die Allgemeine Menschenrechtserklärung, der die Sowjetrepubliken seinerzeit ja nicht zugestimmt hatten, wurde dabei nun bis in die Presse hinein positiv kommentiert. Gleichzeitig schärften die öffentlichen Stellungnahmen allerdings das Nichteinmischungsverbot ein und wiederholten die sowjetische Kritik an der Menschenrechtssituation in westlichen Staaten.

Unter der Führung Leonid Breschnews nahm die bis dahin immer noch nicht hervorstechende Bedeutung, die der Menschenrechtsgedanke für die sowjetische Politik besaß, noch etwas zu.[4] In der internationalen Arena versuchte die Sowjetunion, Gemeinsamkeiten mit den postkolonialen Staaten Afrikas und Asiens herzustellen, indem sie wirtschaftliche und soziale Rechte ins Feld führte. Im Jahr 1968 unterzeichnete sie die Menschenrechtspakte, um sie fünf Jahre darauf zu ratifizieren. Mitbedingt durch die vermehrten internationalen Bekenntnisse, entwickelten sowjetische Juristen in diesen Jahren zudem eine neue Vorstellung von den Rechten der »sowjetischen Person«. In charakteristischer Abweichung von westlichen Denkfiguren handelte es sich dabei nicht um Abwehrrechte gegen den Staat, mit denen die natürliche Würde des Menschen geschützt werden sollte, sondern um ein Vehikel, das die sozialistische Persönlichkeit in der Zukunft vervollkommnen sollte.

In der DDR vollzogen sich einige wichtige Prozesse ganz ähnlich. Die SED bediente sich des Menschenrechtsbegriffs seit den späten vierziger Jahren eher noch prominenter, wobei sie den Sozialismus als den gesellschaftspolitischen Rahmen darstellte, in dem allein sich Menschenrechte vollständig verwirklichen ließen.[5] Auch sie begleitete dies mit Angriffen auf die westliche Rechtswirklichkeit, vor allem die bundesdeutsche, wofür sie 1959 eigens ein *Komitee für Menschenrechte* schuf. In der DDR nahm die Verwendung menschenrechtlicher Vorstellungen und Begründungen, innen- wie außenpolitisch, ebenfalls in den sechziger Jahren zu. Für das Internationale Menschenrechtsjahr 1968 organisierte die SED-Führung eine groß angelegte Propagandakampagne, die auch die Verabschiedung einer neuen Verfassung einschloß, welche als höchster Ausdruck sozialistischer Menschenrechte gefeiert wurde. Bis in die siebziger Jahre hinein machte sie eine spezifisch sozialistische Menschenrechtsauffassung geltend, die auf Gleichheit, ein sicheres Einkommen und ein menschenwürdiges Leben für alle abhob.[6]

---

4 Vgl. zum Folgenden Nathans, Rights-Talk.
5 Vgl. dazu und zum Folgenden Richardson-Little, »Menschenrecht«.
6 Vgl. Betts, Socialism, S. 411–415.

Insofern waren Menschenrechtsvorstellungen seit den fünfziger Jahren in der politischen Selbstdarstellung und der Herrschaftslegitimierung kommunistischer Staaten in Osteuropa präsent, sowohl nach außen als auch nach innen. Über diese Funktionen ging ihre Verwendung indes nicht hinaus, und ihre Rolle als denunziatorische Propagandawaffe blieb die ganze Zeit über bedeutsam. Daß kommunistische Staaten eine Menschenrechts-Außenpolitik entwickelt hätten, die formal derjenigen westlicher Staaten ähnlich gewesen wäre, daß sie also konzeptionelle Leitlinien fixiert und Menschenrechte zu einem Kriterium ihrer bilateralen und multilateralen Beziehungen gemacht hätten, läßt sich derzeit nicht erkennen. Auch gewannen Menschenrechte niemals ein solches Gewicht, daß sie im politischen Diskurs dominant geworden wären. Von einer anderen Seite her sollten sie seit den sechziger Jahren in diesem Diskurs dann allerdings wichtiger werden.

Antiutopische Selbstverwirklichung: Dissidenz und Menschenrechte

Um die Mitte der siebziger Jahre konnte der Eindruck entstehen, es erhebe sich in den Ländern des sowjetischen Machtbereichs eine neue Welle des inneren Aufbegehrens gegen die sozialistische Diktatur. Die »Dissidenten« – ein westlicher Begriff, der erst mit einiger Verspätung nach Osteuropa gelangte und dort von einigen abgelehnt, von anderen als Selbstbezeichnung verwendet wurde –, schienen einen neuen Typus von Apostaten zu verkörpern, die die kommunistische Herrschaft sichtbarer anfochten, als man es zuvor erlebt hatte. Doch so sehr hier tatsächlich ähnliche Tendenzen zeitlich zusammentrafen, und so sehr die oppositionellen Gruppen über Landesgrenzen hinweg miteinander kommunizierten, war dieser Nonkonformismus keine einheitliche Bewegung. Er entfaltete sich in unterschiedlichen nationalen Kontexten, und so wichen die Muster der Entstehung und der Fortentwicklung des dissidenten Aktivismus voneinander ab. Das galt nicht zuletzt für den Zeitpunkt, zu dem Menschenrechtsvorstellungen ins Spiel kamen, und ebenso für die Resonanz, die die Regimegegner mit ihnen erzielten. Daß Menschenrechte überhaupt zu einer herausgehobenen Sprache der Opposition gegen die kommunistische Herrschaft wurden, war indes überall neu. Der vorläufige Abschluß der KSZE in Helsinki 1975 sorgte dafür, daß sich die Verläufe bis zu einem gewissen Grad synchronisierten, denn allerorts wurden die multilateralen Vereinbarungen zu einem wichtigen Ingrediens des Protests. Die Bedeutung, die sie für die oppositionellen Gruppen gewannen, war jedoch in sich abgestuft. Die Vorgänge in der Sowjetunion, Polen, der Tschechoslowakei und der DDR erlauben es, das Spektrum an Entwicklungsverläufen auszumessen.

So datierten sowjetische Menschenrechtsverfechter die ersten Regungen ihres

Aktivismus rückblickend auf die Jahre 1965/66.[7] In ihren Erzählungen stellten die Verhaftung der nonkonformen Schriftsteller Andrei Sinjawski und Juli Daniel, deren Texte auf klandestinen Wegen in den Westen gebracht und dort veröffentlicht worden waren, einen Moment der Bewußtwerdung dar. Eine Reihe von Personen – darunter Alexander Ginsburg, der als Herausgeber einer *Samisdat*-Zeitschrift bekannt wurde, oder Wladimir Bukowski, der selbst in eine psychiatrische Anstalt zwangseingewiesen worden war – begann, Proteste gegen den anschließenden Gerichtsprozeß zu organisieren, die sich zu einer bemerkenswerten Manifestation für die Meinungsfreiheit auswuchsen. Eine »Bewegung« stellten diese Aktionen noch nicht dar; sie sollten den Verfolgten zunächst einmal akute Hilfe leisten.[8] Ein dissidentes Milieu begann sich erst herauszubilden, als die Demonstranten ihrerseits in das Fadenkreuz der Verfolgung gerieten, aus ihren Anstellungen entlassen oder sogar verhaftet wurden. Jetzt begann sich ein Rad zu drehen, das die abweichlerischen Gruppen anschwellen, ihre Opposition gegen das Regime definitiv und die Strukturen ihrer Vergemeinschaftung stabiler werden ließ.

Der Bezug auf Rechte spielte dabei von Anfang an eine bedeutende Rolle. In ihren frühen Forderungen nach größeren politischen und kulturellen Spielräumen richteten sich die Dissidenten indes vor allem an der sowjetischen Verfassung und damit an nationalen Rechtsnormen aus. Sie nahmen die Vorstellung der »sozialistischen Gesetzlichkeit«, die die sowjetische Regierung unter Chruschtschow in diesen Jahren so stark akzentuierte, sozusagen wörtlich.[9] Seit Ende des Jahrzehnts gingen sie dann zunehmend dazu über, sich auch auf die internationalen Menschenrechts-Vereinbarungen zu berufen, die die Sowjetregierung eingegangen war.[10] Gerade das Jahr 1968 brachte wichtige Ansatzpunkte, denn die Sowjetunion unterzeichnete nun die UN-Menschenrechtspakte und beging das von den Vereinten Nationen ausgerufene Internationale Menschenrechtsjahr mit einigem propagandistischen Aufwand. Bald entstanden nun auch Menschenrechtsgruppen, die sich als solche bezeichneten.[11] Den Anfang machte 1969 die *Initiativgruppe für den Schutz der Menschenrechte*. Bestehend aus etwa fünfzehn Aktivisten, richtete sie Eingaben an die sowjetischen Behörden und schrieb mehrfach an die UN-Menschenrechtskommission, ohne allerdings eine Antwort zu erhalten. Im November 1970 gründeten die Physiker Waleri Tschalidse, Andrei Twerdochlebow und Andrei Sacharow das *Komitee für Menschenrechte in der UdSSR*. Sie wollten sich vorrangig akademisch mit Menschenrechtsfragen auseinandersetzen und boten der Regierung an, sie in dieser Domäne zu beraten. Andere Aktivisten setzten sich für religiös Verfolgte

7 Vgl. Rubenstein, Dissidents; Alexeyeva, Dissent; Voronkov/Wielgohs, Russia.
8 Vgl. Stephan, Küche.
9 Vgl. Horvath, Legacy, S. 81–149; Nathans, Dictatorship.
10 Vgl. Nathans, Entzauberung.
11 Vgl. Alexeyeva, Dissent; Voronkov/Wielgohs, Russia.

oder gegen den Mißbrauch psychiatrischer Anstalten zu Haftzwecken ein. Daß sie nunmehr internationale Rechtsnormen in ihre Argumentationen einbauten, stellte für die Gruppen in der Sowjetunion keinen scharfen Bruch dar. Nationale Rechtsvorstellungen blieben weiterhin ein Referenzpunkt, und oft unterschieden die Dissidenten gar nicht erst präzise zwischen diesen und jenen.[12]

Die KSZE-Verhandlungen fielen somit in eine Phase starker Gärung. Sie verliehen dem Protest eine wichtige neue Dynamik, ohne ihn aber, wie in großen Teilen der Literatur angenommen, substanziell zu verändern oder gar zu generieren. Zweifellos popularisierten sie den Menschenrechtsgedanken – die sowjetische Regierung veröffentlichte die Schlußakte in der Presse in einer Auflage von insgesamt zwanzig Millionen. Und sie schufen, wie noch näher zu beschreiben sein wird, einen neuen Kanal, über den die Andersdenkenden Druck auf die eigene Regierung auszuüben versuchten. Das schlug sich schon bald augenfällig darin nieder, daß zahlreiche Gruppen entstanden, die sich ausdrücklich auf die KSZE-Vereinbarungen bezogen, welche mit der Schlußakte von Helsinki im August 1975 einen signalkräftigen Abschluß gefunden hatten. Als erste initiierten Andrei Sacharow und Juri Orlow, auch er Physiker, die *Gruppe zur Förderung der Einhaltung der Helsinki-Verträge*. Ihr gehörten Sacharows Frau Elena Bonner, der frühere General Piotr Grigorenko, Alexander Ginsburg und Anatoli Marchenko an, der einen wichtigen Bericht über die sowjetischen Gefangenenlager verfaßt hatte.[13] Die sowjetischen Behörden ließen die Gruppe einigermaßen gewähren, bevor sie Orlow und Ginsburg im Februar 1977 verhafteten.[14] Den Aktivisten gelang es, Kontakte zu Gleichgesinnten in anderen Teilen der Sowjetunion herzustellen. Das war ein Grund, warum Helsinki-Gruppen auch in anderen Republiken entstanden, in der Ukraine, Litauen, Georgien oder Armenien. Mittlerweile nahmen viele Dissidenten den Menschenrechtstag am 10. Dezember – dem Tag der Verabschiedung der Allgemeinen Menschenrechtserklärung – zum Anlaß für symbolische Protestaktionen.

In Polen markierten die Jahre 1975/76 einen tieferen Einschnitt als in der Sowjetunion, wofür jedoch die KSZE wiederum nicht ursächlich war. Nachdem Władysław Gomułka mit der brutalen Niederschlagung der studentischen Unruhen von 1968 und der Arbeiterproteste zwei Jahre später seinen internationalen Ruf verspielt und einen unrühmlichen Schlußpunkt unter seine im Land anfangs so hoffnungsvoll gefeierte Herrschaft gesetzt hatte, war es seinem Nachfolger Edward Gierek zunächst gelungen, die Lage zu beruhigen.[15] Eine gewisse ideologische Auflockerung und eine leichte Verbesserung der Lebensbedingungen hatten ihren Teil dazu beigetragen. Doch bereits um die Mitte des

---

12 Vgl. Nathans, Entzauberung, S. 107–112.
13 Vgl. Eichwede, »Détente«.
14 Vgl. dazu und zum Folgenden Snyder, Human Rights, S. 53–80.
15 Vgl. dazu und zum Folgenden Borodziej, Geschichte.

Jahrzehnts erhielt der stillschweigende Gesellschaftsvertrag klaffende Risse, und es begann sich ein qualitativ neuer Protest zu formieren. Er hatte einen doppelten Auslöser. So erhoben zunächst katholische Geistliche und linke Intellektuelle in dem offenen »Brief der 59« ihre Stimme gegen die Pläne der Regierung, die Verfassung zu ändern – diesen Plänen zufolge sollten die »führende Rolle« der Partei (wie in anderen osteuropäischen Staaten auch) und das »Bündnis« mit der Sowjetunion konstitutionell festgeschrieben werden. Als Gierek im Juni 1976, um auf eine schon länger schwelende Versorgungskrise zu reagieren, die Lebensmittelpreise anheben ließ, brachen dann zudem vielerorts schwere Unruhen aus, die die Regierung mit Härte zu ersticken versuchte. Obwohl unzusammenhängend, bildeten beide Ereignisse den Kristallisationspunkt für ein neues systemkritisches Milieu, das das Protestgeschehen der kommenden Jahre prägen sollte.[16]

In diesem Zusammenhang entstanden 1976 und 1977 auch die beiden wichtigsten polnischen Menschenrechtsgruppen, das *Arbeiterverteidigungskomitee* (KOR) und die *Bewegung zur Verteidigung der Menschen- und Bürgerrechte* (ROPCiO). Das KOR gründete sich zu dem handfesten Zweck, den Arbeitern, die im Zuge der Aufstände von 1976 verhaftet worden waren, rechtlichen und finanziellen Beistand zu leisten. Es setzte sich vorwiegend aus Intellektuellen, Künstlern, Anwälten und Studenten zusammen; der Bekannteste darunter war wohl Jacek Kuroń. Erst als die meisten Arbeiter im Sommer 1977 freigelassen worden waren, weitete das KOR seinen Aktionsradius aus. Umbenannt in *Komitee zur gesellschaftlichen Selbstverteidigung*, proklamierte es nun, sich allgemein für die Wahrung der Bürger- und Menschenrechte in Polen einsetzen zu wollen.[17] Die ROPCiO wiederum spaltete sich in diesem Jahr von dem Komitee ab und operierte von nun an als eigenständige Organisation. Daß der Menschenrechtsbegriff in diesen Initiativen in den Vordergrund trat – plötzlicher, wie es scheint, als in der Sowjetunion –, lag sicherlich daran, daß die polnische Regierung just in diesen Jahren internationale Menschenrechtsabkommen als verpflichtend anerkannte. So unterzeichnete Polen neben der KSZE-Schlußakte im März 1977 die UN-Menschenrechtspakte. Dieser Dokumente bedienten sich oppositionelle Gruppen fortan als einer argumentativen Grundlage.

Historisch folgenreicher als dieser Menschenrechtsaktivismus wurden in Polen allerdings die Entwicklungen der frühen achtziger Jahre. Gemessen am Ausmaß der Mobilisierung, das sie erreichte, und an der politischen Gestaltungsmacht, die sie sich, zunächst nur einen Moment lang, eroberte, stellte die Gewerkschaft *Solidarność* alles in den Schatten, was sich zuvor in der polnischen Oppositionsgeschichte ereignet hatte – und auch alles, was sonst im Ostblock geschah. Angesichts eines neuen, verheerenden Versorgungsengpasses

---

16 Vgl. Dehnert, »Beschaffenheit«; ders., Zäsurjahr; ders., Entspannung.
17 Vgl. Erklärung des KOR anläßlich seiner Selbstauflösung.

breiteten sich 1980 in den polnischen Industriezentren lauffeuerartig Streiks aus, an denen sich bald schon rund 700.000 Arbeiter beteiligten.[18] Die Führung übernahm seit August das Danziger »überparteiliche Streikkomitee«, dem es gelang, seinen Katalog der »21 Forderungen« in öffentlichen Verhandlungen mit der Regierung weitgehend durchzusetzen. In den Auseinandersetzungen um die Einlösung der Vereinbarungen formierte sich dann *Solidarność*. Mit ihren bald knapp zehn Millionen Mitgliedern war gleichsam jede polnische Familie in ihr vertreten, und die Gewerkschaft stellte folglich ein denkbar heterogenes Gebilde dar. Bestehend aus Arbeiteraktivisten, Intellektuellen, Katholiken, Studenten und Bauern, gespalten in Radikale und Gemäßigte, war sie »zugleich sozialistisch, sozialdemokratisch und katholisch, fundamentalistisch und reformorientiert, Gewerkschaft und nationale Partei, antikommunistische Protestbewegung, Debattierklub und institutionalisierte Bürgergesellschaft in einem«.[19]

Ausgehend von der gewerkschaftlichen Kernaufgabe, die Rechte der Arbeiter zu schützen und ihre Lebensverhältnisse zu verbessern, reichte das Programm der *Solidarność* doch weit darüber hinaus. Es visierte umfassende politische und ökonomische Systemreformen an. Formuliert auf dem ersten Landeskongreß im Herbst 1981, forderte es ein parlamentarisch-demokratisches, pluralistisches, partiell marktwirtschaftliches Polen.[20] Der Begriff des Sozialismus fand sich in dieser Standortbestimmung nicht mehr, wenn auch von »wirklicher Vergesellschaftung« und der »Tradition der Arbeiterschaft« die Rede war.[21] Eine Menschenrechtsgruppe in dem Sinn, daß sie sich als Wächter über staatliche Rechtsverletzungen verstanden hätte, war *Solidarność* zweifellos nicht. Doch stellte die rechtsstaatliche Ordnung einen zentralen programmatischen Baustein dar, und der Menschenrechtsgedanke diente dabei als eine wichtige Begründungsfigur. »Das System muß die bürgerlichen Grundfreiheiten garantieren«, postulierte das Programm etwa, wobei es die Gleichheit vor dem Gesetz, das Versammlungs- und das Koalitionsrecht sowie die Transparenz des Regierungshandelns besonders hervorhob. Dafür berief es sich auf die »Grundsätze der auch von Polen ratifizierten Verordnungen internationaler Konventionen, insbesondere der internationalen Charta der Menschenrechte«.[22] *Solidarność* schien nicht nur weite Teile der polnischen Gesellschaft unter ihrem Dach zu vereinigen, sondern auch das gesamte oppositionelle Geschehen der Nachkriegsjahre zusammenzufassen und zu seinem Kulminationspunkt zu führen. So schloß das Programm die symbolisch befrachteten Protestdaten 1956, 1968, 1970 und 1976 in die gewerkschaftliche Traditionsbildung ein. Auch das

18 Vgl. dazu und zum Folgenden Borodziej, Geschichte, S. 360–382.
19 Ebd., S. 365. Vgl. dazu Davies, Herzen, S. 15–21.
20 Vgl. Programm der NSZZ »Solidarnosc«.
21 Vgl. Holzer, »Solidarität«.
22 Programm der NSZZ »Solidarnosc«, Zitat S. 317.

geschah im Zeichen der Menschenrechte: »Unsere Gewerkschaft«, hieß es da, »ist das Ergebnis der Revolte der polnischen Gesellschaft nach drei Jahrzehnten der Unterdrückung der Menschen- und Bürgerrechte, politischer Diskriminierung und ökonomischer Ausbeutung.«[23]

Mit dem Auftreten von *Solidarność* begannen fünfzehn Monate eines »Karnevals der Freiheit«, die kein anderes osteuropäisches Land, von der Tschechoslowakei 1968 vielleicht abgesehen, auch nur annähernd erlebte, bevor Michail Gorbatschow seine Reformpolitik ausrief.[24] Mit einem Mal genossen viele Polen Spielräume der persönlichen und politischen Entfaltung, die bislang nicht vorstellbar gewesen waren, ließ sich halböffentlich über alles diskutieren, beschrieben Zeitungen die triste Lage im Land ungeschönt so, wie sie war. Die Streiks rissen nicht ab, und überall machte die Regierung Zugeständnisse und Versprechungen. Die Partei hatte die Ereignisse nicht einmal mehr ansatzweise unter Kontrolle, die wirtschaftliche Situation verschlechterte sich dramatisch. Doch auch *Solidarność* konnte die Entwicklungen nicht lenken. Im Dezember 1981 bereitete der neue Parteichef Wojciech Jaruzelski dem Treiben gewaltsam ein Ende. Er verhängte das Kriegsrecht, beseitigte alle inzwischen gewährten Freiheiten, löste die Gewerkschaft auf und unterdrückte ihre Anhängerschaft zum Teil mit blutigen Mitteln. Die *Solidarność*-Aktivisten, die den Fängen der Repression entkamen, gingen in den Untergrund oder setzen ihr Engagement im Ausland fort. Dort griffen sie auch den Rahmen auf, den ihnen die KSZE bot. So gründeten sie ein Helsinki-Komitee, das vor allem im Umfeld der Madrider Nachfolgekonferenz um westliche Unterstützung für den Kampf gegen das polnische Regime warb.[25]

In der Tschechoslowakei entwickelte sich, nachdem die Sowjetunion die politischen Experimente der Reformer um Alexander Dubček gewaltsam beendet hatte, ein nennenswerter ziviler Protest überhaupt erst wieder seit 1976/77.[26] Das neue moskautreue Regime unter Gustáv Husák war sogleich resolut gegen den Reformflügel der Partei vorgegangen und hatte rund eine halbe Million Mitglieder ausgeschlossen. Machten sich in den ersten Jahren noch Relikte einer reformkommunistischen, demokratisch-sozialistischen Opposition geltend, der es um eine Rückkehr zur Politik des Prager Frühlings ging, so wurden sie bis 1972 vollständig unterdrückt.[27] Auch sonst griff die Regierung in der Phase der »Normalisierung« hart gegen abweichlerische Regungen durch und versuchte auf verschiedenen Wegen, die Bevölkerung möglichst nachhaltig zu entpolitisieren. Erst mit der Gründung von *Charta 77* gewann das nonkonforme Denken in der Tschechoslowakei wieder Schwung und trat zugleich in ein neues

23 Ebd., S. 296.
24 Vgl. dazu Borodziej, Geschichte, hier der Begriff, S. 267.
25 Vgl. Dehnert, Entspannung.
26 Vgl. Tuma, Czechoslovakia; Müller, Konfrontation.
27 Vgl. Blažek, Typologie; Perzi, Einleitung; Blehova, Fall.

Stadium ein. Sie riefen Anfang 1977 der Dichter Václav Havel, der international renommierte Philosoph Jan Patočka (der, wie beschrieben, nach langen Verhören schon im folgenden März starb) und der ehemalige Außenminister Jiří Hájek ins Leben. Den Anlaß dafür bot ihnen die Verhaftung einiger Mitglieder und Unterstützer der Rockgruppe *Plastic People of the Universe* – also gerade kein Vorgang der hohen Staatspolitik, sondern die repressive Beschneidung auch noch der letzten kulturellen Ausdrucksmöglichkeiten.[28] Ursprünglich von rund 240 Personen unterzeichnet, schlossen sich der Charta bis zum Ende des Kommunismus etwa 1800 Mitglieder an. Sie kamen aus nahezu allen gesellschaftlichen Gruppen, viele waren Arbeiter, viele junge Menschen gehörten dazu; und doch blieb sie weit entfernt davon, im Land eine größere Ausstrahlung zu entfalten.[29] Von Anfang an machte sie sich den Menschenrechtsgedanken zu eigen. In ihrem Gründungsaufruf beklagten die Chartisten, daß »grundlegende Menschenrechte in unserem Land bedauerlicherweise nur auf dem Papier existieren«. Dabei nannten sie Meinungs-, Versammlungs- und Glaubensfreiheit, das Recht auf Teilhabe am politischen Leben, das Recht auf Ausreise, auf eine Privatsphäre und auf Bildung sowie bemerkenswerterweise Roosevelts Begriff der »Freiheit von Furcht«.[30] In den frühen Dokumenten beriefen sie sich auf die Schlußakte von Helsinki, mehr aber noch auf die UN-Menschenrechtspakte, die die tschechoslowakische Regierung Ende 1975 ratifiziert und gerade erst im Oktober 1976 veröffentlicht hatte. Schließlich bildeten einige Charta-Unterzeichner, darunter Rudolf Battěk, Václav Benda, Jiří Dienstbier und Havel im April 1978 eine separate Organisation, das *Komitee zur Verteidigung der unberechtigt Verfolgten* (VONS). Es setzte sich als Aufgabe, »die Fälle der Personen zu beobachten, die wegen ihrer Überzeugung strafrechtlich verfolgt oder gefangengehalten werden oder die zu Opfern der Polizei- und Justizwillkür wurden.«[31]

In der DDR schließlich wich der Verlauf auffällig von diesen Mustern ab. Schon zeitgenössisch wunderten sich westliche Aktivisten, warum das Land, was den menschenrechtlichen Protest betraf, so auffällig hinterherhinke.[32] Als wesentlich erwies sich dabei einmal, daß die Kirchen, die in diesen Jahren den wichtigsten Kristallisationspunkt oppositioneller Tendenzen und gegenkultureller Selbstorganisationsversuche darstellten, kein regimekritisches Menschenrechtsengagement entfalteten – oder auch nur förderten.[33] Dabei wurden

---

28 Vgl. dazu Havel, Versuch.
29 Vgl. Skilling, Charter 77; Eichwede, »Détente«.
30 Vgl. Charter 77 – Declaration, S. 209.
31 Komitee für die Verteidigung der zu Unrecht Verfolgten, 27.4.1978, S. 197.
32 Vgl. die Memoranden und Korrespondenz in den archivalischen Unterlagen von Human Rights Watch: Columbia University, New York, NY, Human Rights Watch Records, Series I.1. Box 20.
33 Vgl. allgemein Pollack/Rink, Einleitung. Zur Kirche vgl. Rink, Ausreiser; Haspel, DDR-Protestantismus.

Menschenrechtsfragen im *Bund der Evangelischen Kirchen* (BEK) wie auch in den Leitungsgremien der Landeskirchen durchaus intensiv diskutiert. Doch gewannen staatskonforme Auffassungen dabei bald schon die Oberhand.[34] Um die Mitte der siebziger Jahre widmete der BEK dem Thema einige Schriften, in denen sich immer deutlicher abzeichnete, daß er die Menschenrechte als in der Verfassungsrealität der DDR vollständig verwirklicht erachtete. Und auch an Angriffen auf die vermeintlich heuchlerische Menschenrechtspolitik des Westens mangelte es nicht.[35] Eine Sprengwirkung konnte der offizielle kirchliche Menschenrechtsdiskurs mit alledem schwerlich entfalten, und die SED-Führung sah in ihm auch zu keinem Zeitpunkt eine Gefahr; im Gegenteil hielt sie den BEK für hilfreich bei ihrem Versuch, ein sozialistisch-kollektives Menschenrechtsverständnis zu propagieren.

Unterhalb der Leitungsebenen versuchten Geistliche und Gläubige bisweilen durchaus, sich den Menschenrechtsgedanken in staatskritischer Absicht anzueignen, doch gediehen ihre Initiativen nicht weit.[36] Am bekanntesten wurde wohl der Antrag, den der Pfarrer Hans Jochen Tschiche 1977 an die Synode der Kirchenprovinz Sachsen stellte, eine Arbeitsgruppe zu gründen, die die Umsetzung der Menschenrechte in der DDR beobachten solle – also eine Art Helsinki-Gruppe. Auf Druck des Regimes lehnte die Synode den Antrag jedoch ab. Im selben Jahr legte ein Ökumenischer Predigt-Arbeitskreis das sogenannte »Querfurter Papier« vor, das dezidiert nach dem Vorbild von *Charta 77* gestaltet war, welches auch Tschiches Vorstoß inspiriert hatte. Es stieß jedoch auf wenig Resonanz – lediglich sechzig Personen unterzeichneten es –, und der Magdeburger Bischof Krusche versagte ihm, von den Behörden zur Rede gestellt, die Unterstützung. Auch in den Aktivitäten dissidenter Intellektueller wie Wolf Biermann, Robert Havemann oder Rudolf Bahro, die sich in diesen Jahren mit ihren kritischen Stellungnahmen über die Landesgrenzen hinweg einen Namen machten, spielten Menschenrechte keine Rolle.[37] Und ebensowenig fanden menschenrechtliche Erwägungen Eingang in das seit Ende der siebziger Jahre anwachsenden Friedensengagement kirchlicher und anderer Gruppen.

Mithin änderte auch der vorläufige Abschluß der KSZE in Helsinki 1975 nichts daran, daß sich in der DDR keine Menschenrechtsbewegung herausbildete. Er hatte indes einen anderen bemerkenswerten Effekt, der wiederum für die DDR spezifisch war.[38] Denn nachdem die Staatsführung die Schlußakte unterzeichnet hatte, stieg die Zahl der Ausreiseanträge steil an, wenngleich zunächst auf einem relativ geringen Niveau, von 12.500 im Jahr 1975 auf 19.000 im Folgejahr. Neben der Akte von Helsinki versuchten die Petenten ihre Sache auch

---

34 Vgl. dazu und zum Folgenden Neubert, KSZE-Prozeß; Hanisch, DDR.
35 Vgl. Neubert, KSZE-Prozeß, S. 307.
36 Vgl. ebd.; Hanisch, DDR.
37 Vgl. Richardson-Little, »Menschenrecht«.
38 Vgl. zum Folgenden Hanisch, DDR. Vgl. auch Scholtysek, GDR Dissidents.

noch mit dem Verweis auf allerhand andere Rechtsnormen zu stärken, darunter die Allgemeine Menschenrechtserklärung und die UN-Menschenrechtspakte, aber etwa auch der deutsch-deutsche Grundlagenvertrag.[39] Im Anschluß an die KSZE-Folgekonferenz in Madrid sah sich das Regime dann noch einmal einer Welle von Ausreiseforderungen gegenüber. Das Madrider Abschlußdokument hatte vorgeschrieben, Anträge auf Familienzusammenführung und Eheschließung seien zügig zu bearbeiten, und den Antragstellern dürften aus ihrem Wunsch keine Nachteile erwachsen. Fortan traten die Petenten, so erschien es den Behörden, drängender und offener kritisch auf als zuvor, und die Zahl der Anträge wuchs stetig, bis auf 113.000 im Jahr 1988.[40]

Eine größere Bedeutung erlangten Menschenrechte erst Mitte der achtziger Jahre für den zivilen Protest, nun allerdings für Gruppen, die sich außerhalb der Kirche zu organisieren versuchten.[41] Aus den langwierigen und letztlich ergebnislosen Bemühungen einiger Oppositioneller, in Berlin ein Menschenrechtsseminar zu veranstalten, ging im Dezember 1985 die *Initiative für Frieden und Menschenrechte* (IFM) hervor, zu deren Gründungsmitgliedern etwa Ulrike und Gerd Poppe, Bärbel Bohley, Reinhard Weißhuhn, Lotte und Wolfgang Templin und Ralf Hirsch gehörten. Unumstritten war die *Initiative* nicht; stärker sozialistisch orientierte Aktivisten kritisierten den Rekurs auf individuelle Freiheitsrechte und riefen die Gruppe *Gegenstimmen* ins Leben. Die Forderungen der IFM kreisten um die Begriffe der Demokratisierung, der Öffentlichkeit und der Rechtsstaatlichkeit. Dazu gehörte nach Auffassung der Gruppe untrennbar die Garantie von Grundrechten wie der Meinungs- und der Versammlungsfreiheit und des Rechts auf eine Privatsphäre.[42] Aus Sicht des Ministeriums für Staatssicherheit stellte die IFM eine der gefährlichsten oppositionellen Gruppen dar, und die Versuche, sie in Schach zu halten, kulminierten in der Abschiebung mehrerer Aktivisten im Januar 1988. Gleichwohl blieb die Gruppe bis Anfang der neunziger Jahre bestehen. Bis zum Ende des SED-Regimes nahmen noch weitere Gruppen, insgesamt etwa ein Dutzend, den Menschenrechtsgedanken auf. Massenhafte Ausstrahlung erlangte er allerdings nicht.

Läßt sich in den ereignisgeschichtlichen Verläufen somit eine deutliche Spannbreite erkennen, werden in der Motivation der menschenrechtlichen Proteste einige gemeinsame Muster, ja sogar eine grundlegende Verschiebung greifbar, die bei aller nationalen Varianz, die es auch hier gab, doch alle vier Länder prägte. Diese Verschiebung hatte eine politisch-intellektuelle und eine pragmatisch-strategische Seite. So drückte sich darin, daß Menschenrechte zu

---

39 Vgl. Hanisch, DDR, S. 169.
40 Vgl. ebd., S. 331.
41 Vgl. zum Folgenden Neubert, KSZE-Prozeß; Knabe, Weg. Vgl. auch den Text zweier ehemaliger Aktivisten: Templin/Weißhuhn, Initiative.
42 Vgl. Vorstellung der Initiative »Frieden und Menschenrechte« zum Tag der Menschenrechte am 10.12.1987. Vgl. auch dies., Aufruf, 11.3.1989.

einer wichtigen Sprache der Opposition wurden, eine tiefgreifende ideologische Umorientierung aus, die eng an die Ernüchterung über die Wirklichkeit der kommunistischen Herrschaft gebunden war. Dieser Prozeß vollzog sich bei verschiedenen Dissidenten unterschiedlich schnell und mit unterschiedlicher Dramatik, und so stellte der Menschenrechtsgedanke beileibe nicht überall den rettenden Anker dar, der nach dem akuten Verlust kommunistischer Ideale ausgeworfen wurde.[43] Gerade für manche sowjetischen Dissidenten mag die Entlarvung der stalinistischen Auswüchse in Chruschtschows »Geheimrede« auf dem KPdSU-Parteitag von 1956 ein wichtiger auslösender Moment gewesen sein, der eine schleichende Distanzierung von der offiziellen Ideologie in Gang setzte. Dagegen stürzten sie die Ereignisse der späten sechziger und der siebziger Jahre nicht in einen geistige Krise, die ihnen die Augen allererst drastisch geöffnet hätte.

Für andere hingegen war es das Ende der reformkommunistischen Hoffnung, das sie ebenso plötzlich wie nachhaltig dazu zwang, sich ideologisch neu zu besinnen. Reformkommunistische Ideen hatten sich überhaupt erst in der Atmosphäre der »Entstalinisierung« entfalten können, die der sowjetische Staatschef Chruschtschow mit seiner Rede von 1956 ausgerufen hatte.[44] Die osteuropäischen Regierungen lockerten nun ihren autoritären Griff, betrieben politische Repressionen fortan zielgerichteter, stellten die Produktion stärker auf den Konsum um und öffneten die Gesellschaften kulturell. Vor diesem Hintergrund begannen Politiker und Intellektuelle in den meisten Ländern politische Modelle zu diskutieren, die darauf abzielten, den Sozialismus innerhalb des bestehenden Systems demokratisch neu auszurichten. Die größte Ausstrahlung unter diesen revisionistischen Projekten entwickelte zweifellos der »Sozialismus mit menschlichem Antlitz«, den Alexander Dubček und andere Reformer in der Tschechoslowakei in die Tat umzusetzen versuchten. In ihrem »Aktionsprogramm« vom März 1968 stellten sie in Aussicht, das politische System zu demokratisieren, die Entfaltung der Persönlichkeit zu ermöglichen, Meinungs- und Versammlungsfreiheit zu schützen und ein marktorientiertes, von staatlicher Beeinflussung befreites Wirtschaftsmodell einzuführen. Diese Anstöße wurden von zahllosen spontanen Versammlungen und Diskussionen, von neuen politischen Gruppierungen und Vereinigungen, die allenthalben entstanden, begleitet und rhetorisch oftmals sogar noch überboten.[45]

Daß die Sowjetunion diesen von so vielen Hoffnungen begleiteten Aufbruch 1968 militärisch zunichte machte, bedeutete daher vielerorts einen wichtigen Einschnitt in der Entwicklung der politischen Opposition. Nicht nur in der Tschechoslowakei, sondern auch in der Sowjetunion und in Polen besiegelte

---

43 Das betont Nathans, Entzauberung, S. 112–116. Das Folgende danach.
44 Vgl. zum Folgenden vor allem Pollack/Wielgohs (Hg.), Dissent.
45 Vgl. zum Hintergrund Veser, Frühling.

die Niederschlagung des »Prager Frühlings« das Schicksal reformkommunistischer Ansätze. Überall im Ostblock begannen die kommunistischen Herrscher, die Schrauben der Repression wieder anzuziehen, die zentrale Wirtschaftsplanung zu forcieren und intellektuelle Freiräume zu beschneiden. Unter vielen osteuropäischen Intellektuellen und Dissidenten, die gehofft hatten, das System »von innen heraus« umzugestalten, auf marxistischer Grundlage und im Namen des wahren Sozialismus, lösten diese Ereignisse eine profunde Desillusionierung aus.[46] Sie betrachteten die politische Ausgangslage nunmehr als grundlegend neu und sahen sich genötigt, ihre politischen Weltbilder zu revidieren. Polen wiederum erlebte 1968 auch eine nationale Krise, als die Regierung im Frühjahr studentische Demonstrationen für die Freiheit der Kunst und der Meinungsäußerung brutal niederschlug und dies mit einer antisemitischen Propagandakampagne flankierte.[47] Diese sogenannten Märzereignisse waren für die regimekritisch gesinnten Intellektuellen wohl sogar wichtiger als der sowjetische Einmarsch in Prag, verwoben sich mit diesem aber jedenfalls zu einem Syndrom, das die Hoffnungen schwinden ließ, das kommunistische System sei veränderbar. Manche verloren darüber buchstäblich ihren Glauben: »Ich erkannte, daß ich aufhören müsse, ein Marxist zu sein«, wie es der damals noch junge »Revisionist« Jacek Kuroń rückblickend beschrieb.[48] Zuweilen mag sich die Zäsur des Jahres 1968 erst mit einiger Verzögerung in einem menschenrechtlichen Aufbegehren kristallisiert haben. So vermitteln gerade die Texte des *Charta*-Mitbegründers Václav Havel den Eindruck, als sei dieses Aufbegehren weniger aus der Zerschlagung des Prager Reformexperiments gewachsen, sondern – wenn man denn so genau differenzieren möchte – eher aus der bleiernen Schwere des »Normalisierungs«-Kurses, der in den folgenden Jahren alle geistigen und kulturellen Regungen, für die es sich zu leben lohnte, zu erdrücken drohte.

In jedem Fall stand der Menschenrechtsgedanke, wo ihn sich dissidente Gruppen zu eigen machten, für den dezidierten Wunsch nach Entideologisierung, für einen bewußten Abschied von politischen Utopien, für den überdrüssigen Verzicht auf die anspornende Gesellschaftsvision. Alle ließen die Ambition fallen, das System als solches zu verändern, und verlegten sich statt dessen darauf, ein Mindestmaß an Freiheit und eine menschlichere Behandlung sicherzustellen. Die tschechischen Chartisten sprachen für viele, als sie in ihrem Gründungsdokument festhielten, es gehe nun darum, »die Aufmerksamkeit [der Behörden] auf verschiedene individuelle Fälle zu lenken, in denen Menschen- und Bürgerrechte verletzt« würden.[49] Insofern hatte ihre Umorien-

---

46 Vgl. auch Moyn, Utopia, S. 120–175.
47 Vgl. Dehnert, Zäsurjahr; Borodziej, Geschichte.
48 Zitiert nach Dehnert, Zäsurjahr, S. 152.
49 Vgl. Müller, Konfrontation, hier das Zitat S. 101.

tierung überraschenderweise auch einiges mit derjenigen gemeinsam, die sich in etwa zeitgleich im Aufschwung der westlichen Menschenrechtsbewegung manifestierte – wenn sie sich auch in einer ganz anderen, existentiellen Zuspitzung vollzog.

Am eindrücklichsten werden diese Zusammenhänge in den Schriften Václav Havels faßbar. Havel legte mit seinem »Versuch, in der Wahrheit zu leben« die wohl einflußreichste Theoretisierung der Dissidentenbewegung *in statu nascendi* vor. Er stellte aber auch in seinen anderen Texten Gegenwartsdiagnosen an, deren literarische Qualität, umstandslose Klarsicht und tieftraurige Ironie ihresgleichen suchten.[50] Ihren Ausgang nahmen sie von der Beobachtung, die Ideologie im »posttotalitären System« zwinge den Menschen ein »Leben in Lüge« auf – sie nötige sie dazu, ihre Lebensführung bis in die kleinsten Details so auszurichten, als hielten sie die offiziellen Glaubenssätze für wahr. Havel illustrierte das mit der berühmt gewordenen Episode des Gemüsehändlers, der das Schild »Proletarier aller Länder, vereinigt euch!« in sein Ladenfenster stellte, nicht weil ihm das tatsächlich ein Anliegen war, sondern um seine Konformität zu signalisieren.[51] Havel geißelte den »Utopismus«, der der Errichtung des kommunistischen Systems in der Tschechoslowakei zugrunde gelegen, auf eine andere Art aber auch den »Sozialismus mit menschlichem Antlitz« inspiriert habe.[52] Das alles gehörte für ihn der Vergangenheit an. In der posttotalitären Situation gehe es statt dessen darum, »einfach erträglich zu leben, nicht durch die Vorgesetzten und Behörden gedemütigt, nicht dauernd von der Polizei kontrolliert zu werden, sich freier äußern zu können, seine natürlichen schöpferischen Fähigkeiten verwirklichen zu können, Rechtssicherheit zu haben usw.«[53] Für den tschechischen Dramatiker war »dieses ›minimale‹ und ›negative Notprogramm‹ – die ›reine‹ Verteidigung des Menschen« zugleich »das positivste und maximale Programm«.[54] An anderer Stelle sprach er noch deutlicher aus, daß sich dieses in dem »antiutopischen Versuch« manifestiere, »sich auf ein Recht zu berufen, sogar ein offiziell deklariertes Recht«.[55] Andere Dissidenten vollzogen diese Wendung ganz ähnlich. Adam Michnik, als Student im Zuge der Unruhen von 1968 verhaftet und später Mitbegründer des KOR, beteuerte 1977, der »Kampf für linke Ideen« sei vor allem »ein Kampf für die Freiheit des Menschen und seine Rechte. Ohne diese sind alle sozialen Reformvorhaben nichts als eine Utopie von Schöngeistern oder die Maske einer totalitären Gewalt.«[56] Und auch unter sowjetischen Regimekritikern und

---

50 Vgl. zur Einordnung Falk, Dilemmas, S. 215.
51 Havel, Versuch, S. 14.
52 Vgl. Havel, Anatomie, S. 132–134.
53 Havel, Versuch, S. 41.
54 Ebd., S. 60.
55 Havel, Anatomie, S. 134.
56 Michnik, Kirche, S. 137 f., 169.

den wenigen ostdeutschen Menschenrechtsverfechtern zeichneten sich solche Gedanken ab.[57]

Der menschenrechtliche Minimalismus, zu dem sich die osteuropäischen Dissidenten bekannten, ging so weit, daß sie ein gänzlich unpolitisches Selbstverständnis beschworen. Immer wieder beteuerten sie, ihre Aktionen richteten sich nicht gegen die bestehenden Staatsapparate, sondern zielten lediglich auf die formale Rechtswahrung. *Charta 77*, so führte wiederum Havel aus, sei »weder links noch rechts«: »Als eine bürgerliche Initiative, die sich nicht politisch definiert und kein eigenes Programm durchsetzen will, steht sie [...] außerhalb von allem.«[58] Dabei war der öffentliche Protest dieser Gruppen unter den Bedingungen der kommunistischen Diktatur zweifellos eine eminent politische Handlung. Und so spielte Verschiedenes in diese Selbstbeschreibung hinein – fraglos der Versuch, das subversive Potential des eigenen Engagements zu tarnen, aber auch das avantgardistische Bemühen, eine Position zu beziehen, die noch nicht besetzt war. In einer Hinsicht schließlich gab die Etikettierung als unpolitisch mehr preis, als den Menschenrechtsaktivisten selbst bewußt war, wenn sie sie verwandten. Denn die Option für ein konkretes politisches System war tatsächlich nirgends mit ihrem Protest verbunden. Die sowjetischen Dissidenten etwa brachen in der Regel gar nicht explizit mit dem Sozialismus als einem sozioökonomischen System, sondern beschränkten sich eben darauf, die illiberalen Exzesse der staatlichen Herrschaft über das Individuum zu denunzieren.[59] Vor allem distanzierten sich viele osteuropäische Regimegegner ausdrücklich von der parlamentarischen Demokratie westlichen Zuschnitts, die sie ganz sicher nicht für die bessere Alternative hielten.[60]

Der vermeintlich »unpolitische« Charakter des Menschenrechtsaktivismus hatte darüber hinaus noch eine weitere wichtige Funktion. Denn er erlaubte es weltanschaulich ganz unterschiedlichen Gruppierungen, in einem gemeinsamen Anliegen zusammenzufinden. So versuchte etwa die Moskauer Helsinki-Gruppe bewußt, unterschiedliche Strömungen von politisch Unzufriedenen für die Mitarbeit zu gewinnen, religiöse und nationale Bewegungen, Wissenschaftler und jüdische Emigrationswillige. In Polen war die Menschenrechtsidee entscheidend dafür, daß die Opposition eine gemeinsame Stoßkraft entfaltete und sich ihr ehemalige Sozialisten, national-konservative Gruppen sowie die katholische Kirche anschlossen.[61] Adam Michnik lieferte in seiner Schrift »Die Kirche und die polnische Linke« von 1977 gleichsam die Anatomie der

---

57 Vgl. Stephan, Küche; Vorstellung der Initiative »Frieden und Menschenrechte«.
58 Havel, Two Notes, S. 326. Vgl. auch Charter 77 – Declaration, S. 212; Patočka, Charter 77, S. 218.
59 Vgl. Nathans, Entzauberung.
60 Vgl. Vorstellung der Initiative »Frieden und Menschenrechte«; Havel, Versuch, S. 83 und 85; ders., Offener Brief.
61 Vgl. Dehnert, Zäsurjahr; Sonntag, Poland.

Annäherung zwischen Episkopat und linker Intelligenz. Im Angesicht der kommunistischen Repression nach den Studentendemonstrationen von 1968 sei beiden Seiten bewußt geworden, daß es gelte, »die elementarsten Werte, die den Christen genau so kostbar sind wie uns von der laikalen Linken,« vor dem diktatorischen Zugriff zu schützen.[62] Das kurz zuvor gegründete KOR war dann auch eine weltanschaulich diverse Gruppierung, die sich vor allem vom gemeinsamen Bekenntnis zum »Grundsatz unveräußerlicher Menschenrechte« zusammengehalten sah.[63] Manche der *Charta*-Mitglieder hielten an einem Reformkommunismus auf den Linien des Prager Frühlings fest, andere glaubten, nur eine noch radikalere demokratische Öffnung biete eine Lösung, wieder andere orientierten sich eher an der westlichen Sozialdemokratie.[64] Manche der jüngeren Mitglieder verstanden sich als »revolutionäre Sozialisten«. Ein Witz, der unter Dissidenten kursierte, fragte, warum nicht auch Gustáv Husák die *Charta* unterschrieben habe (die Antwort lautete: weil er in Helsinki schon ein ähnliches Dokument gezeichnet hatte).[65] Doch auch gläubige Christen gehörten der Bewegung an, katholische wie protestantische, und ebenso Exponenten des künstlerischen Untergrunds. Einig waren sie sich, so bemerkte Ladislav Hejdánek 1978, lediglich in »der Achtung vor den grundlegenden Menschen- und Bürgerrechten jedes Einzelnen in allen Sphären des gesellschaftlichen Lebens«.[66] Und auch in der ostdeutschen IFM trafen Christen und Linke unterschiedlicher Couleur zusammen und stellten ihre ideologischen Gegensätze hinter den Gedanken des Menschenrechtsschutzes zurück.[67]

Mangelte es an konkreten, politisch-systemischen Gegenbildern, so bezog das menschenrechtliche Engagement seine vitalen Grundimpulse woanders her. Überall bedeutete es zunächst eine prinzipielle antitotalitäre Parteinahme, eine Absage an die Gewalt als politisches Mittel – darin lag ein historisch folgenreicher Bruch mit der kommunistischen Ideologie, dessen Vermächtnis sich später in den demokratischen Übergängen erweisen sollte. Gleichzeitig belebte die Dissidentenbewegung damit eine der wichtigsten Bedeutungsschichten neu, die dem Menschenrechtsgedanken in den vierziger Jahren international zum Durchbruch verholfen hatten. Er sehe, so führte Adam Michnik in dem bemerkenswerten Zeugnis aus, das er von seiner politischen Umkehr ablegte, »den größten Alptraum unserer Zeit, den größten Feind des Fortschritts, der Demokratie und des Sozialismus nicht im kapitalistischen System, sondern

---

62 Vgl. Michnik, Kirche, Zitat S. 103.
63 Vgl. Erklärung des KOR anläßlich seiner Selbstauflösung, Zitat S. 333. Vgl. auch Programm der NSZZ »Solidarnosc«, S. 297.
64 Vgl. Hájek, Human Rights, Peaceful Coexistence; ders., Human Rights Movement; Skilling, Charter; Seidel, »Gesellschaft«.
65 Vgl. Skilling, Charter, S. 44 f.
66 Alles zitiert nach ebd., S. 43.
67 Vgl. Templin/Weißhuhn, Initiative.

in den totalitären Regimen. In allen, wie sie da sind: kapitalistisch und kommunistisch, Chile, UdSSR, China und all die Länder, in denen man die elementaren Rechte des Menschen mit Füßen tritt«. Wenn sich der Sozialismus retten lasse, dann nur als »antitotalitäre[r] Sozialismus«. Wie dieser aussehen könne, und ob das dann noch Sozialismus sein würde, blieb freilich offen.[68]

Vielen Dissidenten schwebte nämlich, darin bestand ein weiterer wichtiger Impuls, eine moralische Läuterung vor, die ausbuchstabierten politischen Programmen vorausgehen müsse – und die zugleich vager und umfassender war. Der tschechische Philosoph Jan Patočka sah in den Menschenrechten die »höhere moralische Grundlage alles Politischen«, »etwas verpflichtend Heiliges und Unverletzliches« selbst für den Staat und die Gesellschaft als Ganze.[69] Und auch *Solidarność*, die ja als einzige überhaupt ganz handfest politisch verhandelte, proklamierte: »Der ökonomische Protest mußte zugleich ein gesellschaftlicher Protest sein und der gesellschaftliche zugleich ein moralischer«.[70] Der Rekurs auf die Sphäre der Moral hatte daneben aber auch einen ganz individuellen Zweck – sogar einen Selbstzweck. Sich gegen das System aufzulehnen, begriffen viele Dissidenten als eine Form der »existenziellen« Selbsterhaltung. Für Havel war es die einzige Möglichkeit, das »Leben in Lüge« für ein »Leben in Wahrheit« einzutauschen. Die Rebellion gegen die Zwänge des Systems, ein »deutlich moralischer Akt«, führe »den Menschen auf den festen Grund seiner eigenen Identität zurück«, selbst wenn »die Hoffnung, damit in absehbarer Zeit irgendwelche sichtbaren Ergebnisse zu erreichen, sehr vage« sei.[71]

Wenn es etwas gab, das die Dissidenten der verworfenen kommunistischen Verfassungswirklichkeit entgegenhielten, so war es der Gedanke einer unabhängigen, zivilgesellschaftlichen Selbstgestaltung des Lebens, die sich außerhalb des Systems vollziehen sollte. Dieser Gedanke durchzog die nonkonformen Schriften leitmotivartig und kleidete sich dabei lediglich begrifflich verschieden ein. *Solidarność* sprach von der »selbstverwalteten Republik«, Václav Benda von der »parallelen Polis«, Petr Uhl, auch er ein Chartist, von der »alternativen Gemeinschaft«, ungarische Regimekritiker von der »zweiten Gesellschaft«.[72] Sie alle bezeichneten damit das Vehikel, das die moralische Fundamentalerneuerung der Gesellschaft herbeiführen solle. Dabei müsse es sich um »offene, dynamische und kleine Strukturen« handeln, so führte einmal mehr Havel aus, nicht um »Organe oder Institutionen«.[73] Er glaubte sie in den oppositionellen Bürgerbewegungen Osteuropas bereits zu erkennen. Und damit avancierte die

---

68 Michnik, Kirche, S. 173 und 12.
69 Das erste Zitat nach Blehova, Fall, S. 49; das zweite Zitat in: Patocka, Charter, S. 217.
70 Programm der NSZZ »Solidarnosc«, S. 296.
71 Havel, Versuch, S. 34, 32, 37. Vgl. auch Patočka, Charta, S. 218; Skilling, Charter, S. 68.
72 Vgl. Programm der NSZZ »Solidarnosc«, S. 315; Skilling, Introduction, S. 211; Uhl, Community, S. 195.
73 Vgl. Havel, Versuch, S. 87 f.

Dissidenz in Havels Schriften – in einer deutlichen Spannung zu seinen anderen Gedanken – schließlich doch zu einer Art gelebter Utopie: »Es ist nämlich überhaupt eine Frage, ob die ›bessere Zukunft‹ wirklich und immer nur eine Angelegenheit irgendeines fernen ›dort‹ ist. Vielleicht ist sie schon längst hier – und nur unsere Blindheit hindert uns daran, sie um uns und in uns zu sehen und zu gestalten.«[74]

Diese Sphäre war es auch, die der ungarische Regimekritiker Györgi Konrád mit dem oft aufgenommenen Begriff der »Antipolitik« umriß.[75] Zutiefst skeptisch gegenüber der Tendenz zur repressiven Verselbständigung, die jeder Form der politischen Macht innewohne, schwebte ihm vor, der »zivilen Gesellschaft« die demokratische Herrschaft über ihr Leben zurückzugeben. Anfang der achtziger Jahre vor dem Hintergrund der Zerschlagung von *Solidarność* und der Verschärfung des Kalten Kriegs verfaßt, spielte der Menschenrechtsgedanke in seinem Traktat allerdings eine geringe Rolle. Er habe sich als trügerische Hoffnung erwiesen und sei inzwischen zu einem Denunziationsinstrument der Supermächtekonfrontation verkommen. Doch teilte Konrád wiederum insofern die Einschätzung vieler anderer Dissidenten, als seine »antipolitische« Gesellschaftserneuerung auch eine prinzipielle Absage an den ideologischen Systemkonflikt enthielt. Diese formulierte er vielleicht sogar am elaboriertesten, wobei sie sich unübersehbar aus der existenziellen Angst vor einem nuklearen Weltkrieg speiste.

Begann sich diese Angst gerade am Beginn der neuen Dekade dramatisch zu verbreiten, so hatte der Friedensgedanke im dissidenten Aktivismus doch auch zuvor schon eine erkennbare Rolle gespielt und sich dabei mit dem Menschenrechtsgedanken verbunden. Das war ein letztes hervortretendes Charakteristikum. Daß eine enge Wechselwirkung bestehe zwischen repressiver Unfreiheit im Inneren eines Staates und seiner feindseligen Disposition in den Außenbeziehungen, erschien vielen Regimegegnern als nur zu offensichtlich. Willkürliches, menschenverachtendes Handeln durchdrang in ihrer Sicht das kommunistische System in allen seinen Manifestationen. Für die tschechoslowakischen Chartisten spielte dieser Zusammenhang eine große Rolle, und auch das polnische KOR wies auf ihn hin. Die ostdeutsche *Initiative für Frieden und Menschenrechte* verband beide Komplexe bereits in ihrem Namen und schlug auch in ihren Schriften immer wieder die Brücke.[76] Auch damit verschafften die Dissidenten einem wichtigen Element des Menschenrechtsdiskurses der Kriegs- und Nachkriegszeit eine neue Geltung. Und sie manövrierten sich nicht zuletzt in einen Gegensatz zur westlichen Friedensbewegung, die bisweilen an die

---

74 Ebd., S. 90.
75 Vgl. Konrád, Antipolitik.
76 Vgl. Erklärung des KOR anläßlich seiner Selbstauflösung, S. 335; Vorstellung der Initiative »Frieden und Menschenrechte«, S. 197.

Dissidenten appellierte, doch die übergeordnete Frage des Weltfriedens nicht durch ihre gleichsam lokalen, menschenrechtspolitischen Probleme zu verkomplizieren.[77]

Daß sich die osteuropäischen Dissidentenbewegungen dem Menschenrechtsprotest verschrieben, war mithin Teil eines vielgesichtigen ideologischen Neuarrangements. Doch sollte man darüber nicht vergessen, daß es auch eine politische Strategie war – darin bestand die zweite wesentliche Dimension dieser Entwicklung. Sie erwies sich in dem verschärften repressiven Klima dieser Jahre als besonders wichtig. Indem sich die Regimegegner auf bestehende rechtliche Grundlagen bezogen und die staatlichen Behörden mahnten, diese einzuhalten, bemühten sie sich um Selbstschutz und darum, ihren gesellschaftlichen Manövrierraum zu erweitern. Ihr Aufbegehren vollzog sich, mit dem treffenden Begriff von Benjamin Nathans, als »ziviler Gehorsam«.[78] Welcher überraschenden Logik sich die Behörden dabei gegenüber sahen, verdeutlicht am schlagendsten die Episode des Mathematikers Alexander Wolpin, der den frühen sowjetischen Menschenrechtsprotest entscheidend beeinflußte. Er wurde bei einer Demonstration am Verfassungstag 1965 verhaftet, als er ein Schild mit der Aufschrift »Achtet die Verfassung« hochhielt. Als ihn die Geheimdienstbeamten zur Rede stellten, ob er damit habe sagen wollen, die Verfassung werde in der Sowjetunion nicht geachtet, entgegnete Wolpin: Nein – doch wenn am Verfassungstage jemand verhaftet werde, der ein Schild mit der Aufforderung »Achtet die Verfassung« trage, dann werde die Verfassung nicht geachtet.[79] Das paßte kaum in die Kategorien, in denen der Verfolgungsapparat zu denken gewohnt war.

Schon zeitgenössisch beschrieben Dissidenten ihr Vorgehen als ein Handeln im Modus des »Als ob«: Sie verhielten sich, als besäßen sie tatsächlich Rechte, auf deren Verwirklichung sich pochen ließ. Doch ging ihre Aktivität bei weitem nicht darin auf.[80] Sie protestierten öffentlich und legten in symbolischen Akten Zeugnis des Unrechts ab. Sie organisierten Briefkampagnen und Petitionen, und sie protestierten gegen die immer zahlreicheren Prozesse, die anderen Dissidenten gemacht wurden. Nicht zuletzt leisteten sie Häftlingen und ihren Familien Beistand und materielle Unterstützung. Zu einem ihrer wichtigsten Tätigkeitsfelder wurde es, staatliche Verstöße gegen nationales und internationales Recht zu dokumentieren: unrechtmäßige Verfahren, Verletzungen der Privatsphäre, die Mißhandlung politischer Häftlinge, psychiatrischen Mißbrauch, die Trennung von Familien, Ausreiseverweigerungen, die Verfolgung religiöser und nationaler Gruppen, illegitime Gesetze. Die Moskauer Helsinki-Gruppe

---

77 Vgl. dazu Havel, Anatomie.
78 Vgl. Nathans, Dictatorship.
79 Vgl. Horvath, Legacy.
80 Vgl. zum Folgenden Alexeyeva, Dissent; Judt, Postwar, S. 559–584; Müller, Konfrontation.

verfaßte in den gut sechs Jahren ihres Bestehens knapp 200 Dokumente, *Charta 77* bis zu ihrer Auflösung 1992 mehr als 500.[81] Manche Organisationen veröffentlichten im Selbstverlag regelmäßig erscheinende Informationsbulletins, neben *Charta 77* etwa das polnische KOR oder die ostdeutsche IFM, deren Zeitschrift *Grenzfall* eines der verbreitetsten Medien des oppositionellen Milieus war.[82] Formal betrachtet, glichen damit viele der Aktionsformen osteuropäischer Menschenrechtsverfechter denen westlicher Gruppen.

Schließlich war auch der Appell an die westliche Öffentlichkeit von Anfang an konstitutiv für die neue Bewegung. Die Dissidenten wandten sich an die Vereinten Nationen, kontaktierten westliche Politiker, Diplomaten und Prominente und suchten die Verbindung zu westlichen Journalisten. Einen Quantensprung stellte dabei wiederum der KSZE-Prozeß dar, denn er vergrößerte die Reichweite dieser Kontaktaufnahmen schlagartig. Viele Oppositionelle verlegten sich nunmehr darauf, Protestnoten an die Signatarstaaten zu schicken, an Delegationsmitglieder heranzutreten und Dokumentationen für die Folgekonferenzen zu erstellen. Auf diese Weise gelang es ihnen, zum Teil weitreichende transnationale Netzwerke aufzubauen.

Einen besonders wichtigen multiplikatorischen Effekt hatten zudem die Bande, die sie zu westlichen Menschenrechts-NGOs herstellten. Die früh gegründete sowjetische *Initiativgruppe für den Schutz der Menschenrechte* assoziierte sich 1971 mit der *International League for the Rights of Man*. Ein Kreis von Oppositionellen organisierte, wie erwähnt, sogar eine russische Gruppe von *Amnesty International*, die, nach dem Besuch einer *Amnesty*-Delegation in Moskau, 1974 formal als Sektion gegründet wurde. *Charta 77* verfügte über ein weitgespanntes Netz von Kontakten zu westlichen Medien, Politikern und Menschenrechts-NGOs, die nicht selten über das tschechoslowakische Exil hergestellt worden waren; die Gruppe erhielt mehrere internationale Auszeichnungen, und vor allem gegen Ende der achtziger Jahre suchten westliche Politiker sie bei ihren Visiten im Land immer häufiger auf.[83] Dafür, daß die ostdeutsche IFM politisch überleben konnte, waren die Verbindungen zu den westdeutschen Grünen vermutlich entscheidend.[84]

Dabei versorgten die osteuropäischen Aktivisten die westlichen NGOs mit einer Fülle von Informationen über die Menschenrechtsverletzungen im Ostblock. *Amnesty* und andere Organisationen popularisierten diese im Westen, fanden darin aber auch eine wertvolle, ja unverzichtbare Grundlage, um selbst in Osteuropa tätig zu werden. Eine wichtige Rolle spielte etwa die »Chronik der laufenden Ereignisse«.[85] Im Selbstverlag gedruckt, dokumentierten sowjetische

---

81 Vgl. Wawra, Schandfleck; Eichwede, »Détente«.
82 Vgl. Templin/Weißhuhn, Initiative.
83 Vgl. Blehova, Fall.
84 Vgl. Templin/Weißhuhn, Initiative.
85 Vgl. Horvath, Legacy, S. 60–64.

Dissidenten darin akribisch die Rechtsmißbräuche der Sowjetbehörden. Die Chronik basierte auf einem geographisch weitverzweigten Informationsnetzwerk, das die Mitarbeiter in mühsamer Kleinarbeit aufgebaut hatten. Sie wurde, eine Zeitlang von *Amnesty International* finanziert, im Westen übersetzt und von interessierten Kreisen stark rezipiert.[86] Auf diese Weise trug sie maßgeblich dazu bei, daß der sowjetische Repressionsapparat und seine Methoden, aber auch persönliche Schicksalsfälle internationale Bekanntheit erlangten. Solche Transfers waren schließlich auch ein Grund, warum die Hilfe für osteuropäische Dissidenten – neben den lateinamerikanischen Militärdiktaturen und der Situation im südlichen Afrika – in der westlichen Menschenrechtsbewegung zu einem der prominentesten Themen avancierte. In vielen Ländern bildeten sich Unterstützergruppen und Hilfskomitees, die sich mit Osteuropa befaßten, wobei die Berufssolidarität unter Akademikern besonders ausgeprägt war – nicht wenige vor allem der sowjetischen Dissidenten waren Wissenschaftler.[87] Der Mißbrauch psychiatrischer Kliniken war seit Anfang der siebziger Jahre eine der viel kritisierten und viel erforschten »Menschenrechtsverletzungen«.[88] Dadurch erhielt eine Methode, mit der die osteuropäischen Behörden eine alles in allem begrenzte Zahl von Regimegegnern quälen und mundtot machen wollten, die Züge eines gleichsam universellen Verbrechens.

Ungeahnte Wirkung: Der KSZE-Prozeß

Bereits der Blick auf die Entwicklung der Dissidentenbewegungen macht die Bedeutung sichtbar, die die KSZE für die osteuropäische Menschenrechtsgeschichte der siebziger Jahre hatte. Der zivilgesellschaftliche Protest verflocht sich hier mit einem wichtigen, ursprünglich aber davon unabhängigen Neuansatz in den internationalen Beziehungen des Zeitraums. Die KSZE war ein staatliches Projekt. Sie zeugte davon, daß westeuropäische Regierungen während der frühen siebziger Jahre in multilateralen Vereinbarungen über sogenannte humanitäre Fragen recht einmütig einen politischen Vorteil sahen, wenngleich sie dabei unterschiedliche Dinge im Sinn hatten. Und sie machte deutlich, daß die Sowjetunion unter den gegebenen Bedingungen glaubte, sich darauf einlassen zu können – ein Zeichen der Stärke, darüber herrschte unter den Protagonisten auf beiden Seiten kaum Uneinigkeit. Der eigentlich überraschende, und historisch folgenreiche, Umstand lag darin, daß sich aus dem kaum entwirrbaren Motivgeflecht überhaupt eine gerichtete Dynamik entwickelte – denn wie immer man den Beitrag des KSZE-Prozesses zum Zusam-

---

86 Vgl. etwa Amnesty International, Chronik; dass., Chronicle.
87 Vgl. etwa Rubinson, »Colleagues«.
88 Vgl. Reddaway, Repression.

menbruch der kommunistischen Herrschaft einschätzt, daß er sie nicht stabilisierte, steht außer Frage. Daran hatten wiederum Menschenrechtsgruppen im Westen wie auch in Osteuropa ihren Anteil, die sich diesen Prozeß zunutze zu machen wußten.

Die KSZE stellte die erste gesamteuropäische Konferenz seit dem Ende des Weltkriegs dar (außerdem nahmen die USA und Kanada an ihr teil). Nachdem die sowjetische Regierung die Idee einer solchen diplomatischen Zusammenkunft schon in den fünfziger Jahren ins Spiel gebracht hatte, griff sie Breschnew Mitte des folgenden Jahrzehnts wieder auf. In den kommenden Jahren sollten sich dann die Voraussetzungen dafür, daß sie zustande kommen konnte, entscheidend wandeln.[89] Die NATO signalisierte im sogenannten Harmel-Bericht ihre Bereitschaft zu entspannungspolitischen Verhandlungen, mit dem Abschluß der Ostverträge stellte die deutsche Frage kein unüberwindbares Hindernis mehr dar, und die Regierungen Lyndon B. Johnsons und Charles de Gaulles entwickelten ihre eigenen Konzepte der Annäherung an die Sowjetunion. Diese wiederum akzeptierte nun eine amerikanische Teilnahme an der Konferenz. Unter diesen Vorzeichen nahm die NATO den förmlichen Vorschlag an, den der Warschauer Pakt 1969 unterbreitet hatte.

Die Konferenz war ein äußerst aufwendiger, ja nachgerade ausufernder Prozeß. In den Vorverhandlungen, die zwischen November 1972 und Juni 1973 im Kongreßzentrum Dipoli bei Helsinki stattfanden, wurden Agenda und Verfahrensregeln ausgearbeitet. Die eigentliche Konferenz tagte zwischen September 1973 und Juli 1975 in Genf – allein die Zahl der offiziellen Verhandlungstreffen belief sich hier auf über 2300. Das greifbarste Resultat war eine Schlußakte, die im August 1975 in Helsinki verabschiedet wurde. Mit ihrer Unterzeichnung erkannten alle teilnehmenden Staaten an, daß die Achtung der Menschenrechte und das Selbstbestimmungsrecht der Völker »Leitprinzipien für die Beziehungen zwischen den teilnehmenden Staaten« bildeten. Das postulierte der vorangestellte Dekalog, der sogenannte Korb I, als siebtes und achtes Prinzip.[90] Zudem schrieb die Akte im sogenannten Korb III eine Reihe von Bestimmungen der »humanitären Zusammenarbeit« fest, die dazu dienen sollten, »menschliche Kontakte« über die Grenzen zwischen Ost und West hinweg zu erleichtern – Begegnungen zwischen Familienmitgliedern, Eheschließungen, Reisen oder sportliche Veranstaltungen. Ferner verpflichteten sich beide Seiten darauf, den Informationsaustausch zu verbessern, die Kulturbeziehungen zu erweitern und die Bildungszusammenarbeit zu intensivieren. Schließlich einigten sich die Konferenzteilnehmer darauf, den eingeleiteten Prozeß durch weitere Treffen fortzusetzen. Dazu sollten vor allem die sogenannten Folgekonferenzen dienen, die vor dem Ende des Kalten Kriegs in Belgrad, Madrid und Wien stattfanden.

89 Vgl. Bange/Niedhart, Introduction; Peter/Wentker, »Helsinki-Mythos«.
90 Vgl. KSZE-Schlußakte, 1.8.1975.

Auf westlicher Seite hatten auf dem Weg nach Helsinki die neun Staaten der EG die diplomatische Führung übernommen. Die Sicherheitskonferenz war in hohem Maße ihr Projekt, und daher gilt es sie in die Betrachtung einzubeziehen; der KSZE-Prozeß läßt sich ohne die westeuropäisch-osteuropäische Verflechtung nicht verstehen, und nicht zuletzt lag hier eben auch eine weitere wichtige Dimension der westlichen Menschenrechtspolitik dieser Jahre. Die Staaten der EG befanden sich zu Beginn der Dekade in einem dynamisch voranschreitenden Integrationsprozeß, den ihre Kooperation auf der Sicherheitskonferenz ebenso abbildete wie sie ihn beförderte.[91] Tatsächlich traten die Neun hier erstmals als eine nach außen hin überraschend geschlossene Aktionseinheit auf den internationalen Plan. Nicht zuletzt verschafften ihnen die intensiven Absprachen immer wieder verhandlungstaktische Vorteile. Die Westeuropäer waren es auch, die den Gedanken lancierten, Menschenrechte, nationale Selbstbestimmung und die später sogenannten »humanitären« Themen zum Gegenstand der Ost-West-Unterredungen zu machen. Die beiden erstgenannten Prinzipien scheinen dabei erstmals in einem Positionspapier aufgetaucht zu sein, das die Bundesrepublik im November 1971 vorlegte, und für das sie in der Folge tatkräftig warb.[92] Die EG-Staaten erarbeiteten anschließend eine gemeinsame Linie, mit der es ihnen gegen erheblichen sowjetischen Widerstand und trotz amerikanischem Desinteresse gelang, ihre Anliegen zunächst auf die Agenda zu setzen und schließlich auch in der Konferenzakte festzuschreiben.[93] Die Sowjetunion ließ sich nach vielem Hin und Her darauf ein, weil sie es eilig hatte, die Konferenz zu einem erfolgreichen Abschluß zu bringen.[94] Als Gegenleistung erklärten sich die westlichen Delegationen bereit, im Schlußdokument die Unverletzlichkeit der Grenzen festzuschreiben – dies zu erreichen, war das alles überragende Hauptinteresse der sowjetischen Führung. Fiel das Selbstbestimmungsprinzip im Dekalog knapp und vage aus, so war dem Menschenrechtsprinzip mehr Raum gegeben; das Bekenntnis zu ihm war stark formuliert, und Meinungs- und Gewissensfreiheit sowie Minderheitenrechte wurden besonders hervorgehoben. Vor allem hatten es die Westeuropäer vermocht, eine umfangreiche Liste von Themen im Korb III unterzubringen.

Für die amerikanische Regierung unter Richard Nixon spielten Menschenrechte zu diesem Zeitpunkt noch keine bedeutende Rolle. Überhaupt blieb sie zunächst vor allem an der bilateralen Détente interessiert, die sie am Ende der sechziger Jahre inauguriert hatte. Im Glauben, daß sich der relative Machtstatus der USA infolge der nuklearen Parität verschlechtert habe, vor allem aber wohl aus dem Kalkül, den Vietnamkrieg so zu einem erfolgreichen Ende bringen zu

---

91 Vgl. Möckli, EC; ders., Foreign Policy, S. 99–139.
92 Vgl. Hakkarainen, State, S. 178 f.
93 Vgl. Möckli, EC; ders., Policy, S. 99–139.
94 Vgl. Snyder, Rights, S. 15–37.

können, hatte sie einen Dialog mit dem weltpolitischen Rivalen initiiert.[95] Er war auf dem Moskauer Gipfel von 1972 in erste handfeste Ergebnisse gemündet, für die vor allem der SALT- und der ABM-Vertrag standen. Die Amerikaner begriffen die Sicherheitskonferenz als Konzession und wollte die europäischen Alliierten zuweilen sogar zähmen, damit sie ihre Initiativen nicht zu weit trieben. Die amerikanische Delegation hielt sich daher weitgehend im Hintergrund. Erst gegen Ende der Konferenz begann Außenminister Henry Kissinger die europäische Initiative zu unterstützen, als er deren Potential erkannte, die sowjetische Herrschaft zu destabilisieren.[96]

Doch ungeachtet ihres nach außen hin einmütigen Vorgehens beabsichtigten auch die westeuropäischen Regierungen auf der Konferenz beileibe nicht alle dasselbe. Ihre Intentionen wichen zum Teil voneinander ab, und sie setzten unterschiedliche Prioritäten. Zudem wandelten sich ihre Zielvorstellungen und Erwartungen mit den langen Jahren, die der KSZE-Prozeß umspannen sollte. Man muß sich vor Augen halten, daß er begann, noch bevor die meisten Regierungen integrale Menschenrechtskonzeptionen für ihre Außenpolitik formuliert hatten. Ihr Vorgehen konnte daher gar nicht anders als experimentell sein. Im Kern kreiste es um die Frage, wie sich Entspannungs- und Menschenrechtspolitik zueinander verhalten würden oder sollten.

So verfolgten einige EG-Mitglieder eine kaum verhohlene subversiv-konfrontative Linie. Die Niederlande etwa machten sich, in dem prononcierten Bewußtsein, daß die humanitären Bestimmungen ein potentiell nützliches Mittel seien, die Unabhängigkeit der osteuropäischen Satelliten zu befördern, eine solche Konzeption zu eigen.[97] Zwar folgten sie dabei keinem Masterplan, der die Auflösung des Ostblocks vor- oder vorhersah, doch entschieden sie sich für eine offensive ideologische Strategie, der es dezidiert nicht um die Annäherung der Systeme ging. Die Niederlande brachten eine Reihe von Vorschlägen ein, die etwa den Zugang zu Literatur oder den Schutz privater Korrespondenzen betrafen. Wichtiger als die Forderung nach Menschenrechten war ihnen dabei im übrigen der Gedanke der Selbstbestimmung. Darin lag eine Reaktion auf den sowjetischen Einmarsch in die Tschechoslowakei und die anschließend verkündete »Breschnew-Doktrin«, der zufolge die Souveränität der sozialistischen Staaten eingeschränkt war und ein sowjetisches Interventionsrecht bestand.

Die Bundesrepublik vertrat demgegenüber eine deutlich zurückgenommene Position.[98] Während der Vorbereitungsphase hatte es für die Große Koalition und die auf sie folgende sozial-liberale Regierung einen klaren Vorrang, die ostpolitischen Verträge in trockene Tücher zu bringen. Die KSZE diente

---

95 Vgl. Hanhimäki, Rise.
96 Vgl. Wenger u. a. (Hg.), Origins; Möckli, Policy, S. 99–139.
97 Vgl. Baudet, »Aandacht«; ders., »Cold War«. Vgl. ferner zu Großbritannien Hebel, »Brückenbauer«; Hughes, Britain; Hamilton, Cold War.
98 Vgl. Rock, Macht; Peter, Konferenzdiplomatie.

dafür sogar als Instrument, denn die Bundesregierung versuchte den sowjetischen Wunsch nach der Konferenz als Hebel zu nutzen, um den Moskauer Vertrag und das Berlin-Abkommen zu forcieren. Erst später gewann die KSZE im westdeutschen Kalkül ein Eigengewicht. In dem Maße, wie sich die Absprachen konkretisierten, sah die Bundesregierung in der Konferenz die Möglichkeit, ihre Ostpolitik zu multilateralisieren – indem sie ihren Interessen erst in einem westeuropäischen, dann in einem überwölbenden Ost-West-Rahmen Geltung verschaffte – und dadurch abzusichern. In einem besonders wichtigen Punkt gelang ihr das tatsächlich. Denn die Bundesrepublik vermochte es, mit Unterstützung der EG-Staaten und gegen sowjetisches Sträuben, das Prinzip der friedlichen Grenzveränderung in den Dekalog aufnehmen zu lassen, das in ihren ostpolitischen Initiativen eine zentrale Rolle spielte.[99] Zugleich ließ sich mit solchen Vorstößen in der Sicht der Regierung der entspannungspolitische Einfluß der Bundesrepublik vergrößern.

Die Unterminierungsstrategie, die andere westeuropäische Delegationen verfolgten, trug die westdeutsche Regierung nur zum Teil mit. Nicht nur war sie äußerst skeptisch, was die Erfolgsaussichten betraf – so sinnierte Bundeskanzler Willy Brandt, man könne »die Kommunisten nicht am grünen Tisch dazu bewegen, sich selbst abzuschaffen«.[100] Sie fürchtete zudem, eine Umsetzung der Helsinki-Bestimmungen könne unabsehbare Konflikte schüren und die bisherigen Errungenschaften der Entspannungspolitik gefährden. In den »humanitären« Bestimmungen und den intensivierten Kontakten über die Systemgrenzen hinweg sah sie durchaus einen Sinn. Er lag indes darin, die Lebensbedingungen im Ostblock immerhin um ein Weniges zu verbessern und langfristig zu einer Annäherung zwischen Ost und West, vor allem auch zwischen den beiden deutschen Staaten, beizutragen.[101] Darauf, den Gegensatz des Kalten Kriegs zu überwinden, waren diese Bestimmungen in den Augen der westdeutschen Regierung nicht ausgerichtet. Ihre Konferenzdiplomatie konzentrierte sich folglich auf die Fragen der Familienzusammenführung und der Verbesserung der journalistischen Arbeitsbedingungen. Weiter hatte die sozial-liberale Koalition nicht vor, zu gehen, wie Bundeskanzler Helmut Schmidt dem sowjetischen Parteichef Breschnew ganz freimütig versicherte. Anders als manche der westeuropäischen Partner zeigte sich die Bundesrepublik daher auch mit den Konferenzresultaten im Korb III vollauf zufrieden. Nach dem Ende der Konferenz in Helsinki beschloß die Bundesregierung, die Schlußakte nicht offensiv zu nutzen.

---

99 Wenn es der Bundesrepublik auch nicht wie beabsichtigt gelang, dieses Prinzip direkt an dasjenige der Unverletzlichkeit der Grenzen zu koppeln. Vgl. Hakkarainen, State.
100 Zitiert nach Rock, Macht, S. 227.
101 Vgl. Hakkarainen, State.

In den folgenden Jahren wich sie nicht grundsätzlich von diesem Kurs ab. Doch veränderte der KSZE-Prozeß in ihren Augen insofern seine Funktion, als er sich zunehmend zu einem Auffanginstrument für die neu entstehenden Spannungen zwischen West und Ost wandelte.[102] Nachdem die polnische Regierung das Kriegsrecht verhängt hatte und die Temperatur im Verhältnis zwischen den Supermächten gestürzt war, dachte die Regierung Schmidt noch weniger daran, die Verhandlungen als Mittel der revolutionären Systemveränderung zu nutzen. Stattdessen sollten sie dabei helfen, den Dialog zwischen den beiden Lagern wenigstens in einigen Bereichen zu retten. Daher beschloß sie etwa, auf der 1980 beginnenden Madrider Folgekonferenz die Menschenrechtsverletzungen in Osteuropa nicht provokativ anzusprechen, und setzte sich bei den westlichen Partnern dafür ein, die Konferenz angesichts der Ereignisse in Polen nicht abzubrechen.

Frankreich wiederum zielte stärker als die Bundesrepublik darauf ab, das kommunistische System zu liberalisieren, wählte dafür aber eine ähnliche Strategie wie der Nachbar. Auch die Franzosen gingen auf der Konferenz sehr behutsam zu Werke.[103] Sowohl unter Präsident Georges Pompidou als auch unter seinem Nachfolger Valéry Giscard d'Estaing verfolgten sie das Ziel, Osteuropa »mit dem ›Virus der Freiheit‹ zu infizieren« und die Diktaturen zu öffnen.[104] Das wollten sie aber gerade nicht dadurch erreichen, die osteuropäischen Herrscher wegen Menschenrechtsverletzungen zur Rechenschaft zu ziehen, was der Entspannung nur abträglich sei. Stattdessen setzten sie darauf, Vereinbarungen über den Kulturaustausch zu propagieren, der in ihren Augen den freien Austausch von Menschen und Ideen voraussetzte. Daher enthielt sich die französische Delegation in Genf polemischer Töne und kritisierte sogar das kampflustige Auftreten der amerikanischen Delegation auf der Folgekonferenz in Belgrad. Den französischen Versuchen, die kulturellen Bestimmungen der KSZE-Schlußakte über bilaterale Abkommen umzusetzen, war aber nur wenig Erfolg beschieden. Ein Nebenzweck der französischen Politik lag bei alledem darin, eine entspannungspolitische Führungsrolle zu übernehmen und die neue Ostpolitik der Bundesrepublik in kontrollierbaren Bahnen zu halten.

Österreich schließlich war womöglich derjenige unter den westeuropäischen Teilnehmern, der sich am stärksten auf die rein humanitären Aspekte der Verhandlungen verlegte.[105] Dabei hatte sich die sozialdemokratische Regierung unter Kanzler Bruno Kreisky zunächst lange zurückgehalten. Mit Beginn der Vorbereitungsgespräche setzte sie sich allerdings aktiv dafür ein, daß die entsprechenden Bestimmungen in die Schlußakte aufgenommen würden, und

---

102 Vgl. Peter, Sicherheit.
103 Vgl. Gilde/Heyde, Wege; Heyde, Entspannung.
104 Gilde/Heyde, Wege, S. 182. Das Zitat stammt von Pompidou.
105 Vgl. Gilde, »Vorreiter«; Gilde/Heyde, Wege.

steuerte auch wichtige Formulierungen bei. Auf den Folgetreffen avancierte Österreich zu einem der entschlossensten Verteidiger des dritten Korbs und spielte immer wieder auch eine wirkungsvolle Rolle als Mittler zwischen den Blöcken.[106] Auf diese Weise entstand in der westeuropäischen Konferenzpolitik ein komplexes Wechselspiel von Motiven, das verdeutlicht, wie politisch uneindeutig Menschenrechts- und »humanitäre« Gedanken selbst dort sein konnten, wo äußerlich alle an einem Strang zu ziehen versuchten.

Waren die Absichten der westeuropäischen Staaten, sich an der Konferenz zu beteiligen, trotz allen Abweichungen relativ naheliegend, so geben die sowjetischen Motive vorderhand mehr Rätsel auf. Die zentrale Frage, die Kommentatoren und Historiker bis heute umgetrieben hat, ist dabei, warum sich die kommunistischen Führungen auf Vereinbarungen einließen, deren unterminierende Wirkung doch so offensichtlich zu tage gelegen habe. Das erscheint allerdings im Wissen um den Kollaps des osteuropäischen Kommunismus, der sich rund fünfzehn Jahre nach Helsinki ereignete, deutlich schwieriger zu verstehen, als vor und während der Konferenz selbst – das Rätsel ist mithin ein retrospektives. Zeitgenössisch nämlich schien das Kalkül der Sowjets in hohem Maße aufzugehen. Für sie stand im Vordergrund, daß in Helsinki die Nachkriegsordnung in einem multilateralen Vertragswerk anerkannt und damit der Zweite Weltkrieg symbolisch abgeschlossen wurde.[107] Den *status quo* international bestätigen zu lassen, bildete für die sowjetische Führung am Anfang der siebziger Jahre, als das SALT- und andere entspannungspolitische Abkommen die Gleichrangigkeit der Supermächte zu demonstrieren schienen, das vordringliche außenpolitische Ziel. Generalsekretär Leonid Breschnew, der sein Image als Friedensstifter sorgfältig kultivierte, war dies auch ein persönliches Anliegen. Er setzte sich, solange es ihm gesundheitlich möglich war, mit aller Macht für den Gedanken der europäischen Sicherheitskonferenz ein und war bereit, substanzielle Zugeständnisse zu machen, um sie zu einem befriedigenden Abschluß zu bringen. Eine nicht zu unterschätzende Rolle spielte dabei sein Glaube, der Westen würde die menschenrechtlichen und humanitären Bestimmungen nicht offensiv nutzen, den er in seinen Gesprächen mit Nixon und Kissinger gewonnen hatte. Darin, daß sie ihr Hauptziel erreichte, und die Schlußakte von Helsinki tatsächlich die Unverletzlichkeit der Nachkriegsgrenzen festschrieb, sahen zeitgenössische Beobachter den großen Triumph der Sowjetunion. Das galt für die in Teilen fassungslose westliche Presse, für diejenigen osteuropäischen Dissidenten, die das Ergebnis als Rückschlag für ihre Bemühungen verstanden – und nicht zuletzt für die Moskauer Führung selbst, die das Konferenzergebnis zufrieden propagandistisch ausschlachtete.[108]

---

106 Vgl. Gilde, »Vorreiter«.
107 Vgl. Savranskaya, Consequences; dies., Human Rights.
108 Vgl. etwa Korey, Promises.

Auch die osteuropäischen Verbündeten sahen darin einen wertvollen außenpolitischen Gewinn, so etwa Polen und die DDR, die zwar soeben Grenzvereinbarungen mit der Bundesrepublik unterzeichnet hatten, aber ebenso wie diese von einer multilateralen Absicherung zusätzlich zu profitieren glaubten. Daneben schien die Konferenz allerdings, je nach nationaler Interessenlage, noch weitere Vorzüge zu besitzen – auch die Beweggründe der osteuropäischen Staaten bildeten ein dichtes Netz aus Absichten und Erwartungen. Die polnische Führung etwa erhoffte sich neue Möglichkeiten der wirtschaftlichen Zusammenarbeit mit dem Westen, auf die sie dringend angewiesen war, wollte sie die Modernisierung ihrer Produktion vorantreiben.[109] Überdies spekulierte sie darauf, in dem multilateralen Konferenzsetting ein gewisses Maß an diplomatischer Unabhängigkeit von der Sowjetunion erreichen zu können. Dieser Gedanke lag wiederum der SED-Spitze völlig fern, die streng darauf bedacht war, in völligem Einklang mit der kommunistischen Führungsmacht zu handeln.[110] Sie lechzte aber geradezu nach einem internationalen Prestigeerfolg und setzte daher alles daran, eine »gleichberechtigte Teilnahme« an der Konferenz sicherzustellen. Nachdem sie gut zwanzig Jahre um Anerkennung auf dem internationalen Parkett hatte kämpfen müssen, war dieses symbolische Faktum kaum zu überschätzen, und es ließen sich dadurch die jüngsten Erfolge, der Abschluß des Grundlagenvertrags und der Beitritt zu den Vereinten Nationen, noch festigen und vertiefen. Staatschef Erich Honecker betrachtete die Konferenzteilnahme als seinen persönlichen Erfolg und blühte nach Helsinki außenpolitisch geradezu auf.

Die Ansicht, die sich nach dem Ende des Kalten Kriegs einbürgerte, die osteuropäischen Machthaber hätten bei alledem verkannt, worauf sie sich einließen, und das Trojanische Pferd gleichsam freudig in das eigene Lager geholt, läßt sich bei näherem Hinsehen nicht aufrecht erhalten. Schon daß die Sowjets und ihre Verbündeten auf der Konferenz hartnäckig darauf hinarbeiteten, die menschenrechtlichen und humanitären Bestimmungen zu schwächen, ist ein starker Beleg dagegen.[111] Zunächst sträubten sie sich, die »Freizügigkeit von Ideen, Informationen und Menschen« überhaupt als Tagesordnungspunkt für die Vorgespräche bei Helsinki zuzulassen. Dortselbst wehrten sie sich gegen die Prinzipien der Menschenrechte und der nationalen Selbstbestimmung (die, so die sowjetische Delegation, ein Problem der Kolonien sei) und drangen darauf, den Umfang des dritten Korbs möglichst zu begrenzen. Und selbst nachdem man sich auf der vorbereitenden Konferenz geeinigt hatte, versuchten die Osteuropäer in Genf noch einmal, die Geländeverluste rückgängig

---

109 Vgl. Jarząbek, Preserving; dies., Illusions.
110 Zur DDR vgl. jetzt vor allem Hanisch, DDR; ferner Wentker, Interests.
111 Vgl. zum Folgenden Hanisch, DDR.

zu machen, indem sie die humanitären Bestimmungen unter den Vorbehalt der Nichteinmischung stellen wollten.

Wichtiger noch, bezeugt auch die interne Entschlußbildung, daß die osteuropäischen Regime nicht blind gegenüber den Gefahren waren, die von den menschenrechtlichen und humanitären Festlegungen ausgehen konnten. Das traf auch auf die polnische Regierung zu, die ihrer Bevölkerung in diesen Jahren noch die vergleichsweise größten kulturellen und informationellen Freiräume ließ.[112] Doch gab es nahezu überall Meinungsverschiedenheiten darüber, wie hoch die Risiken der KSZE-Vereinbarungen zu taxieren seien. In der DDR warnte das Ministerium für Staatssicherheit unter Erich Mielke insbesondere vor allen Bestimmungen, in denen es um »Freizügigkeit« und grenzübergreifende Kontakte ging. Darin, daß es den unterminierenden Wirkungen solcher Bestimmungen vorzubeugen gelte, wußte es sich mit Honecker durchaus einig; doch rangierte für den Generalsekretär, wie auch für das Außenministerium, die »erstmalige multilaterale Verankerung der territorialen und politischen Ergebnisse der Kriegs- und Nachkriegsentwicklung in Europa« schlicht höher.[113] Und auch die Moskauer Führung war gespalten.[114] Ministerpräsident Alexei Kosygin, der »Chefideologe« im Zentralkomitee, Michail Suslow, und Juri Andropow zeigten sich am besorgtesten. Der KGB-Chef schloß klarsichtig, das Prinzip der territorialen Unverletzlichkeit gelte lediglich »im militärischen Sinn«, während die Grenzen »infolge der Erweiterung der Kontakte und des Informationsflusses in jeder anderen Hinsicht durchlässig« würden.[115] Außenminister Andrei Gromyko hingegen sprach für diejenigen, die die Gefahren für kontrollierbar hielten, und ließ sich zu der Einschätzung hinreißen, die Sowjets würden »die Herren im Haus« bleiben.[116] In ihrem selbstbewußten Ton eher untypisch für die regierungsinternen Diskussionen, ließ sich die Äußerung nach dem Untergang der Sowjetunion genüßlich vorführen. Doch was sprach in der Situation von 1975 dagegen? Mit der vergleichsweise kleinen Dissidentenbewegung jedenfalls waren die Sicherheitsdienste bislang ohne größere Schwierigkeiten fertig geworden; Anfang der siebziger Jahre waren die Proteste gerade im Begriff, abzuflauen.

Naivität, Gutgläubigkeit, Unaufmerksamkeit wird man den kommunistischen Regimen, aufs Ganze betrachtet, also kaum vorhalten können. Die Crux lag eher darin, daß die Befürworter der KSZE-Vereinbarungen gewisse Probleme in Kauf nahmen, weil sie den Gewinn, der ihnen erwachsen würde, für größer erachteten. Und darin, daß sie Art und Ausmaß der erodierenden Folgewirkungen

---

112 Vgl. Jarząbek, Preserving; dies., Illusions.
113 Zitiert nach Hanisch, DDR, S. 93.
114 Vgl. Savranskaya, Consequences; dies., Human Rights.
115 Zitiert nach Savranskaya, Consequences, S. 181.
116 Zitiert nach Hanisch, DDR, S. 101.

nicht voraussahen.[117] Vielleicht konnten sie das auch nicht. Immerhin entsprachen ihre Einschätzungen spiegelbildlich denen der meisten westlichen Politiker – auch sie erkannten das destabilisierende Potential der Schlußakte, ohne aber zu erwarten, daß es tatsächlich zum Tragen kommen würde. »Wovon ist der Westen besessen«, so fragte der Realist Kissinger während der Genfer Verhandlungen rhetorisch, »daß er glaubt, er könne die innere Ordnung der Sowjetunion durch einen in Genf unterzeichneten Vertrag von peripherer Bedeutung beeinflussen?«[118] Schließlich sollte auch nicht übersehen werden, daß in den Verhandlungen eine Gruppe jüngerer Beamter im sowjetischen Außenministerium einflußreich wurde, die später Gorbatschows *perestroika* überzeugt mittragen sollten.[119] Von ihnen wird noch ausführlicher zu sprechen sein. In der ideologisch weniger geladenen Atmosphäre der Chruschtschow-Jahre aufgewachsen, waren sie mit westlichen Lebensweisen vertraut und standen aufrichtig hinter der Entspannung mit dem Westen, von der sie sich auch eine liberalisierende Wirkung auf das eigene System erhofften. Ihr genauer Einfluß auf die sowjetische KSZE-Linie läßt sich kaum messen. Doch aus diesem Blickwinkel betrachtet, stellte die Schlußakte eben gar kein Danaergeschenk des Westens dar, sondern gewinnt Züge eines frühen Erfolgs der sowjetischen Reformer.

Die Bedeutung des Abkommens konnte sich jedenfalls überhaupt erst in der Art erweisen, wie beide Seiten – und weitere Akteure, die anfangs niemand auf der Rechnung hatte – von ihm Gebrauch machten. Dabei waren schon die kurz- und mittelfristigen Folgewirkungen ebenso vielfältig wie überraschend. Wie gesehen, eröffnete die Schlußakte zunächst einmal den dissidenten Gruppen in Osteuropa zusätzliche Möglichkeiten, das Unrecht in den kommunistischen Herrschaftssystemen aufzudecken und vor einem internationalen Forum zu diskreditieren. Und auch dem westlichen Menschenrechtsaktivismus gab die KSZE einen wichtigen Anstoß. Das zeigte sich vor allem in den USA. So verwandten sich einige Kongreßabgeordnete, die 1975 Osteuropa besucht hatten und dabei mit Juri Orlow und anderen Dissidenten zusammengetroffen waren, nach ihrer Rückkehr dafür, einen Kongreßausschuß einzurichten, der die Einhaltung der KSZE-Vereinbarungen überwachen sollte.[120] Im folgenden Jahr gegen den Widerstand der Ford-Regierung eingerichtet, entfaltete die sogenannte *Helsinki-Kommission* wichtige Lobby- und Informationstätigkeiten. Sie führte Anhörungen durch, traf exilierte Dissidenten, erstellte Studien und verbreitete Dokumente des *Samisdat*. Zudem übte sie stetigen Druck auf die aufeinanderfolgenden amerikanischen Regierungen aus, damit diese auf den Folgekonferenzen die Menschenrechtsverletzungen in Osteuropa anklagten.

---

117 So der Tenor bei Hanisch, DDR; Dehnert, »Beschaffenheit«; Savranskaya, Consequences.
118 Zitiert nach Snyder, Rights, S. 32.
119 Vgl. Rey, USSR.
120 Vgl. Snyder, Rights, S. 38–52; Peterson, Globalizing.

Überdies gründete sich 1979 *Helsinki Watch*, aus dessen bescheidenen Anfängen später eine der größten und einflußreichsten internationalen Menschenrechts-NGOs hervorgehen sollte.[121] Die Initiative ging von Robert Bernstein aus, dem Präsidenten des Verlags *Random House*, der sich schon zuvor darum bemüht hatte, oppositionelle Schriften im Westen zugänglich zu machen und unter anderem auch Andrei Sacharow kennengelernt hatte. Für seine Idee gewann er Orville Schell, einen Anwalt, der sich seit einem Besuch in der Sowjetunion mit der dortigen Situation befaßt hatte, und Arieh Neier, der zuvor für die ACLU tätig gewesen war. Anfänglich konzentrierte sich die Gruppe auf die osteuropäischen Helsinki-Aktivisten und schickte ihre Mitarbeiter schon bald in verschiedene Länder, um dort Kontakte herzustellen. Die Reputation, die sich *Helsinki Watch* aufbaute, gründete vor allem auf den zahlreichen faktengesättigten Berichten, die sie über die Menschenrechtssituation im Ostblock veröffentlichte.[122] Im Jahr 1982 beteiligte sich die Organisation auf Initiative Neiers daran, die *International Helsinki Foundation* als eine Art Dachorganisation zu schaffen. Sie vereinigte zunächst Helsinki-Gruppen aus acht westlichen Ländern, später kamen andere hinzu, darunter solche aus der Sowjetunion, der Tschechoslowakei, Polen und Jugoslawien. Für die professionellen westlichen NGOs wurde der Ostblock, der ihnen zuvor jahrzehntelang verschlossen geblieben war, überhaupt erst in diesen Jahren zu einem Feld, auf dem sie schlagkräftig tätig werden konnten. Das lag ganz wesentlich an den Anstrengungen, die sie im Anschluß an die KSZE unternahmen – wenn auch nicht allein, denn auch kommunikationstechnologische Fortschritte und die vorsichtige Öffnung des Ostblocks im Zuge der Entspannungspolitik trugen ihren Teil dazu bei. Unübersehbar war auch, daß die KSZE das öffentliche Bewußtsein des Westens für die kommunistischen Repressionen schärfte – dafür sorgten der symbolträchtige Abschluß der historischen Konferenz selbst, die innenpolitischen Debatten, die über sie entbrannten, aber auch die Fülle an Initiativen, die Diplomaten und Aktivisten unternahmen, um die internationale Aufmerksamkeit auf das Geschehen in Osteuropa gerichtet zu halten.

Doch wäre es falsch zu glauben, die kommunistischen Regime hätten all das hingenommen oder hinnehmen müssen. Im Gegenteil verschärften sie – parallel zum KSZE-Prozeß – die Verfolgung der Regimegegner. Diese bezahlten dafür, daß sie sich exponierten, einen hohen Preis. Der sowjetische KGB hatte sich seit 1975 zunächst darauf verlegt, die Überwachung und Einschüchterung der Dissidenten zu intensivieren.[123] Als das nicht zu fruchten und sich die Kontakte in den Westen, die der Führung ein besonderer Dorn im Auge waren, im

---

121 Vgl. zum Folgenden Snyder, Rights, 115–134.
122 Vgl. ebd.
123 Vgl. zum Folgenden Savranskaya, Consequences; dies., Human Rights; Wawra, »Beendigung«.

Gegenteil zu verdichten schienen, wollte Geheimdienstchef Andropow nicht länger abwarten. Im Jahr 1977 begannen, in mehreren Wellen, systematische Verhaftungen, nach deren Abschluß Anfang der achtziger Jahre sich kaum noch Regimegegner in Freiheit befanden. Der im Mai 1978 eröffnete, große Prozeß gegen einige der führenden Figuren sollte vor allem ein Signal an alle Menschenrechtsverfechter im Westen senden, daß man sich das Gesetz des Handelns nicht diktieren lasse – er brachte westliche Regierungen, wie beschrieben, in erheblichen Zugzwang. Auch in Polen und der Tschechoslowakei schlugen die Machthaber seit 1977 einen härteren Kurs ein. Die kommunistische Führung in Prag organisierte eine »Anti-Charta«-Kampagne, bevor sie die Ränge der Dissidenten ebenfalls durch Festnahmen und symbolisch aufgeladene Gerichtsprozesse dezimierte – das betraf unter anderem Václav Havel, Petr Uhl, Václav Benda und Jiří Dienstbier.[124]

Kehrt man zu den Folgewirkungen der KSZE zurück, so gilt es schließlich zu bedenken, daß es sich eben um einen fortdauernden »Prozeß« handelte. Zu ihm gehörte neben der erwähnten Konferenz über Vertrauensbildung und Abrüstung eine Vielzahl von Expertentreffen zu Fragen der Streitschlichtung, des wissenschaftlichen Austausch und der kulturellen Zusammenarbeit.[125] Vor allem gehörten dazu drei ihrerseits langwierige sogenannte Folgetreffen. Sie entwickelten sich zu einem Forum, in dem das Menschenrechtsthema bis zum Ende des Kalten Kriegs (und darüber hinaus) lebendig gehalten wurde.[126] Nach einem einheitlichen Muster liefen die Treffen allerdings nicht ab. Auf das Folgetreffen in Belgrad 1977/78 richtete kaum einer der Zeitgenossen sonderliche Erwartungen, schien doch der Höhepunkt der Détente inzwischen überschritten und vor allem das amerikanisch-sowjetische Verhältnis bereits merklich eingetrübt. Auf westlicher Seite hatten sich die Fronten nahezu verkehrt. Denn während die Europäer alles in allem noch stärker auf Ausgleich bedacht waren als in Genf und Helsinki, traten die Amerikaner unter ihrem neuen Präsidenten Carter deutlich kritischer auf. Die von Arthur J. Goldberg angeführte Delegation verfolgte eine angriffsfreudige Linie, die bis hin zu der Provokation reichte, die Namen einiger verfolgter Dissidenten öffentlich zu nennen. Dadurch brach sie mit dem versöhnungsbereiten Ton, der noch auf der Konferenz von Helsinki vorgeherrscht hatte, und machte die KSZE erstmals zu einer Bühne für die politische Beschämung. Einstweilen standen die USA damit jedoch allein; die westeuropäischen Verbündeten fürchteten, derartige Affronts könnten die Sowjetunion veranlassen, sich von dem Treffen zurückzuziehen, und versuchten daher mäßigend auf die Amerikaner einzuwirken. Nicht wenige osteuropäische

---

124 Vgl. Eichwede, »Détente«.
125 Vgl. Peter/Wentker, »Helsinki-Mythos«.
126 Vgl. zum Folgenden vor allem Korey, Promises; Snyder, Rights.

Delegierte waren von dem amerikanischen Auftreten überrascht.[127] Zwar ließen sie das Treffen nicht scheitern, doch ein substanzvolles Abschlußdokument konnte auch nicht formuliert werden.

Auf der nächsten Folgekonferenz, die zwischen 1980 und 1983 in Madrid stattfand, entwickelte sich die KSZE dann endgültig zu einer Plattform, auf der die westlichen Staaten, oft auf der Grundlage der Dokumentationen osteuropäischer Aktivisten, die Sowjetunion und ihre Verbündeten anklagten, die menschenrechtlichen und humanitären Bestimmungen von Helsinki verletzt zu haben. Im Klima der neuen Eiszeit, die nach der sowjetischen Invasion in Afghanistan ausgebrochen war, und die mit der Zerschlagung der *Solidarność* noch frostiger wurde, schloß sich eine Reihe westeuropäischer Delegationen der konfrontativen Haltung an, die die amerikanische Regierung unter dem republikanischen Präsidenten Ronald Reagan ungebrochen fortführte.[128] Sie verlasen lange Listen von Beschwerden über die menschenrechtliche Situation in Osteuropa, in denen praktisch keine Bestimmung der Schlußakte von Helsinki ausgelassen war. Nunmehr kamen weit über einhundert Fälle verfolgter oder mißhandelter Osteuropäer namentlich zur Sprache. Überdies setzte sich ein Trend verstärkt fort, der sich in Belgrad bereits angedeutet hatte: Immer mehr westliche NGOs bemühten sich darum, mit ihren Berichten oder in Gesprächen mit Diplomaten darauf hinzuwirken, daß die Repressionen geahndet würden. Den osteuropäischen Dissidenten- und Helsinki-Gruppen verschaffte das Konferenzaufkommen zusätzliche Bekanntheit, und viele schöpften aus dem entschlossenen Auftreten der kritisch gesinnten westlichen Staaten Mut, an ihren eigenen Aktivitäten festzuhalten.

In Wien schließlich, wo sich die KSZE-Teilnehmer zwischen 1986 und 1989 trafen, hatte sich die weltpolitische Großwetterlage schon wieder entscheidend gewandelt. Die Verhandlungen standen nun, wie noch näher zu beschreiben sein wird, deutlich im Zeichen der Annäherung zwischen den Supermächten. Nicht zuletzt brachte die Wiener Konferenz ein substanzielles Abschlußdokument hervor, das deutlich über die früheren hinausreichte. Es enthielt konkrete Vereinbarungen etwa über das Ausreiserecht oder religiöse Freiheiten. Und es sah ein neues, vierstufiges Kontroll- und Konsultationsverfahren vor, über das Teilnehmerstaaten Fälle zur Sprache bringen konnten, in denen die Menschenrechts- oder die humanitären Bestimmungen verletzt worden waren.[129] Die engste Verbindung zwischen dem KSZE-Prozeß und dem Ende des Kalten Kriegs schließlich war wohl eine symbolische: Im November 1990 unterzeichneten die Staats- und Regierungschefs auf einem Sondergipfel die Charta von Paris, mit der sie die Konfrontation zwischen Ost und West feierlich für beendet erklärten.

---

127 Vgl. Jarząbek, Illusions.
128 Vgl. Snyder, Rights, S. 135–173.
129 Vgl. Korey, Promises, S. 267 f.; Süß, KSZE-Folgekonferenz, S. 225.

Das Eigenleben der Reform: Menschenrechte und der Zusammenbruch der kommunistischen Herrschaft in Osteuropa

Darüber, ob und inwiefern die nationalen wie internationalen Menschenrechtsproteste beitrugen, das kommunistische System zu transformieren und es schließlich sogar zum Einsturz zu bringen, ist mit alledem jedoch noch wenig ausgesagt. Diese Frage ist für die osteuropäische Menschenrechtsgeschichte ebenso zentral, wie sie schwierig zu beantworten ist. In jedem Fall gilt es, wie bei den anderen Teilprozessen auch, national zu differenzieren. In der Tschechoslowakei etwa konnte *Charta 77* ihre menschenrechtliche Kritik bis zum Ende des Kalten Kriegs lebendig halten. Wegen des großen internationalen Ansehens, das sie sich erwarb, zögerten die Behörden, sie gänzlich zu zerschlagen, und fanden sich schließlich offenbar mit ihrer Existenz ab.[130] Nachdem Michail Gorbatschow in der Sowjetunion begonnen hatte, seine Reformpolitik ins Werk zu setzen, erhielt die Organisation noch einmal stärkeren Zulauf. Am Ende der achtziger Jahre begann sich das oppositionelle Milieu im Land rasant zu verändern. Gab es bis 1987 lediglich fünf erkennbare Dissidentengruppen, so wuchs ihre Zahl auf knapp vierzig zwei Jahre später.[131] Zwar gingen die großen Demonstrationen, die nun stattfanden, nicht von den bekannten Dissidenten aus, und es bildeten sich radikalere Protestströmungen. Gleichwohl behielt die *Charta* eine einflußreiche Rolle.[132] Vor allem erwies es sich in der jähen Transition Ende 1989 – sie vollzog sich binnen sechs Wochen – als entscheidend, daß mit den Chartisten Personen zur Verfügung standen, die den kommunistischen Staat unbeugsam angefochten, sich mit demokratischen Alternativen befaßt hatten und über einen hohen politischen Sachverstand verfügten.[133] Sie besetzten wichtige Positionen im post-kommunistischen Staat. In der Biographie Václav Havels stellte sich schließlich sogar eine bedeutsame historische Kontinuität her, die den Helsinki-Aktivismus unmittelbar mit der »Samtenen Revolution« und den frühen Jahren der tschechoslowakischen Demokratie verband.

Das überdeckte freilich kaum die ernüchternde Tatsache, daß die Chartisten einige Jahre später bereits weitgehend an den politischen Rand gedrängt waren.[134] In den Wahlen von 1992 konnte sich die sogenannte Bürgerbewegung, in der sich die meisten Dissidenten zusammengefunden hatten, nicht durchsetzen. In diesen Jahren begann sich Václav Klaus, Vorsitzender der konservativen Demokratischen Bürgerpartei und dann neuer Ministerpräsident, mit

130 Vgl. Müller, Konfrontation.
131 Vgl. Blehova, Fall, S. 74.
132 Vgl. Tuma, Czechoslovakia.
133 Vgl. Brown, Aufstieg, S. 718.
134 Vgl. zum Folgenden Seidel, »Gesellschaft«.

populistischen Aussagen wie der zu profilieren, daß die »bloße Präsenz« der Dissidenten »euch an den Mut erinnert, den ihr nicht hattet, an euer schlechtes Gewissen«.[135] Aus seiner Sicht hatte die Geschichte nicht die früheren Regimegegner rehabilitiert, sondern gleichsam all jene Gemüsehändler, welche in einer Mischung aus Konformismus und Passivität einfach abgewartet hatten, bis das marode System in sich zusammenbrach.[136]

Stärker vermittelt waren dagegen die Wirkungen des Menschenrechtsaktivismus in Polen. Zunächst einmal stellten die oppositionellen Aktivitäten der siebziger Jahre insofern eine Voraussetzung für den Erfolg von *Solidarność* dar, als sie im Zeichen der Menschenrechte die politische Kooperation zwischen weltanschaulich unterschiedlichen Gruppen angebahnt hatten. Auf dieser Grundlage konnten Arbeiter, Intellektuelle und Kirche in der neuen Protestwelle Anfang der achtziger Jahre leichter zueinanderfinden.[137] Doch wurde das massenhafte Aufbegehren, wie beschrieben, ebenso schnell unterdrückt, wie es emporgeschwollen war. Zwischenzeitlich in den Untergrund gedrängt, tauchte die Gewerkschaft erst wieder ab 1988 auf. Nun wurde sie zu einer entscheidenden Kraft des paktierten Übergangs.[138] Die menschenrechtlich begründete Sanktionspolitik, die einige westliche Staaten nach dem Dezember 1981 betrieben, spielte dabei sicherlich eine wesentliche Rolle. Denn der polnischen Führung war bewußt, daß ohne einen Ausgleich mit der Opposition die westliche Hilfe nicht zu haben war. In der eskalierenden Krise der späten achtziger Jahre, die sich in einer katastrophalen Wirtschaftslage und der offenkundigen Auflösung staatlicher Strukturen niederschlug und im Land eine grassierende Unzufriedenheit hervorrief, war sie auf diese Hilfe aber dringend angewiesen. Andere Gründe kamen hinzu: Ohne den politischen Wandel in der Sowjetunion hätte Jaruzelski gar nicht erst den Spielraum gehabt, mit *Solidarność* in Verhandlungen zu treten. Schließlich erkannten er und seine engsten Berater, daß es keine Alternative dazu gab, das System tiefgreifend zu reformieren, wollte man es überhaupt retten. Nach längeren Sondierungen begannen schließlich im Februar 1989 die Gespräche mit der Opposition am »Runden Tisch«, die gegen erheblichen innerparteilichen Widerstand hatten durchgesetzt werden müssen. In den Wahlen vom Juni gelang es *Solidarność* (unter dem Namen »Bürgerkomitee«), für alle Beobachter überraschend, die frei vergebenen Mandate in Senat und Sejm bis auf ein einziges für sich zu gewinnen. Zwei Monate später bildete der ehemalige *Solidarność*-Aktivist Tadeusz Mazowiecki als Ministerpräsident das erste nicht kommunistisch dominierte Kabinett im sowjetischen Machtbereich. Darin fanden sich noch weitere Vertreter des Bürgerkomitees wieder.

135 Zitiert nach ebd., S. 77.
136 So Rupnik, Legacy, S. 18.
137 Vgl. Dehnert, Zäsurjahr.
138 Vgl. zum Folgenden Borodziej, Geschichte, S. 360–388.

Überdies folgte Lech Wałęsa dem zurückgetretenen Jaruzelski 1991 im Amt des Staatspräsidenten nach, und in den ersten gänzlich freien Wahlen vom Oktober des Jahres errangen die Parteien der *Solidarność*-Koalition die Mehrheit.

In der DDR trugen die Bürgerbewegungen, einschließlich der Menschenrechtsgruppen, ihren Teil zum Sturz der SED-Herrschaft bei, indem sie die massenhafte Unzufriedenheit im Land politisch kanalisierten. Anschließend erlebten sie allerdings lediglich einen kurzen Moment des politischen Einflusses. Im Jahr 1989, vor dem Hintergrund der Wahlfälschungen in den Kommunalwahlen, der lawinenartig anschwellenden Massenflucht und den ersten Großdemonstrationen auf den Straßen, formierte sich die Opposition neu.[139] Anfang Oktober waren an die Stelle der Hunderte dissidenter und alternativer Gruppierungen, die sich vor allem im Raum der Kirche organisiert hatten, mehrere fest umrissene Bürgerbewegungen getreten. Zu der stärksten unter ihnen entwickelte sich rasch das *Neue Forum*, das maßgeblich von dem IFM-Mitglied Bärbel Bohley initiiert worden war. Daneben traten *Demokratie Jetzt*, der *Demokratische Aufbruch*, die *Sozialdemokratische Partei* und die *Vereinigte Linke*. Und auch die *Initiative für Frieden und Menschenrechte* blieb, als kleinste von ihnen, erhalten. Einfluß auf die Regierungspolitik erlangten sie, als auch in der DDR im Dezember ein »Runder Tisch« eingerichtet wurde. Zu seinen wichtigsten Aufgaben gehörte es, das Ministerium für Staatssicherheit aufzulösen. Zudem fertigte er einen Verfassungsentwurf an, der dann allerdings hinfällig wurde. Auch Vertreter der IFM hatten an alledem mitgearbeitet. Im Jahr darauf wurden dann aber auch in der DDR die Bürgerbewegungen, die nicht in der Angleichung des ostdeutschen an das westdeutsche Parteiensystem aufgingen, politisch marginalisiert. Das *Bündnis 90*, in dem sich das *Neue Forum*, *Demokratie Jetzt* und die IFM zusammengefunden hatten, erhielt in den Volkskammerwahlen vom März 1990 lediglich zwölf Sitze. Die Mitglieder der IFM sahen die Lage illusionslos, wenn auch sicherlich enttäuscht: In der Situation des Umbruchs war ihnen eine politische Autorität zugewachsen, weil sie am besten auf die anstehenden politischen Probleme vorbereitet waren; da sie aber weder die Wiedervereinigung noch die rasche Einführung der westlichen Marktwirtschaft angestrebt hatten, schwand diese Autorität bald wieder dahin.[140]

Im Zentrum dieser Betrachtung muß indes die Sowjetunion selbst stehen, und hier lagen die Dinge wiederum anders. Ihr Ende erklärten zeitgenössische Beobachter wie auch Zeithistoriker schon bald, nachdem es sich zugetragen hatte, so unbeirrt zu einem unvermeidlichen, folgerichtigen, man ist versucht zu sagen: historisch gesetzmäßigen Geschehen, daß man gut daran tut, die Dinge aus der Perspektive der mittleren achtziger Jahre zu betrachten. Zu diesem Zeitpunkt nämlich hätte es niemand für möglich gehalten, daß der

---

139 Vgl. Neubert, Opposition; Weber, DDR, S. 96–120, 212–217.
140 Vgl. Templin/Weißhuhn, Initiative.

Sowjetkommunismus, nach mehr als siebzig Jahren der ideologischen Offensive und der politischen Machtentfaltung, so verschwinden würde, wie er es tat: rasend schnell, sehr weitgehend gewaltlos und, von dem konvulsivischen Zucken eines stümperhaften Putsches abgesehen, sang- und klanglos. Will man über einen vagen Multikausalismus hinausgelangen, dem zufolge alles, was sich ereignete, irgendwie zu diesem Auflösungsprozeß beitrug, und den Ort, der Menschenrechten dabei zukam, möglichst präzise bestimmen, so gilt es, verschiedene Entwicklungsstränge zu trennen.

Schwer bestreitbar erscheint zunächst, daß der entscheidende Anstoß von oben ausging, von den Reforminitiativen des neuen Generalsekretärs Michail Gorbatschow. Noch von Andropow in eine politische Führungsposition befördert, war seine Wahl im Jahr 1985 keineswegs zwangsläufig.[141] Doch hatte sich Gorbatschow eine starke Stellung aufgebaut, galt als außergewöhnlich intelligent und tatkräftig, und seine Gegner im Politbüro verfügten über keinen zwingenden Alternativkandidaten. Vor allem aber ahnte niemand, wie weit er seine Reformgedanken tatsächlich treiben würde – eingeschlossen Gorbatschow selbst. Freilich umgab er sich schon bald konsequent mit gleichgesinnten Beratern.[142] Er schaffte ihm unliebsame Vertreter des alten Denkens und beförderte eine ganze Reihe jüngerer Funktionäre und Experten: Wiktor Tschebrikow, Jegor Ligatschow, Nikolai Ryschkow, Alexander Jakowlew, Wadim Medwedew, Anatolij Tschernjajew, Georgij Schachnasarow, Anatolij Kowaljow. Daß er den unerfahrenen Georgier Eduard Schewardnadse zum Außenminister machte, deutete hingegen darauf hin, daß Gorbatschow anfangs die außenpolitischen Zügel selbst fest in der Hand führen wollte.

Die Frage verschiebt sich daher schnell darauf, woher die Impulse für die politische Reformbereitschaft auf der obersten Ebene eigentlich kamen. Daß Ronald Reagans Politik der Stärke anfänglich nicht in diese Richtung wirkte, sondern bis in Gorbatschows erste Regierungsjahre im Gegenteil dazu führte, daß sich die Moskauer Haltung verhärtete, ist bereits besprochen worden. Tatsächlich sah der Kremlin stets mehr als eine Option, auf die diplomatisch-militärische Herausforderung durch die USA zu reagieren.[143] Man mag sich kaum ausmalen, was geschehen wäre, hätte Andropow die Idee, das Land in einen Zustand der totalen Mobilisierung zu versetzen, um die strategische Gleichheit sicherzustellen, tatsächlich umgesetzt. Gorbatschow war einem friedensgefährdenden Vorhaben wie diesem abgeneigt. Doch hätte er die Möglichkeit gehabt, begrenzte Waffenreduktionen auszuhandeln, um dadurch eine Atempause zu erlangen – ohne die politische Herrschaft im Land zu lockern. Daß dies sein Plan sei, war genau das, was viele westliche Beobachter fürchteten.

141 Vgl. Brown, Aufstieg.
142 Vgl. Hildermeier, Geschichte, S. 1014–1061.
143 Vgl. Brown, Years; Zubok, Empire, S. 303–335.

Mehr spricht vorderhand dafür, auf die endemische Wirtschaftsmisere zu verweisen. Sie ist in Teilen der Literatur tatsächlich zu einem dominierenden Erklärungsmuster avanciert.[144] Demnach hatte die immanente Schwäche des sowjetischen Plansystems seit der zweiten Hälfte der siebziger Jahre für alle sichtbar eine ökonomische und technologische Abwärtsspirale ausgelöst. Die Sowjetunion habe den Übergang zur postindustriellen Gesellschaft verpaßt, und daß sie an der Wirtschaftssteuerung, die sie einst unter die mächtigsten Nationen der Welt katapultiert hatte, auch in den siebziger Jahren festhielt, habe sie schließlich in den Abgrund gerissen. Tiefreichende Korrekturen des ökonomischen Systems seien daher unausweichlich gewesen. In ihnen sehen viele Autoren den ursächlichen Ausgangspunkt einer Kette von Reformen, die schließlich zur Auflösung der kommunistischen Herrschaft als solcher führten. Tatsächlich waren die Lebensverhältnisse in der Sowjetunion desaströs, an welchen Indikatoren man es auch mißt: Anfang der achtziger Jahre gab es lediglich 200.000 Mikrocomputer (gegenüber 25 Millionen in den USA); die Sterblichkeitsraten stiegen, ein unerhörtes Faktum für einen Industriestaat; und gleichzeitig brachen Mitte der achtziger Jahre auch noch die lebensnotwendigen Öleinnahmen ein.[145]

Dabei ist es unstrittig, daß die wirtschaftlichen Strukturprobleme – das sich verlangsamende Wirtschaftswachstum, der unaufholbare technologische Rückstand gegenüber dem Westen, die wachsende finanzielle Belastung durch den militärisch-industriellen Komplex – einen wichtigen Katalysator des Reformdenkens darstellten. Doch weder erzwang die ökonomische Situation Reformen, noch gab sie genau die Politikmodelle vor, die Gorbatschow schließlich umzusetzen versuchte. Als der neue Generalsekretär an die Macht gelangte, verfügte die Sowjetunion immer noch über wesentlich mehr Ressourcen als viele ärmere Diktaturen der Welt. Die meisten Sowjetbürger waren einen niedrigen Lebensstandard gewohnt, und einen offenen Aufruhr, der das Regime bedroht hätte, gab es nicht. Kleinere Neujustierungen, verbunden mit schärferer Repression, hätten das System vielleicht noch eine Weile am Leben erhalten. Der wirtschaftliche Niedergang jedenfalls erreichte sein dramatischstes Ausmaß erst, als Gorbatschow die staatliche Kontrolle bereits gelockert hatte.[146] Es handelte sich, so hat es Archie Brown mit dem politikwissenschaftlichen Blick für grundlegende Zusammenhänge formuliert, »nicht so sehr um den Fall einer Krise, die Reformen hervorbringt, als von Reformen, die die Krise beschleunigen«.[147]

Die Ursachen für den Zusammenbruch der Sowjetunion muß man daher ganz wesentlich in einem spezifischen politischen Veränderungswillen sehen.

---

144 Diese Sicht etwa bei Hildermeier, Geschichte; ders., Sowjetunion, S. 92–100.
145 Vgl. Kotkin, Armageddon, S. 63 f.
146 Zu dieser Argumentation vgl. Brown, Years; Kotkin, Armageddon; Zubok, Empire.
147 Brown, Years, S. 5.

Er ging von Anfang an über alles hinaus, was der Staat bis dato an Selbstkorrekturen erlebt hatte, und ließ schließlich sogar eine vollends systemumwälzende Folgelogik zu, die zunächst ungewollt in Gang gekommen war. Dieser Veränderungswille entsprang dem Projekt einer Gruppe sowjetischer Eliten, die der post-stalinistischen Generation angehörte, deren politisches Weltbild sich in den Jahren des Tauwetters und der Entspannung herausgebildet hatte. Wenn sich überhaupt irgendwo ein Element von Zwangsläufigkeit fassen läßt, dann hier. Denn der generationelle Wechsel ließ sich nicht ewig hinauszögern, und er machte es wohl wahrscheinlicher, jedenfalls aber überhaupt möglich, daß eine Staatsführung mit neuen Ideen an die Macht kam. Auch so hätte es noch zahlreiche andere Entwicklungsmöglichkeiten gegeben.

Diejenigen Ideen, die das Denken Gorbatschows und seiner Berater um die Mitte der achtziger Jahre prägten, wichen in vielerlei Hinsicht markant von der sowjetkommunistischen Orthodoxie ab.[148] Den Kapitalismus verurteilten sie nicht in Bausch und Bogen, sondern vermochten seine wirtschaftlichen Leistungen durchaus zu erkennen. Sie erwogen liberalisierende Maßnahmen, um die wirtschaftlichen Reformen zu befördern, wenn auch in unterschiedlichen Graden. In ihren außenpolitischen Überlegungen wurde die Vorstellung einer globalen Interdependenz zentral: Den Frieden zu erhalten, erschien ihnen als ein absoluter Wert, das Wettrüsten verwerflich und gefährlich, die gegenseitige Berücksichtigung der Sicherheitsinteressen von West und Ost geboten. Probleme wie die weltweite Armut oder Umweltschäden hielten sie für dringlich und nur in einer gemeinsamen Anstrengung der internationalen Gemeinschaft lösbar.

Diese programmatische Orientierung stellte den vorläufigen Endpunkt einer politischen Denkentwicklung dar, die schon seit längerem, wenn auch weitgehend verborgen, Konturen gewonnen hatte. In ihr lag ein wichtiger vorbereitender Prozeß.[149] Unter dem Einfluß der post-stalinistischen Auflockerung und wachsender Verbindungen zu westlichen Akademikern und Aktivisten, die während der Entspannung möglich wurden, hatte eine kleine Minderheit von vielleicht einigen Hundert Parteifunktionären und Wissenschaftlern bereits seit den sechziger Jahren eine Art alternative politische Weltsicht ausgeprägt. Sie diagnostizierten zahlreiche Funktionsschwächen der sowjetischen Ökonomie, und manche plädierten bereits dafür, sich zur Weltwirtschaft zu öffnen oder sogar Marktelemente einzuführen. Ebenso setzen sie sich mit der heraufziehenden technologischen Revolution auseinander und debattierten über die »post-industrielle« Gesellschaft. In ihren Schriften fand sich auch bereits der Kern der global-integrationistischen Ausrichtung, die das spätere »Neue Denken«

---

148 Vgl. zum Folgenden English, Russia.
149 Vgl. zum Folgenden ebd. Ein ähnliches Argument, allerdings nur mit Blick auf den Rüstungsbereich und mit Fokus auf die transnationale Verflechtung: Evangelista, Forces.

in Gorbatschows Außenpolitik charakterisieren sollte. Schließlich befaßten sie sich eingehend mit weltweiten Fragen wie den nuklearen Gefahren, der Bevölkerungszunahme oder den »Grenzen des Wachstums«. Die Vertreter dieser reformistischen Denkrichtung sammelten sich in verschiedenen Institutionen.[150] Dazu zählte vor allem die Internationale Abteilung des Zentralkomitees, deren strikt linientreuer Leiter Boris Ponomarjow bemerkenswerterweise einen kleinen Stab von Beratern einrichtete, die den Auftrag hatten, frei von ideologischen Rücksichten über außenpolitische Fragen nachzudenken. Einige arbeiteten unter seiner Ägide ferner in Prag an der internationalen kommunistischen Zeitschrift »Probleme des Friedens und des Sozialismus« mit, wo sie von den tschechoslowakischen Reformexperimenten tief beeinflußt wurden. Weitere Sammelpunkte waren akademische Institute, die mit der Internationalen Abteilung des ZK in enger Verbindung standen, etwa das *Institut für Weltwirtschaft und Internationale Beziehungen* (IMEMO), das *Institut für US-amerikanische und Kanadische Studien* oder das *Institut für die Wirtschaft des Weltsozialistischen Systems*, an denen ein vergleichsweise großes Maß an Gedankenfreiheit herrschte. Und nicht zuletzt gehörten die bereits angesprochenen, entspannungspolitisch aufgeschlossenen Beamten des Außenministeriums in diese Reihe. Eine stattliche Anzahl von Gorbatschows wichtigsten Beratern ging aus diesen Institutionen hervor. Dazu zählten Tschernjajew, Schachnasarow, Georgij Arbatow, Alexander Jakowlew, Abel Aganbegjan und andere.

So lange die Verhältnisse im Land keine Aussicht auf substanzielle Veränderungen boten, verlegten sich die, wenn man so will, systemkonformen Nonkonformisten darauf, über Memoranden und Analysen die Auffassungen ihrer Vorgesetzten behutsam zu beeinflussen. Nicht selten wurden sie dafür von konkurrierenden Machtzentren harsch angegangen. Mit Gorbatschows personalpolitischen Weichenstellungen änderte sich die Ausgangslage dann grundstürzend. Von der Vorgeschichte seiner neuen Berater her wird verständlich, daß ihre politischen Konzepte, die sie nun offener in den Entscheidungsprozeß einspeisen konnten, eben nicht lediglich auf aktuelle Krisensymptome reagierten, sondern eine eigene Antriebskraft darstellten.[151] Diese Konzepte trugen stark idealistische Züge. Denn sie entsprangen dem jahrelang gehegten Wunsch, den sowjetischen Sozialismus zu erneuern, ihn leistungsstärker zu machen, ihm aber auch ein gerechteres Gesicht zu verleihen und so die Ursprungsvision der Oktoberrevolution in einer reineren Form wiederaufleben zu lassen. »Der Glaube an einen menschlichen Sozialismus war im System selbst wiedererstanden«, so hat Stephen Kotkin den Kern der sowjetischen Untergangsdynamik treffend zusammengefaßt, »und dieses Mal [...] sollte er sich als

---

150 Vgl. zum Folgenden Brown, Years; Rey, Mejdunarodniki.
151 Vgl. English, Russia.

verhängnisvoll erweisen«.[152] Wenn der Druck des Westens dazu etwas beitrug, so war es der Druck, der von seinem ökonomischen Erfolg und dem attraktiven Versprechen politischer Freiheit ausging.[153] Vieles davon galt nicht zuletzt für Gorbatschow selbst. Im Lauf seiner Amtsjahre, wenn auch erst dann, gelangte er zu dem Glauben, daß die Sozialdemokratie besser in der Lage sei, das sowjetische Gründungsversprechen zu erfüllen, als der Sowjetkommunismus.[154]

Gerade wenn man in diesem idealistischen Reformwillen eine wichtige Initialzündung sieht, gilt es zu betonen, daß die Dinge bald aus dem Ruder liefen. Die begrenzten Reformen erwiesen sich als unwirksam – sinnbildlich dafür stand Gorbatschows frühe, gescheiterte Anti-Alkohol-Kampagne. Als die neue Führung die Reformen jedoch weiter trieb, entwickelten sich Eigendynamiken, die sie nicht beabsichtigt hatte und nun kaum mehr aufhalten konnte.[155] Mit dem Beschluß, die Produktivkräfte der Bürger zu wecken und als Anreiz dafür gesellschaftliche Freiräume zuzulassen, war der Rubikon überquert. Das geschah seit Ende 1986 im Zeichen der *glasnost* – wie *perestroika* ein offener Begriff, mit dem sich ganz unterschiedliche Vorstellungen verbinden ließen, was die mit ihm verbundenen politischen Entscheidungen durchsetzbar, aber auch schwer kontrollierbar machte. Mit atemberaubendem Tempo entwickelte sich nun eine plurale öffentliche Meinung, und in einer umgewälzten Medienlandschaft wurden noch kurz zuvor tabuisierte Themen ebenso eifrig wie kontrovers diskutiert. Viele Sowjetbürger erlebten dies als einen Moment der Erweckung, in dem sich vieles, was sie bislang geglaubt hatten, als hohl oder lügenhaft entlarvte.[156] Wirtschaftspolitisch ergriff Gorbatschow nun erste grundlegende, wenn auch nach wie vor beschränkte Maßnahmen, indem er etwa die Abhängigkeit von Staatsunternehmen lockerte und private Kleinbetriebe zuließ. Die politischen Veränderungen reichten bald schon deutlich weiter. Die 19. Parteikonferenz vom Juni 1988 beschloß, die Partei zu reformieren und eine neue gesetzgebende Versammlung zu schaffen, die teilweise in freien Wahlen bestimmt werden sollte. Dieser Schritt ging nun deutlich über eine Neuausrichtung innerhalb des Systems hinaus und zielte darauf, dieses selbst zu transformieren.[157] Der Volksdeputiertenkongreß trat im Mai 1989 zusammen. Er wählte einen neuen Obersten Sowjet und verlieh sich das Recht, alle Gesetze des alten zu überprüfen. Es entstand eine Parteienlandschaft, grob in ein demokratisches, ein nationalkonservativ-antiwestliches und ein kommunistisches Lager geteilt. Daß im Kongreß frei debattiert, an Vergangenheit und Gegenwart

---

152 Kotkin, Armageddon, S. 57. Meine Argumentation an dieser Stelle basiert auf diesem Buch.
153 Vgl. Grachev, Gamble, S. 6.
154 Vgl. Brown, Years.
155 Vgl. zum Folgenden Hildermeier, Geschichte; ders., Sowjetunion, S. 92–100.
156 Vgl. Kotkin, Armageddon.
157 Vgl. Brown, Years; ders., Aufstieg.

Kritik geübt wurde und die Verhandlungen völlig transparent waren – live im Fernsehen übertragen, verfolgten sie vermutlich bis zu 100 Millionen Zuschauer –, das veränderte den politischen Prozeß im Land mit einem Schlag tiefgreifend. Im Mai 1989 konnten die sowjetischen Bürger erstmals Andrei Sacharow öffentlich sprechen hören. Der Kommunismus war damit praktisch bereits 1988/89 an sein Ende gelangt: Das Parteimonopol war ausgehöhlt, die kompetitiven Wahlen unterliefen den demokratischen Zentralismus, eine freie Publizistik entwickelte sich. Am ehesten hatte noch die Planwirtschaft Bestand, doch war auch sie dabei, aufgelöst zu werden.[158]

Menschenrechtsgedanken spielten in diesem Transformationsprozeß gleichsam von unten eine wichtige Rolle, nämlich über die »Demokratie«-Bewegung, die sie sich vielfältig zu eigen machte. Es war eine weitere Dynamik, die Gorbatschow nicht vorausgesehen hatte, daß die *perestroika* Gegner hervorbrachte, denen sie nicht zu weit, sondern nicht weit genug ging. Bis Anfang 1988 waren wohl rund 30.000 unabhängige Vereinigungen entstanden, deren Zahl sich im Folgejahr nochmals verdoppelte.[159] Weitgehend den städtischen Bildungsschichten entstammend, verstanden sich manche von ihnen als oppositionelle Parteien, andere eher als Diskussionszirkel oder Vereinigungen zur öffentlichen Bewußtseinsbildung. Viele derer, die sich in diesen Jahren als »Demokraten« bezeichneten, waren bei Gorbatschows Amtsantritt keineswegs Antikommunisten gewesen. Sie setzten eher bei der Kluft zwischen dem staatsideologischen Anspruch und der alltäglichen Wirklichkeit an, unzufrieden mit staatlicher Schlamperei, bürokratischer Gängelung und mangelnden Entfaltungsmöglichkeiten. Viele wollten anfangs am ehesten einen besseren Sozialismus – der mythische Begriff dafür war »leninistisch« – und konnten sich mit der Reformpolitik der *perestroika* durchaus identifizieren. Doch radikalisierten sich die Ansichten schnell. Der neue Generalsekretär erschien ihnen bald als halbherzig, und sie begannen, sich am Modell westlicher Demokratien auszurichten. Anders als die Dissidenten der siebziger Jahre, konnten sich die »demokratischen« Gruppen im Klima der *glasnost* deutlich freier bewegen, wenn sie auch nicht gänzlich vor staatlicher Verfolgung geschützt waren. Und anders als ihre Vorläufer formulierten sie konkrete politische Forderungen, die darauf hinausliefen, das System durchgreifend zu liberalisieren.[160]

Dem Gedanken, das politische System über die institutionelle Sicherung von Menschenrechten strukturell zu verändern, wuchs dabei eine nicht unerhebliche Bedeutung zu, wenngleich sie sich kaum quantifizieren läßt.[161] Stellvertretend

---

158 Vgl. ebd.
159 Vgl. zum Folgenden: Lukin, Culture; von Saal, Folgen; dies., Reformen.
160 Vgl. ebd.
161 Nach offiziellen Angaben bestanden 1987 50 Bürgerrechtsgruppen, doch waren die Grenzen zwischen diesen und anderen Gruppen, die sich ebenfalls mit Menschenrechtsfragen befaßten, fließend. Vgl. von Saal, Reformen.

für viele andere Gruppen, forderte etwa die Vereinigung *Demokratisches Rußland*, mit Bezug auf die Allgemeine Menschenrechtserklärung, eine neue Verfassung, in der Meinungs- und Glaubensfreiheit und das Recht, Parteien beizutreten, verbürgt sein sollten.[162] Nicht wenige Oppositionelle bezogen sich auch auf den KSZE-Prozeß. Im Umfeld der Folgekonferenz, die 1989 in Wien begann, entstand eine regelrechte »Wiener Bewegung«.[163] Zahlreiche Gruppen griffen den noch näher zu beschreibenden Vorschlag auf, eine Menschenrechtskonferenz in Moskau zu veranstalten, den die sowjetische Delegation auf dem Treffen unterbreitete, und erklärten sich zu Vorbereitungskomitees. Nach Abschluß des Treffens nutzten sie die Wiener Vereinbarungen als Referenzpunkt für ihre politischen Ansprüche. Auch in den außenpolitischen Vorstellungen der »Demokratie«-Bewegung fanden Menschenrechtsgedanken einen wichtigen Platz. Die *Demokratische Union* bekannte sich zu einem weltweiten Menschenrechtsschutz, den sie als unverzichtbare Grundlage der Völkerverständigung und damit auch des Friedens begriff.[164] Und auch fast alle anderen Programmschriften räumten der Sorge um die Menschenrechtslage im Ausland einen wichtigen Stellenwert ein oder wollten diese sogar zum Kriterium für die Vergabe von Entwicklungshilfe machen.

Bei alledem hatte das politische Gedankengebäude der »Demokraten« eine starke moralische und auch idealistische Färbung. Im Raum der internationalen Beziehungen verstanden sie Menschenrechte als Teil einer universellen Moral.[165] Demokratie galt ihnen oft nicht oder nicht nur als ein formales System politischer Regeln, sondern als Vehikel einer besseren, reineren, ja sogar vollkommenen Gesellschaft, in der Freiheit, Gerechtigkeit, Wohlstand und kreative Entfaltung in einem Leben »ohne Lüge« verwirklicht sein würden. Damit fand sich auch hier der Konnex von politischer Desillusionierung und Neubesinnung im Zeichen der Menschenrechte, der die Dissidenz der siebziger Jahre gekennzeichnet hatte. Allerdings war die Neuausrichtung unter den Bedingungen der späten achtziger Jahre unzweifelhaft euphorischer, ja gewann zuweilen Züge eines »Menschenrechtsmessianismus«.[166] Und die nächste Ernüchterung war damit gleichsam vorprogrammiert. Dann nämlich, wenn klar würde, daß die reale Demokratie die überbordenden Erwartungen, mit denen sie befrachtet worden war, nicht erfüllen konnte.

Eine letzte Eigendynamik, die aus menschenrechtshistorischer Perspektive allerdings nicht so bedeutsam war, setzten schließlich die nationalistischen Separatismusbewegungen in Gang. Immerhin führten sie, nach dem Ende des

---

162 Vgl. dazu auch Peterson, Globalizing, S. 172 f.
163 Vgl. dazu von Saal, Wien.
164 Vgl. Lukin, Culture, S. 219, 242.
165 Vgl. ebd., S. 239–243.
166 Der Begriff ebd., S. 243.

Kommunismus, nun auch das Ende der Sowjetunion herbei.[167] Auch den Willen der Republiken, sich von Moskau zu lösen, hatte Gorbatschow unterschätzt, der zwar das System verändern, nicht aber den Staat abschaffen wollte. Im April 1991 verhandelte er mit den Vertretern von neun Republiken darüber, eine neue, freiwillige Union zu gründen. Damit war für die kommunistischen Reaktionäre eine rote Linie überschritten – einige von ihnen, wie Premier Walentin Pawlow, Innenminister Boris Pugo oder seinen Stellvertreter Gennadi Janajew, hatte der sowjetische Präsident erst kurz zuvor auf ihre einflußreichen Posten gehievt. Sie repräsentierten gewichtige Interessen im Land, doch war der Putsch, den sie im August anzettelten, dilettantisch eingefädelt – so ließen sie den russischen Präsidenten Boris Jelzin unbehelligt, der sich dann auch zum Helden des Gegencoups aufschwang. Wenn sie auch nie mehr als 50 oder 60.000 Menschen auf die Straße riefen, vollzog sich in den Demonstrationen gegen die Rückkehr zur alten Ordnung doch so etwas wie eine »parallele demokratische Revolution«.[168] Jelzin ging aus dem Geschehen als mächtigster Politiker des Landes hervor. Er ließ die KPdSU verbieten, bevor sich im September auch der Oberste Sowjet auflöste. Gorbatschow trat als Generalsekretär zurück. Der Zerfall des Vielvölkerreiches, den die Putschisten hatten aufhalten wollen, schritt nun rasch bis zu seinem Ende fort. Im Dezember 1991 wurde die Sowjetunion für aufgelöst erklärt.

Noch bevor es soweit gekommen war, hatten Menschenrechte allerdings auch in der sowjetischen Außenpolitik eine neue Bedeutung gewonnen – und kamen damit auch bei der Beendigung des Kalten Kriegs zum Tragen. Gorbatschow war mit der festen Absicht an die Macht gelangt, die Konfrontation der Supermächte zu überwinden.[169] Mehreres kam dabei zusammen. An vorderster Stelle gehörte dazu eine ökonomische Logik, denn die exorbitanten Rüstungsausgaben – sie verschlangen vierzig Prozent des Staatshaushalts – erschienen nicht länger tragbar. Überdies war ein günstiges internationales Umfeld unverzichtbar, wollte sich der neue Generalsekretär mit den nötigen Kräften der inneren Reformpolitik zuwenden. Doch beseelten ihn auch ein genuiner Friedenswille und der aufrichtige Wunsch, die Gefahr eines Nuklearkriegs zu bannen. Darin verriet sich sogar ein Sendungsbewußtsein, denn Gorbatschow ging es mit seinen außenpolitischen Aufbrüchen letzten Endes darum, eine gerechtere und sicherere Weltordnung zu schaffen.

Bis zu seinem Gipfeltreffen mit Ronald Reagan in Genf kam es dabei noch nicht zu einem grundlegenden Durchbruch.[170] Erst im folgenden Jahr begann das »neue Denken«, die sowjetische Außenpolitik umzugestalten. Im Zuge

---

167 Vgl. zum Folgenden Hildermeier, Geschichte; Brown, Aufstieg.
168 Hildermeier, Geschichte, S. 157. Vgl. Zubok, Empire.
169 Vgl. zum Folgenden Hildermeier, Geschichte; ders., Sowjetunion; Zubok, Empire, S. 303–335; Brown, Years.
170 Vgl. Zubok, Empire, S. 285.

seiner »Friedensoffensive« enthüllte Gorbatschow im Januar 1986 das Vorhaben, bis Ende des Jahrtausends zu einer völligen nuklearen Abrüstung zu gelangen. Die amerikanische Regierung tat das als Propagandatrick ab, und tatsächlich hatte das sowjetische Verteidigungsministerium den Plan als Propagandatrick entwickelt, doch verstand ihn Gorbatschow eben anders.[171] Wegweisend wurde dann der Politische Bericht, den der Generalsekretär dem 27. Parteitag der KPdSU im Februar 1986 vorlegte, nachdem er selbst zusammen mit seinen engsten Beratern daran gearbeitet hatte.[172] Er war das Zeugnis einer bemerkenswerten Wende. Zwar erwähnte er noch den »Wettstreit zwischen beiden Systemen«, den traditionellen Ausgangspunkt der sowjetischen Außenpolitik seit den Nachkriegsjahren. Daneben erklärte er aber »die erstarkende Tendenz zur wechselseitigen Abhängigkeit der Staaten der Weltgemeinschaft« zu einem Ausdruck der »realen Dialektik« der Gegenwart.[173] Der Bericht sprach von einer »ganzheitliche[n] Welt«, die sich drängenden Problemen gegenübersehe: den Gefahren eines Atomkriegs, der Umweltverschmutzung, der Erschöpfung der natürlichen Ressourcen, der Benachteiligung der Entwicklungsländer.[174] Daraus leiteten Gorbatschow und seine Berater einen Imperativ der internationalen Kooperation ab, der zugleich ein Imperativ der globalen Selbsterhaltung war: »Allgemeinmenschliche, globale Probleme lassen sich nicht durch Anstrengungen eines einzelnen Staates oder einer Gruppe von Staaten lösen. Hier braucht man eine weltweite Zusammenarbeit.«[175] Im Abschnitt über die außenpolitische Strategie schließlich erklärte der Bericht den »Ausbau der internationalen Zusammenarbeit bei der Wahrnehmung der politischen, sozialen und persönlichen Menschenrechte« zur Grundlage eines internationalen Sicherheitssystems.[176] Offenbar hatte es erhebliche Schwierigkeiten bereitet, diese Positionen zu formulieren, und auf dem Parteitag sorgten sie dann auch für heftigen Widerspruch. Gleichwohl blieben sie für Gorbatschows Außenpolitik verbindlich.

In der Folge unternahm er dann auch weitere Anläufe, um eine Verständigung mit den USA herbeizuführen. Die wichtigsten Stationen sind bereits beschrieben worden. Den nächsten Gipfel mit dem amerikanischen Präsidenten in Reykjavik regte der sowjetische Staatschef selbst an, doch stand hier das amerikanische SDI-Programm noch unüberwindlich im Wege.[177] Vor dem Politbüro setzte Gorbatschow im Anschluß zwar seine Tiraden gegen Reagan

---

171 Vgl. ebd., S. 285; Grachev, Gamble.
172 Vgl. English, Russia, S. 210; Grachev, Gamble, S. 73.
173 Politischer Bericht des Zentralkomitees der KPdSU an den XXVII. Parteitag der Kommunistischen Partei der Sowjetunion, 25.2.1986, S. 50.
174 Ebd.
175 Ebd, S. 47.
176 Ebd, S. 131.
177 Vgl. zum Folgenden Zubok, Empire.

fort, doch erschien ihm das Treffen rückblickend als Wendepunkt, an dem er begriffen habe, daß es seinem Gegenüber mit dem Wunsch, abzurüsten, ernst war. Ende 1986 billigte Gorbatschow eine neue Militärdoktrin, die von der Unmöglichkeit ausging, einen Nuklearkrieg siegreich zu beenden, und die Parität mit den USA nicht länger für unverzichtbar erklärte. Im folgenden Jahr akzeptierten die Sowjets die von den Amerikanern ins Spiel gebrachte »Nullösung« und boten weitere Reduktionen im Bereich der Kurzstreckenraketen an. Im Dezember 1987 unterzeichnete Gorbatschow in Washington den INF-Vertrag. Genau ein Jahr später hielt er seine berühmt gewordene Rede vor den Vereinten Nationen, in der er eine »Entideologisierung der zwischenstaatlichen Beziehungen« forderte.[178] Damit war der konstitutive Gegensatz des Kalten Kriegs im Grunde bereits aufgelöst.[179]

In diesen Jahren erkannten die sowjetischen Reformer, daß es unerläßlich sein würde, die Menschenrechtssituation im Land – oder doch sein Menschenrechtsimage – zu verbessern, wollten sie das politische Vertrauen des Westens für die Rüstungsbegrenzung und verbesserte Wirtschaftsbeziehungen gewinnen.[180] Sich westlichen Forderungen gegenüber empfänglich zu zeigen, bildete daher einen wichtigen Teil ihrer neuen Strategie, sich international zu positionieren. Das eigentliche Umkehrsignal bildete eine Geheimrede, die der Generalsekretär im Mai 1986 im Außenministerium hielt.[181] Hier ging er mit der »überholte[n] Betrachtungsweise« ins Gericht, »der Schutz der Menschenrechte sei keine Funktion der sozialistischen Gesellschaft«. Um mit ihr zu brechen, rief Gorbatschow eine »Wende« in den »humanitären Fragen« wie der Familienzusammenführung und der Ein- und Ausreise aus.[182] Daß er sich jetzt zu dieser Offensive entschied, dürfte nicht zuletzt mit dem Reaktorunglück von Tschernobyl zusammengehangen haben, das sich im Monat zuvor ereignet hatte.[183] Von ihm befürchtete Gorbatschow, neben allem anderen, einen unabsehbaren außenpolitischen Schaden, da die sowjetische Desinformationspolitik die Beziehungen zum Westen schwer belastete.

In der Folgezeit kam tatsächlich Bewegung in menschenrechtliche Angelegenheiten.[184] Auf dem KSZE-Expertentreffen in Bern im April und Mai löste die Sowjetunion erstmals einige Dutzend Fälle von Familienzusammenführung.

---

178 Vgl. Gorbatschow, UNO-Rede, S. 59, 64f.
179 Vgl. Hildermeier, Geschichte; ders., Sowjetunion; Brown, Years.
180 Darüber besteht inzwischen im Kern Einigkeit. Schon früh angedeutet: English, Russia. Am differenziertesten und substanzvollsten: von Saal, Folgen; dies., Wien. Auf der selben Linie auch Snyder, Rights, und weniger entwickelt Peterson, Globalizing.
181 Vgl. von Saal, Reformen.
182 Vgl. dazu Am Wendepunkt. Beratung im Außenministerium der UdSSR, 28. Mai 1986, S. 196.
183 Vgl. English, Russia.
184 Vgl. zum Folgenden von Saal, Folgen; dies., Reformen; Snyder, Rights.

Nachdem Gorbatschow Ende 1986, in einem ebenso spektakulären wie medienwirksam inszenierten Zug, Andrei Sacharow angeboten hatte, aus dem Exil zurückzukehren, entließen die Behörden bis Ende des folgenden Jahres mehr als die Hälfte der Dissidenten, deren Schicksale im Westen bekannt waren (die letzten dann erst 1991). Und das Jahr 1987 brachte noch weitere Verbesserungen: Das Justizministerium kündigte an, das Strafrecht zu humanisieren, die Ausreisebestimmungen wurden erleichtert, so daß die Zahl der emigrierenden Juden und Deutschen stark anstieg, und die Ausstrahlungen ausländischer Radiosender wurden nicht länger gestört. Auch institutionell schlug sich der neue Kurs nieder. Neben einem Büro für humanitäre Angelegenheiten im Außenministerium schuf die Regierung Ende 1987 vor allem eine »Gesellschaftliche Kommission für internationale Zusammenarbeit im Bereich der humanitären Fragen und Menschenrechte«. Sie war ein schillerndes Geschöpf. Wohl mit der Absicht gegründet, den innersowjetischen Menschenrechtsdiskurs unter staatlicher Kontrolle zu behalten, entwickelte sie sich unter ihrem Leiter Fjodor Burlazkij zu einem liberalen Organ, das sich für ernsthafte Reformen einsetzte und den konservativen Gegnern der *perestroika* entgegenwirkte.[185]

Auf der seit Ende 1986 tagenden KSZE-Folgekonferenz in Wien unterbreiteten die Sowjets überdies das Angebot, eine Menschenrechtskonferenz auszurichten, das für einiges Aufsehen sorgte.[186] Auch wenn sich die Moskauer Führung aus imagepolitischen Gründen dazu entschlossen hatte, so war doch immerhin das neu. Die meisten westlichen Delegationen waren sich unsicher, wie sie damit umgehen sollten. Schließlich schritten die Amerikaner voran, indem sie eine Vielzahl konkreter Bedingungen stellten und »meßbare Fortschritte« forderten, bevor die Konferenz stattfinden könne.[187] Darauf wiederum ließ sich die sowjetische Regierung ein, und die Konferenz begann schließlich im September 1991, einen Monat nach dem Putsch, in Moskau. Nicht zuletzt legte die Staatsführung in diesen Jahren immer wieder starke öffentliche Bekenntnisse zu den Menschenrechten ab.[188] Sie akzeptierte sie als ein legitimes Thema der internationalen Politik und wies nicht einmal die Kritik westlicher Politiker von vornherein als unberechtigt zurück. Die neue rhetorische Selbstdarstellung kulminierte wiederum in Gorbatschows Rede vor den Vereinten Nationen. Darin bekannte er sich zur Allgemeinen Menschenrechtserklärung und zu dem Ziel einer »Humanisierung« der internationalen Beziehungen, die in den »Mittelpunkt von allem« den »Mensch[en], seine Sorgen, Rechte und Freiheiten« stelle.[189]

---

185 Vgl. von Saal, Reformen; dies., Folgen.
186 Vgl. Snyder, Rights, S. 175–216.
187 Zitiert nach von Saal, Folgen, S. 300.
188 Vgl. ebd.
189 Gorbatschow, UNO-Rede, S. 74 f.

So revolutionär sich diese Maßnahmen und Beteuerungen ausnahmen, ging der neue menschenrechtliche Aufbruch doch nicht ohne Ambivalenzen vor sich. Bis mindestens in das Jahr 1988 hinein ergänzte die Moskauer Führung ihre Signale des Entgegenkommens eben auch um fortgesetzte Attacken auf die Menschenrechtssituation im Westen. Das war, wie geschildert, eine wichtige Strategie, derer sich Gorbatschow und Schewardnadse in den Gesprächen mit der amerikanischen Regierung bedienten.[190] Überdies ließen die Behörden zwar viele Dissidenten frei, doch bedeutete das nicht, daß sie sie rehabilitierten. Die Entlassenen mußten sogar versprechen, ihre »antigesellschaftliche Tätigkeit« einzustellen. Ob man Gorbatschows Aussage vor dem Politbüro, die Ausreise freigelassener Oppositioneller sei unproblematisch, denn »es ist ein Gewinn, wenn der ganze Müll aus dem Land verschwindet«, beim Nennwert nehmen kann, erscheint dagegen fraglich.[191] Sie verweist vor allem darauf, daß die interne Argumentation der Reformer in diesen Jahren strukturell doppelbödig war. Immerhin mußten sie versuchen, ihre Maßnahmen dem konservativen Gegenlager möglichst akzeptabel erscheinen zu lassen.

Somit lassen sich die Wirkungen, die von den inneren und äußeren Menschenrechtsprotesten auf das Regime ausgingen, abschließend auch nicht auf eine einfache Formel bringen. Als subversiv wird man sie nicht bezeichnen wollen. Willy Brandt behielt mit seinem Diktum, man könne die Sowjets nicht am »grünen Tisch« dazu zwingen, »sich selbst abzuschaffen«, am Ende nämlich Recht. Zwar schafften sie sich selbst ab, aber nicht auf westlichen Druck, und schon gar nicht auf westlichen menschenrechtspolitischen Druck. Wie immer man geneigt ist, die Anteile von ökonomischem Ruin und eigenständigem Reformimpuls zu bemessen: Sie waren es, die die abschüssige Bahn eröffneten, auf der die Sowjetunion dann ihrem Ende entgegenglitt. Erst dadurch entstanden, überwiegend selbstgeschaffen, Handlungszwänge, aus denen sich die Reformer in Moskau mit menschenrechtlichen Zugeständnissen zu befreien versuchten. Als das System einmal aufgebrochen war, trugen diese dann in den Jahren des Übergangs seit 1987, in denen ja keineswegs klar war, wohin die Reise gehen würde, dazu bei, das System in wichtigen Bereichen zu liberalisieren und zu humanisieren. Dabei wiederum wirkten instrumentelles Nutzenkalkül und aufrichtiges Umkehrbemühen ineinander. Zweifellos setzte die Moskauer Führung alle menschenrechtlichen Verbesserungen mit Blick auf die Vorteile ins Werk, die es sich daraus in den Verhandlungen mit dem Westen erwartete.[192] Und doch waren eine weniger willkürliche Rechtsprechung und ein menschlicherer Umgang mit Andersdenkenden auch Teil der Reformvision, die Gorbatschow und seine Berater antrieb.

190 Vgl. Snyder, Rights; Peterson, Globalizing.
191 Zitiert nach Snyder, Rights, S. 172.
192 Vgl. ebd., S. 135–216; von Saal, Folgen.

Die »Demokratie«-Bewegung im Land hatte daran ihren Anteil. Es erwies sich als wichtig, daß zivilgesellschaftliche Gruppen die entstehenden Freiräume mit politischen Visionen und politischer Substanz füllten. Zum einen verankerten sie liberal-demokratische Werte in der politischen Landschaft, die auch über die Zäsur von 1991 hinaus erhalten bleiben sollten.[193] Zum anderen übten sie dadurch einen merklichen Einfluß auf die Reformer um Gorbatschow aus. Gleichwohl war der diplomatische Druck, den die Reformer aus dem Westen zu spüren bekamen, alles in allem ausschlaggebender dafür, daß sie sich menschenrechtspolitisch umorientierten. Will man einzelne Faktoren isolieren, so dürfte auf diesem Feld tatsächlich die amerikanische Politik am stärksten ins Gewicht gefallen sein. Wie an anderer Stelle beschrieben, bildeten Menschenrechte ein integrales Thema von Reagans »vierteiliger Agenda«, und der stete Strom an Forderungen, Ratschlägen und Namenslisten ließ keinen Zweifel daran zu, daß es der westlichen Supermacht ernst war.

Und auch der KSZE-Prozeß stellte einen wichtigen Strang in diesem Faktorengeflecht dar. Zwar führt es an der Sache vorbei, von einem unwiderstehlichen Sog auszugehen, den die diplomatischen Auseinandersetzungen im Zusammenspiel mit dem inneren Aufbegehren geschaffen hätten, wie die viel rezipierte These des amerikanischen Politikwissenschaftlers Daniel C. Thomas nahelegt.[194] Doch ebensowenig war Helsinki ein »Mythos«, wie eine ältere Deutung glauben machen wollte, der zufolge die gut fünfzehn Jahre umspannenden Verhandlungen gänzlich folgenlos blieben.[195] Im Kern leistete der Konferenzprozeß dreierlei: Er schuf öffentliche Kristallisations- und argumentative Referenzpunkte, an denen sich Politiker und Diplomaten, Aktivisten und Oppositionelle orientieren konnten, um Unfreiheit und Repressionen im Land zu verurteilen. Und er trug damit maßgeblich dazu bei, Menschenrechtsfragen zu einem festen Bestandteil der Ost-West-Beziehungen zu machen.[196] Beides machte die Proteste wirkungsvoller und erhöhte den Handlungsdruck auf die sowjetische Führung. Schließlich konnten die sowjetischen Reformer, vor allem gegen Ende, auch auf die multilateralen Abmachungen verweisen, um ihren reaktionären Widersachern gegenüber liberalisierende Maßnahmen zu rechtfertigen. So unterzeichnete die sowjetische Führung das Abschlußdokument der Wiener Folgekonferenz wohl auch, um einem konservativen *Backlash* zuvorzukommen.[197] Mit alledem war die KSZE nicht ursächlich für das Verschwinden des Sowjetkommunismus, aber auch mehr als nur flankierend. Sie stellte

---

193 Vgl. dazu von Saal, Reformen.
194 Vgl. Thomas, Effect.
195 Vgl. Peter/Wentker, »Helsinki-Mythos«, S. 3 f.
196 So tendenziell auch Snyder, Rights, die meines Erachtens allerdings den Einfluß der westlichen Aktivisten auf den sowjetischen Reformprozeß überschätzt.
197 Vgl. von Saal, Folgen; dies., Wien.

vielmehr einen wesentlichen Kanal dar, über den die menschenrechtliche Kritik ihre Wirkung entfalten konnte.[198]

Insofern unterschied sich die Rolle, die Menschenrechte in der sowjetischen Transition spielten, nicht unwesentlich von den Mechanismen, die in Chile zum Tragen kamen. Die tatsächliche politische Veränderungskraft, die die zivilgesellschaftlichen Protestbewegungen in der Sowjetunion vor dem Ende der Diktatur besaßen, war geringer, die menschenrechtspolitischen Zugeständnisse der Staatsführung größer. Der westliche Druck verfing in beiden Fällen, doch auf unterschiedliche Weise: In Chile war er entscheidend dafür, daß das Regime seine Selbstauflösung zu Ende brachte, während Pinochet auf dem menschenrechtlichen Gebiet im engeren Sinne bis zuletzt halsstarrig blieb. In der Sowjetunion war die Selbstauflösung anders induziert, doch erkannten Gorbatschow und seine Berater in den Menschenrechten ein wichtiges Terrain, auf dem es Konzessionen zu machen galt, um den Westen zu versöhnen. Etwas, das dem KSZE-Prozeß vergleichbar gewesen wäre, gab es im Umgang mit der chilenischen Diktatur nicht; die Vereinten Nationen hatten diese Funktion am Ende der siebziger Jahre weitgehend eingebüßt. Das führte allerdings nicht dazu, daß sich die vielfältigen kritischen Einflußversuche verlaufen hätten.

Bleibt die Frage, was das Ende der Sowjetunion mit dem Dissidentenprotest der siebziger Jahre zu tun hatte. Dabei muß man zunächst bei dem geschilderten Faktum ansetzen, daß das sowjetische Regime bis Anfang der achtziger Jahre praktisch alle Menschenrechtsgruppen zerschlagen hatte. Vor diesem Hintergrund haben zeitgenössische Beobachter wie auch Historiker auf die Diskontinuität verwiesen, die zwischen dem Menschenrechtsaktivismus der siebziger Jahre und dem politischen Wandel der Gorbatschow-Ära lag.[199] Tatsächlich scheinen die Proteste, die sich am Ende der achtziger Jahre erhoben, ganz überwiegend von einer neuen Aktivistengeneration getragen worden zu sein. Wichtiger noch, gaben in späteren Befragungen viele der »Demokraten« zu Protokoll, in ihren Ansichten vor dem Beginn der *perestroika* kaum durch die alternativen Informationsquellen der Dissidenzzirkel beeinflußt worden zu sein.[200] Schwieriger einschätzen läßt sich dies, soweit es die Architekten des Systemumbaus aus dem Umfeld Gorbatschows betrifft. Das liegt vor allem daran, daß sie es selbst, vor allem in den Jahren vor dem Ende der Sowjetunion, weit von sich wiesen, ihre Reformideen aus oppositionellen Kreisen bezogen zu haben.[201] Nun wäre es einerseits eine geradezu törichte Provokation gewesen, hätten sie solche Bezugnahmen ins Feld geführt; und andererseits ging es wohl auch darum, politische Verdienste, sobald sie die Mehrheit im Land als

---

198 Vgl. auch Peter/Wentker, »Helsinki-Mythos«, S. 12.
199 Vgl. dazu zeitgenössisch Alexeyeva, Dissent; aus der Literatur Pollack/Wielgohs, Perspectives.
200 Vgl. Lukin, Culture. Vgl. auch Yurchak, Everything.
201 Vgl. Horvath, Legacy.

solche verstand, für sich selbst zu reklamieren. Daß sich ihre Vorstellungen von Rechtsstaatlichkeit, Demokratie und politischer Öffentlichkeit mit denen vieler Oppositioneller der siebziger Jahre überschnitten, ist unstrittig.[202] Doch ist damit natürlich über Fragen der Wirkungs- und Rezeptionsgeschichte noch nichts ausgesagt. Persönliche Kontakte zur Dissidentenbewegung hatten systemkritische Funktionäre wie Jakowlew, Tschernjajew oder Schachnasarow während der siebziger Jahre jedenfalls nicht. Doch lasen sie begierig die Schriften des *Samisdat*, und es scheint schwer vorstellbar, daß sie etwa mit den scharfsichtigen Diagnosen Sacharows und anderer Regimekritiker nicht sympathisiert oder sogar aus ihnen gelernt hätten.[203]

Einer anderen Interpretationslinie zufolge, die in der Literatur geradezu zu einem Standardargument geworden ist, bestand die wichtigste Wirkung der Dissidenz darin, daß die Menschenrechtsverfechter der siebziger Jahre Räume für die Selbstorganisation geschaffen und, im Rahmen des Möglichen, zivilgesellschaftliche Werte vorgelebt hätten.[204] Die Dissidenten führten demnach neue Vorstellungen von Recht und Demokratie, vom Wert persönlicher und politischer Freiräume in den Diskurs ein, die auch nicht dadurch verschwunden seien, daß die Regimegegner später verhaftet wurden: »Das Phänomen der Dissidenz war wichtig, weil es überhaupt geschah.«[205] Mit alledem, so die Auffassung, trugen sie dazu bei, daß ein stärker pluraler Rahmen an politischen Vorstellungen entstand. Überdies hätten sie die Legitimität der kommunistischen Herrschaft beschädigt, indem sie die staatlichen Repressionen einem breiten Publikum bekannt machten. Nicht zuletzt bekannten sie sich zu einer friedlichen politischen Auseinandersetzung und erteilten der revolutionären Gewalt eine Absage. Somit habe ihr Protest Züge getragen, die die Transition später entscheidend prägen sollten.

Doch bei aller heimlichen Freude an der Macht der Machtlosen, und bei allem guten Willen, ihnen und ihrem mutigem Kampf gerecht zu werden, ist diese Sicht in mehrfacher Hinsicht problematisch. Zunächst einmal reproduziert sie, zumeist uneingestanden, die Selbstdeutung von Dissidenten wie Havel, die ihre Bewegungen ja schon zeitgenössisch als Parallelgesellschaften verstanden. Allerdings behauptete zeitgenössisch niemand von ihnen, die gegenkulturellen Aktivitäten hätten ähnlich weitreichende Effekte, wie sie retrospektive Beobachter erkannten. Überdies war die Gegenöffentlichkeit, die sie schufen, in ihrer Reichweite eben äußerst begrenzt. Man muß nicht so weit gehen, wie jener tschechische Intellektuelle, der von der »onanistischen Befriedigung« sprach,

---

202 Darauf verweisen Horvath, Legacy und von Saal, Reformen.
203 Vgl. Savranskaya, Consequences; dies., Rights.
204 Dies betont eine Reihe von Autoren: Judt, Dilemmas; ders.: Postwar; Horvath, Legacy; Pollack/Wielgohs, Perspectives; auch Thomas, Helsinki; Stephan, Küche; Savranskaya, Rights.
205 Horvath, Legcay, S. 1.

»Samisdat für dieselben zweitausend Intellektuellen zu veröffentlichen, die ihn auch schreiben«.[206] Doch daß die Dissidentenzirkel in den meisten osteuropäischen Staaten isoliert blieben, dürfte außer Frage stehen – einen »Karneval der Freiheit«, wie er in Polen weite Teile der Gesellschaft erfaßte, hat es nirgends sonst gegeben. In der Sowjetunion jedenfalls war die Zivilgesellschaft, die Ende der achtziger Jahre infolge der Reformen von oben entstand, erheblich größer, gewichtiger und veränderungskräftiger als die frühere.[207] Es mag also eine Folge des Nonkonformismus der siebziger Jahre gewesen sein, zivilgesellschaftliche Freiräume zu schaffen – aber doch eher im Sinne eines Exempels, nicht so sehr dagegen im Sinne eines Vermächtnisses.

Die substanziellen Zusammenhänge zwischen dem Protestgeschehen der siebziger Jahre und den politischen Transformationen der späten achtziger lagen woanders. Zum einen lebte die frühere Dissidentenbewegung in dem Aktivismus der sogenannten informellen Vereinigungen wieder auf.[208] So engagierten sich viele der freigelassenen politischen Gefangenen fortan in den neuen Protestgruppen. Einige prominente Rechtsverteidiger, darunter Lew Timofejew, Larisa Bogoraz und Sergej Kowaljow, gründeten etwa den *Presseklub Glasnost*. Manche »demokratischen« Aktivisten nahmen sogar ausdrücklich ihr früheres, durch Haft oder Verfolgung unterbrochenes Engagement wieder auf. Dazu gehörte die Gruppe *Vertrauen*, aus der später die erste oppositionelle Partei der Sowjetunion, die *Demokratische Union*, hervorging. Auch die Moskauer Helsinki-Gruppe wurde 1989 wieder gegründet. Im »Zweiten *Samisdat*« der späten achtziger Jahre schließlich arbeiteten viele, die bereits den ersten mitgestaltet hatten; die *Express-Chronika* zum Beispiel wollte die Tradition der *Chronik der laufenden Ereignisse* fortsetzen.

Zum anderen gelangten die Dissidenten der siebziger Jahre zwar, anders als in Polen und der Tschechoslowakei, nicht in staatliche Führungspositionen, doch gestalteten einige von ihnen den Aufbau demokratischer Institutionen mit.[209] Das galt für den berühmtesten von ihnen, Andrei Sacharow. Er warb im Volksdeputiertenkongreß mit Verve für eine umfassende demokratische Transformation – dafür, die verfassungsmäßig garantierte Rolle der Partei abzuschaffen, eine Opposition zuzulassen, die Suprematie des Parlaments herzustellen, eine neue Verfassung zu verabschieden, die die Grundrechte der Bürger sichere. Viele seiner Forderungen nahm die Partei *Demokratisches Rußland* auf, um sie später im russischen Parlament zu vertreten. Wie vielfältig die Einflüsse der ehemaligen Dissidenten sein konnten, illustriert indes am ehesten wohl die Biographie Sergei Kowaljows, der als Redakteur für die *Chronik der*

---

206 Zitiert nach Judt, Dilemmas, S. 288.
207 Vgl. Brown, Years, der aus meiner Sicht das zivilgesellschaftliche Argument allerdings zu stark minimiert.
208 Vgl. von Saal, Reformen.
209 Vgl. zum Folgenden Horvath, Legacy.

laufenden Ereignisse gearbeitet hatte. Obwohl skeptisch gegenüber Jelzins Politik, übernahm er den Vorsitz der Menschenrechtskommission, die der russische Präsident einrichtete, und machte sie zu einer Plattform für den Menschenrechtsschutz. Zudem war er mit verantwortlich dafür, daß die neue russische Verfassung einen umfangreichen (wenngleich nicht bindenden) Menschenrechtsteil erhielt. Schließlich dokumentierte Kowaljow russische Menschenrechtsverletzungen in dem Ende 1994 beginnenden Tschetschenienkrieg. Dafür zog er sich harsche Vorwürfe zu, auch von Jelzin selbst, und trat schließlich von seinen Ämtern zurück. Betrachtet man die Beiträge, die er und einige andere frühere Dissidenten zum Normen- und Institutionengefüge und zur politischen Kultur des post-kommunistischen Rußland leisteten, so lief doch ein Strom menschenrechtlich-demokratischen Denkens über die staatliche Zäsur hinweg, der in den siebziger Jahren entsprungen war – was auch immer seither aus ihm geworden ist.

Ende der Illusion: Die Dissidenz und die westliche Linke

Schließlich aber hatte die politische Gärung, die in Osteuropa während der siebziger Jahre entstand, noch eine weitere Fernwirkung. Sie veränderte nämliche auch die Wahrnehmungen der sowjetischen Politik, die in der westlichen Linken herrschten, und trug dazu bei, daß diese ihr Verhältnis zum Menschenrechtsgedanken modifizierte. So rückten im Anschluß an die Zerschlagung des tschechoslowakischen Reformkommunismus die meisten kommunistischen Parteien Westeuropas von der Sowjetführung ab, wobei sie zum Teil unmißverständlich mit ihrer stalinistischen Vergangenheit brachen, und bestimmten ihre Position zur Demokratie neu. Dem vermeintlich bourgeoisen Konzept traditionell abgeneigt, schlossen einige nun sogar ihren Frieden mit der Vorstellung der Menschenrechte. So verlangten die Führer der italienischen, spanischen und französischen Kommunistischen Partei bei ihrem Versuch, einen unabhängigen »eurokommunistischen« Kurs einzuschlagen, mindestens gelegentlich von den osteuropäischen Regimen, grundlegende Rechte und Freiheiten zu schützen.[210]

Zudem machte sich auf der Linken vor allem in Frankreich in den frühen siebziger Jahren eine neue Einstellung gegenüber der staatssozialistischen Gewalt bemerkbar. Viele Intellektuelle und Politiker hatten sie bis dahin ausgeblendet oder gerechtfertigt, sofern sie im Dienst der sozialistischen Utopie stehe – das war ein Muster, das sich im Kern mit der Russischen Revolution etabliert hatte und seitdem über die chinesische Kulturrevolution bis hin zu den Repressionen sozialistischer Regime in der »Dritten Welt« fortwirkte. Doch begann der Glaube, Gewalt sei ein notwendiges Mittel für den Aufbau des Sozialismus,

---

210 Vgl. Eley, Democracy, S. 405–28.

nun zu erodieren.[211] Auch dabei stand die Ernüchterung im Hintergrund, die das brutale Ende des »Prager Frühlings« ausgelöst hatte. Anschließend war es jedoch die Entstehung der neuen Dissidenz, die das Umdenken stark beförderte. Unter dem Eindruck von Alexander Solschenizyns Buch über den »Archipel Gulag«, das in diesen Jahren zu einem Bestseller avancierte, begannen Intellektuelle wie André Glucksmann und Bernard Henry-Lévy seit Mitte der siebziger Jahre, die sowjetischen Verbrechen zu kritisieren. Dissidenten wie Sacharow, Bukowski, Orlow oder Schtscharanski wurden nun in der französischen Intellektuellenszene, und darüber hinaus, zu gefeierten Figuren. Sie schienen das unnötige Leiden zu personifizieren, das das Sowjetsystem über seine Bevölkerung gebracht hatte, und der Umgang mit ihnen wurde nun zunehmend als »Menschenrechtsverletzung« begriffen. Sie standen auch für eine neue Art des nicht-revolutionären Kampfs. Die Entwicklungslinie dieser gewandelten Haltungen läßt sich schließlich bis hin zum sogenannten neuen Humanitarismus ziehen. Denn für eine seiner frühen *causes célèbres*, die im Zusammenhang mit den *Médecins Sans Frontières* bereits angesprochenen Hilfsaktionen für die vietnamesischen Bootsflüchtlinge, setzte sich am Ende der siebziger Jahre auch eine Reihe französischer Linksintellektueller ein. Das »Ende der Illusion«, so zeigte sich hier, ließ viele Linke auch zu einem neuen humanitären Bewußtsein erwachen.[212]

Eine buchstäblich massenhafte Ausstrahlung sollte die osteuropäische Dissidenz im Westen dann allerdings erst einige Jahre später entfalten. Die Selbstermächtigung der polnischen *Solidarność* und mehr noch ihre brutale Niederschlagung lösten in zahlreichen westeuropäischen Ländern eine immense Welle des Protests und der Hilfsbereitschaft aus – in der Bundesrepublik, Italien und Belgien, weniger dagegen offenbar in den Niederlanden und Skandinavien. Den Gipfel erreichte die Bewegung der »Solidarität mit *Solidarność*« wiederum in Frankreich, wo sie Hunderttausende auf die Straßen trieb und damit die wohl größten Demonstrationen auslöste, die die nicht unbewegte Nachkriegsgeschichte des Landes gesehen hatte.[213] An ihnen nahmen die meisten Gewerkschaften und Parteien der parzellierten politischen Linken ebenso teil wie katholische Gruppen, Intellektuelle und Journalisten, aber auch Anhänger der vergleichsweise kleinen Friedensbewegung.

Der Verlauf und die politische Ausprägung dieser Empathiewelle gestalteten sich dabei in den westeuropäischen Ländern durchaus unterschiedlich – je nach innenpolitischer Situation und konfessionellen Verhältnissen, nach der vorherrschenden Auffassung der Entspannungspolitik und den nationalhistorischen

---

211 Vgl. Horvath, »Solzhenitsyn Effect«. Vgl. auch Judt, Postwar.
212 Vgl. Furet, Ende.
213 Zu Frankreich hier und im Folgenden vgl. Bégin, Kontakte; Frybes, Enthusiasm; Boel, Support.

Beziehungen zu Polen.[214] In Frankreich wurden die Ereignisse zu einem wichtigen Terrain, sogar zu einem Katalysator der politischen Positionierung. Viele drückten damit, daß sie die polnischen Gewerkschafter unterstützten, eine fortgesetzte oder neugewonnene Distanz zum Kommunismus aus, und bekannten sich zur sogenannten »Zweiten Linken«, die antitotalitär, offen und demokratisch sein sollte. Damit ließ sich ferner eine Kritik an der französischen Regierung verbinden, sei es daran, daß sie die Vorgänge in Polen zunächst als innere Angelegenheit bezeichnet hatte, sei es allgemeiner an der Regierungsbeteiligung der Kommunisten. In der Bundesrepublik dagegen stand die humanitäre »Polenhilfe« ganz unzweifelhaft im Vordergrund, obwohl auch die Regierung Schmidt, im Sinne ihrer entspannungspolitischen Prioritäten, davon absah, die polnische Regierung unter Druck zu setzen.[215] Die »Polenhilfe« schlug sich in Paketsendungen, Hilfstransporten und nicht zuletzt in der wohl größten Spendenaktion nieder, die die westdeutsche Nachkriegsgeschichte bis dahin zu verzeichnen gehabt hatte. Auch in Westdeutschland flossen unterschiedliche Motivationen in das Engagement ein, vermeintlich unpolitische Hilfsbereitschaft, christliche Solidarität, antitotalitäre Stellungnahmen – aber etwa auch der Wunsch nach historischer Aussöhnung. Auch wenn in der Betroffenheit über die polnischen Ereignisse, die Westeuropa in den frühen achtziger Jahren ergriff, der Menschenrechtsbegriff nicht zentral gewesen zu sein scheint, war sie doch ein weiterer Beleg dafür, daß die nicht-staatliche Moralpolitik keine Einbahnstraße darstellte. Sie entwickelte sich vielmehr in einer engen kommunikativen Wechselbeziehung über den Eisernen Vorhang hinweg, der eben schon längst keiner mehr war.

214 Vgl. Berger, Solidarnosc.
215 Vgl. Reinke, Verhältnis.

10. Menschenrechte in der postkolonialen Welt

In dem Maße, wie in den Nachkriegsjahrzehnten immer mehr afrikanische und asiatische Länder die Unabhängigkeit erlangten, verschoben sich die Herausforderungen, denen sich Politiker und politische Aktivisten dieser Regionen gegenübersahen. Das Ziel, das ihr Handeln so lange geleitet hatte, sich von kolonialer Fremdherrschaft zu befreien, war erreicht. Nun galt es, möglichst stabile, leistungsfähige Nationalstaaten aufzubauen – ein notwendigerweise schwieriges Unterfangen, verfügten viele Länder doch über eine ethnisch und kulturell denkbar heterogene Bevölkerung, über anfällige Wirtschaftsstrukturen, ein geringes Ausbildungsniveau und dürftige Lebensgrundlagen. Und auch die Position, die postkoloniale Staaten im internationalen System einnahmen, war alles andere als unangefochten. Die äußere Freiheit brachte neue Abhängigkeiten mit sich. Die Supermächte – und China – rangen um Einfluß auf die beiden Kontinente, sei es mit finanziellen Zusagen und dem Transfer von Wissen, sei es mit politischer Erpressung und militärischer Gewalt. Zudem wurde bald absehbar, daß die weltwirtschaftliche Dominanz westlicher Industriestaaten dem Streben nach Prosperität und »Entwicklung« sehr enge, kaum überwindbare Grenzen setzte. Tatsächlich rückte die Frage des weltweiten Wohlstandsgefälles im Laufe der siebziger Jahre ins Zentrum der internationalen Politik und schien die anderen Probleme vieler afrikanischer und asiatischer Staaten bisweilen zu überschatten.

Selbst wenn sich in der Geschichte der postkolonialen Welt also wichtige übergreifende Muster abzeichnen, sollte man nicht übersehen, daß es sich um ein Ensemble denkbar unterschiedlicher Länder handelte, die sich im Lauf der siebziger und achtziger Jahre in manchen Bereichen sogar noch stärker auseinander entwickelten. Das gilt es schon deshalb zu betonen, da sich in der zeitgenössischen Diskussion immer wieder ein entdifferenzierender Blick geltend machte. Und zwar auf allen Seiten: Westliche Politiker, Kommentatoren und Aktivisten ließen sich nicht selten von der Vorstellung einer im Kern uniformen »Dritten Welt« leiten, während Akteure des globalen Südens ebenso oft die gemeinsamen Erfahrungen und gleich gelagerten Interessen Afrikas, Asiens und auch Lateinamerikas beschworen, um politische Gemeinschaft zu stiften und ihre Verhandlungsmacht auf dem internationalen Parkett zu steigern.[1] Doch hinter den vielfach ähnlichen Ausgangsbedingungen und

---

1 Zur Genese der Vorstellung einer »Dritten Welt« aus historischer Sicht Tomlinson, Third World; Kalter, Entdeckung; Weitbrecht, Aufbruch.

geteilten Grundsatzproblemen tat sich ein ausgesprochen breites Spektrum an Regierungssystemen, Ressourcen und ökonomischen Niveaus, kulturellen oder religiösen Traditionen und nicht zuletzt Lebensrealitäten auf.

Diese Vielfalt wird man im Sinn behalten müssen, wenn es darum geht, einige hervorstechende Entwicklungslinien in der postkolonialen Menschenrechtsgeschichte der beiden Kontinente aufzuzeigen. In dieser Geschichte kamen zahlreiche neue Dynamiken zum Tragen, die bislang kaum untersucht worden sind: neue Argumentationsweisen und neue Aufladungen des Menschenrechtsbegriffs, veränderte Strategien, diesen zu funktionalisieren, und neue Ansätze, menschenrechtliche Politik zu institutionalisieren. Ohne Einblick in staatliche und private Archive bleiben die Aufschlüsse, die sich über diese Prozesse gewinnen lassen, fraglos begrenzt. Wichtige Zusammenhänge werden sich erst dann erschließen, wenn sich die Praxis nicht-staatlicher Gruppen und die außenpolitische Entscheidungsbildung genauer nachvollziehen lassen. Um die Konfliktgeschichte des Zeitraums *en détail* zu verstehen, wären genauere Erkenntnisse darüber erforderlich, welche politischen Aktivisten und Gruppen den Menschenrechtsbegriff aufnahmen – oder ablehnten –, und warum. Ferner dürfte ein tiefenscharfer Blick auf die Kalküle von Staaten wie dem Senegal, Tansania, Sambia und Nigeria, die sich, wie im Folgenden deutlich werden soll, an entscheidenden Stellen menschenrechtspolitisch engagierten, wichtige Facetten der globalen Menschenrechtsgeschichte des Zeitraums freilegen. Und auch ob sich Staaten, die sich menschenrechtlicher Kritik ausgesetzt sahen, tatsächlich unter Druck gesetzt fühlten, und ob sie ihre Politik in solchen Situationen taktisch oder substanziell umorientierten, wird sich nur auf archivalischer Grundlage bestimmen lassen.

Denn daß afrikanische und asiatische Herrscher wegen ihrer »Menschenrechtsverletzungen« auf die internationale Anklagebank gerieten, gehörte zu den auffälligsten und folgenreichsten Verschiebungen in der Menschenrechtspolitik des Zeitraums. Darin lag ein markanter Umschwung, nachdem sich viele Politiker der beiden Kontinente während des Unabhängigkeitskampfes so stark mit der Sache der Freiheit, Gleichheit und Menschlichkeit identifiziert hatten und von internationalen Beobachtern identifiziert worden waren. War es ein wichtiger Strang der Menschenrechtsgeschichte der sechziger Jahre gewesen, daß Vertreter afrikanischer und asiatischer Staaten in ihrem Kampf gegen den Kolonialismus westliche Staaten in die moralische Defensive gedrängt hatten, so schienen sich die Positionen nun zuweilen umzukehren.

Doch war Anfechtung nur der eine Pol der postkolonialen Menschenrechtsgeschichte; der andere bestand in neuen Aneignungen. Sie machten sich wohl nicht so sehr darin geltend, daß afrikanische und asiatische Regierungen ihr auswärtiges Handeln, wie es viele westliche Staaten in diesen Jahren versuchten, konzeptionell auf menschenrechtspolitische Leitlinien gestützt hätten; vermutlich bedienten sich die wenigsten Regierungen des Menschenrechtsgedankens, um ihre Außenpolitik zu legitimieren oder Kriterien für die bilateralen Beziehungen mit anderen Staaten zu entwickeln. Eine größere Prominenz erlangten Menschenrechte auf anderen Ebenen, wobei überstaatliche Trends am deutlichsten auf dem afrikanischen Kontinent faßbar werden. Auf ihn legen die folgenden Betrachtungen daher auch das Schwergewicht. Denn in Afrika, und nur hier, entstand in den achtziger Jahren ein regionales Menschenrechtssystem – in einem äußerst mühsamen Verhandlungsprozeß, mit dem die Mitgliedstaaten auf neue Probleme reagierten, die sie in den kontinentalen Beziehungen wahrnahmen. Noch stärker strahlte der Versuch von Ländern des globalen Südens aus, menschenrechtliche Begründungen in den Diskussionen um eine mögliche Reform der Weltwirtschaftsordnung ins Spiel zu bringen. Damit hinterließen Menschenrechte in einem weiteren internationalen Großkonflikt ihre Spur, dem von der zeitgenössischen Sozialwissenschaft so genannten »Nord-Süd-Konflikt«, der die Beziehungen zwischen westlichen und postkolonialen Staaten in den siebziger und achtziger Jahren wohl am stärksten bestimmte. Schließlich entfaltete sich, wiederum vor allem in Afrika, auch eine neue politisch-philosophische Debatte über den Gehalt des Menschenrechtsgedankens, sein Verhältnis zur historischen Tradition des Kontinents und seinen Stellenwert in der politischen Gegenwart. So vielfältig sich die Positionen ausnahmen, die dabei vertreten wurden, führte diese Debatte doch überwiegend dazu, daß eine afrikanische Konzeption entstand, die sich von der als westlich betrachteten abgrenzte – ohne allerdings dem Menschenrechtsbegriff als solchem eine Absage zu erteilen.

»Menschenrechtsverletzungen« als Signum der »Dritten Welt«

Es war ein ebenso bemerkenswerter wie folgenreicher globalhistorischer Trend der zweiten Jahrhunderthälfte, daß die überwältigende Mehrheit der postkolonialen Regierungen bei dem Versuch, ihre neu gewonnene Macht zu stabilisieren und die ökonomische »Entwicklung« ihrer Länder voranzutreiben, autoritäre Systeme aufbaute. Das konnte für die Bevölkerungen zweifellos Unterschiedliches bedeuten – Welten trennten die massenmörderische Verfolgung politischer Gegner in Indonesien Mitte der sechziger Jahre oder die blutrünstige Willkürherrschaft Idi Amins in Uganda von der Situation im Senegal. Auch Präsident Léopold Sédar Senghor ließ Unruhen brutal unterdrücken, vor allem die Studentenproteste des Jahres 1968. Doch oft bemühte er sich auch um einen Ausgleich mit konkurrierenden Eliten, erlaubte ein gewisses Maß an politischer Diskussion und kompetitive Wahlen. Selbst wenn man solche Unterschiede berücksichtigt, bleibt es jedoch dabei, daß in sehr vielen Staaten nach der Unabhängigkeit starke Führerfiguren die politischen Zügel in die Hand nahmen und ihre Position mit Hilfe schmaler Eliten stützten. Das Militär stellte vielerorts eine entscheidende Säule der Herrschaft dar, avancierte aber auch selbst zunehmend zum Machtfaktor. In zahlreichen Ländern war die politische Willensbildung durch eine Einheitspartei monopolisiert, und sehr oft wurden oppositionelle Regungen, ob sie nun politisch, regionalistisch, ethnisch oder religiös motiviert waren, entschlossen unterdrückt.[2]

In vielen Staaten setzte die Herausbildung autoritärer Regierungsstrukturen eine eigentümliche postkoloniale Dialektik in Gang, die die Bedeutung von Menschenrechten umschlagen ließ: Normen und Rechtsvorstellungen, die den politischen Eliten bis dahin als potentiell emanzipierend gegolten hatten und vielfach politisch zweckdienlich erschienen waren, verkehrten nun ihre Stoßrichtung und drohten, die neu gewonnene politische Herrschaft zu schwächen. Menschenrechte wurden in den unabhängigen Staaten zu einem Maßstab, den Gruppen, die sich politisch in die Enge getrieben sahen, gegen die eigene Regierung wenden konnten. Manche dieser Gruppen hielten menschenrechtliche Vorstellungen den selben Nationalistenführern entgegen, die sie zuvor verwendet hatten, um die koloniale Unterdrückung zu denunzieren. Das zeigte sich etwa in Ghana, das als erstes souverän gewordenes Land des subsaharischen Afrika einige Jahre lang einen besonderen symbolischen Status genoß. Im Vorfeld der Unabhängigkeit von 1957 hatte die ghanaische Opposition eine *Bill of Rights* gefordert, um die Macht der Regierung zu beschränken. Kwame Nkrumah, Ministerpräsident der Kolonie und bald erster Staatspräsident, wußte dies jedoch zu verhindern. Er setzte eine Verfassung durch, die ihm eine denkbar starke Stellung einräumte, und legte lediglich einen Eid auf eine unverbindliche Erklärung grundlegender Prinzipien ab.[3] In den folgenden Jahren rief Nkrumah das Ziel einer »sozialistischen Transformation« aus und lenkte die Produktivkräfte des Landes auf die Industrialisierung, die ein zwar nicht unbeachtliches, aber ungleiches und wenig nachhaltiges Wachstum erzeugte.[4] Mögliche und tatsächliche Kristallisationspunkte einer politischen Opposition, ob nun Parteien, Gewerkschaften oder regionale Entscheidungsstrukturen, ließ der Staatspräsident in den frühen sechziger Jahren systematisch beseitigen. Im Zuge dessen erließ er unter anderem einen berüchtigt gewordenen *Preventive Detention Act*, der es erlaubte, Verdächtige ohne Anklage bis zu fünf Jahre festzuhalten. Seine *Convention People's Party* erklärte Nkrumah offiziell zur Staatspartei. Sie entfaltete kaum integrierende Wirkung, doch warf sich der Staatspräsident, der sich mit einem öffentlichkeitswirksamen Persönlichkeitskult umgab, ohnehin mehr und mehr zu Ghanas Alleinherrscher auf. Das

---

2 Vgl. Harding, Geschichte, S. 82–86, 88–93; Schicho, Scheitern; Cooper, Crises; Nugent, Africa.
3 Vgl. Parkinson, Bills of Rights, S. 103–132. Zu ähnlichen Entwicklungen in Kamerun vgl. Terretta, From Below.
4 Vgl. dazu und zum Folgenden Ansprenger/Traeder/Tetzlaff, Entwicklung, S. 27–54; Gocking, History, S. 115–145.

wiederum isolierte ihn mit den Jahren politisch und entfernte ihn von seiner Unterstützerbasis, worin sich die Entwicklung anbahnte, die schließlich 1966 zu seinem Sturz führen sollte.

Am sinnfälligsten wurde die menschenrechtspolitische Verschiebung aber wohl in der Entschlossenheit, mit der die neuen Staatsführer sezessionistischen Gruppen innerhalb ihrer Staatsgrenzen das Selbstbestimmungsrecht verweigerten, das sie sich selbst im antikolonialen Kampf auf die Fahnen geschrieben hatten. Das war der Rahmen für einige der mörderischsten Konflikte in der postkolonialen Ära. Im Kongo brachen 1960 über dem Versuch Moïse Tschombés, die rohstoffreiche Provinz Katanga in die staatliche Unabhängigkeit zu führen, kriegerische Auseinandersetzungen aus. Sie wurden durch die Interventionen der USA und, wenngleich in geringerem Maße, der Sowjetunion zusätzlich angefacht. Und auch die Vereinten Nationen schalteten sich ein, indem sie eine Friedensoperation auf den Weg brachten, die schließlich *de facto* dabei half, das abtrünnige Katanga als Teil des Kongo zu erhalten. Aus den vielschichtigen Konflikten ging schließlich der Armeechef Mobutu Sese Seko als Gewinner hervor, der das Land bis Mitte der neunziger Jahre diktatorisch regieren sollte. In Nigeria entbrannte 1967 ein Bürgerkrieg zwischen der Zentralregierung im Norden und der sezessionistischen Republik Biafra im Südosten.[5] Die ehemalige britische Kolonie hatte seit Beginn ihrer Unabhängigkeit unter politischer Instabilität gelitten, die aus einem Machtkonflikt zwischen den Regionen des Landes erwuchs, der zusätzlich ethnisch und religiös aufgeladen war. Nachdem eine Gruppe von Offizieren aus dem Südosten, die der Ethnie der Igbo angehörten, 1966 geputscht hatte, antworteten Militärs aus dem Norden mit einem Gegenputsch, der Massaker an Igbo und Flüchtlingsströme auslöste. Daraufhin spitzte sich der regionale Konflikt vollends zu, und der Südosten erklärte sich für unabhängig. Die Zentralregierung eröffnete den Krieg und verhängte eine wirtschaftliche Blockade; der Konflikt kostete ein bis drei Millionen Menschen das Leben. Er endete schließlich 1970 mit der militärischen Niederlage Biafras, das in den Nationalstaat wieder eingegliedert wurde. Ein Jahr später erklärte sich Bangladesch für unabhängig.[6] Seit langem schon war der östliche Teil Pakistans, in dem die Mehrheit der Bevölkerung lebte, politisch und wirtschaftlich marginalisiert worden, und seit Ende der sechziger Jahre hatten sich die Autonomieforderungen der in Ostpakistan führenden *Awami League* radikalisiert. Die pakistanische Militärregierung reagierte auf die Abspaltung mit einer äußerst brutalen Invasion – sie forderte wohl mindestens 50–100.000 Todesopfer, doch könnte die Zahl um ein Vielfaches höher liegen. Die militärische Besetzung endete schließlich nach einem Kurzkrieg, in dem Indien den Nachbarn vernichtend geschlagen hatte. Die Ereignisse in Nigeria und Pakistan lösten ein

---

5 Konzise Darstellung bei Falola/Heaton, History, S. 158–180.
6 Vgl. Raghavan, 1971.

immenses internationales Echo und eine Welle privater Hilfsanstrengungen aus, die vielen Beobachtern später als Beginn eines »neuen« zivilgesellschaftlichen Humanitarismus galten.[7] Der Konflikt um Eritrea schließlich, das die Vereinten Nationen Anfang der fünfziger Jahre in einer Föderation mit Äthiopien verbunden hatten, sollte sich von allen am längsten hinziehen. Erst nach einem dreißigjährigen Unabhängigkeitskrieg erhielt das Land 1993 seine politische Selbständigkeit. Die Heftigkeit dieser Konflikte tauchte das bedrohliche Potential, das der Selbstbestimmungsgedanke für die neuen Staatsführungen in Afrika und Asien bergen konnte, in ein besonders grelles Licht. Fallen ließen diese den Gedanken deshalb nicht, doch gewann er in ihrer Rhetorik zunehmend eine neue Valenz. Das zeigte sich nicht zuletzt in den Vereinten Nationen. Hatte es am Anfang der fünfziger Jahre noch eine demokratische Auslegung gegeben, der zufolge Selbstbestimmung in einer wechselseitigen Verbindung mit individuellen Menschenrechten stand, so legten die afrikanischen und asiatischen Vertreter das Prinzip in den sechziger Jahren zunehmend als ein auf Nichteinmischung abzielendes Souveränitätsrecht aus.[8]

Zeigten die Oppositions- und Sezessionsbestrebungen, daß sich nicht lange nach der staatlichen Unabhängigkeit neue innere Widerstände gegen autoritäre Regierungsweisen herausbildeten, so scheint ein nicht-staatlicher Rechtsaktivismus in den meisten Ländern doch bis zum Ende der neunziger Jahre schwach ausgeprägt gewesen zu sein und erst danach zugenommen zu haben.[9] Der amerikanische Politikwissenschaftler Harry M. Scoble zählte Anfang der achtziger Jahre knapp dreißig, institutionell überwiegend schwache afrikanische Menschenrechtsorganisationen.[10] Seit Ende des Jahrzehnts registrierten sozialwissenschaftliche Beobachter im subsaharischen Afrika wie auch im arabischen Raum eine leicht wachsende Zahl, wenngleich dadurch in ihren Augen noch immer keine starke *community* von NGOs entstand.[11] Auch wenn diesen Befunden ein grober Blick zugrunde liegt, dürften sie doch einen Trend anzeigen. Bei den Ansätzen eines nicht-staatlichen Engagements scheinen kirchenbasierte Gruppen sowie Juristen besonders wichtig gewesen zu sein, die sich am Modell westlicher Organisationen wie *Amnesty International*, der ICJ oder *Human Rights Watch* orientierten, und nicht zuletzt auch Finanzhilfen aus westlichen Ländern erhielten. Daß der Organisationsgrad vergleichsweise niedrig blieb, dürfte in hohem Maße darauf zurückzuführen sein, daß in vielen afrikanischen und asiatischen Staaten geringe Freiräume für einen

---

7 Vgl. Heerten, Dystopie.
8 Vgl. Burke, Decolonization, S. 35–58. Vgl. zu ähnlichen Verschiebungen in der IAO Maul, Menschenrechte, S. 355–390. Zum größeren Kontext Simpson, Self-Determination.
9 Vgl. Human Rights Internet, Africa; Welch, Protecting Human Rights.
10 Vgl. Scoble, Non-Governmental Organizations.
11 Vgl. dazu und zum Folgenden Crystal, Movement, hier S. 435–437; Matua, Organizations; Ambrose, Democratization, S. 99–118.

menschenrechtlichen Aktivismus bestanden, selbst wenn er sich als unpolitisches Hilfsengagement ausgab. Daß sich hier zwischen dem globalen Süden und dem Westen eine nicht lediglich quantitative Kluft öffnete, war dabei gleichwohl nicht zu übersehen. Denn wenn sich afrikanische und asiatische Menschenrechtsaktivisten organisierten, dann fast ausschließlich zum Zweck der Selbsthilfe. Ein ausgreifender moralischer Interventionismus wie derjenige westlicher NGOs, der in die entferntesten Ecken der Welt reichen konnte, entwickelte sich auf den beiden Kontinenten nicht.

Dieser westliche Interventionismus wiederum richtete sich in den siebziger und achtziger Jahren zunehmend auch auf die neuen Nationalstaaten in Afrika und Asien. Die postkolonialen Regierungen gerieten in den Fokus einer vehementen Menschenrechtskritik aus dem Ausland, und darin lag für sie vielleicht sogar eine größere Anfechtung als im innenpolitischen menschenrechtlichen Aufbegehren. Angedeutet hatte sich diese Entwicklung schon seit längerem, ja im Grunde bereits im Moment der Unabhängigkeit. So hatte sich die *International League for the Rights of Man* mit Menschenrechtsverletzungen in zahlreichen Staaten beider Kontinente befaßt. Sie wandte sich zwischen Mitte der fünfziger und Mitte der sechziger Jahre unter anderem an die ghanaische Regierung wegen politischer Festnahmen, an die pakistanische wegen der Aufhebung von Grundfreiheiten durch die 1958 an die Macht gelangte Militärregierung, an die iranische wegen politischer Häftlinge, an die irakische wegen der Unterdrückung der Kurden, an die kenianische wegen Haftstrafen ohne Gerichtsverfahren, an die ruandische wegen Massakern an Tutsi und an die indonesische wegen der politischen Massenmorde von 1965.[12] In Tunesien setzte sie sich zugunsten von Wehrdienstverweigerern ein, in Indien für die Selbständigkeitsbestrebungen der Naga, in Ceylon gegen rückwirkende Todesstrafen, in Thailand gegen Repressionen unter dem Kriegsrecht. Damit richtete sich die *League* oft genug gegen Maßnahmen von Politikern, deren Unabhängigkeitskampf sie zuvor unterstützt hatte – und versuchte daraus auch immer wieder Kapital zu schlagen. Als sie sich 1956 für ausreisewillige Juden in Marokko verwandte, erinnerte sie etwa den Premier Ahmed Balafrej daran, daß »unsere Liga in bescheidenem Umfang dabei geholfen hat, die Vereinten Nationen dazu zu bewegen, für die Freiheit Marokkos tätig zu werden«.[13] Wo sie konnte, versuchte sie auf andere neue Staatschefs einen ähnlichen moralischen Druck auszuüben.

Diese Beschwerden, vorgebracht in der eingeschränkten Öffentlichkeit der Nachkriegsjahrzehnte, waren indes nur ein Vorgeschmack der intensiven menschenrechtspolitischen Beobachtung, zu denen sich NGOs seit den siebziger Jahren aufschwangen. Daß sich der ugandische Diktator Idi Amin im Oktober 1975 dazu hinreißen ließ, *Amnesty International* in seiner Rede vor der

---

12 Vgl. NYPL, ILHR, Box 1–9.
13 NYPL, ILHR, Box 3, Baldwin an Ahmed Balafrej, 21.7.1956.

UN-Generalversammlung direkt zu attackieren – als Werkzeug der »Hetzkampagnen kolonialer und imperialistischer Mächte« –, war bei aller Exzentrik des Redners doch symptomatisch für den größeren Druck, der sich nunmehr aufbauen ließ.[14] Wie beschrieben, gelang es der Londoner Organisation in den siebziger und achtziger Jahren, ihre Arbeit zu Ländern des globalen Südens immens zu erweitern. Was das subsaharische Afrika betraf, publizierte *Amnesty* etwa eigenständige Berichte über Menschenrechtsverletzungen in Äthiopien, Gabun, Gambia, Ghana, Guinea, Kenia, Togo, Uganda und Zaire. In Asien berichtete es über die Situation in Bangladesch, Burma, Indonesien, Kampuchea, Laos, Nepal, Ost-Timor, Pakistan, den Philippinen, Singapur, Sri Lanka, Südkorea, Taiwan und Vietnam.[15] Überdies gründete sich 1988 das *Africa Watch Committee*, das später mit den anderen regionalen Gruppen unter dem Dach von *Human Rights Watch* vereinigt wurde. Es entfaltete eine von Anfang an weitreichende Dokumentationstätigkeit und veröffentliche allein in den ersten Jahren Berichte zu Angola, Liberia, Malawi, Simbabwe, Somalia und dem Sudan.[16] Andere, kleinere Gruppen kamen hinzu. Auch wenn die Verhältnisse in Afrika – von der Südspitze abgesehen – in der westlichen Menschenrechtsbewegung und Öffentlichkeit nie ähnlich starke Protestenergien auf sich zogen wie die in Lateinamerika und Osteuropa, entstand auf diese Weise doch ein vernehmbarer Strom an Kritik.

Im Zuge dessen verfingen sich afrikanische und asiatische Regierungen dann auch in den Fallstricken universalistischer Argumentationslogiken. Daß sie Kolonialismus und Rassismus als Menschenrechtsverletzungen beklagten, die Repressionen in Staaten des globalen Südens jedoch übergingen und womöglich sogar ihre eigene Bevölkerung unterdrückten, entlarvten westliche Sozialwissenschaftler als einen empörenden »doppelten Maßstab«. Damit traf postkoloniale Herrscher nun der gleiche Vorwurf, der zuvor gegen die Kolonialmächte erhoben worden war – und dem sich zur gleichen Zeit die Carter- und andere westliche Regierungen ausgesetzt sahen. »Das klassische Beispiel«, so führte eine amerikanische Politikwissenschaftlerin aus, »ist natürlich die moralische Entrüstung, die afrikanische Regierungen mit Blick auf die weißen Regime im südlichen Afrika an den Tag legen, und ihr Schweigen über massive Menschenrechtsverletzungen schwarzafrikanischer Regierungen.« Die Parteilichkeit zeige sich aber auch »mit Blick auf Zugehörigkeiten im Kalten Krieg – wenn sie über Verletzungen in der kommunistischen Welt hinwegsehen, während sie sie in der kapitalistischen Welt verurteilen«, oder »mit Blick auf die Unterscheidung zwischen entwickelten und sich entwickelnden Staaten – wenn sie Exzesse in der Ersten Welt geißeln, aber Exzesse von Eliten der Dritten Welt entschuldigen«.[17]

---

14 Text der Rede in: CU, AIUSA, RG II.1, Box 5.
15 Vgl. dazu die Titel im Quellenverzeichnis.
16 Vgl. dazu die Titel im Quellenverzeichnis.
17 Wiseberg, Definition, S. 5. Vgl. Weinstein, Approach; Mower, Africa.

Bei alledem wogen die kritischen Impulse westlicher Regierungen vielleicht sogar weniger schwer als die Anschuldigungen nicht-staatlicher Akteure. In dem Maße, wie jene seit den siebziger Jahren dazu übergingen, Menschenrechte in die Formulierung ihrer Außenpolitik aufzunehmen, fehlte es zwar nicht an Druck. Die Maßnahmen, die gegen Uganda getroffen wurden, und die Einspeisung von Menschenrechtskriterien in die Entwicklungspolitik registrierten postkoloniale Staatsführungen, wie noch zu beschreiben sein wird, sensibel. Aufs Ganze gesehen hielten sich jedoch selbst diejenigen westlichen Regierungen, die sich emphatisch zum Menschenrechtsschutz bekannten, mit Maßnahmen gegen afrikanische und asiatische Staaten stärker zurück als im Verhältnis zu lateinamerikanischen und osteuropäischen. Einem ähnlich weitreichenden internationalen Vorgehen wie Chile und Südafrika, und wohl auch die Sowjetunion und Argentinien, sahen sich afrikanische und asiatische Staaten nicht gegenüber, ob man an Äthiopien oder Nigeria, Pakistan, China, Südkorea oder Indonesien denkt.

Insofern war der Ein-Mann-Feldzug, den der »neokonservative« Daniel Moynihan veranstaltete, nachdem er 1975 zum amerikanischen UN-Botschafter ernannt worden war, auch eine Ausnahme – allerdings eine aufschlußreiche. Moynihan schienen die postkolonialen Staatsführungen so viel menschenrechtspolitische Angriffsfläche zu bieten, daß er es für möglich und geboten hielt, ihnen die Diskurshoheit zu entwinden, die sie in den Vereinten Nationen seit rund fünfzehn Jahren besessen hatten.[18] Er brach mit dem Verhaltensmuster, das westliche Staaten in den Verhandlungen zuvor überwiegend an den Tag gelegt hatten, sich nämlich mit Verbalattacken zurückzuhalten, um die Diskussion nicht auf eigene menschenrechtspolitische Probleme zu lenken oder das Wohlwollen der postkolonialen Staaten zu verspielen. Für Moynihan war dieser Bruch Teil einer grundlegenderen Umkehr, die ihm dringend erforderlich schien, um den vermeintlichen weltpolitischen Niedergang der USA aufzuhalten. Der langjährige Senator wollte seinen Teil dazu beitragen, daß die westliche Supermacht nach dem schmachvollen Rückzug aus Vietnam ihre Schuldgefühle überwinden und wieder die ideologische Offensive ergreifen könne. In seinen Augen waren die Vereinigten Staaten für das Elend in der »Dritten Welt« nicht verantwortlich zu machen, und er empfand es als besonders provokant, daß sich Regierungen des globalen Südens, die die Rechte ihrer Bevölkerung mit Füßen träten, in der Weltorganisation als moralisch überlegen gerierten. »Beschäme sie, tu ihnen weh, schrei sie an« – so beschrieb er die Antwort, die ihm vorschwebte.[19] In den UN-Verhandlungen ging Moynihan dann auch wiederholt zum rhetorischen Angriff über. Wenn er etwa über Idi Amin zu Protokoll gab, es sei »kein Zufall, wie ich fürchte, daß dieser rassistische Mörder [...] das

---

18 Vgl. zum Folgenden Ehrman, Rise, S. 63–96; Keys, Virtue, S. 217–220.
19 Zitiert nach Keys, Virtue, S. 219.

Oberhaupt der Organisation der Afrikanischen Einheit ist«, so waren das Töne, die man bis dahin kaum vernommen hatte.[20]

Man bekam sie allerdings auch fortan nicht sehr oft zu hören – Moynihans Tiraden markierten ein rhetorisches Extrem, dem nicht viele Vertreter westlicher Staaten folgten; er selbst wurde wegen seines undiplomatischen Auftretens bereits 1976 als UN-Botschafter abberufen. Wesentlich folgenreicher war eine andere Entwicklung. Denn in den späten siebziger und den achtziger Jahren wurden »Menschenrechtsverletzungen« in der politischen und akademischen, aber auch in der populären Wahrnehmung zu einem gleichsam stehenden Attribut der Herrschaftsausübung in der »Dritten Welt«. Diese erschien in der öffentlichen Darstellung immer mehr als ein Raum, in dem man alle Hoffnung fahren lassen mußte – und zwar prinzipiell unabhängig davon, ob es sich um Stimmen handelte, die Empathie aufbrachten und politische Veränderungen herbeiführen wollten, oder um solche, die auf die Zwecklosigkeit weiterer Unterstützungsleistungen verwiesen. Das Bild der »Dritten Welt« war dabei durchaus vielschichtig, doch war es vielschichtig desolat: Es war geprägt von Armut und sozialem Elend, von Hunger und Naturkatastrophen, von Krankheit und Analphabetismus, von weltwirtschaftlicher Ausbeutung und Benachteiligung wie auch von Mißwirtschaft und Korruption, von Flüchtlingsströmen, Bürgerkriegen und der Auflösung staatlicher Ordnung. Und fast immer fügten sich auch »Menschenrechtsverletzungen« in die langen Kataloge von Leid und Desaster. Wie tief diese Kategorie in die politischen Perzeptionen einsickerte, ja wie gleichsam natürlich sie zur Verfügung stand, wollte man die Situation des globalen Südens beschreiben, zeigt der viel gelesene Bericht *Inside the Third World*, den der britische Journalist Paul Harrison 1979 veröffentlichte. Harrison erinnerte an die Artikel der Allgemeinen Menschenrechtserklärung und machte nur zwei Länder der »Dritten Welt« aus – Costa Rica und Barbados –, die »nicht wenigstens eines dieser Rechte zu einem gewissen Grad mit Füßen treten.« Unter Berufung auf den Bericht von *Amnesty International* zählte er auf, daß in knapp sechzig Ländern des globalen Südens gefoltert würde, und mit Verweis auf die Indizes von *Freedom House* hielt er fest, daß fast siebzig Staaten als »politisch unfrei« einzustufen seien, »das kapitalistische Chile und Uganda ebenso wie sozialistische Länder wie Kampuchea«.[21] Das war auch eine Art der Vermessung der Welt, ermöglicht durch die akribische Dokumentations- und Evaluationsarbeit westlicher NGOs. Wichtige politische Wahrnehmungen, die dieser zugrunde lagen, avancierten damit zu wirkmächtigen Topoi der Beschreibung postkolonialer Staaten: eine Sensibilität für staatliches Unrecht, aber

---

20 Zitiert nach Kannyo, Charter, S. 142.
21 Vgl. Harrison, Hunger, Zitate S. 131, 133. Vgl. auch Welch, Human Rights as a Problem; Heinz, Menschenrechte.

eben auch eine uniformierende Optik, in der »menschenrechtsverletzende« Regierungen als prinzipiell gleich erschienen.

Viele der Regierungen, die sich im Inland und stärker noch im Ausland mit Vorwürfen gegen ihre unfreiheitlichen Herrschaftspraktiken konfrontiert sahen, setzten sich öffentlich zur Wehr, wofür vor allem die menschenrechtspolitischen Verhandlungen in den Vereinten Nationen und anderen internationalen Foren Gelegenheit boten. Dabei entwickelten sie einen Abwehrdiskurs, der bei allen Abweichungen doch erstaunlich große Überschneidungen aufwies. Im Kern leiteten sie ihre Verteidigung aus einem Imperativ der »Entwicklung« her, die es in Gesellschaften herbeizuführen gelte, die vom Erbe der Kolonialherrschaft vielfältig belastet seien. Die neuen Nationalstaaten mußten demnach in kürzester Zeit Prozesse der sozioökonomischen Modernisierung nachholen, für die europäische Staaten über hundert Jahre gebraucht hätten. Erschwert werde dies, weil die willkürlichen kolonialen Grenzziehungen ethnisch, religiös und kulturell fragmentierte Staatsgebilde hervorgebracht hätten, die sich nur mühsam stabilisieren ließen. Überdies seien sie auch äußerlich bedroht, da die Supermächte ihren Wettkampf besonders in der postkolonialen Welt austrügen. Unter diesen Voraussetzungen, so lautete die immer wieder geäußerte Schlußfolgerung, stelle es die oberste Maxime dar, die nationale Einheit zu verwirklichen und alle politischen Kräfte zu bündeln, um das existentielle Ziel der »Entwicklung« zu erreichen. Politische Abweichungen von dem als richtig erkannten Kurs erschienen aus dieser Perspektive als subversiv und nicht duldbar. Zuweilen bekannten Regierungsvertreter auch offen, politische Rechte und bürgerliche Freiheiten seien nicht vordringlich, solange nicht die materielle Basis geschaffen sei, auf der allein sie politisch sinnvoll sein könnten. Viel zitiert wurde in den Debatten eine Äußerung des tansanischen Präsidenten Julius Nyerere vom Ende der sechziger Jahre, die diesen Zusammenhang besonders schlagend auf den Punkt zu bringen schien: »Welche Freiheit besitzt unser Subsistenzbauer? Er ringt dem Boden gerade so seinen Lebensunterhalt ab, sofern der Regen nicht ausbleibt; seine Kinder arbeiten an seiner Seite, ohne Schulausbildung, medizinische Versorgung oder auch nur gute Ernährung. Selbstverständlich hat er das Recht zu wählen und frei zu sprechen. Doch diese Freiheiten sind viel weniger real für ihn, als seine Freiheit, ausgebeutet zu werden. Nur wenn es gelingt, seine Armut zu verringern, werden seine bestehenden politischen Freiheiten so bedeutsam sein, wie sie es sein sollten«.[22]

---

22 Zitiert nach Tonndorf, Menschenrechte, S. 186 f. Zum Zusammenhang vgl. Pollis/Schwab, Rights.

Einmischung, um Einmischungen zu verhindern: Der Durchbruch zum afrikanischen Menschenrechtssystem

Doch ging die Rolle, die Menschenrechte in Afrika und Asien spielten, in der neuen argumentativen Mechanik, derzufolge westliche Politiker und Aktivisten lautstark auf Menschenrechtsverletzungen verwiesen, welche postkoloniale Regierungen mit den Entwicklungsnotwendigkeiten rechtfertigten, bei weitem nicht auf. In Afrika traten menschenrechtliche Erwägungen auf regionaler Ebene, in der Organisation der Afrikanischen Einheit (OAE), seit dem Ende der siebziger Jahre stärker in den Vordergrund. Die Entwicklung war vielschichtig motiviert. Sie enthüllte, daß sich die Prämissen regionaler Kooperation infolge neuer Problemwahrnehmungen wandelten und daß die Interessen der Mitgliedstaaten dabei in wichtigen Bereichen durchaus divergierten.

Was bislang an Informationen zu gewinnen ist, läßt darauf schließen, daß der Menschenrechtsgedanke in der Praxis der OAE zunächst vor allem gemäß der überkommenen antikolonialen Logik verwendet wurde.[23] Die afrikanischen Staatschefs denunzierten die rassistische Diskriminierung in Südafrika, Südwestafrika und Rhodesien und verurteilten die koloniale Unterdrückung in den portugiesischen Territorien. Der politische Kampf gegen die weißen Minderheitenregime im Süden und gegen die letzte noch verbliebene Kolonialmacht auf dem Kontinent bildete ein besonders wichtiges Feld der regionalen Kooperation.[24] Schon auf ihrer Gründungskonferenz hatten die Mitgliedstaaten, wenn auch nicht einhellig, beschlossen, die Beziehungen zu Südafrika und Portugal abzubrechen und Handelssanktionen zu verhängen. Darüber hinaus unterstützte die Organisation die afrikanischen Befreiungsbewegungen in den betreffenden Ländern, um die diplomatische Isolierung mit innerem Druck zu verbinden.

Sofern es sich um Probleme handelte, die nicht von Weißen regierte subsaharische Staaten betrafen, blieb die OAE hingegen deutlich zurückhaltender. Damit erwiesen sich die Leitwerte der nationalen Souveränität, der territorialen Integrität und der Nichtintervention, auf die sie sich in ihrem Gründungsdokument verpflichtet hatte, nun tatsächlich als handlungsleitend. In den frühen Jahren trat die Staatenorganisation zuweilen in Aktion, wenn innerstaatliche Konflikte die regionale Stabilität zu bedrohen schienen. Dieses Eingreifen war nicht humanitär motiviert und wurde auch nicht so begründet, sondern zielte auf diplomatische Vermittlung und Streitschlichtung.[25] In der

---

23 Vgl. Amnesty International (Hg.), Der regionale Menschenrechtsschutz, S. 25–64; Graf, Menschenrechtscharta, S. 16–28; Kannyo, Banjul Charter; Tonndorf, Menschenrechte; Esedebe, Pan-Africanism, S. 192–225.
24 Vgl. zum Folgenden van Walraven, Dreams, S. 211–266.
25 Vgl. zum Folgenden ebd., S. 304–310.

Kongokrise trat die OAE dabei vergleichsweise resolut auf, indem sie den nunmehrigen Premierminister Moïse Tschombé verurteilte und mit Vertretern der kurzlebigen, von Lumumbisten geführten Regierung in Stanleyville verhandelte. Zu diesen Vorstößen trug bei, daß Tschombé als Anführer der katangischen Sezession und Protégé der »imperialistischen« Mächte USA und Belgien keinen günstigen Ruf hatte, ja seine Politik sogar als wichtige Ursache der kongolesischen Probleme galt. Im nigerianischen Bürgerkrieg, in dem die Biafraner um Hilfe ersucht hatten, hielt sich die OAE bedeckter. Sie verweigerte der abtrünnigen Republik die Anerkennung, erklärte den Konflikt zu einer inneren Angelegenheit und kritisierte, daß sich Frankreich, Portugal und Südafrika auf Seiten der Biafraner engagierten. Doch riefen die Gipfelkonferenzen von 1968 und 1969 immerhin dazu auf, die Feindseligkeiten einzustellen und eine Verhandlungslösung herbeizuführen. An der grundsätzlichen Reserve der OAE änderte sich auch in späteren Jahren nichts. So ergriff sie in den Konflikten im Sudan und in Uganda (nach Milton Obotes Staatsstreich 1966), im angolanischen Bürgerkrieg, dem äthiopisch-somalischen Streit um Ogaden oder dem Bürgerkrieg im Tschad keine energischen Maßnahmen; in den Tschad entsandte sie immerhin eine Friedenstruppe, die aber kaum in Erscheinung treten konnte.

Am eklatantesten trat die Abwesenheit menschenrechtspolitischer Erwägungen indes dort zum Vorschein, wo afrikanische Staaten großflächige Verbrechen an ihrer eigenen Bevölkerung verübten.[26] So mischte sich die OAE in die Massaker an Igbo im Norden Nigerias nicht ein, die dem Bürgerkrieg vorausgingen. Weder die Morde an Tutsi in Ruanda 1963 noch die an Zehntausenden Hutu in Burundi rund zehn Jahre später veranlaßten die Organisation einzuschreiten, obgleich sich im einen Fall die burundische, im anderen die ruandische Regierung hilfesuchend an sie gewandt hatte. Auch diejenigen Regime, in deren Herrschaft die Gewalt auf dem Kontinent die wohl extremsten Formen annahm, da sie über Jahre hinweg verheerend unter ihrer Bevölkerung wüteten, hatten keine spürbare Kritik der OAE zu gewärtigen. Das betraf in den siebziger Jahren vor allem Uganda, Äquatorial-Neuguinea und Äthiopien. In Uganda ergriff General Idi Amin 1971 aus machttaktischen Motiven die Herrschaft, möglicherweise um seiner Ausschaltung durch den Staatspräsidenten Obote zuvorzukommen.[27] Unter seiner Ägide versank das Land in Anarchie – es gab kein geregeltes Regierungshandeln, keine erkennbare Wirtschaftspolitik und keine funktionierende Verwaltung. In Afrika war Amin gleichwohl nicht völlig unpopulär; einige Sympathien konnte er dadurch gewinnen, daß er sich als anti-imperialistischer Vorkämpfer gerierte, der dem Westen trotzig die Stirn

---

26 Vgl. dazu zeitgenössisch Wiseberg, Definition; Weinstein, Approach; Grohs, Menschenrechtsdiskussion; Umozurike, Clause; Kanyo, Charter.
27 Vgl. zum Folgenden Decalo, Psychoses, S. 77–128; Mutibwa, Uganda, S. 78–124; Ofcansky, Uganda, S. 39–56.

bot. An den bizarren Einfällen, mit denen er dabei aufwartete, weidete sich die zeitgenössische Boulevardpresse. Und jedenfalls seiner Idee, einen *Save Britain Fund* zu gründen, nachdem das Königreich Ende 1973 unter den Auswirkungen der »Ölkrise« zu leiden begonnen hatte, kann man einen treffenden Zug kaum absprechen – es handelte sich dabei um eine Travestie westlicher Entwicklungshilfe, die ihresgleichen sucht. Mit Berufung auf das britische Sprichwort *A friend in need is a friend indeed* bekundete Amin seine Bereitschaft, »unsere vormaligen Kolonialherren vor der wirtschaftlichen Katastrophe‹ zu retten.«[28] Der Hilfsfonds wurde feierlich in Kampala eröffnet, und der britische Botschafter berichtete, bei der Zeremonie hätten sich »so viele gewöhnliche Menschen« eingefunden, die »aufrichtig bemüht waren, ihre zehn Schillinge zu übergeben, um Großbritannien zu helfen«, daß es »wirklich sehr bewegend« gewesen sei.[29] Der Stachel der Provokation scheint gleichwohl tief gesessen zu haben, denn immerhin glaubten die Briten, Amin mitteilen zu müssen, daß »Großbritannien trotz seiner gegenwärtigen Probleme immer noch jeden Tag etwa 1 Million Pfund an Entwicklungshilfe an weniger entwickelte Länder zahlt«.[30]

Doch verblassen solche Episoden angesichts des massenhaften Mordens, das Amin in Uganda in Gang setzte. In der Anfangsphase hatte es noch eine erkennbare Rationalität. Denn der Terror begann mit blutigen Säuberungen gegen Angehörige der Acholi und Langi in der Armee, zweier ethnischer Gruppen, die Milton Obote zu den Stützen seiner Macht erkoren hatte. Bei den Wellen der Repression, die später über das Land gingen, scheinen sich jedoch kaum Muster ausmachen zu lassen. Alle Regionen und nahezu alle ethnische und sozialen Gruppen waren von ihnen betroffen. Oftmals scheint Amin in Situationen auf Gewalt rekurriert zu haben, in denen er seine Herrschaft für bedroht hielt. Immerhin sah er sich mehr als zwanzig Anschlägen und Umsturzversuchen gegenüber, und auch die im Zusammenhang der britischen Menschenrechtspolitik beschriebene Demütigung, die die israelische Geiselbefreiung auf dem Flughafen von Entebbe 1976 bedeutete, befeuerte seine zerstörerische Wut. Zudem hatten die Armee und die Sicherheitsdienste nahezu völlig freie Hand, und so genügten oft die geringsten Anlässe, um wahllose Tötungsaktionen auszulösen. Angesichts des Ausmaßes an Gewalt stellte es in den Augen vieler Beobachter einen moralischen Tiefpunkt in der Geschichte der OAE dar, daß sie ihren Gipfel von 1975 wie vorgesehen in der ugandischen Hauptstadt Kampala abhielt und Idi Amin turnusgemäß zu ihrem Vorsitzenden wählte.

Und auch die Repressionen in Äquatorial-Guinea quittierte die Organisation mit Schweigen. Das Land, eines der flächenmäßig kleinsten Afrikas mit

---

28 NAK, FCO 31/1780, [Ugandische Pressemitteilung?], 31.12.1973. Vgl. zum Kontext ebd., FCO 31/1599, Aktennotiz, o. Dat.
29 NAK, FCO 31/1780, J. P. I. Hennessy an M. K. Ewans, 3.1.1974.
30 NAK, FCO 31/1780, B. Smith an Eaton, 18.2.1974.

weniger als 300.000 Einwohnern, hatte 1968 seine Unabhängigkeit von Spanien erlangt.[31] Schon bald warf sich Francisco Macías Nguema zum fast unumschränkten Alleinherrscher auf. Er suspendierte die Verfassung, löste die Parteien auf und verbot politische Aktivität. Die Wirtschaft des Landes brach unter seiner Führung praktisch vollständig zusammen. Er ließ anfänglich vor allem Gebildete und Intellektuelle ermorden, überzog aber auch seine tatsächlichen oder eingebildeten politischen Gegner mit einem hemmungslosen Vernichtungswillen. Insgesamt kamen womöglich 50.000 bis 80.000 Menschen gewaltsam ums Leben, und etwa ein Drittel der Bevölkerung floh aus dem Land. Viele, die blieben, wurden zu sklavereiähnlicher Arbeit gezwungen. Äquatorial-Guinea war von der Außenwelt weitgehend isoliert, und zeitgenössisch war es schwierig, an Informationen darüber zu gelangen, was im Land vor sich ging. Spanien, das praktisch den gesamten Handel mit Äquatorial-Guinea abwickelte, hielt sich zurück, und das galt auch für die meisten anderen Länder der Nordhalbkugel, einschließlich der beiden Supermächte, für die das Land mit Blick auf Angola strategisch nicht unwichtig war. Im Jahr 1979 wurde Macías Nguema infolge verwandtschaftlicher Rivalitäten gestürzt und hingerichtet.

Nach der Machtübernahme der sozialistischen Militärregierung in Äthiopien 1974 schließlich setzten sich afrikanische Regierungen zwar – wenn auch erfolglos – dafür ein, daß Kaiser Haile Selassie und Dutzende seiner führenden Beamtem geschont würden. Haile Selassie galt, seit er in den dreißiger Jahren die italienische Invasion vor dem Völkerbund angeklagt hatte, als geradezu mythische Figur des antikolonialen Widerstands, und ihm zu Ehren hatte die OAE ihren Sitz in Addis Abeba bezogen. Gegen die anschließenden Repressionen regte sich jedoch kein Protest. Ende 1974 erklärte die kurz als *Derg* bezeichnete Militärregierung Äthiopien zu einem sozialistischen Staat und machte sich daran, die Industrie des Landes zu verstaatlichen und die Landwirtschaft zu kollektivieren.[32] Nachdem sich Mengistu Haile Mariam in blutigen Auseinandersetzungen innerhalb des *Derg* durchgesetzt hatte, schob er 1977 eine als »Roter Terror« bezeichnete Verfolgungswelle gegen seine politischen Gegner an – vor allem gegen die rivalisierende *Ethiopian People's Revolutionary Party*, aber auch gegen andere linke Gruppierungen, Monarchisten und die Unabhängigkeitskämpfer in Eritrea und Tigray. Dadurch kam es zu bürgerkriegsähnlichen Kämpfen, die oft genug in Ausschreitungen gegen die Zivilbevölkerung ausarteten. Vermutlich kamen viele Zehntausende Menschen in dieser Gewaltorgie ums Leben, und Hunderttausende verließen das Land.

Eine ähnliche Haltung wie im regionalen Rahmen legten afrikanische Regierungen auch in den Vereinten Nationen an den Tag. Denn es ist davon auszugehen, daß sie dazu beitrugen, die Verhandlungen über die afrikanischen

---

31   Vgl. dazu und zum Folgenden Cronje, Equatorial Guinea; Decalo, Psychoses, S. 31–76.
32   Vgl. Marcus, History, S. 181–220.

Massenmorde in der Menschenrechtskommission, in der sie mit acht Mitgliedern vertreten waren, zu blockieren. Die Unterkommission zur Verhinderung von Diskriminierung leitete die Menschenrechtsverletzungen in Uganda, Äquatorial-Guinea und Äthiopien seit 1974 verschiedentlich an die Menschenrechtskommission weiter.[33] Diese befaßte sich mit den Fällen jedoch die längste Zeit rein vertraulich und wich von dieser Linie erst ab, als es im Grunde genommen zu spät war. In den Jahren 1975 und 1976 lehnte es die Kommission ab, mit Blick auf Uganda Schritte zu unternehmen, und schob auch 1977, wie bereits beschrieben, die Beschäftigung mit dem Thema auf; seit diesem Jahr war Uganda selbst Mitglied der Kommission. Die vertrauliche Untersuchung, auf die sich die Beteiligten 1978 einigten, kam dann vor dem Ende von Amins Herrschaft nicht mehr zustande. Mit den Vorkommnissen in Äquatorial-Guinea befaßte sich die Menschenrechtskommission seit 1977 ebenfalls in einem nicht-öffentlichen Verfahren. Als die Regierung Macías Nguemas die Zusammenarbeit verweigerte, beschloß sie im März 1979, und damit wiederum sehr spät, ihre Erkenntnisse zu veröffentlichen. Die Situation in Äthiopien schließlich war in diesen Jahren ausschließlich Gegenstand vertraulicher Verhandlungen. Was hinter verschlossenen Türen besprochen wurde, und ob überhaupt substanziell verhandelt wurde, ließ sich bei alledem nicht nachvollziehen.

Kehrt man zur regionalen Organisation zurück, so waren jedoch selten alle Mitgliedstaaten mit der menschenrechtspolitischen Untätigkeit einverstanden, und so läßt sich auch von der Geschichte der OAE in diesen Jahren kein monolithisches Bild zeichnen. Vor allem in der Politik des tansanischen Präsidenten Julius Nyerere, der den Menschenrechtsbegriff schon während des Unabhängigkeitskampfes relativ prominent verwendet hatte, scheinen humanitäre Motive verschiedentlich wichtig geworden zu sein. Nyerere war wohl derjenige afrikanische Staatsführer, der sich zwischen Ende der sechziger und Mitte der siebziger Jahre in der regionalen Staatenorganisation am stärksten als Exponent menschenrechtspolitischer Erwägungen profilierte.

Dabei war der tansanische Präsident fraglos eine Figur, die sich der leichten Kategorisierung entzieht.[34] Ein ausgesprochener Sozialist und philosophischer Kopf, der einen bescheidenen persönlichen Habitus pflegte, hatte er vor allem in den ersten Jahren nach der Unabhängigkeit international großes Ansehen erworben; Tansania wurde zu einem der vom Westen am meisten mit Entwicklungsgeldern geförderten Länder. Nyerere bemühte sich, in Tansania einen sozialistischen Staat aufzubauen, wobei er einen »afrikanischen Sozialismus« vertrat, in den er Modelle des Zusammenlebens und der Selbstorganisation

---

33 Vgl. zum Folgenden Tolley, U. N. Commission, S. 64–82; Heinz, Menschenrechte; Cronje, Equatorial Guinea.
34 Vgl. zum Folgenden Nugent, Africa, S. 141–153; Eckert, Verwalten, S. 218–230; Nyerere, Ujamaa.

eingeschlossen hatte, die er als charakteristisch für die vorkoloniale, ländliche Gesellschaft erachtete. Unter der Leitvorstellung der *self-reliance* setzte er eine Restrukturierung der ländlichen Ordnung und eine beschleunigte Industrialisierung in Gang. Wichtige Züge seiner Herrschaftspraxis paßten dezidiert nicht in das verbreitete Bild eines afrikanischen Autokraten: Nyerere bemühte sich um tiefreichende Begründungen seiner Politik – etwa auch der Angemessenheit einer Einheitspartei –, korrigierte seinen Kurs immer wieder selbstkritisch und bekannte sich zu den Idealen der Gleichheit und Humanität. Nichtsdestoweniger verwandelte sich Tansania seit Mitte der sechziger Jahre, vor dem Hintergrund scheiternder »Entwicklungs«-Projekte, in einen Staat, in dem politische Freiheiten stark beschränkt waren: Oppositionelle Regungen wurden mit Hilfe von Präventivhaft, Massenfestnahmen und Gewerkschaftsauflösungen rigoros unterdrückt, ethnische und religiöse Sonderinteressen pauschal als subversiv verdächtigt. Die *villagisation*, mit der Nyerere neue ländliche Gemeinschaften zu schaffen versuchte – rund fünf Millionen Menschen wurden dabei umgesiedelt –, beruhte auf erheblichem Zwang.

Diese repressiven Elemente kontrastierten mit den abweicherlischen Positionen, die Nyerere in menschenrechtlichen Fragen auf dem Kontinent bezog. Nachdem er als erster afrikanischer Staatschef die Republik Biafra anerkannt hatte, forderte er die anderen Staaten auf dem OAE-Gipfel 1969 auf, ihre Position zu überdenken. Dabei verwies er auf den gleichen doppelten Maßstab, den auch westliche Kritiker in diesen Jahren anprangerten: »Man denke nur, wie die Reaktion ausgefallen wäre, wenn die 30.000 Igbos von Weißen in Rhodesien oder Südafrika massakriert worden wären. Man kann sich den Aufschrei gut vorstellen. Doch diese Menschen sind trotzdem tot; die Hautfarbe derer, die sie getötet haben, ist irrelevant. Wir müssen Nigeria auffordern, das Morden sofort zu stoppen«.[35] Im Jahr 1975 protestierte Nyerere dagegen, daß die OAE ihre Gipfelkonferenz in Kampala abhielt. Dabei nannte er die Organisation »eine Gewerkschaft der aktuellen Staats- und Regierungschefs«, die einer der »mörderischsten Regierungen Afrikas« Respektabilität verschaffe.[36] Mit alledem setzte der tansanische Präsident ein bemerkenswertes Zeichen gegen die Kultur des Schweigens in der Organisation und trug dazu bei, den internationalen moralischen Druck auf Amins Regime zu erhöhen.

Ganz frei von politischen Eigeninteressen dürften die Vorstöße des tansanischen Präsidenten indes selten gewesen sein. So versuchte er 1973 die OAE dazu zu bewegen, die Morde an burundischen Hutu zu stoppen. Das geboten seiner Einschätzung zufolge »sowohl die Menschlichkeit als auch die Sache des Friedens in Afrika«, doch war Tansania eben auch das Land, das die meisten

---

35 Zitiert nach Emerson, Fate, S. 224.
36 Zitiert nach Welch, OAU, S. 405 f.

Flüchtlinge aufgenommen und zu versorgen hatte.³⁷ Und was die entschlossene Stellungnahme gegen Idi Amin betraf, so waren Tansania und Uganda in diesen Jahren eben auch politisch verfeindet. Nyerere hatte dem neuen ugandischen Herrscher von Beginn an die Anerkennung verweigert, während er Milton Obote in Tansania aufnahm und diesem sogar bei seinen Bemühungen half, Amins Regime zu stürzen. Nyereres Politik zeigte somit das Ineinandergreifen von taktischen, legitimatorischen und moralpolitischen Erwägungen, das auch die menschenrechtspolitischen Initiativen westlicher Staaten in diesen Jahren prägte. Bemerkenswert blieb allemal, daß er sich damit gegen die Mehrheit der afrikanischen Staatschefs stellte.

Gänzlich allein stand der tansanische Präsident bei seinen menschenrechtlichen Vorstößen nicht. So unterstützen ihn in der Biafrafrage der sambische Präsident Kenneth Kaunda, der Staatschef der Elfenbeinkünste, Félix Houphouët-Boigny und der gabunische Präsident Omar Bongo, wobei für die beiden Letztgenannten möglicherweise die Rivalität mit Nigeria und die Verbindungen zu Frankreich eine Rolle spielten, das Biafra unterstützte. Und auch der Auffassung, daß die OAE einen moralischen Fehler begehe, wenn ihre Gipfelkonferenz in der ugandischen Hauptstadt zusammentrete, schlossen sich einige weitere Regierungen an. Dazu gehörte wiederum die sambische, ferner die botswanische und in geringerem Maße die mosambikanische. Der botswanische Präsident Seretse Khama begründete seine Haltung mit Amins »offenkundiger Mißachtung der Heiligkeit menschlichen Lebens und seiner Aufforderung an die Streitkräfte in Botswana, Tansania und Sambia, ihre gewählten Regierungen zu stürzen«, nachdem sich diese Staaten um eine Vermittlungslösung in Rhodesien bemüht hätten.³⁸ Insgesamt konnten solche Gesten allerdings nicht auf viel Akzeptanz in der Organisation zählen. Nyerere wurde für seine Position sowohl in der nigerianischen als auch in der ugandischen Frage von vielen Seiten kritisiert.

Vor diesem Hintergrund erscheint es umso erklärungsbedürftiger, warum die OAE in den achtziger Jahren dennoch ein Menschenrechtssystem schuf. Wie in Europa und Lateinamerika auch, waren die Wege, die dorthin führten, verschlungen, und mehrere Faktoren wirkten auf die Entscheidung ein. Im kontinentalen Vergleich waren die Widerstände allerdings in Afrika wohl am größten und die geschaffenen Institutionen am schwächsten.³⁹ Den Gedanken, eine regionale Menschenrechtskonvention und einen Gerichtshof zu schaffen, hatte ein afrikanischer Juristenkongreß bereits Anfang der sechziger Jahre lanciert. In den Jahren 1967/68 regten dann erstmals die Vereinten Nationen an, in den

---

37 Zitiert nach Emerson, Fate, S. 224.
38 Zitiert nach Wiseberg, Definition, S. 4.
39 Vgl. dazu und zum Folgenden: Kannyo, Charter; Graf, Menschenrechtscharta; Tonndorf, Menschenrechte, S. 215–270.

Erdteilen, in denen es noch keine gab, regionale Menschenrechtskommissionen zu gründen. Dieser Vorschlag ging auf eine nigerianische Initiative zurück, die unter anderem von Tansania, dem Senegal, Benin und Kongo-Brazzaville unterstützt wurde. Im Jahr darauf schließlich empfahl ein von den Vereinten Nationen veranstaltetes Seminar, an dem Vertreter von zwanzig afrikanischen Staaten teilnahmen, ebenfalls, eine Kommission zu schaffen, und der UN-Generalsekretär U Thant leitete diesen Vorschlag an die OAE weiter. Die Staatenorganisation reagierte jedoch auf keinen dieser frühen Impulse.

Tatsächlich dauerte es noch zehn Jahre, bevor die OAE auf ihrem Gipfel im liberianischen Monrovia 1979 den Entschluß traf, eine Menschenrechts-Charta ausarbeiten zu lassen. Das Umdenken war einer gewandelten, sich um diese Zeit akut zuspitzenden kontinentalen Lage geschuldet – strukturell ganz ähnlich also wie zwei Jahrzehnte zuvor in Lateinamerika. Mehrere Entwicklungen spielten dabei eine Rolle. So fiel nunmehr offenbar der staatliche Terror in Uganda, Äquatorial-Guinea und dem Zentralafrikanischen Kaiserreich ins Gewicht, über den die Organisation bis dahin weitgehend hinweggesehen hatte. Das Ende des Regimes von Idi Amin hatte deutlich vor Augen geführt, in welcher Weise Terrorherrschaften die regionale Stabilität gefährden konnten. Ende 1978 waren ugandische Truppen in Tansania einmarschiert, hatten Zerstörungen angerichtet und sogar einen schmalen Gebietsstreifen annektiert. Julius Nyerere hatte sich daraufhin bemüht, die zersplitterten ugandischen Exilgruppen auf tansanischem Boden zu einen. Diese Gruppen hatten dort die *Uganda National Liberation Front* gegründet, die im April 1979 zusammen mit tansanischen Truppen in Uganda einmarschierte. Noch im selben Monat floh der ugandische Diktator aus dem Land.

Auf dem OAE-Gipfel in Monrovia drei Monate später sorgten diese Ereignisse für einen tagelangen, hitzigen Konflikt. Mehrere Staatschefs klagten Tansania erzürnt an, das Prinzip der Nichteinmischung verletzt zu haben, auf dem die Organisation gründe. Der nigerianische Präsident Olusegun Obasanjo erkannte darin einen gefährlichen Präzedenzfall. »Wir haben es niemals als unsere Pflicht erachtet, und wir erachten es nicht als die Pflicht irgendeines anderen Landes«, so rechtfertigte er einmal mehr das passive Abseitsstehen der afrikanischen Staatengemeinschaft, »in einem anderen Land einen gewaltsamen Regierungswechsel herbeizuführen, weil wir nicht mit der Ideologie, dem Stil oder der Moralität dieser Regierung übereinstimmen«.[40] Der neue ugandische Präsident Godfrey Binaisa trat dem entgegen, indem er auf die Hunderttausende Opfer Amins verwies, und forderte, daraus die Lehre zu ziehen, bei künftigen massiven Menschenrechtsverletzungen einzuschreiten. Er geißelte die OAE dafür, den Massakern in Äquatorial-Guinea und dem Zentralafrikanischen Kaiserreich tatenlos zugesehen zu haben. Auch wenn diese Argumente

---

40 Vgl. 16th Summit Conference. Ugandan Invasion Issue and its Implications, Zitat Sp. 5329.

bei der Mehrheit nicht verfingen, so lag doch offen zutage, daß die brutale Diktatur Amins am Beginn einer Ereigniskette gestanden hatte, die den kontinentalen Frieden und den regionalen Prinzipienkonsens erschüttert hatte. Daher mag es vielen Mitgliedern der OAE als klug und vorausschauend erschienen sein, einen Mechanismus zur Beobachtung von Menschenrechtsverletzungen zu schaffen. Wie bei der Gründung der anderen internationalen Menschenrechtssysteme, in Europa und vor allem in Lateinamerika und bei den Vereinten Nationen, spielte also auch in Afrika ein sicherheitspolitisches Motiv eine entscheidende Rolle.

Darüber hinaus baute sich in der besonderen Konstellation von 1978/79 möglicherweise ein zusätzlicher Handlungsdruck auf. Denn in diesen Jahren erreichte die internationale Verurteilung afrikanischer Menschenrechtsverletzungen einen Gipfelpunkt. Dabei kam Verschiedenes zusammen. Daß ein ramponiertes Image im Ausland spürbare materielle Konsequenzen haben konnte, demonstrierten die bereits beschriebenen Sanktionen, die der amerikanische Kongreß und die EG gegen Uganda verhängt hatten. Und auch die erwähnten Vorgänge in der UN-Menschenrechtskommission, die 1978/79 in den Fällen Ugandas und Äquatorial-Guineas endlich eine gewisse Aktivität zu entfalten schien, mag eine Rolle gespielt haben. Ferner veröffentlichte *Amnesty International* 1979 einen Bericht über Gewaltexzesse im Zentralafrikanischen Kaiserreich, denen zahlreiche Schulkinder zum Opfer gefallen waren.[41] Ein franko-afrikanischer Gipfel beschloß daraufhin, die Vorfälle von einer Juristenkommission untersuchen zu lassen. Die Ergebnisse, die darauf verwiesen, daß sich der selbstgekrönte Kaiser Jean-Bédel Bokassa eigenhändig an den Gewalttaten beteiligt hatte, wurden noch während der OAE-Konferenz in Monrovia bekannt; im September sollte Bokassa dann in einem von Frankreich unterstützten Staatsstreich von der Macht vertrieben werden.

Daran, daß die afrikanischen Regierungen sich verständigten, ein Menschenrechtssystem zu errichten, hatten schließlich aber auch zivilgesellschaftliche Kräfte einen Anteil, vor allem Juristen und Kirchen. Wenn die Wirkung ihres Engagements auch vermutlich nicht so sehr darin lag, die Staatsführungen von der Notwendigkeit internationaler Schutzmechanismen zu überzeugen, so setzten sie ihr politisches Gewicht doch dafür ein, öffentlich für den Gedanken zu werben, und halfen maßgeblich dabei mit, ihm konzeptionelle Formen zu verleihen. Schon die erste Anregung war ja von afrikanischen Juristen ausgegangen. Schätzten sie die Erfolgsaussichten auch oft als gering ein, so erhoben sie die Forderung, eine afrikanische Menschenrechtskommission zu schaffen, doch im Lauf der siebziger Jahre immer wieder.[42] Seit Mitte der Dekade

---

41 Vgl. dazu und zum Folgenden Tonndorf, Menschenrechte; Welch, OAU.
42 Vgl. Tonndorf, Menschenrechte, S. 215–270; Hannum, Butare Colloquium; African Bar Association, in: Africa Research Bulletin.

äußerte sich zudem die *All Africa Conference of Churches* im gleichen Sinn. Sie registrierte eine bestürzende Zunahme von Menschenrechtsverletzungen, für die sie die Folgewirkungen kolonialer Herrschaftsstrukturen ebenso verantwortlich machte wie die Politik der neuen Staatsführer.[43] In einer Erklärung vom Februar 1976 schloß sie daher, die Menschenrechtssituation auf dem Kontinent verweise auf die »Notwendigkeit eines umfassenderen Verständnisses von Befreiung«, das über die staatliche Selbständigkeit hinausreiche.[44] Wichtige Unterstützung erhielten die afrikanischen Menschenrechtsverfechter von den Vereinten Nationen und der *International Commission of Jurists.* Nicht zuletzt fanden die meisten der zahlreichen Juristenseminare und -konferenzen auf dem Kontinent unter deren Ägide statt, und so wirkten sie mindestens auf eine vermittelte Weise daran mit, daß der Menschenrechtsgedanke in diesen Jahren eine größere Resonanz erzielen konnte.[45] Letztlich war es also eine Koalition aus tendenziell regierungskritischen kontinentalen Eliten und internationalen Beamten und Aktivisten, die half, dem afrikanischen Menschenrechtssystem den Weg zu bahnen.

Auf dem Gipfel der OAE in Monrovia, der schließlich 1979 die entscheidende Weichenstellung vornahm, waren es der Senegal, Nigeria und Uganda unter seinem neuen Präsidenten Binaisa, die eine Diskussion über den regionalen Menschenrechtsschutz anregten.[46] Die Resolution, mit der eine Expertenkommission eingesetzt wurde, die zugleich Leitlinien für die Formulierung einer Menschenrechtscharta an die Hand bekam, brachte der senegalesische Präsident Léopold Sédar Senghor ein; den Resolutionstext hatte der Präsident des Obersten Gerichts des Landes, Kéba M'Baye, entworfen. Die Charta fertigzustellen, gelang indes nur mit äußerster Mühe, und nachdem sie dem Scheitern knapp entgangen war. Auf mehreren Treffen arbeiteten Regierungsvertreter und Rechtsexperten zwischen Ende 1979 und Mitte 1981 einen Entwurf aus. Die Diskussionen waren von Konflikten und Mißtrauen überschattet, wobei inhaltliche Auseinandersetzungen, etwa über den Stellenwert individueller oder wirtschaftlich-sozialer Rechte, mit dem Unwillen mehrerer Delegationen zusammenspielten, überhaupt ein Dokument zu verabschieden. Zwischenzeitlich sah es gar so aus, als sollten die Arbeitsgespräche keine Fortsetzung finden, und die Hinhaltetaktik, die sich die Gegner zu eigen gemacht hatten, aufgehen. Auf dem Treffen der Staats- und Regierungschefs in Nairobi im Juni 1981 lag gleichwohl der Text einer Charta vor; doch wurden Fragen des regionalen Menschenrechtsschutzes auf dem Gipfel zunächst gar nicht behandelt. Daß die Charta verabschiedet werden konnte, verdankte sich einem Überraschungsmanöver

---

43 All Africa Council of Churches/World Council of Churches, Factors.
44 Zitiert nach Grohs, Menschenrechtsdiskussion, S. 131. Hier auch zum Kontext.
45 Vgl. Kannyo, Charter; International Commission of Jurists (Hg.), One-Party State.
46 Vgl. zum Folgenden Kannyo, Charter; Tonndorf, Menschenrechte.

des gambischen Präsidenten Dawda Jawara, eines der wenigen demokratisch gewählten Oberhäupter, dessen Engagement entscheidend dazu beigetragen hatte, daß der Prozeß überhaupt so weit gediehen war. Jawara legte die Charta kurz nach Mitternacht eines langen Verhandlungstages zur Entscheidung vor, und die wenigen Staatschefs, die sich noch im Konferenzsaal befanden, stimmten per Akklamation zu, ohne einen förmlichen Beschluß zu fassen.

Fünf Jahre später, und damit vergleichsweise schnell, trat die sogenannte Banjul-Charta in Kraft. Dafür dürfte die Überzeugungsarbeit afrikanischer Aktivisten und internationaler Menschenrechtsverfechter nicht unerheblich gewesen sein. Der Text war im wesentlichen am internationalen Standard der Vereinten Nationen und der OAS orientiert und enthielt alle ›klassischen‹ politisch-bürgerlichen Rechte. Eine spezifische Prägung wies die Charta darin auf, daß sie Pflichten des Einzelnen festschrieb, Rechte der Völker postulierte und einmal mehr den Kampf gegen Kolonialismus, Apartheid und Zionismus betonte. Um die Einhaltung der Menschenrechte zu überwachen, wurde eine afrikanische Menschenrechtskommission geschaffen. Sie verfügte allerdings über einen geringen Spielraum. Die Konferenz der Staatschefs wählte ihre Mitglieder, entschied über die Fälle, die die Kommission vorbrachte, und konnte ihr auch konkrete Aufgaben zuweisen. Die Charta räumte der Kommission die Möglichkeit ein, Individualpetitionen anzunehmen und zu untersuchen. Bis weit in die neunziger Jahre hinein trafen allerdings nur wenige Petitionen bei der Kommission ein; bis Mitte der Zweitausender Jahre hatte sie dann etwa 150 Beschlüsse gefaßt.[47] Insgesamt hat sich dieser Mechanismus somit bislang nicht als sehr wirksam erwiesen. Für die Staatenbeschwerden, die in der Menschenrechtscharta ebenfalls vorgesehen waren, galt das sogar in noch höherem Maße. Darin zeichnete sich ein Muster ab, das in Europa und auf dem amerikanischen Kontinent prinzipiell ähnlich zu erkennen war. Die erste Entscheidung über eine Staatenbeschwerde traf die Kommission erst 2006, nachdem die Demokratische Republik Kongo Burundi, Ruanda und Uganda angeklagt hatte, daß sich ihre Truppen auf kongolesischem Territorium Menschenrechtsverletzungen schuldig gemacht hätten. Im Jahr 1998 schließlich wurde der *African Court on Human and People's Rights* gegründet, der 2004 seine Arbeit aufnahm, seitdem aber wenig Aktivität entfaltet hat.

Obwohl sie also begrenzt blieben, gingen die Entwicklungen in Afrika damit doch denkbar weit über diejenigen in Asien hinaus, wo bis heute nicht einmal die Ansätze eines ähnlichen regionalen Menschenrechtssystems entstanden sind. Im arabischen Raum setzte die Aufforderung der Vereinten Nationen, regionale Kommissionen zu schaffen, einen stockenden Prozeß in Gang.[48] So gründete die Arabische Liga 1968 ein mit Förder- und Koordinationsaufgaben

---

47 Vgl. Wiseberg, African Commission; Heyns/Killander, Africa. Hier auch zum Folgenden.
48 Vgl. zum Folgenden Faath/Mattes (Hg.), Demokratie.

betrautes Menschenrechtskomitee. Es arbeitete in den siebziger Jahren zwei Entwürfe für eine arabische Menschenrechtserklärung aus, die aber angesichts der Passivität oder des Widerwillens der meisten Mitglieder der Liga folgenlos blieben. Vor allem arabische Juristen und die 1969 gegründete, zwischenstaatliche Organisation der Islamischen Konferenz hielten den Gedanken in der Folgezeit lebendig. Die Organisation verabschiedete 1990 die Kairoer Erklärung der Menschenrechte im Islam. Vier Jahre darauf beschloß auch die Arabische Liga eine Arabische Menschenrechtscharta, die allerdings nie die erforderliche Zahl an Ratifizierungen erhielt. Eine 2004 veränderte Fassung ist seit 2008 in Kraft. Soweit sie das Selbstbestimmungsrecht und die Ablehnung des Zionismus betont, ist die Charta der antikolonialen Tradition verhaftet. Sie stellt aber auch eine dezidiert islamische Aneignung des Menschenrechtsbegriffs dar, wenngleich dieser Zug im Vergleich mit der Kairoer Erklärung ein wenig abgeschwächt ist. Denn obgleich die Charta sich einerseits zu den wichtigsten UN-Verträgen bekennt, bindet sie die Menschenrechtsvorstellung doch mindestens indirekt an die islamische Scharia.[49]

Vom Scheitern moralischer Argumente: Menschenrechte und die ausgebliebene »Neue Weltwirtschaftsordnung«

Eine größere Rolle als auf der regionalen Ebene spielten Menschenrechte für die afrikanischen und asiatischen Staaten einmal mehr dort, wo es um ihre Stellung im Weltkonzert ging. Seit Beginn der siebziger Jahre schob sich der »Nord-Süd-Konflikt«, die zumeist heftigen Auseinandersetzungen um die weltweite Verteilung von Ressourcen und Wohlstand, rasch in den Vordergrund der internationalen Politik. Er prägte nicht nur die Diskussion in den Vereinten Nationen und die Welthandels- und Entwicklungskonferenzen, sondern gab auch zu einer Reihe weiterer multilateraler Verhandlungen Anlaß.[50] In diesem Kontext versuchten die Staaten des globalen Südens – auf dem weltwirtschaftspolitischen Feld zählten dazu auch die lateinamerikanischen –, ein »Recht auf Entwicklung« zu begründen. Sie bedienten sich dabei einer menschenrechtlichen Rhetorik, um die Ungerechtigkeiten der postkolonialen Weltordnung zu entlarven und die wirtschaftliche Abhängigkeit der »Dritten Welt« von den reichen Industrieländern moralisch zu verurteilen. Damit entwickelten sie eine neue Strategie der Aneignung von Menschenrechten, die die antikoloniale Auflade in ihrer Bedeutung bald schon übertraf.

---

49 Vgl. Menschenrechtscharta der Arabischen Liga.
50 Vgl. Fieldhouse, Third World; Rist, History, S. 140–154; Bernecker, Port Harcourt, S. 61–74; Hoogvelt, Globalization, S. 162–181.

Die Proponenten dieser Ideen reagierten auf das, was sie als Scheitern des »Entwicklungs«-Modells verstanden, wie es von den westlichen Geberländern praktiziert worden war, seit die Dekolonisierung Fahrt aufgenommen hatte.[51] Diese Kritik war seit den sechziger Jahren durch den Aufschwung dependenztheoretischer Modelle vorbereitet worden, die den westzentrierten Fortschrittsoptimismus der Modernisierungstheorie verwarfen. Demnach hatte die westliche Entwicklungspolitik die kolonialen Ausbeutungsverhältnisse bloß verlängert, in neue Abhängigkeiten geführt, Korruption befördert und den Wohlstand in der Hand schmaler Eliten konzentriert. Nirgends habe sie befriedigende Ergebnisse gezeigt – weder die Allianz für den Fortschritt in Lateinamerika, noch die Assoziierungsabkommen der EG, noch die UNCTAD-Konferenzen hätten Verbesserungen gebracht. Zudem waren die mit großem Aplomb ausgerufenen ersten beiden UN-Entwicklungsdekaden ergebnislos verpufft. In den sechziger Jahren wurden die angepeilten Wachstumszahlen nicht erreicht, während gleichzeitig die Unterstützungszahlen aus dem Westen zurückgingen. Die zweite Entwicklungs-Dekade in den siebziger Jahren richtete deshalb den Fokus stärker auf soziale Wohlfahrt, doch konnte dies der steigenden Verschuldung und der wirtschaftlichen Stagnation keinen Einhalt gebieten. Im Zuge der 1973 einsetzenden Weltwirtschaftskrise dramatisierten sich diese Wahrnehmungen. Die Schere der Lebensverhältnisse ging nun noch weiter auseinander, und die Regierungen des globalen Südens beklagten die wachsende Abhängigkeit, Ungleichheit und Ausbeutung in immer drastischeren Tönen. »Die Krise des Weltwirtschaftssystems nimmt immer größere Ausmaße an«, hielt etwa die Blockfreienbewegung auf ihrem Gipfeltreffen von 1976 fest. »Entwicklungsländer sind die Opfer, [und die] größer werdende Kluft zwischen sich entwickelnden und entwickelten Ländern stellt eine der bedrohlichsten Spannungsquellen dar«.[52]

Im entwicklungspolitischen Diskurs der Vereinten Nationen war der Menschenrechtsbegriff zunächst allenfalls am Rande aufgetaucht.[53] So hatte die Teheraner UN-Konferenz zum Internationalen Menschenrechtsjahr 1968 erklärt, die wirtschaftliche und soziale Entwicklung sei eine Voraussetzung dafür, daß Menschenrechte verwirklicht werden könnten. Doch waren mit diesen und ähnlichen Äußerungen keine eingehenderen Reflexionen verbunden. Außerhalb der Vereinten Nationen waren es vor allem Vertreter der katholischen Kirche, die seit den sechziger Jahren den Begriff des Rechts auf Entwicklung verwandten.

---

51 Vgl. zum Hintergrund Normand/Zaidi, Rights, S. 289–315; Jolly u. a., UN Contributions; Ries, »Order«.
52 Colombo Summit 1976, Economic Declaration, S. 792.
53 Vgl. dazu und zum Folgenden Leemann, Entwicklung, S. 275–297.

Der erste, der ein »Recht auf Entwicklung« ausführlich formulierte, war der bereits erwähnte Präsident des senegalesischen Obersten Gerichts, Kéba M'Baye, der zugleich der UN-Menschenrechtskommission angehörte. Er legte 1972 eine längere Abhandlung vor, in der er sich darum bemühte, dieses Recht zu begründen – dessen Inhalt blieb hingegen unscharf.[54] In dem Text wurde daher vor allem deutlich, wie vielschichtig die neue Rechtsvorstellung motiviert war. Über die Korrektur einer verfehlten Entwicklungspolitik hinaus, die er als Einmischung im Dienst der kalten Kriegführung qualifizierte, sah M'Baye im Recht auf Entwicklung eine Entschädigung, die der Westen für seine historischen Verbrechen der Sklaverei, der Zwangsarbeit und des Kolonialismus zu leisten habe. Er begründete es aber auch wirtschaftlich, insofern der Westen die exorbitanten finanziellen Vorteile kompensieren müsse, die er aus den gegenseitigen Handelsbeziehungen schlage. Ferner diene ein Recht auf Entwicklung der weltweiten Sicherheit, weil ein Mindestmaß an Wohlfahrt und damit Stabilität in den ärmeren Ländern nötig sei, um die internationalen Beziehungen nachhaltig zu befrieden. Und schließlich akzentuierte M'Baye sehr stark den Gedanken einer moralischen, menschlichen Solidarität, einer schlichten Gerechtigkeit, die darin bestehe, daß der Reiche mit dem Armen teile. Das Entwicklungs*recht* war somit zuallererst eine Form, eine *Verpflichtung* der Industrieländer zu konstruieren. Mit den beiden letztgenannten Facetten seiner Herleitung – der Friedenswahrung in einer interdependenten Welt und den Imperativen einer globalen Ethik – lag der senegalesische Jurist ganz auf der Linie der Begründungen, die viele westliche Regierungen in diesen Jahren dafür anführten, daß es notwendig sei, internationale Menschenrechtspolitik zu betreiben.

Auf staatlicher Ebene kamen Menschenrechte indes erst als eine Art letzter Rekurs ins Spiel. Zunächst bemühten sich afrikanische und asiatische Staaten in den Vereinten Nationen darum, das Programm einer »Neuen Weltwirtschaftsordnung« durchzusetzen, das ohne den Menschenrechtsbegriff auskam. Dieser Versuch gewann nach dem arabischen Ölembargo von 1973 an Bedeutung. Einen Moment lang erschien es vielen Akteuren des globalen Südens, als sollten sich mit ihm die bestehenden weltpolitischen Abhängigkeiten umkehren. Die vermeintlich unterentwickelten Länder besaßen mit einem Schlag eine präzedenzlose Verhandlungsmacht – die OPEC-Staaten unter ihnen allerdings zweifellos sehr viel mehr als die anderen. Die Erschütterung der Machtverhältnisse währte jedoch nur kurz, denn bald schon hatten die westlichen Industrienationen das Heft des Handelns weitgehend zurückgewinnen können. Dessenungeachtet stellte die »Neue Weltwirtschaftsordnung« die bis dahin ambitionierteste Initiative von Ländern der »Dritten Welt« dar, die globalen wirtschaftlichen Dominanzstrukturen aufzubrechen. Als eher vager, dabei maximalistischer

---

54 Vgl. M'Baye, Droit. Vgl. auch ders., Emergence.

Forderungskatalog vorgebracht, zielte das Programm nicht darauf, das bestehende, kapitalistische weltwirtschaftliche System abzuschaffen, sondern die Position zu verbessern, die die Länder der Südhalbkugel darin besaßen. Dafür sollten aber einschneidende Veränderungen vorgenommen werden. Die Verfechter forderten mehr Entwicklungshilfe, Schuldenkürzungen, Souveränität über die eigenen Ressourcen, die Kontrolle über ausländische Investitionen, eine größere Kaufkraft für Rohstoffe und einen besseren Zugang zu Märkten.

Zwar gelang es, in den Vereinten Nationen 1974 eine Erklärung über die Errichtung einer Neuen Weltwirtschaftsordnung und eine Charta der wirtschaftlichen Rechte und Pflichten der Staaten zu verabschieden. Die westlichen Regierungen weigerten sich jedoch hartnäckig, substanzielle Konzessionen zu machen, etwa in den Fragen der Schuldenkürzung, der Entwicklungshilfe oder der Verfügungsmacht über Ressourcen.[55] Damit schwanden die Aussichten, das weltwirtschaftliche System grundlegend umzugestalten. Erst als sich abzeichnete, daß die Reformvision an Zugkraft verlor, wandten sich die afrikanischen und asiatischen Staaten dem Menschenrechtsbegriff zu, um ihre wirtschaftliche Agenda zu legitimieren. Seit 1977 wurde in den Vereinten Nationen, im Zeichen einer harten Konfrontation zwischen westlichen Ländern einerseits, den Staaten des globalen Südens und Osteuropas andererseits, eine Erklärung über das Recht auf Entwicklung ausgearbeitet. Beide Seiten verstanden dieses Recht als juristisch-moralische Legitimierung der Forderung nach einer »Neuen Weltwirtschaftsordnung«, und genau das war es, was der Debatte ihre Schärfe verlieh.[56]

In der Sicht der Befürworter stellte das Recht auf Entwicklung die Voraussetzung dar, um überhaupt in den Genuß der Menschenrechte zu gelangen – was ihrer Argumentation zuweilen einen tautologischen Zug verlieh, denn das Recht auf Entwicklung konnte so als Menschenrecht erscheinen, die Menschenrechte zu verwirklichen. In einer anderen, viel verwendeten Formulierung sollte es die »Synthese aller Menschenrechte« darstellen. Die Begründungen, die die Delegationen des globalen Südens für dieses Metarecht anführten, bewegten sich auf den Linien der historischen Wiedergutmachung und der wirtschaftlichen, sicherheitspolitischen und moralischen Interdependenz, die Kéba M'Baye in seinem frühen Aufsatz bereits entwickelt hatte.[57] Die Vorstellungen darüber, wie stark das liberal-kapitalistische Weltwirtschaftssystem umgeformt werden sollte, variierten – wollten es manche Delegationen abschaffen, so andere lediglich seine Defizite beheben. Auch inhaltlich wurde das Recht auf Entwicklung unterschiedlich gefüllt. In den am weitesten gehenden Bestimmungen sollte es

---

55 Vgl. Declaration on the Establishment of a New International Economic Order, 1.5.1974; Charter of Economic Rights and Duties of States, 12.12.1974.
56 Vgl. dazu und zum Folgenden Leemann, Entwicklung, vor allem S. 333–474.
57 Vgl. dazu Donnelly, »Right to Development«.

helfen, den Technologietransfer zu ermöglichen, transnationale Unternehmen Kontrollen zu unterwerfen, den Staaten der Südhalbkugel gleichberechtigte Mitsprache über alle Wirtschafts- und Finanzfragen zu sichern, Rüstungsausgaben in Entwicklungshilfen umzuwandeln, Präferenzsysteme zu begründen und einiges andere mehr.

Parallel zu den Vorgängen in den Vereinten Nationen verschaffte im übrigen auch die Bewegung der Blockfreien der menschenrechtlichen Aufladung des Entwicklungsgedankens Geltung. Damit spielten Menschenrechte in diesem Forum überhaupt erstmals seit Anfang der sechziger Jahre, oder sogar seit Bandung, wieder eine prominente Rolle. Sie rückten nun sogar stärker in den Vordergrund, als sie es jemals zuvor getan hatten. Davon zeugte eine lange Erklärung über »Menschenrechte und die Rechte der Völker«, die die Gipfelkonferenz von 1979 in Havanna abgab. Neben antikolonialen Akzenten und der Kritik am Verhalten Israels, Südafrikas und der Supermächte bemühte sie sich auch darum, das Ziel einer neuen Weltwirtschaftsordnung menschenrechtlich zu legitimieren: Um »Menschenrechte und vollkommene menschliche Würde zu gewährleisten«, so führte sie aus, sei es »erforderlich, das Recht auf Arbeit, Bildung, Gesundheit, angemessene Ernährung und Befriedigung der Grundbedürfnisse zu garantieren. Diese Ziele sind Teil des Kampfes für eine Veränderung der ungerechten und ungleichen internationalen Beziehungen«.[58]

Unter den Vertretern westlicher Staaten dagegen herrschte Konsens darüber, daß der Anspruch auf entwicklungspolitische Begünstigung nicht rechtlich festgeschrieben werden dürfe.[59] Globale Solidarität, so wandten sie ein, sei zwar moralisch geboten, doch ein Recht, die weltwirtschaftlichen Rahmenbedingungen zu verändern, lasse sich daraus nicht ableiten – nicht zuletzt deshalb, weil es nicht ohne weiteres einlösbar sei. Viele Delegierte wehrten sich überdies gegen die Auffassung, daß es kollektive Rechte gebe, und pochten darauf, bei Menschenrechten handele es sich um einen auf Individuen bezogenen Schutzmechanismus. Bekannten sich die meisten westlichen Regierungen zu diesen Grundpositionen, so zeigten sie sich in der Sache doch unterschiedlich konzessionsbereit. Während etwa die Niederlande, die skandinavischen Staaten und auch Frankreich bereit waren, die Defizite des Weltwirtschaftssystems anzusprechen, wiesen die USA den Gedanken zurück, daß der Wohlstand des globalen Nordens und die Armut des globalen Südens in einem engen Wechselverhältnis stünden.

Die Verhandlungen über die Formulierung eines Rechts auf Entwicklung gestalteten sich dementsprechend schwierig und langwierig.[60] Im Jahr 1977

---

58 Vgl. Human Rights and the Rights of Peoples, in: Jankowitsch/Sauvant (Hg.), Third World, S. 66–68.
59 Vgl. dazu und zum Folgenden Leemann, Entwicklung, insbes. S. 365–434.
60 Vgl. dazu ebd., S. 309–448.

beschloß die Menschenrechtskommission, eine Studie anfertigen zu lassen. Diese Studie, die den Begriff eines Rechts auf Entwicklung auch außerhalb der Weltorganisation popularisierte, legte Generalsekretär Kurt Waldheim zwei Jahre später vor. Ohne den Inhalt des Rechts zu bestimmen, postulierte sie die Verantwortung der reicheren Länder, die »Entwicklung« der ärmeren zu befördern, und leitete diese Verantwortung zum Teil aus der kolonialen Vergangenheit her. Im Herbst des Jahres nahm die Generalversammlung daraufhin eine Resolution an, die das Recht auf Entwicklung als ein Menschenrecht bezeichnete. Im Jahr 1981 setzte die Menschenrechtskommission eine Arbeitsgruppe ein, die das Recht formulieren sollte – alle diese Beschlüsse wurden in der Regel mit der Gegenstimme der USA und unter Enthaltung der meisten übrigen westlichen Staaten getroffen. In der Arbeitsgruppe waren die zentralen Fragen heftig umstritten: der materielle Gehalt des Rechts auf Entwicklung, dessen normativer Status, sein Verhältnis zu anderen, insbesondere politisch-bürgerlichen Rechten, die Frage, wer der Bringschuldner des Rechts sei, das Verhältnis zwischen kollektiven und individuellen Rechten, die Definition von »Entwicklung«. Mitte der achtziger Jahre lag offen zutage, daß sich keine substanzielle Übereinstimmung würde erzielen lassen. In dieser Situation ergriffen Kuba und Jugoslawien die Initiative: Die Kubaner machten in der Menschenrechtskommission 1985 den Vorschlag, eine Mehrheitsentscheidung über das Recht auf Entwicklung zu treffen, der schließlich angenommen wurde. Darüber zeigten sich die westlichen Delegationen, die auf diese Weise schlicht überstimmt werden würden, enttäuscht. Aber auch Senegal war verärgert, das sich in den vorangegangenen Jahren sehr dafür verwandt hatte, ein für alle Seiten akzeptables Recht auszuarbeiten. Jugoslawien präsentierte in derselben Sitzung einen Textentwurf, dem die fertige Erklärung weitgehend entsprechen sollte.

Die Erklärung über ein Recht auf Entwicklung verabschiedete die Generalversammlung schließlich im Dezember 1986 – ohne die wirtschaftsstärksten Industriestaaten überzeugen zu können. Die USA stimmten gegen die Erklärung, während sich die Bundesrepublik, Japan, Großbritannien, Israel und einige skandinavische Delegationen enthielten. Überdies war es dem westlichen Widerstand gelungen, die Erklärung weitgehend zu verwässern. Sie formulierte kein spezifisches Recht auf Hilfe oder Begünstigung und keine gehaltvolle Verpflichtung der Geberländer. Wenn die langjährigen Debatten eine Wirkung hatten, dann bestand sie, wie Ramon Leemann in seiner Untersuchung geschlossen hat, möglicherweise darin, zu einem neuen Entwicklungsverständnis beizutragen. Demnach war »Entwicklung« nicht mehr ausschließlich auf quantitatives Wachstum und darauf ausgerichtet, das westliche Konsumniveau »einzuholen«, sondern bezog andere Komponenten ein: den Menschen als Subjekt der Entwicklung, soziale Gerechtigkeit und Lebensqualität.[61] Der Versuch

---

61 Vgl. ebd., S. 336, 463.

hingegen, dem Westen in der Sprache seiner eigenen Moralität Zugeständnisse abzuringen, war fehlgeschlagen. In einem der fundamentalen Probleme weltweiter Ungleichheit – dem Wohlstandsgefälle zwischen Nord und Süd – hatten Menschenrechte keine emanzipatorische Kraft bewiesen.

Im Gegenteil. Denn mit dem Ausbruch der »Schuldenkrise« Anfang der achtziger Jahre geriet die »Dritte Welt« in einen Strudel dramatischer Verarmung, rasant wachsender Ungleichheit und zunehmenden finanzpolitischen Drucks von außen, der alles bis dahin Bekannte übertraf. Als neue Leitlinie wichtiger Geberländer, allen voran der USA, und internationaler Finanzinstitutionen wie der Weltbank setzten sich in der Krise Programme der »Strukturanpassung« durch, wie der Begriff lautete, den der Weltbankpräsident Robert McNamara ins Spiel brachte. Diese Programme machten es zur Voraussetzung von Umschuldungen und neuen Krediten, daß die Empfänger bestimmte Rahmenbedingungen schufen – durch Privatisierungen, Inflationsbekämpfung, den Abbau von Sozialleistungen, aber auch durch pluralere Entscheidungsprozesse. Mit diesen Maßnahmen griffen westliche Politiker und Experten tief in politische und sozioökonomische Strukturen ein, um die markwirtschaftliche Liberalisierung und die Demokratisierung in den Ländern des globalen Südens zu forcieren. Auf diese Weise erreichte der politische Interventionismus westlicher Staaten in der postkolonialen Ära seinen Höhepunkt; nicht im Zeichen des Kampfs gegen staatliches Unrecht an der eigenen Bevölkerung, sondern mit dem primären Ziel, die globale kapitalistische Wirtschaftsordnung zu befestigen.

Menschenrechte verwandelten sich, zum Teil mit diesen Prozessen verbunden, in ein Prinzip, das Ungleichheiten zementierte. Denn gegen Ende des Jahrzehnts gingen westliche Regierungen und internationale Finanzinstitutionen dazu über, den Ansatz der »politischen Konditionalität« immer breiter zu verankern und die Vergabe von Entwicklungshilfe immer stärker an die Menschenrechtssituation im Empfängerland zu binden.[62] Damit feierte das Modell seinen endgültigen Triumph, das eine Reihe von Regierungen seit Anfang der siebziger Jahre, zunächst experimentell und unabhängig voneinander, entwickelt hatte. Wie beschrieben, war die Politik gegenüber dem chilenischen Militärregime dabei für viele eine wichtige Station gewesen, und in den USA hatte es der Kongreß noch vor dem Amtsantritt Carters gesetzlich verankert. Die EG hatte zunächst die sogenannten Uganda-Richtlinien verabschiedet und im Zuge der Verhandlungen über das Lomé II-Abkommen generalisiert. Weitergehende Absichten, die vor allem die britische Regierung hegte, ließen sich zu diesem Zeitpunkt noch nicht durchsetzen. Nicht zuletzt erhob sich dagegen der Widerstand der Staaten Afrikas, der Karibik und des Pazifikraums, mit denen dieses Abkommen geschlossen wurde. Sie wehrten sich dagegen, daß die Industrienationen Politik und Wirtschaft vermengen und sich in die inneren

62 Vgl. zum Hintergrund Hoogvelt, Globalization, S. 173–196.

Angelegenheiten anderer Staaten einmischen würden.⁶³ Auch gaben afrikanische Vertreter deutlich zu verstehen, daß sie sich niemals dazu bereit finden würden, in diesem Forum eine andere afrikanische Regierung zu verurteilen. So ließ der ghanaische Botschafter Asante das britische *Foreign Office* wissen: »Er und seine Kollegen seien tief besorgt über Menschenrechtsverletzungen in Afrika [...]. Doch wenn andere außerhalb Afrikas dieses Problem aufbrächten, sei es die automatische afrikanische Reaktion, die Reihen zu schließen.«⁶⁴

Gerade in der Europäischen Gemeinschaft entfaltete sich dann in den achtziger Jahren eine wichtige Dynamik.⁶⁵ Der Lomé III-Vertrag von 1984, nunmehr mit über sechzig Ländern der Südhalbkugel abgeschlossen, bestimmte den Schutz der Menschenrechte erstmals als ein Ziel der Zusammenarbeit. Seit Anfang der neunziger Jahre fügte die EG ihren Kooperationsabkommen mit einzelnen Ländern dann systematisch Klauseln ein, die Menschenrechte und Demokratie zu einem »wesentlichen Element« der Entwicklungszusammenarbeit erklärten; fortan konnten die Verträge wegen Menschenrechtsverletzungen ausgesetzt oder beendet werden. In der Praxis verhängte die EG in den achtziger Jahren nur selten Sanktionen wegen der Mißachtung von Menschenrechten. Bis Ende des Jahrhunderts setzte sie keinen Vertrag ausschließlich deshalb aus, weil die Menschenrechtsklausel gebrochen worden war; diese Klausel verhinderte allerdings, daß manche neuen Vereinbarungen zustande kamen. Doch auch dessenungeachtet markierten Menschenrechte, indem sie zu einem Kriterium des Wohlverhaltens von »Drittweltländern« wurden, über das »Erstweltländer« wachten, während sie sich untereinander nicht in ähnlicher Weise vertraglich banden, die Differenz zwischen zwei grundlegend verschiedenen politischen Räumen. Schon bald nach Ende des Kalten Kriegs sollte dieser Konnex zornige Kritik aus dem globalen Süden auf sich ziehen. Sie grundierte nicht zuletzt den Generalangriff, den einige asiatische Staaten, wie noch zu zeigen ist, in den neunziger Jahren auf den Menschenrechtsgedanken führen sollten.

Erfindung einer Tradition: Afrikanische Menschenrechte

Stellte die Verwendung des Menschenrechtsgedankens in den weltwirtschaftlichen Diskussionen eine neue Strategie der Aneignung dar, so entwickelte sich in der postkolonialen Ära doch noch ein anderer bedeutsamer Strang. Seit Ende der sechziger und vor allem in den achtziger Jahren entfaltete sich nämlich unter afrikanischen Intellektuellen, Juristen und Sozialwissenschaftlern

---

63 Vgl. Tonndorf, Menschenrechte, S. 229 f.
64 NAK, FCO 98/330, A. J. Coles an Jenkins, 18.1.1978.
65 Vgl. Lerch, Menschenrechte; Nowak, »Conditionality«; Riedel/Will, Clauses.

eine breite Debatte über Gehalt und Relevanz der Menschenrechtsidee.⁶⁶ Manche Auffassungen, die die Autoren formulierten, waren im Forum der Vereinten Nationen seit den sechziger Jahren immer wieder vertreten worden.⁶⁷ Doch fügten sich erst diese neueren Schriften zu einem ausführlichen, zusammenhängenden Diskurs. Er war äußerst vielstimmig, und seine Protagonisten bezogen im einzelnen weit auseinander liegende Positionen. Gleichwohl lassen sich einige wichtige Muster der Deutung und Bewertung fassen, die die Mehrzahl der Autoren teilte.⁶⁸

So verstanden die meisten den Menschenrechtsgedanken, wie er sich in der Allgemeinen Menschenrechtserklärung und den UN-Pakten niederschlug, als Produkt einer historischen Entwicklung, die ausschließlich in Europa und Nordamerika stattgefunden habe. Mithin schälte sich in der Debatte, vielleicht erstmals in dieser Prägnanz und Schärfe, der Gedanke heraus, die vermeintlich universelle Menschenrechtsvorstellung der Vereinten Nationen sei eine westliche Konzeption, die den politischen und gesellschaftlichen Realitäten in Afrika unangemessen sei. Diese Konzeption zeichne sich dadurch aus, daß sie individualistisch gedacht sei, übermäßig auf politisch-bürgerliche Rechte abhebe und im übrigen die Verbrechen des Kolonialismus und der Sklaverei nicht verhindert habe.

Überwiegend ergänzten die Autoren diesen Befund aber um die Auffassung, auch in der »traditionellen«, vorkolonialen afrikanischen Gesellschaft habe es Menschenrechte gegeben – wobei diese Gesellschaft durchweg weder sehr differenziert noch sehr konkret beschrieben wurde. Dabei hatten die Akademiker und Intellektuellen zumeist ein funktionales Äquivalent im Sinn: Manche behaupteten, die vorhandenen sozialen Werte hätten Vorstellungen enthalten, die Menschenrechten analog seien. Andere argumentierten, der Menschenrechtsschutz sei der rechtlichen Struktur der Gesellschaft inhärent gewesen, oder diese Struktur sei derjenigen moderner Menschenrechtssysteme ähnlich.⁶⁹ Der Gedanke, Konzepte der »menschlichen Würde« existierten in allen Gesellschaften, wurde oft geäußert, wobei sich daraus entgegengesetzte Schlüsse ziehen ließen: Die einen sahen darin den Kern der Menschenrechtsvorstellung, die anderen betonten gerade die Differenz zwischen Würde und Recht. Jedenfalls hielten die meisten Autoren eine lange Liste materieller Rechte in der »traditionellen« Gesellschaft für *de facto* verwirklicht: das Recht auf Leben, freie

---

66 Vgl. als Auswahl aus dem breiten Schrifttum: Pollis/Schwab (Hg.), Rights; Kushalani, Rights; Cobbah, Values; Shivji, Concept. Als jüngeren Rückblick vgl. Ibhawoh, Relativism.
67 Vgl. Burke, Decolonization.
68 Als hilfreiche Überblicke zur Debatte vgl.: Silk, Culture; Tonndorf, Menschenrechte, S. 100–159; Ibhawoh, Relativism.
69 Vgl. Asante, Nation Building.

Meinungsäußerung, Vereinigung, Grundbesitz, Freizügigkeit oder Teilhabe an der politischen Willensbildung.[70]

Zählten die Autoren also gerade diejenigen Freiheiten und Sicherungen auf, die den »westlichen«, politisch-bürgerlichen Rechten entsprachen, so lag das Schwergewicht ihrer Argumentation doch darauf, nachzuweisen, daß die afrikanischen Rechtsvorstellungen eine spezifische Gestalt gehabt hätten, die mit der »westlichen« gerade nicht übereinstimme. Der eine wichtige Komplex, in dem sich aus dieser Sicht die Eigenheit afrikanischer Modelle erwies, kreiste um sogenannte »kommunalistische« Vorstellungen. Demzufolge hatte das Individuum in der vorkolonialen Ordnung nicht als autonome, von der Gemeinschaft abgehobene Entität gegolten, weshalb es auch nicht sinnvoll gewesen sei, ihm Freiheitsrechte oder Abwehrrechte gegen den Staat beziehungsweise die Gruppe zu verleihen. In der afrikanischen Gesellschaft sei es dagegen um »Ansprüche innerhalb einer Gemeinschaft« gegangen, wie es Josiah A. M. Cobbah in einer einflußreichen Wortmeldung ausdrückte: »Afrikaner betonen Gruppenzusammenhalt, Gleichheit und Gemeinsamkeit. Statt vom *survival of the fittest* und der Herrschaft über die Natur ist die afrikanische Weltsicht vom Leitprinzip des Überlebens der gesamten Gemeinschaft und einem Sinn für Zusammenarbeit, von wechselseitiger Abhängigkeit und kollektiver Verantwortung bestimmt.«[71] Die soziale Regulierung habe somit *innerhalb* der Gemeinschaft stattgefunden, orientiert am Prinzip des Gemeinwohls, der gegenseitigen Hilfe und nicht zuletzt der Pflicht: Der Einzelne habe bestimmte Pflichten innerhalb der Gruppe erfüllen müssen, während diese im Gegenzug dazu verpflichtet gewesen sei, für die Grundbedürfnisse der Einzelnen zu sorgen. Wenn es im traditionellen afrikanischen Personenverband also so etwas wie Recht gegeben habe, dann sei es zu verstehen als »ein Ensemble von Schutzregeln der Gemeinschaft, an denen der Einzelne teilhat«, wie Kéba M'Baye ausführte.[72] Überdies verwiesen die Autoren darauf, daß sich aus der vorkolonialen Existenzsituation, den oft dürftigen Lebensgrundlagen und den Schwierigkeiten des Überlebens, eine besondere Bedeutung wirtschaftlicher und sozialer Ansprüche abgeleitet habe.[73] Darin bestand eine zweite Besonderheit der afrikanischen Rechtsvorstellung, die in der Regel allerdings weniger elaboriert wurde.

Mit alledem positionierten sich die afrikanischen Juristen und Wissenschaftler in ihren historischen Vergewisserungen also keineswegs strikt gegen den internationalen Menschenrechtsdiskurs. Vielmehr schrieben sie sich in ihn ein, doch mit einer spezifischen afrikanischen Vorstellung, und indem sie eine eigene, afrikanische Menschenrechtstradition konstruierten. Nicht selten

---

70 Vgl. Hannum, Butare Colloquium; Wai, Rights; Haile, Rights; Asante, Nation Building.
71 Cobbah, Values, S. 310. Vgl. auch Pollis/Schwab, Rights.
72 M'Baye, Droits, S. 163.
73 Vgl. Ibhawoh, Relativism.

attackierten sie sogar westliche Sozialwissenschaftler wie Jack Donnelly und Rhoda Howard, die Afrika eine solche Tradition absprachen.[74] Gleichwohl pflegten sie damit einen Diskurs, der bereits zeitgenössisch als »relativistisch« bezeichnet wurde, und zwar sowohl von afrikanischen Autoren als auch von westlichen Kommentatoren. Denn ob ausgesprochen oder nicht, gingen die afrikanischen Beiträger davon aus, daß Rechts- und Moralsysteme kulturell gebunden seien und unterschiedliche Kulturen also unterschiedliche Systeme hervorbringen würden. Daraus zogen sie indes nicht alle dieselben Konsequenzen: Während einige Kommentatoren »westliche« Menschenrechtsvorstellungen für unvereinbar mit den afrikanischen hielten, glaubten andere, ein gemeinsames Minimum identifizieren zu können – etwa das Recht auf Leben. Daß man zu einem allgemeingültigen internationalen Menschenrechtsbegriff gelangen könne, erschien von beiden Positionen aus problematisch, und ob es derjenige sein würde, den die frühen, westlich dominierten Vereinten Nationen formuliert hatten, mußte sich unwahrscheinlich ausnehmen.[75] Damit klang in diesen Äußerungen der achtziger Jahre bereits ein Streitpunkt an, der im folgenden Jahrzehnt mit erheblich größerer Schärfe wieder aufgegriffen werden und sogar ins Zentrum der internationalen Debatte rücken sollte.

Blieb die Absage an die Universalität des Menschenrechtsgedankens also insgesamt zurückhaltend, so zog das, was als interventionistischer Auswuchs der westlichen Menschenrechtspolitik empfunden wurde, eine durchaus geharnischte Kritik afrikanischer Autoren auf sich. Einige beklagten, daß sich westliche NGOs und Akademiker unablässig damit beschäftigten, Menschenrechtsverletzungen in Afrika aufzudecken. Besonderen Ärger erregte es dabei, daß die westlichen Beobachter nicht nur die afrikanischen Staaten als undemokratisch verdammten, sondern sich auch gegen kulturelle Praktiken wie etwa den Umgang mit Frauen und Kindern wandten.[76] Dabei legten sie, so der Vorwurf, wesensfremde Maßstäbe an, und ihre menschenrechtspolitischen Rezepte seien untauglich – »Ungerechtigkeiten innerhalb unterschiedlicher kultureller Systeme zu korrigieren, bedeutet nicht notwendigerweise, alle Menschen in Westler zu verwandeln.«[77] Vor diesem Hintergrund fand auch der Gedanke, Menschenrechte seien eine imperialistische oder neokoloniale Herrschaftsideologie, die darauf ziele, nicht-westlichen Kulturen liberale und individualistische Normen zu oktroyieren, einige Anhänger.[78] Auch das war eine neue Entwicklung, jedenfalls insofern, als Menschenrechte im Neokolonialismusdiskurs bis

---

74 Vgl. etwa Cobbah, Values.
75 Das wird auch deutlich in den Überlegungen von Pollis/Schwab, Rights, S. 1.
76 Vgl. die Zurückweisung auf dem Blockfreien-Gipfel 1979: Havanna Summit, Political Declaration.
77 Cobbah, Values, S. 328.
78 Vgl. Shivji, Concept, vor allem S. 59.

dahin keine Rolle gespielt hatten. Er war praktisch ausschließlich ökonomisch begründet worden.[79]

Eine ganz andere Frage war, welche Rolle Menschenrechte in der politischen Gegenwart Afrikas spielten oder spielen sollten. Die Autoren diagnostizierten durchaus die Probleme der autoritären Herrschaftsmodelle, die den Kontinent inzwischen zu dominieren schienen. Einig waren sie sich über die Gründe für diese Situation.[80] Unisono erklärten sie die unfreiheitlichen Regierungsformen als ein Produkt der kolonialen Geschichte und einen Reflex auf die Notwendigkeiten der »Entwicklung« und des postkolonialen *nation building*. Die rassistische Ordnung des Kolonialismus hatte demzufolge die traditionellen Institutionen deformiert, die soziale Kohäsion zerstört, neue gesellschaftliche Konflikte geschürt und die wirtschaftlichen Strukturen geschwächt. Angesichts dieser Hinterlassenschaften stünden die neuen Staatsführer vor einer gewaltigen Aufgabe – Hunger, Krankheit und Analphabetismus zu beseitigen, nationalen Zusammenhalt zu schaffen, die Industrialisierung zu beschleunigen und die Landwirtschaft zu modernisieren –, für die ein stabiler politischer Rahmen eine unverzichtbare Voraussetzung sei.

Lagen die Erklärungsfiguren für sich betrachtet ganz auf den Linien des staatlichen Selbstrechtfertigungsdiskurses, so wichen die Autoren in ihren Bewertungen jedoch voneinander ab und gelangten daher auch zu unterschiedlichen Auffassungen darüber, welche politische Bedeutung Menschenrechten zukam. Eine vermittelnde Position vertraten jene, die glaubten, daß es die Regierungsfähigkeit nicht entscheidend hemme, wenn die Staatsmacht durch rechtliche Garantien begrenzt würde, daß angesichts der Bedürfnisse »unterentwickelter« Länder jedoch unter Umständen bestimmte Rechte zurückgestellt werden müßten.[81] Der ehemalige äthiopische Außenminister Minasse Haile hingegen hielt autoritäre Regime in der aktuellen Lage für unvermeidlich und formulierte den bemerkenswerten Gedanken, daß »autoritäre Regierungen in Afrika diejenigen persönlichen Sicherheitsrechte wahren sollten, die mit dem Autoritarismus koexistieren können.« Da die meisten Menschen in Afrika »schon unter dem Mangel an angemessener Nahrung, Gesundheitsversorgung und all den anderen Nachteilen leiden, die die Armut mit sich bringt«, sollten sie, solange die autoritäre Herrschaft alternativlos sei, nicht auch noch »der zusätzlichen Erniedrigung der Folter, willkürlicher Festnahmen oder unfairer Gerichtsverfahren unterworfen werden.«[82] Doch übten andere Autoren aus menschenrechtlichem Blickwinkel auch Kritik an den bestehenden Regierungen, und zwar von unterschiedlichen politischen Ausgangspunkten aus. So

---

79 Vgl. etwa Nkrumah, Neo-Colonialism.
80 Vgl. dazu Wai, Rights; Haile, Rights; Asante, Nation Building.
81 Vgl. ebd.
82 Haile, Rights, S. 603.

versuche der tansanische Rechtsprofessor Issa G. Shivji einen marxistisch inspirierten, auf den Klassenkampf verpflichteten Menschenrechtsbegriff zu entwickeln, der ebenso gegen das vermeintlich westlich dominierte, internationale Normsystem gerichtet war wie gegen die Diktatur der afrikanischen Staatsklassen.[83] Andere bezogen sich affirmativ auf die politisch-bürgerlichen Rechte und erhoffte sich von ihnen Schutz gegen staatliche Willkür.[84]

Letztlich veranschaulichte die Polyphonie dieser Diskussion, was sich auch in den anderen neuen Ansätzen und Entwicklungen des Zeitraums erwies, daß nämlich die Bedeutung, die Menschenrechte während der siebziger und achtziger Jahre im globalen Süden gewannen, eher noch komplexer und mannigfaltiger war als zuvor. Aus staatlicher Sicht dürfte die Bilanz gegen Ende der achtziger Jahre ernüchternd oder sogar verärgernd gewesen sein: Während menschenrechtliche Argumente in einer für viele Regierungen existenziellen Frage, der Reform der weltwirtschaftlichen Strukturen, verhallt waren, hatte sich im Westen ein langlebiger und höchst wirkungsvoller Diskurs herausgebildet, der die politischen Systeme der »Dritten Welt« mit »Menschenrechtsverletzungen« assoziierte. Das regionale Menschenrechtssystem in Afrika war aus Streit geboren und gewann möglicherweise, ganz wie in Europa und Lateinamerika anfänglich auch, in dem Maße an stillschweigender Akzeptanz, in dem sich zeigte, daß es kaum jemandem gefährlich wurde. Zivilgesellschaftliche Akteure dagegen eigneten sich den Menschenrechtsbegriff, mühsam und von den Rändern der politischen Debatte her, nunmehr in regierungskritischer Absicht an. Das mag ein Faktor gewesen sein, der die Demokratisierungswelle in Asien und Afrika, von der um das Jahr 1990 so viel die Rede war, befördern half.

---

83 Vgl. Shivji, Concept.
84 Vgl. Wai, Rights.

Schluss

Menschenrechte in der internationalen Politik zwischen 1940 und 1990

Menschenrechte entwickelten sich in der zweiten Hälfte des 20. Jahrhunderts zu einem festen Bestandteil der internationalen Politik. Menschenrechtliche Ansprüche und Forderungen begleiteten Kämpfe um politische Emanzipation oder dienten als letzte Zuflucht, um staatliche Verfolgung abzuwehren. Sie bekräftigten den Willen ziviler Akteure, dem Unrecht jenseits ihrer Landesgrenzen entgegenzutreten, und bestimmten Regierungen in ihrer Politik gegenüber Staaten, die ihre eigene Bevölkerung unterdrückten. Verschiedentlich reicherten sie das Nachdenken über eine angemessene internationale Ordnung an. Jedenfalls proklamatorisch wurden sie dabei zu einem Leitbild der internationalen Staatengemeinschaft, wie sie sich in den Vereinten Nationen und den regionalen Staatenverbünden zusammenfand. Doch konnten sie sich auch in ein Gegenbild verwandeln, das für einen unangemessenen oder sogar gefährlichen Weg stand, die internationalen Beziehungen zu regulieren. Mit alledem durchzogen und prägten sie zahlreiche internationale Konflikte.

In manchen Bereichen hatte die internationale Menschenrechtspolitik, die sich seit den vierziger Jahren herausbildete, Vorläufer in früheren Zeiten, etwa im Abolitionismus oder den humanitären Interventionen des 19. Jahrhunderts. Einige ihrer Wurzeln reichen in die Zeit vor dem Zweiten Weltkrieg zurück. Verschiedene Nichtregierungsorganisationen hatten sich schon damals auf dem internationalen Parkett bewegt. Der Völkerbund hatte mit internationalen Sicherheitsstrukturen und Formen der internationalen Schutzpolitik experimentiert. In zarten Ansätzen hatte sich auch eine völkerrechtliche Diskussion darüber entwickelt, ob es möglich sei, eine internationale Menschenrechtserklärung samt institutioneller Garantien zu verabschieden. In diesen Entwicklungen lag der unmittelbare Erfahrungshintergrund der Protagonisten der vierziger Jahre, hier lagen ihre Anknüpfungspunkte wie auch ihre Kontrastfolien. Doch wie immer man die einzelnen Stränge, die einzelnen Elemente der internationalen Menschenrechtspolitik herleitet: Die Gesamtkonstellation, die nach 1945 entstand, war historisch bemerkenswert neuartig. Daß Menschenrechte für so viele Regierungen eine wie auch immer bedeutsame Rolle spielten, in der nationalen Außenpolitik wie auch international so stark institutionalisiert waren, so langfristig auf der internationalen Bühne präsent blieben, weltweit ausstrahlten, immer wieder große politische Aufmerksamkeit auf sich zogen – das hatte es in keiner anderen historischen Phase zuvor gegeben.

Diese Konstellation bildete sich in einem polyzentrischen Prozeß heraus. Ganz unterschiedliche Akteure an verschiedenen Orten griffen menschenrechtliche Vorstellungen auf und setzten sie politisch ein – um anderen zu helfen oder sich selbst zu schützen, um ihren politischen Idealen Geltung zu verschaffen oder politische Gegner zu diskreditieren. Dadurch legten sie dem Begriff im Lauf der Jahrzehnte vielfältige, sogar widersprüchliche Bedeutungen bei. In den Jahren des Zweiten Weltkriegs wandten sich jüdische Organisationen aus der Erfahrung der religiösen und rassistischen Verfolgung dem Menschenrechtsgedanken zu, während ihn amerikanische Internationalisten von der Aggressivität radikaler Diktaturen her dachten, die die Welt in diesen Krieg gestürzt hatten. Föderalisten in Europa und katholische Geistliche zielten darauf, die Würde der menschlichen Person innerhalb des nationalstaatlichen Rahmens zu schützen. Auf der UN-Gründungskonferenz in San Francisco verschrieben sich auch einige lateinamerikanische Regierungen der Idee internationaler Menschenrechtsgarantien. Bald nach dem Zweiten Weltkrieg begannen dann in den Vereinten Nationen Dutzende von Staaten, aus unterschiedlichen nationalen Rechtstraditionen und außenpolitischen Interessen heraus, die Menschenrechtsidee normativ zu formen. Die Supermächte luden sie dabei vorwiegend mit den unfreien Herrschaftspraktiken und den sozialen Defiziten des jeweils gegnerischen Systems auf. Etwa zur gleichen Zeit statteten die Mitglieder des Europarats ihren angestrebten Werte- und Gründungskonsens mit Menschenrechtsreferenzen aus. Diese waren stark antikommunistisch ausgerichtet und hatten eine merklich konservativ-katholische Note. Bald bedienten sich auch Nationalistenführer in den Kolonien und die Vertreter postkolonialer Regierungen menschenrechtlicher Prinzipien, um sie den Kolonialmächten entgegenzuhalten. Dabei assoziierten sie sie mit dem Kampf gegen Rassendiskriminierung und koloniale Unterdrückung. Parallel zu allen diesen Initiativen bezog sich überdies ein denkbar weitgefächertes Spektrum nicht-staatlicher Gruppen in aller Welt auf die neuen internationalen Menschenrechtsnormen, um ganz unterschiedlichen Arten der staatlichen Drangsalierung zu begegnen oder die eigene Machtlosigkeit zu kompensieren.

In den folgenden Jahrzehnten setzten sich die polyvalenten Zuschreibungen fort. Während der siebziger Jahre machten Aktivisten in Lateinamerika und Osteuropa Menschenrechte zu einer signalkräftigen Sprache der inneren Opposition gegen Diktaturen. Ihnen ging es weniger um eine bestimmte politisch-philosophische Auslegung als vielmehr darum, eine möglichst wirksame, oft buchstäblich existenzielle Strategie der Verteidigung zu schmieden. In westlichen Ländern erhob eine neue Protestbewegung Menschenrechte zum Symbol eines weltweiten Einsatzes für leidende Einzelne. Ebenso kritisierte sie damit aber die moralisch vermeintlich unempfindliche Außenpolitik westlicher

Regierungen. Auch dadurch veranlaßt, schrieben einige Regierungen nunmehr den Menschenrechtsschutz als ein wichtiges auswärtiges Ziel in ihre politischen Konzeptionen ein. Dabei erfüllte er unterschiedliche Funktionen. Für die Regierung Jimmy Carters stellte er einen Weg dar, aus innenpolitischen Krisen herauszufinden, das Ansehen der USA in der Welt zu restaurieren und ihre Machtausübung in der internationalen Politik zu zähmen. Die niederländische Regierung Joop den Uyls verfolgte eine Reform der Weltordnung auf den Linien einer globalen Gerechtigkeit und einer Solidarität mit der »Dritten Welt«. Die britische Callaghan-Regierung versuchte sich mittels ihrer Menschenrechts-Außenpolitik an ein gewandeltes gesellschaftliches Wertebewußtsein und aktuelle internationale Herausforderungen anzupassen. Bereits wenige Jahre zuvor hatten die Staaten der Europäischen Gemeinschaft dafür gesorgt, daß Menschenrechte einen wichtigen politischen Einsatz im KSZE-Prozeß bildeten. Hier mutierten sie einmal mehr zu einem Streitobjekt im Ost-West-Konflikt. Die Strategie der europäischen Staaten war zunächst jedoch deutlich weniger konfrontativ als während des frühen Kalten Kriegs, denn im Ansatz ging es darum, die osteuropäischen Diktaturen in ein Netz von Bestimmungen zu verwickeln, nicht, sie wegen ihrer Menschenrechtsverletzungen offensiv zu diskreditieren. Schließlich stützen sich auch afrikanische und asiatische Staaten auf den Menschenrechtsgedanken, um zu begründen, daß eine Neuverteilung der weltwirtschaftlichen Ressourcen nötig sei.

Daß sich die internationale Menschenrechtspolitik kontinuierlich entfaltete, wird man schon mit Blick auf diese mannigfachen Aufladungen und die immer wieder äußerst konflikthafte Austragung der Probleme, die sich damit verbanden, kaum sagen können. Eher zeichnen sich kurzfristige Schübe und Momente der Verdichtung ab, in denen besonders starke Energien in menschenrechtspolitische Vorstellungen flossen und diese besonders vielen Akteuren als notwendig, sinnvoll oder aussichtsreich erschienen. Das galt für die Jahre um das Ende des Zweiten Weltkriegs, vor allem für das Jahrfünft danach, und dann noch einmal in den siebziger Jahren. Diese beiden Schubphasen hatten eigene Signaturen. Die politischen Umbrüche und gesellschaftlichen Umorientierungen, aus denen sie herrührten, unterschieden sich, und sie hatten auch jeweils andere Konsequenzen für die internationale Politik.

Die Konjunktur der vierziger Jahre gewann vor allem darin Gestalt, daß Menschenrechte in der internationalen Politik und genauer noch, in internationalen Regierungsorganisationen, Fuß faßten. Dabei schälte sich ein wichtiges, übergreifendes Entstehungsmuster heraus, nämlich daß Menschenrechtsschutz als ein Garant wirksamer internationaler Sicherheitsstrukturen erschien. Die Gefahr, die dem staatlichen Zusammenleben von der zum Krieg treibenden Dynamik radikaler Diktaturen drohte, sollte künftig im Keim erstickt werden, indem man verhinderte, daß eine entschlossene Führungsriege überhaupt erst eine nahezu totale Herrschaft über die eigene Bevölkerung errichten konnte.

Das war eine Lehre aus den Konflagrationen der dreißiger und vierziger Jahre. Zwar lassen sich bei weitem nicht alle Verwendungen der Menschenrechtsidee auf diesen Gedanken reduzieren. Doch stellte er im Ganzen genommen den stärksten Impuls dar, aus dem heraus internationale Institutionen und Mechanismen geschaffen wurden. Für internationalistische NGOs wurde er handlungsleitend, und in jüdischen Organisationen bildete er ein wichtiges Motiv. Im Föderalismusdiskurs und in den Diskussionen des Europarats spielte er eine gewisse Rolle. Auch stand er im Hintergrund der Überlegungen im amerikanischen Außenministerium während der Kriegsjahre, soweit sie überhaupt gediehen, und bestimmte die Haltung einiger lateinamerikanischer Regierungen zu den Vereinten Nationen.

Daß sich diese Menschenrechtsvorstellung durchsetzte, verdankte sich indes nicht allein ihrer gleichsam inneren Überzeugungskraft. Damit sie Plausibilität entfalten konnte, bedurfte es einer Reihe von Rahmenbedingungen, die in den vierziger Jahren entstanden waren. Dazu gehörten die Erfahrung des gescheiterten internationalen Krisenmanagements der dreißiger Jahre, das die Suche nach neuen Sicherheitsstrukturen unabweisbar erscheinen ließ, und der unmittelbare Eindruck der Weltkatastrophe, der dem Diskurs eine existenzielle Dringlichkeit verlieh. Die Rückbesinnung auf das Individuum, die sich in politischen und kirchlichen Kreisen vor allem in Europa vollzog, und das mit ihr einhergehende Bewußtsein, der staatlichen Allmacht Grenzen setzen zu müssen, festigten den menschenrechtlichen Sicherheitsgedanken zusätzlich. Anders gelagert, aber in der Praxis höchst bedeutsam, war der enorme Aufschwung des nicht-staatlichen Internationalismus in den USA während der Kriegsjahre. Er verschaffte den Menschenrechtsproponenten eine gewisse Verhandlungsmacht, die sie vorher nicht besessen hatten. Schließlich konnten ihre Konzeptionen überhaupt erst dadurch Resonanz entfalten, daß ein breiter transatlantischer Konsens darüber erwachsen war, eine neue Weltorganisation zu schaffen.

Negativ bestimmt und mit dem Wissen um die Menschenrechtspolitik, die sich später entwickeln sollte, blieben zwei Elemente in den Kriegs- und Nachkriegsjahren vergleichsweise weniger ausgeprägt. So stellte die öffentliche Berufung auf das Leid anderer keinen prägenden Zug des Diskurses dar. Die Protagonisten der Menschenrechtspolitik waren zweifellos ebenso mitfühlende wie gut informierte Beobachter des Weltgeschehens. Die menschlichen Katastrophen, die der Krieg mit sich brachte, entgingen ihnen nicht und bildeten vielfach vielleicht sogar den stillschweigenden Ausgangspunkt ihres Engagements. Doch in der internen Entscheidungsbildung der Regierungen, den Eingaben der NGOs, den Reden und Stellungnahmen der UN-Delegierten, den Büchern und Traktaten wurde menschlichem Elend, existenzieller Not, physischen Qualen kein breiter Raum gegeben. Selten wurden sie in greifbare, plastische Argumente übersetzt. Eine *Politik* des Leids und des Mitleids entwickelte sich allenfalls in Ansätzen.

Überdies, und damit im Einklang, präsentierten viele Menschenrechtsverfechter ihre Vorschläge und Pläne auch nicht als Baustein einer neuen internationalen oder sogar universellen politischen Moralität. Die Internationalisten, die Föderalisten, die Regierungsvertreter, die für internationale Garantien plädierten, und auch eine Organisation wie die *International League for the Rights of Man* argumentierten nicht in erster Linie moralisch. Auch zögert man, ihren Gedanken und Vorschlägen eine visionäre Verheißungskraft zu attestieren. Wenn sie idealistisch waren, dann im Sinn einer notgedrungenen Hoffnung, einer Neuausrichtung, an der nichts vorbeizuführen schien, oder auch im Sinn eines letzten Rekurses. Der internationale Menschenrechtsdiskurs der vierziger Jahre hatte ein stark juristisches oder zumindest rechtsförmiges Gepräge. Er zielte auf normative Sicherungen, auf stabilisierende Verfahren und mit alledem auf pragmatische Problemlösungen. Menschenrechte waren für viele ihrer Proponenten Teil eines nüchternen, rekonstruktiven Internationalismus.

Das war jedoch wiederum nicht ihr einziges Gesicht, und so gilt es zu differenzieren. Die amerikanische Kriegspropaganda hatte einen unverkennbaren idealistischen Unterton, wenn der Menschenrechtsbegriff dabei auch keine sehr herausgehobene Rolle spielte. Überdies waren Menschenrechte im proklamierten Gründungskonsens des Europarats deutlich als eine positive Kontrastfolie zur jüngsten Vergangenheit akzentuiert. Am stärksten wurde das Wunschbild einer weltweiten Moral in den Vereinten Nationen beschworen, in den vielleicht fünf Jahren nach ihrer Gründung, in denen eine Reihe von Initiativen auf den Weg gebracht und die Allgemeine Menschenrechtserklärung verabschiedet wurde. Aufs Ganze betrachtet, riefen die machtpolitisch schwachen Staaten derartige Prinzipien am häufigsten an, wie etwa die indische Delegation in ihren denkwürdigen Plädoyers für eine bessere Behandlung der Inder in Südafrika. Auch diejenigen Menschen und Gruppen, die sich auf Menschenrechte beriefen, um sich vor politischer Gewalt oder Diskriminierung zu schützen, malten oft ihre Notlagen aus, appellierten an das Weltgewissen und pochten auf internationale Gerechtigkeit. Die beiden Supermächte schließlich betrieben in den Vereinten Nationen immerhin eine Art negative, auf Diskreditierung ausgerichtete Moralpolitik, die die Deformationen der soziopolitischen Ordnung des Gegners in grelles Licht tauchte.

Bei alledem trat das sicherheitspolitische Verständnis des Menschenrechtsschutzes schon bald, vor allem seit Anfang der fünfziger Jahre, in den Hintergrund. In den Vereinten Nationen waren Menschenrechte von Sicherheitsfragen separiert. In Westeuropa waren andere Integrationsstrukturen als die des Europarats von Anfang an wichtiger, und die eigentliche Gefahr drohte ohnehin bald viel stärker von außerhalb der westeuropäischen Gemeinschaft, für die das Menschenrechtssystem galt. Im Dekolonisierungsprozeß spielten internationale Sicherheitskonzeptionen keine Rolle. Gegen Ende der fünfziger Jahre lebten sie, im Kontext neuer regionaler Bedrohungsszenarien, in Lateinamerika noch einmal auf und beförderten den Ausbau des menschenrechtlichen Systems der OAS. In den siebziger und achtziger Jahren schließlich sollte die Vorstellung, internationaler Menschenrechtsschutz sei eine Form der Friedenswahrung, hier und da wieder zum Vorschein kommen. Die Dissidenten von *Charta 77* brachten sie vor, und auch westliche Regierungen artikulierten sie. Ihnen ging es dabei nicht mehr um totalitäre Diktaturen, die die Weltherrschaft anstrebten, sondern um die globalen Implikationen regionaler Kriege und Konflikte. Bei der Etablierung des Menschenrechtssystems der OAE wirkte sich ein ähnlicher kontinentaler Stabilisierungsgedanke aus wie zuvor in Europa und Lateinamerika. Alles in allem genommen standen sicherheitsbezogene Überlegungen jedoch nun nicht mehr im Mittelpunkt.

In den siebziger Jahren waren es vornehmlich andere Gründe, die Politiker und Aktivisten dazu verleiteten, sich den Menschenrechtsgedanken anzueignen. Da in der internationalen Politik nunmehr ein wesentlich ausgedehnterer menschenrechtlicher Zusammenhang entstand, lassen sich gleich mehrere transnationale Muster fassen, die seine inhärente Attraktivität begründeten. Auch sie galten nicht für alle Verfechter gleichermaßen, doch liefern sie wichtige Teilerklärungen dafür, warum das Konzept einen derartigen Aufschwung erlebte. So wandten sich viele Zeitgenossen den Menschenrechten zu, nachdem politische Ambitionen, die sie zuvor gehegt, Projekte, die sie verfolgt, Ideale, die sie hochgehalten hatten, eingestürzt waren oder sich auflösten. Sie griffen auf menschenrechtspolitische Vorstellungen zurück, um ihre ideologischen Denkgebäude umzugestalten oder praktische Neuansätze zu formulieren. Diese Aneignungen trugen daher oft Spuren einer politischen Enttäuschung. In ganz unterschiedlichen Formen nährte die Desillusionierung über die eigenen Gestaltungsmöglichkeiten etwa den westlichen Menschenrechtsaktivismus und die osteuropäische Dissidenz, die Politik Jimmy Carters und die postkoloniale Vorstellung eines Menschenrechts auf »Entwicklung«. Auch der menschenrechtspolitische Idealismus der siebziger Jahre war mithin gebrochen, zuweilen sogar ein Rückzug. Gleichwohl, und in einer gewissen Spannung zu diesen Zügen, hielten die menschenrechtspolitischen Aufbrüche der Zeit in ihren zuversichtlichsten Momenten Versprechen der politischen Besserung bereit, die weit über alles hinausreichten, was die Menschenrechtsverfechter während des Zweiten Weltkriegs im Sinn hatten. Der Glaube an nationale Wiederauferstehung und neue globale Problemlösungen war eben auch ein Kennzeichen der Rhetorik des Präsidenten Carter. Ähnlich war *Amnestys* Aktivismus zugleich eine Form der Selbstermächtigung.

Vielen Proponenten menschenrechtlicher Ideen war in den siebziger Jahren darüber hinaus gemein, daß sie eine Politik zutiefst ablehnten, die ganz der Logik des Kalten Kriegs verpflichtet war. Sie strebten danach, die ideologischen Glaubenssätze und politischen Methoden zu überwinden, die die westlichen und östlichen Regierungen so oft beschworen hatten, um trotz hohen menschlichen Kosten die vermeintlich existenziellen Bedrohungen abzuwehren, die vom jeweiligen Gegner ausgingen. Menschenrechtsvertreter wandten sich dagegen, Macht und Stärke zu einem politischen Selbstzweck zu erheben, sie waren gegen realpolitischen Zynismus und eine plumpe manichäische Weltsicht, die Staaten in Freunde und Feinde einteilte. Das offenbarte sich in den programmatischen Überlegungen der amerikanischen Regierung unter Carter wie auch im Reformbemühen der Regierung den Uyls in den Niederlanden, in *Amnesty Internationals* Streben nach ideologischer Äquidistanz und im Denken zahlreicher osteuropäischer Dissidenten. Afrikanische und asiatische Regierungsvertreter sahen in der Systemkonkurrenz des Kalten Kriegs ein entscheidendes Hindernis dafür, zu gerechteren weltwirtschaftlichen Verhältnissen zu gelangen.

Ferner zeugte die neue Menschenrechtskonjunktur davon, daß staatliche wie nicht-staatliche Akteure in den siebziger Jahren Moralität als eine wichtige politische Ressource entdeckten. Die Protagonisten dieser Phase bemühten unablässig Argumente, die um ethische Ideale, altruistische Impulse, humanitäre Bedürfnisse und religiöse Vorstellungen von Nächstenliebe kreisen. Solche Ideen erlebten eine Wiederkehr insofern, als Menschenrechtsvertreter beklagten, sie seien zu lange von strategischen und wirtschaftlichen Erwägungen in den Schatten gestellt worden. Das traf vielleicht am stärksten auf westliche NGOs zu. Sie stellten politische Eingriffe in fremden Ländern konsequent als eine moralische Angelegenheit dar, als Ausdruck einer Ethik der Interdependenz, begriffen sie als eine Frage der »guten« Intentionen und als »schlichte« Notwendigkeit. Im innersten Kern ging es ihnen darum, die Konzeption dessen zu erneuern, was überhaupt als politisch verstanden wurde, und Politik als eine Moralpolitik neu zu erfinden. Wenngleich sie nie ähnlich weit gingen, erschien es doch auch einigen westlichen Regierungen als wichtig, ihre Außenpolitik moralisch zu legitimieren. Vor allem in den USA, Großbritannien und den Niederlanden bekannten sich die Staatsführungen zu einem Imperativ der Hilfe für Menschen, die im Ausland unschuldig verfolgt oder gequält wurden. Auch Forderungen, die sich an die internationale Gemeinschaft richteten, konnten eine ausgeprägte moralische Dimension haben. So war der Gedanke einer kolonialen wie auch gegenwärtigen Schuld westlicher Länder für afrikanische und asiatische Regierungen eine zentrale wirtschaftspolitische Begründungsfigur.

Und noch eine weitere Facette des Selbstverständnisses von Menschenrechtsverteidigern verlieh ihren Projekten einen gemeinsamen Zug. Denn viele begriffen und präsentierten ihren Kampf gegen staatliches Unrecht und für grundlegende Freiheiten als unpolitisch oder überpolitisch. Diese Auffassung war in der Rhetorik von NGOs allgegenwärtig, sowohl bei Organisationen, die anderen helfen wollten, also zumeist westlichen NGOs, als auch bei solchen, die sich selbst vor staatlichem Terror zu schützen suchten. Der taktische Sinn einer solchen Behauptung lag auf der Hand. Indem sie ihre mangelnde Feindseligkeit, ihre ideologische Unparteilichkeit, ihre rein humanitäre Sorge betonten, hofften diese Gruppen, gewalttätige Regime für ihre Forderungen empfänglicher zu machen und Repressalien für unerlaubte politische Aktivitäten vorzubeugen. In diesem Sinn verwendeten auch Regierungsvertreter gelegentlich eine apolitische Rhetorik und wiesen despotische Herrscher darauf hin, sie seien nur an der humanitären Situation im Land interessiert. Der Gedanke, an überpolitischen Problemen zu arbeiten, half zudem, Menschen mit verschiedenem ideologischen Hintergrund zu vereinen und mindestens bis zu einem gewissen Grad die politische oder religiöse Kluft zu überbrücken, die sie vormals getrennt hatte. Unter *Amnesty*-Aktivisten war das eine verbreitete Selbstsicht, der die soziologische Realität in der Organisation allerdings kaum entsprach. In Südamerika und in Osteuropa erwies sich die entpolitisierte Sprache des Selbstschutzes als entscheidend, um die tatsächlich heterogenen oppositionellen Gruppen zusammenzuhalten.

Bündelt man diese Muster – politische Ernüchterung und Überwindung des Kalten Kriegs, Ethisierung und Politik des Unpolitischen –, so lag die Bedeutung von Menschenrechten, lag ihr größter gemeinsamer Nenner in den siebziger Jahren darin, daß sie ein multifunktionales moralpolitisches Erneuerungsversprechen darstellten. Mit ihnen ließ sich die Politik in unterschiedlichen Situationen revitalisieren, und zwar sowohl ideologisch, in Form einer Leitvorstellung und eines Anspruchs, als auch handlungsstrategisch, in der konkreten politischen Praxis.

Auch in dieser Phase erklärt sich die historische Verdichtung jedoch nicht allein aus sich selbst heraus, aus dem ideologischen oder politischen Potential, das Menschenrechten innewohnte. Wieder wuchsen die menschenrechtspolitischen Initiativen aus breiteren politischen und gesellschaftlichen Trends heraus. Ein wichtiger Grund für ihren rasanten Bedeutungszuwachs lag in einem mehrdimensionalen politischen Strukturwandel – einem Wandel in den weltpolitischen und nationalpolitischen Konstellationen wie auch in den Formen und Stilen der Politik. Blickt man zunächst auf die beiden grundlegenden Verschiebungen in den internationalen Beziehungen dieser Jahre, fällt der Befund allerdings gemischt aus. So befreite die Dekolonisierung die metropolitanen Regierungen zwar von einer schweren Bürde für ihr außenpolitisches Image. Die Menschenrechts-Außenpolitik jedoch, die sie um die Mitte der siebziger Jahre zu entwickeln begannen, stand nicht in einem eindeutigen Verhältnis zum Ende der Kolonialherrschaft. In der Politik David Owens gab die imperiale Vergangenheit keinen erkennbaren Referenzpunkt ab; er suchte vielmehr die Konsequenzen aus einer bereits veränderten, postkolonialen Situation zu ziehen. Niederländische Regierungsmitglieder verstanden sie dagegen als Verpflichtung, sich mit den Anliegen der »Dritten Welt« solidarisch zu zeigen. Und auch die Entspannungspolitik wirkte sich unterschiedlich aus. Daß der Kalte

Krieg seinen dringlichsten Schrecken verloren hatte, mochte es zivilen Aktivisten nahelegen, sich mit Problemen zu befassen, die von der bipolaren Konfrontation lange überschattet worden waren. Auf der Ebene der Regierungspolitik wiederum entstand ein komplexes Wechselspiel zwischen Détente und Menschenrechten. So zeigte sich im KSZE-Prozeß wie auch in der Osteuropapolitik Carters und Owens, daß Menschenrechte als Teil verständigungspolitischer, humanitärer Erleichterungen begriffen werden konnten, aber auch als eine subversive Strategie, die die Entspannungspolitik gefährdete.

Neben die gewandelten internationalen Rahmenbedingungen traten Veränderungen in der politischen Kultur und in den politischen Denkhaltungen. Einige hatten mit der zunehmenden Medialisierung der Politik zu tun. In den siebziger und achtziger Jahren waren wichtige kommunikationstechnische Fortschritte zu verzeichnen. Wenn das auch mühsam genug erarbeitet war, so wußte *Amnesty International* doch wesentlich genauer über die innere Situation der Ostblockstaaten Bescheid als die *International League for the Rights of Man*, die ihre Unkenntnis immer wieder beklagt hatte. Eine schnellere und breitflächigere Medienberichterstattung, die Verwendung von Telexverbindungen und Computertechnik ermöglichte es, bei staatlichen Verbrechen rascher einzugreifen. Zudem stellte Bildpolitik einen wichtigen Teil der Menschenrechtskampagnen der siebziger Jahre dar, und Bilder zirkulierten über günstigere Reproduktionstechniken, reicher illustrierte Zeitschriften und vor allem über das Fernsehen nun wesentlich stärker als in der Nachkriegszeit. Die Verwendung von Medien und Bildern war gegenüber der Nachkriegszeit nicht prinzipiell neu, schlug aber dort, wo es um die Reaktionsgeschwindigkeit und um die politische Stoßkraft einer Massenmobilisierung ging, in eine qualitative Differenz um.

Daß sich der massenhafte, öffentliche Protest in den westlichen Gesellschaften so fest etabliert hatte, war ein weiterer bedeutsamer Wandel im politischen Bedingungsgefüge, der den Auftrieb des Menschenrechtsaktivismus begünstigte. Er war ein Vermächtnis der sozialen Bewegungen der sechziger Jahre, die ihn zu einem gleichsam jederzeit abrufbaren Bestandteil des außerparlamentarischen Aktionsrepertoires gemacht hatten. Ebenso nährte sich die Menschenrechtssensibilität aus einer Kultur der Subjektivität, die sich in westlichen Ländern während der siebziger Jahre rasch ausbreitete. Empathie war ein Schlüsselmotiv der Bewegung, und ihre politische Kraft reichte sogar darüber hinaus bis in internationale Organisationen und Regierungsapparate. Zivile Aktivisten und professionelle Politiker ließen sich bewegen und schockieren, sie identifizierten sich mit »fernem Leid«. Gleichzeitig war diese Empathie Teil einer Politik des Selbst. Sie bezog die Aktivisten in ihrer ganzen moralischen wie auch emotionalen Empfindsamkeit ein und machte ihre *Gefühle* über Unrecht oder Mißhandlungen zur eigentlichen politischen Triebkraft. Diese subjektivistische Wende wurde im alternativen Milieu wie auch in einigen linksintellektuellen

Entwürfen zu einem machtvollen Impuls.[1] Überhaupt ging die Menschenrechtspolitik der siebziger Jahre in wichtigen Dimensionen aus der Transformation der politischen Linken hervor. Menschenrechtsaktivisten teilten viele der Ziele und Lebensstile, die den alternativen Gruppen und den neuen sozialen Bewegungen bei aller Diversität eine gemeinsame Klammer verliehen. In den Niederlanden transportierten einige Politiker um Joop den Uyl diese neuen Wertvorstellungen sogar in die Regierungspolitik. In Osteuropa waren es das Ende der reformkommunistischen Hoffnungen und die Ernüchterung über die unverändert brutale Wirklichkeit des Sozialismus, die menschenrechtlichen Vorstellungen Eingang in regimekritische Zirkel verschafften (das galt ähnlich auch für Teile der westlichen Linken).

Noch ein weiterer grundlegender Wandel erwies sich als einflußreich, den diese Studie nicht systematisch in den Blick genommen hat, nämlich der Wandel der Kirchen und des religiösen Aktivismus. Die Forschung hat gerade erst begonnen, sich damit näher zu befassen. Mehrere Prozesse standen hier im Hintergrund: die Öffnung der katholischen Kirche zu neuen gesellschaftlichen Themen infolge des Zweiten Vatikanischen Konzils zwischen 1962 und 1965, die Ausstrahlung der »Befreiungstheologie« unter katholischen wie auch protestantischen Christen, die Öffnung des ökumenischen Weltkirchenrats zu globalen Problemlagen und nicht zuletzt die neue Hinwendung des Vatikans zu internationalen Menschenrechtsnormen, die in einer Erklärung Papst Pauls VI. von 1973 kulminierte.[2] All das waren entscheidende Voraussetzungen dafür, daß sich der Graswurzelaktivismus christlich motivierter Akteure intensivierte. Viele widmeten sich nun mit verstärkter Energie dem Kampf gegen Armut, Rassismus und Unterdrückung und handelten dabei in einem transnationalen, weltweiten Rahmen. Von hier aus ergaben sich wichtige Berührungsflächen mit der Menschenrechtsbewegung, und viele christlich geleitete Menschen schlossen sich *Amnesty International*, der Solidaritätsbewegung für Chile und anderen menschenrechtlichen Protestströmungen an.

In beiden menschenrechtspolitischen Hochphasen spielte überdies ein Bewußtsein der »Interdependenz« eine katalysierende Rolle. In mancher Hinsicht gestaltete es sich ähnlich. So brachten die Zeitgenossen sowohl der vierziger als auch der siebziger Jahre kommunikations- und verkehrstechnische Innovationen in Anschlag, wenn sie ihren Eindruck zu erklären versuchten, die Welt sei enger zusammengewachsen. In beiden Phasen waren die Verflech-

---

1 Vgl. etwa Foucault, Technologien; Inglehart, Revolution. Dazu gehören auch Gruppen, die ihre eigenen Leidensgeschichten geltend zu machen begannen, um Forderungen nach politischer Teilhabe oder Nicht-Diskriminierung zu stützen. Vgl. etwa Novick, Holocaust, S. 207–266.
2 Vgl. Casanova, Religions; Hermle/Lepp/Oelke (Hg.), Umbrüche; Fitschen u. a. (Hg.), Politisierung; Eitler, »Gott«; Message du Pape Paul VI. á M. Leopold Benites, Président de la XXVII Assamblée Générale des Nations Unies, 10.12.1973.

tungswahrnehmungen, soweit es sich greifen läßt, durch globale Krisen ausgelöst. Die Internationalisten der vierziger Jahre dachten vor allem an das Geschehen des Zweiten Weltkriegs, vielleicht auch an die Verwerfungen der Großen Depression. In den siebziger Jahren bezogen sich jedenfalls die Regierungsvertreter auf die weltweite Wirtschaftskrise. Doch waren die Denkfiguren nicht vollends identisch. Die globalistische Ethik, von der sich viele Menschenrechtsaktivisten der siebziger und achtziger Jahre leiten ließen, war auch aus privaten Reisen und persönlichen Kontakten zu Menschen anderer Länder erwachsen. Überdies erschien die wechselseitige Abhängigkeit der Weltregionen nunmehr nicht länger ausschließlich als bedrohlich, sondern zuweilen auch als ermächtigend. In den vierziger Jahren warf »Interdependenz« in erster Linie eine Sicherheitsfrage auf, während sie einige Jahrzehnte später vorwiegend den Ausgangspunkt für ein Empfinden grenzübergreifender Solidarität darstellte.

Doch ist die Menschenrechtshistorie des Zeitraums dadurch noch nicht erschöpfend beschrieben, daß man die beiden Verdichtungsmomente systematisch gegenüberstellt. Denn diese Momente waren auch der Ursprungsort zweier ganz unterschiedlicher Entwicklungsverläufe. In den Jahren nach dem Zweiten Weltkrieg war der menschenrechtspolitische Neuansatz in den internationalen Beziehungen schon bald gescheitert. Auf zwischenstaatlicher Ebene gelangten die neuen Wege, die in der internationalen Politik beschritten werden sollten, nach kurzer Zeit an ihr Ende: Die Arbeit in den Vereinten Nationen stagnierte, das Menschenrechtssystem des Europarats wurde nicht genutzt, und in Lateinamerika kam erst gar keines zustande. Die Hoffnungen, die zahlreiche Menschen an die neuen Erklärungen und Institutionen geknüpft hatten, lösten sich eher früher als später wieder auf. Die wenigen Delegierten und die vielen nichtstaatlichen Vertreter, die sich in den Vereinten Nationen für wirksame Implementierungsverfahren aussprachen, mußten nach einigen Jahren erkennen, daß ihr Bemühen aussichtslos war. Eine unermüdliche Organisation wie die *International League for the Rights of Man* gestand sich offen ein, daß sie selbst wirkungslos und die Weltorganisation reformunfähig sei. Nicht zuletzt wandten sich um Selbstschutz bemühte Gruppen wie die afroamerikanischen Bürgerrechtsorganisationen frustriert von den neuen Organen ab. Die Geschichte der Menschenrechtspolitik in den vierziger und fünfziger Jahren, das machen fast alle ihre Episoden deutlich, ist die Geschichte vergeblicher Anstrengungen, einer schleichenden Ernüchterung, des Wartens auf einen Wandel der internationalen Politik, der sich nicht einstellte. Einige strukturelle Hemmfaktoren treten dabei hervor. So war die in den Vereinten Nationen bis Anfang der sechziger Jahre dominierende, wenn auch zwischenzeitlich etwas an Schärfe verlierende Ost-West-Konfrontation zwar nicht für alle organisatorischen Selbstblockaden verantwortlich. Doch engte sie den Spielraum für internationale Vereinbarungen, für Durchbrüche in der Frage nationaler Souveränität, für das Bekenntnis zu einer lagertranszendierenden moralischen Verantwortlichkeit erheblich, fast unüberwindlich ein. Zugleich blieb auch die Wirkmacht der internationalen NGOs begrenzt, solange sie sich auf die Verhandlungs- und Einflußkanäle der Vereinten Nationen konzentrierten.

Was die Rolle betrifft, die Menschenrechte im antikolonialen Kampf spielten, fällt die Bilanz allerdings gemischter aus. Einerseits verwarfen auch viele politische Eliten in den Kolonien die menschenrechtlichen Erklärungen und die prozeduralen Möglichkeiten der Vereinten Nationen – manche von vornherein, andere, nachdem sie ernüchternde Erfahrungen gesammelt hatten. Die Enttäuschung, die sich in den Treuhandgebieten ausbreitete, war dafür besonders aussagekräftig, denn ihren Bewohnern standen die theoretisch am weitesten reichenden Verfahren offen. Überdies drängte internationale Menschenrechtskritik die Kolonialmächte selten dazu, den Rückzug aus ihren überseeischen Reichen zu beschleunigen. Andererseits gelang es der Koalition aus afrikanischen und asiatischen Staaten während der sechziger Jahre jedoch, in den Vereinten Nationen eine symbolische Ordnung zu etablieren, die die realen Machtverhältnisse, die in der internationalen Politik herrschten, auf den Kopf stellte.

In den siebziger und achtziger Jahren nahm die Menschenrechtspolitik einen anderen Verlauf. Auch in dieser Phase schlugen gerade einige besonders emphatische, als erneuernd wahrgenommene Aufbrüche fehl. Die osteuropäische Dissidentenbewegung wurde, nachdem sie im Westen immense Aufmerksamkeit auf sich gezogen hatte, in den meisten Ländern zerschlagen. Die menschenrechtliche Außenpolitik der Niederlande und Großbritanniens erzielte keine sonderlichen Durchbrüche, und diejenige Jimmy Carters scheiterte, nach dem fast einmütigen Urteil der in- und ausländischen Beobachter, sogar in großem Stil. Die chilenische Diktatur und das südafrikanische Apartheidregime erwiesen sich über Jahre hinweg als resistent gegen Kritik von außen. Und dennoch transformierten menschenrechtspolitische Initiativen die internationalen Beziehungen auf eine grundlegende, langfristige, wenn auch oft subtile Weise. Sie sensibilisierten die politischen Öffentlichkeiten durchgreifend und rückten menschenrechtliche Themen dauerhaft auf die politische Agenda. Sichtbarere, schlagkräftigere NGOs entstanden, die bisweilen zu einflußreichen Mitspielern der internationalen Politik avancierten. Immer mehr Regierungen betrachteten Menschenrechte als eine eigenständige Dimension des bilateralen und multilateralen Staatenverkehrs. Nicht zuletzt wurde die Politik einiger repressiver Regime mit »Menschenrechtsverletzungen« identifiziert und erhielt dadurch einen zählebigen Makel. Das galt am stärksten für Chile und andere lateinamerikanische Diktaturen, doch auch die südafrikanische und die sowjetische Regierung wurden auf diese Weise stigmatisiert. Schließlich erwachte auch die Menschenrechtspolitik der Vereinten Nationen und der OAS in diesen Jahren zu neuem Leben, und beide Organisationen griffen mitunter wirksamer in internationale Konflikte ein als zuvor. Wurden alle diese Prozesse in den siebziger Jahren angestoßen, so bestätigten und vertieften sie sich gerade in der folgenden

Dekade, als die spektakulärsten menschenrechtspolitischen Neuaufbrüche bereits vorüber waren. Nicht nur etablierten sich die großen Zugpferde der nichtstaatlichen Politik, *Amnesty International* und *Human Rights Watch*, in diesem Zeitraum vollends in der internationalen Arena. In westlichen Staaten verwandelte sich das Bekenntnis zu Menschenrechten überdies in einen prinzipiell nicht mehr angefochtenen, lagerübergreifenden politischen Konsens. Für die weltweite Ausstrahlung wiederum war die Fusion von Aktivismus und Popkultur wohl wichtiger als alles andere, erreichte der Menschenrechtsbegriff, wie oberflächlich auch immer, auf diese Weise doch ein Milliardenpublikum.

Eine grundlegende Trennlinie verlief bei alledem zwischen dem westlichen Raum und allen anderen Weltregionen. Bis zum Ende des Kalten Kriegs waren es vor allem Regierungen in Nordamerika und Westeuropa, die den weltweiten Menschenrechtsschutz zu einem außenpolitischen Projekt oder mindestens zu einer rhetorisch stark akzentuierten Leitlinie machten. Und auch der grenzübergreifende moralische Interventionismus, der sich unter zivilgesellschaftlichen Akteuren entfaltete, beschränkte sich auf westliche NGOs. Überall sonst, in Lateinamerika, Osteuropa, Afrika und Asien, war und blieb nicht-staatliche Menschenrechtspolitik ganz wesentlich eine Form des Selbstschutzes. Der Blick auf die regionalen Staatenorganisationen bestätigt dies in Teilen. So entstand im Europarat ein theoretisch starkes Menschenrechtssystem, während es in Lateinamerika und Afrika lange Zeit keine und dann lediglich schwache Systeme gab. In Asien hat sich bis heute kein ähnlicher Zusammenhang herausgebildet. Diese Einschätzung relativiert sich ein wenig, wenn man die Praxis der Staatenbeschwerden betrachtet, die auch im Europarat nie sehr ausgeprägt war. Das Einzelpetitionsverfahren zog allerdings, wenn auch spät, nicht unbeträchtliche Veränderungen der nationalen Rechtslagen nach sich.

Betrachtet man die Menschenrechtsgeschichte aus dem Blickwinkel des Politikfelds, so markieren die siebziger und achtziger Jahre ebenfalls ein neues Stadium. Auch wenn es in der Nachkriegszeit bereits feste Umrisse angenommen hatte, entwickelte es sich nun zu einem immer weiter gefächerten, immer komplexeren Gebilde. Das läßt sich an der sprunghaft wachsenden Zahl der Nichtregierungsorganisationen, der staatlichen und zwischenstaatlichen Institutionen, der Regierungskonzeptionen und programmatischen Erklärungen nicht-staatlicher Akteure und an den neu geschlossenen völkerrechtlichen Vereinbarungen ablesen. Ebenso drückte es sich darin aus, daß sich Entwicklungspolitik und Menschenrechte auf bilateraler und multilateraler Ebene zunehmend verschränkten. Ob auch die Zahl der Themen und politischen Anliegen, die in den menschenrechtlichen Diskurs eingeschrieben wurden, in diesen Jahren zunahm, ist schwieriger zu entscheiden. Schon in den Nachkriegsjahrzehnten hatten ja zahllose Gruppen den Menschenrechtsgedanken aufgegriffen – Frauenorganisationen, religiöse Gruppen, internationale Gewerkschaften, ethnische Minderheiten, politische Flüchtlinge und viele andere mehr. Immerhin gab es erst seit den siebziger Jahren eine breite Diskussion über Folter und »Verschwindenlassen« als Verstöße gegen das Menschenrecht. Daß auch Guerrillaorganisationen Menschenrechtsverletzungen begingen, wurde erstmals in den achtziger Jahren stärker thematisiert. Andere Themen verzeichneten eher eine neue Konjunktur, so etwa, wenngleich einstweilen in begrenztem Umfang, Frauenrechte. Schließlich veränderten sich auch der Charakter der menschenrechtlichen Expertise und das Gewicht, das ihr im Politikfeld zukam. In den Vereinten Nationen traten Experten nach Kriegsende wenig in Erscheinung, schon gar nicht in den Delegationen, die zumeist mit politischen Beamten besetzt waren. In den Außenministerien waren es nicht die Rechtsberater oder Rechtsabteilungen, die die menschenrechtspolitischen Linien formulierten. Die Mitglieder der *International League for the Rights of Man* wiederum waren gewiefte internationale Lobbyisten, bald auch versierte Kenner der politischen Mechanismen, die die Politik der Weltorganisation bestimmten. Erst den NGOs der siebziger Jahre wie vor allem *Amnesty International* und *Human Rights Watch* gelang es jedoch, eine spezifische, politisch wie auch medial nachgefragte Kompetenz aufzubauen. Sie verschafften sich ein Expertenwissen über Menschenrechts*verletzungen* – ja sie erfanden es sogar. Die Bedeutung von Expertise stieg dann allerdings auch dadurch, daß die außenministeriellen Apparate immer mehr dazu übergingen, eigene Mechanismen der Beobachtung und der Informationssammlung zu etablieren.

Nicht-staatliche Aktivisten waren in dem Politikfeld aufs Ganze betrachtet die wichtigste Triebkraft. Die Impulse, die internationalistische NGOs in den Jahren des Zweiten Weltkriegs gaben, erwiesen sich als wichtig, vielleicht sogar entscheidend dafür, daß die neue Weltorganisation die Zuständigkeit erhielt, sich mit Menschenrechten zu befassen. Nachdem die Vereinten Nationen ihre Arbeit aufgenommen hatten, gingen von Nichtregierungsorganisationen die größten Anstrengungen aus, ein starkes Menschenrechtssystem auszugestalten. In den sechziger und siebziger Jahren bildete der zivilgesellschaftliche Bereich den wohl wichtigsten Ursprungsort des menschenrechtspolitischen Aufschwungs. Jetzt entstanden Menschenrechts*bewegungen*. *Amnesty International* und andere Organisationen trugen am meisten dazu bei, den Menschenrechtsgedanken zu popularisieren – neben der amerikanischen Regierung unter Präsident Carter. Zudem wirkte die Protestkulisse, die sie aufbauen halfen, als ein wichtiger Antrieb dafür, daß Regierungen die Grenzen der Außenpolitik erweiterten, indem sie Menschenrechte als ein legitimes Aktionsfeld aufnahmen. Die Menschenrechtsarbeit der professionellen NGOs war dabei in einem zuweilen hohen Maß durch organisationsstrukturelle Gegebenheiten beeinflußt. Die Geschichte *Amnesty Internationals* verdeutlicht, wie sehr die institutionellen Operationsmodi darüber mitentscheiden konnten, welche Politik die Zentrale im Endeffekt betrieb. Die Bedürfnisse der Mitgliederbasis, selbstauferlegte Prinzipien wie das der Ausgewogenheit, die Selbstverstetigung einmal begonnener Programme, die Forderungen starker nationaler Sektionen, nicht zuletzt die Selbstwahrnehmung, stets überfordert zu sein und die Organisation nicht ausreichend steuern zu können – all dies waren wichtige Determinanten von *Amnestys* menschenrechtlicher Praxis.

Anders als die NGOs waren internationale Regierungsorganisationen über weite Strecken keine wichtigen Akteure der Menschenrechtspolitik. Jedenfalls dann nicht, wenn man ihre Handlungskapazität nicht im Kleinklein der bürokratischen Vorbereitungsarbeit, sondern in einem greifbaren Einfluß auf größere politische Problemkomplexe sucht. Es gab Ausnahmen; die Politik des Europarats gegenüber der griechischen Militärdiktatur und die Untersuchungen der Vereinten Nationen zu den politischen Verfolgungen in Chile waren zwei davon. Ansonsten fungierten diese Organisationen, vor allem die Vereinten Nationen, eher als Foren. Damit schufen sie zuweilen wichtige politische Voraussetzungen. Sie fokussierten die Öffentlichkeit auf staatliches Unrecht, etwa auf die Zwangsarbeit in der Sowjetunion, auf die Apartheid in Südafrika oder die Auswüchse der Kolonialherrschaft. Unter den weltpolitischen Bedingungen, die während der zweiten Jahrhunderthälfte vorherrschten, wurden sie dadurch aber auch zu Arenen für einen oft genug scharfen Konfliktaustrag. Selten verwandelten sie sich in einen Raum, in dem sich die Gräben zwischen den ideologischen oder politischen Lagern überwinden ließen. Daher erwies sich auch, daß die nationalstaatliche Außenpolitik entscheidend dafür war und blieb, ob sich menschenrechtspolitische Impulse durchsetzen ließen – oder ob sie, wie nach dem Zweiten Weltkrieg, kein nennenswertes Gewicht erlangten.

Bei alledem entstand in der zweiten Jahrhunderthälfte eine eigentümliche, schillernde, kaum eindeutig festlegbare Politikform. Einige charakteristische Grundzüge wies sie gleichwohl auf. Daß Menschenrechtspolitik in den allermeisten Fällen selektiv war, trifft zu. Doch geht dieser Befund kaum über das hinaus, was den Zeitgenossen selbst bewußt war – den Regierungen Carters und Callaghans nicht anders als *Amnesty International* und den Delegierten in der UN-Menschenrechtskommission. Will man die menschenrechtliche Politik konsequent historisieren, so gilt es etwas anderes herauszustellen, nämlich daß die Wahrnehmung eines selektiven Handelns und die Diskussionen darüber wesensmäßig zu ihr gehörten. Das galt desto mehr, je stärker Akteure Menschenrechte zu ihrer Leitvorstellung machten, und je emphatischer sie dies taten. Spätestens seit den siebziger Jahren war es in den einschlägigen Auseinandersetzungen, innenpolitisch wie auch auf dem internationalen Parkett, ein fester Usus, daß jede der Konfliktparteien den jeweils anderen vorwarf, selektiv vorzugehen.

Andere Facetten der internationalen Menschenrechtspolitik erscheinen historisch betrachtet jedoch aufschlußreicher. So waren die Initiativen, die in ihrem Namen ergriffen wurden, erstens fast stets vielschichtig motiviert. Humanitäre Erwägungen waren selten die einzigen, die dahinter standen; zuweilen spielten sie sogar überhaupt keine Rolle. Andere politische Absichten traten hinzu, und die menschenrechtlichen Konzeptionen und Praktiken hatten oft einen ausgeprägten Selbstbezug. Wie sich in der Arbeit von *Amnesty International* offenbarte, wollten Aktivisten Menschen in anderen Ländern helfen, die in Not geraten waren, sich aber auch selbst symbolisch rein halten. Mal strebten sie danach, die Welt im Kleinen zu verändern, mal begnügten sie sich damit, das Gute zu wollen. Gleichzeitig suchten sie sich von den Aspirationen abzugrenzen, die die Protestströmungen der sechziger Jahre bewegt hatten, und die Außenpolitik ihrer eigenen Regierungen zu kritisieren. Auch die osteuropäische Dissidenz hatte ein selbstreferentielles Moment, wenn es auch unter den Bedingungen der Diktatur einen anderen Sinn gewann als in der westlichen Menschenrechtsbewegung. Denn im symbolischen Protest eroberten sich die Regimegegner auch einen minimalen politischen Freiraum, der andernfalls nicht bestanden hätte. Die Kampagnen gegen das Militärregime in Chile wiederum ließen hervortreten, daß sich die menschenrechtliche Kritik an staatlicher Gewalt mit vielen anderen, ganz heterogenen Anliegen verbinden konnte. Solidaritätsbewegungen, Menschenrechts-NGOs, kirchliche Aktivisten, westliche, osteuropäische und blockfreie Staaten verfolgten nur vordergründig dasselbe Ziel, wenn sie die Junta für die Verfolgung ihrer politischen Gegner inkriminierten. Auch die Linie, die sich die europäischen Staaten auf der KSZE zu eigen machten, war mindestens zweischneidig. Zwar waren die Konzeptionen nicht diametral entgegengesetzt, doch flossen sowohl offensivere als auch stärker um Annäherung bemühte Vorstellungen in sie hinein. Sofern schließlich westliche Staaten, zumeist nach dem chilenischen Putsch, menschenrechtliche Kriterien programmatisch in ihrer auswärtigen Praxis verankerten, trugen sie damit ebenfalls unterschiedlichen Bedürfnissen Rechnung. Der Impuls, die Außenpolitik stärker auf staatliches Unrecht im Ausland abzustellen, erscheint in der amerikanischen, der niederländischen und der britischen Regierung durchaus aufrichtig. Zugleich stellte ihre Menschenrechtspolitik indes auch ein Signal der Umkehr oder mindestens der politischen Innovierung dar, das an die eigenen Gesellschaften gerichtet war. Gleichfalls diente sie dazu, den eigenen Ländern moralische Reputation zu verschaffen und sie damit im Staatensystem vorteilhafter zu positionieren. Schließlich verband sich mit ihr die Absicht, die Außenpolitik auf neue Triebkräfte und Problemlagen der Weltpolitik einzustellen; sie war also auch eine gleichsam sachlogische Anpassungsleistung.

Es hing auch mit dieser mehrfachen Besetzung zusammen, daß Menschenrechtspolitik immer wieder von inneren Spannungen durchzogen wurde, daß sie Dilemmata und sogar Widersprüche produzierte – das war ein zweites Charakteristikum. Das lag auch daran, daß sie eben keineswegs ausschließlich eine moralische Zielvision oder Verheißung darstellte, sondern sehr oft ein taktisches Mittel der politischen Auseinandersetzung. In einer eher schwachen Form deuteten sich diese Züge nach dem Zweiten Weltkrieg bereits in der Arbeit einiger internationalistischer NGOs in den Vereinten Nationen an. Sie waren ehrlich darum bemüht, allgemeingültige Sicherungen zu schaffen, verfolgten damit aber auch die Strategie, die Angehörigen ihrer eigenen Gruppe besser zu schützen, ja bezogen daraus ihren vorrangigen Impuls. Die meisten Staaten des Europarats wollten kein starkes Schutzsystem, das die nationale Souveränität empfindlich eingeschränkt hätte, doch ließen sie sich zum Zweck der symbolischen Vergemeinschaftung gleichwohl darauf ein. Damit erzeugten sie den inhärenten Widersinn, daß das europäische Menschenrechtssystem, wenn es die überwölbende Wertegemeinschaft befestigten sollte, im Grunde nicht genutzt werden konnte; denn das hätte die Wertegemeinschaft gefährdet. Der griechische Fall bildete hier eine der wenigen Ausnahmen. Im Ergebnis leistete das Vorgehen des Europarats Gegensätzliches: Er mißbilligte die diktatorischen Herrschaftspraktiken förmlich und distanzierte sich öffentlich von der Junta. Indem er den Konflikt auf dem multilateralen Nebenfeld austrug, bereitete er aber auch den Weg für bilaterale Wiederannäherungen. Die Geschichte der OAS eröffnet eine andere Perspektive. Hier setzten die revolutionären und konterrevolutionären Wirren, die vom Umsturz in Kuba ausgingen, eine neue Dynamik in Gang. Hatte die Furcht vor äußerer Einmischung und einer Gefährdung der nationalen Souveränität bis dahin verhindert, daß ein internationales Menschenrechtssystem entstand, war sie nun der Grund, es doch zu schaffen – allerdings, das war ein weiterer Widerspruch, in einer bewußt schwachen Form.

Die antikolonialen Bezüge auf menschenrechtliche Vorstellungen changierten zwischen der Ablehnung eines vermeintlich scheinheiligen Versprechens der Kolonialmächte und der Aneignung menschenrechtlicher Gedanken für den Kampf gegen die Fremdherrschaft. In welche Richtung sie ausschlugen, hing oft von den konkreten Umständen ab, unter denen sich Akteure ihrer bedienten. Beide Strategien fanden allerdings zusammen, insofern sie darauf abzielten, die politische Dominanz des Westens in Afrika und Asien zu delegitimieren. Im postkolonialen Menschenrechtsdiskurs der Länder des globalen Südens, vor allem der afrikanischen, setzte sich dieser Zwiespalt fort. Afrikanische Politiker und Intellektuelle wiesen geltende internationale Menschenrechtsnormen zurück, weil sie ihnen als Produkt einer »westlichen« Geschichte galten, das sich nicht ohne weiteres auf ihren Kontinent übertragen lasse. Auf den Menschenrechtsgedanken selbst griffen sie gleichzeitig weiterhin zurück, sei es um genuin afrikanische Wertvorstellungen zu profilieren, sei es um die politische Forderung nach einer gerechten Weltwirtschaftsordnung zu stützen.

Auch die politische Praxis *Amnesty Internationals* prägte eine Reihe von Ambivalenzen. Die Londoner Organisation ließ sich vom Gedanken der Universalität leiten, hatte aber eine kulturelle Schlagseite im Westen und exportierte ein Modell des Aktivismus, das dort erfolgreich war. Sie war äußerst effektiv darin, internationale Aufmerksamkeit zu erregen, dramatisierte und entkontextualisierte dafür aber oft politische Ereignisse. Schließlich sollte man nicht übersehen, daß der Einsatz für Menschenrechte Staaten und NGOs auch in den Stand versetzte, eine neue außenpolitische Mission zu begründen. Sich einzumischen, indem sie sich auf vermeintlich universelle Prinzipien beriefen, avancierte tatsächlich zu einem wesentlichen Zug, der der Menschenrechtspolitik westlicher Regierungen ganz ebenso anhaftete wie derjenigen *Amnestys*.

Mit alledem war Menschenrechtspolitik, darin lag ein drittes Kennzeichen, oftmals schwer kontrollierbar. Die Tücken der normativen Selbstbindung etwa mußten wohl alle Staaten erfahren, die sich der Menschenrechtsidee verschrieben. So fanden sich die USA und Großbritannien schon bald nach Ende des Weltkriegs in einer mißlichen Lage. Denn indem sie sich zu Menschenrechten bekannten, und solange sie daran festhielten, daß diese ein wichtiges Terrain der Systemauseinandersetzung darstellten, machten sie sich zugleich angreifbar. Auf menschenrechtlicher Grundlage wurden nun eben auch die Diskriminierung der Afroamerikaner und die Herrschaft in den Kolonien international kritisch diskutiert. Ähnlich erging es auch den afrikanischen und asiatischen Politikern, die sich in den Vereinten Nationen einmütig zu – antikolonial gedeuteten – Menschenrechtsnormen bekannten. Darauf bezogen sich westliche Beobachter in dem Moment, als die autoritären Regierungsformen im globalen Süden in den Fokus einer zunehmenden menschenrechtlichen Kritik gerieten. Nun sahen sich afrikanische und asiatische Staatsführungen ebenfalls genötigt, die imageschädigenden Rückwirkungen zu verhindern, die die menschenrechtspolitische Diskussion in der Weltorganisation haben konnte. Das trat wohl am eklatantesten in der Obstruktionspolitik zutage, die einige in der Frage der Massenmorde in Uganda oder Äquatorial-Guinea betrieben. Der KSZE-Prozeß schließlich löste sowohl in den osteuropäischen Gesellschaften als auch in der internationalen Arena eine Dynamik des Protests aus, mit deren anhaltender Vehemenz die wenigsten kommunistischen Machthaber gerechnet hatten. Zwischen *Skylla* und *Charybdis* führte für sie kein Weg hindurch: Entweder sie setzten die neu gewonnene Reputation aufs Spiel, indem sie die Dissidentenbewegungen zerschlugen, oder sie mußten dulden, daß ihre innere Legitimität weiter angefochten wurde.

Wo Regierungen menschenrechtliche Leitlinien festlegten, machten diese die Außenpolitik überall zunächst schwieriger beherrschbar. Als Grundmodell schälte sich heraus, daß sie Zielkonflikte produzierten. Menschenrechtspolitik mußte, wieviel diplomatisches Fingerspitzengefühl die Regierungen auch immer bewiesen, die Beziehungen zu Staaten, deren Verstöße man kritisierte, beeinträchtigen. Deswegen galt es stets abzuwägen, zwischen Menschenrechten einerseits und Wirtschaftsinteressen, strategischen Partnerschaften, Entspannungsbemühungen, diplomatischer Unterstützung, Kulturbeziehungen, zuweilen auch dem Wohl der eigenen Staatsbürger im Ausland andererseits. Überdies verfolgten gerade europäische Staaten ihre Menschenrechtspolitik vorwiegend im multilateralen Verbund. Das zog Koordinierungsbedürfnisse,

Abstimmungsprozesse, auch Konflikte nach sich. Hinzu traten Unsicherheiten darüber, welche Mittel man für welche Zwecke einsetzen sollte, ob die Kritik überhaupt so ankam, wie sie gemeint war, und ob die getroffenen Maßnahmen Effekte hatten – nicht selten hatten sie andere als die intendierten. Das zeigte sich gerade im Vorgehen westlicher Staaten gegen die Diktatur Augusto Pinochets. Die Ankunft der Menschenrechte in der internationalen Politik der siebziger Jahre war insofern auch ein Moment der Komplexitätssteigerung – das läßt sich aus der Perspektive der staatlichen Entscheidungsbildung am deutlichsten greifen. Um einen gerichteten Prozeß handelte es sich nicht. Zwar waren die Dinge im menschenrechtspolitischen Bereich vorher einfacher gewesen, doch wurden sie später nicht noch schwieriger; eher sammelte sich Erfahrungswissen an, das manche Probleme entschärfte.

Aus Sicht der kritisierten Regime schließlich verkomplizierte sich die internationale Politik vor allem durch die Synergien, die sich in den Protesthandlungen ganz verschiedener Gruppen von Akteuren herausbilden konnten. Schon die frühe amerikanische Kampagne gegen die Zwangsarbeit in der Sowjetunion versetzte NGOs in die Lage, ihre humanitären Anliegen stärker geltend zu machen. Das hatte einstweilen jedoch keinen großen Effekt. Den Kampagnen gegen die Militärdiktatur in Chile gut zwei Jahrzehnte später hingegen verhalf die Sprache der Menschenrechte zu erheblicher Resonanz. In ihr fanden die politisch ganz unterschiedlich gelagerten Anklagen einen wichtigen Berührungspunkt. Prinzipiell ähnlichen, kaum mehr überschaubaren, geschweige denn steuerbaren Empörungswellen sahen sich auch die Sowjetunion und Südafrika gegenüber.

Um zu überlegen, inwiefern Menschenrechte die internationalen Beziehungen in der zweiten Jahrhunderthälfte transformiert haben, muß man allerdings noch einen Schritt weitergehen. Hält man sich zuvor noch einmal vor Augen, was die Menschenrechtsgeschichte des Zeitraums ausmachte – ihr polyzentrischer Entstehungsprozeß und die diversen Aufladungen, die diskontinuierlichen Schübe und die gegensätzlichen Phasenverläufe, schließlich die vielen Ambivalenzen der Politikform selbst –, so wird deutlich, daß man nicht umhin kommt, abstrakt anzusetzen, um diese Frage zu fassen zu bekommen. Die vielleicht grundlegendste, strukturelle Veränderung bestand dann auch darin, daß Menschenrechte ein zusätzliches Terrain der Auseinandersetzung in der internationalen Politik schufen. Zumeist bildeten sich dabei die Probleme und Gegensätze, die auch sonst bestanden, nicht lediglich in einer weiteren Dimension ab. Das galt am ehesten für das Ringen zwischen dem westlichen und östlichen Lager in den Vereinten Nationen während der vierziger und fünfziger Jahre. Doch schon auf die Politik derjenigen Staaten in der Weltorganisation, die keinem der Blöcke angehörten, traf es nicht zu. Zumeist stellten Menschenrechte einen eigenständigen Einsatz dar, der Konflikten eine besondere Prägung verlieh oder sie sogar erzeugte. Das führte die antikoloniale Politik in den

Vereinten Nationen eindrücklich vor Augen, in der Menschenrechte ein symbolisch besonders wichtiges Feld darstellten. Vielleicht sogar stärker noch wurde es in den Debatten deutlich, in denen Menschenrechte als kulturhegemonialer Oktroi westlicher Akteure zurückgewiesen wurden. Im Umgang mit dem chilenischen Militärregime stellten Menschenrechtsverletzungen den wichtigsten Kritikpunkt ausländischer Beobachter dar, ja den eigentlichen Sündenfall Pinochets und seiner Getreuen. Und die Institutionalisierung menschenrechtlicher Kriterien in der Außenpolitik bescherte westlichen Staaten eine ganze Reihe von bilateralen Auseinandersetzungen, denen sie andernfalls entgangen wären.

Überdies schob sich dieses Konfliktterrain tatsächlich in die meisten Winkel der Erde vor. Insofern kann man der Menschenrechtspolitik auch eine verflechtende, globalisierende Wirkung attestieren. Sie ergab sich nicht nur daraus, daß zahlreiche Politiker und Aktivisten in aller Welt den Menschenrechtsgedanken affirmativ aufnahmen. Wechselseitige Bezüge entstanden auch dort, wo Akteure Menschenrechte in internationalen Diskussionen zurückwiesen, kritisierten oder bekämpften. In diesem Sinne war die Menschenrechtsidee bis zum Ende des Kalten Kriegs in alle Weltregionen vorgestoßen und hatte eine weitaus größere Durchdringungstiefe erlangt als am Ende des Zweiten Weltkriegs.

In einem bestimmten Sinn hatte sie auch dazu beigetragen, die internationale Politik zu moralisieren. Dann nämlich, wenn man diesen Begriff nicht normativ füllt und an das eine oder andere inhaltliche Konzept bindet, sondern mit ihm eine Argumentationsform bezeichnet. Moralische Handlungsbegründungen und Beteuerungen, Appelle und Vorwürfe spielten in menschenrechtlichen Konflikten, vor allem seit den siebziger Jahren, eine wesentliche Rolle. Das galt unabhängig davon, ob sie subjektiv aufrichtig und in dem Wunsch vorgebracht wurden, etwas Gutes zu tun, oder ob sie taktisch gemeint, vielleicht sogar scheinheilig waren. Ob es für Staaten dadurch wichtiger geworden ist, ihr moralisches Kapital in der internationalen Arena zu wahren und zu mehren, läßt sich schwieriger entscheiden. Einerseits hat auch das vielleicht zerstörerischste Regime des 20. Jahrhunderts, das nationalsozialistische, nie völlig auf eine positive Selbstdarstellung verzichtet, selbst wenn es seine Herrschaft gleichzeitig auf nackte Gewalt baute und alle moralischen, religiösen und menschlichen Rücksichten verachtete. Auf der anderen Seite gab es bis zum Ende des Kalten Kriegs Regime, die sich menschenrechtlicher Kritik sehr weitgehend entzogen, etwa Kambodscha; es gibt sie sogar bis heute, wenn man an Nordkorea denkt. Blickt man von diesen Extremen weg auf das breite Feld, das dazwischen liegt, dann dürften sich in den siebziger und achtziger Jahren mehr Staaten darum bemüht haben, die menschenrechtliche Situation in ihrem Land zu rechtfertigen, als zuvor. Insofern war das internationale Image von Staaten gegen Ende des Jahrhunderts also vermutlich stärker an moralpolitische Erwägungen gebunden als in früheren Phasen – mindestens soweit es galt, Anschuldigungen zurückzuweisen.

Damit verband sich noch etwas anderes. Denn im Zuge solcher Auseinandersetzungen wurde die Art, wie Regierungen mit ihrer eigenen Bevölkerung umgingen, wesentlich häufiger und wesentlich eingehender diskutiert, als es bis dahin üblich gewesen war. Insofern weichten sich also auch die Prinzipien der nationalstaatlichen Souveränität und der Nicht-Einmischung auf. In der Praxis und im öffentlichen Diskurs war es eben keineswegs tabu, und seit den siebziger Jahren zunehmend weniger, die innere Politik anderer Staaten zu kommentieren und zu kritisieren. Viele der angegriffenen Staaten bestätigten dies in dem Maße, wie sie bei aller Zurückweisung der Stimmen von außen ihre innere Politik eben doch erläuterten. Diese Veränderung war jedoch sehr subtil und reichte nicht besonders weit. Die meisten Staaten beriefen sich auch am Ende des 20. Jahrhunderts noch auf ihre souveräne Handlungsmacht, wenn sie mit menschenrechtlicher Kritik konfrontiert wurden. Vor allem praktizierten sie sie weiterhin.

In einer eingeschränkten, vielleicht stärker eingeschränkten Weise, als man erwarten würde, führte die Menschenrechtspolitik auch eine Juridifizierung der internationalen Beziehungen herbei. Rechtsrhetorik und Bezüge auf internationale Rechtsnormen nahmen infolge dieser Politik während der zweiten Jahrhunderthälfte zu. Auch gab es am Ende des Kalten Kriegs mehr internationale Menschenrechtserklärungen und -konventionen als 1945 (bis dahin waren es allerdings sehr wenige gewesen). Den Zivil- und den Wirtschaftspakt, die Genozidkonvention und die Konvention zur Beseitigung der Rassendiskriminierung hatten bis Ende 1989 immerhin jeweils zwischen 85 und fast hundert Staaten ratifiziert; die Folterkonvention allerdings nur 46.[3] Überdies erhielten in dem Moment, in dem Staaten in ihren bilateralen Beziehungen Menschenrechtskriterien anlegten, Rechtsnormen oder doch Rechtsprinzipien eine mindestens indirekte Bedeutung, denn von ihnen waren diese Kriterien zumeist abgeleitet. Doch selbst wenn man all das in Rechnung stellt, war das normative Netz, das die Menschenrechtspolitik spannte, nicht sehr dicht gewirkt. Der Grad der Verrechtlichung bilateraler und multilateraler Wirtschaftsbeziehungen war sicherlich wesentlich höher, und die Mitgliedschaft in der EG dürfte für einen Staat deutlich weiter ausladende rechtliche Verpflichtungen mit sich gebracht haben als seine menschenrechtlichen Bekenntnisse. Vor allem aber blieb die tatsächliche Regelungskraft gering. Gegen Ende des Jahrhunderts gab es nach wie vor wenige, fast durchweg schwache Sanktionsmechanismen, und zwar sowohl auf multilateraler Ebene, etwa in Vereinten Nationen, als auch im bilateralen Verkehr, wo Strafmaßnahmen ohnehin die Ausnahme waren. Hinter ihnen standen stets politische Entscheidungen, keine juristischen Folgelogiken. Wie zahlreich auch immer die kodifizierten Normen, die rechtlichen Bindungen und Selbstbindungen waren, manifeste Konsequenzen hatten sie selten.

---

3 Vgl. Anzahl der Ratifikationen von UN-Menschenrechtsdokumenten.

Die vielleicht drängendste Frage jedoch, die sich stellt, und jedenfalls die am wenigsten akademische, ist eine andere. Es ist die Frage, ob die internationale Menschenrechtspolitik den Schutz Einzelner vor Unterdrückung oder Diskriminierung erhöht, Repressionen eingedämmt, wirksame Vorrichtungen gegen die staatliche Machtausübung geschaffen, die Welt sicherer gemacht hat. Eine enge Korrelation oder gar ein automatischer Zusammenhang zwischen Gewalt und Menschenrechtspolitik, das hat die Geschichte der zweiten Jahrhunderthälfte vielfach gezeigt, bildete sich nicht heraus. Das Ausmaß staatlicher Gewaltexzesse und die Stärke der internationalen Reaktion standen in einem sehr flexiblen, vielgestaltigen Verhältnis. Das erwies sich von der insgesamt nicht herausgehobenen Rolle, die der Holocaust für die Etablierung des UN-Menschenrechtssystems spielte, angefangen, über die wenig zur Kenntnis genommenen Kolonialkriege bis hin zum Genozid in Kambodscha. Auch der Umgang mit der chilenischen Diktatur verdeutlicht diesen Umstand. Denn das Pinochet-Regime fand sich international wesentlich heftiger angeklagt als andere, ähnlich mörderische oder sogar noch blutigere Militärdiktaturen in Lateinamerika. Damit internationale Akteure kraftvoll eingriffen, bedurfte es immer eines Geflechts von Faktoren. Sie reichten von informationstechnischen Gegebenheiten über die knappe Ressource der öffentlichen Aufmerksamkeit, den Charakter des Konflikts und seine politische Auflading, Interessenkonvergenzen wichtiger Akteure, bis hin zu verfahrenstechnischen Winkelzügen. Insofern fällt es auch leichter, zu bestimmen, was internationale Menschenrechtspolitik nicht erreichte. Insgesamt gesehen, blieben massive Protestkampagnen und weitreichende, von vielen Akteuren getragene Anstrengungen selten. Ebenso selten waren Fälle, in denen massive Gewalttaten nachhaltig eingedämmt werden konnten. Gerade einige der verheerendsten Massenmorde der zweiten Jahrhunderthälfte ließen sich nicht stoppen. Kaum jemals boten Menschenrechtsverfechter repressiven Regimen kurz- oder mittelfristig Einhalt. Und sie blieben, wenn man es von den Ambitionen der vierziger Jahre her denkt, machtlos gegenüber dem Ausbruch von Kriegen.

Die Chancen jedoch, daß staatliche Gewaltakte ans Tageslicht kamen; daß sie in einem Rahmen interpretiert wurden, in dem sie als illegitim, als Verbrechen erschienen, das sich nicht durch den Verweis auf die Integrität der nationalstaatlichen Sphäre rechtfertigen ließ; daß sie schließlich Helfer auf den Plan riefen, die vieles daran setzten, dagegen einzuschreiten – diese Chancen nahmen in dem Zeitraum zu. Das gilt bei allen notwendigen Abstrichen und jedenfalls dann, wenn man den kontrafaktischen Gedanken für plausibel hält, daß sich die internationale Politik ohne menschenrechtspolitisches Handeln nicht ebenso entwickelt hätte. Von der besten aller möglichen Welten war und blieb auch die Welt der siebziger und achtziger Jahre denkbar weit entfernt. Sie herbeiführen zu können, behaupteten die allermeisten Menschenrechtsverfechter gerade nicht. Ihr näher zu kommen, war ein greifbares Bemühen vieler Akteure des Zeitraums, und es äußerte sich massenhafter als jemals zuvor. Vielen Menschen wurde dadurch in ihrer Not geholfen. Und in einem besonderen historischen Moment, um das Jahr 1990 herum, halfen menschenrechtspolitische Initiativen wenn auch sehr vermittelt dabei, diktatorische Regime zur Aufgabe ihrer Macht zu zwingen, in Chile, Südafrika oder der Sowjetunion. Das alles schlägt zu Buche – ob man es nun mit Blick auf die Leidensgeschichte des 20. Jahrhunderts für viel oder für wenig hält.

Dilemma im Bewußtsein des Dilemmas: Menschenrechtspolitik seit dem Ende des Kalten Kriegs

Die Entwicklungen der Jahre nach 1990 erscheinen in vieler Hinsicht wie ein Beleg für die Verlaufsdynamiken und Funktionen, die Deutungsoffenheit und die Ambivalenzen, die das vorausgegangene halbe Jahrhundert bestimmt hatten. Und doch bilden sie einen weiteren, eigenständigen Abschnitt in der säkularen Menschenrechtsgeschichte. Sie spielten sich in einem weltpolitischen Kontext ab, der sich so grundstürzend und so jäh verwandelt hatte, wie es noch Mitte der achtziger Jahre kaum ein Beobachter für möglich gehalten hätte. Daß die Sowjetunion zusammengebrochen, der Kommunismus in Osteuropa verschwunden war, und daß friedliche Protestbewegungen diesen Umsturz ausgelöst oder beschleunigt hatten, stellte einen bedeutenden, für die allermeisten Zeitgenossen euphorisierenden Einschnitt dar. Der Wegfall des bipolaren Konflikts sollte die internationalen Beziehungen in der Folgezeit tiefgreifend prägen. Nicht nur, wie sich bald schon erwies, weil er neue Möglichkeiten der internationalen Kooperation eröffnete. Sondern grundlegender deshalb, weil die Machtstellung der USA dadurch eine alles überragende Bedeutung erhielt – tatsächlich oder in der Wahrnehmung anderer. Welche Politik sich international durchsetzen ließ, hing fortan in noch höherem Maße von ihren Entscheidungen ab, und gleichzeitig wurde sie zum Bezugspunkt stärker werdender Gegenbewegungen wie des islamischen Fundamentalismus und seiner terroristischen Auswüchse. Unmittelbar nach 1990 zeichnete sich dies indes noch nicht ab. Die Überwindung der Systemauseinandersetzung, die ihre Schatten fast fünfzig Jahre lang auf das Weltgeschehen geworfen hatte, wurde vielmehr von einer präzedenzlosen, globalen Demokratisierungswelle begleitet. In den späten achtziger Jahren beginnend, ergoß sie sich von Lateinamerika über Afrika bis nach Asien. Wie die Rekonstruktion einer Friedensordnung in den vierziger Jahren und die Suche nach einer neuen Moralität in den Siebzigern, so gaben nach 1990 der weltgeschichtlich erscheinende Triumph der Demokratie und das zukunftsoptimistische Nachdenken über eine internationale Ordnung nach dem Kalten Krieg den Hintergrund ab, vor dem Menschenrechte eine neue Bedeutung erhielten. Dies war zugleich der Moment, in dem Begriff und Vorstellung der Menschenrechte die, auf das gesamte Jahrhundert betrachtet, größte öffentliche Prominenz, die stärkste politische Leitbildfunktion und die weiteste mediale Zirkulation erlangten – zusammen mit eng verwandten, wenn auch nicht immer deckungsgleichen Vorstellungen internationaler Gerechtigkeit.

Seinen symbolischen Ausdruck fand dies auf der internationalen Menschenrechtskonferenz, die die Vereinten Nationen 1993 in Wien veranstalteten – die zweite überhaupt nach derjenigen in Teheran 1968. Der Kontrast hätte kaum stärker ausfallen können. Vor einer Kulisse von 7000 Teilnehmern, darunter Vertreter von über 800 Nichtregierungsorganisationen, verabschiedeten 171 Staaten – fast alle, die es gab – eine Erklärung, in der sie den »universellen Charakter« der Menschenrechte bekräftigten und deren Schutz zu einem »vorrangigen Ziel« der Vereinten Nationen erhoben.[4] Ein eindrucksvolleres, breiter abgestütztes Bekenntnis zum Menschenrechtsgedanken hatte es nie gegeben. Als besonders ermutigendes Zeichen mußte es überdies erscheinen, daß die Konferenz vorsah, den Posten eines UN-Hochkommissars für Menschenrechte zu schaffen, was dann Ende des Jahres geschah. Er war seit den sechziger Jahren eine der Kernforderungen internationaler NGOs gewesen, die menschenrechtliche Durchsetzungsmechanismen stärken wollten.

Auch über diesen Anlaß hinaus erreichten Menschenrechte den Zenit ihrer proklamatorischen Geltung und ihrer institutionellen Verfestigung. Die Zahl der Ratifizierungen wichtiger UN-Vereinbarungen schoß in die Höhe. Den Zivil- und den Wirtschaftspakt etwa unterzeichneten in den neunziger Jahren jeweils gut fünfzig Staaten, darunter relativ viele afrikanische.[5] Westliche Regierungen schufen neue außenministerielle oder regierungsnahe Sonderorgane oder werteten bestehende auf.[6] Die französische Regierung hatte die (innen- wie außenpolitisch zuständige) *Commission nationale consultative des droits de l'homme* bereits 1989 direkt dem Premierminister unterstellt. Großbritannien schuf 1992 eine *Human Rights Policy Unit* im Außenministerium, die sie zwei Jahre später in ein *Department* umwandelte. Die rot-grüne Bundesregierung unter Gerhard Schröder richtete 1998 den Posten eines Beauftragten für Menschenrechtspolitik und Humanitäre Hilfe ein. In der Schweiz wurde Menschenrechtspolitik im Jahr darauf verfassungsrechtlich als ein Teil der Außenpolitik verankert.

Zu den bemerkenswertesten Entwicklungen gehörte es, daß die Europäische Union Menschenrechte zu einem zentralen Pfeiler ihrer politischen Wertegemeinschaft machte. Sie zu achten, erklärte der Maastrichter Vertrag von 1992 zu einem grundlegenden Prinzip der Union, zu einer Leitlinie der

---

4 Vgl. World Conference on Human Rights, 14.–25.6.1993.
5 Vgl. Anzahl der Ratifikationen von UN-Menschenrechtsdokumenten.
6 Vgl. zum Folgenden Forsythe (Hg.), Human Rights and Comparative Foreign Policy; Gillies, Principle; Fanzun, Grenzen; sowie die Internetseiten der betreffenden Regierungen.

Gemeinsamen Außen- und Sicherheitspolitik wie auch zu einem Ziel der Entwicklungszusammenarbeit.[7] All das ging deutlich über frühere Stellungnahmen hinaus. Überdies avancierten Menschenrechte zu einem integralen Teil der Erweiterungspolitik und damit zu einer Art Eintrittskarte in die europäische Staatenfamilie. Die Kopenhagener Kriterien von 1993 erklärten die Wahrung der Menschenrechte zu einem Kriterium für den Beitritt osteuropäischer Staaten, und der Amsterdamer Vertrag von 1997 hielt fest, ihre Einhaltung sei eine Voraussetzung für die Mitgliedschaft. Für den Fall fortdauernder Verletzungen sah er Sanktionen, wenn auch nicht den Ausschluß des betreffenden Staates vor. Die Funktionen, die menschenrechtliche Bezüge in diesem Prozeß erfüllten, erinnern in mancher Hinsicht an diejenigen, die sie in der Frühgeschichte des Europarats gehabt hatten. War es um 1950 darum gegangen, eine europäische Gemeinschaft zu schaffen, so nach 1990, sie im Angesicht eines weitreichenden Umbruchs neu zu befestigen. Da es nunmehr die Europäische Union war, die sich Menschenrechte auf die Fahnen schrieb, erlangte das Bekenntnis jedoch eine viel größere politische Tragweite. Nun kam es gewissermaßen im Herzen der europäischen Integration an.

Mit der weltweiten Belebung des Menschenrechtsgedankens waren auch einmal mehr thematische Verschiebungen verbunden. Frauenrechte rückten in den neunziger Jahren so stark ins Zentrum der internationalen Diskussion wie niemals zuvor.[8] Die schlagkräftigsten internationalen NGOs hatten sich ihrer nur langsam angenommen. Seit dem Ende der achtziger Jahre brachten dann *Amnesty International*, *Human Rights Watch* und die *International Human Rights Law Group* neue Projekte auf den Weg. Im Jahr 1991 startete das jüngst gegründete *Center for Women's Global Leadership* seine »Globale Kampagne für Frauenrechte«, an die zahlreiche Aktivistinnen ihre Anliegen zu koppeln begannen. Auf der Wiener Menschenrechtskonferenz bildeten Frauenrechte eines der wichtigsten Themen, und ebenso auf der UN-Weltfrauenkonferenz in Peking zwei Jahre darauf. Im Zuge dieses Schwungs an Initiativen gelang es Aktivistinnen, genderspezifische Probleme auf die Agenda der internationalen Menschenrechtspolitik zu setzen, die bis dahin kaum thematisiert worden waren, etwa sexuelle Belästigung oder häusliche Gewalt gegen Frauen.

Die Hochkonjunktur des Menschenrechtsgedankens in den Jahren nach dem Kalten Krieg blieb allerdings nicht ungebrochen. Sie produzierte einen neuen weltpolitischen Gegensatz, der nunmehr zwischen westlichen Staaten auf der einen und asiatischen Staaten auf der anderen Seite verlief. An seinem Beginn stand die ungekannt heftige Kritik, die westliche Regierungen an der chinesischen Regierung übten, nachdem diese die stark studentisch geprägte Demokratiebewegung, die den Pekinger Tiananmen-Platz zum Zentrum ihrer Proteste

---

7 Vgl. Lerch, Menschenrechte; Alston (Hg.), EU.
8 Vgl. zum Folgenden Connors, NGOs; Quataert, Dignity, S. 149–181; Donert, Utopie.

gemacht hatte, im Juni 1989 blutig hatte niederschlagen lassen. China geriet damit erstmals in den Fokus stärkerer internationaler Menschenrechtsproteste. In den siebziger Jahren war die Unfreiheit im Land ein bestenfalls randständiges Thema gewesen. Wie beschrieben, waren zwei wichtige Gründe dafür, daß sich *Amnesty International* schwer tat, ein genügend präzises Bild der Menschenrechtsverletzungen in China zu erarbeiten, und die Carter-Regierung ihr Interesse, die Beziehungen zur asiatischen Großmacht zu normalisieren, voranstellte. Seit Ende der achtziger Jahre, als sich die Beziehungen sowohl der USA als auch Chinas zur Sowjetunion verbesserten, als Unruhen in Tibet ausbrachen und große NGOs wie *Amnesty* und *Human Rights Watch* neue Projekte initiierten, kamen die Dinge in Fluß.[9] Den eigentlichen Wendepunkt brachten dann jedoch die Repressionen von 1989. Die USA, die EG und Japan verurteilten das brutale Vorgehen und verhängten Sanktionen, zu denen etwa die Einstellung von Waffenverkäufen zählte. Auch die UN-Menschenrechtskommission begann, sich mit den Ereignissen in China zu befassen. Die chinesischen Machthaber reagierten auf die internationale Empörung mit einer breiten Palette von Gegenmanövern. So attackierten sie die Kritiker und drohten, das wirtschaftliche Gewicht des Landes gegen diese einzusetzen, entließen aber auch einige Dissidenten, um die Wogen zu glätten. In den Vereinten Nationen unternahmen sie, um verurteilende Resolutionen zu verhindern, erhebliche Anstrengungen, die möglicherweise bis zur Bestechung von Delegierten reichten. Auch veröffentlichte die Regierung 1991 ein Weißbuch, in dem sie einen chinesischen Menschenrechtsbegriff definierte.[10] An vorderster Stelle stand demnach das »Recht auf Lebensunterhalt (*subsistence*)«. Mit ihm hob die Regierung darauf ab, daß es ihre vorderste Pflicht sei, die notwendigen Existenzgrundlagen für die chinesische Bevölkerung zu schaffen. Ebenso akzentuierte sie damit die Bedeutung, die die nationale Unabhängigkeit angesichts einer langen historischen Tradition feindlicher äußerer Einmischungen hatte. Offenbarten diese Schritte immerhin, wie sehr die chinesischen Machthaber um ihr internationales Image besorgt waren, so gingen sie politisch doch über oberflächliche Konzessionen nicht hinaus. Da die blühende Wirtschaft China zu einem unverzichtbaren Handelspartner machte, vollzogen die meisten westlichen Staaten schon um die Mitte der neunziger Jahre eine Kehrtwende und signalisierten den Wunsch, das Verhältnis wieder auf eine bessere Grundlage zu stellen. Dort pendelten sich die Dinge ein, bis sich am Ende der Dekade die Fronten erneut verhärteten. Nicht zuletzt unter öffentlichem Druck forderten westliche Regierungen nun verstärkt greifbare menschenrechtliche Fortschritte. Die chinesische Regierung wiederum verschärfte die Unterdrückung der inneren Opposition und brach 1999 ostentativ

---

9 Vgl. dazu und zum Folgenden vor allem Foot, Rights. Ferner Gillies, Principle, S. 140–173; Korey, NGOs, S. 469–492.
10 Information Office of the State Council, Rights.

den sogenannten Menschenrechtsdialog mit den Vereinigten Staaten ab. Seitdem ist die Menschenrechtslage in den Beziehungen zwischen China und westlichen Staaten ein delikates, vor allem bei offiziellen Besuchen immer wieder hervortretendes Thema geblieben. Grundlegende Veränderungen zeichnen sich dabei auf beiden Seiten allerdings nicht ab.

Am Anfang der neunziger Jahre hatte die westliche Kritik an China jedoch noch eine weitere Konsequenz. Denn sie bildete ein wichtiges Motiv dafür, daß sich führende südostasiatische Politiker wie der Premier Singapurs, Lee Kuan Yew, und der malaysische Premier Mahatir bin Mohamad entschlossen, die Menschenrechtsidee anzugreifen. Daneben war es die menschenrechtliche Konditionalitätspolitik, die in der Entwicklungszusammenarbeit, wie beschrieben, in diesen Jahren immer mehr Raum griff, welche den Ärger der Südostasiaten auf sich zog.[11] Diese führten ihre Attacken vor dem Hintergrund boomender Ökonomien, die den Neid der internationalen Finanzwelt auf sich zogen.[12] Tatsächlich hatten die »Tigerstaaten« das postkoloniale Projekt, mit Hilfe autoritärer Regierungsstrukturen die wirtschaftliche »Entwicklung« voranzutreiben, zu einem staunenswerten Erfolg geführt – solange man auf die Wachstumsziffern blickt. Nachdem die asiatischen Staaten ihre Distanz zur internationalen Menschenrechtspolitik bereits in einer Erklärung angedeutet hatten, die sie auf ihrem Vorbereitungstreffen für die Wiener Konferenz abgaben, entfalteten einige ihre Kritik in den folgenden Jahren noch stärker.[13] Unter Berufung auf die politische und kulturelle Diversität, die allein innerhalb Asiens herrsche, wiesen sie die Vorstellung, es gebe universelle Menschenrechte, als einen vom Westen gewobenen Mythos zurück. Sie verwarfen ihn als Ausdruck eines moralischen Überlegenheitsglaubens, den sie mit Blick auf die Verbrechensgeschichte westlicher Staaten scharf mißbilligten. Überdies verurteilten sie die Menschenrechtspolitik als einen wirtschaftlich motivierten, neokolonialen Dominierungsversuch – als »eine einfache, billige und populäre Art, Einfluß auszuüben« –, mit dem westliche Staaten das Vakuum füllen wollten, das die Auflösung der Sowjetunion hinterlassen habe.[14] Die international festgeschriebenen Menschenrechtsnormen erachteten die asiatischen Kritiker nicht für bindend, sondern als offen für die Diskussion. Als Regulativ für das gesellschaftliche Zusammenleben hielten sie sie für ebenso ungeeignet wie demokratische Institutionen; ihnen stellten sie Ordnung, Stabilität und *good government* entgegen, auf deren Grundlage allein man den asiatischen Bevölkerungen Sicherheit und einen angemessenen Lebensstandard garantieren könne. Den Höhepunkt

---

11 Ähnlich zur selben Zeit in der Blockfreienbewegung. Vgl. etwa Jakarta Summit 1992, Final Document, G. Human Rights.
12 Zum Hintergrund vgl. Opitz, Spuren.
13 Vgl. Bangkok Declaration. Vgl. zum Folgenden Kausikan, Standard; Zakaria, Culture. Ferner die Beiträge in Bauer/Bell (Hg.), Challenge.
14 Kausikan, Standard, S. 27.

dieser Gegenbewegung markierte vielleicht die Konferenz der *Association of Southeast Asian Nations* (ASEAN) von 1997, auf der einige Staatschefs forderten, die Allgemeine Menschenrechtserklärung zu revidieren.[15] Insofern die asiatischen Staaten mit alledem eine Absage an die westliche Hegemonie in der Weltpolitik formulierten, und insoweit sie versuchten, illiberale Herrschaftsmodelle vor Kritik zu schützen, führten sie Tendenzen fort, die sich im Diskurs des globalen Südens seit den siebziger Jahren immer wieder bemerkbar gemacht hatten. Eine auffällige Verschärfung lag jedoch darin, daß viele südostasiatische Politiker keinerlei Anstalten mehr machten, den Menschenrechtsbegriff entlang ihren politischen Bedürfnissen zu redefinieren und ihn sich damit anzueignen. Aus der Position der Stärke heraus, in der sie sich während der neunziger Jahre wähnten, ging es ihnen nur noch darum, ihn zu denunzieren.

Darin, daß der Gedanke der Universalität in dem Moment, in dem er die größte Unterstützung fand, auch am heftigsten angegriffen wurde, lag indes nur einer der Brüche, die den menschenrechtspolitischen Aufschwung der neunziger Jahre durchzogen. Ein anderer lag in den eklatanten Unterlassungen, ja dem Versagen der internationalen Gemeinschaft angesichts der schrecklichsten Massenverbrechen der Dekade. Den Kriegen im zerfallenden Jugoslawien sah sie jahrelang weitgehend hilflos zu.[16] Auch wenn sich die Vereinten Nationen und verschiedene Regierungen bemühten, über humanitäre Projekte einen Teil der Not zu lindern, die die Zivilbevölkerung litt, konnten sie die Kriegsverbrechen, die ethnischen Säuberungen und die Massenvergewaltigungen auf diese Weise doch nicht stoppen. Erst als serbische Einheiten 1995 bei Srebrenica, inmitten einer UN-Schutzzone, das größte Massaker auf europäischem Boden seit Ende des Zweiten Weltkriegs verübten und rund 8000 wehrlose Bosnier niedermetzelten, kam es zu einer Wende. Nun entschlossen sich die USA, Frankreich und Großbritannien, einen NATO-Einsatz zu unterstützen, der die Serben nach kurzer Zeit einlenken und Verhandlungen aufnehmen ließ. Waren die Augen der internationalen Öffentlichkeit immerhin jahrelang auf den Balkan gerichtet, so galt das für den sich zuspitzenden Konflikt in Ruanda zunächst nicht.[17] Wie eingangs dieser Studie bereits geschildert, konnten Hutu-Eliten hier im April 1994 einen Massenmord organisieren, der in geradezu unheimlicher Geschwindigkeit bis zu 800.000 Tote ganz überwiegend unter den Tutsi des Landes forderte. Zwei Motive waren für die Untätigkeit westlicher Staaten besonders wichtig: daß sie in der ostafrikanischen Region keine weiteren Interessen verfolgten, und daß sich niemand in Konflikte hineinziehen lassen wollte, die unabsehbar erschienen. Für die USA war das Land geostrategisch und wirtschaftlich gänzlich unbedeutend. Vor dem Gedanken, mit amerikanischen Truppen einzugreifen,

---

15 Vgl. Korey, NGOs.
16 Vgl. Kaufman, NATO.
17 Vgl. Des Forges, Zeuge; Power, »Problem«, S. 329–389.

schreckte die Regierung Bill Clintons aber vor allem auch deshalb zurück, weil ihre Intervention in Somalia erst im Jahr zuvor in einem Desaster geendet hatte. Bei Kämpfen in Mogadischu waren amerikanische Soldaten getötet worden, und die Fernsehbilder eines aufgebrachten somalischen Mobs, der zwei der Leichen triumphierend durch die Straßen schleifte, hatten in der amerikanischen Öffentlichkeit tiefsitzende Ängste nationaler Demütigung und Wehrlosigkeit geweckt. Frankreich, Belgien und Italien schickten Einheiten nach Ruanda, die sich aber darauf beschränkten, ihre Landsleute zu evakuieren. Die in dem afrikanischen Land stationierten UN-Friedenstruppen erhielten den Befehl, sich nicht mit Waffengewalt in das Geschehen einzumischen. Ruanda war eine singuläre Katastrophe und doch auch ein typisches Geschehen insofern, als staatliche Massenverbrechen im subsaharischen Afrika, das südliche Afrika ausgenommen, auch zuvor selten entschlossenes internationales Handeln ausgelöst hatten. Für die humanitäre Hilfe, und vor allem die Hungerhilfe, traf das nicht im selben Maße zu, wenn man an die Beispiele Biafras in den späten sechziger und Äthiopiens in den frühen achtziger Jahren denkt; die Grenzen sind dabei allerdings mitunter schwer zu ziehen. Die jüngsten Entwicklungstendenzen geben ein – weiterhin – zwiespältiges Bild ab. Einerseits hat sich in den vergangenen Jahren eine bemerkenswert weitgespannte nicht-staatliche Bewegung gebildet, die, vor allem unter dem Schirm der *Save Darfur Coalition*, helfend in den Konflikt im Westsudan einzugreifen versuchte, dem womöglich 300.000 Menschen zum Opfer gefallen sind. Andererseits wird der Kongo seit Ende der neunziger Jahre durch eine nicht abreißende Kette von Rebellionen, Bürgerkriegen und militärischen Interventionen anderer afrikanischer Staaten verwüstet, die direkt oder indirekt den Tod von bis zu fünf Millionen Menschen nach sich gezogen haben. Diese Kriege haben in der internationalen Politik bislang jedoch keine ähnlich mobilisierende Wirkung gehabt.

Für *Amnesty International* wurde der ruandische Genozid zu dem bis heute größten organisationsgeschichtlichen Trauma. Dabei bildete sein zögerliches und desorganisiertes Auftreten im Sommer 1994 den Teil einer weiterreichenden Krise, die die Londoner Organisation nach dem Ende des Kalten Kriegs erfaßte. Nachdem der Kommunismus in Osteuropa eingestürzt war, hatte das Sekretariat »zunehmendes Chaos und Komplexität« im internationalen System diagnostiziert und eine Reihe neuer Herausforderungen bestimmt: die abnehmende Bedeutung von Nationalstaaten, grassierende Xenophobie, ethnische Säuberungen, die Zunahme bewaffneter Konflikte und akuter Krisen und die neue Virulenz von Menschenrechtsverletzungen, die nicht-staatliche Gruppen begingen.[18]

---

18 Vgl. CU, AIUSA, RG IV.1.7, Box 14, SYSTEC, Report on Challenges and Possible Trends for the Future of AI, Februar 1992; ebd., SYSTEC, Report of SYSTEC's Review of Strategy and Techniques for AI, Februar 1993; ebd., RG I.1, Box 16, IS, Integrated Strategic Plan, Part One: Long-Term Objectives, Juli 1994.

Die Organisation an die gewandelte Lage anzupassen, erwies sich aber als schwierig. Seine Berichterstattung über die Massaker in China 1989 und über die irakische Invasion Kuwaits verbuchte *Amnesty* intern noch als Erfolge.[19] In den Folgejahren sollte sich das Bild aber ändern. Den Nachrichten, die die Medien über die 1991 ausbrechenden Kriege in Jugoslawien verbreiteten, hatte *Amnesty International* zunächst wenig hinzuzufügen, und es tat sich schwer, einen Handlungsplan zu entwickeln.[20] Als dramatisches Scheitern verstanden die Mitarbeiter dann *Amnestys* Rolle während des Konflikts in Ruanda. Die Ermittlergruppe, die sich mit der Region befaßte, war klein und ohnehin bereits überlastet. Ein Krisenteam zu bilden, gelang nicht. Das Sekretariat war erst im Juli in der Lage, eine Notfallstrategie zu entwickeln, als das Morden in dem ostafrikanischen Land bereits weitgehend zum Ende gekommen war. Vor Ort befanden sich während des Geschehens und offenbar auch noch längere Zeit danach keine Mitarbeiter der Organisation.[21] Seit die Ereignisse in Ruanda bekannt geworden waren, hatten sich zahlreiche nationale Sektionen über die Untätigkeit der Londoner Zentrale beklagt, und im Anschluß machte sich im Sekretariat, wie eine spätere Untersuchung festhielt, »ein starkes Gefühl des Scheiterns« geltend, »wie wir es zuvor noch niemals erlebt hatten«.[22]

In der Organisation verbreitete sich daraufhin die Deutung, *Amnestys* Operationsweisen, »in einer ganz anderen Ära der Weltpolitik entwickelt«, seien den gewandelten Mustern von Menschenrechtsverletzungen in der Welt nicht länger angemessen.[23] Das stimmte, und doch auch wieder nicht. Tatsächlich hatte die Londoner Organisation auf die großen menschlichen Katastrophen der mittleren neunziger Jahre keine passende Antwort. Doch war sie im Grunde immer schon schlecht gerüstet gewesen, um bei Massenmorden und Kriegen helfend einzugreifen, und die Vorfälle in Jugoslawien und Ruanda tauchten das lediglich in ein besonders grelles Licht. In der Organisation war denn auch bereits seit den späten achtziger Jahren eine Diskussion darüber geführt worden, daß *Amnesty* bei schwer vorhersehbaren Gewalteruptionen nicht schnell genug

---

19 Vgl. IISG, AI IS, 299, Draft Two-Year Plan 1992/93, Dezember 1990. Dabei geriet die Organisation allerdings in die Kritik, weil sie einen Bericht über die Tötung kuwaitischer Säuglinge weiterverbreitet hatte, die aus ihren Brutkästen herausgeholt worden seien. Dieser Bericht stellte sich als unwahr heraus.
20 Vgl. CU, AIUSA, RG III.3, Box 17, Deile u. a. an Malcom Smart, 31.8.1992.
21 Vgl. IISG, AI IS, 321, Rwanda Evaluation Report – Draft for IEC Comment, August 1995.
22 Vgl. IISG, AI IS, 302, Ross Daniels an All Sections' Directors, 24.7.1994; ebd., 305, Ross Daniels, Report on Recent Visit, 5.9.1994; CU, AIUSA, RG I.1, Box 17, Rwanda Crisis Response Team an Mike Dotteridge, 18.12.1994; ebd., Rwanda Crisis Response Team, 9.1.1995; Rwanda Evaluation Report, August 1995, hier das Zitat.
23 Rwanda Evaluation Report, August 1995. Vgl. auch CU, AIUSA, RG I.1, Box 15, Rendler, Dauer, Campaigns and Country Actions Board Review, Januar 1993.

in Aktion trete.²⁴ Und noch vor dem ruandischen Massenmord schloß eine interne Studie, *Amnesty* handele am effektivsten, wenn es sich für klar abgegrenzte Gruppen von Opfern einsetze, und sei dabei auf funktionierende staatliche Strukturen angewiesen.²⁵ Zweifellos gab es Menschenrechtsverletzungen, die sich in solchen Umständen abspielten, nach wie vor. Doch standen sie in den neunziger Jahren nachvollziehbarerweise nicht im Zentrum der öffentlichen Wahrnehmung. *Amnesty* verlor damit nun auch seine Fähigkeit, Themen zu setzen. Daß politische Haft »nicht länger das zentrale Merkmal von Menschenrechtsverletzungen« sei, wie eine Denkschrift schloß, war dabei vermutlich gar nicht einmal das Hauptproblem. Denn schon seit den siebziger Jahren war *Amnestys* Ausstrahlung viel stärker an den Kampf gegen Folter und an spektakuläre Länderkampagnen gebunden gewesen.²⁶ Wie auch immer: Das Profil, das die Organisation in den beiden Jahrzehnten vor dem Ende des Kalten Kriegs ausgebildet hatte, zwang sie in den neunziger Jahren in ein reaktive Rolle.

Das hing noch mit einer weiteren Entwicklung zusammen. Denn auch *Amnestys* Informationspolitik, bislang stets ein Zeichen seiner menschenrechtspolitischen Avantgarderolle, geriet nach 1990 ins Hintertreffen. Zum einen nahm die Kapazität vor allem des Fernsehens, praktisch simultan aus immer mehr Regionen der Welt zu berichten, immer noch weiter zu. In den frühen neunziger Jahren verbreitete sich dafür das Schlagwort des »CNN-Effekts«. Zum anderen wuchs die Konkurrenz mit anderen NGOs. Vor allem *Human Rights Watch* schien führenden *Amnesty*-Mitarbeitern in vielen Fällen über schnellere und bessere Informationen zu verfügen.²⁷ Da die *Watch*-Organisation von New York aus operierte, sah sich die amerikanische Sektion davon am stärksten in Bedrängnis gebracht. Der amerikanische Vorstand klagte, in den USA verbreite sich die Auffassung, *Amnesty* sei »ein müder, bürokratischer Behemoth, der sich auf seinen Lorbeeren ausruht, [...] und aus Sicht der informierten Öffentlichkeit dabei ist, von Human Rights Watch als wichtigste Menschenrechtsorganisation abgelöst zu werden«.²⁸ Das ließ sich auch an harten Fakten festmachen: Der Zugang zu Zeitungs- und Fernsehredakteuren erschwerte sich, und nach eigenen Berechnungen war *Amnestys* Anteil an Menschenrechtsnachrichten in den amerikanischen Medien von 85 Prozent im Jahr 1988 auf etwa 60 Prozent fünf Jahre später gefallen – sein informationspolitisches Mo-

---

24 Vgl. IISG, AI IS, 250, The Long-Term Development of AI, 1986; ebd., 271, Report from Head of Research Department, September 1987; CU, AIUSA, RG I.1, Box 11, Board of Directors Meeting, 22. und 25.6.1989.
25 Vgl. Rendler, Dauer, Campaigns and Country Actions Board Review, Januar 1993.
26 SYSTEC, Report of SYSTEC's Review of Strategy and Techniques for AI, Februar 1993.
27 Vgl. CU, AIUSA, RG I.1, Box 14, International Committee Minutes, 24.6.1992; ebd., Board of Directors Meeting, 10.–12.4.1992; ebd., Nagengast, Chair's Report, 2.10.1992; ebd., Box 15, Washington Office Board Review, 5.–7.2.1993.
28 IISG, AI IS, 315, Mary Gray, Bill Schulz, Curt Goering, IS-AIUSA Relations, Juni 1995.

nopol hatte es also verloren.²⁹ Überdies sprangen nun Geldgeber ab, die zu fragen begannen, »warum sie ihre Zehntausende Dollar Amnesty geben sollten, wenn doch Human Rights Watch dauernd mit interessanten Enthüllungen in den Nachrichten ist«.³⁰ Bei alledem wurde die amerikanische Sektion von der weltpolitischen wie auch der innerorganisatorischen Umbruchssituation nach 1990 ohnehin am härtesten getroffen. Sie hatte einen erheblichen Mitgliederschwund zu verzeichnen – von fast 400.000 Aktivisten im Jahr 1991 trat, wie erwähnt, binnen vier Jahren ein Viertel aus. Das zwang bald schon zu Budgeteinsparungen.³¹ Der Glaube, die großen Weltprobleme seien mit dem Ende des Kalten Kriegs gelöst, spielte dabei, in der Beobachtung der Sektionsleitung, eine nicht zu unterschätzende Rolle.³² Ähnlich wie gut zehn Jahre zuvor, nunmehr aber vor allem unter den freiwilligen Mitarbeitern, machte sich das Bedürfnis nach einem »erneuerten Bewußtsein unserer Mission« geltend.³³

Amnestys Probleme standen also nicht für einen allgemeinen Bedeutungsverlust des professionellen, nicht-staatlichen Aktivismus. Eher bezeugten sie die spezifischen Umstrukturierungsbedürfnisse der Londoner Organisation in einem bestimmten weltpolitischen Moment und eine beginnende Verschiebung innerhalb des Feldes der Menschenrechts-NGOs. Rückblickend betrachtet, war *Amnestys* Krise der frühen neunziger Jahre ein – weiteres – Durchgangsstadium. Das Versagen in Ruanda bildetet den wichtigsten Anlaß, um den inneren Aufbau der Organisation einmal mehr zu reformieren. Ein neuer Entwicklungsplan von 1994 sollte *Amnesty* noch aktionsorientierter machen und Informationssammlung und Kampagnen noch besser verzahnen. Er sah eine verstärkte Zusammenarbeit mit anderen NGOs und vor allem auch neue Mechanismen der »Krisenreaktion« vor.³⁴ Seitdem ist die Gesamtorganisation weiter gewachsen, hat ihr thematisches Spektrum noch stärker differenziert und bleibt, vertraut man den unsystematischen Eindrücken, die sich aus der aktuellen Medienberichterstattung gewinnen lassen, informationspolitisch einflußreich. Das Vermögen, die internationale Menschenrechtsdiskussion im Alleingang zu bestimmen oder sie überhaupt erst in eine bestimmte Richtung zu lenken, das sie in den siebziger und achtziger Jahren auszeichnete, scheint sie indes dauerhaft verloren zu haben.

29 Vgl. CU, AIUSA, RG I.1, Box 15, Communications Program, 4.–6.2.1993; ebd., Box 16, Memorandum, 8.–10.4.1994.
30 Mary Gray, Bill Schulz, Curt Goering, IS-AIUSA Relations, Juni 1995.
31 Vgl. Memorandum, 8.–10.4.1994; Mary Gray, Bill Schulz, Curt Goering, IS-AIUSA Relations, Juni 1995.
32 Vgl. CU, AIUSA, RG I.1, Box 14, Board of Directors Meeting, 24.–28.6.1992.
33 Rendler, Dauer, Campaigns and Country Actions Board Review, Januar 1993. Vgl. dazu auch CU, AIUSA, RG III.3, Box 25, Report of Membership Development Task Force, 31.3.1993.
34 Vgl. IISG, AI IS, 318, Report of Secretary General to International Council 1995. Vgl. auch Hopgood, Keepers.

Am sinnfälligsten, und längerfristig am prägendsten, verkörperte sich der Wandel der internationalen Politik nach 1990 indes in einer anderen Entwicklung. Mit den humanitären Interventionen und der internationalen Strafgerichtsbarkeit belebten die Vereinten Nationen nämlich zwei Formen der internationalen Hilfe und Gerechtigkeit wieder, die während des Kalten Kriegs gänzlich an den Rand gedrängt worden waren. Neben den Einsätzen von Friedenstruppen, deren Zahl in den neunziger Jahren sprunghaft stieg, gewann die Weltorganisation mit beidem, den Interventionen und den Tribunalen, eine derart umfassende internationale Regulierungsmacht im humanitären Bereich, ein derart tiefreichendes Eingriffsrecht in die nationale Souveränität, wie sie sie niemals zuvor besessen hatte.[35] In ihnen spiegelt sich die wechselhafte Menschenrechtsgeschichte der letzten beiden Jahrzehnte – die neuen Hoffnungen, Dilemmata und Gefahren – vielleicht auch am reinsten.

Humanitäre Interventionen wurden nach 1990 zunächst in schneller Folge beschlossen. Als einen ersten Akt des humanitäres Eingreifens läßt sich der Entschluß des Sicherheitsrats vom April 1991 verstehen, im Norden des Irak eine Schutzzone für bedrohte Kurden einzurichten.[36] Im folgenden Jahr beschloß er eine Militäroperation, die die Sicherheit in Somalia wiederherstellen sollte, nachdem die öffentliche Ordnung im Land in den bürgerkriegsähnlichen Kämpfen zwischen verschiedenen Kriegsfürsten zusammengebrochen war. Im Jahr 1994 schickten die Vereinten Nationen eine multilaterale Streitmacht nach Haiti, um die Demokratie wiederherzustellen, die das Militär nach seinem Putsch gegen den Präsidenten Jean-Bertrand Aristide abgeschafft hatte, und der notleidenden Bevölkerung zu helfen. In die Kriege auf dem Balkan griff die Weltorganisation mit verschiedenen Maßnahmen ein, wiederum auch dadurch, daß sie Schutzzonen errichtete, bevor sie schließlich 1995 den erwähnten Militärschlag gegen Serbien autorisierte. Der Menschenrechtsbegriff wurde bei der Begründung dieser Entscheidungen sehr zurückhaltend verwendet. Doch verwiesen sie immer wieder auf die humanitäre Notlage in den betreffenden Ländern, die es erforderlich mache, Hilfe zu leisten. Den Kulminationspunkt dieser interventionistischen Politik stellte dann das Vorgehen im Kosovokrieg 1999 dar. Weil China und Rußland im Sicherheitsrat einen humanitären Einsatz blockierten, bestand kein UN-Mandat. Die NATO-Staaten setzten sich jedoch darüber hinweg und führten massive Luftangriffe auf Serbien.

Die treibenden Kräfte hinter diesem Beschluß waren die amerikanische und die britische Regierung, und das verweist auf den sicherlich wichtigsten Faktor für den Interventionismus der Dekade. In beiden Ländern war nämlich inzwischen eine neue Generation von Politikern an die Macht gelangt – 1992 Bill

---

35 Vgl. Mazower, Governing.
36 Vgl. zum Folgenden Opitz, Menschenrechte, S. 148–174; Jamison, Humanitarian Interventions; Pape, Humanitäre Intervention.

Clinton als amerikanischer Präsident, 1997 Madeleine Albright als seine Außenministerin und Tony Blair als britischer Premier. Sie definierten den Menschenrechtsschutz, die Förderung von Gerechtigkeit und Demokratie in der Welt extensiv als Ziele ihrer Außenpolitik und der internationalen Zusammenarbeit. Die Unterstützung der Clinton-Regierung war für alle menschenrechtspolitischen und humanitären Aufbrüche, die die Vereinten Nationen nach dem Ende des Kalten Kriegs unternahmen, entscheidend, ob es sich nun um den Hochkommissar, die *Ad hoc*-Tribunale oder die humanitären Interventionen handelte. Im Kosovokonflikt versicherte der amerikanische Präsident den »Menschen der Welt, ob Ihr in Afrika oder Mitteleuropa oder irgendwo anders lebt: Wenn jemand unschuldige Zivilisten verfolgt und sie wegen ihrer Rasse, ihres ethnischen Hintergrunds oder ihrer Religion massenhaft töten will, und es liegt in unserer Macht, das zu stoppen, dann werden wir es stoppen«.[37] Soviel hatte Jimmy Carter niemals versprochen. Mit einem sehr ähnlichen Tenor hatte Tony Blair zwei Monate zuvor, im April 1999, eine Rede gehalten, die viele Beobachter als wegweisend empfanden. Darin forderte er eine »feinere Mischung aus wechselseitigem Eigeninteresse und moralischem Vorsatz« und plädierte dafür, das Nichteinmischungsprinzip in Fällen von Genozid, Massenflucht und gegenüber Regierungen, die auf einer Herrschaft der Minderheit beruhten, einzuschränken.[38] Diese Standortbestimmungen zeugten einmal mehr von dem Glauben, Menschenrechte und Demokratie zu schützen, ja zu verbreiten, festige den Frieden und die internationale Stabilität. Sie zeugten auch einmal mehr davon, wie eng visionäre Leitbilder internationaler Gerechtigkeit mit nationalen Reformprogrammen verwoben waren. Clinton hatte die *New Democrats*, Blair *New Labour* nach langen oppositionellen Durststrecken wieder an die Macht geführt, und beide begaben sich nun mit besonderer Emphase daran, die Rolle ihres Landes innen- wie auch außenpolitisch neu zu bestimmen. Ihre Regierungen stellten, um die Notwendigkeit humanitärer Eingriffe zu begründen, nun auch vermehrt Parallelen zum nationalsozialistischen Mord an den europäischen Juden her. Jetzt, und erst jetzt, wurde in der internationalen Politik eine interventionistische Lehre daraus gezogen, daß die damalige Staatengemeinschaft nicht genug unternommen hatte, um die Juden zu schützen oder zu retten. Diese Rhetorik verstärkte die Tendenz, den Holocaust zu einer historisch entorteten, universellen Chiffre des Bösen zu machen, die sich in den neunziger Jahren auch in anderen Bereichen beobachten ließ.[39]

Nach der Militäraktion im Kosovo konnte es eine ganze Weile lang so scheinen, als sei die jüngste Geschichte der humanitären Intervention bereits vorüber,

---

37 So Clinton im Juni 1999, zitiert nach: Is Kosovo a Turning Point for International Relations?
38 Blair, Speech to the Chicago Economic Club, 22.4.1999.
39 Vgl. Levy/Sznaider, Erinnerung; Eckel/Moisel (Hg.), Universalisierung.

die kurzen neunziger Jahre bereits zu Ende. Der Einsatz in Libyen im Jahr 2011, erneut von den Vereinten Nationen legitimiert, hat indes gezeigt, daß sie auch heute noch eine – wenn auch nach wie vor seltene – Möglichkeit der internationalen Politik darstellt. In der Zwischenzeit hatte es vor allem konzeptionelle Diskussionen gegeben.[40] Sie bestimmte der Gedanke der *Responsibility to Protect*, den eine unabhängige internationale Kommission 2001 formuliert hatte, um damit die Konsequenzen aus den bisherigen Interventionen, und vor allem aus dem Versagen in Ruanda, zu ziehen. Der UN-Weltgipfel von 2005, auf dem alle 191 Staaten der Welt versammelt waren, schloß diesen Gedanken in seine Abschlußerklärung ein. Er hob darauf ab, daß Staaten die Verantwortung hätten, ihre Bevölkerung vor bestimmten Verbrechen zu schützen – die Erklärung nannte Genozid, Kriegsverbrechen, ethnische Säuberungen und Verbrechen gegen die Menschheit. Leisteten Regierungen diesen Schutz nicht, so habe die »internationale Gemeinschaft« die Verantwortung, ihn, zunächst mit friedlichen Mitteln, zu übernehmen. Die Generalversammlung bestätigte dieses Konzept 2006 und diskutierte es noch einmal drei Jahre später, nachdem Generalsekretär Ban Ki-moon einen Bericht über seine mögliche Umsetzung vorgelegt hatte. Der Begriff der humanitären Intervention wurde bei alledem bewußt vermieden. Doch handelte es sich im wesentlichen um eine semantische Verschiebung, denn im Grunde ging es um nichts anderes. Den Beschluß des Sicherheitsrats von 2011, eine militärisch gesicherte Flugverbotszone in Libyen einzurichten und den ausländischen Streitkräften auch militärische Mittel zu genehmigen, um Zivilisten im Bürgerkrieg zu schützen, rechtfertigten sowohl der UN-Generalsekretär als auch der amerikanische Präsident Barack Obama als eine erfolgreiche Anwendung des Prinzips. Rußland und China dagegen mißbilligten ihn wiederum scharf.

Die internationale Strafgerichtsbarkeit, die mit den alliierten Kriegsverbrecherprozessen in Nürnberg und Tokio kurz nach Ende des Zweiten Weltkriegs begründet worden war, dann aber keine Nachfolge mehr gefunden hatte, erweckten die Vereinten Nationen zunächst in zwei Fällen zu neuem Leben.[41] Beide Entscheidungen hatten einen kompensatorischen Zug. So wurde das Tribunal für Jugoslawien 1993 auch deshalb geschaffen, weil die westlichen Staaten und vor allem die USA nicht militärisch in dem Konflikt intervenieren wollten. Der Gerichtshof für Ruanda wurde 1994 errichtet, um wenigstens bei der juristischen Aufarbeitung der Verbrechen zu helfen, die ohne Einmischung von außen ihren Lauf genommen hatten. Beide Gerichte sind seither tätig. Das für Jugoslawien zuständige Tribunal hat über 160 Personen angeklagt, von einfachen Soldaten bis hin zum ehemaligen jugoslawischen Präsidenten Slobodan Milošević, der 2006 in der Haft verstarb. Es hat 64 Angeklagte verurteilt, der

---

40 Vgl. Mazower, Governing.
41 Vgl. Opitz, Menschenrechte, S. 183–194.

Gerichtshof für Ruanda 29. Etwa zur gleichen Zeit, als diese Tribunale errichtet wurden, begannen auch die Vorbereitungen für einen dauerhaften Internationalen Strafgerichtshof. Sein Statut, 1998 verabschiedet, gab ihm die Zuständigkeit für Völkermord, Verbrechen gegen die Menschheit, Kriegsverbrechen und Aggression. Vier Jahre später nahm der Strafgerichtshof seine Arbeit auf. Das war insofern bemerkenswert, als die USA vor allem unter Präsident George W. Bush zu seinen kompromißlosen Gegnern gehörten und erhebliche Anstrengungen an den Tag legten, um amerikanische Bürger von seiner Rechtsprechung auszunehmen. Bislang sind achtzehn Fälle, die Anklagen gegen rund dreißig Personen umfassen, vor das Tribunal gelangt. Sie betreffen Verbrechen in insgesamt acht Ländern – alle auf dem afrikanischen Kontinent.[42] Besondere Aufmerksamkeit zog der Gerichtshof auf sich, als er 2009 einen internationalen Haftbefehl gegen den sudanesischen Präsidenten Omar al-Baschir erließ und damit erstmals gegen ein amtierendes Staatsoberhaupt vorging. Sein erstes Urteil sprach er im März 2012, als er den kongolesischen Milizenführer Thomas Lubanga dafür verurteilte, Kindersoldaten rekrutiert zu haben.[43] Überdies sind die Vereinten Nationen an dem 2006 konstituierten Tribunal in Phnom Penh beteiligt, das aus kambodschanischen und ausländischen Richtern zusammengesetzt ist. Es soll die Verbrechen der Roten Khmer zwischen 1975 und 1979 aufarbeiten und führt Verfahren gegen zum Teil hochrangige Regimemitglieder.

Die Diskussionen über beides, über humanitäre Interventionen und internationale Strafgerichtsbarkeit, führen bis in unsere Tage. Dabei hat sich in beiden Fällen inzwischen ein markanter Umschlag ereignet. Er verweist zunächst einmal ganz grundlegend darauf, wie rasch sich die weltpolitischen Situation in den vergangenen zwanzig Jahren verändert hat, und wie ungewiß es derzeit scheint, wohin der Weg führt. Waren die internationalen Gerichtshöfe zunächst von vielen Beobachtern als ein bedeutender neuer Aufbruch im Völkerrecht begrüßt worden, so hat sich inzwischen eine Front von Kritikern formiert. Sie besteht vor allem, jedoch nicht ausschließlich, aus afrikanischen Politikern und Intellektuellen, die im Haager Tribunal ein weiteres Machtinstrument westlicher Staaten sehen oder ihm mindestens vorwerfen, sich nur um Verbrechen in Staaten zu kümmern, die politisch zu schwach sind, um sich dagegen zu wehren.[44] Dafür können sie gute Gründe ins Feld führen. Denn abgesehen davon, daß bislang tatsächlich nur afrikanische Verbrechen untersucht werden, können die USA, Rußland und China gar nicht erst belangt werden, weil sie das Statut des Gerichtshofs nicht unterzeichnet haben. Ähnlich hatte sich unter dem Eindruck der grausamen Verbrechen auf dem Balkan und in Ruanda während der neunziger Jahre eine starke Meinungsströmung herausgebildet,

---

42 Vgl. International Criminal Court, Situations and Cases.
43 Vgl. Haager Fanal.
44 Vgl. etwa Mamdani, Saviors, S. 271–300. Vgl. auch Nützliche Kriegsverbrecher.

die in humanitären Interventionen das wichtigste moralpolitische Gebot der Stunde erkannte. Im Jahr 2002 veröffentlichte die amerikanische Journalistin Samantha Power, heute amerikanische UN-Botschafterin unter Präsident Obama, eine vielfach preisgekrönte historische Kritik der amerikanischen Nicht-Interventionen in die Genozide des 20. Jahrhunderts. Mehr noch als das, war sie ein flammendes Plädoyer, bei ähnlichen Massenverbrechen in Zukunft einzugreifen.[45] Seitdem ist vieles passiert. Die Diskussionen über die sogenannten »Kollateralschäden« bei den Militäraktionen im ehemaligen Jugoslawien säten erhebliche Zweifel, ob die gerechte Kriegführung gerecht sein könne. Vor allem aber haben die Kriege in Afghanistan und im Irak – von der Regierung George W. Bushs zum Teil ausdrücklich mit Menschenrechtsverletzungen gerechtfertigt – das Pendel deutlich zurückschwingen lassen. So hat sich in den letzten Jahren ein linksliberales Unbehagen am Gedanken der humanitären Intervention entwickelt. Seine Exponenten sprechen offen aus, daß es wichtiger sei, die internationale Stabilität zu wahren, als Menschen vor den brutalen Repressionen diktatorischer Herrscher zu schützen – wenn der Preis für den Diktatorensturz nämlich nur noch mehr Massaker oder Kriege sind.[46] Damit haben sich die argumentativen Fronten nicht nur gegenüber den neunziger Jahren, sondern auch gegenüber früheren Phasen der Menschenrechtsgeschichte denkwürdig verkehrt. In den vierziger Jahren erschienen Diktaturen Menschenrechtsverfechtern eben deshalb als Bedrohung für die internationale Stabilität, weil sie ihre Bevölkerung unterdrückten und fanatisierten. Die stets prekäre Stabilität des Kalten Kriegs war ein Teil der politischen Konstellation, gegen die Politiker und Aktivisten in den siebziger Jahren im Namen der Menschenrechte revoltierten. Denn sie gab, so das Argument, rechten wie linken Diktaturen die Möglichkeit, schutzlose Menschen unbehelligt zu quälen oder zu töten, solange sie sich nur klar auf eine der beiden Seiten des bipolaren Weltkonflikts stellten.

Beide Seiten in der gegenwärtigen Auseinandersetzung hantieren mit einer Fülle historischer Argumente, bemühen Präzedenzfälle und Analogien, formulieren wahlweise Imperative oder Warnungen, die die Geschichte bereithalte. Verweisen die einen auf Armenien, das nationalsozialistische Deutschland, Kambodscha und Ruanda, so die anderen auf Irak und Afghanistan. Doch läßt man sich im Detail auf sie ein, und will man nicht lediglich politische Positionen historisch drapieren, so eröffnet die Menschenrechtsgeschichte des 20. Jahrhunderts lediglich eine einzige Lehre, und diese macht die Dinge nicht einfacher: daß Interventionen zum Schutz leidender Anderer stets Dilemmata produzieren, moralische wie politische, daß sie immer zwiespältige Auswirkungen haben. Es greift daher zu kurz, auf die Erfahrungen der jeweils jüngsten Fälle zu

---

45 Power, »Problem«.
46 Historisch am elaboriertesten: Mazower, Saviors; ders., Governing. Vgl. aber auch Mamdani, Saviors.

verweisen, um daraus Schlüsse für die möglicherweise kommenden zu ziehen – aus Ruanda den Schluß, man müsse eingreifen, aus dem Irak den Schluß, man dürfe es nicht. Die Diskussion wäre vielmehr in dem Bewußtsein zu führen, daß es gleichsam reine Lösungen nicht gibt, sondern daß es darum geht, das geringere Übel zu identifizieren – so schwierig, belastend und unerfreulich das ist.

Schließlich läßt sich kaum übersehen, daß diese Diskussionen, so dringlich sie der Sache nach sind, ganz überwiegend in engen politischen und akademischen Zirkeln geführt werden. Tatsächlich kann man sich des Eindrucks nicht erwehren, daß Menschenrechte in der internationalen Politik heute ein leidenschaftsloseres Dasein fristen als in den siebziger Jahren oder auch zwischen dem Ende der achtziger und der Mitte der neunziger Jahre – ganz gleich, wie man das politisch bewertet. Sofern der mitlebend-zeitgeschichtliche Blick nicht trügt, gab es im neuen Millennium vor allem einen Moment, in dem sie exzeptionelle politische und diskursive Energien entfachten. Er kam, als die amerikanische Regierung unter George W. Bush in ihrem »Krieg gegen den Terrorismus« den Menschenrechtsgedanken außer Kraft setzte und inhumane Verfolgungs- und Verhörmethoden nicht nur anwendete, sondern, das war vielleicht der eigentliche Sündenfall, auch rechtfertigte.[47] Es war gleichsam folgerichtig, so möchte man mit Blick auf die Menschenrechtshistorie der zweiten Jahrhunderthälfte sagen, daß sich die vehementen Kontroversen vor allem an der Frage der Folter entzündeten. Denn das war nicht nur die größte denkbare Provokation der Menschenrechts-*Community*, die zwar nicht geglaubt hatte, Folter beseitigt, aber doch, sie für alle Zeiten stigmatisiert zu haben. Sondern es war auch ein Angriff auf das Herz des lagerübergreifenden Fundamentalkonsenses, der sich seit den späten achtziger Jahren entwickelt hatte, und dem die nicht radikalisierte konservative Rechte, nicht zuletzt in Europa, auch immer noch anhing. Und es war eine Debatte, in der es um die Verbindlichkeit des Rechtsstaats in Zeiten neuer Unsicherheit ging, darum, ob man die gesellschaftliche Offenheit in Teilen aufgeben müsse, um sie insgesamt zu retten – letztlich also um die politische Moralität des Westens. Auch hier war der Selbstbezug entscheidend.

Sieht man davon ab, ist es um Menschenrechte ruhiger geworden. Die größte Freiheitsbewegung seit dem Ende des Kalten Kriegs, die bei aller nationalen Unterschiedlichkeit kommunizierenden Rebellionen, die seit Ende 2010 im arabischen Raum ausgebrochen sind, haben sich, vertraut man der westlichen Berichterstattung, den internationalen Menschenrechtsgedanken nicht vorrangig auf ihre Fahnen geschrieben. In zahlreichen Staaten der Erde führen Menschenrechtsaktivisten und -aktivistinnen weiterhin einen buchstäblich existentiellen Kampf. Dort müssen sie damit rechnen, hart bestraft zu werden, oder bezahlen sogar mit ihrem Leben – in Rußland oder in China, wovon man häufiger lesen kann, aber auch in Uganda, wo erst Anfang 2011 der Homosexuellenaktivist

---

47 Vgl. etwa Hoffman, Human Rights and Terrorism.

David Kato totgeschlagen wurde, und an vielen anderen Orten mehr.[48] Doch eine ähnliche politische Sprengkraft wie die sowjetischen Dissidenten und die chilenischen Oppositionellen der siebziger Jahre – und vielleicht mehr noch, eine ähnliche Resonanz im Westen – haben sie nicht. In westlichen Staaten wiederum sind Menschenrechte ein Teil der politischen Routine geworden. Ein schlagendes Beispiel dafür sind die »Menschenrechtsdialoge«, die die Europäische Union seit den neunziger Jahren führt, mit China, Rußland oder der Afrikanischen Union. Sie setzen gerade nicht auf öffentliche Beschämung und das Damoklesschwert der Sanktion, sondern auf die Kraft des fortdauernden, zumeist vertraulichen Austauschs. Er wird weitergeführt, ob sich an der Menschenrechtssituation etwas ändert oder nicht. In vielen Regierungsapparaten sind Menschenrechte überdies in den Prozeß des *Mainstreaming* geraten. Sie sollen dadurch aufhören, eine Sonderexistenz zu führen, und in politischen Entscheidungen von vornherein mitbedacht werden. Ob das ihre Bedeutung verstärkt oder verringert, scheint die eigentliche Frage. In dieses Gesamtbild gehört schließlich aber auch, daß Menschenrechte, seitdem die Debatte der neunziger Jahre über *Asian Values* und die Frage der Universalität abgeklungen ist, nie wieder mit ähnlicher Emphase als gefährlicher Oktroi zurückgewiesen oder als hinterhältige Einmischung dämonisiert worden sind.

Der historische Rückblick endet also an dem Punkt, von dem er ausging: Daß internationale Menschenrechtspolitik nicht überhistorisch ist, nichts Zwangsläufiges hat, keine eindeutige Richtung nimmt, sondern daß sie ein Produkt spezifischer Umstände darstellt, ein Ergebnis diskursiver Kämpfe, einen Ausfluß zeitgebundener Wahrnehmungen, die sich wandeln. Für die Zukunft bedeutet dies, daß offen ist, ob sie ihre Bedeutung beibehalten wird. Es ist eben keineswegs gesagt, daß sich ein moralpolitischer Referenzpunkt herausgebildet hat, der bleibt, oder gar so etwas wie ein beständiger internationaler Minimalkonsens darüber, welche Werte zu schützen seien. Es ist nicht einmal gesagt, ob das wichtig ist. Denn wichtig ist internationale Menschenrechtspolitik nur dann, wenn sie mit Inhalten gefüllt ist, die tatsächlich den allermeisten als gut erscheinen, und wenn ihre positiven Folgen die negativen überwiegen. Doch das ist nicht von vornherein der Fall, sondern kann nur das Ergebnis politischer Auseinandersetzungen sein. Und das heißt auch, daß es – immer wieder – erheblicher Anstrengungen bedarf, sofern man darauf hinwirken will.

Soviel historischer Relativismus ist nötig, um trügerische Gewißheiten zu lüften, an denen es in der öffentlichen Diskussion nicht mangelt, und institutionelle Selbstverstetigungstendenzen als das zu bezeichnen, was sie sind: institutionelle Selbstverstetigungstendenzen. Das letzte Wort stellt ein solcher historischer Relativismus gleichwohl nicht dar. Denn die geschichtliche Betrachtung erlaubt es auch, die Kriterien für jene politische Auseinandersetzung

---

48 Vgl. Böhm, Nachruf.

zu schärfen, ja höhere Maßstäbe an politische Entscheidungen anzulegen. In den letzten Jahrzehnten haben sich derart viele Erfahrungen angesammelt, daß niemand mehr von den Folgen seines Handelns so überrascht sein, niemand mehr so im Dunklen tappen kann, wie viele Regierungsvertreter und Aktivisten in den siebziger Jahren, und wohl auch noch zahlreiche humanitäre Interventionisten in den neunziger Jahren. Denn die Schwierigkeiten sind im Prinzip die gleichen geblieben: die kontraproduktiven Effekte einer Politik der Hilfe und die Gefahr, Menschen und Staaten moralpolitische Standards aufzuerlegen, die sie ablehnen. Viele Lösungswege sind versucht, viele Wirkungsketten deutlich geworden, nicht wenige Katastrophen geschehen, die ein scharfes Bewußtsein dafür erzeugt haben, welcher Preis auf dem Spiel steht. Der Reflexionsgrad des menschenrechtspolitischen Handelns ist heute also höher. Man könnte auch sagen, er muß es sein.

Dank

Das vorliegende Buch stellt eine überarbeitete und gekürzte Fassung der Habilitationsschrift dar, die ich im Mai 2013 an der Universität Freiburg eingereicht habe. Den Gutachtern, Prof. Ulrich Herbert, Prof. Jörn Leonhard (beide Freiburg) und Prof. Hans Joas (Chicago/Freiburg) bin ich auf vielfältige Weise dankbar. Sie haben mir entscheidend geholfen, indem sie sich trotz knapp bemessener Zeit bereit erklärt haben, ein umfängliches Manuskript zu begutachten. Von ihren scharfsichtigen Beobachtungen habe ich zudem sehr profitiert. Daß sie all dies vermochten, obwohl sie zum Teil selbst große Buchprojekte zum Abschluß zu bringen hatten, erfüllt mich immer noch mit dankbarem Staunen. Ulrich Herbert schließlich gilt mein besonderer Dank auch für vieles andere. Ohne seine langjährige Unterstützung, sein stetes Interesse, seine Antworten auf viele kleine und manche großen Fragen wäre dieses Buch nicht zustande gekommen.

Zahlreiche Kolleginnen und Kollegen haben mir im Gespräch oder durch Einladungen in ihre Forschungskolloquien die Möglichkeit gegeben, Ideen zu diskutieren, Zwischenergebnisse vorzustellen und Hypothesen auszuprobieren. Durch ihre Beobachtungen und Anregungen, ihre Fragen und Kritik konnten wichtige Gedanken erst Formen annehmen. Dafür bedanke ich mich bei Prof. Jörg Fisch (Zürich), Prof. Eckart Conze (Marburg), Prof. Lutz Raphael (Trier), Prof. Anselm Doering-Manteuffel (Tübingen), Prof. Paul Nolte (Berlin), Prof. Jürgen Osterhammel, Prof. Sven Reichardt (beide Konstanz), Dr. Isabel Heinemann (Münster), Prof. Geoff Eley, Prof. Kathleen Canning (beide Ann Arbor), Prof. Bernd Weisbrod, Prof. Dirk Schumann, Prof. Petra Terhoeven (alle Göttingen), Prof. Stefan-Ludwig Hoffmann (Potsdam/Berkeley), Prof. Jakob Tanner, Prof. Philipp Sarasin (beide Zürich), Prof. Dirk van Laak (Gießen), Prof. Norbert Frei, Prof. Joachim von Puttkamer, Prof. Lutz Niethammer (alle Jena), Prof. Dietmar Süß (Jena/Augsburg), Prof. Willibald Steinmetz (Bielefeld), Prof. Arnd Bauerkämper (Berlin) und Prof. Stephan Scheuzger (Bern).

Der Deutschen Forschungsgemeinschaft bin ich dankbar dafür, daß sie mir mit einem Forschungsstipendium einen einjährigen Aufenthalt an der Columbia University in New York ermöglicht hat. Die intellektuellen Impulse und Forschungsmöglichkeiten, die mir dieser Aufenthalt eröffnete, stellen in mancher Hinsicht den eigentlichen Beginn dieses Buches dar. Das lag ganz wesentlich daran, daß sich Mark Mazower auf das Projekt eingelassen und es institutionell und intellektuell unterstützt hat. Von wenigen lernt man so viel wie von ihm, in jedem Gespräch wieder. Der ebenso freundliche wie lebendige, nie unkritische, aber stets gewogene Austausch mit Volker Berghahn, Susan Pedersen und Greg

Mann bedeutete mir viel. *Providential* schließlich war die Begegnung mit Sam Moyn auch für mich – er beschreibt es nur eleganter, in seinem Buch, als es mir möglich ist. Die Zusammenarbeit mit ihm war ein seltenes wissenschaftliches Glück: herausfordernd, klärend und beflügelnd. Ihm verdankt mein Nachdenken über die Menschenrechtsgeschichte viel, in der Übereinstimmung wie in der Abweichung.

Im Rückblick betrachtet, wüßte ich nicht, wie ich dieses Projekt ohne die konzentrierte Ruhe, die schlichtweg idealen Arbeitsbedingungen und den anregenden kollegialen Austausch, die mir die Aufenthalte am Freiburg Institute for Advanced Studies und am Jena Center Geschichte des 20. Jahrhunderts ermöglicht haben, hätte abschließen sollen. An beiden Orten entstanden wichtige Teile des Buches. Ich danke dem Wissenschaftlichen Beirat des FRIAS, seinen Direktoren, Prof. Ulrich Herbert und Prof. Jörn Leonhard, und Prof. Norbert Frei für die großzügige Unterstützung.

Einen idealen Leser mußte ich mir nicht wünschen, denn es gibt ihn: Prof. Patrick Wagner (Halle) hat das gesamte Manuskript vor der Abgabe gelesen, mit der Mischung aus immensem Wissen, argumentativem Scharfsinn und verständnisvoller Kommentierung, die ihm eigen ist. Er hat mir damit, wie so oft, ganz außerordentlich geholfen. Arvid Schors (Freiburg) und Prof. Joachim von Puttkamer (Jena) möchte ich dafür danken, daß Sie Teile der Arbeit gelesen, ihre Expertise mit mir geteilt und mir dadurch Hinweise gegeben haben, auf die ich nicht hätte verzichten wollen. Niemand schließlich hat die Entstehung und Verfertigung dieses Buches enger begleitet als Thomas Zimmer (Freiburg). Ohne sein unschätzbares Vermögen, sich in die Gedankenwelt der Studie hineinzudenken, seine stete Ansprechbarkeit und die kritische Bestätigung seiner Lektüren wäre dieses Buch nicht so geworden, wie es ist.

Cosima Götz und Nikel Weis haben die Recherchen für dieses Buch über Jahre mit einer Arbeitsenergie und Zuverlässigkeit unterstützt, die sehr beeindruckend waren. Ohne ihre und die vielfältige, engagierte Hilfe von Sara Weydner, Isabel Flory, Rebekka Großmann, Sven Löhr, Sebastian Fahner, Axel Waldbach, Lena Nothacker, Sebastian Schöttler und Anastasiya Kazhan wäre sehr vieles nicht zu schaffen gewesen – mehr vielleicht, als sie glauben, und deshalb sei es gesagt! Ihnen allen bin ich sehr dankbar. Das gilt besonders auch für die redaktionelle Hilfe, die ich von Insa von Zeppelin und Valerie Schaab erhalten habe. Sie haben das Manuskript in entscheidenden Momenten mit einer geradezu beglückenden Genauigkeit gelesen.

Die Jahre, in denen dieses Buch entstanden ist, waren bei manchen Widrigkeiten, die es auch gab, reich und schön. Das lag in der Sache selbst; es lag vor allem aber an Sirku und Joanna. Joanna ist auf die Welt gekommen, als ich mitten im Schreiben war – irgendwo zwischen Seite 644 und 647. Zweifellos die schönste Pause, die ich je gemacht habe. Und hier ist sie nun, zum Glück. Ihr ist dieses Buch gewidmet.

Abkürzungen

ACLU	American Civil Liberties Union
ACOA	American Committee on Africa
AfS	Archiv für Sozialgeschichte
AHR	American Historical Review
AI NL	Amnesty International Nederland
AIUSA	Amnesty International USA
AMRE	Archivo del Ministerio de Relaciones Exteriores
ANC	African National Congress
BCN	Biblioteca del Congreso Nacional
BEK	Bund Evangelischer Kirchen
CHR	Commission on Human Rights
CNI	Central Nacional de Informaciones
COPACHI	Comité de Cooperación para la Paz en Chile
CSOP	Commission to Study the Organization of Peace
CU	Columbia University
DINA	Dirección de Inteligencia Nacional
ECOSOC	Economic and Social Council
FAZ	Frankfurter Allgemeine Zeitung
FGP	Frances Grant Papers
FLN	Front de Liberation Nationale
GA	General Assembly
GG	Geschichte und Gesellschaft
HRQ	Human Rights Quarterly
HZ	Historische Zeitschrift
IAO	Internationale Arbeitsorganisation
ICJ	International Commission of Jurists
ICM	International Council Meeting
IEC	International Executive Committee
IFM	Initiative für Frieden und Menschenrechte
IISG	Internationaal Instituut voor Sociale Geschiedenis
ILHR	International League for Human Rights [d. i. die umbenannte International League for the Rights of Man]
ILRM	International League for the Righs of Man
IS	International Secretariat
IWSA	International Women's Suffrage Alliance
JCPL	Jimmy Carter Presidential Library
JoCH	Journal of Contemporary History
KSZE	Konferenz über Sicherheit und Zusammenarbeit in Europa
MIR	Movimiento de Izquierda Revolucionaria
MRREE	Ministerio de Relaciones Exteriores
NAACP	National Association for the Advancement of Colored People
NADH	Nationaal Archief Den Haag
NAK	National Archives, Kew
NARA	National Archives and Records Administration

NYPL	New York Public Library
OAE	Organisation der Afrikanischen Einheit
OAS	Organisation der Amerikanischen Staaten
PAIGC	Partido Africano para a Independência da Guiné e Cabo Verde
PP	Public Papers of the President
RG	Record Group
RU	Rutgers University
SALT	Strategic Arms Limitation Talks
SDI	Strategic Defense Initiative
UNCIO	Documents of the United Nations Conference on International Organization
UNOG	United Nations Office at Geneva
UNRRA	United Nations Relief and Rehabilitation Administration
WILPF	Women's International League for Peace and Freedom
ZfG	Zeitschrift für Geschichtswissenschaft

Quellen- und Literaturverzeichnis

Im Verzeichnis der publizierten Quellen und der Literatur sind aus Platzgründen nur zitierte Titel aufgeführt.

A. Quellen

Archivalische Quellen

Biblioteca del Congreso Nacional, Santiago de Chile (BCN)
Actas de sesiones de la Honorable Junta de Gobierno

Columbia University, Center for Human Rights Documentation and Research, New York (CU)
Amnesty International USA Archives
Human Rights Watch Records
Ivan Morris Papers

Fundación Salvador Allende, Centro de Documentación, Santiago de Chile
Archivo Sergio Insunza

Internationaal Instituut voor Sociale Geschiedenis, Amsterdam (IISG)
Archief Amnesty International Nederland
Archief Chili Komitee Nederland
Amnesty International, International Secretariat Archives

Jimmy Carter Presidential Library, Atlanta, Georgia (JCPL)
Brzezinski Collection, Subject File
Donated Historical Material, Zbigniew Brzezinski Collection: Subject File; Geographical File
NSA 1 Brzezinski Material, President's Daily Report File
NSA 3 Brzezinski Material, President's Correspondence with Foreign Leaders
NSA 5 Brzezinski Material, VIP Visit File
NSA 6 Brzezinski Material, Country Files
NSA 7 Brzezinski Material, Subject File
NSA 24 Staff Material – North/South, Pastor – Country File
NSA 26 Staff Material – Far East, Armacost-Chron. File
NSA 28 Staff Material – Global Issues, Mathews Subject File
Office of Public Liaison – Costanza
Staff Offices Counsel – Cutler
Staff Offices Council – Lipshutz
Staff Offices, Office of Staff Secretary, Handwriting File

Vertical File: Chile – Human Rights 6/30/99; Presidential Directives; Presidential Review Memoranda
White House Central File, Subject File: Countries; Human Rights; Speeches

Ministerio de Relaciones Exteriores de Chile, Archivo General Histórico, Santiago de Chile (AMRE)
Organizaciones Internacionales, Naciones Unidas
Circulares
DINA
Embajada de Chile en Estados Unidos
Embajada de Chile en Francia
Embajada de Chile en Gran Bretaña
Embajada de Chile en Holanda
Embajada de Chile en Italia
Embajada de Chile en la RFA
Embajada de Chile en Suecia
Junta de Gobierno
Memorandos: Memorandos Políticos; Asesoría Jurídica; Dirección de Planificación; Dirección de Política Multilateral; Dirección de Relaciones Internacionales; Subsecretario; Gabinete del Ministro
Ministro de Defensa
Ministro del Interior
Presidencia
Secretaría de Gobierno

Nationaal Archief, Den Haag (NADH)
Ministerie van Buitenlandse Zaken:
Code-archief 1945–1954
Code-archief 1955–1964
Code-archief 1965–1974
Permanente Vertegenwoordiging in de Raad van Europa te Straatsburg, 1945–1954
Permanente Vertegenwoordiging in de Raad van Europa te Straatsburg, 1955–1974
Permanente Vertegenwoordiging bij de Verenigde Naties te New York, 1946–1950
Permanente Vertegenwoordiging bij de Verenigde Naties te New York, 1955–1974
Raad van Ministers 1945–1975: Notulen van de vergaderingen van de Raad van Ministers

National Archives and Records Administration, College Park, Maryland (NARA)
Chile Declassification Project

RG 59
(A1) 5536 Office Files Relating to International Conferences
697 International Organizations Files of Herbert A. Fierst, 1946–54
1238 Bureau of International Organization Affairs, Position Papers, 1945–74
1264 Assistant Secretary of State for International Organization Affairs, 1954–57
1380 Office Files of the Assistant Secretaries of State for United Nations Affairs, 1945–54
1381 Files of Durward V. Sandifer, Deputy Assistant Secretary of State for United Nations Affairs, 1944–1954
1383 Files of Benjamin Gerig, Director of the Office of Dependent Area Affairs, 1944–59
1456 Bureau of United Nations Affairs, Subject File, 1941–51
1457 Bureau of United Nations Affairs, Subject File

3039E Bureau of International Organization Affairs
Central Decimal File 1945–49; 1955–59; 1960–63
Central Foreign Policy File 1963; 1964–66; 1967–69; 1970–73

RG 84
1030-A General Records
1030-B US Mission to the United Nations, Position Papers and Background Books, 1946–63
1030-D Central Subject Files, 1946–68
1030-E International Organizations Central Subject File 1946–63
1030-G Memorandums of Conversation, 1946–60

RG 353 Inter- and Departmental Committees

New York Public Library, Humanities and Social Sciences Library, Manuscripts and Archives Division (NYPL)
International League for Human Rights Records

Rutgers University, Special Collections and University Archives, Newark, NJ (RU)
Papers of Frances R. Grant

The National Archives, Kew (NAK)
Cabinet Office (CAB)
CAB 128 Cabinet: Minutes
CAB 129 Cabinet: Memoranda
CAB 134 Cabinet: Miscellaneous Committees: Minutes and Papers
CAB 148 Cabinet: Defence and Overseas Policy Committees and Sub-Committees: Minutes and Papers

Colonial Office (CO)
CO 323 Colonies, General: Original Correspondence
CO 537 Colonial Office and predecessors: Confidential General and Confidential Original Correspondence
CO 859 Colonial Office: Social Services Department and successors: Registered Files
CO 936 Colonial Office and Commonwealth Office: International and General Department and predecessors: Original Correspondence
CO 1032 Colonial Office and Commonwealth Office: Defence and General Department and successors: Registered Files, General Colonial Policy

Dominions Office (DO)
DO 181 Commonwealth Relations Office and Commonwealth Office: United Nations Department and successors: Registered File
DO 183 Central African Office and Commonwealth Relations Office: Central Africa: Registered Files

Foreign Office (FO)
FO 371 Foreign Office: Political Departments: General Correspondence
FO 972 Foreign and Commonwealth Office: Research Department Later Research and Analysis Department: Foreign Policy Papers
FO 1110 Foreign Office and Foreign Commonwealth Office: Information Research Department: General Correspondence

Foreign and Commonwealth Office (FCO)
FCO 7 Foreign Office and Foreign and Commonwealth Office: American and Latin American Departments: Registered Files
FCO 9 Foreign Office, Central Department, and Foreign and Commonwealth Office, Southern European Department: Registered Files
FCO 15 Foreign Office and Foreign and Commonwealth Office: South East Asian Department: Registered Files
FCO 28 Foreign Office and Foreign and Commonwealth Office: Northern Department and East European and Soviet Department: Registered Files
FCO 30 Foreign Office and Foreign and Commonwealth Office: European Economic Organisations Department and successors: Registered Files
FCO 31 Commonwealth Office and Foreign and Commonwealth Office: East Africa Departments: Registered Files
FCO 41 Foreign Office, Western Organisations and Co-ordination Departments, and Foreign and Commonwealth Office, Western Organisations Department: Registered Files
FCO 45 Commonwealth Office and Foreign and Commonwealth Office: South African Department and predecessors: Registered Files
FCO 58 Foreign Office and Foreign and Commonwealth Office: United Nations (Political) Department: Registered Files
FCO 61 Foreign Office and Foreign and Commonwealth Office: United Nations (Economic and Social) Department: Registered Files
FCO 98 Foreign and Commonwealth Office: European Integration Department (External): Registered Files

Prime Minister's Office (PREM)
PREM 11 Prime Minister's Office: Correspondence and Papers, 1951–1964
PREM 16 Prime Minister's Office: Correspondence and Papers, 1974–1979

United Nations, Archives and Records Management Section, New York
S-0173-0008-05 Chile
S-0198-0004-03 Human Rights – Nigeria – Biafra War
S-0472-0070-13 Bill of Rights – proposed drafts by organizations 1947
S-0472-0070-14 Suggestions for organizations 1946–48
S-0472-0071-01 Violations and Complaints – Human Rights – organizations, 1947
S-0472-0071-02 Violations and Complaints – Human Rights – organizations, 1946–47
S-0472-0071-02 Violations and Complaints – Human Rights – organizations, 1947
S-0904-0008-06 Chile – Cables to and from Junta
S-0904-0008-07 Chile – Human Rights
S-0904-0008-08 Chile
S-0904-0089-08 Troubled Areas – Chile
S-0904-0089-09 Troubled Areas – Chile
S-0913-0004-03 Syrian and Soviet Jews
S-0913-0004-10 Working Group on Communications
S-0913-0006-11 Uganda Human Rights
S-0913-0024-04 Human Rights – Chile
S-01079-0001 Chile

Quellen

United Nations Office at Geneva, Archives (UNOGA)
ARR 42/1576 Support Services Branch
ARR 42/1579 Support Services Branch
ARR 42/1587 Support Services Branch
ARR 42/1588 Activities and Programmes Branch, Working Group on Disappearances
ARR 42/1606 Activities and Programmes Branch, Working Group on Disappearances
ARR 42/1670 Office of the High Commissioner for Human Rights
ARR 42/2132 Treaties and Commission Branch, Working Group on Disappearances
ARR 42/2133 Treaties and Commission Branch, Committee against Torture
ARR 42/2155 Special Procedures Branch, Special Rapporteur on Torture

G.I 14 General – Commission on Human Rights

G/SO 212 Commission on Human Rights
G/SO 214 (2) Periodic Reports
G/SO 214 (20) Question of Torture
G/SO 214 (22) Protection of Human Rights in Chile
G/SO 214 (31) Question of Disappeared Persons
G/SO 214 (33) Summary or Arbitrary Executions
G/SO 214 (53) Torture
G/SO 215 GEN CONF Procedure for Dealing with Communications
G/SO 217 Procedure for Dealing with Communications Relating to Missing and Disappeared Persons
G/SO 219 Conventions and Agreements on Enforced and Involuntary Disappearance

SO 211 Cooperation and Consultation, 1956–74
SO 212/1 (1) Nominations and Appointments of Representatives and Members to the Commission on Human Rights
SO 212/1 (2) Part 1 Nominations and Appointments of Observers to the Commission on Human Rights
SO 212/2 Commission on Human Rights
SO 212/3 Ad hoc Working Group on Ways and Means Which May Enable or Assist the Commission on Human Rights to Discharge its Functions
SO 214 (2) Periodic Reports on Human Rights, 1956–74
SO 214 (20) Question of Torture and Other Cruel, Inhuman or Degrading Treatment or Punishment, 1973–74
SO 215 Violations and Complaints, 1956–74
SO 221/9 (Draft) International Covenants on Human Rights and Questions of Implementation
SO 223 Trade Union Rights
SO 230 Prevention of Discrimination, 1956–1974
SO 231 Cooperation and Consultation, 1956–74
SO 232/2 Sub-Commission on Prevention of Discrimination and Protection of Minorities
SO 234 Discrimination, 1956–60
SO 236 Genocide, 1957–1974

SOA 17/09 Violations and Complaints, 1947–55
SOA 317/09 Routing and Processing of Communications, 1949–55
SOA 317/1/01 series Draft International Declaration on Human Rights, Draft International Covenant on Human Rights and Question of Implementation
SOA 317/1/02 Universal Declaration of Human Rights
SOA 317/2 Commission on Human Rights, 1947–56

SOA 317/3 Protection of Minorities, 1946–52
SOA 317/9 Prevention of Discrimination, 1947–54
SOA 317/12 Sub-Commission on Prevention of Discrimination, 1952
SOA 318/1/01 Draft Convention on Genocide
SOA 318/2/01 Convention on the Prevention and Punishment of the Crime Genocide

Zeitungsartikel

1.000 Chileans Reported Dead as Pro-Allende Snipers Fight on, in: The Times, 13.9.1973, S. 1.
AI Goal to Free Prisoners, in: Bangor Daily News, 21./22.5.1983.
Allende am Ende, in: FAZ, 12.9.1973, S. 1.
Allende sucht Freunde, in: Die Zeit, 8.12.1972, S. 8.
Amnesty File on Political Prisoners in Chile, in: The Times, 17.3.1977.
Amnesty International, in: El Mercurio (Santiago de Chile), 21.1.1974.
Baldwin, Fred D.: Fight Political Jailing, in: The Sentinel Weekender, 3.4.1983.
Bardash, Teri: Fight for World Human Rights Seeks Local Support, in: The Three Village Herald, 11.2.1981.
Bieber, Horst: Chile vor dem Bürgerkrieg?, in: Die Zeit, 15.9.1972, S. 9.
Bieber, Horst: Zittern vor der DINA, in: Die Zeit, 23.4.1976.
Blackbourne, Colleen: Amnesty International Finds Home in Charlottesville, in: The UVA Daily, 24.9.1979.
Brown, Vicki: Citizens' Outrage Best Weapon In War To End World Injustice, in: DeLand (Fla.) Sun News, 4./5.2.1984.
By her Investment, Amnesty is Richer, in: News Journal, Mansfield, OH, 24.11.1991.
Chiles Junta will zunächst allein regieren, in: FAZ, 18.9.1973, S. 4.
Day, Orman: Prisoners' Fate a Group Concern, in: The Register, 17.2.1981.
Die Dritte Welt klagt an, in: Die Zeit, 21.4.1972, S. 12.
Dorfman, Ariel: Kein Recht auf Begräbnis, in: Die Zeit, 9.2.1979.
Ervin, Keith: Americans Adopt »Prisoner of Conscience«, in: Globe News, Auburn, Washington, 23.6.1982.
Excerpts from State Department Memo on Human Rights, in: New York Times, 5.11.1981, S. 10.
»File Now, Die Later«, in: Time, 1.10.1973, S. 74.
Gibson, Daryl: Nederland Pair Fights for Justice, in: Daily Camera (Boulder, Col.), 4.4.1984.
Give-and-Take Between Mr. Churchill and Mr. Roosevelt, in: New York Times, 16.8.1941.
Haager Fanal, in: FAZ, 13.3.2012.
Haig Favors Stand Against Violations of Rights Abroad, in: New York Times, 21.4.1981.
Hofmann, Gunter: Alte Liebe neu entdeckt, in: Die Zeit, 28.10.1977, S. 16.
Hoffmann, Wolfgang: Das Tribunal von Santiago, in: Die Zeit, 14.4.1972, S. 55.
Hawk, David: Prisoners of Conscience – Everywhere, in: Newsday, 30.10.1977.
Haynes, Kevin: In the Fight for Human Rights, in: The Smithtown News, 19.2.1981.
Heck wirbt um Verständnis für die Junta, in: Süddeutsche Zeitung, 18.10.1973.
Helping Prisoners of Conscience, in: Time Magazine, 15.4.1966, S. 79.
Hill, Jonathan: Idealism is a Beginning, in: Northfield News, 28.5.1981.
Hillyard, Lucille: »The Meddlers« Work for Release of Tortured Political Prisoners, in: Redwood City (Cal.) Tribune, 3.1.1973.
Hingston, Alan: Human Rights Community Fears Return to Era of Barbarism, in: The Oregonian, 10.12.1980.

Hofmann, Gunter: Stramm und stumm, in: Die Zeit, 14.10.1977.
How Hanna Grunwald Triumphed Amid Tragedy, in: The Hartford Courant Magazine, 31.5.1981.
Im Dickicht von Gerüchten, Erleichterung und Angst. Santiago nach dem Putsch des Militärs, in: FAZ, 2.10.1973.
In a Shadow Country, in: Time, 22.4.1974, S. 50.
Is Kosovo a Turning Point for International Relations?, in: New York Times, 31.8.1999.
Karen, Robert: Fighting the Tide of Torture, in: Washington Post, 8.2.1975.
Kein zweites Kuba, in: Die Zeit, 15.12.1972, S. 1.
Kittredge, Cherry: Prisoners of thought not forgotten, in: The Daily Iowan, 18.1.1978.
Kovanis, Geirgea: Amnesty's Vigil, in: The Way We Live, Detroit Free Press, 12.6.1986.
Krasean, Bill: AI Aids Prisoners, in: Kalamazoo Gazette, 27.7.1980.
Leaders in US Ask World Rights Bill, in: New York Times, 15.12.1944, S. 10.
Le Putsch et l'information, in: Le Monde, 18.9.1973, S. 5.
Lewis, Flora: One Woman's Choices, in: New York Times, 15.4.1984.
Nash, George H.: The Ordeal of Amnesty International, in: National Review, 6.12.1974.
Neues Kuba in Chile?, in: Die Zeit, 11.9.1970, S. 1.
Nossiter, Bernard D.: Amnesty, in: Washington Post, 2.11.1975.
Nützliche Kriegsverbrecher, in: FAZ, 19.2.2013.
Ottaway, David B.: The Growing Lobby for Human Rights, in: Washington Post, 12.12.1976.
Patton, André: Human Rights Group Fights Injustice, in: The Daily Illini, 24.4.1984.
Pokatzky, Klaus: Siege in vielen Gefechten, in: Die Zeit, 30.5.1986, S. 71.
Predictable End to the Bold Chilean Experiment, in: The Times, 12.9.1973, S. 14.
Quiet Help for »Prisoners of Conscience«, in: New York Times, 19.3.1978.
Raise the Outcry against Torture, in: Palo Alto Times, 20.10.1973.
Rose, Robert L.: Amnesty's Goal: Free 250.000 Prisoners, in: The Miami Herald, 17.10.1978.
Ross, Irwin: Amnesty Frees the Prisoner of Conscience, in: Reader's Digest 1965.
Smith, Bruce: Group Adopts Political Prisoners, in: The Press-Courier, Oxnard, CA, 4.7.1982.
Smith, Samuel: Here is a Conscience that Battles Injustice, in: The Advocate, Juli 1986.
Selkowe, Peter: C-U Help Provided »Prisoner of Conscience«, in: Caravan, 25.10.1978.
Span, Paula: Keepers of the 25-Year Vigil, in: The Washington Post, 28.5.1986.
Stern, Carola: Gefangen und vergessen, in: Die Zeit, 30.4.1971, S. 30.
Sullivan, Andrew: Shut Up and Sing, in: The New Republic, 10.10.1988, S. 42–44.
The Meddlers, in: The New Yorker, 22.8.1970.
The President's Powers and the New World Order, in: New York Times, 13.1.1941.
The Price of Order, in: Time, 31.12.1973.
The Shocking Rise in Torture, in: Christian Science Monitor, 6.8.1975.
The Suffering at Our Doorstep, in: Weekly Vista, 31.3.1982.
The World's Political Prisoners, in: Washington Post, 16.10.1975.
Wasserman, Harvey: Amnesty International's Politics of the Heart, in: New Age Journal, Oktober 1983.
Weisberg, Jacob: Amnesty International's »Magical« Mystery Tour, in: Wall Street Journal, 21.9.1988.
When Will They Ever Learn?, Boston Globe, 9.4.1984.
Willens, Michele: Her Fight is for Political Prisoners, in: Los Angeles Times, 16.3.1973.
World Anger Aroused by Chilean Coup, in: The Times, 13.9.1973, S. 6.
You can help free political prisoners, in: The Capital Times, 2.5.1985.
Zalaquett, José: A Skeptical View of »Progress« in Chile, in: Washington Post, 22.8.1977.
Zane, Maitland: She Lived to See Another Dawn, in: San Francisco Chronicle, 12.5.1995.
Zobel, Allia: The »Conscience of the World«, in: Stamford Weekly Mail, 24.3.1983.
Zundel, Rolf: Der Weltgeist geht im Trachtenanzug, in: Die Zeit, 9.12.1977.

Gedruckte Quellen

16th Summit Conference. Ugandan Invasion Issue and its Implications, in: Africa Research Bulletin 16 (1979), Sp. 5329–5331.
A Central European Confederation, aus: Wiadomości Polskie, Juli 1942, in: Lipgens/Loth (Hg.), Documents, Bd. 1, S. 635–637.
A Time of Compassion. A Report on the Churches' Contribution to World Refugee Year, Genf 1961.
Africa in the next ten years. Report (FO print) of committee of officials, Juni 1959, in: Hyam/Louis (Hg.), Conservative Government, S. 113–133.
African National Council: Aims and Objectives [1972], in: Christopher Nyangoni/Gideon Nyandoro (Hg.): Zimbabwe Independence Movements. Select Documents, London 1979, S. 231–234.
Africa Watch Committee: Angola. Violations of the Laws of War by Both Sides. An Africa Watch Report, New York 1989.
- Denying »the Honor of Living«. Sudan, a Human Rights Disaster, New York 1990.
- Somalia. A Government at War with its Own People. Testimonies about the Killings and the Conflict in the North, New York 1990.
- Liberia – Flight from Terror. Testimony of Abuses in Nimba County, New York 1990.
- Where Silence Rules. The Suppression of Dissent in Malawi, New York 1990.
- Zimbabwe, a Break with the Past? Human Rights and Political Unity, New York 1990.
African Bar Association, in: Africa Research Bulletin 15 (1978), Sp. 4973f.
Akten zur Auswärtigen Politik der Bundesrepublik Deutschland, Bd. 1974, II, München 2005; Bd. 1975, I, München 2006; Bd. 1976, II, München 2007; Bd. 1976, II, München 2007; Bd. 1979, II, München 2010.
All Africa Council of Churches/World Council of Churches: Factors Responsible for the Violation of Human Rights in Africa, in: Issue. A Journal of Opinion 6 (1976), Nr. 4, S. 44–46.
All-African People's Conference, Accra, Dezember 1958, in: Awakening Africa. Conferences of Independent African States, Accra o. J. [1962?].
All African People's Conference: Letter to Macmillan [21.10.1961], in: Christopher Nyangoni/Gideon Nyandoro (Hg.): Zimbabwe Independence Movements. Select Documents, London 1979, S. 50–52.
Alleg, Henri: Die Folter. La Question, Wien 1958 [urspr. 1957].
American Federation of Labor: Slave Labor in Russia. The Case presented by The American Federation of Labor to the United Nations, o. O. 1949.
American Law Institute: Report of William Draper Lewis on the Discussion of the International Bill of Rights Project at the Annual Meeting, May 12, 1943, Philadelphia 1943.
Americas Watch Committee: Chile, New York 1982.
- Human Rights Concerns in Chile, New York 1987.
- Chile. Human Rights and the Plebiscite, New York 1988.
Amin, Samir: Neo-Colonialism in West Africa, New York/London 1973.
Amnesty International: A Chronicle of Current Events. A Journal of the Soviet Human Rights Movement, London 1968–1984.
- Amnesty Action, o. O., 1968–1980.
- Amnesty International's Concerns in the Republic of Ghana. An Amnesty International background paper, New York 1983.
- Amnesty International Trial Observation Missions to the Republic of the Gambia (December 1980/January 1982), London 1983.

- Bangladesh. Unlawful Killings and Torture in the Chittagong Hill Tracts, London 1986.
- Bericht über die Folter, Frankfurt am Main 1975.
- Bericht zur Kampagne gegen staatlichen Mord, Köln 1983.
- Burma. Extrajudicial Execution and Torture of Members of Ethnic Minorities, London 1988.
- Chile. An Amnesty International Report, London 1974.
- Chronik der laufenden Ereignisse, Hamburg 1973.
- (Hg.): Der regionale Menschenrechtsschutz in Afrika, Amerika und Europa, Frankfurt am Main 1988.
- Disappeared Prisoners in Chile, London 1977.
- East Timor. Violations of Human Rights: Extrajudicial Executions, »Disappearances,« Torture, and Political Imprisonment, 1975–1984, London 1985.
- Ethiopia. Political Imprisonment and Torture, New York 1986.
- Gabon, déni de justice au cours d'un procès, Paris 1984.
- Human Rights Violations in Zaire. An Amnesty International Report, London 1980.
- Indonesia, London 1977.
- Indonesia. Muslim Prisoners of Conscience, London 1986.
- Jahresbericht 1975/76, Bonn 1976.
- Jahresbericht 1976/77, Bonn 1977.
- Jahresbericht 1977, Baden-Baden 1978.
- Jahresbericht 1979, Frankfurt am Main 1980.
- Jahresbericht 1980, Frankfurt am Main 1981.
- Kampuchea. Political Imprisonment and Torture, New York 1987.
- Kenya. Torture, Political Detention, and Unfair Trials, London 1987.
- Matchbox, o. O. 1974–1983.
- Menschenrechtsverletzungen in Uganda, Bonn 1982.
- Nepal. A Pattern of Human Rights Violations, London 1987.
- Nicht die Erde hat sie verschluckt. »Verschwundene« – Opfer politischer Verfolgung, Frankfurt 1982.
- Pakistan. Human Rights Violations and the Decline of the Rule of Law. An Amnesty International Report, London 1982.
- Political Imprisonment in the People's Republic of China, London 1978.
- Politische Gefangene in der Demokratischen Volksrepublik Laos, Bonn 1980.
- Report of an Amnesty International Mission to the Republic of the Philippines, 11–28 November 1981, London 1982.
- Report of an Amnesty International Mission to Singapore, 30 November to 5 December 1978, London 1980.
- Report of an Amnesty International Mission to the Socialist Republic of Viet Nam, 10–21 December 1979. Including Memoranda Exchanged between the Government and Amnesty International, London 1981.
- Report of an Amnesty International Mission to Sri Lanka, 31 January–9 February 1982, London 1983.
- Report on Torture, London 1973.
- Republic of Korea, Violations of Human Rights. An Amnesty International Report, London 1981.
- Situation in Greece, London 1968.
- Taiwan (Republic of China), London 1980.
- Togo. Political Imprisonment and Torture, London 1986.
- »Verschwundene« ... bis wir sie finden!, Oberdiebach [Selbstdruck] 1982.
- »Verschwunden«. Ein Bericht über das »Verschwindenlassen« von Personen als Maßnahme politischer Verfolgung, Frankfurt 1981.

- »Verschwunden« in Guinea. Ein Bericht über »verschwundene« Gefangene in der revolutionären Volksrepublik Guinea, Bonn 1982.
- Zehn Jahre Folter in Chile, Frankfurt 1983.

Amnesty International Nederland: Wordt Vervolgd, o. O. 1969–1983.

Am Wendepunkt. Beratung im Außenministerium der UdSSR, 28. Mai 1986, in: Michail S. Gorbatschow: Gipfelgespräche. Geheime Protokolle aus meiner Amtszeit, Berlin 1993, S. 181–200.

ANC: Constitutional Guidelines for a Democratic South Africa [1988], in: Johns/Davis (Hg.), Mandela, S. 302–305.

Angell, Alan: Allende's First Year in Chile, in: Current History 62, 366 (1972), S. 76–80.

Announcement of the Formation of Umkhonto we Sizwe [1961], in: Johns/Davis (Hg.), Mandela, S. 138 f.

Anti-Slavery Society: Annual Report 1944–1964, London 1944–1964.
- The Anti-Slavery Society. Its Task Today, London 1966.

Antiimperialistisches Solidaritätskomitee (Hg.): Die Beziehungen der BRD zur faschistischen Militärjunta in Chile. Plädoyer für den Boykott der Junta, Frankfurt 1977.

Asante, S. K. B.: Nation Building and Human Rights in Emergent African Nations, in: Cornell International Law Journal 2 (1969), S. 71–107.

Assemblee der Versklavten Europäischen Nationen: Assemblee der Versklavten Europäischen Nationen. Ursprung – Organisation – Zielsetzung – Allgemeine Information, o. O. o. J. [ca. 1961].
- Die Verweigerung der Menschenrechte in Osteuropa, o. O. [1964/5].

Assembly of Captive European Nations: Denial of Human Rights in Eastern Europe. 10 Years After the Adoption of the Universal Declaration, New York 1958.
- Denial of Human Rights in Eastern Europe. 15 Years After the Adoption of the Universal Declaration, New York 1963.
- The New Colonialism, New York 1961.

Association for World Peace: War on Want. A Plan for World Development, London 1952.

Atlantic Charter, 14.8.1941, in: Holborn (Hg.), War, 1943, S. 2 f.

Aufzeichnung des Vortragenden Legationsrats I. Klasse Marré, 29.11.1974, in: Akten zur Auswärtigen Politik, Bd. 1974, II, S. 1529–1537.

Aufzeichnung Ministerialdirektor Lautenschläger, 22.3.1976, in: Akten zur Auswärtigen Politik, Bd. 1976, II, S. 402–409.

Aulard, Alphonse/Mirkine-Guetzévitch, Boris: Les déclarations des droits de l'homme. Textes constitutionelles concernant les droits de l'homme et les garanties des libertés individuelles dans tous les pays, Paris 1929 [Neudruck Aalen 1977].

Azikiwe, Nnamdi: Political Blueprint of Nigeria, Lagos 1943.
- The Future of Pan-Africanism [1962], in: Langley (Hg.), Ideologies, S. 302–327.
- Zik. A Selection from the Speeches of Nnamdi Azikiwe, Cambridge 1961.

Barberot, Roger: Malaventure en Algérie avec le général Paris de Bollardiere, Paris 1957.

Barron, John/Paul, Anthony: Murder of a Gentle Land. The Untold Story of Communist Genocide in Cambodia, New York 1977.

Bartsch, Hans-Werner/Buschmann, Martha/Stuby, Gerhard/Wulff, Erich (Hg.): Chile. Ein Schwarzbuch, Köln 1974, 1981.

Basso, Lelio: Inaugural Discourse, in: William Jerman (Hg.): Repression in Latin America. A Report on the First Session of the Second Russell Tribunal Rome, April 1974, Nottingham 1975, S. 3–9.

Bauer, Joanne R./Bell, Daniel A. (Hg.): The East Asian Challenge to Human Rights, Cambridge 1999.

Baylis, Charles A.: Towards an International Bill of Rights, in: The Public Opinion Quarterly 8 (1944), S. 244–253.

Beard, Charles: The Republic. Conversations on Fundamentals, New York 1944.
Becker, Carl: How New Will the Better World Be? A Discussion of Post-War Reconstruction, New York 1944.
Becket, James: Barbarism in Greece. A Young Lawyer's Inquiry into the Use of Torture in Contemporary Greece, with Case Histories and Documents, New York 1970.
Benenson, Peter: The Forgotten Prisoners, in: The Observer, 28.5.1961.
Beneš, Edvard: Lecture to a Conference on the Organization of Peace at Aberdeen, 10.11.1941, in: Holborn (Hg.), War, 1943, S. 416–420.
- Speech to the Liberal Social Council, London, 12.5.1942, in: Holborn (Hg.), War, 1943, S. 430–435.
- The Rights of Man and International Law, in: Czechoslovak Yearbook of International Law (1942), S. 1–6.
Bericht der Bundesregierung über die Lage in Chile, 19.9.1973, in: Der Auswärtige Ausschuss des Deutschen Bundestages. Sitzungsprotokolle 1972–1976, Erster Halbband, Düsseldorf 2010, S. 289–304.
Bericht des Komitees für Rechts- und Verwaltungsfragen vom 5. September 1949, in: Council of Europe (Hg.), Collected Edition, Bd. 1, S. 192–212.
Bericht des Generalsekretärs des Zentralkomitees der deutschen Katholiken, Theodor Legge, an Erzbischof von Breslau, Adolf Kardinal Bertram, 14.5.1933, in: Gruber, Kirche, S. 69–73.
Bericht über Solidaritätsarbeit von Amnesty International, in: Chile-Nachrichten, Nr. 24, 24.2.1975, S. 38 f.
Beschlüsse Gründungskonvent Movimento Federalista Europeo, August 1943, in: Lipgens, Europa-Föderationspläne, S. 66–70.
Biko, Steve: I Write What I Like. A Selection of His Writings. Edited with a Personal Memoir by Aelred Stubbs, San Francisco 1978.
Blet, Pierre/Martini, Angelo/Schneider, Burkhart (Hg.): Actes et documents du Saint Siège relatifs à la Seconde Guerre Mondiale, 11 Bde., Rom 1965–1981.
Bolaño, Roberto: Nocturno de Chile, Barcelona 2000.
Bonhoeffer, Dietrich/Visser 't Hooft, Willem Adolf: Denkschrift, September 1941, in: Lipgens, Europa-Föderationspläne, S. 121–123.
Boris, Dieter/Boris, Elisabeth/Ehrhardt, Wolfgang: Chile auf dem Weg zum Sozialismus, Köln 1971.
Brazzaville Declaration, 19.12.1960, in: Mutiso/Rohio (Hg.), Readings, S. 390 f.
Breitinger, Eckhard (Hg.): The Presidential Campaign 1976. A Selection of Campaign Speeches, Frankfurt 1978.
British overseas obligations. Cabinet memorandum by Mr Eden, 18.6.1952, in: Goldsworthy (Hg.), Conservative Government, Part I, S. 4–12.
Brockway, Fenner: African Journeys, London 1955.
- Outside the Right, London 1963.
- The Colonial Revolution, London 1973.
- Towards Tomorrow. The Autobiography of Fenner Brockway, London 1977.
Brzezinski, Zbigniew: Between Two Ages. America's Role in the Technetronic Era, New York 1970.
- Power and Principle. Memoirs of the National Security Adviser, 1977–1981, New York 1983.
Buergenthal, Thomas (Hg.): Human Rights. The Inter-American System, Part I: Basic Documents, Dobbs Ferry 1982.
Buro, Andreas: Solidarität mit dem Widerstandskampf des chilenischen Volkes – Probleme ihrer Entwicklung und Organisation, in: Eschenhagen (Hg.), Revolution, S. 250–261.
Byrnes an Dawson, 24.10.1945, in: Foreign Relations of the United States, 1945, Bd. IX, S. 186 f.

Byrnes an Dawson, 8.12.1945, in: Foreign Relations of the United States, 1945, Bd. IX, S. 204–206.
Cabral, Amílcar: A Situation of Permanent Violence [1970], in: Bragança/Wallerstein (Hg.), Liberation, S. 63–65.
- At the United Nations [1962], in: Ders., Revolution, S. 20–40.
- Guinea and Cabo Verde against Portuguese Colonialism [1961], in: Ders., Revolution, S. 10–19.
- Revolution in Guinea. An African People's Struggle, London 1969.
- Verbrechen der portugiesischen Kolonialisten und Menschenrechtsdeklaration [o.J.], in: Schilling/Unger (Hg.), Angola, S. 137–150.
Cabranes, José A.: Human Rights and Non-Intervention in the Inter-American System, in: Michigan Law Review 65 (1967), S. 1147–1182.
- The Protection of Human Rights by the Organization of American States, in: American Journal of International Law 62, 4 (1968), S. 889–908.
Caffi, Andrea: Socialists, War and Peace, Januar 1941, in: Lipgens/Loth (Hg.), Documents, Bd. 2, S. 499–501.
Callaghan, James: Time and Chance, London 1987.
Carter, Jimmy: Address at Commencement Exercises at University of Notre Dame, 22.5.1977, in: Public Papers of the Presidents, Jimmy Carter, Bd. 1977, I, Washington 1977, S. 954–962.
- Address Before the World Affairs Council, Philadelphia, Pennsylvania, 9.5.1980, in: Public Papers of the Presidents, Jimmy Carter, Bd. 1980, I, Washington 1981, S. 867–874.
- At Notre Dame University, 10.10.1976, in: The Presidential Campaign 1976, S. 993–997.
- European Broadcast Journalists, 2.5.1977, in: Public Papers of the Presidents, Jimmy Carter, Bd. 1977, I, Washington 1977, S. 760–770.
- European Newspaper Journalists, 25.4.1977, in: Public Papers of the Presidents, Jimmy Carter, Bd. 1977, I, Washington 1977, S. 775–783, hier S. 782.
- Flint, Michigan, Remarks at a »Get Out the Vote« Rally, 2.11.1978, in: Public Papers of the Presidents, Jimmy Carter, Bd. 1978, II, Washington 1979, S. 1932f.
- Foreign Policy Address before the Foreign Policy Association, 23.6.1976, in: Breitinger (Hg.), Campaign, S. 154–162.
- Human Rights Violations in Cambodia. Statement by President, 21.4.1978, in: Public Papers of the Presidents, Jimmy Carter, Bd. 1978, I, Washington 1979, S. 767f.
- Interview with the President, 20.5.1977, in: Public Papers of the Presidents, Jimmy Carter, Bd. 1977, I, Washington 1977, S. 945–954.
- Keeping Faith. Memoirs of a President, Toronto u.a. 1982.
- NATO Ministerial Meeting, 10.5.1977, in: Public Papers of the Presidents, Jimmy Carter, Bd. 1977, I, Washington 1977, S. 848–852.
- New Approach to Foreign Policy, 28.5.1975, in: The Presidential Campaign 1976, S. 66–70.
- New York Liberal Party Dinner, 14.10.1976, in: The Presidential Campaign 1976, S. 1007–1015.
- On Foreign Policy at the Convention of B'nai B'rith, 8.9.1976, in: Breitinger (Hg.), Campaign, S. 145–149.
- Our Foreign Relations, 15.3.1976, in: The Presidential Campaign 1976, S. 109–119.
- President's News Conference, 9.3.1977, in: Public Papers of the Presidents, Jimmy Carter, Bd. 1977, I, Washington 1977, S. 340–348.
- President's News Conference, 15.12.1977, in: Public Papers of the Presidents, Jimmy Carter, Bd. 1977, II, Washington 1978, S. 2115–2124.
- President's News Conference, Brasilia, 30.3.1978, in: Public Papers of the Presidents, Jimmy Carter, Bd. 1978, I, Washington 1979, S. 627–634.
- Relation between World's Democracies, 23.6.1976, in: The Presidential Campaign 1976, S. 266–275.

- Remarks at a White House Meeting Commemorating the 30th Anniversary of the Universal Declaration of Human Rights, 6.12.1978, in: Public Papers of the Presidents, Jimmy Carter, Bd. 1978, I, Washington 1979, S. 2161–2165.
- The State of the Union, 19.1.1978, in: Public Papers of the Presidents, Jimmy Carter, Bd. 1978, I, Washington 1979, S. 70–78.
- The State of the Union, 25.1.1979, in: Public Papers of the Presidents, Jimmy Carter, Bd. 1979, I, Washington 1980, S. 121–163.
- Why Not the Best?, Nashville 1975.

Catholic Association for International Peace: America's Peace Aims. A Committee Report, New York o. J.

Catholic Association for International Peace: Report of Several Committees, 1941, in: Holborn (Hg.), War, 1943, S. 631–633.

Catholic, Jewish, Protestant Declaration of World Peace, 7.10.1943, in: Nash, Adventure, S. 132f.

CDU-Bundesgeschäftsstelle (Hg.): Menschenrechte für alle Deutschen. Dokumente zur Deutschlandpolitik, Bonn 1980.
- Menschenrechte in Afghanistan. Dokumentation der CDU-Geschäftsstelle, Bonn 1985.
- Menschenrechte in Chile, Bonn 1986.
- Menschenrechte in Südafrika, Bonn 1986.
- Nicaragua-Report. Wie frei ist Nicaragua?, Bonn 1985.
- Unser Einsatz für Menschenrechte in aller Welt. CDU-Aktionshandbuch, Bonn 1986.

CDU: Die Menschenrechte in Ostberlin und der in DDR. Dokumente zur Deutschlandpolitik, Bonn 1980.

CDU/CSU-Fraktion des Deutschen Bundestages: Weißbuch über die menschenrechtliche Lage in Deutschland und der Deutschen in Osteuropa, Bonn 1977.

Césaire, Aimé: Über den Kolonialismus, Berlin 1968 [orig. 1955].

Chamberlain, Neville: Broadcast on »The War and Ourselves«, 26.11.1939, in: Holborn (Hg.), War, 1943, S. 167f.
- Rede, 26.11.1939, in: Holborn (Hg.), War, 1943, S. 167f.

Charta 77: Charter 77 – Declaration, in: Skilling, Charter, S. 209–212.

Charter of Economic Rights and Duties of States, 12.12.1974, in: Karl P. Sauvant (Hg.): The Collected Documents of the Group of 77, Bd. 5, New York u. a. 1982, S. 567–572.

Chile-BRD. Zur Solidarität in der BRD, in: Chile-Nachrichten Nr. 16, 22.5.1974, S. 28.

Chile – Faschismus im fünften Jahr, in: Blätter des iz3w (1978), Nr. 71, S. 23–38.

Chile – Lehrstück des Imperialismus, Berlin [?] 1974.

Chile nach dem Putsch, in: Blätter des iz3w (1973), Nr. 30, S. 18f.

Chitepo, Herbert: Ansprache an 6. Panfrikanischen Kongreß [wohl 1974], in: Komitee südliches Afrika (Hg.): Freiheit für Zimbabwe. Dokumente der ZANU zum Befreiungskampf gegen das Siedlerregime von Rhodesien, Plankstadt 1975, S. 65–74.

Churchill, Winston: »Blood, toil, tears, and sweat«, 13.5.1940, in: Robert Rhodes James (Hg.): Winston S. Churchill. His Complete Speeches, 1897–1963, Bd. 6, New York 1974, S. 6218–6220.
- Broadcast to the Czech People, 30.9.1940, in: Holborn (Hg.), War, 1943, S. 191f.
- Speech to the House of Commons, 3.9.1939, in: Holborn (Hg.), War, 1943, S. 158.
- Speech to the House of Commons, 20.8.1940, in: Holborn (Hg.), War, 1943, S. 189f.
- Speech to the House of Commons on Atlantic Meeting with Roosevelt, 9.9.1941, in: Holborn (Hg.), War, 1943, S. 210f.
- Speech on War Situation to House of Commons, 2.8.1944, in: Holborn (Hg.), War, 1948, S. 506–510.
- The Sinews of Peace, in: Robert Rhodes James (Hg.): Winston S. Churchill. His Complete Speeches, 1897–1963, Bd. 7, New York 1974, S. 728–729.

Ciccotti, Sigfrido: For a Constructive Militant Democracy, 1944, in: Lipgens/Loth (Hg.), Documents, Bd. 2, S. 545–547.
Circular despatch from Mr Churchill to UK ambassadors, 22.8.1952, in: Goldsworthy (Hg.), Conservative Government, S. 393–395.
CO circular letter from Sir H. Poynton to various governors, 29. September 1960, in: Hyam/Louis (Hg.), Conservative Government, Part II, S. 307–311.
Colombo Summit 1976, Economic Declaration, in: Jankowitsch/Sauvant (Hg.), Third World, Bd. 2, S. 792–809.
Colombo Summit 1976, Political Declaration, in: Jankowitsch/Sauvant (Hg.), Third World, Bd. 2, S. 743–791.
Colonial questions at the UN. Notes by Sir H. Foot, 22. August 1962, in: Hyam/Louis (Hg.), Conservative Government, Part I, S. 360–362.
Colonial questions at the UN. Memorandum by Sir H. Foot, 27. Dezember 1961, in: Hyam/Louis (Hg.), Conservative Government, Part II, S. 319–322.
Comisión Nacional de Verdad y Reconciliación: Informe de la Comisión Nacional de Verdad y Reconciliación, 3 Bde., Santiago 1991.
Commission against Concentration Camp Practices: The Regime of the Concentration Camp in the Post-War World, 1945–1953. Four Investigations, Paris 1954.
Commission Internationale contre le régime concentrationnaire: Livre blanc sur les camps de concentration soviétiques, Paris 1951.
Commission of the Churches on International Affairs: Annual Report, New York 1947–1958.
Commission of the Churches on International Affairs: Memoranda on Selected Actions in the UN General Assembly, New York 1951–1963.
Commission to Study the Organization of Peace: Draft International Bill of Human Rights, New York 1947.
Commission to Study the Organization of Peace: Fourth Report of the Commission to Study the Organization of Peace, in: International Conciliation 22 (Januar 1944), Nr. 396, S. 5–110.
Commission to Study the Organization of Peace: International Safeguard of Human Rights, in: International Conciliation 403 (September 1944), S. 552–575.
Commission to Study the Organization of Peace: Second Report – The Transitional Period, in: International Conciliation (April 1942), No. 379, S. 147–169.
Commission to Study the Organization of Peace: The General International Organization. Its Framework and Functions, in: International Conciliation 403 (September 1944), S. 547–551.
Commission to Study the Organization of Peace: Third Report – The United Nations and the Organization of Peace, in: International Conciliation (April 1943), No. 389, S. 203–237.
Conference of Independent States, Accra, April 1958, in: Awakening Africa. Conferences of Independent African States, Accra o. J. [1962?], S. 82 f.
Constitution of the Convention People's Party, 12. Juni 1949, in: Kwame Nkrumah: Revolutionary Path, London 1973, S. 58–71.
Coudenhove-Kalergi, Richard: Memorandum, 15.1.1948, in: Lipgens/Loth (Hg.), Documents, Bd. 4, S. 129–131.
Council of Europe (Hg.): Collected Edition of the »Travaux préparatoires« of the European Convention on Human Rights, 8 Bde., Den Haag 1975–1985.
Council of Europe: Yearbook of the European Convention on Human Rights 1961, Den Haag 1961.
Council of Europe: Yearbook of the European Convention on Human Rights 1968, Den Haag 1970.
Council of National Unity: What the Polish People is Fighting for, März 1944, in: Lipgens/Loth (Hg.), Documents, Bd. 1, S. 644–646.

Cuba: Declaration on Duties and Rights of Individual, in: United States/Stettinius, Report, S. 141 f.
Cuba: Essential Characteristics that should Distinguish Democratic Regimes, in: United States/Stettinius, Report, S. 282 f.
Cuba: New International Organization, in: United States/Stettinius, Report, S. 144-146.
Cuba: Respect for the Life and Rights of Hebrews, in: United States/Stettinius, Report, S. 149.
Cuba: Seven Proposals on the Dumbarton Oaks Proposals Submitted by the Delegation of Cuba, in: UNCIO, Bd. 3, S. 493-509.
Culbertson, Ely: Summary of the World Federation Plan. An Outline of a Practical and Detailed Plan for World Settlement, New York 1943.
d'Arboussier, Gabriel: Die theoretischen Grundlagen der RDA [1948], in: Falk/Wahl (Hg.), Befreiungsbewegungen, S. 111-116.
Dallin, David J./Nicolaevsky, Boris I.: Arbeiter oder Ausgebeutete. Das System der Arbeitslager in Sowjetrußland, München 1948 [Auszüge aus: Forced Labor in Soviet Russia, New Haven 1947].
Danubian Club: Bericht, Juli 1943, in: Lipgens, Europa-Föderationspläne, S. 481-491.
Davies, R. P. H.: The Anti-Slavery Society. The Protection of Human Rights, in: Contemporary Review 241 (1982), 14-20.
Dawson an Byrnes, 31.10.1945, in: Foreign Relations of the United States, 1945, Bd. IX, S. 188.
de Beauvoir, Simone/Halimi, Gisele: Djamila Boupacha, New York 1962.
de Bragança, Aquino/Wallerstein, Immanuel (Hg.): The African Liberation Reader. Documents of the National Liberation Movements, London 1982.
de Gaay Fortman, Bas: De vredespolitiek van de radicalen, Internationale Spectator 27 (1973), S. 109-113.
de Mattos Bentwich, Norman: The UDHR after Ten Years, in: World Union for Progressive Judaism: Tenth Anniversary of the Universal Declaration of Human Rights. Essays, o. O. [1958], S. 13-15.
Dean, Vera Micheles: The Four Cornerstones of Peace, New York/London 1946.
Debatte im House of Commons, 28.11.1973, in: Parliamentary Debates, House of Commons, Session 1973-74, Bd. 865, London o. J., Sp. 462-538.
Debray, Régis: Entretiens avec Allende sur la situation au Chili, Paris 1973.
Debray, Régis/Allende, Salvador: Der chilenische Weg, Neuwied 1972.
Declaration on the Establishment of a New International Economic Order, 1.5.1974, in: Karl P. Sauvant (Hg.): The Collected Documents of the Group of 77, Bd. 5, New York u. a. 1982, S. 557-566.
De Gasperi, Alcide: Rekonstruktion der christlichen Demokratie, Frühjahr 1943, in: Lipgens, Europa-Föderationspläne, S. 61-63.
de Gaulles, Charles: Discours et messages, Bd. 1: Pendant la guerre: juin 1940-janvier 1946, Paris 1970.
Delegation of Ecuador to the UN Conference on International Organization, 1.5.1945, in: UNCIO, Bd. 3, S. 587-588.
Delegiertenkonferenz der Chile-Komitees, in: Chile-Nachrichten, Nr. 45, 27.1.1977, S. 44 f.
Denkschrift des deutschen Episkopats an die Reichsregierung, 10.12.1941, in: Stasiewski/Volk (Hg.), Akten, Bd. 5, S. 651-658.
Denkschrift Wolkers betreffend kirchliche Verbände an den deutschen Episkopat, August 1935, in: Stasiewski/Volk (Hg.), Akten, Bd. 2, S. 234-254.
Department of State: Country Reports on Human Rights Practices for 1981, Washington 1982.
Department of State: Country Reports on Human Rights Practices for 1982, Washington 1983.
Despatch no 4 from Sir G. Jebb (New York) to Mr Eden, 12.1.1953, in: Goldsworthy (Hg.), Conservative Government, Part I, S. 268-275.
Deutsche Liga für Menschenrechte: 40 Jahre Kampf um Menschenrechte, Berlin 1953.

Deutsche Liga für Menschenrechte: Die Menschenrechte, Berlin 1926–1932.
Dia, Mamadou: The African Nations and World Solidarity [1962], in: Mutiso/Rohio (Hg.), Readings, S. 278.
Die Repression in Chile und ihre Rechtfertigung in der BRD, in: Blätter des iz3w (1973), Nr. 29, 15–19.
Die Unterdrückung hält an, in: Chile-Nachrichten, Nr. 25, 14.4.1975, S. 8f.
Documents of the United Nations Conference on International Organization [UNCIO], San Francisco, 1945, London/New York 1945.
Dokumentation Nr. 5: Die Kirche im Kampf um die Menschenrechte, in: Chile-Nachrichten, Nr. 32, 8.12.1975, nach S. 34.
Donnelly, Jack: The »Right to Development«. How Not to Link Human Rights and Development, in: Welch/Meltzer (Hg.), Rights, S. 261–283.
Draft Amendments to the Dumbarton Oaks Proposals by the Colombian Delegation, 6.5.1945, in: UNCIO, Bd. 3, S. 393–445.
Draft FO brief for UK representatives at Anglo-French ministerial talks, März 1953, in: Goldsworthy (Hg.), Conservative Government, Part I, S. 395f.
Drew, Elizabeth: A Reporter at Large – Human Rights, in: The New Yorker, 18.7.1977, S. 36–62.
Droysen, Johann Gustav: Die Verhandlungen des Verfassungs-Ausschusses der Deutschen Nationalversammlung, Leipzig 1849.
Eden, Anthony: Speech at the Mansion House in London, 29.5.1941, in: Holborn (Hg.), War, 1943, S. 202–206.
- Speech at Usher Hall, 8.5.1942, in: Holborn (Hg.), War, 1943, S. 232f.
- Speech to Free Church Federal Council, 28.3.1944, in: Holborn (Hg.), War, 1948, S. 478–481.
Emerson, Rupert: The Fate of Human Rights in the Third World, in: World Politics 27 (1975), S. 201–226.
Enzensberger, Hans-Magnus: »Algerien ist überall«, in: Balsen/Rössel, Solidarität, S. 73f.
- Die Verschwundenen, in: Amnesty International, Erde, S. 7.
Eßer, Klaus: Durch freie Wahlen zum Sozialismus oder Chiles Weg aus der Armut, Reinbek 1972.
Europa-Union: Draft Constitution of United States of Europe, 1942, in: Lipgens/Loth (Hg.), Documents, Bd. 1, S. 770–779.
Eighth International Conference of American States, Lima, Dezember 1938, Resolution XVI. Defense of Human Rights, in: Buergenthal (Hg.), Human Rights. The Inter-American System, S. 31.
Eighth Meeting of Consultation, Punta del Este, Januar 1962, Resolution IX. Revision of Statute of Inter-American Commission on Human Rights, in: Buergenthal (Hg.), Human Rights. The Inter-American System, S. 149.
Embassy of Costa Rica, Washington: Establishment of an International Organization, 5.12.1944, in: UNCIO, Bd. 3, S. 276.
Erwin an Secretary of State, 22.12.1945, in: Foreign Relations of the United States, 1945, Bd. IX, S. 217.
European Movement Executive Committee: European Consultative Assembly and European Council of Ministers, 23.11.1948, in: Lipgens/Loth (Hg.), Documents, Bd. 4, S. 368–371.
European Movement International Council: European Court of Human Rights, 28.2.1949, in: Lipgens/Loth (Hg.), Documents, Bd. 4, S. 387f.
European Movement International Council: Principles of a European Policy, 28.2.1949, in: Lipgens/Loth (Hg.), Documents, Bd. 4, S. 384–386.
European Movement Secretariat: European Movement and the Consultative Assembly, September 1949, in: Lipgens/Loth (Hg.), Documents, S. 410–413.
European Parliamentary Union: Second Congress at Interlaken, 1.–5.9.1948, in: Lipgens/Loth (Hg.), Documents, Bd. 4, S. 135–149.

European Parliamentary Union: The Structure of Europe, 17.10.1949, in: Lipgens/Loth (Hg.), Documents, Bd. 4, S. 167–169.
European Union of Federalists: Federating the Federalists, Mai 1947, in: Lipgens/Loth (Hg.), Documents, S. 22 f.
European Union of Federalists: Hertenstein Programme, 22.9.1946, in: Lipgens/Loth (Hg.), Documents, S. 13 f.
European Union of Federalists, Executive Bureau: Report on General Policy, 6.3.1948, in: Lipgens/Loth (Hg.), Documents, S. 44–47.
European Union of Federalists, Secretariat-General: Building Europe, Mai 1947, in: Lipgens/Loth (Hg.), Documents, Bd. 4, S. 20–22.
Falk, Rainer/Wahl, Peter (Hg.): Befreiungsbewegungen in Afrika. Politische Programme, Grundsätze und Ziele von 1945 bis zur Gegenwart, Köln 1980.
Fanon, Frantz: Die Verdammten dieser Erde, Frankfurt 1981 [orig. 1961].
Final Communiqué of the Asian-African Conference, in: Kahin (Hg.), Conference, S. 76–86.
FLN: Cahier du but de notre révolution algérienne, 1957, in: Harbi/Meynier (Hg.), FLN, S. 648–651.
FLN: Conférence de Casablanca, 5. Januar 1961, in: Harbi/Meynier (Hg.), FLN, S. 761–763.
FLN: La révolution algérienne. Ses principes, 22.7.1957, in: Harbi/Meynier (Hg.), FLN, S. 660–662.
FLN: Principes de la Révolution Algérienne, 22.7.1957, in: Harbi/Meynier (Hg.), FLN, S. 651–653.
FLN: Instructions des cadres, 1961, in: Harbi/Meynier (Hg.), FLN, S. 579–582.
Foreign Relations of the United States. Diplomatic Papers, 1945, Bd. IX: The American Republics, Washington 1969.
Future Policy Study, 1960–1970. Cabinet memorandum, report of officials' committee, 24.2.1960, in: Hyam/Louis (Hg.), Conservative Government, Part I, S. 87–107.
Garling, Marguerite: The Human Rights Handbook. A Guide to British and American International Human Rights Organisations, London/Worcester 1979.
Goerdeler, Carl Friedrich: Friedensplan, Herbst 1943, in: Lipgens, Europa-Föderationspläne, S. 155–158.
Goldsworthy, David (Hg.): The Conservative Government and the End of Empire, 1951–1957, London 1994 (British Documents on the End of Empire, Series A, Bd. 3).
Gorbatschow, Michail: Die UNO-Rede vom 7. Dezember 1988, Freiburg 1989.
Grigg, Sir Edward: Declaration, 11.11.1939, in: Holborn (Hg.), War, 1943, S. 166.
Gruber, Hubert: Katholische Kirche und Nationalsozialismus 1930–1945. Ein Bericht in Quellen, Paderborn u. a. 2006.
Haile, Minasse: Human Rights, Stability, and Development in Africa. Some Observations on Concept and Reality, in: Virginia Journal of International Law 24 (1984), S. 575–615.
Hájek, Jirí: Human Rights, Peaceful Coexistence and Socialism, 17.2.1977, in: Skilling, Charter, S. 223–229.
Hájek, Jirí: The Human Rights Movement and Social Progress, in: Havel u. a., Power, S. 134–140.
Hannum, Hurst: The Butare Colloquium on Human Rights and Economic Development in Francophone Africa: A Summary and Analysis, in: Universal Human Rights 1 (1979), S. 63–87.
Harbi, Mohammed/Meynier, Gilbert (Hg.): Le FLN. Documents et Histoire 1954–1962, Paris 2004.
Haßler, Konrad Dietrich (Hg.): Verhandlungen der deutschen Verfassunggebenden Reichsversammlung, 6 Bde., Frankfurt 1848–1849.
Hauser, Thomas: Missing. The Execution of Charles Horman, New York 1978.
Havanna Summit 1979, Political Declaration, in: Jankowitsch/Sauvant (Hg.), Third World, Bd. 5, S. 46 f.

Havel, Václav: Anatomie einer Zurückhaltung, in: Ders.: Am Anfang war das Wort, Reinbek 1990, S. 115–160.
- Offener Brief an Gustáv Husák [April 1975], in: Ders.: Am Anfang war das Wort, Reinbek 1990, S. 33–80.
- Two Notes on Charter 77 [März 1986], in: Ders.: Open Letters. Selected Writings, 1965–1990, New York 1992, S. 323–327.
- Versuch, in der Wahrheit zu leben, Reinbek 1989 [urspr. 1978].
- u. a.: The Power of the Powerless. Citizen against the State in Central-Eastern Europe, ed. by Johne Keane, London u. a. 1985.

Heinz, Wolfgang S.: Menschenrechte in der Dritten Welt, München 1986.

Hirtenbrief des Bischofs von Berlin und der Bischöfe der Kölner Kirchenprovinz über das Recht, 13.12.1942, in: Gruber, Kirche, S. 480–484.

Hirtenbrief der deutschen Bischöfe über die zehn Gebote als Lebensgesetz der Völker, 19.8.1943, in: Gruber, Kirche, S. 489–494.

Hirtenwort der deutschen Bischöfe zur Lage der Kirche, 22.3.1942, in: Gruber, Kirche, S. 467–472.

Hirtenwort des deutschen Episkopats, 26.6.1941, in: Stasiewski/Volk (Hg.), Akten, Bd. 5, S. 462–469.

Ho Chi Minh: Revolution und nationaler Befreiungskampf. Ausgewählte Reden und Schriften 1920–1968. Herausgegeben und eingeleitet von Bernard B. Fall, München 1968.

Holborn, Louise W. (Hg.): War and Peace Aims of the United Nations, September 1, 1939–December 31, 1942, Boston 1943.
- War and Peace Aims of the United Nations. From Casablanca to Tokyo Bay, January 1, 1943–September 1, 1945, Boston 1948.

Holmes, Olive: The Mexico City Conference and Regional Security, in: Foreign Policy Reports 21 (1945), S. 42–52.

Houser, George M: No One Can Stop the Rain. Glimpses of Africa's Liberation Struggle, New York 1989.
- Meeting Africa's Challenge: The Story of the American Committee on Africa, in: A Journal of Opinion, 6 (1976), Nr. 2/3, S. 16–26.

Hull, Cordell: Address on »The War and Human Freedom«, 23.7.1942, in: Holborn (Hg.), War, 1943, S. 99–107.

Human Rights. Final Report of the International NGO Conference, Paris 16–20 September 1968, o. O. o. J. [1969?].

Human Rights in the World Community. A Call for U. S. Leadership. Report of the Subcommittee on International Organizations and Movements of the Committee on Foreign Affairs, House of Representatives, Washington 1974.

Human Rights Internet: Africa: Human Rights Directory and Bibliography, ed. by Laurie S. Wiseberg and Laura Reiner, Cambridge MA 1989.
- Human Rights Directory: Eastern Europe and the USSR, ed. by Laurie S. Wiseberg, Cambridge 1987.
- Human Rights Directory: Latin America and the Caribbean, Cambridge 1990.
- Human Rights Directory: Latin America, Africa, Asia, ed. by Laurie S. Wiseberg and Harry M. Scoble, Washington 1981.
- Human Rights Directory: Western Europe, ed. by Laurie S. Wiseberg and Hazel Sirett, Washington 1982.
- North American Human Rights Directory, ed. by Laurie S. Wiseberg and Hazel Sirett, Washington 1984.
- North American Human Rights Directory, compiled by Laurie S. Wiseberg and Harry M. Scoble, Garret Park, MD 1980.

Humphrey, John: Human Rights and the United Nations. A Great Adventure, Dobbs Ferry 1984.

- On the Edge of Greatness. The Diaries of John Humphrey, First Director of the UN Division of Human Rights, ed. by A. J. Hobbins, Bd. 1 und 2, Montreal 1994 und 1996.
Hyam, Ronald (Hg.): The Labour Government and the End of Empire, 1945–1951 (British Documents on the End of Empire Series A, Bd. 2), London 1992.
- /Louis, Wm. Roger (Hg.): The Conservative Government and the End of Empire, 1957–1964 (British Documents on the End of Empire Series A, Bd. 4), London 2000.
Informal note on Anglo-American discussions on the handling of colonial and trusteeship questions in the UN. Note by Sir J Martin, Oktober 1952, in: Goldsworthy (Hg.), Conservative Government, Part I, S. 265–268.
Information Office of the State Council: Human Rights in China, Peking 1991.
Inglehart, Ronald: The Silent Revolution, Princeton 1977.
Initiative »Frieden und Menschenrechte«: Aufruf, 11.3.1989, in: Templin/Weißhuhn, Initiative, S. 201–203.
Initiative »Frieden und Menschenrechte«: Vorstellung der Initiative »Frieden und Menschenrechte« zum Tag der Menschenrechte am 10.12.1987, in: Templin/Weißhuhn, Initiative, S. 197–199.
Inter-American Commission on Human Rights: Report on the Activities of the Inter-American Commission on Human Rights in the Dominican Republic (June 1 to August 31, 1965), Washington 1965.
- Report of the Inter-American Commission on Human Rights on its Activities in the Dominican Republic (September 1, 1965, to July, 1966), Washington 1966.
- Situation Regarding Human Rights in the Dominican Republic. Preliminary Report, Washington 1965.
Inter-American Conference on Problems of War and Peace, März 1945, Resolution XI. Declaration of Mexico, in: Buergenthal (Hg.), Human Rights. The Inter-American System, S. 39f.
Inter-American Conference on Problems of War and Peace, März 1945, Resolution XXVII. Free Access to Information, in: Buergenthal (Hg.), Human Rights. The Inter-American System, S. 59f.
Inter-American Conference on Problems of War and Peace, März 1945, Resolution XXX. Establishment of International Organization, in: Pan-American Union, Inter-American Conference, S. 63–65.
Inter-American Conference on Problems of War and Peace, März 1945, Resolution XLI. Racial Discrimination, in: Buergenthal (Hg.), Human Rights. The Inter-American System, S. 70.
Inter-American Conference on Problems of War and Peace, März 1945, Resolution LI. Economic Charter of the Americas, in: Buergenthal (Hg.), Human Rights. The Inter-American System, S. 82–85.
International Aspects of Colonial Policy – 1947. Memorandum by J. S. Bennett, 30.4.1947, in: Hyam (Hg.), Labour Government, Part II, S. 409–421.
International Commission of Jurists: Final Report of Mission to Chile, April 1974, to Study the Legal System and the Protection of Human Rights, Genf 1974.
- (Hg.): Human Rights in a One-Party State. International Seminar on Human Rights, their Protection and the Rule of Law in a One-Party State, London 1978.
- ICJ Bulletin, Genf 1954–1968.
- The International Commission of Jurists. Basic Facts, Genf 1962.
- The Rule of Law and Human Rights. Principles and Definitions, Genf 1966.
- Tibet and the Chinese People's Republic, Genf 1960.
International Committee: Congress of Europe – Political Report, Mai 1948, in: Lipgens/Loth (Hg.), Documents, Bd. 4, S. 333–338.
International Confederation of Free Trade Unions: ICFTU. The First Ten Years, Brüssel 1959.

Internationaler Chile-Kongreß in Frankfurt, in: Chile-Nachrichten, Nr. 16, 22.5.1974, S. 48 f.
International Executive Committee: European Assembly, 18.8.1948, in: Lipgens/Loth (Hg.), Documents, Bd. 4, S. 360-362.
International Federation of Christian Trade Unions: Les Droits de l'Homme, Utrecht o. J.
International Group of Democratic Socialists in Stockholm: Peace Aims of Democratic Socialists, März 1943, in: Lipgens/Loth (Hg.), Documents, Bd. 2, S. 677-680.
International Group of Socialists at the Rand School in New York: Our War and Peace Aims, Juli 1941, in: Lipgens/Loth (Hg.), Documents, Bd. 2, S. 663-665.
International Juridical Committee: Draft Declaration of the International Rights and Duties of Man and Accompanying Report, New York 1945 [?].
International League for the Rights of Man: Human Rights 1953-4, New York 1954.
- Human Rights in a Disordered World. A Summary of Activities 1968-1969, New York 1970.
- Summary of Activities [erschienen unter verschiedenen Titeln], New York 1953-1970.
- The State of Human Rights. Record of Activities for 1957 to 1958, New York 1958.
International Peace Campaign: Guidelines for a New International Legal Order, April 1943, in: Lipgens/Loth (Hg.), Documents, Bd. 1, S. 723-725.
Internationale Juristen-Kommission: Recht in Fesseln. Eine Sammlung von Dokumenten über die Vergewaltigung des Rechtes für politische Zwecke, o. O. 1955.
Internationale Kommission zur Bekämpfung der Konzentrationslager: Weißbuch über die sowjetischen Konzentrationslager, hg. vom Bund der Verfolgten des Naziregimes, Düsseldorf 1951.
Inter-Parliamentary Union: The Inter-Parliamentary Union. Its Work and its Organization, Genf 1948.
Inter-Parliamentary Union: The Inter-Parliamentary Union. Its Work and its Organization, Genf 1957.
Jakarta Summit 1992, Final Document, G. Human Rights, in: Jankowitsch/Sauvant (Hg.), Third World, Bd. 11, S. 1156-1159.
James, Robert Rhodes (Hg.): Winston S. Churchill. His Complete Speeches, 1897-1963, Bd. 6 und 7, New York 1974.
Jankowitsch, Odette/Sauvant, Karl P. (Hg.): The Third World Without Superpowers. The Collected Documents of the Non-Aligned Countries, Bd. 1-11, Dobbs Ferry 1978-1993.
Jennings, Ivor: A Federation for Western Europe, 1940, in: Lipgens/Loth (Hg.), Documents, Bd. 2, Berlin/New York 1986, S. 99-102.
Jerman, William (Hg.): Repression in Latin America. A Report on the First Session of the Second Russell Tribunal Rome, April 1974, Nottingham 1975.
Johns, Sheridan/Davis, Hunt R. (Hg.): Mandela, Tambo, and the African National Congress. The Struggle Against Apartheid, 1948-1990. A Documentary Survey, New York/Oxford 1991.
Joint Declaration of United Nations, 1.1.1942, in: Holborn (Hg.), War, 1943, S. 1 f.
Kahin, George McTurnan (Hg.): The Asian-African Conference. Bandung, Indonesia, April 1955, Ithaca 1956.
Karis, Thomas/Carter, Gwendolen M. (Hg.): From Protest to Challenge. A Documentary History of African Politics in South Africa, Bd. 2-5, Stanford 1973-1997.
Kaunda, Kenneth D.: A Humanist in Africa. Letters to Colin M. Morris, London/Harlow 1966.
- Zambia Shall Be Free. An Autobiography, London u. a. 1962.
Kausikan, Bilahari: Asia's Different Standard, in: Foreign Policy 92 (1993), S. 24-41.
Keerpunt 1972. Regeerakkoord van de progressieve drie, Amsterdam 1972.
Kennan, George: Morality and Foreign Policy, in: Foreign Affairs 64 (1985/6), S. 205-218.
Kenya Constitutional Conference. Memorandum by Mr Maudling on objectives, 30. Januar 1962, in: Hyam/Louis (Hg.), Conservative Government, Part I, S. 529 f.

Kenyatta, Jomo: Suffering without Bitterness. The Founding of the Kenya Nation, Nairobi 1968.
King, Martin Luther: A Testament of Hope, 1968, in: Washington, Testament, S. 313–328.
- I See the Promised Land, (1968), in: Washington, Testament, S. 279–288.
- Nonviolence: The Only Road to Freedom (1966), in: Washington, Testament, S. 54–61.
- Remaining Awake Through a Great Revolution (1968), in: Washington, Testament, S. 268–278.
Kirkpatrick, Jeane J.: Dictatorships and Double Standards, in: Dies., Dictatorships, S. 23–52.
- Dictatorships and Double Standards. Rationalism and Reason in Politics, New York 1982.
- Selective Invocation of Universal Values, in: Lefever (Hg.), Morality, S. 21–25.
- U.S. Security and Latin America, in: Dies., Dictatorships, S. 53–90.
Kissinger, Henry A.: Morality and Power, in: Lefever (Hg.), Morality, S. 59–66.
Knight, John S.: World Freedom of Information, in: Vital Speeches of the Day 12 (1946), S. 472–477.
Kohl, Helmut: Das Wiedervereinigungsgebot als Bestandteil deutscher Politik, 14.6.1979, in: CDU-Bundesgeschäftsstelle (Hg.), Menschenrechte, S. 35–41.
- Verletzung der Menschenrechte in der DDR, 18.8.1979, in: CDU-Bundesgeschäftsstelle (Hg.), Menschenrechte, S. 49f.
- Vorwort, in: CDU-Bundesgeschäftsstelle (Hg.), Menschenrechte, S. 7.
- Zum 30. Jahrestag der Gründung der DDR, 4.10.1979, in: CDU-Bundesgeschäftsstelle (Hg.), Menschenrechte, S. 53f.
Komitee für die Verteidigung der zu Unrecht Verfolgten, 27.4.1978, in: Jan Skála: Die CSSR. Vom Prager Frühling zur Charta 77, Berlin 1978, S. 197.
Konferenzresolution der Labour Party, 1.–5.10.1973, in: F. W. S. Craig (Hg.): Conservative and Labour Party Conference Decisions 1945–1981, Chichester 1982, S. 271.
Konrád, György: Antipolitik. Mitteleuropäische Meditationen, Frankfurt 1985.
Kreisauer Kreis: Grundsätze für die Neuordnung, 9.8.1943, in: Wolfgang Benz (Hg.): Bewegt von der Hoffnung aller Deutschen. Zur Geschichte des Grundgesetzes. Entwürfe und Diskussionen 1941–1949, München 1979, S. 94–103.
Kushalani, Yougindra: Human Rights in Asia and Africa, in: Human Rights Law Journal 4 (1983), S. 403–442.
Laber, Jeri: The Courage of Strangers. Coming of Age with the Human Rights Movement, New York 2002.
Labour Party: Let Us Work Together. Labour's Way Out of the Crisis, London 1974.
Labour Party Manifesto, October 1974, London 1974.
Langley, J. Ayo (Hg.): Ideologies of Liberation in Black Africa, 1856–1970. Documents on Modern African Political Thought from Colonial Times to the Present, London 1979.
Larreta an Secretary of State, 21.11.1945, in: Foreign Relations of the United States, 1945, Bd. IX, S. 190–196.
Lauterpacht, Hersch: An International Bill of the Rights of Man, New York 1945.
Layton, Walter: European Unity, März 1944, in: Lipgens/Loth (Hg.), Documents, Bd. 2, S. 250–254.
Le Cardinal van Roey et l'occupation allemande en Belgique. Actes et documents publiés par le Chanoine Leclef, Brüssel 1945.
Lefever, Ernest W.: Limits of the Human Rights Standard, in: Ders. (Hg.), Morality, S. 72–74.
- (Hg.): Morality and Foreign Policy. A Symposium on President Carter's Stance, Washington 1977.
Legum, Colin: Resolutions of the Annual Summits of the Organisation of African Unity and other Documents since 1963, Todmarden 1993.
Lehman, Herbert H.: Helping the People to Help Themselves. The Story of the United Nations Relief and Rehabilitation Administration, New York [1946?].
Lenin, Vladimir I.: Über das Recht der Nationen auf Selbstbestimmung, in: Ders.: Über die

nationale und die koloniale Frage. Eine Sammlung ausgewählter Aufsätze und Reden, Berlin 1960, S. 208-279.
Letter about draft Cabinet paper from Maudling to Lord Home, 21. Mai 1962, in: Hyam/Louis (Hg.), Conservative Government, S. 349f.
Lerner, Natan: The World Jewish Congress and Human Rights, Geneva 1978.
Letter from Maudling to Lord Home, 5. Januar 1962, in: Hyam/Louis (Hg.), Conservative Government, Part II, S. 322-325.
Lipgens, Walter/Loth, Wilfried (Hg.): Documents on the History of European Integration, Bd. 1: Continental Plans for European Union 1939-1945, Berlin/New York 1985; Bd. 2: Plans for European Union in Great Britain and in Exile, Berlin/New York 1986; Bd. 3: The Struggle for European Union by Political Parties and Pressure Groups in Western European Countries 1945-1950, Berlin/New York 1988.
Lipgens, Walter: Europa-Föderationspläne der Widerstandsbewegungen 1940-1945. Eine Dokumentation, München 1968.
Lord Halifax: Broadcast, 7.9.1939, in: Holborn (Hg.), War, 1943, S. 165.
- Speech to the Pilgrims, 25.3.1941, in: Holborn (Hg.), War, 1943, S. 196-201.
Lumumba, Patrice: African Unity and National Independence, 22.3.1959, in: Ders., Lumumba Speaks, S. 69-77.
- Lumumba Speaks. The Speeches and Writings of Patrice Lumumba, 1958-1961, Boston/Toronto 1972.
- Speech at Leopoldville, 28.12.1958, in: Lumumba Speaks, S. 59-68.
- Speech at the Accra Conference, 11.12.1958, in: Ders., Lumumba Speaks, S. 55-59.
Luthuli, Albert: Message to »Resist Apartheid Campaign« [1954], in: Karis/Carter (Hg.), Protest, Bd. 3, S. 131-133.
- Nobel Peace Prize Address [1961], in: Karis/Carter (Hg.), Protest, Bd. 3, S. 705-715.
M'Baye, Kéba: Le droit au développement comme un droit de l'homme, in: Revue des Droits de l'Homme 5 (1972/73), S. 505-534.
- Les droits de l'homme en Afrique, Paris 1992.
- The Emergence of the Right to Development as a Human Rights in the Context of a New International Economic Order, UNESCO Meeting of Experts, June 1978, UNESCO Doc. SS-78/CONF.630/8, 16.7.1979.
MacKay, Ronald W. G.: Peace Aims and the New Order, New York 1941.
Maisky, Ivan: Speech on Accepting First Resolution (Atlantic Charter) at Inter-Allied Meeting, London, 24.9.1941, in: Holborn (Hg.), War, 1943, S. 356f.
Mandela, Nelson: Freedom in Our Lifetime [1956], in: Johns/Davis (Hg.), Mandela, S. 48f.
- Presidential Address [1951], in: Johns/Davis (Hg.), Mandela, S. 35-40.
- The Shifting Sands of Illusion [1953], in: Johns/Davis (Hg.), Mandela, S. 40f.
Mandelstam, André N.: Der internationale Schutz der Menschenrechte und die New Yorker Erklärung des Instituts für Völkerrecht, in: Zeitschrift für ausländisches öffentliches Recht und Völkerrecht, Band II (1931), S. 335-377.
- Les dernières phases du mouvement pour la protection internationale des droits de l'homme, in: Revue de Droit International 12 (1933), S. 469-510.
- Les Droits Internationaux de l'Homme, Paris 1931.
Manifest von Ventotene, Juli 1941, in: Lipgens, Europa-Föderationspläne, S. 36-44.
Maritain, Jacques: Les droits de l'homme et la loi naturelle, Paris 1945 [urspr. 1942?].
Matthews, Zachariah Keodirelang: Presidential Address [1953], in: Karis/Carter (Hg.), Protest, Bd. 3, S. 99-106.
Mboya, Tom: Afrika: Freiheit - und nachher? Ein Kontinent ringt um die Zukunft, Wien u. a. 1966.
Memmi, Albert: Der Kolonisator und der Kolonisierte. Zwei Porträts, Hamburg 1994 [urspr. 1957].

Menschenrechte ... den Kanal runter, in: Chile-Nachrichten, Nr. 52, 1.10.1977, S. 3–8.
Messersmith an Secretary of State, 20.12.1945, in: Foreign Relations of the United States, 1945, Bd. IX, S. 213–216.
Mexico: International Protection of the »Essential Rights of Man«, in: United States/Stettinius, Report, S. 156–160.
Michnik, Adam: Die Kirche und die polnische Linke. Von der Konfrontation zum Dialog, München 1980 [orig. 1977].
Minutes by W. A. Morris, Sir H. Poynton, B. O. B. Gidden, 11.–18.2.1952, in: Goldsworthy (Hg.), Conservative Government, Part I, S. 380–383.
Monrovia Conference Communiqué, 8.–9.5.1961, in: Mutiso/Rohio (Hg.), Readings, S. 392 f.
Morgenthau, Hans J.: Human Rights and Foreign Policy, New York 1979.
Moroka, James/Sisulu, Walter: Brief an Malan, 11. Februar 1952, in: Karis/Carter (Hg.), Protest, Bd. 2, S. 480–482.
Mouvement Socialiste pour les États-Unis d'Europe: Report of the Provisional Committee, Mai 1947, in: Lipgens/Loth (Hg.), Documents, Bd. 4, S. 287–291.
– Third Congress: Launching of the Campaign for a Federal Pact, 7.11.1949, in: Lipgens/Loth (Hg.), Documents, Bd. 4, S. 302–311.
Moynihan, Daniel P.: Totalitarianism – the Central Challenge, in: Lefever (Hg.), Morality, S. 32–37.
Munro, Dana G.: The Mexico City Conference and the Inter-American System, in: The Department of State Bulletin 12 (1945), No. 301, S. 525–530.
Münster, Arno: Die Strategie der Konterrevolution in Chile, in: Eschenhagen (Hg.), Revolution, S. 9–40.
Mutiso, Gideon-Cyrus M./Rohio, S. W. (Hg.): Readings in African Political Thought, Nairobi u. a. 1975.
Nash, Philip: An Adventure in World Order, Boston 1944.
National Conference of Christians and Jews: Statement Signed by Leading Protestants, Catholics and Jews, Februar 1942, in: Holborn (Hg.), War, 1943, S. 633 f.
National Planning Association: Relief for Europe, Washington, DC 1942.
National Study Conference on the Churches and a Just and Durable Peace, Jan. 16–19, 1945, convened by the Commission on a Just and Durable Peace, in: International Conciliation 409 (March 1945), S. 142–177.
Neier, Aryeh: Taking Liberties. Four Decades in the Struggle for Rights, New York 2003.
Nehru, Jawaharlal: An Honest Foreign Policy [1946], in: Ders.: Selected Works of Jawaharlal Nehru, Series 2, Bd. 1, New Delhi 1984, S. 449–451.
– Interview to the press 27. September 1946, in: Ders.: Selected Works of Jawaharlal Nehru, Second Series, Bd. 1, New Delhi 1984, S. 492–505.
– To The Editor, The Hindustan Times [1940], in: Ders.: Selected Works of Jawaharlal Nehru, Series 1, Bd. 10, New Delhi 1977, S. 616 f.
– U. N. Resolution on South Africa [1946], in: Ders.: Selected Works of Jawaharlal Nehru, Series 2, Bd. 1, S. 468.
Neto, Agostinho: Who is the Enemy? What is Our Objective? [Februar 1974], in: de Bragança/Wallerstein (Hg.), Liberation, S. 210–219.
New Commonwealth Quarterly, Oktober 1941–Januar 1942, in: Lipgens/Loth (Hg.), Documents, Bd. 2, S. 286 f.
Ninth International Conference of American States, März–Mai 1948, Resolution XXXI. Inter-American Court to Protect the Rights of Man, in: Buergenthal (Hg.), Human Rights. The Inter-American System, S. 89 f.
Ninth International Conference of American States, März–Mai 1948, Resolution XXXII. The Preservation and Defense of Democracy in America, in: Buergenthal (Hg.), Human Rights. The Inter-American System, S. 90 f.

Nkomo, Joshua: The Case for Majority Rule [1966], in: Wilfred Cartey/Martin Kilson (Hg.): The Africa Reader. Independent Africa, New York 1970, S. 263–271.

Nkrumah, Kwame: Africa Must Unite, New York 1970 [orig. 1963].
- Agenda and Call to Independence, All-African People's Conference, Accra [1958], in: Ders., Path, S. 130–134.
- Consciencismus. Philosophie und Ideologie zur Entkolonialisierung und Entwicklung mit besonderer Berücksichtigung der afrikanischen Revolution, Köln/Opladen 1965.
- Declaration to the Colonial Peoples of the World [1945], in: Ders., Freedom, S. 44f.
- Neo-Colonialism. The Last Stage of Imperialism, London 1965.
- Revolutionary Path, London 1973.
- Towards Colonial Freedom. Africa in the Struggle against World Imperialism, London u. a. 1962 [orig. 1947?].
- What I Mean by Positive Action [1949], in: Ders., Path, S. 85–95.

Nohlen, Dieter: Chile. Das sozialistische Experiment, Hamburg 1973.

Non-European Unity Movement: A Declaration to the People [1951], in: Karis/Carter (Hg.), Protest, Bd. 2, S. 494–506.
- Declaration to the Nations of the World, in: Karis/Carter (Hg.), Protest, Bd. 2, S. 357–361.

Notwendige Klarstellungen, in: Chile-Nachrichten Nr. 6, 28.9.1973, S. 30f.

Nouvelles Équipes Internationales: Sorrento Congress: Objectives of Christian Democracy, 12.–14.4.1950, in: Lipgens/Loth (Hg.), Documents, Bd. 4, S. 523–529.

Nouvelles Équipes Internationales, Section Internationale des Jeunes: Hofgastein Congress, 10.–16.7.1949, in: Lipgens/Loth (Hg.), Documents, Bd. 4, S. 517–520.

Nyangoni, Christopher/Nyandoro, Gideon (Hg.): Zimbabwe Independence Movements. Select Documents, London 1979.

Nyerere, Julius K.: Freedom and Socialism, Dar Es Salaam u. a. 1968.
- Freedom and Unity. A Selection from Writings and Speeches, 1952–65, Dar es Salaam/London 1967.

Nyerere, Julius K.: Independence Address to United Nations [1961], in: Ders., Freedom, S. 144–156.
- Independence Message to TANU [1961], in: Ders., Freedom, S. 138–141.
- Individual Human Rights [1959], in: Ders., Freedom, S. 69–71.
- The Courage of Reconciliation – Dag Hammarskjöld Memorial Lecture [1964], in: Ders., Freedom, S. 266–285.
- Ujamaa. Essays on Socialism, Dar es Salaam u. a. 1968.
- Ujamaa – The Basis of African Socialism [1962], in: Ders.: Ujamaa, S. 1–12.

Obote, Milton: Die Charta des einfachen Mannes – Erste Schritte für Uganda zum »Move to the Left« [1969], in: Falk/Wahl (Hg.), Befreiungsbewegungen, S. 203–216.

Ökumenischer Rat der Kirchen Genf: Ein Überblick über das deutsche Flüchtlingsproblem im Jahre 1949, Genf 1949.

Owen, David: David Owen. Personally Speaking to Kenneth Harris, London 1988.
- Menschenrechte, Wien/Hamburg 1979 [orig. London 1978].
- Speech to the Diplomatic and Commonwealth Writers Association, 3.3.1977, in: Secretary of State for Foreign and Commonwealth Affairs (Hg.): Selected Documents Relating to Problems of Security and Cooperation in Europe, 1954–77, London 1977, S. 331–340.

Pan-African Freedom Movement of East and Central Africa, Conference, September 1958, in: Langley, Ideologies, S. 776–781.

Pan-American Union: Inter-American Conference on Problems of War and Peace: Mexico City, February 21–March 8, 1945. Report submitted to the Governing Board of the Pan American Union by the Director General, Washington 1945.

Parteitag der SPD, 1973–1977, Bonn 1974–1978.

Pasvolsky, Leo: Speech on »The Problems of Economic Peace After the War«, 4.3.1942, in: Holborn (Hg.), War, 1943, S. 71-77.
Patenschaften, in: Chile-Nachrichten, Nr. 31, 2.11.1975, S. 48-56.
Patočka, Jan: What Charter 77 Is and What It Is Not, 7.1.1977, in: Skilling, Charter, S. 217-219.
Paton, William: The Church and the New Order, New York 1941.
Pius XI..: Christmas address, 24.12.1939, in: Lipgens/Loth (Hg.), Documents, Bd. 2, S. 710-713.
- [Die erneuerten fünf Punkte], in: Lipgens/Loth (Hg.), Documents, Bd. 2, S. 729.
- [Fünf Voraussetzungen internationaler Ordnung], 24.12.1940, in: Lipgens/Loth (Hg.), Documents, Bd. 2, S. 716-718.
- Radioansprache, 1.6.1941, in: Philippe de la Chapelle: La Déclaration universelle des droits de l'homme et le catholicisme, Paris 1967, S. 17f.
Policy towards Africa south of the Sahara. Officials' interdepartmental paper (FO, CO, CRO), August 1961, in: Hyam/Louis (Hg.), Conservative Government, Part I, S. 189-199.
Politischer Bericht des Zentralkomitees der KPdSU an den XXVII. Parteitag der Kommunistischen Partei der Sowjetunion, 25.2.1986, in: Dietrich Busch (Hg.): Michail Gorbatschow. Die wichtigsten Reden, Köln 1987, S. 25-162.
Politische Resolution des III. Kongresses der RDA [1957], in: Falk/Wahl (Hg.), Befreiungsbewegungen, S. 100-102.
Pollis, Adamantia/Schwab, Peter (Hg.): Human Rights. A Western Construct with Limited Applicability, in: Dies. (Hg.), Rights, S. 1-17.
- /- Human Rights. Cultural and Ideological Perspectives, New York 1979.
Ponchaud, François: Cambodge année zero: documents, Paris 1977.
Programm der NSZZ »Solidarnosc«, 6.10.1981, in: Büscher, »Solidarnosc«, S. 296-332.
Programm der PAIGC [1963], in: Schilling/Unger (Hg.), Angola, S. 84-93.
Programm der Volksbewegung für die Befreiung Angolas [1962], in: Falk/Wahl (Hg.), Befreiungsbewegungen, S. 367-375.
Programm des Zambia National Congress vor der Unabhängigkeit, in: Kaunda, Humanismus, S. 28f.
Program of the Conseil National de la Résistance, 15.3.1944, in: Peter Novick: The Resistance versus Vichy. The Purge of Collaborators in Liberated France, New York 1968, S. 198-201.
Radiomessage de Noel du pape Pie XII, 24.12.1942, in: Blet u. a. (Hg.), Actes, Bd. 7, Rom 1973, S. 161-167.
Radiomessage de Noel du pape Pie XII, 24.12.1944, in: Blet u. a. (Hg.), Actes, Bd. 11, S. 662-665.
Radiomessage du pape Pie XII, 1.9.1944, in: Blet u. a. (Hg.), Actes, Bd. 11, S. 522-528.
Reagan, Ronald: Ruritania, August 1975, in: Skinner (Hg.), Reagan, S. 130-134.
Report by CO on talks held in Washington, August 1955, in: Goldsworthy (Hg.), Conservative Government, Part I, S. 285-287.
Report of the Seventysecond Annual Conference of the Labour Party, Blackpool, October 1-5, 1973, London 1974.
Report of the Seventy Third Annual Conference of the Labour Party, London, November 27-30, 1974, London 1975.
Report of the Seventy Fifth Annual Conference of the Labour Party, Blackpool, September 27-October 1, 1975, London 1976.
Resolution der westeuropäischen Chile-Komitees, 6.1.1974, Chile-Nachrichten Nr. 12, 18.1.1974, S. 36.
Resolution der westeuropäischen Komitees, in: Chile-Nachrichten, Nr. 16, 22.5.1974, S. 50f.
Ries, Charles: The »New International Economic Order«: The Skeptics' Views, in: Karl P. Sauvant/Hajo Hasenpflug (Hg.): The New International Economic Order. Confrontation or Cooperation between North and South?, Boulder 1977, S. 63-85.

Robinson, Jacob: Human Rights and Fundamental Freedoms in the Charter of the United Nations, New York 1946.
Robinson, Nehemiah: The United Nations and the World Jewish Congress, New York 1955.
- The Universal Declaration of Human Rights. Its Origins, Significance, Application, and Interpretation, New York 1958.
Robotham, Jaime/Federspiel, Alfons: Hinsehen verboten! Unfeine Bilder aus Chile, Weinheim/Basel 1987.
Rollier, Mario Alberto: Draft Constitution of a European Federal Union, in: Lipgens/Loth (Hg.), Documents, Bd. 1, S. 528–534.
Romains, Jules: France's Mission or Abdication, Mai 1942, in: Lipgens/Loth (Hg.), Documents, Bd. 2, S. 290.
Roosevelt, Franklin D.: Address before Delegates of International Labor Conference, 6.11.1941, in: Holborn (Hg.), War, 1943, S. 55 f.
- Address to International Student Assembly, 3.9.1942, in: Holborn (Hg.), War, 1943, S. 113.
- Annual Message on the State of the Union, 11.1.1944, in: Holborn (Hg.), War, 1948, S. 258–260.
- Annual Message to Congress, 6.1.1942, in: Holborn (Hg.), War, 1943, S. 66 f.
- Annual Message to Congress on the State of the Nation, 6.1.1941, in: Holborn (Hg.), War, 1943, S. 33 f.
- Radio Address from the White House, 27.5.1941, in: Holborn (Hg.), War, 1943, S. 40 f.
- Rede, 7.1.1943, in: Holborn (Hg.), War, 1948, S. 192–195.
Rostow, Eugene V.: Ignoring Soviet Realities, in: Lefever (Hg.), Morality, S. 47–52.
Rowe, Leo S.: The Inter-American Conference on Problems of War and Peace, in: Bulletin of the Pan-American Union 79 (1945), S. 249–259.
Sartre, Jean-Paul: Kolonialismus und Neokolonialismus. Sieben Essays, Reinbek 1968.
- Vorwort, in: Fanon, Verdammten, S. 7–28.
- Vorwort, in: Memmi, Kolonisator, S. 5–10.
Sauvant, Karl P. (Hg.): The Collected Documents of the Group of 77, Bd. 5, New York u. a. 1982.
Schilling, Barbara/Unger, Karl (Hg.): Angola, Guinea, Mocambique. Dokumente und Materialien des Befreiungskampfes der Völker Angolas, Guineas und Mocambiques, Frankfurt a. M. 1971.
Schlesinger, Arthur, Jr.: Human Rights and the American Tradition, in: Foreign Affairs 57 (1978), S. 503–526.
Schweizerischer Israelitischer Gemeindebund: Jüdische Nachkriegsprobleme. Bericht der Kommission für Nachkriegsprobleme des Schweizerischen Israelitischen Gemeindebundes, Zürich 1945.
Selassie, Haile: Towards African Unity [1963], in: Langley, Ideologies, S. 328–340.
Selbsthilfe und Widerstand, in: Blätter des iz3w (1980), Nr. 90, S. 31–39.
Senghor, Léopold Sédar: Grundelemente einer Zivilisation negro-afrikanischen Geistes [1959], in: Ders.: Négritude und Humanismus, Düsseldorf/Köln 1967 [orig. 1964], S. 191–228.
Servan-Schreiber, Jean-Jacques: Lieutnant en Algerie, o. O. 1957.
Sforza, Carlo: The Independence and Interdependence of Nations, Oktober-Dezember 1943, in: Lipgens/Loth (Hg.), Documents, Bd. 2, S. 530–533.
Shestack, Jerome: An Unsteady Focus. The Vulnerabilities of the Reagan Administration's Human Rights Policy, in: Harvard Human Rights Journal 2 (1989), S. 25–53.
Shivji, Issa G.: The Concept of Human Rights in Africa, London 1989.
Shotwell, James T.: The Great Decision, New York 1944.
Shultz, George P.: America and the Struggle for Freedom, in: Department of State Bulletin 85 (April 1985), S. 16–21.
Shultz, George P.: Turmoil and Triumph. My Years as Secretary of State, New York 1993.

Sigmund, Paul E.: Chile. Two Years of »Popular Unity«, in: Problems of Communism 21, 6 (1972), S. 38–51.
Simon, Pierre-Henri: Contre la torture, Paris 1957.
Sithole, Ndabaningi: African Nationalism after World War II, 1968, in: Mutiso/Rohio (Hg.), Readings, S. 187–197.
Solidarität mit Chile '70/73 [Schallplatte], Köln 1973 [?].
Sonntag, Heinz Rudolf: Revolution in Chile. Der schwierige Weg zum Sozialismus, Frankfurt 1972.
Spinelli, Altiero: Die Vereinigten Staaten von Europa und die verschiedenen politischen Tendenzen, in: Lipgens, Europa-Föderationspläne, S. 44–53.
Staeck, Klaus/Adelmann, Dieter: Der Bonner Bildersturm oder: Was die CDU von Demokratie hält, Göttingen 1976.
Stalin, Iosif: Rede, 3.7.1941, in: Holborn (Hg.), War, 1943, S. 352 f.
– Rede, 1.5.1942, in: Holborn (Hg.), War, 1943, S. 364.
– Speech to Moscow Soviet on Anniversary of October Revolution, 6.11.1942, in: Holborn (Hg.), War, 1943, S. 371 f.
Stasiewski, Bernhard/Volk, Ludwig (Hg.): Akten deutscher Bischöfe über die Lage der Kirche 1933–1945, 6 Bde., Mainz 1968–1985.
Statement of Uruguayan Delegation, 15.6.1945, in: UNCIO, Bd. 6: Commission I General Provisions, New York 1945, S. 627–633.
Steenland, Kyle: Two years of Popular Unity in Chile. A Balance Sheet, in: New Left Review 78 (1973), S. 3–25.
Stewart, Shirley (Hg.): Human Rights in United States and United Kingdom Foreign Policy. A Colloquium, Palace of Westminster, November 27–28, 1978, New York 1979.
Streit, Clarence K.: Union Now, London 1939.
Stuby, Gerhard/Wulff, Erich: Vorwort, in: Dies. (Hg.), Nürnberger Verhandlungen gegen die Verbrechen der Militärjunta in Chile, Köln 1977, S. 9–17.
– /– (Hg.): Nürnberger Verhandlungen gegen die Verbrechen der Militärjunta in Chile, Köln 1977.
Study Department of the World Council of Churches: The Church and International Reconstruction, Januar 1943, in: Lipgens/Loth (Hg.), Documents, S. 735–740.
Supplementary Speech Chou En-lai, in: Kahin (Hg.), Conference, S. 52.
Tambo, Oliver: Southern Africa, South Africa, and the ANC [1968], in: Johns/Davis (Hg.), Mandela, S. 229–232.
Templin, Wolfgang/Weißhuhn, Reinhard: Die Initiative für Frieden und Menschenrechte, in: Kuhrt, Opposition, S. 171–212.
Tenth Inter-American Conference, Caracas, März 1954, Resolution XXVII. Strengthening the System for the Protection of Human Rights, in: Buergenthal (Hg.), Human Rights. The Inter-American System, S. 108–110.
The American Jewish Committee: A World Charter for Human Rights, New York, o. J.
– To the Counsellors of Peace. Recommendations of The American Jewish Committee, New York 1945.
The American Law Institute: Report to the Council of the Institute and Statement of Essential Human Rights, o. O. 1944.
The Anglo-Jewish Association: Consultative Council of Jewish Organizations, London o. J. [1952].
The Arusha Declaration [1967], in: Nyerere, Ujamaa, S. 13–37.
The Catholic Association for International Peace: America's Peace Aims. A Committee Report, New York o. J.
The Churches and World Order. An Official Statement of the Federal Council of the Churches of Christ in America, New York 1946.

The colonial empire today: summary of our main problems and policies: CO International Relations Department paper, Mai 1950, in: Hyam (Hg.), Labour Government, Part I, S. 334-366.
The colonies and international organisations. African Governors' Conference paper AGC 17, November 1947, in: Hyam (Hg.), Labour Government, Part I, S. 281-292.
The Commission to Study the Bases of a Just and Durable Peace: Six Pillars of Peace. A Study Guide, New York 1943.
The Fourth Committee. Memo by D.I. Dunnett analysing anti-colonialism in the UN, März 1952, in: Goldsworthy (Hg.), Conservative Government, Part I, S. 387-390.
The Hague Congress, Political Resolutions, 10.5.1948, in: Lipgens/Loth (Hg.), Documents, S. 345-347.
The Hague Congress, Message to the Europeans, 10.5.1948, in: Lipgens/Loth (Hg.), Documents, S. 350f.
The International Law of the Future: Postulates, Principles, Proposals. A Statement of a Community of Views by North Americans, in: International Conciliation 399 (April 1944), S. 251-380.
The Presidential Campaign 1976, Volume One, Part One, Jimmy Carter, Washington 1978.
The Swedish Save the Children Fund: The Refugees in Germany, o.O. o.J.
The UN. A stocktaking. Memorandum by I T M Pink, 7.2.1957, in: Hyam/Louis (Hg.), Conservative Government, Part II, S. 306f.
The United Nations and Apartheid, 1948-1994, New York 1994.
Thompson, Kenneth: Morality and Foreign Policy, Baton Rouge/London 1980.
Tillion, Germaine: L'Algérie en 1957, Paris 1957.
Touré, Sekou: African Emancipation, in: Mutiso/Rohio (Hg.), Readings, S. 313-318.
Tübinger Festival für Victor Jara 1938-1973, Tübingen 9.-11.6.1978, Dortmund 1978.
Uhl, Petr: The Alternative Community as Revolutionary Avant-garde, in: Havel u. a., Power, S. 188-197.
United Nations: Official Records of the United Nations: Commission on Human Rights, 1947-1980, New York 1947-1980.
- Official Records of the United Nations: Economic and Social Council, 1946-1980, New York 1946-1980.
- Official Records of the United Nations: General Assembly, 1946-1980, New York 1946-1980.
- Yearbook of the United Nations, Bde. 1955-1961, 1965-1973, New York 1956-1962, 1966-1974.
- Yearbook on Human Rights 1946-1970, New York 1947-1970.
United States/Edward Reilly Stettinius: Report of the Delegation of the United States of America to the Inter-American Conference on Problems of War and Peace, Mexico, February 21-March 8, 1945, Washington 1946.
Universities Committee on Post-War International Problems: Summaries of Reports of Cooperating Groups, in: International Conciliation (November, 1944), Nr. 405, S. 667-722.
UN non-self governing territories and trusteeship. Cabinet memorandum by Mr Creech Jones, 7.2.1949, in: Hyam (Hg.), Labour Government, Part II, S. 438-440.
van den Doel, Hans/Lammers, Han (Hg.): Tien over rood. Uitdaging van Nieuw Links aan de PvdA, Amsterdam 1966.
van der Stoel, Max: De plaats van de mensenrechten in het Nederlandse buitenlandse beleid, in: Internationale Spectator 31 (1977), S. 441-446.
Vance, Cyrus: Address, 30.4.1977, in: David D. Newsom (Hg.): Diplomacy of Human Rights, Lanham 1986, S. 207-212.
Vance, Cyrus: Hard Choices. Critical Years in America's Foreign Policy, New York 1983.
Vargas Llosa, Mario: La fiesta del chivo, Madrid 2000.

Vicaría de la Solidaridad (Hg.): ¿Dónde Están?, 7 Bde., Santiago [1978–1979].
- Solidaridad, Santiago de Chile, 1976–1978.

Vidal-Naquet, Pierre: L'Affaire Audin (1957–1978), Paris 1989.

von Trott zu Solz, Adam: Comments on Peace Program of American Churches, in: Lipgens/Loth (Hg.), Documents, Bd. 1, S. 436–440.
- Denkschrift, April 1942, in: Lipgens, Europa-Föderationspläne, S. 125–128.

Vorschlag für eine Kampagne zur Befreiung politischer Gefangener in Chile, in: Chile-Nachrichten, Nr. 22, 12.12.1974, S. 36–43.

Wahlmanifest der CPP Ghanas [1954], in: Falk/Wahl (Hg.), Befreiungsbewegungen, S. 63–70.

Wahlmanifest der Vereinigten Partei für Nationale Unabhängigkeit Nordrhodesiens [1962], in: Falk/Wahl (Hg.), Befreiungsbewegungen, S. 78–82.

Wai, Dunstan M.: Human Rights in Sub-Saharan Africa, in: Pollis/Schwab (Hg.), Rights, S. 115–144.

Wallace, Henry: Address at Congress of Soviet-American Friendship, 8.11.1942, in: Holborn (Hg.), War, 1943, S. 132–135.
- Address before the Free World Association, 8.5.1942, in: Holborn (Hg.), War, 1943, S. 79–85.

Washington, James Melvin: A Testament of Hope. The Essential Writings of Martin Luther King, Jr., San Francisco 1986.

Welles, Sumner: Address at Norwegian Legation, 22.7.1941, in: Holborn (Hg.), War, 1943, S. 42 f.
- Address before New York Herald Tribune Forum, 17.11.1942, in: Holborn (Hg.), War, 1943, S. 139–143.
- Freedom of Information – Pillar of Human Rights, in: Free World 8 (1944), S. 219–223.
- The World of the Four Freedoms, New York 1943.

Wells, H. G.: The New World Order. Whether it is attainable, how it can be attained, and what sort of world a world at peace will have to be, London 1940.

White, Lyman C.: Peace by Pieces – The Role of Nongovernmental Organizations, in: Annals of the American Academy of Political and Social Science 264 (1949), S. 87–97.

Whitehead, Laurence: The Socialist Experiment in Chile, in: Parliamentary Affairs 25 (1972), S. 234–256.

Wilson, Roger C.: Quaker Relief. An Account of the Relief Work of the Society of Friends 1940–1948, London 1952.

Wipfler, William L.: Solidarity in Chile. An Interview with José Zalaquett, in: Christianity and Crisis, June 21, 1976, S. 152–157.

Women's International League for Peace and Freedom: Report of its Work with the United Nations, o. O. 1949.
- WILPF 1915–1938. A Venture in Internationalism, Genf 1938.

Wordt Vervolgd. Maandelijks informatieblad van Amnesty International in Nederland en België, Amsterdam 1970–1990.

World Citizens Association: The World's Destiny and the United States. A Conference of Experts in International Relations, Chicago 1941.

World Jewish Congress: Information Bulletin, o. O. 1945.
- Survey of Policy and Action, 1948–1953, o. O. 1953.

World Union for Progressive Judaism: The Work of the World Union for Progressive Judaism in Connection with the United Nations, 1953.

Wright, Quincy: Human Rights and the World Order, in: International Conciliation 389 (April, 1943), S. 238–262.

X, Malcolm: Appeal to African Heads of State, in: Malcolm X Speaks, S. 72–87.
- Malcolm X Speaks. Selected Speeches and Statements, ed. by George Breitman, London 1965.
- The Ballot or the Bullet, in: Malcolm X Speaks, S. 34 f.

- The Black Revolution, in: Malcolm X Speaks, S. 45–57.
Xuma, Alfred Bitini: Statement [1948], in: Karis/Carter (Hg.), Protest, Bd. 2, S. 274–278.
–/Naicker/Dadoo: Joint Declaration [1947], in: Karis/Carter (Hg.), Protest, Bd. 2, S. 272 f.
- u. a.: A Call for African Unity [1948], in: Karis/Carter (Hg.), Protest, Bd. 2, S. 368 f.
Zakaria, Fareed: Culture is Destiny. A Conversation with Lee Kuan Yew, in: Foreign Affairs 73 (1994), S. 109–126.
Zani, Thami: The Future Society as Seen by Black People's Convention [1977], in: Karis/Gerhart (Hg.), Protest, Bd. 5, S. 741–744.
ZAPU Memorandum to Wilson, 12. November 1964, in: Christopher Nyangoni/Gideon Nyandoro (Hg.): Zimbabwe Independence Movements. Selected Documents, London 1979, S. 89 f.
Zu den Ereignissen in Chile, in: Chile-Nachrichten, Nr. 9, 9.11.1973, S. 1 f.

Internetquellen*

Antrag CDU/CSU und FDP, 7.10.1987, unter: http://dipbt.bundestag.de/doc/btd/11/009/1100900.pdf.
Antwort der Bundesregierung, 4.4.1977, unter: http://dipbt.bundestag.de/doc/btd/08/002/0800255.pdf.
Antwort der Bundesregierung auf die Große Anfrage der CDU/CSU und FDP, 23.1.1986, unter: http://dipbt.bundestag.de/doc/btd/10/047/1004716.pdf.
Antwort der Bundesregierung auf die Große Anfrage der SPD, 23.1.1986, unter: http://dipbt.bundestag.de/doc/btd/10/047/1004715.pdf.
Antwort des Staatsministers Dr. Mertes, 18.7.1983, unter: http://dipbt.bundestag.de/doc/btd/10/002/1000289.pdf, S. 2.
Antwort des Staatsministers Möllemann, 1.6.1983, unter: http://dipbt.bundestag.de/doc/btd/10/001/1000108.pdf, S. 1 f.
Anzahl der Ratifikationen von UN-Menschenrechtsdokumenten, unter: http://treaties.un.org/pages/Treaties.aspx?id=4&subid=A&lang=en.
Aussprache über den ersten Menschenrechtsbericht, Deutscher Bundestag, 11. WP, 234. Sitzung, 31.10.1990, unter: http://dipbt.bundestag.de/doc/btp/11/11234.pdf#P.18748.
Bangkok Declaration, unter: http://www.bic.moe.go.th/th/images/stories/ASEAN/declaration/BangkokDeclaration.pdf.
Beratung der Großen Anfrage, Deutscher Bundestag, 10. WP, 192. Sitzung, 24.1.1986, unter: http://dipbt.bundestag.de/doc/btp/10/10192.pdf#P.14476.
Beschlußantrag betreffend Sanktionen gegen Chile, 4.9.1986, unter: http://dipbt.bundestag.de/doc/btd/10/059/1005973.pdf.
Beschlußempfehlung Auswärtiger Ausschuß, 23.2.1984, unter: http://dipbt.bundestag.de/doc/btd/10/010/1001049.pdf.
Beschlußempfehlung und Bericht des Ausschusses für wirtschaftliche Zusammenarbeit, 11.2.1982, unter: http://dipbt.bundestag.de/doc/btd/09/013/0901344.pdf.
Beratung der Großen Anfrage, Deutscher Bundestag 10. WP, 192. Sitzung, 24.1.1986, unter: http://dipbt.bundestag.de/doc/btp/10/10192.pdf#P.14476.
Blair, Tony: Speech to the Chicago Economic Club, 22.4.1999, unter: http://www.pbs.org/newshour/bb/international/jan-june99/blair_doctrine4–23.html.

* Letzter Zugriff auf alle Internetquellen am 12.5.2014.

Böhm, Andrea: Nachruf auf einen Furchtlosen: zum Mord an David Kato, 21.1.2011, unter: http://blog.zeit.de/kongo/2011/01/27/nachruf-auf-einen-furchtlosen-zum-mord-an-david-kato/.
Charta der Vereinten Nationen, unter: http://www.un.org/en/documents/charter/chapter12.shtml.
Satzung der UNESCO, unter: http://portal.unesco.org/en/ev.php-URL_ID=15244&URL_DO=DO_TOPIC&URL_SECTION=201.html.
Chile Declassification Project, Abrams an Secretary of State, 4.9.1985, unter: http://foia.state.gov/Search/results.aspx?searchText=Abrams++Secretary+of+State&beginDate=19850904&endDate=19850904&publishedBeginDate=&publishedEndDate=&caseNumber=.
Chile Declassification Project, Brzezinski, Memorandum for Secretary of State, 27.11.1979, unter: http://foia.state.gov/Search/results.aspx?searchText=Brzezinski+Memorandum+for+-Secretary+of+State&beginDate=19791127&endDate=19791127&publishedBeginDate=&publishedEndDate=&caseNumber=.
Chile Declassification Project, Chile – Policy Strategy, November 1983, unter: http://foia.state.gov/Search/results.aspx?searchText=Chile+Policy+Strategy&beginDate=19831101&endDate=19831130&publishedBeginDate=&publishedEndDate=&caseNumber=.
Chile Declassification Project, Embassy Santiago an Secretary of State, 18.8.1982, unter: http://foia.state.gov/Search/results.aspx?searchText=Embassy+Santiago++Secretary+of+State&beginDate=19820818&endDate=19820818&publishedBeginDate=&publishedEndDate=&caseNumber=.
Chile Declassification Project, Embassy Santiago an Secretary of State, 22.11.1983, unter: http://foia.state.gov/Search/results.aspx?searchText=Embassy+Santiago+Secretary+of+State&beginDate=19831122&endDate=19831122&publishedBeginDate=&publishedEndDate=&caseNumber=.
Chile Declassification Project, Embassy Santiago an Secretary of State, 12.12.1983, unter: http://foia.state.gov/Search/results.aspx?searchText=Embassy+Santiago+Secretary+of+State&beginDate=19831212&endDate=19831212&publishedBeginDate=&publishedEndDate=&caseNumber=.
Chile Declassification Project, Embassy Santiago an Secretary of State, 19.2.1985, unter: http://foia.state.gov/Search/results.aspx?searchText=Embassy+Santiago+Secretary+of+State&beginDate=19850219&endDate=19850219&publishedBeginDate=&publishedEndDate=&caseNumber=.
Chile Declassification Project, Haig, Memorandum for the President, 16.2.1981, unter: http://foia.state.gov/Search/results.aspx?searchText=Haig+Memorandum+for+the+President&beginDate=19810216&endDate=19810216&publishedBeginDate=&publishedEndDate=&caseNumber=.
Chile Declassification Project, Harold H. Saunders an Secretary of State, 9.6.1976, unter: http://foia.state.gov/Search/results.aspx?searchText=Harold+H.+Saunders+an+Secretary+of+State%2C+9.6.1976&beginDate=19760609&endDate=19760609&publishedBeginDate=&publishedEndDate=&caseNumber=.
Chile Declassification Project, Human Rights, Chile, Oktober 1978, unter: http://foia.state.gov/Search/results.aspx?searchText=Human+Rights+Chile&beginDate=19781001&endDate=19781031&publishedBeginDate=&publishedEndDate=&caseNumber=.
Chile Declassification Project, Memorandum for John M. Poindexter, 9.6.1986, unter: http://foia.state.gov/Search/results.aspx?searchText=Memorandum++Poindexter&beginDate=19860609&endDate=19860609&publishedBeginDate=&publishedEndDate=&caseNumber=.
Chile Declassification Project, Memorandum for John M. Poindexter, 10.11.1986, unter: http://foia.state.gov/Search/results.aspx?searchText=Memorandum++Poindexter&beginDate=19861110&endDate=19861110&publishedBeginDate=&publishedEndDate=&caseNumber=.

Chile Declassification Project, Memorandum of Conversation, Ambassador Enrique Valenzuela and Ambassador-at-Large Vernon A. Walters, 20.8.1981, unter: http://foia.state.gov/Search/results.aspx?searchText=Memorandum+of+Conversation+Ambassador+Enrique+Valenzuela++Ambassador-at-Large++Walters&beginDate=19810820&endDate=1981082 0&publishedBeginDate=&publishedEndDate=&caseNumber=.

Chile Declassification Project, Minutes of November 4 meeting of Christopher group, 7.11.1977, unter: http://foia.state.gov/Search/results.aspx?searchText=Minutes+of+November+4+meeting+of+Christopher+group&beginDate=19771107&endDate=19771107&publishedBeginDate=&publishedEndDate=&caseNumber=.

Chile Declassification Project, Secretary of State an Embassy Santiago, Final version of the 1980 Human Rights Report, 25.1.1981, unter: http://foia.state.gov/Search/results.aspx?searchText=Secretary+of+State+an+Embassy+SantiagoFinal+version+of+the+1980+Human+Rights+Report&beginDate=19810125&endDate=19810125&publishedBeginDate=&publishedEndDate=&caseNumber=.

Chile Declassification Project, Secretary of State an Embassy Santiago, 4.6.1986, unter: http://foia.state.gov/Search/results.aspx?searchText=Secretary+of+State+Embassy+Santiago&beginDate=19860604&endDate=19860604&publishedBeginDate=&publishedEndDate=&caseNumber=.

Chile Declassification Project, Secretary of State an President, draft memorandum, 15.10.1979, unter: http://foia.state.gov/Search/results.aspx?searchText=Secretary+of+State++President+draft+memorandum&beginDate=19791015&endDate=19791015&publishedBeginDate=&publishedEndDate=&caseNumber=.

Chile Declassification Project, Tony Motley an Dam, 21.11.1984, unter: http://foia.state.gov/Search/results.aspx?searchText=Tony+Motley++Dam&beginDate=19841121&endDate=19841121&publishedBeginDate=&publishedEndDate=&caseNumber=.

Chile Declassification Project, Tony Motley, Memorandum for Eagleburger, 16.11.1983, unter: http://foia.state.gov/Search/results.aspx?searchText=Tony+Motley+Memorandum+Eagleburger&beginDate=19831116&endDate=19831116&publishedBeginDate=&publishedEndDate=&caseNumber=.

Chile Declassification Project, US Delegation New York an Secretary of State, 29.9.1988, unter: http://foia.state.gov/Search/results.aspx?searchText=US+Delegation+New+York+Secretary+of+State&beginDate=19880929&endDate=19880929&publishedBeginDate=&publishedEndDate=&caseNumber=.

Chile Declassification Project, US Policy Goals and Objectives for Chile, 16.4.1986, unter: http://foia.state.gov/Search/results.aspx?searchText=US+Policy+Goals+and+Objectives+for+Chile&beginDate=19860416&endDate=19860416&publishedBeginDate=&publishedEndDate=&caseNumber=.

Chile Declassification Project, Viron P. Vaky an Secretary of State, 15.10.1979, unter: http://foia.state.gov/Search/results.aspx?searchText=Viron+P.+Vaky+an+Secretary+of+State&beginDate=19791015&endDate=19791015&publishedBeginDate=&publishedEndDate=&caseNumber=.

Commons Sitting, Chile, House of Commons, 24.7.1987, unter: http://hansard.millbanksystems.com/commons/1987/jul/24/chile#S6CV0120P0_19870724_HOC_42.

Debatte im House of Commons, 21.5.1974, unter: http://hansard.millbanksystems.com/commons/1974/may/21/arms-exports#S5CV0874P0_19740521_HOC_188.

Debatte im House of Commons, 23.5.1974, unter: http://hansard.millbanksystems.com/commons/1974/may/23/derbyshire#S5CV0874P0_19740523_HOC_173.

Debatte im House of Commons, 9.2.1976, unter: http://hansard.millbanksystems.com/commons/1976/feb/09/foreign-policy-and-morality#S5CV0905P0_19760209_HOC_201.

Debatte im House of Commons, 12.7.1976, unter: http://hansard.millbanksystems.com/commons/1976/jul/12/uganda-mrs-dora-bloch.

Debatte im House of Commons, 1.3.1977, unter: http://hansard.millbanksystems.com/commons/1977/mar/01/foreign-affairs#S5CV0927P0_19770301_HOC_196.
Debatte im House of Commons, 30.3.1977, unter: http://hansard.millbanksystems.com/commons/1977/mar/30/human-rights#S5CV0929P0_19770330_HOC_107.
Debatte im House of Commons, 22.7.1985, unter: http://hansard.millbanksystems.com/commons/1985/jul/22/chile#S6CV0083P0_19850722_HOC_779.
Debatte im House of Commons, 24.7.1986, unter: http://hansard.millbanksystems.com/commons/1986/jul/24/chile#S6CV0102P0_19860724_HOC_736.
Déclaration des droits de l'homme et du citoyen, 1789, unter: http://www.assemblee-nationale.fr/histoire/dudh/1789.asp.
Declaration of Indepdence, 1776, unter: http://www.archives.gov/exhibits/charters/declaration_transcript.html.
De rechten van de mens in het buitenlandse beleid, unter: http://resourcessgd.kb.nl/SGD/19781979/PDF/SGD_19781979_0006043.pdf.
Deutscher Bundestag, 8. WP, 61. Sitzung, 8.12.1977, unter: http://dipbt.bundestag.de/doc/btp/08/08061.pdf#P.4697.
Deutscher Bundestag, 10. WP, 131. Sitzung, 17.4.1985, unter: http://dipbt.bundestag.de/doc/btp/10/10131.pdf#P.9696.
Deutscher Bundestag, 10. WP, 149. Sitzung, 27.6.1985, unter: http://dipbt.bundestag.de/dip21/btp/10/10149.pdf.
Deutscher Bundestag, 11. WP, 74. Sitzung, 21.4.1988, unter: http://dipbt.bundestag.de/doc/btp/11/11074.pdf#P.5019.
Deutscher Bundestag, 11. WP, 117. Sitzung, 9.12.1988, Debatte anläßlich des 40. Jubiläums der Allgemeinen Menschenrechtserklärung, unter: http://dipbt.bundestag.de/doc/btp/11/11117.pdf.
Deutscher Bundestag, 11. WP, 234. Sitzung, 31.10.1990, unter: http://dipbt.bundestag.de/doc/btp/11/11234.pdf#P.18748.
Deutscher Bundestag, Parlamentarische Protokolle, unter: http//dipbt.bundestag.de/dip21.web/bt.
Entschließungsantrag der CDU/CSU vom 3.3.1977, unter: http://dipbt.bundestag.de/doc/btd/08/001/0800152.pdf.
Entschließungsantrag der CDU/CSU vom 9.3.1978, unter: http://dipbt.bundestag.de/doc/btd/08/016/0801603.pdf.
Entschließungsantrag der CDU/CSU vom 22.7.1981, unter: http://dipbt.bundestag.de/doc/btd/09/006/0900684.pdf.
Entschließungsantrag der Fraktion der SPD, 24.1.1986, unter: http://dipbt.bundestag.de/doc/btd/10/047/1004720.pdf.
Entschließungsantrag der SPD und FDP, 14.11.1979, unter: http://dipbt.bundestag.de/doc/btd/08/033/0803361.pdf.
Enzyklika »Divini Redemptoris«, 19.3.1937, unter: http://www.vatican.va/holy_father/pius_xi/encyclicals/documents/hf_p-xi_enc_19031937_divini-redemptoris_en.html.
Enzyklika »Mit brennender Sorge«, 14.3.1937, unter: http://www.vatican.va/holy_father/pius_xi/encyclicals/documents/hf_p-xi_enc_14031937_mit-brennender-sorge_ge.html.
Enzyklika »Non abbiamo bisogno«, 29.6.1931, unter: http://www.vatican.va/holy_father/pius_xi/encycli.cals/documents/hf_p-xi_enc_19310629_non-abbiamo-bisogno_it.html.
Enzyklika »Quadragesimo Anno«, 15. Mai 1931, unter: http://www.vatican.va/holy_father/pius_xi/encyclicals/documents/hf_p-xi_enc_19310515_quadragesimo-anno_en.html.
Erklärung von Philadelphia, unter: http://www.ilocarib.org.tt/projects/cariblex/conventions_23.shtml.
Europäische Menschenrechtskonvention, unter: http://conventions.coe.int/Treaty/ger/Treaties/Html/005.htm.

Final Declaration of the Regional Meeting for Asia of the World Conference on Human Rights, unter: http://www.hurights.or.jp/archives/other_documents/section1/1993/04/final-declaration-of-the-regional-meeting-for-asia-of-the-world-conference-on-human-rights.html.

Fünfter entwicklungspolitischer Bericht der Bundesregierung, 23.2.1983, unter: http://dipbt.bundestag.de/doc/btd/09/024/0902411.pdf.

Große Anfrage der CDU/CSU vom 16.2.1977, unter: http://dipbt.bundestag.de/doc/btd/08/001/0800118.pdf.

Große Anfrage der CDU/CSU vom 7.12.1977, unter: http://dipbt.bundestag.de/doc/btd/08/013/0801312.pdf.

Große Anfrage der CDU/CSU vom 25.1.1979, unter: http://dipbt.bundestag.de/doc/btd/08/025/0802504.pdf.

Große Anfrage der CDU/CSU vom 6.7.1982, unter: http://dipbt.bundestag.de/doc/btd/09/018/0901826.pdf.

Große Anfrage der CDU/CSU und FDP vom 21.6.1985, unter: http://dipbt.bundestag.de/doc/btd/10/035/1003537.pdf.

Große Anfrage der SPD vom 28.3.1985, unter: http://dipbt.bundestag.de/doc/btd/10/031/1003111.pdf.

Handelingen Tweede Kamer, 26.2.1975, unter: http://resourcessgd.kb.nl/SGD/19741975/PDF/SGD_19741975_0000468.pdf.

Handelingen Tweede Kamer, 3.11.1976, unter: http://resourcessgd.kb.nl/SGD/19761977/PDF/SGD_19761977_0000302.pdf.

Inter-American Commission on Human Rights: Communications addressed to the Commission, 29. Dominican Republic (Case 1775), in: Dies.: Annual Report 1974, unter: http://www.wcl.american.edu/pub/humright/digest/inter-american/english/annual/74sec3part2/case1775.html.

International Criminal Court: Situations and Cases, unter: http://www.icc-cpi.int/en_menus/icc/situations%20and%20cases/Pages/situations%20and%20cases.aspx.

Kissinger, Henry A.: Address to the Sixth Special Session of the United Nations General Assembly, unter: http://www.jstor.org/discover/10.2307/2706310?uid=3737864&uid=2134&uid=2&uid=70&uid=4&sid=21103759266541.

Kleine Anfrage der Grünen in Sachen Rüstungsexporte, März 1984, unter: http://dipbt.bundestag.de/doc/btd/10/011/1001167.pdf.

Kohl, Helmut: Bericht zur Lage der Nation im geteilten Deutschland, Deutscher Bundestag, 11. WP, 33. Sitzung, 15.10.1987, unter: http://dipbt.bundestag.de/doc/btp/11/11033.pdf.

– Regierungserklärung, 4.5.1983, unter: http://dipbt.bundestag.de/doc/btp/10/10004.pdf#P.56.

KSZE-Schlußakte, 1.8.1975, unter: http://www.osce.org/de/mc/39503?download=true.

Memoria viva: [Online-Archiv], unter: http://www.memoriaviva.com.

Menschenrechtsbericht der Bundesregierung für die 11. Legislaturperiode, 1.3.1990, unter: http://dipbt.bundestag.de/doc/btd/11/065/1106553.pdf.

Menschenrechtscharta der Arabischen Liga, unter: http://www.humanrights.ch/upload/pdf/091029_Arab_Charter_on_Human_Rights_2004.pdf.

Message du Pape Paul VI. à M. Leopold Benites, Président de la XXVII Assamblée Générale des Nations Unies, 10.12.1973, unter: http://www.vatican.va/holy_father/paul_vi/messages/pont-messages/documents/hf_p-vi_mess_19731210_diritti-uomo_fr.html.

NSDD 75, US Relations with the USSR, 17.1.1983, unter: http://www.fas.org/irp/offdocs/nsdd/nsdd-75.pdf.

Peña, Ángela: Julio de Peña Valdez, in: Hoy (Santo Domingo), 16.9.2007, unter: http://hoy.com.do/julio-de-pena-valdeztres-calles-de-santo-domingo-honran-la-memoria-del-extraordinario-sindicalista-y-militante-del-movimiento-revolucionario/.

Plenardebatte vom 5.4.1984, unter: http://dipbt.bundestag.de/doc/btp/10/10064.pdf#P.4539, S. 4539–4553.

Plenardebatte vom 25.9.1986, unter: http://dipbt.bundestag.de/doc/btp/10/10232.pdf#P.18022, S. 18022–18032.
Plenardebatte vom 8.10.1987, unter: http://dipbt.bundestag.de/doc/btp/11/11030.pdf#P.1952, S. 1952–1979.
Private Eye, 4.3.1977, unter: http://www.private-eye.co.uk/covers.php?showme=397.
Reagan, Ronald: Address to Members of the British Parliament, 8.6.1982, unter: http://www.presidency.ucsb.edu/ws/?pid=42614.
- Address to the American and Soviet Peoples on the Soviet-United States Summit Meeting, 8.12.1987, unter: http://www.presidency.ucsb.edu/ws/index.php?pid=33797&st=Address+to+the+American+and+Soviet+Peoples+on+the+Soviet-United+States+Summit+Meeting&st1=.
- Address to the Nation About Christmas and the Situation in Poland, 23.12.1981, unter: http://www.presidency.ucsb.edu/ws/index.php?pid=43384&st=Address+to+the+Nation+About+Christmas+and+the+Situation+in+Poland&st1=.
- Address to the Nation and Other Countries on United States-Soviet Relations, 16.1.1984, unter: http://www.presidency.ucsb.edu/ws/?pid=39806.
- Address to the Nation on the Meetings With Soviet General Secretary Gorbachev in Iceland, 13.10.1986, unter: http://www.presidency.ucsb.edu/ws/index.php?pid=36587&st=&st1=.
- Address to the Nation on the Upcoming Soviet-United States Summit Meeting in Geneva, 14.11.1985, unter: http://www.presidency.ucsb.edu/ws/index.php?pid=38068&st=&st1=.
- Ansprache vom 7.10.1986, unter: http://www.presidency.ucsb.edu/ws/index.php?pid=36544&st=&st1=.
- Debate Between the President and Former Vice President Walter F. Mondale in Kansas City, Missouri, 21.10.1984, unter: http://www.presidency.ucsb.edu/ws/?pid=39296.
- Excerpts From an Interview With Walter Cronkite of CBS News, 3.3.1981, unter: http://www.presidency.ucsb.edu/ws/index.php?pid=43497&st=human+rights&st1=.
- Message on the 60th Birthday of Andrei Sakharov, 2.5.1981, unter: http://www.presidency.ucsb.edu.
- Message to the Congress on Economic Sanctions Against Nicaragua, 1.5.1985, unter: http://www.presidency.ucsb.edu/ws/?pid=38583.
- Radio Address to the Nation on the Meeting With Soviet General Secretary Gorbachev in Reykjavik, Iceland, 4.10.1986, unter: http://www.presidency.ucsb.edu/ws/index.php?pid=36544&st=&st1=.
- Radio Address to the Nation on the Soviet-United States Summit Meeting in Moscow, 28.5.1988, unter: http://www.presidency.ucsb.edu/ws/?pid=35891.
- Remarks Announcing a Proposed Initiative for Central America, 3.2.1984, unter: http://www.presidency.ucsb.edu/ws/?pid=39322.
- Remarks at a White House Ceremony Inaugurating the National Endowment for Democracy, 16.12.1983, unter: http://www.presidency.ucsb.edu/ws/?pid=40874.
- Remarks at a White House Meeting With Human Rights Advocates, 7.10.1986, unter: http://www.presidency.ucsb.edu/ws/?pid=36560.
Regierungserklärung der Bundesregierung, Deutscher Bundestag, 11. WP, 4. Sitzung, 18.3.1987, unter: http://dipbt.bundestag.de/doc/btp/11/11004.pdf#P.51.
Regierungserklärung der Bundesregierung, 11. WP, 228. Sitzung, 4.10.1990, unter: http://dipbt.bundestag.de/doc/btp/11/11228.pdf.
Regierungserklärung der Regierung den Uyls, unter: http://resourcessgd.kb.nl/SGD/19721973/PDF/SGD_19721973_0000379.pdf, S. 1573.
Republican Party Platform 1976, unter: http://www.presidency.ucsb.edu/ws/index.php?pid=25843.
Rijksbegroting voor 1974, unter: http://resourcessgd.kb.nl/SGD/19731974/PDF/SGD_19731974_0003387.pdf.

Rijksbegroting voor 1975, unter: http://resourcessgd.kb.nl/SGD/19741975/PDF/SGD_197419 75_0002945.pdf.
Rijksbegroting voor 1976, unter: http://resourcessgd.kb.nl/SGD/19751976/PDF/SGD_197519 76_0003186.pdf.
Rijksbegroting voor 1977, unter: http://resourcessgd.kb.nl/SGD/19761977/PDF/SGD_197619 77_0002595.pdf.
Rijksbegrooting voor 1978, unter: http://resourcessgd.kb.nl/SGD/19771978/PDF/SGD_19771 978_0003259.pdf.
Rijksbegroting voor het jaar 1979, unter: http://resourcessgd.kb.nl/SGD/19781979/PDF/SGD_ 19781979_0003689.pdf.
Satzung des Europarats, unter: http://conventions.coe.int/Treaty/ger/Treaties/Html/001.htm.
Satzung der UNESCO, unter: http://portal.unesco.org/en/ev.php-URL_ID=15244&URL_DO =DO_TOPIC&URL_.
SPD: Antrag auf Beschließung des Bundestags, 7.8.1983, unter: http://dipbt.bundestag.de/ doc/btd/10/003/1000360.pdf.
Staaten-Generaal Digitaal. Parlementaire documenten uit de periode 1814 tot 1995, unter: http//www.statengeneraaldigitaal.nl.
United Nations: Yearbook of the United Nations, Bde. 1955–1961, 1965–1973, unter: http:// unyearbook.un.org/index.html.
Verenigde vergadering van de beide kamers der Staten-Generaal, 21.9.1971, unter: http:// www.statengeneraaldigitaal.nl.
Visit of Vice Premier Deng of China, Joint Press Communiqué, February 1, 1979, unter: http://www.presidency.ucsb.edu/ws/?pid=31546.
World Conference on Human Rights, 14–25 June 1993, Vienna, unter: http://www.ohchr.org/ EN/ABOUTUS/Pages/ViennaWC.aspx.
Written Answers, Chile, 28.1.1985, unter: http://hansard.millbanksystems.com/written_ answers/1985/jan/28/chile#S6CV0072P0_19850128_CWA_180.

B. Sekundärliteratur

Aarsbergen, Aart: Verre paradijzen. Linkse intellectuelen op excursie naar de Sovjet-Unie, Cuba en China, Utrecht 1988.
Abel, Christopher: Karibik und Guyanas, in: Bernecker/Tobler (Hg.), Handbuch, S. 567–658.
Adamishin, Anatoly/Schifter, Richard: Human Rights, Perestroika, and the End of the Cold War, Washington 2009.
Agnew, Jean-Christophe/Rosenzweig, Roy: A Companion to Post-1945 America, Malden u. a. 2002.
Akpan, Moses E.: African Goals and Diplomatic Strategies in the United Nations, North Quincy 1976.
Aldridge III, Daniel W.: Black Powerlessness in a Liberal Era. The NAACP, Anti-Colonialism, and the United Nations Organization, 1942–1945, in: R. M. Douglas u. a. (Hg.): Imperialism on Trial. International Oversight of Colonial Rule in Historical Perspective, Lanham 2006, S. 85–110.
Alexeyeva, Ludmila: Soviet Dissent. Contemporary Movements for National, Religious, and Human Rights, Middletown, Conn. 1985.
Alonso, Harriet: Peace as a Women's Issue. A History of the US Movement for World Peace and Women's Rights, Syracuse 1993.

Alston, Philip: The Commission on Human Rights, in: Ders. (Hg.), United Nations, S. 126–210.
- (Hg.): The EU and Human Rights, Oxford 1999.
- (Hg.): The United Nations and Human Rights, Oxford 1992.

Altermatt, Urs: Geschichte der schweizerischen Außenpolitik. Vom Ende des Zweiten Weltkriegs bis zur Gegenwart, in: Alois Riklin/Hans Haug/Raymond Probst (Hg.): Neues Handbuch der schweizerischen Außenpolitik, Bern 1992, S. 61–78.

Altmann, Gerhard: Abschied vom Empire. Die innere Dekolonisation Großbritanniens 1945–1985, Göttingen 2005.

Altrichter, Helmut/Wentker, Hermann (Hg.): Der KSZE-Prozeß. Vom Kalten Krieg zu einem neuen Europa 1975 bis 1990, München 2011.

Altshul, Stuart: From Exodus to Freedom. A History of the Soviet Jewry Movement, Lanham u. a. 2005.

Alwan, Mohamed: Algeria before the United Nations, New York 1959.

Ambrose, Brendalyn P.: Democratization and the Protection of Human Rights in Africa, Westport/London 1995.

Ambrose, Stephen E./Brinkley, Douglas G.: Rise to Globalism. American Foreign Policy since 1938, New York 1997.

Amos, Jennifer: Unterstützen und unterlaufen. Die Sowjetunion und die Allgemeine Erklärung der Menschenrechte 1948–1958, in: Hoffmann (Hg.), Moralpolitik, S. 142–168.

Ampiah, Kweku: The Political and Moral Imperatives of the Bandung Conference of 1955. The Reactions of the US, UK and Japan, Folkestone 2007.

Anderson, Bonnie S.: Joyous Greetings. The First International Women's Movement, 1830–1860, Oxford 2000.

Anderson, Carol: Eyes Off the Prize. The United Nations and the African American Struggle for Human Rights, 1944–1955, Cambridge 2003.
- From Hope to Disillusion. African Americans, the United Nations, and the Struggle for Human Rights, 1944–1947, in: Diplomatic History 20 (1996), S. 531–563.
- International Conscience, the Cold War, and Apartheid: The NAACP's Alliance with the Reverend Michael Scott for South West Africa's Liberation, 1946–1951, in: Journal of World History 19 (2008), S. 297–325.

Anderson, Terry H.: The Movement and the Sixties, Oxford 1995.

Andreopoulos, George J.: The Age of National Liberation Movements, in: Michael Howard u. a. (Hg.): The Laws of War. Constraints on Warfare in the Western World, New Haven/London 1994, S. 191–213.

Ansprenger, Franz: Politische Geschichte Afrikas im 20. Jahrhundert, München 1993.
- Südafrika. Eine Geschichte von Freiheitskämpfen, Mannheim u. a. 1994.
- /Traeder, Heide/Tetzlaff, Rainer: Die politische Entwicklung Ghanas von Nkrumah bis Busia, München 1972.

Armitage, David: The Declaration of Independence. A Global History, Cambridge 2007.

Asante, S. K. B.: The Neglected Aspects of the Gold Coast Aborigines Rights Protection Society, in: Phylon 36 (1975), S. 32–45.

Aukes, N.: Nederland en het griekse kolonelsregime, Leiden 1984.

Bachmann-Medick, Doris: Cultural Turns. Neuorientierungen in den Kulturwissenschaften, Reinbek 2006.

Baehr, Peter R./Castermans-Holleman, Monique C. (Hg.): The Netherlands and the United Nations. Selected Issues, The Hague 1990.

Bailey, Christopher A./Harper, Tim: Forgotten Wars. The End of Britain's Asian Empire, London 2007.

Bailey, Sydney D.: The UN Security Council and Human Rights, Houndmills u. a. 1994.

Bailyn, Bernard: The Ideological Origins of the American Revolution, Cambridge 1967.

Baker, Keith Michael: The Idea of a Declaration of Rights, in: Dale van Kley (Hg.): The French Idea of Freedom. The Old Regime and the Declaration of Rights of 1789, Stanford 1994, S. 154–196.
Balsen, Werner/Rössel, Karl: Hoch die internationale Solidarität. Zur Geschichte der Dritte-Welt-Bewegung in der Bundesrepublik, Köln 1986.
Bange, Oliver/Niedhart, Gottfried: Introduction, in: Dies. (Hg.): Helsinki 1975 and the Transformation of Europe, New York/Oxford 2008, S. 1–22.
Banton, Michael: International Action against Racial Discrimination, Oxford 2005.
Barber, James: South Africa in the Twentieth Century, Oxford 1999.
- /Barratt, John: South Africa's Foreign Policy. The Search for Status and Security, 1945–1988, Cambridge 1990.
Barnett, Michael: Empire of Humanity. A History of Humanitarianism, Ithaca 2011.
- /Finnemore, Martha: Rules for the World. International Organizations in Global Politics, Ithaca/London 2004.
- /– The Politics, Power and Pathologies of International Organizations, in: International Organization 53 (1999), S. 699–732.
Barros, Robert: La Junta Militar. Pinochet y la Constitución de 1980, Santiago de Chile 2005 [orig. engl. Constitutionalism and Dictatorship. Pinochet, the Junta, and the 1980 Constitution, Cambridge/New York 2002].
Bass, Gary J.: Freedom's Battle. The Origins of Humanitarian Intervention, New York 2008.
Baudet, Floribert: »Het heeft onze aandacht«. Nederland en de rechten van de mens in Oost-Europa en Joegoslavie, 1972–1989, Amsterdam 2001.
- »It was the Cold War we wanted to win«. Human Rights, Détente, and the CSCE, in: Wenger u. a. (Hg.), Origins, S. 183–198.
Beerends, Hans: De Derde Wereldbeweging. Geschiedenis en toekomst, Den Haag 1993.
Bégin, Natalie: Kontakte zwischen Gewerkschaften in Ost und West. Die Auswirkungen von Solidarnosc in Deutschland und Frankreich. Ein Vergleich, in: AfS 45 (2005), S. 293–324.
Benjamin, Jules R.: The United States and the Origins of the Cuban Revolution. An Empire of Liberty in an Age of National Liberation, Princeton 1990.
Benoît-Rohmer, Florence/Klebes, Heinrich (Hg.): Das Recht des Europarats. Auf dem Weg zu einem pan-europäischen Rechtssystem, Berlin 2006.
Berger, Ralph: Die Normalisierung der diplomatischen Beziehungen zwischen den USA und der VR China 1969–1979. Die geheimen Verhandlungen von Henry A. Kissinger mit Mao Zedong, Zhou Enlai und Deng Xiaoping, Frankfurt 2003.
Berger, Stefan: Solidarnosc, Western Solidarity and Détente. A Transnational Approach, in: European Review 16 (2008), S. 75–84.
Bernecker, Walther L.: Port Harcourt, 10. November 1995. Aufbruch und Elend in der Dritten Welt, München 1997.
- u. a.: Eine kleine Geschichte Brasiliens, Frankfurt am Main 2000.
- /Tobler, Hans-Werner (Hg.): Handbuch der Geschichte Lateinamerikas, Bd. 3: Lateinamerika im 20. Jahrhundert, Stuttgart 1996.
- /– Staat, Wirtschaft, Gesellschaft und Außenbeziehungen Lateinamerikas im 20. Jahrhundert, in: Dies. (Hg.), Handbuch, S. 3–228.
Besier, Gerhard: Der Heilige Stuhl und Hitler-Deutschland. Die Faszination des Totalitären, München 2004.
Best, Geoffrey: Peace Conferences and the Century of Total War: The 1899 Hague Conference and What Came After, in: International Affairs 75 (1999), 3, S. 619–634.
Bethell, Leslie: Democracy in Latin America Since 1930, in: Ders. (Hg.): Latin America. Politics and Society Since 1930, Cambridge 1998, S. 3–66.
- /Roxborough, Ian: Introduction. The Postwar Conjuncture in Latin America. Democracy, Labor, and the Left, in: Dies. (Hg.), Latin America, S. 1–32.

- /– Latin America Between the Second World War and the Cold War, 1944–1948, Cambridge 1992.
Betts, Paul: Socialism, Social Rights, and Human Rights. The Case of East Germany, in: Humanity 3 (2012), S. 407–426.
Betts, Raymond F.: Decolonization, London/New York 1998.
Beverungen, Johannes: Elite Planning Organizations. Traditionen, Charakteristika, Implikationen der Trilateral Commission, Baden-Baden 2005.
Bielefeldt, Heiner: Philosophie der Menschenrechte. Grundlagen eines weltweiten Freiheitsethos, Darmstadt 1998.
Bilandžic, Vladimir u. a. (Hg.): From Helsinki to Belgrade. The First CSCE Follow-up Meeting and the Crisis of Détente, Göttingen 2012.
Biondi, Jean-Pierre: Les anticolonialistes (1881–1962), Paris 1992.
Birtsch, Günter: Revolution und Menschenrechte. Zur Geschichte der Grund- und Freiheitsrechte vor und nach 1789, in: Helmut Reinalter (Hg.): Die Französische Revolution. Forschung – Geschichte – Wirkung, Frankfurt u. a. 1991, S. 157–174.
- (Hg.): Grund- und Freiheitsrechte von der ständischen zur spätbürgerlichen Gesellschaft, Göttingen 1987.
Bissell, Richard E.: South Africa and the United States. The Erosion of an Influence Relationship, New York 1982.
Bitsch, Marie-Thérèse: Introduction, in: Dies. (Hg.), Jalons, S. 3–16.
- Jalons pur une histoire du Conseil de l'Europe, Bern 1997.
Black, Allida: Are Women »Human«? The UN and the Struggle to Recognize Women's Rights as Human Rights, in: Iriye u. a. (Hg.), Rights, S. 133–155.
Black, Maggie: A Cause for Our Times. Oxfam – the First 50 Years, Oxford 1992.
Blackbourn, Robin: The Overthrow of Colonial Slavery 1776–1848, London/New York 1988.
Blažek, Petr: Typologie von Opposition und Widerstand gegen das kommunistische Regime, in: Niklas Perzi/Beata Blehova/Peter Bachmaier (Hg.): Die Samtene Revolution. Vorgeschichte – Verlauf – Akteure, Frankfurt 2009, S. 110–134.
Blehova, Beata: Der Fall des Kommunismus in der Tschechoslowakei, Wien 2006.
Blickle, Peter: Von der Leibeigenschaft zu den Menschenrechten. Eine Geschichte der Freiheit in Deutschland, München 2006.
Boel, Bent: French Support for Eastern European Dissidence, 1968–1989. Approaches and Controversies, in: Poul Villaume/Odd Arne Westad (Hg.): Perforating the Iron Curtain. European Détente, Transatlantic Relations, and the Cold War, 1965–1985, Kopenhagen 2010, S. 215–242.
Boli, John/Thomas, George M.: World Culture in the World Polity: A Century of International Non-Governmental Organization, in: American Sociological Review 62 (1997), S. 171–190.
Boltanski, Luc: La souffrance à distance. Morale humanitaire, médias et politique, Paris 1993.
Bon Tempo, Carl J.: Antikommunistische Menschenrechte. Die Republikanische Partei und die Menschenrechtspolitik in den späten 1970er Jahren, in: Eckel/Moyn (Hg.), Moral, S. 290–315.
- From the Center-Right: Freedom House and Human Rights in the 1970s and 1980s, in: Iriye u. a. (Hg.), Rights, S. 223–244.
Borgwardt, Elizabeth: A New Deal for the World. America's Vision for Human Rights, Cambridge, MA/London 2005.
- A New Deal for the Nuremberg Trial. The Limits of Law in Generating Human Rights Norms, in: Law and History Review 26 (2008), S. 680–705.
Borodziej, Włodzimierz: Geschichte Polens im 20. Jahrhundert, München 2010.
Borstelmann, Thomas: Apartheid's Reluctant Uncle. The United States and Southern Africa in the Early Cold War, New York/Oxford 1993.

- The Cold War and the Color Line. American Race Relations in the Global Arena, Cambridge/London 2001.
Bourne, Peter G.: Jimmy Carter. A Comprehensive Biography from Plains to Postpresidency, New York 1997.
Boyens, Armin: Kirchenkampf und Ökumene 1939-1945. Darstellung und Dokumentation, München 1973.
Bradley, Mark Philip/Petro, Patrice (Hg.): Truth Claims. Representation and Human Rights, New Brunswick u. a. 2002.
Brand, Karl-Werner (Hg.): Neue soziale Bewegungen in Westeuropa und den USA. Ein internationaler Vergleich, Frankfurt/New York 1985.
Brandes, Detlef: Die Exilpolitik von Edvard Beneš 1939-1945, in: Arnold Suppan/Elisabeth Vyslonzil (Hg.): Edvard Beneš und die tschechoslowakische Außenpolitik 1918-1948, Frankfurt u. a. 2002, S. 157-163.
- Großbritannien und seine osteuropäischen Alliierten 1939-1943. Die Regierungen Polens, der Tschechoslowakei und Jugoslawiens im Londoner Exil vom Kriegsausbruch bis zur Konferenz von Teheran, München 1988.
Brands, Hal: Latin America's Cold War, Cambridge 2010.
Brechenmacher, Thomas: Der Heilige Stuhl und die europäischen Mächte im Vorfeld und während des Zweiten Weltkriegs, in: Hummel/Kösters (Hg.), Kirchen, S. 25-46.
- Der Papst und der Zweite Weltkrieg, in: Hummel/Kißener (Hg.), Katholiken, S. 179-196.
- Die Enzyklika »Mit brennender Sorge« als Höhe- und Wendepunkt der päpstlichen Politik gegenüber dem nationalsozialistischen Deutschland, in: Wolfram Pyta u. a. (Hg.): Die Herausforderung der Diktaturen. Katholizismus in Deutschland und Italien 1918-1943/45, Tübingen 2009, S. 271-300.
Bredekamp, Horst: Bild-Akt-Geschichte, in: Geschichtsbilder. 46. Deutscher Historikertag vom 19.-22. September 2006 in Konstanz. Berichtsband, Konstanz 2007, S. 289-309.
- Theorie des Bildakts, Berlin 2010.
Breucking, Dorthe: Schutz der Menschenrechte und der sozialen Grundrechte, in: Holtz (Hg.), Jahre, S. 139-148.
Brinkley, Alan: The End of Reform. New Deal Liberalism in Recession and War, New York 1996.
Brinkley, Douglas: Dean Acheson. The Cold War Years, 1953-1971, New Haven 1992.
- The Rising Stock of Jimmy Carter. The »Hands on« Legacy of Our Thirty-ninth President, in: Diplomatic History 20 (1996), S. 505-529.
Brown, Archie: Aufstieg und Fall des Kommunismus, Berlin 2009.
- Seven Years that Changed the World. Perestroika in Perspective, Oxford/New York 2007.
Brown, Christopher Leslie: Moral Capital. Foundations of British Abolitionism, Chapel Hill 2006.
Brüggemeier, Franz-Josef: Geschichte Großbritanniens im 20. Jahrhundert, München 2010.
Brummer, Klaus: Der Europarat, Wiesbaden 2008.
Brunn, Gerhard: Die europäische Einigung von 1945 bis heute, Stuttgart 2009.
Buchanan, Tom: »The Truth Will Set You Free«. The Making of Amnesty International, in: Journal of Contemporary History 37 (2002), S. 575-597.
- Amnesty International in Crisis, 1966-7, in: Twentieth Century British History 15 (2004), S. 267-289.
- Human Rights Campaigns in Modern Britain, in: Crowson u. a. (Hg.), NGOs, S. 113-128.
- Human Rights, the Memory of War and the Making of a ›European‹ Identity, in: Martin Conway/Kiran Klaus Patel (Hg.): Europeanization in the Twentieth Century. Historical Approaches, Houndmills 2010, S. 157-171.
Budde, Gunilla/Conrad, Sebastian/Janz, Oliver (Hg.): Transnationale Geschichte. Themen, Tendenzen und Theorien, Göttingen 2006.

Buergenthal, Thomas: International Human Rights in a Nutshell, St. Paul 1995.
- /Sohn, Louis B. (Hg.): International Protection of Human Rights, Indianapolis 1973.

Büscher, Barbara u. a. (Hg.): »Solidarnosc«. Die polnische Gewerkschaft »Solidarität« in Dokumenten, Diskussionen und Beiträgen 1980 bis 1982, Köln 1982.

Burgers, Herman J.: André Mandelstam, Forgotten Pioneer of International Human Rights, in: Fons Coomans u. a. (Hg.): Rendering Justice to the Vulnerable, Den Haag 2000, S. 69–82.
- The Road to San Francisco. The Revival of the Human Rights Idea in the Twentieth Century, in: HRQ 14 (1992), S. 447–477.

Burk, Kathleen (Hg.): The British Isles since 1945, Oxford 2003.

Burke, Roland: »The Compelling Dialgoue of Freedom«. Human Rights at the Bandung Conference, in: HRQ 28 (2006), S. 947–965.
- Decolonization and the Evolution of International Human Rights, Philadelphia 2010.
- From Individual Rights to National Development: The First UN International Conference on Human Rights, Tehran, 1968, in: Journal of World History 19 (2008), S. 275–296.

Burns, Stewart: Social Movements. Searching for Democracy, Boston 1990.

Busch, Andrew E.: Ronald Reagan and the Politics of Freedom, Lanham 2001.

Bussey, Gertrude/Tims, Margaret: Women's International League for Peace and Freedom, 1915–1965. A Record of Fifty Years' Work, London 1965.

Butler, L. J.: Britain and Empire. Adjusting to a Post-Imperial World, London/New York 2002.

Caetano, Gerardo/Rilla, José: Historia Contemporánea del Uruguay, Montevideo 2005.

Camacho Padilla, Fernando: Las relaciones entre Chile y Suecia durante el primer gobierno de Olof Palme, 1969–1976, in: Iberoamericana 25 (2007), S. 65–85.
- Una vida para Chile. La solidaridad y la comunidad chilena en Suecia, Santiago 2011.

Campbell, Wallace J.: The History of CARE. A Personal Account, New York u. a. 1990.

Cannon, Lou: President Reagan: The Role of a Lifetime, New York 2000.

Carleton, David/Stohl, Michael: The Foreign Policy of Human Rights. Rhetoric and Reality from Jimmy Carter to Ronald Reagan, in: HRQ 7 (1985), S. 205–229.

Carothers, Thomas: In the Name of Democracy. U. S. Policy Toward Latin America in the Reagan Years, Berkeley u. a. 1991.

Carozza, Paolo G.: From Conquest to Constitutions. Retrieving a Latin American Tradition of the Idea of Human Rights, in: HRQ 25 (2003), S. 281–313.

Casanova, José: Public Religions in the Modern World, Chicago 1994.

Cassese, Antonio: The General Assembly: Historical Perspectives 1945–1989, in: Alston (Hg.), United Nations, S. 25–54.

Castermans-Holleman, Monique C.: Het nederlands mensenrechtsbeleid in de Verenigde Naties, Den Haag 1992.

Caute, David: The Great Fear. The Anti-Communist Purge under Truman and Eisenhower, New York 1978.

Chafe, William H.: The Unfinished Journey. America Since World War II, New York/Oxford 2007.

Chafer, Tony: The End of Empire in French West Africa. France's Successful Decolonization?, Oxford/New York 2002.

Chamberlain, Muriel E.: European Decolonisation in the Twentieth Century, London/New York 1998.

Chandler, David: The Road to Military Humanitarianism: How the Human Rights NGOs Shaped A New Humanitarian Agenda, in: HRQ 23 (2001), 678–700.
- Voices from S-21. Terror and History in Pol Pot's Secret Prison, Berkeley u. a. 1999.

Charnovitz, Steve: Nongovernmental Organizations and International Law, in: The American Journal of International Law, 100 (2006), S. 348–372.

Clark, Ann Marie: Diplomacy of Conscience. Amnesty International and Changing Human Rights Norms, Princeton 2001.
Clarke, Peter: Hope and Glory. Britain 1900–2000, London 1997.
Claude, Richard (Hg.): Comparative Human Rights, Baltimore 1976.
Claudius, Thomas/Stepan, Franz: Amnesty International. Portrait einer Organisation, München/Wien 1978.
Clapham, Andrew: Human Rights and the European Community. A Critical Overview, Baden-Baden 1991.
Clavin, Patricia/Wessels, Jens-Wilhelm: Transnationalism and the League of Nations. Understanding the Work of its Economic and Financial Organisation, in: Contemporary European History 14 (2005) S. 465–492.
Clayton, Anthony: The Wars of French Decolonization, London/New York 1994.
Clemens, Gabriele/Reinfeldt, Gerhard/Wille, Alexander: Geschichte der europäischen Integration. Ein Lehrbuch, Paderborn 2008.
Clogg, Richard: A Concise History of Greece, Cambridge 1992.
Close, David H.: Greece since 1945. Politics, Economy and Society, London u. a. 2002.
Clymer, Kenton: Jimmy Carter, Human Rights and Cambodia, in: Diplomatic History 27 (2003), S. 245–277.
Cmiel, Kenneth: Human Rights, Freedom of Information, and the Origins of Third-World Solidarity, in: Bradley/Petro (Hg.), Truth Claims, S. 107–130.
- The Emergence of Human Rights Politics in the United States, in: The Journal of American History 86 (1999), S. 1231–1250.
- The Recent Historiography of Human Rights, in: AHR 109 (2004), S. 117–135.
Cobbah, Josiah A. M.: African Values and the Human Rights Debate. An African Perspective, in: HRQ 9 (1987), S. 309–331.
Cohen, Daniel, G.: Between Relief and Politics. Refugee Humanitarianism in Occupied Germany, 1945–1946, in: JoCH 43 (2008), No. 3, Special Issue: Relief in the Aftermath of War, S. 437–450.
- The »Human Rights Revolution« at Work. Displaced Persons in Postwar Europe, in: Hoffmann (Hg.), Rights, S. 45–61.
- The Holocaust and the »Human Rights Revolution«. A Reassessment, in: Iriye u. a. (Hg.), Rights, S. 53–72.
Cohen, Stephen: Conditioning U.S. Security Assistance on Human Rights Practices, in: American Journal of International Law 76 (1982), S. 246–279.
Coker, Christopher: Foreign and Defence Policy, in: Jonathan Hollowell (Hg.): Britain since 1945, Oxford u. a. 2003, S. 3–18.
- The United States and South Africa, 1968–1985. Constructive Engagement and Its Critics, Durham 1986.
Coleman, Howard D.: Greece and the Council of Europe. The International Protection of Human Rights by the Political Process, in: Israel Yearbook on Human Rights 2 (1972), S. 121–141.
Conklin, Alice L.: Colonialism and Human Rights. A Contradiction in Terms? The Case of France and West Africa, 1895–1914, in: AHR 103 (1998), S. 419–442.
Connelly, Matthew: A Diplomatic Revolution. Algeria's Fight for Independence and the Origins of the Post-Cold War Era, Oxford 2002.
- Fatal Misconception. The Struggle to Control World Population, Cambridge, MA/London 2008.
- Future Shock. The End of the World As They Knew It, in: Ferguson u. a. (Hg.), Shock, S. 337–350.
- Rethinking the Cold War and Decolonization. The Grand Strategy of the Algerian War for Independence, in: International Journal of Middle East Studies 33 (2001), S. 221–245.

Connors, Jane: NGOs and the Rights of Women at the United Nations, in: Willets (Hg.), »Conscience«, S. 147–180.
Conrad, Sebastian: Dekolonisierung in den Metropolen, in: GG 37 (2011), S. 135–156.
- Doppelte Marginalisierung. Plädoyer für eine transnationale Perspektive auf die deutsche Geschichte, in: GG 28 (2002), S. 146–169.
-/Eckert, Andreas/Freitag, Ulrike (Hg.): Globalgeschichte. Theorien, Ansätze, Themen, Frankfurt/New York 2007.
Conze, Eckart: Die Suche nach Sicherheit. Eine Geschichte der Bundesrepublik Deutschland von 1949 bis in die Gegenwart, München 2009.
- u. a. (Hg.): Geschichte der internationalen Beziehungen. Erneuerung und Erweiterung einer historischen Disziplin, Köln u. a. 2004.
Cook, Helena: Amnesty International at the United Nations, in: Willets (Hg.), »Conscience«, S. 181–213.
Cook, Robert: Sweet Land of Liberty? The African-American Struggle for Civil Rights in the Twentieth Century, London 1998.
Cooper, Frederick: Modernizing Bureaucrats, Backward Africans, and the Development Concept, in: Ders./Randall Packard (Hg.): International Development and the Social Sciences. Essays on the History and Politics of Knowledge, Berkeley u. a. 1997, S. 64–92.
- The Recurrent Crises of the Gatekeeper State, in: Ders.: Africa Since 1940. The Past of the Present, Cambridge 2002, S. 156–183.
- /Packard, Randall: Introduction, in: Dies. (Hg.): International Development and the Social Sciences. Essays on the History and Politics of Knowledge, Berkeley u. a. 1997, S. 1–41.
Cooper, John: Raphael Lemkin and the Struggle for the Genocide Convention, New York 2008.
Cooper, Sandi E.: Peace as a Human Right. The Invasion of Women into the World of High International Politics, in: Journal of Women's History 14 (2002), S. 9–25.
Cortright, David: Peace. A History of Movements and Ideas, Cambridge 2008.
Costa Pinto, António: O fim do império português. A cena internacional, a guerra colonial, e a descolonização 1961–1975, Lissabon 2001.
- The Transition to Democracy and Portugal's Decolonization, in: Stewart Lloyd-Jones/ders. (Hg.): The Last Empire. Thirty Years of Portuguese Decolonization, Bristol/Portland 2003, S. 17–35.
Cottrell, Robert C.: Roger Nash Baldwin and the American Civil Liberties Union, New York 2000.
Cox, Robert W./Jacobson, Harold K. (Hg.): The Anatomy of Influence. Decision Making in International Organizations, New Haven/London 1973.
Crewe, Ivor/King, Anthony: SDP. The Life and Death of the Social Democratic Party, Oxford 1995.
Cronje, Suzanne: Equatorial Guinea – the Forgotten Dictatorship. Forced Labour and Political Murder in Central Africa, London 1976.
Crowson, Nick/Hilton, Matthew/McKay, James (Hg.): NGOs in Contemporary Britain. Non-State Actors in Society and Politics since 1945, Houndmills 2009.
Crystal, Jill: The Human Rights Movement in the Arab World, in: HRQ 16 (1994), S. 435–451.
Cullather, Nick: Secret History. The CIA's Classified Account of its Operations in Guatemala, 1952–1954, Stanford 1999.
Culverson, Donald R.: The Politics of the Anti-Apartheid Movement in the United States, 1969–1986, in: Political Science Quarterly 111 (1996), S. 127–149.
Cumming, Gordon: Aid to Africa. French and British Policies From the Cold War to the New Millennium, Aldershot 2001.
Cunliffe, Alex: British Economic Aid Policy and International Human Rights, in: Political Studies 33 (1985), S. 101–112.
Dabringhaus, Sabine: Geschichte Chinas im 20. Jahrhundert, München 2009.

Dahm, Bernhard: Der Dekolonisationsprozeß Indonesiens. Endogene und exogene Faktoren, in: Wolfgang Mommsen (Hg.): Das Ende der Kolonialreiche. Dekolonisation und die Politik der Großmächte, Frankfurt 1990, S. 67–88.

Dallek, Robert: Franklin D. Roosevelt and American Foreign Policy, 1932–1945, New York 1979.

Dallin, Alexander: The Soviet Union and the United Nations. An Inquiry into Soviet Motives and Objectives, New York 1962.

Dann, Otto: Die Proklamation von Grundrechten in den deutschen Revolutionen von 1848/49, in: Günter Birtsch (Hg.): Grund- und Freiheitsrechte im Wandel von Gesellschaft und Geschichte. Beiträge zur Geschichte der Grund- und Freiheitsrechte vom Ausgang des Mittelalters bis zur Revolution von 1848, Göttingen 1981, S. 515–532.

Darwin, John: Britain and Decolonisation. The Retreat from Empire in the Post-War World, London 1988.

Davies, Norman: Im Herzen Europas. Geschichte Polens, München 1999, S. 15–21.

Davies, Richard O.: Defender of the Old Guard. John Bricker and American Politics, Columbus 1993.

de Boer, Stefan: Nederland en de apartheidskwestie, 1948–1990, in: Kuitenbrouwer/Leenders (Hg.), Geschiedenis, S. 259–280.

– Von Sharpeville tot Soweto. Nederlandse regeringsbeleid ten aanzien van apartheid, 1960–1977, Den Haag 1999.

de Goede, T.: De mensenrechten in het Nederlandse buitenlands beleid ten aanzien van Spanje, Portugal en Griekenland, 1945–1975, in: Kuitenbrouwer/Leenders (Hg.), Geschiedenis, S. 227–258.

de Jong, P. J.: Diplomatie of strijd. Het Nederlands beleid tegenover de Indonesische revolutie 1945–1947, Amsterdam 1988.

– In het kielzog van Multatuli. Van kolonial welvaartsproject naar ontwikkelingssamenwerking, in: Bob de Graaf u. a. (Hg.): De Nederlandse buitenlandse politiek in de twintigste eeuw, Amsterdam 2003, S. 37–67.

de la Chapelle, Philippe: La Déclaration universelle des droits de l'homme et le catholicisme, Paris 1967.

de Montclos, Xavier: Le discours de Pie sur la défense des droits de la personne humaine, in: Achille Ratti Pape Pie XI. Actes du colloque organisé par l'École française de Rome, Rom 1996, S. 857–872.

de Neufville, Judith Innes: Human Rights Reporting as a Policy Tool: An Examination of the State Department Country Reports, in: HRQ 8 (1986), S. 681–699.

de Waal, Alex: Famine Crimes. Politics and the Disaster Relief Industry in Africa, Bloomington 1997.

DeBenedetti, Charles: An American Ordeal. The Antiwar Movement of the Vietnam Era, Syracuse, NY 1990.

D'Emilio, John: Sexual Politics, Sexual Communities. The Making of a Homosexual Minority in the United States, 1940–1970, Chicago 1983.

Decalo, Samuel: Psychoses of Power. African Personal Dictatorships, Boulder/London 1989.

Dehnert, Gunter: »Eine neue Beschaffenheit der Lage«. Der KSZE-Prozeß und die polnische Opposition 1975–1989, in: Altrichter/Wentker (Hg.), KSZE-Prozeß, S. 87–98.

– 1975 als Zäsurjahr? Der Helsinkiprozeß, die Krise der Ära Gierek und die polnische Opposition, in: Eckel/Moyn (Hg.), Moral, S. 144–169.

– Entspannung gegen das Volk – Sanktionen für das Volk? Die Solidarnosc nach Ausrufung des Kriegsrechts und die Nachfolgekonferenz von Madrid, in: Peter/Wentker (Hg.), KSZE, S. 249–266.

del Pozo Artigas, José (Hg.): Exiliados emigrados y retornados. Chilenos en América y Europa 1973–2004, Santiago 1997.

DeRoche, Andrew J.: Standing Firm for Principles. Jimmy Carter and Zimbabwe, in: Diplomatic History 23 (1999), S. 657–685.

Des Forges, Alison: Kein Zeuge darf überleben. Der Genozid in Ruanda, Hamburg 2002.

Devries, Uta: Amnesty International gegen Folter. Eine kritische Bilanz, Frankfurt am Main u. a. 1998.

Diehl, Paul F. (Hg.): The Politics of Global Governance. International Organizations in an Interdependent World, Boulder/London 1997.

Diggins, John P.: Ronald Reagan. Fate, Freedom, and the Making of History, New York/London 2007.

– The Rise and Fall of the American Left, New York/London 1992.

Dinkel, Jürgen: Rezension: Bandung 1955, unter: http://hsozkult.geschichte.hu-berlin.de/rezensionen/id=13742&type=rezbuecher&sort=datum&order=down&search=j%C3%BCrgen+dinkel.

Divine, Robert A.: Second Chance. The Triumph of Internationalism in America During World War II, New York 1967.

Domínguez, Jorge I.: To Make a World Safe for Revolution. Cuba's Foreign Policy, Cambridge/London 1989.

Donert, Celia: Wessen Utopie? Frauenrechte und Staatssozialismus im internationalen Jahr der Frau 1975, in: Eckel/Moyn (Hg.), Moral, S. 367–394.

Donnelly, Jack: Human Rights at the United Nations 1955–85. The Question of Bias, in: International Studies Quarterly 32 (1988), S. 275–303.

Douglas, James: Parliaments Across Frontiers. A Short History of the Inter-Parliamentary Union, London 1975.

Dowd Hall, Jacquelyn: The Long Civil Rights Movement and the Political Uses of the Past, in: Journal of American History 91 (2005), S. 1233–1263.

Drescher, Seymour: Capitalism and Antislavery. British Mobilization in Comparative Perspective, Houndmills 1986.

Dubois, Laurent: A Colony of Citizens. Revolutions and Slave Emancipation in the French Carribean, 1787–1904, Chapel Hill/London 2004.

Dudziak, Mary: Cold War Civil Rights. Race and the Image of American Democracy, Princeton/Oxford 2000.

Duffield, Ian: Pan-Africanism Since 1940, in: Michael Crowder (Hg.): The Cambridge History of Africa, Bd. 8, Cambridge 1984, S. 95–141.

Dülffer, Jost: Regeln gegen den Krieg? Die Haager Friedenskonferenzen von 1899 und 1907 in der internationalen Politik, Berlin u. a. 1981.

– /Loth, Wilfried (Hg.): Dimensionen internationaler Geschichte, München 2012.

Dumbrell, John: American Foreign Policy. Carter to Clinton, Houndmills 1997.

– The Carter Presidency. A Re-evaluation, Manchester/New York 1993.

Duranti, Marco: Conservatives and the European Convention on Human Rights, in: Frei/Weinke (Hg.), Order, S. 82–93.

– Human Rights Reactionaries. The Campaign for European Unity and the Rehabilitation of Conservatism After the Second World War, Ph. Diss. Yale University 2010.

– The Holocaust, the Legacy of 1789 and the Birth of International Human Rights Law. Revisiting the Foundation Myth, in: Journal of Genocide Research 14 (2012), S. 159–186.

Dykmann, Klaas: Philantropic Endeavors or the Exploitation of an Ideal? The Human Rights Policy of the Organization of American States in Latin America (1970–1991), Frankfurt am Main 2004.

Eagles, Charles W.: New Histories of the Civil Rights Era, in: The Journal of Southern History 66 (2000), S. 815–848.

Eckel, Jan: Humanitarisierung der internationalen Beziehungen? Menschenrechtspolitik in den 1970er Jahren, in: GG 38 (2012), S. 603–635.

- Human Rights and Decolonization. New Perspectives and Open Questions, in: Humanity 1 (2010), S. 111–136.
- Neugeburt der Politik aus dem Geist der Moral. Erklärungen einer heterogenen Konjunktur, in: Ders./Moyn (Hg.), Moral, S. 22–67.
- The International League for the Rights of Man, Amnesty International, and the Changing Fate of Human Rights Activism from the 1940s through the 1970s, in: Humanity 4 (2013), S. 183–214.
- »Unter der Lupe«. Die internationale Menschenrechtskampagne gegen Chile in den siebziger Jahren, in: Hoffmann (Hg.), Moralpolitik, S. 368–396.
- Utopie der Moral, Kalkül der Macht. Menschenrechte in der globalen Politik nach 1945, in: Archiv für Sozialgeschichte 49 (2009), S. 437–484.
- /Moisel, Claudia (Hg.): Universalisierung des Holocaust? Erinnerungskultur und Geschichtspolitik in internationaler Perspektive, Göttingen 2008.
- /Moyn, Samuel (Hg.): Moral für die Welt? Menschenrechtspolitik in den 1970er Jahren, Göttingen 2012.

Eckert, Andreas: Afrikanische Nationalisten und die Frage der Menschenrechte von den 1940er bis zu den 1970er Jahren, in: Hoffmann (Hg.), Moralpolitik, S. 312–336.
- Herrschen und verwalten. Afrikanische Bürokraten, staatliche Ordnung und Politik in Tanzania, 1920–1970, München 2007.

Eggert, Marion/Plassen, Jörg: Kleine Geschichte Koreas, München 2005.

Ehrman, John: The Eighties. America in the Age of Reagan, New Haven/London 2005.
- The Rise of Neoconservatism. Intellectuals and Foreign Affairs, 1945–1994, New Haven, 1995.

Eichwede, Wolfgang: »… but it must be a détente with a human face«. Helsinki and the Human Rights Movements in Eastern Europe, in: Vladimir Bilandžić/Dittmar Dahlmann/ Milan Kosanović (Hg.): From Helsinki to Belgrade. The First CSCE Follow-up Meeting and the Crisis of Détente, Göttingen 2012, S. 255–284.

Eitler, Pascal: »Gott ist tot – Gott ist rot«. Max Horkheimer und die Politisierung der Religion um 1968, Frankfurt/New York 2009.

Eley, Geoff: Forging Democracy. The History of the Left in Europe, 1850–2000, Oxford 2002.

Eltis, David/Walvin, James (Hg.): The Abolition of the Atlantic Slave Trade. Origins and Effects in Europe, Africa, and the Americas, Madison 1981.

Engelhard, Karl: Südkorea. Vom Entwicklungsland zum Industriestaat, Münster 2004.

English, Robert D.: Russia and the Idea of the West. Gorbachev, Intellectuals and the End of the Cold War, New York 2000.

Ensalaco, Mark: Chile under Pinochet. Recovering the Truth, Philadelphia 2000.

Epstein, Barbara: Political Protest and Cultural Revolution. Nonviolent Direct Action in the 1970s and 1980s, Berkeley u. a. 1991.

Ermacora, Felix: Stärken und Schwächen des Durchsetzungsmechanismus der EMRK, in: Manfred Nowak (Hg.): Europarat und Menschenrechte, Wien 1994, S. 83–89.

Esedebe, P. Olisanwuche: Pan-Africanism. The Idea and Movement, 1776–1991, Washington 1994².

Evangelista, Matthew: Unarmed Forces. The Transnational Movement to End the Cold War, Ithaca/London 1999.

Evans, Martin: The Memory of Resistance. French Opposition to the Algerian War, 1954–1962, Oxford 1997.

Faath, Sigrid/Mattes, Hanspeter (Hg.): Demokratie und Menschenrechte in Nordafrika, Hamburg 1992.

Fanzun, Jon A.: Die Grenzen der Solidarität. Schweizerische Menschenrechtspolitik im Kalten Krieg, Zürich 2005.

- Souveränität, Neutralität, Humanität. Zur schweizerischen Menschenrechtspolitik im Kalten Krieg, in: Schweizer. Zeitschrift für Geschichtswissenschaft 56 (2006), S. 459-472.
Falk, Barbara J.: The Dilemmas of Dissidence in East-Central Europe. Citizen Intellectuals and Philosopher Kings, Budapest/New York 2003.
Farer, Tom: The Rise of the Inter-American Human Rights Regime. No Longer a Unicorn, Not Yet an Ox, in: HRQ 19 (1997), S. 510-546.
Farrell, James J.: The Spirit of the Sixties. Making Postwar Radicalism, New York/London 1997.
Feinberg, Nathan: The International Protection of Human Rights and the Jewish Question. An Historical Survey, in: Israel Law Review 3 (1968), S. 487-500.
Ferguson, Niall/Maier, Charles S./Manela, Erez/Sargent, Daniel J. (Hg.): The Shock of the Global. The 1970s in Perspective, Cambridge/London 2010.
Fieldhouse, David K.: The West and the Third World. Trade, Colonialism, Dependence and Development, Oxford 1999.
Fieldhouse, Roger: Anti-Apartheid. A History of the Movement in Britain. A Study in Pressure Group Politics, London 2005.
Finch, Henry M. J.: Uruguay Since 1930, in: Leslie Bethell (Hg.): The Cambridge History of Latin America, Bd. 8, Cambridge 1991, S. 195-232.
Fink, Carole: Defending the Rights of Others. The Great Powers, the Jews, and International Minority Protection, 1878-1938, Cambridge 2004.
- The League of Nations and the Minorities Question, in: World Affairs 157 (1995), S. 197-205.
Fink, Gary M./ Graham, Hugh Davis (Hg.): The Carter Presidency. Policy Choices in the Post-New Deal Era, Lawrence 1998.
Finnemore, Martha: Constructing Norms of Humanitarian Intervention, in: Peter J. Katzenstein (Hg.): The Culture of National Security. Norms and Identity in World Politics, New York 1996, S. 153-185.
- Rules of War and War of Rules. The International Red Cross and the Restraint of State Violence, in: John Boli/George M. Thomas (Hg.): Constructing World Culture. International Nongovernmental Organizations since 1875, Stanford 1999, S. 149-165.
Fiore, Pasquale: Le droit international codifié et sa sanction juridique, Paris 1911 [urspr. 1890].
Fisch, Jörg: Das Selbstbestimmungsrecht der Völker. Die Domestizierung einer Illusion, München 2010.
Fischer, Beth A.: The Reagan Reversal. Foreign Policy and the End of the Cold War, Columbia/London 1997.
- US Foreign Policy under Reagan and Bush, in: Leffler/Westad (Hg.), Cambridge History, Bd. 3, S. 267-288.
Fitschen, Klaus u. a. (Hg.): Die Politisierung des Protestantismus. Entwicklungen in der Bundesrepublik Deutschland während der 1960er und 70er Jahre, Göttingen 2011.
Fitzgerald, Frances: Way Out There in the Blue: Reagan, Star Wars, and the End of the Cold War, New York 2000.
Foot, Rosemary: Rights Beyond Borders. The Global Community and the Struggle over Human Rights in China, New York 2000.
- The Practice of Power. US Relations with China since 1949, Oxford 1995.
Forsythe, David P. (Hg.): Human Rights and Comparative Foreign Policy, Tokio 2000.
- Human Rights and U. S. Foreign Policy. Congress Reconsidered, Gainesville 1988.
- Human Rights and World Politics, Lincoln 1983.
- Humanitarian Politics. The International Committee of the Red Cross, Baltimore/London 1977.
- The Humanitarians. The International Committee of the Red Cross, Cambridge 2005.

- /Rieffer-Flanagan, Barbara Ann J.: The International Committee of the Red Cross. A Neutral Humanitarian Actor, London/New York 2007.
Foster, Anne: Avoiding the »Rank of Denmark«. Dutch Fears about Loss of Empire in Southeast Asia, in: Christopher E. Goscha/Christian F. Ostermann (Hg.): Connecting Histories. Decolonization and the Cold War in Southeast Asia, 1945–1962, Washington/Stanford 2009, S. 68–83.
Foster, Catherine: Women for All Seasons. The Story of the Women's International League for Peace and Freedom, Athens/London 1989.
Foucault, Michel: Technologien des Selbst, in: Luther H. Martin u. a. (Hg.), Technologien des Selbst, Frankfurt 1993, S. 24–62.
Fouilloux, Étienne: Intellectuels catholiques et guerre d'Algérie, in: Jean-Pierre Rioux/Jean François Sirinelli (Hg.): La guerre d'Algérie et les intellectuels français, Brüssel 1991, S. 79–114.
Fowler, James: The United States and South Korean Democratization, in: Political Science Quarterly 114.2 (1999), S. 265–289.
Fraleigh, Arnold: The Algerian Revolution as a Case Study in International Law, in: Richard A. Falk (Hg.): The International Law of Civil War, Baltimore 1971, S. 179–243.
Fraser, Arvonne S.: Becoming Human: The Origins and Development of Women's Human Rights, in: HRQ 21 (1999), S. 853–906.
Frei, Norbert/Weinke, Annette (Hg.): Toward a New Moral World Order? Menschenrechtspolitik und Völkerrecht seit 1945, Göttingen 2013.
Frevert, Ute (Hg.): Neue Politikgeschichte. Perspektiven einer historischen Politikforschung, Frankfurt am Main/New York 2005.
Frey, Marc: Die Vereinigten Staaten und die Dritte Welt im Kalten Krieg, in: Bernd Greiner/Christian Th. Müller/Dierk Walter (Hg.): Heiße Kriege im Kalten Krieg, Hamburg 2006, S. 35–60.
- Experten, Stiftungen und Politik: Zur Genese des globalen Diskurses über Bevölkerung seit 1945, in: Zeithistorische Forschungen 4 (2007), unter: http://www.zeithistorische-forschungen.de/16126041-Frey-2-2007.
- The Indonesian Revolution and the Fall of the Dutch Empire. Actors, Factors, and Strategies, in: Ders./Ronald W. Pruessen/Tan Tai Yong (Hg.): The Transformation of Southeast Asia. International Perspectives on Decolonization, New York/London 2003, S. 83–104.
Fritsch, Werner: Deutsche Liga für Menschenrechte (DLfM) 1922–1933, in: Dieter Fricke u. a. (Hg.): Lexikon zur Parteiengeschichte, Bd. 1, Köln 1983, S. 749–759.
Frowein, Jochen A./Peukert, Wolfgang: Europäische Menschenrechtskonvention. EMRK-Kommentar, Kehl u. a. 1996.
Frybes, Marcin: French Enthusiasm for Solidarnosc, in: European Review 16 (2008), S. 65–73.
Furet, François: Das Ende der Illusion. Der Kommunismus im 20. Jahrhundert, München 1996.
Gaddis, John Lewis: Strategies of Containment. A Critical Appraisal of Postwar American National Security Policy, Oxford 1982.
Gaines, Kevin: The Historiography of the Struggle for Black Equality Since 1945, in: Jean-Christophe Agnew/Roy Rosenzweig (Hg.): A Companion to Post-1945 America, Malden 2006.
Galchinsky, Michael: Jews and Human Rights. Dancing at Three Weddings, Lanham u. a. 2008.
Garton Ash, Timothy: Im Namen Europas. Deutschland und der geteilte Kontinent, München 1993.
Gassert, Philipp u. a. (Hg.): Zweiter Kalter Krieg und Friedensbewegung. Der NATO-Doppelbeschluß in deutsch-deutscher und internationaler Perspektive, München 2011.

Geiss, Imanuel: The Pan-African Movement. A History of Pan-Africanism in America, Europe and Africa, New York 1974.
Gelb, Leslie H./Rosenthal, Justine A.: The Rise of Ethics in Foreign Policy. Reaching a Values Consensus, in: Foreign Affairs (May/June 2003), S. 2–7.
Gevers, Lieve: Der belgische und niederländische Katholizismus im Zweiten Weltkrieg. Ein Vergleich, in: Hummel/Kösters (Hg.), Kirchen, S. 91–128.
Geyer, Martin H./Paulmann, Johannes (Hg.): The Mechanics of Internationalism. Culture, Society, and Politics from the 1840s to the First World War, Oxford 2001.
Gilbert, Martin: Winston S. Churchill, Bd. 7: Road to Victory, 1941–1945, London 1986.
Gilde, Benjamin: »Kein Vorreiter«. Österreich und die humanitäre Dimension der KSZE 1969–1973, in: Altrichter/Wentker (Hg.), KSZE-Prozeß, S. 41–51.
- /Heyde, Veronika: Zwei Wege nach Helsinki. Frankreich, Österreich und die humanitäre Dimension des KSZE-Prozesses 1969–1983, in: Eckel/Moyn (Hg.), Moral, S. 170–204.
Gilderhus, Mar T.: An Emerging Synthesis? U.S.-Latin American Relations since the Second World War, in: Michael J. Hogan (Hg.): America in the World. The Historiography of American Foreign Relations since 1941, Cambridge 1995, S. 424–461.
Gill, Stephen: American Hegemony and the Trilateral Commission, Cambridge 1990.
Gillies, David: Between Principle and Practice. Human Rights in North-South Relations, Montreal u. a. 1996.
Gilligan, Emma: Defending Human Rights in Russia. Sergei Kovalyov, Dissident and Human Rights Commissioner, London/New York 2004.
Gitlin, Todd: The Sixties. Years of Hope, Days of Rage, Toronto/New York 1987.
Givoni, Michal: Humanitarian Governance and Ethical Cultivation. Médecins sans Frontières and the Advent of the Expert-Witness, in: Millenium 40 (2011), S. 43–63.
Glad, Betty: An Outsider in the White House. Jimmy Carter, His Advisors, and the Making of American Foreign Policy, Ithaca/London 2009.
Gleason, Abbott: Totalitarianism. The Inner History of the Cold War, New York/Oxford 1995.
Gleijeses, Piero: A Test of Wills. Jimmy Carter, South Africa, and the Independence of Namibia, in: Diplomatic History (2010), S. 853–891.
- Shattered Hope. The Guatemalan Revolution and the United States 1944–1954, Princeton 1991.
- The Dominican Crisis. The 1965 Constitutionalist Revolt and American Intervention, Baltimore/London 1978.
Glendon, Ann Mary: A World Made New. Eleanor Roosevelt and the Universal Declaration of Human Rights, New York 2001.
- The Forgotten Crucible. The Latin American Influence on the Universal Human Rights Idea, in: Harvard Human Rights Journal 16 (2003), S. 27–39.
Gocking, Roger S.: The History of Ghana, Westport/London 2005.
Goff, Victoria: The Chile Solidarity Movement and its Media. An Alternative Take on the Allende and Pinochet Years, in: American Journalism 24 (2007), S. 95–125.
Goldsworthy, David J.: Colonial Issues in British Politics, 1945–1961. From »Colonial Development« to »Wind of Change«, Oxford 1971.
- Britain and the International Critics of British Colonialism, 1951–1956, in: The Journal of Commonwealth and Comparative Politics 29 (1991), S. 1–24.
Gosepath, Stefan/Lohmann, Georg (Hg.): Philosophie der Menschenrechte, Frankfurt 1998.
Gosse, Van: Rethinking the New Left. An Interpretative History, Houndmills 2005.
- Unpacking the Vietnam Syndrome. The Coup in Chile and the Rise of Popular Anti-Interventionism, in: Ders. (Hg.): The World the Sixties Made. Politics and Culture in Recent America, Philadelphia 2003, S. 100–113.
- Where the Boys Are. Cuba, Cold War and the Making of a New Left, London/New York 1993.

Gott, Richard: Guerrilla Movements in Latin America, London 1970.
- Cuba. A New History, New Haven 2004.
Gouda, Frances: American Visions of the Netherlands East Indies/Indonesia. US Foreign Policy and Indonesian Nationalism, 1920-1949, Amsterdam 2002.
Grabenwarter, Christoph: Europäische Menschenrechtskonvention. Ein Studienbuch, München 2005.
Grachev, Andrei: Gorbachev's Gamble. Soviet Foreign Policy and the Ende of the Cold War, Cambridge 2008.
Graf, Michael: Die Afrikanische Menschenrechtscharta und ihre Bedeutung für einschlägiges innerstaatliches Recht am Beispiel Tanzanias, Hamburg 1997.
Grandin, Greg: The Liberal Traditions in the Americas. Rights, Sovereignty, and the Origins of Liberal Multilateralism, in: AHR 117 (2012), S. 68-91.
Grandner, Margarete/Schmale, Wolfgang/Weinzierl, Michael (Hg.): Grund- und Menschenrechte. Historische Perspektiven - aktuelle Problematiken, Wien/München 2002.
- /Rothermund, Dietmar/Schentker, Wolfgang (Hg.): Globalisierung und Globalgeschichte, Wien 2005.
Granjon, Marie-Christine: Raymond Aron, Jean-Paul Sartre et le conflit algérien, in: Jean-Pierre Rioux/Jean François Sirinelli (Hg.): La guerre d'Algérie et les intellectuels français, Brüssel 1991, S. 115-138.
Green, James F.: The United Nations and Human Rights, Washington 1958.
Green, James N.: We Cannot Remain Silent. Opposition to the Brazilian Dictatorship in the United States, Durham/London 2010.
Greer, Steven: The European Convention on Human Rights. Achievements, Problems and Prospects, Cambridge 2006.
Grewe, Wilhelm: Epochen der Völkerrechtsgeschichte, Baden-Baden 1984.
Groen, Petra M. H.: Militant Response. The Dutch Use of Military Force and the Decolonization of the Dutch East Indies, 1945-50, in: Journal of Imperial and Commonwealth History 21 (1993), S. 30-40.
Grohs, Gerhard: Die Menschenrechtsdiskussion in den unabhängigen Staaten Afrikas südlich der Sahara, in: Afrika-Spectrum 14 (1979), S. 125-134.
Grossmann, Atina: Who Guarantees Individual Rights? Jews and Human Rights Debates after World War II, in: Frei/Weinke (Hg.), Order, S. 42-52.
Guelke, Adrian: South Africa in Transition, London 1999.
Guillen, Pierre: Le Conseil d'Europe et la »construction culturelle« de l'Europe, de sa création à la fin des années soixante, in: Bitsch (Hg.), Jalons, S. 325-338.
Gurney, Christabel: ›A Great Cause‹. The Origins of the Anti-Apartheid Movement, June 1959-March 1960, in: Journal of Southern African Studies 26 (2000), S. 123-144.
Haas, Ernst: Beyond the Nation-State. Functionalism and International Organization, Stanford 1964.
Haas, Peter M./Keohane, Robert O./Levy, Marc A.: The Effectiveness of International Environmental Institutions, in: Dies. (Hg.): Institutions for the Earth. Sources of Effective International Environmental Protection, Cambridge/London 1995, S. 3-26.
Hagemann, Albrecht: Kleine Geschichte Südafrikas, München 2001.
Hagopian, Frances: The Third Wave of Democratization in Latin America. Advances and Setbacks, Cambridge 2005.
Hakkarainen, Petri: A State of Peace in Europe. West Germany and the CSCE, 1965-1975, New York/Oxford 2011.
Halbach, Uwe: Das sowjetische Vielvölkerimperium. Nationalitätenpolitik und nationale Frage, Mannheim u. a. 1992.
Hall, Jacquelyn Dowd: The Long Civil Rights Movement and the Political Uses of the Past, in: The Journal of American History 91 (2005), S. 1233-1263.

Hamilton, Keith: Cold War by Other Means. British Diplomacy and the Conference on Security and Cooperation in Europe, 1972–1975, in: Wilfried Loth/Georges-Henri Soutou (Hg.): The Making of Détente. Eastern and Western Europe in the Cold War, 1965–75, London/New York 2008, S. 168–182.

Hannum, Hurst: The Status of the Universal Declaration of Human Rights in National and International Law, in: Georgia Journal of International and Comparative Law 25 (1995–6), S. 287–397.

Hanisch, Anja: Die DDR im KSZE-Prozeß 1972–1985. Zwischen Ostabhängigkeit, Westabgrenzung und Ausreisebewegung, München 2012.

Haratsch, Andreas: Die Geschichte der Menschenrechte, Potsdam 2002.

Harding, Leonhard: Geschichte Afrikas im 19. und 20. Jahrhundert, München 2006.

Hargreaves, John D.: Decolonization in Africa, London/New York 1988.

Hargrove, Erwin C.: Jimmy Carter as President. Leadership and the Politics of the Public Good, Baton Rouge/London 1988.

Harmer, Tanya: Allende's Chile and the Inter-American Cold War, Chapel Hill 2011.

Harris, David/O'Boyle, Michael/Warbrick, Colin: Law of the European Convention on Human Rights, Oxford 2009².

Harris, Robert L.: Racial Equality and the United Nations Charter, in: Armstead L. Robinson (Hg.): New Directions in Civil Rights Studies, Charlottesville 1991, S. 126–148.

Harrison, Paul: Hunger und Armut. »Inside the Third World«, Reinbek 1982 [engl. Inside the Third World. The Anatomy of Poverty, 1979].

Hartmann, Hauke: Die Menschenrechtspolitik unter Präsident Carter. Moralische Ansprüche, strategische Interessen und der Fall El Salvador, Frankfurt/New York 2004.

– United States Human Rights Policy under Carter and Reagan, 1977–1981, HRQ 23 (2001), S. 402–430.

Haslan, Jonathan: The Nixon Administration and the Death of Allende's Chile. A Case of Assisted Suicide, London 2005.

Haspel, Michael: DDR-Protestantismus und politischer Protest. Politische Diakonie der evangelischen Krichen in der DDR in den 70er und 80er Jahren, in: Pollack/Rink, Verweigerung, S. 78–105.

Hausmann, Friederike: Kleine Geschichte Italiens seit 1943, Berlin 1994.

Hawkins, Darren G.: International Human Rights and Authoritarian Rule in Chile, Lincoln 2002.

Head, Simon: Reagan, Nuclear Weapons, and the End of the Cold War, in: Cheryl Hudson/Gareth Davies (Hg.): Ronald Reagan and the 1980s. Perceptions, Policies, Legacies, Houndmills 2008, S. 81–100.

Heater, Derek: The Idea of European Unity, New York 1992.

Hebel, Kai: Die »Brückenbauer«? Großbritannien als transatlantischer Vermittler in der KSZE 1972–1978, in: Peter/Wentker (Hg.), KSZE, S. 99–120.

Heerten, Lasse: Die Dystopie postkolonialer Katastrophen. Das Recht auf Selbstbestimmung, der biafranische Sezessionskrieg und die Menschenrechte, in: Eckel/Moyn (Hg.), Moral, S. 68–99.

Hehir, J. Bryan: Religious Activism for Human Rights. A Christian Case Study, in: John Witte, Jr./Johan D. van der Vyver (Hg.): Religious Human Rights in Global Perspective, Bd. 2, Den Haag u. a. 1996, S. 97–120.

Heideking, Jürgen: Die Verfassung vor dem Richterstuhl. Vorgeschichte und Ratifizierung der amerikanischen Verfassung 1787–1791, Berlin/New York 1988.

Hein, Bastian: Die Westdeutschen und die Dritte Welt. Entwicklungspolitik und Entwicklungsdienste zwischen Reform und Revolte 1959–1974, München 2006.

Heinlein, Frank: British Government Policy and Decolonisation, 1945–1963. Scrutinising the Official Mind, London/Portland 2002.

Heldring, J. L.: Between Dreams and Reality, in: J. H. Leurdijk (Hg.): The Foreign Policy of the Netherlands, Alphen aan de Rijn 1978, S. 307-322.
Hellema, Duco: Nederland in der wereld. De buitenlandse politiek van Nederland, Antwerpen 2010.
Hermle, Siegfried/Lepp, Claudia/Oelke, Harry (Hg.): Umbrüche. Der deutsche Protestantismus und die sozialen Bewegungen in den 1960er und 1970er Jahren, Göttingen 2007.
Herren, Madeleine: Hintertüren zur Macht. Internationalismus und modernisierungsorientierte Außenpolitik in Belgien, der Schweiz und den USA 1865-1914, München 2000.
Hertrampf, Susanne: »Zum Wohle der Menschheit«. Feministisches Denken und Engagement internationaler Aktivistinnen 1945-1975, Herbolzheim 2006.
Hevener Kaufman, Natalie/Whiteman, David: Opposition to Human Rights Treaties in the United States Senate. The Legacy of the Bricker Amendment, in: HRQ 10 (1988), S. 309-337.
Heyde, Veronika: Nicht nur Entspannung und Menschenrechte. Die Entdeckung von Abrüstung und Rüstungskontrolle durch die französische KSZE-Politik, in: Peter/Wentker (Hg.), KSZE, S. 83-98.
Heyns, Christof/Killander, Magnus: Africa, in: Daniel Möckli/Sangeeta Shah/Sandesh Sivakumaran (Hg.): International Human Rights Law, Oxford/New York 2010, S. 479-497.
Hilderbrand, Robert C.: Dumbarton Oaks. The Origins of the United Nations and the Search for Postwar Security, Chapel Hill/London 1990.
Hildermeier, Manfred: Die Sowjetunion 1971-1991, München 2007.
- Geschichte der Sowjetunion 1917-1991. Entstehung und Niedergang des ersten sozialistischen Staates, München 1998.
Hillmann, Robert P.: Quincy Wright and the Commission to Study the Organization of Peace, in: Global Governance 4 (1998), S. 485-499.
Hinton, Alexander Laban: Why Did They Kill. Cambodia in the Shadow of Genocide, Berkeley u. a. 2005.
Hirsch, Francine: The Soviets at Nuremberg. International Law, Propaganda, and the Making of the Postwar Order, in: AHR 113 (2008), S. 701-730.
Hitchcock, William I.: Human Rights and the Laws of War. The Geneva Conventions of 1949, in: Iriye u. a. (Hg.), Rights, S. 93-112.
Hite, Katherine: When the Romance Ended: Leaders of the Chilean Left, New York 2000.
Hobbins, A. J.: Human Rights Inside the United Nations. The Humphrey Diaries, 1948-1959, in: Fontanus 1991, S. 143-173.
Hochschild, Adam: King Leopold's Ghost. A Stroy of Greed, Terror and Heroism in Colonial Africa, Boston/New York 1998.
Hoeffel, Paul Heath/Kornbluh, Peter: The War at Home. Chile's Legacy in the United States. In: Nacla Report to the Americas 17 (1983), S. 27-41.
Hoffman, Paul: Human Rights and Terrorism, in: HRQ 26 (2004), S. 932-955.
Hoffmann, Stefan-Ludwig (Hg.): Moralpolitik. Geschichte der Menschenrechte im 20. Jahrhundert, Göttingen 2010.
Hoffmeister, Frank: Menschenrechts- und Demokratieklauseln in den vertraglichen Außenbeziehungen der Europäischen Gemeinschaft, Berlin 1998.
Holland, Martin: An Introduction to the European Community in the 1980s, Kapstadt 1983.
Holland, R. F.: European Decolonization, 1918-1981. An Introductory Survey, Houndmills 1985.
Holter, Darryl: The Battle for Coal. Miners and the Politics of Nationalization in France, 1940-1950, DeKalb 1992.
Holtz, Uwe (Hg.): 50 Jahre Europarat, Baden-Baden 2000.
Holzer, Jerzy: »Solidarität«. Die Geschichte einer freien Gewerkschaft in Polen, München 1985.

Homan, Gerlof D.: The Netherlands, the United States and the Indonesian Question, 1948, in: JoCH 25 (1990), S. 123–141.

Hoogvelt, Ankie: Globalization and the Postcolonial World. The New Political Economy of Development, Baltimore 1997.

Hoopes, Townsend/Brinkley, Douglas: FDR and the Creation of the U.N., New Haven/London 1997.

Hopgood, Stephen: Keepers of the Flame. Understanding Amnesty International, Ithaca/London 2006.

Horvath, Robert: »The Solzhenitsyn Effect«. East European Dissidents and the Demise of the Revolutionary Privilege, in: HRQ 29 (2007), S. 879–907.

– The Legacy of Soviet Dissent. Dissidents, Democratisation and Radical Nationalism in Russia, London/New York 2005.

Hostetter, David: Movement Matters. American Apartheid Activism and the Rise of Multicultural Politics, New York/London 2006.

Hovet, Thomas, Jr.: Bloc Politics in the United Nations, Cambridge 1960.

– The Role of Africa in the UN, in: Annals of the American Academy of Political and Social Science 354 (1964), S. 122–134.

Howe, Stephen: Anticolonialism in British Politics. The Left and the End of Empire 1918–1964, Oxford 1993.

– Labour and International Affairs, in: Duncan Tanner/Pat Thane/Nick Tiratsoo (Hg.): Labour's First Century, Cambridge 2000, S. 119–150.

Hrabovec, Emilia: Der Katholizismus in Ostmitteleuropa und der Zweite Weltkrieg, in: Hummel/Kösters (Hg.), Kirchen, S. 155–200.

Hug, Peter: Der gebremste Aufbruch. Zur Außenpolitik der Schweiz in den 60er Jahren, in: Mario König u. a. (Hg.): Dynamisierung und Umbau. Die Schweiz in den 60er und 70er Jahren, Zürich 1998, S. 95–114.

Hughes, Robert Gerald: Britain, East-West Détente and the CSCE, in: Bilandžić u. a. (Hg.), Helsinki, S. 119–142.

Hummel, Karl-Joseph/Kißener, Michael (Hg.): Die Katholiken und das Dritte Reich. Kontroversen und Debatten, Paderborn u. a. 2009.

– /Kösters, Christoph (Hg.): Kirchen im Krieg. Europa 1939–1945, Paderborn u. a. 2007.

Humphreys, R. A.: Latin America and the Second World War, Bd. 2: 1942–1945, London 1982.

Huneeus, Carlos: El régimen de Pinochet, Santiago 2001.

Hunt, Lynn: Inventing Human Rights. A History, New York/London 2007.

– The French Revolution and Human Rights. A Brief Documentary History, Boston 1996.

Hutchinson, John F.: Champions of Charity. War and the Rise of the Red Cross, Boulder 1996.

Hutson, James H.: The Bill of Rights and the American Revolutionary Experience, in: Michael J. Lacey/Knud Haakonssen (Hg.): A Culture of Rights. The Bill of Rights in Philosophy, Politics, and Law – 1791 and 1991, Cambridge u. a. 1991, S. 62–97.

Hyam, Ronald: Britain's Declining Empire. The Road to Decolonisation, 1918–1968, Cambridge 2006.

– /Henshaw, Peter: The Lion and the Springbok. Britain and South Africa since the Boer War, Cambridge 2003.

Ibhawoh, Bonny: Cultural Relativism and Human Rights. Reconsidering the Africanist Discourse, in: Netherlands Quarterly of Human Rights 19 (2001), S. 43–62.

– Imperialism and Human Rights. Colonial Discourses of Rights and Liberties in African History, Albany 2007.

Immerman, Richard H.: The CIA in Guatemala. The Foreign Policy of Intervention, Austin 1982.

International Council of Women: Women in a Changing World. The Dynamic Story of the International Council of Women since 1888, London 1966.
Iriye, Akira: Global Community. The Role of International Organizations in the Making of the Contemporary World, Berkeley u. a. 2002.
– Internationalizing International History, in: Thomas Bender (Hg.): Rethinking American History in a Global Age, Berkeley u. a. 2002, S. 47–62.
– /Goedde, Petra/Hitchcock, William I. (Hg.): The Human Rights Revolution. An International History, New York 2012.
Irvine, William D.: Between Justice and Politics. The Ligue des Droits de l'Homme, 1898–1945, Stanford, 2007.
Ishay, Micheline R.: The History of Human Rights. From Ancient Times to the Globalization Era, Berkeley u. a. 2004.
Isserman, Maurice: If I Had a Hammer. The Death of the Old Left and the Birth of the New Left, New York 1987.
Jackson, Karl D. (Hg.): Cambodia 1975–1978. Rendezvous with Death, Princeton 1989.
Jackson, Thomas F.: From Civil Rights to Human Rights. Martin Luther King, Jr. and the Struggle for Economic Justice, Philadelphia 2007.
Jacobson, Harold K.: Networks of Interdependence. International Organizations and the Global Political System, New York u. a. 1984.
Jacoby, Tamar: The Reagan Turnaround on Human Rights, in: Foreign Affairs 64.5 (1986), S. 1066–1086.
Jäger, Markus: Der Schutz der sozialen Grundrechte im Rahmen des Europarats, in: Schmuck (Hg.), Jahre, S. 195–220.
Jäger, Wolfgang/Link, Werner: Republik im Wandel 1974–1982. Die Ära Schmidt, Mannheim 1987.
Jamison, Matthew: Humanitarian Interventions since 1990 and »Liberal Interventionism«, in: Simms/Trim (Hg.), Intervention, S. 365–380.
Jansen, G. H.: Afro-Asia and Non-Alignment, London 1966.
Jansen, Hans Heinrich/Lehmkuhl, Ursula (Hg.): Großbritannien, das Empire und die Welt. Britische Außenpolitik zwischen »Größe« und »Selbstbehauptung«, 1850–1990, Bochum 1995.
Jansen, Jan/Osterhammel, Jürgen: Dekolonisation. Das Ende der Imperien, München 2013.
Jarząbek, Wanda: Lost Illusions? The Polish Government and Human Rights Issues from Helsinki to Belgrade, in: Bilandžić u. a. (Hg.), Helsinki, S. 305–320.
– Preserving the Status Quo or Promoting Change. The Role of the CSCE in the Perception of Polish Authorities, in: Bange/Niedhart (Hg.), Helsinki, S. 144–159.
Jeffreys-Jones, Rhodri: Peace Now! American Society and the Ending of the Vietnam War, New Haven/London 1999.
Jellinek, Georg: Die Erklärung der Menschen- und Bürgerrechte. Ein Beitrag zur modernen Verfassungsgeschichte, Leipzig 1895.
Jennings, Lawrence C.: French Anti-Slavery. The Movement for the Abolition of Slavery in France, 1802–1848, Cambridge 2000.
Joas, Hans: Die Entstehung der Werte, Frankfurt 1997.
– Die Sakralität der Person. Eine neue Genealogie der Menschenrechte, Berlin 2011.
Johnson, Robert David: Congress and the Cold War, Cambridge 2006.
Jolly, Richard/Emmerij, Louis/Ghai, Dharam (Hg.): UN Contributions to Development Thinking and Practice, Bloomington 2004.
Josephson, Harold: James T. Shotwell and the Rise of Internationalism in America, Cranbury, NJ 1975.
Judt, Tony: Postwar. A History of Europe since 1945, London 2005.
– The Dilemmas of Dissidence. The Politics of Opposition in East-Central Europe, in:

Ferenc Fehér/Andrew Arato (Hg.): Crisis and Reform in Eastern Europe, New Brunswick 1991, S. 253–302.
Kaiser, Wolfram: »Das Gesicht wahren«. Die Konservativen und die Rolle Großbritanniens in der Welt, 1945–1964, in: Jansen/Lehmkuhl (Hg.), Großbritannien, S. 245–262.
Kalter, Christoph: Das Eigene im Fremden. Der Algerienkrieg und die Anfänge der Neuen Linken der Bundesrepublik, in: ZfG 55 (2007), S. 142–161.
– Die Entdeckung der Dritten Welt. Dekolonisierung und neue radikale Linke in Frankreich, Frankfurt 2011.
– »Le monde va de l'avant. Et vous êtes en marges«. Dekolonisierung, Dezentrierung des Westens und Entdeckung der »Dritten Welt« in der radikalen Linken in Frankreich in den 1960er Jahren, in: AfS 48 (2008), S. 99–132.
Kamminga, Menno T.: Is the European Convention on Human Rights Sufficiently Equipped to Cope with Gross Systematic Violations?, in: Netherlands Quarterly of Human Rights 2 (1994), S. 153–164.
Kannyo, Edward: The Banjul Charter on Human and People's Rights: Genesis and Political Background, in: Claude E. Welch, Jr./Ronald I. Meltzer (Hg.): Human Rights and Development in Africa, Albany 1984, S. 128–151.
Kastendiek, Hans/Sturm, Roland (Hg.): Länderbericht Großbritannien. Geschichte, Politik, Wirtschaft, Gesellschaft, Bonn 2006.
Kaufman, Burton I./Kaufman, Scott: The Presidency of James Earl Carter Jr., Lawrence 2006.
Kaufman, Joyce P.: NATO and the Former Yugoslavia. Crisis, Conflict, and the Atlantic Alliance, Lanham 2002.
Kaufman, Victor: The Bureau of Human Rights During the Carter Administration, in: Historian 61 (1998), S. 51–66.
Keck, Margaret E./Sikkink, Kathryn: Activists Beyond Borders. Advocacy Networks in International Politics, Ithaca/London 1998.
Keller, Helen/Stone Sweet, Alec: Assessing the Impact of the ECHR on National Legal Systems, in: Dies. (Hg.): A Europe of Rights. The Impact of the ECHR on National Legal Systems, Oxford/New York 2008, S. 677–710.
Keller, Patrick: Neokonservatismus und amerikanische Außenpolitik. Ideen, Krieg und Strategie von Ronald Reagan bis George W. Bush, Paderborn 2008.
Kelly, Patrick: Zauberworte. Die Entstehung eines transnationalen Menschenrechtsaktivismus im Cono Sur der langen 1970er Jahre, in: Eckel/Moyn (Hg.), Moral, S. 205–229.
Kent, Peter C.: Toward the Reconstitution of Christian Europe. The War Aims of the Papacy, 1938–45, in: David B. Wooler/Richard G. Kurial (Hg.): FDR, the Vatican, and the Roman Catholic Church in America, 1933–1945, Houndmills 2003, S. 163–178.
Kennedy, James C.: Nieuw Babylon in aanbouw. Nederland in de jaren zestig, Amsterdam 1995.
Kennedy, Paul: Parlament der Menschheit. Die Vereinten Nationen und der Weg zur Weltregierung, München 2007.
Keohane, Robert O.: International Institutions and State Power. Essays in International Relations Theory, San Francisco 1989.
– /Nye, Joseph S.: Power and Interdependence. World Politics in Transition, Boston/Toronto 1977.
Kepley, David R.: The Collapse of the Middle Way. Senate Republicans and the Bipartisan Foreign Policy, 1948–1952, New York 1988.
Kersten, Albert F.: Luns. Een politieke biografie, Amsterdam 2010.
– Nederland en de buitenlandse politiek na 1945, in: J.C. Boogman u.a. (Hg.): Geschiedenis van het moderne Nederland. Politieke, economische en sociale ontwikkelingen, Houten 1988, S. 609–628.

Keys, Baraba J.: Amnesty International's First Campaign Against Torture, 1972–1974. A Critical Appraisal, Vortragsmanuskript, im Besitz des Verfassers.
- Congress, Kissinger, an the Origins of Human Rights Diplomacy, in: Diplomatic History 34 (2010), S. 823–852.
- Reclaiming American Virtue. The Human Rights Revolution of the 1970s, Cambridge 2014.

Khol, Andreas A.: Das System des europäischen Menschenrechtsschutzes. Fallstudie europäischer Integrationspolitik, in: Hans-Eckart Scharrer (Hg.): Das Europa der Siebzehn. Bilanz und Perspektiven von 25 Jahren Europarat, Bonn 1974, S. 103–142.

Kiernan, Ben: The Pol Pot Regime. Race, Power, and Genocide in Cambodia under the Khmer Rouge, 1975–1979, New Haven/London 1996.

Kießling, Friedrich: Der »Dialog der Taubstummen« ist vorbei. Neue Ansätze in der Geschichte der internationalen Beziehungen des 19. und 20. Jahrunderts, in: HZ 275 (2002), S. 651–680.

Killingray, David/Rathbone, Richard: Introduction, in: Dies. (Hg.): Africa and the Second World War, Houndmills 1986, S. 1–19.

King, Jeff/Hobbins, A. J.: Hammarskjöld and Human Rights. The Deflation of the Human Rights Programme 1953–1961, in: Journal of the History of International Law 5 (2003), S. 337–386.

Kirby, William C./Ross, Robert S./Gong Li (Hg.): Normalization of U.S.-China Relations, Cambridge/London 2005.

Kirgis, Frederic: The Formative Years of the American Society of International Law, in: The American Journal of International Law 90 (1996), S. 559–589.

Kißener, Michael: Katholiken im Dritten Reich: eine historische Einführung, in: Hummel/ders. (Hg.), Katholiken, S. 13–36.

Klein, Eckart (Hg.): 50 Jahre Europäische Menschenrechtskonvention, Potsdam 2000.

Kleinheyer, Gerd: Grundrechte, Menschen- und Bürgerrechte, Volksrechte, in: Otto Brunner u. a. (Hg.): Geschichtliche Grundbegriffe, Bd. 2, Stuttgart 1975, S. 1047–1082.

Klose, Fabian: Menschenrechte im Schatten kolonialer Gewalt. Die Dekolonisierungskriege in Kenia und Algerien 1945–1962, München 2009.

Klotz, Audie: Norms in International Relations. The Struggle Against Apartheid, Ithaca/London 1995.

Knabe, Hubertus: Der lange Weg zur Opposition – unabhängige politische Bestrebungen 1983 bis 1988, in: Kuhrt (Hg.), Opposition, S. 139–170.

Knipping, Franz: Rom, 25. März 1957. Die Einigung Europas, München 2004.

Knoch, Habbo (Hg.): Bürgersinn mit Weltgefühl. Politische Moral und solidarischer Protest in den sechziger und siebziger Jahren, Göttingen 2007.

Koenig, Matthias: Weltgesellschaft, Menschenrechte und der Formwandel des Nationalstaats, in: Zeitschrift für Soziologie, Sonderheft Weltgesellschaft, 24 (2005), S. 374–393.

Kokott, Juliane: Das interamerikanische System zum Schutz der Menschenrechte, Berlin u. a. 1986.

Kolakowski, Leszek: Marxism and Human Rights, in: Daedalus 112 (1983), H. 4, S. 81–92.

Kolko, Gabriel: The Politics of War. The World and United States Foreign Policy, 1943–1945, New York 1968.

König, Hans-Joachim: Kleine Geschichte Lateinamerikas, Stuttgart 2009.

Korey, William: NGOs and the Universal Declaration of Human Rights. »A Curious Grapevine«, New York 1998.
- The Promises We Keep. Human Rights, the Helsinki Process and American Foreign Policy, New York 1993.

Kornbluh, Peter (Hg.): The Pinochet File. A Declassified Dossier on Atrocity and Accountability, New York/London 2003.

Koskenniemi, Martti: The Gentle Civilizer of Nations. The Rise and Fall of International Law 1870–1960, Cambridge 2002.

Kösters, Christoph: Christliche Kirchen und nationalsozialistische Diktatur, in: Dietmar Süß/Winfried Süß (Hg.): Das »Dritte Reich«. Eine Einführung, München 2008, S. 121–141.

Kotkin, Stephen: Armageddon Averted. The Soviet Collapse, 1970–2000, Oxford/New York 2001.

Kott, Sandrine: Arbeit – ein transnationales Objekt? Die Frage der Zwangsarbeit im »Jahrzehnt der Menschenrechte«, in: Christina Benninghaus u. a. (Hg.): Unterwegs in Europa. Beiträge zu einer vergleichenden Sozial- und Kulturgeschichte. Festschrift für Heinz-Gerhard Haupt, Frankfurt/New York 2008, S. 301–321.

- The Forced Labor Issue between Human and Social Rights, 1947–1957, in: Humanity 3 (2012), S. 321–335.
- De l'assurance à la sécurité sociale. L'OIT comme acteur international (1919–1944), Projet du Centenaire de l'OIT, unter: http://www.ilo.org/public/english/century/information_recources/download/kott/pdf.

Kuhrt, Eberhard (Hg.): Opposition in der DDR von den 70er Jahren bis zum Zusammenbruch der SED-Herrschaft, Opladen 1999.

Kuitenbrouwer, Maarten: De ontdekking van de Derde Wereld. Beeldvorming en beleid in Nederland, 1950–1990, Den Haag 1994.

- Nederland en de mensenrechten, 1795–1995, in: Ders./Leenders, Geschiedenis, S. 156–201.
- /Leenders, Marij (Hg.): Geschiedenis van de mensenrechten. Bouwstenen voor een interdisciplinaire benadering, Hilversum 1996.

Kumar, V. Shiv: US Interventionism in Latin America. Dominican Crisis and the OAS, New Delhi 1987.

Lahusen, Christian: The Rhetoric of Moral Protest. Public Campaigns, Celebrities Endorsement and Political Mobilization, Berlin 1996.

Lake, Marilyn: From Self-Determination via Protection to Equality via Non-Discrimination: Defining Women's Rights at the League of Nations and the United Nations, in: Patricia Grimshaw u. a. (Hg.): Women's Rights and Human Rights. International Historical Perspectives, Houndmills 2001, S. 254–271.

Lamy, Steven L.: Contemporary Mainstream Approaches. Neo-Realism and Neo-Liberalism, in: John Baylis/Steven Smith (Hg.): The Globalization of World Politics. An Introduction to International Relations, Oxford 2005^3, S. 205–224.

Lane, Thomas/Wolanski, Marian: Poland and European Integration. The Ideas and Movements of Polish Exiles in the West, 1939–91, Houndmills 2009.

Larsen, Egon: Im Namen der Menschenrechte. Die Geschichte von amnesty international, München 1983.

Latham, Michael E.: The Cold War in the Third World, in: Leffler/Westad (Hg.), Cambridge History, Bd. 2, S. 258–280.

Lauren, Paul Gordon: Power and Prejudice. The Politics and Diplomacy of Racial Discrimination, Boulder 1996.

- The Evolution of International Human Rights, Philadelphia 2003.

Lauterpacht, Elihu: The Life of Sir Hersch Lauterpacht, QC, FBA, LLD, Cambridge 2010.

LeBlanc, Lawrence J.: The OAS and the Promotion and Protection of Human Rights, Den Haag 1977.

- The United States and the Genocide Convention, Durham/London 1991.

Leemann, Ramon: Entwicklung als Selbstbestimmung. Die menschenrechtliche Formulierung von Selbstbestimmung und Entwicklung in der UNO, 1945–1986, Göttingen 2013.

Leff, Lisa Moses: Sacred Bonds of Solidarity. The Rise of Jewish Internationalism in Nineteenth-Century France, Stanford 2006.

Leffler, Melvyn P.: For the Soul of Mankind. The United States, the Soviet Union, and the Cold War, New York 2007.
- A Preponderance of Power. National Security, the Truman Administration, and the Cold War, Stanford 1992.
- /Westad, Odd Arne (Hg.): The Cambridge History of the Cold War, 3 Bde., Cambridge 2010.

Leggewie, Claus: Kofferträger. Das Algerien-Projekt der Linken im Adenauer-Deutschland, Berlin 1984.

Lehmkuhl, Ursula: Diplomatiegeschichte als internationale Kulturgeschichte: Theoretische Ansätze und empirische Forschung zwischen Historischer Kulturwissenschaft und Soziologischem Institutionalismus, in: GG 27 (2001), S. 394–423.

Lerch, Marika: Menschenrechte und europäische Außenpolitik. Eine konstruktivistische Analyse, Wiesbaden 2004.

Leuchtenburg, William E.: Jimmy Carter and the Post-New Deal Presidency, in: Fink/Graham (Hg.): Carter, S. 7–28.

Levy, Daniel/Sznaider, Natan: Erinnerung im globalen Zeitalter. Der Holocaust, Frankfurt 2001.

Levy, David W.: The Debate over Vietnam, Baltimore 1995.

Lieberman, Carl: The Reaction of the Carter Administration to Human Rights Violations in Cambodia, in: Rosenbaum/Ugrinsky (Hg.), Carter, S. 269–284.

Lilly, Mark: The National Council for Civil Liberties. The First Fifty Years, London/Basingstoke 1984.

Lingeman, Richard: Domestic Containment. The Downfall of Postwar Idealism and Left Dissent, 1945–1950, in: Mark C. Carnes (H.): The Columbia History of Post-World War II America, New York 2007, S. 201–226.

Lipgens, Walter: Die Anfänge der europäischen Einigungspolitik 1945–1950, Stuttgart 1977.

Little, Douglas: Cold War and Colonialism in Africa: The United States, France, and the Madagascar Revolt of 1947, in: The Pacific Historical Review 59 (1990), S. 527–552.

Livezey, Lowell W.: US Religious Organizations and the International Human Rights Movement, in: HRQ 11 (1989), S. 14–81.

Lloyd, Lorna: »A Family Quarrel«. The Development of the Dispute over Indians in South Africa, in: Historical Journal 34 (1991), S. 703–725.
- »A Most Auspicious Beginning«. The 1946 United Nations General Assembly and the Question of the Treatment of Indians in South Africa, in: Review of International Studies 16 (1990), S. 131–153.

Loescher, Gil: The UNHCR and World Politics. A Perilous Path, Oxford 2001.

Lohrmann, Ullrich: Voices from Tanganyika. Great Britain, the United Nations and the Decolonization of a Trust Territory, Berlin 2007.

Loth, Wilfried: Beiträge der Geschichtswissenschaft zur Deutung der europäischen Integration, in: Ders./Wolfgang Wessels (Hg.): Theorien europäischer Integration, Opladen 2001, S. 87–106.
- Der Prozeß der europäischen Integration. Antriebskräfte, Entscheidungen und Perspektiven, in: Jahrbuch für Europäische Geschichte 1 (2000), S. 17–30.
- Der Weg nach Europa. Geschichte der europäischen Integration 1939–1957, Göttingen 1990.
- Die Teilung der Welt. Geschichte des Kalten Krieges 1941–1955, München 2000.
- (Hg.): Die Anfänge der europäischen Integration 1945–1950, Bonn 1990.
- /Osterhammel, Jürgen (Hg.): Internationale Geschichte. Themen – Ergebnisse – Aussichten, München 2000.

Louis, Wm. Roger: Imperialism at Bay, 1941–1945. The United States and the Decolonization of the British Empire, Oxford 1977.

- Public Enemy Number One. The British Empire in the Dock at the United Nations, 1957–71, in: Martin Lynn (Hg.): The British Empire in the 1950s. Retreat or Revival?, Houndmills u. a. 2006, S. 186–213.
Love, Janice: The US Anti-Apartheid Movement. Local Activism in Global Politics, New York u. a. 1985.
Lowden, Pamela: Moral Opposition to Authoritarian Rule in Chile, 1973–90, Houndmills u. a. 1996.
Luard, Evan: A History of the United Nations, 2 Bde., London/Basingstoke 1982 und 1989.
Lukin, Alexander: The Political Culture of the Russian »Democrats«, Oxford/New York 2000.
Lyons, F. S. L.: Internationalism in Europe 1815–1914, Leiden 1963.
MacQueen, Norrie: Belated Decolonization and UN Politics against the Backdrop of the Cold War. Portugal, Britain, and Guinea-Bissau's Proclamation of Independence, 1973–1974, in: Journal of Cold War Studies 8 (2006), S. 29–56.
- Portugal's First Domino. »Pluricontinentalism« and Colonial War in Guiné-Bissau, 1963–1974, in: Central European History 8 (1999), S. 209–230.
- The Decolonization of Portuguese Africa. Metropolitan Revolution and the Dissolution of Empire, Harlow 1997.
Madsen, Mikael Rask: Legal Diplomacy. Die europäische Menschenrechtskonvention und der Kalte Krieg, in: Hoffmann (Hg.), Moralpolitik, S. 169–198.
Mahrenholz, Ernst G.: Das Funktionieren der Organe der EMRK, in: Ders./Meinhard G. Hilf/Eckart Klein: Entwicklung der Menschenrechte innerhalb der Staaten des Europarats, Heidelberg 1987, S. 73–88.
Malcontent, Peter: Myth or Reality? The Dutch Crusade against the Human Rights Violations in the Third World, 1973–1981, in: Antoine Fleury/Carole Fink/Lubor Jílek (Hg.): Les droits de l'homme en Europe depuis 1945. Human Rights in Europe since 1945, Bern u. a. 2003, S. 229–257.
- Op kruistocht in de Derde Wereld. De reacties van de Nederlandsde regering op ernstige en stelselmatige schendingen van fundamentale mensenrechten in ontwikkelingslanden, 1973–1981, Hilversum 1998.
- /Baudet, Floribert: The Dutchman's Burden? Nederland en de internationale rechtsorde in de twintigste eeuw, in: Bob de Graaf u. a. (Hg.): De Nederlandse buitenlandse politiek in de twintigste eeuw, Amsterdam 2003, S. 69–104.
Mamdani, Mahmood: Saviors and Survivors. Darfur, Politics, and the War on Terror, New York u. a. 2009.
Manela, Erez: A Pox on Your Narrative. Writing Disease Control into Cold War History, in: Diplomatic History 34 (2010), S. 299–323.
- The Wilsonian Moment. Self-Determination and the International Origins of Anticolonial Nationalism, Oxford 2007.
Mango, Anthony: The Role of Secretariats of International Institutions, in: Paul Taylor/A. J. R. Groom (Hg.): International Institutions at Work, New York 1986, S. 39–49.
Marable, Manning: Malcolm X. A Life of Reinvention, London 2011.
Maran, Rita: Torture. The Role of Ideology in the French-Algerian War, New York u. a. 1989.
Marcowitz, Reiner: Von der Diplomatiegeschichte zur Geschichte der internationalen Beziehungen. Methoden, Themen, Perspektiven einer historischen Teildisziplin, in: Francia 52 (2005), H. 3, S. 75–100.
Marcus, Harold G.: A History of Ethiopia, Berkeley u. a. 1994.
Markarian, Vania: Left in Transformation. Uruguayan Exiles and the Latin American Human Rights Networks, 1967–1984, New York/London 2005.
Marrus, Michael: The Nuremberg War Crimes Trial. A Documentary History, Boston/New York 1997.

Martschukat, Jürgen/Patzold, Steffen (Hg.): Geschichtswissenschaft und »performative turn«. Ritual, Inszenierung und Performanz vom Mittelalter bis zur Neuzeit, Köln 2003.
Marwick, Arthur: A History of the Modern British Isles, 1914–1999. Circumstances, Events, and Outcomes, Oxford 2000.
Marx, Christoph: »History comes full circle«. Nkrumah, Kenyatta, Mandela über Nation und Ethnizität in Afrika, in: HZ 265 (1997), S. 373–393.
- Geschichte Afrikas. Von 1800 bis zur Gegenwart, Paderborn 2004.
Matua, Makua Wa: Human Rights Organizations in Africa. Problems and Perspectives, in: Issue. A Journal of Opinion 22 (1994), S. 30–33.
Massie, Robert Kinloch: Loosing the Bonds. The United States an South Africa in the Apartheid Years, New York u. a. 1997.
Matthies, Volker: Die Blockfreien. Ursprünge, Entwicklung, Konzeptionen, Opladen 1985.
Maul, Daniel: Internationale Organisationen als historische Akteure. Die ILO und die Auflösung der europäischen Kolonialreiche 1940–1970, in: AfS 48 (2008), S. 21–52.
- Menschenrechte, Sozialpolitik und Dekolonisation. Die Internationale Arbeitsorganisation (IAO) 1940–1970, Essen 2007.
May, Rachel A./Milton, Andrew K. (Hg.): (Un)Civil Societies. Human Rights and Democratic Transitions in Eastern Europe and Latin America, Lanham 2005.
Maynard, Edwin S.: The Bureaucracy and Implementation of Human Rights Policy, in: HRQ 11 (1989), S. 175–248.
Mazower, Mark: Governing the World. The History of an Idea, London 2012.
- Minorities and the League of Nations in Interwar Europe, in: Daedalus 126 (1997), S. 47–63.
- No Enchanted Palace. The End of Empire and the Ideological Origins of the United Nations, Princeton 2009.
- The Strange Triumph of Human Rights 1933–1950, in: The Historical Journal 47 (2004), S. 379–399.
McCormick, Thomas J.: America's Half-Century. United States Foreign Policy in the Cold War, Baltimore/London 1989.
McMahon, Robert: Colonialism and Cold War. The United States and the Struggle for Indonesian Independence, 1945–1949, Ithaca/London 1981.
Medina Quiroga, Cecilia: The Battle of Human Rights. Gross, Systematic Violations and the Inter-American System, Dordrecht 1988.
- The Inter-American Commission on Human Rights and the Inter-American Court of Human Rights: Reflections on a Joint Venture, in: HRQ 12 (1990), S. 439–464.
Meier, Benjamin Mason: The Highest Attainable Standard. The World Health Organization, Global Health Governance, and the Contentious Politics of Human Rights, Ph. D. Diss., Columbia University, New York City, 2009, unter: http://bmeier.web.unc.edu/publications/.
Meier, Pauline: American Scripture. Making the Declaration of Independence, New York 1998.
Meier, Ulrich/Papenheim, Martin/Steinmetz, Willibald (Hg.): Semantiken des Politischen. Vom Mittelalter bis ins 20. Jahrhundert, Göttingen 2012.
Mergel, Thomas: Großbritannien seit 1945, Göttingen 2005.
- Überlegungen zu einer Kulturgeschichte der Politik, in: GG 28 (2002), S. 574–606.
Merl, Stephan: Entstalinisierung, Reformen und Wettlauf der Systeme 1953–1964, in: Stefan Plaggenborg (Hg.): Handbuch der Geschichte Rußlands, Bd. 5, Stuttgart 2002, S. 175–318.
Meron, Theodor: The Meaning and Reach of the International Convention on the Elimination of All Forms of Racial Discrimination, in: American Journal of International Law 79 (1985), S. 283–318.

Mertens, Lothar: Die »Deutsche Liga für Menschenrechte« in der Weimarer Republik, in: Bert Becker (Hg.): Geist und Gestalt in historischem Wandel. Facetten deutscher und europäischer Geschichte 1789–1989. Festschrift für Siegfried Bahne, Münster 2000, S. 257–269.
- Unermüdlicher Kämpfer für Frieden und Menschenrechte. Leben und Wirken von Kurt R. Grossmann, Berlin 1997.

Metz, Steven: The Anti-Apartheid Movement and the Populist Instinct in American Politics, in: Political Science Quarterly 101 (1986), S. 379–395.

Metzger, Barbara: Towards an International Human Rights Regime during the Inter-War Years: The League of Nations' Combat of Traffic in Women and Children, in: Kevin Grant u. a. (Hg.): Beyond Sovereignty. Britain, Empire and Transnationalism, c. 1880–1950, Houndmills u. a. 2007, S. 54–79.

Meynier, Gilbert: Histoire intérieure du F. L. N. 1954–1962, Paris 2002.

Mihr, Anja: Amnesty International in der DDR. Der Einsatz für Menschenrechte im Visier der Stasi, Berlin 2002.

Miller, Carol: »Geneva – the Key to Equality«. Inter-War Feminists and the League of Nations, in: Women's History Review 3 (1994), S. 219–245.
- The Social Section and Advisory Committee on Social Questions of the League of Nations, in: Paul Windling (Hg.): International Health Organisations and Movements, 1918–1939, Cambridge u. a. 1995, S. 154–175.

Miller, James Edward: The United States and the Making of Modern Greece. History and Power, 1950–1974, Chapel Hill 2009.

Miller, Judith: When Sanctions Worked, in: Foreign Policy 39 (1980), S. 118–129.

Milward, Alan S.: The European Rescue of the Nation-State, London 1992.

Mitchell, Nancy: The Cold War and Jimmy Carter, in: Leffler/Westad (Hg.), Cambridge History, Bd. 3, S. 66–88.

Mitoma, Glenn Tatsuya: Civil Society and International Human Rights. The Commission to Study the Organization of Peace and the Origins of the UN Human Rights Regime, in: HRQ 30 (2008), S. 607–630.
- Human Rights and the Negotiation of American Power, Philadelphia 2013.

Mittag, Jürgen: Kleine Geschichte der Europäischen Union. Von der Europaidee bis zur Gegenwart, Münster 2008.

Möckli, Daniel: European Foreign Policy during the Cold War. Heath, Brandt, Pompidou and the Dream of Political Unity, London/New York 2009.
- The EC Nine, the CSCE, and the Changing Pattern of European Security, in: Wenger u. a. (Hg.), Origins, S. 145–163.

Mollenhauer, Daniel: Die vielen Gesichter der pacification. Frankreichs Krieg in Algerien (1954–1962), in: Thoralf Klein/Frank Schumacher(Hg.): Kolonialkriege. Militärische Gewalt im Zeichen des Imperialismus, Hamburg 2006, S. 329–366.

Montupil, Fernando I. (Hg.): Exilio, derechos humanos y democracia. El exilio chileno en Europa, Santiago 1993.

Moorehead, Caroline: Dunant's Dream. War, Switzerland and the History of the Red Cross, London 1998.

Moravcsik, Andrew: The Choice for Europe. Social Purpose and State Power from Messina to Maastricht, Ithaca 1998.
- The Origins of Human Rights Regimes. Democratic Delegation in Postwar Europe, in: International Organization 54 (2000), S. 217–252.

Morgan, Kenneth O.: Britain Since 1945. The People's Peace, Oxford 1990.

Morris, Aldon D.: The Origins of the Civil Rights Movement. Black Communities Organizing for Change, New York/London 1984.

Morsink, Johannes: The Universal Declaration of Human Rights. Origins, Drafting and Intent, Philadelphia 1999.

Mower, Alfred G.: Human Rights and American Foreign Policy. The Carter and Reagan Experiences, New York 1987.
– Human Rights in Black Africa. A Double Standard?, in: Revue des Droits de l'Homme 9 (1976), S. 39–70.
– The United States, the United Nations, and Human Rights. The Eleanor Roosevelt and Jimmy Carter Eras, Westport/London 1979.
Moyn, Samuel: Personalismus, Gemeinschaft und die Ursprünge der Menschenrechte, in: Hoffmann (Hg.), Moralpolitik, S. 63–91.
– Substance, Scale, and Salience. The Recent Historiography of Human Rights, in: Annual Review of Law and Social Science 8 (2012), S. 123–140.
– The First Historian of Human Rights, in: American Historical Review 116 (2011), S. 58–79.
– The Last Utopia. Human Rights in History, Cambridge/London 2010.
Müller, Benjamin: Von der Konfrontation zum Dialog. Charta 77, Menschenrechte und »Samtene Revolution« in der Tschechoslowakei 1975–1989, in: Altrichter/Wentker (Hg.), KSZE-Prozeß, S. 99–110.
Müller, Leo A.: Betrifft: Amnesty International, München 1989.
Muñoz, Heraldo: Las relaciones exteriores del gobierno militar chileno, Santiago 1986.
Muravchik, Joshua: The Uncertain Crusade. Jimmy Carter and the Dilemmas of Human Rights Policy, Lanham u. a. 1986.
Murray, Rachel: Human Rights in Africa. From the OAU to the African Union, Cambridge 2004.
Mutibwa, Phares: Uganda since Independence. A Story of Unfulfilled Hopes, London 1992.
Nafpliotis, Alexandros: Britain and the Greek Colonels. Accomodating the Junta in the Cold War, London/New York 2013.
Nahum, Benjamín N. u. a.: Historia uruguaya, Bd. 7: Crisis política y recuperación económica, Montevideo 1988.
Nathans, Benjamin: Die Entzauberung des Sozialismus. Sowjetische Dissidenten, Menschenrechte und die neue globale Moralität, in: Eckel/Moyn (Hg.), Moral, S. 100–119.
– Soviet Rights-Talk in the Post-Stalin Era, in: Hoffmann (Hg.), Human Rights, S. 166–190.
– The Dictatorship of Reason. Aleksandr Vol'pin and the Idea of Rights under »Developed Socialism«, in: Slavic Review 66 (2007), S. 631–663.
Neier, Aryeh: Taking Liberties. Four Decades in the Struggle for Rights, New York 2003.
Nesbitt, Francis Njubi: Race for Sanctions. African Americans against Apartheid 1946–1994, Bloomington/Indianapolis 2004.
Neubert, Erhart: Der KSZE-Prozeß und die Bürgerrechtsbewegung in der DDR, in: Klaus-Dietmar Henke/Peter Steinbach/Johannes Tuchel (Hg.): Widerstand und Opposition in der DDR, Köln 1999, S. 295–308.
– Die Opposition im Jahr 1989 – ein Überblick, in: Kuhrt (Hg.), Opposition, S. 427–466.
Neuringer, Sheldon: The Carter Administration, Human Rights, and the Agony of Cambodia, Lewiston u. a. 1993.
Ninkovich, Frank: The Wilsonian Century. U.S. Foreign Policy since 1900, Chicago/London 1999.
Normand, Roger/Zaidi, Sarah: Human Rights at the UN. The Political History of Universal Justice, Bloomington/Indianapolis 2008.
Novick, Peter: The Holocaust and Collective Memory. The American Experience, London 2000.
Nowak, Manfred: Human Rights »Conditionality« in Relation to Entry to, and Full Participation in, the EU, in: Philip Alston (Hg.): The EU and Human Rights, Oxford 1999, S. 687–698.
– U.N. Covenant on Civil and Political Rights. CCPR Commentary, Kehl 2005².
Nugent, Paul: Africa since Independence. A Comparative History, Houndmills 2004.

O'Sullivan, Christopher D.: Sumner Welles, Postwar Planning, and the Quest for a New World Order, 1937–1943, New York 2008.
Oberdorfer, Don: From the Cold War to a New Era. The United States and the Soviet Union, 1983–1991, Baltimore/London 1998.
Oestreich, Gerhard: Geschichte der Menschenrechte und Grundfreiheiten im Umriß, Berlin 1978².
Ofcansky, Thomas P.: Uganda. Tarnished Pearl of Africa, Boulder 1996.
Offen, Karen: European Feminisms, 1700–1950. A Political History, Stanford 2000.
- Women's Rights or Human Rights? International Feminism between the Wars, in: Patricia Grimshaw u. a. (Hg.): Women's Rights and Human Rights. International Historical Perspectives, Houndmills 2001, S. 243–253.
Oldfield, J. R.: Popular Politics and British Anti-Slavery. The Mobilisation of Public Opinion against the Slave Trade, 1787–1807, Manchester/New York 1995.
Olejniczak, Claudia: Die Dritte-Welt-Bewegung in Deutschland. Kozeptionelle und organisatorische Strukturmerkmale einer neuen sozialen Bewegung, Wiesbaden 1998.
- Dritte-Welt-Bewegung, in: Roth/Rucht (Hg.), Bewegungen, S. 319–346.
Opitz, Peter J.: Auf den Spuren der Tiger. Entwicklungsprozesse in der asiatisch-pazifischen Region, München 1997.
- Menschenrechte und internationaler Menschenrechtsschutz im 20. Jahrhundert. Geschichte und Dokumente, München 2002.
Oppenheim, Lois Hecht: Politics in Chile. Democracy, Authoritarianism, and the Search for Development, Boulder u. a. 1993 [und 2007].
Orellana, Patricio/Hutchison, Elizabeth Q.: El movimiento de derechos humanos en Chile, 1973–1990, Santiago de Chile 1991.
Osterhammel, Jürgen: Aufstieg und Fall der neuzeitlichen Sklaverei. Oder: Was ist ein weltgeschichtliches Problem, in: Ders.: Geschichtswissenschaft jenseits des Nationalstaats. Studien zu Beziehungsgeschichte und Zivilisationsvergleich, Göttingen 2001, S. 342–369.
- Transnationale Gesellschaftsgeschichte. Erweiterung oder Alternative?, in: GG 27 (2001), S. 464–479.
- /Petersson, Niels: Geschichte der Globalisierung, München 2003.
- (Hg.): Weltgeschichte, Stuttgart 2008.
Otto, Dianne: Nongovernmental Organizations in the United Nations System. The Emerging Role of International Civil Society, in: HRQ 18 (1996), S. 107–141.
Overy, Richard: Rußlands Krieg 1941–1945, Reinbek 2003.
Owen, Nicholas: Critics of Empire in Britain, in: Judith M. Brown/Wm. Roger Louis (Hg.): The Oxford History of the British Empire, Bd. IV: The Twentieth Century, Oxford/New York 1999, S. 188–211.
Owen, Norman G.: Economic and Social Change, in: Nicholas Tarling (Hg.): The Cambridge History of South East Asia, Bd. 2, Cambridge 1992, S. 467–528.
Pach, Chester: The Reagan Doctrine. Principle, Pragmatism, and Policy, in: Presidential Studies Quarterly 36 (2006), S. 75–88.
Pape, Matthias: Humanitäre Intervention. Zur Bedeutung der Menschenrechte in den Vereinten Nationen, Baden-Baden 1997.
Parisi, Laura: Feminist Praxis and Women's Human Rights, in: Journal of Human Rights 1 (2002), S. 571–585.
Parker, Jason: Cold War II. The Eisenhower Administration, the Bandung Conference, and the Reperiodization of the Postwar Era, in: Diplomatic History 30 (2006), S. 867–892.
Parkinson, Charles O. H.: Bills of Rights and Decolonization. The Emergence of Domestic Human Rights Instruments in Britain's Overseas Territories, New York 2007.
Partsch, Karl Josef: Die Armenierfrage und das Völkerrecht in der Zeit des Ersten Weltkrieges. Zum Wirken von André Mandelstam, in: Mihran Dabag/Kristin Platt (Hg.): Genozid

und Moderne. Bd. 1: Strukturen kollektiver Gewalt im 20. Jahrhundert, Opladen 1998, S. 338–346.
- Menschenrechte und Minderheitenschutz. Zu den Arbeiten des Institut de Droit international in der Zwischenkriegszeit, in: Rudolf Bernhardt u. a. (Hg.): Völkerrecht als Rechtsordnung – internationale Gerichtsbarkeit – Menschenrechte. Fs. Hermann Mosler, Berlin u. a. 1983, S. 649–659.
- The Racial Discrimination Committee, in: Alston (Hg.), Nations, S. 339–368.
Paterson, Thomas G.: Contesting Castro. The United States and the Triumph of the Cuban Revolution, New York/Oxford 1994.
Paulmann, Johannes: Conjunctures in the History of International Humanitarian Aid during the Twentieth Century, in: Humanity 4 (2013), S. 215–238.
- Pomp und Politik. Monarchenbegegnungen in Europa zwischen Ancien Régime und Erstem Weltkrieg, Paderborn u. a. 2000.
Pedaliu, Effie G. H.: Human Rights and Foreign Policy. Wilson and the Greek Dictators, 1967–70, in: Diplomacy and Statecraft 18 (2007), S. 185–214.
Pedersen, Susan: Back to the League of Nations, in: AHR (2007), S. 1091–1116.
- The Meaning of the Mandates System. An Argument, in: GG 32 (2006), S. 560–582.
Pei-heng, Chiang: Non-Governmental Organizations at the United Nations. Identity, Role, and Function, New York 1981.
Peltzer, Roger: Die Menschenrechtskampagne der CDU – eine Analyse, in: Die Neue Geschichte/Frankfurter Hefte, Nr. 11/1987, S. 1018–1025.
Pendas, Devin O.: Toward a New Politics? On the Recent Historiography of Human Rights, in: Contemporary European History 21 (2012), S. 95–111.
Perzi, Niklas: Einleitung, in: Ders./Beata Blehova/Peter Bachmaier (Hg.): Die Samtene Revolution. Vorgeschichte – Verlauf – Akteure, Frankfurt 2009, S. 17–56.
Peter, Matthias: Konferenzdiplomatie als Mittel der Entspannung. Die KSZE-Politik der Regierung Schmidt/Genscher 1975–1978, in: Altrichter/Wentker (Hg.), KSZE-Prozeß, S. 15–28.
- Sicherheit und Entspannung. Die KSZE-Politik der Bundesregierung in den Krisenjahren 1978–1981, in: Ders./Wentker (Hg.), KSZE, S. 59–81.
- /Wentker, Hermann: »Helsinki-Mythos« oder »Helsinki-Effekt«? Der KSZE-Prozess zwischen internationaler Politik und gesellschaftlicher Transformation. Zur Einleitung, in: Dies. (Hg.), KSZE, S. 1–14.
- /- (Hg.): Die KSZE im Ost-West-Konflikt. Internationale Politik und gesellschaftliche Transformation 1975–1990, München 2012.
Peterson, Christian Philip: Globalizing Human Rights. Private Citizens, the Soviet Union, and the West, New York/London 2012.
Petro, Nicolai: The Predicament of Human Rights. The Carter and Reagan Policies, Lanham 1983.
Pijpers, Alfred E.: Dekolonisatie, compensatiedrang en de normalisering van de Nederlandse buitenlandse politiek, in: N. C. F. van Sas (Hg.): De kracht van Nederland. Internationale positie en buitenlands beleid in historisch perspectief, Haarlem 1991, S. 204–218.
Plummer, Brenda Gayle: Rising Wind. Black Americans and U. S. Foreign Affairs, 1935–1960, Chapel Hill/London 1996.
Polakiewicz, Jörg: The Execution of Judgements of the European Court of Human Rights, in: Robert Blackburn/ders. (Hg.): Fundamental Rights in Europe. The European Convention on Human Rights and its Member States, 1950–2000, Oxford 2001, S. 55–76.
- The Status of the Convention in National Law, in: Robert Blackburn/ders. (Hg.): Fundamental Rights in Europe. The European Convention on Human Rights and its Member States, 1950–2000, Oxford 2001, S. 31–53.
Pollack, Detlef/Wielgohs, Jan (Hg.): Dissent and Opposition in Communist Eastern Europe. Origins of Civil Society and Democratic Transition, Aldershot 2004.

- /Rink, Dieter: Einleitung, in: Dies. (Hg.), Verweigerung, S. 7–29.
- /– (Hg.): Zwischen Verweigerung und Opposition. Politischer Protest in der DDR 1970–1989, Frankfurt 1997.

Power, Samantha: »A Problem from Hell«. America and the Age of Genocide, New York u. a. 2003.

Powers, Jonathan: Against Oblivion. Amnesty International's Fight for Human Rights, Glasgow 1981.

- Like Water on Stone. The Story of Amnesty International, Boston 2001.

Prebensen, Søren C.: Inter-State Complaints under Treaty Provisions. The Experience under the European Convention on Human Rights, in: Human Rights Law Journal 20 (1999), S. 446–455.

Puhle, Hans-Jürgen: Uruguay, in: Bernecker/Tobler (Hg.), Handbuch, S. 992–1005.

Punt, Jozef: Die Idee der Menschenrechte. Ihre geschichtliche Entwicklung und ihre Rezeption durch die moderne katholische Sozialverkündigung, Paderborn u. a. 1987.

Quataert, Jean H.: Advocating Dignity. Human Rights Mobilizations in Global Politics, Philadelphia 2009.

Rabe, Stephen G.: Eisenhower and Latin America. The Foreign Policy of Anticommunism, Chapel Hill/London 1988.

- The Killing Zone. The United States Wages Cold War in Latin America, New York 2011.

Ramcharan, B. G.: Humanitarian Good Offices in International Law. The Good Offices of the United Nations Secretary-General in the Field of Human Rights, Den Haag u. a. 1983.

Raphael, Lutz: Die Verwissenschaftlichung des Sozialen als methodische und konzeptionelle Herausforderung für eine Sozialgeschichte des 20. Jahrhunderts, in: GG 22 (1996), S. 165–193.

Rask Madsen, Mikael: From Cold War Instrument to Supreme European Court. The European Court of Human Rights at the Crossroads of International and National Law and Politics, in: Law and Social Inquiry 32 (2007), S. 137–159.

- Legal Diplomacy. Die europäische Menschenrechtskonvention und der Kalte Krieg, in: Hoffmann (Hg.), Moralpolitik, S. 169–198.

Reddaway, Peter: Repression und Liberalisierung. Sowjetmacht und Dissidenten 1953–1986, in: Osteuropa 60 (2010), S. 105–125.

Reichardt, Sven/Siegfried, Detlef (Hg.): Das alternatve Milieu. Antibürgerlicher Lebensstil und linke Politik in der Bundesrepublik Deutschland und Europa 1968–1983, Göttingen 2010.

Reid, Anthony: Indonesia. Revolution Without Socialism, in: Robin Jeffrey (Hg.): Asia. The Winning of Independence, the Philippines, India, Indonesia, Vietnam, Malaya, London 1981, S. 113–162.

Reid, John Philip: The Irrelevance of the Declaration, in: Hendrik Hartog (Hg.): Law in the American Revolution and the Revolution in the Law. A Collection of Review Essays on American Legal History, New York/London 1981, S. 46–89.

Reinalda, Bob/Verbeek, Bertjan (Hg.): Autonomous Policy Making by International Organizations, London/New York 1998.

- /Verhaaren, Natascha: Vrouwenbeweging en Internationale Organisaties, 1868–1986. Een vergeten hoofdstuk uit de geschiedenis van de internationale betrekkingen, Nijmegen 1989.

Reinhard, Wolfgang: Geschichte der europäischen Expansion, Bd. 3 und 4, Stuttgart 1988 und 1990.

Reinisch, Jessica: »We Shall Rebuild a New Powerful Nation«. UNRRA, Internationalism and National Reconstruction in Poland, in: JoCH 43 (2008), S. 451–476.

- Introduction: Relief in the Aftermath of War, in: JoCH43 (2008), S. 371–404.

Reinke, Julia: Das Verhältnis der Westdeutschen zu Polen Anfang der 1980er Jahre. Reaktionen auf Solidarność und Kriegsrecht vor dem Hintergrund des Kalten Krieges und der deutsch-polnischen Geschichte, Magisterarbeit Universität Freiburg, 2011.
Repgen, Konrad: Außenpolitik der Päpste im Zeitalter der Weltkriege, in: Hubert Jedin/Konrad Repgen (Hg.): Handbuch der Kirchengeschichte, Bd. VII: Die Weltkirche im 20. Jahrhundert, Freiburg u. a. 1985, S. 36–96.
- Krieg, Gewissen und Menschenrechte. Zur Haltung der katholischen Bischöfe im Zweiten Weltkrieg, Köln 1995.
Rey, Marie-Pierre: The Mejdunarodniki in the 1960s and First Half of the 1970s. Backgrounds, Connections, and the Agenda of Soviet International Elites, in: Wilfried Loth/Georges-Henri Soutou (Hg.): The Making of Détente. Eastern and Western Europe in the Cold War, 1965–75, London/New York 2008, S. 51–66.
- The USSR and the Helsinki Process, 1969–1975. Optimism, Doubt, or Defiance?, in: Wenger u. a. (Hg.), Origins, S. 65–82.
Reynolds, David: Britain and the World since 1945. Narratives of Decline or Transformation?, in: Burk (Hg.), Isles, S. 157–186.
- The Atlantic »Flop«. British Foreign Policy and the Churchill-Roosevelt Meeting of August 1941, in: Douglas Brinkley/David R. Facey-Crowther (Hg.): The Atlantic Charter, Houndmills 1994, S. 129–150.
Richardson-Little, Ned: »Erkämpft das Menschenrecht«. Sozialismus und Menschenrechte in der DDR, in: Eckel/Moyn (Hg.), Moral, S. 120–143.
Riches, William T. Martin: The Civil Rights Movement. Struggle and Resistance, Houndmills 2004.
Riedel, Eibe/Will, Martin: Human Rights Clauses in External Agreements of the EC, in: Alston (Hg.), EU, S. 723–754.
Ries, Charles: The »New International Economic Order«: The Skeptics' Views, in: Karl P. Sauvant/Hajo Hasenpflug (Hg.): The New International Economic Order. Confrontation or Cooperation between North and South?, Boulder 1977, S. 63–85.
Rioux, Jean-Pierre/Sirinelli, Jean François (Hg.): La guerre d'Algérie et les intellectuels français, Brüssel 1991.
Risse, Thomas C./Ropp, Stephen: International Human Rights Norms and Domestic Change. Conclusions, in: Risse u. a. (Hg.), Power, S. 234–278.
- /–/Sikkink, Kathryn (Hg.): The Power of Human Rights. International Norms and Domestic Change, Cambridge 1999.
- /Sikkink, Kathryn: The Socialization of International Human Rights Norms into Domestic Practices. Introduction, in: Risse u. a. (Hg.), Power, S. 1–38.
Rist, Gilbert: The History of Development. From Western Origins to Global Faith, London/New York 2008.
Rivas, Darlene: US-Latin American Relations, 1942–1960. A Historiographical Review, in: Robert D. Schulzinger (Hg.): A Companion to American Foreign Relations, Malden 2003 S. 230–254.
Roberts, Richard: Litigants and Households. African Disputes and Colonial Courts in the French Soudan, 1895–1912, Portsmouth 2005.
Robertson, A. H.: Human Rights in Europe, Manchester 1977.
Robins, Dorothy: Experiment in Democracy. The Story of U. S. Citizen Organizations in Forging the Charter of the United Nations, New York 1971.
Rock, Philipp: Macht, Märkte und Moral. Zur Rolle der Menschenrechte in der Außenpolitik der Bundesrepublik Deutschland in den sechziger und siebziger Jahren, Frankfurt am Main u. a. 2010.
Rödder, Andreas: Die Bundesrepublik Deutschland 1969–1990, München 2004.
Rodogno, Davide: Against Massacre. Humanitarian Interventions in the Ottoman Empire,

Hull, Cordell 54
Human Rights Council of Hong Kong 234
Human Rights League (Sansibar) 233 f.
Human Rights Watch 10, 18, 35, 346 f., 549, 602, 743, 773, 775, 815 f., 827 f., 833 f.
Humphreys, John 73, 102, 148 f., 151, 305, 370
Huneeus, Carlos 651
Husák, Gustáv 720, 728
Hutter, Irmgard 360

Idaho (USA) 471
Indien 24, 41, 96–98, 104, 127, 250, 278, 293, 310, 319–320, 328, 429, 634, 772
Indigenous Minorities Research Council 604
Indochina 96, 218, 264, 279, 285
Indonesien 96, 118, 218, 229, 264, 277 f., 327, 330, 335 f., 374 f., 401, 442, 444, 451, 455 f., 489, 509, 512, 543, 770, 775 f.
Initiative für den Schutz der Menschenrechte 716
Initiative für Frieden und Menschenrechte (IFM) 723, 728, 730, 732, 748
Inkatha Freedom Party 694
Institut de Droit International 50, 66–68, 213 f.
Institut für die Wirtschaft des Weltsozialistischen Systems 752
Institut für US-amerikanische und Kanadische Studien 752
Institut für Weltwirtschaft und Internationale Beziehungen (IMEMO) 752
Inter-American Juridical Committee 189, 197–199
Inter-American Peace Committee 204
Interamerikanische Entwicklungsbank 647
Inter-Amerikanische Menschenrechtskommission 184, 199, 201–204, 384, 504, 596, 599, 667
Inter-Amerikanischer Menschenrechtsgerichtshof 184
Inter-Governmental Group on Indonesia 456
International Alliance of Women 212, 215, 222
International Association of Democratic Lawyers 344
International Association of Penal Law 209
International Commission of Enquiry into the Crimes of the Military Junta in Chile 606
International Commission of Jurists (ICJ) 170, 222 f., 229, 231, 258, 307, 344, 348, 354, 365, 377, 601, 788
International Confederation of Free Trade Unions 221, 600
International Council of Women 211
International Court of Justice 633, 663, 773
Internationale Arbeitsorganisation (IAO) 92, 118 f., 149 f., 262
Internationale Flüchtlingsorganisation 245
International Helsinki Foundation 743
International Human Rights Law Group 347, 827
International Jewish Committee 69
International Law Association 213
International Lawyers 61
International League for the Rights of Man 18, 73, 117, 132, 145, 170 f., 208, 218, 220, 222–244, 256, 258, 286, 289, 307, 344, 348, 353, 390, 425, 479, 588, 602, 663, 732, 774, 807, 811, 813, 815 f.
International Union of American Republics 185
International Union of League of Nations Associations 67
International Women's Suffrage Alliance (IWSA) 211–213
Inter-Parliamentary Union 214–216
Ioannidis, Dimitrios 177
Irak 310, 397, 425, 629, 839 f.
Iran 229, 401, 425, 489, 497, 506, 509, 512, 529, 547, 558
Iranian Students Association 228
Irland 159–161, *169,* 531
Israel 97, 151, 175, 229, 259, 279, 299, 302 f., 311, 353, 390, 463, 661, 794 f.
Israelitische Allianz in Österreich 210 f.
Italien 63, 159–161, 164, *169,* 175, 283, 353, 428, 531, 593, 603, 611, 625, 627, 766, 831
Ithaca, NY 398
Iwan der Schreckliche 410

Jackson, Henry M. 470, 473, 545 f.
Jackson, Robert H. 90
Jakowlew, Alexander Nikolajewitsch 749, 752, 763

Geyer, Michael 31
Ghana 255, 273 f., 280–282, 298, 308, 310, 321, 323, 634, 771, 775
Gierek, Edward 718
Ginsburg, Alexander 484, 487, 529, 532, 716 f.
Giscard d'Estaing, Valéry 738
Gladstone, William 39
Glazer, Nathan 545
Glucksmann, André 766
Godart, Justin 218, 224
Goerdeler, Carl 72
Goldberg, Arthur Joseph 744
Gomułka, Władysław 717
Gorbatschow, Michail 562, 564 f., 712, 720, 742, 746, 749–754, 756–762
Gordon, Paul Lauren 21
Gouges, Olympe de 34
Grant, Frances 18, 225, 229, 234, 237, 390
Greenpeace 434
Griechenland 24, 39 f., 116, 155 f., 160, 168–177, 183, 229, 237, 311, 344, 357 f., 408, 443 f., 446, 601, 676
Grigorenko, Piotr 717
Gromyko, Andrei Andrejewitsch 457, 485–487, 741
Großbritannien (Vereinigtes Königreich) 14, 17 f., 24 f., 35–40, 48, 53 f., 58, 69 f., 86, 95, 97 f., 101, 107–113, 117–119, 121, 126–128, 130 f., 139, 141, 146, 152, 158–162, 165, 168–172, 174 f., 180, 190, 229, 263–265, 273, 284 f., 294 f., 302 f., 305–307, 314, 316–327, 332, 337–339, 352, 354–355, 397, 428, 431, 435, 437–438, 454, 461, 499, 513–516, *517*, 519 f., 526, 528 f., 531 f., 534 f., 537–541, 582, 600, 604, 611, 614 f., 621, 623–625, 627, 629, 636, 644, 660, 672–677, 685, 695 f., 781, 795, 809, 814, 820, 830
Grüne (Partei) 577, 579, 686
Grunwald, Hanna 391, 397
Gruppe zur Förderung der Einhaltung der Helsinki-Verträge 717
Guatemala 104, 185, 189, 196 f., 200, 203, 206, 371, 379, 385, 502, 512, 557, 559, 698
Guevara de la Serna, Ernesto »Che« 200, 593
Guinea 264, 282, 529, 775
Guinea-Bissau 274, 329, 331
Gumbel, Emil Julius 218, 224

Guyana 317
Guzmán, Jaime 591, 656, 666

Habyarimana, Juvénal 10
Haig, Alexander 550, *554*
Haile, Minasse 801
Haile Selassie 782
Haiti *197*, 200–202, 229, 233, 311, 405, 512, 529, 558, 835
Hájek, Jiří 721
Hammarberg, Thomas 369
Hammarskjöld, Dag 151–153
Harding, William 690
Harkin, Tom 471, 685
Harris, Peter 373
Harrison, Scott 409
Haskell (britischer Botschafter) 626
Havanna 794
Havel, Václav 721, 725 f., 729 f., 744, 746, 763
Havemann, Robert 722
Hawk, David 393, 397, 416
Hayward, Ron 594
Healey, Jack 429 f. 432
Heath, Edward 515 f., 526, 614, 617
Heck, Bruno 615
Heitman, Walter 602, 646
Hejdánek, Ladislav 728
Helsinki 567 f., 604, 606, 645, 717, 721 f., 731, 734 f., 737, 739 f., 744 f., 761
Helsinki-Gruppe (Moskau) 484, 764
Helsinki-Kommission 742
Helsinki Watch (siehe Human Rights Watch)
Hendrick, James 105
Hennessy, James 532
Henry-Lévy, Bernard 766
Hickerson, John 120
Hilfsverein Deutscher Juden 211
Hinkley, David 391
Hirsch, Ralf 723
Hitler, Adolf 76, 410, 608
Ho Chi Minh 270, 273
Honduras *197*, 202
Honecker, Erich 740 f.
Hopgood, Stephen 369
Horman, Charles 399, 613
Houphouët-Boigny, Félix 785
Houser, George M. 285
Howard, Rhoda 800

Eden, Anthony 57f., 317–318, 321, 338, 518
Ehmke, Horst 172, 567
Eichelberger, Clark M. 62, 88
Eisenhower, Dwight 108, 120, 136, 138, 185, 199, 336, 502
Ellsworth, Whitney 39
El Salvador 197, 201, 206, 371, 379, 504f., 511, 557, 559, 579, 675, 698
Elston, Gerhard 397
Englische Kommunistische Partei 161
Ennals, David 517
Ennals, Martin 354, 391
Enríquez, Miguel 606
Entebbe 527
Enzensberger, Hans-Magnus 290, 408
Eppler, Erhard 627
Eritrea 773, 782
Espinoza, Pedro 642
Ethiopian People's Revolutionary Party 782
Europäische Atomgemeinschaft 180
Europäische Gemeinschaft (EG) 384, 450, 453f., 468, 530f., 692, 696, 735–737, 791, 796f., 823
Europäische Menschenrechtskommission 154f., 158–161, 167, 169, 177f.
Europäische Parlamentarier-Union 157
Europäischer Menschenrechtsgerichtshof 154f., 158–161, 168, 177f.
Europäische Union 826–828, 841
Europäische Wirtschaftsgemeinschaft (EWG) 176, 180, 439, 455, 515, 520, 528, 531
Europarat 10, 13, 24, 80, 92, 154–156, 158–161, 163–165f., 168f., 171–183, 192, 195f., 198, 225, 261, 282
European Movement 158f., 161
Export-Import Bank of the United States 500, 504
Eyzaguirre, José Maria 656

Fanon, Frantz 270f., 273, 324
Farrell, Edelmiro 193f.
Federal Council of Churches 88
Federatie Nederlandse Vakbeweging (FNV) 606
Fédération Internationale des Droits de l'Homme 66, 663
Fernández, Javier Illanes 583
Fernández, Sergio 657
Fidschi 317

Fitelson, William 241
Ford, Gerald 467, 470f., 479, 486, 510, 546, 618, 624, 638, 707, 742
Foreign Policy Association 546
Frangulis, Antoine 68
Frankfurt 606
Frankreich 32–40, 81, 97, 104, 108, 117f., 126–129, 146, 158–162, 164, 174f., 229, 264, 270, 285, 287f., 290f., 323, 328f., 331–334, 336f., 353, 408, 422, 428, 454, 499, 531, 593, 603, 607, 612–615, 622, 625, 627, 629, 644, 673, 675, 677, 738, 766f., 780, 785, 787, 794, 830, 831
Fraser, Donald 471–473, 479, 512, 618
Freedom House 540, 777
Freie Demokratische Partei (FDP) 572, 582
Frente de Libertação de Moçambique (FRELIMO) 330
Frente Farabundo Martí para la Liberación Nacional 505
Frente Patriótico Manuel Rodríguez 680
Frente Revolucionária do Timur-Leste Independente (Fretilin) 456
Frente Sandinista de Liberación Nacional (FSLN) 504
Frings, Joseph 81
Front de Liberation Nationale (FLN) 271, 328f., 333f.
Fyfe, David Maxwell 164

G-6 467
Gaay Fortman, Bas de 450
Gabriel, Peter 429, 432
Gabun 775
Gambia 317, 775
Gandhi, Mohandas Karamchand 268
García Sayan, Enrique 116
Gaulle, Charles de 73, 331, 336, 734
Geheime Staatspolizei (Gestapo) 398, 608
Geißler, Heiner 570–572, 575
Geldof, Bob 431
Genf 564, 636, 734, 738, 740, 742, 744, 756
Genscher, Hans-Dietrich 572, 575, 581f., 676, 692
Georges-Picot, Guillaume 151
Georgia (USA) 462
Georgien 717
Gesellschaft für bedrohte Völker 604

Christopher, Warren 480, 505
Chruschtschow, Nikita Sergejewitsch 123, 135, 250, 296, 716, 724, 742
Chun Doo-hwan 494f., 549
Church, Warren 471, 473
Churchill, Winston 54, 56, 85, 157f., 162, 165, 265f., 317, 321
CIA 354, 435, 465, 468, 481, 617f., 640, 704f., 708f.
Civil Rights Council 250, 252
Clarkson, Thomas 38
Clinton, Bill 10, 831, 835f.
Cobbah, Josiah A. M. 799
Cohen, Roberta 479
Cohen, Stephen 479f.
Comité de Cooperación para la Paz en Chile (COPACHI) 662–664, 667f.
Comité Vrij Griekenland 171, 443
Comisión Chilena de Derechos Humanos 602, 662f.
Commission internationale contre le régime concentrationnaire 115, 289
Commission nationale consultative des droits de l'homme 826
Commission of Inquiry Into Forced Labor 227
Commission of the Churches on International Affairs 221, 600
Commission to Study the Organization of Peace (CSOP) 62f., 69, 87
Concertación por el No 682f., 692
Consultative Council of Jewish Organizations 219
Contreras, Manuel 591, 642, 657
Convention People's Party 273, 771
Corbett Ashby, Margaret 212
Corry, John 408
Corvalán, Luis 484
Costa-Gavras 399, 408
Costa Rica 184f., 190, 308f., 630, 777
Coudenhove-Kalergi, Richard 157
Council on African Affairs 239
Cox, Larry 393f., 705
Craxi, Bettino 684
Crocker, Chester 556
Crosland, Anthony 527, 530
Cubillos, Hernán 643, 676

Dallin, David J. 115
Damaskus 399

Dänemark 36, 98, 159, 169, 173, 327, 442, 452, 531, 625
Daniel, Juli 716
Danubian Club 72f.
Dawson (Insel) 590, 598
Debray, Régis 593
Dehousse, Fernand 225
Democraten '66 (D'66) 445
Democratic Party (USA) 473, 507, 836
Demokratie Jetzt 748
Demokratischer Aufbruch 748
Demokratische Republik Kongo 789
Demokratisches Rußland 755, 764
Demokratische Union 755, 764
Deng Xiaoping 496f.
Den Uyl, Joop 805, 809, 812
Derian, Patricia 479f.
Deutsche Demokratische Republik (DDR) 228, 546, 567–570, 572, 579, 604, 674, 714f., 721f., 740f., 748
Deutsche Liga für Menschenrechte 67, 217
Deutscher Gewerkschaftsbund 676
Deutschland (Bundesrepublik) 26, 33f., 36, 63, 65, 70, 72, 80, 161, 169, 171f., 174f., 178, 180f., 237, 289f., 337, 352, 355, 389, 404, 408, 411, 414, 416, 428, 437–440, 454, 499, 531, 541, 567f., 570, 573, 575–582, 602, 603, 608f., 622, 625, 627, 630, 660, 673, 676, 683, 685f., 692, 696, 735–738, 740, 766f., 795
Dienstbier, Jiří 721, 744
Diez, Sergio 635, 653
Dirección de Inteligencia Nacional (DINA) 591, 608, 613, 639f., 642, 649f., 655–657, 659, 667, 670
Disraeli, Benjamin 39
Divine, Robert A. 89
Dixon, Pierson 140
Dobrynin, Anatoli 485f.
Dominikanische Republik 9, 155f., 191, 197, 200–205, 229, 371, 502
Donnelly, Jack 800
Duarte, José Napoleón 559
Dubček, Alexander 720, 724
Du Bois, W. E. B. 252
Dulles, John Foster 120, 138
Duvalier, François »Papa Doc« 202

Eagleton, Clyde 62
Ecuador 128, 185, 191, 193, 197, 201, 203

Bot, Theo 452
Botha, Roelof Frederik »Pik« 500
Botha, Pieter Willem 499f., 556, 560, 581, 697
Botswana 582, 785
Boupacha, Djamila 291
Bowie, Robert 468
Braden, Spruille 194
Brandt, Willy 171, 568, 578, 611, 737, 760
Brasilien 36, 185, *191*, 196f., 344, 425, 471, 601, 680
Bredekamp, Horst 598
Breschnew, Leonid I. 457, 485f., 488, 714, 734, 736f., 739
Bricker, John 137
British Human Rights Network 348
Brockway, Fenner 284-287
Brouckère, Louis de 225
Brown, Archie 750
Brown, Christopher 37
Brown, Harold 468
Brzezinski, Zbigniew 467-469, 473, 476, 481f., 484, 489, 493, 496, 501, 505f., 512, 706
Büchi, Hernán 678
Bukowski, Wladimir 457, 484, 538, 716, 766
Bulgarien 39, 110, 217, 371, 425
Bündnis 90 748
Bund der Evangelischen Kirchen (BEK) 722
Bundesrepublik (siehe Deutschland)
Burlazkij, Fjodor 759
Burma 425, 775
Burundi 470f., 702, 789
Bush, George H.W. 557, 559, 688
Bush, George W. 838-840
Bussi de Allende, Hortensia 599
Buthelezi, Gatsha 694f.
Byrnes, James F. 194

Caamaño, Francisco 204
Cabral, Amílcar 274f.
Caetano, Marcelo 337f.
Callaghan, Leonard James 435, 514f., 524, 526, 531f., 536, 538, 540, 622, 672, 805
CARE 245
Caritas Internationalis 209
Carlucci, Frank 561
Carnegie Endowment for Peace 61
Carstens, Karl 614

Carter, Jimmy 25, 205, 240, 343, 359, 435, 437, 462-476, 478f., 481-483, 485-513, 524, 532, 539, *540*, 544-550, 553f., 556, 560, 576, 611, 637-640; 642f., 649, 657, 672f., 689, 695, 698f., 704, 706-708, 744, 796, 805, 808, 811, 816, 828, 836
Carvajal, Patricio 639
Casey, William 561
Cassidy, Sheila 612, 675
Cassin, René 73, 90, 99
Castillo, Jaime 662
Castro, Fidel 196, 200, 204, 229, 458, 460, 593
Catholic Association for International Peace 79
Cauas, Jorge 639
Center for Women's Global Leadership 827
Central Nacional de Informaciones (CNI) 657, 667, 679
Cerezo Arévalo, Marco Vinicio 559
Ceylon 233, 308, 774
CDU/CSU 567, 568-572, 576, 582, 614-616, 676, 686
Chacarillas 656
Chamberlain, A. Neville 54
Chamorro, Pedro 504
Chan, Anita 373
Chapman, Tracy 429
Charta 77 720, 722, 727, 732, 746
Chile 15, 18, 25, 126, 128f., 133, 184-186, 197, 201, 205, 280, 311, 343, 346, 359, 363f., 371f., 379, 381, 385, 397, 399, 401, 408, 433, 443, 453, 458, 461, 469, 471, 484, 502f., 509, 514, *517*, 523, 546, 552, 561, 570-572, 578f., 583f., 586-588, 590, 592-597, 599-609, 610-612, 614-620, 622-640, 643-646, 648f., 652, 654, 656, 659-662, 665-668, 673-680, 682, 684-690, 692-698, 702, 729, 762, 776f., 812, 817f., 821, 825
Chile Committee for Human Rights 600
Chile Solidarity Campaign 604, 621f.
Chili Beweging 604
Chili-komitee Nederland 448, 606
China 84, 97, 100, 237, 249, 277f., 328, 364, 373f., 425, 449, 484, 495f., 546, 702, 706f., 729, 768, 776, 828f., 835, 837f., 840f.
Chomsky, Noam 707
Christdemokratische Partei (Chile) 650
Christen-Democratisch Appèl 460

Árbenz, Jacobo 185
Arendt, Hannah 547
Argentinien 97, 185f., 193–197, 200, 205, 229, 233, 343, 371, 385, 411, 503f.,, 509, 529, 650, 669, 680, 685, 693, 698, 776
Arias Sánchez, Óscar 559
Aristide, Jean-Bertrand 835
Armenien 31, 50, 67, 401, 717, 839
Asien 317–318, 333, 344–346, 362f., 372, 413, 425, 428
Assembly of Captive European Nations 249f.
Association of Southeast Asian Nations (ASEAN) 830
Äthiopien 102, 303, 397, 425, 458, 503, 528, 556, 579, 702, 773, 775f., 780, 783, 831
Attlee, Clement 317, 319
Audin, Maurice 291
Auschwitz 398
Australien 104, 112, 709
Awami League 772
Aylwin, Patricio 683, 692
Azania Komitee 459
Azikiwe, Nnamdi 266, 269f.

Badillo, Herman 482
Baer, Gertrude 219
Baez, Joan 431
Bahr, Egon 627
Bahro, Rudolf 722
Baker, Eric 352
Baker, Howard 561
Balafrej, Ahmed 774
Balaguer, Joaquín 9f., 204
Baldwin, Roger 218, 225–227, 229, 235–237, 241–243, 390
Bangkok 708
Bangladesch 41, 470f., 772, 775
Ban Ki-moon 837
Barbados 777
Barrios de Chamorro, Violeta 559
Barrons, John 703
Batista, Fulgencio 192
Battěk, Rudolf 721
Battlle Berres, Luis 192
Baudouin I., König von Belgien 272
Beausire, William 675, 677
Beauvoir, Simone de 288
Becket, James 357
Beckett, Eric 107

Beer, Max 132, 225, 230, 235, 237
Belgien 97, 117, 159f., 164, 173f., 268, 272, 323, 353, 603, 625, 766, 780, 831
Belgrad 567, 734, 738, 744f.
Benavides, César 635, 680
Benda, Václav 721, 729, 744
Benenson, Marc 390f.
Benenson, Peter 243, 351f., 354, 357, 377, 389f.
Beneš, Edvard 74
Benin 786
Benton, William 124, 128
Berg, Paul 116
Berija, Lawrenti 123
Berlin 723
Bernstein, Robert 743
Bertram, Adolf Kardinal 81
Betancourt, Rómulo 200
Bevin, Ernest 159f.
Bewegung der Blockfreien Staaten 329, 335, 629, 791, 794
Bewegung zur Verteidigung der Menschen- und Bürgerrechte (ROPCiO) 718
Biafra (Republik) 345, 514, 693, 772, 784f.
Bidault, Georges 164
Biermann, Wolf 604, 722
Biesheuvel, Barend 444
Bikel, Theodore 391
Biko, Steve 454, 695
Binaisa, Godfrey 786, 788
Bindig, Rudolf 574
Black Consciousness Movement 454, 500, 535, 695
Blair, Tony 836
Blanco, Juan Carlos 384
Blane, Andrew 391
Bloch, Dora 527, 538
Bloomfield, Lincoln 480, 482, 509
Bloomington 410
Blüm, Norbert 571f., 686f.
Blumenthal, Michael 468
Bogoraz, Larisa 764
Bohley, Bärbel 723, 748
Bokassa, Jean-Bédel 303, 787
Bolivien 185, 189, *197*, 200, 399, 611
Bongo, Omar 785
Bonner, Elena 717
Bono 432
Bordaberry, Juan María 384
Bosch, Juan 203f.

Register

Kursive Seitenzahlen beziehen sich auf Fundstellen in den Anmerkungen.

Abbas, Ferhat 334
Abourezk, James 471, 482
Abrams, Elliott 549 f., 688
Académie Diplomatique Internationale 66, 68, 214
Acheson, Dean 336, 514 f.
Adams, Bryan 429
Addis Abeba 782
Afghanistan 131, 425, 462, 488, 506, 544, 552, 556, 571, 672, 745, 838
African Court on Human and People's Rights 789
African National Congress (ANC) 275, 581, 694–696, 698
Africa Watch Committee 775
Afrika 317–318, 322–324, 326, 329, 333, 337, 344 f., 362 f., 366, 370, 425, 428, 733
Aganbegjan, Abel 752
Agt, Dries van 542–544, 570
Ägypten 97 f., 463, 631, 634
Alabama Christian Movement for Human Rights 253
Albanien 375, 425, 527
Al-Baschir, Omar 838
Albright, Madeleine 836
Algerien 144, 218, 229, 264, 270 f., 282, 284, 287–291, 323, 325, 328, 330 f., 333 f., 336, 380, 408, 422, 529, 595
All Africa Conference of Churches 788
Alleg, Henri 288
Allende, Salvador 359, 399, 448 f., 502, 583 f., 588–590, 592–595, 598 f., 601–603, 607, 610, 613 f., 617 f., 620, 632, 640, 683
Alliance Israélite Universelle 210, 219
Almeyda, Clodomiro 627
Amalrik, Andrei 457
American Bar Association 137
American Chilean Council 655
American Civil Liberties Union (ACLU) 217, 225, 238, 434, 743

American Committee on Africa (ACOA) 239, 285 f., 500, 693
American Federation of Labor and Congress of Industrial Organizations (AFL-CIO) 111, 113, 649
American Jewish Committee 64, 88, 211, 219
American Relief Association 244
American Society of News Editors 124
Americas Watch 602
Amézaga, Juan J. 192, 194
Amin, Idi 41, 303, 410, 470, 526–528, 530, 532, 536 f., 702, 774, 776, 780 f., 783–785, 787
Amnesty International 9–14, 17 f., 20, 24 f., 35 f., 43, 170 f., 223, 243, 258, 290, 307, 343 f., 346, 348–434, 473, 478, 572, 577, 588, 596, 500, 600 f., 606, 609, 621, 633, 645, 663, 668, 670, 676, 693, 697, 699–700, 704–706, 709, 732 f., 773–776, 787, 808, 810 f., 815–820, 827 f., 831–834
Amnesty International USA (AIUSA) 350, 372, 375, 378, 382–386, 389–434, 599, 671
Andropow, Juri 741, 744, 749
Angell, Norman 224
Anglo-Jewish Association 210, 219
Angola 229, 264, 329 f., 371, 425, 458, 552, 556, 775, 782, 809, 812
Antillen 442
Anti-Apartheids Beweging Nederland 459
Anti-Revolutionaire Partij (ARP) 445
Anti-Slavery Society (auch: Anti-Slavery International) 38, 43, 222, 227
Äquatorial-Guinea 303, 425, 523, 529, 702, 780–783, 786 f., 820
Aquino, Benigno 559
Arabische Liga 789
Arbatow, Georgij 752
Arbeiterverteidigungskomitee (KOR) 718, 726, 728, 730, 732

Wood, Gordon S.: The Creation of the American Republic, 1776–1787, New York 1969.
Woodhouse, M. C.: The Rise and Fall of the Greek Colonels, London 1985.
Woodward, Llewellyn: British Foreign Policy in the Second World War, Bd. V, London 1976.
Wright, Thomas C.: Latin America in the Era of the Cuban Revolution, New York 1981.
– State Terrorism in Latin America. Chile, Argentina, and International Human Rights, Lanham u. a. 2007.
– /Oñate Zúñiga, Rody: Chilean Political Exiles, in: Latin American Perspectives 34 (2007), S. 31–49.
Young, John W.: The Labor Governments, 1964–1970. Bd. II: International Policy, Manchester/New York 2004.
– /Pedaliu, Effie G. H./Kandiah, Michael D. (Hg.): Britain in Global Politics, Bd. 2: From Churchill to Blair, Houndmills 2013.
Yurchak, Alexei: Everything Was Forever Until It Was No More. The Last Soviet Generation, Princeton 2006.
Zelizer, Julian E.: Jimmy Carter, New York 2010.
Zeuske, Michael: Kleine Geschichte Kubas, München 2007³.
Ziegler, Philip: Wilson. The Authorized Life of Lord Wilson of Rievaulx, London 1993.
Zubok, Vladislav M.: A Failed Empire. The Soviet Union in the Cold War from Stalin to Gorbachev, Chapel Hill 2007.
Zuckert, Michael P.: Natural Rights and the New Republicanism, Princeton 1994.
Zuijdwijk, Ton J. M.: Petitioning the United Nations. A Study in Human Rights, New York 1982.

Wentker, Hermann: Pursuing Specific Interests within the Warsaw Pact. The German Democratic Republic and the CSCE Process, in: Carla Meneguzzi Rostagni (Hg.): The Helsinki Process. A Historical Reappraisal, Mailand 2005, S. 45–61.

Wenzel, Claudius: Südafrika-Politik der Bundesrepublik Deutschland 1982–1992. Politik gegen Apartheid?, Wiesbaden 1994.

Westad, Odd Arne: The Global Cold War. Third World Interventions and the Making of Our Times, Cambridge 2005.

Wiebes, Cees/Zeeman, Bert: United States' »Big Stick« Diplomacy. The Netherlands between Decolonization and Alignment, in: The International History Review 14 (1992), S. 45–70.

Wiegrefe, Klaus: Das Zerwürfnis. Helmut Schmidt, Jimmy Carter und die Krise der deutsch-amerikanischen Beziehungen, Berlin 2005.

Wielenga, Friso: Die Niederlande. Politik und politische Kultur im 20. Jahrhundert, Münster u. a. 2008.

- Geschichte der Niederlande, Stuttgart 2012.

Wildenthal, Lora: Human Rights Activism in Occupied and Early West Germany. The Case of the German League for Human Rights, in: The Journal of Modern History 80 (2008), S. 515–556.

- Human Rights Advocacy and National Identity in West Germany, in: HRQ 22 (2000), S. 1051–1059.
- Rudolf Laun und die Menschenrechte der Deutschen im besetzten Deutschland und in der frühen Bundesrepublik, in: Hoffmann (Hg.), Moralpolitik, S. 115–141.
- The Language of Human Rights in West Germany, Philadelphia 2013.

Wilentz, Sean: The Age of Reagan. A History, 1974–2008, New York 2008.

Willets, Peter (Hg.): »The Conscience of the World«. The Influence of Non-Governmental Organizations in the UN System, Washington 1996.

Williams, Thomas D.: Who Is My Neighbor? Personalism and the Foundation of Human Rights, Washington 2005.

Wilmers, Annika: Pazifismus in der internationalen Frauenbewegung 1914–1920, Essen 2008.

Wilson, Richard Ashby/Brown, Richard D. (Hg.): Humanitarianism and Suffering. The Mobilization of Empathy, Cambridge 2009.

Winn, Peter: The Furies of the Andes. Violence and Terror in the Chilean Revolution and Counterrevolution, in: Greg Grandin/Gilbert M. Joseph (Hg.): A Century of Revolution. Insurgent and Counterinsurgent Violence During Latin America's Long Cold War, Durham 2010, S. 239–275.

Winter, Jay M.: Dreams of Peace and Freedom. Utopian Moments in the Twentieth Century, New Haven 2006.

- /Prost, Antoine: René Cassin and Human Rights. From the Great War to the Universal Declaration, Cambridge 2013.

Wirsching, Andreas: Abschied vom Provisorium. Die Geschichte der Bundesrepublik Deutschland 1982–1990, München 2006.

Wiseberg, Laurie S.: The African Commission on Human and People's Rights, in: Issue. A Journal of Opinion 22 (1994), S. 34–41.

- Toward the Definition of the Problem of a Double Standard, in: Issue. A Journal of Opinion 6 (1976), S. 3–13.

Witt, John Fabian: Patriots and Cosmopolitans. Hidden Histories of American Law, Cambridge/London 2007.

Wittner, Lawrence S.: The Struggle Against the Bomb, Bd. 1: One World or None. A History of the World Nuclear Disarmament through 1953, Stanford 1993.

Wojak, Irmtrud/Holz, Pedro: Chilenische Exilanten in der Bundesrepublik Deutschland, in: Exilforschung 18 (2000), S. 168–190.

Wolgast, Eike: Geschichte der Menschen- und Bürgerrechte, Stuttgart 2009.

- Wien und die Folgen. Bürgerrechtsbewegung und Öffentlichkeit in der Sowjetunion 1986–1989, in: Altrichter/Wentker (Hg.), KSZE-Prozeß, S. 111–121.
Voorhoeve, Joris J. C.: Peace, Profits, and Principles. A Study of Dutch Foreign Policy, Den Haag 1979.
Voronkov, Victor/Wielgohs, Jan: Soviet Russia, in: Pollack/Wielgohs (Hg.), Dissent, S. 95–118.
Voß, Silke: Parlamentarische Menschenrechtspolitik. Die Behandlung internationaler Menschenrechtsfragen im Deutschen Bundestag unter besonderer Berücksichtigung des Unterausschusses für Menschenrechte und humanitäre Hilfe (1972–1998), Düsseldorf 2000.
Waldmann, Peter: Argentinien, in: Bernecker/Tobler (Hg.), Handbuch, S. 889–972.
Walker, Peter/Maxwell, Daniel: Shaping the Humanitarian World, London/New York 2009.
Walker, Samuel: In Defense of American Liberties. A History of the ACLU, New York/Oxford 1990.
Walker, Vanessa: At the End of Influence. The Letelier Assassination, Human Rights, and Rethinking Intervention in US-Latin American Relations, in: JoCH 46 (2011), S. 109–135.
Wall, Irwin: France, the United States, and the Algerian War, Berkeley u. a. 2001.
Walldorf, Jr., William C.: Just Politics. Human Rights and the Foreign Policy of Great Powers, Ithaca/London 2008.
Waltz, Susan: Reclaiming and Rebuilding the History of the Universal Declaration of Human Rights, in: Third World History 23 (2002), S. 437–448.
Walvin, James: The Public Campaign in England against Slavery, 1787–1834, in: Eltis/Walvin, (Hg.), Abolition, S. 63–79.
Warshawsky, Howard: The Department of State and Human Rights Policy. A Case Study of the Human Rights Bureau, in: World Affairs 142 (1979/80), S. 188–215.
Wawra, Ernst: »Die Beedingung der feindlichen Aktivität«? Staatliche Reaktionen auf die Tätigkeit der Moskauer Helsinki-Gruppe, in: Peter/Wentker (Hg.), KSZE, S. 267–284.
- Ein Schandfleck der westlichen Diplomatie? Der KSZE-Prozeß und die Bürger- und Menschenrechtsbewegung in der Sowjetunion 1976–1982, in: Altrichter/Wentker (Hg.), KSZE-Prozeß, S. 63–74.
Weber, Hermann: Die DDR 1945–1990, München 2012[5].
Weindling, Paul: »For the Love of Christ«. Strategies of International Catholic Relief and the Allied Occupation of Germany, 1945–1948, in: JoCH 43 (2008), No. 3, Special Issue: Relief in the Aftermath of War, S. 477–492.
Weinke, Annette: Die Nürnberger Prozesse, München 2006.
Weinstein, Warren: Africa's Approach to Human Rights at the United Nations, in: Issue. A Journal of Opinion 6 (1976), S. 14–21.
Weitbrecht, Dorothee: Aufbruch in die Dritte Welt. Der Internationalismus der Studentenbewegung von 1968 in der Bundesrepublik Deutschland, Göttingen 2012.
Weitz, Eric D.: A Century of Genocide. Utopias of Race and Nation, Princeton/Oxford 2003.
Wejnert, Barbara (Hg.): Transition to Democracy in Eastern Europe and Russia. Impact on Politics, Economy and Culture, Westport 2002.
Welch, Jr., Claude E.: Human Rights as a Problem in Contemporary Africa, in: Ders./Meltzer (Hg.), Rights, S. 11–31.
- NGOs and Human Rights. Promise and Performance, Philadelphia 2001.
- Protecting Human Rights in Africa. Roles and Strategies of Non-Governmental Organizations, Philadelphia 1995.
- The OAU and Human Rights: Regional Promotion of Human Rights, in: Yassin El-Ayouty (Hg.): The Organization of African Unity after Thirty Years, S. 53–76.
- /Meltzer, Ronald I. (Hg.): Human Rights and Development in Africa, Albany 1984.
Wells, Tom: The War Within. America's Battle over Vietnam, Berkeley 1994.
Wenger, Andreas/Mastny, Vojtech/Nuenlist, Christian (Hg.): Origins of the European Security System. The Helsinki Process Revisited, London/New York 2008.

Tonndorf, Uwe: Menschenrechte in Afrika. Konzeption, Verletzung und Rechtsschutz im Rahmen der OAU, Freiburg 1997.
Trunk, Achim: Europa, ein Ausweg. Politische Eliten und europäische Identität in den 1950er Jahren, München 2007.
Tuck, Stephen: »We Are Taking Up Where the Movement of the 1960s Left Off«. The Proliferation and Power of African American Protest during the 1970s, in: JoCH 43 (2008), S. 637-654.
Tuma, Oldrich: Czechoslovakia, in: Pollack/Wielgohs (Hg.), Dissent, S. 29-49.
Turley, David: The Culture of English Antislavery, 1780-1860, London 1991.
Turner, John: Governors, Governance, and Governed, in: Burk (Hg.), Isles, S. 19-62.
Turner, Michael J.: Britain and the World in the Twentieth Century. Ever Decreasing Circles, London/New York 2010.
Tyrell, Ian: Woman's World, Woman's Empire. The Woman's Christian Temperance Union in International Perspective, 1880-1930, Chapel Hill/London 1991.
Uertz, Rudolf: Vom Gottesrecht zum Menschenrecht. Das katholische Staatsdenken in Deutschland von der Französischen Revolution bis zum II. Vatikanischen Konzil (1789-1965), Paderborn 2005.
Umozurike, U.O.: The Domestic Jurisdiction Clause in the OAU Charter, in: African Affairs 78 (1979), S. 197-209.
Vaïsse, Justin: Neoconservatism: The Biography of a Movement, Cambridge 2010.
Vaïsse, Maurice: La guerre perdue à l'ONU?, in: Jean-Pierre Rioux (Hg.): La Guerre d'Algérie et les Français, Paris 1990, S. 451-463.
Vallaeys, Anne: Médecins Sans Frontières. La biographie, Paris 2004.
van Boven, Theo C.: The Role of the United Nations Secretariat, in: Alston (Hg.), United Nations, S. 549-579.
van den Doel, H.W.: Afscheid van Indië. De val van het Nederlandse imperium in Azië, Amsterdam 2001.
van Dijk, Peter/van Hoof, Fried/van Rijn, Arjen/Zwaak, Leo: Theory and Practice of the European Convention on Human Rights, Antwerpen/Oxford 2006[4].
van Staden, Alfred: Een trouwe bondgenoot. Nederland en het Atlantisch bondgenootschap (1960-1971), Amsterdam 1974.
van Walraven, Klaas: Dreams of Power. The Role of the Organization of African Unity in the Politics of Africa, 1963-1993, Aldershot 1999.
Vasak, Karel: La commission interaméricaine des droits de l'homme, Paris 1968.
Vasquez, John A.: The Power of Power Politics. From Classical Realism to Neotraditionalism, Cambridge 1998.
Vaughan, Richard: Post-War Integration in Europe, New York 1976.
Vavrina, Vernon J.: The Carter Human Rights Policy. Political Idealism and Realpolitik, in: Rosenbaum/Ugrinsky (Hg.), Carter, S. 103-114.
Veser, Reinhard: Der Prager Frühling 1968, Erfurt 2008.
Vogelsang, Kai: Geschichte Chinas, Stuttgart 2012.
Vogelsang, Sandy: American Dream, Global Nightmare. The Dilemma of U.S. Human Rights Policy, New York/London 1980.
Volger, Helmut: Geschichte der Vereinten Nationen, München/Wien 1995.
von Eschen, Penny M.: Race Against Empire. Black Americans and Anticolonialism, 1937-1957, Ithaca/London 1997.
von Saal, Yuliya: Die Folgen des KSZE-Prozesses in der Sowjetunion der Perestroika. Der KSZE-Faktor in der Eigendynamik des Wertewandels, in: Peter/Wentker (Hg.), KSZE, S. 284-304.
– Reformen von »unten« – die Bürgerrechtsbewegung in Gorbačevs Perestrojka, in: Forum für osteuropäische Ideen- und Zeitgeschichte 16 (2012), S. 111-126.

Thesen – Forschungsperspektiven, in: Zeitschrift für Historische Forschung 31 (2004), S. 489–527.
Stolle, Michael: Inbegriff des Unrechtsstaates. Zur Wahrnehmung der chilenischen Diktatur in der deutschsprachigen Presse zwischen 1973 und 1989, in: ZfG 51 (2003), S. 793–813.
Stourzh, Gerald: Zur Konstitutionalisierung der Individualrechte in der Amerikanischen und Französischen Revolution, in: Ders.: Wege zur Grundrechtsdemokratie. Studien zur Begriffs- und Institutionengeschichte des liberalen Verfassungsstaats, Wien/Köln 1989, S. 155–174.
Stöver, Bernd: Der Kalte Krieg, München 2003.
Strasser, Wolfgang: 45 Jahre Menschenrechtsinstitutionen des Europarats – Bilanz und Perspektiven, in: Holtz (Hg.), Jahre, S. 121–137.
Strong, Robert A.: Working in the World. Jimmy Carter and the Making of American Foreign Policy, Baton Rouge 2000.
Stuckey, Mary E.: Jimmy Carter, Human Rights, and the National Agenda, College Station 2008.
Stueck, William: Massive Entanglement, Marginal Influence. Carter and Korea in Crisis, in: Diplomatic History 26 (2002), S. 155–158.
– Placing Jimmy Carter's Foreign Policy, in: Fink/Graham (Hg.), Carter, S. 244–266.
Süß, Walter: Die Wiener KSZE-Folgekonferenz und der Handlungsspielraum des DDR-Sicherheitsapparates 1989, in: Peter/Wentker (Hg.), KSZE, S. 219–231.
Suppé, Rüdiger: Die Grund- und Menschenrechte in der deutschen Staatslehre des 19. Jahrhunderts, Berlin 2004.
Suri, Jeremi: Détente and Human Rights. American and West European Perspectives on International Change, in: Cold War History 8 (2008), S. 527–545.
Tanner, Duncan/Thane, Pat/Tiratsoo, Nick (Hg.): Labour's First Century, Cambridge 2000.
Terretta, Meredith: From Below and to the Left? Human Rights and Liberation Politics in Africa's Postcolonial Age, in: Journal of World History 24 (2013), S. 389–416.
– »We Had Been Fooled into Thinking that the UN Watches over the Entire World«. Human Rights, UN Trust Territories, and Africa's Decolonization, in: HRQ 34 (2012), S. 329–360.
Tetzlaff, Rainer: Die entwicklungspolitische Bilanz der Ära Kohl, in: Göttrik Wewer (Hg.): Bilanz der Ära Kohl. Christlich-liberale Politik in Deutschland 1982–1998, Opladen 1998, S. 313–331.
Thiemeyer, Guido: Europäische Integration. Motive – Prozesse – Strukturen, Köln u. a. 2010.
– Vom »Pool Vert« zur Europäischen Wirtschaftsgemeinschaft. Europäische Integration, Kalter Krieg und die Anfänge der Gemeinsamen Europäischen Agrarpolitik 1950–1957, München 1999.
Thomas, A. M.: The American Predicament. Apartheid and United States Foreign Policy, Aldershot u. a. 1997.
Thomas, Daniel C.: The Helsinki Effect. International Norms, Human Rights, and the Demise of Communism, Princeton/Oxford 2001.
Thomas, Martin: France Accused. French North Africa before the United Nations, 1952–1962, in: Contemporary European History 10 (2001), S. 91–121.
Thörn, Hakan: Anti-Apartheid and the Emergence of a Global Civil Society, Basingstoke 2006.
Tibi, Bassam: Politische Ideen in der »Dritten Welt« während der Dekolonisation, in: Iring Fetscher/Herfried Münkler (Hg.): Pipers Handbuch der politischen Ideen, Bd. 5, München/Zürich 1987, S. 361–402.
Tobler, Hans-Werner: Mexiko, in: Bernecker/ders. (Hg.), Handbuch, S. 257–364.
Tolley, Howard, Jr.: The International Commission of Jurists. Global Advocates for Human Rights, Philadelphia 1994.
– The U. N. Commission on Human Rights, Boulder/London 1987.
Tomlinson, B. R.: What was the Third World?, in: JoCH 38 (2003), S. 307–321.

Skinner, Kiron u. a. (Hg.): Reagan in His Own Hand. The Writings of Ronald Reagan That Reveal His Revolutionary Vision for America, New York 2001.
Sklar, Holly (Hg.): Trilateralism. The Trilateral Commission and Elite Planning for World Management, Boston 1980.
Smith, Christian: Resisting Reagan. The U.S. Central America Peace Movement, Chicago/London 1996.
Smith, Gaddis: Morality, Reason and Power. American Diplomacy in the Carter Years, New York 1986.
– The Last Years of the Monroe Doctrine. 1945–1993, New York 1994.
Smith, Joseph: The United States and Latin America. A History of American Diplomacy, 1776–2000, London/New York 2005.
Smith, Tony: America's Mission. The United States and the Worldwide Struggle for Democracy in the Twentieth Century, Princeton 1994.
Smyth, Rosaleen: Britain's African Colonies and British Propaganda During the Second World War, in: Journal of Imperial and Commonwealth History 14 (1985), S. 65–82.
Sneh, Itai N.: The Future Almost Arrived. How Jimmy Carter Failed to Change U.S. Foreign Policy, New York 2008.
Snyder, Sarah: Exporting Amnesty International to the United States. Transatlantic Human Rights Activism in the 1960s, in: HRQ 34 (2012), S. 779–799.
– International Human Rights Activism and the End of the Cold War. A Transnational History of the Helsinki Network, Cambridge 2011.
– The Defeat of Ernest Lefever's Nomination. Keeping Human Rights on the United States Foreign Policy Agenda, in: Bevan Sewell/Scott Lucas (Hg.): Challenging US Foreign Policy. America and the World in the Long Twentieth Century, Houndmills 2011, S. 136–161.
Sommermann, Karl-Peter: Das System des europäischen Menschenrechtsschutzes, in: Schmuck (Hg.), Jahre, S. 221–242.
Sonntag, Stefani: Poland, in: Pollack/Wielgohs (Hg.), Dissent, S. 3–27.
Sorum, Paul Clay: Intellectuals and Decolonization in France, Chapel Hill 1977.
Springhall, John: Decolonization since 1945. The Collapse of European Overseas Empires, Houndmills 2001.
Stauffer, Pierre-André: Pierre Aubert, in: Urs Altermatt (Hg.): Die Schweizer Bundesräte. Ein biographisches Lexikon, Zürich 1992, S. 569–574.
Steenkamp, Daniela: Zur Entwicklung von amnesty international (ai) in der Bundesrepublik Deutschland, Marburg 2008.
Steigerwald, David: Wilsonian Idealism in America, Ithaca/London 1994.
Steinert, Johannes-Dieter: British Humanitarian Assistance. Wartime Planning and Postwar Realities, in: JoCH 43 (2008), S. 421–436.
– Nach Holocaust und Zwangsarbeit. Britische humanitäre Hilfe in Deutschland, Osnabrück 2007.
Stephan, Anke: Von der Küche auf den Roten Platz. Lebenswege sowjetischer Dissidentinnen, Zürich 2005.
Stern, Steve J.: Battling for Hearts and Minds. Memory Struggle in Pinochet's Chile, 1973–1988, Durham 2006.
Stettner, Ralf: »Archipel GULag«. Stalins Zwangslager – Terrorinstrument und Wirtschaftsgigant. Entstehung, Organisation und Funktion des sowjetischen Lagersystems 1928–1956, Paderborn u. a. 1996.
Stevens, Simon: Warum Südafrika? Die Politik des britischen Anti-Apartheid-Aktivismus in den langen 1970er Jahren, in: Eckel/Moyn, Moral, S. 316–342.
Stoetzer, Otto Carlos: The Organization of American States, Westport/London 1993.
Stollberger-Rilinger, Barbara: Symbolische Kommunikation in der Vormoderne. Begriffe –

Schwelb, Egon: The International Convention on the Elimination of all Forms of Racial Discrimination, in: International and Comparative Law Quarterly 15 (1966), S. 996–1068.

Schwitanski, Alexander J.: Die Freiheit des Volksstaats. Die Entwicklung der Grund- und Menschenrechte und die deutsche Sozialdemokratie bis zum Ende der Weimarer Republik, Essen 2008.

Scoble, Harry M.: Human Rights Non-Governmental Organizations in Black Africa. Their Problems and Prospects in the Wake of the Banjul Charter, in: Welch/Meltzer (Hg.), Rights, S. 177–203.

Seidel, Susen: Die »normalisierte Gesellschaft« in der Bewertung der ehemaligen Dissidenten nach 1989, in: Niklas Perzi/Beata Blehova/Peter Bachmaier (Hg.): Die Samtene Revolution. Vorgeschichte – Verlauf – Akteure, Frankfurt 2009, S. 71–90.

Sellars, Kirsten: The Rise and Rise of Human Rights, Stroud 2002.

Shaw, William (Hg.): Human Rights in Korea. Historical and Policy Perspectives, Cambridge 1991.

Sherwood, Marika: »There Is No Deal for the Blackman in San Francisco«. African Attempts to Influence the Founding Conference of the United Nations, April–July, 1945, in: The International Journal of African Historical Studies 29 (1996), S. 71–94.

Shiraz, Zakia: CIA Intervention in Chile and the Fall of the Allende Government in 1973, in: Journal of American Studies 45 (2011), S. 603–613.

Siegelberg, Mira: The Origins of the Genocide Convention, in: Columbia Undergraduate Journal of History 1 (2005), S. 34–57.

Sigmund, Paul E.: The Overthrow of Allende and the Politics of Chile, 1964–1976, Pittsburgh 1980.

– The United States and Democracy in Chile, Baltimore/London 1993.

Sikkink, Kathryn: Mixed Signals. U.S. Human Rights Policy and Latin America, Ithaca/London 2004.

Silk, James: Traditional Culture and the Prospect for Human Rights in Africa, in: Abdullah Ahmed An-Na'im/Francis M. Deng (Hg.): Human Rights in Africa. Cross-Cultural Perspectives, Washington 1990, S. 290–330.

Simma, Bruno (Hg.), Menschenrechte. Ihr internationaler Schutz, München 2004.

Simms, Brendan/Trim, D. J. B. (Hg.): Humanitarian Intervention. A History, Cambridge/New York 2011.

Simon, Gerhard: Nationalismus und Nationalitätenpolitik in der Sowjetunion. Von der totalitären Diktatur zur nachstalinistischen Gesellschaft, Baden-Baden 1986.

Simpson, A. W. Brian: Human Rights and the End of Empire. Britain and the Genesis of the European Convention, Oxford 2001.

Simpson, Bradley R.: Denying the »First Right«. The United States, Indonesia, and the Ranking of Human Rights by the Carter Administration, 1976–1980, in: The International History Review 31 (2009), S. 799–824.

– Economists with Guns. Authoritarian Development and U.S.-Indonesian Relations, 1960–1980, Stanford 2008.

– Self-Determination, Human Rights, and the End of Empire in the 1970s, in: Humanity 4 (2013), S. 239–260.

Singham, A. W./Hune, Shirley: Non-Alignment in an Age of Alignments, London u. a. 1986.

Skiba, Lynsay: Besuch bei der Junta. Der Wandel des argentinischen Menschenrechtsaktivismus und die Debatten der 1970er Jahre, in: Eckel/Moyn (Hg.), Moral, S. 230–258.

Skidmore, David: Reversing Course. Carter's Foreign Policy, Domestic Politics, and the Failure of Reform, Nashville/London 1996.

Skidmore, Thomas E.: The Politics of Military Rule in Brazil, 1964–1985, New York 1988.

Skilling, Gordon: Introduction, in: Parallel Polis, or An Independent Society in Central and Eastern Europe. An Inquiry, in: Social Research 55 (1981), S. 211–246.

Sargent, Daniel J.: The United States and Globalization in the 1970s, in: Ferguson u. a. (Hg.), Shock, S. 49–64.

Saunders, Clare: British Humanitarian, Aid and Development NGOs, 1949-Present, in: Crowson u. a. (Hg.), NGOs, S. 38–58.

Savranskaya, Svetlana: Human Rights Movement in the USSR after the Signing of the Helsinki Final Act, and the Reaction of Soviet Authorities, in: Leopoldo Nuti (Hg.): The Crisis of Détente in Europe. From Helsinki to Gorbachev, 1975–1985, London/New York 2009, S. 26–40.

– Unintended Consequences. Soviet Interests, Expectations and Reactions to the Helsinki Final Act, in: Bange/Niedhart (Hg.), Helsinki, S. 175–190.

Schaller, Michael: Ronald Reagan, Oxford/New York 2011.

Scheuermann, Martin: Minderheitenschutz contra Konfliktverhütung? Die Minderheitenpolitik des Völkerbundes in den zwanziger Jahren, Marburg 2000.

Schicho, Walter: Das Scheitern von Demokratie und Staat, in: Inge Grau u. a. (Hg.): Afrika. Geschichte und Gesellschaft im 19. und 20. Jahrhundert, Wien 2000, S. 221–250.

Schifter, Richard: Building Firm Foundations. The Institutionalization of US Human Rights Policy in the Reagan Years, in: Harvard Human Rights Journal 2 (1989), S. 3–53.

Schlaga, Rüdiger: Die Kommunisten in der Friedensbewegung – erfolglos? Die Politik des Weltfriedensrates im Verhältnis zur Außenpolitik der Sowjetunion und zu unabhängigen Friedensbewegungen im Westen (1950–1979), Münster 1991.

Schlesinger, Stephen C.: Act of Creation. The Founding of the United Nations, Boulder 2003.

Schmale, Wolfgang: Archäologie der Grund- und Menschenrechte in der Frühen Neuzeit. Ein deutsch-französisches Paradigma, München 1997.

– Geschichte und Zukunft der Europäischen Identität, Stuttgart 2008.

Schmidli, William Michael: The Fate of Freedom Elsewhere. Human Rights and U. S. Cold War Policy toward Argentina, Ithaca/London 2013.

Schmitz, David F.: Thank God They're On Our Side. The United States and Right-Wing Dictatorships, 1921–1965, Chapel Hill 1999.

– The United States and Right-Wing Dictatorships, 1965–1989, Cambridge 2006.

– /Walker, Vanessa: Jimmy Carter and the Foreign Policy of Human Rights. The Development of a Post-Cold War Foreign Policy, in: Diplomatic History 28 (2004), S. 113–143.

Schmitz, Hans Peter: Nichtregierungsorganisationen (NRO) und internationale Menschenrechtspolitik, in: Comparativ 7 (1997), S. 27–68.

Schmuck, Otto (Hg.): Vierzig Jahre Europarat. Renaissance in gesamteuropäischer Perspektive?, Bonn 1990.

Scholler, Heinrich (Hg.): Die Grundrechtsdiskussion in der Paulskirche. Eine Dokumentation, Darmstadt 1982.

Scholtysek, Joachim: GDR Dissidents and Human Rights Issues, in: Bilandžić u. a., Helsinki, S. 285–304.

Schoultz, Lars: Beneath the United States. A History of U. S. Policy Toward Latin America, Cambridge/London 1998.

– Human Rights and United States Policy toward Latin America, Princeton 1981.

– That Infernal Little Cuban Republic. The United States and the Cuban Revolution, Chapel Hill 2009.

Schrecker, Ellen: Many are the Crimes. McCarthyism in America, Princeton 1998.

Schröder, Iris: Die Wiederkehr des Internationalen. Eine einführende Skizze, in: Zeithistorische Forschungen 8 (2011), Heft 3, unter: http://www.zeithistorische-forschungen.de/site/40209174/default.aspx.

Schreiber, Anna P.: The Inter-American Commission on Human Rights, Leiden 1970.

Schulman, Bruce J.: Slouching toward the Supply Side. Jimmy Carter and the New American Political Economy, in: Fink/Graham (Hg.), Carter, S. 51–71.

1815–1914. The Emergence of a European Concept and International Practice, Princeton 2012.
Roniger, Luis/Green, James N.: Introduction: Exiles and the Politics of Exclusion in Latin America, in: Latin American Perspectives 34 (2007), Nr. 4, S. 3–6.
Ropp, Stephen C./Sikkink, Kathryn: International Norms and Domestic Politics in Chile and Guatemala, in: Risse u. a. (Hg.), Power, S. 172–204.
Rosati, Jerel A.: The Rise and Fall of America's First Post-Cold War Foreign Policy, in: Rosenbaum/Ugrinsky (Hg.), Carter, S. 35–52.
Rosenbaum, Herbert D./Ugrinsky, Alexej (Hg.): Jimmy Carter. Foreign Policy and Post-Presidential Years, Westport/London 1994.
Ross, Robert S.: Negotiating Cooperation. The United States and China, 1969–1989, Stanford 1995.
Rossi, Joseph S.: »The Status of Women«. Two American Catholic Women at the UN, 1947–1972, in: The Catholic Historical Review 93 (2007), S. 300–324.
Rossiter, Caleb: The Carter Record, the Reagan Reaction, in: International Policy Report September 1984, S. 1–27.
Roth, Roland/Rucht, Dieter: Neue Soziale Bewegungen, in: Martin Greiffenhagen/Sylvia Greiffenhagen (Hg.): Handwörterbuch zur politischen Kultur der Bundesrepublik Deutschland, Wiesbaden 2002, S. 296–302.
– /– (Hg.): Die sozialen Bewegungen in Deutschland seit 1945. Ein Handbuch, Frankfurt/New York 2008.
– /– (Hg.): Neue soziale Bewegungen in der Bundesrepublik Deutschland, Frankfurt am Main/New York 1987.
Rothermund, Dietmar: Delhi, 15. August 1947. Das Ende kolonialer Herrschaft, München 1998.
Rubenstein, Joshua: Soviet Dissidents. Their Struggle for Human Rights, Boston 1980.
Rubinson, Paul: »For Our Soviet Colleagues«. Scientific Internationalism, Human Rights, and the Cold War, in: Iriye u. a. (Hg.), Rights, S. 245–264.
Ruggie, John Gerard: Constructing the World Polity. Essays on International Institutionalization, London/New York 1998.
Rupnik, Jacques: The Legacy of Charter 77 and the Emergence of a European Public Space, in: Markéta Devátá/Jiří Suk/Oldřich Tuma (Hg.): Charter 77. From the Assertion of Human Rights to a Democratic Revolution 1977–89. Proceedings of the Conference to Mark the 30th Anniversary of Charter 77, Prague, 21–23 March 2007, Prag 2008, S. 17–28.
Rupp, Leila J.: Constructing Internationalism: The Case of Transnational Women's Organizations, 1888–1945, in: AHR 99 (1994), S. 1571–1600.
– Worlds of Women. The Making of an International Women's Movement, Princeton 1997.
– /Taylor, Verta: Survival in the Doldrums. The American Women's Rights Movement, 1945 to the 1960s, New York/Oxford 1987.
Ruscio, Alain: La decolonization tragique, Paris 1987.
Russell, Ruth: A History of the United Nations Charter. The Role of the United States 1940–1945, Washington 1958.
Rutland, Allen Robert: The Birth of the Bill of Rights, Chapel Hill 1955.
Ryan, David/Pungong, Victor (Hg.): The United States and Decolonization. Power and Freedom, Houndmills 2000.
Samwer, Sigmar-Jürgen: Die französische Erklärung der Menschen- und Bürgerrechte von 1789/91, Hamburg 1970.
Sanders, David: Losing an Empire, Finding a Role. British Foreign Policy since 1945, Basingstoke/London 1990.
Sandweg, Jürgen: Rationales Naturrecht als revolutionäre Praxis. Untersuchungen zur »Erklärung der Menschen- und Bürgerrechte« von 1789, Berlin 1972.

Janajew, Gennadi 756
Japan 63, 270, 277, 283, 309, 449, 468, 625, 795, 828
Japanese Civil Liberties Union 233
Jara, Víctor 408, 607
Jaroszewicz, Piotr 458
Jaruzelski, Wojciech 720, 747 f.
Jawara, Dawda 789
Jebb, Gladwyn 106
Jellinek, Georg 19
Jelzin, Boris 756, 765
Jemen 425
Jenninger, Philipp 576, 615
Jiménez, Fernando Volio 308
Johnson, Lyndon B. 175, 204, 253 f., 303 f., 337, 475, 502
Jong, Piet de 171, 444
Jugoslawien 371, 398, 458, 709, 743, 795, 832, 837
Juliana, Königin der Niederlande 444

Kambodscha 41, 374, 379, 401, 423, 425, 465, 469, 481, 510, 523–531, 552, 556, 587, 631, 702–704, 706–710, 822, 824, 839
Kamerun 229, 425, *771*
Kampuchea 775 f.
Kanada 353, 499, 734
Karamanlis, Konstantinos 177
Kasavubu, Joseph 272
Kast, Miguel 676
Katanga 772
Katholieke Volkspartij (KVP) 445, 452
Katholische Kirche 75–83, 727, 791, 812
Kato, David 841
Kaufmann, Fritz 230
Kaunda, Kenneth 785
Kelly, Petra 579
Kenia 229, 250, 255, 264, 273, 284, 321, 323–324, 326, 398, 775
Kennan, George F. 101
Kennedy, Edward 471, 479, 618, 685
Kennedy, John F. 199, 304, 322, 327, 501
Kennedy, Richard 550
Kenya African Union 273
Kenyatta, Jomo 267, 272–274, 277
Keohane, Robert 259, 467
Keys, Barbara 470
Khama, Seretse 785
Khieu Samphan 704
Kim Dae-jung 492, 494 f.

Kim Young-sam 494
King, Martin Luther 254 f., 259
Kirkpatrick, Jeane 507, 547 f., 561
Kissinger, Henry 175, 466 f., 471, 480, 495, 502, 509, 617 f., 620, 636, 658, 736, 739, 742
Klaauw, Chris van der 455
Klaus, Václav 746
Kohl, Helmut 540 f., 567–570, 572, 575, 578, 581, 616, 676, 689, 692
Kok, Wim 606
Kolumbien 129, 146, 184 f., *191*, 193, 197, 201
Komitee für Menschenrechte (DDR) 714
Komitee für Menschenrechte in der UdSSR 716
Komitee für Staatssicherheit (KGB) 741, 743
Komitee zur gesellschaftlichen Selbstverteidigung 718
Komitee zur Verteidigung der unberechtigt Verfolgten (VONS) 721
Komité Zuidelijk Afrika 459
Kommunistische Partei der Sowjetunion (KPdSU) 123, 135, 724, 756 f.
Konferenz der Vereinten Nationen für Handel und Entwicklung (UNCTAD) 791
Kongo 30, 50, 261, 268, 272, 282, 323, 772, 831
Kongo-Brazzaville 786
Konrád, György 730
Korea 95, 136, 233, 237 f., 249
Kosovo 836
Kosygin, Alexei 741
Kotkin, Stephen 752
Kotschnig, Walter 116
Kouchner, Bernard 422
Kowaljow, Anatolij 749
Kowaljow, Sergei Adamowitsch 764 f.
Krauthammer, Charles 556
Kreisauer Kreis 71
Kreisky, Bruno 738
Kristol, Irving 545
Krusche, Werner 722
KSZE 15, 343, 346, 359, 437, 444, 529 f., 540, 567, 577, 568, 579, 718, 722 f., 732–734, 736, 738, 741–745, 755, 758 f., 761 f., 818
Kuba 155, 185, 189, 191 f., 196 f., 199–204, 229, 448, 453, 458–461, 528 f., 546, 557, 593, 611, 634, 636, 648, 653, 795, 819

Kuroń, Jacek 718, 725
Kwangju 494

Labour Co-operative Party 517
Labour Party 158, 171, 224, 285, 305, 514, 517–519, 594, 616, 621 f., 628, 687, 836
Lake, Anthony 503, 511
Lammers, Han 445
Landau, George W. 642
Laos 425, 775
Larreta, Eduardo Rodríguez 193
Laugier, Henri 73, 103, 151, 218, 225
Lauterpacht, Hersch 50, 68, 99
Layton (Lord) 164
League of Nations Association 61 f.
Leal, Antonio 683
Lee Kuan Yew 829
Leemann, Ramon 795
Lefever, Ernest 509, 549
Lemkin, Raphael 99
Lenin, Wladimir 53, 713
Léniz, Fernando 646
Leigh Guzmán, Gustavo 590, 637, 644, 649 f., 666, 680
Le Pen, Jean-Marie 615
Letelier, Orlando 399, 606, 640, 642, 650, 660, 673, 685
Libanon 40, 104, 126, 302, 310, 637
Liberia 775
Libyen 175, 837
Lie, Trygve 96
Ligatschow, Jegor Kusmitsch 749
Ligue Congolaise pour la Défense des Droits de l'Homme 228
Ligue des Droits de l'Homme (Frankreich) 67, 217
Lima 635
Litauen 717
London 616, 622
Lonquén 670
Louw, André van der 445
Luard, Evan 296, 523 f.
Lubanga, Thomas 838
Luce, Don 408
Lumumba, Patrice 268, 272, 277, 283
Luns, Joseph 444
Luthuli, Albert 276
Luwum, Janani 527, 538
Luxemburg 159, 173

MacBride, Sean 258, 354, 357, 379 f.
Macmillan, Harold 317, 321–322, 324, 326
Madagaskar 264, 324
Madrid 723, 734, 738, 745
Mahatir bin Mohamad 829
Makarezos, Nikolaos 170
Makarios III. 168
Malan, Daniel François 275 f.
Malawi 425, 775
Malaya 264, 321
Malcolm X 253
Mali 301, 425
Mandela, Nelson 276, 348, 431, 696
Mandelstam, André 67 f.
Mao Zedong 496
Marchenko, Anatoli 717
Marcos, Ferdinand 406, 559, 700
Maritain, Jaques 78
Marokko 144, 229, 302, 774
Marreco, Anthony 357
Marx, Karl 713
Massera, Emilio 480
Matthei, Fernando 680 f., 691
Matthöfer, Hans 613
Maudling, Reginald 325
Maurer, Robert 416
Maxwell-Fyfe, David 90
Mazedonien 40
Mazowiecki, Tadeusz 747
M'Baye, Kéba 788, 792 f., 799
M'Boya, Tom 324
McCarthy, Joseph 238
McGovern, George 470
McNamara, Robert 796
Médecins Sans Frontières (MSF) 35, 421 f., 766
Medwedew, Dmitri Anatoljewitsch 749
Mendès-France, Pierre 611
Mendoza Durán, César 590, 649, 666
Mengistu Haile Mariam 782
Merino Castro, José Toribio 590, 637, 649, 666, 680, 691
Mexiko 76, 128 f., 131, 133, 188–191, 193, 195–198, 204, 366, 595, 611
Michnik, Adam 726–728
Mielke, Erich 741
Milošević, Slobodan 837
Ministerium für Staatssicherheit (Stasi) 741, 748

Mirkine-Guetzévitch, Boris 224
Misereor 663
Mississippi (USA) 479
Mitterand, François 611, 613, 675
Mobutu Sese Seko 772
Moffitt, Ronni 399
Mogadischu 831
Molotow, Wjatscheslaw 104
Mondale, Walter 468, 499, 559
Mongolei 529
Monrovia 786–788
Morris, Ivan 390 f.
Mosambik 264, 329 f., 546, 556
Moskau 457, 485–489, 503, 544 f., 555, 564, 645, 736 f., 739, 741, 755, 759 f.
Mounier, Emmanuel 78
Mouvement national congolais 272
Mouvement Socialiste pour les États-Unis d'Europe 157 f.
Movement for Colonial Freedom 284–286, 693 f.
Movimento Popular de Libertação de Angola (MPLA) 330
Movimiento de Izquierda Revolucionaria (MIR) 381, 591, 603 f., 606
Moyn, Samuel 22, 78
Moynihan, Daniel P. 473, 507, 545, 776 f.
Mudaliar, Ramaswami 116
Mulder, Connie 701
Mussolini, Benito 76, 608

Naher Osten 317–318, 322, 425
Napoleon Bonaparte 37
Nasser, Abdel Gamal 268
Natal Indian Congress 228
Nathans, Benjamin 731
Nairobi 788
National Association for the Advancement of Colored People (NAACP) 239, 251 f., 412
National Council for Nigeria and the Cameroons 269
National Council on Civil Liberties 217, 354
National Endowment for Democracy 552
National Negro Congress 251
National Student Association 397
NATO 171, 174, 176, 180, 331, 336 f., 441–444, 446, 450, 454, 734, 830, 835
Nehru, Jawaharlal 268, 277

Neier, Arieh 743
Neruda, Pablo 607
Neues Forum 748
Neuguinea 442
Newens, Stanley 517
New York 406, 546
Nguema, Francisco Macías 303, 702, 782 f.
Nepal 425, 775
Nicaragua 200, 203, 206, 229, 504 f., 509, 511, 547, 552, 556–559, 561, 571, 579, 682
Niederlande 14, 18, 36, 118, 130 f., 159 f., 169–178, 229, 264, 309 f., 327 f., 330, 332, 335 f., 344, 352 f., 355, 387, 404, 409, 414, 419, 428, 435–438, 440, 442–444, 448, 450–452, 454, 456, 458–461, 530 f., 541, 543 f., 582, 602 f., 611, 613, 625, 627, 634, 736, 766, 794, 809, 814
Nieuw Links 445 f., 449
Nigeria 106, 259, 266, 269, 326, 422, 514, 599, 769, 772, 776, 788
Nixon, Richard 175, 205, 337, 465–467, 469 f., 486, 495, 498, 502, 510, 617 f., 624, 735, 739
Nkrumah, Kwame 273 f., 281, 283, 711
Nolde, Frederick 88
Nolte, Ernst 576
Nordkorea 425, 702, 822
Norwegen 126, 159, 169, 173, 352, 603, 625, 627
Notre Dame, IN 546
Nouvelles Équipes Internationales 157 f., 162
Nürnberg 606, 837
Nyasaland 323
Nye, Joseph 467
Nyerere Julius 237, 272–274, 277, 778, 783 f., 786

Obama, Barack 837
Obasanjo, Olusegun 786
Obote, Milton 526, 780, 785
Oksenberg, Michel 706
Olympic Project for Human Rights 253
Oman 425
Onofre Jarpa, Sergio 679
Organisation Amerikanischer Staaten 10, 14, 154, 184, 187, 195–197, 201 f., 204–206, 282, 346, 478, 593, 620, 637, 658, 663, 808, 819
Organisation de l'armée secrète 336

Organisation der Afrikanischen Einheit
   (OAE) 11, 282, 779–781, 783–785,
   787–789
Organisation der Islamischen Konferenz
   790
Organization of Afro-American Unity 254
Orlow, Juri 484, 529, 717, 742, 766
Ortega Saavedra, José Daniel 559
Osmanisches Reich 39 f.
Österreich 38, 169, 178, 353, 391, 709,
   738 f.
Osteuropa 326, 331, 333, 343 f., 346, 357,
   367, 370, 372, 439
Ost-Timor 374 f., 425, 456, 543, 702, 775
Owen, David 25, 513, 517–524, 527, 529,
   531 f., 534, 536, 538 f., 575, 695, 708, 810 f.
Oxfam 245

Pacheco, Máximo 662
Pakistan 41, 277, 772, 775 f.
Pakula, Alan 431
Palästina 95 f., 218
Palme, Olof 611, 613
Pan-African Freedom Movement of East
   and Central Africa 281
Pan American Union 189
Pan American Women's Association 225
Panama 97, 185, 191, 197, 200, 512
Papadopoulos, Georgios 170, 177
Papandreou, Georgios 170
Papon, Maurice 615
Paraguay 191, 200, 203, 388, 510, 512, 558
Paris 745
Park Chung-hee 490–494, 512
Park Tong-jin 492
Park, Tongsun 493
Parra, Violeta 607
Parti communiste français 285, 287
Partido Africano para a Independência
   da Guiné-Bissau e Cabo Verde (PAIGC)
   274, 329–331
Partij van de Arbeid (PvdA) 173, 445, 451,
   456, 460
Pastor, Robert 639
Patočka, Jan 457, 721, 729
Patria y Libertad 589
Pattakos, Stylianos 170
Paul VI. 812
Pauls, Anthony 703
Pawlow, Walentin 756

Peace Corps 396, 479
Peking 497, 827
Penn Nouth 704
Peña Valdez, Julio de 9–12, 700
Perón, Juan Domingo 185, 194
Perrin, Jean-Baptiste 218
Peru 146, 185, 200 f., 229, 611, 648
Philippinen 97, 104, 125, 149, 277, 309 f.,
   406, 490, 509, 552, 559, 561, 570, 698,
   700, 775
Phnom Penh 703, 706, 838
Pijpers, Alfred E. 451
Pinochet, Augusto 15, 280, 346, 369, 381,
   432, 453, 458, 461, 503, 540, 558, 583 f.,
   586, 590 f., 600, 602 f., 608, 612, 615,
   619 f., 626, 630 f., 635, 637–642, 644, 647,
   649 f., 653, 656–659, 662, 665 f., 672,
   676–682, 684, 686–689, 691–693, 712,
   762, 821, 824
Pipinelis, Panagiotis 174
Pittsburgh 406
Pius XI. 76 f.
Pius XII. (Eugenio Pacelli) 77–80
Planned Parenthood 434
Plastic People of the Universe 721
Podhoretz, Norman 545
Poindexter, John 561
Polen 102, 128, 217, 229, 362, 552, 555, 561,
   579, 715, 718–720, 724 f., 727, 740, 743 f.,
   747, 764, 767
Politieke Partij Radikalen (PPR) 445, 450
Pol Pot 410, 525, 704, 710
Pompidou, Georges 611, 617, 738
Ponchaud, François 703
Ponomarjow, Boris 752
Poppe, Gerd 723
Poppe, Ulrike 723
Popper, David 620, 636, 653
Porter, Gareth 707
Portugal 36, 117, 229, 264, 274 f., 279, 301,
   308, 323, 329–332, 335, 337 f., 353, 442,
   446, 676, 779 f.
Powell, Colin 561
Powell, Jody 485
Power, Samantha 839
Prag 457, 725, 744, 752
Presseklub Glasnost 764
Pretoria 459, 498, 500, 537
Preysing, Konrad 81–83
Pronk, Jan 447–453, 455, 459, 461, 611

Proskauer, Joseph 88
Puerto Montt 647
Pugo, Boris 756

Raad van Kerken 459
Reagan, Ronald 18, 206, 376, 434, 463, 507, 509, 540f., 544, 546–567, 570, 574, 576, 616, 675, 677, 688f., 691, 745, 749, 756f.
Reed, Lou 429
Regan, Donald 561
Reoch, Richard 363
Reykjavik 564, 757
Rhodesien 308, 311, 470, 498, 534f., 779, 784f.
Ritter, Gerhard 19
Rockefeller, David 468
Roey, Jozef-Ernest van 83
Rolin, Henri 164, 167
Roosevelt, Franklin D. 52f., 55–57, 59, 68, 84–86, 186f., 205, 265f., 721
Roosevelt, Eleanor 251
Rosenberg, Ethel und Julius 102
Rostow, Eugene 545
Rotes Kreuz 30, 209, 244, 289, 307, 352, 367, 422, 596f., 699
Rousset, David 116
Ruanda 10, 789, 830–832, 837–840
Ruandische Patriotische Front 10
Ruge, Gerd 352
Rumänien 40, 110, 229, 353, 674
Rusk, Dean 304
Russel, Bertrand 606
Rußland 38–40, 50, 835, 837f., 840f.
Ryschkow, Nikolai Iwanowitsch 749

Sacharow, Andrei Dmitrijewitsch 347, 433, 484, 544, 717, 743, 754, 759, 763f., 766
Sáez, Raúl 646
Sagan, Ginetta 391, 398
Salazar, António 229, 329, 332, 337
Saliège, Jules-Géraud 83
Salvemini, Gaetano 224
Sambia 582, 769, 785
San Martín, Grau 192
Santiago de Chile 590, 594f., 598, 615, 620, 626, 636, 669
Santos, Eduardo 224
Sartre, Jean-Paul 288, 324
Saudi-Arabien 98, 128f., 131, 133, 310

Save Darfur Coalition 831
Save the Children Fund 244
Schachnasarow, Georgij 749, 752, 763
Scheel, Walter 174
Schell, Orville 743
Schewardnadse, Eduard 749
Schmelzer, Norbert 444
Schmidt, Helmut 439, 568, 582, 737f.
Schneider, Mark 479
Schröder, Gerhard 826
Schtscharanski, Anatoli 457, 486f., 529, 532, 538, 766
Schweden 143, 159, 169, 173, 175, 178, 310, 352, 354f., 428, 602f., 611, 613, 709
Schweitzer, Miguel 602, 656
Schweiz 69, 353, 375, 436, 438–440, 603
Schweizerischer Israelitischer Gemeindebund 65
Schwelb, Egon 73
Scoble, Harry M. 773
Senegal 309, 634, 769f., 786, 788, 795
Senghor, Léopold Sédar 770, 788
Seynes, Philippe de 151
Sharpeville 443f., 693f.
Shivji, Issa G. 802
Shotwell, James 50, 62, 64, 88
Shulman, Marshall D. 485
Shultz, George 550, 552, 562f., 691f.
Sikorski, Władysław 74
Silva Henríquez, Raúl 662
Simbabwe 315
Simon, Pierre-Henri 288
Simpson, A. W. Brian 86, 165
Sinjawski, Andrej 716
Sithole, Ndabaningi 215, 315
Simbabwe 582, 775
Singapur 775
Sjarifuddin, Amir 328
Sobukwe, Robert 276
Social Democratic Party (Großbritannien) 518
Societat Catalana D'Estudis Internacionals 228
Solidarność 552, 555, 718–720, 729f., 745, 747f., 766
Solschenizyn, Alexander 766
Somalia 323, 425, 775, 831, 835
Somoza Debayle, Anastasio 481, 504f., 557
Soweto 454, 500, 693, 695

Sowjetunion 24, 52 f., 70, 74–76, 81, 85 f.,
    95, 97 f., 101–105, 110–127, 129–131,
    135–139, 143, 164, 172, 175, 181, 196,
    204, 217, 228 f., 240, 245, 250, 259, 266,
    277, 296, 300, 302, 318–319, 328, 330,
    364, 375, 398, 401, 423, 425, 449, 457 f.,
    461, 466, 470, 476, 484–487, 489, 506,
    509, 513, 528 f., 532, 538, 545 f., 548,
    551 f., 554–558, 561–563, 565, 582, 595,
    630, 632, 634, 636, 648, 653, 693, 709,
    712–718, 720, 724, 729, 731, 733–735,
    739 f., 741 f., 746–748, 750, 756, 761 f.,
    764, 776, 817, 821, 824, 828 f.
Sozialdemokratische Partei Deutschlands
    (SPD) 171, 416, 439, 574, 576 f., 579, 613,
    616, 686, 748
Sozialistische Einheitspartei Deutschlands
    (SED) 568–570, 576, 714, 722 f., 740, 748
Sozialistische Internationale 594, 614
Spanien 24, 36, 102, 116, 229, 430, 446, 450,
    676, 782
Spínola de, António 338
Springsteen, Bruce 429
Sproul, Barbara 391
Srebrenica 830
Sri Lanka 698, 775
Staeck, Klaus 615
Stalin, Iosif 52 f., 85, 109, 115, 123, 135, 229,
    410, 713
Stamford, CT 403
Stark, Arellano 590
Stern, Carola 352, 404
Stettinius, Edward 88
Stikker, Dirk 336
Sting 429, 432 f.
Stoel, Max van der 173, 440, 447–450,
    453–457, 459, 461, 611
Strauß, Franz Josef 582, 686
Stroessner, Alfredo 200, 586
Styron, Rose 391, 408
Sudan 321, 425, 775, 830
Südafrika 24, 98, 112, 114, 117, 174, 226,
    228 f., 249, 255, 275 f., 279, 284, 286,
    292–295, 299, 301, 308, 310 f., 314, 323,
    325, 343, 346 f., 353, 408, 439, 442, 446,
    453–455, 458, 461, 484, 498–502, 509,
    513, 523, 530 f., 534 f., 543, 546, 552, 556,
    560 f., 571, 579, 581 f., 585, 587, 631, 637,
    661, 693–697, 701 f., 779 f., 784, 794, 807,
    817, 821, 825

Südamerika 346, 388
Südkorea 362, 484, 489 f., 493 f., 497, 509,
    512, 552, 570, 775 f.
Südrhodesien (Simbabwe) 317, 498 f., 501
Südwestafrika (Namibia) 498 f., 501, 535
Süssmuth, Rita 571
Suharto, Haji Mohamed 375, 455 f.
Sukarno 268, 277
Surinam 442, 452
Survival International 347
Suslow, Michail 741
Swann, Robert 354
Syrien 40, 425, 709

Taiwan 775
Tambo, Oliver 581
Tanganyika 237, 281, 326
Tansania 41, 272, 310, 537, 629, 769,
    783–786
Teheran 462, 495, 826
Teitgen, Pierre-Henri 162, 164
Terras, Gabriel 192
Teruggi, Frank 613
Thailand 512, 704
Thatcher, Margaret 521, 540, 616, 675–677,
    687, 689
Thomas, Daniel C. 761
Tigray 782
Timerman, Jacobo 699
Timofejew, Lew 764
Todman, Terence 639
Togo 229, 233, 775
Tokio 606, 837
Tolley, Howard, Jr. 231
Touré, Sékou 281
Townley, Michael 642
TransAfrica 500
Trilateral Commission 468
Trott zu Solz, Adam von 71
Trujillo, Rafael Leónidas 200, 203
Truman, Harry S. 89, 105, 121 f., 185, 196,
    237, 239, 252, 335 f., 488
Tschad 780
Tschebrikow, Wiktor 749
Tschechoslowakei 127, 164, 175, 229, 237,
    259, 457 f., 712, 715, 720, 724, 726, 743 f.,
    746, 764
Tschernjajew, Anatolij 749, 752, 763
Tschernobyl 758
Tschiche, Hans Jochen 722

Tschombé, Moïse 272, 772, 780
Tuchman, Jessica 487
Tunesien 144, 229, 634
Türkei 160, 168 f., 177, 183, 280, 397

Uganda 41, 303, 317, 326, 373, 401, 510, *517*, 520, 526–532, 536, 539, 631, 702, 770, 775–777, 780 f., 783, 785, 787–789, 820, 840
Uganda National Liberation Front 786
Uhl, Petr 729, 744
Ukraine 717
UN-Hochkommissar für Flüchtlinge *149*, 150, 245
UN-Hochkommissar für Menschenrechte 304 f., 307–309, 311
UN-Kinderhilfswerk 140, 245, 247
UN-Kommission zur Rechtsstellung der Frau 216, 221 f.
UN-Menschenrechtsdivision *73*, 102, 148 f., 151
UN-Menschenrechtskommission 9, 43, 73, 87 f., 95–99, 101–104, 107, 124, 137, 141–143, 150, 169, 172 f., 209, 211, 215, 225, 250 f., 295, 300, 303, 308, 311, 335, 525, 528, 536, 553, 676, 705, 708, 716, 787, 817, 828
UN Relief and Rehabilitation Administration (UNRRA) 245 f.
UN-Sicherheitsrat 84–87, 109, 188, 190, 294, 311, 314, 330, 333, 335, 455
UN-Sonderkomitee zur Überwachung der Erklärung über die Gewährung der Unabhängigkeit 325
UN-Welthandelskonferenz (UNCTAD) 595, 791
UN-Wirtschafts- und Sozialrat (ECOSOC) 96, 112, 114, 126, 219, 227, 299
UNESCO 92, 354
Ungarn 110, 135, 217, 229
Unidad Popular 588–590, 593–595, 598, 603, 617, 683
Union Européenne des Fédéralistes 157 f., 162
United Democratic Front 695
United Europe Movement 158
United States Catholic Conference 663
Uruguay 97, 104, 184 f., 187, 189, 191–194, 196 f., 199, 201, 343, 383–388, 397, 503, 680, 685

USA (siehe Vereinigte Staaten von Amerika)
U Thant, Sithu 258, 786
Uyl, Joop den 435, 437, 440 f., 444–446, 449, 451 f., 454–456, 458–462, 540, 542–544, 575 f., 613, 695

Vance, Cyrus 468 f., 473, 476, 478, 486, 487, 497
Vargas, Getúlio 185
Vatikan 75–77
Vayo, Julio Álvarez del 224, 229
Venezuela 185, *191*, 200, 229
Vereinigte Arabische Republik 282
Vereinigte Linke 748
Vereinigte Staaten von Amerika (USA) 9–14, 17, 22–26, 31–37, 39, 47 f., 52–62, 70, 87 f., 95, 97 f., 101, 104 f., 107–110, 112–131, 133, 136, 138–142, 146, 152, 155 f., 170, 174 f., 183–187, *189*, 190, 192–197, 205, 237–240, 245, 249, 251, 254, 259, 264 f., 269, 272 f., 277, 285, 289, 294, 296, 300, 302–304, 306, 308 f., 322, 328, 332, 335–337, 344, 355, 374–375, 380, 389–391, 397 f., 400, 409, 411–414, 420, 428, 430, 432, 434–438, 440, 449, 451, 463 f., 465, 468 f., 471, 475, 478, 481, 484 f., 488–490, 496–502, 505, 510–512, 515, 524, 530, 535, 541, 544–546, 552 f., 555 f., 559 f., 562, 564, 567, 581 f., 592 f., 598, 600, 602–604, 613, 617–620, 625, 627, 629, 631, 636–639, 642–644, 646, 650, 655, 660 f., 667 f., 672, 675–677, 688 f., 691 f., 695 f., 698, 706, 712, 734 f., 741, 744, 749 f., 758, 772, 776, 780, 794–796, 805, 809, 820, 825, 828–830, 833, 835 f., 838
Vereinigtes Königreich (siehe Großbritannien)
Vereinte Nationen (UN) 9–14, 17–20, 24, 34 f., 43 f., 49, 51, 55 f., 63, 66, 69, 73, 80, 85–99, 102–105, 110 f., 117–156, 160 f., 166, 168 f., 181, 184, 188, 190 f., 195, 201, 209 f., 212, 214–216, 218–221, 228, 234–237, 240–243, 245 f., 249–252, 254, 256–258, 261–263, 266, 269, 272, 274 f., 278 f., 282–284, 286 f., 291–299, 303–315, 315 f., 320–326, 328–333, 343, 345 f., 358, 374, 384 f., 387 f., 396, 442, 452–454, 466, 478, 499 f., 513, 529, 535–537, 539, 547, 586, 595, 601 f., 608, 610, 628–

631, 633–638, 640f., 644, 648f., 653, 657, 660f., 666, 668–670, 672, 695, 706, 708, 713, 716, 732, 740, 757–759, 762, 766, 772f., 776, 778, 782, 785–787, 789–794, 798, 800, 803f., 807, 813f., 816, 821, 823, 826, 828, 835–838
Vereinigung der Angehörigen Verschwundener Häftlinge (Agrupación de Familiares de Detenidos Desaparecidos) 662
Vertrauen (Sowjetunion) 764
Verwoerd, Henrik 410
Vicaría de la Solidaridad 662–665, 670, 683
Vidal-Naquet, Pierre 288
Videla, Jorge 504
Vietnam 25, 41, 204, 238, 259, 270, 277f., 285, 291, 397, 408, 412f., 423, 435, 444, 448, 453, 459, 465, 469, 474, 510, 512, 515, 554, 595, 606, 618, 706f., 775f.
Viola, Roberto 549
Vogel, Hans-Jochen 576f.
Völkerbund 42, 49f., 58, 61, 65–73, 133f., 215f., 219, 221, 224f., 283, 313, 316, 803
Volksdemokratische Republik Jemen 528f.
Volkspartij voor Vrijheid en Democratie (VVD) 460
Voorhoeve, Joris 440
Vorster, John 499

Waldheim, Kurt 338, 536, 600, 669, 795
Wałęsa, Lech 748
Wallace, Henry 54
Washington, DC 392, 462, 497, 545, 640, 758
Washington Office on Africa 500
Washington Office on Latin America 604
Webster, William 561
Weinberger, Caspar 561
Weizsäcker, Richard von 576

Welles, Sumner 54–57, 62
Weltbank 647, 796
Weltgesundheitsorganisation (World Health Organization, WHO) 92, 150, 245
Weltkirchenrat 663
Weltverband der Gesellschaften für die Vereinten Nationen 714
White, Walter 251
Wien 488, 499, 734, 745, 755, 761, 826
Wilberforce, William 38
Wilson, Harold 171f., 305, 317, 514f., 518, 611f.
Wilson, Woodrow 59, 62, 265f., 507
Wirsching, Andreas 570
Wistrand, Karl 164
Wladiwostok 486
Wolpin, Alexander 731
Women's International League for Peace and Freedom (WILPF) 67, 211f., 215, 219, 222
Woodrow Wilson Foundation 61
World Federation of Trade Unions 113
World Jewish Congress 220f., 307
World Veterans Federation 209
Wright, Quincy 62, 69
Wyschinski, Andrei 126

Xuma, Alfred Bitini 275

Zaire 371, 425, 698, 775
Zalaquett, José 658, 664f.
Zentralafrikanisches Kaiserreich 523, 529, 787
Zimmermann, Friedrich 686
Zypern 168f., 172–174, 177, 229, 280, 295, 318, 325